동야휘집
東野彙輯

정환국 책임교열

교감표점
정본
한국야담전집
08

보고사

해제

　이 책은 조선 후기 야담집 총 20종의 원전을 교감하여 새로 정본을 구축한 전집이다. 원래 2016년도 한국학 분야 토대연구지원사업으로 선정된 〈조선 후기 야담집(野談集)의 교감 및 정본화〉의 결과물로 2021년에 1차로 간행한 바가 있었다. 이후 약 3년간 수정 보완을 거친 끝에 이번에 명실공히 조선 후기 야담집의 정본을 내놓게 되었다.
　잘 알려져 있듯이 조선 후기 야담집은 거개가 필사본으로 존재하고 있으며, 다종의 이본을 양산하면서 축적되어 왔다. 그러다 보니 그 자체가 하나의 활물(活物)처럼 유동적이고 적층적인 형태를 취하고 있다. 이는 동아시아 고전 자료 중에서도 유별난 사례이자, 조선 후기 이야기문학의 역사를 웅변한다. 한자를 공유했던 동아시아 어느 지역에서도 찾아볼 수 없는 이 필사본의 족출과 적층은 조선조 문예사에서 특별히 주목할 사안이지만, 한편으로는 이 때문에 해당 분야의 접근이 난망했던 것도 사실이다. 다양한 필사본과 이본들의 존재는 원본과 선본, 이본의 출현 시기 등 복잡한 문제를 던져주었을 뿐만 아니라 애초 원전 비평을 어렵게 하였다.
　하지만 야담에 대한 이해와 접근은 무엇보다 원전 비평이 선결되어야 했었다. 물론 이런 문제의식과 고민, 그리고 일부 성과가 없었던 것은 아니다. 그렇지만 특정 야담집에 한정한 데다 그 방법 또한 유익한 방향이 아니었다. 그리하여 조선 후기 야담은 동아시아에서 우리만의 서사 양식으로, 또 조선 후기 사회를 밀도 있게 반영한 대상으로 주목받았으면서도 원전에 대한 정리는 상대적으로 미진하기 짝이 없었다. 그러니 우리의 야담 연구는 어쩌면 첫 단추를 아예 끼우지 않았거나 잘못 낀 채 진행해 왔다고 해도 과언이 아니다.

그런데 조선 후기 야담의 전체 양이나 이본 수로 볼 때 이 분야 연구는 일개인의 노력으로는 거의 불가능한 영역이라 하겠다. 더구나 우리의 학문생태계에서 교감학이 활성화된 적도 거의 전무했다. 자료의 상태와 양은 물론 정립할 학문적 토대가 취약한 터라 해당 연구의 출발 자체가 난망했던 터다. 그럼에도 우리는 이젠 더 이상 미룰 수 없다는 책임감으로 연구팀을 꾸려 지난한 과제를 수행하게 된 것이다. 본 연구팀은 한국 야담 원전의 전체상은 물론 조선 후기 이야기문학의 적층성과 그 계보를 일목요연하게 드러내고자 이본 간의 교감을 통한 정본 확정의 도정을 시작한 것이다. 일단 이 자체로 개별 야담의 온전한 자기모습을 복원할 수 있게 되었다고 자부한다. 앞으로 이 자료가 고전문학뿐만 아니라 전통시대 역사와 예술 등 한국학과 인문학 전 영역의 연구에서 보다 적극적으로 활용되리라 믿는다. 나아가 이 책은 동아시아 단편서사물의 집성 가운데 중요한 결과물의 하나가 될 것이며, 자연스레 한국 야담문학에 대한 관심도 제고될 것으로 기대된다.

다만 본 연구가 기획되던 시점부터 스스로 던지는 의문이 있었다. 다른 고전 텍스트의 존재 양태와는 달리 야담의 경우 이본마다 나름의 성격과 시대성을 담보하고 있다. 그런데 이를 싸잡아 정본이라며 특정해 버리면 개별 이본들의 성격과 특징이 소거되는 것은 아닌가, 그러면 이 정본은 결국 또 다른 이본이 되고 마는 것은 아닌가. 이런 점을 고민하지 않을 수 없었다. 고민 끝에 우리는 '동태적 정본화'를 추구하기로 하였다. 정본을 만들기는 하지만 개별 이본의 특징들이

사상되지 않도록 유의미한 용어나 문장, 그리고 표현 등을 살리는 방향이었다. 대개는 주석을 다양하게 활용하여 이를 해결하고자 하였다. 말하자면 닫힌 정본이 아닌 열린 정본의 형태를 추구한 것이다. 이런 방식은 지금까지 시도된 예가 없거니와, 야담의 존재적 특성을 잘 반영하면서 새로운 교감학의 실례가 됐으면 하는 바람도 있어서다. 그러다 보니 일반 교감이나 정본화보다는 품이 훨씬 더 많이 들어갔다. 이 과정을 소개하면 이렇다.

먼저 해당 야담집의 주요 이본을 모은 다음, 저본과 대조본을 선정하였다. 저본은 선본이자 완정본이면서 학계에서 이미 인정되고 있는 점 등을 감안하여 잡았다. 대조용 이본은 야담집에 따라 그 수가 일정하지 않은바 최대한 동원 가능한 이본을 활용하되, 이본 수가 많은 경우 중요도에 따라 선별하였다. 다음으로, 저본과 대조이본을 교감하되 저본의 오탈자와 오류는 이본을 통해 바로잡았다. 문제는 양자 사이에 용어나 표현 등에서 차이가 있지만 모두 가능한 경우였다. 이때는 주로 저본을 기준으로 하되 개별 이본의 정보를 주석을 통해 반영하였다.(이에 대한 구체적인 사례와 처리 방식은 〈일러두기〉 5번 항목 참조) 그러나 저본과 대조본 사이의 차이를 모두 반영한 것은 아니다. 분명한 오류이거나 불필요한 첨가 부분은 자체 판단으로 반영하지 않았다. 이는 본 연구팀의 교감 기준에 의거했다.

그러나 실로 난감한 지점도 없지 않았다. 이본 중에는 리라이팅에 가까울 만큼 다른 내용이 첨입되어 있거나 일부 이야기를 다소 엉뚱한 방향으로 끌고 가는 사례도 있었기 때문이다. 이런 경우 꼭 필요한 부분만 반영하여 주석에 밝혔다. 이런 교감 과정에서 예상치 못한 상황에 직면하기도 하였다. 일반적이라면 으레 오자나 오류로 보이는 한자나 단어가 의외로 빈번하게 등장하였다. 이를 무시하려고 했으나 노파심에 자의와 출처를 다시 확인해 보니 뜻밖에도 해당 문장에 합당한 사례가 적지 않았다. 독자로서 교감 부분을 따라가다 보면 왜 이런 것들을 반영했을까 싶은 부분이 있을 텐데, 대개 이런 이유이니 유의해 주었으면 한다.

위와 같은 사례나 문제들 때문에 최선의 정본을 확정하는 과정은 참으로 쉽지 않았다. 그렇지만 이를 최대한 반영하고자 노력하였다. 그 결과 해당 야담집의 개별 이본들의 성격이 정본으로 흡수되면서도 어느 정도 자기 색깔을 유지할 수 있게 되었다. 이 20종의 편제는 다음과 같다.

1책	어우야담(522)	6책	기문총화(638)
2책	천예록(62) 매옹한록(262) 이순록(249)	7책	청구야담(290)
3책	학산한언(100) 동패락송(78) 잡기고담(25)	8책	동야휘집(260)
4책	삽교만록[초](38) 파수록(63) 기리총화(146)	9책	몽유야담(532) 금계필담(140)
5책	계서잡록(235) 계서야담(312)	10책	청야담수(201) 동패(45) 양은천미(36)

*( )는 화소 수

위 가운데 지금까지 원문 교감이 이루어진 사례로는 『어우야담』(신익철 외, 『어우야담』, 2006), 『천예록』(정환국, 『교감역주 천예록』, 2005), 『청구야담』(이강옥, 『청구야담 상·하』, 2019)과 『한국한문소설 교합구해』(박희병, 2005)의 일부 작품이 있었다. 당연히 이 결과물들의 원문은 본 연구의 참조가 되었다. 그러나 애초 교감의 방식이 다를뿐더러, 본서처럼 동태적 정본화를 구현한 것도 아니었다. 따라서 해당 야담집의 원전 교열은 더 종합화되고 정교해졌다. 이 외의 야담집은 그동안 몇몇 표점본과 번역본들이 나왔지만, 한 번도 이본 교감을 통한 정본화가 이루어진 사례는 없었다.

한편, 본서 10책의 구성은 대체로 성립 시기 순을 따랐다. 다만 『파수록』 등 일부 야담집은 성립 시기를 확정하기 어렵거나 불확실한 데다, 분량 등을 고려하다 보니 편제 순에 다소 차이가 있을 수 있다. 이 점 참작하여 봐주기를 바란다. 또한 「검녀(劍女)」로 유명한 『삽교만록(霅橋漫錄)』의 경우 개별 화소가 대개 필기류라서 전체를 실을 수 없었다. 그래서 불가피하게 야담에 해당하는 화소만 뽑아 초편(抄篇)하였다.

이렇게 해서 최종 수록된 야담집은 20종 10책이며, 총 화수는 4천 2백 여 항목이다. 화소 숫자로만 봐도 엄청나다. 그런데 이 숫자는 다소간 현실을 감추고 있다. 이 항목이 순전한 개별 이야기 숫자로 보기는 어렵기 때문이다. 이미 기존 연구에서 지적되었고 그 양상이 어느 정도 밝혀졌듯이 하나의 이야기가 여러 야담집에 전재(轉載)되는 경우가 많다. 실제 20종 안에 같은 이야기가 반복되는 화소의 빈도는 예상보다 높다. 그럼에도 독자성이 확인된 이야기는 대략 1,000편을 헤아리며, 그중에서도 좀 더 서사적 이야기, 즉 한문단편은 300편 안팎으로 잡힌다. 또 이 300편 안에서도 다종의 야담집에 빠짐없이 전재됨으로써 자기 계보를 획득한 작품은 150편 내외로 잡힌다. 다시 말해 이 150편을 잘 조각하면 조선 후기 사회현실과 인정세태의 퍼즐은 다 맞춰진다고 보면 될 듯하다.

물론 한 유형이 여러 야담집에 전재된다고 해서 이것을 '하나'로만 볼 수 없다는 점이 조선 후기 야담 역사의 중요한 특징이기도 하다. 한 유형의 다양한 전재는 고정된 것이 아니라 리트머스 종이마냥 번져 나갔기 때문이다. 단순한 용어나 표현의 차이뿐만 아니라 배경과 서사의 차이로 나가는가 하면, 복수(複數)의 화소가 뒤섞여 또 다른 형태를 구축하기도 하였다. 이런 변화상은 실로 버라이어티하다. 같은 화소가 반복된다고 해서 단순 수치화할 수 없는 이유이거니와 야담의 적층성과 관련해선 오히려 더 주목할 사안이다.

　아무튼 이것으로 조선 후기 야담과 야담집의 전체상은 충분히 드러났다고 판단된다. 다만 조선 후기의 야담이라고 할 때 모두 이 야담집 20종 안에 들어있는 것은 아니다. 야담 중 완성도 높은 한문단편이 집약된 『이조한문단편집』에도 일부 수록되었듯이, 이외의 문집이나 선집류 서사자료, 기타 잔편류에도 흥미로운 야담 작품이 잔존하고 있기 때문이다. 하지만 해당 자료는 야담집이 아니어서 이 책에 반영할 수 없었다. 조만간 이들 잔존 자료들만 따로 수집, 정리하여 이 책의 부록편으로 간행할 예정이다.

　사실 이 연구는 앞에서 언급했듯이 토대지원연구사업의 결과물이기는 하지만 그 준비는 그보다 훨씬 전이었다. 계기는 2007년으로 올라간다. 그해 동국대학교 대학원 고전문학 수업에서 처음 『청구야담』의 이본을 대조할 기회가 있었다. 그때 교토대 정선모 박사(현 남경대 교수)를 통해 그동안 학계에 알려지지 않은 교토대 소장 8책본 『청구야담』을 입수하였다. 이 책은 그동안 학계에 보고되지 않았던 『청구야담』 이본 가운데 하나였다. 검토해 보니 선본이었다. 실제로 어떤 차이가 있는지 궁금하여 기존에 알려진 주요 이본과의 교감을 시작한 것이다. 약 8편 정도를 진행했는데, 이 수업을 통해 『청구야담』 전체에 대한 교감이 절실함을 깨달았다. 그 후 이때 교감을 함께한 대학원생들을 중심으로 2013년 1월부터 『청구야담』의 이본 교감과 정본 확정, 그리고 이 정본에 의거하여 번역을 시작하였다. 우리는 약 3년을 매주 토요일을 반납한 채 이 교감과 번역에 매달렸다. 이 작업을 통해 야담 원전에 대한 장악력을 갖게 되었고, 『청구야담』에만 한정하지 말고 조선 후기 야담집 전체로 확대해야 한다는 점을 명확히 인식할 수 있었다.

  그러니까 이 책은 대략 15년 이상의 시간과 대학원생부터 전문연구원, 관련 분야 전문가까지의 노고가 쌓인 결과물이다. 나름 엄정한 기준과 잣대로 정본의 원칙을 세우고 저본과 이본 설정, 이본 대조와 원문 교감 등을 진행하여 정본을 구축하려 했고, 이 과정에서의 오류를 최대한 줄이려고 했다. 그러나 한문 원전을 교감하는 데는 오류의 문제가 엄존한 법이다. 최선의 이본들이 선정된 것인가, 정본화의 방향에선 문제가 없는가, 향후 개별 야담집의 이본이 더 발굴될 여지도 있지 않은가? 활자화 과정 중에 발생하는 오탈자 여지와 표점의 완정성 문제도 여전히 불안을 부추긴다. 그렇긴 하지만 질정을 달리 받겠다는 다짐으로 상재한다. 독자 제현의 사정없는 도끼질을 바란다.

  이 결과물이 나오기까지 많은 분들의 협업과 도움이 있었다. 은사이신 임형택 선생님과 고 정명기 교수는 좋은 이본 자료를 제공해주셨다. 감사한 마음을 이본의 명칭에 부여한 것으로 대신하였다. 본 연구팀의 공동연구원으로 이강옥 교수님과 오수창 교수님이 함께하였다. 각각 야담 문학 전문가와 역사학 전문가로 진행 과정에서 고견을 제시해 주셨다. 이채경, 심혜경, 하성란, 김일환 선생은 전임연구원으로 3년 동안 전체 연구를 도맡아 진행해 주었다. 이들의 노고는 이루 다 말할 수 없을 지경이다. 마지막으로 대학원 과정부터 함께한 동학들을 잊을 수 없다. 남궁윤, 홍진영, 곽미라, 정난영, 최진영, 한길로, 최진경, 정성인, 양승목, 이주영, 김미진, 오경양은 2013년 이후 『청구야담』 교감과 번역에 참여하였고, 일부는 본 연구팀의 연구보조원으로 참여하여 원문 입력과 이본 고찰에 기여하였다. 그리고 이들 모두 최종 교정 작업에 끝까지 함께 하였다. 특히 과정생인 이주현, 유양, 정민진은 교정 사항을 반영하는 일을 도맡아 주어 큰 힘이 되었다.

이들이 없었다면 이 책은 나올 수 없었다. 다행히 이 10여 년의 과정은 우리 모두에게 소중한 경험이자 학문적 자산으로 남게 되었다. 이들은 지금도 속집 작업을 함께 하는 중이다. 이래저래 이 책은 나와 나의 동학들이 동행하는 텍스트의 유토피아이다.

끝으로 3년여 전에도 그리고 이번에도 이 거질의 전집 출판을 흔쾌히 맡아 준 보고사 김흥국 사장님과 시종여일 책의 완성도를 높이기 위해 애써 준 이경민 대리를 비롯한 편집부 관계자 분들께 미안하고 감사하다는 마음을 전한다.

2025년 2월
연구팀을 대표하여 정환국 씀

차례

해제 … 3
일러두기 … 21

동야휘집 東野彙輯

卷一 ─ 25

東野彙輯 序 / 25　　東野彙輯 凡例 / 25　　東野彙輯 總目 / 26

○第一号　恩數部【科宦】─ 27
　1-1. 明易義擢列淸選 / 27　　1-2. 感宸夢獨占嵬科 / 30
○第二号　儒賢部一【道學】─ 34
　1-3. 仙女定室降儒賢 / 34　　1-4. 老翁禳星話天數 / 37
○第三号　儒賢部二【賢才一】─ 39
　1-5. 遣門生讀經活人 / 39　　1-6. 洩天機祈星救友 / 42
○第四号　儒賢部三【賢才二】─ 45
　1-7. 授器換金試奇術 / 45　　1-8. 投楔燒火除妖物 / 47
○第五号　將相部一【賢相一〔度量匡輔〕】─ 50
　1-9. 恢度量兒僮呈戲 / 50　　1-10. 極諫爭士林紓禍 / 53
○第六号　將相部二【賢相二〔峻正淸忠〕】─ 57
　1-11. 擇傔婿保家吉地 / 57　　1-12. 捍鬼卒延友壽命 / 61
○第七号　將相部三【賢相三〔勳業名望〕】─ 63
　1-13. 禁扃執燭導宮駕 / 63　　1-14. 塞程疾馳請援師 / 67

卷二 ─ 72

○第八号　將相部四【天將】─ 72
　2-1. 烏牛老翁嚇天帥 / 72　　2-2. 赤兎神將掃賊兵 / 75
○第九号　將相部五【名將一忠烈】─ 78
　2-3. 水軍都督揚武功 / 78　　2-4. 柳下將軍仗忠節 / 82
○第十号　將相部六【名將二功業】─ 85

2-5. 策驢翁入幕獻計 / 85　　2-6. 逐鹿客解縛論交 / 89
　○ 第十一号　將相部七【名將三義氣】────────────── 92
　　2-7. 對綠林論劒結義 / 92　　2-8. 覆畵舸揮椎除惡 / 98
　○ 第十二号　將相部八【名將四〔武勇〕】───────────── 101
　　2-9. 勇將嘯引赤鬣騎 / 101　　2-10. 義兵肩掛漆匏竿 / 105
　○ 第十三号　將相部九【名將五〔智略〕】───────────── 109
　　2-11. 酒席見六子起敬 / 109　　2-12. 戎營聞三策發歎 / 112

卷三 ───────────────────────────── 116
　○ 第十四号　節義部一【忠節一】───────────────── 116
　　3-1. 六臣立節仗危忠 / 116　　3-2. 三士成仁明大義 / 120
　○ 第十五号　節義部二【忠節二】───────────────── 124
　　3-3. 逃世情淸風節義 / 124　　3-4. 感恩遇竟夕哭泣 / 127
　○ 第十六号　節義部三【忠節三】───────────────── 129
　　3-5. 轉忠思孝投金橘 / 129　　3-6. 決死報恩揮刀柄 / 131
　○ 第十七号　節義部四【孝行】────────────────── 133
　　3-7. 孝子還甦說冥府 / 133　　3-8. 幼童爲親伸寃獄 / 134
　○ 第十八号　節義部五【貞烈一】───────────────── 136
　　3-9. 節婦延命立後嗣 / 136　　3-10. 義娥赴難扶禍家 / 137
　○ 第十九号　節義部六【貞烈二】───────────────── 139
　　3-11. 揮刀罵倅退勒婚 / 139　　3-12. 換衣尋郎諧宿約 / 142
　○ 第二十号　節義部七【貞烈三】───────────────── 146
　　3-13. 贐碎銀圖占仕路 / 146　　3-14. 扼猛獸救甦夫命 / 148
　○ 第二十一号　節義部八【忠義】───────────────── 150
　　3-15. 靑衣挾錚訴寃懷 / 150　　3-16. 蒼頭鳴錚雪誣寃 / 152

卷四 ───────────────────────────── 155
　○ 第二十二号　技藝部一【文章一】──────────────── 155
　　4-1. 陳奏大筆振華譽 / 155　　4-2. 擢第奇文解鈍嘲 / 157
　○ 第二十三号　技藝部二【文章二】──────────────── 159

4-3. 荷葉留詩贈寶墨 / 159　　4-4. 紗幮督課登金榜 / 161
○第二十四목 技藝部三【文章三】──────────── 163
4-5. 弇州席上玩文辭 / 163　　4-6. 朱使館中和詩韻 / 166
○第二十五목 技藝部四【書畵一】──────────── 168
4-7. 逢異才弄筆玩技 / 168　　4-8. 贊大業因畵托契 / 172
○第二十六목 技藝部五【書畵二】──────────── 177
4-9. 貽彤管老翁授訣 / 177　　4-10. 投錦裳高僧爭價 / 179
○第二十七목 技藝部六【琴棋】──────────── 181
4-11. 琴娥詰影證宿緣 / 181　　4-12. 奕手逞術致橫財 / 185

卷五 ──────────────────────── 190

○第二十八목 方術部一【天文】──────────── 190
5-1. 麻衣對坐說天運 / 190　　5-2. 藜杖迎入話星象 / 193
○第二十九목 方術部二【地理一】──────────── 197
5-3. 得福地美娥作配 / 197　　5-4. 憎驕客癡童施術 / 200
○第三十목 方術部三【地理二】──────────── 204
5-5. 賢婦放婢受報恩 / 204　　5-6. 痴媼隨衲得發福 / 207
○第三十一목 方術部四【地理三】──────────── 210
5-7. 傷玉童轉灾獲福 / 210　　5-8. 擧石函覘吉釋疑 / 213
○第三十二목 方術部五【醫藥一】──────────── 215
5-9. 授神訣藥舖對話 / 215　　5-10. 聽街語柿蒂奏功 / 218
○第三十三목 方術部六【醫藥二】──────────── 221
5-11. 周行閭里試囊針 / 221　　5-12. 遠涉海邦載酒石 / 224
○第三十四목 方術部七【卜筮一】──────────── 227
5-13. 舊奴抽劍說分義 / 227　　5-14. 貴兒蒙皮度厄運 / 230
○第三十五목 方術部八【卜筮二】──────────── 232
5-15. 倒騎牛歸冥陞貴 / 232　　5-16. 假竊馬轉禍媒榮 / 235

卷六 ──────────────────────── 239

○第三十六목 道流部一【仙術一】──────────── 239

6-1. 司印僧留客朝眞 / 239　　6-2. 曳杖翁引人成親 / 243

○第三十七号 道流部二【仙術二】────────── 248
　　6-3. 蔣都令授丹酬德 / 248　　6-4. 陳學究指窟避禍 / 252

○第三十八号 道流部三【道人】────────── 255
　　6-5. 建碑書喩示大義 / 255　　6-6. 煮釜柿欺告神方 / 258

○第三十九号 道流部四【方士】────────── 261
　　6-7. 敎童攀繩摘仙桃 / 261　　6-8. 携客登嶽喚神將 / 264

○第四十号 道流部五【左道】────────── 266
　　6-9. 墮幻術轉諧奇緣 / 266　　6-10. 避危機獲脫惡餞 / 269

○第四十一号 道流部六【僧徒一】────────── 272
　　6-11. 禪房訓書警迷童 / 272　　6-12. 海島覓畫愶狡酋 / 276

○第四十二号 道流部七【僧徒二】────────── 278
　　6-13. 試靑萍爲師報仇 / 278　　6-14. 設白帳避兵獲安 / 281

卷七 ────────────────────── 284

○第四十三号 性行部一【隱淪一】────────── 284
　　7-1. 茅菴喝僧現神鑒 / 284　　7-2. 苽田接客誇奇術 / 287

○第四十四号 性行部二【隱淪二】────────── 289
　　7-3. 警頑習店舍責衲 / 289　　7-4. 識寶氣倡樓取爐 / 292

○第四十五号 性行部三【韜晦一】────────── 295
　　7-5. 學士贅隱柳器匠 / 295　　7-6. 繡衣給訪茶母家 / 297

○第四十六号 性行部四【韜晦二】────────── 301
　　7-7. 李起築參錄雲臺 / 301　　7-8. 朴總角登對宸陛 / 304

○第四十七号 性行部五【鑑識一】────────── 307
　　7-9. 接婿貌回心訪室 / 307　　7-10. 搥翁寢將計入房 / 310

○第四十八号 性行部六【鑑識二】────────── 312
　　7-11. 賢尉揭鑑飮贅婿 / 312　　7-12. 富翁達理贐科儒 / 315

○第四十九号 性行部七【才智一】────────── 317
　　7-13. 智童藏銀授奇計 / 317　　7-14. 舊僕刺鍼保恩情 / 320

○第五十号 性行部八【才智二】────────── 324

7-15. 三施計攫取重貨 / 324 7-16. 再掠財感化群情 / 330

卷八 ——————————————————————————— 335

○第五十一号 性行部九【勇力一】——————————— 335
8-1. 殪白額邑倅驚謝 / 335 8-2. 縛蒼頭主帥欣款 / 336

○第五十二号 性行部十【勇力二】———————————— 338
8-3. 射虎手滿彎除惡 / 338 8-4. 嗽牛氣試椎免禍 / 340

○第五十三号 性行部十一【勇力三】—————————— 342
8-5. 薪奴擔梨得郞材 / 342 8-6. 篙漢回篷被客杖 / 344

○第五十四号 性行部十二【氣槪一】—————————— 346
8-7. 聽聲察奸迸竹刺 / 346 8-8. 乘氣過渡墜葛葉 / 349

○第五十五号 性行部十三【氣槪二】—————————— 350
8-9. 柴門訪舊友論懷 / 350 8-10. 戎梱執奸賊誘情 / 353

○第五十六号 性行部十四【豪侈】——————————— 355
8-11. 湖陰羨富貴效響 / 355 8-12. 淸原較豪侈望洋 / 356

○第五十七号 性行部十五【權貴】——————————— 359
8-13. 貧兒學謟托衆賓 / 359 8-14. 富翁敎術除五賊 / 361

○第五十八号 性行部十六【風流】——————————— 363
8-15. 遊浿營風流乘興 / 363 8-16. 訪桂娥詩令助歡 / 365

○第五十九号 性行部十七【富饒】——————————— 367
8-17. 士人治産樂壎篪 / 367 8-18. 才子落鄕富坯京 / 370

○第六十号 性行部十八【流丐】———————————— 373
8-19. 雲妓家廣文觀舞 / 373 8-20. 鍊戎臺丐帥張樂 / 375

○第六十一号 性行部十九【寇盜一】—————————— 377
8-21. 吹鶴脛丹山脫禍 / 377 8-22. 鶯蛇角綠林修貢 / 378

○第六十二号 性行部二十【寇盜二】—————————— 380
8-23. 痛背恩儓換金錢 / 380 8-24. 責失信警罰布衣 / 383

卷九 ——————————————————————————— 388

○第六十三号 人事部一【積善一】——————————— 388

9-1. 五女嫁因太守戲 / 388　　9-2. 兩郎婚由御史媒 / 390

○第六十四号　人事部二【積善二】─────────────── 392
　9-3. 恤三葬遇女登仕 / 392　　9-4. 救四命占山發福 / 395

○第六十五号　人事部三【施義一】─────────────── 397
　9-5. 還銀包報以晩福 / 397　　9-6. 採蔘田售其奇貨 / 401

○第六十六号　人事部四【施義二】─────────────── 404
　9-7. 篤友愛避居獲銀 / 404　　9-8. 逞豪氣因商掠錢 / 406

○第六十七号　人事部五【酬恩一】─────────────── 408
　9-9. 願見一色得成婚 / 408　　9-10. 輕捐千金受報恩 / 411

○第六十八号　人事部六【酬恩二】─────────────── 412
　9-11. 感舊恩墨倅登褎 / 412　　9-12. 酬前惠窮儒筮仕 / 416

○第六十九号　人事部七【酬恩三】─────────────── 418
　9-13. 愛傔蓄財償德惠 / 418　　9-14. 舊慕殖貨酬恩義 / 420

○第七十号　人事部八【報讐一】─────────────── 421
　9-15. 南樓擧朱旂訴寃 / 421　　9-16. 北牖接綠衣行檢 / 424

○第七十一号　人事部九【報讐二】─────────────── 426
　9-17. 除惡奴處變報讎 / 426　　9-18. 殪妖巫湔仇避禍 / 428

卷十 ─────────────────────────── 431
○第七十二号　人事部十【權術一】─────────────── 431
　10-1. 嚴舅權術憎妬婦 / 431　　10-2. 智倅逞計権島貨 / 434

○第七十三号　人事部十一【權術二】───────────── 436
　10-3. 弄愚守猾胥騙財 / 436　　10-4. 劫病宰窮弁膴仕 / 440

○第七十四号　人事部十二【權術三】───────────── 442
　10-5. 暗酬惠謀帥歸老 / 442　　10-6. 現施義爲親筮仕 / 444

○第七十五号　人事部十三【權術四】───────────── 447
　10-7. 窮儒行吏役得財 / 447　　10-8. 智士借慕名殖貨 / 448

○第七十六号　人事部十四【詼諧一】───────────── 450
　10-9. 嘲座客騁辯得官 / 450　　10-10. 嚇禁吏善謔免拘 / 452

○第七十七号　人事部十五【詼諧二】───────────── 454

10-11. 鎖客囊道伯弄友 / 454　　10-12. 償官租富民買班 / 456
○第七十八号　人事部十六【詼諧三】──────────── 458
　　10-13. 內翰仰屋忍涕淚 / 458　　10-14. 差官出橫羞裸裎 / 459
○第七十九号　人事部十七【感化一】──────────── 462
　　10-15. 退梡粥愚氓遷善 / 462　　10-16. 還橐銀强盜感義 / 464
○第八十号　人事部十八【感化二】────────────── 466
　　10-17. 勇弁袖椎讐悖民 / 466　　10-18. 老宰下軺禮舊主 / 468
○第八十一号　人事部十九【警戒一】──────────── 470
　　10-19. 洪尙書受撻避凶 / 470　　10-20. 趙巡使退粥礆奸 / 473
○第八十二号　人事部二十【警戒二】──────────── 474
　　10-21. 店夢驚鋥戒淫報 / 474　　10-22. 場戲窺錢警財慾 / 476

卷十一 ──────────────────────── 478

○第八十三号　婦女部一【德行】───────────── 478
　　11-1. 葛布獨赴命婦筵 / 478　　11-2. 紅紬三裁大官服 / 479
○第八十四号　婦女部二【奇婚一】──────────── 480
　　11-3. 驚異夢竟成奇婚 / 480　　11-4. 作良媒俱受晚福 / 483
○第八十五号　婦女部三【奇婚二】──────────── 486
　　11-5. 綵轎據廊責貴子 / 486　　11-6. 紈扇映鋥約正室 / 488
○第八十六号　婦女部四【佳緣一】──────────── 491
　　11-7. 合玉環逢妻得胤 / 491　　11-8. 失青銅獲妾橫財 / 494
○第八十七号　婦女部五【佳緣二】──────────── 497
　　11-9. 賢婦智納彩轎女 / 497　　11-10. 嚴父醉恕錦囊兒 / 500
○第八十八号　婦女部六【異蹟一】──────────── 503
　　11-11. 轉誤緣紅錦寄信 / 503　　11-12. 脫禍網玉環踐約 / 505
○第八十九号　婦女部七【異蹟二】──────────── 508
　　11-13. 尋宿盟三婦同室 / 508　　11-14. 獲奇遇二妾列屋 / 511
○第九十号　婦女部八【智識一】───────────── 514
　　11-15. 轎中納鬢証賊帥 / 514　　11-16. 城裏埋藥恫詔使 / 517
○第九十一号　婦女部九【智識二】──────────── 520

11-17. 保家業一聽智婦 / 520　　11-18. 換身粧雙占饒妾 / 522

卷十二 ─────────────────── 524

○第九十二号　婦女部十【才慧一】─────── 524
　12-1. 藏扇幣童女證約 / 524　　12-2. 授簡書老婦垂誡 / 526
○第九十三号　婦女部十一【才慧二】────── 529
　12-3. 對棘婿捧標立證 / 529　　12-4. 納棠婢授計求嗣 / 530
○第九十四号　婦女部十二【妬悍】─────── 532
　12-5. 憐女貌赦罪接話 / 532　　12-6. 削夫髻施罰雪憤 / 534
○第九十五号　婦女部十三【仇恨】─────── 536
　12-7. 驚劍血靑樓飮恨 / 536　　12-8. 借弩手叉鬢復讎 / 539
○第九十六号　婦女部十四【奇遇】─────── 541
　12-9. 掃雪庭獲窺故情 / 541　　12-10. 簪花路遇諧舊緣 / 549
○第九十七号　婦女部十五【志操】─────── 555
　12-11. 尼菴逢郞問登科 / 555　　12-12. 仙樓對客話贈詩 / 557
○第九十八号　婦女部十六【情義】─────── 560
　12-13. 蠱石樓兩女黜陟 / 560　　12-14. 納淸亭二客咷笑 / 563
○第九十九号　婦女部十七【才妓】─────── 565
　12-15. 咸關對唱娥留期 / 565　　12-16. 長城遇詩妓見賣 / 566
○第一百号　婦女部十八【名娼】──────── 568
　12-17. 星月每道三可笑 / 568　　12-18. 玉香爲說兩未忘 / 570

卷十三 ─────────────────── 573

○第百一号　雜識部一【倡和】───────── 573
　13-1. 要路院二客問答 / 573　　13-2. 皐蘭寺十美酬唱 / 596
○第百二号　雜識部二【離合】───────── 603
　13-3. 漂萬里十人全還 / 603　　13-4. 歷三國一家團聚 / 610
○第百三号　雜識部三【窮通】───────── 613
　13-5. 涉南國蔘商榷利 / 613　　13-6. 落小島砲匠獲貨 / 618

卷十四 ──────────────────────────── 621

○第百四号　雜識部四【游覽】──────────────── 621
　14-1. 劉郎漂海到丹邱 / 621　　14-2. 姜生遊山訪桃源 / 625

○第百五号　雜識部五【奇蹟】──────────────── 628
　14-3. 南國接仙娥謀歸 / 628　　14-4. 北寺遇神僧論相 / 633

○第百六号　雜識部六【才能】──────────────── 636
　14-5. 因幕名衒能釋憾 / 636　　14-6. 用田功卹窮獲報 / 640

○第百七号　雜識部七【橫財】──────────────── 643
　14-7. 助搏虎復讐受惠 / 643　　14-8. 獨鉗豹轉禍獲財 / 646

○第百八号　雜識部八【殖貨】──────────────── 648
　14-9. 輸一石父子敍倫 / 648　　14-10. 贏萬金夫妻致富 / 651

○第百九号　雜識部九【報復】──────────────── 655
　14-11. 還狐裘新舊合緣 / 655　　14-12. 覆虓衾前後活命 / 659

○第百十号　雜識部十【氣義】──────────────── 662
　14-13. 導射夫報仇話恩 / 662　　14-14. 戲納友發奸置法 / 665

卷十五 ──────────────────────────── 668

○第百十一号　述異部一【靈異】─────────────── 668
　15-1. 山程接鬼稱佳句 / 668　　15-2. 津路逢人問異形 / 671

○第百十二号　述異部二【神奇】─────────────── 675
　15-3. 接神贈駿甦痘兒 / 675　　15-4. 訪儒獲鱗救病妻 / 677

○第百十三号　述異部三【巫祝】─────────────── 679
　15-5. 棠軒請戲被困辱 / 679　　15-6. 雪樓降神敍情話 / 681

○第百十四号　述異部四【冥遇】─────────────── 684
　15-7. 返故妻換魂持家 / 684　　15-8. 遇新婦因夢成親 / 686

○第百十五号　述異部五【邪魔】─────────────── 689
　15-9. 貸銀要酬拔柱礎 / 689　　15-10. 索飯仍告取樻銅 / 692

○第百十六号　述異部六【幽怪】─────────────── 695
　15-11. 昭陽亭失珠貽悔 / 695　　15-12. 映月菴收骸解冤 / 697

○第百十七号　述異部七【異配】─────────────── 698

15-13. 官童接黃龍現異 / 698 　　15-14. 村氓遇玄熊致饒 / 701

○ 第百十八号 述異部八【物感】───────────── 703
　　15-15. 吐蟲賣病兼獲財 / 703 　　15-16. 放虎占穴相酬惠 / 705

○ 第百十九号 述異部九【報主】───────────── 706
　　15-17. 名馬訪主仍報喜 / 706 　　15-18. 義狗救人且復讐 / 708

○ 第百二十号 述異部十【誠力】───────────── 710
　　15-19. 虔誠感神獲墮鱗 / 710 　　15-20. 斥邪問命驗棲鷄 / 712

○ 第百二十一号 述異部十一【陰德】──────────── 714
　　15-21. 一池放生施陰德 / 714 　　15-22. 大江立案成鉅富 / 716

卷十六 ──────────────────────── 718

○ 第百二十二号 拾遺部一【相業】──────────── 718
　　16-1. 驗卜說施德延壽 / 718 　　16-2. 焚筆談呈文陳情 / 720

○ 第百二十三号 拾遺部二【直諫】──────────── 723
　　16-3. 觸天怒忠諫盡節 / 723 　　16-4. 犯雷威直言擧職 / 728

○ 第百二十四号 拾遺部三【風情】──────────── 730
　　16-5. 名士好勝占花魁 / 730 　　16-6. 少妓佯狂赴芳約 / 732

○ 第百二十五号 拾遺部四【規諷】──────────── 734
　　16-7. 訪友見拒戒結交 / 734 　　16-8. 尋倡聞言笑沽名 / 736

○ 第百二十六号 拾遺部五【怪事】──────────── 738
　　16-9. 因借胎娛老三家 / 738 　　16-10. 得陰粉售利千金 / 740

○ 第百二十七号 拾遺部六【警悟】──────────── 743
　　16-11. 善感化諭盜歸良 / 743 　　16-12. 誤結交納賊失財 / 745

○ 第百二十八号 拾遺部七【仙蹟】──────────── 748
　　16-13. 毛僊接話渭城館 / 748 　　16-14. 驢客過吟洞庭詩 / 751

○ 第百二十九号 拾遺部八【淸福】──────────── 752
　　16-15. 訪嶺人嘲其宦游 / 752 　　16-16. 對林友誇以峽居 / 753

○ 第百三十号 拾遺部九【幻夢】──────────── 755
　　16-17. 百年光陰蟋蚯郡 / 755 　　16-18. 一生富貴蝴蝶鄕 / 758

일러두기

1. 이 자료집은 조선후기 야담집 총 20종을 활자화하여 표점하고, 이본을 교감하여 정본화한 것이다.
   - 해당 20종은 다음과 같다. 『於于野談』, 『天倪錄』, 『梅翁閑錄』, 『二旬錄』, 『鶴山閑言』, 『東稗洛誦』, 『雜記古談』, 『雪橋漫錄(抄)』, 『破睡錄』, 『綺里叢話』, 『溪西雜錄』, 『溪西野談』, 『紀聞叢話』, 『靑邱野談』, 『東野彙輯』, 『夢遊野談』, 『錦溪筆談』, 『靑野談藪』, 『東稗』, 『揚隱闡微』.
2. 저본과 이본(대조본) 설정 과정은 다음과 같다.
   - 개별 야담집마다 저본을 확정하고 주요 이본을 대조본으로 삼았다.
   - 저본의 기준은 야담집마다 상이한데, 기존의 이본 논의를 참조하여 본 연구팀에서 최종 확정하였다.
   - 이본의 경우, 야담집마다 존재하는 이본들을 최대한 수렴하되 모든 이본을 대조본으로 활용하지는 않고 교감에 도움이 되는 주요본을 각 야담집마다 2~6개 정도로 선정하였다. 이본이 없는 유일본의 경우 다른 자료를 대조로 활용하였다.
3. 활자화 과정은 다음과 같다.
   - 개별 야담집의 저본을 기준으로 활자화하였다.
   - 원자와 이체자가 혼용되었을 경우 일반적으로 활용되는 이체자는 그대로 반영하되, 잘 쓰지 않는 이체자는 원자로 대체하였다.
   - 필사상 혼용하는 한자의 경우 원자로 조정하거나 문맥에 맞게 적절하게 취사선택하였다. 대표적으로 혼용되는 글자들은 다음과 같다. 藉/籍, 屢/累, 炙/灸, 沓/畓, 咤/吒, 斂/歛, 押/狎, 係/繫, 裯/稠, 辨/卞, 別/另, 縛/縛 등
4. 활자화와 표점은 다음과 같은 기준에 의거하였다.
   - 개별 야담집의 권수에 따라 이야기를 나누고 이어지는 작품들은 임의로 넘버링을 통해 구분하였다. 권수가 없는 야담집의 경우 번호만 붙여 구분하였다.
   - 원문의 한자를 최대한 반영하였으나 최종적으로 판독이 불가능한 글자는 ■로, 공백으로 되어 있는 경우는 □로 표시해 두었다.

- 원문의 구두와 표점은 일반적인 기준에 의거하였다. 문장 구두는 인용문(" " ' '), 쉼표(,), 마침표(. ?!), 대구(;) 등을 활용하였다.
- 원문의 책명이나 작품명의 경우『 』,「 」 등으로 표기하였다.
- 원주로 되어 있는 부분은 【 】로 표기하여 구분하였다.

5. 정본화 과정은 다음과 같다.
   - 개별 야담집마다 저본과 대조 이본을 엄선하여 교감하되 모든 작품들의 정본을 구축하는 것으로 목표로 하였다. 각 야담집의 저본과 대조본은 해당 야담집의 서두에 밝혀두었다.
   - 저본과 이본은 입력과 이해의 편의를 위해 각 본의 개별 명칭을 쓰지 않고 저본으로 삼은 본은 '저본'으로, 이본으로 삼은 본은 중요도에 따라 '가본', '나본', '다본' 등으로 통일하여 대체하였다. 대조본 이외의 이본을 활용한 경우 '다른 이본'으로 구분하여 반영하였다.
   - 저본을 중심으로 교감하되 이본을 적극적으로 활용하여 가장 이상적인 형태를 구축하고자 했다. 이 과정은 오류를 바로잡은 것에서부터 상대적으로 나은 부분을 선택하는 방향으로 이루어졌다. 그 기준은 다음과 같다.
     ① 저본의 오류가 확실할 때: '~본에 의거하여 바로잡음'
     ② 저본이 완전한 오류는 아니나 이본이 더 적절할 때: '~본 등에 의거함'
     ③ 저본에 빠져있는데 이본을 통해 보완할 경우: '~본 등에 의거하여 보충함'
     ④ 저본도 문제는 없으나 이본 쪽이 더 나을 때: '~본 등을 따름'
     ⑤ 서로 통용되거나 참조할 만한 경우: '~본 등에는 ~로 되어 있음'
     ⑥ 저본을 그대로 반영하면서도 이본의 내용도 의미가 있을 때도 주석을 통해 밝혔음.
     ⑦ 익숙하지 않은 통용된 한자나 한자어가 이본에 있는 경우도 주석을 통해 반영하였음.
     ⑧ 저본과 이본으로도 해결되지 않는 오류는 다른 자료를 활용하여 조정하였음. 이 경우 상황에 따라 바로잡기도 하고, 그대로 두되 주석에서 오류 문제를 적시하기도 하였음.
     ⑨ 기타 조정 사항은 각주를 통해 밝혔음.

동야휘집
東野彙輯

저본 및 이본 현황

저본: 대판부립도서관본
가본: 천리대본
나본: 가람문고본
다본: 장지영본
라본: 서울대본
마본: 규장각본

卷一

東野彙輯 序[1]

　稗官野乘, 不列[2]於墳典子集, 固文章家所不耽看, 而其搜異聞博奇覽, 備史乘之闕遺, 資談笑之欄凷, 亦文章家之不宜束閣者也. 我東稗說, 作者接武, 各隨聞見, 蒐輯成書, 諸家之名目, 帙帙鱗鱗, 片辭瑣錄, 滔滔一轍, 而傳記多闕, 事蹟莫徵, 豈不惜哉? 余於長夏調疴, 偶閱『於于野談』·『紀聞叢話』, 頗多開眼處, 惟是記性衰耗, 無以領略萬一. 遂就兩書, 撮其篇鉅話長堪證故實者, 旁及他書之可資該洽者, 並修潤載錄, 又采閭巷古談之流傳者, 綴文以間之. 每篇之首, 題句標識, 槪依小說之規; 各段之下, 輒附論斷, 略倣史傳之例. 余非好事者, 聊寓漫興, 較諸前修著述, 不翅如笙鏞下俚, 固知見笑於大方. 而第書中所載人情物態, 瞭如指掌, 可以溯古撼實, 驗謠俗而裨世敎. 雖或事涉神怪, 聖門之所不語者, 前人旣備述, 而且一『齊諧記』, 故亦歸掇拾. 間有善惡報應之理, 捷如影響, 因此而柯則鑑戒則書, 豈無少補云乎? 但點筆搆辭之際, 未克礱淬, 率多舛駁, 未知後世子雲, 尙或觀過知仁否也. 屠維大荒落梧節, 駒城李源命識.

東野彙輯 凡例[3]

一. 此編, 專取野談而成書. 故稗史小說之所載者, 多不採錄, 就其

---

1) 저본에는 빠져 있으나 나, 다, 라본에 의거하여 보충함.
2) 列: 나, 다, 라본에는 '利'로 되어 있음.
3) 「東野彙輯 凡例」는 저본과 가본에만 있음.

中, 苟有近於古談者, 亦皆入錄.

一. 列聖朝事蹟, 不敢並[4]錄. 只以兩朝事係恩數之逮下者數條, 揭于編首, 倣二典尊閣之義.

一. 國朝名臣中, 惟以事蹟之涉於古談者, 入錄. 故名賢碩輔, 多未見錄, 蓋以此書異於人物類聚, 而非謂及史之闕也.

一. 名碩中, 以野談旣入錄, 則其行蹟之可紀者, 亦隨處添錄. 雖有詳略之不齊, 而可作攷實之資.

一. 一人事蹟, 雖累條, 並錄於一篇. 或有分而爲各篇者, 蓋以古談之各分其類而彙錄也.

一. 此書, 旣以類輯而部分. 故年代次序之間, 或舛差, 有不暇顧矣.

一. 此書之爲百三十[5]写, 偶同於三長大筆百三十篇之數. 此非用意摸倣者, 然不無僭越之嫌, 欲續輯幾篇, 以衍其數, 而姑未遑焉.

一. 此錄外, 野談之流傳者甚多, 而若其俚瑣荒誕者, 並不入錄. 苟有當入而不入者, 則留俟他日續筆.

東野彙輯 總目[6]

第一卷 恩數部【科宦一】
　　　　儒賢部【道學一 賢才二】
　　　　將相部【賢相三】
第二卷 將相部【天將一 名將五】
第三卷 節義部【忠節三 孝行一 貞烈三 忠義一】
第四卷 技藝部【文章三 書畵二 琴棋一】

---

4) 並: 가본에는 '巽'으로 되어 있음.
5) 百三十: 가본에는 '六十五'로 되어 있음. 이하의 경우도 동일함.
6) 「東野彙輯 總目」은 저본에만 있음.

第五卷 方術部【天文一 地理三 醫藥二 卜筮二】

第六卷 道流部【仙術二 道人一 方士一 左道一 僧徒二】

第七卷 性行部【隱淪二 韜晦二 鑑識二 才智二】

第八卷 性行部【勇力三 氣槩二 豪侈一 權貴一 風流一 富饒一 流丐一 寇盜二】

第九卷 人事部【積善二 施義二 酬恩三 報讎二】

第十卷 人事部【權術四 詼諧三 感化二 警戒二】

第十一卷 婦女部【德行一 奇婚二 佳緣二 異蹟二 智識二】

第十二卷 婦女部【才慧二 妬悍一 仇恨一 奇遇一 志操一 情義一 才妓一 名娼一】

第十三卷 雜識部【倡和一 離合一 窮通一】

第十四卷 雜識部【游覽一 奇蹟一 才能一 橫財一 殖貨一 報復一 氣義一】

第十五卷 述異部【靈異一 神奇一 巫祝一 冥遇一 邪魔一 幽怪一 異配一 物感一 報主一 誠力一 陰德一】

第十六卷 拾遺部【相業一 直諫一 風情一 規風一 怪事一 警悟一 仙蹟一 清福一 幻夢一】

　　凡一百三十号

○第一号 恩數部【科宦】

1-1. 明易義擢列清選

世宗朝, 勵精文治, 置集賢殿, 選學士, 更日直宿, 寵接之隆, 皆比登瀛洲. 一日, 命小宦, 往覘直士何爲, 直士某, 方燃燭讀書, 小宦還白. 如是往覘數四, 讀猶不輟, 鷄鳴始就寢. 上嘉之, 解貂裘, 令待睡熟, 覆其身, 士林聞之, 益勸. 殿南有大柳, 白鵲來巢, 子皆白, 文學之士, 彬彬輩出, 名碩之布列顯要, 皆由於集賢. 是時, 嶺南人禹某, 以明經登第, 分館國子, 陞典籍, 而旅宦沈屈, 世無知者, 將謝跡朝端, 永歸故鄕. 獨與承宣一人素親, 乃往見告別, 曰: "吾從宦多年, 尙未見銀臺, 當令公持被之日, 可得一見乎?" 承宣曰: "晝則僚員齊會, 君不宜無端入來, 若乘夕而入, 則可從容周覽." 因命一隸, 約以明夕導入. 禹從其言入院, 承宣某適有故不入直, 而門鑰已下, 不得出, 徊徨罔措. 院吏見而憫之, 俾得以留宿於一隅空房. 夜轉三鼓, 官吏皆睡, 月上花靜, 仙漏沈沈, 禹不能着睡, 出院門外, 徘徊憑眺. 時經霖雨, 宮墻有缺, 意謂由此而行, 可出闕局, 遂潛踰頹垣, 轉入曲徑, 忽見草樹翁鬱[7], 境界幽邃. 此卽景福宮上林苑, 而禹則[8]不知, 乃茫然自語[9]曰: "此是誰家後園, 而若是廣闊也?" 因尋路前進, 曲曲池塘, 層層亭閣. 禹以措大眼孔, 遽覩禁苑, 如登玄圃·閬苑, 心神怡惚[10], 進退靡定. 是夜, 上乘月逍遙於苑亭, 一宦陪從, 遙見一冠帶之人, 彷徨於太液池邊, 驚訝往叩之, 禹槪道其由. 上命招來, 下詢, "君是何人, 冒入此處?" 禹具以對, 仍問: "此是誰家之園?" 上曰: "吾乃此家主人也." 因與對坐于盤石上, 從容談論, 上問: "君旣登龍出身, 盍圖展驥逸足, 而十載潛郎一味棲遲乎?" 對曰: "遐鄕窮儒, 蹤跡齟齬, 旣無黃金結交, 趨權貴以借翮[11]; 又乏白雪同調, 遇知音而汲綆, 未藉吹噓之力, 所以坎坷至此. 方擬棄官歸田, 終老漁樵耳." 上又問: "旣以明經登第, 則能解『周易』否?" 對曰: "雖未能透解奧旨, 略知其大義耳." 上

7) 翁鬱: 가본에는 '鬱蔥'으로 되어 있음.
8) 則: 가본에는 '某'로 되어 있음.
9) 語: 가본에는 '謂'로 되어 있음.
10) 怡惚: 나, 라본에는 '恍惚'로 되어 있음.
11) 翮: 가본에는 '翼'으로 되어 있음.

命侍者, 取『周易』來, 蓋以經筵方講『羲經』也. 月下開卷, 拈問疑義, 禹逐條辨析甚詳, 上大奇之, 講論良久, 夜深乃罷. 上曰: "君蘊此才識, 而見枳名途, 豈不可惜?" 禹曰: "欲自此歸寓, 願指示去路[12]." 上曰: "曉鐘未動, 巡禁可畏, 且還政院, 待曙出去也." 禹告辭, 復從頹垣而歸[13]院, 趁開鑰出來. 明日, 以特旨[14]除禹修撰, 臺啓卽發, 論其猥越, 請遞改, 允從. 翌日, 特除校理, 臺啓又駁之, 亦允從. 其翌日, 特除應敎, 臺啓發, 而卽允如前. 翌日, 特除直提學, 臺官乃相議曰: "未知聖意所在, 而若此不已, 則將至於大提學, 不如且止." 遂停啓. 後日筵席大臣, 諸宰三司並入侍, 臺官奏曰: "禹某之門地·人品, 不合清選, 而特授玉堂, 臺啓峻發, 輒賜允從, 旋又陞除. 未敢知聖明何取於斯人, 而屢加特除耶?" 上不答, 顧內侍取『易經』來, 拈出疑晦之義, 使諸臣開釋以奏, 自大官至臺侍, 無一人能解. 上曰: "予方讀易, 此乃『易經』中第一疑義, 而能明其義者, 非尋常經術也. 卿等諸人, 皆所不知, 而禹某能洞辨而明言之. 予方喜經幄得人, 將益加擢用, 勿復論彈[15]也!" 諸臣悚然, 不敢措辭而退. 禹遂長在玉堂, 三晝晉接, 一部『羲經』[16], 屢承恩擢, 如知申·泮長·兩司長官·銓曹亞堂, 皆歷踐, 至八座焉. 太學居齋諸儒, 値清明佳節, 相率出遊於館北遠外川邊, 訪花隨柳, 携酒賦詩. 有一鄕儒, 人品疎拙, 爲衆所不取, 謂以聖廟守直無人, 使之獨留齋. 世廟是日, 適命掖隷一人, 潛往泮宮, 察見儒生等做何事, 回告[17]以儒生盡出遠外川游樂, 而[18]獨有一鄕儒守齋. 上卽命入對,

---

12) 去路: 가본에는 '歸路'로 되어 있음.
13) 歸: 가본에는 '出'로 되어 있음.
14) 旨: 가본에는 빠져 있음.
15) 彈: 나, 다, 라본에는 '殫'으로 되어 있음. 뜻은 서로 통함.
16) 羲經: 나, 다, 라본에는 '經義'로 되어 있음.

下詢, "花時游會, 衆所同樂, 爾何獨不赴也?" 對曰: "聖廟不可闕直, 故獨留矣." 上爲之嘉奬, 敎曰: "汝能作詩乎?" 對曰: "粗解綴句矣." 上曰: "予有一句, 曰'雨後山如泣', 汝能作對乎?" 卽對曰: '風前草似酣.' 又敎曰: "予有一句, 曰'綠羅剪作三春柳, 紅錦裁成二月花', 汝可續成否?" 卽對曰: '若使公侯爭此色, 韶光不到野人家.' 上大加稱賞, 仍命特賜及第, 卽賜紅牌及戴花, 依謁聖科例. 以幞頭·靑袍·鞍馬·舞童備給, 使率倡夫, 且賜樂工, 並使之先往泮儒川邊所會處, 誇示之. 泮儒諸人, 遙聞倡夫嘯聲及馬頭風樂, 共相疑怪, 忽見新來頭戴賜花而至, 乃守齋鄕儒也. 問知其由, 莫不大驚顚倒. 歸齋, 鄕儒多蒙恩眷, 遂至顯達.

外史氏曰: "英陵[19]盛際, 以其時, 則成康·文景; 而治敎, 則堯舜·文武也. 茅茹, 彙吉之象; 棫樸, 作人之化, 於斯爲盛, 或以冷宦疎逖之蹤, 而擢列淸選; 或因儕流之擯不與, 而獨占嵬科. 雨露之所濡, 不以賢愚而有間, 人豈可以落魄失意而侮之哉? 桃李不言, 下自成蹊, 其是之謂歟!"[20]

1-2. 感宸夢獨占嵬科

成廟嘗或[21]作康衢之游, 一夜雪月照耀, 上與數三宦侍, 行到北山下. 時政三更, 萬籟俱寂, 山底數間斗屋, 燈火明滅, 有讀書聲. 上開戶而入, 主人驚起延坐, 曰: "何許客深夜到此?" 上曰: "偶然

---

17) 告: 나, 라본에는 '奏'로 되어 있음.
18) 而: 저본에는 빠져 있으나 가본에 의거하여 보충함.
19) 英陵: 가본에는 '英廟'로 되어 있음.
20) 外史氏曰 … 其是之謂歟: 나, 다, 라본에는 빠져 있음. 사평 부분은 대개 저본과 가본, 마본에만 실려 있는 바 이후 따로 밝히지 않음.
21) 或: 나, 다, 라본에는 빠져 있음.

過去, 聞書聲而來." 仍問曰[22]: "所讀何書?" 對曰: "『易經』也." 上與之問難, 應對如流, 眞巨儒也. 問: "年紀幾何?" 曰: "五十餘歲." "不廢科工乎?" 曰: "只緣數奇, 屢屈科場矣." 請見其私藁, 乃出示之,[23] 箇箇名作, 上怪而問之, 曰: "如許實才尙未科, 此則有司之責也." 對曰: "畸[24]窮之致, 何可怨有司之不公乎?" 上熟視其中一篇題與所作, 因問曰: "再明有別科, 其或聞之否?" 對曰: "不得聞之, 何時出令乎?" 上曰: "俄者, 自上有命, 第爲努力見之." 仍辭出. 明日, 使掖隷, 以二斛米·十斤肉, 自外投之. 命設別科, 及期, 御題以向夜儒生私藁中題, 出揭, 而只待其文之入來. 未幾, 試劵入呈, 果是向夜所覽之賦, 上大加稱賞, 特擢第一. 及其榜出, 呼入新恩, 則非向夜所見之儒, 卽一少年也. 上訝而敎曰: "此是汝之所做乎?" 對曰: "非也, 果逢於老師私草中而書呈." 又敎曰: "汝師何不赴擧?" 對曰: "偶飽米肉, 猝患關格, 不得入來, 故小臣懷其私草而來矣." 上默然良久, 使之退. 蓋所賜米肉, 過飽於飢腸而生病也. 由此觀之, 豈非命耶? 上一夜又微行, 過一洞幽僻處, 遠見柴門半開, 一女子出來, 而門前之樹有鵲聲. 其女子四顧而無人, 仍往其樹下, 又作鵲聲, 以口含木而上, 上[25]有鵲聲而受之. 上心竊訝之, 仍咳嗽, 則其女子驚避于門內, 又有一人從樹上, 跳下而入柴門. 上追到而問故, 其人答曰: "自少業科工, 年近五十, 而尙未得科. 曾聞家有南鵲巢則登科云, 故此樹種于門前者, 已過十餘年, 而鵲不來巢. 故[26]吾今夜與老妻, 作雌雄鵲相和之聲, 而含木枝作巢, 以爲

---

22) 曰: 저본에는 빠져 있으나 가본에 의거하여 보충함.
23) 乃出示之: 주필로 삭제표시가 되어 있음. 이본에는 빠져 있음.
24) 畸: 이본에는 '崎'로 되어 있음. 서로 통함.
25) 上: 가본에는 '上亦'으로 되어 있음.
26) 故: 저본에는 빠져 있으나 가본에 의거하여 보충함.

閒中劇戱矣[27]. 不意爲客所見, 請問客何深夜到此?"上笑而憐之, 以過客爲答, 還宮. 翌日出科, 令以人鵲爲題, 一場士子, 皆不知解, 此儒獨知之, 呈券而登科. 南鵲之靈, 有如是, 此亦會時而然矣. 上嘗夢見黃龍, 由崇禮門而入, 額上書以'李石'. 上驚而覺之, 問內侍夜如何, 其對曰: "幾至罷漏時矣." 卽命一掖隷, "往南大門內, 待開鑰, 如有初入之人, 毋論某人, 率置于汝家後, 回奏." 掖隷承命而往. 少焉, 開門而有一總角, 負炭石而入, 乃執留之. 其人驚遑[28]戰慄, 仍携置渠家而入奏. 時謁聖科, 只隔數日, 上命掖隷, 使之加冠, 而備給儒巾·靑袍, 偕入科場, 第觀其動靜也. 掖隷依[29]下敎, 科日使着巾服, 要與入場, 其人曰: "吾本無識, 以賣炭爲業, 何可赴試乎?" 掖隷曰: "觀光何妨?" 强携入場, 同坐壯元峰下. 日稍晩, 多士撤接, 納凉于壯元峰. 有一白髮老儒, 頻頻熟視, 仍近前而問曰: "汝非李石伊乎?" 對曰: "然矣." 乃[30]執手垂涕[31], 曰: "汝果生存乎! 吾與若翁, 卽膠漆之友, 而屢年同硏. 某年疾疫, 汝家闔門俱歿, 汝之[32]乳媼, 抱汝而逃避云. 時汝年不過四五歲, 今於長成之後, 吾何以記得乎? 今此相逢, 我心感動, 認汝爲丁寧某友之子, 此豈非天耶? 汝翁私藁, 在吾篋中, 今日之題, 有吾與若翁, 舊日宿搆, 吾用吾搆而呈券, 尙餘汝翁之所搆矣. 汝已觀科乎?" 對曰: "安得觀科乎[33]? 爲此人所强勸, 以觀光而入來矣." 老儒曰: "吾有一張空紙, 當爲汝呈券." 遂自書其秘封以李石, 仍膽其私藁, 一揮

---

27) 矣: 주필로 삭제표시가 되어 있음.
28) 驚遑: 나, 다, 라본에는 '驚惶'으로 되어 있음.
29) 依: 다본에는 '以'로 되어 있음.
30) 乃: 나, 다, 라본에는 '仍'으로 되어 있음.
31) 涕: 나, 다, 라본에는 '淚'로 되어 있음.
32) 汝之: 나, 다, 라본에는 '汝家'로 되어 있음.
33) 乎: 저본에는 빠져 있으나 나, 다, 라본에 의거하여 보충함.

而就, 使之呈券. 未幾, 金榜高揭, 李石居魁呼名. 放榜後, 命入侍, 下詢, "此是汝作乎?" 李石對以實, 又命尋其老儒入侍, 下敎曰: "今除汝齋郎, 可敎李石以文字也." 李自此受業於其人, 知識日就, 官至參判. 上夜臨慶會樓, 有一人俯伏池傍, 上問: "誰也?" 對曰: "校書校理丘從直也." 又問: "何以至此?" 對曰: "草野之臣, 嘗聞慶會樓瑤池, 乃天上仙界, 適因禁直, 敢要瞻玩而來." 上命進前, 曰: "汝能歌乎?" 對曰: "壤歌村謳, 豈合聲律?" 命試唱之, 從直曼聲長歌, 聲振屋樑. 上大悅[34], 又問: "能誦經傳乎?" 對曰: "粗記『春秋』." 上命誦之, 應講如流, 命賜酒而罷. 明日, 特除大司諫, 三司交上[35]章極論, 上不兪. 過數日, 召三司官入侍, 又命丘從直來, 仍命自大憲以下誦『春秋』, 無一人能記一句. 上命從直誦之, 訖第一卷, 又抽他卷問之, 無不應口貫通. 上敎三司曰: "卿等不能誦一句[36], 猶躍清貫, 如丘從直者, 豈不當此任乎?" 三司惶恧而退. 從直後官至一品, 壽八十.

外史氏曰: "宋眞宗臨軒策士, 夜夢殿前有茱, 一苗甚盛, 高與殿齊. 及坼第一券, 乃蔡齊也. 夢龍登科, 古或有之, 而至現宸夢, 尤貴且壯矣. 人鵲之應, 卽至誠攸感, 科甲皆有天定, 何可力取? 但當盡吾誠, 待天命而已. 韓魏公之[37]五色雲見, 歐陽公之[38]朱衣點頭, 豈偶爾乎哉?"

---

34) 悅: 나, 다, 라본에는 '說'로 되어 있음. 서로 통함.
35) 上: 주필로 삭제표시가 되어 있음.
36) 一句: 나, 다, 라본에는 '一卷一句'로 되어 있음.
37) 韓魏公之: 주필로 삭제표시가 되어 있음.
38) 歐陽公之: 주필로 삭제표시가 되어 있음.

○ 第二믁 儒賢部一【道學】

1-3. 仙女定室降儒賢

退溪李文純公, 諱滉, 字景浩, 眞城人也. 天姿純粹[39], 性度溫醇, 如精金美玉, 文章夙成, 少年登科顯揚. 晚來守道山樊, 不樂仕宦, 退居禮安, 專精學問, 難進易退, 時人仰之, 若泰山北斗[40]. 季年築室于陶山, 頗有林泉之趣. 平居不矜持, 若無甚異於人, 而其於出處辭受之節, 不敢分毫過差. 其僑居漢城也, 隣家有栗樹, 數枝過墻, 子熟落于庭, 公恐兒童取食, 拾而投之墻外, 其介潔不可尙已. 嘗承召入京, 雖加寵敬, 而言不採用, 歸意益決. 乃集先賢所作之圖, 補以已意, 爲『聖學十圖』以進, 議論精詳. 常曰: "吾之報國, 只此而已." 先生之外祖某公, 居于咸昌, 家富饒, 其爲人有厚德, 多高義, 一鄕咸以君子稱之. 適値深冬, 饕風虐雪, 寒威栗烈, 門外忽聞流丐呼號聲, 甚悽切. 有一婦女, 求食乞宿, 蓬頭垢面, 懸鶉百結, 旁行踽僂[41], 旣癩且瘡. 其醜惡之狀, 雖古之籧除·戚施·嫫母·仳倠[42], 蔑以加也. 人皆掩鼻而[43]避之, 廊下蒼頭突出, 揮手叱逐, 不使近前, 老主人曰: "勿如是也! 彼雖有惡疾, 當此日暮雪寒, 若自吾家見出, 則誰肯容接? 必凍僵於路, 吾不忍其被逐而就死, 可饋以餘飯, 止宿於空廊也." 抵夜, 其女呼寒波吒之聲, 又不堪聞. 老人乃招入房內, 俾宿于上堗, 自持衾褥, 移臥下堗而宿. 其女乘老人之睡, 轉輾至下堗, 或以手加于老人腹上, 或以足納于衾中.

---

39) 純粹: 나, 다, 라본에는 '粹然'으로 되어 있음.
40) 泰山北斗: 나, 다, 라본에는 '山斗'로 되어 있음.
41) 踽僂: 가본에는 '踽躣'로, 나, 다, 라본에는 '傴僂'로 되어 있음.
42) 仳倠: 나, 다, 라본에는 '仳儶'로 되어 있음.
43) 而: 저본에는 '以'로 나와 있으나 이본을 따름.

老人覺之, 笑曰: "病客之睡, 何昏困而[44]至此?" 乃以兩手, 徐擧其臂脚而出之, 如是者數四. 及明曉視之, 女不在矣, 莫知去處[45]. 後數日又來, 形貌之醜惡, 較前尤甚, 令人欲嘔, 又可驚怖. 老人少無厭苦之色, 如前接宿, 渾室之人, 皆咎主翁, 而詈其女之頻來. 抵曉, 又不告而去. 一夕, 老人方推窓玩月, 忽聞異香酷烈, 有一婦人[46], 年可卄餘, 姿色絶世. 雲裳霞裾, 光彩奪眼, 來拜于前, 曰: "吾卽曩者病婦也. 荷公不我遐棄之恩, 昔疾今瘳, 還他本形, 故今玆來謝." 老人拭目, 危坐更視, 舊日之瘡疥縊縷[47], 若非蛻殼[48], 便是化蝶[49], 判爲二人. 心甚疑訝, 仍叩其由, 乃曰: "吾非世間人也, 卽是[50]蓬萊宮仙娥也. 向日現以醜形, 試公心德, 而欲了宿世之緣, 別無他意,[51] 不須駭問." 老人遽惶懼, 不敢措辭, 修謹[52]退坐, 女稍前促膝, 辭致溫婉, 笑語款洽, 曰: "與公三生佳約, 應得諧合, 雖不能大有補益, 亦非相禍者, 幸毋深疑. 宵已分矣, 請公就寢." 老人猶未敢解衣帶而襯香澤, 女笑曰: "疇昔之夜衾裯中, 旣親手足, 則更何別嫌之有?" 遂薦枕席. 女晨起, 告別曰: "時運相從, 良非容易, 此後歡會無間. 公擧一念, 身卽却來, 但憂公意不堅, 未爲公福耳." 因飄然而去. 老人辨色而興, 自疑曰: "豈其夢耶?" 及明, 靚粧在臂, 異香在衣, 怳然自失, 莫省其故. 自是, 時或擧念, 則香氣發,

---

44) 而: 저본에는 빠져 있으나 가본에 의거하여 보충함.
45) 去處: 가본에는 '所去處'로, 나, 다, 라본에는 '去'로 되어 있음.
46) 人: 저본에는 빠져 있으나 가본에 의거하여 보충함.
47) 縊縷: 가본에는 '藍縷'로 되어 있음.
48) 蛻殼: 가본에는 '脫殼'으로 되어 있음.
49) 化蝶: 저본에는 '蝶化'로 나와 있으나 가본을 따름.
50) 是: 저본에는 빠져 있으나 나, 다, 라본에 의거하여 보충함.
51) 別無他意: 주필로 삭제표시가 되어 있음.
52) 不敢措辭, 修謹: 주필로 삭제표시가 되어 있음.

而女輒來同寢, 時說天上事及仙人變化, 言多奇妙, 非世間[53]所聞. 老人情志稍迷惑, 一日不來不樂也. 家人咸以爲怪, 或以魔邪·狐精目之, 老人一以誠信待之. 一日, 女曰: "今則當永別." 老人愕然曰: "是何說耶? 人間謫限已滿乎, 吾之誠禮漸隳乎?" 曰: "皆非也. 吾奉文昌帝君之命, 有付托於公家之事, 今將復命, 第此布陳, 必從此而無違也." 老人曰: "何事?" 女曰: "公家後園, 作室一間, 以某方爲坐向, 精潔修飾, 毋作汗漫之用, 毋近鄙穢之事. 姑爲閉鎖, 必待主人宅[54]同姓有[55]臨蓐之婦, 入處解娩, 可也." 語畢出門, 仍忽不見. 老人異之, 從其言, 園中精搆一室, 不許他人入室. 子孫婦中當產者, 使之入處, 則必疾作苦痛, 不得解娩, 移他房而後, 始生產. 老人甚訝之, 閉其室, 毋敢尋常居處. 老人之女婿, 卽禮安人, 而爲其妻將娩, 挈留妻家. 當其產期, 妻忽有病, 百方治療, 萬無一效, 擧家遑遑. 病女請於老父曰: "曾聞, 家中有新搆之蓐室, 若移我於彼所, 則安知不爲福德方乎?[56]" 老人尋[57]思, '仙娥旣言主人同姓, 則雖吾子孫之婦, 係是他姓, 故頃不得解娩於此室. 而今此女息, 則本係同姓, 倘或有效否?' 遂使之入處, 病卽快愈, 又得順娩弄璋, 是爲退溪先生. 官至文衡·贊成, 壽七十, 從享文廟.

外史氏曰: "天生大賢, 必有奇徵異兆, 二龍之繞室, 五星之聚奎, 自昔然矣. 自宋程朱以後, 正學失傳, 天開瑞運, 吾道遂東, 退溪生於屢[58]百載之後, 而克尋伊洛之墜緖, 使斯文煥然復明. 粤自降生,

---

53) 間: 저본에는 빠져 있으나 이본에 의거하여 보충함.
54) 主人宅: 주필로 삭제표시가 되어 있음.
55) 有: 주필로 삭제표시가 되어 있음.
56) 福德方乎: 나, 다, 라본에는 '福乎'로 되어 있음.
57) 尋: 가본에는 '深'으로 되어 있음.
58) 屢: 가본에는 '數'로 되어 있음.

異於凡人, 仙姬之告定以蓐室, 事甚神奇, 豈非孔子抱送天上麒麟之瑞耶?"

1-4. 老翁禳星話天數

栗谷李文成公, 諱珥, 字叔獻, 德水人也, 十餘歲, 文章已成. 早失所恃[59], 日夜號泣, 偶閱釋氏書, 深感死生之說, 且悅其學簡便, 出家雲遊, 禪號義庵. 十九歲, 入金剛山, 仍棲寺門, 戒定堅固, 緇徒尊之, 以爲生佛. 無何, 覰破釋氏近理亂眞處, 遂專心吾道, 謁退溪于陶山, 獻詩曰: '溪分洙泗[60]派, 峰秀武夷山. 活計經千卷, 生涯屋數間. 襟懷開霽月[61], 談笑止狂瀾. 小子求聞道, 非偸半日閒.' 退溪曰: "詩不如人, 天資甚敏, 凡看文字, 與人談笑, 披閱周覽, 疾如風雨." 已得其大義, 進士[62]文科, 皆壯元, 並魁初覆試, 人稱九度壯元. 其立朝, 銳意格君, 抄集經史要語[63], 撰進『聖學輯要』, 因極論爲政爲學之道. 又有日記, 最多格言. 爲兵判時, 北邊有賊胡泥湯介[64]之亂, 自京選戰士, 以防之. 先生於筵中進言, "自古, 有國一用兵, 兵不息, 國家升平百年, 民不知兵, 今始用之. 自此以後, 兵且不息, 請預養八道精兵十萬, 以備緩急. 否則不出十年, 將有土崩之禍[65]." 柳西厓成龍[66]以爲, '無事養兵, 養禍也.' 筵臣亦皆以公言爲迂. 公出謂成龍[67]曰: "國事危於累卵, 而俗儒不知時務, 他人姑

---

59) 所恃: 나, 다본에는 '怙恃'로 되어 있음.
60) 洙泗: 가본에는 '泗洙'로 되어 있음.
61) 月: 다본에는 '日'로 되어 있음.
62) 進士: 마본에는 '司馬'로 되어 있음.
63) 要語: 가본에는 '要義'로 되어 있음.
64) 泥湯介: 나, 다본에는 '尼湯介'로 되어 있음.
65) 禍: 가본에는 '患'으로 되어 있음.
66) 成龍: 저본에는 지워져 있으나 이본에 의거하여 보충함.

捨,⁽⁶⁸⁾ 君亦有是言耶?" 因愀然不樂. 後有壬辰大亂, 西厓在朝堂, 語
諸宰曰: "當時, 吾慮其騷擾而非之, 到今思之, 李文成⁽⁶⁹⁾眞聖人, 若
用其言, 國事豈至此極乎?" 嘗以遠接使, 到黃州, 州使一妓薦枕,
名曰⁽⁷⁰⁾'柳枝', 才色出衆. 公曰: "看汝姿藝⁽⁷¹⁾, 殊可愛玩, 但一與之私
義, 當率蓄於家, 此擧甚難." 遂却之. 及寓居海州, 柳枝乘夜遠訪,
公製「柳枝詞」一闋, 申⁽⁷²⁾以却之. 甲申正月, 洛下士人李某, 適因事
往江陵地,⁽⁷³⁾ 羸驂短僕, 行至絶峽, 迷失道. 日暮店遠, 莫適所向,
忽遇一樵夫, 問路, 樵夫指越岡, 曰: "踰此, 有一班家." 士人踰岡
而視之, 果有草屋數三間而已, 無他村落. 直向其家叩扉, 俄而, 一
童出來, 問: "如此窮峽, 客何爲者?" 士人道其由, 童入去, 稍久始
出, 延客入室. 見主人, 年可六十餘, 戴破毛冠, 扶靑藜杖, 强起接
待, 曰: "今夜, 適有所幹, 果難接客, 而深峽値暮, 不許留接, 則決
非人情. 故使之寄宿, 而殊多非便矣." 仍靜坐無言, 若有所思, 士
人亦默坐一隅. 少焉進飯, 主客對吃, 時値黃昏, 主人忽語侍童曰:
"今已曛暮, 尙不來, 甚是怪事, 汝可開戶瞭望也." 侍童還告曰: "今
方越前川而來." 主翁瞪目視客, 曰: "必含嘿而坐, 切勿開喙也." 無
何, 二人來, 一是村學究, 一是老和尙也. 入戶寒暄, 更無他語, 命
侍童汲井華水一器, 置于盤上, 爇香⁽⁷⁴⁾於爐. 三人俱北向⁽⁷⁵⁾跪坐, 呪

⁽⁶⁷⁾ 成龍: 저본에는 지워져 있으나 이본에 의거하여 보충함.
⁽⁶⁸⁾ 他人姑捨: 주필로 삭제표시가 되어 있음. 마본에는 있음.
⁽⁶⁹⁾ 成: 저본에는 '靖'으로 나와 있으나 이본에 의거하여 바로잡음.
⁽⁷⁰⁾ 名曰: 저본에는 '曰名'으로 나와 있으나 나, 다, 마본에 의거함.
⁽⁷¹⁾ 姿藝: 가본에는 '才藝'로 되어 있음.
⁽⁷²⁾ 申: 주필로 삭제표시가 되어 있음.
⁽⁷³⁾ 適因事往江陵地: 나, 다본에는 '適往江陵'으로 되어 있음.
⁽⁷⁴⁾ 爇香: 가본에는 '焚香'으로 되어 있음.
⁽⁷⁵⁾ 北向: 가본에는 '北面'으로 되어 있음.

語良久, 主翁呼僮曰: "汝須出門, 仰覘天象." 少頃, 僮入告曰: "有星今自東方墜而光芒燭地矣." 主人與二客, 遽相視長吁, 曰: "莫非天數, 奈何?" 士人不勝疑怪, 遽問: "主人之所歎者, 何事?" 主人曰: "叔獻將死, 故吾約此二人, 祈禳誦經, 少延其壽, 大數所關, 竟至無靈. 俄者星隕, 已不救矣." 士人曰: "叔獻誰也?" 曰: "李某也." 士人曰: "吾自京離發時, 李某方帶兵判, 少無疾恙, 是何言也?" 主人曰: "七八年後, 倭寇將大至, 叔獻在世, 則庶幾弭亂, 而今已矣. 一國蒼生, 盡爲魚肉, 將奈何?" 少焉, 二客皆帶悽慘之色, 出門而去. 士人仍問: "國運若此, 則如吾[76]窮儒, 何以保存?" 曰: "若向湖右唐·沔之間, 則庶可得免矣." 又問: "二客是誰?" 曰: "其儒冠者, 不可露其姓名, 其緇衣者, 乃黔丹大師也. 君於出山之[77]後, 幸母向人宣播也." 士人回洛問之, 栗谷果以某日下世, 計其日, 卽三人祈星之夜也. 栗谷官至三館貳相, 壽止四十九, 從祀文廟.

外史氏曰: "栗谷之道學才識, 卽我東大賢, 而養兵之論, 又有鑑識之明. 若當龍蛇之變, 則必有弭亂之策, 而天不祚宋, 竟嗇其壽. 祈禳之法, 古亦有之, 以武侯之才, 未能避災於五丈原, 河魁之墜, 大運所關, 奈何? 牛溪稱栗谷, '山河間氣, 三代上人物, 不能有爲於斯世, 齎志而歿, 誠可恨云.'"

○ 第三号 儒賢部二【賢才一】

1-5. 遣門生讀經活人

花潭徐公敬德, 字可久, 唐城人, 博學多聞, 天文·地理·術數之

---

76) 如吾: 가본에는 '如此'로 되어 있음.
77) 之: 저본에는 빠져 있으나 나, 다본에 의거하여 보충함.

學, 無不通曉. 卜居于花潭之上, 仍以爲號, 聚學徒, 講道其學, 似邵康節折衷群經, 尤深於易理象數. 不事治産, 屢空忍飢, 處之晏如, 冬不爐, 夏不扇, 夜不就席[78]. 嘗有詩, 曰: '讀書當日志經綸, 歲暮還甘顏氏貧. 富貴有爭難下手, 林泉無禁可安身. 採山釣水堪充腹, 咏月吟風足暢神. 學到不疑眞快活, 免敎虛作百年人.' 摳衣受業者, 日盈門, 松都多人物, 車天輅之文章, 韓濩之筆, 皆此中人也. 是時, 有名娼眞伊者, 美容色, 善琴歌, 能詩詞, 亦女中之倜儻任俠者. 嘗曰: "松都有三絶, 其一朴淵瀑布, 其二花潭先生, 其三卽我也. 聞先生高蹈不仕, 學問精粹, 欲試之." 携琴釀酒, 束絛帶, 挾『大學』, 往拜曰: "妾聞『禮記』, 曰: '男鞶革, 女鞶絲.' 妾亦志學, 帶絲而來, 願安承敎." 先生笑而誨之. 眞伊乘夜相昵, 如魔登之拊摩阿難者累日, 而花潭終不少撓. 眞伊不勝憝恨, 遂直向金剛山, 以葛[79]衫布裙, 穿芒鞋, 曳竹杖, 無深不到, 遍覽內外山而還. 每言, "知足老禪, 三十年面壁, 亦爲我所懷, 惟花潭先生, 昵處累年, 終不及亂, 是眞聖人云." 花潭嘗搆小亭于溪邊, 扁曰'逝斯邁軸[80]', 以自娛. 一日, 方與學徒, 演說易義, 忽有老僧來, 拜[81]堦下, 厖眉環眼, 狀貌獰特. 花潭曰: "汝緣甚來此?" 僧曰: "貧道適有去處, 路過門下, 要暫瞻謁." 花潭曰: "吾不忍其無罪而就死, 汝未可闊略否?" 對曰: "此係天數, 固難違也." 仍拜辭, 倏忽而去, 花潭嗟歎不已. 學徒皆懍慌相顧, 莫省其諭, 花潭曰: "其僧卽某山神虎也. 今夕某村某家, 將迎婿受幣, 而處女爲其害, 豈不慘哉?" 學徒輩曰: "先生

---

78) 席: 가본에는 '枕'으로 되어 있음.
79) 葛: 저본에는 '褐'로 나와 있으나 나, 다, 라본을 따름.
80) 邁軸: 라본에는 '迺蚋'로 되어 있음.
81) 拜: 가본에는 '揖'으로 되어 있음.

旣有燭悉, 盍圖救濟? 劉琨有異績, 而虎負子渡河; 黃公呪赤刀, 而虎不能害人, 今以先生之道敎, 該通萬境, 豈無壓勝之術乎?"花潭沈吟良久, 曰:"吾欲少試, 而但無可送之人耳."一門生請自往, 花潭喜[82]之, 授一書, 曰:"此是『蓮華經』中「普門品」, 昔高歡國孫某誦此經, 獲免厄禍, 佛家稱以高王觀世音經者也. 汝往其家, 須勿洩機, 但具床卓香燭於廳上, 使其處女於房中, 牢鎖戶牖. 又令健婢五六人, 堅執勿放, 汝坐廳上, 讀此經, 勿誤句讀. 挨過雞鳴時, 自可無事, 戒之愼之!"其人承敎, 而尋往其處, 卽峽村富民之家, 列屋比櫛, 露積崇墉, 庭半帷設, 戶外屨滿, 聞明將過婚, 今方受綵云. 入見主人, 乃頎然老翁問:"客何夤[83]夜到此?"答曰:"吾非過客, 竊爲主家一件事[84], 可以轉禍爲福, 因此委來."主翁曰:"何事也?"答曰:"今夜主家有大厄, 苟依吾言如斯如斯, 庶可免禍."主翁瞠然曰:"何來風客也, 做狂譫?"答曰:"吾非接輿之楚狂, 計在毛遂之爲楚. 姑覘來頭, 余言如誑[85], 則毆辱打逐, 無所不可."主翁[86]心甚訝然, 第觀下回, 指揮家僮, 一依客言, 掃大廳, 設筵卓, 處女深藏房內. 其人乃整襟, 端坐廳上, 內外靜寂, 燈燭明亮, 對床讀經. 纔到三更時候, 猛聽得一聲霹靂, 屋瓦皆振. 家人咸戰慄鼠竄, 見白額大虎, 躍下庭中, 睛如電燁, 響若雷掀, 跳攖鬫哮, 勢甚獰怖. 其人顔色不變, 讀經不撤. 此時處女, 稱以放矢[87], 限死[88]欲出, 丫鬟輩左右挽持, 緊緊[89]如綁縛樣. 處女但亂搶[90]手脚, 按住不

---

82) 喜: 나, 다, 라본에는 '戲'로 되어 있음.
83) 夤: 이본에는 '寅'으로 되어 있음. 서로 통함.
84) 件事: 가본에는 '舛事'로 되어 있음.
85) 誑: 나, 다, 라본에는 '狂'으로 되어 있음.
86) 主翁: 나, 다, 라본에는 '主人'으로 되어 있음.
87) 放矢: 나, 다, 라본에는 '放尿'로 되어 있음.
88) 限死: 주필로 삭제표시가 되어 있음.

得而已. 虎忽奮迅大吼, 噬破窓前楹木, 如是者三. 俄而, 村鷄喔喔, 虎忽不見, 而處女昏窒, 家人始收拾精神, 以溫水灌口, 須臾得甦. 其人讀罷出外, 主翁拜謝曰: "公神人也! 僕有眼不識泰山, 不敢復相士矣. 願上千金爲公子壽, 以效萬一之酬." 其人曰: "吾偶因急人之義, 薄試手法, 初非衒術媒利者." 仍告退, 主翁再三苦挽, 乃拂袂[91]不顧而還告. 花潭笑曰: "汝何爲誤讀三處?" 對曰: "無誤讀處矣." 花潭曰: "俄者, 其僧又過去, 而謝我活人之功, 又曰: '經文誤讀三處, 故噬破楹木[92], 以識之云.'" 其人更思之, 果是誤讀也.

外史氏曰: "花潭我東之康節也, 或云: '算數之學, 能知未來事, 與世間占覆之術, 何異其去道遠矣?' 是豈知花潭者耶? 似此神異之蹟, 非但活人之命, 亦道敎中流出而發前未發也. 手探月窟, 足蹈天根, 蓋他玩得此理熟了, 事物到面前便見, 更不待思量, 此卽康節之謂, 而余於花潭亦云."

1-6. 洩天機祈星救友

鄭北窓礦, 字士潔, 溫陽人也[93]. 淸虛寡慾, 聰明絶倫, 儒道釋及技藝雜術, 無不通曉. 又解鳥獸音, 曉音律, 以繩繫酒壺, 以銅箸, 挿其一于壺中, 持其一擊壺, 作雅曲, 皆中律呂. 性不喜肉, 善飮酒, 數三斗不醉. 又善嘯, 其父順朋[94], 以關東伯, 遊楓嶽, 北窓從之. 順朋曰: "人言汝善嘯, 我未曾聞, 到此境, 可作一曲." 對曰:

---

89) 緊緊: 나, 다, 라본에는 '繫'로 되어 있음.
90) 搭: 다본에는 '揆'로 되어 있음.
91) 袂: 나, 다, 라본에는 '袖'로 되어 있음.
92) 楹木: 가본에는 '窓前楹木'으로 되어 있음.
93) 也: 저본에는 빠져 있으나 나, 다본에 의거하여 보충함.
94) 順朋: 다른 자료에는 '順鵬'으로도 나옴.

"今日, 邑人多候于此, 明日, 毗盧峰上吹之." 翌日, 冒雨早往, 僧止之, 曰: "今日雨, 不可登高." 曰: "向晚當晴." 遂杖藜而往, 晌午果晴. 順朋隨之, 聞峰頂[95]笛聲甚高, 巖谷皆振, 僧驚曰: "山深境絶, 有何笛聲淸壯? 必神仙也!" 順朋默識之, 至則果其嘯也, 非笛也. 雖孫登·阮籍蘇門之嘯, 不能過也. 北窓嘗以釋氏他心通之法, 未得門戶爲恨. 入山靜觀三四日, 便洞然頓悟, 能知百里之外事, 如合契, 百不一爽[96]. 時有居僧, 來問之, 北窓曰: "今日家奴持酒來矣." 俄而, 驚曰: "惜哉! 不得飮矣." 旣而, 奴至告曰: "負酒來到嶺上, 跌於岩, 甁破矣." 隨父赴中國, 遇琉球國使臣, 使臣亦異人也. 在其國, 以易數推之, 知入中國, 遇異人, 沿路咨訪, 至北京, 遍訪諸國邸館, 皆不遇. 及一見北窓, 瞿然驚之[97], 不覺下拜, 披其橐, 出小冊, 記'某年某月日, 入中國, 遇眞人'. 示北窓, 曰: "所謂眞人, 非公而誰?" 其人精通易學, 北窓大悅之, 共處三日三夜, 論易, 能通其國之語, 不待舌人, 蓋不學而能焉.[98] 於是, 諸國人在館者, 聞之, 爭來見公, 各爲其國語, 應之如響, 皆驚駭, 稱以天人. 常居一室, 治鍊丹火候之法. 有客至, 寒士也, 方盛冬, 不耐其苦. 北窓取座傍冷鐵片, 挾之腋下, 以熨之, 頃之, 出與其客, 如烘爐之燠, 流汗浹體. 嘗有人患, 瘤病累月, 針藥俱不瘳. 北窓取座席上一掬萱, 手摩口煖, 使服之, 病立愈[99]. 又慈竹[100]切友一人, 遘疾濱危, 醫藥罔效. 其父稔知北窓之神異, 來問命數, 答曰: "年數已盡, 無可奈

---

95) 峰頂: 나, 다본에는 '峰頭'로 되어 있음.
96) 爽: 나, 다본에는 '喪'으로 되어 있음.
97) 之: 저본에는 빠져 있으나 마본에 의거하여 보충함.
98) 蓋不學而能焉: 주필로 삭제표시가 되어 있음.
99) 愈: 마본에는 '癒'로 되어 있음.
100) 慈竹: 주필로 삭제표시가 되어 있음.

何." 其父泣而乞, 願得援手, 北窓憐其情理, 曰:"然則但當減吾十年之壽, 以添公之子年限, 此外無他道[101]矣. 公於來夜三更後, 獨上南山絶頂, 則必有紅衣·黑衣兩僧, 相對而坐. 哀懇其前, 願延公子之命, 僧雖嗔而逐之, 須勿退去, 雖以杖毆[102]之, 亦勿厭避. 務積誠意, 千懇萬乞, 則可有覬得者矣." 其人依其言, 至夜乘月, 獨上南山蠶頭, 果有二僧. 進前恭拜, 泣告情事, 二僧愕然曰:"過去山僧, 暫憩于此, 公是何人, 作此妄擧乎? 公子之壽命脩短, 吾[103]何以知之? 可速退去!" 其人聽而不聞, 手攢頂禮, 祈懇不已, 僧怒曰:"此是狂客, 當毆而逐之!" 遂擧杖亂打, 痛不可忍, 而抵死不退, 伏地泣乞. 良久, 黑衣僧笑曰:"此必鄭礦之所指導. 此兒所爲可恨, 以渠之壽, 減十年, 而添此人之壽, 無妨耶?" 朱衣僧點頭, 曰:"然矣." 二僧始扶起, 慰言曰:"暫試之耳." 黑衣僧, 自袖中出一冊, 傳于朱衣僧, 僧受之, 對月光擧筆, 若有書字樣. 仍謂曰:"公之子, 從今延十年壽矣, 可歸語鄭礦, 使勿復洩天機也." 仍忽不見, 蓋朱衣南斗也, 黑衣北斗也. 其人歸家, 子病漸瘳, 果至十年. 北窓享年四十四, 其自挽[104]曰: '一生讀罷萬卷書, 一日飮盡千鍾酒. 高談伏羲以上事, 俗說從來不掛口. 顔回[105]三十稱亞聖, 先生之壽何其久?' 公廣通三敎, 而其歸本於聖學, 其遺訓專務孝悌, 以『小學』·『近思錄』, 爲初學蹊徑. 嘗曰:"聖人之學, 以人倫爲重, 故不言要妙處, 仙佛則專[106]以收心見性爲本, 故上達處多, 而下學處專闕. 此三敎

---

101) 道: 가본에는 '道理'로 되어 있음.
102) 毆: 가본에는 '擊'으로 되어 있음.
103) 吾: 저본에 '貧道'라 쓴 것을 주필로 수정한 것임. 가본에는 빠져 있고, 마본에는 '貧道'로 되어 있음.
104) 挽: 나, 다본에는 '輓'으로 되어 있음. 서로 통함.
105) 顔回: 나, 다본에는 '顔子'로 되어 있음.
106) 專: 나, 다본에는 '全'으로 되어 있음.

之所以異也."

外史氏曰: "北窓神異之術, 豈可以管見蠡測? 妄有議到, 而第其減己年而添人壽, 古有是否? 恐涉荒唐, 然至人·道人, 與常人殊, 抑以脩短隨化, 終期於盡一, 死生爲虛誕, 齊彭殤爲妄作而然歟? 雖未享年, 亦因尸解登蛻, 便有不死之術歟? 苟非然者, 天旣生絶異之才, 而又使摧折之, 黛[107]所謂天難諶[108]命靡常者耶?"

○ 第四号 儒賢部三【賢才二】

1-7. 授器換金試奇術

李土亭之菡, 字馨仲, 韓山人也. 生而穎悟, 諸家雜術, 無不通解. 能忍寒暑飢渴, 冬日赤身, 坐烈風中, 或十日絶飮食不病, 未來之事, 皆預知, 世稱以神人. 布衣翁笠, 遨游士夫間, 傍若無人. 兩足各係一圓瓢[109], 杖下又繫一瓢, 行于海上, 如踏平地, 無處不往, 如瀟湘·洞庭之勝, 皆往見, 周行四海, 窮探幽奇. 三入濟州, 自爲商賈以敎民, 赤手贏生業, 數年積穀鉅萬, 盡散之貧民. 州牧聞其名, 迎致客館, 擇美妓薦枕, 指倉庫, 謂妓曰: "爾若得幸於李公, 當賞一庫." 妓異其爲人, 乘夜納媚, 必欲亂之, 而竟不被汚, 揮袂而去. 入海種瓠, 結子數萬, 剖以爲瓢, 鬻穀幾千石, 運之京江之麻浦. 募江村人, 積土汚塗中, 高百尺, 築土室, 名土亭, 夜宿室下, 晝升室上, 居之未幾, 棄之而歸. 又惡其負鼎而行, 爲鐵冠戴之, 脫而炊飯, 洗而冠之. 周流八道, 不假乘而行, 自謂, '賤者之事, 無不

---

107) 黛: 가본에는 '此'로 되어 있음.
108) 諶: 가본에는 '忱'으로 되어 있음.
109) 瓢: 가본에는 '瓠'로, 나, 다, 라본에는 '匏'로 되어 있음. 이하의 경우도 대체로 이와 비슷함.

躬[110]通, 不被人毆打, 請嘗試之.' 一日, 突入民家, 坐於夫婦之側, 主人大怒, 欲毆之, 爲其老而溫言逐之. 又欲受笞臀之刑, 故犯官人前路, 官人怒而欲笞之, 熟視之, 異其狀而止之. 其祖父母之葬也, 相葬地, 子孫當出兩相, 而其季子[111]不吉, 季子卽公也. 公自當其災, 後公之姪山海爲相, 山甫官一品, 而公之子不顯. 嘗爲抱川縣監, 布褐草鞋上官, 官人進饌, 熟視而不下箸, 曰: "無所食." 吏人跪于庭, 曰: "縣無土産, 盤羞無異味, 請改之." 俄而, 盛陳佳羞而進, 又熟視之, 曰: "無所食." 吏人震恐請[112]罪, 公曰: "我國之民生困苦, 皆坐飮食之無節, 吾惡夫食者之用盤." 命下吏, 雜五穀炊飯一器, 黑荣羹一器, 盛之笠帽匣而進之. 翌日, 邑中品官之來, 爲作乾荣粥, 勸之, 品官低冠擧匙, 乍食乍吐, 而公盡食之. 未久, 去官而歸, 邑人攔道留之, 不得. 家甚貧, 菽水難繼, 一日, 坐於內堂, 夫人曰: "人皆稱君子有神異之術, 盍爲我小試[113]?" 公曰: "吾將造出蝴蝶, 君欲觀乎?" 夫人曰: "今値深冬, 寧有蝴蝶乎[114]? 公言妄耳." 公曰: "第觀之." 卽就縫衣樏器中, 取其衆色錦紬[115], 小小裁餘, 握在手中, 微作呪語. 俄而, 散擲空中, 蝴蝶紛然滿室, 五色燦爛, 各隨裁餘本色而成, 翩翩飛舞, 眩轉難測.[116] 夫人不覺驚怪. 公復展手向空作呪, 蝴蝶卽皆還集掌中, 少焉開握, 則依舊錦紬片片裁餘矣. 夫人曰: "見今糧匱, 將絶火, 何不試神術而救此急也?" 公笑曰: "何難之有?" 卽命婢子給一鍮器, 曰: "汝持此器, 往京營橋

---

110) 躬: 이본에는 '窮'으로 되어 있음.
111) 季子: 가본에는 '李氏'로 되어 있음.
112) 請: 가본에는 '詣'로 되어 있음.
113) 試: 가본에는 '試之'로 되어 있음.
114) 乎: 저본에는 빠져 있으나 나, 다본에 의거하여 보충함.
115) 紬: 나, 다, 라본에는 '繡'로 되어 있음.
116) 滿室 … 眩轉難測: 나, 다, 라본에는 빠져 있음.

前, 有一老嫗, 以百錢願買, 可賣來." 婢承命而往, 果有願買之嫗, 一如所教, 遂捧價而來. 又命曰: "汝持此錢, 往西小門外市上, 有篛笠人, 以匙箸將急賣, 汝可買來." 婢又往, 果符所言, 買匙箸來納, 卽銀匙箸也. 又命曰: "汝持此匙箸, 往畿營前, 下隷方失銀匙箸, 而欲求同色者, 示此, 則可捧十五兩錢, 可賣來." 婢又往, 一如所教, 捧十五兩而來納. 更以一兩錢給婢, 曰: "買器之老嫗, 初失食器, 而欲代之, 今也,[117] 推尋所失之器, 要還退所買者, 汝其還退而[118]來." 婢又往見, 果然, 乃推還其器來納. 公以其錢與器, 傳于夫人, 作朝夕之供, 夫人更請加數, 笑曰: "如斯足矣! 多財者, 菑[119] 必隨之, 不必添也." 後爲牙山縣監, 有一老吏犯罪, 公曰: "爾雖老, 心卽兒也." 令去冠辮白髮爲童, 使持硯陪案前, 老吏啣[120]之, 潛取蜈蚣汁, 調酒而進之, 公卒, 年未六十矣.

外史氏曰: "土亭神異之術, 可與北窓伯仲, 天旣生絶類之才, 而又使之不享年不考終, 何也? 良玉易毁, 琪花早零, 抑爲造物者之所忌而然歟? 黃岡曰: '土亭比諸葛武侯, 何如?' 栗谷曰: '土亭比之於物, 則是奇花異草, 珍金美玉, 非布帛·菽粟適用之物, 豈可比於武侯乎?' 土亭聞之,[121] 笑曰: '我雖非菽粟, 亦是橡栗之類, 豈專無用處乎?' 蓋以武侯擬比, 則其才之卓乎難及, 推可知也."

1-8. 投樻燒火除妖物

鄭磏, 字士敬, 號古玉, 北窓之弟, 亦異人也. 從其兄, 得修鍊之

---

117) 今也: 다본에는 '今地'로 되어 있음.
118) 而: 저본에는 '以'로 나와 있으나 나, 다, 라본을 따름.
119) 菑: 나, 다, 라본에는 '災'로 되어 있음. 서로 통함.
120) 啣: 가본에는 '啥'으로 되어 있음.
121) 之: 가본에는 '而'로 되어 있음.

學, 獨居三十六年, 不近女色, 嗜酒能詩, 又深於醫方, 多神效. 有 一人遇邪祟苦疢[122], 沈痼屢月, 古玉以藥療之, 其症五變, 其藥亦 五變, 皆見效. 夢有一人, 謂古玉曰: "吾與若人, 有積世深仇, 已[123] 告上帝, 必殺之乃已. 吾五變其症, 以避公[124]藥, 而公乃五變, 其藥 以療之, 吾將不勝公矣. 明日, 當六變其症, 公若更治以新藥, 吾當 移其讐, 行與公爲祟矣." 古玉覺而異之, 頃之, 其家來問其病, 其 症果亦變矣. 古玉不以夢兆爲慮, 又隨其症命藥, 其人竟得瘳. 蓋 邪雖祟人, 必因人榮衛之虛, 而逞其邪, 人能善防以良藥, 邪不 得[125]投其隙, 亦以古玉之異於凡人, 故邪不敢移讎而犯正也. 嘗與 士友三四人, 夏日會話矮簷, 熇炎暑氣難堪, 客曰: "若坐於湖上高 樓, 振衣濯足, 庶可忘暑, 而便是五百間淸風, 去仙宮不遠, 何以則 吾輩亦得此好境[126], 享受一日之快樂乎?" 古玉曰: "此不難矣, 當 爲君輩圖之." 乃出戶外, 以沃匜貯水, 投符呪語. 少焉, 推開後窓, 令客視之, 屋下忽有一湖, 廣可千頃, 浩淼無際. 綠波淪漪, 中有一 嶼, 彩閣縹緲, 以虹橋通陸, 宛如[127]畫中境. 携客, 由橋至閣上, 菡 萏之清香陣陣, 楡柳之長風脩脩[128], 怳若登閬苑而御泠風[129], 不翅 清凉館之一濯. 俄而, 小童擎進杯盤, 旨酒佳肴, 俱得醉飽, 劇談穩 暢. 酒至[130]屢巡, 仍成水底之眠, 相與枕藉于樓中, 不知日之將夕.

---

122) 疢: 나, 다본에는 '疾'로 되어 있음.
123) 已: 나, 다본에는 '以'로 되어 있음.
124) 公: 가본에는 '其'로 되어 있음.
125) 不得: 가본에는 '不可'로 되어 있음.
126) 境: 나, 다본에는 '景'으로 되어 있음.
127) 宛如: 가본에는 '完如'로 되어 있음.
128) 脩脩: 나, 다본에는 '脩脩'로 되어 있음.
129) 風: 저본에는 빠져 있으나 마본에 의거하여 보충함.
130) 至: 가본에는 '進'으로 되어 있음.

抵夜, 覺而視之, 乃午坐處矮屋也, 諸人一哄而散. 又隨其兄北窓,
作鄕行, 至峽村, 過一人家, 望氣, 曰: "惜哉彼家!"北窓曰: "何其
率爾而言耶? 嘿過好矣." 古玉曰: "今旣發言, 而不使之弭[131]災, 則
亦非君子施仁普濟之義也[132]." 北窓曰: "君言是矣! 吾當先行, 君可
追來." 古玉遂入其家, 稱以過客, 失路値暮, 要借一宿, 主人是頎
然長者, 卽許之. 夜間, 謂其主人曰: "俄過貴門, 適有所覩, 禍將不
測, 欲爲公除害. 若不以吾言誕妄, 則可轉禍爲吉, 公能肯從否?"
主人愕然曰: "審如是也, 敢不從命!" 古玉曰: "須亟辦白炭數十石・
一大木櫃以來." 主人並從之, 乃積炭于庭, 而置櫃于傍, 以松炬爇
炭, 烘炎萬丈. 是時, 家人及隣里, 咸聚而觀, 主人之子, 年方六七
歲, 亦在衆中觀光. 古玉卽捉[133]其兒, 納于櫃中, 覆以蓋, 主人與觀
者, 莫不驚惶罔措. 古玉少不動色, 遽挈櫃擲熾炭上, 主人渾家, 搥
胸頓足, 擧向古玉, 詈之毆之, 無所不至, 然已無及矣, 但號痛而
已. 轉眄之頃, 火烈櫃坼, 腥臭觸鼻, 見一大蟒, 被燒而蠕蝡, 未幾,
盡爲燒燼. 古玉乃命一奴, 撤火掃灰[134], 得一鎌數寸鐵, 示主人,
曰: "能知此物乎?" 主人曰: "知之. 吾十年前, 鑿池養魚, 魚畜漸
消, 怪而視之, 則有蟒吞噬. 吾爲之憤, 欲除厥妖, 以大鎌揮之, 蛇
怒而奮迅, 鎌穿蛇身, 折其端, 而蛇亦斃矣. 此鐵, 無乃是耶?" 仍呼
僕, 抽庫中鎌而來, 合之無忒, 始驚呆咤異. 古玉曰: "主人之子, 卽
蛇之毒精, 欲爲報讐者. 若過數月[135], 則主人之家, 遭罔測之變. 其
惡氣先現, 故吾不忍虛過, 有[136]此擧措, 今可無慮, 幸諒之." 因擧

---

131) 弭: 나, 다본에는 '彌'로 되어 있음. 뜻은 서로 통함.
132) 君子施仁普濟之義也: 나, 다본에는 '君子也'로 되어 있음.
133) 捉: 다본에는 '提'로 되어 있음.
134) 灰: 나, 다본에는 '炭'으로 되어 있음.
135) 數月: 다본에는 '數日'로 되어 있음.

袂作別, 主人致謝不已.

　　外史氏曰: "古玉接北窓之緖, 廣通三敎, 能解萬理, 可謂難兄難弟, 而何其異才之萃於一門也? 孫叔敖殪蛇而稱陰德, 漢高祖斬蛇而成創業, 養魚人之鎌蟒, 旣異於無端殺生, 而幾乎罹厄. 均是殺蛇, 而害禍害福, 其理有未可知, 古玉之望氣除害, 豈非悟妙? 而亦可見心德矣."

○ 第五목 將相部一【賢相一〔度量匡輔〕】

1-9. 恢度量兒僮[137]呈戲

　　黃翼成公喜, 字懼夫, 號厖村, 長水人也. 官至領相, 八十致仕, 壽九十, 及卒, 諸司·吏胥·僕隷, 皆祭之. 配享世宗廟庭, 國朝名相, 稱公爲首. 公未第時, 贅居聘家, 罕言笑, 常闔眼而坐, 人皆以愚癡目之. 其家有一奴悖惡, 家主不能制, 甚苦之, 笑謂公曰: "君能懲治彼漢乎?" 曰: "當治之." 一日, 奴酗酒而詬辱主家, 公徐呼一僕, 曰: "可捉某奴來." 僕去而還, 告曰: "某奴醉倒矣." 公曰: "醉則可曳入." 僕諾而去, 良久捽至, 公曰: "持斫刀來!" 僕笑而持刀, 置於前, 公曰: "可曳置彼漢[138]之頸於刀板上." 僕意謂依此以示警, 笑而從其命, 公忽瞥開兩眼, 而大聲曰: "可斫之!" 眼光如電, 僕遽驚而下刀, 頸乃斷矣. 自是, 人莫不慴服[139]. 公少時, 剛銳太露[140], 論議峭厲. 嘗以御史往西路, 見一老農, 以兩牛駕一耒而耕. 公欲問

---

136) 有: 가본에는 '行'으로 되어 있음.
137) 僮: 가본에는 '童'으로 되어 있음.
138) 漢: 가본에는 '僕'으로 되어 있음.
139) 慴服: 나, 다, 라본에는 '慴伏'으로 되어 있음.
140) 露: 나, 다, 라본에는 '甚'으로 되어 있음.

守令賢否, 而無接談[141]之事, 乃道坐, 問田父[142]曰: "爾兩牛孰勝?" 田父釋耒而前, 附耳而語曰: "左者勝." 公笑曰: "癡漢! 這是細語事耶?" 田父曰: "彼雖畜物, 烏可對面言其長短?" 公曰: "蠢蠢之牛, 聽汝之言耶?" 田父曰: "客誤矣! 彼雖無知, 待物不可如是太薄[143], 況物各有知覺, 牛之五臟與人同, 則安知不能解[144]人言乎?" 公惕然自省, 起而致敬, 曰: "待物尚如此, 而況於人乎? 微子之言, 吾未免爲輕薄子矣. 吾將服子之言, 以藥吾病." 由是, 口不言人過, 世稱'黃公大度, 得之暗行時'云. 公自登第從仕, 抗直敢言. 丁父憂, 時國有事起復, 固辭不獲, 入相後, 丁母憂起復, 懇辭不許, 乃視事. 嘗承召命, 自田野而至, 戴桶高頂笠子, 穿碧[145]色麤布團領, 帶藍絛兒, 形貌厖然而已, 人未甚奇之. 太宗屬世宗曰: "爲國, 不可無此人." 卽拜禮判. 公在相府三十載, 務遵祖宗成憲, 不喜更絃, 處事循理, 規模弘遠, 鎭物之量, 得大臣體. 世廟[146]每稱 '公識局宏深, 善斷大事.' 擬之以蓍龜權衡. 時或有獻議更變舊制者, 必曰: "臣乏通變之才, 凡於更制, 不敢輕議." 公持論平恕, 而及議大事, 面斥是非, 毅然不可奪. 致仕後, 朝家有事, 世廟必使近侍, 就問而決焉. 年九十, 聰明不少衰, 典章文獻, 若燭照籌數. 公度量寬洪[147], 喜怒未嘗見於面, 平居淡如, 雖兒孫·僮[148]僕羅列, 啼呼戲劇, 略不呵禁, 或有挽鬚批頰者, 亦任其所爲. 嘗引僚佐議事, 方濡筆

---

141) 接談: 나, 다, 라본에는 '按談'으로 되어 있음.
142) 田父: 가, 라본에는 '田夫'로 되어 있음. 이하의 경우도 동일함.
143) 太薄: 주필로 삭제표시가 되어 있음.
144) 解: 가본에는 '辨'으로 되어 있음.
145) 碧: 저본에는 빠져 있으나 나, 다, 라본에 의거하여 보충함.
146) 世廟: 이본에는 '世宗'으로 되어 있음.
147) 寬洪: 가본에는 '寬弘'으로 되어 있음.
148) 僮: 저본에는 '童'으로 나와 있으나 나, 다, 라본을 따름.

書牘, 有童奴溺其上[149], 公無怒色, 但以手拭之而已. 又一童婢, 持
小饌[150], 倚公而立, 俯視僚佐, 而謂公曰: "將進酒饌?" 公曰: "姑徐
之." 婢倚立良久, 厲聲曰: "何遲遲也?" 公笑曰: "進之." 旣進, 則有
小童數輩, 皆藍縷跣足, 踏公衣而坐, 盡攫其饌, 且敺公, 曰: "痛
矣痛矣!" 小童皆奴婢之兒也. 每公對飯, 群兒來集, 公除飯與之,
叫噪爭食. 公但笑而已. 婢僕有過, 未嘗加以箠楚, 常語曰: "奴婢
亦天民, 豈合虐使也?" 至爲書以遺其子孫. 室外緗桃爛熟, 隣兒盡
摘之, 公緩聲而呼曰: "勿盡摘! 吾亦欲嘗之." 少焉, 出視之, 一樹
之實, 已盡矣. 嘗步園中, 隣有狂童投石, 有梨方熟, 零落滿地[151].
公大聲呼僕, 狂童驚走, 匿墻外[152]潛聽之, 僕至, 則命持柳器來, 將
梨與隣童, 更無一言. 公在相府, 適因公事會卿宰, 工判金宗瑞, 令
工曹, 略備酒饌而呈之, 公怒曰: "國家設禮賓寺於政府傍者, 爲三
公也. 若虛腸, 則當令禮賓備來, 何以私自公辦乎?" 置宗瑞於前,
而峻責之. 金相克成, 嘗以此啓於經筵, 曰: "大臣當如是, 可以鎭
壓朝廷也." 時有欲革州郡娼妓之請, 上命議大臣, 皆言革之爲當,
而惟未及公. 人皆意其必無異議, 及公獻議, 曰: "男女人之大慾,
而不可禁者也. 外邑娼妓, 公家之物, 取之無妨, 而若革此, 則年
少[153]朝士之出外者, 皆以非義奪取閭家之婦女. 其弊不可勝言, 臣
意則不革爲宜." 竟從公議. 公之子守身, 有所眄妓, 鍾情特甚, 公
每切責之, 守身唯唯而退, 終不悛. 一日, 守身自外而至, 公整冠
服, 出迎於門, 如接大賓. 守身懼而伏地, 問其故, 公曰: "吾以子待

---

149) 上: 가본에는 '紙'로 되어 있음.
150) 饌: 가본에는 '餠'으로 되어 있음.
151) 滿地: 나, 다본에는 '蕩地'로 되어 있음.
152) 墻外: 가본에는 '墻下'로 되어 있음.
153) 年少: 나, 다, 라본에는 '少年'으로 되어 있음.

爾, 而爾不聽, 是不父我, 故以賓禮接耳." 守身叩頭請罪, 過屢日乃赦. 自其後, 守身更不與妓相問. 嘗扶醉橫載, 過妓家宿焉, 夜中酒微醒, 開目視之, 見燭影下有美人在側, 察之, 則昔所眤妓也. 於是, 驚曰:"爾何爲來此?" 對曰:"捨吾家, 安之?" 諦視之, 乃妓家也. 大怒詰其奴, 欲殺之, 對曰:"來時, 馬首指此家, 意大人回轡也." 蓋昔者來往妓家, 喂養甚勤, 馬首之回, 馬也,[154] 非人也. 守身遂悟命, 取劍斬其馬. 後守身以蔭官, 陞相位.

外史氏曰:"我朝[155]相業, 輒稱黃·許. 許則文敬公稠也, 如漢之丙·魏, 唐之房·杜·姚·宋, 而文敬則性峻嚴方正. 翼成以寬弘度量, 不動聲色, 至於臨大事, 決大疑處, 毅然有不可奪者. 垂紳整笏, 身係國家輕重三十餘年, 豈不賢哉?"

1-10. 極諫爭士林紓禍

鄭文翼公光弼, 字士勛, 東萊人也. 公風骨奇偉, 胸次恢曠[156], 德望度[157]量, 素服於人, 世稱賢相. 官至領相, 配享中宗廟庭. 擢第初, 補國子學諭·政府司錄[158]·太常直長, 不卑小官, 供職彌謹[159], 左相李克均, 一見以公輔期之. 時克均爲成廟實錄摠裁官, 擢公處都廳, 專委編摩, 自此, 進塗大闢. 公與金濯纓馹孫, 俱受兩南御史之命, 抵龍仁縣, 偕[160]宿旅店. 濯纓慷慨論時事, 語多過激, 公屢止之, 曰:"言不可若是." 濯纓輒奮, 曰:"士勛亦爲此卑下之論, 何忍

---

154) 馬首之回, 馬也: 가본에는 '馬首之自回也'로 되어 있음.
155) 我朝: 가본에는 '我國'으로 되어 있음.
156) 恢曠: 가본에는 '浩曠'으로 되어 있음.
157) 度: 저본에는 '道'로 나와 있으나 나, 다, 라본을 따름.
158) 司錄: 가본에는 '司隷'로 되어 있음.
159) 謹: 가본에는 '勤'으로 되어 있음.
160) 偕: 나, 다, 라본에는 '借'로 되어 있음.

作無氣節之腐儒耶?" 公暗行到珍島, 至碧波亭, 故爲遲遲, 托以日暮, 留宿津邊. 津民偵知非常, 走報官衙, 主倅令各掌該吏, 通宵整頓文書以待. 翌晚, 乃緩緩入郡, 只覈得公須銅匙數枚而還, 郡守竟坐罷. 或問其故, 公曰: "郡在絶島, 倅亦武夫, 必多法外橫濫, 若直抵官門, 搜捉[161]文簿, 則彼必抵死, 余所不忍." 聞者服其量. 燕山朝, 抗疏諫色荒, 語多批鱗, 主大怒趣召入, 曰: "爾何以予比於亡國之主?" 命力士, 摔下擊之, 主乃取匣劍, 橫置膝上, 令曰: "見吾劍拔盡匣, 可卽行刑!" 仍[162]徐徐拔出, 霜刃照人, 閃閃垂盡, 傍侍股栗. 力士方挾斧鑕, 目其劍以待之, 公神色猶不變, 應對無錯. 主匣劍, 曰: "眞壯士也!" 遂竄牙山. 時法令峻急, 被謫者不得自由, 公擁篲守官門, 無厭苦之色. 丙寅改玉前, 將置公重典, 押官遽至, 公怡然就途. 邑倅追訣于野外, 觀者憫然涕泣送餞, 公言笑自若. 忽有以廢立來告者, 座中皆歡呼失次, 公夷然曰: "此乃宗社大計也." 因却肉楪, 曰: "但未聞故主生死故也." 見者歎服. 公有器局, 善應接, 言貌休休, 而畦畛甚嚴. 成希顔常服其德量, 謂如鄭某, 可謂聽於無聲, 視於無形. 敬之若神明, 力薦之, 由北伯爲贊成, 未幾入相. 己卯冬, 公獨當北門之變, 犯雷霆而緩斧[163]鉞, 魚肉之禍, 賴公而免, 希顔之言, 驗矣. 先是, 一日曉, 南袞着弊笠麤布衣, 足穿草履, 步至公家, 呼門者曰: "急入言客來!" 門者認其貌, 知其爲南, 入告曰: "有客到門, 觀其貌, 認是南判書, 但衣冠草草如賤人." 公大驚, 出見之, 果南袞也. 怪問曰: "公何爲此乎?" 袞具道其所以, 因曰: "此輩若遺一人, 其害無窮, 今日上必招公議之, 公可勉從上

---

161) 捉: 다본에는 '提'로 되어 있음.
162) 仍: 나, 다, 라본에는 '乃'로 되어 있음.
163) 斧: 나, 다, 라본에는 '釜'로 되어 있음. 서로 통함.

意, 除去無遺然後, 國勢[164]可安. 不然, 必有後悔, 可深思處之." 或以危言恐動, 或以甘辭誘之, 公正色曰: "君以宰相, 爲賤服, 歷都市而來, 大是可愕事也. 謀害士林, 本非余心, 何忍爲此乎?" 袞大怒, 拂衣而去. 其夜二鼓, 密開神武門, 入諸宰, 公以首相, 承召入對, 涕泣極諫曰: "年少儒士, 不知時宜, 妄欲引古施今而已, 豈有他意? 少垂寬貸." 言隨涕零, 衣袖盡濕. 上遽起還內, 公追進, 引御裾叩頭, 淚下交頤. 又顧謂南袞等曰: "公等輔聖主, 何欲行柳子光事乎?" 公與申文景公用漑, 爲金蘭之交, 中廟問: "卿有友歟?" 對曰: "臣無友也, 惟有申用漑一人而已." 後日, 申公入對, 中廟又問之, 對曰: "鄭光弼, 乃臣之友." 上曰: "卿二人, 可謂知己之友也." 己卯之變, 申公已卒矣, 公歎曰: "申公若尚在, 必能鎭定此禍, 恨其早逝使我獨當今日也." 宛如[165]孔明之言'孝直若在, 必能制主上東行云'者. 初將設賢良科也, 公獨以爲不可, 曰: "賢良之名雖善, 在三代之下, 固不可爲也." 中廟不聽. 至是, 舉朝請罷賢良科, 公獨以爲不可罷, 中廟謂公曰: "卿之所見, 每與時議相反, 何也?" 對曰: "臣於當初, 固言其不可爲也, 今已設科, 給牌除職, 安可罷乎? 一設一罷, 國家政令, 不宜如是顚倒也." 中廟亦不聽, 公仍卽罷相, 丁亥袞死, 復入相. 金安老執政, 捃摭公, 欲殺之, 以公曾爲禧陵摠護使, 奉安先后於不吉之地, 搆捏, 請置重典, 中廟命流配金海. 公先已譴罷, 歸懷德村舍, 不意金吾郞馳到, 家人皆驚惶涕泣, 公方對客六博, 呼盧不輟. 俄審未勘流配, 稽首曰: "上恩至矣." 逮夜就寢[166], 鼻息如雷. 明朝, 束裝登途, 無一毫見於辭色. 公少時, 偶[167]

---

164) 國勢: 가본에는 '國事'로 되어 있음.
165) 宛如: 가본에는 '完如'로 되어 있음.
166) 寢: 나, 다, 라본에는 '枕'으로 되어 있음.

夢作詩, 曰: '積謗如山竟見[168]原, 此生無路答[169]天恩. 十登峻嶺雙垂淚, 三渡長江獨[170]斷魂. 漠漠高山雲潑墨[171], 茫茫大野雨翻盆. 暮投臨海東城外, 茅屋蕭蕭[172]竹作門.' 至是, 雨中到配所, 其所見一如夢詩[173]. 旣赴謫, 禍在朝夕, 子弟盡覲公所, 獨夫人在家號咷, 使女婢探問消息於元繼蔡, 元是連姻家也. 繼蔡計無所出, 召瞽者金孝命, 卜之, 對曰: "尙有十餘年福祿, 朝議雖峻, 終必無事." 語未了, 有人來, 告曰: "已允臺論矣." 其婢抱卜者, 號擗曰: "事已如此, 爾言何也?" 孝命曰: "以吾所推見之, 萬無意外之慮, 而業已至[174]此, 余亦奈何?" 遂脫身而走. 俄有人來告, 臺啓蒙允, 旣散之後, 以減死判下. 及丁酉安老伏罪, 以領中樞召公, 僮僕持邸報, 倍道而往, 中夜至謫所, 足繭口燥, 僵仆不能言. 子弟惶懼, 探囊中消息, 則乃吉語也. 卽白之, 公但曰: "然乎?" 因鼾息酣寢. 明朝, 見其書還都, 都人加額. 公有鑑識, 薦人多至大官. 每飯, 以其餘, 只令孫惟吉·曾孫芝衍, 食之, 他子弟不得與焉. 李完城憲國, 少時, 以戚侄[175]往省, 公方食訖, 熟視而輟, 與之, 侍婢目笑曰: "此子亦當參政耶?" 李後果登第, 至相位.

外史氏曰: "文翼敢言直論, 不怕斧鑕之威, 當北門之變, 牽裾泣諫, 救護士流, 先事而猷, 炳幾而憂, 安危之係, 邪正之分, 屹然有

---

167) 偶: 주필로 삭제표시가 되어 있음.
168) 見: 나, 다, 라본에는 '得'으로 되어 있음.
169) 答: 가본에는 '報'로 되어 있음.
170) 獨: 가본에는 '欲'으로 되어 있음.
171) 墨: 나, 다, 라본에는 '黑'으로 되어 있음.
172) 蕭蕭: 나, 다, 라본에는 '蕭條'로 되어 있음.
173) 詩: 나, 다, 라본에는 '時'로 되어 있음.
174) 至: 가본에는 '如'로 되어 있음.
175) 戚侄: 가본에는 '戚誼'로 되어 있음.

奔波砥柱之力, 無愧古大臣風. 而橫罹誣譖, 蒼黃顚伂[176], 少不介懷, 賜環還洛之日, 朝野相慶, 兒童之誦, 走卒之知, 無以過也."

○ 第六号 將相部二【賢相二〔峻正淸忠〕】

1-11. 擇傔婿保家吉地

　李東皐忠正公浚慶, 字原吉, 廣州人也[177]. 官至領相, 賜几杖, 配享宣祖廟庭. 公持身淸儉, 器局方嚴, 厚德重望, 素服於人, 而以鎭物持重, 磊磈不群, 與後進相左, 見忤於時, 然言相業者, 推公爲第一. 及爲相, 曹南溟書警, 曰: "願公上竦[178]如松, 無爲下蔓如藤." 公爲同副承旨, 時都承旨洪暹, 嘗私名妓兪姬, 儒生宋康, 亦關情甚昵. 洪於院中, 對諸僚語曰: "宋康逝矣! 與吾同年月日時生, 先亡焉, 窮達不同, 豈不異哉?" 公曰: "都令公愛兪姬, 宋康亦愛兪姬, 非徒命同, 行事亦同也." 諸承旨相顧失色, 群吏愕眙[179]目動, 以爲前古所未有之大變. 蓋政院故事, 諸承旨敬都承旨, 莫敢戲言, 不敬者行罰宴. 於是, 行罰宴於公之家, 七度而後已. 公曰: "雖使我因此而傾家破産, 話頭甚好, 不可不言也." 公以首相, 受明宗顧命, 出坐賓廳, 令兵曹整鹵簿, 禮曹修迎立[180]儀節. 李相陽元, 時爲都承旨, 請召三司參聞, 公厲聲曰: "我以首相, 親承遺敎, 君招三司, 將欲何爲?" 李公惶恐失措. 時有欲罷李公之議, 公折之, 曰: "李某只欲敬愼大事而已, 豈有他意哉?" 議遂沮. 嘗有皮姓一傔, 爲

---

176) 顚伂: 가본에는 '顚倒'로 되어 있음.
177) 也: 저본에는 빠져 있으나 가본에 의거하여 보충함.
178) 竦: 가본에는 '悚'으로 되어 있음.
179) 愕眙: 다본에는 '愕然'으로 되어 있음.
180) 迎立: 나, 다, 라본에는 '迎主'로 되어 있음.

人謹愼, 公愛而任使, 每請于公曰: "小人只有一女[181], 將得贅婿, 爲晚年依托之計, 郞材敢望大監之擇焉." 一日, 公[182]自公退歸, 呼皮傔曰: "今朝, 始得汝婿材, 可速招來!" 對曰: "安在?" 曰: "京兆府前, 有一總角, 掩[183]藁席而坐者, 是也." 使人往見, 果有矣. 以丞相命招之, 厥童曰: "丞相何官, 招吾何幹?" 固辭不來. 其人威脅恐喝, 萬牛難回. 以此回告, 公曰: "吾知其必如是也." 又遣門卒數人, 始得招來. 公問: "汝欲娶妻乎?" 厥童曰: "娶妻何爲?" 公屢敎而力勸, 始强諾之. 公喜謂皮傔曰: "以明日成婚不者, 必失之矣." 皮傔從傍見之, 藍縷龍鍾, 卽一寒丐兒也. 不勝駭[184]慚, 然不敢違越, 卽地挈去, 梳其頭, 澡其身, 授以新衣. 翌日行醮, 擧家掩鼻而笑之, 其婿少不爲愧. 一自贅居以後, 不巾不襪, 以眠爲課[185], 不窺戶外者, 爲三年, 家人咸以癡懶兒, 目之. 一日, 忽盥濯着巾, 其妻怪問之, 曰: "今日, 相公必來訪我." 人莫不笑之. 少頃, 門外忽有辟除聲, 東皐果至, 直入室, 握皮婿手, 曰: "將何以爲之? 將何以爲之?[186]" 對曰: "天運也奈何?" 公曰: "此後事, 專靠於汝矣." 對曰: "敢忘知遇之感[187]乎? 第觀來頭事勢之如何, 未可[188]質言耳." 如是數言而去. 一室之人, 咸異之, 始知其非凡人[189], 自此, 接待稍優於前. 一夕, 皮傔從公宅歸來, 其婿曰: "勿脫衣, 更亟去, 以終相公之

---

181) 女: 가본에는 '息女'로 되어 있음.
182) 公: 저본에는 빠져 있으나 나, 다, 라본에 의거하여 보충함.
183) 掩: 가본에는 '拚'으로 되어 있음. 서로 통함. 이하의 경우도 동일함.
184) 駭: 가본에는 '驚駭'로 되어 있음.
185) 課: 가본에는 '業'으로 되어 있음.
186) 將何以爲之: 나, 다, 라본에는 빠져 있음.
187) 感: 가본에는 '感恩'으로 되어 있다.
188) 可: 가본에는 '敢'으로 되어 있음.
189) 人: 저본에는 빠져 있으나 나, 다, 라본에 의거하여 보충함.

捐館." 曰: "是何說也? 吾今見相公與客酬酢, 少無不平之氣, 寧有是理乎[190]?" 婿曰: "勿多言, 急去急去!" 皮傔第又往見, 則公方拭巾待盡, 纔開眼視皮傔, 曰: "汝何以知之而旣去旋來乎?" 曰: "小人之婿爲言, 故來矣. 未知患節緣何猝劇至此乎?" 公頷之, 曰: "汝婿異人也, 凡有所言, 汝必曲從而無違也." 言訖而逝. 後三四年[191], 皮婿忽請於其翁曰: "吾有少[192]試之事, 幸以數千金畀吾, 爲販賈之資也." 卽許之. 過五六朔, 空手而返, 曰: "錢少不得善賈, 若又得五六千數, 則可長袖善舞矣." 依其言而備給之, 周年又赤手而來, 請曰: "旣張之舞, 不可中掇, 今若無錢, 則家庄田土, 盡賣而畀我, 如何?" 又一從其言而與[193]之, 乃借一蝸屋而居焉, 雖室人交謫, 儕友嗤笑而不恤也. 過歲餘, 又掉袂而還, 曰: "岳丈家旣無錢財, 可從相公宅借幾千緡乎!" 遂偕往見東皐之胤[194], 而告其事, 亦卽諾, 而備給五千金. 甫一年, 又如前空來, 曰: "可並賣田宅, 而畀吾如皮翁之爲乎?" 東皐之胤, 亦無一言, 而竟許之, 如斯之際, 已經五六寒暑. 一日, 會皮翁曁東皐胤, 而語曰: "兩家財産, 盡爲消融, 今至庇身無所, 何敢抗顔開喙? 而事已至此, 惟願兩家挈眷, 與吾往留鄕谷[195], 以爲資生之道焉." 咸曰: "諾." 蓋兩家之一聽其指, 以有東皐之遺訓也. 遂卜日登程, 上下老少, 貰馬駄牛, 一齊作行. 向東累日, 轉到深峽, 崎嶇磽确[196], 山窮路盡, 更無去處. 乃解送牛馬, 聚坐巖下, 相顧愁歎. 少焉, 自石壁之上, 掛下匹練數百條, 遂各把

---

190) 乎: 저본에는 빠져 있으나 가본에 의거하여 보충함.
191) 三四年: 가본에는 '四五年'으로 되어 있음.
192) 少: 나, 다, 라본에는 '所'로 되어 있음.
193) 與: 저본에는 '爲'로 나와 있으나 다본을 따름.
194) 胤: 가본에는 '允'으로 되어 있음. 이하의 경우도 동일함.
195) 鄕谷: 나, 다, 라본에는 '鄕曲'으로 되어 있음.
196) 确: 저본에는 '碉'으로 나와 있으나 이본에 의거함.

一條, 攀援蟻附而上, 踰巔而下, 則平原廣野, 一望無際. 有瓦家數處, 茅屋[197]近百戶, 花木交映, 鷄犬相聞, 可謂武陵桃源也. 箱困之粟, 釜鼎之器, 布帛・鹽醬, 日用汁物, 無不畢具. 兩家各安其所, 始知向日運錢, 乃爲營此菟裘也. 又有良田・沃畓, 畦塍錯列, 春耕秋穫, 男欣女悅, 穩享山中之滋味, 不聞世間之消息. 東皐子二人, 生長繁華之場, 忽淹寂寞之濱, 每有鬱悒懷土之意. 一日, 皮婿携上高峰, 指示一處, 曰: "公不見彼如蟻屯者乎? 皆倭兵也. 今年四月, 倭寇大至, 八路盡陷, 大駕今駐龍灣. 是時, 宅在京城[198], 則其能保存乎? 吾之所以爲此者, 欲報先相公知遇之恩也. 姑安意居此, 勿生出山之念也." 過八九年後, 忽謂東皐之子曰: "欲永居此乎?" 曰: "有安土之心矣." 曰: "不然. 公若永不出世, 則先相公立朝偉蹟, 誰能顯揚乎? 今則倭賊盡遁, 國內乾淨, 便可還歸故土矣." 皮翁曰: "吾無他子女, 出世何爲? 欲與君老於此中耳." 婿曰: "固宜也." 遂勸東皐之子, 率眷出山, 俱到忠州邑底南山之下, 曰: "此基甚好, 永爲奠居, 勿移他處焉." 仍辭去, 不知其所終.

外史氏曰: "東皐以四朝老臣, 屛黜權奸, 翊戴聖君, 垂紳整笏, 毅然有賁育難奪之節, 可謂功存社稷. 而且擧微賤之兒, 托以後事, 保有[199]家屬, 其鑑識又[200]何如也? 旣知龍蛇之變, 而徒爲子孫之計, 未有一言及於爲國家弭患亂[201]之策, 抑以天運之不可挽回而然耶?"

---

197) 茅屋: 다본에는 '第屋'으로 되어 있음.
198) 京城: 가본에는 '京師'로 되어 있음.
199) 保有: 가본에는 '保存'으로 되어 있음.
200) 又: 가본에는 '果'로 되어 있음.
201) 亂: 가본에는 '難'으로 되어 있음.

1-12. 捍鬼卒延友壽命

李梧里文忠公元翼, 字公勵, 完山人. 官至領相, 錄扈聖, 勳完平府院君, 選淸白, 賜几杖. 公襟度精明, 表裏[202]純一, 歷事三朝, 終始盡瘁, 勳勞著於板蕩, 節義彰於昏亂, 功存社禝, 道扶綱常, 此其所立之大者. 平居, 辭氣[203]溫溫, 色笑可愛, 臨事, 屹然如山嶽之不動. 釋褐初, 肄習漢語, 後値壬辰, 天兵東征, 使命旁午, 而譯胥所解, 不過寒暄而已, 彼此旨意, 百不通一. 公時爲關西伯, 接應酬酢, 毫無碍滯, 天將大喜曰: "莫是漢人耶?" 公始以書狀官赴京, 與禮部官相接之時, 有舌人居間, 變幻辭說, 有所要求, 意謂書狀未解華語也. 公嘿若不知者, 還到山海關, 逢華儒, 探討經史, 問答如流. 舌人伏地叩頭, 曰: "死不足償罪, 願乞縷命!" 公亦嘿然不答. 及登台司, 兼譯院都提調, 凡譯院公事, 皆以漢語稟定[204], 由是, 人皆自力大爲國家之用. 光海朝竄謫, 反正後, 復入相, 都民父老相慶, 曰: "李相公至矣!" 仁祖朝, 以老乞骸, 不許, 請歸鄉里, 宣醞以送之, 令該司, 賜素衾褥, 以表儉德. 遣承旨, 存問復命, 上問其居處, 對曰: "茅屋[205]蕭條, 不蔽風雨." 上曰: "爲相四十年, 茅屋數間而已耶?" 令本道, 作正堂以賜之. 公年少時, 與隣居某宰之子, 親熟來往[206], 其人積年沈痾, 漸至膏肓[207]. 某宰以其獨子之病, 晝宵焦心, 邀醫問卜, 無所不至. 一日, 聞有一盲善卜, 能知人之生死, 如古之管輅.[208] 乃送騎[209]迎來, 使之穆[210]卜, 諗其臧否, 卜者契龜

---
202) 裏: 저본에는 '理'로 나와 있으나 이본에 의거하여 바로잡음.
203) 辭氣: 가본에는 '辭色'으로 되어 있음.
204) 稟定: 나, 다, 라본에는 '品定'으로 되어 있음.
205) 茅屋: 다본에는 '第屋'으로 되어 있음. 이하의 경우도 동일함.
206) 來往: 나, 다, 라본에는 '往來'로 되어 있음.
207) 肓: 저본에는 '盲'으로 나와 있으나 나, 라본에 의거하여 바로잡음.
208) 如古之管輅: 주필로 삭제표시가 되어 있음.

布繇, 沈吟搖首, 曰: "繇辭大不吉, 當於某日某時, 不淑." 主人泣曰: "命數在天, 難容人力, 然或有轉禍回甦之方乎?" 卜者曰: "第有一事之可救, 而此則不敢發說." 主人願聞之, 卜者曰: "若洩神機, 替受其禍, 何可爲救他人之命, 而不恤自己之死乎?" 主人屢詰之, 終不言, 乃泣懇不已, 卜者作色, 曰: "好生惡死, 人之常情, 公雖欲爲其子之延命, 吾獨不愛渠身乎? 揆以事情, 斷無是理, 願公不須更問." 主人但涕泣而已. 其病人之妻, 持小刀而突出[211], 扼卜者之喉, 而罵之曰: "吾是病人之妻也! 夫病竟或不救, 則吾當下從, 已誓于心, 汝有一言, 可救二人之命, 而乃緘口不說, 何也? 汝若不解占理, 初無是說則已, 旣發其端, 終不說破, 使吾腸焦肝熬[212], 將至骨殷血碧! 惟吾夫婦兩命, 便汝手戕之[213]也, 到此地頭, 豈顧男女之別? 當以此刀剚汝, 而吾亦自裁矣. 汝之死則一也, 可不明言而救人之命乎?" 卜者默然良久, 曰: "駟不及舌, 政謂此也! 吾當言之, 請姑放緩." 乃曰: "有李元翼者乎?" 主人曰: "果有, 而卽吾兒之親友也." 卜者曰: "自今日, 邀致此人, 與同寢處, 不暫離捨, 挨過某日, 則可無事矣." 且曰: "吾於伊日當死, 吾之妻子, 可顧恤視同家人也." 其後, 主人邀梧里, 道其事, 而請與其子同處, 梧里許之. 自是, 來留其家, 與病人同床聯枕. 至某日, 夜三更, 陰風入戶, 燭光明滅, 而病人昏昏不省. 梧里臥見燭影之後, 有一鬼卒, 狀貌獰猙, 杖劍而立, 呼梧里之名, 曰: "汝可出[214]避, 吾當逞憾!" 梧

---

209) 送騎: 주필로 삭제표시가 되어 있음.
210) 穆: 주필로 삭제표시가 되어 있음.
211) 突出: 나, 다, 라본에는 '突入'으로 되어 있음.
212) 熬: 나, 다, 라본에는 '煞'로 되어 있음.
213) 戕之: 나, 다, 라본에는 '之戕'으로 되어 있음.
214) 出: 가본에는 '當'으로 되어 있음.

里曰:"何謂也?"鬼曰:"彼病者, 與吾有宿世之仇怨, 今當報讐之期, 而緣汝同臥, 未得措手, 可速避."梧里曰:"此吾切友, 且受其父之托, 何可給汝殺害乎?"鬼曰:"汝竟靳持, 則當先[215]戕汝, 胡爲轍螳之拒並及池魚之殃乎?"梧里曰:"吾寧一死, 不以此人畀汝鬼!"乃大怒, 擧刀直前, 悚然而退. 如是者三, 因俯伏懇乞, 曰:"失今不圖, 雪恨無期, 願公憫吾情事, 特許所請."梧里曰:"汝何不殺我乎?"鬼曰:"公爲國棟樑, 垂名竹帛之正人. 君子維嶽降神, 百靈呵護, 吾何敢害之?"如斯之際, 晨鷄喔喔, 鬼乃大哭曰:"不知何年可洩[216]此恨? 此必某盲之所指也, 吾可雪憤於此人."遂杖劒出門, 不知去處. 此時, 病人昏絶, 以溫水灌口, 良久得甦. 翌朝, 卜者之訃告[217]來矣. 某宰家厚遣營葬, 優恤其眷屬云.

外史氏曰:"梧里淸忠奉公, 孝悌承家, 中興贊業之盛, 元老憂國之誠, 表著當世, 稱以賢相. 喬嶽精英[218]之攸萃, 宜其百神衛護, 邪不犯正, 而瞽者之探頤索隱, 借公以救人, 可稱卜筮之通神者. 然只因一言, 而自己之替受其禍, 殊涉弔詭, 近於齊諧. 子不語亂神者, 仰之彌高矣."

○第七号 將相部三【賢相三〔勳業名望〕】

1-13. 禁局執燭導宮駕

李白沙文忠公恒福, 字子常, 慶州人, 參贊夢亮之子也. 官至領

---

215) 先: 나, 다, 라본에는 '此'로 되어 있음.
216) 洩: 가본에는 '雪'로 되어 있음.
217) 告: 가본에는 '果'로 되어 있음.
218) 英: 가본에는 '靈'으로 되어 있음.

相, 錄勳鰲城府院君. 李訥軒思勻, 試士, 歸語其夫人黃氏曰: "今日試所見, 抱川儒生李夢亮, 他日必爲國器, 且生貴子." 夫人心識之. 後十年, 聞李公喪耦, 乃以外孫女崔氏, 妻之, 生白沙, 世稱崔氏女中君子. 白沙生而不乳者二日, 不啼者三日, 家人憂之, 使瞽筮之, 賀曰: "無憂! 是當極貴." 公生未周朞, 乳媼抱近井, 放地[219] 坐睡. 公匍匐幾入井. 媼夢見白鬚丈人, 頎而長, 以杖叩其脛, 曰: "何[220]不看兒?" 痛甚驚覺, 趨而救之, 痛其脛屢日, 大異之. 後家中饗祀, 掛其傍祖盎齋公影幀于堂上, 媼見之, 大駭曰: "前日叩吾脛者, 卽此老人像云." 八歲, 聰悟絶人, 其大人參贊公, 命以 '劍'·'琴' 作句, 應聲曰: '劍有丈夫氣, 琴藏千古音.' 聞者知其將成大器. 十二三歲, 已負氣好義, 有疎財濟物之志[221] 嘗着新襦, 隣兒衣弊者, 見而欲之, 卽解而與. 又嘗脫屨[222]與人, 跣而歸. 甫及[223]成童, 雄健喜勇, 善少年戱角觝·蹴踘, 母崔夫人聞而切責, 遂折節力學. 少時豪[224]爽, 嘗悅一官妓, 忽自[225]念情有所偏, 必害于身心, 遂痛絶之. 公少時, 嘗就友人家做業, 隣居小女, 日來其家, 仰視公. 一日大雨, 公獨坐, 女復來仰視, 公怪問之, 女曰: "兒本巫人, 有所憑神, 欲謁郎君." 公曰: "與之俱來." 至夜, 雨止月微明, 女曰: "神至矣." 開戶視之, 少年貌如玉雪, 眉目如畵, 藍袍·紅帶, 冉冉而來. 公冠服[226]出迎, 揖讓而入, 問曰: "幽明路殊, 何爲欲相見?" 神噓唏曰:

---

219) 地: 나, 다, 라본에는 '之'로 되어 있음.
220) 何: 가본에는 '胡'로 되어 있음.
221) 志: 가본에는 '心'으로 되어 있음.
222) 屨: 다본에는 '履'로 되어 있음.
223) 及: 저본에는 빠져 있으나 나, 다, 라본에 의거하여 보충함.
224) 豪: 저본에는 '毫'로 나와 있으나 나, 다, 라본에 의거함.
225) 自: 나, 라본에는 '有'로, 다본에는 '省'으로 되어 있음.
226) 冠服: 나, 다, 라본에는 '衣服'으로 되어 있음.

"我王子福城君也, 遭慘禍, 抱寃泉壤, 欲問世間公議以爲如何, 而凡人神魄類弱, 無能接我者. 公雖年少, 他日大貴, 氣魄能相接, 其言又足徵信, 故願承一言之敎." 公曰: "伸雪久矣, 豈不聞乎?" 神曰: "因祭告知之, 然此特出於親親之恩, 所欲聞者, 公議也." 公具道世人所以哀愍其至寃者, 神泣數行下, 曰: "信然者, 雖更九死, 無餘憾矣." 因令巫進果數品, 遂辭去, 數步而滅. 公以爲近誕, 終身不言, 晩年北謫, 始爲李東岳安訥言之. 始釋褐, 栗谷知其爲國器, 謂曰: "我有歸志, 子其訪我於石潭." 時栗谷[227]方秉銓, 嚮用公, 嫌於形跡, 不能數叩函丈. 未幾, 栗谷下世, 公終身以爲恨. 辛卯年間, 以承旨, 公退閒坐, 閽者奔告曰: "一人踵門請謁, 而衣冠[228]襤褸[229], 狀貌凶獰, 不敢正視." 公急整衣, 曰: "第引來!" 其人着破笠, 攝弊衣弊袴, 甚狹僅周脚, 穿破黑靴. 面大如盤,[230] 身長一丈有半, 腥臭不可近. 直入跪公前, 張赤口咕囁語, 良久而退. 公從子鰲山君, 在夾室, 驚問故, 公曰: "渠自言, '是白岳山夜叉, 明年將有大亂, 而無一人憂之者, 不勝痛心, 獨公可以此言聞, 故來告之云.'" 明年, 倭寇大至, 公竟樹中興大功[231]. 壬辰邊報日急, 賓客滿堂, 夜深客散. 公之妾, 使人覘之, 公蒙被而臥, 妾由中門而[232]入, 公望見之[233], 卽閉戶. 妾立在戶外, 求暫入面訣, 公曰: "吾非無情者, 但國事至此, 不暇顧私, 汝好好隨兄而去." 終不應. 及曉趨朝, 妾決死突前執帶, 願少留有所指敎, 公拂衣再三, 至拔佩刀, 將斷其帶, 遂

---

227) 栗谷: 가본에는 '栗公'으로 되어 있음.
228) 冠: 저본에는 빠져 있으나 나, 다, 라본에 의거하여 보충함.
229) 襤褸: 이본에는 '藍縷'로 되어 있음.
230) 面大如盤: 나, 다, 라본에는 '面如大盤'으로 되어 있음.
231) 中興大功: 나, 다, 라본에는 '中興之功'으로 되어 있음.
232) 而: 저본에는 빠져 있으나 가본에 의거하여 보충함.
233) 之: 저본에는 빠져 있으나 가본에 의거하여 보충함.

不顧而去. 宣廟將西幸, 事在倉卒, 王妃步出仁和門, 侍女數十從之. 夜黑雨暗, 咫尺不辨, 公以都承旨, 執燭前導, 王妃問姓名, 慰勉之. 上至東坡館, 召問諸大臣曰: "事已至此, 予何往乎?" 諸臣俯伏流涕, 不能遽對, 上顧公問曰: "承旨意如何?" 對曰: "可且駐駕義州, 若勢窮力屈, 則便可赴訴天朝." 駕至平壤, 上下憂惶, 未有定計[234]. 公獨力言曰: "夫以孔明之智, 見先主無托身用武之地, 則請救於孫氏, 卒成赤壁之捷. 今我無復可爲, 不如具奏天朝, 請兵來援." 上從之. 公見李提督行師有紀律, 白上曰: "師必有功[235], 但幕下有鄭同知·趙知縣二人用事, 異日沮大計者, 必此人也." 及碧蹄不利, 遂爲和議所撓, 鄭·趙實主其謀也. 公久判兵曹時, 天兵水陸輳集, 公隨宜措處, 沛然有餘地, 恒蓄羨布萬疋, 以備不虞之用. 楊經理鎬, 服公才猷, 每遇事之難者, 必曰: "須李尙書." 及體察湖南, 使譏察逆節, 公馳啓曰: "逆賊非如鳥獸·魚鱉處處生産之物, 難以譏[236]察." 人皆稱之以奇談. 有一氓, 來謁曰: "小人以戶役, 不堪聊生." 公曰: "吾亦以護逆, 不聊生." 時公被護逆之劾, 與'戶役'同音故云, 其善謔如是. 被劾出東郊時, 微服遊淸平山, 至昭陽江, 同舟少年輩, 不知爲相公, 多所侵侮. 且詰其來由, 公曰: "聞此地山明水麗[237], 欲棲托而來." 少年輩[238]指一山, 曰: "世傳, 此山浮來, 故移來者, 多致富, 君能來住, 則好矣." 因附耳相語[239]曰: "此人鬢着玉圈, 必是納粟堂上[240]也." 言訖而去. 公戲作詩曰: '晩計昭陽

---

234) 計: 나, 다, 라본에는 '議'로 되어 있음.
235) 有功: 가본에는 '成功'으로 되어 있음.
236) 譏: 다, 라본에는 '議'로 되어 있음.
237) 山明水麗: 저본에는 '名山水'로 나와 있으나 가본을 따름.
238) 輩: 저본에는 '背'로 나와 있으나 이본에 의거하여 바로잡음.
239) 語: 다본에는 '談'으로 되어 있음.
240) 堂上: 라본에는 '堂上官'으로 되어 있음.

下, 同君老一竿. 莫憂生事薄, 自有浮來山.' 丁巳, 諫廢母, 慷慨不食, 忽大雷撼屋, 公曰: "天其戒之矣!" 謫北靑, 寓姜胤福家, 姜饒富, 醉飽遣日. 公戲題其板扉, 曰: '人生不必辛勤作宰相, 得如姜胤福, 足[241]矣.' 公之歿, 士民之操文來哭者, 不記其數, 有一士吟詩, 悼之曰: '鰲柱擎天天安帖, 鰲亡柱折奈天何. 北風吹送囚山雨, 我淚多於此雨多.'

外史氏曰: "鰲城間氣人物, 自少氣魄能接神鬼, 可知爲嶽降精英. 而時値去邪之際, 終始執靮之勞, 菀然爲中興元勳. 出入將相廿餘年, 功存社稷, 澤及生民, 國家之柱石, 士流之冠冕. 丁巳一疏, 扶倫紀, 樹正氣, 磊磊軒天地[242], 可與日月爭光也."

1-14. 塞程疾馳請援師

李漢陰文翼公德馨, 字明甫, 廣州人, 官至領相. 生有異質, 十一歲, 吐辭驚人, 楊蓬萊士彦, 唱酬數十篇, 曰: "君我師也!" 聘李鵝溪山海女, 土亭李公之菡, 卽鵝溪之叔父, 而有藻鑑, 路見公, 知爲國器, 歸語鵝溪, 勸令妻之. 二十歲登文科, 符彩濯濯, 如祥麟瑞鳳, 觀者屬目, 纔釋褐, 已有公輔之望. 以製述官隨詔使遊漢江, 詔使謂舌人曰: "聞東國有李某者, 願一見之." 公辭以禮, 無私覿, 詔使贈詩, 曰: '才高李白元供奉, 年少終軍更棄繻. 百代聲華君毋恭, 通衢千里[243]見神駒.' 其小序云: "聞君風度氣像, 遠超凡類, 余未獲相接, 書此以贈, 爲神交焉." 三十歲陞堂上, 拜副學, 翌年陞嘉善, 卽拜文衡, 望實俱隆, 老師皆[244]袖手讓. 及朝廷會圈, 公獨少一圈,

---

241) 足: 가본에는 '是'로 되어 있음.
242) 軒天地: 가본에는 '軒軒地'로 되어 있음.
243) 通衢千里: 가본에는 '千里通衢'로 되어 있음.

滿座愕然曰: "此何耶?" 東園金相公貴榮笑曰: "老夫所爲!" 人皆失色, 金公徐曰: "豈有三十一主文者耶? 年少位卑, 稍待才老德熟如何?" 公聞之欣然, 士論兩美之. 壬辰, 倭酋行長貽書曰: "朝鮮若有意講和, 可令李某會我於忠州." 上命群臣會議, 衆莫能對, 公聞之, 遂入對自請, 以單騎往見賊酋, 探審事情, 少緩其勢[245]. 上甚危之, 不忍明言遣之, 公曰: "苟利社稷, 臣死何惜?" 遂獨往賊陣, 不得入, 乃馳詣平壤, 上疏曰: "臣馳到龍仁, 大賊已來, 屯竹山, 先遣譯官景應舜于倭陣, 倭賊卽斬之. 以封書授驛卒, 使之傳臣, 臣開見, 語極凶慘, 卽爲還歸, 大駕已西幸[246]矣. 馳到臨津, 津船皆無, 不得已溯江而上, 自麻田從淺灘以渡, 轉入江原咸鏡界. 二十[247]餘日, 晝伏夜行, 九死十生, 今到行在門外. 臣奉使無狀, 徒辱君命, 惶恐待罪." 上卽引見, 握手慟哭, 左右皆泣. 公抵白沙李公所, 連衾同宿, 白沙曰: "我欲乞援天朝, 奈廷議[248]不從何?" 公卽拊髀曰: "吾意也! 明日吾兩人力爭, 事可成矣." 因與定計, 遲明入朝, 公抗言力爭, 廟議乃定, 遣鄭公崐壽, 往遼東, 告急請援. 賊進逼平壤, 抵書于公, 欲見公議和, 公又奮身請往, 以單舸會于江中. 賊盛張兵威, 請公上其船, 從者皆失色, 公上船不疑, 與倭酋玄蘇・平調信, 相勞問如平日. 公責之以無故興兵, 玄蘇曰: "吾欲借道入大明, 而朝鮮不許, 譬[249]如入人之家, 先撤藩籬, 勢固然也. 今借一條路, 使達中原, 則無事矣." 公乃竦顏折之, 曰: "爾欲犯我父母之邦, 而脅我假

---

244) 皆: 가본에는 '俱'로 되어 있음.
245) 其勢: 가본에는 '事勢'로 되어 있음.
246) 幸: 저본에는 '行'으로 나와 있으나 가, 나, 다본을 따름.
247) 二十: 가본에는 '三十'으로 되어 있음.
248) 廷議: 가본에는 '朝議'로 되어 있음.
249) 譬: 나, 다본에는 '比'로 되어 있음.

道, 國可亡, 道不可借. 兩國之好, 自此絶矣, 何和之可議?"辭氣壯
厲, 賊不敢復言, 遂各罷歸. 是日, 群臣諸將望其會者, 無不竦然變
色, 而賊卒之列立江岸者, 皆望見羅拜. 後玄蘇亟稱於人, 曰:"李
判書倉卒辭語, 少無異於昔日尊俎, 信不可及也."上令大臣覆帖于
遼東摠兵, 申暴危迫之形, 而尚無出兵之意, 上下遑遑, 莫知爲計.
及到定州, 上召群臣問策. 公與白沙, 進曰:"事之[250]急矣! 臣等請
入天朝, 上書求援[251]." 二公爭往, 至夜分, 上猶沈吟不決. 朝議以
爲, '白沙方在本兵, 不可遣, 惟公可遣.' 上曰:"吾意正如此." 遂以
公差請援使. 將發, 白沙送之南門, 公曰:"恨無快馬兼程疾馳." 白
沙卽解所乘馬, 與之, 曰:"兵不出, 君當索我於重泉, 獲無相見也."
公曰:"兵不出, 吾當棄骨於盧龍, 再不渡鴨水也!" 二公灑泣而別.
公晝夜馳二百里, 及至遼東, 一日六上書于郝巡按杰, 乞出援兵.
因到仙翼門帳下, 立庭痛哭, 聲氣慷慨, 終日不退. 郝杰爲之改容,
未及上奏, 便宜調發本鎭兵五千, 以摠兵祖承訓領之. 遊擊史儒,
副之來援, 進薄平壤, 爲倭所敗, 史儒中丸死, 承訓僅以身免. 癸
巳, 李提督領大軍出來, 公以接伴使, 日在軍中, 應對諸將, 俱得歡
心. 督辦粮餉, 參聞幕籌, 隨事曲當, 提督屢黜己見. 公隨提督至平
壤, 立於矢石之所, 備經危險, 追賊至坡州. 提督欲輕兵出戰, 公
言, "賊詐難測, 宜待大軍並進." 提督不聽, 敗於碧蹄, 深恨不用公
言, 遂退住平壤, 按兵不動. 一日, 出示「赤壁圖」, 公覽訖, 作一詩
以進, 曰:'勝敗分明一局棋, 兵家最忌是遲疑. 須知赤壁無前績,
只在將軍硏案時.' 提督覽之, 知有規諷之意, 默然良久, 言于舌人
曰:"以李接伴才智, 尚不得崇品大官, 爾國用人可異也!" 上聞之,

---

250) 之: 저본에는 빠져 있으나 가본에 의거하여 보충함.
251) 援: 저본에는 '救'로 나와 있으나 나, 다본을 따름.

陞公資秩以兵判. 丁母夫人憂, 特命起復, 公九上辭章陳懇, 不許. 湖西賊李夢鶴旣誅, 其餘黨, 以公勳名盛大, 引公藉口, 誣以內應. 公待命[252]闕外, 至四十餘日, 上屢下優旨, 勉出之. 丁酉, 倭寇再動, 楊經理鎬, 率大軍出來, 公又以接伴使, 馳迎經理. 到平壤, 將起所住房屋, 又欲建立衙門, 公進曰: "本國六年兵燹, 財力俱乏, 土木之役尤難." 經理卽令撤役[253]. 及南原陷報至, 公泣陳危迫經理, 遂馳赴王京, 遣諸將擊倭於稷山, 大破之. 諸賊皆退保全慶, 淸正屯蔚山, 公隨經理進圍島山, 賊丸如雨, 死傷甚多. 經理每以公不閒馳突, 戒勿入戰陣, 公辭曰: "天將臨陣, 吾何敢自安?" 衝冒矢石, 暴露雨雪, 終始不懈. 天兵圍島山十餘日, 經理謂公曰: "城險難拔, 賊救日添, 勢將解圍, 再圖後擧." 公曰: "賊困在孤城, 天也, 此擧一失, 後未易圖." 爭之不得, 辭氣激烈, 經理深加器異, 曰: "如李陪臣者風度器量, 雖在中朝, 當端委廟堂, 尙屈百僚, 不亦異哉!" 未幾, 公拜相, 天將劉綎, 令間密諭行長, 使遁去, 欲引[254]爲己功, 公鉤得其狀, 令李舜臣與陳璘, 邀擊大破之. 公惡綎所爲, 密啓于朝, 洪汝諄惎公, 故令綎聞之, 綎大恚曰: "俺三十年功名, 爲李某隳壞耶?" 因怨公欲害之, 人或爲懼, 公獨怡然往見綎, 不露聲色. 綎雖內懷不平, 外甚尊敬, 臨別, 贈以詩曰: '王師東出日, 邂逅得斯人. 四海聲名士, 三韓社稷臣. 文章班馬右, 事業吉山倫. 一別天淵隔, 難期再會辰.' 及歸中朝, 毀公於其婿翰林修史者, 以致『明史』之誣云. 亂平錄勳, 公陳箚辭之甚力, 大臣有忌之者, 指箚辭, 曰: "此皆實錄, 漢老辭勳, 宜矣." 左右爭之, 不得. 光海時, 白沙去

---

252) 命: 다본에는 '令'으로 되어 있음.
253) 撤役: 가본에는 '撤去'로 되어 있음.
254) 引: 저본에는 '因'으로 나와 있으나 나, 다본을 따름.

國, 公益怏怏無聊, 仰屋飲泣, 却食不進, 惟索冷酒, 不久捐館. 公嘗遭妻喪, 率地師, 求山於廣州, 占穴後, 公問將來禍福, 地師曰: "此山, 八代後子孫中, 必生如大監者." 遂拓土開基穿壙之時, 得誌石, 乃公八代祖妣遁村夫人墓也. 舊失其所在, 因此始得, 其地師之言, 卽地而驗矣[255]. 或云: "地師卽聖智也."

外史氏曰: "漢陰天分甚高, 絶出流輩, 自少有公輔之望, 早歲蜚英, 卽罕有之功名. 及其乞援天朝, 宛若[256]申包胥之秦庭七日哭, 單舸赴賊, 馳逐戰陣, 屢經危險, 而少不慴撓, 非忘身殉國者, 不能也. 中興元勳, 讓而不居, 尤卓乎難及. 宜其山斗名望, 蔚然爲社稷之臣也!"

---

255) 矣: 저본에는 빠져 있으나 가본에 의거하여 보충함.
256) 宛若: 가본에는 '完若'으로 되어 있음.

卷二

○ 第八号 將相部四【天將】

2-1. 烏牛老翁嚇天帥

李提督如松, 壬辰東援時, 率勇將六十餘員·南北軍四萬三千餘人, 至鳳凰城. 諸將多逗留觀望, 不肯前進, 宣祖遣執義李好閔, 以事機急迫, 懇乞速進, 提督許以來月進兵. 夜覘天象, 知朝鮮尙有旺氣, 乃登高, 顧謂諸將曰: "東南雲海[1]間, 萬峰出沒, 此可藏奇兵處, 政是男兒立功之秋, 諸君勉之." 宣祖遣吏判李山甫, 馳詣亟請濟師, 辭氣懇切, 淚隨言發. 提督乃督諸將渡江, 旌旗千里, 金鼓相聞, 我國人民, 莫不聳歡. 提督穿紅錦袍, 乘紅明轎, 會上于龍灣館, 上曰: "寡人守國無狀, 貽念皇上, 致諸大人遠途[2]征伐, 雖剖心腹, 安得報此天地罔極之恩?" 提督笑曰: "皇上天威, 國君洪祚, 此賊自當殲盡, 何謝[3]爲?" 上曰: "小邦一縷之命, 惟在大人." 提督擧手[4]謝, 曰: "旣承皇上之命, 何所辭死? 且俺先世本貴國之人, 來時, 俺父亦戒之, 俺何敢不盡力於貴國事?" 提督長身偉塞, 禮容閑熟, 風彩俊發, 言語洪暢, 盡敬於上, 極其恭順. 過江日, 白虹貫日, 日有右珥, 提督召諸將官, 示之大喜, 題一律, 寄柳西厓成龍, 曰: '提兵星夜到江干, 爲說三韓國未安. 明主日懸旌[5]節報, 微臣夜釋酒杯歡. 看來殺氣心猶壯, 此去妖氛[6]骨已寒. 談笑敢言非勝算, 夢

---

1) 雲海: 가본에는 '海運'으로 되어 있음.
2) 途: 저본에는 '事'로 나와 있으나 라본을 따름. 다본에는 '所'로 되어 있음.
3) 謝: 나, 라본에는 '辭'로 되어 있음.
4) 手: 나, 다, 라본에는 '首'로 되어 있음.
5) 旌: 다본에는 '旂'로 되어 있음.

中常憶跨征鞍.' 遂發向平壤, 軍容之盛, 振古未有. 至安州, 柳西厓迎于淸川江⁷⁾邊, 袖平壤地圖, 指示形便, 甚審. 提督傾聽, 皆以朱筆, 誌其處, 且云: "倭但恃鳥銃, 我用大砲, 皆過五六里, 賊何能支耶?" 先遣副摠兵查大受, 往順安, 紿倭曰: "天朝已許和, 沈遊擊且至云." 先是, 遊擊沈惟敬, 入倭陣, 約曰: "爾等旣悉誠思順天朝, 何惜封貢? 我當於五十日往返, 以完封貢, 爾等亦勿出掠, 俟我回來." 倭酋行長等應諾, 解寶刀·銀袍, 爲餽云. 至是, 聲言惟敬至, 倭喜, 僧玄蘇獻詩, 云: '扶桑息戰服中華, 四海九州同一家. 喜氣還消寰外雪, 乾坤春早太平花.' 使其小將平好官, 領二十餘倭, 迎沈惟敬于順安, 大受留與飮酒, 伏起縱擊, 擒平好官, 斬戮從倭幾盡. 三人逸去, 倭始知天兵至, 大驚. 時大軍已到肅川, 日暮, 方下營做飯, 順安戮倭之報至, 提督挽弓鳴弦, 卽以數騎馳赴順安, 諸營陸續進發. 翌朝進圍平壤, 彷彿周亞夫之直入武庫, 人謂從天而下, 李愬之疾馳百二十里到蔡, 如疾雷不及掩耳. 三營將李如柏·張世爵·楊元等, 分統各軍, 環城擺陣於七星·普通·含毬門外, 提督自領百餘騎, 薄城下, 指揮諸將. 俄發大砲, 各陣齊放, 響如霹靂, 煙焰漲天, 火烈風猛, 直衝城裡, 延燒略盡. 於是, 鼓諸軍, 蟻弧先登, 賊上城拒戰, 槍刀垂堞如蝟毛, 鉛丸雨飛. 天兵稍却, 提督斬退者一人, 挺身直前, 大呼曰: "先登者, 銀五十兩!" 駱尙志從含毬門, 持長戟聳身, 攀堞以入, 諸軍鼓譟⁸⁾從之, 浙江兵拔賊幟, 立天兵旗於城上. 諸軍各由七星·普通門, 乘勝爭前, 騎步雲集, 賊縮入保其幕, 焚殺幾盡, 斬獲甚多. 提督慮窮寇致傷, 收軍城外, 攜得投倭,

---

6) 氛: 다본에는 '氣'로 되어 있음.
7) 迎于淸川江: 나, 다, 라본에는 '延之于淸江'으로 되어 있음.
8) 譟: 나, 라본에는 '噪'로 되어 있음.

浙人⁹⁾往諭曰:"以我兵力, 何難剿滅, 而不忍人命, 開爾生路, 可速令諸酋, 來聽約束!"行長答曰:"俺等當退, 請無絶後路."提督許之, 令舌官報我國, 撤一路伏兵. 夜半, 行長等率餘衆遁去, 提督令諸將追之, 躬率大隊軍馬, 駐平壤, 見江山佳麗, 隱然有'立馬吳山第一峰'之想. 因循玩愒, 留八日不進¹⁰⁾, 日與僚佐, 宴游練光亭. 江邊沙場, 有一老翁, 騎烏牛而過者, 軍校齊聲辟除, 而若不聞, 按轡徐行. 提督命拿來, 牛行不疾, 而校卒莫能趕及. 提督不勝忿恨¹¹⁾, 且疑其異人, 自騎千里名騾, 率家丁數人, 按劍追之, 騾行如飛, 距牛不遠, 終不可及. 踰阡越陌, 轉入山村, 見黑牛繫在溪邊垂楊, 前有茅屋, 竹扉半開. 提督意其老人在此, 下騾杖劍而入, 果有老人起迎, 卽俄者騎牛客也. 提督怒叱曰:"吾受皇上之命, 率大兵來救¹²⁾汝邦, 汝敢犯馬於我軍之前, 何許野老, 不識天高, 唐突至此? 汝罪當死!"老人笑而答曰:"某雖山野蚩氓, 豈不識天將之尊? 竊有區區仰懇者, 今玆觸犯, 專爲奉邀之計."提督曰:"所懇甚事?"對曰:"僕有不肖兒二人, 賦性悖戾, 恣¹³⁾行强盜之事, 罪稔惡極, 將抵¹⁴⁾滅門之禍. 老夫衰耄, 無以處置, 惟恐滋蔓難圖, 願借將軍之神威, 斬草除根."提督曰:"方在何處?"曰:"在於後園草堂."提督提劍而入, 有兩少年, 對案咿唔, 提督大叱曰:"汝是此家之悖子乎? 汝父敎吾除去."仍揮劍欲斫之, 少年讀書自若, 徐以書鎭·竹片, 捍之, 終不得擊. 又以其竹迎擊劍, 鏗釰錚然, 折爲兩端落地. 提督驚

---

9) 浙人: 나, 다, 라본에는 '浙江人'으로 되어 있음.
10) 進: 다본에는 '追'로 되어 있음.
11) 忿恨: 나, 다, 라본에는 '憤恨'으로 되어 있음.
12) 救: 가본에는 '援'으로 되어 있음.
13) 恣: 저본에는 '姿'로 나와 있으나 이본에 의거하여 바로잡음.
14) 抵: 저본에는 '底'로 나와 있으나 가본을 따름.

遑[15])不已, 老人來叱曰: "小子焉敢無禮? 亟令退坐[16])!" 提督謂老人曰: "彼子勇力非常, 實難抵當, 奈何?" 老人笑曰: "前言戲耳.[17]) 此兒雖有膂力, 以渠十輩, 不能當老身一人. 將軍奉皇旨, 掃勁寇功, 蓋藩邦名垂竹帛, 豈非丈夫之事? 而不知慮此, 反懷異圖, 老夫此擧, 欲使將軍, 知我東亦有人也. 將軍若不改心而前進, 則僕雖老矣, 亦有制挺撻甲之道, 幸諒之." 提督憫然沮喪, 唯唯而退歸. 明日, 提兵追賊, 行到惠陰嶺, 忽馬蹶墜地, 換乘以進. 賊列旗幟於礪峴, 提督揮軍爲兩翼而前, 賊羸兵誘之陽北, 而引入泥淖中, 騎不得馳驟. 賊揮長劒亂斫[18]), 提督僅以身免, 遂還平壤.

外史氏曰: "提督之克復平壤, 便同一箭定天山, 威名大振. 宜其乘勝長驅, 而不卽追剿, 又令我撤伏, 使賊掉袂而徐走, 此必有斟量者然, 亦不惜哉? 老翁事, 近於齊諧, 未知信否, 而激使進兵, 輕敵失利. 勝敗雖兵家之常, 未克掃餘孼而收全功, 以致兵連禍結, 至於八年之久, 殊不禁志士之恨也."

2-2. 赤兎神將掃賊兵

楊經理鎬, 丁酉東援時, 在平壤, 聞倭賊陷南原·全州, 向畿甸, 遂自平壤馳到京城, 令固守無動. 與[19]) 麻貴等諸將, 上國都南山, 張軍樂布號令, 夜選精壯三千騎先送, 副摠兵解生·參將牛伯英等迎戰. 卽遣麻貴等, 領大軍啓行, 設浮梁于銅雀津, 又令二千騎, 爲後

---

15) 驚遑: 나, 다, 라본에는 '驚惶'으로 되어 있음.
16) 坐: 가본에는 '去'로 되어 있음.
17) 提督謂老人曰 … 前言戲耳: 가본에는 "老人坐定, 謂提督曰: '彼子勇力非常, 實難抵當, 前言皆戲耳.'"로 되어 있음.
18) 亂斫: 나, 다, 라본에는 '而前'으로 되어 있음.
19) 與: 가본에는 '獨與'로 되어 있음.

援. 經理請於上曰: "不佞大擧兵討賊, 國王宜同往觀兵." 上卽諾, 與經理聯轡出城. 時百僚無人[20]追及, 惟宣傳官柳承緖, 扈從不離, 上奇之. 及渡浮橋, 御乘馬爲唐卒所鞭, 超躍以登, 承緖遽進執靮[21], 以防橫逸. 上按轡不危, 玉容安閒, 經理顧笑, 下馬坐胡床, 慰曰: "王可與共事矣!" 經理又指承緖, 而謂人曰: "彼扈駕者, 似有勇力, 盍赴行陣對以方帶宿衛之官?" 上卽命承緖前往, 隨天兵後, 觀其勝敗回奏. 承緖遂馳, 詣大陣, 麻貴至水原下寨, 遣兵葛院, 伏于假川爲後援. 解生等到金烏坪, 以爲便於用武, 分兵三協, 爲左右掩擊之計. 黎明, 賊先鋒至素沙, 天兵從左右狹路, 各成一隊而進, 大軍直從大路, 鑼響三成, 萬旗齊颭. 軍皆飮燒酒, 奮鐵鞭驟馬突之, 倭兵亂, 遂乘勢[22]蹙之, 賊尸遍野, 一日六合, 賊勢大挫. 日暮斂兵, 解生令軍中曰: "賊明必決戰, 努力致死, 毋坐軍律! 但狡賊走, 必由山路, 騎步勢異[23], 不可窮追." 翌日平明, 賊果連砲張兩翼以進, 白刃輝映, 毒氣掩日, 奇形怪狀, 驚眩人眼. 解生等應砲突起, 騎皆如飛, 爭奮鐵椎, 鞭之中者, 皆瓜裂, 賊大潰奔逸, 從木川·淸州而走. 是戰也, 以鐵騎三千, 掃蕩賊兵十萬云. 承緖在天將陣中, 方其鏖戰也, 從壁上觀戰. 于時, 黃塵蔽天, 愁雲布地, 忽聞空中隱隱有[24]鉦鼓之聲, 殺氣突起, 陰風颯颯. 又有旗麾交映, 戈劍疾趨, 一枝軍馬, 風馳電掣之狀. 中有一將, 騎赤馬, 揮大刀, 指麾[25]千兵萬馬, 厮殺一場, 皆從虛空而往來. 承緖遙見而怳惚, 莫省其故. 俄

---

20) 人: 가본에는 '一人'으로 되어 있음.
21) 靮: 가본에는 '勒'으로 되어 있음.
22) 勢: 가본에는 '勝'으로 되어 있음.
23) 勢異: 저본에는 '異勢'로 나와 있으나 나, 다본을 따름.
24) 隱隱有: 나, 다본에는 '有隱隱'으로 되어 있음.
25) 指麾: 가본에는 '指揮'로 되어 있음.

而, 狂風大作, 賊兵大衄而遠遁. 承緖覽此, 莫測其端倪, 歸奏此狀於榻前, 上問楊經理曰: "此何兆也?" 經理曰: "此是關帝顯聖也, 貴國運祚之綿遠, 此可推知, 不勝欣賀. 關公英靈, 不泯於千載之下, 中國處處虔奉, 而聞貴國則無安饗之所, 豈非欠典乎?" 遂勸設東南兩廟, 經理亦出財力, 以助建. 倭寇纔平, 土賊四起, 湖西賊李夢鶴, 性本凶狡, 初爲偏裨, 見國事艱危, 與韓玄等, 潛謀不軌, 嘯聚無賴. 是時, 人民困於亂離侵漁之酷, 從者靡然, 不數日, 兵至數萬[26], 連陷林川等[27]六邑. 將向京師, 慮有備先送妖術者, 將作挐于都城. 時柳承緖奉命, 督出師于湖西南道帥臣, 歸路, 將渡銅雀津. 於船上, 忽然假寐, 夢見一人, 蠶眉鳳眼, 面如重棗, 身長八尺, 綠袍長鬚, 威風凜然. 橫大劍, 騎赤馬而來, 謂承緖曰: "我卽漢壽亭侯關雲長也! 有緊急事, 來見汝矣." 仍使承緖平開其手掌, 以墨筆着花押, 謂曰: "汝渡江, 勿入京師, 小留津頭以待, 則當有細繩三丁裹籠, 滿載七駄, 渡江向京者. 汝招集其人, 示以手掌花押, 其人當有所自處然後, 汝留積其籠, 愼勿開見, 卽告于朝家, 趁速焚之. 此乃大事, 毋違誤也!" 承緖蘧然而悟, 寒粟遍身, 驚汗洽[28]背, 卽視其手, 花押宛然在掌, 墨痕淋漓未乾. 心甚怪訝, 一依夢中所敎, 佇待津頭, 果有三丁裹籠七駄, 自南北渡, 一衣冠人, 隨其後. 旣渡, 承緖呼謂駄籠人曰: "有一可言之事, 請暫聚于一處." 其人等亦相驚訝, 卽自來聚, 承緖展手示之, 曰: "此是何物? 請共觀之." 花押纔觸目, 其衣冠者, 先自左手脫持其冠, 急走投江, 其從者八九人, 亦相繼急急[29]投江, 一瞬並死. 承緖呼津丁, 謂之曰: "此籠中之物,

---

26) 數萬: 나, 다본에는 '萬數'로 되어 있음.
27) 等: 나, 다본에는 '等地'로 되어 있음.
28) 洽: 가본에는 '浹'으로 되어 있음.

乃禍祟也. 吾將入告朝廷處之, 汝等固守以待, 且戒以勿開!" 卽馳入城, 告于兵曹, 細陳變狀, 兵曹卽送一郎監載而至, 從承緒言, 積柴焚之. 火燼籠坼, 木偶兵馬, 其長寸許者, 撑滿十四籠矣. 承緒及兵郞見者, 莫不心驚而舌吐. 良久, 盡爲灰燼, 始知幻術之士, 乃夢鶴所送, 而載運木偶兵馬, 將作變于京中. 時新建關王廟于東南, 行亨祀, 故關王之神, 亦爲邦家陰佑也.

外史氏曰: "關公天神也. 自初顯聖之時, 威風凜凜, 使孫權褫魄, 曹操喪魂, 則區區如鼠輩之倭奴, 何足道哉? 特以英靈烈氣, 不隨異物腐散[30], 長在乎四方, 如水之流行. 故以至乎左海, 現神威而掃妖氛, 此可見祚宋之天. 而蓋其氣挾風霆, 義光日月, 閱萬劫而不泯者, 歷數千古, 惟公一人, 廟貌之盈天下, 豈無以也? 而我東之至是安饗, 尙云晚矣."

○ 第九号 將相部五【名將一忠烈】

2-3. 水軍都督揚武功

李忠武公舜臣, 字汝諧, 德水人也. 兒時, 英爽不羈, 與群兒戱, 常作戰陣狀, 及長從武擧, 騎射絶倫, 旣中第, 不事干謁. 兵判金貴榮, 有庶女, 欲與爲妾, 公辭謝曰: "初出仕路, 豈宜托跡權門耶?" 栗谷判吏部, 聞其名, 曰: "是吾同宗也." 因人求見, 公不肯, 曰: "同宗則可見, 銓地則不可見." 爲鉢浦萬戶, 水使成鏄, 欲伐館舍桐爲琴, 公拒之不許, 水使怒而不敢取. 爲造山萬戶, 方伯建議, 設鹿屯島屯田[31], 使之兼管, 公以地遠兵少, 屢請添兵, 兵使不許. 及秋

---

29) 急急: 마본에는 '急'으로 되어 있음.
30) 腐散: 가본에는 '腐敗'로 되어 있음.

熟, 虜果大至, 公挺身拒戰, 射仆其酋, 追擊奪被擄屯卒六十餘人. 兵使欲以挑釁殺以自解, 陳刑具, 將斬之, 軍官等環視泣訣, 勸之酒, 公正色曰: "死生命也, 飮[32]醉何爲?" 卽就庭抗辯, 不肯署狀, 兵使意沮, 囚而聞, 宣廟[33]察其無罪, 令從軍自效. 俄而[34], 擊反胡獻級宥還, 備局薦武臣可合擢用者, 柳西厓成龍, 與之同閈, 知其賢[35], 力薦于朝, 屢陞至全羅水使. 是時, 倭釁已啓, 而朝野晏然. 公獨深憂之, 日修備禦, 鑄鐵鎖, 橫截海港. 刱作龜船, 上覆以板, 釘以錐刀, 使敵人不得登蹋, 藏兵其底, 八面放銃, 燒撞賊船[36], 常以取勝. 壬辰, 倭寇大至, 公欲移兵擊之, 麾下或言, "我鎭左道, 不可擅離." 公曰: "今日之事, 惟當擊賊而死, 敢言不可者斬!" 遂會諸鎭堡兵于前洋, 戒期將發, 會慶尙右水使元均, 盡喪舟師[37], 遣人請援, 公卽引兵往赴. 至玉浦, 先破倭船三十艘, 至固城, 聞賊入京, 上西行, 公西向痛哭. 元均復請兵, 進至露梁, 破倭船二十餘艘, 公左肩中丸, 猶不釋弓, 終日督戰. 戰罷, 軍中始知之, 莫不聳動. 遇賊于唐浦, 有大酋駕層樓畫船, 金冠錦袍, 器仗甚鮮. 公一鼓搏戰, 以筒箭射殪其酋, 餘賊盡殲. 日午, 賊船又大至, 公以所獲樓船, 置前去賊一里餘, 焚之, 船中火藥暴發, 響焰震天, 賊又敗退. 俄而, 又有賊酋駕三層樓船, 擁靑蓋對戰, 卽射殺之, 破三十餘船[38], 賊登岸而走. 自是, 屢戰皆捷, 賊斂[39]兵遠遁. 賊自梁山向湖南, 公復進

---

31) 鹿屯島屯田: 마본에는 '鹿屯田'으로 되어 있음.
32) 飮: 가본에는 '欲'으로 되어 있음.
33) 宣廟: 나, 다본에는 '宣祖'로 되어 있음.
34) 而: 저본에는 '以'로 나와 있으나 나, 다본을 따름.
35) 賢: 가본에는 '胥'로 되어 있음.
36) 賊船: 나, 다본에는 '敵船'으로 되어 있음.
37) 舟師: 나, 다본에는 '水師'로 되어 있음.
38) 船: 가본에는 '艘'로 되어 있음.

兵固城, 見賊船蔽海而至, 佯退誘賊, 至閑山島前洋, 還兵大戰, 砲焰漲天, 盡破七十餘艘. 倭酋平秀家, 僅脫身走, 將卒死者幾萬人, 倭中震動. 時倭兵彌滿諸路, 官兵・義兵連敗, 獨公連奏捷[40], 上嘉之, 三加資秩, 下敎書褒美之[41]. 公以本營地狹, 請移鎭閑山島, 控制兩島, 朝廷遂置統制使, 以本職兼領之. 以公功大, 陞至統制, 元均恥出其下, 始與之貳. 時倭行反間, 使要時羅密報, 曰: "和事不成, 專由淸正主戰, 今方再來, 若邀擊洋中, 止殺此人, 則兵自罷矣." 仍指言淸正船旗牌彩色, 朝廷偏信之, 促公進擊. 公疑其言詐, 而守便宜持難, 臺諫交章, 劾以逗遛之罪. 上遣侍臣廉問, 侍臣黨於元均, 反實以聞, 公遂被逮, 將置重典, 上念其功, 特原之. 元均代爲統制, 貯妓酣飮[42], 不省事, 一軍離心. 要時羅又來言, "大軍方渡海, 可邀擊也." 元均旣反公所爲, 乃悉衆前進, 倭船左右誘引, 乘夜掩襲[43], 軍遂潰. 均走死, 舟師百餘艘皆沒, 而閑山亦陷. 朝廷始悟要時羅之詐, 復以公爲統制使. 公以十數騎, 馳入順天, 得戰船十餘艘, 與湖南士民, 約束團聚, 列于軍後, 與爲聲勢, 迎賊于珍島碧波亭下. 遂進船殊死戰, 擒斬其將, 軍聲復振. 都督陳璘, 領水軍東來, 陳爲人悍驁. 公迎于遠島, 大設宴犒, 天兵皆喜, 然猶搶奪閭店, 公謂陳曰: "天兵之來, 如仰父母, 今見暴掠, 士卒不堪, 各自逃避. 我爲大將, 不能獨留, 將移[44]他島." 陳摧謝, 挽留甚誠, 公曰: "大人若聽某言[45], 卽留耳." 陳曰: "敢不一從公言?" 公曰: "天兵奴

---

39) 斂: 다본에는 '領'으로 되어 있음.
40) 捷: 가본에는 '得捷'으로 되어 있음.
41) 之: 저본에는 빠져 있으나 가, 다본에 의거하여 보충함.
42) 酣飮: 가, 나, 다본에는 '酣歌'로 되어 있음.
43) 襲: 가본에는 '擊'으로 되어 있음.
44) 移: 가본에는 '離'로 되어 있음.
45) 言: 다본에는 '願'으로 되어 있음.

隸我人[46], 無所顧憚, 大人幸許某便宜禁斷, 則兩軍相保無事矣." 陳許諾. 其後, 漢人犯禁[47], 輒繩治之, 島中帖然. 鹿島萬戶宋汝悰, 與漢船俱進擊賊, 獲船六首級七千, 漢人無所得. 陳方與公接宴, 聞之慚怒, 公曰: "大人來統我軍, 我軍之捷, 卽天兵之捷, 何敢私焉? 請盡納所獲, 願大人悉以奏聞." 陳大喜曰: "素聞公東國名將, 果然矣." 宋汝悰失望自訴, 公笑曰: "賊首乃腐齒, 與漢人何惜? 汝功自有, 吾狀奏." 汝悰亦服. 自是, 陳察公治軍制勝, 節節欽服, 軍務大小必咨訪. 每言, "公若入仕中朝, 當爲天下上將, 惜乎屈於此!" 上書宣廟言, "李某有經天緯地之才·補天浴日之功." 蓋心服也. 公之子, 從軍于湖南, 與倭遇, 斬三四級, 遂長驅, 有一倭潛伏草間, 而伺乘不意突擊之, 墮馬而死, 公未之聞. 後湖南防禦使, 擒倭十三, 生致閑山陣. 其夜, 公夢其子, 遍身流血而來, 曰: "降倭十三, 中有殺我者." 公驚而悟, 疑其子死也. 俄而, 訃音至, 引降倭問之, 曰: "某日某地, 乘赤白駁馬, 遇爾等, 殺而奪其馬, 馬安往? 欲尋之." 一倭進而言曰: "遇少年, 乘白馬, 追我輩殺三四人, 我[48]埋草間, 卒起擊之, 取其馬, 納之陣將." 問諸倭信然, 公大慟, 命牽而斬之. 倭行長築城順天倭橋, 堅守不退, 公與陳璘, 扼海口以逼之, 行長求援於泗川賊, 賊悉衆而至. 是夕, 大星隕海中, 軍中怪之. 公迎戰于露梁, 大破之, 焚賊船二百艘, 親冒矢石力戰, 忽有飛丸中其胸, 左右扶入帳中, 公曰: "戰方急, 愼勿言我死!" 言訖而絶. 公之姪莞, 匿不發喪, 督戰如故. 陳[49]璘船爲賊所圍, 莞揮其兵救之, 賊

---

46) 我人: 가본에는 '我國'으로 되어 있음.
47) 犯禁: 나, 다본에는 '犯法'으로 되어 있음.
48) 我: 나, 다본에는 빠져 있음.
49) 陳: 저본에는 '陣'으로 나와 있으나 가, 나, 다본에 의거하여 바로잡음.

敗走. 舟中始發喪, 陳聞之, 自仆于椅下, 撫膺大慟[50], 兩陣皆哭, 聲殷海中. 柩返之日, 一路士民, 號泣設祭, 千里不絶. 贈右議政, 建祠賜額.

外史氏曰: "我東名將, 必先數李忠武. 每以孤軍力抗强敵, 大小數十戰, 未嘗敗北. 當時論者, 以爲立身之節, 死亂之忠, 行師用兵之妙, 不但爲中興元功, 雖古之名將, 無以過也. 且其居家有篤行, 操守貞介. 其姪莞, 後爲義州府尹, 遇金兵猝至, 拒戰而死, 人謂有乃叔之風."

2-4. 柳下將軍仗忠節

遼東伯金忠武公應河, 字景羲, 鐵原人也. 身長八尺, 儀貌魁偉, 氣岸軒昂, 能食一[51]大牛脚, 飮酒數斗不亂, 射藝絶倫, 登武科. 少時, 遘熱疾[52]垂盡, 其友持冷藥, 大呼曰: "子嘗自許死國事, 今因一疾寂寞而死乎?" 公卽張目, 盡三椀而甦. 宣廟昇遐, 不近酒色, 白沙李公一見奇之, 超薦慶源判官, 移拜宣川郡守. 嘗得胡馬驚悍者, 騎而馳之, 自於馬上, 脫其兜鍪囊鞬, 而投之地, 跳下取之, 復跳而上, 其勇捷[53]如此. 然性寬厚, 接人以恭, 愛士以禮, 於是, 關西才俊之爲爪牙者數百人. 當[54]己未深河之役, 以左營將, 受弘立[55]節制. 臨行, 其弟應海, 以熙川郡守, 欲隨去, 公曰: "兄弟俱死無益." 力止之, 與家人訣, 封緘印信, 授郡吏, 曰: "我必戰死, 不可佩

---

50) 慟: 나, 다본에는 '痛'으로 되어 있음.
51) 食一: 저본에는 '一食'으로 나와 있으나 가본을 따름.
52) 熱疾: 가본에는 '染疾'로 되어 있음.
53) 勇捷: 나, 다, 라본에는 '勇健'으로 되어 있음.
54) 當: 다본에는 '嘗'으로 되어 있음.
55) 弘立: 가본에는 '姜弘立'으로 되어 있음.

往." 弘立進住昌城, 經冬不發. 除夕旣迫, 公之知印鐵賢, 年十九, 以覲親請由, 許之. 及渡江之日, 違期不進, 過數日, 賢趲程[56], 來現於江外二百里, 公曰: "何遲也?" 對曰: "賤疾猝劇, 不得跨馬故也." 常在左右, 供使令. 楊經理[57]鎬, 移檄促進兵, 兩國兵皆會暻馬田, 而左營軍先到矣. 公見劉都督綎, 綎問: "何故後期, 元帥安在?" 答曰: "步軍不堪馳驟, 未免差後, 元帥大軍, 卽當至矣." 都督見公應對如流, 軍容整肅, 歎曰: "東方有如此人物也!" 日暮, 弘立又到, 都督招至帳下, 相議進兵之策, 弘立曰: "軍餉在後, 勢將等待, 且懸軍深[58]入, 易進難退, 奈何?" 都督曰: "大軍所到, 摧枯拉朽, 師期已定, 速進無疑!" 弘立無言而退, 都督怒曰: "朝鮮用人如此, 安得不敗? 英雄只在眼前, 乃用狡黠小兒付司命[59]耶?" 弘立或稱有密旨, 或托以絕餉, 專事逗遛. 公知弘立無戰志, 願得自當一隊前行, 弘立許之, 給步卒三千人, 令曰: "如妄殺一虜者, 償命!" 諸將失色, 公獨不應, 曰: "軍中君命尙不可受[60], 況臨敵[61]斂刃乎!" 至深河, 清兵處處屯聚, 天兵及左營軍, 所獲頗多. 前行二十里, 地勢依山, 村落櫛比, 天兵馳入抄掠. 清將英俄兒岱, 伏三萬騎於山谷, 忽地衝突, 天兵一時潰散. 公見敵勢張大, 急遣人請救, 弘立曰: "爾不知兵, 任自斬殺, 奚爲望救耶?" 卽令中右營, 結陣山頂, 下瞰勝負. 清兵大隊, 直犯左營, 公策勵士卒, 令曰: "砲者築藥, 弓者持滿, 聞吾鼓聲, 乃放!" 遂自援枹督戰, 敵之前鋒, 中丸矢, 僵尸如

---

56) 趲程: 다본에는 '超程'으로 되어 있음.
57) 經理: 저본에는 '經略'으로 나와 있으나 가본에 의거함.
58) 深: 나, 다, 라본에는 '漂'로 되어 있음.
59) 司命: 라본에는 '司令'으로 되어 있음.
60) 不可受: 가본에는 '可不受'로 되어 있음.
61) 敵: 나, 다, 라본에는 '賊'으로 되어 있음.

麻. 天忽北風, 飛沙走石, 火藥飄蕩, 矢丸無力. 敵乘勝衝陣[62], 我軍氣乏, 陣一角亂, 人皆推鋒冒刃, 無一空死者. 公知大勢去, 依柳樹彎大黃, 射敵中必疊雙, 而公擐重甲, 亦矢集如蝟, 不能穿. 我軍幾盡殲, 獨鐵賢不去, 伏在甲裏, 傳矢三百, 矢且盡, 鐵賢呼曰: "矢房空矣!" 公持長劍搏擊, 而身亦被數十搶[63], 顧鐵賢歎曰: "汝可走矣!" 鐵賢曰: "小人願與將軍同死." 公大罵弘立曰: "汝輩愛身負國, 不相救耶[64]?" 劍亦折, 張空拳, 猶益自奮. 有一賊, 從後投槊, 遂倚樹而絶, 猶握劍柄, 植立如生, 怒氣勃勃, 虜相顧愕眙, 不敢近. 蓋自日中戰, 至日昃, 弘立袖手旁觀, 鉗制副帥, 使不得救, 以至大衂. 英俄兒岱, 罷戰收兵, 喘息始定, 曰: "吾橫行漠北, 所向無敵, 不料左營一將, 勇悍至[65]此. 如使山頂之兵, 齊力合戰, 則吾腹背受敵, 必作魚肉矣." 淸人每過柳下, 必曰: "柳下將力戰可畏." 令收尸瘞之, 公顔色如生, 手不捨刀柄, 仍名其柳, 曰'將軍柳'. 又曰: "願好男兒, 異日再生, 爲我得之云." 朝廷贈公領議政, 建祠立碑, 皇朝亦贈遼東伯, 出天府白金萬餘兩, 賚我國, 俾恤公家屬. 朝家復鐵賢子孫十代, 畫鐵賢於公像下, 春秋配食. 朝廷又記公行蹟, 謂之『忠烈錄』, 刊行于世. 朴鼎吉詩曰: '百丈深河萬仞山, 至今沙磧[66]血痕斑. 英魂[67]且莫招江上, 不滅凶奴定不還.' 公之弟應海, 痛恨其兄深河之歿, 日夜腐心, 丙子以元帥薦, 爲別將, 守正方山城. 淸兵直走漢京, 應海帥[68]輕騎三百, 截大路, 與戰數十合, 勝負相當[69].

---

62) 陣: 가본에는 '前'으로 되어 있음.
63) 搶: 다본에는 '槍'으로 되어 있음.
64) 耶: 저본에는 '也'로 나와 있으나 나, 다, 라본을 따름.
65) 至: 나, 라본에는 '如'로 되어 있음.
66) 磧: 저본에는 '蹟'으로 나와 있으나 이본에 의거하여 바로잡음.
67) 英魂: 나, 다, 라본에는 '英雄'으로 되어 있음.
68) 帥: 이본에는 '率'로 되어 있음.

馬忽中箭而蹶, 徒步倚洞仙巖, 彎弓而立, 射殺三人, 敵來益滋[70], 圍之數重, 自度不能脫, 大呼曰: "深河之戰, 立柳下執刀張目死者, 乃吾兄也! 今吾力盡, 不能殲汝, 何面目生報吾君, 死見吾兄也?" 遂拔劍, 橫突敵陣, 所擊殺甚衆, 仍自刎[71], 敵謂公死, 乃退. 褊裨尋公於亂屍中, 怒目猶不瞑, 氣勃勃然[72], 擔入城, 用萬金良藥, 以救之, 鎧甲中丸箭, 幾洞胸. 旣甦而兵解, 上褒之以應海忠節, 不減乃兄, 屢官至御營大將. 年[73]七十, 上章乞退, 仍歸鐵原, 杜門以終.

外史氏曰: "『定齋集』云: '將軍之赴深河, 行未踰嶺, 有老嫗過而言曰: "師未可踰嶺, 盍姑止斯?" 公以爲不祥, 收斬之, 遂踰嶺, 師果敗. 或曰: '神蓋先告, 而公志已決死矣.' 大敵壓營, 衆寡懸殊, 而從容擺陣, 颺旗獨戰, 一奇也; 兩帥[74]意在講和, 公終始[75]力戰, 二奇也; 下馬倚樹, 示以必死, 數千之衆, 血戰不降, 三奇也; 手中長劍, 死且不釋, 有若更起殺賊, 四奇也; 死肉不朽, 怒氣勃勃如生, 五奇也. 其弟之始也, 戎身而殉國, 難忠也; 終焉, 辭官而保晩, 節勇也, 忠且勇, 無愧爲忠武之難弟也."

○ 第十号 將相部六【名將二功業】

2-5. 策驢翁入幕獻計

權都元帥慄, 字彦愼, 領相轍之子也. 門闌煇爀, 不以貴勢自挾,

---

69) 相當: 나, 다, 라본에는 '相常'으로 되어 있음.
70) 滋: 라본에는 '强'으로 되어 있음.
71) 刎: 가본에는 '刎'으로 되어 있음.
72) 勃勃然: 나, 다, 라본에는 '悖悖然'으로 되어 있음. 뜻은 서로 통함.
73) 年: 저본에는 빠져 있으나 가본에 의거하여 보충함.
74) 帥: 가본에는 '陣'으로 되어 있음.
75) 終始: 가본에는 '始終'으로 되어 있음.

年四十, 猶不赴[76]試, 或勸以蔭仕, 笑不應. 登明經科, 沈屈郞署殆十年, 朝廷知其有器局, 薦授義州牧使. 壬辰, 倭寇大至, 宣廟[77]敎曰: "權慄有可用之才, 可授兩南巨鎭." 卽日拜光州牧使, 仍卽辭朝. 時公婿李白沙恒福直政院, 問曰: "何行之遽?" 公曰: "國家事急, 此正臣子效死之秋, 何敢徘徊晷刻, 效兒女悲啼耶?" 辭氣慷慨, 人皆嘖嘖. 遂莅任, 聚境內子弟五百人, 傳檄傍郡, 又得千餘名, 進駐梨峙, 聞賊勢張甚, 阻嶺爲固, 嚴兵以待. 與賊遇, 縱兵急擊, 同福縣監黃進, 中丸而退, 一軍沮喪. 賊乘我困, 跳入境[78]內, 公乃挺劍[79]大呼, 親冒鋒刃, 責戰益力, 士皆死戰, 無不一當百, 呼聲震天, 矢石如雨, 賊遂棄甲曳尸以走. 自是, 賊不能再窺湖南. 公聞鑾輿西行義州, 召諸將, 計曰: "今平壤以南, 皆賊壘, 不如先復京城, 使賊不得一意西追[80], 則諸賊無能爲也." 遂進駐水原之禿城, 上聞公駐禿城, 解劍馳賜, 曰: "諸將有不從令者, 以此劍從事." 倭將平秀嘉, 憚公兵勢甚銳, 以兵數萬, 分爲三陣[81], 往來挑戰. 公堅壁固守, 不與交鋒, 間出輕師, 以挫其勢, 賊剽掠無所得, 居數日, 燒其[82]營夜遁. 自此, 西路得通, 列郡義兵, 望風蜂起, 一時響應. 全羅兵使宣居怡, 結營于衿川, 遙爲聲勢, 公自領精銳二千三百, 將進陣於高陽, 欲以扼[83]西路而規[84]京城也. 行軍至陽川江邊, 有

---

76) 赴: 저본에는 빠져 있으나 나, 다, 라본에 의거하여 보충함.
77) 宣廟: 나, 다, 라본에는 '宣祖'로 되어 있음.
78) 境: 저본에는 '竍'로 나와 있으나 나, 다, 라본에 의거함.
79) 挺劍: 라본에는 '拔劍'으로 되어 있음.
80) 追: 나, 다, 라본에는 '進'으로 되어 있음.
81) 陣: 나, 다, 라본에는 '鎭'으로 되어 있음.
82) 其: 저본에는 빠져 있으나 가본에 의거하여 보충함.
83) 扼: 나, 다, 라본에는 '扼把'로 되어 있음.
84) 規: 나, 다, 라본에는 '窺'로 되어 있음.

一客, 衣弊袍, 乘蹇驢, 憂過軍前. 前驅禁止不得, 轉至惹鬧, 公命詰之, 客自稱仁川村學究, 願見將軍白事. 公招問之, 對曰: "竊有一得之愚見, 冒悚來陳, 公其肯納否?" 公曰: "何事?" 客曰: "用兵之道, 貴得地利, 此有一高丘, 可駐兵處, 卽所謂'藏於九地用之九天'者也. 幸公躬審, 決其可否!" 公乃與客馳往, 視其形便, 果合布陣, 遂移軍駐營, 此卽[85]幸州也[86]. 公微察其客, 頗有意見, 與語大悅, 因置幕中[87], 公曰: "孤軍近大賊, 此無城柵防蔽, 是可欠也." 客曰: "自有設柵之道." 會體察使在楊州, 招公議事, 客令諸軍作柵指教, 三日而成, 公還亦喜. 居數日黎明, 候吏白, "賊分左右翼, 持紅白旗而來." 公令軍中無動, 登高而望, 則去本營五里, 賊徒已彌滿. 俄而, 數萬餘兵, 圍抱本營, 我軍皆殊死戰, 賊分兵爲三陣, 休兵迭進, 凡三合皆不利[88]. 賊乃束葦, 因風縱火, 焚我柵, 柵中以水灌之. 僧軍之守西北面者, 少却, 賊大呼亂入, 公拔劍督戰, 諸將無不冒刃搏戰. 賊又取長木, 作高轎, 如樓臺狀, 數百荷而上, 上載銃, 手射柵中. 客令取大砲, 繫二大刀於砲箭, 俟賊轎近, 放之, 所過如雷震, 轎皆破碎, 轎上賊支體分裂飛墮. 賊兵大衂, 積尸爲四堆, 焚之, 臭聞十里. 賊不敢復進[89], 我軍得軍資·器械無數, 此卽[90]幸州之大捷也. 賊每欲報幸州之敗, 擧衆而來, 望見壁壘高深, 斂衆而退, 如是者屢矣. 一日, 公與客閒坐帳中, 論兵事, 軍校持二紅橫來, 呈曰: "此是江上所浮, 爲守堤卒泗水拾得, 而未知何物, 敢來

---

85) 此卽: 주필로 삭제표시가 되어 있음.
86) 也: 주필로 삭제표시가 되어 있음.
87) 幕中: 나, 라본에는 '幕下'로 되어 있음.
88) 不利: 가본에는 '不利戰'으로 되어 있음.
89) 進: 가본에는 '振'으로 되어 있음.
90) 卽: 나, 다, 라본에는 '則'으로 되어 있음.

東野彙輯 卷二   87

白."公命開樻探視, 中盈金帛珍貨[91], 皆倭物也. 公曰:"此必賊以物誘我也[92]!"因命分賜軍卒, 客謂公曰:"更當有浮來之物, 預囑軍校, 切勿開視, 緊緊把持來納, 毋或疎忽, 可也."公依其言, 另飭一營. 過數日, 軍吏又以二大樻來, 呈曰:"此亦江水浮來者."紅漆金彩, 絢爛奪目. 客卽使以鐵索, 纏縛兩樻屢帀, 仍置積薪上, 擧火爇之, 樻燒爲灰, 露出二個髑髏·二口寶刀而已. 公始[93]知樻中藏劍士突出作變之奸計, 益歎客之有先見, 客曰:"幸免秦宮之揕袖, 宜戒梁客之後曹."未幾, 客望見轅門外, 一道白虹, 自遠而近, 急謂公曰:"劍客來[94]矣! 可避匿夾室, 吾當替受其禍."因抽壁上雙劍, 坐於元帥之座. 俄而, 白虹之氣, 飛入帳中, 客揮劍出迎, 但聞空中錚錚[95]相軋之聲, 冷氣逼人. 公魂不附體, 忽見一足打夾室之戶, 公認是客足, 又意其打戶者, 使之避他也, 遂由後門出, 自外扃其門. 少焉, 客由夾室出, 提美人頭擲於地, 公始收拾精神, 向客稱謝, 客曰:"公何以揣吾意而遽出避耶?"公曰:"擧足打戶, 其意可知."因問:"何爲轉入於夾室?"客曰:"此女學劍於海上空闊之地, 故吾引入狹窄[96]處, 使渠不得逞技, 自至失勢見敗, 而若不扃戶, 則必出戶遠遁. 今日之事, 公之扃戶之功實多, 公眞元帥材也."公自此益敬重之, 不欲須臾離也. 後將移陣于坡州山城, 客曰:"幸州之捷, 已爲中興元功, 聲聞上國, 名垂竹帛, 更何求哉? 須坐鎭高壘, 勿復接戰也. 非久和議成, 而賊自退矣. 生家累存亡, 久阻音耗, 方寸亂

---

91) 珍貨: 가본에는 '珍寶'로 되어 있음.
92) 也: 저본에는 빠져 있으나 나, 다, 라본에 의거하여 보충함.
93) 始: 다본에는 '姑'로 되어 있음.
94) 來: 나, 다, 라본에는 '至'로 되어 있음.
95) 錚錚: 가본에는 '錚錚然'으로 되어 있음.
96) 狹窄: 나, 라본에는 '狹窒'로 되어 있음.

矣. 請辭去." 公挽之不得, 含淚而別, 多賫金帛以贐, 皆不受, 還騎蹇驢, 飄然而去, 竟不知所終.

外史氏曰: "天欲濟時, 必有豪俊之爲出, 而又篤生異人, 絶類離群, 辦出暗地奇勳, 蓋亦隱淪者流出而試之耳. 權元帥之元功, 多賴此人之贊護, 可謂時來天地皆同力者耶? 第其人之事蹟, 於史乘則無少槪見, 而只有街談之流傳者, 名湮滅而不稱, 惜哉!"

2-6. 逐鹿客解縛論交

李相國浣, 字淸之, 慶州人也. 身都將相, 眷注隆重. 孝廟嘗問鄭相太和曰: "訓將具仁垕之代, 勳戚中誰可爲者?" 對曰: "爲國之誠, 未必盡在勳戚, 聖鑑所照, 如得其人, 則勿以非勳戚而忽之." 上曰: "是指李浣耶?" 未幾, 浣爲訓將, 號令嚴肅, 賞罰明信. 軍政懈[97]弛之餘, 猝見紀律修擧, 多有怨之[98]者, 或粘書闕門, 或掛榜城門, 謀所以去之者百端. 上問太和曰: "以卿薦浣, 故用之, 今一軍皆怨, 奈何?" 對曰: "仁垕柔善, 未嘗罪一吏杖一卒, 故兵不畏將者, 多年矣. 猝見新將紀律嚴明, 自相恐惻, 相與造謗, 以至流播內外. 若過五六朔, 頭緖整頓, 則軍中必恨其來之晚, 願上少[99]俟之. 浣久掌兵, 則國家終必賴之, 臣敢以百口保之." 上曰: "予志堅定, 卿無慮焉." 公終能爲國盡誠, 大爲朝家所倚重. 上嘗從容謂公曰: "設若事變急遽, 如丙子冬, 則卿當扈予於江都, 若軍未盡渡, 而賊兵在後, 則將奈何?" 對曰: "臣嘗造大帒納[100]盛二十斗者累千, 人持其一,

---

97) 懈: 저본에는 '解'로 나와 있으나 나, 다, 라본을 따름.
98) 之: 라본에는 '上'으로 되어 있음.
99) 少: 나, 다, 라본에는 '小'로 되어 있음.
100) 納: 저본에는 '約'으로 나와 있으나 나, 다, 라본을 따름.

行則帶之於腰, 住則掘土盛貯, 連綁三帒, 作爲一堞. 隨地形排布, 則其高幾至一丈, 其固足以自衛. 其掘土處, 又作深坎, 如此則駐[101]兵原野, 可以禦賊." 上曰: "此奇制也!" 公少時, 射獵于山間, 逐鹿入邃樾中, 不覺斜曦西墜, 暮色蒼然, 心甚慌忙. 乃尋回路, 歷遍巖壑, 到山凹處, 微有樵逕, 寸寸前進, 見一大瓦屋, 彷彿朱門甲第. 叩其扉, 無應者, 少頃, 一女子褰裳, 依戶而語[102]曰: "此非過客暫留之地, 可速去." 公覦其女, 年可卄餘, 頗有姿色, 乃曰: "山高谷深, 日且瞑[103]矣, 虎豹橫行, 人家絶遠, 詎無一隅容接之地如是拒絶乎?" 女曰: "在此則必死, 非惜一席之[104]地, 恐捐千金軀耳." 公曰: "與其出門而死於猛獸, 無寧捨生於香粉地獄." 遂排戶而入, 女度其莫之能禦, 乃延入室, 張燭對坐. 公詢其委折, 對曰: "此是賊窟也. 妾以良家女, 被他剽掠來此, 已有年, 不能自死, 尙今偸生, 雖綺羅珠翠, 如在桎梏. 區區所願, 得逢有心人, 爲脫狴牢, 則當終身奉侍, 而天不從願, 因循至此, 奈何?" 公問: "賊何在?" 對曰: "適出獵未還, 夜深必來, 若見客之留此, 則妾與客, 俱當授首於一劒之下. 妾之無罪就死, 固不足恤, 未知客是誰家貴公子, 而投入虎穴, 遭彼之噬, 豈非浪死乎? 卽圖避去, 毋至自貽伊慼也." 公曰: "吾雖死期將迫, 不耐肚饑, 可速備一盂飯以來!" 女卽入廚, 炊飯而進, 山茱野蔌[105], 熊燔豕炙, 雜然並陳[106], 又酌酒以勸之. 公乃旣醉且飽, 枕女膝而臥, 女戰[107]掉靡定, 曰: "如是而將於後患何?" 公

---

101) 駐: 저본에는 '住'로 나와 있으나 이본을 따름.
102) 語: 가본에는 '言'으로 되어 있음.
103) 瞑: 가, 다본에는 '暝'으로 되어 있음.
104) 之: 저본에는 빠져 있으나 가본에 의거하여 보충함.
105) 蔌: 나, 다, 라본에는 '蔬'로 되어 있음. 뜻은 서로 통함.
106) 並陳: 나, 다, 라본에는 '幷進'으로 되어 있음.
107) 戰: 나, 다, 라본에는 '憚'으로 되어 있음.

曰:"到此地頭, 削之亦反, 不削亦反. 靜夜無人之際, 男女同處一室, 烏得免苽田納履之嫌乎? 縱曰無實, 人孰信之? 死生有命, 恐恸何益[108]?"以手撫乳, 偃臥自若. 俄而, 聞庭中有橐橐投物之聲, 女遽驚惶, 面無人色, 曰:"賊魁至矣, 將奈何?"公聽若不聞, 微察戶外, 鹿豕盈庭, 有一大漢[109], 踏步入來, 身長八尺, 河目海口[110], 狀貌獰特, 風儀雄偉.[111] 手執長劍, 面帶微醺, 見公之臥, 高聲大叱曰:"汝是何人, 敢來此處乎[112]?"公徐曰:"逐獸入山, 迫昏到此."彼又怒叱曰:"汝膽如斗耶? 欲寄宿則當處外廊, 而敢入內室, 奸犯有夫之女, 已是死罪. 且汝以客子見主人, 而不爲禮, 偃臥而睨之, 此何道理? 能不畏死乎!"公笑曰:"深夜男女合席襯坐, 雖貞白一心, 汝豈肯信之乎? 人生斯世, 必有一死, 烏獲·任鄙之力焉而死, 成荊·孟賁·王慶忌·夏育之勇焉而死,[113] 吾又何懼乎死? 任汝爲之."大漢乃以巨索縛公, 懸于樑上, 顧語其女曰:"戶外有獵獸之携置者, 可淨洗烹煮而來."其女惴惴出戶, 宰割獐鹿, 剔毛去腸,[114] 投鍋爛熟, 盛于大盤以進, 蒸氣浮浮, 肉軟易斫. 又使進酒, 酌以大椀, 傾盡一盆, 腰抽如霜之劍, 切肉而啗之, 曰:"何可置人於傍而獨自飲食乎? 渠雖將死之人, 可使知味."乃以鹿肉一塊, 揷于劍端, 向樑上與之, 公輒張口受刃, 餂肉而吞之, 少無疑懼之狀. 大漢熟視之, 曰:"壯士!"公曰:"汝欲殺我, 則便可殺之, 何爲戲劇, 昔項

---

108) 恸: 가본에는 '恸之'로 되어 있음.
109) 大漢: 저본에는 '漢大'로 나와 있으나 이본에 의거함.
110) 河目海口: 주필로 삭제표시가 되어 있음.
111) 風儀雄偉: 주필로 삭제표시가 되어 있음.
112) 乎: 저본에는 빠져 있으나 가본에 의거하여 보충함.
113) 烏獲·任鄙之力焉而死, 成荊·孟賁·王慶忌·夏育之勇焉而死: 주필로 삭제표시가 되어 있음.
114) 剔毛去腸: 나, 다, 라본에는 '剔去毛腸'으로 되어 있음.

羽鴻門宴[115]稱樊噲曰壯士? 今汝用此語, 欲自比於西楚霸王, 藐我以屠肆·鼓刀之流耶?"大漢乃大笑, 擲劒而起, 解其縛, 把手就座[116], 曰: "天下奇男子, 今始初見矣. 將大用於世, 爲國干城, 吾豈可戕害? 吾於片言之間, 已許以知己, 彼女子雖吾眷屬, 而初非委禽, 君旣半夜偎紅, 便已一點通犀, 從今屬君, 以奉巾櫛. 且庫中貨財[117], 並付君爛用, 丈夫有爲於世, 手無錢帛, 曷以措辦? 幸毋固辭, 吾從此逝矣." 又呼一盆酒對酌, 以結兄弟之義, 曰: "後日, 吾必有大厄, 命懸於君手, 幸毋忘此日之情." 言訖, 飄然而去, 因不知所向. 公乃牽出櫪上馬, 馱女載貨而歸. 及公顯達, 以元戎兼捕將, 自外邑捉上一大賊, 將按治之際, 細察狀貌, 卽山中所遇之大漢也. 公甚奇之, 乃以往事, 備達於榻前, 寬釋而置之校列. 其人具勇力幹局, 善擧職, 公信任之. 後登武科, 節次推遷, 至閫帥云.

外史氏曰: "自古豪傑, 多奇遇之事, 李衛公之逢虯髥客, 是已, 而此事亦一般矣. 彼之一見李公, 許以知己, 而托以後日之事, 則其亦有才識之特異者, 而其始也, 胡不出而爲世試用, 乃作詭秘之蹤跡, 如李勣亡賴·難當·佳賊之稱? 抑欲[118]隱於物外, 待時而出者耶?"

○第十一号 將相部七【名將三義氣】

2-7. 對綠林論劒結義

林將軍慶業, 字英伯, 生于獐川坪. 兒時, 以軍容嬉戲, 聚鄰里樵

---

115) 鴻門宴: 주필로 삭제표시가 되어 있음.
116) 座: 저본에는 '坐'로 나와 있으나 나, 다, 라본을 따름.
117) 貨財: 나, 다, 라본에는 '貨財'로 되어 있음.
118) 欲: 가본에는 '亦'으로 되어 있음.

牧, 以其負機, 排陣形於野中, 坐作進退, 令行禁止[119]. 嶺南官行當路, 欲撤去, 林公曰: "陣不可破也." 堅守不許, 官行橫驅而去. 及長, 以馳獵爲事, 一日, 杖劒[120] 逐鹿, 至太白山中, 不知日之將夕, 轉入叢薄邃處, 莫尋歸路. 遇一樵夫, 問之, 曰: "從左越一岡, 當有人家." 遂披蘿樾, 踰岩壑而往, 果有一大瓦屋. 叩門無應, 日已曛黑, 乃入坐門側空廊, 窓外微有火影, 意謂山魈木魅之類. 俄而, 一人開戶, 而以火燭之, 曰: "君在此乎?" 視之, 乃俄者樵夫也. 遂携入外堂, 張燭對坐, 曰: "得無飢乎?" 曰: "鎭日山行, 頗覺饐餒." 乃開壁樻, 出酒壺·肴楪[121], 置于座, 曰: "可盡吃也." 公因肚裏虛乏, 恣意飮啜, 仍與敍話. 樵夫又開壁樻, 抽一長劒, 星文雪色, 輝映奪目. 公曰: "是何物也? 欲試於吾耶?" 樵夫笑, 曰: "否也. 今宵有可觀者, 君能無怖否?" 公曰: "何畏之有?" 時夜將半, 樵夫持劒, 携公向籬[122]邊去, 門戶重重, 樓閣沉沉. 逶迤到後園池, 見燈影月光, 交映綠波, 畵閣縹緲. 樓上笑語爛熳, 綺窓有二人影, 樵夫指池邊梻樹, 曰: "君可上坐此樹, 以帶纏身於木柯, 以防跌墜, 愼勿出聲也." 公一依[123]其言. 樵夫躋入閣中, 三人同坐, 或飮或話. 少頃, 樵夫謂客曰: "今日旣有約矣, 願決雌雄." 客曰: "諾." 乃共起出外, 騰趠[124]池上. 已而, 不見人形, 但有白虹掛空, 搖曳散合, 時或電閃閃而金錚錚. 公在樹上, 只覺寒氣逼骨, 毛髮俱竦. 良久, 聞有物墮[125]地聲, 旋見人影在地, 卽樵夫也. 招公下來, 仍腋挾而超上池樓, 有鬢

---

119) 止: 다, 라본에는 '之'로 되어 있음.
120) 杖劒: 나, 다, 라본에는 '仗劒'으로 되어 있음.
121) 酒壺·肴楪: 나, 다, 라본에는 '酒肴楪'으로 되어 있음.
122) 籬: 저본에는 '裡'로 나와 있으나 나, 라본을 따름.
123) 依: 가본에는 '以'로 되어 있음.
124) 趠: 나, 다, 라본에는 '趛'으로 되어 있음.
125) 墮: 나, 다, 라본에는 '墜'로 되어 있음.

髮如雲嬋姸[126]美娥, 低鬟含愁[127], 倚欄而坐. 樵夫罵曰: "緣汝妖物, 戕彼奇男, 可恨!" 又謂公曰: "以君小勇, 不必出世, 林仲樑才合制梱[128], 而老於穲穄; 金德齡力能折軾, 而死於縲絏, 時事可知已. 吾今畀君以此屋此女, 屋有金帛之藏, 女堪巾櫛之奉, 謝絶人間榮華, 穩享山中幽趣, 亦一快事. 未審意下, 何如?" 公曰: "盛意可感, 而今夜之事, 都未領會, 願聞其詳." 樵夫曰: "吾本江湖上好漢, 幻作綠林中豪客, 多年剽掠, 財用饒富. 巨嶽深藪, 必置華屋, 屋必置美女, 如是排置者, 爲十數處, 周流八路, 到處行樂. 彼姝者女, 與客潛通, 客卽京城南大門外折草匠, 而亦兩局大將材也. 乘昏而來, 當曉而去, 吾知之已久, 而從古色界上, 無英雄烈士, 女亦墻花路柳, 無足深責. 吾每謹避, 任他盡歡, 不意男耽女愛, 賊反荷杖, 每欲害吾. 故不得已有俄者擧措, 而雖殺彼客, 忍令玉碎花殘, 所以幷此邱壑而奉贈也." 仍[129]一場痛哭, 曰: "惜哉! 可用之男兒, 自吾手殺之也." 又謂公曰: "君之膽略材勇, 庶不讓於二三[130]豪俊[131], 而値此世路之嶮巇, 出而試用, 恐未免爲半上落下之人, 且於運去英雄不自由, 何哉? 惟此一區粧點, 可謂三公不換, 願君熟思之." 公曰: "僕本俗士, 一朝獲此物外之豪侈, 決非分內之消受, 必有災咎, 果難奉敎." 樵夫乃歎曰: "已矣! 君若不肯, 則留此尤物, 安用哉?" 卽揮劒, 斷女頭, 幷尸曳至閣下, 同俄死客尸, 裹席投池中. 更覓樓上藏酒, 偕公痛飮, 又曰: "君旣欲圖功名, 何可挽留? 然丈夫行世,

---

126) 嬋姸: 가본에는 '嬋娟'으로 되어 있음.
127) 含愁: 나, 다, 라본에는 '含態'로 되어 있음.
128) 梱: 나, 다, 라본에는 '閫'으로 되어 있음. 통자임.
129) 仍: 나, 다, 라본에는 '乃'로 되어 있음.
130) 二三: 나, 다, 라본에는 '三四'로 되어 있음.
131) 豪俊: 다본에는 '豪傑'로 되어 있음.

劍術不可不知, 幸留此幾日, 學得糟粕而去也." 公因問: "劍術始於
何時, 而我東無聞者, 君自何而學之[132]?" 樵夫曰: "自黃帝受符於
玄女, 而此術遂興, 風后習之, 破蚩尤, 帝以術神奇, 恐人妄用, 又
上帝之戒甚嚴. 以是, 不敢宣言, 而但口授一二誠篤者, 故其傳未
嘗絶, 而亦未嘗廣也. 其後, 張良之擊秦皇, 梁王之刺袁盎, 公孫述
之殺來歙, 李師道之傷武元衡, 皆此術也. 大抵不得妄傳人妄殺
人, 不得爲不義使[133]而戕善人, 不得殺人而居其名. 故元昊所遣,
不敢賊韓魏公; 苗劉所遣, 不敢刺張德遠, 蓋猶有畏心, 顧前戒耳."
公曰: "史稱黃帝與蚩尤戰, 不言有術, 張良遣力士, 亦不言術, 梁
王·公孫述·李師道所遣, 盜耳, 亦何術之有?" 曰: "君誤矣, 此正所
謂不敢居其名者也. 蚩尤生象異形, 且有奇術, 豈戰陣可得? 始皇
擁萬乘, 且秦法甚嚴, 固無敢擊之, 亦未有擊之而得脫者. 至如[134]
袁盎官近侍, 來歙爲大帥, 武元衡位台衡, 而或取之萬衆之中, 直
戕[135]之輦轂之下, 非有神術, 何以臻此? 此在史傳, 君不詳玩耳."
公曰: "史固有之, 如太史公所傳刺客, 豈非其人乎? 至荊卿, 則稱
以劍術疎, 何也?" 曰: "史遷非也. 秦誠[136]無道, 天所命也, 縱有劍
術, 將安施乎? 李聶諸人, 血氣雄耳, 此而謂之術, 則凡世之抃死
殺人, 而以身狥之者, 孰非術哉?" 公曰: "崑崙磨勒, 如何?" 曰: "是
特粗淺者耳, 聶隱娘·紅線, 斯至妙者也. 磨勒以形用, 但能歷險
阻, 試矯捷耳. 隱娘輩以神勇[137], 其機玄妙, 鬼神莫測, 鍼[138]孔可

---

132) 之: 가본에는 '焉'으로 되어 있음.
133) 使: 나, 다본에는 '便'으로 되어 있음.
134) 如: 나, 다, 라본에는 '於'로 되어 있음.
135) 戕: 다본에는 '伐'로 되어 있음.
136) 誠: 가본에는 '所'로 되어 있음.
137) 勇: 저본에는 '用'으로 나와 있으나 나, 다, 라본에 의거함.
138) 鍼: 라본에는 '錢'으로 되어 있음.

度, 皮郭可藏, 倏忽千里往來無迹, 豈得無術?" 公曰: "吾觀蚘髯函
嚼人首而食之也, 是術之所施, 固在嚼乎?" 曰: "不然, 蚘髯之事,
寓言耳. 雖嚼亦有曲直, 若我誠負, 則亦不敢也." 公曰: "然則子之
所嚼, 孰爲最?" 曰: "世之爲監司守令, 而張大威權, 悅奉己而害正
直者; 虐使小民, 貪其賄而戕其命者, 將帥殖貨, 不勤戎務而因
償[139]國事者; 宰相樹私黨, 去異己而使賢不肖倒置者, 此皆吾術所
必誅者也. 若夫舞文之吏, 武斷之豪, 則有刑宰主之; 忤逆之子, 負
心之徒, 則有雷部司之, 我不與也." 公曰: "殺之之狀, 如何? 我未
前聞也." 笑曰: "豈可[140]令君知也? 凡此輩之重者, 或徑取其首領
及其妻子, 次者, 或入其咽斷其喉, 或傷其心使其家, 但知其爲暴
卒, 而不得其由. 或以術攝其魂, 使之佗傺, 失志而歿; 或以術迷其
家, 使之醜穢, 迭出憤鬱而死. 其時未至者, 但假之神異夢寐, 以驚
懼之而已." 公遂留數日, 略知猿公之術, 不肯竟學而歸. 早登武科,
爲義州府尹, 丙子, 淸兵出來, 不由灣路, 畏公之威也. 淸將要觀,
率精騎三百, 急向瀋陽, 回至灣上, 公追擊盡[141]殲之. 丁丑, 三學士
以斥和, 被執北行, 公出迎執手, 曰: "士大夫[142]死得其所[143], 難矣!
名當與北斗泰山爭高." 俸供[144]甚厚, 資送亦多. 公每欲以賊情, 仰
暴於天朝, 裝送香山僧名獨步者, 至石城島, 致書而還. 淸國徵我
舟師, 攻錦州衛, 朝廷以公爲舟師大將, 至石城島, 佯爲飄風, 又送
獨步, 通奇于登州, 指示應變之意. 師次蓋州, 遇唐船四十隻, 彼此

---

139) 償: 다본에는 '慎'으로 되어 있음.
140) 可: 나, 다, 라본에는 '不可'로 되어 있음.
141) 盡: 나, 다, 라본에는 '進'으로 되어 있음.
142) 士大夫: 나, 다, 라본에는 '大丈夫'로 되어 있음.
143) 死得其所: 가본에는 '得其死所'로 되어 있음.
144) 俸供: 나, 다, 라본에는 '供奉'으로 되어 있음.

去丸放銃, 去鏃放矢, 良久相戰, 佯敗而還. 淸將疑之, 分其軍, 自遠布陣, 爲唐兵狀, 使公擊之. 公知其謀, 以勁矢猛丸, 亂射之. 於是, 淸將疑與中朝合謀, 令還本國, 公募得善泅者, 歷陳本國受兵被脅之狀, 以致不忘天朝之意. 後爲平安兵使, 皇朝摠督[145]洪承疇, 降淸, 輸公前後密通之狀, 宣川府使李烓, 又告裝送獨步事, 淸主大怒, 使我國急令執送公. 公杖劒就途, 曰: "男兒豈死於彼庭乎? 莫若奔入上國, 戮力除讐." 行至金郊驛, 乘夜而逃, 遂落髮爲僧, 或晦跡江湖. 癸未, 至高陽幸州, 給船人同舟, 到[146]海州延平島. 公去僧服, 拔劒斫舷, 曰: "我林兵使也!" 衆皆驚拜, 因令擧帆, 由椵島到登州, 在馬弘周鎭[147]. 甲申, 淸兵[148]入據北京, 公知弘周有降淸之意, 脫身無計, 忽遇淸兵, 先削弘周之髮, 又欲脫公之冠, 公厲聲叱退. 遂械至燕京, 被拘不屈, 而數年不死者, 淸人高其義也. 李白軒景奭, 奉使入燕, 贖公還國, 金自點陰蓄異志, 剪除忠義之人, 且與公有宿憾, 以年前亡命之[149]事縲過, 西京人莫不流涕. 又以沈器遠誣引事, 鍛鍊嚴訊, 公大呼曰: "國事未定, 何徑殺我也?" 竟死於獄. 其日, 草木如被重霖, 人言, "忠臣枉死, 草木爲之感泣云." 公所騎馬, 日行五百里, 能超數丈坑, 當公逃出時, 脫勒棄之, 曰: "嗟呼! 駿驄奚爲?" 馬踡踢垂涕. 後入於司僕寺, 至是, 御者立前, 曰: "汝舊主死矣." 馬掇豆食, 仰天長鳴者數三而斃, 無異於雲長[150]之赤兎, 聞者悲之.

---

145) 摠督: 다본에는 '提督'으로 되어 있음.
146) 到: 가본에는 '而至'로 되어 있음.
147) 鎭: 나, 다, 라본에는 '陣'으로 되어 있음.
148) 兵: 저본에는 빠져 있으나 나, 다, 라본에 의거하여 보충함.
149) 之: 저본에는 빠져 있으나 가본에 의거하여 보충함.
150) 雲長: 가본에는 '關公'으로 되어 있음.

外史氏曰:"我東尊周大義, 炳如日星, 凡厥薄海有志之士, 孰無 萬折朝宗之思? 而時値國步孔棘, 朝議多歧, 林將軍奮自鞬韋, 氣 挾風霆, 義光日月, 乃裝送獨步僧, 以致不忘天朝之意. 至於彼庭 不屈, 宛如文信國之不跪, 其慷慨忠節, 卽當世一人. 況其報國丹 忱, 無愧於岳武穆之涅背, 而遽有金字牌之召, 三箭未定, 大樹飄 零, 此千古英雄之所扼腕而揮淚者也."

2-8. 覆畵舸揮椎除惡

金將軍德齡, 光州石底村人也. 體短小, 勇力絶倫, 怒則目出火[151] 光, 雖暗[152]夜, 通[153]照數里. 或馳馬入房闥[154], 卽回馬躍出, 登樓屋 之上, 橫臥而輾, 由簷而墜, 入樓中. 嘗聞竹林中有猛虎, 挽弓射之, 虎張口奮迅而前, 乃挺鎗迎之, 刃出頷下, 揷着於地, 虎搖尾不敢 動. 晋州牧場有惡馬, 逸出蹂踐禾穀, 超高如飛, 人莫能捉, 德齡聞 之卽往, 勒而騎之, 馬甚馴. 素習儒業, 謙晦下士, 故無人[155]知者. 少時, 娶寡婦家女, 拜聘母問岳丈下世之年, 聘母泣曰:"若在家考 終, 則有何恨哉? 只緣家計貧窶, 作某鄕推奴之行, 奴之族黨強盛, 而家翁一往不返. 探之[156], 則爲彼[157]凶漢輩結裹[158]了, 未知七尺之 軀何在, 尙無一抔之土未乾, 悠悠蒼天, 此何人斯? 旣無膝下, 又 無鴒原, 只有一弱女, 未能如謝少娥之殺申蘭而爲父報讎. 未亡人

---
151) 出火: 가본에는 빠져 있음.
152) 暗: 주필로 삭제표시가 되어 있음.
153) 通: 주필로 삭제표시가 되어 있음.
154) 房闥: 다, 라본에는 '房闈'으로 되어 있음.
155) 無人: 저본에는 '人無'로 나와 있으나 나, 다, 라본을 따름.
156) 之: 저본에 '其委折'이라 쓴 것을 주필로 수정한 것임.
157) 彼: 주필로 삭제표시가 되어 있음.
158) 裹: 저본에는 '果'로 나와 있으나 나, 다, 라본에 의거함.

晝宵祝願者, 得逢賁·育之勇, 俾結秦晋之誼, 借手以雪恨. 聞君有膂力, 迎爲東床, 良以此也." 德齡曰: "聘家有此不共戴之讎, 令人斗膽輪困, 明當發程[159], 速圖復讎." 聘母曰: "洞房花燭, 餘炧未消, 過三日後發行, 可也." 德齡曰: "一聞此語, 業火萬丈, 忍不可住, 固請卽行." 遂袖藏一椎, 率二蒼頭, 趁程抵惡奴家. 惡奴輩相率出迎, 曰: "主宅之聲息久阻, 下情之戀慕常切, 何來好風, 吹送公子, 誠不勝欣幸." 遂導至一家, 接待[160]款厚, 或請納貢, 或謂贖良, 論說紛紜. 德齡已疑其詐[161], 任他所爲, 老奴等曰: "公子遠臨陋地, 奴輩敢不效誠, 而倉卒抖擻, 未得愜意. 願奉三千金爲幣, 幸公子爲老倫周章, 免被主家之責言." 德齡强許之, 期以明日回程, 老奴曰: "遐鄕奴僕, 安得頻侍[162]公子? 今當拜送, 曷勝悵缺? 此處海上船遊, 足稱壯[163]觀, 奴等爲公子一時暢懷, 別定畫舸, 設樂備饌, 排置已整[164], 公子肯俯臨否?" 德齡假墮術中, 曰: "好意可尙!" 遂登其船, 二蒼頭欲隨登, 老奴輩在岸邊, 挽止, 曰: "船窄人衆, 君輩可在此共吾飲." 乃放船至中流, 惡漢等瞋目張拳, 而叱曰: "汝之岳翁, 頃生狼貪之慾, 遽到此地, 冒犯虎咥之威, 斷送渠命. 以若壯健之身, 猶被吾輩處置, 便如走韓盧而搏蹇兎也[165]. 今汝纔免黃口之兒, 敢爲妻家作推奴之行, 汝就死地, 便是滄浪, 尙誰怨尤? 爾欲汚死乎, 欲[166]精死乎?" 德齡垂頭喪氣, 假作惴慄[167]之狀, 曰: "何以

---

159) 發程: 나, 다, 라본에는 '登程'으로 되어 있음.
160) 接待: 가본에는 '接對'로 되어 있음.
161) 詐: 나, 다, 라본에는 '計'로 되어 있음.
162) 侍: 가본에는 '待'로 되어 있음.
163) 壯: 저본에는 '狀'으로 나와 있으나 이본을 따름.
164) 整: 나, 다, 라본에는 '定'으로 되어 있음.
165) 也: 저본에는 빠져 있으나 가본에 의거하여 보충함.
166) 欲: 라본에는 '爾欲'으로 되어 있음.

則汚死, 何以則精死?" 惡黨曰: "以血汚刃, 是汚[168]死也; 爾自投水, 是精死也." 德齡曰: "死魂亦厭汚, 願精死. 然盛饌在前, 幸暫寬貸, 俾得一飽而死." 一漢曰: "甕內鼠, 將安往? 特許汝請." 德齡喫訖, 惡黨促令赴水, 德齡乃聳身作氣, 以足踢船板, 忽騰身數丈. 船已覆沒, 更爲反浮, 德齡乃下立船中, 惡黨皆已沒死. 德齡獨運船下陸岸邊, 老漢輩望見欲走, 德齡與蒼頭追及, 疾若電掣, 勢如鷙攫, 奮拳揮椎, 無不僵死. 遂至村中, 男女老少, 風飛電散, 乃搜探惡黨之財, 爲萬餘金. 歸見聘母, 聘母下庭泣謝云[169]. 及壬辰倭亂, 德齡與所善壯士崔聃齡等俱起, 賣田宅爲器仗, 傳檄募兵, 應者坌集, 得精壯屢千人. 長城縣令李貴, 薦于朝曰: "智如孔明, 勇過雲長." 遂拜翼虎將軍. 嘗有詩曰: '絃歌不是英雄事, 劍舞要須玉帳遊. 他日洗兵歸去後, 江湖漁釣更何求.' 常佩雙鐵椎於腰下, 左右重各百斤, 一國皆稱神將. 倭聞之甚恐, 清正潛遣畫工, 圖其像而見之, 驚曰: "此眞石底將軍也!" 乃斂兵退去. 李夢鶴之亂, 因飛語逮繫, 竟死獄中, 擧世寃之. 倭聞其死, 跳踉相慶, 如金人聞岳飛死而擧酒相賀矣. 權石洲夢得一冊, 乃德齡詩集. 其首一篇, 曰「醉時歌」, 其詞曰: '醉時歌, 此曲無人聞. 我不要醉花月, 我不要樹功勳. 醉花月也是浮雲, 樹功勳也是浮雲. 醉時歌, 無人知我心, 只願長劍奉明君.' 旣覺, 悵然[170]悲之, 爲作一絶, 云: '將軍昔日把金戈, 壯志中摧奈命何. 地下英靈[171]無限恨, 分明一曲醉時歌.' 英廟初年, 湖南伯李公匡德, 啓聞辨其寃誣, 立祠安靈, 士民大悅.

---

167) 惝悷: 가본에는 '喘悷'로 되어 있음.
168) 汚: 가본에는 '惡'으로 되어 있음.
169) 云: 주필로 삭제표시가 되어 있음.
170) 悵然: 다본에는 '悟然'으로 되어 있음.
171) 靈: 가본에는 '魂'으로 되어 있음.

外史氏曰: "天挺英豪之人, 必大用於世, 仡仡勇夫之射御, 赳赳武夫之干城, 豈易得哉? 金德齡以絕類[172]之勇力, 奮起草野, 挺劍大呼, 從者如雲. 優可以掃勁寇, 而繪凌烟垂耀千秋, 而未遂伏波裹革之志, 終底杜郵賜劍之歎, 天之賦施多舛, 此何理也? 彼何人斯, 成貝錦, 乃壞萬里長城, 惜哉!"

○第十二号 將相部八【名將四〔武勇〕】

2-9. 勇將嘯引赤鬣騎

鄭兵使起龍, 尙州人也, 字景雲, 初名茂樹. 捷武科唱名, 宣廟夢龍馬起於鍾樓, 飛上天衢, 物色求鄭, 異之, 賜今名. 自兒時, 有食牛氣, 威伏群兒, 莫敢違令. 每嬉戲, 爲戰陣擊刺之狀, 自比尙父之揚鷹, 小范之胸甲. 性清白慷慨, 常急人之困, 不顧己私. 嘗貧寒落拓, 與其偏母, 往居晉州, 名係節度營軍官. 一日, 在廨宇晝寢, 忽大聲叫嚷, 節度呼問其故, 對曰: "丈夫出世, 上不能登壇仗鉞, 建漢將之旗; 下不得躍馬揮劍, 賈鄭蛩之勇, 不勝其菀菀. 故睡夢中不覺, 作聲以紓其氣." 節度聞其言而壯之, 每詡以可需用之材器. 適因事將往全州, 其隣比與全州鄕監[173]權某連婚者, 要付赫蹄. 鄭持書到其家, 權素饒富, 列屋比櫛[174], 積廩崇墉. 權只有一女, 才慧無雙, 父母愛之, 不翅如掌中[175]珠之弄顔雪[176]所嬌. 及稍長, 智識絕倫, 預料未來之事, 且多先見之明, 人莫測其端倪, 咸稱其智不

---

172) 絕類: 가본에는 '絕倫'으로 되어 있음.
173) 鄕監: 가본에는 '縣監'으로 되어 있음.
174) 比櫛: 이본에는 '櫛比'로 되어 있음.
175) 中: 저본에는 빠져 있으나 라본에 의거하여 보충함.
176) 顔雪: 나, 다, 라본에는 '雪顔'으로 되어 있음.

可及. 年旣及笄, 父母議擇配, 屢梗命, 詢其由, 對曰:"女子之所仰望而終身者, 惟一良人, 若所遇非其耦, 則誤了平生. 此固大事, 可不致愼乎? 嬌汭之觀厭刑, 蹶父之爲韓姞相攸, 皆兢兢於配匹之際, 自昔然矣. 王家坦腹, 縱有郄門生之往見盧郞壯頭, 豈非李翶女之自擇乎? 未聞吾爺嘗有知人之鑑, 吾雖肉眼, 當求天定之緣, 幸母煩言攪我靈臺[177]也." 父母亦無奈[178]其矢心不撓矣. 一日, 權之夫婦, 往族親大祥, 女獨在家, 有客叩門, 命丫鬟問其何來, 曰:"自晋州來, 而[179]要傳某札." 女聞其語音, 心異之, 從門隙而[180]偸覰, 軒軒丈夫頎而長兮. 雖藍縷其服, 枯瘠其形, 而儀表英邁, 氣骨昂藏, 果是愜願之人. 乃[181]傳言曰:"吾家大人匪久當還, 暫坐外堂以俟之." 更諭曰:"外堂疎冷, 入坐內門傍舍, 可也." 因呼婢, 議酒食以饋. 俄而, 其母先歸, 問:"彼何人斯, 坐於內室近處?" 女具以對曰:"百年絲蘿之托, 今幸得人[182]矣." 母視其人而大駭, 乃戟掌詁女[183]曰:"汝不聽父母之訓, 不遵媒妁之言, 常自擇歸身云者, 竟如是乎? 彼其之子, 若非植路之土埃, 卽是門晝之鍾馗, 汝眞兩眶[184]無瞳乎? 眞所謂燕婉之求得此戚施, 吾雖令汝老死閨中, 決不欲結褵於懸鶉之老丐兒[185]耳." 因嘖嘖不已, 女曰:"吾於此人, 劣有鑑識, 心筭已定, 阿孃不必煩惱." 少焉權歸, 妻語其故, 亦怒責之, 女

---

177) 攪我靈臺: 주필로 삭제표시가 되어 있음.
178) 奈: 나, 다, 라본에는 '奈何'로 되어 있음.
179) 而: 저본에는 빠져 있으나 가본에 의거하여 보충함.
180) 而: 저본에는 빠져 있으나 가본에 의거하여 보충함.
181) 乃: 저본에 '又'라 쓴 것을 주필로 수정한 것임.
182) 人: 가본에는 '之'로 되어 있음.
183) 詁女: 나, 다, 라본에는 '詁罵'로 되어 있음.
184) 眶: 나, 다, 라본에는 '眼'으로 되어 있음.
185) 兒: 나, 다, 라본에는 빠져 있음.

曰:"阿爺雖乏唐擧之術, 第當詳見斯人之何如, 而乃責吾迷執也." 權依其言, 出外堂, 招鄭而先觀形貌, 次與酬酢, 彼雖落魄困頓, 而風儀俊偉, 言辭激烈, 眞奇男子也. 遂回語屋中, 曰:"昔單父·呂翁擇婿之時, 謂媼曰:'此非兒女子所知.' 今余於君亦云." 因詢鄭凡百並及娶未, 對曰:"只奉偏母, 家計甚貧, 姑未委禽." 權曰:"吾有一女, 雖無婉娩之敎, 堪奉潃瀡之供, 願諧秦晉." 鄭曰:"歸告萱闈, 可定蘿托." 權曰:"因便書白, 留此成禮何妨?" 曰:"人倫大事, 何可書告? 當躬往面陳, 更來納贄矣." 權曰:"君言良是, 當備給人馬, 速圖往返也." 曰:"吾本微賤[186], 自慣步屨[187], 何用人馬爲哉?" 權曰:"家有一鬣, 不必固辭." 嘗有商旅牽一羸驂過者, 女見而勸父買之, 父曰:"汝非伯樂, 何以知馬乎[188]?" 女曰:"當有用處." 遂自買得馬, 體雖長大, 瘦骨嶇峻. 女善爲喂養, 席以露林, 啗以棗脯[189] 數月極肥澤. 又甚驚悍, 見人輒張口騰蹄, 若將踶囓[190], 每以長竿, 束芻投之. 權甚苦之, 欲鬻之, 女力挽, 乃止. 至是, 女謂父曰:"阿爺猶不知鄭之爲何等人物, 彼馬雖悍, 赤鬣朱髦, 卽龍馬[191]也. 試使鄭馭之何如?" 權因問鄭曰:"君能制彼悍鬣否[192]?" 對曰:"豈以男子之身, 不能制一馬乎?" 卽向廐前馬, 又飜蹄咆哮, 鄭批其頰叱之, 馬遂垂頭, 乃進而撫刷轡鞍. 自此馴良, 女喜曰:"此馬亦能知人." 鄭騎馬還晉州, 反面親闈, 告以娶妻, 復到完山成婚. 權謂鄭曰:"君在晉陽, 旣無繭絲之責, 又乏菽水之供, 奉老來贅相依穩過, 何

---

186) 微賤: 저본에는 '賤微'로 나와 있으나 이본을 따름.
187) 屨: 라본에는 '履'로 되어 있음.
188) 乎: 저본에는 빠져 있으나 가본에 의거하여 보충함.
189) 席以露林, 啗以棗脯: 주필로 삭제표시가 되어 있음.
190) 踶囓: 나, 다본에는 '踶躍'으로 되어 있음.
191) 龍馬: 나, 다본에는 '貴馬'로 되어 있음.
192) 否: 나, 다, 라본에는 '乎'로 되어 있음.

如?" 女曰: "女子有行, 遠父母兄弟, 女必從夫, 願阿爺資吾一生衣食之費, 使之共挽鹿車, 歸鄉里, 便是發乎情止乎禮, 義其兩得之矣."[193] 權許之, 多齎金帛錢布, 以送之. 女散其錢, 貿取鐵物, 至如鏊錡鋤犁之類, 無不收括以去, 家人咸怪之. 鄭率妻騎馬, 還故鄉, 家徒四壁, 妻出其資裝, 勤於治[194]生, 得以安堵. 又以鐵物, 多鑄兵器, 藏之, 曰: "必有用時." 及壬辰倭寇大至, 鄭招集義兵, 欲勤王, 而以老母弱妻爲憂, 妻曰: "姑婦避隱之[195]處, 已有排置[196]於某山中, 妾當勤心養公姥, 幸毋慮焉." 鄭乃携其兵器, 騎其駿馬而出, 馬益神勇, 髣髴烏騅・赤兎矣. 往隷趙儆部下, 每爲先鋒突擊將, 至金山, 趙儆兵敗, 爲倭所擒, 鄭躍馬大呼而入倭陣, 奪儆掖之以歸, 賊皆披靡. 每策馬跳蕩賊陣, 風馳電掣, 賊雖束銃齊放, 而終不中. 馬能超深壕騰絶磴, 如鷹鸇之疾, 鄭以雙劒單騎, 所向無適[197]. 一夜宿村舍, 賊大隊急圍之, 鄭睡中單身脫走, 登山長嘯, 使馬聞聲而來. 倭愛其馬, 欲留之, 馬忽斷韁躍出, 到鄭處, 懸厓[198]絶壁, 一躍而登. 鄭遂成大功, 官至嶺右節度使.

外史氏曰: "天生二三豪俊之爲時出也, 必並生神物以爲其用, 龍馬之現宸夢而錫嘉名, 已非偶然. 而竟得神駿, 以至馳突勍賊之中, 建巋勳而垂大名, 皆龍馬之效也, 豈不奇且異哉! 又其婦之智識, 世所罕有, 可謂是夫是妻也[199]. 豈謝希孟所云'光岳氣分, 磊落英偉, 不獨鍾於男子, 而亦鍾於婦人'者耶?"

---

193) 使之共挽鹿車 … 義其兩得之矣: 나, 다, 라본에는 '使之歸鄉'으로 되어 있음.
194) 治: 라본에는 '活'로 되어 있음.
195) 之: 저본에는 빠져 있으나 가본에 의거하여 보충함.
196) 置: 가본에는 '布'로 되어 있음.
197) 無適: 가본에는 '無敵'으로 되어 있음. 서로 통함.
198) 厓: 나, 다, 라본에는 '崖'로 되어 있음.
199) 也: 저본에는 빠져 있으나 가본에 의거하여 보충함.

2-10. 義兵肩掛漆匏竿

郭再祐, 字季綏, 玄風人, 監司越之子也. 氣宇宏遠, 豪俠好義. 隨其父奉使朝京, 相者異之, 曰: "必爲大人, 名滿天下." 年近四十, 棄擧子業, 窮居蒻笠芒鞋, 漁釣自娛, 平居恂恂然[200]若無能者, 時人莫之識也. 嘗喪耦而再聘某氏, 其婦人身長大, 意豁達, 有奇傑丈夫之風. 于歸以後, 克盡婦道, 廚下羹湯[201], 機上組紃, 隨時供奉, 無適不宜. 但於治生產業, 如越視秦脊, 高枕而臥, 一無所事, 姑誡[202]之曰: "吾家幸不食貧, 繼此營殖, 可免窘匱. 古語云: '室廩空虛, 則婦姑勃蹊.' 汝盍念此? 且汝氣骨昂藏, 足稱健婦持門戶, 可能爲門戶經紀否?" 對曰: "顧此迷劣, 豈堪驅使, 而旣奉誨飭, 敢不試圖? 第手中無物可藉, 眞所謂縱由[203]勺水, 終成巨浸, 不執寸鐵, 曷能用武者也? 將奈何?" 姑卽以租三十包‧奴婢各五口‧牛三隻, 析與, 曰: "此可措手乎?" 對曰: "綽有餘裕." 乃招奴婢, 曰: "汝輩旣屬於吾, 壹[204]從吾指揮, 毋或怠慢速辜也. 汝其馱租於牛, 入茂朱某處[205]深峽中, 斫木築屋[206], 春租爲農粮, 墾耕火畬芀豐草, 以種黍粟. 每秋, 只以收穫都數告我, 粟則作米儲置, 課歲如是也." 奴婢唯唯而退, 莫曉指意, 相顧懍慌[207]. 然不得違令, 卽往茂峽, 勤力耕作, 歲以爲常. 一日, 婦謂郭公曰: "丈夫手中, 無一錢穀, 則何事可辦?" 公曰: "吾計拙謀生, 安所得錢穀乎?" 婦曰: "竊聞洞內李

---

200) 恂恂然: 다본에는 '拘拘然'으로 되어 있음.
201) 羹湯: 가본에는 '湯羹'으로 되어 있음.
202) 誡: 나, 다, 라본에는 '試'로 되어 있음.
203) 由: 나, 다, 라본에는 '有'로 되어 있음.
204) 壹: 이본에는 '一'로 되어 있음.
205) 某處: 가본에는 '某村'으로 되어 있음.
206) 築屋: 나, 다, 라본에는 '築室'로 되어 있음.
207) 懍慌: 나, 다, 라본에는 '惝恍'으로 되어 있음.

生某家, 積累萬貨財, 而癖嗜賭博云, 郎君可賭取千石露積乎?" 曰: "彼以國手擅名, 吾手法甚拙, 不啻如安棋之於玄, 豈得效放翁所謂以博取財號松子量者乎?" 婦曰: "此易與耳, 第以博局進來." 仍對坐指授, 妙訣反復[208], 倏忽窮變化之精微, 疾徐乘除, 法陰陽之消息. 公亦才慧拔萃, 半日究繹, 多所悟解[209]. 婦曰: "可賭矣, 初局則故輸, 再三局則只要取贏, 用三駟射千金之秘術. 旣得露積, 彼必欲更決雌雄, 須透妙高着, 令彼不得下手也." 公往見李[210], 請與賭博, 李笑曰: "同閈雖久, 曾未聞君能博, 君豈吾之敵手乎?" 公曰: "對局行馬, 可定甲乙, 何必預用蘱斥?" 李曰: "吾博則必賭, 欲以何物爲注乎?" 曰: "君有千石露積, 吾亦以千石爲賭." 李曰: "不少之物, 君何以辨出?" 曰: "惟在當場輸贏, 千石何足道哉?" 遂與之對着, 以兩勝爲約, 公故輸一局, 李曰: "然矣, 君安能敵我乎[211]?" 公曰: "猶有二局." 第更鏖戰, 遂連雋兩局, 李驚訝曰: "異哉! 寧有是理? 旣許之千石, 何可食言? 當卽送之, 而更着雪恥, 所不可已也." 公於是, 盡用神訣, 李截然落下, 不敢支吾. 公賭得露積, 回報屋中, 婦曰: "已料之矣." 公曰: "顧安所用此?" 婦曰: "公親知中有窮乏難措婚喪者, 以此穀遍施之, 毋論遠近貴賤, 如有傑特之人, 與之結交, 逐日邀來. 吾當備酒饌待之." 公如其言, 一歲中盡散千包. 婦又請於姑曰: "媳欲事農業, 籬外垈田[212]幾頃, 可許之乎?" 曰: "諾." 於是, 耕耘而遍種瓠, 及成實, 穎秀堅好, 旣熟而摘, 盡鑿爲圓匏, 一一着漆, 年年如此, 其數可以屢千計. 又以水鐵, 依圓匏樣,

---

208) 反復: 가본에는 '反覆'으로 되어 있음.
209) 悟解: 나, 다, 라본에는 '悟得'으로 되어 있음.
210) 李: 가본에는 '李生'으로 되어 있음.
211) 乎: 저본에는 빠져 있으나 나, 다, 라본에 의거하여 보충함.
212) 田: 저본에는 '由'로 나와 있으나 이본에 의거하여 바로잡음.

造成幾箇, 並儲庫藏. 公與家人, 莫知其何用, 咸嗤以癡獃矣²¹³⁾. 及壬辰倭寇之豕突也, 婦謂公曰: "平日之勸公交結好人賙救窮貧者, 政爲此時之得力, 公可以糾合義旅一戰樹勳也. 避兵之地, 吾已經紀於茂峽, 有室有粟, 庶不貽君子之憂. 吾則在家, 接濟軍粮, 當如蕭何之轉漕²¹⁴⁾關中, 無至乏絶, 公意若何?" 公欣然從之, 最先起兵, 與勇士沈大升等十餘人, 倡義泣誓, 遠近之曩時受恩者, 聞風響應, 得精兵屢千. 夫人乃使義兵人人, 以長竿竹, 掛漆圓匏, 荷於肩, 與倭戰而佯敗奔歸, 遺置鐵圓匏於路傍. 倭逐北, 至鐵匏所在處, 試擧之, 而重難動.²¹⁵⁾ 倭大驚, 相告曰: "彼軍肩荷如此重鐵, 而能走如矢, 皆有神力者. 其敗走誘我也, 愼莫交鋒!" 自是, 倭見郭公之軍²¹⁶⁾, 則不戰而披靡. 是時, 處處義兵多挫衂, 而公之勳獨爛焉, 蓋因夫人之竟成有志, 事獨任無限功也. 公戰時, 着紅綃帖裏, 具堂上笠飾, 挺身先之, 賊號²¹⁷⁾曰'天降紅衣將軍'. 李五峯好閔, 付詩曰: '聞道紅衣將, 逐倭如逐獐. 爲言終戮力, 須似郭汾陽.' 公聞慶尙監司金睟之奔還, 痛憤之, 欲移軍先擊, 金誠一峻責, 乃止. 遂移檄, 數睟七罪, 睟見檄駭忿, 答檄謂, '公以假托義兵, 陰謀不軌.' 公倚馬而答曰: "義賊之分, 天地知之." 睟乃馳啓, 誣公謀反, 朝議²¹⁸⁾大駭, 誠一曰: "吾當百口保之." 遂力言公忠憤無他, 朝議始釋. 李體察使元翼, 請楊總兵, 將移駐嶺南, 公言²¹⁹⁾, "虎在於山, 其威自重; 龍在於淵, 其神不測, 天兵若來嶺南, 是猶出山之虎在陸

---

213) 矣: 저본에는 빠져 있으나 가본에 의거하여 보충함.
214) 漕: 가본에는 '運'으로 되어 있음.
215) 試擧之, 而重難動: 가본에는 '而試擧之重難動'으로 되어 있음.
216) 軍: 나, 다, 라본에는 '兵'으로 되어 있음.
217) 號: 가본에는 '呼'로 되어 있음.
218) 朝議: 나, 다, 라본에는 '朝廷'으로 되어 있음.
219) 言: 가본에는 '曰'로 되어 있음.

之龍." 元翼曰:"今見覆書, 不覺下床[220]屈膝, 有將如此, 何憂之有?"
及湖嶺城邑多陷, 公馳入昌寧火旺城, 期以死守. 體相李元翼, 慮孤城難保, 促令解兵, 公報曰:"齊城七十, 卽墨獨存; 唐師百萬, 安市能抗, 此獨不可保耶?" 及賊退, 曰:"養猫所以捕鼠, 今賊已平, 余無所事." 因僻處杜門, 與子弟造蔽陽子, 賣以爲資. 後拜左兵使, 請大繕島山作山城, 朝廷不許. 又抗疏, 論和議之誤, 被謫旋放. 光海朝, 又疏救永昌大君, 曰:"八歲兒, 豈有預知逆謀?" 善山人朴守弘, 往訪之, 將赴擧云, 公曰:"此豈赴擧之[221]時耶?" 仍[222]對酌, 飲六七杯, 爲酒所困, 氣甚不平, 命[223]取器來, 傾耳而瀉之, 酒從耳孔盡出. 遂學辟穀, 或經月不食, 惟日食松花小片. 就鷲山[224]滄巖, 爲棲息之[225]地, 扁以忘憂, 永謝烟火, 多有異事. 一日, 忽大雷雨震其房舍, 公已化, 異香滿室, 世傳仙去云.

外史氏曰:"柴紹妻發家財招兵, 號娘子軍, 馮寶妻撫循衆部, 封石龍夫人, 皆但以女將著稱, 曷嘗有婦人而才智謀略之若此者乎? 且預知龍蛇之變, 而隨機措置, 何其通神也? 天之生才, 固不以男女有限, 而此特千萬中一人耳. 郭公人物, 又資內助, 以致功名之耀赫, 眞天定之良配."

---

220) 下床: 나, 다, 라본에는 '下堂'으로 되어 있음.
221) 之: 저본에는 빠져 있으나 가본에 의거하여 보충함.
222) 仍: 나, 다, 라본에는 '因'으로 되어 있음.
223) 命: 나, 다, 라본에는 '公'으로 되어 있음.
224) 鷲山: 가본에는 '鷲嶺'으로 되어 있음.
225) 之: 저본에는 빠져 있으나 가본에 의거하여 보충함.

○第十三号 將相部九【名將五〔智略〕】

2-11. 酒席見六子起敬

鄭錦南忠信, 光州人也. 其父以座首在鄉廳, 年近六十而無子. 一夜夢, 見無等山坼裂, 青龍躍出, 來纏于身, 驚覺而心竊[226]怪之. 仍更睡, 又夢見此山坼裂, 而白虎跳出, 來抱于懷, 驚覺而起. 時夜將半, 月色滿庭, 下堦徘徊, 見一人臥竈邊[227], 乃食婢也. 忽心動, 與之歡[228]合, 仍有娠而生忠信. 爲人短小, 目如曙星, 美容姿, 有口辯, 英果好氣義. 壬辰倭寇大至, 時權慄以光州牧使, 起兵討賊, 忠信以知印, 常在左右, 權公絶愛幸之. 權公嘗送人偵探賊陣, 忠信請同往, 公以其年少, 始不許, 終遣之. 賊已退去矣, 周視村家, 有破甕倒覆, 戲而射之, 有一病倭隱伏, 中箭而死. 遂斬其首, 懸竿而[229]來. 權公大奇之. 將以兵事, 達于龍灣行在, 募能行者, 莫有應, 忠信請行, 時年十七. 杖劒獨行晝夜數千里, 竟得達. 李鰲城因留與衣食, 授之史書, 忠信警悟絶人, 文義日進, 公大悅, 親愛如父子. 登武科, 宣廟[230]語鰲城[231]曰: "卿嘗謂忠信才, 今出身矣." 其以來見, 及見, 上奬之, 曰: "年尙少, 稍長可大用." 及倭寇退, 陪扈還都, 長在鰲城側, 鰲城每自詡[232]經綸智略, 遠過岳丈, 岳丈卽權公也. 忠信終不許之. 一日, 忠信蒼黃入來, 疾言曰: "倭寇大驅[233], 已

---

226) 竊: 나, 다, 라본에는 '切'로 되어 있음.
227) 竈邊: 가본에는 '竈下'로 되어 있음.
228) 歡: 저본에는 빠져 있으나 가본에 의거하여 보충함.
229) 而: 나, 다, 라본에는 '以'로 되어 있음.
230) 宣廟: 라본에는 '宣祖'로 되어 있음.
231) 鰲城: 가본에는 '白沙'로 되어 있음. 이하의 경우도 동일함.
232) 詡: 가본에는 '許'로 되어 있음.
233) 驅: 나, 다, 라본에는 '臨'으로 되어 있음.

踰鳥嶺!" 公方登涇, 左手執袴, 右手執忠信手,[234] 而高聲曰: "此[235] 果然乎, 此[236]果然乎?" 忠信大笑, 曰: "前言戱耳. 小的昔陪權都元 帥, 使爺從事淸州時, 使爺與小的及一裨將, 出城登野外小岡, 占 布陣之地. 倭寇大隊, 忽趍岐路[237]突入, 擺列陣勢, 斷其歸路, 此正 危急存亡之秋也[238]. 然使爺神色自若, 少不動心, 徐呼忠信曰: '爾 往賊陣, 責以兩國搆兵, 不可以詐力取勝, 速開陣門, 借得歸路.' 當時小的, 三魂七魄, 全不付體, 第入倭營, 僅傳將令, 倭將笑而許 之. 遂開陣門, 兵威甚衆, 左右劍戟簇列, 纔虛[239]一步地, 使之出其 中, 使爺緩步徐行, 小的與裨將隨後. 旣出陣門, 裨將所牽來馬匹, 不知去處, 但革轡在手而已. 使爺又命小的曰: '非愛馬也, 失馬而 歸, 貽羞[240]多矣, 不可徑還. 爾復往賊陣, 謂其將曰: '入陣不顧, 我 國軍法也, 誀取馬匹[241], 此何道理?" 小的依命而往, 推馬而還. 還 入將壇, 捉下忠信, 以屈膝賊陣之罪, 棍罰幾度. 於是, 軍中肅然, 翌朝果大捷. 自初至終, 雖倉卒急遽之際, 凝然不動, 竟致掃勁賊, 建鬼勳. 今公則不然, 平居無事之時, 聞一戱[242]言, 驚惶憂迫, 至于 此極, 比權公, 果何如哉?" 公始茫然自服. 光海辛酉, 朝廷將遣忠 信, 探建州虜情. 時毛文龍, 鎭椵島, 藉皇朝重誅索無度, 候我動靜 以甚之. 朝廷恐見疑, 先使忠信潛往, 忠信曰: "今臣之行, 非刺客

---

234) 右手執忠信手: 가본에는 '右執忠信之手'로 되어 있음.
235) 此: 주필로 삭제표시가 되어 있음.
236) 此: 주필로 삭제표시가 되어 있음.
237) 岐路: 라본에는 '後路'로 되어 있음.
238) 也: 저본에는 빠져 있으나 가본에 의거하여 보충함.
239) 纔虛: 나, 다, 라본에는 '許'로 되어 있음.
240) 羞: 가본에는 '笑'로 되어 있음.
241) 匹: 저본에는 '疋'로 나와 있으나 이본을 따름.
242) 戱: 나, 다, 라본에는 '嬉'로 되어 있음.

奸人, 旣不可匿跡. 若有一人走通於文龍者, 文龍若反其實, 而誣我於中朝, 臣恐參母之杼, 不待三至而投²⁴³⁾也. 莫如奏聞天朝, 移帖毛鎭, 事乃明白." 朝議然之. 旣入虜中, 與諸酋言, 諸酋皆服, 又問忠信曰: "爾國每謂我爲賊, 何也?" 答曰: "爾有盜天下之心, 非賊而何?" 諸酋大笑. 奴兒哈赤請與飮酒, 盛陳供具, 偕飮帳中, 出見其諸子, 次至第六子, 忠信熟視而起敬, 奴兒哈赤問曰: "汝何爲獨於此兒起敬也?" 曰: "不意秦始皇復出!" 奴兒哈赤笑, 曰: "汝猶不知矣, 此兒²⁴⁴⁾乃唐太宗也." 第六子, 卽金汗也. 於是, 盡得其要領, 歷見毛文龍, 悉陳賊情而歸. 且告人曰: "是虜將爲天下患, 何但我國憂也?" 癸亥, 拜安州牧使, 未幾, 李适反. 是時, 張晚爲都元帥, 鎭平壤; 适爲副元帥, 鎭寧邊, 以備北虜. 适驍將也, 素稱, '善兵精卒數萬, 及降倭劍士, 皆隷之.' 或謂張元帥曰: "忠信與适善, 其無爲賊用乎?" 元帥曰: "此子豈背君父從賊者?" 言未終, 忠信至, 元帥以擅棄城, 數忠信, 將榜之, 忠信曰: "賊意在疾趣, 必不由安州, 且安州無兵可守城, 故來²⁴⁵⁾聽調麾下, 去留惟命." 元帥引與坐, 問曰: "今賊計將安出?" 忠信²⁴⁶⁾曰: "有上中下三策." 曰: "何謂也?" 曰: "使賊乘新起之銳, 直渡漢江, 追逼乘輿, 安危未可知²⁴⁷⁾也, 此上策也. 跨據兩西, 結毛將²⁴⁸⁾爲聲勢, 朝廷亦未易制, 此中策也. 從間道疾趣京都²⁴⁹⁾, 坐守空城, 無能爲耳, 此下策也." 曰: "以君計之, 當出何策?" 曰: "适銳而無謀, 必出下策." 适聞忠信從元帥, 憮然有

---

243) 投: 가본에는 '投之'로 되어 있음.
244) 兒: 저본에는 빠져 있으나 가본에 의거하여 보충함.
245) 來: 나, 다, 라본에는 '未'로 되어 있음.
246) 忠信: 가본에는 '對'로 되어 있음.
247) 知: 나, 다, 라본에는 '必'로 되어 있음.
248) 將: 가본에는 '將軍'으로 되어 있음.
249) 京都: 가본에는 '京城'으로 되어 있음.

憚色. 於是, 元帥以忠信爲先鋒, 南以興爲繼援, 行追賊, 戰于黃州 薪橋, 不利, 又追至坡州. 是時, 仁祖已南幸公州, 适入京城[250], 屯 景福宮, 推興安君瑅僭號, 李忠吉爲大將, 以衛之. 元帥會諸將計 事, 忠信曰: "賊犯京師, 君父播越, 吾屬罪當死, 毋論勝敗, 一戰烏 可已? 且先據北山者勝, 今據鞍峴[251]而陣, 俯壓都城, 賊不得不戰, 我乘高得便, 破之必矣." 元帥從之, 忠信督諸軍, 上嶺布陣爲前營. 翌朝, 賊前鋒直薄前營, 時東風急, 賊乘風仰攻, 矢丸如雨. 官軍皆 殊死戰, 風忽轉而西北, 賊在風下, 塵沙撲面. 官軍氣益奮[252], 叫噪 踴躍, 無不一以當十[253]. 賊遂大敗. 明日, 賊麾下斬适首[254], 獻行 朝, 瑅亦捕誅. 上還都, 引見忠信, 賞金帛, 策勳一等, 封錦南君, 擢拜平安兵使. 丁卯虜亂, 拜副元帥, 方調兵馬, 爲備禦, 計會金人 講和. 退後, 拜捕將兼都摠管.

　　外史氏曰: "嘗觀鄭錦南事蹟, 其始爲正兵也. 嘗繇赴節度營, 老 妓以節度宴餘物, 饋之, 錦南却不食, 曰: '大丈夫當身爲節度使, 以己餘食人, 焉能啖人頷下物乎?' 其志氣之高亢, 自少已如此, 奮 起寒逖, 傑然爲中興名將, 蓋有以也."

2-12. 戎營聞三策發歎

　　朴燁, 字叔夜, 有將略, 悉通天文·地理·兵學·術數. 少時, 從諸 少年遊, 一日, 少年咸聚某家庭中, 忽見熱水自外飛流過屋, 瀉于 衣冠. 衆少年驚怪之, 曰: "必朴叔夜來!" 出門觀之, 燁立廊外路上,

---

250) 城: 저본에는 빠져 있으나 이본에 의거하여 보충함.
251) 峴: 저본에는 '嶺'으로 나와 있으나 가본을 따름.
252) 奮: 가본에는 '憤'으로 되어 있음.
253) 十: 가본에는 '百'으로 되어 있음.
254) 首: 나, 라본에는 '頭'로 되어 있음.

撒溺過屋矣. 燁外家在木川, 距京二百餘里, 袖飯一器, 日晚揮袂而去, 日未昏而至, 其行不疾不徐, 無異於諸路人, 只聞衣裾隨風有聲而已. 及治郡邑, 威令甚峻, 官事立辦. 以光海之同婿, 爲關西伯十年, 威振一路, 北虜亦畏之, 不敢越境. 嘗呼幕裨, 給以酒肴, 曰: "汝持此, 往中和駒峴, 留待, 則必有二健夫執策而過者, 以吾言傳諭, 曰: '汝輩之來往我國, 謂人莫之知, 而吾則已知之. 行役良苦, 爲送酒肴, 可一醉而速歸也.'" 幕客²⁵⁵⁾卽往而待之, 果有二人之過者, 以燁言傳之, 二人相顧失色, 曰: "將軍神人也, 吾輩何敢更來?" 因飮酒而去, 此卽龍骨大·馬夫大, 潛來我國, 爲探虛實, 而燁獨知之. 又謂嬖妓曰: "今夜, 汝欲隨我而一壯觀乎?" 妓曰: "敬諾." 至夜, 燁騎靑驟, 置妓于前, 以紬段束其腰, 而繫于身上, 戒使闔眼, 因加策疾馳, 但聞兩耳有風聲. 到一處, 使妓開眼視之, 大野廣漠, 霜月朦朧, 帷幕²⁵⁶⁾連天, 燈燭煌煌. 乃使妓隱伏於帳中, 燁兀然坐椅上, 少焉, 有鳴鑼聲, 鐵騎彌亘數里, 勢如怒潮長驅而至. 擺列陣形, 投距賈勇, 中有一將, 身長八尺, 頭戴翠羽紅兜, 身穿繡蟒黲襖, 手執星文寶劍, 披帷而入, 笑曰: "汝果來乎? 今夕, 先試劍術, 以決雌雄, 可乎!" 曰: "諾." 因杖劍下床, 對立於平原之上, 共爲擊刺之狀. 未幾, 兩人化爲白虹, 一道聳入雲霄, 但聞空中錚錚相搏聲, 時有紫電閃閃. 俄而, 胡將墜仆於地, 燁乃自空²⁵⁷⁾飛下, 踞坐胡將之胸腹, 曰: "何如?" 答曰: "今日, 益知將軍之神勇, 萬夫莫當, 何敢復與爭衡?" 燁笑而起, 同入帳中, 酌酒相勸, 各痛飮幾盃訖. 胡將告別起去, 未及一里許, 一聲砲響, 烟焰漲天, 胡兵一隊連

---

255) 幕客: 나, 다, 라본에는 '幕賓'으로 되어 있음.
256) 帷幕: 다본에는 '帳幕'으로 되어 있음.
257) 空: 가본에는 '空中'으로 되어 있음.

人帶馬, 捲入雲霧中, 其在地上者, 亦皆風飛雹散. 胡將復以單騎馳到[258], 乞開歸路, 燁哂[259]而許之. 乃呼妓共騎騾, 如來時而歸, 天猶未曙矣. 蓋胡將卽奴花哈赤, 而此處卽其演武之場也. 及癸亥, 李延平諸人, 將謀擧義, 具綾城仁垕亦預, 而時在朴燁幕下. 一日, 告以上京, 燁以紅氈十駄贐行, 仁垕辭以無用, 燁曰: "日後, 必有用處, 善爲持去也." 因執手而托, 曰: "他日, 君幸收吾屍." 仁垕驚曰: "此何敎也?" 燁曰: "後當知之, 第銘在肚裡." 三月反正後, 燁獨坐燭下, 撫劍發歎, 窓外有咳嗽聲, 問: "誰也?" 對曰: "某也." 曰: "胡爲乎來?" 對曰: "公將何以爲計?" 曰: "吾無定算, 試問於汝." 對曰: "有上中下三策, 請擇於斯." 曰: "何謂上策?" 曰: "擧兵自衛, 北通金人, 則臨津以西, 非朝家之有也, 且下不失尉佗之計也." 曰: "何謂中策?" 曰: "急發兵三萬人, 使吾將之, 鼓行而東, 則勝敗未可知也." 曰: "何謂下策?" 曰: "公世祿之臣也, 順受國命, 可矣." 燁沈吟良久, 喟然歎曰: "吾從下策." 曰: "小的從此逝矣." 仍不知去處. 或傳, 此是龍骨大云. 燁受後命, 時擧朝皆惻其非常, 無人敢去, 仁垕自請下往. 燁多雠家, 諸人一時持刀而入, 仁垕並嚴防之, 棺斂治靷. 行到中和, 仁垕除御, 將先還, 雠家追至, 破棺寸斷以去, 此卽殺千人之故也. 燁少時推數, 則曰: "殺千人乃生." 千人卽具仁垕少字, 而燁多殺不辜, 欲充千人之數, 何其愚也? 反正時, 擧義之軍, 無以區別, 以仁垕持去之紅氈, 作圓帽而着之, 今之牢子所着, 卽其制也. 一說, 燁尙才衒[260], 能久任[261]關西, 聚道內名妓, 晝夜娛

---

258) 到: 가본에는 '至'로 되어 있음.
259) 哂: 가본에는 '笑'로 되어 있음.
260) 衒: 가본에는 '眩'으로 되어 있음.
261) 任: 나, 다, 라본에는 '住'로 되어 있음.

樂, 聚斂財貨, 專事刑殺, 一道慴慄, 視如豺虎. 及癸亥, 宣傳官奉密旨, 馳到中和, 都元帥韓浚謙, 住營處, 使之依旨爲之. 元帥令別將, 率五百軍, 送平壤, 與本城留防將, 相議托言, '邊警甚急, 今當發兵向義州, 諸軍可卽聚普通門, 聽約束.' 軍中洶懼, 一時齊會, 分兵左右行軍, 圍監營. 燁方鼓樂酣宴, 閽禁至嚴, 軍人踰墻, 打破門鐵, 衙奴告變, 燁大怒曰: "惟我在, 亂何從生?" 別將等操弓矢, 入立階上, 使之捉下, 燁少不動心, 坐而[262]不起, 出示元帥府傳令然後, 緩緩下庭. 着枷出置營外, 燁曰: "我無大罪, 此何事也? 願聞委折而死." 都事略言反正事, 燁曰: "某人等主事而置我於此耶?" 蓋功臣多與燁有少時親舊也. 促令力士係頸引索, 命乃絶, 卽於街上行刑, 娼妓等來觀, 或曰: "汝皆以監司之愛妓, 見其死不哭, 恬然立視, 何也?" 妓曰: "使道前隨廳來矣." 相與歡笑而去. 仇人爭奪[263]割肉, 別將等不能禁, 庶尹使急入棺, 殯于人家, 留兵守直. 道內仇人, 多聚剖棺斬截, 新伯金藎國到任, 嚴飭禁止, 令其妻妾無事運柩. 及至黃州, 州民奪柩投江, 妻妾僅以身步還京城. 是年上元, 燁與詩人卞獻等, 乘月游法水橋, 吟詩云[264]: '一代關西伯, 千年法水橋. 只應今夜月, 終作可憐宵.' 時人謂之絶命之兆.

外史氏曰: "漢太史敍「淮陰侯傳」, 曰: '假令信學道謙讓, 不伐不矜, 則庶幾於漢家勳可比周召太公之徒.' 朴燁之折衝, 千里之外, 壯國勢而威遠人, 其奇傑之才, 豈多讓於古之兵仙乎? 苟能以直道趍時, 名登凌烟, 則當不在於延平諸公之下, 而不務出此, 自陷罪戮, 何哉?"

---

262) 坐而: 가본에는 '而坐'로 되어 있음.
263) 奪: 저본에는 '集'으로 나와 있으나 가본을 따름.
264) 云: 나, 다, 라본에는 '曰'로 되어 있음.

卷三

○ 第十四弓 節義部一【忠節一】

3-1. 六臣立節仗危忠

朴彭年, 字仁叟, 號醉琴軒, 順天人, 文科重試, 官參判. 丙子, 與父判書仲林·弟四人·子憲等皆死, 贈吏判, 諡文忠. 公忠誠出天, 當天順皇帝陷虜時, 不宿正寢, 藉草薦于戶外, 曰: "天王在虜, 天下遑遑, 我雖陪臣, 不忍安心故耳." 公與成三問等, 入直集賢殿, 世宗親臨行酒, 公醉伏頹臥, 上脫錦藍衣覆之. 遇變之後, 惟有此衣, 屢世相傳. 成三問, 字謹甫, 號梅竹軒, 昌寧人, 文科重試魁. 丙子, 以承旨, 與父勝·弟三人皆死, 贈吏判, 諡忠烈. 公始生時, 空中有問'生乎'者三, 故名. 嘗赴燕, 有人請題「白鷺圖」, 公走號曰: '雪作衣裳玉作趾, 窺魚蘆渚幾多時.' 於是, 出圖視之, 乃水墨圖也, 足成曰: '偶然飛過山陰墅, 誤落羲之洗硯池.' 題夷齊廟, 曰: '當年叩馬敢言非, 大義堂堂日月輝. 草木亦沾周雨露, 愧君猶食首陽薇.' 華人見之, 知其爲忠節之人云. 李塏, 字伯高, 韓山人, 牧隱穡[1]之曾孫, 文科重試. 丙子, 以直提學死, 贈吏判, 諡義烈. 公在鑾坡, 與博士成侃, 聯句云: '玉堂春暖日初遲, 睡倚南窓養白癡. 啼鳥數聲驚午夢, 杏花嬌笑入新詩.' 侃次云: '乳燕鳴鳩晝刻遲, 春寒太液柳如癡. 鑾坡睡罷無餘事, 時展花牋寫小詩.' 河緯地, 字天章, 號丹溪, 文科. 丙子, 以禮參死, 贈吏判, 諡忠節. 顯陵上昇, 辭職還鄕. 朴彭年嘗借簔衣於公, 公寄詩, 曰: '男兒得失古猶今, 頭上分

---

[1] 穡: 나, 다본에는 빠져 있음.

明白日臨. 持贈簑衣應有意, 五湖烟雨好相尋.' 蓋傷時也. 柳誠源,
字太初, 文化人, 文科重試. 丙子, 以司藝自刎死, 贈吏判, 諡節義.
集賢殿南有大柳樹, 白鵲來巢²⁾, 癸酉, 樹忽盡枯, 或戱公曰: "禍必
自柳始." 及公敗, 集賢殿罷, 其言果驗. 兪應孚, 杞溪人, 武科, 驍
勇善射, 能超越墻屋, 官至二品, 贈兵判, 諡忠武. 公性至孝, 家貧
無甔石之儲, 而奉母之具, 未嘗不贍. 嘗爲北兵使, 作詩曰: '將軍
仁義鎭夷蠻, 塞外塵晴士卒眠. 晝永空庭何所玩, 良鷹三百坐樓
前.'³⁾ 世祖丙子六月, 天使來, 將接宴于昌德宮, 時朴·成兩公, 謀復
上王位. 成勝·兪應孚爲雲劒, 方當宴時, 欲擧大事, 使刑郞尹鈴
孫·司藝金礩, 殺申叔舟等, 謂礩曰: "事成, 汝妻父鄭昌孫, 當爲首
相." 謀已定, 韓明澮啓, "昌德宮, 窄且炎蒸, 請世子勿入侍, 雲劒亦
令勿入." 世祖從之. 勝欲擊殺明澮等, 成公曰: "世子不來, 雖殺明
澮, 無益也." 兪公猶欲入擊, 朴·成兩公, 固止之, 曰: "今世子在本
宮, 又不入雲劒, 天也. 若擧事於此, 而世子從景福宮起兵, 則成敗
未可知, 不如伺他日擧之事成矣." 兪公曰: "事貴神速, 若遲他日,
則恐事泄. 千載一時, 不可失也!" 朴公曰: "此非萬全計也." 止兪
公, 不發. 鈴孫不知停謀, 方叔舟沐髮, 鈴孫按劒而前, 成公目止
之, 鈴孫退. 礩見事不諧, 馳去, 與昌孫謀曰: "今日特除雲劒, 世子
又不隨駕, 此天也, 不如先發告則富貴有餘矣." 昌孫從之, 卽與礩
詣闕, 上變. 世祖出御便殿, 成公以承旨入侍, 令武士摔下, 以礩所
告詰之, 公仰天良久, 曰: "願與礩面質!" 世祖命礩語其狀, 成公笑
而對曰: "皆是也. 上王春秋方富而遜位, 欲其復立, 乃人臣之所當

---

2) 巢: 나, 다본에는 '栖'로 되어 있음.
3) 將軍仁義鎭夷蠻 … 良鷹三百坐樓前: 마본에는 '將軍持節鎭夷邊, 紫寨無塵晴士卒
   眠. 晝永空庭何所玩, 神鷹五千嘶柳下'로 되어 있음.

爲, 更何問乎?" 顧謂磧曰: "汝之所告, 猶回互不直, 我等之意, 直欲如是耳." 命鞫之, 公乃引朴·李·河·柳·兪諸公, 世祖曰: "若等何爲叛我?" 成公抗聲曰: "欲復舊主耳, 天下誰有不愛其君者乎? 我爲人臣, 不忍見君父之廢, 故然耳. 進賜平日動引周公, 周公亦有此事乎? 三問之爲此者, 天無二日, 民無二主故也." 世祖頓足, 曰: "受禪之時, 何不沮之, 而反依予, 今背予乎?" 公曰: "勢不能也. 吾固知進不能禁, 退有一死, 然徒死無益, 故忍而至此者, 欲圖後效耳." 敎曰: "汝不稱臣, 以予爲進賜, 則汝不食我祿[4]乎? 食祿而背之, 反覆也, 名爲復上王, 而實欲自爲也." 公曰: "上王在, 進賜何以臣我? 且我不食進賜之祿, 如不信, 籍我家而計之." 世祖怒甚, 令武士灼鐵, 穿其脚, 斷其肱, 而顔色不變, 待冷, 曰: "更使灼熱來! 進賜之刑, 慘矣." 時叔舟在上前, 公叱之曰: "昔與汝同直集賢殿, 英陵抱元孫, 步庭中, 曰: '寡人萬歲後, 爾等須念此兒.' 言猶在耳, 汝豈忘之耶? 不意汝之惡, 至於此極矣." 世祖令叔舟避殿後. 世祖愛朴公之才, 陰使人告曰: "汝降我而諱其謀, 得生." 公笑而不答, 稱上必曰'進賜', 世祖使武士擊其口, 曰: "汝旣稱臣, 食祿於予, 今雖不稱臣, 無益也." 公曰: "曩拜忠淸監司, 啓目於進賜, 未嘗一稱臣, 亦不食祿." 於是, 校其啓目, 果無一臣字, 書以巨字云. 受祿不食, 封閉一庫. 問兪公, "汝欲何爲?" 曰: "當宴之日, 欲廢足下, 復故主耳. 不幸爲姦人所發, 復何爲哉?" 世祖怒曰: "汝托名上王, 而欲圖社稷." 令武士剝膚而問之, 公顧謂成公曰: "人言書生不可與謀事, 果然! 曩在請宴之日, 吾欲擧事, 汝輩固止之, 曰: '非萬全計.' 以致今日之禍, 如欲問情, 問彼竪儒." 卽閉口不答. 世祖命灼

---

[4] 我祿: 다본에는 '公祿'으로 되어 있음.

鐵置腹下, 公顔色不變, 終不服. 李公臨灼刑, 徐問曰: "此何刑也?" 次及河公, 公曰: "人以反逆爲名, 厥罰當誅, 復何問?" 世祖怒弛, 不施灼刑, 問其黨與於成公, 公曰: "彭年等及吾父耳." 更問之, 答曰: "吾父尙不諱, 況他人乎!" 時提學姜希顔辭連, 栲訊不服, 世祖以問成公曰: "希顔知其謀乎?" 成公曰: "實不知也. 進賜盡殺先朝名士, 而獨有此人不預謀, 姑留用之, 此實賢人也." 希顔遂得免. 成公將出門, 謂左右舊僚曰: "若輩佐賢主致治, 吾歸見故主於地下." 臨載車, 有詩曰: '擊鼓催人命, 回頭日欲斜. 黃泉無一店, 今夜宿誰家.' 李公亦臨車, 有詩曰: '禹鼎重時生亦大, 鴻毛輕處死猶榮. 明發不寐出門去, 顯陵松栢夢中靑.' 柳公以司藝, 在成均舘, 諸生以成公事, 告之, 卽命駕還家, 與其妻酌酒飮[5]訣, 上祠堂. 其妻怪久不下, 往視之, 則仰臥自刎, 已無及矣. 特赦鄭昌孫·金礩罪, 以爲功臣, 命罷集賢殿, 以其書冊, 移于藝文舘. 下敎旨曰: "成三問言, '上王預知其謀.' 宗親百官, 合辭以爲, '上王不宜安居京師.' 請之不已, 予固不允, 欲保初心. 到今, 人心未定, 煽亂之徒, 繼踵不息, 予豈得以私恩曲大法? 特從羣議, 降封爲魯山君, 俾出居寧越, 厚奉衣食, 以保終始." 端宗遂于寧越, 居客舍東廳. 每登梅竹樓, 夜坐, 使人吹笛, 詠短句, 云: '月白夜蜀魄啾, 含愁[6]情倚樓頭. 爾啼悲我聞苦, 無爾聲無我愁. 寄語世上苦勞人, 愼莫登春三月子規樓.' 國人聞之, 無不涕泣者. 又有詩, 曰: '一自寃禽出帝宮, 孤身隻影碧山中. 假眠夜夜眠無假, 窮恨年年恨不窮. 聲斷曉岑殘月白, 血流春谷落花紅. 天聾尙未聞哀訴, 胡乃愁人耳獨聰.' 每淸晨, 御龍袍出大廳, 據椅而坐, 見者無不起敬. 境內旱, 焚香親

---

5) 飮: 나, 다본에는 '醉'로 되어 있음.
6) 愁: 나, 다본에는 '悲'로 되어 있음.

禱, 天雨輒注. 及上昇之日, 村氓入官路, 瞻端宗乘白馬, 騰躍上東谷而過去, 氓伏謁道傍, 問: "殿下將向何處?" 顧答曰: "吾將遊太白矣." 氓拜送入官, 則已昇遐矣. 肅宗戊寅, 追上廟號'端宗', 封莊陵, 命復六臣官, 贈諡, 賜額愍節.

外史氏曰: "六臣忠節貫乎白日, 義氣凜乎秋霜, 千金一毛, 成仁取義, 使百世之爲人臣者, 知所以一心事君之義. 伯夷[7]採薇於西山, 而周王之德不墜; 嚴光釣魚於桐江, 而漢帝之功無損. 嗚呼! 使六臣寄丹心於金石, 保白首於江湖, 則上王之壽可延, 光廟之治益隆, 不幸中心所激, 遂陷焦原, 哀哉!"

3-2. 三士成仁明大義

洪忠正公翼漢, 字伯升, 南陽人; 吳忠烈公達濟, 字季輝, 海州人; 尹忠貞公集, 字成伯, 南原人, 丙子斥和三學士也. 三月, 胡差龍骨大·馬保大, 率從胡百餘名, 蒙古數十騎, 到義州致書, 請共尊金汗爲帝, 探我國之意, 欲爲加兵也. 洪公以掌令, 疏言, "臣自聞僭帝之說, 膽欲裂而氣欲短, 寧爲魯連之死, 而不忍使其言污耳也. 請斬虜使, 函其首, 幷其書, 奏聞天朝, 以伸大義云云." 夏四月, 金汗弘他時, 僭稱寬溫仁聖皇帝, 改元崇德. 時崔公鳴吉, 請送和使, 陳箚曰: "旣不決戰守之計, 又不爲緩禍之謀, 一朝胡騎長驅, 生靈魚肉, 宗社播越, 則到此地頭, 咎將誰任? 江氷將合, 禍迫目前, 所謂待汝議論定時我已渡江者, 不幸近之矣." 修撰[8]吳公·校理[9]尹公,[10] 皆陳疏斥和, 請斬鳴吉, 疏入不報. 十月, 金汗遣馬保

---

7) 伯夷: 저본에 '伯聖'이라 쓴 것을 주필로 수정한 것임.
8) 修撰: 저본에 '校理'라 쓴 것을 주필로 수정한 것임.
9) 校理: 저본에 '吏曹正郎'이라 쓴 것을 주필로 수정한 것임.

大, 至義州, 府尹林慶業接見, 馬胡曰: "我以十一月, 當擧兵東來, 爾國若遣使講和好, 則雖兵發[11]在途, 當罷歸. 且我國稱帝, 南朝之所不能禁, 而爾國欲禁之, 何耶?" 淸主稱帝後, 使人通于我國, 我國不能善遇, 而猶遣答使, 故以氷後出去之言恐之, 卽治兵馬, 卜十一月二十七日, 爲西犯之計, 曰: "鮮必使人來乞, 當報還而發." 過其日, 我使不到, 又卜二十九日, 曰: "姑待數日, 可也." 及過其日, 乃曰: "鮮罪不可不先正!" 遂議東搶事, 貴永介以爲不可, 曰: "朝鮮衰弱之國, 今姑置之, 專意西事, 得以成功, 則不勞發一矢, 而彼自然臣服. 且我空國而西, 彼無氣力, 必不敢躡我後也. 以我兵力蹂躪不難, 而但本國山多野少[12], 道路甚險, 且有砲技, 恐或損我兵馬, 不如不伐." 汗然其計, 而九王及龍・馬二胡, 力勸東搶云. 十二月初九日, 淸主將十萬兵, 渡鴨綠江. 十四日到畿甸, 崔遲川鳴吉, 到沙峴, 遇淸兵, 遂駐馬, 詰其渝盟動兵之端, 故爲拖引說話以至昃[13]. 於是, 上率世子百官, 入南漢山城. 丁丑正月, 將貽書[14]胡陣乞和, 金淸陰尙憲・鄭桐溪蘊曰: "軍士盡死, 士夫盡死後, 乞之未晚也." 及其再書, 淸陰見而裂破之, 失聲痛哭, 崔遲川微哂曰: "台監裂之, 吾輩當拾之." 乃收拾補綴, 東陽尉申翊聖撫劒, 曰: "主和議者, 吾欲以此斬之!" 淸主召諸將, 令曰: "城久不下, 可於明日屠之." 又呼我使, 謂曰: "皇帝以爾國不受命, 怒欲殲滅, 而急於還歸, 委此役於十王子及龍・馬二將, 明欲發行. 發行之後, 雖欲和, 不可得矣." 是時, 壯士等請縛送斥和人, 曰: "大砲所中城堞盡壞,

---

10) 修撰吳公・校理尹公: 마본에는 '校理吳公・吏曹正郎尹公'으로 되어 있음.
11) 兵發: 나, 다본에는 '發兵'으로 되어 있음.
12) 少: 나본에는 '小'로 되어 있음.
13) 昃: 마본에는 '日昃'으로 되어 있음.
14) 貽書: 나, 다본에는 '貽書'로 되어 있음.

事勢已到十分地頭, 而文士輩只爲高論." 請令文士守禦, 金瑬慰諭曰: "爾等勞苦, 方議重賞." 曰: "非欲望賞, 特憤論事之人耳." 洪瑞鳳等往虜營, 陳世子率斥和人, 欲出城之意, 答曰: "必國王出城然後, 可也." 夜大臣入對, 上曰: "宗社已陷, 吾無可爲." 金瑬·崔鳴吉等, 進曰: "皮幣珠玉, 湯·文所不得免, 漢高[15]屈體於鴻門, 唐代宗親拜回紇於馬首, 是知爲人君者爲國家萬世慮, 非若匹夫之計一身外無復有之." 世子亦泣而請曰: "苟可以紓君父之禍, 死且不避, 出質何足言乎?" 乃決出城之議, 金淸陰引繩自裁, 幾至命絶, 羅萬甲馳求之. 吏參鄭蘊有詩, 曰: '生世何嶬嶮, 三旬月暈中. 一身無足惜, 千乘亦云窮. 外絶勤王士, 朝多賣國兇. 老臣何所[16]事, 腰下佩霜鋒.' 乃以佩刀, 自刺其腹, 尙不死矣. 金瑬請以斥和人金尙憲·鄭蘊·尹煌父子·吳達濟·尹集·金壽翼·金益熙·鄭雷卿·李行遇·洪琢等十一人, 出送虜陣, 大諫朴潢曰: "出送數人, 可以塞責, 不須十餘人. 吳·尹兩人, 當初力主斥和, 今送兩人, 亦甚不忍, 而與其終不得免, 豈若止送此兩人乎?" 遂從其言, 吳·尹二公, 將赴淸陣, 氣色略無異於平日. 上引見痛泣, 賜酒, 曰: "汝等父母妻子, 予當終身顧恤, 此則勿念." 二公亦涕泣, 拜辭而出. 令宣傳官, 往平壤, 拿給洪翼漢, 時公在平壤庶尹任所也. 又令甑山縣令邊大中, 執送虜營, 大中束縛困辱, 使不得飮食, 公乞解縛而食, 大中不許. 到瀋陽, 路遇華人, 問: "何以繫累?" 輒嗟惜曰: "眞忠臣也! 若使大明天子知之, 寧不聳動耶? 男兒至此, 死亦有光." 迭相慰勉之. 龍胡問: "汝何入來?" 公笑曰: "吾以斥和, 被執而來." 龍胡曰: "汝國朝官, 多斥和者, 豈獨汝一人?" 公曰: "吾雖至此, 豈畏死而引他人哉?"

---

15) 漢高: 나, 다본에는 '漢高祖'로 되어 있음.
16) 何所: 나, 다본에는 '所何'로 되어 있음.

龍胡再三詰問, 公曰: "上年春, 汝往[17]我國時, 陳疏請斬汝首, 獨吾一人." 龍胡亦笑而去. 淸主使囚別舘, 設朝夕供宴, 示以無相害之意, 皆不受. 淸主盛陳兵威, 引見問之, 公屹然特立, 抗言不屈, 仍索筆, 書'大明朝鮮國累臣'. 洪翼漢斥和事意, 歷歷可陳, "朝鮮本以禮義相尙, 諫臣惟以直截爲風, 故上年春, 適受言責之任, 聞爾國將渝盟稱帝, 心以爲若果渝盟, 則是悖兄弟也; 若果稱帝, 則是二天子也. 況爾國之於朝鮮, 新有交隣之約, 而先背之; 大明之於朝鮮, 舊有字小之恩, 而深結之, 則忘深結之大恩, 守先背之空約, 於理甚不近, 於事甚不當. 故首建此議, 欲守禮義者, 是臣職耳, 豈有他哉?" 淸主曰: "吾豈不可爲帝耶?" 公曰: "汝乃天朝反[18]賊, 何可爲帝?" 淸主大怒, 別囚其隨行奴僕, 使不得相通, 或云: "幽於深處, 漠然無聞." 或云: "與吳·尹二公, 同時被害." 公在囚時, 有詩曰: '陽坡細草坼新胎, 孤鳥樊籠意轉哀. 荊俗踏靑心外事, 錦城浮白夢中來. 風翻夜石陰山動, 雪入春澌月窟開. 飢渴僅能聊縷命, 百年今日淚沾腮.' 吳·尹二公北去時, 胡使一將領之在陣後, 領者服其節義, 常加尊敬. 中路, 尹公謂吳公曰: "備嘗困辱, 而死於虜地, 曷若死於我境?" 吳公曰: "人生斯世, 固有一死, 死得其所, 明我節義, 豈非樂事? 何必效匹夫之諒乎?" 吳公以詩寄家, 曰: '風塵南北各浮萍, 誰謂相分有此行. 別日兩兒同拜母, 來時一子獨趨庭. 絶裾已負三遷敎, 泣線空悲寸草情. 關塞路脩西景暮, 此生何處更歸寧.' 又曰: '孤臣義重心無怍, 聖主恩深死亦輕. 最是此生無限痛, 北堂虛負倚閭情.' 其思兄詩曰: '南漢當時就死身, 楚囚猶作未歸臣. 西來幾灑思兄淚, 東望遙憐憶弟人. 魂逐旅鴻悲隻影, 夢驚

---

17) 往: 마본에는 '書'로 되어 있음.
18) 反: 나, 다본에는 '叛'으로 되어 있음.

池草惜殘春. 想當彩服趁庭日, 忍對何辭慰老親.' 二公到瀋陽, 囚於一小屋, 鎖直甚嚴. 龍胡傳淸主語曰:"汝等雖曰斥和, 似非首倡, 不須殺之. 汝等率妻子, 來居此地也." 答曰:"此決不可從, 須速殺我!" 龍胡反復開諭, 且劫之[19]脅之, 終不屈. 龍胡致二公于前, 謂宰臣南以雄等曰:"此人倡絶和, 使二國成[20]釁, 其罪極重, 而皇帝貸渠之死, 許令率妻子, 入居于此." 尹則曰:"妻子散於兵亂, 不知死生, 從當聞見而處之.[21]" 吳則曰:"吾之忍死到此者, 萬一生還, 復見吾君與老母, 若不得復歸故國, 不若速死之爲愈云云." 此則皇帝欲生之, 而渠乃促死, 宰臣等曰:"此人等, 俱以年少, 只切戀君親之念, 妄發如此, 若終始曲全, 則豈非千載之美事乎?" 龍胡曰:"此則宰臣不識事體也." 懇乞不已, 而終不得免禍云. 鄭弼善雷卿, 使舌人懇乞收屍, 胡竟不許.

外史氏曰:"三學士之危忠大節, 如文信國之柴市就禍.'孔曰成仁, 孟曰取義. 惟其義盡, 所以仁至.' '人生自古誰無死, 留取丹心照汗靑.' 此皆文山之語, 而三學士並有之, 況以屬國之臣爲天朝立節, 則視文山尤難矣! 我東之尊周大義, 自斥和諸公而明張之, 永有辭於天下萬世, 其忠精烈氣, 可與日月爭光矣."

○第十五号 節義部二【忠節二】

3-3. 逃世情淸風節義

金時習, 字悅卿, 江陵人. 累變其號, 曰東峰·淸寒子·贅世翁·梅

---

19) 之: 저본에는 빠져 있으나 나, 다본에 의거하여 보충함.
20) 成: 나, 다본에는 '生'으로 되어 있음.
21) 從當聞見而處之: 주필로 삭제표시가 되어 있음. 나, 다본에는 빠져 있음.

月堂, 法名雪岑. 公離胞八月, 自能知書, 三歲能綴詩, '桃紅柳綠三月暮, 珠貫靑針松葉露'等句. 乳母碾麥, 朗然吟曰: '無雨雷聲何處動, 黃雲片片四方分.' 人皆神之. 五歲通『大學』, 能屬文, 號神童. 許相稠訪之, 曰: "余老矣, 其以老字作句." 應聲曰: "老木開花心不老." 許擊節, 曰: "此所謂神童也!" 世宗聞之, 命招入, 承政院知申事朴以昌, 試之曰: '童子之學, 白鶴舞靑空之末.' 對曰: '聖主之德, 黃龍翻碧海之中.' 以昌抱于膝上, 作詩甚多. 世宗命以三角山爲題作詩, 卽對曰: '三角高峰貫太淸, 登臨可摘斗牛星. 非徒嶽岫興雲雨, 能使王都萬世寧.' 上敎以宜韜晦敎養, 待年長業成, 將大用, 卽賜帛五十疋[22], 使自運, 公遂各綴其端, 曳之而出. 由是, 聲震[23]一國, 稱以五歲而不名. 端宗乙亥, 公年二十一, 讀書于三角山, 人有傳京耗, 卽閉門大哭, 盡焚書, 發狂而逃之. 公爲人豪邁勁直, 傷時憤俗, 氣鬱不平, 不能隨時低昂, 遂放形骸之外, 域中山川, 足跡殆遍, 遇勝則棲焉. 聰悟絶倫, 不俟傳授, 而古今文籍, 通貫無漏. 性磊磈慷慨, 狂吟放浪, 玩弄一世, 雖逃世於禪, 不奉其法. 月夜, 喜誦「離騷經」, 輒泣下沾襟, 嗜酒, 醉則曰: "不見我英陵." 流涕甚悲. 諸比丘, 推以爲神師, 咸請曰: "弟子等奉大師久, 尙靳一敎, 諸生迷方, 願受金篦之刮." 請益堅, 公曰: "諾." 大開法筵, 公具袈裟法衣, 趺坐, 緇流坌擁, 合掌羅跪, 方聳聽, 公曰: "可牽一牛來!" 衆莫測所以, 牽牛繫庭下, 公曰: "又將芻束來!" 令置牛後, 大笑曰: "爾等欲聞法, 類是矣." 蓋人之迷冥無識者, 俗所[24]謂之'牛後置芻'. 緇衆楸然而退. 居中興寺, 每値雨後, 山水添流, 折

---

22) 疋: 나, 다본에는 '匹'로 되어 있음.
23) 震: 나, 다본에는 '振'으로 되어 있음.
24) 所: 저본에는 빠져 있으나 이본에 의거하여 보충함.

紙作百餘片, 具筆硯而沿流[25], 必擇湍急處, 作詩寫于紙, 放流, 見遠去輒哭, 且書且放, 紙盡乃還. 四十七歲, 娶安氏女爲妻, 人多勸之仕, 終不屈, 未幾妻沒, 復還山, 作頭陀形. 嘗削髮不去鬚, 曰: "剃髮避當世, 留鬚表丈夫." 其臧獲田宅, 任人取奪, 曾不屑意, 忽復從其人請還, 其人不肯. 公卽雀鼠之庭, 面爭供對, 譊譊如市井, 竟獲辨理. 官劵旣成, 納懷中出門, 視天大笑, 遽出劵, 裂而投之溝中, 其戱人侮俗如此. 世祖作法會於內殿, 雪岑亦被揀而來, 忽凌晨逃出, 不知所之, 遣人躡之, 則陷街里溷溝中, 露半面而已. 金守溫·徐居正等, 賞以國士, 居正方赴朝, 公衣纓縷, 帶藁索, 戴弊陽子, 遇諸市, 犯前導, 仰首呼曰: "剛中{居正字}安穩?" 居正笑應之, 駐軒語, 一市皆駭視. 公入城, 每寓校洞人家, 徐居正往訪, 則公不禮之, 偃臥以雙足倚壁爲足戱, 而談話竟日. 隣人皆謂, "金某不禮徐相公, 狎侮如此, 後必不來." 後數日, 徐輒更來. 癸丑, 終于鴻山無量寺, 遺戒無燒葬, 權厝寺側. 三年啓殯, 面如生, 以爲佛, 竟茶毗之, 爲之立浮屠. 肅廟朝, 崔明谷錫鼎啓言, "光陵受禪之後, 士人金時習, 削跡逃世, 其文章節行卓卓. 故其後名賢[26], 稱之以今之伯夷, 如此之人, 贈職賜諡, 以[27]爲激勵之道." 特從之, 贈吏判, 諡淸簡.

外史氏曰: "『栗谷集』曰: '人有生知學知之別, 此以義理言也. 若如金時習者, 於文天得, 則文字亦有生知矣. 佯狂避世, 微意可尙, 而必抛棄名敎, 蕩然自恣者, 何歟? 雖藏光匿影, 何以使後世不知有時習乎? 第其標節義扶倫紀, 可與日月爭光, 聞其風, 懦夫亦立, 則雖謂之百世師, 近之矣.' 先賢之論如此, 不其韙歟!"

---

25) 而沿流: 저본에는 '沿流而'로 나와 있으나 나, 다본을 따름.
26) 名賢: 나, 다본에는 '明賢'으로 되어 있음.
27) 以: 저본에는 '似'로 나와 있으나 이본에 의거함.

3-4. 感恩遇竟夕哭泣

　　金河西麟厚, 字厚之, 蔚山人, 居長城. 生而風神秀朗, 迥異常兒. 五歲, 其大人授以周興嗣『千字文』, 公瞠視不答, 大人恚曰: "生子如此, 必是啞也, 門戶不振矣!" 俄見, 公以唾津指畵窓壁間, 皆『千字文』中字也, 始奇之. 自是, 於所受書, 手不釋, 目不離. 六歲, 有客呼公賦詩, 以天[28]爲題, 公請韻, 應聲對曰: '形圓至大又窮玄, 浩浩空空繞地邊. 覆幬中間容萬物, 杞人何事恐頽連.' 趙元紀之觀察湖南也, 公甫八歲, 見而異之, 提携撫愛, 常置膝上. 元紀占聯, 曰: '信宿完山[29]飽, 梨園之風景.' 公應聲曰: '滯留豊沛饜, 梅亭之月光.' 又曰: '兒郎詩筆, 杜白王右軍[30]輩.' 公應聲曰: '先生處事, 召吉延壽羣.' 又有'五百年之期已過, 天必待聖人之興. 數千載之河方清, 地應生命世之傑'之句, 又令製詩賦長篇, 句句驚人. 元紀欲試其器量, 令官妓抱往敎坊, 管弦[31]轟奏, 服飾眩煌, 公視之淡然, 略不動容. 又列書·錢·穀·筆·墨, 以示之, 曰: "從汝所欲." 公卽援筆, 書曰: "庸童欲陳玄·管城子." 人皆嗟賞. 自此, 聲名藹菀, 稱以神童. 時奇服齋遵, 下南鄕, 聞公名, 致而見之, 大加稱賞, 曰: "眞奇童也! 當爲我世子臣." 蓋是時, 仁廟誕降纔數歲, 聖質生知, 睿德夙著, 臣民咸仰, 異日堯舜之治, 故云. 因贈以內賜筆一枝[32], 公知其意, 常葆藏, 以爲篋笥之珍焉. 金慕齋安國, 觀察湖南, 聞公名, 躬枉[33]見之, 亟[34]加稱歎, 曰: "此吾小友也, 眞是三代上人物!"

---

28) 天: 나, 다본에는 '天字'로 되어 있음.
29) 完山: 나, 다본에는 '元山'으로 되어 있음.
30) 王右軍: 이본에는 '右將軍'으로 되어 있음.
31) 弦: 이본에는 '絃'으로 되어 있음.
32) 枝: 나, 다본에는 '枚'로 되어 있음.
33) 枉: 이본에는 '往'으로 되어 있음.
34) 亟: 이본에는 '極'으로 되어 있음.

公就受『小學』, 甚加敬重. 公登第, 賜暇湖堂兼世子侍講院說書, 時仁廟毓德春宮, 中廟專委輔導之任於公. 仁廟深知公學問道德之懿, 誠心禮待, 召接頻仍. 公亦以爲潛龍之德, 卓越千古, 異日唐虞之治, 庶幾可期, 至誠導迪, 契遇日隆. 其在直廬, 春宮或賜躬臨, 從容問難, 良久而罷. 春宮素多藝, 未嘗表見於人, 獨於公賜手寫墨竹一本, 以示意, 仍命公題詩於畫軸, 公題云[35]: '根枝節葉盡精微, 石友精神在範圍. 始覺聖神侔造化, 一團天地不能違.' 其後, 又賜『朱子大全』一帙. 時東宮有失火之變, 公慨然上箚, 陳修省之道, 因極論己卯諸臣之寃. 中廟雖未卽賜允兪, 蓋自此深知諸臣之寃, 頗示悔悟. 厥後, 申請者益衆, 公有力焉. 乞養爲玉果縣監, 爲政務, 順民情, 一境便之. 仁廟新卽位, 中外想望太平, 咸欲留公, 補拾袞闕. 公已有神於知幾者, 間值仁廟不安節, 公請同參議藥, 藥院以非其職, 拒之, 乃以親病, 固請還任. 聞仁廟昇遐之報, 失聲呼擗, 隕絶乃甦, 殆發心疾. 或者, 具告以變故曲折, 於是, 驚號如不欲生, 謝病歸家, 屛棄人事, 不復爲仕進之計. 每値夏秋交節, 廢書止客, 悒悒不樂, 至孝陵諱辰日[36], 入家南山谷, 痛哭竟夕而返. 終身如是, 未嘗或廢, 蓋以至痛在心故[37]也. 嘗有詩, 曰: '君年方向立, 我年欲三紀. 新歡未渠央, 一別如弦矢. 我心不可轉, 世事東流水. 盛年失偕老, 目昏衰髮齒. 泯泯幾春秋, 至今猶未死. 柏舟在中河, 南山薇作止. 却羨周王妃, 生離歌卷耳.' 詩意悽惋. 公歿後數年, 公之隣人名世億者, 病死復[38]甦, 語其子曰: "氣絶之時, 有若爲

---

[35] 云: 라본에는 '詩曰'로 되어 있음.
[36] 諱辰日: 저본에는 '日'자에 주필로 삭제표시가 되어 있음. 나본에는 '諱辰不貶'으로 되어 있음.
[37] 故: 저본에는 빠져 있으나 이본에 의거하여 보충함.
[38] 復: 이본에는 '後'로 되어 있음.

人所押, 詣一衙[39]門, 吏卒騈闐. 堂上坐一宰相, 見世億, 詢其來由, 曰: '今年非爾限也, 爾誤來耳. 我卽爾隣金麟厚也!' 書一紙以授, 曰: '世億其名字大年, 排雲遙謁紫微仙. 七旬七後重來見, 歸去人間莫浪傳.'" 世億果七十七而死. 正廟朝贈公領相, 諡文正, 配文廟.

　外史氏曰: "河西具道學・文章・節義, 而士生斯世, 躬逢堯舜, 曠千載, 而一値托密勿之深契, 可謂有是君有是臣. 而天不祚宋, 隱痛在心, 山中竟夕之哭, 篇上寄意之詞, 可見卓乎節義, 海東無比者. 此玄石之論也."

○第十六号 節義部三【忠節三】

3-5. 轉忠思孝投金橘

　李佐郎慶流, 韓山人也. 其仲兄某, 投筆供武職, 當壬辰倭亂, 助防將邊璣[40]出戰, 時以從事官啓下, 而名字誤以公書之. 仲氏曰: "以吾啓下, 而誤書汝名, 吾可往矣." 公曰: "旣以吾名啓下, 則吾當往." 因束裝而辭于慈闈, 蒼黃赴陣. 邊璣出陣嶺右, 大敗而走, 公聞巡邊使李鎰在尙州, 單騎馳赴之. 與尹公暹・朴公箎, 同處幕下, 又戰不利, 尹・朴兩公, 皆遇害. 公出陣外, 則奴牽馬而待, 泣告曰: "事已到此, 願速還洛, 可也." 公笑曰: "國事如此, 吾何忍偸生?" 因索筆告訣于老親及伯氏, 使奴傳之, 欲還向敵陣, 奴泣而不捨, 公曰: "汝誠亦可嘉, 吾當從汝言, 而吾飢甚, 汝可覓飯而來." 奴尋人家, 乞飯而來, 則公已不在矣, 奴望敵陣, 痛哭而歸. 公卽回身, 更赴敵陣, 手格殺數人, 而仍被害, 時年二十四, 而尙州北門外坪也.

---

39) 衙: 다본에는 '衛'로 되어 있음.
40) 璣: 저본에는 주필로 '岱'로 수정되어 있으나 마본에 의거함. 이하의 경우도 동일함.

其奴驅馬而來, 家人擧哀, 以發書日爲忌日. 奴卽病死, 馬亦不食而斃, 以所遺衣冠, 葬于廣州先塋之左麓, 其下又葬奴與馬. 尙州設壇, 正廟命祀之, 賜號忠義壇.[41] 三從事並享, 贈公職都承旨. 公卒後, 每夜來家中, 聲音笑貌, 宛如生時. 對夫人趙氏酬酢, 無異平昔, 每具饌而進, 飮啖如常, 而物則無減. 昏後輒來, 鷄鳴則去, 夫人問: "公之遺骸, 在於何處?" 公愀然曰: "許多白骨堆中, 何由辨知乎? 不如置之爲好, 且所埋處, 亦自無害矣." 其他家事區處, 一如平時. 小祥後, 間日而來, 及大祥時, 乃辭曰: "從今以後, 吾將不來矣." 時公之子府使公, 年四歲, 公撫而嗟歎, 曰: "此兒必登第[42] 而不幸, 當不幸時, 然而伊時, 吾當更來." 仍出門, 更無形影. 其後二十餘年, 當光海朝, 公之子登第, 謁廟之時, 自空中呼新恩進退, 人皆異之. 母夫人嘗有病喉渴思橘, 而時則六月也. 一日, 空中有呼兄聲, 伯氏下庭仰視, 則雲霧中, 公以三橘投之, 曰: "老親思橘, 故吾於洞庭得來." 仍忽不見, 以橘進之, 病患卽差. 李陶菴所撰神道碑銘, 曰'空裏投橘, 神怳惚兮'云者, 卽實際語也. 每當忌日行祀時[43], 闔門之後, 則[44]必有匕箸聲, 其庶族某, 語人曰: "吾少時參祀, 每聞此聲矣, 近年以來, 未嘗聞之云." 其時行祭日, 罷祀後聞之, 則外舍有呼奴之聲, 家人怪而聽之, 出自舍廊. 奴子承命而入, 則使捉致蒸餠婢子, 而分付曰: "神道忌人毛髮, 汝何不察? 汝罪可撻!" 仍命撻楚, 家人探視其餠, 果有一條髮. 自是, 每當忌祭, 家人咸盡誠精備, 不敢小忽焉.

---

41) 尙州設壇, 正廟命祀之, 賜號忠義壇: 저본에 '尙州士林設壇建閣, 行俎豆禮'라 쓴 것을 주필로 수정한 것임.
42) 登第: 나, 다본에는 '登科'로 되어 있음.
43) 時: 나, 다본에는 '則'으로 되어 있음.
44) 則: 나, 다본에는 빠져 있음.

外史氏曰:"傳云:'求忠臣, 必于孝子之門.'然以一人而兼有忠孝之蹟, 亦罕矣. 李公之替兄赴難, 慷慨挺身, 冒入敵陣, 視死如歸. 爲國殉節, 已是難事, 而且其英魂不泯, 能救療親病. 陸績之懷橘遺母, 猶稱孝矣, 況且現靈投橘, 何其神異也?"

3-6. 決死報恩揮刀柄

姜翌, 名家子也. 諸父俱事李蓮峰先生, 用[45] 文行, 顯名當世, 獨翌麤豪不羈, 善騎射, 事光海主, 爲宣傳官. 兩腋肉翅寸餘, 嘗着鐵屐, 涉險如平地, 提巨石砧, 投過屋, 石未落, 已跳過重門, 手接之. 嘗道經大嶺, 有巨牛狂發, 當道觝突, 行旅不敢進. 翌直往當之, 牛見人怒益盛, 吼聲[46] 山崖盡裂, 目如火, 兩角挺挺然, 直前撞翌, 翌直前捉其兩角, 向空揮數遭擲之, 牛立死. 時都尉家蒼頭橫甚, 衆辱人, 人莫敢誰何. 遇翌於途, 醉罵多悖言, 翌毆殺之, 直走謝都尉, 都尉壯其言, 敬延之坐, 曰:"殺之固當然, 奴獰而健, 定死否?"令曳至前, 視之, 佯驚曰:"吾固知此奴不死."促鞭數百, 曰:"吾殺吾奴, 無關君事."置酒極歡而去. 戊午之役, 隸姜弘立幕, 行至昌州江上, 憤師不卽渡, 厲聲問曰:"方北[47] 警急, 我當捲甲, 倍道而趨[48]之, 今屯師不進, 何也?"弘立喝之, 曰:"密旨在, 無多言!"翌抗言不已, 弘立怒叱之, 翌聲益厲曰:"將在外, 君命有所不受! 吾恐軍心一變, 事將不測, 獨不見卿子冠軍乎?"弘立怒且懼, 及渡江, 不與翌偕, 翌亦拂衣而歸. 光海主愛翌武勇, 厚遇之, 翌見主昏日

---

45) 用: 다본에는 '以'로 되어 있음.
46) 吼聲: 다본에는 '吼哮'로 되어 있음.
47) 北: 이본에는 '此'로 되어 있음.
48) 趨: 다본에는 '超'로 되어 있음.

甚, 朝暮且危, 而業已受恩厚, 思以一死報之, 常磨刀韝馬, 夜不解裝, 以備倉卒用. 一日, 過其姊, 姊諭無令徒死,⁴⁹⁾ 翌泣曰: "徒死固無益, 然吾但知不事二君耳!" 姊知其意不可回, 醉鎖之外房, 翌排戶而出, 癸亥三月十三日也. 先時, 勳臣之與翌爲中表者, 數以微言試翌, 翌卒不應, 乃說翌所蓄娼, 用詭計沮撓之. 翌性嗜酒, 是夜方沈醉, 聞譁聲出, 驚起視,⁵⁰⁾ 火光燭天, 急引所騎馬, 鞍勒俱絶, 卒急不知所爲. 徒步至巷口, 已有守兵攔之, 急掣刀, 刀條結, 力抽之, 刃亡矣. 扼⁵¹⁾柄奮呼, 人皆披靡, 行至闕門外⁵²⁾, 力盡被擒死. 或言, "仁祖大王惜其義勇, 諭使降, 出語不遜, 遂誅之云." 至丙子, 翌世父渭聘, 以翊衛入江都, 守東門, 胡從南門入, 渭聘朝服, 北向哭三日不去. 胡將出城, 見渭聘獨在樓上, 露刃脅之, 渭聘不屈, 胡怒截其舌, 罵猶不絶聲而死. 翌弟鬻, 由騎曹郎, 出守寧遠, 邊報急, 就孟山守林承業, 議兵事. 聞胡已入郡⁵³⁾, 將還, 承業止之, 鬻曰: "吾守土臣, 行尋寧遠界上, 死耳!" 遂歸, 中途遇胡, 格鬪死.

外史氏曰: "光海君雖昏廢, 然亦嘗南面稱尊者, 十五年矣. 彼委質爲臣者, 固有致死之義焉, 中興諸佐勳著撥亂之時, 如朴承宗·柳夢寅之義, 又曷可小之哉? 姜氏三節, 渭聘·鬻, 固死得其所, 獨翌之死, 如彼烈烈, 而尙義之士, 猶不免目之以吠堯, 惜哉!"

---

49) 姊諭無令徒死: 다본에는 '姊諭曰無徒死'로 되어 있음.
50) 聞譁聲出, 驚起視: 다본에는 '聞譁聲, 驚起出視'로 되어 있음.
51) 扼: 이본에는 '把'로 되어 있음.
52) 闕門外: 나, 다본에는 '闕外'로 되어 있음.
53) 郡: 이본에는 '都'로 되어 있음.

○ 第十七号 節義部四【孝行】

3-7. 孝子還甦說冥府

吳浚者, 興德縣士人也. 事親至孝, 親沒, 葬於靈鷲山, 結廬墓側, 哭泣之哀, 聽者隕涕. 祭奠常設玄酒, 而有泉在山谷五里許, 極清冽, 必挈壺躬往汲之, 不以風雨寒暑少懈. 一夕, 山中有聲如雷, 林麓盡撼. 朝起視之, 有泉涌出於廬側, 甘冽異常, 往視曾汲之谷泉, 則已涸矣. 遂取用廬側泉, 得免遠汲之勞, 邑人名之曰'孝感泉'. 廬在深山之中, 豺虎縱橫, 家人甚憂之. 旣過小祥, 一日, 忽見大虎蹲坐廬外, 吳誡之曰: "汝欲害我耶? 旣不可避, 任汝所爲." 虎便低頭掉尾, 俯伏而若致敬者然[54], 吳曰: "旣不相害, 又何不去?" 虎卽出門外, 伏而不去, 日以爲常, 至於撫弄, 若家畜犬豕. 每當朔望, 虎必致獐鹿, 或山猪於廬前, 以供祭需. 及吳闋服還家, 而虎始去. 其他孝感異蹟甚多, 而泉虎事, 特其最著者也. 吳年四十而病死, 家人擧哀, 而以其胸臆間有一線溫氣, 姑不斂絞[55]. 過一日, 忽回甦而言曰: "世所謂冥府之說, 果不虛矣! 吾於病中, 精神昏昏, 忽聞鬼卒高聲[56]而呼我姓名, 故驚訝出門, 隨其卒而行, 不分東西, 但見大路濶長. 行幾里, 到一處, 則有一大家, 如官府樣. 吾立於門外, 鬼卒先入而告曰: '吳某捉來矣!' 使之拿入, 吾俯伏於庭下, 乍覘堂上, 有王者服色之人, 問鬼卒曰: '捉來於何處?' 對曰: '興德地捉來矣.' 堂上人厲聲曰: '吾使汝捉來, 盈德縣不孝者, 吳姓人矣, 何爲而誤捉孝子乎? 此人壽限, 已定八十, 尙有四十年, 卽速還送, 可

---

54) 然: 나, 다본에는 '焉'으로 되어 있음.
55) 絞: 나, 다본에는 빠져 있음.
56) 鬼卒高聲: 나, 다본에는 '鬼聲出'로 되어 있음.

也.' 鬼卒聽命惶蹙, 推我出門. 故吾以旣入冥府, 不得一拜父母而歸, 心甚痛缺, 勉强而出道, 見兩介童子游戲道傍, 見吾而欣然牽衣欲隨, 熟視之, 乃前日夭折之兩兒. 心甚慘愕, 更入門, 而懇乞於堂上人曰: '陽界之人, 入冥府而還歸者, 此是不易得之機會也. 旣入而不得見父母而歸, 則此豈人子情理也哉? 萬望使之一面.' 堂上人掉頭, 曰: '此則不可, 須速出去!' 吾乃再三涕泣而懇乞, 終不許. 吾又懇請兩兒之率去, 則又不許, 曰: '汝之命數, 自來無子, 今不可許施. 然汝欲率去, 則一兒當使托生於光州某村金姓人家, 汝[57]可於後日陽界上率去也.' 乃促令出送, 吾無奈何, 出門, 則兩兒號哭欲隨, 爲鬼卒所揮逐, 心甚慘痛. 且以一見父母之意, 懇請於鬼卒曰: '雖不得一拜, 可指示所住處.' 鬼卒指一亭, 曰: '此雖相望之地, 程道甚遠, 不可以往.' 因促行. 吾以父母之不得逢拜, 兩兒之不得挈歸, 心竊[58]痛隕之際, 鬼卒自後推而仆地, 精神怳惚, 遂至驚覺云云." 人皆駭異之. 其後, 年果八十而終, 以孝贈職旌閭. 嘗對人語曰: "光州金姓人家兒, 欲率來見之, 而不知名字之爲誰, 且事近誕妄, 故未果云矣."

外史氏曰: "孝爲百行之源, 自古至孝之人, 多天佑神助奇異之事. 許孜宅墓次, 而猛獸馴其庭, 曹曾思療母渴, 而甘泉自湧. 吳孝子之廬側得泉, 虎致奠需, 亦通天孝感之所致, 誠奇哉! 至若冥府之說, 荒唐難信, 而蓋因孝延壽, 則似非理外之事也."

3-8. 幼童爲親伸冤獄

洪次奇, 忠州士人, 洪寅輔之子也. 方在腹, 其父寅輔, 坐殺人繫

---

57) 汝: 이본에는 '汝往'으로 되어 있음.
58) 竊: 이본에는 '切'로 되어 있음.

獄, 及乳數月, 母崔氏訟寃詣京, 次奇養於仲父, 父呼仲父, 而不知爲寅輔子也. 甫數歲, 與群兒戲, 每驚啼不食, 姆問其故而不應, 良久乃止, 如是者月三. 家人怪之. 後從邑中人, 證其日, 乃州官訊囚日也. 聞者莫不異之. 家人恐傷其心, 愈諱其父事. 至十歲, 父念年老, 無出獄期, 恐一朝溘然不得見子面, 乃使家人告以實, 携至獄門. 次奇抱父大哭, 遂居邑中不去, 負薪易米以供父. 居數年, 崔氏屢上言不報, 客歿於京, 旣返葬, 次奇哭辭父曰: "母訟父寃, 未遂, 飮恨而歿, 又無長成子, 兒雖幼, 非兒誰復脫父死者?" 父憐其弱, 不許. 次奇脫身潛行, 徒步入京, 撞申聞鼓, 事下按使, 又不報. 次奇卽留京不歸. 翌年夏, 會大旱, 上諭中外理重囚, 次奇伏闕下, 遇公卿赴朝者, 輒泣訴父寃. 凡十餘日, 觀者無不感動, 往往持飯饋之, 或梳其頭以去蝨. 刑判因議囚, 入侍白其狀, 上爲之惻然, 飭按使詳閱以聞, 按使以獄老事眩, 奏置可否間, 上特命貸死, 竄嶺南. 始命按使行査也, 次奇冒盛熱, 走三百里, 詣使司, 號泣丐父命. 及奏上, 次奇又疾行先驛, 未抵京百里疾作, 從者勸少留, 次奇不可擔到邸, 力疾復伏閤, 痘瘡大發, 四日已不省. 時爲夢語曰: "吾父活耶?" 及赦下, 傍人呼告之, 次奇驚覺曰: "信耶? 豈寬我耶?" 乃讀示判辭, 次奇開眼視, 擧手視天者三, 蹶然起而舞, 曰: "父活矣, 父活矣!" 遂仆[59]不能言. 是夜, 忽聞室中有呼云: "次奇汝誠感上天, 冥府已許汝父之生. 且延汝壽命, 汝其放心, 勿悲也!" 翌日, 次奇病漸差完, 從其父之配所, 數年復[60]宥還, 以孝行著稱. 邑人報營狀聞, 命給復旌閭.

外史氏曰: "天倫至情, 自然感通, 故自幼穉而孝誠之著見者, 比

---

59) 仆: 나, 다본에는 '伏'으로 되어 있음.
60) 復: 나, 다본에는 '後'로 되어 있음.

比有之. 申屠蟠九歲, 居喪哀毁, 每值忌日, 輒三日不食, 裴子野十二歲, 每哭墓所, 草爲之枯. 洪次奇乃以童年, 奔走京鄕, 竟伸父冤, 如緹縈之上書而贖父罪, 可謂通天之至孝, 甚[61]奇哉!"

○第十八号 節義部五【貞烈一】

3-9. 節婦延命立後嗣

　李節婦, 忠武公後裔也. 家在溫陽, 嫁爲淸州閫兵使某孫婦, 纔過聘醮, 新郞還家不淑. 節婦未及新行, 遽聞凶音, 水漿[62]不入口, 父母憐而慰之, 左右防守甚嚴. 節婦請于父母曰: "吾年纔[63]勝笄, 而遭此崩城之痛, 生不如死. 故以死自誓, 更思之, 夫家有舅姑, 而奉養無人, 且家夫之送終祭奠, 有誰管檢? 吾徒死, 則非爲人婦之道也, 奔哭治喪後, 乞螟蛉於族親, 使夫家無絶嗣之歎, 吾之責, 顧不在此乎? 願速治行." 父母聞其言, 年雖少, 辭正理順, 將從之. 或慮其自裁, 猶豫未決, 節婦曰: "幸毋疑也! 吾已有一定之心, 萬無自斃之理." 且泣且謝, 父母嘉其誠意, 遂治裝以送之. 藐然孀婦, 自于歸之日, 事舅姑以孝, 奉祭奠以誠, 治産業, 御婢僕, 綽有條理, 隣里親戚, 咸稱賢婦. 過三霜後, 乞嗣於族人家, 躬往席藁哀懇, 始得來. 延置[64]塾師, 勤訓課, 年旣長成, 聘婦入門. 後十餘年, 舅姑皆以天年終, 哀毁踰制, 備禮殮葬, 治墳山於家後園麓, 具石物, 三年內祭奠, 皆躬自備奉, 克盡誠敬. 旣闋制, 一日, 製新衣服

---

(61) 甚: 주필로 삭제표시가 되어 있음.
(62) 漿: 나, 다본에는 '醬'으로 되어 있음.
(63) 纔: 나, 다본에는 '旣'로 되어 있음.
(64) 置: 이본에는 빠져 있음.

之, 與其子及婦, 同上塋域省掃, 歸至家中, 謁舅姑廟, 灑掃堂宇. 回坐室中, 招其子內外, 區處家間事務, 謂之曰:"汝夫婦, 今已長大, 亦旣抱子, 足可幹蠱. 至於奉祭奠, 接賓客之節, 無待吾之親檢, 而皆已嫺熟. 從此家事, 專委於汝之內外, 必須節浮費, 尙儉約, 夙夜不懈, 毋墜家緖. 勉之勉之!"子與婦, 忽聞此言, 莫省其故, 夜深, 各歸私次. 節婦乃出奔哭時持來一小瓶毒藥, 潛置枕邊, 待夜深無人, 傾壺而飮之, 須臾氣絶. 侍婢急報于子及婦, 蒼黃入見, 則傍有一瓶, 藥汁淋漓, 鋪衾褥, 整衣裳而臥, 已無及矣. 其子內外, 驚賣[65]號擗之際, 見一紙軸在於床前, 展視之, 乃遺言也. 一札十行, 細書成文, 先敍其早罹凶毒之痛, 次敍士夫制行之法, 次敍御家治産之規, 次錄臧獲‧田畓文券之數, 纖悉無漏. 末乃言,"吾之不死於聞訃之日者, 不忍閔氏之絶嗣, 且念舅姑之無依. 今則托付得人, 吾責盡矣, 豈可苟延縷命耶? 將歸見家君於地下耳." 其子治喪, 祔葬於先君之墓, 壹遵遺敎, 克修家道, 鄕黨咸稱之. 遠近士林, 發文相告節婦烈行, 至於上徹, 施以旌閭.

　外史氏曰:"節婦烈行, 從古何限, 而其盡婦道, 孝奉舅姑, 爲夫家繼絶存亡, 未有若此之烈烈卓異也. 且區處家事, 不遺鉅細, 從容就盡, 竟副矢死之初心. 凡世之孀婦, 多自裁於晝哭之始, 徒伸下從之志, 而此則尤有高一等之識見, 眞節婦, 而具衆嫩之行者哉!"

3-10. 義娥赴難扶禍家

　金娥, 黃州良家女也. 年十九, 爲節度尹重淵小室, 未幾, 重淵病, 娥扶護不離側者六年. 重淵竟死, 將死, 顧家人曰:"彼年少, 且

---

65) 賣: 나, 라본에는 '隕'으로 되어 있음. 뜻은 서로 통함.

無子, 必無令守其志." 娥聞之, 欲先決死, 以明其靡他, 家人守之
嚴, 卒不得死. 後乃歸省其父母黃州, 旣而, 重淵之兄泰淵, 陷大
辟. 重淵子爲其後者, 與其妻, 皆分竄絶海, 始無子, 時適有娠, 生
於道則男, 因名曰'道生'云. 娥聞之變, 將赴與之同死生, 父母泣
曰: "兒去何爲? 祇[66]自悲苦耳. 彼爲國家罪人, 或死或竄, 靡一有
遺, 常時衣食骨肉於其家者, 皆避如烈焰, 無敢向邇, 僅奴四迸,
竄山谷流道路者相續也. 兒雖去, 將誰依焉? 命已畸矣, 恩義且絶矣.
若幼女時婉孌[67]膝下, 縫紉我衣裳而服其餘, 調飪[68]我饔飧[69]而哺
其餘, 以終兒餘生, 長短奈何? 不念父母之心, 只要去爲誓, 不忍
捨我懷抱, 投之於水火虎豹之中." 娥見其父母意甚堅, 不可以言語
奪, 便納草屩, 號泣出門, 其意將矢一死必去乃已. 父母亦終已無
可奈何, 遂裝送. 娥至, 則惟節度婦廓然獨處一室, 見娥至卒愕, 莫
省其爲誰也, 旣復相歡愛, 忘其等威, 如兄弟然. 節度婦尋卒, 其子
婦宥還, 亦尋卒. 於是, 兩家外內無主者, 而惟道生生, 纔六七歲.
先時, 泰淵以名家子, 當英廟晚年, 爲禁御大將軍, 數十餘年, 富
貴[70]甲京師. 田廬遍都鄙, 蒼頭皆鮮轉, 領豪俊語難者, 一朝禍作,
隕撐紛紊, 不可統緖, 姦人細夫, 又從以乘時射利[71], 爲蠹爲鼠. 娥
始主家事, 濡者柎之, 潰者隄之, 棼者治之, 泮渙者萃之, 强梁者紀
綱之. 居數年, 家道蔚然有成, 祭祀孔潔, 島餽以時, 書籍·器皿, 一
無脫遺. 僕隷莫不順軌, 鄕隣以之敬畏, 以至四方庄稅水陸輸者,

---

(66) 祇: 나, 다본에는 '祇'로 되어 있음. 뜻은 서로 통함.
(67) 婉孌: 나, 다본에는 '婉嬉'로 되어 있음.
(68) 飪: 다본에는 '飮'으로 되어 있음.
(69) 饔飧: 이본에는 '饔飱'으로 되어 있음.
(70) 富貲: 나, 다본에는 '富貴'로 되어 있음.
(71) 射利: 나, 다본에는 '財利'로 되어 있음.

升篤不懈無敢後者, 其規模之井秩, 財産之豊潤, 一如其全盛時. 時道生尙駿, 里中無賴子, 欲蠱其志, 騙攘其貨, 日以賭技獵道生. 道生稍稍迷溺, 娥覺之, 歎曰: "是不可以居兒." 遂自楊州, 遷居于原城之伽倻. 聞鄕里有讀書士, 輒使女奴挈壺酒以餉, 且告之曰: "家小郞蒙未有[72]聞, 時以嘉言道導之, 敢請." 聞者莫不感娥意, 樂爲之敎導. 由是, 道生無他惑, 略解文字. 道生始娶, 婦不甚宜家室, 娥至誠勸曉, 卒底諧合. 娥年五十六以病終[73], 勤勞于尹氏家者三十年. 死之日, 家人檢其室, 竟無一布縷私藏者. 原之人, 無不道其事, 且有以道生祭娥文示之者, 誠然.

外史氏曰: "婦女之於夫家, 猶人臣之於王室, 惟忠所事, 乃心靡他. 板蕩之會, 貞信始著, 金娥以側媵之身, 羈旅之蹤, 號泣赴難, 非有塊肉之遺, 胼胝終身, 遂無寸縷之莊. 詩人興感於下體, 君子盡傷於盡瘁, 則存亡之義, 娥實審焉. 韙是心也, 伊誰不服? 嗚呼欷矣!"

○第十九号 節義部六【貞烈二】

3-11. 揮刀罵倅退勒婚

吉貞婦, 寧邊鄕官吉某之庶女也. 幼失怙恃, 依其從父, 年近二十, 未結縭[74], 以織紝·針線, 自資焉. 先是[75], 仁川居申生命熙者, 年少時夢, 老翁携一女, 年可八九歲, 面上有十一口, 可駭怪. 翁謂申曰: "此他日君之配也, 當與偕老." 乃寤, 甚異[76]之. 年踰四十喪

---

72) 有: 나, 다본에는 빠져 있음.
73) 終: 나, 다본에는 '卒'로 되어 있음.
74) 結縭: 이본에는 '結褵'로 되어 있음. 서로 통함.
75) 先是: 나본에는 '先時'로 되어 있음.
76) 異: 나, 다본에는 '怪'로 되어 있음.

耦, 家計凄凉, 適有親知出宰寧邊, 生往從之. 一日又夢, 老翁携其女十一口者來, 而年可及笄矣. 曰: "此女已長, 可卽委禽也." 生愈怪之. 衙內命吏, 貿細布, 其細盈鉢, 纖潔異常, 見者莫不稱奇. 吏曰: "此是吉鄕官處女手織, 而才藝絶等云." 申詳探其爲人,[77] 便有卜納之意, 遣媒通婚, 女之從父, 欣然許之. 生卽備禮幣, 造其家成婚, 女姿容甚美, 擧止閑雅, 菀有京洛冠冕家儀度. 生大喜過望, 始悟十一口爲吉字也, 深感天緣素定. 留數月還鄕, 約以非久迎歸, 旣還, 事故連綿, 荏苒三載, 未得踐言, 關河迢遞, 音信亦斷. 女之羣從族黨, 皆罵申生之無信, 而潛謀改嫁他人, 女微察其辭色, 而操行彌篤. 女之從叔, 在於雲山爲鄕任, 雲守以年少武官, 欲揀側室之材, 每詢於鄕任輩. 女之從叔, 欲以此女應之, 獻議綢繆, 已涓吉期, 又請於守, 畀以錦綺紬綿, 作婚時衣裳. 從叔遂來訪, 謂女曰: "吾子娶婦期日不遠, 當裁新婦之衣, 而家無裁縫者, 願爾暫來相助." 女答曰: "我有君子, 方留觀察營中, 我之去來, 須待其言. 叔家雖近, 旣是他邑, 則決不可率意往來." 叔曰: "然則汝可作書於申生而問之, 吾當傳致受答, 而若有諾語, 則便可卽來." 女曰: "當如敎!" 遂裁書以給, 叔持書還家, 僞作申生之答書, 勉以敦族, 促其往助. 蓋是時, 趙尙書觀彬按關西, 申在其幕中, 叔以其久無信息, 謂已棄女, 而設計如此. 女得書而不知其贋, 乃往焉, 但執刀尺針線之工, 而未嘗與其家男子對面接語. 從叔邀[78]雲守, 將使偸窺, 以質其言, 女雖聞守來, 而不知其包奸計. 及暮張燈, 叔之長子, 謂女曰: "妹常面壁而就燈, 此何意也? 縫紉之役, 亦旣勞矣, 可暫休對話." 女曰: "我不知疲, 但坐言! 我有耳, 自聽." 其子嬉笑而前,

---

77) 申詳探其爲人: 나, 다본에는 '申請問之, 詳探其爲人'으로 되어 있음.
78) 邀: 이본에는 '還'으로 되어 있음.

將女斡之使回坐, 女作色曰: "雖至親間, 男女有別, 何無禮至此?" 是時, 倅屬目窓隙, 得一覩面, 大驚喜. 女則怒不已, 推窓而出, 坐後廳, 忿恨殊甚[79] 忽聞窓外有男子聲, 曰: "此吾所刱見, 雖京中佳麗, 未易敵也." 女始知爲守, 膽掉氣結, 昏倒良久而起, 卽欲歸家, 叔乃以實告, 且曰: "彼申生者, 貧窮年老, 非久泉下之人, 家又絶遠, 一去不來, 其見棄明矣. 以汝妙齡麗質, 豈可虛老空閨? 今邑守少年名武, 前途萬里, 汝之一生, 富貴於玆, 可卜." 遂以甘言詭辭, 且誘且脅, 女不勝忿憤, 轉加怒罵. 叔計無所出, 且恐得罪於守, 與諸子齊進捉女, 前挽後推, 囚之於夾室, 嚴其扃鐍, 僅通飮食, 以待期日, 將令守劫奸. 女鎖於室中[80], 號泣叫罵, 不食者累日, 漸[81]瘁不能作氣. 始來時携一刀, 藏在腰間, 擬以此防身而自裁, 更思之, 曰: "與其徒死於賊手, 曷若殺賊而俱死以償吾寃, 可復强食, 先養吾氣." 乃謂叔曰: "今力已屈矣, 惟命是從, 幸厚餽我, 以療久飢." 叔甚喜, 連以大飯美饌進之, 所以慰誘之者, 甚至. 値婚日, 守來坐外室[82], 叔方啓戶引出, 女見戶開, 持刀躍出, 迎擊其長子, 一聲跌仆. 女乃呼號跳踢, 不計男女長幼, 遇則斫之, 東西奔突, 夫誰能禦? 頭破面壞, 流血滿地, 無一人敢近. 守見之, 魂飛膽墜, 未及出戶, 但於室中, 牢縛窓環, 莫知所爲. 女蹴踏戶闥, 奮力擊窓, 窓戶盡破, 極口大罵曰: "汝受國厚恩, 竭力民事, 圖酬萬一, 而今乃虐民漁色, 締結凶漢, 威劫士夫之小室, 是禽獸之所不如. 我將死, 必殺汝, 與之俱死." 談鋒如霜雪, 罵聲震四隣, 觀者如堵, 咸嘖嘖

---

79) 甚: 나, 다본에는 '深'으로 되어 있음.
80) 室中: 다본에는 '夾室'로 되어 있음.
81) 漸: 저본에는 '斬'로 나와 있으나 이본에 의거함.
82) 外室: 이본에는 '外堂'으로 되어 있음.

稱歎, 或有掖腕而泣下者. 是時, 叔之父子, 匿不敢出, 守但於室中, 屈伏頓首, 哀乞稱以, '實不知婦人之貞烈如此, 而爲奸民所誑, 至於此境, 當殺賊以謝婦人, 萬望有恕.' 卽喝其吏卒, 搜捉其叔, 旣至, 忿罵重杖, 至血肉淋漓. 守始僅出戶, 疾驅歸官. 時隣人走通于女家, 卽來迎去, 遂具其事顚末, 告于申生, 觀察聞之大驚. 時寧邊守武人也, 循雲山之囑, 以女拔刀斫人, 報營, 請重治[83]. 觀察行關嚴責, 卽啓罷雲山守, 捉致其從叔父子, 嚴刑遠配. 乃盛具人馬迎女, 至浿營, 深加歎賞, 厚有贈遺. 申生卽[84]挈女上京, 買舍居於阿峴, 女善治産, 遂致富饒. 晩歸仁川, 終老焉.

外史氏曰: "宋伯姬遭火, 不下堂, 『春秋』書之以爲高. 吉氏女生長於遐鄕蓬蓽, 能知閨門典則, 難愼於從叔之邀. 被其僞答誘引, 而乃往, 竟遭劫逼, 不渝志操, 揮刀禦變, 烈氣凜如秋霜. 卓然有立節死義之風, 誠奇且壯哉!"

3-12. 換衣尋郞諧宿約

崔氏女, 橫城風憲之女也. 美而慧, 風憲家饒富, 養女深閨, 愛如掌珠. 近里有趙生者, 窮老能文, 爲村學究以資生, 邑中士族, 送子侄受業者, 甚衆[85]. 趙生旣沒, 其子無所於歸, 受業於趙生者, 念亡師誼, 傳食於其家, 處之於學舍中[86]. 年且[87]二十餘, 未有室家, 諸童相與議曰: "吾輩隨家力, 以助趙童之婚, 則在所不辭. 某里有某風憲者, 家産頗饒, 有女如玉, 若與之婚, 足以爲依歸之所, 有能出

---

83) 請重治: 나, 다본에는 '治重罪請之'로 되어 있음.
84) 卽: 다본에는 '卒'로 되어 있음.
85) 衆: 나, 다본에는 '多'로 되어 있음.
86) 學舍中: 나, 다본에는 '學舍之中'으로 되어 있음.
87) 年且: 나, 다본에는 '且年'으로 되어 있음.

謀通媒者乎!"一人曰:"是宜用權道, 不可以守經." 羣童曰:"用權如何?"曰:"某風憲, 鄉曲富民也, 庸詎知兩班之爲貴, 而有取於趙家孤兒哉? 吾聞風憲之女, 美有婦德, 若得其女一諾, 則事可諧矣, 趙童能辦此乎?"顧謂趙童曰:"此是汝死中求生之地, 可於今夕, 踰墻而入, 與女成說, 吾輩當助成其婚. 如不能得, 則寧死不回, 無與吾輩相見也." 趙童曰:"死生, 惟君言是從."是夜三更, 月色微明, 諸童携趙, 至風憲家墻後高阜, 指小窓透明處, 謂之曰:"此便閨秀所處之室, 爾須大着心膽, 善爲說辭[88], 得一信物而歸, 則吾輩當在此待之." 羣童相與推之上墻, 遂跳入垣內, 至燈明處, 穴窓視之, 則[89]女方獨坐, 治女紅[90]. 乃開窓而入, 不敢近前, 跪于室之隅, 女低聲問曰:"人耶? 鬼耶?"曰:"我乃學舍趙生員之子老秀才也." 女正色責之, 曰:"旣是士夫家子弟, 則深夜踰垣, 遽入女子室, 是何道理?" 趙始焉[91]惶怖, 繼以羞愧, 復整襟而對曰:"我是士夫之子, 豈昧此[92]擧之爲非義哉? 同學諸少年, 憫我孤窮, 教我作死中求生之計, 我亦不萌相逼之意, 只欲得娘子一言, 以定月下佳緣耳. 惟娘子哀之憐之!"曰:"約婚非女子之事, 且家有大人, 君其歸語學舍少年, 邀致吾大人, 第以眞情告之. 吾家賤人也, 豈辭[93]與兩班結婚哉? 若事不如意, 則吾當以死從之." 趙曰:"願得娘子身上一物, 以爲他日之信." 女遂脫銀指環以與之, 趙得之甚喜, 因踰墻而出, 諸童尙在墻外而待之. 趙出指環以示之, 細告問答之語, 諸童亦大

---

88) 說辭: 나, 다본에는 '辭說'로 되어 있음.
89) 則: 저본에는 빠져 있으나 나, 다본에 의거하여 보충함.
90) 女紅: 이본에는 '女工'으로 되어 있음. 뜻은 서로 통함.
91) 焉: 다본에는 '至'로 되어 있음.
92) 此: 다본에는 '而'로 되어 있음.
93) 辭: 나, 다본에는 '可'로 되어 있음.

喜. 明日, 齊會學舍, 送人召風憲, 指趙童而語之, 曰: "此家班閥, 君所詳知. 今者, 窮困無依, 欲與君家結婚, 其情亦憾[94]矣. 吾輩以義氣相勸, 君亦以義氣肯諾, 則豈非鄕村中一奇事哉?" 風憲沉思良久, 曰: "秀才輩義氣誠[95]高矣, 吾何愛一女子, 不以成秀才輩高義?" 遂與之定婚, 卽於座涓吉日, 以堅其約, 期在不遠. 諸童歸告父母, 各出緡錢以助, 可至三四十緡, 與趙童, 語曰: "爾之舅氏, 旣在近地, 吾輩義不當終始主婚. 以此錢, 足辦窮人婚需, 庶不貽憂於爾舅氏家. 爾其持此以往, 急急辦需, 順成婚禮以來, 則吾輩當酌酒以賀." 趙曰: "敢不如敎?" 遂携錢, 往拜其舅, 且語之故, 舅曰: "汝以天下窮民, 得娶富家女, 誠爲萬幸, 何論門閥高下? 吾將爲汝趂[96]期辦需, 汝勿憂焉." 留之, 與輩從同處. 婚期在明日, 舅忽以繩縛其手足, 以綿塞其口, 投之土室中, 以大鑰鎖之. 至夜, 依例送幣, 明日, 衣其子以新郞服色, 偕往風憲之家. 奠鴈訖, 入交拜之席, 風憲不之疑也, 其女瞥眼視之, 知其非趙童也. 遂撲地, 作昏窒樣, 一家惶惶, 昇置之新房, 灌之以水, 水不入. 其家引新郎, 權處客室以待之. 女潛伺臥房無人, 換着新郞衣服, 從後門踰垣[97]而走, 直到學舍中, 揖諸童而問曰: "趙秀才安在?" 諸童曰: "今日, 卽趙秀才婚日也. 此去數馬場, 廣[98]庭設遮日, 人客熱鬧者, 卽其妻家也." 又問曰: "吾聞趙氏無家, 恒留學舍, 今亦自此治送耶?" 曰: "此去十里, 某村某家, 卽其舅氏家也, 趙果自其家治來矣." 遂一揖而出, 走向其家, 其家寂無人. 彷徨籬外, 見一老婆獨坐蝸殼之室,

---

94) 憾: 다본에는 '憾'으로 되어 있음.
95) 誠: 나, 다본에는 '尙'으로 되어 있음.
96) 趂: 나, 다본에는 '赴'로 되어 있음.
97) 垣: 나, 다본에는 '墻'으로 되어 있음.
98) 廣: 저본에는 빠져 있으나 나, 다본에 의거하여 보충함.

卽[99]入語之, 曰:"過客飢甚, 願得一盂飯." 老婆曰:"飯實無有, 但有數合米, 請少坐以俟煮粥也." 曰:"多謝厚意." 婆入廚作粥, 時作欷歔聲, 問曰:"何歔也?" 婆曰:"不須問也! 此非客所知也." 固問之, 乃曰:"老物, 是主家姊氏轎前婢也, 上典旣沒, 還住此家. 吾上典有一子生存, 定婚於某風憲家, 此家主人性甚凶獰, 縛置[100]其甥, 以其子代爲之婚. 今日已夕矣, 婚禮定已成之, 小郞方死在土室中矣." 且語且泣, 不能成聲. 女聞其土室所在, 直入其家, 無人阻搪[101]者. 徑至土室, 手破其鎖, 背負趙童而出, 解其縛而視之, 喉下微有溫意, 以粥灌其口, 良久始下咽. 遂負之而走, 直到學舍, 諸童皆大驚, 女語諸童曰:"君輩善爲調護, 以垂終始之惠. 吾是風憲家女子, 郞若回甦, 可聞其說." 語罷, 徑歸其家. 其家方失其女, 四處搜覓, 見其男服而至, 驚問其由[102], 女細說[103]前後事一遍. 遂聚會隣里奴僕, 命縛[104]新郞父子, 一邊告官, 收拾婚具, 置之于庭, 以火燒之, 曰:"此皆汚穢, 不可用." 送人學舍, 探趙童安否, 則已無恙矣. 於是, 改設筵席[105], 酌水成禮. 官家覈[106]其事, 趙生之舅, 以處死論云.

外史氏曰:"學舍羣童, 以鄕曲迷兒, 皆出義氣, 以成其婚, 已奇矣. 女子處事, 卓卓有古節婦風, 何其韙哉? 趙生之舅, 貪財而賊甥, 換面而奪婚, 其不免死, 固宜矣. 大抵月姥赤繩, 自有天定, 天理之不可誣者, 有如此矣."

---

99) 卽: 저본에는 빠져 있으나 나, 다본에 의거하여 보충함.
100) 置: 나, 다본에는 '致'로 되어 있음.
101) 阻搪: 이본에는 '阻擋'으로 되어 있음.
102) 由: 다본에는 '曲'으로 되어 있음.
103) 說: 나, 다본에는 '言'으로 되어 있음.
104) 縛: 나, 다본에는 '撲'으로 되어 있음.
105) 筵席: 이본에는 '宴席'으로 되어 있음.
106) 覈: 나, 다본에는 '覆'으로 되어 있음.

○ 第二十号 節義部七【貞烈三】

3-13. 贖碎銀圖占仕路

朱烈女, 具兵使某之妾[107]也. 具本洪州人, 初登武科, 赴防于江界, 客地孤子, 畜一村女, 曰'朱氏', 畁以烹飪縫刺之役, 女有才質, 甚嬖之. 具本家貧, 千里旅宦, 囊篋[108]俱空, 女勤於女紅[109], 衣服飮食, 供奉無闕. 及赴防限滿, 具謂女曰: "吾家計赤立, 未可挈汝, 而歸待一麾, 當率置, 須少俟也." 女曰: "公之作宰, 固知早晚間事, 而丈夫手中無物, 何事可辦? 妾有積年鳩聚之碎銀二百兩, 聊此奉贖, 幸方便求仕, 毋使妾奉虛望誠也!" 具嘉其誠, 留約灑淚而別, 仍阻聲息. 女之家人, 欲奪其志而嫁之, 雖矢死靡他, 而揣其難, 以口舌爭. 遂乘夜逃, 至某邑老校家, 願托爲義女. 校家貲頗饒, 方鰥居無子, 喜其女之悟慧, 委以家秉. 女曰: "凡事不可不明白, 錢穀·布帛·器皿·雜物之數, 並列書而畁我也." 校曰: "旣結父女之義, 有何嫌疑而作此擧乎?" 女懇請不已, 乃書給之, 女受而藏之篋中, 勤於治産, 家業日增. 請於校曰: "吾劣解文字, 癖覽洛中之朝報·政眼, 可爲我借邑中以來乎?" 校如其言, 借而示之. 五六年間, 具由宣傳官, 序陞至副正, 遂除熙川郡守. 一日, 女謂校曰: "吾之來此, 非久計也, 從此告歸." 校愕然問其故, 對曰: "吾有不得不去處." 乃出物財數錄, 並與向日列書之數, 而示之, 曰: "吾到此家治生[110], 今爲七年矣. 以今較[111]前, 幸而無減, 或有三四倍之者, 吾可以浩

---

107) 妾: 나, 다본에는 '妻'로 되어 있음.
108) 篋: 다본에는 '簀'로 되어 있음.
109) 女紅: 마본에는 '女工'으로 되어 있음. 뜻은 서로 통함.
110) 治生: 나, 다본에는 '治産'으로 되어 있음.
111) 較: 나, 다본에는 '校'로 되어 있음. 뜻은 서로 통함.

然而歸." 因與作別, 率一傭奴出門, 扮作男子衣冠, 步往[112]熙川. 具之下車, 纔三日矣, 托以訟民而入庭, 曰: "有密白事, 願上階." 守許之, 又請陞廳, 守怪而許之; 又請入室, 守益訝而問之, 乃曰: "官家倘識小人乎?" 曰: "吾新莅之初, 土民何由[113]識之?" 曰: "獨不記某年某日[114]某地赴防時同處之人乎?" 守熟視而驚喜, 急起把手, 曰: "汝何作此樣而來也? 吾纔到官, 而汝卽來, 亦一奇事也." 女曰: "別時相約已料, 今日曷云奇哉?" 具適喪耦, 因以女處于衙內, 總家政. 女撫嫡子御奴婢, 履屐得當, 閨門溢譽. 女勸具守, 給錢籌司吏, 求見朝紙, 又聞京奇, 能揣世道, 預知可爲銓官者, 厚饋之. 及秉銓極意吹噓, 歷典州梱, 得俸漸腴, 問遺益豊, 進塗日闢, 節次陞遷, 至亞將. 年過[115]八十餘, 考終于家, 女治喪備禮, 過成服, 謂其嫡子曰: "令公以鄕曲冷武, 致高位, 享遐壽, 有何餘憾? 吾亦以遐方賤人, 備小室於武宰, 享厚祿於列邑, 吾之榮亦極矣, 有何悲哉? 令公在世時, 使我管家事, 不得不然, 而今則喪人內外, 當主家政, 乃以庫藏籠貯之財, 成件記, 並鎖鑰付之." 嫡子與婦, 泣而辭[116]曰: "吾家之得至于今, 皆庶母之功也, 吾輩只可依賴而仰成, 今何爲而遽出此言也?" 女曰: "不如是, 家道亂耳." 因退處後面一室, 曰: "吾一入不復出矣." 遂鎖門絶粒而死, 嫡子哀之, 曰: "庶母非尋常人, 何可用待庶之禮? 將三月而葬, 別廟以祀." 兵使之葬期已迫, 發靷之日, 柩重不得前進, 或曰: "無或靈魂繫於小室而然歟?" 乃速治小室之靷, 而同時發行, 兵使之柩, 輕而就路. 葬于洪

---

112) 往: 나, 다본에는 '行'으로 되어 있음.
113) 由: 나, 다본에는 '以'로 되어 있음.
114) 某日: 저본에는 빠져 있으나 나, 다본에 의거하여 보충함.
115) 年過: 나, 다본에는 '壽'로 되어 있음.
116) 辭: 나, 다본에는 '對'로 되어 있음.

州某里, 其右十餘步地, 卽其妾塚也[117]. 湖中人每指點而談其事, 如此.

外史氏曰:"女以遐方村婦, 能知歸身之所, 捐金求仕期作宰, 而重會善事納交, 占進塗之大關. 生則管家, 而如健婦之持, 死以下從, 而遂同穴之願, 至使靈魂繫戀相隨, 其才智烈節, 事事卓異. 宜乎, 傳後而稱道也!"

3-14. 扼猛獸救甦夫命

柳氏, 奉化士族女也. 嫁於隣邑宋姓士人, 當婚之日, 宋之父, 卽一措大也, 率子親往, 俾成禮. 性本嗜酒, 且被勸飮, 因大醉潦倒. 夜深後, 欲放尿[118], 以赤身出戶, 餘醉未醒, 眼花朦朧, 夜又昏黑, 不辨東西. 誤入內房, 手探婦女臥處一片隙地, 渾雜擁衾而宿. 其新郎方與新婦對坐, 慮其大人之沉醉, 暫起往省, 則其大人不在, 乃驚惶渾室搜覓, 不知去處. 時峽中虎患方甚, 新郎尤不勝罔措, 而擧家遑遑之際, 獨內房一人, 擁衾牢睡, 終不起來. 衆婦女譁然責之, 曰:"彼睡者不知何許婦女, 而如此愁亂之中, 堅臥不起, 眞人事不省." 其中輕儇一婦人, 直入披衾, 則[119]赤條條一大漢, 露出本色, 撲地鼾睡. 衆婦女擧皆喫驚, 包頭而走. 蓋狹窄鄕舍, 醉人做錯, 無怪或然, 而當場光景, 莫不腰折. 新郎爲覓其父, 到後庭, 忽有一大虎, 突入籬內, 攫新郎而去. 新婦臨窓獨坐, 見此狀, 蒼黃急起趕及, 乃扼[120]虎後脚, 堅持不捨. 虎直上後山, 其行如飛, 而新婦

---

117) 也: 저본에는 빠져 있으나 나, 다본에 의거하여 보충함.
118) 尿: 나, 다본에는 '屎'로 되어 있음.
119) 則: 마본에는 '則直'으로 되어 있음.
120) 扼: 나, 다본에는 '抱'로 되어 있음.

限死隨去, 不計巖壑之高低, 荊棘之叢樾. 衣裳裂破, 頭髮散亂, 遍身流血, 而猶不知止. 行幾里, 虎亦氣盡, 仍抛棄新郎於草岸之上而去[121]. 新婦始乃收拾精神, 以手按摩身體, 則命門下微[122]有溫氣. 四顧察視, 岸下有一人家, 後窓微透火光. 度其虎行之旣遠, 乃尋逕[123]而下, 開後戶而入, 則適有五六人會飮, 肴核狼藉. 忽見一女入來, 滿面脂粉, 和血淋漓, 散髮裂衣, 便一鬼形. 諸人皆驚仆於地, 新婦乃曰: "我是人也, 列位幸勿驚動! 後岸有人, 而方在死生未分中, 幸乞急往救之." 諸人收拾驚魂, 一齊擧火而上岸, 果有一少年, 僵臥岸邊, 氣息垂盡. 共審視之, 乃主人之子也. 咸大駭, 擧而臥之室中, 灌以藥水, 過數食頃, 乃甦. 擧家始也驚惶, 終焉慶幸. 蓋新郎之家, 治送婚行, 而其兄弟適會隣友飮酒之際, 忽見此狀, 草岸臥處, 卽其家後也. 始知其女子爲新婦, 延置于室, 饋以粥飮, 卽送急足, 通于婦家, 兩家父母, 莫不大驚大喜, 咸[124]歎其婦之至誠烈節. 鄕里多士, 以其事呈官, 至承旌褒之典.

外史氏曰: "措大泥醉, 不分內外, 做此駭擧, 傳爲笑囮. 默想當場光景, 無怪其然, 而酒之誤人, 一至於此. 書曰: '德將無醉.' 詩云: '不醉反恥.' 旨哉斯訓! 弱質女子, 能扼猛虎, 抵死不捨, 竟救夫命, 苦心烈行, 卽千古一人, 可謂正倫綱於隻手, 樹風聲於百世, 奇哉壯哉!"

---

121) 而去: 나, 다본에는 '去走'로 되어 있음.
122) 微: 나, 다본에는 '小'로 되어 있음.
123) 逕: 나, 다본에는 '徑'으로 되어 있음.
124) 咸: 저본에는 '感'으로 나와 있으나 나, 다본을 따름.

○ 第二十一号 節義部八【忠義】

3-15. 靑衣挾鋩訴寃懷

柳贊成仁淑, 中廟朝名宰也. 罹乙巳士禍, 赴謫. 柳本家饒, 多婢僕, 至是, 稍稍亡去. 有一靑衣, 獨奮曰: "主家禍, 吾忍同路人耶?" 卽留不去. 及柳公陷[125]黨籍, 被極典, 其奴婢賜功臣家, 時李芑爲首勳, 柳家奴婢, 多以賜牌歸焉. 其始自柳家來也, 諸婢莫不掩涕悽咽, 有如明妃之辭漢出塞, 或擬綠珠之墜樓守節. 靑衣女獨顔色揚揚, 略無戚容. 顧叱諸婢曰: "孰非爾主宜所事而安新舊何擇焉?" 其奉新主, 獨盡其誠, 芑信之. 女姿容姣麗, 且多才藝, 執箕帚, 具烹飪, 務適主意. 芑大嬖之, 以至縣[126]衾·斂簟·供茶·奉帨之役, 並畀之, 不令離左右, 雖或有劉寬媼之翻羹污衣, 未嘗至鄭玄婢之曳泥言詩. 時芑權勢隆絶, 門人吏隷之趍謁者, 日夜如織, 咸顧女, 願厮贄, 而女性冷落, 殊不屑意. 芑嘗問: "汝無夫獨居, 便如冷鷰之孤棲畫樑, 吾甚悶憐. 可爲汝求耦, 歸良, 俾作雙鴛之共戲綠水乎!" 對曰: "顧以溷花陋質, 移入庭槐芳陰, 沾雨露而敷榮華, 相公之恩德, 如山如海. 竊願白頭奉侍, 少效菲誠, 不欲隨他良人, 做些生理." 又問: "汝豈無戀舊主之思乎?" 對曰: "彼黨[127]於逆籍, 自速邦憲, 賤人之來此, 便是出墨池而登雪嶺. 且此間樂, 不思蜀矣." 芑不疑之. 芑之陪隷中, 有一愚蠢而頗健實者, 女厚遇[128]之, 每饋以廚房餘饌, 隷深感之. 女一日, 從容謂隷曰: "吾之無夫, 爾所知也.

---

125) 陷: 이본에는 '谄'으로 되어 있음.
126) 縣: 나, 다본에는 '懸'으로 되어 있음. 뜻은 서로 통함.
127) 黨: 다본에는 '當'으로 되어 있음.
128) 厚遇: 나, 다본에는 '遇厚'로 되어 있음.

想[129]彼鳥獸之微, 皆有耦匹, 可以人而不如鳥獸乎? 吾來此以後, 伶仃一身, 有若失侶之孤鴻, 伴鏡之幽鸞, 每於花朝月夕·風凄雨冷之辰, 對孤燈而無眠, 抱寒衾而長歎, 心猿意馬, 萬轉千迴. 自念人生, 譬如朝露, 何乃自苦如此? 且女子仰望而終身者, 惟一良人, 吾欲得終身依托之所, 而夙揣汝是有心人, 吾願從之. 豈無他人, 不如叔也洵美且武, 矢心歸身, 汝意云何?" 隷驚曰: "巫峽夢雲, 曾非敢望, 仙源引棹, 今豈固辭? 但汝方昵侍相公, 以一朝私奔獲譴, 吾懼崑炎之俱焚, 此將奈何?" 女曰: "孫壽以大將軍妻[130], 私秦宮; 文君以王孫家女, 奔馬卿, 如吾丫鬟賤質, 於渠何誅? 縱被相公覰破, 庶不逢彼之怒, 第暗地相從, 有誰知覺? 姑結一宵之佳緣, 徐圖百年之偕樂, 亦自不妨." 隷欣然曰: "諾." 遂與潛通, 所言無不從, 如是歲餘. 芑忽夢, 有壓其頭面者, 呼號而覺, 如此者數矣. 卒患頸痛[131], 多方醫治而蔑效, 竟以是疾不起. 婦人問之神巫, 言妖在枕中, 發其枕, 果得一頸骨. 於是, 疑柳家婢, 將訊之, 女不受一刑, 先自首實曰: "吾舊主有何罪, 爾家老漢搆殺之? 吾雖外若歸心, 內實腐腸, 臥薪嘗膽者, 已有年. 因是謀通陪隷, 陪隷始怕不肯, 吾强媚之, 得與諧[132]奸, 情投意合, 密令覓死人頸骨而來, 內之枕中. 今也, 已報吾主之仇, 死無餘恨. 但彼雖吾讎, 吾旣服事有年, 以吾手戕殊, 愧豫讓不懷二心之義, 當自刎以暴此心." 乃抽袖藏利刃[133], 自剄于殯側. 其家匿其事, 終不泄, 當世無有知者. 芑之少子, 年過七十, 臨終, 乃言于人曰: "吾家所深諱, 不宜向人道, 而

---

129) 想: 저본에는 '相'으로 나와 있으나 나, 다본에 의거함.

130) 妻: 나, 다본에는 '女'로 되어 있음.

131) 頸痛: 이본에는 '頭痛'으로 되어 있음.

132) 諧: 이본에는 '偕'로 되어 있음.

133) 刃: 이본에는 '刀'로 되어 있음.

平生異其義烈, 臨死始言之云."

 外史氏曰:"小人之戕害士類, 未有甚於乙巳之禍, 此千古志士之所扼腕, 而柳家婢, 獨能爲主報仇, 何其義也? 女之歸李, 卽天借其便, 而至誠服事, 豈樂爲也哉? 蓋欲昵近而乘機也, 謂以乖豫讓之處義, 而終亦刲刃自裁, 何其烈也?"

3-16. 蒼頭鳴錚雪誣冤

 閔鳳朝, 榮川士人也. 有一子, 過婚未幾, 遭西河之慟. 其孀婦朴氏, 班閥淑女也, 執喪以禮, 孝奉[134] 舅姑, 隣里稱之. 于歸時, 率一蒼頭, 名萬石者, 爲人忠慤, 閔家內外, 咸信任之, 號以忠僕. 閔素貧窮, 朴氏躬執紡績, 胼胝勞苦, 使萬石樵汲, 朝夕䤃灑之供, 未嘗闕焉. 隣居有金祖述者, 有班名, 積貨屢萬金, 富甲一鄕, 而卽漁色蕩子也. 偶從籬隙, 瞥見朴氏之貌姸, 遂生慾火, 而稔聞其貞操, 難以非禮挑其心, 方欲乘間劫奸, 算計已熟. 一日, 閔生適出他, 借着祖述之毛巾而去. 祖述乃瞰其無也, 探知朴氏之寢房所在, 乘着月光, 戴鬢冠, 潛入其內舍, 向朴氏房, 覘其動靜. 時朴氏獨在寢室, 微聞窓外有履聲, 又月色映窓, 人影往來, 心竊[135]驚惑, 卽起開壁戶, 而入姑之寢室, 密語其由, 姑婦相對而坐. 萬石者, 爲祖述之婢夫, 每宿於彼家, 閔家寂無一人. 忽於戶外有人[136]厲聲, 曰:"朴寡女與吾有私, 已久矣, 可速出送也!"其姑大駭, 疾聲呼曰:"有賊!"因大呼隣人來救, 隣人擧火而來, 祖述遂逃去, 朴氏姑婦知其爲祖述也. 閔生歸聞其言, 不勝忿恨, 欲訴于官, 而姑忍之. 其後, 祖述

---

134) 奉: 나, 다본에는 '養'으로 되어 있음.
135) 竊: 나, 다본에는 '切'로 되어 있음.
136) 人: 나, 다본에는 '一人'으로 되어 있음.

又揚言于洞中, 曰: "朴氏與吾通, 孕已三四朔." 傳說浪藉, 朴氏聞之, 曰: "以女子而遭此罔測之汚誣, 何可不亟圖伸雪乎?" 乃以裳遮面, 直入官庭, 痛言祖述與詑悖惡之狀, 遂欲割刃以自明. 時祖述行賂於衙門, 且一邑隷卒, 多是祖述之奴屬, 曁于吏校輩, 已以錢財箝其口, 咸曰: "朴女自來, 有中蠱之行, 所聞頗多矣." 郡守[137] 信聽左右之言, 乃曰: "汝若貞潔自守, 則豈至於得此梁楚? 設或寃枉, 久則昭雪, 退而靜俟, 可也." 朴氏曰: "自官若不卞白而嚴治金也誣人之罪, 則妾當自裁於官庭, 以暴此心." 因抽佩刀, 辭氣激烈, 守怒叱曰: "汝欲以此恐動乎? 斯速退去也!" 卽命官婢, 推背而逐出. 朴氏出門, 放聲大哭, 乃以刀自刎而死, 見者莫不錯愕. 本倅亦驚動, 俾卽運屍而去. 閔生忿怒弸轋, 入庭訴寃, 語多侵逼. 守以土民之肆惡官庭, 侵辱地主, 搆報于營, 閔生移[138]囚于安東府. 其奴萬石, 抱狀鳴錚于蹕路, 有下該道査啓之命. 祖述以屢千金, 行賂於洞里及營邑吏隷, 謂以朴氏之死非自刎, 而羞愧於孕胎, 服毒致死云, 而至於賣藥之商, 貿藥之媼, 皆捧賂立證, 獄久不決, 拖至四年. 閔家以朴氏屍體, 不爲入棺, 留置一房, 曰: "復此讎後, 可葬矣." 身膚少無傷敗, 蠅蚋亦不敢近, 人皆異之. 奉化守朴時源, 以再從甥妹, 往哭其靈筵, 啓殯而審視之, 宛如生時矣. 萬石爲金家婢夫, 生男女, 至是逐其妻, 而訣曰: "汝主殺吾主, 卽讎家也. 奴主義重, 夫婦恩輕, 汝可歸事汝主, 吾當爲吾主死也." 遂奔走京鄕, 必欲報仇乃已. 又上京鳴金, 啓下本道定査官, 窮覈[139]之. 査官到閔家, 方檢驗屍體, 殯所忽有裂帛之聲, 使官婢察視, 則面色如生,

---

137) 郡守: 저본에는 '郡守尹彝鉉, 道伯金相休, 有査啓跋辭而多, 不能盡錄.'이라는 내용이 두주로 첨부되어 있음.
138) 移: 다본에는 '因移'로 되어 있음.
139) 覈: 나, 다본에는 '覆'으로 되어 있음.

頸下有劍痕, 尙帶血色之糢糊, 肌膚堅如石, 少不腐傷. 莫不嗟異之, 可知其抱寃未伸也. 先執藥物賣買之商嫗, 嚴刑究問之, 始吐實, 曰: "祖述各給二百兩錢, 故如是爲言云[140]." 道伯以此啓聞, 祖述伏法, 朴氏旌閭, 萬石給復. 嶺之士豎碑, 記萬石之忠焉.

外史氏曰: "不可諼者命, 不可誣者理. 以朴氏貞烈, 橫被汚衊, 至於自戕, 其情甚悲, 其死甚憾, 此其不可諼者也. 萬石之能知大義, 逐妻而報仇, 爲主盡忠, 竟遂志願, 此其不可誣者耶!"

---

[140] 云: 다본에는 '之'로 되어 있음.

卷四

○ 第二十二믁 技藝部一【文章一】

4-1. 陳奏大筆振華譽

　李月沙文忠公廷龜, 字聖徵, 延安人也. 母金氏娠公, 當娩, 有虎來伏戶外, 旣娩乃去, 人謂文章炳蔚之徵. 有文學而兼福祿, 功名之盛世, 比之前朝李益齋. 自學語, 便識字, 六歲能綴句. 見醉人過前橋, 時楊花飛笛聲起, 公作詩曰: '扶醉小橋外, 楊花爭亂飛. 何處數聲笛, 吹來醒醉[1]耳.' 又見公子醉過, 綴詞曰: '金輪踏香草, 白馬郞醉去.' 每一篇出, 傳誦驚人, 稱爲神童. 關王廟初成, 天將楊鎬, 欲往奠酌, 臨行, 請上同往. 乘輿已駕, 命公製進祭文, 操筆立成, 有[2] '虯髥鳳眼, 森然若見. 赤兎靑龍, 新回酣戰'之句, 宣廟大稱, 賞賜錦緞. 時天將滿城, 槐院文字, 多委於公, 公奔走接遇, 又酬答文書, 其製作, 多在急遽紛擾之際, 或立書口號, 夜以達曙, 皆節節中窾. 時兵部主事丁應泰, 劾奏經理楊鎬, 又陳我國事, 搆誣罔測, 宣廟避殿輟朝, 藉藁俟命, 國內大震. 當遣使辨誣[3], 極選一代文士數三人, 各製奏文, 擇而取舍, 遂用公所製進, 上敎曰: "辨誣之外, 必有許多陳辨, 今之善於詞命, 莫如李廷龜. 觀其文, 蘊藉典重, 曲盡誠意, 眞能文之士." 遂陞秩, 充副价赴燕, 閣老等見奏文, 皆點頭稱讚, 曰: "好文章! 明白剴切, 寫出忠肝義膽, 令人涕泣泣欲下." 衆官塡咽闕庭, 競相取見, 莫不大讚, 遠近聞者, 亦爭來

---

1) 醒醉: 이본에는 '醉醒'으로 되어 있음.
2) 有: 나, 다본에는 '有此'로 되어 있음.
3) 辨誣: 이본에는 '辨理'로 되어 있음. 이하의 경우도 동일함.

謄寫而去. 皇上覽奏, 卽降明旨, 洞辨快雪, '戊戌奏文之名滿天下' 云者, 卽此也. 時中朝人操切東使甚急, 晝以糾察, 夜不給燈, 每有各衙門呈文, 臨急繕寫之役, 無所措其手足. 一寫官夜入館舍, 白公曰: "公若呼之, 第當承書." 公曰: "夜深無燭, 汝何以寫?" 其人曰: "第呼之." 公試呼之, 寫一通, 能不停筆, 公曰: "汝之眼力, 誠奇矣, 奈我不得見何?" 其人遂俛首, 着眼於紙上, 曰: "公試從吾顱後看之." 公俯其人背, 自顱後視之, 字皆瞭然可辨, 蓋其人眼光, 能照物生明云. 公於館中, 嘗閒坐, 忽聞廚間有誦書聲, 問爲誰, 從者曰: "執燃突之役者." 公召問之, 卽遠方擧人, 赴京會試見屈, 無資斧未歸, 執是役, 受其傭以自給. 公曰: "汝若擧人, 則可製程文[4]否?" 因手草策題, 以給其人, 卽草數千言以進. 公覽之, 曰: "汝文誠閎中肆外. 但科場文字, 必緊切, 可售於主司之眼, 吾當敎之." 遂一依東國科文規矩, 卽草一通, 以示之, 曰: "此文以文章典則論之, 雖不足貴抉摘, 科第實爲妙方, 第依此爲之也." 其人後果登第, 卽入翰苑, 來謝曰: "曩奉嘉誨, 學得科文, 致此唱甲, 受賜實多." 蓋中朝策士入格, 卽給第宅蒼頭, 例也. 以厮役致靑雲, 俄頃窮通之懸殊[5]如此, 使事善竣, 多賴其人之效力云. 公與王弇州, 結爲文章之交, 一日, 往訪弇州, 具公服而起, 曰: "適有公事, 少間當還, 君須於書樓上, 披閱書籍而暫俟之." 因囑其家丁, 備朝饌而進之. 少焉, 酒肴·魚果·餠麵, 相續而進, 公且啖且看書. 日晚, 弇州出來, 問: "朝饍[6]善進否?" 公曰: "飯姑未吃." 弇州驚訝, 責家丁, 對曰: "俄已進矣." 乃大笑曰: "東國人以一椀飯·一器羹, 爲朝夕飧,

---

4) 程文: 나, 다본에는 '禮文呈文'으로 되어 있음.
5) 殊: 저본에는 빠져 있으나 다본에 의거하여 보충함.
6) 朝饍: 나, 다본에는 '朝饌'으로 되어 있음.

不如吾儕所啗, 斯速備飯而來! 俄吾忘之云." 是時, 適有蜀郡太守, 貽書於弁州, 請其父碑文, 而禮幣以蜀帛一車, 人雙陸一隊分, 美人靑紅裳各十五, 以黃金爲飾而送之. 弁州卽草碑文, 筆翰如飛, 頃刻而就, 擧以[7]示公, 曰:"願聞月評." 公視其文章, '神速雄贍, 不敢贊辭, 茫然有望洋之歎云.'

外史氏曰:"凡爲國辭命, 詳審精密, 鮮有敗事. 故鄭之爲命, 有草創·討論·修飾·潤色, 必更四賢之手而成, 可見其至重至難之事. 而月沙之戊戌奏文, 一呼而就名滿天下, 其文章才識, 果何如也? 寫官之眼力, 能照物生明, 亦是異事, 蓋宣廟朝人才極盛之會也, 此可謂應時而出耶?"

4-2. 擢第奇文解鈍嘲

申象村文貞公欽, 字敬叔, 平山人也. 母夫人宋氏, 參贊麒壽女也, 夢大星入懷, 翌日生公. 自幼丰彩動人, 精華英發, 如良金美玉, 年十餘歲, 淹貫經史. 宋參贊多蓄古書, 藏之一房, 公每入其所, 日昃不出, 一家呼爲'冊房兒'. 李淸江濟臣, 聞公名來訪, 遂以女歸焉. 公之大人某, 不以慈愛而弛敎訓, 嘗使肄擧業, 而以未嫺功令, 欲延置塾師, 選擇良苦, 遷延未決. 一夕, 夢有人, 告之曰: "君欲延塾師, 非壽春縣牛頭坪某學究, 不可." 醒而異之, 束裝往春川, 問牛頭坪, 在郡西幾里許. 至則野曠人稀, 無可問訊, 忽一老翁曳杖而來, 某趨叩之, 翁笑曰:"某學究, 卽是老朽!" 遂具達誠意, 並欲隨至翁家, 翁曰:"蝸舍不足以容貴客, 旣蒙寵召[8], 卽此同行." 某大喜, 載與俱歸, 因命公受業座下, 翁督課勤嚴, 夜以繼日, 無間

---

7) 以: 이본에는 '而'로 되어 있음.
8) 寵召: 나. 다본에는 '召去'로 되어 있음.

寒暑. 每綴科文, 各體命題, 皆翁平日課藝, 精鍊贍麗, 近世場屋之
所未有, 輒令公誦法, 若公所製未洽, 便自作一篇以補之. 公自是,
游於黌庠, 爲文輒規仿其製, 或用宿搆, 屢登嵬選. 及發解會圍, 連
戰皆捷, 未幾年, 折蓮攀桂, 如拾草芥. 某大喜, 置酒爲先生壽, 且
曰: "先生出其餘緖, 但令竪子成名, 何乃甘作蠖屈, 未展驥步, 以
青衿終老草野乎?" 翁歔欷久之, 某詰其故, 翁曰: "言之勿怪. 僕非
人, 是鬼也. 少時, 不謹細行, 有憾名敎, 以至困躓場屋, 五十餘年,
未得一掇科第, 而室人儇薄, 謂僕文不合時宜, 致遭斥黜, 日以鈍
秀才相誚, 鬱鬱賚恨而終. 今者, 稔知高門積福, 故借德澤而爲文
章吐氣, 使知一生潦倒非戰之罪. 且令世之人, 知拾嵬科登高第者,
在此不在彼也." 言訖, 撫膺一慟, 倒地而沒, 仍無形跡. 某駭歎良
久, 感翁訓子之德, 重至其地, 見茅屋數椽, 一老婦執炊廚下, 詢
之, 卽翁家也. 問: "翁安在?" 曰: "此先夫也, 亡已三年, 貧不能葬,
殯在家後矣. 生時, 勤科業未售, 以鈍秀才呼之, 臨終, 謂我曰: '余
德薄[9], 不能致靑雲, 以愽封誥, 後當以文章, 貽汝福也.' 謹記此言,
勉延殘喘." 某聞之, 倍增慘悼, 優恤其家, 極力營葬而歸. 公之文
章, 多藉老翁之神助, 故凡有製作, 操筆立成, 敏贍浩汗. 嘗爲都體
察[10]鄭公澈之從事, 案牘堆積, 召吏十餘輩, 左右迭[11]奏, 公目覽耳
受, 口呼手判, 莫不中窾, 人皆驚服. 公別業在金浦象頭山下, 自號
象村居士. 光海朝, 放歸田里, 一間茅茨, 處之怡然, 扁曰'何陋菴'.
丙辰, 竄春川, 作芰舍, 扁曰'旅菴', 又號玄翁. 在謫, 聞白沙李相公
之逝, 悼之爲文, 命曰'玄翁自敍'. "玄翁者, 何許人也? 以文名於

---

[9] 德薄: 나, 라본에는 '薄德'으로 되어 있음.
[10] 體察: 나, 다본에는 '體察使'로 되어 있음.
[11] 迭: 나, 다본에는 '造'로 되어 있음.

世, 而翁不以文爲事; 以官顯於朝, 而翁不以官爲心; 以罪竄於外, 而翁不以罪爲撓. 無所嗜好, 無所經營, 視貧如富, 處豊如約, 與人交, 人不得以親疎; 接乎物, 物不得以拘絆. 少志于學, 旁通九流, 粗涉其源, 晚好『羲易』, 有會於天地萬物之數, 而亦通其崖略而已. 書無所不觀[12], 書籍之外, 脩然終日, 俗物[13]不敢干也. 交游盡一時勝流, 知翁者多, 或知其文, 或知其行事. 有白沙翁者, 與翁比隣, 能知趣造, 翁亦知白沙. 白沙以直言得罪, 貶卒於北荒, 翁有絶絃之歎, 無意於人世云矣." 癸亥改玉後, 卽典文衡, 官至領相.

外史氏曰: "世之鈍秀才, 豈老翁而已乎? 操觚鼓篋, 兀兀窮年, 而終老靑衿者, 何限? 不憂文齊, 只憂福不齊耳. 至若號稱秀才, 定有一篇假議論, 釣名弋譽, 馳騁詞壇者疇, 非老翁之罪人乎! 象村文章, 淵源六經, 得力於左・馬・莊・騷, 豈學究輩鉛槧尋摘之工, 所可切磋? 而鈍秀才一事, 頗涉弔詭, 其非好事者, 粧撰以警世者耶?"

○第二十三号 技藝部二【文章二】

4-3. 荷葉留詩贈寶墨

李澤堂文靖公植, 字汝固, 德水人也, 以文章名世, 四典文衡. 少時, 家在砥平白鴉谷, 專意學業, 負笈龍門山寺[14], 讀『周易』. 沉潛研究, 輒至夜分, 有一僧, 負木取食, 弊衲單鉢, 僧所不齒. 每夜傍公籌燈, 借餘光而織屨, 見公究易理甚苦, 至於侵曉, 僧口獨語曰: "年少書生, 以不逮之精神, 强欲求索玄微, 徒費心力, 何不移之科

---

12) 觀: 나본에는 '覩'로 되어 있음.
13) 俗物: 이본에는 '格物'로 되어 있음.
14) 龍門山寺: 라본에는 '龍門寺'로 되어 있음.

工?"公微聞之, 明日, 引僧到僻處, 以夜所聞者詰之, 且曰: "禪師必深知易者, 請學焉." 僧曰: "貧道傭丐, 豈有知識? 但見公着工刻深, 慮有傷損故云. 至於文字, 素所曚昧[15], 況易乎!" 公曰: "吾已有所覷, 師終不可以隱我, 幸卒敎之." 懇叩[16]不已, 僧曰: "公可於『易經』疑義付籤, 俟我僻處." 公大喜, 逐一付標, 携僧, 至樹林邃處, 從容質問, 僧剖析微奧, 出人意表, 公胸中爽濶, 如抉雲覘天. 及公出山, 僧遠于將之, 約以明年訪公于京師. 及期果至, 公延之後堂, 款留幾日, 僧爲公推命, 且曰: "丙子, 當有兵禍, 可預避於永春地. 某年, 更與公遇於西關, 幸識之." 遂別去. 及公位宰列, 奉使浿西, 遊妙香山, 僧徒舁藍輿, 中有此僧, 形貌如前, 不少衰. 公甚喜, 別掃一室, 延入握手, 極意款討, 上自國事, 下及家私, 細悉無遺. 旣別, 更不相遇. 公未第時, 才藝出羣, 風彩映人. 嘗客遊光州, 夜宿竹裏茅屋, 傍有小池, 靑荷被水, 月色微明, 萬籟俱寂, 獨坐無聊, 展卷朗讀, 聲出金石, 響振林樾. 夜旣深, 乃引觴自酌, 頹枕欲眠, 忽有異香撲鼻, 履聲漸近. 一女子荷衣月佩, 排戶而入, 坐于書榻之傍, 睍而視之, 顔如削玉, 眸凝秋水, 殆非人間所有. 公驚怪靡定, 斂袵而問之曰: "鬼耶人耶? 深夜見訪, 有甚垂敎?" 女曰: "我非人非鬼, 本以瑤宮侍娥, 因微眚譴降[17], 爲無等山神, 限滿當還. 今夜, 乘月徘徊於篁林之下, 聞君讀聲淸越, 逶迤到此. 然君有夙世仙緣, 得此霎時邂逅, 幸勿驚怪." 公意懻慌[18], 疑其誕妄, 佯若沉醉, 闔眼而駒. 少焉, 女出戶而去, 見乎夢, 曰: "嗟乎, 無情郞! 吾

---

15) 曚昧: 이본에는 '矇眛'로 되어 있음. 서로 통함.
16) 懇叩: 나, 다본에는 '懇乞'로 되어 있음.
17) 譴降: 이본에는 '降譴'으로 되어 있음.
18) 懻慌: 나, 다본에는 '惝怳'으로, 라본에는 '惝恍'으로 되어 있음. 서로 통함.

心慕郎風流才調, 冒近淸光, 醉而不省. 吾悵然回步, 題詩荷葉, 留一硯一墨, 聊表微誠. 君用此硯墨, 則必文思驟進, 擢高第且顯官, 須堅藏勿失, 亦毋泄於家人也." 公覺而異之, 早起見窓前, 有折蔕荷, 葉上有詩, 曰: '遠客沉酣[19]喚不聞, 睡荷搖月舞波紋. 今宵佳會天應借, 留與光山一片雲.' 其側有一硯一墨, 光彩奪眼, 硯小如荷花樣, 墨則[20]印字, 曰'光山片雲', 且荷葉不受墨, 而此則字畫分明. 公尤奇之, 十襲藏懷, 用於科場, 取大小科如探囊, 歷敭淸華, 主盟詞垣, 墨尙餘小許. 其胤畏齋端夏, 屢赴擧, 不利, 至其入場日, 乃以餘墨畀之, 曰: "汝須深藏, 勿以示人, 但用於科試也." 畏齋受而用此書券, 果登是科. 其夜, 澤堂夢見仙女, 勃然而怒曰: "曩者所戒, 不啻丁寧, 而擧以畀子, 何也? 我今還索而去." 遂翩然而逝. 公蹶起, 呼畏齋, 索其墨, 探懷中, 已不在矣. 畏齋愕然, 告以, '果不慢藏, 而忽失之, 莫知其故云.' 只有蓮花硯, 留傳爲寶藏. 畏齋繼典文衡, 至於大官, 澤堂則官不更進.

外史氏曰: "劉夢得「呂溫文集序」云: '五行秀氣, 發爲文章, 天之所與, 有物來相.' 是故, 王子安夢人遺墨, 而才藻日驟; 唐伯虎遇仙贈墨, 而文思大進. 澤堂逢神僧, 而悟易義; 因仙女, 而獲硯墨, 遂以文章名世, 豈非天與而物相耶? 至於索還餘墨, 宛如江淹之夢退五色筆, 亦奇哉!"

4-4. 紗幮督課登金榜

張谿谷文忠公維, 字持國, 德水人也. 生而秀異, 幼從伯兄, 旁聽其所學, 輒記之. 學史于尹月汀, 學禮于沙溪, 十餘歲, 悉誦二經,

---

[19] 酣: 이본에는 '醉'로 되어 있음.
[20] 則: 저본에는 빠져 있으나 나, 다본에 의거하여 보충함.

讀盡『通鑑』. 天姿高邁, 稟氣淸瑩, 遊李白沙之門, 被其獎詡, 弱冠 著『陰符經解』, 多有獨得之見. 但苦多病, 不耐刻苦讀書. 聘夫人 某氏, 賢而才. 公多在閨房燕娛, 遂廢讀. 一日, 見鏡旁置紗幮一 具, 中有垂髫女娘, 明眸秀靨, 婉麗無偶, 乃畵幀也. 公問所自來, 夫人笑曰: "是吾以十斛明珠爲公聘得者." 公亦戲曰: "蒙卿雅意, 當遣向案頭捧硯, 何便禁錮香奩日看卿安黃貼翠耶?" 夫人笑命[21] 侍兒, 移入書室. 一夕, 督令夜讀, 公勉入書幌, 挑燈執卷, 卽以紗 幮女娘, 置案頭, 曰: "夜漏苦長, 勞君伴讀, 倘阿嬌下降, 當私以金 屋貯之." 轉瞬間, 女娘自屛後出, 笑曰: "書生太嬌惰[22], 甫執卷, 便 作風流想矣." 公適視之, 與紗幮中女娘無二, 因笑曰: "崔徽果辱降 耶?" 急前狎抱, 女娘面發頳, 撑拒之, 曰: "公勿驟作此態! 妾秘府 侍書, 公前身亦修文郞, 上帝恐公溺情閨闥, 抛擲功名, 故令妾乘 夜而來, 督公淸課." 公曰: "功名我所自有, 但得一親香澤, 卽當努 力靑雲, 以酬盛德." 女娘曰: "急色兒, 將使溫柔鄕記賒賬耶? 妾與 郞君約, 自今伊始, 但得一步進竿, 卽圖一宵同裯, 否則煩言, 總無 益也." 公猶欲强合, 忽窓下有嗽聲, 女娘從屛後遁去. 公自此, 下 帷苦讀, 是年魁漢城試發解, 夜見女娘來, 笑曰: "攀花妙手, 今小 試矣." 公喜, 遂與歡狎, 並問後期, 女娘曰: "俟春風報捷, 再當與 公親裁綠紵衣也, 有志者, 勉爲[23]之." 公益發憤, 明春竟中進士, 女 娘復來, 歡笑曰: "自與公春風一度, 癸水不復來, 倘早晩臨蓐, 安 得復歸仙籍? 君如杏林得意, 妾當日夜侍巾櫛矣." 公大喜, 愈益硏 讀, 未幾年, 復捷龍門. 唱第歸家, 甫入門, 夫人迎於堂上, 花紅繡

---

21) 命: 다본에는 '令'으로 되어 있음.
22) 嬌惰: 라본에는 '嬌情'으로 되어 있음.
23) 爲: 다본에는 '焉'으로 되어 있음.

葆, 懷中繃一嬰孩, 公問爲誰, 夫人笑曰:"是卽修文郎賢令嗣也."
復喚一女娘, 出曰:"公識得秘府侍書否?"公愕然問故, 夫人笑而
不言, 女娘以實告. 蓋夫人恐公廢學, 購一麗姬, 設詭計以勉之, 其
風流詞, 令皆閨中口授也. 公感夫人玉成之德, 仍移紗幮女娘置鏡
旁, 曰:"以志吾過, 且旌善人."壬子之禍, 公坐婚家累罷官, 屛處[24]
安山, 遂肆力於文章, 爲文頗得韓·歐之法, 不作陳冗語. 所與遊
者, 及門之士, 公預言其後日臧否吉凶·爵位崇卑, 旣久無不如其
言, 人服其鑑識. 癸亥改玉時, 訏謨多所密贊. 鄭愚伏經世, 白上,
以公學識爲當今第一, 宜倣宣廟朝盧相守愼故事, 待以不次之位,
命加資. 丙子, 入南漢, 與白軒·石門諸公同舍, 約同死, 公賦一詩,
曰:'平生忠孝志, 此日恐全虧. 年年春夜月, 血灑杜鵑枝.'遂相對
流涕. 丁丑, 起復拜相. 卒逝之日, 長虹橫亘寢房屋上, 見者咸異之.

　外史氏曰:"谿谷自少勤下帷之工, 又有賢夫人之設計以勸勉, 及
其成就, 豈多讓於織錦裳·薔薇露之手哉? 嘗觀公漫錄, 有曰:'余三
十時文體粗成, 詞賦六七篇, 當爲麗朝李文順鴈行, 古文數十篇, 進
之中國, 則不敢厠諸東選, 亦不屑. 未知後人題品處我於國朝何等
諸公間也.'公之自許如此, 東國文章之推公爲大方, 不其然乎?"

○ 第二十四号 技藝部三【文章三】

4-5. 弇州席上玩文辭

　崔岦, 字立之, 號簡易, 文名藉世. 於詩酷好后山, 常言, "詩須以
用意爲工, 我國人詩無意味, 所以未善也." 嘗過高城地, 遭雨, 入

---

[24] 處: 나, 다본에는 '居'로 되어 있음.

路傍一家, 有儒士[25]五六人, 會飮賦詩. 簡易以弊袍破笠, 進拜席末, 座中問曰: "君是何人?" 曰: "生無文無武, 雲遊四方, 將往江陵, 避雨而入. 適値盛會, 倘沾餘盃, 少潤飢腸." 諸人把盃苦吟, 謂簡易曰: "君能知此味乎?" 簡易佯爲遜辭, 曰: "若余鯫生, 安能知之? 未審諸公吟哦, 有甚意味乎?" 諸生曰: "此乃觸物起興, 模寫風景, 蓋詩中之活畫也." 一人誇其所作, 曰: "我之此句, 雖李靑蓮, 必讓一頭." 又一人曰: "我之此聯, 實杜草堂, 所未發也." 又一人蹙眉, 曰: "吾詩恐折也." 左右曰: "何謂?" 曰: "觀夫木乎? 至高則爲風所折, 吾詩甚高, 恐亦折也. 是以憂之." 相與抵掌, 較其優劣, 因與簡易酒, 曰: "君雖不文, 須以俚語作句, 以愽[26]一粲, 可乎!" 簡易飮訖, 卽題曰: '書劒元來兩不成, 非文非武一狂生. 他時若到京城[27]問, 酒肆兒童盡誦名.' 諸生覽畢, 曰: "怪哉! 君能作此詩, 不偶然." 一人曰: "君到此地, 觀三日浦而來乎?" 曰: "歷路暫見." 曰: "旣涉名區, 必有題詠, 願聞之." 簡易曰: "雖無宿搆, 第當露拙." 因題曰: '晴峰六六歛螺蛾, 白鳥雙雙弄鏡波. 三日仙遊猶不再, 十洲佳處始知多.' 諸人大驚, 曰: "君非隱君子乎?" 叩問姓名, 乃[28]告之, 諸人相顧, 下席羅拜. 以能文, 差奏請質正官, 再赴京師, 以宗系辨誣事也. 黃芝川廷彧, 贈詩曰: '萬里之行一可已, 五年于此再何堪. 官仍質正亦推重, 事是疑誣須熟諳. 落筆文章妙天下, 當關虎豹許朝參. 歸來寶典昭星日, 看取聲名北斗南.' 旣赴燕, 聞王弇州文章, 獨步當世, 欲往結交, 屢進輒違, 第幾日, 始得謁弇州. 時帶南司寇

---

[25] 儒士: 나, 다본에는 '儒生'으로 되어 있음.
[26] 愽: 나, 다, 라본에는 '博'으로 되어 있음. 서로 통용됨.
[27] 京城: 나, 다본에는 '皇城'으로 되어 있음.
[28] 乃: 다본에는 '實'로 되어 있음.

之職, 貌不踰中人, 眼光如星. 築堂[29]花園, 聚門徒, 以詩酒自娛, 日飲五六斗, 不醉. 有求詩文者, 令侍婢吹彈, 而磨墨伸紙, 手自揮毫, 颯颯有聲, 如疾風驟雨. 又有十數吏, 抱公牒而至, 堆積如山, 左右迭奏, 弇州憑案揮塵, 題判如流, 左酬右應, 衆筆齊擧, 須臾雲空. 繼有十餘少年, 各呈所課詩文, 或小品書種, 弇州硏朱點閱, 手不停筆. 簡易大驚服, 問侍者曰: "老爺往常如此否?" 侍者云: "今適少閒耳, 老爺往日, 已得詩[30]五六萬首, 著書千卷." 簡易又問: "吾嚮者, 連日趨造, 而每違奉, 何也?" 侍者曰: "老爺家居有五室, 中室處以夫人, 四室各置一妾. 其一室, 置儒家書籍, 有儒客至, 則見于其室, 討論儒書, 其室之妾, 備儒家之食, 待其客; 其一室, 置佛家書籍, 有釋客至, 則見于其室, 討論佛書, 其室之妾, 備釋家之食, 待其客; 其一室, 置詩家書籍, 有詩客至, 則見于其室, 討論詩家, 其室之妾, 備詩家之食, 待其客; 其一室, 置仙家書籍, 有道客至, 則見于其室, 討論道家, 其室之妾, 備道家之食, 待其客. 各於賓主前, 置筆硯, 常以書辭往復, 未嘗以言語相接. 客去, 遂編以成書, 日日如此. 排日接客, 各隨其室, 若非其人非其室, 則不得見也." 俄而, 總兵官爲其親求碑文, 其行狀成一大冊, 弇州一覽, 掩其卷, 倩人秉筆而口呼之, 未嘗再閱其卷. 旣書訖, 參諸行狀, 其人一生履歷年月事蹟, 無一或差, 其聰明强記, 又如此. 其人以千里馬三匹[31]·文錦四十段·白金三千兩, 爲潤筆之資, 弇州擧而畀之於在傍一書生, 卽少時友而猶貧寒也. 簡易默然心死, 袖出所著文, 請敎弇州, 曰: "有意於作者, 但讀書不多, 聞見未廣, 可歸讀昌黎

---

29) 堂: 나본에는 '室'로 되어 있음.
30) 詩: 나, 다, 라본에는 빠져 있음.
31) 匹: 저본에는 '疋'로 나와 있으나 이본을 따름.

文中「獲麟解」五百遍, 當識作文蹊徑耳." 簡易大憋恨深, 諱見弇州
一事, 而爲文務爲僻澁奇崛者, 效李于麟, 于麟爲弇州所畏, 故欲
以此雄壓耳.

　外史氏曰: "簡易文名, 盛鳴左海, 然生於偏邦, 聞見未廣, 猝遇
弇州之大門墻, 便有望洋之歎, 可謂'觀於海者難爲水'也. 弇州常歎
曰: '近來無文章, 鳳凰南而梧桐秋矣.' 又有詩曰: '心如老驥長千
里, 身似春蠶已再眠.' 蓋亦歎衰世之意也."

4-6. 朱使館中和詩韻

　車天輅, 字復元, 號五山, 文辭浩汗, 詩尤雄奇. 立就萬言, 滔滔
不窮, 且[32]其神速, 如古之七步八叉, 無敢敵者. 月沙李公, 以辨誣
使[33]朝天時, 從事極一代之選, 五山以文章預焉, 韓石峰濩, 以名筆
從焉. 行至瀋陽, 舘于一家, 其主人富擬素封, 癖于書畫, 以千金粧
彩屛八疊, 錦繡爲飾, 金彩奪眼. 邀天下第一名畫, 倣王摩詰花鳥
圖格, 乃以紅碧兩桃·鸚鵡一雙, 畫之, 眞絶世之寶也. 方求天下文
章與名筆, 欲寫畫題, 而未得其人. 聞蜀中有二士, 一文一筆, 俱擅
名于世, 方資厚幣, 車馬往邀, 而姑未來矣. 屛則深藏于家, 人或求
玩, 輒出示以誇之. 車及韓聞之, 要一玩, 主人許之, 覽其屛, 錦彩
奇絢, 畫亦神妙, 曾所未[34]覩. 花與鳥, 皆逼眞如活動, 共歎賞良久,
不覺詩思湧出, 筆興勃起, 技癢所使, 不得遏住. 五山密謂石峰曰:
"吾當呼題, 君可揮灑. 所謂蜀中文筆, 未知何如, 而苟非燕·許·鍾·
王之手法, 則吾輩何遽不若?" 遂瞰無人, 磨墨濡毫, 鳴吻鼓喉, 題

---
32) 且: 주필로 삭제표시가 되어 있음. 나, 다본에는 빠져 있음.
33) 使: 다본에는 '事'로 되어 있음.
34) 所未: 나, 다본에는 '未所'로 되어 있음.

一詩于畫屛, 曰: '一樣桃花色不同, 難將此意問東風. 其間幸有能言鳥, 爲報深紅映淺紅.' 石峰一揮而畢, 仍卽驅車, 向燕京. 無何, 主人歸見其塗抹, 乃大駭而怒罵, 曰: "吾不惜千金, 粧此一屛, 方求天下第一詩與書畫, 爲傳家之寶. 幸已[35]得畫, 而詩筆則方待蜀士之來, 何物東國人, 渠敢大膽, 唐突西施, 乘吾不在, 汚此至寶哉!" 咄咄歎惜. 少焉, 蜀之兩士來見, 他人已先着矣, 熟視良久, 卽起, 賀曰: "此是天下文章與名筆也! 吾輩則風斯下矣, 何敢當也?" 遂閣筆而退. 主人始知其文與筆爲第一等, 乃大喜, 厚備潤筆之資, 待車・韓兩人之回路, 拜謝不已, 贈遺頗多. 自是, 五山・石峰名聞中國矣. 宣廟末年, 天使朱之蕃, 以頒詔來, 朱是江南才子, 雅有風致, 所到之處, 詞翰如流, 膾炙人口. 朝家極選儐使, 李月沙爲接伴, 李東岳爲延慰, 其佐幕亦皆名家大手. 沿路唱酬, 至平壤, 朱使臨夕, 下箕都懷古五言律詩百韻於儐館, 命趁曉和進. 月沙大會諸人[36]議之, 咸曰: "時方短夜, 非一人所可畢就, 若分韻製之, 合爲一篇, 庶可及乎!" 月沙曰: "人各命意不同, 湊合, 豈成文理? 不如專委一人, 惟車復元, 可以當之." 遂委之五山, 曰: "若有酒一盆, 大屛一坐, 兼得韓景洪執筆, 庶可塞白[37]." 月沙命具之, 遂設大屛於廳中, 五山痛飮數十鍾, 入坐屛內, 使石峰屛外展十張聯幅大華牋, 濡筆臨之. 五山於屛內, 以鐵書鎭, 連叩書案, 鼓動吟諷. 已而, 高聲大唱曰: "景洪書之!" 秀句逸韻, 水湧山出, 絡續連呼, 石峰隨呼卽[38]書. 少頃, 叫號震動, 跳盪踴躍, 赤膊鬖髮, 出沒於屛風之上,

---

35) 已: 나, 다본에는 '而'로 되어 있음.
36) 諸人: 나, 다본에는 '詩人'으로 되어 있음.
37) 塞白: 나본에는 '塞嗇'으로 되어 있음.
38) 卽: 나, 다본에는 '隨'로 되어 있음.

迅鷹驚猿, 不足以喩其豪放. 而口吻之唱, 如疾風驟雨, 雖以石峰之走筆, 猶未暇及. 夜未分, 而百韻俱成, 五山大呼一聲, 醉倒屛中, 頹然一赤條條身也. 諸公取其詩, 聚首一覽, 莫不奇快. 未曉而進呈, 天使卽起, 秉燭讀之, 讀未半, 而鼓扇擊節, 扇爲盡碎, 高吟朗讀, 聲出於外. 明朝, 對儐使, 讚歎嘖嘖. 後五山適往公州, 東岳時爲道伯, 文酒淋漓. 抵夕, 館五山於別堂[39], 令妓松月, 薦枕於醉中. 翌日, 會妓十餘, 問所狎, 五山不知其面, 索箋一詩, 曰: '燕透疎簾醉不知, 滿庭松月影參差. 朝雲不入襄王夢, 十二巫山望更疑.'

外史氏曰: "五山之詩, 如長江千里, 衝颶激浪, 句多驚人, 可謂當世之善鳴者. 而天若和其聲, 以鳴國家之盛, 則當爲郊廟朝廷之用, 賁飾笙鏞. 而惟其甘于沉冥, 時或放歌浩吟, 舒其悁鬱不平之氣, 倣古人之一斗百篇, 其亦詩酒傲世之流歟!"

○第二十五号 技藝部四【書畫一】

4-7. 逢異才弄筆玩技

安平大君瑢, 字淸之, 號匪懈堂, 世宗第三子. 公好學, 尤長於詩文, 書法奇絶, 爲當世第一. 又善圖畫琴棋之技, 性又好古探勝, 作武夷精舍于北門外, 又臨南湖, 作淡淡亭. 藏書萬卷, 招聚文士, 或乘月泛舟, 或張燈夜話, 酬唱詩句, 博奕絲竹[40], 崇飮醉謔, 一時名儒, 無不締結, 無賴閒雜之人, 亦多歸之. 常令人織細綃, 揮灑眞草亂行, 人有求者, 卽擧與之. 『圓嶠筆訣』曰: "安平筆法, 秀媚可愛, 才氣最優, 專用子昂法, 眩耀一世云." 公嘗閒坐, 有客剝喙, 命延

---

39) 別堂: 나, 다본에는 '別室'로 되어 있음.
40) 絲竹: 나, 다본에는 '絃竹'으로 되어 있음.

入, 乃布衣寒士, 曰崔生, 問: "緣何來訪?" 對曰: "聞公筆名如雷灌耳, 竊願識荊, 要玩弄筆." 公取篋間書片, 以示之, 生曰: "公之墨跡, 曾已熟覽, 願見運筆之手法." 公磨墨伸紙, 揮灑數三幅, 生曰: "不意此世復見鍾・王, 獲此一玩, 幸遂宿願." 公曰: "君要見余筆, 則必解書法, 試爲我寫一紙." 生一揮而就, 珠聯瓊綴, 鷟翔鳳翥, 公驚歎暗揣, 曰: "此是神筆, 世有如許異才, 而寂無聲聞, 必隱淪也!" 仍謂生曰: "君之筆法, 透妙奪造, 而尙未聞名, 余甚惑焉." 生曰: "生早學寫字, 粗解調格, 每自語曰: '安平大君, 以王室貴公子, 筆名動一世, 若以余筆出世, 恐或驪珠之先獲, 顧以鯫生, 何敢唐突西施?' 遂自誓以不復把筆, 今奉勤敎, 不得已破戒矣." 公窅然自喪, 曰: "君之所書, 當爲傳家寶藏, 幸暫留我家, 以妙訣敎我焉." 生曰: "生有迷執, 不敢久留朱門, 又不欲以手跡示人." 遂裂破其書紙, 拂袖而起, 公愕然曰: "何必乃爾? 君從此時時來訪, 甚好." 崔生辭去, 仍無聲息. 是時, 平壤有一妓, 姿色技藝, 冠絶當世, 關西少年, 所藉以代花月者也. 年過二八, 尙未破瓜, 常曰: "苟有適吾意者, 吾當如楊家執拂妓, 不然則守此臂紅老死女校書而已." 方伯・守宰・使星之過浿者, 一見此娥, 輒迷魂傾心, 咸欲襯其瀣澤, 誘以勢利, 怵以禍福, 而一辭違拒, 萬牛難回. 由是, 名益藉, 安平聞而奇之, 心獨語曰: "此妓眼眶中, 雖無男子, 而看吾風彩才藝, 不多讓於古之分曹御史, 則何物紫雲, 能不入吾懷中? 且壓頭羣英, 獨占名花, 豈非風流美事耶?" 乃請于朝曰: "關西樓臺江山, 自是勝區, 臣竊擬一往遊覽, 乞賜數旬休暇." 上特許之, 遂飭道伯, 善爲東道主人. 大君將倣裝登程, 崔生忽來謁, 公曰: "何久疎絶?" 對曰: "窮生賤蹤, 何敢頻[41]到貴門? 今聞公將作西遊, 生亦有一見練光之願, 猥請附驥." 公喜曰: "君之騎率盤纏, 吾當措辦, 君來以單身, 行則聯轡, 好矣." 生曰: "措大素慣步屧, 何必貽弊行李? 發程日, 當躡後塵, 到夕站入謁矣." 生旣到浿上, 獨處於大同門前店舍. 此時, 關西伯盛張威儀, 迎接[42]安平於境上, 極意供奉, 設大宴于練光亭, 列倅雲集, 衆樂喧天, 肆設之華美, 珍錯之豊腴, 珠翠之繁麗, 不暇殫記. 崔生以弊袍破笠, 進坐末席, 傍觀皆瞠若, 大君據案支枕, 掀髥談笑, 儀表[43]動盪, 文彩映發, 可稱仙風道骨. 粉白黛綠之爭姸取憐者, 羅列左右, 而公一無顧盻, 特令某妓進前, 問其年紀, 對曰: "虛送十七光陰矣." 艶冶特異, 光彩射人. 公含笑凝睇, 使之鼓琴, 妓抽纖荑, 按瑤徽, 鼓一再行, 但低鬟嚬蛾, 嬌愁[44]滿面, 不肯一番回眸, 滿座都無興趣. 崔生使侍童取來妓所按綠綺, 置膝上, 方調絃諧律, 妓暫轉秋波, 遽移蓮步來, 坐崔生之側, 曰: "請公彈一曲, 賤妾當以歌和之." 生乃促軫發弄, 曲[45]「求凰」而轉「水仙」, 鳥舞魚躍, 不足以喩其神妙. 妓斂衽而前, 曰: "願聞公歌一関, 妾當以琴和曲." 生又轉喉微吟, 響入淸霄, 繞樑遏雲, 未必專美於古, 蓋琴韻歌聲, 俱是千載絶調, 四座聳聽動色. 妓不計座上之猜疑, 只將雙眸, 注在崔生身邊, 大君頗憮然, 滿座無一言. 生覰[46]此光景, 稱病先起, 座中亦不挽留. 生纔下樓, 妓忽狂叫欲死, 告于大君曰: "賤人侍此盛宴, 先爲告退, 罪合萬死, 而第素患胸腹痛, 猝地發作, 實難按住, 敢乞退歸." 大君去益敗興, 挽亦無味, 乃曰: "諾." 密令傔從, 探其去處, 則妓卽向店舍, 尋崔生所住, 叩門入去, 生大

---

41) 顰: 이본에는 '顰'으로 되어 있음.
42) 接: 저본에는 빠져 있으나 이본에 의거하여 보충함.
43) 儀表: 나, 다본에는 '俵儀'로 되어 있음.
44) 嬌愁: 이본에는 '嬌態'로 되어 있음.
45) 曲: 저본에는 '由'로 나와 있으나 이본을 따름.
46) 覰: 다본에는 '觀'으로 되어 있음.

驚曰: "爾何不待罷宴, 徑先退出乎?" 妓曰: "妾有區區訴懷, 不嫌行露之多畏, 猥效冶金之自躍. 妾敎坊入籍已多年, 所而尙未經人者, 願逢才藝絶類之君子, 托以絲蘿, 終身仰望. 惟此心矢靡他, 故公侯貴价之要妾薦枕, 非止一二, 而抵死牢拒. 今幸天借好便, 得逢君子, 寤寐之志願可諧, 願自今奉巾櫛, 以度平生." 生曰: "余亦男子, 邂逅美人, 豈或無情, 而但大君西遊之意, 不可孤也. 爾若一向浼浼, 則玉珂之無色姑捨, 顧余陋質, 獨接芳姿, 安知無碧玉·綠珠之禍, 不旋踵而及此乎? 初欲留宿於此店, 今則事勢不得不還發矣." 說罷, 決然起身, 妓挽袖涕泣, 曰: "公若不從妾願, 則妾當捐軀, 以明寸心之如丹, 東海明沙, 西華黍壘, 此恨糾纏, 寧有盡耶?" 生曰: "余亦有所執義諦, 豈可因一女兒而倏變株守乎? 汝之以死自期, 其情[47]可慼, 而實無奈何矣." 仍拂袖出去, 妓乃跣足追呼, 曰: "願脫下一衫遺妾, 則妾當以此作替面慰懷之資, 庶不至於遽捐縷命矣." 生曰: "吾是貧士, 只此着身單衣, 豈有遺汝之副件乎?" 直走到湏, 登船促櫓而去. 妓追到江邊, 哀哭良久, 可憐一顆明珠, 奄歸魚腹之葬. 大君聞此, 驚愕嗟歎, 遂卽上洛. 其後, 不知崔生之下落. 一日, 路上遇布衣, 若曾相識者, 諦視之, 乃生也. 下車執手, 曰: "何玉音之云遲?" 對曰: "賤人蹤跡, 自然如此." 公曰: "暫同歸吾家, 信宿談話, 何如?" 生曰: "賤居距此不遠, 猥屈高車, 極知悚仄, 而請屛騶從, 偕往敍晤, 使蓬蓽生輝, 不害爲美事, 盛意云何?" 公欣然從之, 卽與崔生徒步, 轉入北山下深巷[48], 則數間茅屋, 湫隘荒陋, 不堪舒膝. 公頗有厭色, 生曰: "貴人坐處, 此甚不合, 家後有小園, 請移步就坐." 仍推北窓, 乍轉曲徑, 果有一大園亭. 粉垣繚

---

47) 情: 나, 다본에는 '誠'으로 되어 있음.
48) 巷: 나, 다본에는 '巷中'으로 되어 있음.

繞, 花木菶萋, 層樓曲檻, 紋窓繡壁, 逶迤輝映, 荷塘石山, 松壇翠屏, 參差鋪列, 卽一別界, 非人世⁴⁹⁾所見也. 少頃, 紅粧一隊, 捧進盃盤, 珍羞之勝, 絲管之盛, 無非眩人耳目. 竟夜談讌, 公從容問曰: "向來淇上事, 君何薄情之太甚?" 生曰: "此非適然之擧, 嘗觀天象, 關西有妖氣, 知是尤物, 易致禍人家國, 故不得已以計除去矣." 公曰: "君之入神之才, 濟世之志, 不勝欽歎. 第因女謁釀奇禍, 從古何限? 褒·妲尙矣, 如麗華·太眞之時, 豈無一人炳幾折萌, 而使玉樹霓裳, 終成厲階乎? 是未可知也." 生曰: "此係時運不齊耳! 縱有人而其於天命何?" 公曰: "君抱王佐之才, 虛老草澤, 誠可惜, 吾當薦於朝矣." 生怫然曰: "公何藐視余? 余豈緣公媒終南捷徑者乎?" 公謝曰: "前言戲耳." 相與醉睡, 至天明始覺, 則園林樓臺與崔生, 不知去處, 卽昨初到之蓬廬, 鋪弊茵枕塊木, 兀然獨臥而已. 俄而, 騶徒⁵⁰⁾喧闐⁵¹⁾, 尋大君至此, 公茫然自失, 登車歸家. 自此, 崔生永無影響, 此眞所謂隱淪者耶!

外史氏曰: "古之抱異才者, 皆韜影晦跡, 其出而需世, 必做掀天事業, 太公·武侯, 是已. 崔生之因一女子事, 而遽爾脫穎, 何者? 抑或以安平之恃才傲世欲挫其氣耶? 朱子曰: '眞正大英雄人, 却從戰兢臨履處出來.' 旨哉斯言! 可作逞才氣者之頂門一針也."

4-8. 贊大業因畵托契

金文忠公鎏, 字冠玉, 號北渚, 順天人也. 以癸亥靖社元勳, 昇平府院君, 官至領相, 配享仁祖廟庭. 公天資豪邁, 器局峻整, 又善文

---

49) 人世: 나, 다본에는 '人間'으로 되어 있음.
50) 騶徒: 다본에는 '騶從'으로 되어 있음.
51) 喧闐: 나, 다본에는 '喧鬧'로 되어 있음.

章, 嗜書畫, 尤癖於繪素, 雖不手執鉛筆, 而見人有奇畫, 必懇求得之. 少時, 遊白沙李相公門下, 公知其爲大器, 常厚遇之, 曰:"此子當[52]有擎天捧日之功." 及白沙北謫時, 金公拜餞于東城外, 白沙携公, 夜至逆旅, 聯枕而宿, 謂公曰:"吾則不久於世, 未及見更化之日, 君當遠到[53], 幸努力焉." 密托以匡世之意, 乃出一張畫, 付公曰:"此畫先王賜賤臣者也. 莫審聖意所在, 而畫格雖未嫺熟, 亦奇貴, 君可收置第, 尋所寫之人, 可也." 公見其畫, 乃一畫馬, 而手法異於畫師, 亦莫知其所以, 歸貼壁上. 仁廟在邸時, 適出遇急雨, 入道傍舍門內, 避雨. 俄而, 一叉鬟出, 告曰:"未知何客, 而雨不止, 不可久立于門前, 願暫住外軒." 仁廟問:"汝家主人爲誰, 方在第未?" 叉鬟曰:"主人出他未還." 仁廟辭以無主之室, 何可入坐, 叉鬟入去, 旋復出來, 屢以內意, 固請不已. 仁廟嘉其誠意, 不得已入坐廳上, 少焉, 主人來, 卽金公也. 初未相識, 仁廟具道避雨之故, 主人迎接入室. 仁廟見壁上有畫馬, 諦視之, 乃兒時所畫也. 蓋宣廟末年, 詔諸孫, 或書或畫, 仁廟兒時畫馬, 宣廟以其畫賜白沙也. 仁廟心怪之, 問其畫所由來, 主人曰:"何以問之?" 仁廟曰:"此吾兒時所畫也." 俄而, 自內大供具以進, 金公心竊訝之. 仁廟回駕後, 入內問夫人, 夫人曰:"夜夢大駕臨門, 覺而異之, 午間兒婢傳言, '官人避雨臨門.' 吾窺之, 顔貌如夢中所見, 故極力待之." 公自此密往托契, 遂成中興之策, 仁廟亦托以心膂, 以圖大事. 始公以不參廷請, 大爲奸黨所搆, 與申相景禛, 出萬死爲宗社計. 後[54]李公[55]貴

---

52) 此子當: 나, 다본에는 '當後日此子必'로 되어 있음.
53) 遠到: 다본에는 '達到'로 되어 있음.
54) 後: 주필로 삭제표시가 되어 있음.
55) 公: 주필로 삽입표시가 되어 있음.

諸人,合推公爲盟主,仁廟親至其第,行主客禮,公之稱上,用關‧
張故事.申相嘗至公家,適從容請受書,卽出『史略』.讀至伊尹放
太甲,廢書,歎曰:"以臣放君,其可乎?"公曰:"太甲顚覆湯之典
刑,不亦宜乎?"申相曰:"今時則何如?"曰:"古與今,何殊?"申相
泣曰:"天下安有無母之國? 吾不忍坐視顚隮[56]."公曰:"是吾志也."
因問曰:"屬意何在?"申相曰:"綾陽君,卽宣祖[57]親孫,聰明神武,
殆天授也."策遂決.公外補平山府使時,自平山抵松京一路,惡虎
噉人,撥路將絶.公辭朝之日,光海有盡力捉虎之語,公到任後,廣
施機弩,連捉大虎,使軍官擧進闕下,光海見之大悅.公又馳啓,
曰:"獵虎必於畿‧黃之境,虎若逃走他地,不敢[58]越境追[59]逐,雖聚
大軍,每不免中途而罷,請於逐虎之時,隨其所向,不限境界."光
海許之,諭松京‧長湍與平山,合力逐虎.公因此盡發屬邑兵,以獵
虎,聚軍于興義洞,與長湍府使李曙,將合勢擧事.因柳天機告變,
禍將不測,幸賴左右之宣力,止於罷職.時公聞有人上變,欲坐待
拿命,沈器遠與元斗杓,馳到其家,謂曰:"期會時刻已迫,何其堅
坐不動乎?"公曰:"欲待拿命耳."兩人曰:"顧將束手就拿耶? 到此
地頭,拿命何足恤,金吾郞何足畏哉?"公然之,促鞴馬具戎服,行
到弘濟院,器遠之兵,已齊到矣,設大將座,扶公上坐.公欲點兵而
行,器遠等皆曰:"天將曙矣,請分所領將,各率其軍,而進薄彰義
門."宣傳官以光海命,來察門鎖,前軍擊斬之,入城,鼓噪而進,直
到昌德宮門外.訓將李興立,退陣把子橋,而不爲交鋒,以有內應

---

56) 顚隮: 다본에는 '顚降'으로 되어 있음.
57) 宣祖: 이본에는 '宣廟'로 되어 있음.
58) 不敢: 라본에는 '不能'으로 되어 있음.
59) 追: 다본에는 '進'으로 되어 있음.

之約也. 諸軍斧破敦化門以入, 積柴放火, 滿城通明. 蓋擧義之人, 告其家人曰: "宮中火不起, 皆可自殺云." 故放火報之也. 光海大驚駭, 謂內侍曰: "易姓則必先火宗廟, 廢立則宗廟當安寧, 汝試登高望之." 時軍士放火於含春苑, 內侍錯認, 而告以[60]宗廟有火, 光海喟然歎曰: "李氏宗廟, 至我而滅矣!" 遂與內侍踰垣而走. 仁廟坐于敦化門內, 入直臣僚, 皆顚倒拜賀, 獨都承旨李德泂, 不肯拜. 軍人擁呵之, 德泂據地, 呼曰: "人臣何得不知誰爲主而遽拜乎?" 左右曰: "綾陽君奉大妃反正!" 德泂遂涕泣拜謝, 曰: "願上活舊主!" 嗚咽不能成聲. 他日, 仁廟敎曰: "李德泂之忠義, 予於擧義日知之." 校理尹知敬, 奔入大內, 尋主不見, 仍達中宮柳氏之所, 伏地請曰: "願付[61]世子潛出!" 圖事倉卒, 爲人所捕以至, 亦植立不拜, 諭以擧義之由, 則曰: "然則何以燒宮室?" 曰: "軍卒失火之致, 非故放也." 又問: "前主何以處之?" 曰: "待以不死." 遂行拜[62]禮. 是日, 以金公爲兵判, 命將兵之人, 皆屬焉, 不受節制者, 令先斬後聞. 時仁穆大妃, 幽於西宮, 李時昉啓請往西宮問安, 上命金自點偕往, 卽招內官, 啓以反正之意. 大妃敎曰: "十年幽閉, 無人來問, 爾是何人, 乃於夜半, 無承史而直啓乎? 公主已死, 埋于墻下矣." 蓋大妃疑其又奪出公主, 如永昌事而然也. 自點等招承旨屢啓, 而終無下答. 上乃命金公往, 公痛哭於宮門, 陳啓事情, 請奉往, 大妃震怒, 敎曰: "孰爲此擧, 而乃陳請奉往耶?" 承旨洪瑞鳳, 以問安來啓, 大妃敎曰: "承旨以誰命使於予乎? 然則已爲自立, 招予何爲?" 金公權辭, 對曰: "稱爲大將, 豈有自立之理乎? 所謂承旨, 乃前承旨也." 大妃

---

60) 而告以: 이본에는 '以告'로 되어 있음.
61) 付: 다본에는 '待'로 되어 있음.
62) 行拜: 이본에는 '拜行'으로 되어 있음.

又教曰:"罪人父子·爾瞻父子及諸黨, 並梟示然後, 當出宮." 公對曰:"罪人父子, 旣已君臨, 不可輕易處之, 爾瞻黨與, 方發軍捕捉來, 則當稟旨以處矣." 大妃爲問安延興夫人, 命送承旨, 公以未及策立之前, 不得遣承旨之意, 屢度陳啓, 而不爲解怒, 多下未安之敎. 公不得已稟上, 請親來面達, 上備法駕, 親幸西宮, 伏地請罪, 大妃猶不解怒. 又促入傳國寶, 公對曰:"此時璽寶, 女主將安用乎? 臣頭可斷, 璽寶不可入." 大妃出立內庭, 使侍女傳語曰:"大將何以疑予乎? 予有親子乎? 促納璽寶, 欲重國體也." 公曰:"誠如慈敎, 則出御正殿, 策立主上, 而招大臣傳寶, 可也, 何必經入璽寶乎?" 如是相持之際, 上命承旨, 奉入大寶, 則又令並入啓字. 時上伏庭下良久, 大妃命大臣, 都承旨奉上入來, 徐以璽寶授之, 曰:"好爲之." 遂行策立之禮. 是日, 光海與嬖姬邊氏, 潛逃, 至其所親宮任安國信家, 乃着國信喪中所着之白狗皮·耳掩·生布袍·麻帶·繩鞋, 將轉往何處, 爲人所告, 遂擁來. 大妃敎曰:"見廢主, 方知汝等事." 遂以光海進謁, 入伏于庭, 大妃面責數三十六罪, 必欲殺之, 仁廟極力諫止. 廢主坐闕門外[63], 低頭無語, 有一勳臣之弟, 以慢語戲侮之, 見者憤惋, 而畏其勢焰, 不敢呵止. 後其人以他事, 被極刑. 延興夫人謫濟州十餘年, 一日, 有鵲飛到簷前, 語査査不已. 夫人歎曰:"家破人亡, 有何喜事?" 蓋鵲非海島所有, 人皆異之, 俄傳承旨爲迎夫人來, 泊朝天館, 船發海南時, 有鵲飛坐檣竿, 將近津頭, 忽南翔而先使者報喜云.

外史氏曰:"天欲榮懷我邦, 不可無撥亂之擧, 此何等大事, 不可無異兆之預告? 白沙之臨別付托, 昇平之因畵托契, 夫人之感夢供

---

63) 外: 이본에는 빠져 있음.

具, 皆非偶然, 卽天與而神佑也. 蓋二公之鑑識才智, 辨出一大事業, 掀天功名, 垂耀竹帛, 炳烺靑史, 豈無所以而然哉?"

○第二十六号 技藝部五【書畫二】

4-9. 貽彤管老翁授訣

韓濩, 字景洪, 號石峰, 生於松都. 日者曰: "玉兔生東, 高洛陽之紙價." 自幼習書, 未嘗或廢, 夢王右軍授以所書者再, 自此, 若有神助, 中年, 自以爲筆已熟之. 一日, 路過鍾閣, 有一人到市樓下, 呼請買油, 樓上人應之, 曰: "汝持器而立於樓下, 吾當從上注之." 遂俯注於小甁口, 無一點之差. 石峰見之, 歎曰: "吾筆雖熟, 未至於是境也." 歸而益習, 卒成名筆. 一日[64], 適閒坐, 一小童爲賣筆而來, 容止端秀, 頭髮鬙鬆, 頗可愛. 問: "汝是何人?" 對曰: "早孤無依, 賣筆爲[65]資生." 石峰曰: "汝旣無依, 則住吾家, 供奉筆硯, 何如?" 童曰: "當如命." 留月餘, 爲人詳敏穎悟, 石峰甚奇之. 無何, 將作楓岳之行, 童請隨之, 遂偕入山中. 至九龍淵, 同行一人失足, 誤墜於淵, 諸[66]人驚遑罔措, 童曰: "無憂焉." 乃脫衣入淵中, 手援而拯出, 還復着衣而坐, 擧止雍容, 顔色泰然, 人皆異之. 及回程, 過一山隈, 童曰: "踰此岡, 更有素親人家, 林居頗精灑, 願公暫入, 歇脚而去." 石峰從之, 乃隨童而往, 由峽間轉邃樾, 行過幾里, 猶前進不休. 石峰憊甚, 始悔之, 乃曰: "爾欺我乎? 踰一岡云者, 何其遠也?" 童曰: "已至咫尺耳." 更過幾曲灣, 有一洞, 兩麓坡坨, 旁

---

(64) 一日: 저본에는 빠져 있으나 나, 다본에 의거하여 보충함.
(65) 爲: 저본에는 빠져 있으나 이본에 의거하여 보충함.
(66) 諸: 저본에는 빠져 있으나 나, 다본에 의거하여 보충함.

引中地, 平廣數畝, 淸溪白石, 屈折而出. 丹崖翠壁, 林立環擁, 蒼
藤茂樹, 按衍迤靡, 使人心目, 曠然以舒, 窈然以深. 沿溪行數百
武, 卽見竹籬茅屋, 柳塘花塢, 參差鋪列. 有一新搆草堂, 翼然飛
革, 関若無人, 忽聞棋聲丁丁, 自堂上來. 遂入其室, 有[67]二老翁,
方對紋楸而坐, 見客笑迎, 曰: "待子久矣. 吾亭適成, 將揭楣扁, 而
山中無可弄筆者, 聞君書藝臻妙, 頃囑彼童, 奉邀至此. 極知唐突,
而幸爲我暫揮灑也." 石峰曰: "拙筆敢累仙居, 而旣奉勤敎, 第當露
醜." 遂操筆立就, 老翁甚喜, 曰: "草堂自此生顏色!" 乃具鷄黍瀹茗,
以供之, 茗香異常. 石峰以歸程甚忙, 請告退, 老翁曰: "君之筆法,
優可以顯名當世, 而但不知鍾·王畫法習工, 猶未到極處而然矣.
楊蓬萊之字體, 遒健橫逸, 能侔造化者, 以其專習晉·唐也, 亦今世
難得之人耳. 吾將彤管二枚, 作潤筆之資, 君可益加工力, 當無敵
於東國矣." 石峰受筆視之, 毫黑而細, 疑是鼠鬚之類也. 遂出山路,
有一獐過前, 童逐獐入麥壟中, 久不還, 一行苦待之, 竟無影響. 回
顧洞口, 但見黃雲掩翳, 蒼烟籠罩, 便如桃源之莫辨. 嗟歎歸家, 抽
其筆習字, 若有神助, 事半功倍, 筆名大譟於世. 嘗隨朝天使赴京,
一閣老以烏雲錦緞, 作大簇障, 集天下善書者, 將賁飾之. 石峰亦
往焉, 掛其障於中堂, 絢彩動輝, 令人奪眼. 解玉簡赤兔毫, 沉於琉
黃椀泥金之中, 以筆名者數十人, 環坐相顧, 莫之敢進. 石峰筆興
勃發, 不可按住, 乃急起執筆, 蘸濡泥金之中, 忽揮筆濺之, 灑落滿
障. 觀者大駭, 主人大怒罵之, 石峰曰: "無憂焉! 吾亦劣有筆名."
乃握簡起立, 奮迅揮灑, 眞草相雜, 極其意態, 灑落金泥, 皆在點畫
之中, 無一痕汚, 神妙奇絶, 不可名狀. 滿堂觀者, 莫不驚奇歎賞,

---

[67] 有: 저본에는 빠져 있으나 나, 다본에 의거하여 보충함.

主人始大喜, 設宴款待, 厚以贈遺. 由是, 石峰之名, 又振於中州[68].

外史氏曰: "書爲六藝之一, 而『周禮』, '保氏以六書敎國子.' 其所由來遠, 而功用博矣, 人可不肆力哉? 但有才分之高下, 『圓嶠筆訣』云'石峰功過於才'者, 若以其篤工假之學, 而悟入道之門, 則何遽不若晉·唐哉? 王弇州稱石峰書, 如怒猊扶石, 渴驥奔泉. 朱之蕃謂, '當與顔·柳, 相優劣.' 其見賞於大方如此, 亦難得之書法也."

4-10. 投錦裳[69]高僧爭價

鄭敾, 字元伯, 號謙齋, 善畫而尤妙山水, 世稱三百年繪素絶品. 求者如麻, 而酬應不倦, 嘗曰: "畫山水有體, 鋪舒爲宏圖而無餘, 消縮爲小景而不少. 看山水, 亦有體, 以林泉之心, 臨之則價高; 以驕侈之目, 臨之則價低." 又曰: "春山艶冶而如笑, 夏山蒼翠而如滴, 秋山明淨而如粧[70], 冬山慘澹[71]而如睡, 皆畫家妙訣, 而多得於宋郭熙『林泉高致』云." 有一人以名畫稱, 謙齋見其畫, 曰: "此畫信工, 但少天趣耳. 當先求一敗牆, 張絹素, 朝夕觀之, 隔素見敗牆之上, 高平曲折, 皆成山水之勢. 神領意造, 恍然見有人禽草木飛動往來之象, 則隨意命筆, 自然景皆天就, 不類人爲, 是爲活筆." 遂作「山水歌」, 以贈之, 曰: '山崢嶸水泓澄, 漫漫汗汗一筆耕. 一草一木棲神明, 忽如空中有物, 物中有聲. 復如遠道望鄉客, 夢繞山川身不行.' 一時傳誦. 時有一宰, 偏愛其畫, 常送騎邀謙齋, 娓娓款待, 又或挽留同榻, 親昵無間. 每請其畫, 謙齋亦盡意逞才, 畫皆

---

(68) 中州: 라본에는 '中國'으로 되어 있음.
(69) 裳: 다본에는 '囊'으로 되어 있음.
(70) 粧: 라본에는 '籹'로 되어 있음. 통자임.
(71) 慘澹: 이본에는 '慘淡'으로 되어 있음.

絶品. 前後所得, 爲五十幅, 其[72]宰十襲珍藏, 未嘗示人. 一日, 謙齋往家, 見方曬書, 而所皮書冊, 充棟溢宇, 不下鄴侯之架揷萬軸, 皆中國新印書也. 問: "公之貯書, 何如是多也?" 某宰笑曰: "此爲三千卷, 吾何以自辦? 皆君之送惠也." 謙齋愕然曰: "迂[73]是何敎[74]也? 吾曷嘗有一卷書奉呈乎?" 某宰曰: "此冊都緣君之善畫而媒得者, 則豈非君之送來者[75]乎? 曾聞燕京畫肆之人, 以東國謙齋之畫, 爲眞品奇寶, 雖一片紙, 輒以重價買之. 故每因使行, 以君畫幾張付去, 換買幾帙書, 如是積久, 自底多貯耳." 又有隣比象譯家小媛, 要典一錦裳, 携至謙齋家中, 披玩之際, 誤爲肉汁所汚, 家人咸憂之. 謙齋令持來, 見其汚處, 頗廣, 俾去其襞積, 而澣其所汚, 藏之外舍. 適値風日淸朗, 窓明畫靜, 畫興猝發, 乃開彩硯, 展錦裳, 大繪金剛山於瀟湘六幅之間, 纖悉燦爛, 精彩淋漓. 雖十日一水, 五日一石之工妙[76], 蔑以加也. 裳幅餘存者, 爲二片, 又畫以妙香山, 細密奇絢, 百態咸湊, 洵是入神之巧, 希世之珍. 其後, 錦裳之主人來過, 謙齋曰: "吾適畫思大發, 恨無佳本, 見有內箱中裳幅, 不計室人交謫, 暗地揮灑, 模來萬二千峰矣. 聞是貴宅錦裳云, 不勝憋惶." 其人亦解謙齋畫格, 常所慕仰者, 聞其言而甚喜, 稱謝歸, 具珍羞一大卓而進之. 以其全幅, 爲後世寶藏, 其餘二幅, 則入送燕肆論價. 適有蜀僧從靑城山來者, 見之, 大加嗟賞, 稱以絶寶, 乃曰: "方成佛殿, 欲得名畫增輝, 願以白金百兩買之." 其人許之, 又有南京文士一人, 來見曰: "當添價二十兩, 請以歸我." 僧大怒曰:

---

72) 其: 저본에는 '某'로 나와 있으나 이본을 따름.
73) 迂: 다본에는 '這'로 되어 있음.
74) 敎: 나, 다본에는 '言'으로 되어 있음.
75) 者: 저본에는 빠져 있으나 이본에 의거하여 보충함.
76) 工妙: 나, 다본에는 '妙工'으로 되어 있음.

"吾旣論價, 買賣已決, 豈有士子見利忘義如此者乎? 吾亦添價三十兩." 遽取其畵, 投之火中, 曰: "人心世態, 一至於此, 吾若婪此, 便是同浴譏裸, 何尤於彼哉?" 乃拂衣而起, 畵主亦不取百兩, 只取其半價而歸云[77]. 一素親舌人, 持佳箋來, 曰: "今將赴燕, 願公暫揮花毫, 以贐行." 時則曉旭方昇, 朝氣蒼涼, 乃作海水揚波, 怒沫翻雪, 而着一小船於波面一邊, 風帆半亞, 視之渺然. 舌人擎箋致謝而去, 及入燕肆, 肆主把玩不已, 曰: "此必晨朝所作, 精神多在風帆上也." 以貢香一櫝易之, 計得五十[78]枚, 長皆數寸. 由是, 譯人輩得謙齋畵者, 皆視以奇貨矣.

外史氏曰: "畵雖末技, 苟能通靈而透妙, 則亦有無限活法. 故曰: '太上神遇, 其次目寓.' 壁圖水而有聲, 龍點睛而飛去, 古多如此奇異者. 謙齋山水之畵, 得三昧而擅六長, 非但我東之佳手, 至於中國人, 皆視以希寶, 可謂名下無虛士也."

○第二十七号 技藝部六【琴棋】

4-11. 琴娥詒影證宿緣

東陽尉申文忠公翊聖, 象村之子, 宣廟駙馬也. 文章才諝, 冠於當時, 書畵琴棋, 無不通曉. 嘗以身爲駙馬, 不得致位卿相, 爲至恨, 每對[79]翁主, 叱責曰: "吾非都尉, 則此世文衡, 捨我其誰?" 每出入, 必騎驢遮面而行間路, 恒自莞莞不得志. 至親之家, 有婚事, 欲借金轎而用之, 公使借之, 尙宮內人曰: "此轎翁主所乘者, 不可

---

77) 歸云: 이본에는 '歸去'로 되어 있음.
78) 五十: 나, 다본에는 '五千'으로 되어 있음.
79) 對: 나, 다본에는 '到'로 되어 있음.

借人." 公怒曰: "有轎而不許人乘, 將焉用哉?" 命碎之[80]. 宣廟[81]知其以不得文衡爲恨, 文衡圈點後, 被圈人出題試之, 而使東陽尉考試, 曰: "考選文衡圈人之試券, 豈不反勝於做文衡者哉?" 公善鼓琴, 每於花朝月夕, 援琴鼓, 一再行, 悲壯淸越, 餘響振林樾. 是時, 江陵府妓紅嬌, 亦以琴名, 屬籍梨園, 公一眄甚嬖之, 以其姿色才藝俱絶世也. 常密置夾室, 對弄瑤徽, 浹旬不出, 宣廟命逐某妓于本郡, 飭道伯, 勿許復入京. 公悵然如失, 贈一詩以送之, 有曰: '明月不須窺繡枕, 夜風何事捲羅幃.' 蓋道其隱密之事, 被人覘知, 至於上徹, 而致此別恨也. 公不能忘情, 嘗書托於本守, 謀所以得再遇, 本守誣謂已病歿, 以斷其思念. 公適作楓嶽之遊, 轉至鏡浦臺, 本守[82]盛設供具, 以迎之. 公念到紅妓, 因境凝想, 忽忽不樂, 本守謂公曰: "湖是名區, 船遊最佳, 今夜月明, 可乘舟一暢乎!" 公欣然從之. 是夜, 月光如水, 鏡面無風, 乃[83]以錦纜牙檣, 溯洄於蒼茫白露之間. 俄而, 有笙簫琴瑟之聲, 隱隱烟波之外, 乍近乍遠, 如怨如慕. 公側耳而聽之, 問: "此何聲也?" 邑人對曰: "此處每於風淸月白之時, 往往有仙樂之音, 驂鸞駕鶴之人, 倏忽往來. 意者, 今夜羣仙亦來遊也." 公聞而異之, 邑守曰: "今宵之遊, 適値仙人之來, 公必有仙緣而然矣. 且聞琴簫之聲, 自遐而邇, 似向此船而來, 誠異哉!" 公意忻然, 庶幾遇之, 爇香整襟[84]而坐待. 良久, 一葉扁舟, 隨風而過, 有一鶴髮老人, 星冠羽衣, 倚船而坐. 前有靑衣雙童, 一鼓琴, 一吹簫, 傍有少娥, 翠袖紅粧, 奉帨而立, 飄飄有凌雲步虛之

---

80) 之: 다본에는 '云'으로 되어 있음.
81) 宣廟: 나, 다본에는 '宣祖'로 되어 있음.
82) 本守: 나, 다본에는 '太守'로 되어 있음.
83) 乃: 이본에는 '可'로 되어 있음.
84) 襟: 나, 다본에는 '衿'으로 되어 있음. 서로 통함.

態. 公如癡如醉, 凝睇而視, 宛是紅嬌也. 乃令搖櫓, 至其船前, 聳身而超上舷頭, 拜謂老人曰: "下界塵骨, 不知眞仙之降臨, 有失迎候, 幸赦愚罪." 老人笑曰: "君以仙侶, 謫降人間, 今夜之遇, 亦仙緣也." 乃指在傍之美人, 曰: "君知此娥乎? 此亦玉皇香案前侍兒, 暫謫塵世, 今已限滿而歸矣." 公更諦視之, 果前日之紅嬌[85]也, 靑山乍嚬, 秋波微動, 含嬌凝怨, 殆不能定情. 公遽執手而泣, 曰: "汝何忍捨我而歸乎?" 紅嬌掩淚而對曰: "塵緣已盡, 亦復奈何? 瑤皇以相公戀妾之情, 誠格于天, 畀妾一宵之暇, 隨老仙而來, 爲與公一會耳." 公謂老仙曰: "旣有上帝之命, 可許彼娥過吾船否?" 老仙笑而答曰: "旣聞命矣, 姑與之偕往." 仍戒紅嬌曰: "瑤宮勻旨, 只許一夕, 可[86]於未明還來, 吾當艤船待矣." 紅嬌斂衽, 對曰: "謹奉敎矣!" 公遂挈紅嬌, 同舟而返, 枕席繾綣之情, 無異常時. 睡到竿日, 始驚覺, 意謂仙娥已去矣, 擧眼視之, 紅[87]嬌在傍理粧矣. 怪而問之, 則但微笑而已. 本守入來, 問: "陽臺之夢, 其樂何如? 下生不可無月姥之功矣." 公始知其見欺, 相與大笑. 鏡浦之傍有巖, 名以'紅嬌', 此事載於邑誌. 公晚好道術, 要得養生訣, 有一術士, 以採陰補陽之說, 導之, 公頗沉惑, 欲廣置姬妾, 以試其術. 一日, 有老客來謁, 自稱湖南宋學究, 公問: "何爲見訪?" 客曰: "僕本江湖散人, 素耽道術, 聞公有房中秘訣, 願叩其說." 公叱曰: "何來野道, 妄探他人房帷私事?" 客笑曰: "男女大慾, 王者不禁, 何諱言也?" 公怒不解, 客曰: "僕亦有秘術, 公如欲觀, 請於掌上布橫陳之戲." 公諾之, 客卽開左掌, 大如葵扇, 排列合歡床七張, 床各數寸許. 各

---

85) 紅嬌: 나, 다본에는 '紅粧美娥'로 되어 있음.
86) 可: 나, 다본에는 '期'로 되어 있음.
87) 紅: 저본에는 '女'로 나와 있으나 이본을 따름.

圍紅錦帳, 低垂未捲, 銀鉤戞響, 細如碎玉, 聞帳中嬉嬉笑語聲, 約略可辨. 俄而, 中央一帳半啓, 微露女子, 蓮鉤一捻, 雖小如虫臂, 而繡襪·弓鞋具備. 右邊一帳中, 小語曰: "卿勿效彼嬌惰, 且擡上玉山, 試看兩峰並峙也." 又一帳中, 格聲微笑曰: "好箇强作解事, 腰下芙蓉枕, 要他作閒客耶?" 又一帳中曰: "汝等看廬山眞面, 故擧趾欲高, 似我橫看[88]成嶺, 側看成峰, 豈不遊行自在?" 又一帳中曰: "偏師橫搗, 畢竟壓股欲斷, 何如我背水陣法?" 四帳中, 紛紛聚訟, 左首一帳, 悄然無語. 中央一男子, 披帷而出, 趍左首, 揭其帳, 視之, 盡白藕句肩. 丁香塞口, 因拍手笑, 曰: "病渴兒[89]消受, 得華池津液, 無怪其半舌不展也." 右首帳中, 突出一男子, 披開各帳而强曳, 曰: "娘子軍, 風流陣, 便作赤壁鏖戰, 今乃各據鴻溝, 有何意味? 且互張旗鼓, 以決背城一戰, 不亦宜乎?" 衆曰: "諾." 於是, 各曳女子下床, 七男子赤條條地, 一絲不掛, 翹其具, 銳於蠆尾; 七女子散髮裸裎, 紅巾罅裏, 陰溝渥丹, 開如牛椒. 競撤床褥, 鋪百花氍尺許, 交錯而臥, 似七對蟲蟻, 往來蠢動, 綢繆繾綣, 各盡其藝, 俱在客掌上. 客又或運指搖掌, 推波助瀾, 俾各廻巧獻技, 備極醜態, 不忍正視. 公方凝眸駭愕, 客嚗開右掌, 一惡鬼約五六寸, 騰躍而出, 竟登左掌, 連捉男女而啖之, 條條粉股, 蜿蜒牙頰間. 咀嚼移時, 骨肉都盡, 繼探喉一吐, 十四髑髏, 紛紛墮落. 出腰間索, 貫之如摩尼一串, 懸於頂上, 投客袖中而沒. 廻視隻掌, 了無一物. 客笑曰: "橫陳之戲, 公觀之[90]乎?" 公問: "若輩何人?" 曰: "皆以採戰求長生者也." 問: "惡鬼何名?" 曰: "此尺郭, 淫魔也. 仙家以淸心寡

---

88) 看: 이본에는 '着'으로 되어 있음. 이하의 경우도 동일함.
89) 兒: 『諧鐸』의 「掌中秘術」에는 '幾'로 되어 있음.
90) 之: 저본에는 '止'로 나와 있으나 나, 다본을 따름.

慾, 得臻上壽, 若於慾海中求仙, 豈有沙丘之落日汾水之秋風乎? 況房中之術, 邪念一起, 精液淫漏, 非所求生, 實以傷生. 公幾見九轉爐頭, 盡煉音虰膠, 爲續命丹哉!"公大悟, 拜求仙術, 客曰: "我非仙, 何能有授?"因書十六字, 示之, 拂衣而去. 公讀之, 曰: '內火不生, 外火不煎, 以水濟水, 是以永年.' 公自此, 摒去姬妾, 究心玄妙正門, 更不遇其客, 竟未知何如人也.

外史氏曰: "東陽尉, 以若文章才諝, 未一展試, 宜其齎菀, 而誤於好道, 幾乎迷溺, 因客而大悟. 黃帝御三千六百女而成仙, 此說見於道書, 後人祖爲採戰之術. 彭祖年近八百, 猶懼不壽, 乃行房術, 以妖淫殞身. 『抱朴子』曰: '凡養生者, 語玄素之術, 則曰惟房中之術, 可以度世.' 然實不知閉精握氣, 爲攝生之眞詮, 自陷於膏, 油盡而火自熄, 誠可哀也!"

4-12. 奕手逞術致橫財

西川令某, 宗室人也, 有才藝, 善奕爲東國第一手, 曠世無敵. 至今奕者, 傳妙法, 謂西川令手法. 有上番老卒, 自下道來, 牽駿馬上謁, 曰: "聞公子善奕, 小的略解手談, 敢請對局, 要玩妙訣."西川曰: "諾." 試與戰不勝, 頗忿恚, 心自語曰: "吾奕可獨步當時, 乃爲老兵所敗, 寧有是理?"遂與更着, 約三戰兩勝, "吾以百金爲賭, 汝將何物爲注?"卒曰: "小的當注此馬."連敗二局, 竟進其馬, 曰: "公子妙手, 透得爛柯妙訣, 定知名下無虛. 願公子善喂此馬, 他日踐更期滿, 當與再戰, 騎此馬而去."西川笑曰: "唯唯."自以賭取駿驄, 意甚得得, 囑奴喂養, 每添菽豆, 未幾, 極肥腯. 他日, 老卒期滿, 果再來, 請賭三戰, 依前約, 一不勝, 再戰[91], 用孫臏三駟射千金之術, 遂取馬而歸, 曰: "小的愛此馬, 自知上番京師, 逆旅難於喂飼, 姑托公子耳. 今蒙公子善養, 變玄黃爲肥澤, 不勝感謝." 西川憫然自失, 知其見賣, 然奇其人之有異術, 曰: "後日戾洛, 必訪我." 一去, 仍無聲息, 因人寄聲于所居鄕, 鄕人亦不知妙於奕云. 蓋疑其有絶技而藏名隱身者, 常置懷不忘. 過年餘, 忽有客, 弊褐破笠而來謁, 卽老卒也. 驚謂曰: "汝何扮此狀而至?" 對曰: "小的軍番獲免, 身無所絆, 雲遊四方. 嚮自識荊之後, 每切依芭之想, 今始間關來到." 西川甚喜, 留以客室, 日與對奕, 問其姓名, 曰: "申求止也. 生居湖南, 貧窮無依, 欲投親黨謀生, 過智異山下, 適遇道人, 授以奕法, 如王積薪之蜀道溪村, 聞姑婦手談, 遂學其術, 無敵於世矣." 西川每與之論奕, 申曰: "陳圖南嘗語, '宋琪以淸心寡慾, 奕之妙訣, 亦以寡欲爲先.' 是卽奕秋秘鑰, 而攻守闢闔·散合擒縱之際, 毋攪我靈臺一點, 則當局不迷, 隨機應變, 三派十訣, 瞭如指掌." 西川益歎其言之有理. 自此, 盡得其妙解, 遂擅國手之名. 每對人, 誇稱, '申之神技, 吾與爲敵.' 於是乎, 申之名亦碎人齒齦矣. 時有權貴李樑, 勢焰傾一代, 自稱善奕, 此⁹²⁾世無雙. 申欲謁樑, 莫爲之先, 一日, 謂西川曰: "小的有小試處, 公之所懸赤琥珀纓子, 可暫借否?" 西川亟許之, 申密交樑家傔從, 盃酒結歡數反, 曰: "欲謁相公, 而我賤人也, 無階一拜, 願因汝納刺." 傔曰: "相公多貴客金貂者, 日夜如織, 但某日忌辰, 却客閒坐, 可於其日來至." 其日, 傔果乘間告之, 樑喜甚, 亟招入, 曰: "爾固奕之甲手申求止乎?" 對曰: "然矣." 曰: "今日閒, 可交一戰." 申故不勝, 樑笑曰: "爾之技止此乎?" 饋以酒饌, 曰: "他日更來, 可也." 過數日, 申復往, 曰: "小的與人對奕, 未嘗見輸, 東方稱之, 今於相公, 輸其局, 心怏怏不能

---

91) 戰: 저본에는 '勝'으로 나와 있으나 마본에 의거함.
92) 此: 다본에는 '凡'으로 되어 있음.

忘, 願因重物爲孤注." 樑曰: "諾. 我輸當惟爾所請, 汝輸欲何物爲注?" 申曰: "小的雖在鄉曲, 偶有傳家明珀寶纓, 今行持來, 要典得錢鈔, 爲客裏支調之計. 尙在袖裏, 今若見輸, 請以此進." 乃對局, 終見屈, 出諸懷而進, 樑愈喜, 每垂其纓, 誇示賓客, 曰: "孰謂申求止奕家甲手乎? 鄉人非不重其貨, 吾能注取其纓矣. 常人之伎[93], 固不足論!" 異日, 申再謁, 樑益欣然, 遂諱客杜門而見之, 曰: "孰謂東方第一奕, 無意退[94]此纓乎?" 請更挑戰, 申垂敗而勝, 連雋二局. 樑解纓與之, 曰: "勝敗兵家之常, 勝固欣然, 敗亦可喜, 實準備語也. 爾其明日復來, 可蓄銳養精, 背城一戰, 以決雌雄." 申如期而往, 三戰三勝, 樑憮然曰: "今我負, 當從汝願, 欲何物?" 申遂於袖中出一束空折簡五六十紙, 進之, 曰: "小的有賤女, 將成婚, 願求婚需於黃·平兩道." 樑曰: "甚不難, 惟從[95]汝求." 樑素敏於書翰, 一揮而寫五六十簡, 與之. 申乃具騎僕, 遍兩西, 一納其簡, 列邑鎭之官, 無不倒履出迎, 空大館以舍之, 待之如使星. 所資貨賮, 連軫騈騎, 梱載而返, 起大第, 買田土, 卒成鉅富. 幾年後, 西川之族親, 有宰湖南邑, 西川約與探邊山·內藏之勝, 行到長城地, 午炊店舍, 有一人過謁, 卽申求止也. 萍鄉拭靑, 笑容可掬, 問: "積年貽阻, 何音信之杳邈?" 對曰: "鄉居生涯, 無暇上京." 西川曰: "觀爾儀貌, 大勝於前, 近或喫着無苟以財粹面乎?" 對曰: "賴公恩德, 借纓爲注, 偶致橫財, 幸免衣食之憂." 因請曰: "弊居距此不遠, 暫屈高駕, 令蓬蓽生輝, 何如?" 西川欣然從之, 踰嶺越壑, 過十里餘, 峽坼野濶, 村落櫛比, 中有一大舍. 兩下都是薛墻槲籬, 喬松蔭柳, 圍繞屋宇,

---

93) 伎: 마본에는 '技'로 되어 있음.
94) 退: 다본에는 '逭'로 되어 있음.
95) 從: 저본에는 빠져 있으나 마본에 의거하여 보충함.

門前淸溪一道, 潾潾流下, 水碓自鳴, 犬吠豆殼堆邊, 鷄鳴匏花畦傍, 幽境漸佳, 不下武陵, 甚可樂也. 挈蘿入室, 坐語移日, 俄而, 盃盤備進, 珍錯豊潔, 皆京洛罕有之物. 西川不勝疑怪, 詢其做何産業, 能致此富饒, 對曰:"小的在京時, 圖得請簡, 周行列邑, 所得不些. 仍還故土, 聞此處山中, 開野曠土可居, 來相之, 樹木參天, 草萊滿地, 鳥獸窟宅, 民無敢入者. 乃環山爲圖, 出印券于官, 斧松檟, 燔菑棘, 或斫或畊, 秋成得粟, 甚多. 隣境之民, 聞風裨屬而至, 不幾歲, 成大村. 於是, 以牛車載妻子來宅, 勤於治産, 兼以殖貨, 三四年間, 其利甚博, 天佑神助, 獲此饒厚[96]. 古人有言曰:'命若窮時, 掘着黃金, 化作銅; 命若通時, 拾着腐草, 變成布.' 總來只聽掌命司, 顚之倒之, 小的有何術哉?" 西川暗歎不已. 日旣曛, 張燭進飯, 饌品精妙可餐. 申曰:"山肴野蔌, 無堪供匙, 第酒味不甚惡, 幸少嘗焉." 西川元無酒量, 略吸之, 淸冽異常, 僅倒數盃. 申引壺自酌, 微醺以往, 朗誦嵆中散絶交書, 響入雲霄, 餘音繞林樾間. 西川憑几而聽之, 未必不如聽吹竹彈絲, 敲金擊石. 已而, 申歎曰:"始也橫財, 縱因李公之手札, 而觀其爲人, 決非君子, 吾恐善類之炎炎乎殆哉! 竊有貢愚者, 願公謝絶榮途, 棲身草野, 前無爵祿之縻, 後無斧鉞之懼. 山樵水漁, 飢餐渴飮, 嘯歌偃仰, 從吾心之所安, 而莫之敢禦. 豈可與彼醉生夢死於名利場, 迷不知返, 同日[97]而語哉?" 相與大笑別去. 西川始知其有才智之隱淪, 恒稱道不已. 其後, 李樑願一復見, 而莫能致, 申亦更不抵洛云.

外史氏曰:"經云:'博奕猶賢乎已.' 雖其末技, 苟能通神而窮變, 則必有得力處. 申求止始也, 跡賤地微, 如飯牛之甯, 監門之侯, 而

---

96) 饒厚: 나, 다본에는 '富饒'로 되어 있음.
97) 同日: 마본에는 '同一'로 되어 있음.

乃逞其技,能成富厚,豈非才智之出類而所謂隱於市者耶?惟彼二人,自恃其才,謂莫己若,而終底見敗,亦不量之甚者也."

卷五

○ 第二十八号 方術部一【天文】

5-1. 麻衣對坐說天運

南師古, 術士也, 以善觀天文有聲. 少時, 有游覽之癖, 嘗登白頭山, 回到三水地, 林樾如幄, 虎豹晝嗥, 日暮店遠, 政自憂悶. 忽見[1] 巖石中開, 有菰煙乍起, 意謂人居, 遂至其處, 果有數家. 臨溪依巖, 茅廬蕭灑, 地無纖塵, 若非武陵仙源, 便是天台隱居也. 有一老翁, 衣冠古野, 携笻而出迎, 曰: "此地深邃, 不與人世通烟, 已百有餘年, 世無知者, 子何以來?" 南告以山行迷路, 老翁遂導入室, 饋以酒食, 山肴野蔌, 俱非烟火界所噉. 乃對榻揮麈, 溯論千古[2]多奇聞異蹟, 轉至陰陽推步之學, 分析[3]微奧, 瞭如指掌. 南傾耳而聽, 喜動於色, 老翁曰: "孺子可敎! 士生斯世, 術數不可不知, 若神經‧異牒, 玉策‧金繩, 關鍵於明靈之府, 固難得窺. 至乃河洛之文, 龜龍之圖, 師曠之書, 京房之術, 衛候之部, 鈐訣之符, 皆所以探抽冥賾[4], 參驗人區, 而斯道隱遠玄微, 固非造次可解. 君能淸心積誠, 好尙是道, 則當貢一得之愚." 南斂衽謝, 曰: "鯫生謏陋, 朝聞道夕死可矣." 老翁遂以一書與之, 曰: "昔郭璞受業於河東郭公, 公以『靑囊』九書授之, 由是, 遂洞五行‧天文‧卜筮之術, 禳災[5]轉福, 通致無方. 璞門人趙載, 竊其書, 未及讀, 而[6]爲火所焚, 只餘一書流

---

1) 見: 나, 다, 라본에는 '有'로 되어 있음.
2) 千古: 라본에는 '古今'으로 되어 있음.
3) 析: 저본에는 '柝'으로 나와 있으나 나, 다, 라본에 의거함.
4) 冥賾: 다본에는 '冥蹟'으로 되어 있음.
5) 禳灾: 나, 다, 라본에는 '穰災'로 되어 있음. 뜻은 서로 통함.

傳, 此卽『靑囊遺訣』也. 子其秘而[7]勿洩, 勤以[8]繹習, 業著專門, 藝精入牖, 則優可以管窺蠡測, 通神窮化." 南得書而歸, 刻意究解, 自此, 以術數盛稱. 一日, 遇鵝溪李山海於南麓, 班荊坐話, 西指鞍嶺, 東指駱峯, 曰: "他日, 朝廷必有東西之黨, 駱者, 各馬也, 其終各散. 鞍者, 革而後安, 又在城外, 其黨多失勢, 必因時事之革而後興, 其後西黨失時." 至宣祖末[9]年, 而益盛東黨, 分而爲南北大小骨肉之號, 其言果驗. 或問: "國事何時可寧?" 南曰: "東封泰山而後寧." 時人未之解. 後文定王后薨, 封泰陵于國都之東, 自此, 明廟復政, 國事始寧, 人皆知東封泰山之讖不誣矣. 蔭官金潤身, 與南相親, 每往南家, 則有麻衣老人在座, 與南對坐論術. 老人曰: "靑衣木屐[10], 國事可知." 南沉吟良久, 曰: "然矣." 老人又曰: "不久, 必有兵禍, 鑾輿有離宮之厄, 至于西塞, 經歲後, 方可[11]恢復舊都." 南又熟思之, 曰: "然矣." 末又言, "再不渡漢江." 南沉思移時, 曰: "果然!" 蔭官在傍聽之, 而不能解得. 未幾, 靑衣木屐, 盛行于世. 蓋我國古[12]無木屐, 至壬辰前, 始有之, 上下通着. 自箕子白衣東來之後, 我國衣皆尙白, 至壬辰前, 始禁白衣, 皆着靑衣故也. 壬辰夏, 倭寇深入, 宣廟去邠, 駐蹕龍灣. 翌年, 寇退後, 駕還京師, 麻衣老人之言, 果驗. 至丁酉, 倭賊再擧, 鼓行北上, 京師大震. 時楊經理鎬, 來住我邦, 宣廟與楊經理, 出御南大門樓, 共議禦賊之策. 蔭官隨駕在末班, 適憊困假寐[13], 似夢非夢, 遽大聲呼曰: "再不渡

---

6) 而: 저본에는 빠져 있으나 라본에 의거하여 보충함.
7) 秘而: 가본에는 '秘訣'로 되어 있음.
8) 以: 나, 다본에는 '爲'로 되어 있음.
9) 末: 저본에 '初'라 쓴 것을 주필로 수정한 것임.
10) 屐: 저본에 '履'라 쓴 것을 주필로 수정한 것임. 이하의 경우도 동일함.
11) 方可: 나, 다본에는 '可亦'으로 되어 있음.
12) 我國古: 나, 다, 라본에는 '我東'으로 되어 있음.

漢江!"擧朝咸驚怪, 上亦驚, 問曰: "是何聲也?" 命招其人, 下詢曰: "俄者, 再不渡漢江之聲, 是何故也?" 蔭官遂將前日所聞於麻衣老人者, 一一陳達, 又奏曰: "老人之言, 以已過者觀之, 無毫髮差爽, 今者, 再不渡漢江之說, 亦必有驗矣." 上聞之, 以爲喜報, 卽超蔭官拜僉知. 是時, 經理所遣麻將軍貴, 遇倭于稷山素沙坪, 以鐵騎突擊, 破之, 追至于嶺南海邊, 再不渡漢江之說, 又驗. 李潘臣, 亦術士之魁傑者, 與南會于鵝溪座上, 時蚩尤旗出長亘天, 鵝溪問: "後應如何?" 南・李俱對曰: "慘不可言." 曰: "與己卯之禍, 何如?" 曰: "一賢士死, 其禍幾何?" 曰: "乙巳之禍, 何如?" 曰: "一王子死, 其禍幾何?" 更問之, 只曰[14]: "慘不可言." 曰: "其應遲耶速耶? 在何時?" 曰: "一國君之怒, 其禍猶大, 況天之怒, 豈可容易而[15]發乎? 期在十六七年之後." 曰: "我國之在天下, 其小如衿川之在我國, 彗星之變, 中國當之, 我小邦何與焉?" 曰: "不然. 我國在中原, 與燕之分, 禍福無不同, 且雖非星文, 頃日大霧之變, 其慘與蚩尤旗無別, 其終之禍, 將何抵當?" 後至壬辰, 果被倭亂, 有遷都播越之變, 八路蕭然, 至此適十六年, 其言果驗. 潘臣輕師古, 以爲南生有高識, 自以爲不如已, 且曰: "近觀天象, 太史星色變, 知天文者死, 吾不久於世矣." 未久南死, 潘臣聞之, 大驚蒼黃, 奔詣鵝溪門前[16], 呼曰: "相公相公! 南師古死矣!" 始知精通天文勝於已, 天之示灾, 在師古, 不在已也. 南常[17]師申豆伊間, 其人觸事如神, 有人食以荋, 豆伊間曰: "此荋必是第幾畝第幾蔓第幾蔕也." 就田

---

13) 寐: 나, 다, 라본에는 '寢'으로 되어 있음.
14) 曰: 라본에는 '言'으로 되어 있음.
15) 而: 나, 다본에는 '以'로 되어 있음.
16) 前: 저본에는 빠져 있으나 라본에 의거하여 보충함.
17) 常: 가본에는 '甞'으로 되어 있음.

驗之, 果然. 告辭, 纔出門, 便失所之. 人莫測生何所終何所, 其名亦爲某也. 但自辱賤名, 自稱豆伊間, 豆伊間者, 厠溷之俗名也. 豆伊間有一言, 師古莫不敬諾, 唯唯而已. 南常言, "我國福地甚多, 中有十勝可居之地. 一曰豊基金鷄村, 在郡北小白山下西水上, 二曰花山召羅故基, 在內城縣東太白陽面, 三曰報恩俗離山下甑項近地, 四曰雲峯頭流山下銅店村, 五曰醴泉金堂洞, 六曰公州維鳩·麻谷兩水間, 七曰寧越正東上流, 八曰茂豊北[18]洞, 九曰扶安壺嚴下邊山之東, 十曰陜川伽倻南萬壽洞. 此皆當亂保身之地云."

外史氏曰: "天文術數, 玄奧難原, 故子貢多言, 仲尼未賢其屢中; 裨竈或信, 子產猶謂其焉知. 南師古得『靑囊秘訣』, 洞曉精微, 罔或差忒, 自言, '家鷄野鵠, 猶知時令, 況人乎!' 蓋術士之成道者, 而但曲辭以形其義, 或開末而抑其端, 此所謂'可使知之, 不可使由之'者耶?"

5-2. 藜杖迎入話星象

朴震桓, 平邱人也. 少習儒業, 善文辭, 且射藝穿楊. 嘗出獵射雉, 雉帶箭而去, 追到林麓, 但見原頭兀兀, 飛翬無迹, 而紅翎白鏃, 墮在枯草中. 俯拾之際, 傍有一冊, 如『金簡』·『玉編』·『靑囊』·『素書』之類, 携取而歸, 朝起視之, 乃象數之書也. 自是, 勤究深解, 精通天文, 多驗未來之事. 過南漢山城, 指而歎曰: "美哉! 金湯之固, 東國之寶. 雖然, 不出幾十年, 當有城下之盟. 若使我以勇士劒客, 自當一隊, 則大黃射神將, 何足道哉? 第吾壽限, 恐未及見, 可恨." 與金自點有戚分, 自點欲交震桓, 每使人招邀, 震桓[19]曰:

---

18) 北: 나, 다, 라본에는 빠져 있음.
19) 震桓: 가본에는 '朴'으로 되어 있음. 이하의 경우도 동일함.

"此漢必凶國禍家, 吾何可冥行墑埴混入圊溷乎? 吾謹避之." 終不往, 自點竟自來, 曰: "旣同瓜葛之誼, 何貽參商之隔?" 震楦不得已往謝. 其子聞震楦之嫺科文, 要同硏, 震楦不應而歸. 遂投筆反武, 登科, 官宣傳. 李承宣枝茂, 與尹侍從得說, 嘗在章甫時, 聯床肄業, 李於震楦爲七寸戚姪. 震楦往訪之, 李遽起冠帶, 曰: "宣傳叔氏來矣!" 因下階迎之, 尹蒙其帒韋, 佯作[20]呻囈, 偃臥而睨. 震楦愕然, 欲毆之, 爲其吟病, 强忍之, 乃謂李曰: "要見爾近日功令諸作." 李抽騈儷藁冊[21], 以示之, 震楦指點, 曰: "此是某日初作也, 此是某時[22]忙草也." 無一差錯. 曰: "爾之做工, 今已精鍊嫺熟, 當一躍登龍, 可喜." 又出其紫微[23]圖, 稱之曰: "命宮三奇逢運, 今秋唱第必矣." 李曰: "叔氏才足以指麾能事, 智可以訓鍊强兵, 今雖蠖屈, 終當鷹揚." 震楦曰: "吾命途多舛, 時運不齊, 安得爲制梱之將? 秪堪作入幕之賓." 尹始知其有異才, 乃起而恭修寒暄, 出示其文稿, 仍[24]請斥敎. 震楦顧謂李曰: "此人所作, 勝於汝矣." 又覔見其四柱, 曰: "明年當登科[25]." 竟如其言. 後李居憂時, 往原州地, 省先楸, 聞其子病報, 蒼黃回程. 暮抵店舍, 有北魚商十餘輩, 已盈室, 李處于下房. 夜深月明, 支枕不寐, 一商開戶而出溺, 仰見天象, 呼一人之字, 曰: "某也出來!" 一少年應諾而出, 月下對坐, 其商指示星象[26], 曰: "畢星犯某宿, 且詩不云乎? '月離于畢, 俾滂沱矣.' 明午必大雨, 趁早趲[27]程, 可越某川." 少年仰視, 曰: "果然." 相與酬酢, 商

20) 作: 나, 다, 라본에는 '乃'로 되어 있음.
21) 藁冊: 라본에는 '稿冊'으로 되어 있음.
22) 某時: 나, 다, 라본에는 '某日'로 되어 있음.
23) 微: 의미상 '薇'가 되어야 함.
24) 仍: 나, 다, 라본에는 '乃'로 되어 있음.
25) 登科: 라본에는 '登第'로 되어 있음.
26) 星象: 가본에는 '象數'로 되어 있음.

曰: "今日路上所逢貴人之行, 君知之乎?" 曰: "聞是金尙書也." 曰: "其人何如?" 曰: "風儀動盪." 曰: "其面目能無凶氣乎?" 曰: "至凶之像[28], 幾年後, 必舞於車上矣." 蓋此卽自點也. 又曰: "彼房中棘人, 何如?" 少年曰: "此是貴人, 似已登科, 今至緋玉之列." 曰: "其眉間無所現[29]之氣耶?" 少年曰: "其形淸秀, 子宮甚貴, 必聞其子病報而去. 然昨日午前, 已不救矣." 李心竊異之, 拓戶而出, 欲詳問之, 二人旋皆入室, 鼾聲[30]如雷. 李立窓外, 高聲曰: "俄者酬酢之人, 誰也? 願一見之." 連聲而無應者. 未幾雞唱, 行人皆起而催飯, 李遂往其室, 從窓隙見之, 其少年自囊中拈筆墨, 題一詩, 示商人, 曰: '店樹溪雲曉色淒, 行人秣馬第三雞. 阿郞販豆京師去, 少婦晨舂月在西.' 商人朗吟, 曰: "詩則佳矣, 但夫婿遠出, 少婦晨舂, 落月在西, 四隣俱寂, 則得無惡少可笑之事乎?" 相與戲笑, 出門而去. 李欲與之語, 追躡其後, 終不可及. 抵午果大雨, 川渠大[31]漲, 李中路阻水, 憩民舍. 晚後前往, 抵砥平地, 値暮迷路, 見匏葉豆殼浮溪而下, 知有人居, 使奴緣溪而往尋人家, 奴揭厲而渡, 水纔容舠. 俄而, 奴引小艇來, 遂涉川. 轉入邃樾中, 遙見桑麻翳密, 雞犬聲聞, 中有村落. 到一家, 叩其扉, 赤脚小嫛出, 問: "何來客迫昏到此?" 李語以迷失道[32], 要借一宿地, 嫛入告旋出, 導至中堂, 有老翁鬚眉皓白, 衣冠古樸, 扶藜杖迎入, 曰: "弊居窮僻, 客來甚事." 李具道其由, 主人招嫛, 備進夕飧[33], 精淡可嚥. 主客相對打話, 翁善談論,

---

27) 趯: 라본에는 '趕'으로 되어 있음.
28) 像: 가본에는 '像也'로 되어 있음.
29) 現: 나, 다본에는 '視'로 되어 있음.
30) 鼾聲: 나, 다, 라본에는 '鼾息'으로 되어 있음.
31) 大: 저본에는 '皆'로 나와 있으나 가본을 따름.
32) 道: 가본에는 '路'로 되어 있음.
33) 夕飧: 가본에는 '夕飯'으로 되어 있음.

揚扢古今, 纚纚可聽. 以至陰陽·理氣·術數之學, 無不貫通, 李意謂是有道之人, 益加敬禮. 夜半, 一人入來[34], 拜翁, 翁曰: "爾來何遲?" 對曰: "遭雨滯程." 翁命拜客, 李起而答禮, 諦視之, 乃昨夕[35] 店中題詩之少年也. 翁謂客曰: "彼卽吾兒, 素乏敎訓, 近做商販, 奉吾菽水之供." 因曰: "可退休汝房!" 其人出戶趨庭, 忽大驚曰: "噫! 朴死矣." 翁驚問: "何故?" 對曰: "適觀乾象, 武曲星墜, 此必平邱朴某不淑." 翁嗟歎不已. 李益切訝怪[36], 翁曰: "吾兒甞受業於朴震楦, 略解象數之學. 震楦卽武曲星精, 而今見星墜, 故驚告耳." 李始得其詳, 乃知少年之善於術數, 而隱市晦跡者也. 翌曉, 李以歸程甚促, 告辭于翁曰: "適覩主人父子俱抱異才, 願承一言之敎." 翁曰: "老夫[37]有何知? 君旣叩問[38], 第此貢愚. 來後丙子年, 必有兵禍, 如疾雷, 不及掩耳. 君可預圖, 避亂於江陵·三陟之間, 好矣." 李歸路, 歷平邱訪朴, 果於伊日, 以暴疾終. 及還家, 其子不救, 已有日矣. 丙子, 挈家避寓於江陵, 是冬, 淸兵猝至, 到處搶攘, 而李家獨安全.

外史氏曰: "象數之理, 極玄微, 苟非探月窟·躡天根之才, 則未可與議. 而伊川與康節, 同里居三十年, 未甞一言[39]及數, 此亦聖門罕言命與天道之義歟! 以朴震楦, 稱武曲星精云者, 奚異於方朔之爲歲星? 而商人輩, 得其緖餘, 能以管窺蠡測, 透妙窮理, 節節符合, 亦隱淪中抱才者也."

---

34) 入來: 가본에는 '來入'으로 되어 있음.
35) 昨夕: 가본에는 '昨日'로 되어 있음.
36) 訝怪: 가본에는 '怪訝'로 되어 있음.
37) 老夫: 나, 라본에는 '老父'로 되어 있음.
38) 問: 나, 다본에는 '聞'으로 되어 있음.
39) 言: 저본에 '字'라 쓴 것을 주필로 수정한 것임.

○第二十九号 方術部二【地理一】

5-3. 得福地美娥作配

星居士, 嘉山人也, 俗姓張, 僧名就星. 早失怙恃, 十五歲, 剃髮於五臺山月精寺, 爲松雲大師之高足, 聰明慧悟, 卓出衆闍梨. 大師奇愛之, 常曰: "衣鉢當傳就星!" 經文靡不敎授, 惟有三冊藏篋, 不使之看. 一日, 大師將赴楓嶽楡店寺袈裟會, 謂星曰: "余歸不踰年, 汝可着工讀經, 而篋中藏書, 愼勿出見也!" 遂飛錫而去. 星甚訝, 曰: "篋書何許奇文,⁴⁰⁾ 不使一窺乎?" 乘間搜覽, 則乃地理書也. 自河洛圖書, 至星曆五行之數, 九宮八卦之法, 玄妙悉備, 儘千古秘訣. 星看來轉加沉惑, 專意玩索, 不過半載, 精通奧妙. 時或踏山, 尋繹龍脉之起伏, 風水之聚散, 瞭如指掌, 森然在眼. 自以爲, '得此神術, 人間富貴, 唾手可圖.' 遂有退俗之心, 忽自悟曰: "釋敎以戒念爲本, 今若弁髦蓮華之經敎, 沉迷堪輿之方術, 豈不有妨於脩行乎?" 乃自爇檀香, 趺坐蒲團, 手轉項珠, 口念佛偈. 未幾, 大師還歸, 呼星曰: "汝知汝⁴¹⁾罪乎?" 星下階跪, 對曰: "小子服事師父, 已十閱星霜, 誠愚昧, 未知有何罪過也." 大師大責曰: "脩行之工, 其目有三, 身也, 心也, 意也. 汝背馳釋敎, 耽看雜方, 厭佛家之寂滅, 慕世俗之榮華, 十年工夫, 一朝壞了. 其罪固不宜暫留淨界, 可卽出山." 遂揮杖逐之. 星自度不容於沙門, 乃⁴²⁾歸故鄕, 所過山川, 遍尋名穴大地, 錄其龍節坐向, 藏之囊中. 直入都城, 欲賣其所占處, 周行閭里, 逢人輒說, 聞者皆歸之虛謊,⁴³⁾ 無一應者.⁴⁴⁾ 星獨自

---

40) 篋書何許奇文: 가본에는 '篋中有何奇文'으로 되어 있음.
41) 汝: 나, 다, 라본에는 빠져 있음.
42) 乃: 나, 다본에는 '來'로 되어 있음.

恨歎. 乃向嘉山, 中路芒鞋盡弊, 足大尺餘, 市無巨屨, 足繭蹣跚.
過一村, 有棘人, 悶其徒跣, 授以一屨, 星甚感之, 問: "何時遭艱,
已完葬否?" 答曰: "山地未定, 荏苒半載." 星曰: "余略解風水, 主人
如不以吾言爲妄, 當占一穴, 以報賜屨之厚意." 棘人大喜, 延入款
待. 遂與求山, 過十餘里, 星指一處, 曰: "此是名穴, 不踰年, 積貲
屢千, 闋制卽[45]登科矣." 因相別而去. 棘人卽平山李氏祖先, 而葬
其地, 後果驗. 星到嘉山, 搆斗屋而居, 屋後山壁, 有一小孔[46], 每
朝念呪, 以手探孔, 白米湧出, 爲朝夕之炊. 肅川白雲山下, 有安姓
人兄弟, 早孤無親, 俱未娶, 爲人傭役. 星偶過其村, 道逢急雨, 忙
投一家, 乃安姓人傭寓之家也. 山日已暮, 雨勢不止, 星請借一宿,
而主人不許. 安方飯牛而出, 見客露立, 謂曰: "此籬後蝸屋, 卽吾
廬也, 如不嫌湫隘, 偕往歇宿何如?" 星曰: "深峽露宿, 必罹虎患,
幸逢賢秀才許以住接, 可謂活人之佛." 安乃引星至其室, 呼弟往主
人家, 持二盂飯來, 以一器進于星, 一器則兄弟共食之. 連日雨不
止, 安接待如一, 少無苦色. 過屢日, 始霽, 星臨行, 問: "秀才先塋
何處? 願一見之." 安曰: "客能通堪輿乎?" 曰: "畧知糟粕." 安卽偕
往, 指示之, 星周覽良久, 曰: "局勢洵美, 但失穴如此, 烏得免貧賤
乎? 大抵此穴, 土體甚廣, 當中則凹矣, 土空而陷, 理之常也. 凡土
者用其角, 角者卽[47]火也, 經不云'火生土'乎?" 乃更占一角, 擇日開
井, 仍問: "秀才所願云何?" 安曰: "將至廢倫絶嗣, 不孝莫大, 得配
最急矣." 星遂以相生法, 裁穴移葬後, 謂安曰: "某月某日, 當有一

---

43) 虛詵: 라본에는 '虛誕'으로 되어 있음.
44) 無一應者: 가본에는 '一無應諾者'로 되어 있음.
45) 卽: 가본에는 '則'으로 되어 있음.
46) 小孔: 가본에는 '孔穴'로, 나, 다본에는 '小穴'로 되어 있음.
47) 卽: 저본에는 빠져 있으나 가본에 의거하여 보충함.

美人, 持千金來, 作配, 可以發貧, 又有子矣." 安曰: "發蔭若是速耶?" 星曰: "龍氣不遠故也. 吾於十年後更來, 其間, 雖有千百術士毁之, 切勿遷動." 因別去. 一日, 忽有一少年, 背負褓裹來, 問: "是安秀才某家耶?" 曰: "然." 曰: "兄弟同居, 俱未娶室耶?" 曰: "然. 何以問之?" 其人遽[48]入室, 卸下褓裹, 而謂安曰: "吾本郡座首郭某之女也. 父母定婚於隣洞吳姓人, 將涓吉成禮, 吾自前月夢, 老人來告曰: '我卽白雲山神也. 汝之天緣, 在於白雲山下安某, 其人兄弟, 同居未娶, 汝與彼作合, 則百年偕老, 福祿無量矣.' 心竊[49]異之. 翌夜, 又夢如此, 自是, 無日不然. 身爲處子, 羞道婚事, 夢固虛境, 亦難提說, 一味因循, 明將結褵, 默想神人夢告丁寧諄復[50], 便是月老[51]赤繩, 不可不遵. 遂出一計, 換着男服, 乘曉出門, 間關至此, 而三生之緣重, 一時之嫌小. 故包羞忍恥, 捨經從權, 不待鴈離, 殆若鶉奔, 秖切媿悚, 惟望恕諒." 乃脫衣去帽, 卽佳麗人[52]也. 安聞而異之, 曰: "星居士眞神人也!" 乃與成婚, 其喜可知. 翌朝, 其妻解出褓裹, 皆奇貨輕寶, 可值數三千金, 家計饒足, 其弟之婚, 不求自至. 兄弟俱有室, 多生子女, 隣里莫不艶稱. 十年後, 星果來, 安之兄弟, 顚倒出迎, 待以神明. 星曰: "旣娶且富, 瑜環繞膝, 發福大矣. 雖家給人足, 無文則賤, 當更遷窆, 俾出文章." 因占一穴於前壙之左角, 卽令[53]移葬, 星曰: "此山之子孫, 世[54]爲本鄕甲族, 雄文巨筆, 代不乏絶, 科甲連出, 簪纓相繼." 其言皆驗[55].

---

48) 遽: 라본에는 '遂'로 되어 있음.
49) 竊: 나, 다, 라본에는 '切'로 되어 있음.
50) 諄復: 라본에는 '諄復'으로 되어 있음. 서로 통함.
51) 月老: 나, 다, 라본에는 '月姥'로 되어 있음. 서로 통함.
52) 佳麗人: 가본에는 '一佳人'으로 되어 있음.
53) 卽令: 저본에는 '令卽'으로 나와 있으나 가본에 의거함.
54) 世: 가본에는 '世世'로 되어 있음.

外史氏曰: "星居士形家術數, 得自神僧不傳之秘訣, 一擧眼而能界人福祿, 便是奪造化之工. 以此推之, 堪輿之術, 亦不可不信者耶? 至於夢有神告, 女自擇配, 尤是異事. 月老赤繩, 雖係天定, 而若因地理而致此, 則星之暗算燭照, 豈非通神而高人一等之才耶?"

5-4. 憎驕客癡童施術

朴尙義, 長城人, 以風水[56]名世者也. 湖西一士人, 爲親山營緬, 卑辭厚幣, 以邀朴, 供饋窮水陸之珍, 副求盡稀貴之物. 一言一事, 未嘗少咈, 殆同燕丹之奉荊卿, 曹操之待關公, 務積誠意, 三年如一日. 時値深冬, 朴謂主人曰: "可作看山之行." 主人甚喜, 盛備行具, 聯鑣而往. 至魯城地, 捨騎而步, 入山未半, 朴忽稱河魚之痛, 拄[57]杖路傍, 曰: "痛甚, 未可作行. 此吾本症, 每以生芹菜·白馬肝治療, 捨此, 則無他瞑眩之對投, 今可亟辦來." 主人曰: "隆冱生芹, 便同緣木; 山路馬肝, 奚異出殺? 當卽回家, 另求." 朴曰: "痛不可忍, 安得遲待回家? 今主人所騎, 是白馬, 盍椎殺而出肝乎?" 主人聽罷, 萬丈業火湧作, 雙炷突出兩眶來, 遂呼僕從, 捉下朴也, 而大叱曰: "吾迎汝于家, 多年供奉, 凡汝所言, 不敢少違. 雖多不是[58]之處, 嘔心之事, 而屈意忍住者, 事係爲親, 不得不積誠祈懇也. 在我之道盡矣, 而汝今到此, 忽稱腹痛, 已極怪惡, 至若芹菜·馬肝, 此日此地, 何處得來? 吾不若責待回家另求云者, 卽實際語也, 乃以椎殺吾所騎之馬爲言者, 非但行不得之事, 豈人理之所可忍爲者

---

55) 皆驗: 가본에는 '果驗哉'로 되어 있음.
56) 風水: 가본에는 '風術'로 되어 있음.
57) 拄: 가본에는 '住'로 되어 있음.
58) 不是: 나, 다, 라본에는 '不足'으로 되어 있음.

乎? 汝但恃術業, 專事驕悖, 待士夫若是無禮, 此習不可長, 何可無一番痛懲?" 遂剝其衣服, 綁縛[59]四肢, 赤條條地掛於松間, 因下山去. 魯城士人尹公昌世, 偶[60]作山行, 遙聞呼號之聲, 往視之, 有一人赤身掛樹, 凍餓幾死. 乃解下其縛, 脫己衣以掩身, 携至人家, 處以溫堗, 饋以粥飮, 始得蘇醒. 問知爲朴尙義, 尹公方營緬求山之際, 竊幸其遭逢也. 朴感其援手, 謂尹公曰: "欲得山地乎?" 曰: "不敢請固所願也[61]." 朴曰: "第隨我來!" 偕至一山, 指示曰: "此中有名穴, 初爲某人留意者, 若行緬禮於此, 當大發福[62]." 仍不占穴, 卽爲辭去. 尹公雖得吉地, 莫知穴處, 率地師諸人, 騎牛而往, 要尋穴, 而人各異論, 終難質定. 所騎之牛, 忽不知去處, 四散窮搜, 牛臥樹林中, 牽之不起, 打之不動, 口指足攫, 似有告示之意. 尹公始悟, 而謂牛曰: "汝臥處, 此山之主[63]穴乎? 若然則吾當於此裁穴, 汝可起動." 牛似解聽而卽起, 尹公遂排衆議, 以牛臥處, 移葬親山, 此卽魯城酉峯山也. 其後, 尹公連擧五子, 卽八松兄弟, 自此, 雲仍蕃衍, 名賢相承. 尹公嘗於夏日, 見牛之在曝陽下喘喘者, 則必移繫於樹陰, 故終亦食牛[64]之報, 如此. 朴也[65]家素貧, 嘗有一親知士人, 賙恤伏[66]助, 誼同一室. 士人臨終[67], 謂諸子曰: "吾死後, 山地求得於朴也[68], 則必不負平日之情矣." 及其歿, 子三人相議曰: "先

---

59) 縛: 라본에는 '縺'으로 되어 있음.
60) 偶: 라본에는 '獨'으로 되어 있음.
61) 也: 저본에는 빠져 있으나 가, 라본에 의거하여 보충함.
62) 福: 저본에는 '伏'으로 나와 있으나 이본을 따름.
63) 主: 저본에는 '正'으로 나와 있으나 다본을 따름.
64) 食牛: 가, 나, 다본에는 '牛食'으로 되어 있음.
65) 也: 주필로 삭제표시가 되어 있음.
66) 伏: 라본에는 '傾'으로 되어 있음.
67) 臨終: 가본에는 '臨終時'로 되어 있음.
68) 也: 주필로 삭제표시가 되어 있음.

親治命如此, 盍往求之?" 伯喪人遂具鞍馬, 往見朴, 傳其遺言[69], 請求山. 朴曰: "雖無來請, 敢不盡誠於先丈葬地乎? 今適有故[70], 明當早進." 棘人深信而還. 翌日, 自朝至暮, 待而不來, 明日, 又使其仲往請, 朴曰: "昨今俱有緊幹, 未得抽身, 明當掃萬必往." 仲亦不得已虛還. 其翌又不來, 咸切訝惑. 又明日, 使其季往, 責其失信, 仍懇乞不已, 朴之言, 一如前日, 而竟不來. 於是, 兄弟三人, 憤罵[71]曰: "世豈有如許背恩蔑義之人乎? 今不可復請, 宜求他地師, 以完大事." 家有一僮, 年方十六七, 愚駿庸懶, 無所任使, 藍縷龍鍾, 不齒人類. 聞主人憤罵[72]地師之言, 自請往邀, 主人叱曰: "吾輩屢懇而不來者, 爾安能邀致?" 僮曰: "小的往請, 則當來." 屢言要往, 其季曰: "使此僮往邀於彼, 亦爲辱, 第送何妨[73]?" 乃許之. 僮常磨一尖刀, 藏置囊中, 遂牽馬往朴家, 入門大呼曰: "朴公在乎?" 朴驚問: "汝自何來?" 答曰: "自某宅來." 仍問: "胡爲來乎[74]?" 曰: "主公奉邀." 朴大怒曰: "汝主不來, 而送汝請我乎? 吾不往矣." 僮升階請行, 朴高聲大叱[75], 詬罵喪人不已. 僮又陞至廳上而懇請, 朴轉加叱辱, 僮倏入房中, 連請, 朴少不動念. 僮乃突然前進, 踢倒朴, 據胸而坐, 左手扼喉, 右手抽刀, 大罵曰: "汝骨雖汝父母之所生, 汝膚皆某宅之所傳, 汝何忍忘德至此? 如汝漢, 殺之無[76]惜!" 朴如泰山來壓, 末由動身, 大懼强笑, 曰: "汝之精誠如此, 吾安得

---

(69) 遺言: 라본에는 '遺音'으로 되어 있음.
(70) 故: 가본에는 '事'로 되어 있음.
(71) 罵: 나, 다, 라본에는 '罵'로 되어 있음.
(72) 罵: 가본에는 '罵'로 되어 있음. 이하의 경우도 동일함.
(73) 何妨: 라본에는 '何如'로 되어 있음.
(74) 來乎: 저본에는 '乎來'로 나와 있으나 가본에 의거함.
(75) 高聲大叱: 가본에는 '大聲怒叱'로 되어 있음.
(76) 無: 저본에는 '何'로 나와 있으나 가본을 따름.

不往? 往矣往矣!" 僮乃起, 促朴乘馬, 牽轡而來. 路傍有方葬者, 僮謂朴曰: "彼葬地, 何如?" 曰: "可用." 僮曰: "此是倒葬, 凶莫大焉." 朴曰: "汝何以知之?" 僮曰: "第往觀之, 可知矣. 此人家大事, 速往救之, 不亦善事乎?" 因驅馬向山. 朴旣慴於厥僮, 從他上山, 見其方築天灰, 未忍發說, 僮在傍促之, 不得已語之. 喪人大驚, 將信將疑, 朴力言之, 遂停役, 啓壙而視之, 果上下倒置. 卽敎以下一金井, 開新壙以葬而去. 喪人大爲感德, 苦挽之, 朴曰: "吾行忙, 不可留." 遂下山來, 未至家十里, 僮謂朴曰: "主宅山地, 欲定於何處乎?" 曰: "汝宅後園, 可用." 曰: "不可不可! 家前有陂池, 池中有小島, 可以此爲定." 朴曰: "有水奈何?" 曰: "雖然, 必無水患." 竟依僮言, 定以池中島, 喪人輩大駭, 朴亦[77]心甚慌惑, 密謂僮曰: "此處曷得安葬乎?" 曰: "毋慮!" 遂擇吉[78]營窆, 一夜間, 池忽涸, 無一點水. 咸驚異之, 乃剗却池岸, 塡爲平地, 仍行窆穸[79], 形局儘美. 僮謂朴曰: "主宅雖奉厚幣, 切勿領受, 但請率吾以去也." 明日, 主人果多贈遺, 皆不受, 曰: "願以彼僮遺我." 主人許之, 遂携僮而歸, 僮曰: "公此後, 爲人求山之時, 必共吾往, 以吾立馬箠頓脚處, 占定, 可也." 朴從之, 到處必依其言, 皆吉地發福[80], 所得甚多. 行之十年, 遂致富饒. 一日, 僮忽告辭, 朴驚曰: "汝來吾家, 星霜屢閱, 情義甚篤, 今無端辭去, 何也?" 僮曰: "今有去處, 不可住矣." 竟去, 不知所終云[81].

外史氏曰: "以術名世者, 多驕傲於人, 必致顚沛乃已. 朴之風水,

---

77) 亦: 저본에는 빠져 있으나 가본에 의거하여 보충함.
78) 擇吉: 가본에는 '擇日'로 되어 있음.
79) 窆穸: 가본에는 '窆窆'으로 되어 있음.
80) 福: 저본에는 '伏'으로 나와 있으나 가, 라본을 따름.
81) 云: 저본에는 빠져 있으나 라본에 의거하여 보충함.

未嘗非大方, 而恃才慢蹇, 終底無限困辱, 豈非滄浪歟? 牛臥而占穴, 池涸而成窆, 皆涉奇怪, 固難悟解, 而此不可謂無地理者耶? 僅之異才, 大勝於朴, 亦近於隱淪者矣."

○第三十号 方術部三【地理二】

5-5. 賢婦放婢受報恩

　李懿信, 積城人, 堪輿術士也. 因看山之行, 轉至楊州松山, 鎭日登陟, 甚憊餒, 到一茅屋, 叩門呼飢, 有棘人出迎, 饋以白粥一椀, 誠意可感. 李曰: "主人何時遭艱, 已過襄禮否?" 曰: "纔過成服, 未及營窆." 言辭凄楚, 李忽生矜惻之心, 問曰: "喪主必家貧, 未能求山, 吾劣有山眼, 今指一處, 能用之否?" 喪人曰: "幸莫大矣, 敢不依敎?" 李遂携棘人, 往五里許, 上一岡, 拄[82]杖而謂曰: "此處融結環抱, 可稱大地, 過葬後, 喪主家計稍饒. 若過十年, 或有遷緬之議, 須訪我於京城, 西學峴李學究, 卽我也." 因裁穴以給, 棘人完葬後, 家勢漸肥, 治山禁養, 一如[83]貴家邱壟. 過十年後, 有過客來問: "某處新山, 卽宅之先楸乎?" 曰: "然." 客曰: "此山運盡, 何不擧緬? 若遲則恐有禍. 俄於踏山之路, 偶有所見, 第此來告." 主人聽罷, 忽記得李師之言, 留其客於家, 卽入京, 訪西學峴李師, 乃道其言[84], 李曰: "固已料矣." 因共還松山, 與其過客上山, 李問: "何故勸緬?" 客曰: "此伏雉形也. 雉不得久伏, 若過十年, 勢將飛去, 故爲言耳." 李笑曰: "君之所見亦非凡, 然徒知其一, 未知其二." 乃指

---

82) 拄: 가, 마본에는 '住'로 되어 있음.
83) 一如: 가본에는 '如一'로 되어 있음.
84) 言: 가본에는 '事'로 되어 있음.

前峰, 曰: "此狗峴." 指後峯, 曰: "此鷹師峯[85]." 又指前川, 曰: "此猫川, 地形相應, 雉雖欲飛[86], 其可得乎?" 客因無語而退, 曰: "師之高眼, 果非所及." 其後, 松山李氏, 大爲昌盛. 韓安東光近, 世居西郊, 其祖父時, 家産饒, 婢僕衆. 韓老性頗嚴急, 一婢夫適有侵辱, 韓[87]怒欲殺之, 彼漢知機而逃, 乃囚其妻於內庫. 時則其子婦新禮之日也, 新婦自于歸之初, 夜深則窓外輒有涕泣之聲, 心切疑怪, 起而尋聲, 聲在[88]庫中. 乃開鑰而視之[89], 有一女, 問: "汝是何人, 緣何被囚, 夜輒悲泣?" 對曰: "賤人此宅婢也. 夫醉辱及於老主, 仍逃去, 以夫之罪, 拘囚於此, 而得延數日之命者, 以有慶禮也. 明日卽小婢命卒之秋, 賤縷固不足惜, 而生子甫一月, 覆巢之卵, 其能全乎? 晝則畏不敢出聲, 夜輒思之, 自不覺悲極而哽咽耳." 新婦聞而哀之, 且矜其非罪[90], 乃曰: "吾今放汝, 汝可遠走.[91]" 婢曰: "小姐之恩, 死不敢忘,[92] 而賤婢之罪, 將歸於小姐, 奈何?" 新婦曰: "吾則豈至於死乎? 汝勿多言, 乘此昏夜, 可速逃矣." 明日, 韓老坐於內廳, 使備刑具, 捉出厥婢, 衆奴[93]開庫見之, 仍無形跡. 韓老益加憤怒, 聲色俱厲, 上下股栗. 於是, 新婦下堂, 而自言其由, 韓老怒稍解, 家人咸稱婦德焉. 後新婦有二子, 而以壽終, 忽有一僧, 入伏內庭, 號哭不已. 二棘人問曰: "汝何人, 敢入哭於士

---

85) 鷹師峯: 가본에는 '鷹峯'으로 되어 있음.
86) 飛: 가본에는 '飛去'로 되어 있음.
87) 韓: 가본에는 '韓老'로 되어 있음.
88) 在: 다본에는 '出'로 되어 있음.
89) 之: 저본에는 빠져 있으나 가본에 의거하여 보충함.
90) 非罪: 가본에는 '非罪之拘囚'로 되어 있음.
91) 汝可遠走: 가본에는 '汝卽抱乳子, 不遠千里走之, 可矣'로 되어 있음.
92) 死不敢忘: 가본에는 '海淺山輕, 天荒地老, 猶不可萬一報德'으로 되어 있음.
93) 衆奴: 나, 다본에는 '家奴'로 되어 있음.

夫宅內喪$^{94)}$也?" 僧曰: "小僧某婢之子也. 母子二命, 俱以大夫人之
德恩$^{95)}$, 得以再生, 且奴主之義, 不可逃也." 二棘人自幼聞其事, 乃
曰: "汝母至今生存乎?" 對曰: "母死久矣. 小僧自解語時, 母常感
泣而道其事, 每以報德之意, 托於小僧, 而至死不已. 小僧切思之,
主恩不可不報也, 母言亦不可負也. 仍爲落髮,$^{96)}$ 從李學究懿信而
師之, 學得風水. 且暗探宅之消息, 日昨聞太夫人下世, 乞於師而
占得一穴, 今勿聽他師之言, 而用之宅之, 後來福力無量, 小僧之
至願, 畢矣." 二棘人曰: "舊山今無餘麓, 家計且難新占, 晝宵憂悶,
今聞汝言, 誠爲萬幸. 地在何處, 爾師亦可見$^{97)}$否?" 對曰: "在仁川
地, 距此爲三十里. 李師以老病, 謝絶人事, 不可得以見之." 且裁
穴分金, 已詳聞之矣. 翌日, 二棘人與之往見, 則穴處若古塚者然,
僧曰: "是古人之置標也, 有眼者, 方$^{98)}$可知之, 更$^{99)}$母疑焉." 遂從其
言而葬之, 果是麗朝埋標也. 葬畢, 僧告歸曰: "大夫人得奉吉地,
小僧今已了債, 死無恨矣. 過三霜$^{100)}$後, 小郞必先昌, 其後吉慶, 不
可勝言." 小郞卽韓光近也, 登科顯榮, 子姓繁衍. 韓以安東守, 聽
嶺南地師之言, 將營緬禮, 卜日破壙之際, 有一老僧, 自山下而來,
曰: "勿毀勿毀!" 仍止役而待之, 乃昔日占山之僧也. 曰: "何爲而欲
遷窆乎?" 韓曰: "有災害云耳." 僧曰: "地中安穩, 則可放心乎!" 曰:
"然." 僧卽於左傍鑿穴, 使入手探之, 曰: "何如?" 韓曰: "果有吉氣,

---

94) 內喪: 가본에는 '內庭'으로 되어 있음.
95) 德恩: 저본에는 '德之恩'으로 나와 있으나 나, 마본을 따름. 다본에는 '恩德'으로 되어 있음.
96) 仍爲落髮: 가본에는 '仍落髮爲僧'으로 되어 있음.
97) 可見: 가본에는 '見之'로 되어 있음.
98) 方: 저본에는 빠져 있으나 가본에 의거하여 보충함.
99) 更: 다본에는 '要'로 되어 있음.
100) 三霜: 마본에는 '三祥'으로 되어 있음.

似無灾害." 僧曰: "須速封築, 勿復營緬. 然今春夏間, 若有眼患, 則是其害. 苟不毀破, 而穩過二紀, 則其爲發蔭, 有不可量. 今至於此,[101] 亦宅之門運也." 仍辭而去, 後其言皆驗.

外史氏曰: "施恩於不報之地, 必受其報, 可見天理之孔昭. 少婦于歸之初, 不嫌嚴舅之觸怒, 遽放囚婢, 其施仁處事, 苟非識見之卓異者, 則曷能致此? 宜乎得葬吉地, 大發福蔭, 而僧之積誠圖報, 求獻名穴, 遵其母之遺托, 酬其主之大恩, 亦賤流中有義氣之人也."

5-6. 痴媖隨衲得發福

性智, 太白山僧也, 善於堪輿之術. 與奉化士人金某, 交契[102]最久, 二人懽然無所間, 常從遊, 如蓮社之惠遠, 曼卿之秘演. 僧以挾術頗傲,[103] 待金以方外之友, 金之子, 內懷不平. 金托僧以身後之地, 僧諾之, 及金死, 僧來唁, 喪人雖受弔, 而意甚不屑. 金妻使婢謂僧曰: "亡人幽宅, 旣有生時之勤托, 禪師可踐約否?" 僧曰: "歸路當指示一處, 幸命一僮隨我也." 金家僮僕, 適皆出他, 只有小媖, 頗聰慧, 金妻乃使之隨往. 到一山凹處, 僧駐[104]杖自語曰: "此穴洵美, 必當代發福, 而恐非金家所有." 媖問其故, 僧曰: "唉! 童女何知?" 媖固問之, 乃曰: "郭璞『葬經』云: '人有福分, 與地之吉氣相合, 其理捷應.' 此坎龍穴, 天作貴格, 五星歸垣, 三台巒[105]頭, 政是鬱鬱佳城. 當有化魚爲龍之祥, 豈汝主家之寒門薄祚所可享受者耶?" 遂轉向一處尋穴, 揷杖以識之, 謂媖曰: "此地, 實合於彼之分

---

101) 今至於此: 마본에는 '至今如此'로 되어 있음.
102) 契: 저본에는 빠져 있으나 가본에 의거하여 보충함.
103) 傲: 라본에는 '敖'로 되어 있음. 서로 통함.
104) 駐: 가, 라본에는 '住'로 되어 있음.
105) 巒: 나, 다본에는 '岳'으로 되어 있음.

數, 汝可歸告." 嫂以再次所占之地, 告于金家, 竟葬其處. 嫂心內
獨記先占之穴, 秘不發說. 自是, 收儲飯米, 或藏分錢, 粒粒葉葉,
至誠鳩聚. 過三四年, 米爲數包, 錢亦幾緡, 乃謀于廊底奚隷輩, 並
及村里甿夫, 而懇請曰: "吾父葬處, 緣余幼穉, 未克完窆, 恐不免
烏鳶螻蟻[106]之患. 每獨泚顙而抱恨, 猥占一邱向陽之地, 欲爲藳桿
掩親之計, 而顧此零丁弱質, 無以身操版锸. 若賴匍匐之義, 克竣
窀穸之事, 則生死肉骨[107], 恩莫大焉." 諸人咸嘉其志誠, 亟許之,
遂以所儲之米錢, 多備酒食, 餉役者, 移葬之, 卽[108]僧初占處也. 女
暗揣, '吉地發福, 縱有山理, 寒廚孰爨, 曷掩身世? 惟有匿跡詒[109]
影, 托身他處, 庶或可欺以方, 從良化貴.' 遂出門而逃, 漠然無所
向, 直從太白山路, 轉至江陵境, 棲屑仳離, 苦楚萬狀. 聞有一宰相
子, 流落此地, 家貧鰥居, 身計蹢凉, 女到其家, 願爲雇傭. 主人見
其容止端正, 稍解人事, 遂爲家畜. 竟令主饋, 寵以專房, 連擧二
子, 蘭姿玉骨, 俱是抱送之麒麟. 女勤於紡績, 又雇奴力農, 胼胝勞
苦, 調度稍裕. 因以治生[110]營殖, 未及十年, 列置田土[111]·臧獲, 儼
成饒富. 女謂其夫曰: "二子雖皆俊秀, 顧其地處, 未免賤孼, 蚌泥
有珠, 棗棘生花, 將焉用哉? 當迨此, 作婚書深藏之, 稱吾爲正室,
以開後日方便之道, 何如?" 夫曰: "汝言大有理." 遂假以齊體之禮.
女又曰: "士族久滯窮鄕, 何以揚身名而振門戶乎? 玉出櫝而待沽,
花向陽而易春, 捲還京師[112], 爲兒輩成就之地, 似好." 夫卽上京,

---

106) 螻蟻: 다본에는 '螻蛄'로 되어 있음.
107) 肉骨: 가, 라본에는 '骨肉'으로 되어 있음.
108) 卽: 나, 다본에는 '則'으로 되어 있음.
109) 詒: 가본에는 '貽'로 되어 있음. 서로 통함.
110) 治生: 다본에는 '活生'으로 되어 있음.
111) 田土: 저본에는 '土田'으로 나와 있으나 가본을 따름.
112) 京師: 다본에는 '京洛'으로 되어 있음.

買舍于諸族所居之洞, 將撤歸之際, 女曰:"此處奴僕, 素諳吾家之本末, 恐致蹤跡之漏洩, 並令留置.[113] 俾守田庄, 更從京洛, 買他僮僕[114]而來, 則[115]治裝發行, 可也.[116]" 夫並從之, 挈歸京第, 以女處于正堂, 如冀缺之相敬, 親鄰隣衕, 皆來見, 認以續絃之夫人. 其爲至親者, 輒呼以叔母或嫂氏矣. 其二子, 貌美才雋, 文藝夙就, 及長成, 廣求婚處, 揀得地醜德齊, 門當戶對之兩家, 次第成婚. 玉樹交映, 雙鸞並翔, 祥和福祿, 溢於一門, 非復前日之寒素也. 二子肄科業, 游黌庠, 聲華藉甚, 折蓮攀桂, 並如探囊. 伯長銀臺, 仲職玉署, 門闌烜爀, 其女以大夫人, 尊貴無比. 一日, 夜深後, 密謂其二子曰:"汝輩榮顯至此, 能知外家之爲誰乎?" 對曰:"母親常自謂奉化金生員之女, 故以金爲外祖也." 其母笑曰:"金生員猶是班閥, 吾卽其家婢也." 仍說前後來歷一通, 曰:"今玆說破, 欲使汝輩, 知芝根醴源[117]之在彼, 而不在此, 汝其謹守本分, 毋作侈濫, 可矣." 母子酬酢之際, 偶有一穿窬[118]之盜, 伏在牖外, 俟人就睡, 竊聽其言語, 乃雀躍, 曰:"此誠奇貨, 往告本主, 必有厚償." 遂直往奉化金生家, 誘其子[119]而上來. 渠執靮以隨, 到其門外, 使女奚[120], 先告以某處某班上來, 夫人驚喜, 曰:"吾家兄主來矣!" 顚倒迎入于內堂, 敍以同氣間久阻之懷, 金亦頗慧, 豈無瞧科? 隨問隨答, 遂淨掃一室, 以處金生, 衣食供奉, 靡不用極, 以至騎率[121], 善待善喂. 過數日,

---

113) 並令留置: 가본에는 '並留置之'로 되어 있음.
114) 僮僕: 라본에는 '奴僕'으로 되어 있음.
115) 則: 저본에는 빠져 있으나 가본에 의거하여 보충함.
116) 可也: 가본에는 '何如也'로 되어 있음.
117) 醴源: 라본에는 '醴泉'으로 되어 있음.
118) 穿窬: 가본에는 '穿穴'로 되어 있음.
119) 子: 가본에는 '子弟'로 되어 있음.
120) 奚: 라본에는 '嫆'로 되어 있음. 서로 통함.

招健奴數輩, 密囑曰: "吾兄陪來之奴, 有大罪惡, 未可容貸. 汝其飮以醇酎, 乘其泥醉[122], 縛而負去, 沉于漢江也." 奴輩承敎卽行, 遂滅賊口. 金喫好飯着好衣, 風神日勝, 主人之名士朋友往來者, 認爲主人之渭陽, 協力周旋, 囑于銓曹, 獲除初仕, 後至淸河縣監.

外史氏曰: "堪輿形家, 理本玄微, 吉凶禍福之曰有曰無, 俱未的確. 自昔惑於山理者, 遍訪良師, 周踏巓[123]麓, 竟未得一藏之地者, 比比有之. 女以童媛, 聞僧發福之說, 能有警解, 移窆獲福, 驗若筮蔡. 第其力量才智, 卓乎丈夫之所難辦, 亦異哉!"

○ 第三十一号 方術部四【地理三】

5-7. 傷玉童轉灾獲福

金尙書某, 相國構之祖先也, 有知人之鑑. 一日, 見路傍[124]有總角, 藍縷枯瘁, 而形骨秀異, 携歸其家, 問: "汝何人?" 對曰: "早違怙恃, 四顧無親, 行乞於市, 姓名亦不自知, 年今十七歲耳." 尙書曰: "汝留住吾家, 不憂衣食矣." 總角感謝, 乃賜名曰'金童'. 居無何, 願學書, 過目成誦, 又能習字, 運筆如神, 尙書甚[125]愛之, 不令須臾離. 且爲人穎悟, 尙書素無睡, 雖深夜中, 一呼輒應, 以此尤奇之. 尙書家多書籍, 金童無他所事, 鎭日繙書, 惟務涉獵, 尤耽星曆·術數之書, 多有悟解. 尙書叩之, 能言其微奧, 他人問之, 則辭以不知. 尙書恃之如子, 每事相議, 勸以娶妻, 固辭不願, 如是過十

---

121) 騎率: 다본에는 '騎卒'로 되어 있음.
122) 泥醉: 라본에는 '沉醉'로 되어 있음.
123) 巓: 가본에는 '嶺'으로 되어 있음.
124) 見路傍: 가본에는 '路傍見'으로, 라본에는 '路傍'으로 되어 있음.
125) 甚: 나, 다본에는 '深'으로 되어 있음.

年. 一夕, 呼之不應, 以火燭之, 仍無形跡. 尙書如失左右手, 第四日, 金童忽來, 喜色滿面, 尙書驚喜, 曰:"汝何不告而去? 豈吾待汝有[126]未盡處, 不慨於汝心而然歟? 今從何來, 且有喜色, 何也?"[127] 金童笑[128]曰:"非也, 當從容告之." 夜間又問之, 金童曰:"吾非朝鮮人也, 中國閣老之子耳. 父親遭奸黨之讒, 遠謫沙門島, 遠近諸族, 皆被散配. 父親深知星曆之數, 臨行, 誡子曰:'過十五年, 當赦還[129], 而汝在中國, 則必死於奸人之手, 東出朝鮮, 苟延性命, 則便可死別生逢云云.' 故遂浮萍轉蓬,[130] 流離至此, 幸蒙相公之德惠, 拯于溝壑, 措之衽席, 豢養敎誨, 十載如一日, 欲報之恩, 隕結難酬. 囊者, 不告而去者, 適觀星象, 父親已赦還矣, 小子當卽[131]告歸, 故要得一山地, 少酬河海之澤. 遂尋[132]山脈, 至果川五鳳山[133]下, 占一佳城, 敢請明日共往觀之." 尙書甚異之, 偕往其處, 童指一阜, 曰:"此是吉地, 須亟擇日裁穴, 行先山緬禮, 而穴深七尺, 下有石, 必葬於石上焉." 又曰:"子孫昌大, 當出五相國, 幸識之." 還家, 拜辭而去. 尙書如其言, 營緬, 開壙[134]七尺, 出盤石, 石之四隅有罅, 以手按之, 微有搖動. 尙書旣聞金童之說, 故不以爲疑, 將待時下棺, 懸燈於墓閣而坐. 且[135]有門生一人, 異其石之搖動, 潛入壙中, 揭石視之, 石底四隅, 有玉童子戴石而立. 中有玉童, 又戴

---

126) 有: 나본에는 '又'로 되어 있음.
127) 且有喜色, 何也: 가본에는 '有何喜事也'로 되어 있음.
128) 笑: 가본에는 '一笑'로 되어 있음.
129) 赦還: 나, 다, 라본에는 '放還'으로 되어 있음.
130) 故遂浮萍轉蓬: 저본에는 '遂萍浮蓬轉'으로 나와 있으나 가본을 따름.
131) 當卽: 가본에는 '卽當'으로 되어 있음.
132) 尋: 나, 다본에는 '探'으로 되어 있음.
133) 五鳳山: 라본에는 '五峯山'으로 되어 있음.
134) 壙: 나, 다본에는 '礦'으로 되어 있음. 서로 통용됨.
135) 且: 저본에는 빠져 있으나 가본에 의거하여 보충함.

之, 而稍長於四隅之戴者, 此所以石搖也. 其人驚訝, 遽[136]下盤石
之際, 琤然有折玉之聲, 乃大恐自語曰: "誤了! 此吉地, 吾雖無妄
之過[137], 必有災禍[138], 自貽伊戚, 此將奈何?" 屢回思量, 不忍實告,
任他窆葬而歸. 自此, 尙書家若有憂患, 或事故, 則其人心焉如燬,
危而復安者, 屢矣. 金童還入中國, 其父果已宥還, 父子相逢於萬
死之餘, 喜可知也. 金童登科, 爲翰林學士. 一日, 其父問: "汝旣[139]
受恩於朝鮮人, 何以報乎?" 翰林曰: "占一吉地, 使之遷[140]葬而來."
問: "何許吉地?" 翰林槩告之, 其父驚[141]曰: "遺慘禍於恩人矣! 地
中五箇玉童, 應主山五峯, 而中峯爲凶煞, 猝貴而暴亡, 汝何不詳
審也?" 翰林始悟, 而雖悔曷追? 其父曰: "今方有[142]大赦天下, 汝以
詔使, 往朝鮮, 使之更占吉地, 急速改葬也." 翰林依其敎, 自求副
使東來, 會金尙書於南館, 敍舊愴[143]新, 呼以恩爺, 遂言其大人之
意, 尙書聞, 甚驚惑. 如是酬酢之際, 其門生以舌人竊聽之, 遂言其
折玉之事, 尙書怳然大覺, 曰: "盤石之始則搖動, 終乃安穩不動,
固已異之. 及掩土後, 晴雷乍起, 一聲霹靂, 壞了中峯之大巖石, 眞
所謂轉禍爲福也." 翰林大喜曰: "尙書家福力無量矣!" 其後, 尙書
子孫, 自金相國構爲始, 連世入相[144], 果符五相之數云.

　外史氏曰: "地有吉凶, 人有禍福, 自相胗合, 其理灼然. 金童之

---

136) 遽: 다본에는 '還'으로 되어 있음.
137) 過: 가본에는 '罪'로 되어 있음.
138) 災禍: 가본에는 '自禍'로 되어 있음.
139) 旣: 나, 다본에는 '其'로 되어 있음.
140) 遷: 나, 다본에는 '善'으로 되어 있음.
141) 驚: 나, 다본에는 '警'으로 되어 있음.
142) 有: 저본에는 빠져 있으나 가본에 의거하여 보충함.
143) 愴: 가본에는 '悵'으로 되어 있음.
144) 入相: 가본에는 '入相極貴'로 되어 있음.

占地, 門生之折玉, 晴雷之裂石, 節節神異, 轉灾爲祥, 都緣尙書知人之鑑樹德之效也, 豈偶然乎哉? 凡福人之得吉地, 亦多奇遇巧湊之事, 俾有以享受其福, 此卽天與之也, 豈可以人力爲乎?[145]"

5-8. 擧石函覘吉釋疑

李尙書鼎運之祖父春挺, 仁人也. 少日, 讀書山寺, 時値深冬, 丈雪埋壑, 饕風捲地, 寒威嚴酷. 有一丐僧, 鶉衣鵠形[146], 向夕, 波咤而來, 願沾盂瀝, 救此凍餒. 山僧饋以夕飧, 處之溫堗. 翌日, 苦逗留[147], 欲逐之, 李惻然謂山僧曰: "一寒如此, 無衣且餓之人, 必僵於路, 何忍驅逐? 朝夕饌[148]糧, 吾當辦給, 可使留幾日, 待稍暄[149]送之也." 李適換着新衣, 乃授以所脫衣袴, 令着[150]之. 過屢日寒弛, 使之下山, 僧手攢頂禮, 僕僕稱謝而去. 其後幾年, 李遭故, 纔成服, 有一僧來請弔, 主人受弔, 而未之[151]識也. 僧曰: "喪主知貧道乎?"曰: "不知也." 僧曰: "喪主倘記某年某寺乞食之僧乎?" 李乃恍然思得, 曰: "禪師一去, 仍無影響, 今忽來唁, 誠亦意外." 僧曰: "嚮慕之誠, 豈後於人, 而雲遊蹤跡, 自多齟齬, 今始來謁, 秪切歎愧[152]. 曩者, 得蒙推食解衣之惠, 獲免翳桑之餓, 受恩如天, 欲報無地, 隕結之願, 食息不忘. 仄聞喪主遭艱, 想無山地之素定者, 貧道 劣有山眼, 欲擇上吉之地, 少伸報效之誠, 當走一遭初占而來矣.

---

145) 豈可以人力爲乎: 가본에는 '豈可人力爲之哉'로 되어 있음.
146) 鵠形: 나, 다, 라본에는 '鵠形'으로 되어 있음.
147) 逗留: 나, 다, 라본에는 '逗遛'로 되어 있음.
148) 饌: 나, 다, 라본에는 '饌'으로 되어 있음.
149) 暄: 가본에는 '溫'으로 되어 있음.
150) 着: 가본에는 '服'으로 되어 있음.
151) 之: 가본에는 '知'로 되어 있음.
152) 愧: 라본에는 '歎'으로 되어 있음.

喪主躬審而取捨, 如何?" 李方以山地爲憂, 聞其言, 不勝喜幸, 意謂, '渠旣感恩, 必欲圖報, 則似當盡誠求之.' 遂從其言. 數日後, 僧復來, 曰: "初占得[153]一處, 願與喪主偕往觀之." 李隨僧往視之[154], 乃平地田野之中, 形局拱抱, 雖以凡眼觀之, 未見其僅可處. 心竊疑之, 然旣不解堪輿之術, 又專恃此僧之言, 則未可以俗眼定其可否. 遂一依僧言, 裁穴開基, 擇日營窆之[155]. 於是, 無論族戚隣里, 下及役丁贮隷, 莫不愕然, 相顧一辭訾毁以爲, "龍穴砂水, 無一合格, 林樾荒莽, 巖石犖确, 山勢險惡, 地形汚陷, 如此山地, 何可完葬云云." 喪人雖恃僧之所指定, 而衆謗叢集, 疑惑滋甚, 乃引僧至僻處, 密問曰: "吾奉師言, 不翅若神蓍靈蔡, 雖毁言日至, 決意用之, 乃者衆口難防, 不勝其喧聒. 市虎成於三傳, 顚木由其[156]十斫, 吾旣昧地理之糟粕, 又無管窺之明的, 果難力排衆議而[157]獨立已見, 將奈何?" 僧尋思良久, 曰: "貧道之苦心至誠, 豈或一毫泛忽? 而人言旣如彼嘵嘵, 喪主之如是疑慮, 亦無怪矣. 雖然, 如有明知的見, 洵美且吉, 則可用之否?" 喪人曰: "可勝言哉!" 其時, 穿壙已訖, 築灰將始, 僧遂携喪人, 入其壙內, 緊閉掩壙[158]窓, 不使點風透入. 穿破壙底小許, 則下有石函方正, 着[159]在地上, 石色瀅澈如鑑. 僧以手微擧其上蓋一隅, 以燭斜照而窺之, 則澄水滿函, 金鮒魚數三尾, 游泳其中. 喪人見之大駭, 遂急閉之, 仍復堅[160]築其破土而

---

153) 得: 저본에는 빠져 있으나 가본에 의거하여 보충함.
154) 之: 저본에는 빠져 있으나 가본에 의거하여 보충함.
155) 之: 저본에는 빠져 있으나 나, 다본에 의거하여 보충함.
156) 其: 라본에는 '於'로 되어 있음.
157) 而: 저본에는 빠져 있으나 라본에 의거하여 보충함.
158) 壙: 다본에는 '坑'으로 되어 있음.
159) 着: 나, 다, 라본에는 '者'로 되어 있음. 이 경우 구두가 앞 문장으로 끊어짐.
160) 堅: 나, 다, 라본에는 '緊'으로 되어 있음.

出來. 揮却衆論, 督令築灰, 諸人見如此擧措, 不敢復言, 乃封墳竣役. 僧乃告辭而去, 臨別, 謂喪人曰: "貧道感公恩德, 極擇吉地, 必欲於喪主在世時發福而[161]見其榮達矣. 不幸吉氣少洩, 當於四十年後, 吉氣復完聚然後, 始可發福, 當出三科, 位至隆顯矣." 其後四十年, 李之孫兄弟三人皆登科, 鼎運·盍運, 皆[162]至正卿.

外史氏曰: "世所稱名穴大地, 往往有奇徵異兆, 故沉惑於山理者, 皆以此也. 石函游魚, 係是吉地, 而僧眼能透地中, 亦異哉! 堪輿理本玄微, 外雖不美, 內則藏吉者, 或有之, 此尤難曉. 苟非誠力之到底, 豈得以無疑乎? 大抵觀其外易, 知其內難, 非獨山理爲然, 萬事皆然矣."

○第三十二号 方術部五【醫藥一】

5-9. 授神訣藥舖對話

許浚, 宣廟朝御醫也. 少時貧窮, 設藥舖於銅峴. 一日, 有老學究, 弊褐草屨[163], 貌似鄕愿, 突然入來, 坐於室隅, 口無一言, 移晷不去. 許怪問之, 客曰: "某與人約會于此, 故今方苦企, 淹留貴肆, 心竊不安." 許曰: "何妨之有?" 至食時, 主人要進飯, 客不應之, 走出門外, 以囊錢買飯于市, 旋來凝[164]坐. 如是數日, 所待之人, 終不見至. 許心竊疑怪, 忽有一庶人來, 曰: "妻方臨產, 猝然昏倒不省, 願得良劑以救此急." 許曰: "若輩無識, 每謂販藥者能通醫術, 有此

---

161) 而: 저본에는 빠져 있으나 라본에 의거하여 보충함.
162) 皆: 가본에는 '位'로 되어 있음.
163) 草屨: 다본에는 '草履'로 되어 있음.
164) 凝: 가본에는 '癡'로 되어 있음.

來問, 然吾非醫也, 焉知對投乎? 若往問醫人, 出藥方以來, 則當製給矣." 庶人曰: "本不識醫師門巷, 望以一劑活人!" 學究客在傍, 勸說曰: "若服藿香正氣散三貼, 則卽愈[165]矣." 許笑曰: "此是消痞解鬱之劑, 若投産病, 則便同氷炭, 君徒習於口而發也." 客固執前言, 庶人曰: "事已急矣, 雖此[166]劑, 萬望製給." 因問價投錢, 許不得已枰量與之. 向夕, 又有一庶人來, 曰: "某與某甲隣居, 某甲妻方産垂絶, 幸得[167]良藥于此舖, 得以回甦, 此必有良醫. 某之子方三歲, 患痘危劇[168], 望以珍劑救活!" 客曰: "亦服藿香正氣散三貼." 許曰: "庶人輩未嘗服藥, 故其强壯者, 或以此劑收效, 而至於襁褓之兒, 決不當服此, 況其症形不啻千里之差乎!" 庶人固請, 許又與之. 旣而, 其人來告, 果得立效. 自是, 聞風者踵門而至, 莫不以藿香正氣散, 應之, 無不良已, 捷於桴鼓. 許乃知學究之有異術, 叩其所存, 始諱之, 屢叩, 乃應曰: "吾幼有惡疾[169], 偶逢山人, 授以神方獲痊. 因窺醫家秘訣, 略知其意, 不肯竟學, 故粗解糟粕而已." 許乃促膝, 而願聞其術, 客曰: "『難經』云: '醫者意也, 思慮精則得之.' 其德能仁恕博愛, 其智能宣暢曲解, 能知天地神祇之大, 能明性命吉凶之數. 處虛實之分, 定逆順之節, 原疾疹之輕重, 而量藥劑之多少, 貫微達幽, 不失細小. 如此, 乃謂良醫耳." 遂以六技四家·玉版金匱之術, 口授娓娓, 許傾聽暗記, 多所悟解. 自是, 習覽經方, 手不輟[170]卷, 得盡其妙, 竟以術名世. 學究甞獨坐木櫃上, 有一宰

---

165) 愈: 마본에는 '癒'로 되어 있음.
166) 此: 마본에는 '劑'로 되어 있음.
167) 得: 가본에는 '以得'으로 되어 있음.
168) 危劇: 나, 다본에는 '危急'으로 되어 있음.
169) 惡疾: 가본에는 '疾病'으로 되어 있음.
170) 輟: 나, 다본에는 '輟'로 되어 있음. 서로 통함.

相之子, 入來, 許下堂迎拜, 曰:"公何以枉臨乎?"曰:"親瘖屢朔沈綿, 百藥無效. 醫言,'陳根腐草, 難以着效, 須親往藥肆, 別求新種, 而¹⁷¹⁾依法製進, 可望收效云.'故有此委造." 因問:"彼坐櫃上者, 誰也¹⁷²⁾?" 許曰:"此間有異事." 遂具道前狀, 其人乃整襟而前, 備告其親病, 因請良方. 學究無所¹⁷³⁾改容, 但曰:"藿香正氣散, 最佳!" 其人暗笑, 而製藥以歸, 語及學究事, 老宰曰:"此藥, 安知非當劑乎?" 欲試服之, 其子及門人輩, 交謁更諫曰:"積敗凜綴之中, 方用蔘附, 何可遽進消散之劑乎¹⁷⁴⁾? 決不敢奉命." 老宰默然, 俄而, 其子煎藥以進, 老宰曰:"所食不下, 姑置之." 迨夜, 密使一傔¹⁷⁵⁾, 潛製藿香正氣散三貼, 混入大鐺合煎, 分三服之. 詰朝起坐, 神清氣逸, 病症頓減. 其子問候, 答曰:"宿疴已快祛矣.¹⁷⁶⁾" 其子曰:"某醫眞華・扁也." 答曰:"非也! 藥肆學究, 乃神醫耳." 因言煎服正氣散之事, 又曰:"此人於汝, 恩莫大焉, 汝可往迎以來." 其子卽往, 極致感謝之意, 又傳親敎, 請共歸家, 學究掉袂而起, 曰:"吾誤入城闉, 自取羞侮, 吾豈作入幕之賓乎?" 遂飄然而去. 其子憮然而歸, 告其由, 老宰益歎其耿介拔俗之士矣. 旣而, 上候違豫, 太醫迭診, 迷其所向, 擧朝焦遑. 老宰以藥院提擧, 入侍, 以學究事仰達, 上曰:"此劑雖未必有效, 亦無所害." 仍命煎入進御, 而翌瘳告慶. 上益嗟異之, 令物色而訪之, 終不可得. 其後, 許之術業益精, 卿宰家爭邀, 而輒辭以脚病. 壬辰去邠時, 許以御醫扈從, 踰慕華峴, 其步

---

171) 而: 저본에는 빠져 있으나 가본에 의거하여 보충함.
172) 誰也: 가본에는 '爲誰'로 되어 있음.
173) 所: 가본에는 '少'로 되어 있음.
174) 乎: 저본에는 빠져 있으나 가본에 의거하여 보충함.
175) 一傔: 가본에는 '傔人'으로 되어 있음.
176) 宿疴已快祛矣: 가본에는 '宿症快祛矣'로 되어 있음.

甚疾. 白沙李公, 顧視而笑謂僚員曰: "許浚之脚病, 亂離湯有神效矣." 聞者捧腹. 許以扈聖勳, 錄陽平君, 所著『東醫寶鑑』, 行于世.
　外史氏曰: "許之醫術, 專由於學究之警撕[177], 而其人之不用對投, 但以一方而輒收效, 亦異也. 蓋醫書有年運循環之說, 一歲之中, 百病雖異, 而其本, 則年運之所使也. 苟知其年運所屬, 而投入襯合之劑, 則雖不相當之症, 無不有效. 此載秘方, 而俗醫未能窺之. 但隨症投藥, 捨其本而治其末, 所以有害無益者, 多矣, 不亦謬哉?"

5-10. 聽街語柿蔕奏功

　柳瑺[178], 肅廟朝[179]聖痘時名醫也. 自少業醫, 而未臻其妙[180], 適在嶺幕, 因事告歸, 嶺伯某, 給以一騾, 曰: "此甚駿, 可騎去." 柳渡琴湖江, 未及牛巖倉, 牽奴要放屎, 授轡於柳, 曰: "此騾驚突, 必執轡堅坐也." 柳偶一擧鞭, 騾大驚奔馳, 騰[181]山超壑, 勢不可遏, 柳着鞍牢[182]坐, 幸不墜地. 到一山村, 有茅屋數家, 騾忽駐足於門前. 柳下騾入門, 有老人迎導陞堂, 寒暄甫訖, 主人呼其子, 曰: "客之夕飱備來, 騾亦牽入善喂也." 俄而飯出, 柳因憊甚, 强療飢後, 旋欲[183]頹眠, 微聞窓外有蹬音, 主人拓窓, 曰: "來乎?" 曰: "來矣." 主人携長劒而出, 顧謂[184]柳曰: "適有所幹, 未得接客. 夜深當還, 毋以主人之不在, 而善爲歇宿, 長者書冊, 須勿偸視也." 言罷, 倏爾

---

177) 警撕: 가본에는 '術撕'로 되어 있음.
178) 瑺: 저본에 '鐺'이라 쓴 것을 두주로 수정한 것임.
179) 朝: 저본에는 빠져 있으나 나, 다본에 의거하여 보충함.
180) 未臻其妙: 가본에는 '未盡其妙方'으로 되어 있음.
181) 騰: 가본에는 '登'으로 되어 있음.
182) 牢: 가본에는 '堅'으로 되어 있음.
183) 欲: 라본에는 '卽'으로 되어 있음.
184) 謂: 저본에는 빠져 있으나 나, 다, 라본에 의거하여 보충함.

而去. 柳心甚疑怪[185], 瞥見風過處, 壁帳[186]自開, 有牙籤錦軸, 盈箱滿架. 柳雖聞主人之言, 獨坐無聊, 乃亂抽而繙閱之, 盡是醫書, 而多痘疹方, 終夜涉獵, 頗得秘訣. 宵旣分, 主人回來, 曰: "少年太無禮! 長者書籍, 惟意取覽[187]乎?" 柳謝之, 因問其持劍往返之事, 主人曰: "有友於江陵, 要我酬怨, 故暫出而還耳." 仍與就睡, 鷄初鳴, 主人呼客起, 曰: "飯至矣." 柳困眠未醒, 乃連呼之, 強起而喫, 主人曰: "騾已吃了, 可速發矣." 柳告退乘騾, 有人自後策之, 騾又超逸馳驟. 晌午, 過[188]廣州板橋, 有紅衣人十輩, 連絡路次, 遽呼曰: "騎騾客來也!" 蓋聖候中夢, 神人來告曰: "姓柳之醫, 方自嶺南騎騾上來, 招見此人, 則可有效矣." 因此而命送掖隸邀路也. 一人進前, 曰: "公姓柳乎?" 曰: "然. 何以問[189]之?" 答曰: "玉候以痘症[190], 方在黑陷, 吾輩奉命待公, 久矣." 遂相率促鞭而入城. 柳換着公服, 詣闕之路, 過銅峴, 有老嫗負兒而去[191], 立於街, 一人問: "此兒之痘, 聞極重矣[192], 何以出場乎?" 嫗曰: "兒以黑陷, 七竅俱塞, 呼吸不通, 束手待盡之際, 幸逢過去僧, 用柿蔕湯後, 七竅盡通, 今得快蘇, 昨已送神矣." 柳聞此言, 默想昨見山家醫書, 亦有此方. 於是, 入診, 遂出柿蔕湯, 時當夏節, 自內局遍求柿蔕, 而不得. 是時, 南村一措大, 作一室, 揭號以'無棄堂', 凡無用之物, 雖弊等破瓢, 俱收幷蓄, 柿蔕一斗, 乃得來於無棄堂中. 進數貼奏效, 翌瘳告慶, 柳

---

185) 疑怪: 가본에는 '疑訝'로 되어 있음.
186) 壁帳: 가본에는 '壁藏'으로 되어 있음.
187) 覽: 마본에는 '見'으로 되어 있음.
188) 過: 가본에는 '至'로 되어 있음.
189) 問: 가본에는 '姓問'으로 되어 있음.
190) 痘症: 라본에는 '痘疹'으로 되어 있음.
191) 去: 저본에는 빠져 있으나 나, 다, 라본에 의거하여 보충함.
192) 矣: 저본에 주필로 삽입표시가 되어 있음.

之名, 遂謀一世. 柳隣有寡婦, 家饒, 只有遺腹子, 方十五六歲, 未
經痘疫. 其母托子於柳, 而衣食之資, 酒饌之饋, 朝夕盡誠, 數年不
懈, 柳憐其意而感其誠, 率置其兒于家. 兒患痘甚危, 柳矢于心曰:
"吾未救此兒, 不復行醫." 藥罐[193]五六箇, 羅列于前, 分溫涼・補瀉
之劑, 而各煎之, 隨症變用. 夢一人呼柳, 曰: "汝雖欲活此兒[194], 吾
必殺之!" 柳曰: "此兒情景可矜, 汝何爲而欲殺之?" 其人曰: "吾有
宿怨故也, 汝不必用藥." 柳曰: "吾技窮則已, 何可不用藥乎?" 其人
曰: "汝第觀之." 仍憤恨而去. 少焉, 內局吏隷, 汗喘而來言, "上候
以痘後, 餘症欠寧, 可卽速入診!" 連忙催促, 疾馳而去. 一入脩門,
不得歸家, 數日間, 其兒仍不救矣. 柳診察聖候, 當用猪尾膏, 以此
稟于明聖大妃, 簾內敎曰: "如此峻劑, 何可輕進乎?" 柳對曰: "不
可不用矣." 大妃厲聲敎曰: "汝有兩頭乎?" 對曰: "臣頭雖斷, 此藥
進御後, 可以着效." 大妃終不許, 柳乃袖其器而入侍, 潛自進之.
過食頃, 諸症差勝, 翌日, 聖候平復. 其後, 柳以[195]高陽郡守在衙
時, 肅廟進御軟泡湯, 而成關格, 以撥馬召. 柳罔夜馳來, 到新門
外, 門鑰姑未啓[196], 柳暫憩路傍人家, 聞一老嫗問室中女兒, 曰:
"俄者米泔水, 置之何處? 恐滴於豆泡上矣." 柳怪而問之, 對曰: "米
泔滴泡, 則消融故也." 俄而, 門開詣闕, 詳承症候, 以軟泡[197]滯也.
卽令內局進米泔水一器, 微溫而進御, 滯候快降. 柳在衙時, 夢有
人來, 告曰: "相公方患痘[198], 盍速往救之?" 翌夜[199]又如之, 柳驚

---
193) 罐: 가본에는 '丸'으로 되어 있음.
194) 兒: 가본에는 '兒命'으로 되어 있음.
195) 以: 가본에는 '爲'로 되어 있음.
196) 啓: 나, 다본에는 '開'로 되어 있음.
197) 軟泡: 마본에는 '軟泡湯'으로 되어 있음.
198) 痘: 나, 다본에는 '症'으로 되어 있음.
199) 翌夜: 마본에는 '翌日'로 되어 있음.

訝, 卽日登程, 才到家, 尹判書惠教, 時帶玉堂, 躬來邀柳, 曰: "兒痘濱危, 幸暫往視." 柳見其症, 萬分危急, 乃曰: "有生紫草茸數三兩, 方可救之, 而今當冬節, 何處得來?" 束手而已, 家人環哭, 有一小娛, 忙告曰: "內間有種葱盆, 夏間染芝草[200]後, 偶落種於盆上, 置之樓下, 俄適見之, 忽有新芽叢生者, 幾十本." 或者謂, "此以生紫茸耶?" 試出而見之, 果然. 柳驚歎曰: "豈非天耶?" 遂到[201]而用之, 轉危爲安耳[202]. 其兒, 卽尹相國東度也.

外史氏曰: "聖痘翌瘆, 卽天地神明之同力而保佑也, 豈一醫技所能奏效? 而神人之感夢, 騾子之奔馳, 一翁一嫗之事, 節節湊合, 皆天使之也, 猗歟盛矣! 柳之術, 因此而有若通神, 盛名于世, 其非幸人耶? 尹相事, 又甚稀貴, 名登台輔者, 與他有異, 亦有造化陰相而然歟!"

○第三十三号 方術部六【醫藥二】

5-11. 周行閭里試囊針

金應立者, 嶺右人也, 目不識丁, 而以神醫, 名于嶺外. 其術, 不診脉不論症, 但觀形察色, 知其病根, 所命之藥, 又非恒用之材. 李鎔之爲金山守也, 其子婦自于歸之初,[203] 患嗽屢朔. 李亦曉解醫理, 雖[204]雜試藥餌, 少無動靜, 至於委臥. 乃邀應立而問之, 對曰: "一瞻顔色, 乃可議藥, 然此則[205]不敢請耳." 李曰: "病入骨髓, 難保朝

---

200) 芝草: 가본에는 '紫草'로 되어 있음.
201) 到: 가본에는 '劑'로 되어 있음.
202) 耳: 저본에는 빠져 있으나 나, 다본에 의거하여 보충함.
203) 自于歸之初: 가본에는 '自初于歸之時'로 되어 있음.
204) 雖: 저본에는 빠져 있으나 나, 다, 라본에 의거하여 보충함.

夕, 苟可治療,[206] 何拘小嫌?" 乃使出坐于廳, 招金見之, 應立熟視, 曰: "此是易治之症, 腸胃有生物之滯結也." 使買飴糖數片, 和水鎔[207]化而服之, 曰: "必吐出一物矣." 服之未幾, 果吐痰塊, 剖而視之, 中有小茄子一枚, 而少不傷敗. 問于病人, 以爲, '十餘歲時, 摘食一小茄子, 誤爲呑下, 必此物也.' 自其後, 遂獲差完. 李之侄婿, 積年沉痼, 駄病而來, 使應立診視之, 見而笑曰: "不必服藥, 今當深秋, 落葉滿地, 毋論某葉, 擇其不朽傷者數駄, 以[208]大釜五六煎之, 俱煎至一椀後, 無時服, 可也." 如其言, 果得效. 又有一人病, 如角弓反張, 應立見, 而使作紙針, 刺鼻孔, 作噴嚔, 如是終日, 果得愈. 一日, 應立在家閒坐, 忽有一內轎, 直入室中, 應立驚避, 問其隨來之婢, 婢曰: "自當知之." 有頃, 婢傳內行之言, 曰: "願與主人相見!" 應立辭以不敢, 再三强之, 不得已入見, 乃士夫家婦女也. 跪曰: "家有丈夫, 沉痼將死, 此不可以病錄驗之. 家在遠鄕, 難於奉邀, 乃不拘常例, 與病人俱來, 留過歲月[209], 期於治療, 幸勿見怪." 應立曰: "病人今[210]何在?" 婦人於懷中, 探出一小兒, 僅如三四歲樣子. 乃曰: "此吾丈夫也. 自少時, 積傷受病, 病至十餘年, 骨節漸縮, 今至此境. 而自申時後, 漸漸舒長, 夜則依舊成丈夫身體; 自丑時後, 漸漸消縮, 晝則復作小兒身體. 此非庸醫所可療治, 聞[211]君精於醫技, 願投良劑, 得以回甦, 則謹[212]當結草圖報." 應立曰:

---

205) 此則: 주필로 삭제표시가 되어 있음.
206) 苟可治療: 라본에는 '爲可活療'로 되어 있음.
207) 鎔: 나, 다본에는 '溶'으로 되어 있음. 서로 통함.
208) 以: 나, 다본에는 '而'로 되어 있음.
209) 歲月: 나, 다, 라본에는 '數月'로 되어 있음.
210) 今: 저본에는 빠져 있으나 가본에 의거하여 보충함.
211) 聞: 저본에는 '問'으로 나와 있으나 나, 다, 라본을 따름.
212) 謹: 주필로 삭제표시가 되어 있음.

"此不可以倉卒命藥, 第當晝宵殫精, 以思對症之劑[213]." 遂出外室[214], 屢回思量, 乃以六味丸[215]數十[216]劑, 合煎一釜, 盛于浴盤, 沉小兒其中. 如是者月餘, 身體形貌, 漸有發舒之意, 甫過數三朔, 消縮之症漸祛. 於是, 始一邊浴, 一邊以湯藥灌之, 又過四五月, 奄作平人. 遂率內行以歸, 傾家貲[217], 以償其惠. 應立又以鍼行術, 常以小革囊自隨, 有鍼數十箇, 長短圓稜, 各異制. 以是, 決癰疽, 治瘡疣, 通關隔[218], 疏[219]風氣, 起疲癃, 無不立效, 自號曰'鍼隱'. 嘗淸晨早起, 有老婦, 襤褸匍匐, 而扣其門, 曰: "有一子, 病甚危, 敢丐[220]其命." 應立曰: "爾家何在?" 曰: "某村某姓人也." 應立曰: "爾先去, 吾當趁往." 遂起, 踵其後, 徒步無難色, 如是者, 殆無虛日. 一日, 天雨路濘, 應立頂蒻笠, 曳木屐, 忙忙而行, 或有問之者, 曰: "何之?" 曰: "某鄕[221]某氓之病, 吾一針未效, 故[222]期以是日, 再往針之." 或曰: "何利於子而勞苦若是乎? 且以子之技, 何以[223]不交貴顯取功名, 乃從閭里小民遊乎?" 應立笑曰: "丈夫不爲宰相, 寧爲醫. 宰相以道濟民, 醫以術活人, 窮達雖殊, 功施則等耳. 然宰相得其時, 行其道, 有幸不幸, 食人食而任其責, 一有不獲, 咎罰隨之. 醫則不然, 以其術, 行其志, 無不獲焉, 不可治, 則捨而去之, 不吾

---

213) 劑: 가본에는 '補劑'로 되어 있음.
214) 外室: 이본에는 '外堂'으로 되어 있음.
215) 六味丸: 라본에는 '六味湯'으로 되어 있음.
216) 數十: 가본에는 '數三十'으로 되어 있음.
217) 家貲: 가, 나, 다본에는 '家貨'로 되어 있음.
218) 關隔: 가본에는 '關格'로 되어 있음.
219) 疏: 라본에는 '消'로 되어 있음.
220) 丐: 라본에는 '乞'로 되어 있음.
221) 某鄕: 나, 다, 라본에는 '某村'으로 되어 있음.
222) 故: 저본에는 빠져 있으나 라본에 의거하여 보충함.
223) 以: 저본에는 빠져 있으나 나, 다본에 의거하여 보충함.

尤焉. 吾故樂爲是術, 非要其利, 行吾志而已, 故不擇貴賤也. 吾疾世之醫, 挾其術, 以驕於人, 門外車[224]騎相屬, 家設酒饌以待, 率三四請然後, 乃往. 又所往, 非貴門則富家也, 若貧而無勢者, 或拒以疾, 或諱以不在, 百請而一不起, 是豈仁人之情哉? 吾所以專遊民間不干於貴勢者, 懲此輩也. 彼貴顯者, 寧少吾輩者[225]哉? 所可哀憐, 獨閭里窮民耳. 且吾操鍼十餘年矣, 或日療數人, 或月活十數人[226], 所全活, 可以數百千計之. 復數十年, 可活萬人, 活人至萬, 吾事畢矣. 其功亦博施, 豈羨夫宰相之稱以道濟民也哉?"

外史氏曰: "金但觀形察色, 而能治人之病, 亦異術也. 『史記』扁鵲謂虢太子曰: '越人之爲方, 不待切脉, 而望色聽聲, 能療病.' 古有是術, 而金得其方者歟? 第其不交遊富貴, 而只從閭巷小民, 施術救濟, 一心不懈, 亦拔俗之人而隱於術者耶?"

5-12. 遠涉海邦載酒石

鄭上舍某, 高士也. 夙抱異才, 醫藥·卜筮·琴棋·書畫, 無不通曉. 嘗居果川紫霞洞, 家貧好奇計, 蕭然一室, 圖書自娛. 一日, 有美少年, 啓戶而入, 自言, "金浦居人, 姓名白華, 飽[227]聞高名, 要瞻盛儀[228]而來." 鄭見其風標雋朗, 言辭該博, 疑其非鄕人也. 白生袖出一壺, 酌酒而進, 曰: "初拜床下, 將此薄味, 聊表菲忱, 幸許少[229]嘗." 鄭受以飮之, 酒氣香冽異常, 連倒數盃而止. 其壺甚小, 而以

---

224) 車: 저본에는 빠져 있으나 다본에 의거하여 보충함.
225) 者: 나, 다, 라본에는 빠져 있음.
226) 十數人: 가본에는 '數十人'으로 되어 있음.
227) 飽: 나, 다본에는 '飩'로 되어 있음. 뜻은 서로 통함.
228) 盛儀: 나, 다, 라본에는 '威儀'로 되어 있음.
229) 少: 저본에는 '小'로 나와 있으나 나, 다, 라본에 의거함.

上蓋作盞, 下層有榼, 榼中有[230]珍肴也. 品味俱佳, 非人世所有, 益復疑之. 遂辭去, 明朝又來, 來輒挈壺榼, 如是連十日不懈, 兩人交益歡. 鄭問: "君有所欲言者乎?" 對曰: "生有至切之情, 然不敢仰請耳." 問: "有何情事? 第言之[231]無妨." 對曰: "生有親病, 形症乖常, 若蒙委往診視, 則感結無比." 鄭旣得十日之飮, 且欲知其根脉, 乃曰[232]: "吾雖乏華扁之技, 旣效牙期之遇, 當爲君走一遭!" 白生大喜曰: "門外已備驢矣." 遂聯轡而行, 至楊花渡, 有艤一[233]小艇而待者. 纜乘船, 鏡面風利, 布帆無恙, 瞬息之頃, 已出大洋, 四顧茫茫, 水雲接天, 莫知所向. 鄭心語曰: "此必異人也!" 不問所之, 飮酒自若. 忽見迷靄中一大舶, 錦帆高掛, 梢工相呼, 倏爾揚波而來. 白生請鄭上大舶, 船制宏麗, 中有軒楹室屋, 面面雕窓·畫欄, 重重錦帳·繡屛, 皆飾以沈檀·珠貝, 內設床榻·筆硯·香茶·爐罐之屬, 物物珍異, 件件奇妙, 眩轉熒煌, 不可名狀. 主客坐定, 命進酒饌, 皆異味也. 白生盡誠奉侍, 不敢少懈. 行二晝夜, 始泊一岸, 請下船, 岸邊車馬雲集, 帷幕連天. 一官人率輿儓, 以彩轎迎客, 請鄭乘轎, 昇而行幾里, 所經閭里市肆, 人物衣冠, 無非異樣. 鄭懍悅莫省其故, 而便如籠中之鳥, 一聽其所爲而已. 遂入一城, 卽國都云, 而城堞皆以白石築之, 如鋪琉璃水晶. 轉入宮中, 殿閣連絡, 階㕍[234]欄楹, 俱以玉石[235]雕鏤, 輝映奪眼, 悅疑天上白玉京也. 導鄭至一室歇宿, 供具之豊盛, 帷帳之華美, 不可殫記. 鄭乃問曰: "此是何處?" 白生

---

230) 有: 저본에는 빠져 있으나 라본에 의거하여 보충함.
231) 之: 저본에는 빠져 있으나 가본에 의거하여 보충함.
232) 曰: 가본에는 '言曰'로 되어 있음.
233) 一: 저본에는 빠져 있으나 가본에 의거하여 보충함.
234) 階㕍: 가본에는 '塔砌'로 되어 있음.
235) 玉石: 가본에는 '白玉'으로 되어 있음.

曰: "小生誑楚之罪, 無以丐也. 此卽白華國, 去東國海路數萬里, 小生此邦之太子也. 父王有疾, 積年沉痼, 遍求天下良醫, 未得奏效. 今幸天借好便, 枉屈高駕, 明日診視, 試投瞑眩, 期臻翼瘳之慶, 則謹當隕結圖酬矣." 鄭默然止宿. 明日, 太子早來, 引鄭至一殿, 扁以太華殿, 壯麗無比. 由其後, 到寢殿, 暫立楹外俟命, 卽有宮女, 開簾迎入, 瞥見一人, 背負一盤松, 高坐於雕龍榻·繡鳳褥之上, 乃國王也. 鄭大駭, 遽拜而問候, 王曰: "遠來良苦, 豈勝感謝?" 使之診脉, 因道病情, 曰: "寡人自幼時, 偏嗜食松, 凡松筍·松葉·松根·松皮, 無不烹煮而噉之. 燥火漸盛, 一日背上搔癢, 難堪, 忽一松吐[236]芽, 而生皮膚間, 轉爲茁長, 作盤松形. 非但偃仰屈伸之不得自由, 其松枝葉, 或觸物, 或被傷, 則痛不可堪, 此何病也?" 鄭曰: "退而覃精硏究, 始可議藥." 遂歸所館. 太子日三來候, 供奉愈謹, 如燕丹之奉荊卿.[237] 鄭晝思夜度, 莫曉其症, 罔知攸措, 焚香默坐. 如是三日, 心生一計, 乃謂太子曰: "斧子百柄, 大釜一坐, 柴木百束, 冷水一瓮, 今可[238]備來." 仍納斧釜中, 注水而煎之, 以文武火至三日, 以鐵器盛其水, 至殿上, 以手點灑于王之背松, 未半晌, 松葉萎黃. 俄而, 松枝枯凋, 遂以水澆漑, 竟晷而枝葉幾盡脫落, 只餘元株, 亦漸縮小, 一直灌洗, 至數日, 連根消瀜. 又使之飮其水一椀, 背無餘痕, 精神頓爽. 國王父子, 歡天喜地, 稱慶大赦, 向鄭感謝不已. 因問其症源, 鄭曰: "松毒聚中, 木生火, 因毒而生樹. 今斧者金也, 又斫也, 金克木, 故用斧除木氣而消其毒耳." 於是, 三日小宴, 五日大宴, 奉之如神明. 鄭告歸, 國王曰: "人生世間, 如白駒

---

236) 吐: 나, 다, 라본에는 '生'으로 되어 있음.
237) 如燕丹之奉荊卿: 주필로 삭제표시가 되어 있음.
238) 今可: 다본에는 '令卽'으로 되어 있음.

過隙, 適於意, 則何處不可住乎? 願同樂富貴, 以終餘年, 如何?"
鄭曰: "富貴非吾願, 吾自愛吾廬, 不如早還家. 雖高官大爵, 瑤臺華屋, 黃金白璧, 無可以動其心." 父子力挽不能得. 太子曰: "先生之恩, 河海莫量, 而圖報無路, 幸留一兩日, 盛設祖筵以送之." 將行, 贈以一塊美石, 曰: "此石出於海中, 至寶也. 向日, 先生所飮之酒, 皆此石所出也. 置之器, 則美酒津津[239]自生, 不翅若酒泉之自湧, 千年不竭, 幸先生領此." 鄭本好酒, 答曰: "行者有贐, 古禮也, 安得不受?" 遂盛酒石於銀盒[240]而奉之. 乃啓行, 一如來時光景, 還泊楊花渡, 下船歸家, 家人苦待已浹數朔[241]矣. 因敍其事而秘之, 以酒石娛平生云.

外史氏曰: "世或有奇症怪疾, 而背樹之說, 卽四百四病所無之症, 語不近理, 豈有對投之劑? 乃運意用藥, 能得療治, 亦深解醫理者. 蓋醫者意也, 專精究思, 必有得之, 而俗醫只以本方, 膠固不通, 誤人者多. 自昔兪扁, 皆以意解之, 盡其精妙, 豈或有得於方書者耶? 酒石之餽, 雖曰奇寶, 而亦異物, 可謂'有是病有是餽'也."

○ 第三十四号 方術部七【卜筮一】

5-13. 舊奴抽劒說分義

咸順命者, 善卜之矇瞽也. 人家有牝牛産犢, 推其日時, 欺以人命, 令順命[242]占之, 順命曰: "是命年四歲, 當具五刑而死, 人雖至

---

239) 津津: 나, 다본에는 '肆之'로 되어 있음.
240) 盒: 나, 다본에는 '盃'로, 라본에는 '榼'으로 되어 있음.
241) 數朔: 가본에는 '數旬'으로 되어 있음.
242) 令順命: 라본에는 빠져 있음.

虐, 豈四歲犯五刑者乎? 必六畜也." 客大驚而服. 後²⁴³⁾四年, 家有婚, 宰其牛, 充盤肴. 又有一人, 令家僮種匏子, 見雙甲茁地, 以其年月日時, 使順命卜²⁴⁴⁾之, 曰: "是匏某月日時死, 不及結子矣." 其人笑而不信, 識諸篋中. 至夏月, 匏蔓長, 會天雨屋漏, 令家僮升屋易瓦, 失其手, 一瓦落蔓上中絶. 其人驚悟, 視篋中所識, 果其日矣. 順命嘗於雨中, 進謁白沙相公, 公問: "何爲冒雨而至?" 對曰: "事係緊切, 敢來煩告²⁴⁵⁾." 公曰: "且置汝所懇, 先從吾請, 可乎? 有三少年在座, 爾能精筭其窮達, 無所差誤, 則吾當快從爾言." 乃以三人四柱, 告之, 順命良久細推, 而言曰: "相公必以古人大貴之命, 賺病人而試之也, 豈有一座上四相並坐者?" 公曰: "吾豈與若爲戲乎? 第以所見言之." 順命曰: "三人皆位極人臣, 名滿一國, 平生所罕見之命也. 但辛巳生, 無文星照命, 科第²⁴⁶⁾未可必, 貴不可言, 且以五福完備言之, 辛巳生爲最矣." 公曰: "若誠是譽卜, 焉有三人幷坐, 而皆登台閣也? 且我國士夫, 未有不登第而能大貴者耳." 順命曰: "直以方術所推, 告之, 其他則小盲亦不知也." 三人卽崔遲川·張谿谷·李延陽, 而竟皆入相, 或中年多病, 不享遐齡, 或子姓不蕃. 獨延陽, 壽至八十, 子孫衆多, 又以布衣策勳, 位至上相, 卜者之說, 果驗矣. 順命適因事往嶺南, 仁同人趙某業武, 將赴擧, 詣順命筮吉凶. 順命布卦訖, 咄歎曰: "君行當被虎囕²⁴⁷⁾, 然又當捷科, 世豈有死而登科者乎?" 遂題占辭, 曰: "月明山路, 虎狼可畏." 趙聞之大怖, 欲止行, 順命曰: "登科無疑, 且可發行. 虎咥果難避, 雖在

---

243) 後: 저본에는 빠져 있으나 다본에 의거하여 보충함.
244) 卜: 나, 다, 라본에는 '占'으로 되어 있음.
245) 告: 가본에는 '公'으로 되어 있음.
246) 科第: 라본에는 '登科'로 되어 있음.
247) 囕: 라본에는 '㘞'으로 되어 있음.

家, 烏可免乎?" 趙然之, 乃登程. 行數日, 適到山路無人之地, 時値黃昏, 東嶺月上. 忽有一賊, 躡後而來, 至叢薄陰森處, 猝然直前, 曳趙下馬, 踏其胸, 搤其吭, 抽劍擬之者數次. 趙曰: "汝所欲財也, 吾之衣服·行篋·馬匹, 任汝取去, 何必殺我? 我非汝父母之讎, 何至於是?" 賊曰: "吾豈欲若財者耶? 非吾父母之讎, 吾豈有此擧哉?" 趙曰: "吾一生未嘗殺人, 寧有與汝爲讎之端乎?" 賊曰: "試思之." 趙沉思良久, 曰: "吾年少氣銳時, 嘗怒一婢, 杖治而忽斃, 亦非猛杖故殺. 此外未嘗有由我死者." 賊曰: "吾卽婢之子也! 吾自失怙, 爲人收養, 至於長成, 志未嘗一日忘汝. 汝雖未知有吾, 吾之[248]伺間, 久矣. 今幸得遇於此, 吾豈捨汝哉?" 趙曰: "然則任汝所爲." 賊沉吟半晌, 乃擲劍伏地, 曰: "今玆相釋, 主可以行." 趙曰: "汝旣以我爲讎, 何不殺之?" 賊曰: "吾聞之, 主雖殺吾母, 旋卽悔之, 每至死日, 設食而祭, 此恩亦不可忘也. 主殺奴婢, 爲其奴[249]者, 何敢報也? 顧此結在心曲, 思欲一洗, 今旣搤主之項, 擬以白刃, 雖未成[250]戕害, 志則少伸. 奴主之間, 義同父母, 以奴凌主, 至於此地, 亦是死罪, 小人今當死於主前." 趙曰: "汝眞義士也, 何可浪死? 可與吾同上京, 吾當善視, 豈或以此事置懷?" 仍問其名, 曰: "虎狼也." 且曰: "旣搤主項, 而忍復爲奴乎? 罪不容於覆載, 主雖赦之, 神必殛之." 遽[251]引劍自決, 仆于地. 趙大驚嗟愕, 至近村, 言其故, 一里皆驚, 稱其義, 共出力收瘞. 趙上洛, 果捷鬼科.

外史氏曰: "蓍龜之驗, 通幽索隱, 彰往察來, 而惟其能透神明,

---

248) 之: 다본에는 '則'으로 되어 있음.
249) 奴: 다본에는 '子'로 되어 있음.
250) 成: 저본에는 빠져 있으나 나, 다본에 의거하여 보충함.
251) 遽: 다, 라본에는 '遂'로 되어 있음.

決疑洞微者, 尠矣. 咸卜之術, 可謂受命如響, 極數知來者. 至於燭理, 如神無微不驗, 是豈獨占之者能之? 事事前定於未形, 天也, 人謂事事可以力能, 營營乎半夜而憂, 不亦謬哉?"

5-14. 貴兒蒙皮度厄運

洪啓觀, 盲人, 精於卜筮者也. 一日, 雨中閒坐, 謂家僮曰: "門外有今日暴死之[252]人, 爾速驅出!" 果然一少年, 避雨簷底, 竊聽其言, 卽入問其故, 求活甚懇[253]. 洪沉吟良久, 曰: "只有一策, 君能行之否? 今直往東門, 則[254]黃昏時, 有一人着木屐, 負柴[255]入來. 君須跟隨, 造次不離, 捱過今宵, 可以得活." 少年依其言, 往東門立, 多時, 果有一人, 負柴而來. 便隨其後, 値日暮, 投宿訓鍊院, 少年從之. 時夜將半, 凄風冷雨, 咫尺不辨, 有一女人, 哽哽咽咽, 自遠及近, 直到廳前, 伏地祝手, 曰: "願公出給我讎人!" 負柴人厲聲叱退, 其女子[256]乍退旋入, 如是數矣[257]. 晨鷄一聲, 因忽不見. 少年歸見洪, 謝其救命之恩, 問負柴人姓名, 洪曰: "其人卽潛谷金堉, 而有膽略能禦魅者也." 朴燁按關西時, 有親知一宰, 送其子而托之, 曰: "此兒雖冠, 而姑未委禽, 使洪卜推數, 則今年有大厄, 若置將軍之側, 可得無事云. 故玆送之, 幸望留置, 俾得度厄." 燁見其兒, 淸秀俊慧, 年屆志學, 甚奇之, 遂置傍室. 一日, 此兒晝寢, 燁攪睡而謂曰: "今日汝有大厄, 若依吾言, 則可免矣, 不者, 難保性命." 其兒

---

252) 之: 저본에는 빠져 있으나 이본에 의거하여 보충함.
253) 懇: 가본에는 '急'으로 되어 있음.
254) 則: 나, 다본에는 '卽'으로 되어 있음.
255) 柴: 가본에는 '炭'으로 되어 있음. 이하의 경우도 동일함.
256) 女子: 라본에는 '女'로 되어 있음.
257) 數矣: 다본에는 '數次'로 되어 있음.

曰: "敢不如命?" 燁曰: "第姑俟之." 値夕時, 牽出樞上騾, 輔鞍而使兒騎之, 因戒曰: "汝騎此騾, 任其所之, 行到一處, 騾若駐足, 則汝可下鞍, 尋逕[258]而行, 過幾里, 必有廢刹. 其禪房壁上, 掛一虎皮, 汝可蒙皮而臥, 雖有老僧來索其皮, 切勿出給. 若至見奪之境, 示以擧刀欲割之狀, 則彼必不敢爭奪. 如是相持, 捱過鷄鳴後, 則自可無事. 鷄唱後, 雖出給其皮, 亦不妨, 汝能行此否?" 對曰: "謹受敎矣!" 因騎騾出門, 其行如飛, 兩耳但聞風聲. 踰山度嶺, 轉入谷口, 騾忽駐立, 乃下鞍, 徒步而行, 月光微射, 草路可辨. 過數里許, 果有一巨刹, 而年久荒廢者, 卽尋房開戶, 床榻俱空, 塵埃堆積. 見有一大斑之㺚, 倒掛杙上, 遂取皮蒙首而臥. 夜過三更, 忽有剝啄聲, 一老僧狀貌凶獰者, 拓戶而入, 曰: "此兒來矣." 仍近前, 曰: "何爲蒙此皮也? 可速還我!" 兒聽若不聞, 堅臥不起, 僧連聲督還, 兒終不應. 遂直前而要奪, 兒乃抽刀, 欲斲之, 僧驚而退坐, 如是者屢矣. 俄而[259], 村鷄喔喔, 僧笑曰: "已矣, 奈何? 此必朴燁之所指導也." 因呼兒而起, 曰: "今則還皮, 兩相無妨." 兒乃起坐, 出給其皮, 僧曰: "汝可[260]脫上衣給我, 切勿開戶見[261]之." 兒解衣以給, 僧持衣與皮而出外, 兒從窓隙窺視, 僧卽蒙其皮, 變爲大虎, 奮迅咆哮, 乃啣衣幅, 片片裂破. 少焉, 脫皮復作老僧而入來, 抽一紙軸, 以朱筆點兒之名字上, 因曰: "汝可歸語朴燁以勿泄天機也. 汝從今入虎群中, 決無傷害之慮矣." 又給一片書紙, 曰: "如有攔于路者, 出示此紙也." 兒出門回程, 曲曲有虎遮路, 每示其紙, 虎皆低頭而去. 未

---

258) 逕: 나, 다, 라본에는 '徑'으로 되어 있음.
259) 俄而: 나, 다, 라본에는 '俄已'로 되어 있음.
260) 可: 나, 다본에는 '可能'으로 되어 있음.
261) 見: 가본에는 '視'로 되어 있음.

及洞口, 又有一虎遮前, 兒擧示其紙, 虎不顧而將欲噬之, 兒曰: "汝欲如此, 則與吾偕至寺中, 訴于老僧, 從其決處, 可乎!" 虎乃點頭, 共到寺中, 見僧道其狀, 僧叱曰: "汝何違令?" 虎曰: "非敢違令也, 餓已五日, 何可見肉而放過乎?" 僧曰: "然則當以他代給." 虎曰: "然則幸矣." 僧曰: "從東行二里許, 則有一人着氈笠來, 汝可作療飢之資." 虎卽出去. 少頃, 忽有砲聲, 僧笑曰: "彼漢死矣!" 兒問其故, 僧曰: "渠是我之卒徒也, 不從令, 故使之東往死於砲矣." 蓋氈笠人, 卽砲手也. 兒辭而出洞, 天將曉, 而驃齕草. 仍騎而還, 見朴燁告其事, 燁點頭, 而治送其家. 其兒果顯達云.

外史氏曰: "洪卜之術, 窮神知化, 鉤深致遠, 雖古之管輅·郭璞, 蔑以加焉, 能知人之逐鬼制虎, 以救人命, 又何其通神也? 蓋人之吉凶禍福, 皆有天命, 豈容人力之所斡旋, 而往往有轉禍弭災·起死回生之術, 禳災邀福, 術不可不信, 而人衆勝天, 其是之謂歟?"[262]

○第三十五号 方術部八【卜筮二】

5-15. 倒騎牛歸冥陞貴

金監司緻, 號南峯, 柏谷得臣之父也. 自少時[263], 精通紫微斗數, 神於推命. 仕光海朝, 爲校理, 晩始悔之, 托病斂跡, 卜居龍湖, 杜門謝客. 一日, 侍者告以南洞沈生請謁, 金曰: "客豈不知此身之病廢乎?" 使侍者, 謝而送之. 金平日, 每自推其命, 當藉水邊姓人之力, 免於禍厄. 至是, 驀然思得來客姓沈, 急使侍者邀入, 乃沈器遠

---

[262] 其是之謂歟: 가본에는 이어서 '蓋東國之異事奇才, 往往有之, 而洪卜之妙異, 不可論也.'라는 내용이 첨부되어 있음.
[263] 時: 저본에는 빠져 있으나 다, 라본에 의거하여 보충함.

也. 公忙起作禮, 曰: "適憂採薪, 有失倒屣, 慚悚何言?" 客曰: "曾無盍簪之雅分, 竊聞靈蓍之盛名, 蓋以四十窮儒, 命途畸窮, 不避唐突, 敢此來質." 因袖出四柱, 金覽訖, 曰: "來頭身數大通矣." 客又自袖中, 連出四柱, 曰: "窮儒之交, 無非窮生, 要我轉質, 有難揮却, 並此持來." 金隨出盡閱, 極口稱贊曰: "皆是掀天富貴之命, 不須更問." 客又出一四柱, 曰: "此人不願富貴, 但願平生無疾, 且欲知壽限而已." 金一覽, 遽起整冠帶, 奉置四柱於案上, 跪而[264]詳覽, 曰: "此四柱貴不可言, 自與常人殊, 可不敬哉?" 客欲告歸, 金曰: "一面如舊, 何嫌之有? 幸且留宿, 對榻揮塵, 慰此病懷, 深有望焉." 客諾之. 至夜深, 乃促膝而前, 曰: "吾病是假非眞. 曩未免厠跡筍班, 然默察時機, 易至崑炎之俱焚, 故因以噬臍, 退藏於密, 而局面之飜覆, 料在不遠. 尊輩命數, 吾已領略, 此事可成, 少無疑慮. 幸勿諱之, 有以敎我." 客大驚, 初欲周遮, 末乃告其故, 金問: "將以何日擧事?" 曰: "以某日擇吉." 金沉吟良久, 曰: "其日極穩順, 在小事則爲吉, 而此等至艱危大擧措, 帶殺破狼之日然後, 可矣. 吾請明曉改擇." 遂晨起, 盥漱焚香, 卜云其吉[265], 卽癸亥三月十三[266]日也. 曰: "此日犯煞星, 雖先[267]有告變之人, 而畢竟順成矣." 客大異之, 曰: "當以尊名, 入於擧義錄中." 金曰: "非吾所願, 但於事成後, 幸救垂死之命." 沈快諾而去. 及至更化日, 多有捏撼金事者, 而沈力佑[268]之, 乃免禍, 陞拜嶺伯, 而卒于任所. 金甞以四柱推命於燕京人, 題送一句, 曰: '花山騎牛客, 頭戴一枝花.' 及按嶺節, 巡到安

---

264) 而: 가본에는 '以'로 되어 있음.
265) 吉: 마본에는 '吉日'로 되어 있음.
266) 三: 저본에 '六'이라 쓴 것을 주필로 수정한 것임. 가본에는 '六'으로 되어 있음.
267) 雖先: 다본에는 '難免'으로 되어 있음.
268) 佑: 저본에는 '右'로 나와 있으나 가본을 따름.

東, 猝患痁疾, 或云: "當日倒騎黑牛, 則卽瘳." 乃試之, 纔下牛背, 枕妓膝而臥, 使妓以爪, 搯髮根癢, 問其名, 曰: "一枝花." 忽憶其詩, 歎曰: "死生有命!" 乃鋪席正枕, 倐然而逝. 是日, 三陟守[269]某, 卽金之友也, 白晝閒坐, 忽見金盛騶從入門, 驚而起迎, 曰: "公何爲而越他道來訪也?" 金曰: "吾非生人, 俄已作故, 新差閻羅大王, 方赴任, 而無新製章服, 玆因歷路來請, 幸爲我覓惠否?" 三陟守[270]心知虛誕, 而難違其托, 覓給篋中綠[271]紬一疋, 金欣然受而去. 三陟守大驚訝, 送人探之[272], 果於是日, 歿于安東巡到所矣. 自此, 金爲閻羅王[273]之說, 盛行於世. 朴久堂長遠, 與柏谷爲膠漆友, 久堂嘗推命於北京, 以某年當死爲言. 當其年正初, 邀來柏谷, 曰: "欲得一書于先尊丈前矣." 柏谷悄悵不許, 久堂曰: "君以吾爲誕[274]乎? 第爲我寫之." 仍口呼, 而使之書, 曰: "父主前, 上白是. 子某之切友朴某, 壽限[275]將止於今年, 伏望特垂矜憐, 俾延其壽. 某年月日, 子得臣白是云云." 書畢, 久堂淨掃一室, 與柏谷焚香拜, 而燒其書, 果穩度其年, 過數十年而終云. 金每夜盛騶率, 列燈燭, 往來於南村之間, 或逢知舊, 則下馬而敍懷. 一少年曉過駱洞, 逢金於路, 問: "從何而來?" 曰: "今日卽吾忌日, 祭物不潔, 未得歆饗而去云[276]." 仍忽不見. 其人卽往探其家, 祭纔罷矣. 以其事傳之, 金之子弟大驚, 遍檢祭物, 無一不潔, 而飯中有一條人髮. 其後, 有素親

---

269) 守: 가본에는 '倅'로 되어 있음.
270) 三陟守: 가본에는 '本倅'로 되어 있음.
271) 綠: 저본에는 '絲'로 나와 있으나 나, 다, 라본을 따름.
272) 之: 가본에는 '知'로 되어 있음.
273) 閻羅王: 가본에는 '閻王'으로, 마본에는 '閻羅大王'으로 되어 있음.
274) 誕: 가본에는 '虛誕'으로 되어 있음.
275) 限: 저본에는 빠져 있으나 다본에 의거하여 보충함.
276) 云: 나, 다, 라본에는 '云云'으로 되어 있음.

人, 逢着於街上, 金曰: "吾曾借見某人之『綱目』, 而未及還之, 第幾卷幾張, 有金箔紙挾置者. 幸以此言, 傳于吾家, 毋至遺失也." 其人歸傳其言, 柏谷搜見『綱目』, 果如其言, 人皆異之.

外史氏曰: "『易』曰: '受命也, 如響.' 又曰: '極數知來.' 自古, 善於推命, 每多若合符契, 南峰紫微斗數之術, 燕人騎牛枝花之句, 亦皆透妙通神, 固不是異事. 但閻羅王之說, 荒誕不經, 而且因其子之書, 而使人延壽, 則地府亦有關節私情而然耶?"

5-16. 假竊馬轉禍媒榮

李萬甲, 雲峯人也. 善推命, 其卜如神, 湖南人士多歸之. 南原儒生金某, 屢捷鄉試, 輒屈會圍, 家計剝落, 猶不廢擧業. 聞有邦慶設庭試, 擬觀光, 往問否泰於李, 李叩其四柱, 揲蓍布卦, 沉吟良久, 曰: "怪哉! 科場得失姑捨, 大厄當前, 性命難保, 此將奈何?" 生驚懼[277], 願聞可生之方, 李更詳繹繇辭, 曰: "若挨[278]過厄運, 則必登科!" 生又哀乞曰: "若有避凶就吉之道, 則活命之恩, 敢不圖報?" 李又沉思[279]半晌, 曰: "第有一策, 君能行之否?" 曰: "死中求生, 曷不勉圖?" 李曰: "自此, 直發京行, 宿五十里許地. 明早, 西踰一嶺, 向長谷入去, 則[280]淸溪垂柳之下, 當有素服女子, 必須盡死力, 期於諧合, 則其間雖備嘗艱危, 便是過瞿塘而登龍門也. 幸勉旃焉." 生遂告別而出, 謂其僕曰: "可直作科行." 僕惝怳曰: "篋無科具, 囊乏盤纏, 不如還家治裝徐行." 生曰: "吾自有籌度, 汝毋多言!" 仍[281]

---

277) 驚懼: 라본에는 '驚惶'으로 되어 있음.
278) 挨: 가본에는 '捱'로 되어 있음.
279) 沉思: 가본에는 '沉吟'으로 되어 있음.
280) 則: 나, 다본에는 '卽'으로 되어 있음.
281) 仍: 나, 다, 라본에는 '因'으로 되어 있음.

促鞭登程[282], 行五十里, 暮[283]歇旅店. 明朝[284]取路, 向西踰嶺, 地形
䆫如李卜所告, 心竊爲幸. 轉入一洞, 有大村, 前臨淸溪, 溪邊綠
楊, 搖曳敷陰, 下有村嫗, 方靠石澣衣, 傍立一素服女子, 頗有姿
色, 瞥見騎馬客, 遽變色, 促嫗撤澣歸家. 生馳而隨其後, 女已入
室, 而掩中門. 生下馬入外舍, 塵埃堆積, 閴[285]無一人. 乃陞坐空
軒, 俄而, 一老翁曳杖而來, 曰: "何許客在此[286]?" 對曰: "過路値
暮, 欲寄宿一宵." 老翁曰: "此係吾孀婦之家, 外無主人, 留客未便,
可隨我而去, 宿吾家." 對曰: "吾有人馬, 已駐接於外廊, 但借空廳
過夜, 待曉還發, 毋煩老人接待." 老翁再三欲携去, 客終不聽, 老
翁意甚未安[287], 竟噴噴而去. 山日[288]已曛, 夜色漸深, 生密謂僕曰:
"吾當踰垣入內舍, 一入後, 若有喧聲, 則是吾命卒之秋. 汝無俱死
之義, 可亟逃去矣." 乃靜悄悄地, 循墻周視, 有頹垣小穴, 以荊棘
架攔處. 盡力穿通, 匍匐入去, 屋宇重疊, 潛過一處, 有廐, 繫一
匹[289]白馬, 馬見人嘶. 生忙步過廐, 抱壁前進, 抵一室, 燈光透窓,
唾指鑽紙而覘之, 房中虛無人, 但見床上舖素衾枕, 一炷燈靑熒熒
而已. 又向他室而窺, 數三女子方嬉笑, 中有素服女, 卽溪上所覩
也. 乃復至先覘[290]之室, 大着膽, 拓窓而入, 吹滅燈火, 伏在黑窣窣
裏. 少焉, 女歸其室, 開戶欲入, 遽退立, 獨語曰: "燈油尙多而火

---

282) 登程: 나, 다본에는 '登科程'으로 되어 있음.
283) 暮: 가본에는 '日暮'로 되어 있음.
284) 明朝: 가본에는 '明早'로 되어 있음.
285) 閴: 라본에는 '寂'으로 되어 있음.
286) 在此: 나, 다본에는 '此地'로 되어 있음.
287) 未安: 라본에는 '未安'으로 되어 있음.
288) 日: 나, 다. 라본에는 '月'로 되어 있음.
289) 匹: 저본에는 '疋'로 나와 있으나 나, 다본을 따름.
290) 覘: 다본에는 '窺'로 되어 있음.

熄, 可怪!"如是者數三次, 而躊躇不入, 生益焦躁[291]. 已而, 女入來, 坐寢席, 噓唏歎息, 生乃密告曰: "有人在此." 女驚駭曰: "深夜何人入此? 豈非[292]偸盜乎?" 生低聲曰: "吾非盜也. 誠有可矜之情事, 願主人姑勿高聲, 則謹當詳陳." 女徐謂曰: "但言無妨." 生因具道始末, 女聽罷, 長吁曰: "此卽天也! 吾以某鄕富民之女, 十六歲爲此家婦, 十七寡居, 矢死靡他. 彼窓外馬, 卽亡夫[293]所嘗騎者, 吾親自喂養, 以替對夫面, 已爲數年. 昨夜忽夢, 前溪有黃龍, 自西浮來, 化爲騎馬客, 傍有一人, 謂吾曰: '彼卽汝夫也, 當貴且吉.' 旣醒, 歷歷可紀[294]. 欲驗夢之虛實, 使老婢戴澣器, 出溪上, 果有騎馬客來, 擧眼暫矙, 卽夢中所見黃龍化爲人者也. 十分驚怪, 卽歸, 至日暮, 亂我心曲. 俄從小姑房歸, 燈已滅, 故遂心動, 意必有人. 若一呼, 則吾夫之兄弟, 有如豺虎者三四人, 當一時俱到, 客必爲薤粉矣, 故不爲聲而吝且者, 蓋以有思也. 今聞客言, 則亦有卜說同吾夢兆, 此豈非天乎?" 遂各敍邂逅, 與同枕席, 因謂曰: "郞之此行, 必登第, 然科期促近, 難以駑駘[295]趁期. 且丈夫手中有物, 可以辦事." 乃提燈上樓, 出金帛, 作一包, 牽出櫪上馬, 俾僕先卽馳去, 約會于遠店. 又曰: "郞可依昨坐空軒, 備嘗艱險後發去, 爲消過厄運之道, 宜矣." 生一依其言, 女卽毁後垣一隅, 爲盜漢出入之跡. 平明, 女忽大慟曰: "廐馬見失!" 於是, 家人咸集, 女之舅與媤叔, 罵生曰: "彼之決欲過夜於此處者, 已料其殊常, 今果竊馬, 眞所謂膈底捉贓. 彼雖百喙, 安得發明?" 遂擧杖, 欲打之, 生垂頭哀乞,

---

291) 焦躁: 다, 라본에는 '焦燥'로 되어 있음. 뜻은 서로 통함.
292) 非: 저본에는 빠져 있으나 가본에 의거하여 보충함.
293) 亡夫: 다본에는 '夫之'로 되어 있음.
294) 紀: 나, 다, 라본에는 '記'로 되어 있음.
295) 駑駘: 다본에는 '駑馬'로 되어 있음.

曰:"若盜馬, 則當乘夜遠走[296], 豈可逗留被捉乎?"少年輩曰:"汝僕何去?"對曰:"乘吾睡時已逃去, 無乃此漢所爲乎? 因奴責主, 則夫復何辭? 死生當惟命."老翁曰:"誠如若言矣, 渠若盜馬, 則豈必在此? 塞翁得失, 何足較論?"乃揮逐少年輩, 而謂生曰:"君必肚饑, 可至吾家吃飯而去."因携往饋飧而送之, 生拜謝不已. 旣脫禍網, 急起登程, 晌午抵店, 奴持馬而待, 相看大喜, 促行戾洛, 果擢高第. 唱榜還鄕, 到一處, 忽有四五人, 迎拜曰:"新恩卽某鄕某姓乎?"曰:"然." 蓋其女人旣還本家, 預備新恩到門之諸具, 送人中路, 邀來新恩. 遂抵其家, 張風樂, 會鄕黨, 便若迎婿之日. 夫婦偕好, 富貴兼全, 乃多齎錢帛, 往謝李卜, 曰:"此皆君之惠也!"每歲, 餽遺不絶.

　外史氏曰:"卜之通神, 可稱奪造, 能知避凶就吉之方, 歷歷告示, 便如燭照而指掌. 夢者, 精爽之所感, 而明休咎之先兆, 丁寧諄複, 有若耳提而面命. 自古, 夢卜之靈驗, 有如此, 緣固有天定, 而此所謂'朕夢叶朕卜'者,[297] 豈不異哉?"

---

296) 遠走: 나, 다본에는 '逃走'로 되어 있음.
297) 緣固有天定, 而此所謂'朕夢叶朕卜'者: 주필로 삭제표시가 되어 있음.

卷六

○ 第三十六号 道流部一【仙術一】

6-1. 司印僧留客朝眞

南宮斗, 咸悅人也, 倜儻慷慨, 好與人爭, 人皆謹避. 以上齋生, 遊太學肄業, 每馳駿乘南下, 見其愛妾, 飛也似往還, 人莫知之. 一日侵夜, 抵妾家, 自外乍覘燈影裏, 妾與斗之外姪, 相抱而寢. 斗挽弓, 從窓隙, 壹發雙殪, 以藁席捲[1]兩尸, 投之溝壑, 旋卽還洛. 外姪之家, 搜訪尋尸, 謂以斗平日嫉其外姪, 暗地逞凶, 要眩情跡, 並戕其妾, 遂告于官, 譏詞四出, 捕斗南來. 斗本家饒, 其妻聞斗罹桔[2], 盛備酒饌, 迎於中路, 以二石醪, 醉守卒, 乃解其縛, 曰: "可逃矣!" 斗入大芚山中, 如范變張匿影[3], 逾半載, 忽夢有人, 告曰: "追捕至矣, 盍速去?" 斗覺而出走, 剃髮掛衲, 向浮石寺, 路遇一和尙, 箕踞樹下而睨斗, 曰: "惜哉! 好人爲僧, 雖然稍晚, 可恨." 又曰: "來時殺兩人乎!" 斗聞其言而異之, 拜而請曰: "願禪師敎我." 曰: "吾非黃石, 安有孺子[4]之可敎?" 斗再三固請, 和尙曰: "余有神師, 在雉裳山中, 謂余才劣, 但敎以唐擧之術, 故粗解糟粕而已. 君欲學神術, 則尋見吾師, 好矣." 斗乃向雉裳山, 山勢周遭[5]深邃, 尋覓三載, 未逢一衲. 斗自語曰: "浮石之僧, 欺我也!" 方擬回步, 遽見桃核流在石澗, 若有新擘[6]桃而抛核者, 斗驚喜曰: "此必有人!" 遂緣澗前

---
1) 捲: 다. 라본에는 '掩'으로 되어 있음.
2) 桔: 다본에는 '桎梏'으로 되어 있음.
3) 影: 가본에는 '形'으로 되어 있음.
4) 孺子: 나, 다본에는 '儒子'로 되어 있음.
5) 遭: 나, 다본에는 '連'으로 되어 있음.

進, 林木掩翳, 巖谷窈深, 攀蘿躐磴而入, 則洞天開朗. 覆茅一菴, 懸在峯頂, 宅幽而勢阻, 眞是諸天淨界. 斗乃履巉巖, 披蒙茸, 得到庵前, 有一老僧, 趺坐方丈, 視斗若不見. 斗拜叩恭謹, 願學神術, 僧又若不聽. 斗懇請不已, 僧乃叱曰: "空門老漢, 只是土木形骸, 客何困人至此? 神術之說, 誠荒唐矣." 斗手攢頂禮, 竟晷繼夜, 至三日, 僧始曰: "君誠意切實, 雖可敎, 而才分魯下, 似難悟解, 只當授以長生之方, 第能絶穀否?" 對曰: "何難之有?" 斗本大嚼, 未克遽斷哺啜, 僧使之漸次減食, 昨一簞而今一盂, 過幾日, 至廢食而不知肚餒. 僧曰: "君能不寐否?" 對曰: "張子房之辟穀, 旣聞命矣, 陳圖南之千日睡, 何師敎之相反也?" 僧曰: "圖南之睡, 卽成道以後事, 異於凡人睡, 凡人不睡然後, 始可以斂魄[7]歸臟·呑氣葆精[8], 此爲求道之權輿, 子其勉之." 對曰: "敢不力圖?" 自是, 夜輒明發, 雖身疲頭欹, 不堪耐苦, 而能搏逐睡魔, 目炯炯而坐待朝. 僧喜曰: "君之心力, 如是堅固, 足稱中士學道受之以心者也." 乃授『黃庭經』, 使讀萬遍, 讀訖, 授以內外丹祕訣, 令繹習之. 斗俾夜作晝, 孜孜矻矻, 頗窺到奧域, 從此萬念都灰, 體骨漸輕. 數月後, 忽有口中齒城邊一小珠落下, 斗持珠, 問僧曰: "此何異徵?" 曰: "此卽參同所成, 若大黍米者, 此珠出, 則當九轉成功矣. 徐圖待時, 切勿輕動妄念, 戒之愼之!" 過一年, 斗自念, '吾之成仙庶得諧, 而但不知何時白日昇天.' 意甚燥菀, 忽自九竅, 急火跳出, 耳目口鼻皆流血, 昏倒在地. 僧驚歎不已, 曰: "誤大事也!" 卽出丹藥, 灌之喉中, 俾回甦. 僧曰: "道書, 以腎[9]水爲龍爲鉛, 以心火爲虎爲汞, 又以身爲

---

6) 擘: 라본에는 '劈'으로 되어 있음. 뜻은 서로 통함.
7) 魄: 라본에는 '魂'으로 되어 있음.
8) 葆精: 가본에는 '保精'으로 되어 있음. 서로 통용됨.

鼎鑪, 以息念爲養火, 以性情爲身中夫婦, 內視之法, 水火均適, 能布神化氣.[10] 其德乃眞, 故戒以勿生躁心, 君何聽我藐藐大略? 躁則動火, 動火則走水, 緣君一念之差, 水火走泄, 雖欲拾瀋, 其可得乎? 君自無仙分, 至於斯境, 第誤吾事, 誠可恨也." 斗曰: "緣吾愚迷, 未全護珠之戒, 遽生躁思, 自底虧簣之歎, 噬臍何及? 但禪師之誤事, 未審云何?" 僧曰: "吾之平生本末, 擬待君成道而告之. 君今未祛五情, 自蹈三過, 誠違靈臺之莫撓, 計乖閬苑之同遊, 留此何益? 從可逝矣. 山門一別, 後會難期, 故以吾事蹟槩及之, 愼勿傳播於世. 吾本安東人也, 宋神宗熙寧二年, 吾年十四, 忽嬰瘡疿, 全體潰爛, 一縷垂絶, 臭穢難狀, 家人莫近, 不堪痛苦, 惟願速死. 請于父母曰: '顧此惡疾, 無望復起, 徒貽惟憂, 忍見不忍見[11], 兒心焦悶, 若添一病. 願爺孃置兒于山巓林藪[12]之間, 使之冒沾風[13]露, 滌煩吸涼. 倘或有益無害, 賴天之佑, 獲延殘喘, 則復續天倫, 豈無其日?' 仍泣懇[14]不已. 父母熟知余疾之無奈, 而難違臨死之悲語, 以箄殣茵舖, 徙余于深山叢薄中, 揮淚而去. 余與山魈野獸爲隣, 而獨自偃仰, 有大蟲日來, 舐吾瘡處, 痛入骨髓, 余謂虎曰: '何不噉吾而徒事挐逼[15]乎?' 虎舐愈甚, 余瘡漸蘇, 曩所潰爛, 幾皆完合[16]. 過數旬, 甫曳杖而起, 見傍有異草, 九莖三秀, 燁燁其紫, 瑞彩纈眼, 芬馥襲裾. 試摘而茹之, 甛美奇絶, 雖『詩』稱甘薺,「騷」

---

9) 腎: 나, 다, 라본에는 빠져 있음.
10) 水火均適, 能布神化氣: 다본에는 '水火內通, 適歸布神化氣'로 되어 있음.
11) 見: 저본에는 빠져 있으나 나, 다, 라본에 의거하여 보충함.
12) 山巓林藪: 나, 다본에는 '山嶺林樹'로, 라본에는 '山巓林樹'로 되어 있음.
13) 風: 라본에는 '雨'로 되어 있음.
14) 泣懇: 나, 다, 라본에는 '悲懇'으로 되어 있음.
15) 逼: 가본에는 '逼迫'으로 되어 있음.
16) 完合: 다본에는 '完全'으로 되어 있음.

著[17]餐菊, 未可同日而語. 乃恣意採啜, 饑渴頓忘, 神氣俱旺, 能步而行, 行而走, 偶試騰躍, 振衣一趈[18], 飄飄乎幾至雲霄. 自此, 如鳥數飛, 輒憑虛御風而行, 一朝飛到太白山頂, 忽有老僧, 裝七寶之飾, 携九節之杖, 揖余而笑曰:'待子久矣!'携手入室, 飮余君山之香醑, 授余雲房之秘訣. 大抵天壤之間, 皆有仙而必有主者, 獨我東無司仙之人, 故前日張道士, 以玉印, 授義湘大師, 俾司東方諸仙. 過幾年, 義湘師[19]傳印於太白山僧, 昇天而去, 太白山僧, 因余逢場傳印, 而亦昇仙.[20] 余則塵緣未了, 不得傳衣鉢之處, 尙住人間, 政自悶菀, 何幸好風吹送君子? 竊觀君之心力, 足可窺琳札而編瑤籍, 故待其丹成, 將傳印而浩然歸矣. 天不從願, 事與心違, 不知何年志業可就, 此吾所謂誤大事者也." 斗問: "僧以綿塞臍口, 何也?" 僧曰: "此吾單方金氣, 君欲觀, 則當示之, 須勿驚也." 仍抽其綿, 金氣湧出, 滿室眩晃, 見[21]甚可怖. 僧復塞之, 斗又問曰: "師在此做甚事?" 僧曰: "每年正月初二日, 則[22]東方群仙, 皆來朝我, 以境內卽吾所司, 故群仙各修其職也. 吾以塵世汚濁, 不堪邀集衆仙, 每上天宮, 受朝而還. 明年不遠, 當爲君觀光, 在此受朝矣, 君姑留待也." 及至期日平明, 一綵燈自掛於山門樹枝. 俄有, 幾千萬燈, 鱗次來掛, 一洞照耀, 如萬間紅樓, 金光璀璨, 玉柯輝映, 祥靄[23]彩霱, 彌滿洞天. 空裏仙樂, 隱隱風飄, 衆仙皆星冠月佩[24], 駕

17) 著: 가본에는 '稱'으로 되어 있음.
18) 趈: 라본에는 '起'으로 되어 있음.
19) 師: 저본에는 빠져 있으나 나, 다, 라본에 의거하여 보충함.
20) 亦昇仙: 가본에는 '亦乎昇天'으로 되어 있음.
21) 見: 저본에는 빠져 있으나 라본에 의거하여 보충함.
22) 則: 나, 다본에는 '卽'으로 되어 있음.
23) 靄: 가본에는 '雲'으로 되어 있음.
24) 月佩: 가본에는 '月珮'로 되어 있음.

鶴駿鸞, 羽蓋翩躚, 雲軿葳蕤, 隊隊簇擁而來. 女仙則飄霞裾翳雲
裳, 絳節珠扇, 冉冉從空而下. 琳筵玉席, 肆設輝煌, 銀箏瑤管, 雅
曲迭奏, 千態萬狀, 眩眼奪神. 僧皆坐而受拜, 或鞠躬答揖, 其位高
者, 下堂而迎, 左右列坐, 禮貌嚴肅, 其言語酬酢, 未可諦聽. 少焉,
一燈自南而上, 連有燈影隨去, 群仙次第拜辭, 須臾而雲空矣. 斗
將出山, 問前程否泰. 僧曰: "君到世間, 遵吾勉戒, 則可得八百年
壽." 臨別, 授以丹藥一粒, 曰: "君之命數, 當有二子, 而始也吾急
於傳道, 饋以鎖精之藥, 君今出世, 豈可如梅福之棄妻子乎? 嚱此
則精穴當開矣." 斗還鄉尋家, 妻死已久, 間經倭燹, 閭里蕩然. 乃
娶民家婦, 生二女. 人或問曰: "尙復能修道否?" 斗曰: "已皆忘却
矣." 其起居嗜慾, 無異凡人, 年近百歲, 尙如童顏云.

外史氏曰: "仙說之著於稗記, 頗多, 而於經典正史, 則無所槪見,
可知其弔詭難信者矣. 嘗觀『於于野談』·『芝峰類說』, 俱有南宮斗
事載錄, 但稱遇異人授秘訣, 雖未詳事蹟之如何, 而稍異於齊東野
人之語, 必是近於地仙者也."

6-2. 曳杖翁引人成親

咸永龜, 加平校生也, 年少未娶, 粗通書史. 因事往關東, 騎款
段, 率僮奴而行, 中路遇雨, 半日霑濕. 行到一山下, 僮奴忽死于馬
前, 生不勝驚愕, 曳屍置于崖傍, 折松枝覆之, 獨自掩泣[25]. 跨馬而
行數里, 馬又仆地而斃. 前路渺然, 雨且不止, 孑孑徒步, 無以自
達, 進退維谷, 但坐路上悲哭. 忽有老人, 狀貌瓌偉[26], 冉冉而至,
問其故. 生具以對, 老人嗟歎不已, 以杖指示, 曰: "彼松竹[27]林外有

---

25) 泣: 가본에는 '淚'로 되어 있음.
26) 瓌偉: 다본에는 '魁偉'로 되어 있음.

溪焉, 沿溪而行, 則上有人居, 可投宿矣." 生望見一里許, 果有蒼
松翠竹, 蔥蒨蔭映, 卽拜謝而前往, 未數步回顧, 老人已不見矣. 心
甚驚訝, 行到所指處, 長松萬株, 脩竹千竿, 鬱密成林, 一條淸溪,
潝潝流下, 水底白石, 平鋪如玉. 遂揭涉緣溪而行數里, 見有彩閣
三間, 巋然臨溪, 丹艧照映, 欄檻縹緲. 乃曳濕衣, 扶荊杖, 少憩閣
下, 微覘閣內, 只設一石床, 上置『周易』一卷, 傍有玉爐, 一炷香
烟, 裊裊而靑. 至是, 天朗氣淸, 風景和暢, 聞曳履聲自閣後而來,
生驚顧, 有老人龜形鶴狀, 戌削淸高. 衣六銖碧紗袍, 抱九節綠玉
杖, 洵是仙風道骨, 逈出塵表. 生心知其主人翁, 趨前拜之, 老人忻
然迎揖, 曰: "待子久矣!" 遂導而行, 山川景物, 愈入愈奇, 轉眄之
頃, 又失老人所在. 遂前進至一處, 山深谷邃,[28] 洞天開朗, 雲霞掩
映, 林壑玲瓏. 中有莊院, 周遭連綿綺樓·綵閣·金塘·玉潊, 可稱玄
圃閬苑. 生去叩一扉, 俄有, 一人以星冠月珮[29]出迎, 因導之而入,
轉過雕墻翠廊, 歷四五院門, 至一畫堂.[30] 堂上有老人, 鬚眉皓白,
憑几而坐, 褰珠簾, 命生陞堂. 生惶駭, 遽前拜謁, 不敢仰視, 老人
笑而呼坐, 曰: "此處異於塵世, 君與吾有宿緣, 故迎來耳." 竊視之,
卽閣後曳履之主翁也. 仍顧侍者, 曰: "此子必飢, 與之食, 但不可
遽餌仙饌, 姑與人間之食." 俄有, 數三靑童, 擎來朱盤玉斝, 饌品
皆世間所有, 而備極珍豐. 又有一紅衣童, 捧石盂進于主翁, 盂中
所盛者, 色綠而香凝, 似是瓊漿玉醴之類, 翁受而吸之. 生凍餒之
餘, 得啜珍羞, 腹飽氣爽, 頗以欣幸. 翁乃謂生曰: "吾有拙女, 久墮

---

27) 竹: 가본에는 빠져 있음.
28) 山深谷邃: 가본에는 '山谷深邃'로 되어 있음.
29) 月珮: 라본에는 '月佩'로 되어 있음.
30) 畫堂: 가본에는 '畫樓'로 되어 있음.

塵寰, 未得良耦, 知君有夙世[31]赤繩, 故引劉·阮到天台耳." 生曰: "一身萍梗, 得丈人行覆翼之, 固所願也." 翁顧左右, 曰: "召兒輩來!" 卽有一雙玉童, 自內而出, 侍立於側, 紅顏雪膚, 眉骨淸秀, 政是天上麒麟兒也. 翁謂二子曰: "得此佳郞, 已定汝妹之結褵, 可涓吉成親." 二子屈指計日, 齊聲以對曰: "某日最吉." 翁又命左右召某人, 有美丈夫, 輕袍緩帶, 風神灑然, 趨前聽命, 翁曰: "汝引此郞, 出就別堂, 儐接數日, 以俟吉期." 其人引生到一處, 池光漾碧, 綠荷含香, 游魚翔禽, 競戲群集. 池中爲亭閣二區, 左扁'凝霞', 右扁'承霄', 設虹橋, 雕紋石爲[32]砌, 傍設溫玉狻猊·白晶鹿·紅石麟等物[33], 奇花異卉, 幽靚掩映. 乃令生處於亭中, 以玉函盛衣一襲, 俾生沐浴, 脫却藍縷, 換着羅縠. 屛帳肆設之華麗, 肴饌供饋之珍異, 俱非人世所見[34]. 生信宿幾日, 及吉辰, 以彩轎輿生, 至主翁所, 衣冠者數十人, 簇擁而入門, 引生到內堂, 就卺席. 軒楹壯麗, 金碧輝煌, 琉璃窓·雲母屛·翡翠簾, 瑞靄濛濛; 芙蓉帳·靑玉案·孔雀扇, 祥蜺隱隱. 生左右顧眄, 神迷眼奪. 俄而, 珮聲琳琳[35], 香風陣陣, 紅粧一隊, 來列琳筵, 容色之美艶, 服飾之奇絢, 無非瑤姬·玉女也. 生意謂, '此中一娥, 必是主翁之女.' 旋見珠箔捲處, 有雙鬟, 服靑綾[36]之袿, 曳火珠之珮, 捧一女子而出. 冠金蓮, 披紫綃, 珮紅玉, 曳鳳舃, 雲裳霞裙, 非錦非繡, 不可名狀. 年可二八, 脩短得中, 天姿綽約, 眞桂殿姮娥·姑射神女, 特出諸姬叢中, 如鳳翔鷄群, 蓮吐

---

31) 夙世: 가본에는 '宿世'로 되어 있음.
32) 爲: 나, 다본에는 '而爲'로 되어 있음.
33) 等物: 주필로 삭제표시가 되어 있음. 이본에는 빠져 있음.
34) 見: 가본에는 '覩'로 되어 있음.
35) 琳琳: 라본에는 '鏘鏘'으로 되어 있음.
36) 綾: 저본에는 '綾'으로 나와 있으나 라본에 의거함.

蘋沼, 生眩轉焱煌, 未敢注覘. 交拜・同牢, 一如人間. 禮畢, 引就洞
房, 燔百和之香, 張雲錦之幃, 燃九光之燈, 列玉門之棗, 酌葡萄之
醴[37], 紫羅薦地, 錦衾絢爛, 花燭照耀, 蘭麝濃郁. 生以蓬戶繩樞之
子, 聞見固陋, 忽如蟄蟲之聞雷, 井蛙之觀天, 怡悅疑懼, 如醉如
癡. 至夜, 新婦入來, 不敢近其薌澤, 和衣假寐, 如是累日, 心神穩
熟, 始得同榻. 翌日, 主翁設鳳儀之宴, 展燕喜之誠, 杯盤則麟脯之
饌, 鳳髓之醥, 碧藕・氷桃・紫芝・火棗, 羅列八珍, 葳蕤芬芳. 風樂
則雙成雲和, 晏香銀箏, 婉華淸歌, 飛瓊巧舞, 合勻天之雅譜, 雜霓
裳之妙曲. 於是, 衆聲澈朗, 靈音駭空, 盡日歡燕[38]而罷. 一日, 妻
謂生曰: "郞欲見吾家君所遊之地乎?" 生曰[39]: "願一見之." 乃携登
後苑, 丹厓[40]翠壁, 玉泉銀瀑, 曲曲奇絶; 琪花瑤草, 燁燁相輝; 珍
禽異獸, 處處翔躍. 周覽旣畢, 復携上苑後高峯, 逶迤登陟, 至峯
頂, 有松壇翠亭, 騁望寰宇, 平臨渤海, 見三山出沒於波間, 十洲羅
列於眼前. 妻指點而謂生曰: "此卽世所稱蓬萊也." 珠宮貝闕, 縹緲
半空; 彩霧祥靄, 曚朧其間. 跨鳳者, 驂鸞者, 控鶴者, 乘龍者, 駕
雲而騰者, 御風而行者, 步虛者, 凌波者, 或從上下, 或自東西, 三
三五五, 翺翔往來, 笙簫仙樂, 隱隱嘹亮. 生瞻玩不盡, 竟日而還.
生仍留歲餘, 翁謂生曰: "女息結褵已久, 未聞胎候, 想君塵骨未換
而然." 卽取玉葫蘆, 探出數箇丸藥, 以贈之, 曰: "服此當有效矣."
蓋生雖與女時同燕寢[41], 而終是心氣畏縮, 未盡衽席之歡, 自服丸
藥之後, 氣力湧出, 輒入房强就, 女曰: "仙家夫婦, 祗在神交, 若以

---

37) 醴: 나, 다, 라본에는 '醁'으로 되어 있음.
38) 燕: 라본에는 '宴'으로 되어 있음.
39) 曰: 저본에는 빠져 있으나 라본에 의거하여 보충함.
40) 厓: 나, 다, 라본에는 '崖'로 되어 있음.
41) 寢: 나, 다, 라본에는 '枕'으로 되어 있음.

形骸爲愛, 則秦弄玉早抱子矣, 何簫臺上至今無雛鳳聲也?"生曰: "旣作伉儷, 宜共繾綣, 何復咫尺巫山便隔雲雨?"女曰: "郞君濁氣未除, 縱欲取種, 尙隔一層. 明日, 爲郞燒換骨丹, 三月而成, 可服此始能歡會."生不獲已退寢. 翌朝, 女採藥, 入丹鼎, 俾生朝夕守之. 生日啓鑪[42], 以覘火候, 女哂曰: "狂郞情急矣!"生曰: "饑者急於食, 渴者急於飮, 人情類如是耳." 丹成竟服之, 遂同衾裯, 妻果有孕, 連歲臨蓐, 再得弄璋. 荏苒過三歲, 生同妻閒坐, 忽泫然下淚, 妻驚問: "何故?"生曰: "余以鄕谷[43]鯫生來, 作仙家女婿, 此間樂不思蜀. 然但家有老母, 離違屢年, 不禁陟岊[44]之思, 是以泣耳." 妻笑曰: "人子戀親, 情理固然, 欲往則往, 何至於泣耶?"乃告翁以郞欲歸覲, 翁許之. 生拜辭于翁, 翁曰: "君好歸省親, 不久, 吾且召君矣."告別于妻, 妻只以一衣箱贐行, 別無惜別底意, 又命一崑崙奴送行, 生怪其無贈驂, 勢將徒步作行, 惆悵憂悶. 纔出門, 門外有羸驂, 鞴弊鞍瘦, 僮執鞚而待者, 視之, 乃中路所斃之奴馬也. 愕然問僮曰: "何以得生而在此?"對曰: "人與馬, 何嘗死乎? 頃者雨中, 忽爲人所引而來此, 藏在門下, 三年茫然不省何故矣."生大驚異之. 遂跨馬率僮, 登程作行, 無復來時之松竹淸溪, 但見林深路轉, 猿啼鹿[45]呦. 又行幾里, 荒烟野草, 一望無際, 回顧仙區, 宛若夢境. 鎭日遵程, 將抵鄕里, 崑崙奴告退, 曰: "郞君已尋歸路, 請從此辭." 生到家, 家中鼓聲鏧鏧. 其家以生久不歸, 謂已死, 招魂虛葬, 是日, 適邀巫降神. 家人見生大駭, 咸疑是鬼, 良久知爲人也. 其母問

---

[42] 鑪: 나, 다, 라본에는 '爐'로 되어 있음.
[43] 鄕谷: 나, 다, 라본에는 '鄕曲'으로 되어 있음.
[44] 陟岊: 라본에는 '陟岵'로 되어 있음.
[45] 鹿: 라본에는 '虎'로 되어 있음.

生以一往不返之故, 母性素嚴, 生恐怒其誕妄, 不告以實, 托以他辭[46]. 開見衣箱, 乃四時衣袴各一襲, 而非帛非錦, 非綿非紬, 輕煖異常, 一着經歲, 未嘗垢汚, 亦無一縷弊綻, 常若新製, 家人咸異之. 母悶生鰥居, 命娶鄕人之女, 生謹拙且畏母, 未敢違咈, 遂委禽, 而頓無琴瑟之樂. 生有隣友情若膠漆者, 同宿打話, 友叩其三年不歸之故, 生始道顚末, 友大叫奇. 生又乘間以所經歷, 告于母, 母亦稱奇異, 然尙不深信. 忽一日, 崑崙奴至, 傳翁及女之書, 書曰: "明年人世大亂, 八路將魚肉, 已爲君營桃源避秦之所, 玆送使者, 必奉率隨此人來也. 間有聘妻, 亦已揣知, 當少不爲嫌, 幸挈來也." 生納書于母, 備陳其情而請行, 母欣然許之. 遂賣田宅, 別親戚, 擧家而往, 永絶音耗. 明年卽壬辰, 生所居之村里, 亦入倭燹. 加平之人, 尙說此事, 嘗有親聞於其[47]友, 而傳播如此.

外史氏曰: "張碩之逢杜蘭香, 裴航之見雲英, 古亦多如此奇遇著於書者, 而神仙之術, 世以爲誕妄不足信. 然程伊川稱修鍊之道, '竊造化之機, 以延年益壽.' 朱紫陽註『參同契』, 曰: '服丹, 可至長生.' 果無是道, 則先儒必不爲此等說話, 第其理玄妙難測, 亦未可輕議也."

○第三十七号 道流部二【仙術二】

6-3. 蔣都令授丹酬德

蔣都令, 京城丐者也, 爲人庸陋[48], 貌甚醜惡. 年近四十, 猶作後髻, 肩掛一帒[49], 行乞於市, 朱門甲第之宴, 東郭墦間之祭, 無處不

---

46) 辭: 라본에는 '事'로 되어 있음.
47) 其: 라본에는 '某'로 되어 있음.
48) 庸陋: 가본에는 '庸愚'로 되어 있음.

往. 夜則寄宿於土窖, 或人家門側, 而多在鍾樓街上, 傭奴無賴輩, 課日相見, 咸與戲謔⁵⁰⁾. 自稱姓蔣, 衆皆呼以蔣都令, 都令乃國俗未冠者之稱也. 時方士田禹治, 挾其異術, 頗驕傲於世, 而每於衢路逢蔣都令, 則輒滾下馬, 趨進拜謁. 蔣但頷之, 曰: "汝邇日好在否?" 田拱而對曰: "唯唯." 若値不慨於其心, 則雖拜謁惟恭, 蔣視之蔑如, 不顧而過去. 見者怪之, 問于田, 則曰: "東國今有三仙, 蔣都令上仙也, 其次鄭北窓, 又其次尹世平, 世人皆不知, 而吾獨知之, 安得不敬而畏之?" 人皆以田言妖誕而不信也. 京中有蔭官某, 家臨大路, 蔣每到其門乞食, 蔭官見彼, 雖形鵠衣鶉, 而狀貌有異, 招而問曰: "子胥吹篪於吳市, 孫兒負柴於寑邱, 窮途丐食⁵¹⁾, 古亦有之. 然以汝氣骨, 決非汩沒於流丐中者, 何乃自苦如此?" 對曰: "本以湖南士族, 早失怙恃, 四顧無親, 孑然單身, 莫可依賴. 飄泊㘇離, 萍蓬至此, 百無一能, 以乞爲活⁵²⁾." 蔭官甚矜憐之, 每饋以酒食, 贐以租粟, 曰: "吾非效僖妻之饋晉, 漂母之飯信, 亶由⁵³⁾惻隱之端, 油然于中. 汝爲人傭賃, 庶不至溝壑之憂, 可爲爾圖之否?" 對曰: "天賦我命, 只此窮乞, 縱欲違逆, 以趨樂地, 其可得乎? 守分安命, 順時聽天, 此是先賢格言, 卽吾八字符耳. 吾居無室廬, 行無屝⁵⁴⁾鞋, 幕天席地⁵⁵⁾, 雲游露宿, 日月爲扃牖, 八荒爲庭除, 縱意所如, 有誰⁵⁶⁾禁止? 朝東而沾瓢饘, 暮西而裹掬糧, 亦堪糊口, 足延縷

---

49) 一俗: 마본에는 '丐俗'로 되어 있음.
50) 戲謔: 다본에는 '戲話'로 되어 있음.
51) 丐食: 나, 다본에는 '乞食'으로 되어 있음.
52) 活: 가본에는 '生'으로 되어 있음.
53) 由: 가본에는 '由乎'로 되어 있음.
54) 屝: 마본에는 '履'으로 되어 있음.
55) 席地: 가본에는 '幃地'로 되어 있음.
56) 有誰: 가본에는 '誰能'으로 되어 있음.

命, 何必區區爲人執廝役, 而被絆住身不得自由⁵⁷⁾乎?" 蔭官益奇之. 一日, 過東城路, 有人曳一屍向郭外北邙去者, 馬上猝値, 瞥看其屍, 乃蔣都令也. 驚愕慘惻, 獨語曰: "世間薄命者何限, 而豈有如此者乎? 屈指默計,⁵⁸⁾ 蔣之往來於吾家者, 十五霜也." 嗟歎不已. 伊後數十年, 因事往嶺南, 將迤向湖南, 路過智異山下, 羸驂倦僕, 間關作行. 此地有崇山峻嶺, 茂林脩竹, 偶迷失道, 問一樵夫, 紿曰: "左左." 誤入深山中, 谷邃藪黑, 日又漸曛, 罔知攸措. 見有穿峽細逕⁵⁹⁾, 如布練於叢薄中, 意其有人家, 擬投宿, 叱馭前進, 行十里許, 漸入佳境, 山明水麗, 草樹葱蒨. 遙望一人, 衣靑袍, 騎靑驢, 張蓋, 從數隸而來, 其疾如飛. 心竊⁶⁰⁾訝惑, 將欲讓避, 遽已撞着, 其人擧鞭而揖, 曰: "別來無恙乎?" 蔭官惝悅, 逡巡不能答語, 其人笑曰: "吾廬在此不遠, 公其隨我而來." 因策驢緩行, 而其往甚速, 蔭官鞭馬疾馳, 僅得趕及. 至一處, 洞壑益幽, 林泉絶勝, 中有院宇, 竹籬茅屋, 極其淨灑. 喬松翠篁, 繞其後; 淸流白石, 鋪其前, 眞隱者之所盤旋. 主人導客入室, 對榻曰: "公不識我乎?" 蔭官注視良久, 終難記得, 曰: "阻面旣久, 未能省識." 主人曰: "我乃蔣都令也!" 客諦視之, 果蔣也. 風神秀朗, 英彩溢發, 非復昔日之醜陋, 乃大駭, 莫測其端倪. 蔣笑曰: "吾以香案仙吏, 暫謫塵間, 在世之日, 公遇我厚, 不翅如宣子之於翳桑餓人. 我中心藏之, 擬執炙者之於顧榮酬德, 而荏苒至此. 曩者, 公於馬上, 睨吾之屍⁶¹⁾, 惻然有悼念之情, 嗟歎之語, 吾皆知之. 吾非死也, 乃謫限旣滿, 尸解還仙

---

57) 由: 저본에는 '有'로 나와 있으나 따본을 따름.
58) 屈指默計: 가본에는 '指以點計'로 되어 있음.
59) 細逕: 다본에는 '細道'로 되어 있음.
60) 竊: 나, 다본에는 '切'로 되어 있음.
61) 屍: 가본에는 '屍身'으로 되어 있음.

耳. 今引公到此, 要與敍阻而話舊, 公亦有宿緣, 故能來此耳." 因命碧衣兩童, 備進盃盤, 酒洌而肴香, 雞黍之供, 精潔可餐, 槩與塵世一般. 相與歡飲劇談, 客曰:"觀子居處飲食, 便同烟火界, 如是, 則何足稱脫紅埃而棲玄圃, 左挹浮邱, 右拍洪厓乎?" 主人笑曰: "公纔從塵寰而來[62], 故待以俗眼, 如欲覩廬山眞面, 則敢不現吾眞相." 遂推後窓, 携客杖藜而出, 行數十武, 忽有翠苑, 彌亘數里. 玉城嵯峨, 金闕重疊, 瓊樓綺閣, 銀窓璧戶, 縹緲輝映. 于時, 洞天日曉, 紅雲交影, 珠貝金碧, 玲瓏眩晃. 乃歷重門, 轉長廊, 至一堂, 窓檻階礎, 皆飾以雲母·水晶, 琳筵珠帳, 銀床錦屛[63], 瑩澈通明, 令人骨冷神淸, 怳如羽化而登仙[64]. 有侍姬數十, 花冠月珮, 雲裳霞裾, 各持銀箏·玉簫·鸞笙·鳳管, 奏勻天霓裳之曲. 樽設瓊漿·玉醴, 盤登火棗·氷桃, 異香濃郁, 祥靄縹暈. 又有衆仙, 驂麟駕鶴, 乘雲馭風, 而迭相往來, 洵是淸都閬苑眞仙之攸居也. 客神迷意奪, 癡呆無言, 主人曰: "此非公[65]久留之地, 今可歸矣." 客願聞脩仙道之術, 主人曰: "『太仙經』所謂'行益易之道', 卽開卷第一義. 益者益精, 易者易形, 行益易者, 謂常思靈寶也. 靈者神也, 寶者精也, 但愛精握固, 閉氣吞液, 氣化爲血, 血化爲精, 精化爲神, 神化爲液. 行之不倦, 神精充溢, 一年易氣, 二年易血, 至於易形而變化成道, 始登仙籍. 今公形慢神穢, 腦血汪漏, 嗜慾無節, 五臟不淳, 雖語以至道, 殆恐非仙才也." 授以丹藥一粒, 石象散一具, 曰:"嚥此, 可得人間上壽, 今日舊丐之爲公子, 亦足矣. 仙凡路殊, 後會難期, 幸

---

62) 而來: 가본에는 '來到'로 되어 있음.
63) 錦屛: 가본에는 '金屛'으로 되어 있음.
64) 仙: 저본에는 '旋'으로 나와 있으나 이본에 의거함.
65) 公: 가본에는 '君'으로 되어 있음.

自珍重." 因命侍者, 導其歸路, 蔭官於路傍, 頻揷竹木, 以標識之.
數年後, 作宰嶺縣, 更往訪之, 重厓疊嶂, 草樹[66]如織, 竟如桃源之
迷津. 蔭官顔貌轉少, 壽近百歲. 嘗言, "蔣在世之日, 無他異事, 但
容狀不少變, 一藍縷垢穢之衣, 無所改易, 十五年如一日. 此可知
其非凡人, 而肉眼不識云爾."

外史氏曰: "蔭官早知蔣之非凡人, 則豈止於賙饋而已乎? 必欲
學得仙方, 圖共尸解, 而未能省識, 但推吾仁心, 救彼丐餒. 然推仁
之效, 亦得服神丹而躋上壽, 『抱朴子』云: '求仙者, 要當以行仁積
善爲本.' 不其然乎?[67] 世稱三神山在東國, 智異山卽瀛洲云, 而『史
記』曰: '三神山反居水下.' 此何以稱焉?"

6-4. 陳學究指窟避禍

高玉成, 故家子也. 世居金城, 善針灸, 不擇貧富, 輒醫之. 里中
來一丐者, 脛有瘡, 臥於途[68], 嗷然哀號, 膿血狼藉, 臭莫可近, 居
人[69]恐其死, 日一飼之. 高見而憐之, 遣人扶歸, 置於廊舍, 家人惡
其臭穢, 掩鼻而過. 高出艾, 親灸之, 日餉以蔬食數日, 丐者索湯
餠, 僕人怒訶之, 高聞卽命僕, 賜以湯餠. 未幾日, 又乞酒肉, 僕走
告曰: "乞人可笑之甚! 方其臥於道也, 日求一餐, 不可得, 今三飯,
猶嫌粗糲, 旣與湯餠, 又乞酒肉, 此等貪饕, 只宜棄之道上耳." 高
問其瘡, 曰: "痂漸脫落, 似能步履[70], 猶假咿嚘, 作呻楚狀." 高曰:
"所費幾何, 卽以酒肉饋之, 待其健, 或不, 吾讎也!" 僕僞諾之, 而

---

66) 草樹: 가본에는 '草木'으로 되어 있음.
67) 不其然乎: 가본에는 '不其然乎者耶'로 되어 있음.
68) 途: 가본에는 '路'로, 라본에는 '道'로 되어 있음.
69) 人: 가본에는 '傍人'으로 되어 있음.
70) 履: 나, 다본에는 '屐'으로 되어 있음.

竟不與, 且與諸曹偶語, 共笑主人癡. 次日, 高親詣視丐, 丐跛而起, 則[71]謝曰: "蒙君高義, 生死肉骨[72], 惠深覆載, 但新差未健, 妄思饞嚼耳." 高知前命不行, 呼僕痛笞之, 立命持酒炙, 餌丐者, 僕喻之. 夜分縱火廊舍, 乃故呼號, 高起視舍已燼, 歎曰: "丐者休矣!" 督衆撲滅, 見丐者酣臥火中, 齁聲如雷, 呼之, 起故驚, 曰: "屋何往?" 衆始歎異. 高彌重之, 處以客舍, 服以新衣, 與同起居, 問其姓名, 但稱陳學究, 不言其名. 居數日, 容色光澤, 言論風生, 又善手談, 高對局輒敗, 乃從之學, 頗得爛柯秘訣. 如此半年, 陳不言去, 高亦一日無陳, 則不樂也. 卽有貴客來, 亦必偕飲, 或摴蒲[73]爲戲, 陳輒代高呼采雉盧, 無不如意, 高大奇之. 每求作劇, 辭以不知. 一日, 語高曰: "我欲告別, 向受君惠且深, 今薄設奉邀, 勿以人從也." 高曰: "相得甚歡, 何遽分手乎[74]? 且君杖頭空虛, 何敢煩作東道主?" 陳固邀之, 曰: "盂酒而已, 無煩郇廚耳!" 高曰: "何處?" 答云: "園中." 高以時方嚴冬, 慮園亭苦寒, 陳固言不妨. 乃從如園林, 兩下裏, 都是高墻粉壁, 垂柳喬松, 圍繞院宇, 天氣和暢, 異鳥成群亂哢, 髣髴暮春時候. 亭中几案, 皆瓖[75]玉瑪瑙, 鋪一水晶屛, 瑩澈可鑑. 中有花樹搖曳, 白禽廻翔, 以手撫之, 殊無一物. 高愕然良久坐, 見鸚鵡棲架上, 呼曰: "茶來!" 俄見, 彩鳳啣一赤玉盤, 上有玻璃琖二盛香茗, 伸頸屹立飲已, 置琖其中, 鳳啣之振翼而去. 鸚鵡又呼曰: "酒來!" 卽有靑鸞黃鶴, 翩翩自日中來, 銜壺銜盃, 紛置案上, 繼有諸鳥進饌, 珍錯雜陳[76], 瞬息滿案, 肴香酒冽, 都非常品.

---

71) 則: 저본에는 빠져 있으나 나, 다본에 의거하여 보충함.
72) 肉骨: 이본에는 '骨肉'으로 되어 있음.
73) 摴蒲: 라본에는 '樗蒲'로 되어 있음. 서로 통용됨.
74) 乎: 저본에는 빠져 있으나 라본에 의거하여 보충함.
75) 瓖: 저본에는 '鑲'으로 나와 있으나 라본에 의거함.

陳見高飮甚豪, 乃曰: "君量是得大爵." 鸚鵡又呼曰: "取大爵來!"
忽有巨蝶, 大於鴈, 攫鸚鵡盃, 置案間, 陳喚曰: "蝶子勸酒." 蝶展
然一翔, 化爲麗人, 霞裳翩躚, 前而進酒, 陳曰: "不可無以佐觴."
女乃僛僛而舞舞, 到酣際, 足離於地者尺餘, 且歌曰: '連翩笑語踏
芳叢, 低亞花枝拂面紅. 曲折不知金鈿落, 更隨蝴蝶過墻東.' 餘音
嫋嫋, 不啻繞樑. 高大喜, 拉與同飮, 遽起狎抱視之, 則變爲夜叉,
睛突於眥, 牙出於喙, 朱髮黑肉, 怪惡不可狀. 高驚釋手, 伏几戰
慄, 陳以箸擊其喙, 呵曰: "速去!" 隨擊而又化蝶飛去. 高驚定辭出,
見月色如晝, 漫語陳曰: "君旨酒嘉肴[77]來自空中, 君家當在天上,
盍與一遊?" 陳曰: "可." 卽携手躍起, 遂覺身在空中, 漸與天近, 見
有高門, 口圓如井. 入則洞天光明, 樓殿羅絡, 階砌皆蒼玉, 祥風微
拂, 彩雲[78]如蒸, 空中音樂嘹喨, 異香撲鼻, 庭有一樹, 高數丈, 開
赤花, 大如蓮. 樹下一女子, 擣絳紗衣, 艷麗無雙. 高佇立凝眸[79]
女子見之, 怒曰: "何來狂郞, 妄窺仙府?" 以杵投之, 中其背, 高被
杵, 酒亦醒, 乃從陳出, 有白雲接於足下. 陳曰: "從此別矣, 有所
囑, 愼勿忘君壽不永, 明日速避西山中, 當可免." 高欲挽, 竟去. 高
覺雲漸低, 身落園中, 則景物大非. 歸言妻子, 共相駭異, 視衣上著
杵痕處, 異紅如錦, 有奇香.[80] 早起從陳言, 裹糧入山, 大霧障天,
茫茫不辨徑路, 忽失足墮窟中, 深不可測, 而身幸無損. 醒定良久,
仰見雲氣如籠, 乃自歎曰: "仙人令我逃避, 大數終不能免, 何時得
出此窟耶?" 又坐移時, 隱隱有光, 遂起而漸入, 別有佳境, 三老對

---

76) 陳: 나, 다, 라본에는 '進'으로 되어 있음.
77) 嘉肴: 가본에는 '香肴'로 되어 있음.
78) 雲: 다본에는 '霧'로 되어 있음.
79) 凝眸: 다본에는 '凝視'로 되어 있음.
80) 異紅如錦, 有奇香: 다본에는 '紅斑如錦, 有異香'으로 되어 있음.

奕, 見高至, 亦不顧, 圍棊不輟. 高蹲而觀焉, 局終, 方問: "客何得至此?" 高言, "迷墮失路." 老者曰: "此非人間[81], 不宜久淹, 我送君歸." 乃導至窟下, 覺雲氣擁之以升, 遂履平地, 見木葉黃落, 似是深秋, 大驚曰: "我以冬來, 何變暮秋?" 奔赴家中, 妻子驚喜, 高訝問之, 妻曰: "君去三年不返, 方欲虛葬." 高曰: "異哉! 纔頃刻耳." 妻曰: "君行後, 我夢二人皂衣赤帶, 似譯賊者, 詢詢然入室, 張顧曰: '彼何往哉?' 我訶之曰: '彼已出外, 爾是官差, 何得入閨閤中?' 二人乃出, 且語曰: '怪事怪事!' 而去." 高[82]乃悟已所遇者, 仙也; 妻所夢者, 鬼也. 高每對客, 出示杵痕衣, 滿座皆聞異香云.

外史氏曰: "羅公遠引唐明皇遊於月宮, 已是荒唐之說, 而陳學究事, 又何其異也? 無乃公遠之後身歟? 高以善心, 憐丐惡疾, 而救療之恩, 固至矣. 因此, 而指示避禍之道, 以延其年, 『詩』云: '無德不報.' 不其然乎!"

○第三十八号 道流部三【道人】

6-5. 建碑書喩示大義

成承旨三問, 家素[83]淸貧, 有妹當婚, 不得成禮. 其大人勝, 聞迶奴之在海西者頗饒富, 欲往推責, 略助婚費. 公曰: "推奴, 非士夫所當爲者." 答曰: "捨此一條, 鞶帨纚筓, 將何措辦? 吾之此行, 不可遏也." 公曰: "老人之遠程勞攇, 實爲仰悶, 小子請代行." 乃許之, 以一馬一僮, 趲程抵海西境. 一日迫暮, 前店且遠, 方憂悶, 忽

---
81) 人間: 나본에는 '人求'로 되어 있음.
82) 高: 저본에는 빠져 있으나 라본에 의거하여 보충함.
83) 素: 다본에는 '業'으로 되어 있음.

有一健夫, 趕後來, 告曰: "若由山路, 則可得三十里徑行, 願爲前導." 公强從之, 靡靡踰阡, 轉入疊嶂邃樾之間, 四顧無人, 看看天色曛黑, 店之遠近, 未可揣也. 心內惝怳, 認以爲賊所誘, 然進退維谷, 只依其所指. 轉過了幾曲, 灣踰一嶺而入, 乘着月光看時, 峽坼野開, 村容櫛比. 中有一大屋, 魚緝鱗於碧瓦, 鴈列齒於花礎, 髣髴朱門甲第. 公心獨語曰: "窮峽荒村, 有此大家[84], 無乃梁山泊之徒耶?" 秖自駭惶, 前導者囑公, 暫駐門前, 先入通報. 俄而延[85]入, 歷重門, 陞高堂, 有老翁, 降椅迎接, 款待雖洽, 而禮數太慢, 待之以後生. 公心甚不快, 然見其狀貌魁梧, 鬚眉皓白, 推老老之義, 盡謙謙之道. 及其對榻打話, 翁支枕揮麈, 談鋒亹亹, 廣通三敎, 深解萬理. 公慮謂是[86]道高之人, 惕然有亡羊之歎. 乃酌酒進饌, 野蔌珍錯, 雜然幷陳, 勸以醉飽, 問: "君今此行, 因甚緣故, 所向何處?" 公槩陳之, 翁曰: "讀書少年之有此行, 甚不佳[87]矣." 公曰: "非不知不穩, 而出於事勢之不獲已也." 翁曰: "所用婚需, 當自老漢家備送, 君則自此直還, 好矣." 公愈疑其多金錢, 有義氣之綠林豪客, 再三固讓, 曰: "盛眷[88]雖可感, 而辭受之節, 嘗奉敎於君子, 果難承受矣." 翁曰: "若然則氷操之不渝, 雖無妨, 推奴之行, 決知其不可, 直爲歸家[89], 好矣. 此是老夫愛人以德之意, 幸勉從焉." 曰: "謹當依敎! 第公以若局量識見, 旣生堯舜之世, 井田·學校, 各有其方, 皆可爲耳目股肱·奔走禦侮之具. 若出而展布素蘊, 利澤施于人,

---

84) 大家: 가본에는 '大屋'으로 되어 있음.
85) 延: 가, 다, 마본에는 '迎'으로 되어 있음.
86) 是: 다본에는 '定'으로 되어 있음.
87) 佳: 나, 다본에는 '可'로 되어 있음.
88) 盛眷: 다본에는 '盛意'로 되어 있음.
89) 爲歸家: 마본에는 '還其家'로 되어 있음.

名聲昭于時, 豈不誠大丈夫哉? 而迺棲遲寂寞之濱, 甘與草木同腐, 竊不勝滋惑." 老翁笑曰: "太虛絶量, 衆器各現圓方, 一雨無私, 群木[90]自分榮枯. 吾門地寒微, 何以見用於當世? 失其旨, 則甘露乃蒺藜之園; 得之心, 則伊蘭作栴檀之料, 觀指非知月, 忘筌是得魚. 吾之閑居事業, 與達官無異, 觀聖賢書, 如對君父; 觀史, 如觀公案; 觀小說, 如觀優伶; 觀詩, 如聽歌曲. 自足以當富, 不役役以當貴, 無辱以當榮, 無災以當福, 無事以當仙, 只如此以爲過分, 更如何方謂稱心?" 公曰: "今宵多聞好話, 可得開茅塞而消鄙萌, 甚用欣幸." 翁又擊節而唱歌, 曰: "南來北往, 走西東看, 得浮生摠是空. 天也空, 地也空, 人生杳杳在其中; 日也空, 月也空, 來來往往有何功; 田也空, 土也空, 換了多少主人翁; 金也空, 銀也空, 死後何曾在手中; 妻也空, 子也空, 黃泉路上不相逢. 『大藏經』中空是色, 『般若經』中色是空. 朝走西, 暮走東, 人生恰是採花蜂. 採得百花成蜜後, 到頭辛苦一場空. 夜深聽得三更鼓, 翻身不覺五更鐘. 從頭仔細思量看, 便是南柯一夢中." 歌聲浩蕩激烈, 公益切嗟歎. 乃謂公曰: "夜已深矣, 歸休外廊, 善爲歸去. 曉者回轅時, 未可更奉矣." 仍作別下堂, 有人導至門前小墅, 有園林花竹之趣, 數間茅屋, 極精灑, 階下溪水琮琤, 眞邁軸之所盤旋. 公愛其淸幽, 塵念都灰, 暫爲歇宿. 曉起, 呼僮輓馬[91], 復由去路而返, 馬上自想曰: '老翁之言, 節節有理, 爲我喚醒, 徑歸不妨, 而但婚具, 何以措手?' 心甚憂悶. 及歸家, 內外上下, 氣色皆欣然, 無復去時之愁慘. 心內疑怪, 反面於大人, 略陳往返顚末, 大人出示一紙, 曰: "此是汝札也, '初次受供爲一千兩, 茲先輸送, 繼當收拾行李, 卽圖歸家云.' 故以其

---

90) 群木: 가본에는 '草木'으로 되어 있음.
91) 輓馬: 가본에는 '鞍馬'로 되어 있음.

錢, 先備迎婿之具, 方渭吉成禮耳." 公受見其書, 則筆跡字劃, 卽自家所書, 無一毫舛謬. 始大驚稱異, 乃知老翁之爲神人也. 及與五臣謀復上王時, 白于大人曰: "此事, 義理關係甚重, 當質議于某處老人, 以決其可否." 乃謂其曩時率往之僮曰: "汝可復尋某處, 不如武陵之迷津乎?" 對曰: "路在目中, 何難商山之奉書?" 遂裁書堅封, 納于衣衿而送之. 僮尋抵其處, 則村落無痕, 蓬蒿茂密, 但見老翁家遺墟, 有新竪短碑. 僮稍解文字, 詣碑讀之, 以紅砵[92]大書, 曰: "萬古留名, 千秋血食. 此事可否, 不必問我." 遂謄其十六字, 而返告于公, 公白于大人, 大人曰: "神人已命汝, 更何趑趄?" 遂定大議云.

　　外史氏曰: "凡人之辦出大事業, 多[93]賴神人之指導, 張子房之圯橋受書, 王景略之嵩山賣畚, 是已. 第此老翁之神異, 亦黃石公胡床老父之類, 而惟成公之末梢事業, 與俄所謂兩人者判異, 何也? 六臣之危忠大節, 炳烺日星, 蓋天所命也. 抑以千秋血食之榮, 不下於帝師王公之貴耶?"

6-6. 煮釜柿欺告神方

　　鄭愚伏經世, 字景任, 晉州人也. 嘗赴擧, 暮投竹嶺, 店已有客盈室, 欲向他舍, 而山下只此店, 遂借一席地寄宿. 客中有老人[94], 容貌古怪, 衣褐寬博, 如村翁野叟. 公認以爲鄕曲老傖, 與之接語[95], 未克盡禮, 老人意甚不怡, 欲有以困之, 仍問曰: "公作科行乎?" 曰: "然." 又問曰: "貴庚卽某年乎?" 曰: "然." 問: "何以知之?" 老人曰:

---

[92] 砵: 가본에는 '砂'로 되어 있음.
[93] 多: 가본에는 '大'로 되어 있음.
[94] 老人: 가본에는 '一老翁人'으로 되어 있음.
[95] 接語: 라본에는 '言'으로 되어 있음.

"此猶未知, 則曷可[96]以行世乎?" 公心異之. 夜半睡熟時, 老人暗來公之臥傍, 診其脉而嗟歎, 攪諸客睡, 而告之曰: "此店中, 將有不好景色[97], 吾輩可急避之." 公自診脉時, 已竊怪之, 假寐以觀動靜, 及聞是語, 大驚遽起, 問曰: "先生異人也! 願聞[98]可生之術." 老人拒之甚牢, 曰: "山野賤蹤, 安知醫理?" 公哀懇救命, 老人沉思良久, 曰: "俄者, 相君之面, 已知有病祟, 故又診脉而[99]驗之, 恐難逾[100]今日. 但有一方, 或冀療治, 而店舍中, 安得有許多乾柿乎? 捨此一條, 無他可救之藥.[101]" 公適見行客中, 有商駄柿將轉賣者, 踴躍曰: "是吾續命之秋也!" 遂與商約以厚價買之, 謂老人曰: "此店有一駄乾柿, 惟先生所命." 乃以其柿, 分煎於店中大釜三四所, 以大槽盛其水, 且飮且浴, 盡日而止. 仍成暴泄, 徹夜登溷, 命以止泄之劑, 一貼卽效. 明日, 公以起死回生, 向老人僕僕致謝, 願爲弟子, 叩其姓名, 曰: "老夫幼失怙恃, 不知姓名, 平生未得以名字告人." 因欲拂袂[102]而去, 公堅要執靮隨後, 老人曰: "君之誠意如此, 弊廬在去路傍, 可偕往歇脚而去." 約行十餘里, 路由丹峽, 過羽化橋, 山逕漸迷, 樹木參天, 不知所之. 踰阿度峽, 轉入邃林, 有數間茅屋, 隱映於松檜中, 曳筇忙步而入, 宅幽而勢阻, 眞隱者之所居也[103]. 水石廻環, 花竹掩翳, 室中列置琴書香鼎, 寂無人聲, 但聞庭前幽禽亂唯. 公心逐雲閒, 神與境淸, 嗒爾無言, 窅然自喪[104]. 老人

---

96) 可: 저본에는 빠져 있으나 가본에 의거하여 보충함.
97) 景色: 가본에는 '光景'으로 되어 있음.
98) 聞: 가, 나, 다본에는 '問'으로 되어 있음.
99) 而: 저본에는 '以'로 나와 있으나 나, 다, 라본에 의거함.
100) 逾: 라본에는 '逾越'로 되어 있음.
101) 無他可救之藥: 가본에는 '無可救生之藥'으로 되어 있음.
102) 袂: 나본에는 '袟'로 되어 있음.
103) 也: 저본에는 빠져 있으나 라본에 의거하여 보충함.

曰: "山行良勞, 得無飢乎? 第此峽中無食, 將奈何?" 因括囊出一團
餠, 與之, 似柏非栗, 甘滑異常, 吃未半, 頓覺豊飽. 坐語移夕, 旣
張燈, 呼偅[105]漉酒, 濁醪瓦樽, 泛瓢而至, 顧謂客曰: "兩人對酌山
花開, 亦一韻事, 可劇飮也." 公辭以不飮, 笑不更勸, 自酌空樽而
止. 乃縱論千古治亂, 人物文章, 事功歷歷若昨日事. 公問曰: "竊
觀主人, 道德博聞, 蘊抱異才, 曷不攀龍附鳳, 辦大勳業, 垂耀靑
史, 永圖不朽, 而徒守此寂寞之濱乎?" 老人曰: "子所謂不朽, 如立
德立功立言者歟?" 公曰: "然." 老人曰: "世之稱道學, 莫高於孔孟,
功烈莫盛於管晏, 求之於今日, 人與骨皆朽, 已久矣. 獨其名存耳,
可謂不朽乎? 況文章小技, 遷·固以來, 作者相望, 而如蛩吟秋露,
鳥啼春花, 爭嬌鬪艶, 炫耀暫時, 而及其芳華謝盡, 霜露交集, 則聲
沉響絶, 寂無所聞, 不亦哀哉? 吾所謂不朽者, 異乎人也." 公曰:
"何謂也?" 曰: "凡物之朽, 皆由於死, 草木禽獸之腐傷, 滔滔亦然,
況蝸角虛名, 蠅頭微利, 算來着甚於忙, 事皆前定, 誰弱又誰强?
能文而倚馬千言, 用不着時, 幾張紙蓋, 不完醬瓿; 能武而穿楊百
步, 用不着時, 幾箒箭煮, 不熟飯鍋, 此皆未死而先朽者, 尤可憐
矣. 苟欲不朽, 莫如不死." 公曰: "世固有不死之道乎?" 曰: "有之.
諺云: '子不夜行, 安知路上有夜行人?' 今不遇不死者, 則亦安知山
澤間有不死者乎? 誠如按法大運, 千日功畢, 能延年益壽, 白日昇
天, 其或形未蛻脫, 托死以解, 則雖千百年, 全骨不朽, 顏色如生.
限滿之後, 亦能破塚飛昇, 所謂太陰鍊形, 皆脫屣塵界, 歷萬劫而
獨存, 吾所謂不朽者, 此也. 豈若子之不慮未死而先朽, 更求不朽
於旣[106]死耶?" 公曰: "承敎牖迷, 悅開茅塞, 願學不死之術." 老人熟

---

104) 自喪: 가본에는 '自傷'으로 되어 있음.
105) 偅: 라본에는 '僕'으로 되어 있음.

視, 曰: "子骨格未成, 便學不得." 且曰: "科第利, 今年矣, 但不免三入縲絏, 終必無憂. 此後七年, 國有大亂, 萬姓魚喁, 又幾年, 大賊從西來, 都城不守, 宗社幾覆, 子皆親見矣." 因嚬蹙, 曰: "自此以後, 天下事亦可知矣." 公請窮其說, 曰: "自當知之, 不必強問." 至夜深, 公困劇就睡, 曉起視之, 不知去向. 怪問其童, 對曰: "老人號稱申生員, 浮遊諸寺, 愛此山水淨僻, 時或來往. 未嘗見其所食, 登陟岡巒, 行步如飛云[107]." 公聞之惘然, 獨自還歸. 是年, 公登第, 後以李震吉事[108]·金直哉事[109]·金夢虎事, 三被逮囚, 壬辰倭燹, 丙子虜亂, 甲申中國革世, 一一皆驗云[110]. 公嘗有詩, 云: '賦命每憐三不幸, 行身何啻七宜休. 東華久作紅塵客, 欲向丹邱訪道流.' 榮川文官權壆, 愚伏門人, 嘗以此話及於同年切友云.

外史氏曰: "神仙之事, 雖涉誕妄, 而其遐遯山澤, 養眞延壽者, 固有之, 世之執夏蟲之見, 而疑冬日之氷者, 不爲大方之見笑乎? 若丹陽老人, 可稱茅君·桂父之類, 而愚伏願學而不得. 昔陳希夷, 問錢若水於麻衣道人曰: '有仙分耶?' 道人熟視, 曰: '做不得.' 然則仙亦有分, 不可以力致歟?"

○第三十九号 道流部四【方士】

6-7. 教童攀繩摘仙桃

田禹治, 方外術士也. 生而敏慧, 有僧過見, 曰: "此兒墮塵界受

---

106) 旣: 라본에는 '已'로 되어 있음.
107) 云: 라본에는 '云云'으로 되어 있음.
108) 事: 주필로 삭제표시가 되어 있음. 나, 다, 라본에는 빠져 있음.
109) 事: 주필로 삭제표시가 되어 있음. 이본에는 빠져 있음.
110) 云: 저본에는 빠져 있으나 나, 다본에 의거하여 보충함.

苦, 可惜!" 父母怪而問之, 僧曰: "兒前生金門羽客, 不謹琅書, 因暫謫降, 當經無限困戹." 父母懇僧濟度, 僧曰: "此¹¹¹⁾兒付僧, 第圖玉成." 遂許之, 携入寒溪山¹¹²⁾寺, 授以『法華經』. 僧是道術者, 夜聞鹿鳴巖谷, 僧慍曰: "天師在, 何物町疃游蹤, 敢唐突作惡聲? 諸沙彌, 試看明朝, 寺門¹¹³⁾外有死鹿." 朝起視之, 門外果有一大鹿死. 又取小紙¹¹⁴⁾, 書數字, 擲之空中, 忽有白鶴一雙, 下庭盤旋. 禹治心異之, 問其由, 僧曰: "此子可與語, 衆莫見, 而子獨見之. 子欲奇觀, 踵我來." 扶藜而往, 禹治隨後, 陟一高峯, 步步皆玉貝藉地, 逐路璀璨. 禹治問: "是何寶玉之多?" 僧曰: "豈無珠玉? 乃不貪者能見之, 孺子可教也." 俄而, 有笙鶴之聲, 出於雲間, 僧逡巡嶺上, 不肯前進, 謂禹治曰: "此上仙會讌¹¹⁵⁾之所, 非人間所縱見." 乃低徊而降. 禹治大歎¹¹⁶⁾異之, 願舍身爲僕, 盡傳其術, 遂出山行世, 多可怪可愕神奇之事. 嘗曰: "吾常見大逵中, 人鬼相雜, 鬼之行於路, 如鍾街行人之多, 鬼不避人, 人自不見." 閭巷間遇鬼祟者, 多邀禹治禳¹¹⁷⁾之, 必驗. 佐郞金義元, 闔家患妖病, 請禹治治之, 曰: "是緣讐人屑人頭骨, 撒之遍一家, 故衆鬼虐人, 可符呪之." 酒作朱符貼壁, 誦呪三遍, 已而, 螢火滿室, 飛聚墻隅, 疊成一塊. 時值冬月無螢, 家人咸怪之, 以火燭之, 骨屑集成一頭顱, 遂埋淨地. 自此, 諸疾盡瘳. 儒生安孝禮母, 年七十, 患瘧苦甚, 呼禹治, 禹治不往, 曰: "吾雖不往, 明日午, 必有異事見於夢, 自此, 病必瘳." 果至翌午, 母疾

---

111) 此: 저본에는 '以'로 나와 있으나 나, 다, 라본을 따름.
112) 山: 나, 다본에는 '深山'으로 되어 있음.
113) 寺門: 저본에는 '沙門'으로 나와 있으나 라본에 의거함.
114) 取小紙: 가본에는 '小紙中'으로 되어 있음.
115) 讌: 라본에는 '燕'으로 되어 있음. 서로 통함.
116) 大歎: 라본에는 '心'으로 되어 있음.
117) 禳: 이본에는 '穰'으로 되어 있음. 서로 통함.

作假寐, 夢有一女, 蒼黃投母背後乞命, 靑衣丈夫, 直入背後, 縛其女而去. 夢覺, 果灑然而愈. 又嘗捉鬼, 藏之篋而緘, 篋中蟋蟀有聲, 篋自跳躍, 繫石投之江, 妖乃息. 嘗往申企齋光漢家, 宋麒壽亦至, 企齋曰:"子何不作一戱?"已而, 主家進水澆午飯, 禹治方食, 向庭噀之, 皆化作白蛾[118], 片片而飛. 又嘗往友家, 座客曰:"君能得天桃否?"禹治取細繩數百把, 向空擲之, 高入雲霄, 裊裊而垂, 令童子緣繩而上, 曰:"繩盡處有碧桃, 可摘下!"座中, 但見童子漸漸沒入雲中, 移時, 碧桃和葉和實, 亂落庭中, 競取啖之, 甘液淋漓. 俄而, 赤血點點下, 禹治驚曰:"此必守桃者, 告上帝, 殛死此兒." 俄而, 臂脚身頭, 相繼墮地, 座客無不愕然失色, 禹治徐步下去, 收拾四體, 若有連續之狀. 有頃, 童子倏然而起, 跟蹌而走, 座客又相顧大笑. 嘗渡漢江向京, 果川園丁, 稇載甘苽一駄, 同船而濟, 禹治曰:"逢天之暑, 我心如焚, 願施甘苽, 與同舟分喫."園丁曰:"耕耘灌漑, 努力成熟, 不賣于市, 反爲若德?" 禹治曰:"耕耘在我, 成熟孔易, 我自有之, 何待於爾?" 遂取節杖[119], 耕于船中, 耕訖而種, 種訖而生, 生而蔓, 蔓而花, 花而實, 實而長, 長而熟. 須臾之間, 滿船離離蒲鴿之色, 甘香振鼻, 卷蔓而摘, 盡分同船, 同船之人, 無不解渴. 已而, 船到北岸, 禹治携節下船而去, 園丁登陸, 視其駄, 一半空矣. 欲追[120]禹治, 不知所之. 後以左道惑衆, 逮繫信川, 死於獄中, 太守使埋之. 及親戚移葬, 啓棺視之, 只空棺矣. 嘗有詩傳于世, 其警句曰:'晴窓有月梅三昧, 碧落無雲鴈六通.' 其言似有道者.

---

118) 蛾: 가본에는 '蝶'으로 되어 있음.
119) 節杖: 다본에는 '節杖'으로 되어 있음. 이하의 경우도 동일함.
120) 追: 나, 다, 라본에는 '推'로 되어 있음.

外史氏曰: "異術之欺人, 自古已然, 如呪蛇禁虎·步水劾魅之法, 一串貫來, 無補於治敎, 煽惑於當世, 固君子之所惡也. 田禹治, 以絶類之才, 若游於六藝之門, 演易義而通神窮化, 則庶幾趨正成道, 其進不可量. 乃反是而挾襍, 愚弄一世, 至今言術者, 皆引以爲名, 亦可惜矣!"

6-8. 携客登嶽喚神將

　郭思漢, 玄風人, 忘憂堂後孫也. 少時, 業科工, 嘗遇異人, 傳秘訣, 通天文·地理·陰陽等術. 家甚貧, 其親山在於境內, 樵牧日侵, 無以禁養. 一日, 周行山下, 挿木而標之, 戒隣里, 曰: "或入此標之內, 必有不測之禍." 人皆笑之. 有一年少[121]頑梗者, 爲樵採, 故入其標內, 忽天旋地轉, 風起雷動, 營壘排列, 劍戟森嚴, 如陸遜之誤落魚腹浦. 無路可出, 魂迷神昏, 仆臥于地. 其母聞之, 急告于郭, 郭怒曰: "吾曾戒飭而不遵, 何也?" 其母涕泣懇乞, 乃躬往携出. 其後, 人莫敢近其地. 其仲父病重, 醫言, "用山蔘, 則可療." 從弟來懇, 曰: "兄之才, 弟所知也, 盍求數根而致療[122]乎?" 郭嚬蹙, 曰: "此甚難, 然病患如此, 何可已乎?" 携手上後麓, 至松陰之下, 有一蔘田, 擇其最大者三稏而採之, 且戒之曰: "此事愼勿出口, 切勿生更採之念!" 從弟歸而煎用, 病果得瘳[123]. 來時, 暗識其程道及蔘所在處, 後乘其從兄之不在, 潛往見之, 非復向日所往[124]之地. 驚訝嗟歎而歸, 對其兄道之, 郭笑曰: "向日所往處, 卽頭流山也, 汝豈

---

121) 年少: 가, 나, 다본에는 '少年'으로 되어 있음.
122) 致療: 가본에는 '治療'로 되어 있음.
123) 瘳: 가본에는 '療'로 되어 있음.
124) 往: 나, 다본에는 '在'로 되어 있음.

可更躪其境乎?" 一日, 淨掃一室, 謂其妻曰: "吾欲三四日靜坐, 須勿開戶, 且莫窺視, 待其日, 吾自出來." 仍[125]闔戶而坐. 過數日, 寂然無聲, 妻訝之, 從窓隙竊覷之, 房中變成一大湖, 水色淸瀅, 如鋪萬頃琉璃. 紅荷綠柳, 互映交蔭, 珍禽游鱗, 翔泳其中. 湖上有一彩閣, 繡戶雕窓, 珠簾畵欄, 玲瓏奪眼, 不可名狀. 其夫坐[126]於樓上, 方援琴鼓之, 與五六羽衣者對坐, 而杯盤狼藉. 又有雲裳霞裾之女, 或吹彈, 或歌舞, 其形貌聲音, 歷歷可辨, 妻大駭異之. 至期日, 開戶而出, 責其妻, 曰: "子違吾言, 吾不可久留於此矣." 有平日切親之友, 密謂郭曰: "君之抱才, 吾所稔知, 盍爲我做一戲?" 曰: "吾無他技, 君言妄耳." 曰: "幾年通情, 一朝見待, 若是之疎乎? 誠不勝慨然." 郭曰: "君之所欲覩者, 何也?" 曰: "願一見萬古名將之神耳[127]." 郭笑曰: "此非難事, 而但恐君之氣魄, 不能抵當, 而反受其害也." 曰: "若得一見, 雖死無恨." 郭曰: "然則君緊抱吾腰, 而着頭於我背, 闔眼勿視, 可也." 其人一從其言, 忽如騰空而行, 兩耳但聞風聲翛然. 少焉, 始令開眼視之, 乃坐於巨嶽絶頂之上, 問: "此何處?" 曰: "伽倻山也." 郭乃整衣冠, 焚香而坐, 各隨方位, 口誦呪語, 若有所指揮者. 良久, 狂風大作, 飛雲漫山, 雷聲隱隱, 電影閃閃, 忽有神將從空而下, 連續不絶, 或着鎧甲, 或持戈劍, 威風凜凜, 狀貌堂堂, 羅列于左右. 其人伏於郭之背後, 不敢擡頭直覿, 暫轉眼微䁜, 不勝怖畏, 魂慴[128]體戰, 按住不得. 少焉, 郭向諸神將, 有所云云, 使之退去. 又轟雷一聲, 神將咸駕颷而去, 入雲而沒, 其

---

125) 仍: 가본에는 '因'으로 되어 있음.
126) 坐: 가본에는 '在'로 되어 있음.
127) 耳: 저본에는 빠져 있으나 라본에 의거하여 보충함.
128) 慴: 나, 다, 라본에는 '懾'으로 되어 있음.

人已昏窒[129]不省矣. 郭乃抽囊中丹藥一粒, 灌其口, 俾得以壓驚鎭神, 待其稍醒, 扶而起, 曰: "吾不云乎? 君之氣魄, 旣無大過人者, 而遽値千古英靈毅魄之來迫, 安得不昏倒乎? 從今, 博得難醫之痼疾, 此將奈何?" 又令抱腰如來時而歸. 其人果得驚悸症, 久而未瘳云. 蓋其神異之術, 見於人者, 甚多. 年過八十, 康健如少年, 一日, 無病而坐化, 或稱尸解. 嶺南人, 嘗多親知而目覩者, 傳說如此.

外史氏曰: "幻術之迷神眩睹, 從古一套, 又多不經之談, 固無足取信, 而郭思漢之呼見神將, 古有是否? 設使古昔名將之英靈, 至今不泯, 其肯爲偏邦術士一呼而來臨乎? 揆以事理, 尤是荒唐之說也. 第其異術, 著於稗書, 故人或以其然, 豈然? 盡信書不如無書, 先賢豈欺我哉?"

○第四十号 道流部五【左道】

6-9. 墮幻術轉諧奇緣

文有英者, 南原人, 性溫貌丰, 遊庠攻業. 早年喪耦, 貧未繼娶, 鬱鬱不得志, 浪跡出遊, 將爲求凰計. 偶至雲峰, 店中遇一老人, 騎靑驢而至, 對酒論心, 詰其所自, 生告以意, 老人曰: "君欲得佳婦, 此去東南十里外, 往觀之, 必有所遇." 生信之, 如所指而行, 至則山下一村, 方聽倡演劇, 觀者蟻聚, 無可停趾. 回視垂楊低處, 露小樓一角, 有女子, 褰簾衣半摺, 側面偸視, 粉[130]光黛影, 射人雙眸. 生彷徨顧眄, 神迷意奪, 迨斜日西傾, 歌場樂闋, 猶仰面空樓. 忽一人拍肩, 大喝曰: "何物癡兒窺人閨閤?" 生驚視之, 岸然偉[131]丈夫,

---

129) 昏窒: 라본에는 '昏塞'으로 되어 있음.
130) 粉: 나, 다본에는 '彩'로 되어 있음.

竟拉其臂, 强曳入室. 生兩股戰栗, 變色欲走, 因大笑曰:"如此膽怯, 也學風狂. 實相告, 樓頭女子, 卽僕妹姐, 君如閨中無婦, 願附絲蘿." 生變懼爲喜, 唯唯惟命. 時已張燭, 令女嚴粧訖, 與生交拜, 擁入洞房, 將敍邂逅. 俄而, 母氏招女去, 生兀坐燈下, 意緒無聊. 漏不二[132]鼓, 見女從畫屛後獨來, 先卸鳳翹金鈿, 又解羅襦繡裳, 低鬟一笑, 仍入重幃. 生慾焰中燒, 不能自制, 急往摟抱, 闃[133]其無人, 惟角枕橫陳, 錦被半堆而已. 大駭, 莫詳其故, 擁衾孤眠, 通宵輾轉. 翌朝, 女子卽來, 生詰之, 不答. 至夜, 生先匿錦帳中, 更闌後, 女鬢髮鬖鬆, 作懶粧, 衣短紅裳, 不佩珠翠而來, 披幃就席[134]. 生急捉其臂, 隨手轉側, 如一團絳雲, 飛墮巫山, 索之, 悄然無跡矣. 是仙是鬼, 益[135]莫測其踪影, 三竿日出, 候女不至. 女之小妹, 曰英姐, 偶過其室, 生正苦涔寂, 於鏡傍舐毫作字. 英姐睇而問曰: "君亦會讀書識[136]字耶?" 生曰: "余雖愚迷, 束髮遊庠, 豈有秀才家不讀書識字者?" 英姐失聲一歎, 生疑之, 再三叩問, 英姐曰: "吾憐君靑年秀士, 死期已迫, 尙不自知." 生長跪請敎, 曰: "吾家大哥, 專以左道, 劫人財物, 將欲擧事, 先殺一人, 祀神開路. 往往懸姉爲餌, 名曰夫婦, 而實無所染. 吾自有知識以來, 見其出祆席而登俎几者, 不知爲幾兒郞矣. 今夜明星爛時, 殆將及汝." 生窘極[137], 叩首乞援. 英姐曰: "吾何能救? 欲解倒懸, 還須阿姉." 生問計, 曰: "姉所以入帷卽遁者, 因褥底壓六甲符一通, 上纒紅綠絲三十六縷,

---

131) 偉: 나, 다본에는 '一'로 되어 있음.
132) 二: 라본에는 '三'으로 되어 있음.
133) 闃: 가본에는 '寂'으로 되어 있음.
134) 席: 라본에는 '席上'으로 되어 있음.
135) 益: 가본에는 '蓋'로 되어 있음.
136) 識: 라본에는 '習'으로 되어 있음.
137) 極: 가본에는 '急'으로 되어 있음.

君搜括而棄之, 彼必不能脫身. 苟得成夫婦而後, 以情誼哀懇, 自能免君於難." 生曰[138]: "謹受教矣[139]!" 英姐潛歸去, 生啓視褥底, 果如所言, 急棄之. 入夜女來, 伺[140]其緩粧登褥, 裸而就之, 女意似覺, 曰: "婢子多言, 敗我家事, 雖然亦天意也." 縱體投懷, 竟成歡會. 事訖, 跪坐床頭, 乞其援手, 女曰: "百年伉儷, 萬死相隨, 何待君言?" 急起, 以雄鷄繫於杖頭, 囑生肩荷之, 曰: "往北, 約行三十里, 俟鷄聲一唱, 卽舍之而走. 再行二十餘里, 待妾來時, 好共逃去也." 生謹記而去. 女佯告諸兄, 兄大怒, 跨馬欲追, 女曰: "追之不獲, 不如飛劍而斬." 兄從女言, 擲劍於庭, 去同白練. 無何, 電光一閃, 錚然墮地, 血涔涔, 斑痕猶濕. 時生向北走, 約行三十里, 杖頭鷄聲大作, 急委之於地, 瞥看[141]白光下注, 鷄寂然無聲矣. 又行二十餘里, 筋力已疲, 憩於樹下, 見雲中一鶴飛墮, 女已控背而來, 斂之, 一紙鶴也. 笑曰: "大劫已過, 請歸鄉土." 生曰: "奈汝兄何?" 女曰: "左道無長策, 五十里外, 不能及也." 候曉而行, 偕歸故里. 生閉戶讀書, 暇輒與女藏鬮爲樂. 一日, 有女子闖然而入, 視之, 英姐也. 愕然問故, 英姐曰: "自姊去後, 兄强妹爲代, 妹意不屑爲, 至逢彼怒, 日遭鞭撻. 幸兄赴天魔會去, 乘間而逃. 復思伶仃弱質, 無親屬[142]可依, 故一路問程, 相投至此." 女甚喜, 生曰: "姐來亦大好! 但非鴉[143]非鳳, 何以位置?" 女笑曰: "我本無猜, 君宜報德. 古之英·皇[144], 其例可據." 卽出簪珥, 爲英姐上髻, 姐赬顔却之, 曰: "吾

---

138) 曰: 저본에는 빠져 있으나 라본에 의거하여 보충함.
139) 矣: 저본에는 빠져 있으나 나, 다, 라본에 의거하여 보충함.
140) 伺: 가본에는 '俟'로 되어 있음.
141) 看: 나, 라본에는 '見'으로 되어 있음.
142) 親屬: 가본에는 '親戚'으로 되어 있음.
143) 鴉: 라본에는 '鵝'로 되어 있음.
144) 英皇: 가본에는 '皇英'으로 되어 있음.

之此來, 不過作閒門冷燕, 豈求野鴨入鴛鴦隊乎?" 女正色喩之, 始無異議. 女曳令交拜, 騎驢老人自外而來, 笑曰: "得婦之言, 今頗驗否?" 生敬謝之. 二女相顧, 駭曰: "似吾兄之師也." 老人曰: "然. 爾兄學仙不成, 流爲左道, 而復借吾敎中飛符·遁甲諸術, 日濟其惡. 吾痛加訓誨, 罔有悛心, 必至一朝翦滅. 因惜女子無辜[145], 玉石俱焚, 故引文郞入幕, 轉相救援, 脫汝等於水火耳." 女問: "家中無恙否?" 老人曰: "此刻一番閒話, 卽汝全家就縛時也." 二女大哭, 老人曰: "是渠惡報, 何哭爲?" 拂袖竟去. 後生密探女之家耗, 果於是日, 爲官軍搜捕, 騈首西郊, 益信老人之有道也.

外史氏曰: "左道惑衆, 自黃巾·白蓮, 而肆行猖獗, 辭雖徵於捕影, 罪難逭於麗刑. 二女之從良耦而免俱焚, 卽女俠中智者也. 老人之指導文生, 幾陷禍網, 而竟諧[146]佳緣, 亦道術之異者也. 雖然, 斯皆天定奇遇, 豈人力之所可營哉?"

6-10. 避危機獲脫惡餞

盧瓘宅, 定州人也. 有膂力, 貧窮無依, 雲遊四方. 有族兄, 任獒樹察訪, 往從之, 月前已遞任歸矣, 囊無資斧, 流寓驛村, 嘗過村後園林, 林下棗樹兩株, 圍可合抱. 時當果熟, 打棗者甚衆, 盧笑曰: "裝鉤削梃, 毋乃太迂? 吾爲若輩計之." 袒衣, 趨左邊樹下, 抱而撼焉, 柔若蓬蒿, 樹上棗簌簌墮地, 衆奇之. 傍有一豪男長髥者, 笑曰: "是何足奇?" 亦袒衣, 趨右邊樹下, 以兩手對抱, 而枝葉[147]殊不少動, 盧哂之, 髥者曰: "君所習者, 外功也, 僕習內功, 此樹一經着

---

145) 辜: 라본에는 '씀'로 되어 있음.
146) 諧: 가본에는 '偕'로 되어 있음.
147) 葉: 저본에는 '業'으로 나와 있으나 이본에 의거하여 바로잡음.

手, 轉眼間, 憔悴死矣." 盧疑其妄, 無何, 葉黃枝脫,[148] 紛紛[149] 帶棗而墮, 而樹僵立, 宛若千年枯木. 盧大駭, 髥者曰: "孺子亦屬可敎!" 詢其家世[150], 並問婚未, 盧曰: "吾貧薄, 終歲强半依人, 未遑授室." 髥者曰: "僕有拙女, 與足下頗稱良匹, 未識肯俯納否?" 盧曰: "一身萍梗, 得丈人行[151]覆翼之, 固所願也." 髥者甚[152]喜挈之, 轉入山村一家, 屋宇幽敞, 頗似饒居. 是夕, 裝女出拜, 卽成婚媾. 明朝, 謁其內黨, 有老嫗跛而杖者, 爲女之祖母; 禿衿短裳, 顧而長者, 爲女之嫡母; 弊衣窄[153]袴, 足巨如籮者, 爲女之生母; 銅釵散髻, 而粉黛不施者, 卽女之寡姊也. 盧以女德性柔嬺, 亦頗安之. 居半載, 見髥者形蹤[154]詭秘, 決非善類, 乘其出遊不返, 密謂女曰: "君家行事, 吾已稔知. 但殺人奪貨[155], 終底滅亡, 一朝火焚玉石, 君將何以處我?" 女曰: "行止隨君, 妾何敢決?" 盧曰: "爲今之計, 惟有上稟高堂, 與君同歸鄕里, 庶無貽後日之悔." 女曰: "君姑言之." 盧以己意稟[156]諸老娘, 老娘沉吟久之, 曰: "岳翁未歸, 理宜靜俟. 但汝旣有去心, 明日, 卽當餞送." 盧喜述諸女, 女蹙然, 曰: "吾家制度, 與君處不同. 所謂餞送者, 由房而室, 而堂而門, 各持器械以守, 能處處奪門而出, 方許脫身歸去, 否則刀劍下無骨肉情也." 盧大窘, 罔知攸措, 女曰: "妾籌之熟[157]矣. 娣氏短小精悍, 然非妾敵手, 嫡母近

---

148) 葉黃枝脫: 가본에는 '黃葉盡脫'로 되어 있음.
149) 紛紛: 가본에는 '紛紜'으로 되어 있음.
150) 家世: 나, 다, 라본에는 '家勢'로 되어 있음.
151) 行: 주필로 삭제표시가 되어 있음. 나, 다, 라본에는 빠져 있음.
152) 甚: 저본에는 빠져 있으나 나, 다, 라본에 의거하여 보충함.
153) 窄: 나, 다, 라본에는 '穿'으로 되어 있음.
154) 形蹤: 가본에는 '蹤跡'으로 되어 있음.
155) 貨: 가, 라본에는 '財'로 되어 있음.
156) 稟: 라본에는 '稟請'으로 되어 있음.
157) 熟: 가본에는 '久'로 되어 있음.

日病臂, 亦可勉力支撑, 生母力敵萬夫, 而妾實爲其所出, 不至逼人太甚. 惟祖母, 一枝鐵枴, 如泰山壓頂, 稍一疎虞, 頭顱糜爛[158]矣. 妾當盡心保護, 但未卜天命何如耳." 相對惶惶, 竟夕不寐. 晨起束裝, 暗藏兵器而出, 才離閨闥, 其姊持斧直前, 曰: "妹丈行矣, 要作奉餞, 請喫此銀刀膾去." 女遮攔, 曰: "姊休作惡劇! 倘記姊丈去世, 寒夜孤衾, 替阿姊三年擁背. 今日之事, 幸爲妹子稍留薄面." 姊叱曰: "癡婢子! 背父而逃, 尙敢强顔作說客耶?" 取斧直斫其面, 女出[159]腰間鎚抵之, 甫三交, 姊汗淫[160]氣喘, 擲斧而遁. 至外室, 嫡母迎而笑, 曰: "嬌客遠行, 無以奉贈, 一枝竹節鞭權, 當壓裝." 女跪請曰: "母向以姊氏喪夫, 終年悲悼, 兒雖異母, 亦當爲兒籌之." 嫡母怒曰: "妖婢多言, 先當及汝!" 擧鞭一挈, 而女手中鎚起矣. 格鬪移時, 嫡母投鞭, 罵曰: "刻毒兒! 欺孃病臂, 只把沙家流星法, 咄咄逼人." 乃呵之去. 遙望中堂, 生母垂涕而俟, 女亦含淚出見, 曳盧偕跪, 生母曰: "兒太忍心, 竟欲抛孃去耶?" 兩語後, 哽[161]不成聲. 盧拉女欲行, 女牽衣大泣, 生母曰: "婦人從夫爲正, 吾不汝留[162], 然餞行舊例, 不可廢也." 就架上, 取綠沉鎗, 鎗上掛金錢數枚·明珠數顆, 故刺入女懷. 女隨手接取, 耆然解脫, 蓋銀樣蠟鎗頭也. 佯呼曰: "兒郎太跋扈, 竟逃出夫人城矣." 女會其意, 曳盧急走, 將及門外, 忽有鐵拐一枝, 當頭飛下. 女極生平伎倆, 取雙鎚急架, 盧從拐下衝出, 奪門而奔. 女長跪請罪, 老嫗擲拐, 歎曰: "女生外向, 今信然矣! 速隨郎去, 勿作此惶惶假態也." 女隨盧歸鄕, 鬻其

---

158) 糜爛: 가본에는 '靡爛'으로 되어 있음.
159) 出: 다본에는 '提'로 되어 있음.
160) 淫: 나, 다, 라본에는 '流'로 되어 있음.
161) 哽: 가본에는 '咽'로 되어 있음.
162) 汝留: 가본에는 '留汝'로 되어 있음.

金珠, 小作商販, 頗能自給. 後髯者事敗見執, 一家盡棄於市, 惟女之生母, 子身遠遁, 祝髮於妙香山草菴, 年踰八十而終. 有遺書寄女, 女偕盧, 跡至尼菴, 見床頭橫禪杖一枝, 猶是昔年鎗棒也. 女與盧皆大慟, 運其柩於山南, 並杖瘞[163]之. 盧登武科, 官至府使.

外史氏曰: "萑蒲之徒, 家蓄婦女, 亦有蜂蠆之技, 萃爲淵藪, 同惡相濟, 便是黃巾之名娥賊也. 或墮其網, 鮮能脫出, 而盧賴其妻之手援, 幸得超劫而免禍. 然始也, 不誇示其力, 則豈至於誤投彀中耶? 『易』曰: '君子退藏於密.' 旨哉聖訓, 可不戒乎?"

○ 第四十一号 道流部六【僧徒一】

6-11. 禪房訓書警迷童

休靜, 字玄應, 號淸虛子, 多在香山, 故又號西山. 俗姓崔, 母金氏, 老無子, 一日夢, 一婆來, 曰: "胚胎丈夫子, 故爲婀孃來賀云." 果誕師. 三歲, 有老翁來訪, 以兩手擧兒, 呪數聲, 摩其頂, 曰: "以雲鶴, 名此兒." 言訖出門, 莫知所之, 以故少字雲鶴. 與群兒游戲, 或立石爲佛, 或聚沙成塔. 稍長, 事親至孝, 力學不懈, 每愴早失怙恃, 益感死生之義, 忽得禪家頓悟法, 遂剃髮聽法, 遍踏名山. 入金剛, 作「三夢詞」, 曰: '主人夢說客, 客夢說主人. 今說二夢客, 亦是夢中人.' 「登香爐峯」詩曰: '萬國都城如垤蟻, 千家豪傑若[164]醯鷄. 一窓明月淸虛枕, 無限松風韻不齊.' 自此, 廣通道敎, 博涉經典[165], 飛錫雨花, 猶屬淺行. 與藥山守[166]金某, 親熟往來, 守年老有一子,

---

163) 瘞: 가본에는 '埋'로 되어 있음.
164) 若: 가본에는 '似'로 되어 있음.
165) 經典: 라본에는 '經傳'으로 되어 있음.

溺愛失訓, 年屆舞象, 而目不辨豕亥. 一日, 大師謂守曰: "公子年旣成童, 尙不就傅, 何也?" 曰: "顧慚華鬢, 晚始弄璋, 情切舐犢, 慮踈放豚, 荏苒至此, 方深憂悶." 大師曰: "玉待琢磨, 木就規矩, 物理猶然, 況公子氣宇俊邁, 將成大器, 抛却學業, 任他橫逸, 則非但裵門之文種當絶[167], 其於馬家之練絲無染, 何哉?" 守曰: "此兒, 早乏義方之誨[168], 便如不羈之騾, 日受呵撻, 猶不從命, 奈何?" 大師曰: "貧道粗解文字, 當圖勸學, 肯許之否?" 守曰: "若令解蒙, 豈非萬幸?" 大師曰: "第有仰質者, 一送山門之外, 割斷恩情, 更勿通路, 嚴立課程, 刑威操縱, 都付貧道擅行, 成給印記立證, 何如?" 守曰: "唯唯." 因書給約條, 送兒隨師, 向寺門[169]去. 兒自上山之後, 日與闍黎等戲耍, 東西跳踉, 慢侮師僧, 辱之毆之, 無所不至, 師視若不見, 任其所爲. 過五六日後平明, 大師整其弁衲, 出坐方丈, 大會徒衆, 各對經案, 禮儀嚴肅. 乃命一沙彌, 拿致厥童, 童號哭詬罵[170]曰: "汝以緇髠, 何敢凌侮士夫至此? 吾當歸告大人, 將打汝爲肉醬矣." 仍罵曰: "千可殺萬可殺賊禿云云[171]." 抵死不來, 大師拍案, 大叱之, 責衆僧縛兒來. 衆僧一齊下手, 兒不得抵擠, 縛致之前. 大師出示印記, 曰: "汝之大人, 書此給我, 從玆以往, 汝之生死, 懸於吾手. 汝以士夫子弟, 目不識丁, 專事頑悖, 此習不祛, 將覆汝門戶, 第受吾罰!" 遂以錐末炙火, 待赤而刺其股, 兒昏窒. 半晌而醒, 又欲刺之, 乃哀乞曰: "惟大師之命是從, 更勿刺之!" 大師

---

166) 守: 가본에는 '伜'로 되어 있음. 이하의 경우도 혼용됨.
167) 當絶: 라본에는 '絶矣'로 되어 있음.
168) 誨: 라본에는 '敎'로 되어 있음.
169) 寺門: 라본에는 '山門'으로 되어 있음.
170) 詬罵: 나, 다, 라본에는 '詬罵'로 되어 있음.
171) 云云: 라본에는 '云'으로 되어 있음.

執錐, 而責之諭之, 良久始放, 使之近前, 以『千字文』先授, 排日督
課, 不許暫休. 兒年紀漸長, 智思亦開, 聞一知十, 甫過一年, 讀遍
通史.[172] 師恒在傍警飭, 夜以繼晝, 三易穀燧, 幾絶韋編. 每讀, 語
于心曰: "吾之受辱山僧, 皆不學所致, 當勤業墨帳, 致身靑雲, 打
殺此禿, 以洩一口惡氣." 一念孜孜, 不勸而篤, 大師甚喜, 俾肄功
令, 亦可戰藝. 遂相携還衙, 而告曰: "公子文藝, 優可以列旗騷壇,
報捷禮闈[173], 貧道從此辭歸." 守曰: "迷兒遷喬, 多蒙慈航濟度, 何
等感謝?" 始挈眷歸洛, 三加六禮, 次第而行, 出入鸞庭, 操觚鼓篋,
數歲之後, 遂登桂籍. 過幾年, 繼典蘂山府, 心獨喜曰: "吾今以後,
可殺香山寺僧, 以雪宿昔之憾." 及莅任, 將遊香山, 飭吏具別杖以
從, 擬到寺門打殺此僧. 行至洞口, 大師率緇徒, 迎于路左, 守見
之, 遽[174]下轎, 執手致款. 大師陪着笑臉, 曰: "貧道老而不死, 今見
明府下臨, 欣幸曷喩?" 仍導前入寺, 曰: "貧道居室, 卽使爺昔年負
笈喫苦處, 今夜移定寢所於此室, 特許貧道同榻, 以續舊緣, 甚好,
冒死敢請." 守許之, 更深後, 師密告曰: "使爺受學時, 有必[175]殺貧
道之心乎?" 曰: "然." 師曰: "自登科至佩符, 此心靡渤乎?" 曰:
"然." 師曰: "啓筛時, 矢心欲殺, 別具刑杖乎?" 曰: "然." 師曰: "若
然, 則何不打殺而下轎致款乎?" 曰: "疇昔之忿, 着在肚裏, 及逢場
拭靑, 此心氷消雲散, 不覺犂然欣悅." 師曰: "貧道皆已揣知矣." 遂
與叙舊話今, 傾囷倒廩. 至夜分, 師進一紙, 曰: "此是貧道爲使爺
推數[176]編年, 壽踰七耋, 位至大官, 誠可賀. 某年, 當按節箕城時,

---

172) 讀遍通史: 다본에는 '讀書遍通經史'로 되어 있음.
173) 禮闈: 나, 다, 라본에는 '禮圍'로 되어 있음.
174) 遽: 라본에는 '遂'로 되어 있음.
175) 有必: 이본에는 '必有'로 되어 있음.
176) 數: 가본에는 '籌'로 되어 있음.

貧道當送一沙彌探候, 幸加款接, 如見貧道, 夜必同寢一室焉. 此係使爺大事, 愼勿忘置, 必須如是, 丁寧囑付[177]." 守曰:"諾." 翌日, 以錢帛賞賚優厚, 酬昔日訓學之勞, 作別. 出山門, 師拜辭曰:"老朽之物, 無由更奉警咳, 曷勝惆悵? 惟願千萬保重, 箕營事必銘念." 申囑不已. 數年後, 果爲關西伯, 抵營未幾, 一日, 閽者告[178]曰:"香山僧欲入謁." 巡使怳然覺悟, 命入來, 使之升堂, 把袖促膝, 問大師安否. 夜與聯枕, 至更深[179]後, 房堗過溫, 乃易寢席而臥. 睡夢中, 忽有腥穢之臭, 以手探僧臥處, 有水漬手. 仍呼侍童, 擧火燭之, 刲刃[180]僧腹, 血流滿茵. 巡使大驚, 急使運置於外, 翌朝窮覈, 則巡使房嬖, 卽官奴所眄, 奴以是含憾, 要刺巡使, 錯認臥處而逞凶也. 鉤得其實, 遂置之法, 治僧喪, 送本寺. 蓋大師預知此厄, 而故送沙彌代受也. 其後, 功名壽限, 皆符大師之推數矣. 壬辰, 車駕西狩龍灣, 大師迎謁道左, 上諭之曰:"國事棘矣, 爾能發慈悲普濟耶?" 大師泣而拜, 曰:"臣老病, 不堪從戎. 臣之弟子, 散在諸路, 謹當激倡義旅, 山中緇徒[181], 當令在地, 焚修以祈神助[182]." 上義之, 卽命爲八道十六宗摠攝, 諭方岳任, 其號召諸道僧軍, 合五千餘名. 遂與天兵爲後先, 以助聲勢, 斬獲甚多. 賊旣退, 大師上言曰:"臣年垂八十, 筋力盡矣, 請以軍事, 屬之弟子惟政, 願納摠攝印, 還香山舊棲." 宣廟嘉其志, 賜號一國都大禪師. 自是, 義益高, 名益重, 往來諸名山, 常隨弟子千餘人. 年八十五, 作書付惟政, 趺坐而逝,

---

177) 囑付: 가본에는 '付囑'으로 되어 있음.
178) 告: 가본에는 '來告'로 되어 있음.
179) 更深: 다, 라본에는 '夜深'으로 되어 있음.
180) 刲刃: 가본에는 '刺劍'으로 되어 있음.
181) 緇徒: 가본에는 '緇衆'으로 되어 있음.
182) 神助: 가본에는 '神功'으로 되어 있음.

異香滿室, 三七日後, 始歇云.

外史氏曰: "古語云: '易子而敎之.' 爲慮其傷恩害小, 失敎害大, 謝安之常自敎兒, 豈非達理之言乎? 藥守之不能自敎, 而付之山僧, 何也? 抑知其道術之可使兒玉成而然歟? 第能使之怖威受訓, 非止於干之伯强之嚴, 又委送沙彌, 替受禍, 而俾度厄, 何其誠也? 第其術數, 神奇難測, 亦異矣. 至於倡義旅濟國難, 其功又何如? 豈可但以神僧道釋云乎哉!"

6-12. 海島覓畵惱狡酋

惟政, 字松雲, 禪號曰四溟大師, 西山之高足也. 佛家之書, 倍於儒門, 而東國行[183]布者尠, 獨於陜川海印寺, 有八萬大藏經板本, 積置於六十餘間. 新羅王時, 命刻板漆之, 我國紙地不敷, 難其印. 惟政僅印一本, 藏於海印寺無說殿, 又買大絹八疋于燕市, 聯作一幅, 欲畵丈六金軀爲幀, 周行八道, 廣募能畵者, 數年不得. 適値楓嶽, 大張水陸, 僧俗咸聚, 可累千人. 惟政遍告大衆, 求畵佛手, 莫有應者. 座末瘦[184]癃一僧, 自願應募, 與之偕來于大邱八公山, 齋沐[185]而請之, 僧曰: "此畵滿九十日, 乃或[186]成, 吾處於佛殿內隱身而爲之, 愼母或被人覘視, 塗其四壁, 使無孔[187]隙, 只存納飯一穴, 而一日一納. 納時, 亦無得斜睇." 惟政依其言, 飭徒弟母敢窺視. 時値壬辰倭寇猝至, 惟政倡率僧軍, 方赴戰陣, 別擇一僧, 托以畵事. 畵至八十九日, 有一癡僧, 自料日子雖未滿一日, 畵必已成, 暫

---

183) 行: 다본에는 '刊'으로 되어 있음.
184) 瘦: 저본에는 '疲'로 나와 있으나 가본을 따름.
185) 沐: 가본에는 '浴'으로 되어 있음.
186) 或: 저본에는 빠져 있으나 나, 다본에 의거하여 보충함.
187) 孔: 가본에는 '空'으로 되어 있음.

從壁隙[188]偸覘, 畵師大驚, 擲[189]筆起立, 曰: "畵不就矣! 眞所謂爲山九仞功虧一簣也." 卽有黃雀出, 自飯孔而飛去, 影響寂然, 諸僧大哄, 入視之, 畵佛已成, 而一足未就, 仍畵着鳥迹而去. 卽以其幀, 掛桐華寺梵宇. 是歲, 倭奴焚勦時, 竊此佛幀而逃[190]. 及丁酉倭再擧, 兵敗請成, 朝廷以惟政假使命, 往探賊情. 惟政仗劍渡海, 意氣軒昂, 倭奴素重其名, 欲試其節, 脅之使降, 政曰: "吾奉吾王之命, 通使于隣國, 爾等不宜侵凌, 吾膝豈可爲汝屈乎?" 倭奴大熾炭, 火烈若洪爐, 使政投入火中, 政不動顔色, 直向火邊, 將若躍入, 天忽下雨暴注, 火卽自滅. 倭奴以爲[191]神, 遂羅拜, 曰: "天佑如此, 大師眞生佛也!" 卽以金轎昇之, 自是, 雖如厠時, 輒昇奉之. 淸正問曰: "貴國有何寶?" 政曰: "我國無他寶, 惟以汝頭爲寶." 淸正曰: "何謂也?" 答曰: "我國購汝頭, 金千斤, 邑萬戶, 非寶而何?" 淸正勃然拔劍而進, 政顔色不變, 坐不移席, 淸正退而謝. 政將返, 關白問曰: "大師所欲, 吾必敬承, 試言之." 政曰: "山人本無所欲, 惟願還我國畵佛一幀." 關白曰: "弊邦雖小, 尙多重寶, 何捨此而取彼?" 政曰: "此卽漢明帝夢金人, 長丈六尺, 頭有光明, 遣使天竺問佛道法, 繪其形像者. 此佛甚靈, 可以祈風禱雨, 可以禳災致祥, 故願還也." 關白以下, 齊聲言曰: "大師亦能呼風喚雨, 何必求還佛幀?" 政曰: "此是貧道之積功處, 若不過海, 則已, 旣過海, 而不尋此畵, 則未可以超九劫而脫六道, 故寧死於此, 不欲以空手還耳." 倭不敢相持, 竟歸畵幀. 惟政還, 掛于桐華寺, 凡有水旱疾癘, 祈禱

---

188) 隙: 마본에는 '間'으로 되어 있음.
189) 擲: 마본에는 '投'로 되어 있음.
190) 逃: 가본에는 '去'로 되어 있음.
191) 爲: 가본에는 '爲之'로 되어 있음.

神驗如響云. 惟政常帶一沙彌而行, 至一川, 捨橋取[192]水, 褰裳而涉. 沙彌怪之, 曰: "師何捨橋而[193]取水?" 政曰: "爾不知也. 此橋, 化主托以作橋, 多鳩錢穀, 太半私用, 只以些少物財, 搆此橋, 故受其報, 化作異物, 守此橋也. 爾欲覩之, 吾當使現本形." 因誦『楞嚴經』一遍. 俄有, 一大蟒從橋下蜿蜒而出, 掛腰於橋上, 長可數十尺. 又有衆小蛇, 蠕蠕隨出, 骿首於其側. 沙彌曰: "小蛇何爲也?" 政曰: "彼類, 搬運錢穀之時, 從中竊食, 故有此報也." 沙彌驚歎, 叉手而問: "將用何道濟度此物耶?" 政曰: "若設水陸於川邊, 燒其見身, 可還度矣." 沙彌曰: "若此, 則弟子當盡力辦之耳." 遂廣設齋於橋邊, 三晝夜積柴而燔之, 蟒乃復出, 植立於炎火中, 衆蛇亦簇立自焚. 環橋而觀者, 莫不歎異之.

外史氏曰: "自古, 神法奇術, 多在於僧, 雖以我東言之, 道詵·無學, 皆爲國辦一大事, 留名千載, 豈可以異端而藐視哉? 惟政之臨難效誠, 其功不在武臣之下, 尤稀且奇者也. 昔宋李肇有言, 曰: '天堂無則已, 有則君子登; 地獄無則已, 有則小人入.' 燔蛇雖近誕, 而若果有報應之理, 則世之貪官汚吏, 死不爲倉庫之蟒者, 幾希矣. 此言亦可以激貪夫耶!"

○第四十二号 道流部七【僧徒二】

6-13. 試靑萍爲師報仇

孟監司冑瑞, 癖遊山水. 少時, 入楓嶽, 搜奇窮覽, 至幽深處, 有一菴, 極淨灑. 老僧一人, 年近百歲, 容貌古怪, 禮數恭謹. 孟公異

---

192) 取: 다본에는 '就'로 되어 있음. 이하의 경우도 동일함.
193) 而: 저본에는 빠져 있으나 마본에 의거하여 보충함.

之, 因留宿, 將叩其道術, 僧忽召其沙彌, 謂曰: "明日, 卽吾師之忌日, 可設祭供." 沙彌曰: "唯." 明曉, 設蔬食, 老僧哭之哀, 公問曰: "上人之師名誰, 而道術何如[194]?" 僧悽然良久, 曰: "公旣垂問, 何用隱諱? 吾本日本人, 亦非僧也. 昔在壬辰前, 本國選吾等八人, 皆驍勇絶倫, 深於計慮者. 出送朝鮮, 分掌八道, 凡鮮人之以才畧智勇名者, 皆戕害之後, 始許復命. 故八人共習鮮語, 旣熟, 出來東萊倭館, 變作鮮僧之服, 將發之際, 相議曰: '朝鮮金剛靈山也, 可先入此山祈禱然後, 分散也.' 遂同行十餘日, 始到淮陽地, 見一士人[195], 着木屐, 騎黃牛, 出自山谷. 同行一人曰: '吾輩久不噉肉, 氣力甚憊, 殺此人而屠牛食肉, 何如?' 皆曰: '善.' 乃共進而欲劫之, 士人曰: '汝輩何敢乃爾? 汝輩之爲倭國間諜, 吾豈不知? 當盡殺之.' 八人大駭, 齊抽劍而進, 士人翻身騰趠, 疾捷如神, 奮拳飛脚, 頭破肢折, 死者五人, 只餘三人. 遂皆伏地乞命, 士人曰: '汝果誠心歸服, 能死生相隨否?' 三人指天爲誓, 士人領歸其家, 謂曰: '汝輩雖爲倭所使, 欲覘我國, 而技短術踈, 其何能爲? 今旣矢心歸我, 汝輩誠僞, 可以洞悉. 吾當敎爾[196]劍術, 若倭兵來, 則吾可領汝輩起軍, 往奪馬島, 足遏賊路之咽喉. 若等雖於異國樹勳, 富貴亦可圖矣.' 三人拜謝, 曰: '敢不如命?' 遂共受劍術, 旣盡其妙, 服事愈勤, 士人甚信愛之. 一日, 諸人同宿, 朝起視之, 士人忽被人刺, 流血滿室. 貧道大驚, 問兩人曰: '此何事也?' 兩人曰: '吾[197]雖服事此人, 盡得劍術, 而同來八人, 義同兄弟, 皆爲其所殺, 今只餘三人,

---

194) 何如: 마본에는 '如何'로 되어 있음. 이하의 경우도 동일함.
195) 見一士人: 나, 다본에는 '一士人者'로 되어 있음.
196) 爾: 가본에는 '以'로 되어 있음.
197) 吾: 저본에는 빠져 있으나 가본에 의거하여 보충함.

此大讎, 其可暫時忘耶? 久欲報之, 苦無乘隙, 今幸得便, 何可不殺?' 貧道大責曰: '吾輩旣受再生之恩, 情同父子, 豈可背恩忘德作此擧耶?' 痛哭良久, 遂前刺兩人, 皆殺之. 乃於此山結庵, 得一沙彌, 消遣歲月, 每想吾師才智之高, 意氣[198]之豪, 情義[199]之篤, 痛惜無窮, 至恨在心. 是以, 當師忌日, 輒設祭以洩哀." 孟公聽畢, 不勝感歎, 曰:"以士人之明識神勇, 乃不知兩人者懷歹心[200], 而終至被害, 何也?" 僧曰:"吾師豈不知彼漢之非吉人, 而愛其才, 欲結以深恩, 得其死力, 且其智足以發奸摘伏, 故因循荏苒, 竟至此境矣. 師謂我持心誠實, 偏愛之, 我之所以遺親戚忘故土, 而服勤不怠者, 政爲此也." 孟公仍請[201]曰:"上人之劍術, 可得見乎?" 僧曰:"吾今老矣, 廢而不試已久, 猝[202]難爲之. 公姑留數日, 俟吾稍有氣力, 試爲之耳." 翌日, 邀公至一處, 有十餘柏樹, 大可十圍, 上干雲霄. 僧袖出兩物, 團圓如毬, 用繩堅縛, 去繩訖見, 兩箇鐵塊, 卷帖如拳. 以手平展, 則數尺霜鋩, 光如秋水, 而卷[203]舒如紙. 僧把兩劍起舞, 始也, 低昂頗遲, 俄而, 迅疾如飛, 揮霍風生, 久之, 騰踴飄浮, 立於空中. 盤旋去來, 只見一箇銀甕, 出沒柏葉之間, 掣電閃爍, 倏長倏短, 輝映巖壑, 遍是霜刃, 栢葉紛紛飛落如雨. 孟公神慄魄褫, 不敢正視, 其柏葉寸斷, 樹枝半童矣. 少頃, 僧方投劍下立, 咄歎數聲, 曰:"氣衰矣, 非復年少時也. 吾少壯時, 舞劍此樹之下, 葉多中破如細絲, 今則不然, 全葉者多矣." 孟公大異之, 曰:"上人神人也!" 僧

---

198) 意氣: 가본에는 '義氣'로 되어 있음.
199) 情義: 가본에는 '情誼'로 되어 있음.
200) 歹心: 가본에는 '二心'으로, 나, 다, 마본에는 '反心'으로 되어 있음. 이하의 경우도 동일함.
201) 請: 나, 다본에는 '謂'로 되어 있음.
202) 猝: 저본에는 '卒'로 나와 있으나 나, 다본을 따름.
203) 卷: 마본에는 '捲'으로 되어 있음.

曰:"吾非久當化去, 不忍吾踪跡之永泯[204], 故爲公言如此."

外史氏曰:"士人慧眼, 能識彼之爲倭間諜, 而不察彼之反懷歹心, 竟遭其害.『語』云:'信人如己, 人反害己.' 不其然乎? 彼二人者, 旣受恩於士人, 又學其術, 可謂四海之內皆兄弟, 而竟如逢蒙之[205]殺羿, 有愧於庾公之斯之不忍, 以夫子之道, 反害夫子, 宜乎自底償命. 而老僧之感服恩誼, 能辦爲建德報仇, 誠有義氣者也!"

6-14. 設白帳避兵獲安

洪斯文僑, 江華人也. 淸高不俗, 常邀遊山水, 至楓嶽, 搜奇窮覽, 向外山之路, 憩一小菴, 討些飯要救餒, 僧辭以糧匱. 有一客僧, 自其鉢囊, 掬米付僧, 炊以供之. 洪詢其居住, 對以[206]雲遊踪跡, 元無定處, 近者, 來留[207]於此山近地. 遂與談話, 僧能廣通道敎, 洪益奇之, 定爲方外之交. 班荊良久, 飛錫告歸, 洪欲從之, 僧曰:"去路稍遠, 且非脚力勁健, 不能至也." 洪固請, 遂偕行, 從僻路升降, 不知爲幾里, 抵一峻嶺, 地皆沙石. 僧曰:"此沙細軟積厚, 若移足稍緩, 則沒脛難抽. 但學我步, 數數擧趾, 可免此患." 洪如其言, 至嶺上, 路繞[208]山腰, 逶迤屈曲. 行幾里, 路忽中斷, 下臨絶壑, 對岸相距, 可丈許. 僧一踔而過, 洪心悸神慄, 無計從之, 僧乃展兩袖據岸, 懸身而仰臥, 令洪躍來投其懷中. 洪不得已, 大着膽一跳而進, 僧張兩手, 迎抱以涉危. 又屢轉崎嶇盤回, 到一處, 卽別界也. 景物如畵, 田疇肥沃, 有閭家數十, 多是禪房[209], 花木掩翳,

---

204) 泯: 다본에는 '滅'로 되어 있음.
205) 之: 저본에는 '之之'로 나와 있으나 가본에 의거함.
206) 以: 다본에는 '曰'로 되어 있음.
207) 留: 가본에는 '遊'로 되어 있음.
208) 繞: 다본에는 '續'으로 되어 있음.

泉石廻環, 滿洞皆梨樹, 家家積梨實. 驚聞俗客之來, 爭集迎勞, 競
引還家, 循環供接. 洪問: "此何地?" 皆言, "此係高城地梨花洞, 花
開時, 滿洞晃朗, 如雪朝云." 蓋人跡不到處也. 洪留月餘, 將尋歸
路, 以涉險[210]爲憂, 僧曰: "此有妙逕, 可出!" 卽編藁作兩薦, 携到
洞口, 値一絶壁, 有盤石, 側臥淨滑, 不見其涯. 僧將一薦, 與洪背
負, 又自將其一而負之, 同臥盤石上, 搖身流下[211]. 良久, 始至平
地, 前有一峯, 雪色嵯峨, 峰上有圓石, 石上有對峙如兩角者. 僧
曰: "公欲見奇事否?" 卽偕至峯頭, 持一塊石, 叩其如角者, 久之,
漸磬折屈縮, 而入于石穴, 復叩其一, 又縮入如前者. 洪問: "此何
物?" 僧曰: "此爲大螺, 多在高峯絶頂, 我國取作吹螺之軍器云." 自
此, 行三十里, 遂出山. 僧曰: "數年後, 有過沁之事, 當訪公宅." 洪
忻然留約[212], 分手各歸. 丙子冬, 僧果來訪, 洪歡迎款留. 未幾, 虜
兵大至, 江都失守, 洪擧家遑遑, 僧曰: "勿如是也! 人豈必盡死乎?
可閉門靜坐, 第觀下回." 洪見僧, 意甚安閒, 了無怖色, 心異之. 遂
依其言, 僧從衲衣中, 探出數幅[213]白布帳, 張掛門外, 如障遮路塵
之狀. 俄而, 虜兵蔽野而來, 到處搶攘, 至洪門前, 視若不見, 萬騎
連續, 皆從帳外[214]夏過, 而終不入焉, 洪家賴以安全. 及寇退, 洪之
隣氓被虜逃還者, 來言, "某日, 隨虜陣, 過公門巷, 忽有粉堞嵯峨,
天塹絶險, 只從其下過去, 而尙不省, 何故云?" 此蓋布帳之障遮
也. 洪賴僧之神術, 坐免兵禍, 闔門感謝, 多齎貨物以酬惠, 僧不受

---

209) 禪房: 가본에는 '禪家'로 되어 있음.
210) 涉險: 가본에는 '陟險'으로 되어 있음.
211) 流下: 가본에는 '下流'로 되어 있음.
212) 忻然留約: 라본에는 '欣然納約'으로 되어 있음.
213) 幅: 라본에는 '尺'으로 되어 있음.
214) 外: 가본에는 '下'로 되어 있음.

而去. 後不知何²¹⁵⁾落.

外史氏曰: "僧之似此異術, 古未聞也. 以若奇才, 展用於南漢²¹⁶⁾, 則倘免城下之盟, 而惜其不爲國効力, 只爲一士人保家也. 抑以天運化工, 縱或許其小試, 而俾不得措手於大去處耶?"

---

215) 何: 저본에는 '下'로 나와 있으나 나, 다본을 따름.
216) 南漢: 가본에는 '漢南'으로 되어 있음.

卷七

○ 第四十三号 性行部一【隱淪一】

7-1. 茅菴喝僧現神鑒

柳癡叔名某, 柳西厓成龍之叔父也. 爲人蚩蠢, 若菽麥不辨者, 家間號曰'癡叔'. 性嗜酒, 家貧無以釀, 乃聚村秀才訓課, 羣童或佩壺挈榼, 以餉之. 不以文藝自居, 而輒有腹藁. 每當大比之期, 暗草科文各軆, 令學徒仿其規而製作, 及入試闈, 必遇題意之髣髴[1]者, 皆得捷. 或問曰: "君出其緖餘, 但令豎子成名, 何乃自甘蠖屈, 以靑衿終老牖下?" 柳曰: "吾之一生潦倒, 非戰之罪, 是有命耳." 又問: "阿咸晉揚要津, 君之筮一命, 當如責償, 而胡爲窮困至此?" 曰: "富貴如不可求, 從吾所好, 但吾所欲者, 免五賊之累耳." 曰: "何謂五賊?" 曰: "眼·耳·鼻·舌·身, 是也. 眼好視美色, 艶妻嬌妾, 非金屋[2]不能貯, 我有數間茅廬[3], 中藏不姸不醜之一婦, 亦可以主饋而延嗣. 耳喜聽好音, 笙歌管絃, 非金錢莫可致, 我時從畎畞, 聞秧歌牧笛, 亦足以當絲竹. 若置寶鼎, 購龍涎, 無非受鼻之累, 我閉而不聞其香, 終日臥牛糞堆傍, 時或掇野芳而嗅籬英, 亦自快意. 致山珍, 羅海錯, 無非受舌之欺, 我食而不辨其味, 終日啜麥糜[4]噉蕐鹽, 未嘗不飽. 至塊然一身, 爲禍更烈, 夏則細葛, 冬則重裘, 不過他人美觀, 破却自家血鈔, 我雖未遵皇古之剪葉爲衣, 自有敗絮弊

---

1) 髣髴: 나, 다본에는 '彷佛'로 되어 있음.
2) 金屋: 나, 다본에는 '金玉'으로 되어 있음.
3) 茅廬: 나, 다본에는 '茅屋'으로 되어 있음.
4) 麥糜: 나본에는 '糜麥'으로 되어 있음.

褐, 亦可掩體. 自頂至踵, 不值一錢, 此皆治五賊之訣也." 問者, 唯唯而退. 一日, 謂西厓曰: "吾有面商事, 君家每患煩鬧, 如值無客時, 可暫速我." 西厓依其言, 奉邀叔, 乃以弊袍敗冠[5], 曳杖而至, 曰: "與君賭一局棋, 可乎?" 西厓曰: "叔父平日未嘗圍棋, 且姪略解手法, 恐難對敵." 叔曰: "以安玄之優劣, 猶賭山陰之墅, 吾手雖拙, 欲賭家後二頃田, 依賭墅故事耳." 西厓心竊訝之, 第與對着, 眞爛柯之妙藝, 未至半局, 西厓全輸. 始知其叔之隱才, 不勝驚嘆, 推枰斂手, 曰: "猶父猶子之間, 半生同處, 有眼不識, 是姪之過也. 從今以後, 願安承教." 叔乃取二頃田, 皆種秔麩[6], 釀成旨酒, 以藏之, 待不時之需. 一夕, 往見西厓, 曰: "我有一言緊托者, 某日必有一僧來訪請宿, 切勿許之. 雖千懇萬乞, 終始牢拒, 使之寄宿於村後茅菴, 可也." 西厓曰: "僧是何人, 請宿者何意也?" 叔曰: "後當知之, 此係大事, 須銘心勿誤." 及到[7]其日, 果有一胖大和尙來謁, 狀貌獰壯, 年可四十. 左右問: "何處出家人, 緣甚來訪?" 對曰: "貧道居在江陵五臺山, 爲覽嶺南山川而來, 遍歷太白諸勝. 今方復路, 而竊聞相公淸德雅望, 爲當世山斗, 願切識荊, 計在御李, 不待蟠木之先容, 敢效爐金之自躍. 今適値暮, 聊借一席而留宿." 西厓曰: "禪師委存, 良非偶然, 對榻揮麈, 誠爲韻事, 但家間適有事故, 勢難留人. 此村後有茅菴, 可堪一宿矣." 僧曰: "貧道此來, 要侍下風, 聞欬唾[8]之音, 非如雲遊浮踪, 東西投宿也." 磕頭頂禮, 萬端哀懇, 而始諭終喝, 一辭牢拒, 僧不得已, 隨僮而向村後茅菴去了. 是時,

---

5) 敗冠: 나, 다본에는 '破冠'으로 되어 있음.
6) 麩: 저본에는 주필로 삭제표시가 되어 있음. 나, 다본에는 빠져 있음.
7) 到: 나, 다본에는 '致'로 되어 있음.
8) 欬唾: 나, 다본에는 '咳唾'로 되어 있음. 서로 통함.

癡叔以女奚粧爲遊倡[9], 自己扮作花郞, 以繩巾布褐, 合掌而拜迎, 曰:"何來尊師降臨弊舍?"僧答禮而入, 寒暄甫畢, 先以一壺旨酒待之, 僧飮而甘之, 曰:"此醪淸洌異常, 何處得來?"答曰:"彼姝卽邑妓, 酒母之老退者, 尙有杜康手[10]法也. 禪師若不嫌冷淡, 則何患乎有酒無量乎?"因具夕飱而進, 山肴野蔌, 極其精潔, 傍設數斗醇酎, 僧飽噉痛飮. 俄而, 六腑[11]漫漫, 四肢綿綿, 昏倒是土偶一般. 夜深後, 忽覺胸膈上泰山如壓, 開眼視之, 則其花郞踞坐肚腹, 手執利刀, 張目叱之曰:"汝之渡海日, 吾已知之, 汝敢瞞我乎? 第從實直告也."僧哀乞曰:"賤命懸於公手, 何敢一毫相欺? 貧道卽日本人也. 關白平秀吉, 將發兵謀陷本國, 而所忌者, 獨前家相公. 故使賤僧, 如魏帥之送聶隱娘賊劉矣. 今公神鑑, 泂同劉僕射, 賤僧包藏, 自底現露, 執跡蔽辜, 實合萬死. 然便宜知過自新, 不敢更貽伊戚, 幸寄我一縷之殘命."癡叔曰:"我國兵禍, 乃是天數, 難容人力, 而吾鄕金革, 吾可救濟, 倭寇如蹋[12]此境, 則當不旋踵矣. 如汝螻蟻, 何足汚吾刃也? 寬汝禿頭而送之, 傳于蠻酋, 使知吾國之吾在也."其僧百拜致謝, 抱頭鼠竄而去, 歸見平秀吉, 備傳其事. 秀吉大驚異, 勅諸將, 無或近安東一步地, 一境賴以[13]安過云.

　外史氏曰:"柳西厓功名耀赫, 得如彼專, 而其叔之獨處鄕曲, 徒博癡名, 往往有見識之神妙難測者, 可謂其愚不可及也. 若於有事之時, 爲國需用, 則似不讓於二三豪俊之爲時整頓, 而終乃虛老林下, 湮沒無稱, 豈不惜哉? 孔子曰:'以貌取人, 失之子羽.' 西厓之

---

9) 倡: 나, 다본에는 '娼'으로 되어 있음.
10) 手: 나, 다본에는 '之'로 되어 있음.
11) 腑: 저본에는 '府'로 나와 있으나 나, 다본을 따름. 뜻은 서로 통함.
12) 蹋: 나, 다본에는 '踏'로 되어 있음.
13) 以: 나, 다본에는 '而'로 되어 있음.

不能以叔薦于朝, 而試其才, 抑亦失之於癡耶?"

7-2. 苽田接客誇奇術

薛生者, 洛下士人也. 富詞藻, 尙氣節, 業科[14]不利, 雲遊四方, 隨意行住. 晚年, 隱居于長城蘆嶺之南, 不求聞於世, 世亦無知者. 晴沙金相在魯, 以繡衣, 到湖南, 時當炎熱, 過嶺渴甚, 山中無人家, 又無溪澗, 未可得一勺潤喉. 方汗喘欲仆, 見路傍, 綿㽅連畛, 秀穎爛熟, 若非邵平靑門之種, 便是王濬嘉實之圃. 乃不顧納履之嫌, 使從人持三葉銅, 掛于瓜[15]蔓, 而摘幾箇來. 從人纔入畝, 卽仆地, 曰: "願公活我!" 因昏窒無聲, 公大駭, 未敢造次救出. 忽有一人, 戴箬笠, 曳竹杖而來, 曰: "胡爲乎田中?" 公具以告, 其人曰: "折柳樊圃, 狂夫瞿瞿, 君不見畦邊白麻之種乎? 何必唐突偸入?" 遂笑而入疇, 提挈其仆者, 迂由某方而出. 公更視其瓜田, 四面環種白麻, 或疎或密, 宛成八門, 似是八陣法也. 問從人何爲昏仆, 對曰: "入田纔移跬步, 天旋地轉, 七情迷亂, 憯無省識, 幸有人携手尋路, 始得回甦. 如夢得醒, 未知何故." 於是, 主人摘瓜十餘箇, 投與, 曰: "以此解渴, 毋思報瓊也." 因飄然向崖谷而去. 公認爲異人, 潛踪之, 至邃林, 有數間草屋, 懇乞寄宿, 主人曰: "山居蕭瑟, 不堪供接貴客, 若不嫌薄陋, 謹當掃榻." 公曰: "貴客之稱, 一何誤耶? 過去窮儒, 店遠足繭, 要歇一宵, 非有他也." 因詢主人姓閥, 答曰: "姓薛, 本以洛下人, 流落居此." 遂與劇談良久, 出一椀黍粟飯, 饋之, 曰: "深峽人事, 未辦郇廚, 待客草率, 良庸歉仄[16]." 公曰: "淡泊

---

14) 業科: 나, 다, 라본에는 '科業'으로 되어 있음.
15) 瓜: 나, 다, 라본에는 '苽'로 되어 있음. 이하의 경우도 동일함.
16) 仄: 나, 다, 라본에는 '歉'으로 되어 있음.

趣味, 較勝豊腴, 枵腹得果, 受賜實多." 仍聯枕而臥, 將叩其所存, 主人遽鼾息如雷. 少焉, 東方欲曙, 公攬主人而告別, 曰: "足下之抱才, 僕已知之. 僕有所幹, 方向[17]某處, 事可得諧否?" 主人拭目起坐, 曰: "繡衣所到, 何事不成?" 公驚曰: "惡是何言也? 鄕曲寒畯, 奚謂以繡衣乎?" 主人指檐[18]角一星, 曰: "此星卽主繡衣者, 何可欺吾?" 公遂以實告, 願聞前程否泰, 主人曰: "位極人臣, 廟庭配食, 足矣, 不須更問." 公遂謝而出, 心異其人, 常置懷不忘. 後十餘年, 遊關東, 至杆城, 泛舟永郎湖, 忽於烟濤杳靄之間, 有駕葉舟而來者, 視之, 乃薛生也. 公驚喜, 延入船中, 握手敍懷, 問其從何而來. 對曰: "曩居湖南, 猶多俗擾, 近住襄陽. 治之西南, 可六七十里, 名曰'回龍窟', 距此不遠, 公欲暫往[19]一暢否?" 公欣然從之, 向晚抵山, 屛騶從, 用僧肩輿入谷. 崎嶇數里, 有蒼壁斗立, 中坼如城門, 左右清流迸出, 乃回龍也. 石路自壁坼處, 屈曲巉巖, 攀藤捫蘿而進, 始有窟焉. 懸身傴僂而入, 洞天呀然, 地敞土沃, 桑麻翳菀, 薛之居當中, 極幽淨華麗. 導公上堂, 薦以珍蔬奇肴, 相携眺覽, 林巒泉石, 奇怪秀異, 不可名狀. 公悅然若入蓬壺, 自覺軒冕之爲穢, 謂生曰: "君之異才, 吾所稔知, 然窮峽何得辦此?" 生笑曰: "吾所遊處, 不獨此也. 自遁世以來, 恣意游觀, 凡東方名勝, 足跡殆遍. 遇適意處, 輒芟茂而築, 闢荒而耘, 居或一年, 或數三年. 興盡, 則又移而之他, 山水之奇, 田宅之美, 十倍於此者, 亦多耳." 俄有[20]少年一隊, 奏管絃, 又有十數[21]美娥, 呈歌舞, 皆生之僕婢也. 公益

---

17) 向: 나, 다본에는 '御'로 되어 있음.
18) 檐: 나, 다, 라본에는 '簷'으로 되어 있음. 통자임.
19) 往: 나, 다, 라본에는 '柱'으로 되어 있음.
20) 俄有: 나, 다, 라본에는 '俄而'로 되어 있음.
21) 十數: 나, 다, 라본에는 '數十'으로 되어 있음.

嗟歎, 作詩贈之, 留二日. 回程, 約生曰: "後必訪我於京第." 未幾年, 生果來過, 公時帶銓官, 欲麼以爵, 生恥之, 不辭而去. 其後, 公送人寄書於回龍窟,[22] 則已爲墟[23], 而生不知去處云.

外史氏曰: "武侯八陣之法, 神鬼莫測, 世無知者, 薛生得其妙訣, 未克展試於臨陣對敵之際, 只用於田畝之間, 便是牛刀割鷄, 惜哉! 第其不欲與世俯仰, 自甘沉冥, 蓋亦抱才而不遇時者也."

○ 第四十四号 性行部二【隱淪二】

7-3. 警頑習店舍責衲

文命龜, 北關人也, 明經登科, 旅宦京師. 平日, 以藻鑑著名, 公卿大家, 爭相邀見, 以神眼稱之. 性倜儻有奇氣, 平居恂恂然若無能者, 與時鑿枘, 宦路蹭蹬, 移居于湖中天安地, 篛笠芒鞋, 耕釣自娛. 未幾遭艱, 客地事力, 到極窘跲[24], 賴隣里匍匐, 略有伙助[25], 僅就權窆, 而家益剝落, 莫可完裹. 適有一堪輿, 自北而來, 卽同鄕舊交, 偕作看山之行, 曳杖徒步, 透到淸州地. 時値冬初, 晷短路賖, 不得趁站, 暮投山下孤店, 只有一房, 而行旅已滿室矣. 文開戶而入, 曰: "迫昏不可前進, 要借一席地度宵." 視房內, 人皆弊褐露骭, 麤布裹趾, 蓬頭突鬢, 塵垢滿面, 卽背負軍十輩也. 方張燈對飯, 中有一人, 睨文良久, 遽擧床而起, 呼衆曰: "可虛座而出!" 諸人齊持飱盤[26], 出坐土廳, 文偕地師, 就上座. 傍有一胖大和尙, 狀貌獰悍,

---

22) 公送人寄書於回龍窟: 나, 다, 라본에는 '公送人於回龍窟而寄書'로 되어 있음.
23) 墟: 마본에는 '空墟'로 되어 있음.
24) 跲: 이본에는 '踏'으로 되어 있음.
25) 伙助: 이본에는 '傾助'로 되어 있음.
26) 飱盤: 이본에는 '飯'으로 되어 있음.

少不動身, 偃仰自若, 招店小二, 曰:"亟篩一盆好酒, 備大椀飯來." 辭氣豪健, 擧止慢傲. 俄而, 土廳諸人, 飯訖掇床, 一人高聲唱曰: "君等可拿這禿驢出來!"文微覰其人, 卽俄先擧床呼衆者, 脩目長髥, 音如洪鍾. 衆曰:"諾."因簇擁而入, 僧睨視而笑曰:"此兒輩, 合歸家吮乳, 何敢螳臂拒轍?"衆笞且不敢前, 長髥者大喝曰:"某也安往? 獨不得捉下一髠²⁷⁾乎?"某也者, 蓋指²⁸⁾渠儕中有氣力者. 一人遂直前, 擺開五指, 向僧臉上, 只一掌, 卽令口鼻歪斜. 於是, 諸人拳頭脚尖, 一齊亂下, 僧乃俯首, 捽曳至庭. 長髥者叱責曰: "僧俗固有定分, 汝何敢無禮於士夫? 況已經朝官之士夫²⁹⁾乎!"文聞來, 不覺驚惶, 出戶挽止, 曰:"彼僧不起, 都³⁰⁾緣室窄, 人衆紛擾之際, 未及周旋, 何足深責? 幸看我面皮, 姑恕之." 長髥者謂僧曰: "汝罪當死, 而難違貴客之敎, 貸汝縷命. 來後, 不悛此習, 則莫謂我拳無勇也."僧合掌抱頭而去. 長髥者, 又招衆團坐, 拿下徒中一人, 而責之曰:"俄見君用銀匙扱飯, 此從何出?"其人躊躇, 對曰: "昨過邑場, 偶於路上拾得."長髥人曰:"服之不衷, 尙有災咎. 君之銀匙, 諺所謂'赤身佩寶刀', 況不拾遺金, 君子攸稱; 臨財母苟, 聖人垂戒! 吾欲笞罰, 而貴客在房³¹⁾, 不敢擅肆, 明朝亟往, 還置故處, 可也."對曰:"謹奉敎矣!"文覰知其爲異人, 固請入室共宿, 徒衆相與枕藉. 有輕俠數人, 開戶欲入, 見客盈室, 退步相語曰:"可投宿他處矣."長髥者指一少年, 而密謂文曰:"此必今夕爲盜耳, 宜備之."文不甚信. 夜深, 覺穴壁聲, 伺其已穿, 引首過竇, 乃擧燭急

---

27) 髠: 이본에는 '禿'으로 되어 있음.
28) 指: 이본에는 '其'로 되어 있음.
29) 士夫: 나, 다본에는 '大夫'로 되어 있음.
30) 都: 이본에는 '徒'로 되어 있음.
31) 房: 다본에는 '旁'으로 되어 있음.

持之, 果所指少年也. 因謂盜曰: "汝未獲財, 不欲窘汝." 遂聽其去. 文俟衆睡熟, 攪長髥, 語曰: "君何以識吾之爲朝官乎?" 曰: "公非北關[32]人乎?" 曰: "然." 曰: "某年登第乎?" 曰: "然." 問: "何以仔細言之?" 曰: "聞其聲音而知之, 非有他術也." 問: "公偕堪輿行, 將求山乎?" 曰: "奄罹巨敠, 未克完窆, 方營山地, 情甚切迫." 曰: "吾雖肉眼, 指示一處, 距此不遠, 明朝可偕往否?" 文曰: "何等感幸!" 翌日, 遂與行十餘里, 占一穴, 龍虎砂水[33], 合格洶美, 地師亦稱奇. 文謂長髥曰: "君之異才, 吾已熟揣, 願聞其術." 曰: "粗解唐擧, 糟粕而已." 文問前程否泰, 曰: "湖邑一麾, 其他未能知耳." 文曰: "吾亦略涉相經, 而未窺其奧, 幸有以教我." 曰: "命之與相, 猶聲之與響. 聲動乎幾, 響窮乎應, 雖壽夭賢愚, 參差其間, 而[34]豊下知其有後, 黃中明其可貴, 此但俗相耳. 至如姬公凝負圖之容, 孔父眇棲遑之跡, 銅巖無以飽生, 玉饌終乎餓死, 因斯以觀, 何事非命? 故先知其命, 可與論相矣. 吾術不常的然發揚於外, 遇事則應, 闇然而彰[35]." 因長吁曰: "吾亦命途多舛, 混迹賤品耳." 文曰: "昨夕頑僧及持銀匙之人, 君何摘伏如神?" 曰: "厥僧是伽倻寺頑僧, 到處恃力肆悖, 吾徒中適有力能相抗者, 使之警戢而已. 銀匙人, 卽暗行御史, 投入吾儕夥中, 要掩踪跡, 吾佯若不知, 中心藏之. 然吾儕中, 自有法例, 不得已略加誚責." 文益歎其有道術之奇男子也[36]. 遂分路各散, 文從此不復言相人之術. 後果爲鎭岑縣監, 在衙一日, 門外有笑譁聲, 聞一人髻揷花枝, 醉臥道傍, 伶唱歌詞, 其響遏

---

32) 北關: 이본에는 '關北'으로 되어 있음.
33) 砂水: 이본에는 '蛇水'로 되어 있음.
34) 而: 저본에는 빠져 있으나 이본에 의거하여 보충함.
35) 彰: 이본에는 '暢'으로 되어 있음.
36) 也: 저본에는 빠져 있으나 이본에 의거하여 보충함.

雲, 觀者如堵. 文以其狂妄惑衆, 將罪之, 其人獻詩, 略曰: '揷花飮酒無妨事, 樵唱漁歌不礙時.' 文心異之, 命招入, 卽昔年背負軍長髥者也. 欣接致款, 饋以酒饌, 問: "尙爲舊業否?" 曰: "老於監門者, 豈有他道?" 文遺以錢帛, 不受而去. 後不知所終.

外史氏曰: "古之隱者, 太上, 身藏而德不晦, 故自放草野, 而名往從之, 鼎俎板築, 是也. 其次, 抱經世具不得伸, 或持峭行不可屈, 視爵祿泊如, 而甘于沉冥, 抱關鼓刀, 是也. 背負者, 其才不可及, 而度時不可爲, 故遊於賤業, 肆志以玩世也, 亦抱關鼓刀者流, 而可謂光黃間異人耶!"

7-4. 識寶氣倡樓取爐

許生[37])者, 失其名, 方外人也. 家貧落魄, 好讀書, 床頭常有『周易』一部. 不事家人産業, 雖簞瓢屢空, 處之晏如, 其妻爲人針線, 以糊口. 一日入室, 妻方剪髮, 見生而掩之, 生[38])驚問其故, 對曰: "要供朝夕之具耳." 生喟然歎曰: "吾十年讀『易』, 將以有爲也, 今忍見斷髮之妻乎?" 遂約妻曰: "吾出外數年當還, 幸苟延縷命, 且長髮以待之." 因往見松京甲富白姓者, 曰: "吾適有少試者[39]), 願從君借二千金." 白一見, 知其爲非常人, 許之. 生齎金, 直向箕城, 訪名妓楚雲家, 日事遊衍, 月餘金盡. 歸見白君, 曰: "吾有大販, 可復貸三千金乎?" 白又[40])許之. 携至燕市, 貿珠佩錦綺[41])之屬, 助雲娘粧[42])束之具, 日與歡娛, 貲又告匱. 復見白君, 曰: "更有五千金, 乃

---

37) 生: 나, 다본에는 '先生'으로 되어 있음.
38) 生: 마본에는 '大'로 되어 있음.
39) 者: 나, 다본에는 '處'로 되어 있음.
40) 又: 나, 다본에는 '更'으로 되어 있음.
41) 珠佩錦綺: 나, 다본에는 '珠貝錦繡'로 되어 있음.

可成事, 而恐君不信也." 曰: "惡是何言也? 不借則已, 吾豈慳於五千乎?" 卽許之. 又至[43]雲娘家, 增其綠牎朱戶, 飾以繡箔銀屛, 日會風流年少, 敎坊名妓, 笙歌盃酒, 晝宵跌宕, 務適雲娘之意. 過幾月, 槖金又罄, 生意轉蕭索, 垂頭喪氣, 日以悲辭苦語激娘, 娘水性也, 稍有厭薄之意. 且送舊迎新, 自是伎倆, 仍與少年輕薄, 謀所以去許生者. 生猜得其情, 乃謂娘曰: "吾以販商來此, 萬金盡入於銷金鍋中, 今將赤手歸鄕, 其情慽矣, 汝豈無眷戀之懷否?" 娘曰: "苽熟蔕落, 花謝蝶稀, 卽理之常. 然經年偶抱之餘, 一朝分手, 妾[44]安得無黯然之懷?" 生曰: "審如是也, 吾難空拳作行, 汝以何物贐行乎?" 娘曰: "惟君所欲." 生指座上[45]烏銅爐, 曰: "此吾所欲也." 娘笑曰: "措大眼孔小, 一銅爐其價幾何? 任君取去." 生遂於席上, 片片破碎, 納于皮帒, 賁一鬣, 馳至[46]會寧, 趁開市日, 坐於列肆. 有商胡一人, 來閱碎銅, 嘖嘖曰: "是也是也!" 請論價, 生曰: "是無價寶也." 胡曰: "言無二價, 十萬金雖小, 請交易." 生睨視良久, 諾之. 遂交易而歸, 見白君, 以十萬金還之, 白君大驚, 問: "數年之間, 贏殖十倍, 此何術也?" 生曰: "吾非有術, 偶致橫財耳. 昔秦始皇, 使徐市採藥三神山, 出內帑中烏金爐, 以贈行. 此金黃帝鑄鼎餘液, 帶得先天眞元, 具五行之氣, 含六齊之精, 百靈攸萃, 邪不得干, 置之病人之側, 能起死回生. 後徐市失於海中, 倭人得之, 傳爲國寶. 壬辰之亂, 倭酋平行長, 貯於行槖, 來據平壤, 方其宵遁也, 失之亂兵中. 此物遺在名妓楚雲家, 吾望氣而尋之, 以萬金易之. 商胡[47]卽

---

42) 粧: 나, 다본에는 '裝'으로 되어 있음.
43) 至: 나, 다본에는 '到'로 되어 있음.
44) 妾: 저본에는 빠져 있으나 나, 다본에 의거하여 보충함.
45) 座上: 나, 다본에는 '壁上'으로 되어 있음.
46) 至: 나, 다본에는 '走'로 되어 있음.

西域人, 亦博物君子, 以十萬金貿去, 故吾幸免狼貝[48]耳." 白君曰: "取一銅爐, 雖非萬金, 似或容易, 何至於再三勤勞乎?" 生曰: "此天下至寶也, 有神物助焉, 不以重價取之, 則必有災咎. 吾之抛萬金於一妓, 良以此也." 白君曰: "公神人也! 願以十萬金盡納之." 生大笑曰: "君何小覰我乎? 吾不耐一時之飢, 未竟讀『易』[49], 慭[50]君萬金, 積財鉅萬, 君輩事耳. 吾室如懸磬, 恒對一床, 消受淸貧, 分限已定, 十萬之財, 何有於我哉?" 白君曰: "公抱經濟之才, 而小試於商販, 惜哉! 願分其錢之半." 生辭曰: "吾不欲以財勞神, 但時給緡錢, 以終吾餘年, 俾免飢寒, 可矣." 遂辭去. 白君驚異之, 踵至[51]其家, 乃紫閣峯下數間草屋也. 自是, 計其月日, 遺以米錢, 未嘗匱乏, 許生笑而受之. 白君嘗出入李相公浣門下, 公時爲元戎, 搜訪人材, 因白君聞許生之賢. 一夕, 微服往見之, 語以國家求賢[52]之意, 生曰: "固知公之來也. 吾有三策, 公能行之否?" 公曰: "願安承敎." 生曰: "今朝廷黨論大盛, 萬事掣肘, 公可歸奏九重, 破朋黨, 用人材乎?" 公曰: "難矣." 又曰: "簽軍收布, 爲生民愁苦, 而無益於軍政, 公可行戶布法, 家家出丁, 如中國八旗之制, 爲養兵之道乎?" 公曰: "此亦難矣." 又曰: "欲擧大事於天下, 當先親信於中國, 混爲一家, 往來無間, 可得戎機而措手. 公可使我國之人, 盡爲胡服而胡語乎?" 公曰: "此尤難矣." 生厲聲曰: "公不知時宜, 妄張大計, 何事可做? 須[53]速歸去!" 公無聊而退, 翌朝視之, 已空室而去.

---

47) 商胡: 나, 다본에는 '胡商'으로 되어 있음.
48) 狼貝: 마본에는 '狼狽'로 되어 있음.
49) 讀易: 나, 다본에는 '讀書'로 되어 있음.
50) 慭: 나, 다본에는 '借'로 되어 있음.
51) 至: 나, 다본에는 '之'로 되어 있음.
52) 求賢: 마본에는 '求才'로 되어 있음.
53) 須: 나, 다본에는 '願'으로 되어 있음.

外史氏曰:"朴燕巖『熱河日記』, 有「許生傳」, 但殖財事蹟, 與此稍異, 而其人品性行, 多有同焉, 抑是一人而有兩說耶? 蓋物表異才, 而自甘沉冥沒世, 而名不稱, 惜乎! 或云: '明人之東來者.' 而未詳其本末, 可勝歎哉!"

○ 第四十五号 性行部三【韜晦一】

7-5. 學士贅隱柳器匠[54]

李判書長坤, 燕山朝士禍時, 以弘文校理, 亡命. 至寶城, 過村前, 喉渴甚, 有丫鬟女子, 方汲泉, 雖乏粉光黛影, 而姿態天然. 李到泉邊, 請水, 女斛水於瓢, 將柳葉浮水以進, 李曰: "渴甚飲急, 乃浮葉, 何也?" 女曰: "行儂喉渴[55], 急飲則致傷, 吾所以浮葉者, 欲其吹葉時少[56]遲延耳." 李奇其慧識, 隨而入其門, 卽柳器匠家也. 願托身爲廝養, 主人許之, 男女目成, 遂爲其婿. 李恐或[57]爲知面者所覰, 常隱於桷籬蝸壁[58]之間, 日無所事, 但喫了睡, 睡了喫而已. 主翁[59]勸使之學織柳器, 李之箕裘, 卽鉛槧雕篆之藝, 其於捆織賤技, 便如騏驥之負耒耜, 手澁工拙, 莫能就緒, 亦不屑爲, 而旋已之. 主翁夫妻, 每誚之, 曰: "彼婿但一飯囊, 兼以渴睡漢也, 將焉用哉?" 朝夕之饋, 恒未滿盂, 女悶憐之, 輒以鍋底焦飯增之, 而情好甚殷勤[60]. 過數歲, 朝廷更化, 斥黜者咸復官陞秩, 李亦除玉署職,

---

54) 柳器匠: 나, 다본에는 '柳匠家'로 되어 있음
55) 渴: 저본에는 '喝'로 나와 있으나 이본에 의거함.
56) 少: 나, 다본에는 '小'로 되어 있음.
57) 或: 나, 다본에는 '其'로 되어 있음.
58) 蝸壁: 나, 다본에는 '蝸屋'으로 되어 있음.
59) 主翁: 나, 다본에는 '主人'으로 되어 있음.
60) 勤: 저본에는 빠져 있으나 나, 다본에 의거하여 보충함.

行關八道, 揭榜搜問. 李風聞其奇於場市, 時値朔日, 主家將納柳器於官. 李謂主翁曰: "明日納器, 吾請自行." 主翁笑曰: "吾雖親納, 每多見退, 如君癡獃, 決難無事準納, 何可付送?" 李固請不已, 其妻曰: "試可乃已, 盍使一往?" 乃許之. 李戴簑笠, 負柳器, 直入鈴庭, 仰覘皁紋者, 卽平日親知之鮺倅也. 進至塔前, 高聲曰: "某店柳器匠來納朔器矣!" 本倅瞥眼俯瞰, 卽朝家所購李玉堂, 而自己之嘗所景仰者也. 乃大驚, 蒼黃下階, 延之上座[61], 曰: "晦跡何處, 而作此怪狀乎? 朝廷復授舊職, 搜訪八路, 請卽速上京." 乃進酒饌, 又出衣冠, 以打扮, 李曰: "負罪偸生, 寄柳器匠家, 托以絲蘿, 苟延縷命, 不意今者, 復見天日." 主倅卽以李在本郡之意, 報于巡營, 催發馹騎, 使卽上洛. 李曰: "三年主客之情, 兼有糟糠之義, 不可無告別. 今將出去, 君須明日, 訪吾於所住處, 共議行事, 好矣." 遂還着本衣, 歸報主翁以無事納器, 翁曰: "奇哉! 古語云: '鳶壽千年, 亦獲一雉.' 信非虛語也. 吾婿納器, 不見退者, 誠一異事, 今夕加飯, 可也." 翌朝, 早起掃庭, 翁曰: "以吾婿之慵懶, 昨善納器, 今早掃庭, 日必西出矣." 又鋪藁席於庭, 翁曰: "何爲也?" 曰: "本府使君當枉臨, 故待候耳." 翁曰: "官司豈來臨于柳器匠家乎? 君其風狂而做此, 萬不近之誑說耶? 昨者[62]柳器, 似亦委棄路上, 歸以虛言誇張矣." 李曰: "來則來矣, 吾豈虛言哉?" 俄而, 官吏喘喘, 而[63]挾彩席來鋪, 主翁夫妻, 喫驚生怵, 抱頭鼠匿. 及皁蓋入門, 主倅同李合席, 娓娓請於李曰: "願謁嫂氏." 李使婦出見, 挿榛笄, 整布裳, 斂容拜客, 擧止幽雅. 本倅曰: "學士窮途託影, 賴嫂氏扶護, 得有

---

61) 座: 마본에는 '堂座'로 되어 있음.
62) 昨者: 마본에는 '昨日'로 되어 있음.
63) 而: 저본에는 빠져 있으나 나, 다본에 의거하여 보충함.

今日, 誠可喜幸." 女斂衽對曰:"蓬蓽賤品, 獲奉貴人匜帨, 榮莫大焉, 勞何有哉? 但接待之際, 多致簡慢, 徒貽苦辛, 到今追惟, 曷勝媿悚?" 本倅又招柳匠夫妻, 饋酒以勞之, 李謂本倅曰:"有一可笑事, 蓋士方困阨, 閭里庸夫[64]愚婦, 皆得易而侮之, 自古然矣. 吾於主人夫妻, 亦嘗有季子買臣之所遭, 到今, 彼乃膝行而前, 何前倨而後恭也?" 柳匠夫婦, 羞愧俯伏, 曰:"有眼, 不識泰山!" 僕僕謝過. 少頃, 隣邑守宰, 絡續馳謁, 驛駟官隷, 一齊來待, 門外車馬雲集. 夾道之人, 相與騈肩累迹, 瞻望咨嗟. 李又謂本倅曰:"彼雖賤人, 旣假齊體之名, 積歲相依, 爲我殫誠. 今不可落留, 願借一轎偕行." 本倅庀其行李. 翌日, 登程呵導, 威儀之盛, 聳動一境. 女本以野合之冷鴿, 遽作雲翔之和鸞, 其[65]喜可知也. 及李詣闕肅謝, 上召接, 詢以流離顚末, 李奏[66]其事甚悉, 上嗟嘆, 敎曰:"此女不宜置諸側室." 施以次夫人之禮, 李竟與偕老, 多子女, 榮貴無比.

　外史氏曰:"君子見幾明哲保身, 李學士之謂也. 遁光鏟跡, 贅寄蚩氓, 如申屠蟠之梁碣爲傭; 忍所不堪, 處坎靡悔, 如袁宏之土室潛蹤. 及其否往泰回, 忽如蟄虫之聞震雷, 枯木之敷榮華, 萬目瞠若, 此往牒之所罕有. 女以窮蔀賤質, 能具慧眼, 從夫榮貴, 卽藜棘中異卉也, 亦奇哉!"

7-6. 繡衣紿訪茶母家

　李監司萬雄, 參判某之子也. 未第時, 家在樓院, 而方居憂貧寒. 時有一武弁, 善於相術[67], 自比於[68]唐擧. 新除永興府使, 將赴任之

---

[64] 庸夫: 나, 다본에는 '慵夫'로 되어 있음.
[65] 其: 저본에는 빠져 있으나 나, 다본에 의거하여 보충함.
[66] 奏: 마본에는 '告'로 되어 있음.

際, 引鏡自照, 則當在任所, 死於御史之手, 大以驚憂, 如張裕之自知刑死而撲鏡于地者. 辭朝, 至樓院午炊, 有棘人步過店前, 瞥觀[69] 其相, 乃非久當爲御史者也. 問店小二曰: "俄過苴絰者, 何許人?" 對曰: "此後村李侍郞宅公子, 侍郞捐世, 已經小祥, 家計赤貧, 可矜." 武弁更問李家凡百, 卽送下吏先報入吊, 因往其家, 拜哭几筵[70], 哀痛良久. 棘人認以先親切友, 亦興感盡哀, 客曰: "先丈之與我交誼, 哀猶未悉, 吾年來久淹邊郡, 自隔參商, 徒切雲樹之想, 莫憑魚鴈之信, 豈意人事之嬗變至此? 晚始承訃, 今纔來唁[71], 曷勝山陽之感?" 言訖, 鳴咽不已. 又曰: "哀家素淸貧, 愼終之際, 想多債負." 李曰: "何可盡言?" 客曰: "追思舊誼, 安可[72]無賻襚之助, 而行篋無携, 未效脫驂遺縓之故事. 到官後, 擬卽措辦, 而新莅孼擾, 似難駄送, 哀於終祥後, 委訪, 則當圖爲哀淸帳, 慮或阻闊, 玆成入門帖奉呈矣." 半晌致款而去. 李入告萱闈曰: "先爺曾與某弁親知乎?" 曰: "吾未之聞也." 李曰: "某弁來吊, 謂與先人, 嘗有膠漆之情, 哀痛殊甚, 方赴任永興, 要我委訪, 期以償債, 至給門帖矣." 曰: "何來好風吹, 送活人之佛? 汝其過禫後, 第往觀之." 李纔闋制, 雇奴貰鬐, 涉歷關嶺, 觸冒風雪, 僕痛馬瘏, 李亦形容枯瘁. 僅抵永興, 付門帖入衙, 武倅望見客貌[73], 大異於前, 將不得做御史, 乃生迫逐之意. 寒暄纔罷, 曰: "尊與我, 豈有舊識乎?" 李曰: "歷路吊我, 如斯如斯,[74] 成門帖, 勸我來, 故間關來到, 而今忽作素昧㨾,

---

[67] 相術: 나, 다본에는 '術'로 되어 있음.
[68] 於: 저본에는 빠져 있으나 이본에 의거하여 보충함.
[69] 觀: 이본에는 '視'로 되어 있음.
[70] 几筵: 저본에는 '筵几'로 나와 있으나 이본을 따름.
[71] 唁: 나, 다본에는 '信'으로 되어 있음.
[72] 可: 이본에는 '得'으로 되어 있음.
[73] 客貌: 나, 다본에는 '容貌'로 되어 있음.

何也?"主倅曰:"歷吊非我事, 給門帖非我事, 客之做謊脅我, 誠極孟浪!" 主客之言, 一往一來, 漸至狠怒, 乃呼吏, 曳出此客, 又申令于邑社里胥[75], 曰:"今夜, 若有住接此客者, 當重刑罰鍰, 仍[76]定京行使役矣." 李旣出官門, 雖欲回程, 而時方酷沍, 日已曛黑, 要借宿一室, 而投東不納, 叩西見阻, 進退維谷. 顧念身世, 悲萍蹤之飄泊, 慨淵滕之倏變, 無從淸淚, 凝注兩睫而已. 立馬村隅, 舂杵篅邊; 倚僕波咤, 寒威砭骨, 自分必死, 連聲呼救, 音響淒切. 有素服村嫗, 携一女子, 歷杵間而去. 俄而, 嫗更來, 曰:"何處客顚沛至此?" 李略道顚末, 嫗曰:"今寒折綿, 客凍僵必矣. 我是村北寡嫗, 縱違官令, 豈以活人而速辜?" 遂引李抵家, 以大盆貯湯水, 使李向水頮面. 良久, 一塊凍片墜水中, 卽氷也. 乃處以溫堗, 饋以美飱[77], 女有急人之義, 家且饒富也. 李感謝不已. 明日, 將南轅, 而風雪阻行, 嫗勸信宿, 詳叩李門閥, 乃京洛宰相之子, 有前程者. 因謂李曰:"吾有女嬌, 年已及笄, 不甚醜陋, 請奉爲客之箕箒妾." 李曰:"方愧困獸投人, 何望女蘿附松? 君之好意, 亦難孤, 當勉從." 翌日, 嫗淨掃一室, 鋪設婚具, 屛帷衾枕, 煥然一新. 令女出拜, 明眸皓腕, 擧止端麗, 李驚喜讚嘆. 抵夜同裯, 女才智淑慧, 李不意困躓之餘, 有此遭逢, 深以慰幸. 自是, 嫗待以新郎, 供奉喫着, 務從豊潔. 李留浹數旬, 念老親之倚閭, 欲回程, 嫗[78]曰:"値此嚴冬, 路阻嶺雪, 則將奈何? 離闈之情雖切, 姑待來春, 可也." 李不得已, 留過三冬. 此際, 邑倅之貪饕不法, 自慣於耳目. 及氷泮柳舒, 李將還, 嫗

---

74) 如斯如斯: 주필로 삭제표시가 되어 있음. 이본에는 빠져 있음.
75) 里胥: 이본에는 '吏胥'로 되어 있음.
76) 仍: 다본에는 '乃'로 되어 있음.
77) 飱: 이본에는 '飯'으로 되어 있음.
78) 嫗: 다본에는 '媼'으로 되어 있음.

多齎銀錢細布, 以贐之. 李與妾留約, 揮淚而別. 旣還家, 盡償其債簿, 奉老穩過. 其歲, 登魁第.[79] 以玉署官, 入對筵中, 適從容, 上命諸臣各陳古談. 李奏曰: "臣請以自己經歷, 替古談以達矣." 因備陳永興事始末, 上遽入寢殿, 旋出, 以三封紙授李, 敎曰: "封紙書塡一・二・三, 其第一, 則汝出闕門外, 坼見; 第二, 則至當到處, 坼見; 第三, 則又從其後, 坼見也." 李出脩門, 坼封, 乃永興府暗行御史之命也. 不宿于家, 直往永興, 以弊袍破笠, 先到妾家. 媼見其藍縷流丐之狀, 且驚且訝, 不甚欣款, 問曰: "郞之身世, 緣何至此? 又何爲而遠來乎?" 李曰: "要見君女, 艱辛乞食而來矣." 媼曰: "曩者郞去後, 官司聞其風聲, 以吾女接客之罪, 卽屬妓籍, 方以茶母, 在衙中使役, 恐難逢見." 是時, 女適歸家, 忽覩李郞, 乃大驚, 以繡襦擁郞而入室, 極意供奉, 情好依舊, 夜同枕席. 李乘妾睡熟, 出隱隔外, 竊聽以探妾誠否. 女睡醒, 將引臂替枕, 而郞不在矣. 起而呼孃, 且啼曰: "郞怒去矣!" 母曰: "何故也?" 曰: "千里孤蹤, 爲我委到, 而母不懽迎, 安得不怒? 四顧無親之地, 莫知所嚮, 易死於饑寒, 我心如割!" 號哭不已, 母再三寬譬之, 僅止泣. 李出喚郵卒[80], 直往官衙, 大唱露蹤, 列炬滿庭, 呼聲動天, 一邊封各庫, 一邊捉入鄕將吏胥, 刑杖亂下, 一府震慴. 母携女, 往觀御史威儀, 從墻隙遠眺. 少頃, 母催歸, 女曰: "孃先去, 吾姑留觀." 俄而, 女走還, 告母曰: "孃孃! 御史非別人, 乃吾家郞君也." 母曰: "寧有是理?" 女曰: "吾見眞的, 阿孃盍更往視[81]?" 母與女, 復往諦視, 果如女言, 聳躍歸家, 喜而不寐. 御史卽寫書啓, 臚列本倅竊公貨, 掠民財, 貪虐數

---

79) 登魁第: 이본에는 '登科'로 되어 있음.
80) 郵卒: 이본에는 '驛卒'로 되어 있음.
81) 視: 라본에는 '觀'으로 되어 있음.

十條, 馳驛以聞. 又垿見第二封書, 則乃令仍行本府府使之旨也.
卽推印符苞, 聽官事[82]不多日, 金吾郞馳來, 拿舊守[83]去. 又垿第三
封書, 則乃命妾爲次夫人事也. 卽以彩轎迎妾, 官吏府卒, 前呵後
擁, 入處內軒. 女以村婦, 猝爲邑宰之妻, 榮耀俱極, 事蹟甚奇, 人
稱以[84]如唐之李汧國夫人.

外史氏曰: "此弁, 果善相者也. 雖失之於迫逐李生, 而不如是,
則無由媒禍, 故天奪其魄, 使之一誤也. 第其宅心無良, 自速重辜,
古人云: '相形不如論心.' 抑此弁全昧相心而然歟? 孟子曰: '術不
可不愼.' 後世相術者, 徒知糟粕, 雖或偶中, 其誑惑人者, 十居八
九, 聖人復起, 必曰術不可信也."

○第四十六号 性行部四【韜晦二】

7-7. 李起築參錄雲臺

李起築, 關北[85]人也. 姿甚鹵鈍, 不辨菽麥, 而性純實, 膂力絶倫.
嘗貧困流離, 轉至咸興, 爲人庸保. 時或如寢邱孫兒之負柴, 以糊
口, 能擔兩人之負, 無處不往. 到一妓家賣柴, 妓本以敎坊翹楚, 多
積貨財[86], 退老家居. 有一女, 姸秀才慧, 母始要繼而入妓籍, 女掉
頭, 曰: "不願作章臺柳, 任人攀[87]折, 惟待秦弄玉之遇簫史." 母遂
議擇婿, 女又梗命, 曰: "摽[88]梅求士, 任吾擇齊, 母煩天只之憂慮."

---

82) 官事: 이본에는 '民事'로 되어 있음.
83) 守: 저본에 '倅'라 쓴 것을 주필로 수정한 것임.
84) 以: 저본에는 빠져 있으나 이본에 의거하여 보충함.
85) 關北: 이본에는 '完山'으로 되어 있음.
86) 貨財: 이본에는 '財貨'로 되어 있음.
87) 攀: 이본에는 '扴'으로 되어 있음.
88) 摽: 저본에는 '標'로 나와 있으나 라본을 따름.

雖媒人四至, 輒援引支吾. 一日, 門外有賣柴聲, 母呼而將買之, 女當窓[89]理繡瞥見, 頭髼鬆之老總角, 擔落葉堆如露積峯, 大踏步而來. 女心異之, 詢其居住, 曰: "萍游[90]蓬轉, 做此資生, 安有駐接之可言?" 女勸母厚償柴直, 曰: "明可復來." 起築自是, 每朝負柴, 必先往其家. 藍縷鶉結[91], 呵寒波咃, 女矜憐之, 時以溫醪熟[92]羹, 饋之, 乃謂母曰: "兒之歸身, 今得其人." 母問: "誰也?" 曰: "這負柴之老童耳." 母大駭, 詬詈[93]曰: "汝眞癲[94]狂兩瞳無珠乎! 彼豈人耶? 此是寒餓鬼也. 東張之玉貌英風, 西李之銅仙金埒, 疇非汝鸞匹鳳耦, 而並揮却之, 終歲營求, 竟止於一蓬頭丐兒, 可謂嗜痂之食性, 守株之愚執, 吾決不欲任汝落溷誤了一生." 女曰: "兒之情願如此, 亦天誘其衷, 月老[95]之緣, 寧甘一死, 誓不適他." 母亦無奈, 竟納起築爲贅. 衣巾換以新鮮, 飮啖具以珍異, 未數月, 肌膚豐腴, 面貌光澤, 傑然爲好男子[96]. 但天性蚩蠢, 日無所事, 飽喫穩睡而已. 女謂夫曰: "君以頂天立地丈夫之身, 埋沒草澤, 豈不可惜? 棲屑[97]鄕曲, 何事可做? 苟欲立身揚名, 莫若依近於綠樹靑雲之際, 執鞭附驥, 富貴可求. 當共君上京, 做些生理." 遂請於母, 析以財産, 厚其資裝, 相携抵洛, 買舍於壯洞路傍. 因設酒肆, 女作文君之當壚, 男做相如之滌器, 酒多且旨, 人皆飮而甘之, 蘭陵之鬱金香, 雲安之麯

---

89) 窓: 이본에는 '窓裏'로 되어 있음.
90) 游: 이본에는 '浮'로 되어 있음.
91) 鶉結: 이본에는 '鶉衣'로 되어 있음.
92) 熟: 저본에는 '熱'로 나와 있으나 이본에 의거함.
93) 詈: 이본에는 '罵'로 되어 있음.
94) 癲: 이본에는 '顚'으로 되어 있음.
95) 月老: 이본에는 '月姥'로 되어 있음. 서로 통함.
96) 爲好男子: 이본에는 '有好男子氣像'으로 되어 있음.
97) 屑: 이본에는 '身'으로 되어 있음.

米舂, 風斯下矣. 游俠風流騷人韻士之來飮于此者, 日夜如織, 別搆一小樓于紅杏靑帘之間, 以待貴客[98]之來游. 是時, 金昇平·李延平諸公, 每密會于彰義門外幽僻處, 議反正事, 過路, 或憇此樓, 貰酒以解渴. 女輒以鴨綠鵝黃之佳品, 佐以珍肴而[99]進之, 客旣耽旨酒之香冽, 又愛曲樓之幽敞. 故頻歷入, 酒債尋常, 漸多未償, 客悶然, 女折券棄之, 曰: "待後日厚酬, 何妨?" 自此, 主客親熟無間. 客來時, 女每使起築進盤酌酒, 使喚於前, 客常嘲其肥黑, 而奇其質樸. 女告于客曰: "妾之拙夫, 雖甚愚迷, 略有氣力, 或爲一日之用. 但目不識丁, 實是可欠, 願厠公門下, 訓以文字, 俾足以記名姓, 則何感如之?" 客曰: "諾." 明朝, 女囑起築, 往冊肆, 買『史略』初卷以來, 手摺其一張, 曰: "君可以此張受學於某公也." 起築遂往墨洞李學士家, 卽李延平也. 挾冊請敎, 公以開卷第一義[100], 欲敎以天皇氏章, 起築展其摺張, 而願承敎. 公曰: "怪哉! 此何故也?" 乃指授句讀, 以送之. 翌日, 女使貿來『通鑑』第四卷, 又摺一張, 令持去. 起築展卷, 請訓如昨日, 公忽勃然變色, 擲卷而罵, 曰: "吾不[101]敎汝, 可去矣! 汝是天下癡獃漢[102], 但聽其婦之言者也[103]." 起築忿恨而歸, 語屋中曰: "此後勿饋李學士酒也, 不給粮而還破瓢矣." 女莞爾而笑曰: "君之人物不似故也." 俄而, 李公策驢而至, 執女手, 密謂曰: "汝人耶鬼耶?" 對曰: "時來, 天地皆同力, 欲敎夫婿, 覓封侯, 幸望勿以迷劣而遐棄, 特垂成人之美事." 公曰: "無

---

98) 貴客: 이본에는 '賓客'으로 되어 있음.
99) 而: 이본에는 '以'로 되어 있음.
100) 義: 주필로 삭제표시가 되어 있음.
101) 不: 이본에는 '不敢'으로 되어 있음.
102) 癡獃漢: 이본에는 '癡獸漢'으로 되어 있음.
103) 也: 이본에는 '何也'로 되어 있음.

庸[104]說長說短, 亟盪好酒以來. 吾豈無韓信殺樵夫之劍, 而姑恕之, 愼毋泄[105]焉." 女曰: "何敢乃爾?" 蓋『史略』標張, 乃伊尹放太甲桐宮也;『通鑑』標張, 乃霍光泣送昌邑王也. 至癸亥三月擧義, 李起築時爲長湍軍先鋒將, 仁廟[106]以軍期差遲, 親往延候, 至延曙驛, 起築拜伏路左, 奏以領軍來到狀, 上卽解御衣而衣之, 遂入彰義門, 時守門將姜姓人, 拒關不納, 起築居前, 踢折將軍木, 斬關而入. 事定策勳, 起築錄二等, 官至右尹. 以己丑生, 故因以己丑[107]爲名, 錄勳時, 以起築書之云.

外史氏曰: "天生人才, 必有用處. 李起築斷無他技, 而特因膂力, 乃以負薪之蹤, 飛能沖天, 建功名於雲臺麟閣之上, 何其壯也? 是豈但膂力之效哉? 緫由其婦之指導, 至於成就, 婦之智識神異, 不啻如誡夫以弋鳧與鴈之哲婦, 亦往牒之所罕聞也."

7-8. 朴總角登對宸陛

朴鐸, 不知何許人也. 以總角發跡, 總角卽國俗未冠者之稱也. 遇李相公浣, 而乃著名. 始李公爲捕將時, 譏察如神. 一日, 自街上還家, 飭捕校曰: "俄有所見, 可卽捕來." 校卒輩相聚謀, 曰: "午間, 典醫洞路上, 使家見一僧之擔鉢囊而過者, 注目凝視, 必此也." 窮尋其蹤, 則城北僻巷, 有僧住接[108]於老嫗家, 兩眼如燈, 狀貌獰特, 似抱百夫難當之勇. 密招主嫗, 問之, 答以不知何方僧, 而一時所噉五升飯·一盆羹·一盆熟水云. 乃以內應之方, 指敎老嫗, 而潛伏

---

104) 庸: 이본에는 '容'으로 되어 있음.
105) 毋泄: 이본에는 '勿洩'로 되어 있음.
106) 仁廟: 이본에는 '仁祖'로 되어 있음.
107) 己丑: 이본에는 '起築'으로 되어 있음.
108) 住接: 이본에는 '接住'로 되어 있음.

於戶側. 及進飯時, 令嫗爛沸熟水一盆, 擧進之際, 遽被之於僧面, 僧爛傷蒼黃, 雙手捧面, 捕卒數十人突入, 先以朱杖打作肉醬, 旋以牢索綑縛肢體, 曳到捕廳. 拷掠訊問, 終不開口, 嚼舌而死. 搜出鉢囊中所貯, 都是我國朝紙也. 其淸諜無疑也. 公常[109]擬以鷗夷子之贊越, 爲生聚敎訓之計, 以訓將廣搜人才, 要備折衝. 每於街上, 有都人士步行遮扇者, 則必使前騶, 告以祛扇省其面, 驗其人, 遇好身手, 輒薦於朝. 其爲省掃行時, 到龍仁店肆, 見有一總角, 年近三十許, 身長八尺, 面大如箕, 瘦骨嶒崚[110], 褐不掩骼. 驅犢而過[111], 踞坐壚頭, 沽取濁醪一瓦盆, 飮如長鯨, 一吸而盡. 公於馬上瞥見而異之, 因下馬, 坐于岸上, 召其人使前, 箕踞不拜, 舒膝而坐. 公曰: "汝是何許人, 居住何處, 姓名云何?" 對曰: "本是班族, 而早孤家貧, 寓居直谷越村, 姓名朴鐸也." 問: "何太瘦生?" 對曰: "飢餓所致." 問: "汝能復飮乎?" 對曰: "巵酒安足辭?" 公卽呼隷, 以百錢沽酒而來, 公自飮一椀, 以其器, 擧而給之, 少不辭讓, 連倒二盆. 公曰: "汝雖埋沒草野, 困於饑寒, 骨相非凡, 可堪大用, 汝或聞我否? 我是訓將李某也. 朝廷方有大計, 遍求人器, 汝若隨我而去, 則富貴何足道哉?" 對曰: "貧賤肆志, 固是吾分, 且老母在堂, 吾每日斫柴馱牛, 入城而賣, 可朝夕得甘毳以奉親, 此身何敢自由?" 公曰: "吾當往拜汝慈親而面請, 汝須前導也." 行數十里, 抵其家, 卽一蝸屋, 柴扉半頹, 土廳汰落, 無處可坐, 竚立路傍, 使鐸先通. 俄而, 鐸挾一弊茵, 鋪於門前, 繼有老嫗, 蓬首布裳, 自內出來, 年可六十餘, 擧止有度. 相拜就坐, 公曰: "某於楸行之路, 偶逢此兒, 一

---

109) 常: 나. 다본에는 '甞'으로 되어 있음.
110) 嶒崚: 이본에는 '崚嶒'으로 되어 있음.
111) 過: 이본에는 '還'으로 되어 있음.

見可知爲奇男[112], 嫂氏有子如此, 誠可賀." 朴母斂衽而對曰: "寒門孤童, 生無敎訓, 便是山禽野獸[113], 有何稱道? 過蒙奬詡, 還切慚愧." 公曰: "嫂氏棲身草野, 安知世情? 今國家招納人器, 某見此兒, 材堪大用, 欲與之攀龍附鳳, 致身靑雲, 則兒以倚閭之情事爲辭, 故躬來敢請, 幸許之否?" 朴母曰: "鄕曲愚蠢之兒, 卽一井底之蛙, 豈有材器之可以執鞭附驥? 且母子相依爲命, 似難決然捨去矣." 公曰: "自古, 豪俊爲時而出, 則皆必登庸, 樊噲拔於屠沽, 薛仁貴出自佃夫, 英雄患不遇時, 豈有遇時而不爲用者乎?" 朴母曰: "男子桑蓬[114], 志在四方, 苟可以許身循國[115], 有所毫裨, 則區區私情, 不暇顧矣. 惟命是從." 公大喜, 遂拜別朴母, 携鐸還到龍仁邑, 求得米包[116]醬甕, 輸送朴母家, 直還京師, 詣闕登對, 下詢, "卿纔作省楸之行, 徑還何也?" 對曰: "臣行到龍仁[117], 見路上一兒, 氣宇骨格, 逈出尋常, 故急於薦白, 自中路挈來矣." 上卽命招入, 蓬頭突鬢, 身長大, 面瘦黑, 頗駭瞻視. 至榻前, 又舒膝箕坐而不拜, 上問: "緣何瘠[118]甚?" 對曰: "大丈夫不得志故耳." 敎曰: "此一言, 奇且壯哉!" 命先卽加冠, 公奏曰: "此兒尙帶山野之態, 姑未可以繩墨責之. 臣當率置家中, 隨事警撕, 歲月漸磨, 方可需用矣." 上可之. 公常[119]與之同寢處, 豊其衣食, 先以世情物態, 提誨而牖迷. 過幾月, 乃以『六韜』·『三畧』·『玉函』·『金海』之書, 敎之, 能聞一知十, 智思日

---

112) 奇男: 이본에는 '奇男子'로 되어 있음.
113) 山禽野獸: 이본에는 '山野禽獸'로 되어 있음.
114) 桑蓬: 이본에는 '蓬桑'으로 되어 있음.
115) 循國: 이본에는 '殉國'으로 되어 있음.
116) 包: 이본에는 '苞'로 되어 있음.
117) 龍仁: 이본에는 '龍仁地'로 되어 있음.
118) 瘠: 이본에는 '瘦'로 되어 있음. 서로 통함.
119) 常: 나, 다본에는 '相'으로 되어 있음.

開. 上每對李公, 輒問: "朴鐸今至何境?" 對曰: "漸勝於前矣." 荏苒 數載, 每當夜深, 公獨與鐸講論用兵事, 其出謀發慮, 或驁過李公, 公奇愛之, 不啻如韓擒虎之於李藥師. 論兵, 輒稱[120]以此可與語孫·吳者矣, 將白上大用. 居無何, 孝廟賓天, 鐸隨衆詣闕下, 參哭班, 每獨就隱僻[121]處, 鎭日痛哭, 目腫而淚血. 及因山甫畢, 歸謁李公, 告以大歸, 公愕然曰: "吾與汝, 情同父子, 汝何忍捨我而去耶?" 對曰: "公之恩德, 如山海, 吾非木石, 豈不銘感? 而公之携我而來, 我之隨公而到者, 但以上有英主時事可爲故也. 今吾國不天, 大行禮陟, 志士材臣[122], 無所可試. 我若只戀眷顧之恩, 蹲留城闉, 不思老母之歸養, 則無義甚矣, 安得不歸哉?" 公不能挽, 遂灑淚相別. 鐸歸鄕, 卽將母移去, 不知所終. 尤菴對陽坡, 談朴鐸事如此云.

外史氏曰: "伯樂過冀北之野, 而馬羣遂空, 李相廣搜人才, 知朴鐸之可用, 而拔之草萊, 將見干城之倚重, 何異伯樂之知馬哉? 天不祚宋, 雄偉非常之士, 無所用其才, 能長使英雄淚滿襟. 山林屠販必有名, 堙滅而不稱者, 悲夫!"

○第四十七号 性行部五【鑑識一】

7-9. 接壻貌回心訪室

李相國尙眞, 號晩菴, 全義人也, 早孤家貧, 居全州. 時觀察鄭世矩有姊, 爲蔭官某妻, 同牢後, 卽見疎絶, 嫉之如仇, 兩家聲息不通, 邈若燕越. 妻於醮夕[123]有娠, 育一女, 其父漠然不知也. 如是過

---

120) 稱: 나, 다본에는 '謂'로, 라본에는 '誦'으로 되어 있음.
121) 隱僻: 이본에는 '隱屛'으로 되어 있음.
122) 材臣: 이본에는 '材官'으로 되어 있음.

十餘年, 鄭按湖南節, 姊泣而謂曰: "吾之窮毒情事, 苟延縷命者, 以有膝下一點血肉也. 年已及笄, 將議結褵而已. 懲於[124]羹蘆, 惕前鑑之不遠, 方托絲蘿, 惟諧琴瑟[125]之是求. 自古, 綺紈家子弟, 易有輕薄之行, 吾不欲擇壻於洛下華閥. 願弟之湖南, 廣求鄕居士族中, 性愿可愛妻者, 爲吾女百年偕樂之圖, 則何幸如之?" 觀察諾而去, 卽設試場於營庭, 群儒畢至, 冠童咸集. 觀察素有藻鑑, 俯察人人形貌, 最後有一總角, 長身秀貌, 風範端凝, 一見可知爲貴人也. 乃取其券入選, 及呼榜中人賞宴, 招[126]總角而前, 曰: "汝住何處?" 對曰: "距營未十里矣." 曰: "明日, 欲與若[127]更面, 可留營底以待之." 翌朝, 更招入, 詢其家世, 乃名閥遺裔也. 叩其凡百, 則早失怙, 而四顧無親, 母子相依, 契活赤立云. 又問: "約婚未?" 曰: "貧窮無依, 未遑定婚." 曰: "吾有甥女, 卽某家也. 其婚吾所主張, 欲迎汝爲甥壻[128], 汝意云何?" 對曰: "京華大家, 豈肯[129]與鄕曲寒畯結姻乎? 公言似戲耳." 曰: "婚姻大事, 何可戲言也? 汝若自主婚事, 則可於此席, 書出柱單." 曰: "請歸白偏母, 而書納焉." 曰: "汝之婚需與行具, 並當自營備送, 亦以此意, 告于萱闈也." 兩家旣通議, 受單涓吉, 乃盛治新郞之行, 俾上京成禮. 翌日, 拜聘母, 問曰: "此來不見岳丈, 果已下世耶?" 岳母泫然曰: "如使下世, 則亦復奈何?" 壻曰: "然則在世, 而迎壻之日, 胡不臨視乎?" 曰: "言之恥也. 世或有薄婦, 而寧復有如我所遭之殘酷者乎? 一自合宮以後, 不我能

---

123) 醮夕: 이본에는 '醮席'으로 되어 있음.
124) 於: 저본에는 빠져 있으나 이본에 의거하여 보충함.
125) 瑟: 저본에는 빠져 있으나 이본에 의거하여 보충함.
126) 招: 이본에는 '召'로 되어 있음.
127) 若: 나, 다본에는 '君'으로 되어 있음.
128) 壻: 이본에는 '婚'으로 되어 있음.
129) 肯: 나, 다본에는 '有'로 되어 있음.

憺, 反以我爲讎, 非但永不相面, 並與音信而不得[130]通. 偶以惡業, 一塊肉累腹中, 生而不識其父面, 嫁而不敢使父知之, 古今天下, 豈有如許至冤乎?" 婿曰: "岳丈在何處? 婿當往拜." 曰: "有女而自弄瓦至施縏, 絕不相聞者, 豈肯見其婿乎? 薄言往愬, 逢彼之怒, 可審愼也." 婿曰: "旣厠東床, 不拜岳丈, 殊非半子之義, 寧人負我, 無我負人.[131]" 遂馳往其門, 使奴先通以新郞來謁, 而[132]蔭官怪之, 曰: "新郞誰也?" 奴告其故, 蔭官蹙眉, 曰: "聲未聽也, 旣來請見, 何必拒之? 第令入來也." 婿乃入門拜謁, 主人瞥見其風儀動盪, 擧止凝重, 眞宰相器也. 不覺起敬款愛之心, 油然而出, 與之接談, 識見該博, 終日娓娓, 不忍捨歸. 向夕告退, 主人曰: "聘醮時, 吾未參見, 甚用歉仄, 今欲隨君往見花燭之佳讌." 遂携至婦家, 擧家莫不驚喜, 新婦遽出拜于父, 攀衣而泣, 父曰: "汝生長至此, 而吾今始見之, 所愧爲父." 因絜[133]女入室, 妻面壁無語, 蔭官曰: "卄載阻面之餘, 又作此狀, 吾實憮然[134]. 往事無論, 所嬌長成, 迎得賢婿, 誠可喜賀." 因酌酒以勸, 解其冤鬱. 是夜同枕, 舊婚新姻, 各據洞房, 一時同裯, 渾室歡喜, 咸稱罕有之美事. 自此, 室家團聚, 琴瑟諧好, 人皆以爲女婿之功大矣. 後李公顯達, 位至台閣, 壽躋八耋.

外史氏曰: "命有否泰, 理有屈伸. 蔭官之妻, 無端見棄, 積有冤恨, 至於擇婿鄕曲, 要得愛妻之人者, 其情甚悲. 至誠攸感, 竟得李公之德器, 使蔭官一見, 而便卽回心改圖, 家道始成. 寔由鄭觀察之鑑識如神, 而亦天誘其衷, 俾有以伸而泰也."

---

130) 得: 이본에는 '相'으로 되어 있음.
131) 無我負人: 이본에는 '我無人負'로 되어 있음.
132) 而: 저본에는 빠져 있으나 이본에 의거하여 보충함.
133) 絜: 이본에는 '挈'로 되어 있음.
134) 憮然: 이본에는 '慨然'으로 되어 있음.

7-10. 搥翁寢將計入房

申判書鉦, 有知人之鑑. 喪獨子, 而有遺腹女, 年長及笄, 其孀婦, 請于舅曰: "此女郞材, 必親相之而擇焉." 申公曰: "汝求何許郞材?" 對曰: "八十偕老, 位至大官, 家富而多男者也." 公笑曰: "世豈有如許兼備之人乎?" 一日, 公乘軒而過壯洞, 有羣兒嬉戲, 見一兒, 蓬頭突鬢, 左右跳踉, 而年可十餘歲, 河目海口,[135] 骨格異凡. 仍停軺, 命隷招來, 兒掉頭不肯, 乃使衆隷扶擁而來, 兒號[136]哭曰: "何許官員, 空然捉我! 我有何罪而如是也?" 諸隷擁至軺前, 公曰: "汝誰家兒也?" 對曰: "吾是兩班也." 問: "汝姓云何, 汝年幾何, 汝家何在?" 對曰: "欲捧疤軍丁乎? 何爲而問姓名·年歲·居住乎? 吾姓兪氏, 吾年十一, 吾家在於越洞." 公尋往其家, 則不蔽風雨之斗屋. 外無主人, 招婢問之, 一赤脚自內出, 對曰: "此宅只有寡居之夫人,[137] 兒卽夫人之子也." 因謂婢曰: "我是某洞申判書, 有一孫女, 方擇婿, 今日定婚於汝宅秀才. 汝以此意, 告于內堂也." 婢出傳答語, 曰: "迷豚無訓, 未得婚處, 方深憂悶, 今忽貴駕枉臨約婚, 誠爲萬幸, 敢不如命?" 公遂回轅, 飭隷輩還家愼勿言. 及公歸, 孀婦又問郞材, 公笑曰: "汝求何許郞材?" 婦對如初, 公曰: "今日得之矣!" 婦欣然問: "誰家之子, 家在何處?" 公曰: "從當知之." 仍不言. 及至納幣日, 始言之, 婦急送老婢, 覘其郞材與家樣, 婢回告以, '郞材貌廣如盤, 眼大如筐, 髮亂如蓬, 無一可佳, 有百可憎. 家是數間草屋, 而廚下生苔, 鼎中有蛛絲, 吾小姐入門之後, 杵臼必親執矣. 以我小姐如花如玉生長綺紈之弱質, 何可送于如此之家

---

135) 河目海口: 이본에는 '河口海目'으로 되어 있음.
136) 號: 이본에는 '啼'로 되어 있음.
137) 夫人: 이본에는 '婦人'으로 되어 있음.

乎?' 婦聞此言, 落膽失魂, 然今方受綵, 事到無奈, 乃裹頭飲泣, 強治婚具. 明日, 迎婿入醮, 審視之, 果如婢言, 心焉如碎而已. 過三日送郞, 而夕時, 郞又來, 申公問: "汝何更來?" 對曰: "歸家, 則夕炊無期, 且有順歸人馬, 故還來矣." 公笑而留之, 曰: "今夜, 汝可與吾聯枕而宿." 曰: "謹受敎矣." 及夜, 公就寢, 令郞臥於前, 公纔闔眼,[138] 郞忽擧手而搥公之胸, 公驚曰: "此何故也?" 對曰: "小子不得安其寢, 昏夢之中, 每多此[139]等事." 公曰: "後勿如是!" 對曰: "諾." 未幾, 又以足擲之, 公又驚覺而責之, 已而, 連以手足, 或打或擲,[140] 公不堪其苦, 未可着睡. 乃呼而起, 曰: "汝可復入新房而宿!" 曰: "謹受敎矣." 因捲其寢具[141]而入送. 時則其家族黨婦女, 留宿於新房, 夜深,[142] 忽聞新郞入來, 咸驚起而避. 郞入中門, 高聲曰: "諸家婦人皆避去, 而獨留兪書房宅, 可也." 自是, 多贅居, 而輒內寢, 婦家上下每苦之. 申公之按海藩, 將挈內眷, 使兪郞陪來, 孀婦曰: "兪郞不宜率去, 姑留之, 使吾弱女得以暫休, 爲好." 公不許. 及到海營, 封墨時, 公呼兪郞, 曰: "汝欲墨乎?" 對曰: "好矣!" 曰: "任汝擇取." 兪郞自擇大折墨百同而去, 幕裨告曰: "如此, 則恐有闕封之慮." 公曰: "使之急急更造." 兪郞還至書室, 分給左右, 無一留[143]者. 兪郞, 卽兪相拓基也, 八十偕老, 位至領相, 有四子, 家饒富, 果符申公之言. 其後, 兪公爲海伯, 率女婿洪南原益三而去, 封墨時, 使之擇取, 只擇大中小折十同, 曰: "盍加擇?" 曰: "物皆有限,

---

138) 令郞臥於前, 公纔闔眼: 이본에는 '昏夢之中'으로 되어 있음.
139) 此: 이본에는 '如此'로 되어 있음.
140) 或打或擲: 이본에는 '或擲或打'로 되어 있음.
141) 寢具: 이본에는 '枕具'로 되어 있음.
142) 夜深: 이본에는 '深夜'로 되어 있음.
143) 留: 이본에는 '遺'로 되어 있음.

若多取, 則恐妨於封進. 今此十同, 亦可優用矣." 公笑曰: "緊莫緊
矣, 可作蔭官之材." 竟如其言. 兪相以嶺伯, 巡到安東, 時府使趙
豊陵也. 伯胤相公載浩, 自少有氣岸, 年十六七歲, 眄一妓, 妓卽府
中翹楚也. 夜半[144], 巡使招入其妓, 趙相大忿, 抱一塊石, 立于窓
外, 覘其動靜, 心獨語曰: "彼監司何物? 若緊犯[145], 則吾當打之!"
住了脚立多時, 只聽得閒漫說話. 及夜深, 謂妓曰: "汝可留宿於
此." 妓對曰: "小人方侍本府子舍, 勢難從命." 巡使曰: "然乎? 何不
早言? 可卽出去." 趙相始大喜, 抛石於地, 曰: "兪拓基, 必然爲政
丞矣." 兪相聞而知其爲子舍, 翌朝, 謂豊陵曰: "公家又出一大臣
矣." 後如其言.

外史氏曰: "申公, 於街上一見兪相, 知其爲大器, 至於福祿兼備,
事事符合, 可謂藻鑑如神, 而兪相, 又詡趙公以必做大官者, 其言
亦驗. 蓋古之名碩, 未必皆懸鏡照燭, 自有慧眼博識, 隨處通靈而
然也. 知人固未易, 然觀其眸子, 人焉廋哉?"

○第四十八号 性行部六【鑑識二】

7-11. 賢尉揭鑑飮贅婿

東陽尉, 有知人之鑑. 其二女婿, 長曰沂川洪相命夏, 次曰金尙
書佐明. 沂川性坦率儒雅, 未嘗修飾邊幅, 工于文筆[146], 常自韜晦,
人無知者. 欲事學業, 家貧無以自資, 乃贅居于妻家下房, 晝則輒
鼾睡, 到夜人靜後, 暗自記誦, 徹曉做業. 妻家上下, 皆慢侮之, 稱

---

144) 半: 나, 다본에는 '中'으로 되어 있음.
145) 犯: 이본에는 '抱犯'으로 되어 있음.
146) 文筆: 라본에는 '大筆'로 되어 있음.

以渴睡郞, 申公獨知其晩必大達, 厚遇之. 時公之子申冕, 爲人驕亢輕薄, 次婿金公, 能文章, 有聲華, 冕常與之從遊, 而視沂川, 則蔑如也. 家人亦但知第二郎之可敬待, 而於沂川, 則若路人. 時當大比, 冕與金公, 皆治科具, 而不問沂川之赴擧與否. 沂川亦不言科事, 夫人問曰: "科期不遠, 君子不欲赴耶?" 沂川曰: "雖欲赴擧, 試紙筆墨, 從何辦備乎?" 夫人乃出粧奩之屬, 賣以與之. 及入場呈券, 往訪妻兄·友婿之接, 諸人笑曰: "君胡爲入場能觀光乎?" 曰: "偶隨人入來, 得餘文餘筆而呈券矣." 因出袖中所藏觚博紙局, 要與之博, 諸人方或製或寫, 豈肯顧他? 沂川一味强之, 又作戲談以苦之, 諸人乃大咜曰: "君何入場沮戲人科事耶?" 共詈[147]逐之. 沂川先歸妻家, 公問: "觀科否?" 對曰: "僅呈券矣." 公熟視之, 曰: "發解則[148]可必矣!" 及榜出之日, 申冕[149]與金公, 會坐待榜, 沂川潛出門前[150], 摘桑葚[151]而食之. 俄而, 舘隷汗喘走到, 乃奪其秘封而見之, 卽自家名字也. 謂隷曰: "此是此家第二婿[152]得中也. 汝入門報喜, 只言第二婿高中, 可也." 隷從其言, 擧家相慶曰: "果然矣! 秘封何在?" 隷告以門外桑木上有一儒奪取云, 諸人出來索之, 徐答曰: "旣知入格, 不見秘封, 庸何傷乎?" 諸人責之誘之, 因使下來, 乃天然下樹而示之, 曰: "此則吾之秘封也, 何爲而索之?" 諸人始大驚. 後金公及申冕皆登科, 歷敭顯要. 沂川以四十窮儒, 長在妻家, 渾室皆賤待之, 申冕待沂川尤薄, 公每責其子. 一日會飯, 沂川

---

147) 詈: 이본에는 '罵'로 되어 있음.
148) 則: 이본에는 '卽'으로 되어 있음.
149) 申冕: 나, 다본에는 '申公'으로 되어 있음.
150) 門前: 이본에는 '門外'로 되어 있음.
151) 葚: 이본에는 '椹'으로 되어 있음. 뜻은 서로 통함.
152) 婿: 이본에는 '郞'으로 되어 있음.

盤饌[153], 適登雉脚, 申冕擧而擲地[154], 曰:"貧士之床, 雉脚何爲?" 沂川但含笑而已. 金公之爲文任也, 沂川方做功令儷文, 出而示之, 曰:"可戰藝耶?" 金公不見, 而以扇揚之, 曰:"豹乎彪乎?" 沂川笑而收之. 一日, 公出他暮歸, 聞小堂笙歌之聲, 問於傍人, 則以爲, "令監與金侍郞及他宰數人, 方張樂而遊矣." 公問:"洪生在座否?" 曰:"洪生在下房而睡." 公顰眉, 曰:"兒輩事可駭矣!" 因請洪生而問曰:"汝何爲不參於兒輩之遊乎?" 對曰:"貴人之會, 布衣何可參坐[155]? 況是不請客乎!" 公曰:"汝則可與吾遊." 遂命樂, 盡歡而罷. 公有疾濱[156]危, 把沂川之手, 擧杯而勸飮, 曰:"吾有一事可托, 須飮此盃, 而聽吾臨終之言." 沂川曰:"願先承敎, 後飮此盃." 公連曰:"可飮之, 吾當有言." 沂川一味辭讓, 相持四五次, 而終不聽. 公乃擲盃而含淚, 曰:"吾家亡矣!" 蓋是托子之言, 而沂川已有揣知, 而故不聽, 公亦知沂川不從之意, 故有是云耳. 其後, 沂川登第, 十餘年入相, 申冕獄事出, 而自上問洪相曰:"申冕何如人也?" 對以不知, 遂伏法[157]. 金公尙帶文任, 以所製燕京奏表, 依例呈覽于大臣, 洪公以扇揚之, 曰:"豹乎彪乎?" 金公大慚恨云.

外史氏曰:"東陽尉, 世稱賢都尉, 而能知沂川之晚達, 托以後事, 其藻鑑又何如也? 申冕之平日行事, 沂川含憾, 久矣, 旣受知於東陽尉, 則一言救之, 以報知遇之感, 可也, 不此之爲者, 殊可咄歎! 見金公之文, 而以扇揚之, 有是報復, 此亦量狹之事. 然金公之受此, 便是滄浪, 人豈可以貧窮而藐之哉?"

---

153) 盤饌: 이본에는 '飯饌'으로 되어 있음.
154) 地: 이본에는 '之'로 되어 있음.
155) 坐: 이본에는 '也'로 되어 있음.
156) 濱: 이본에는 '瀕'으로 되어 있음. 뜻은 서로 통함.
157) 伏法: 이본에는 '杖斃'로 되어 있음.

7-12. 富翁達理贖科儒

黃一淸, 順興人[158], 有富名一鄕, 稱爲萬石君者也. 其隣有張姓學究, 學究之婿, 曰崔生, 居豊基地, 肄科業, 將赴大比, 貧未辦資斧. 往見張學究, 要借典物, 從黃富債得幾緡錢, 張曰: "黃富甚吝嗇, 每値親忌, 只以二升米·一箇石魚, 設祭, 雖隣里間, 未嘗有一葉錢推貸." 崔生疑其言之過實, 不計分踈, 欲躬往乞借, 直抵黃家, 有二靑衣童, 迎入, 曰: "主人出獵, 向夕當還, 願客在此暫俟也." 少焉, 進酒饌一床, 頗盛備, 崔生穩喫閒坐. 已而, 主人臂鷹携犬而歸, 豊軀碩容, 令人起敬. 入門揖客訖, 問童曰: "以饌床待客乎?" 對曰: "然矣." 因詢崔生來歷, 具告以對, 主人曰: "以隣家婿郞, 何相見之晚也?" 又進夕飧[159], 滿盤珍腴. 崔生對床, 曰: "人之毁譽, 決不可信也." 主人曰: "何謂也?" 崔生備言翁婿酬酢之說, 曰: "今者, 足下待生面客, 如是款厚, 吾岳丈之毁言, 極非矣." 主人曰: "尊之岳丈, 是吾隣親[160]切友, 詳知吾本末, 親忌日二升米·一石魚之說, 卽實際語也. 客欲聞吾顚末, 當細陳之. 僕早失怙恃, 至窮無依, 偶逢觀相人, 問命數窮通, 彼謂以晚當致富, 又得賢妻, 善[161]治産業, 積穀如山. 僕未信其說, 遂從其人, 學唐擧之術, 劣有鑑識. 過安東地, 見一村女, 有福厚之相, 娶以爲妻, 妻健實勤幹, 誓欲發貧. 家前汚萊之地, 以畚鍤墾陳土, 鑿穴置甕於路傍, 受積行人之溺, 而灌其穴, 播種黍粱, 以糞[162]土覆之, 黃茂極盛, 種一日耕, 許秋收數十石. 自此, 極力治生, 凡所拮据, 無不如意. 夫婦約誓, 惜

---

158) 人: 이본에는 '人也'로 되어 있음.
159) 飧: 이본에는 '飯'으로 되어 있음.
160) 親: 저본에는 빠져 있으나 이본에 의거하여 보충함.
161) 善: 이본에는 '若'으로 되어 있음.
162) 糞: 다본에는 '人糞'으로 되어 있음.

一粒若千金, 故親忌需用, 誠不過俄所云云. 待秋收滿萬石後, 始出用爲計. 其爲九千石, 今過十年. 增置千石之田畓, 似不難, 而或爲水旱被損, 或緣庄土遘災, 重以事力拘掣, 終未滿萬數[163]. 老夫妻相謂曰: '萬者, 物之大數, 月滿則虧, 器盈則溢, 物理猶然. 造物之不欲使我充萬石之數者, 無乃慮其或虧或溢耶? 今吾內外, 年迫七旬, 溘先朝露, 則未免守錢奴之誚. 自今爲始, 開門爛用, 行仁施義, 消受晩祉, 以娛餘年, 不亦宜乎?' 乃置門僮, 値有客來, 延入上座, 饋以酒食, 助其盤纏, 約誓纔定, 君適先至. 且觀[164]君之相, 貴不可言, 今行必登科, 老夫豈可無奉贐乎?" 因呼僕, 以健馬一匹, 靑銅百兩, 備納于此客, 又曰: "客之京行, 雖無憂, 必以妻孥之飢寒關念, 汝可傳吾意于豊基庄奴, 租三十包[165], 輸送于客之本第也." 崔生不勝感幸, 摧謝不已, 主人曰: "多積善用, 亦一美事, 老夫財産, 眞所謂適往適來也. 數有通塞, 理有盛衰, 來後幾年, 安知無桑海之改? 君若又過此處, 幸以一盃酒酹我." 崔生曰: "以公厚德, 豈有無端敗家之理乎?" 主人曰: "有成有敗, 自是循環之理, 已有天定, 何可違也?" 崔生遂別去. 果捷是科, 在京供仕, 更未聞黃富家音信. 荏苒十餘年, 崔以嶺伯, 巡到順興, 訪黃富村, 家舍盡墟, 蓬蒿滿地. 不勝驚愕, 問[166]里人, 對以黃家敗亡, 只餘一老奴, 在村後僧菴云. 乃招來, 問其故, 對曰: "老主下世後, 有二子, 幹局力量, 雖不及於乃翁, 而別無浪費財産, 自至耗損. 今年, 家舍遭火災, 明年, 田畓入水破, 且其兄弟, 生長富饒, 不知治生田土, 未詳

---

163) 萬數: 나, 다본에는 '萬石'으로 되어 있음.
164) 觀: 이본에는 '觀之'로 되어 있음.
165) 包: 이본에는 '苞'로 되어 있음.
166) 問: 나, 라본에는 '聞'로 되어 있음.

所在文劵, 並入回祿. 美庄沃壤, 盡歸烏有. 且變喪連出, 只有一孫流離, 至密陽, 投入鹽漢村糊口云." 監司遂綴祭文, 備奠床哭, 澆于黃墓而去, 卽發關密陽府, 鹽漢黃某使之招待來[167]. 未幾日, 黃某來謁, 鶉衣鵠形, 慘不忍見, 問: "汝家業, 緣何蕩敗至此?" 黃某所對, 一如老奴言, 問: "汝有如干貨物[168], 則尙可營殖資生乎?" 對曰: "當試爲之." 遂挈至營中, 備給衣服. 及歸, 給錢千兩以送, 黃某因此, 復勤産業, 又有富名焉.

外史氏曰: "財幣行如流水, 聚散無常, 善治生者, 審其盈虛, 知其取予. 黃富人, 强能有所守, 仁能以施與, 又能知物理之盛衰, 世事之嬗變, 皆如燭照. 至於厚贐科儒, 而受報裕後, 其才智鑑識, 豈非達觀者耶?"

○第四十九목 性行部七【才智一】

7-13. 智童藏銀授奇計

李相國仁孫, 世祖朝相臣也. 有一子, 小字曰'壽男', 自幼, 聰慧特異, 甫十餘歲[169], 才思出類, 相公甚愛之. 延塾師訓課, 師曰'崔生', 湖西人也, 性淳慤, 篤[170]課惟勤. 有一丫鬟, 每持饌盤[171], 往來於書堂, 頗姣麗. 崔生見而慾之, 然性拙未諧, 寢食靡甘, 壽男覘知之, 密謂生曰: "師之所懷, 吾已攄得, 果欲一宵偸香, 則愚有一計, 可如斯如斯." 生笑曰: "諾." 無何, 內堂失銀器數事, 丫鬟以掌器之

---

167) 來: 저본에는 빠져 있으나 이본에 의거하여 보충함.
168) 貨物: 이본에는 '貨財'로 되어 있음.
169) 十餘歲: 이본에는 '十歲'로 되어 있음.
170) 篤: 나, 다본에는 '篤實'로 되어 있음.
171) 饌盤: 다, 라본에는 '饌飯'으로 되어 있음.

婢, 罪將不測, 憂慮欲狂, 遍問巫瞽, 皆不驗. 壽男謂婢曰: "崔生其 卜通神, 然隱而不衒, 人無知者. 汝可乘間懇乞救命, 而必務積誠 意也." 婢如其言, 生始辭之, 再三懇禱, 乃曰: "吾非賣卜者, 非靜 夜無人之時, 則不可." 婢微會其意, 夜深而往, 生遂與交歡訖[172], 揲蓍布卦, 占辭曰: "'百步之內, 非堂非樓, 有器且大, 似石非金, 其中有物, 似沙非土云.' 百步之內, 必家中也; 非堂非樓, 必庫舍 也; 似石非金, 必甕器也; 似沙非土, 必灰也. 汝其搜覓於庫內灰 甕中也." 婢從其言, 入庫傾甕, 而去其灰, 果有所失之銀器. 蓋壽 男暗藏銀器於灰甕, 而授計崔生者也. 婢得器雀躍, 卽謝崔生, 生 囑以秘其卜說, 婢曰: "諾." 久後, 以其事涉神奇, 密告于夫人, 夫 人語相公, 共稱奇異. 一日, 相公公退, 亟招崔生, 曰: "中國失玉璽, 方求天下善卜者, 詔東國進呈一人, 自上詢諸宰, 吾不得已薦君[173] 于榻前矣." 生大懼, 曰: "生素昧卜筮耳." 曰: "君毋謙辭, 如索銀 器, 則奚難於玉璽? 有功則必賞, 無功則虛還而已[174], 幸勿深慮." 生默然而退, 謂壽男曰: "此所謂弄假成眞, 將奈何?" 曰: "乃今中 原昇平, 而忽有失璽之變, 此必近倖者所爲也. 愚亦有一計, 可如 斯如斯." 生從其言, 將應詔入中朝. 臨行, 寄家書于湖鄕, 乃俶裝 登程, 度支備其盤纏, 沿路待以別星. 及抵皇京, 舘接甚厚, 時則天 順皇帝御極之初也. 翌朝, 皇上召語失璽事, 命卜之, 對曰: "筮不 精嚴, 神不告也, 乞蒙旬暇, 休憊養精, 始可穆卜." 特許之. 甫浹 旬, 召問曰: "今可命龜耶?" 對曰: "賤臣夢事不吉, 卜以稽疑, 則某 日[175]某時, 家鄕遭鬱攸之災, 心緒迷亂, 願更待幾日, 聚神泣卜."

---

172) 訖: 이본에는 '後'로 되어 있음.
173) 君: 이본에는 '告'로 되어 있음.
174) 而已: 이본에는 '也'로 되어 있음.

皇上訝之, 命馳急撥, 探問本國以來, 不日回奏, 以某鄉某家失火, 日時如合符契. 皇上大奇之. 於是, 崔生神卜之名, 大謖於中國矣. 蓋壽男授計, 崔生寄家書[176], 約以某日某時, 故令縱火也. 崔生始[177]用騙術, 姑先現奇, 而來頭彌縫, 茫無計策, 展轉不寐. 夜旣深, 有一人, 入戶潛語曰: "竊有密告事, 幸垂諒焉. 僕是巷伯之流[178], 與同列司璽者有隙, 妄生陰害之計, 偸出玉璽, 沉於後苑[179]大池中, 天知神知我知而已. 公之卜筮, 奇中通神, 恐被摘發, 故先此告實, 從玆, 僕之命, 懸於公手. 公若但言尋璽, 不露本事, 僕便是再生之人, 施恩於不報, 何等感祝?" 生暗自喜幸, 莞爾而答曰: "吾不必摘人夢過, 當如戒." 其人百拜稱謝而去. 明朝, 崔生詣闕, 請對曰: "臣已卜得繇辭, 曰: '不利於人, 不利於山, 魚龍爲伴, 近在上林云.' 必是物不在於人與山, 而在於水中, 又不出宮中也. 願陛下涸苑池而視之." 乃命中使集役夫, 先濬後苑之大池, 須臾水盡, 而玉璽宛在中央矣. 亟拯出進獻, 皇上大喜, 獎其神異, 賞賚金帛, 甚多. 又會羣臣設宴, 以謝東客, 特降內醞, 仙樂以侈之. 崔生以偏邦一措大, 忽如登廣寒殿, 聽勻天之雅曲, 飽仙廚之珍饌, 龍光遍體, 心神怳惚. 乃離席叩頭, 曰: "下國賤蹤, 猥被恩寵, 太[180]踰涯分, 不勝感惶. 第今番卜筮, 事係重大, 費盡精力, 自此, 神昏意迷, 不堪[181]揲蓍. 若以臣有一事之得中, 謂之善卜, 而問卜者相望, 則臣無以蔽志決疑. 且龜厭筮瀆, 古訓垂戒, 乞降明旨以禁止." 乃降詔臣民, 毋得

---

175) 日: 다, 라본에는 '月'로 되어 있음.
176) 家書: 라본에는 '書'로 되어 있음.
177) 始: 저본에는 '雖'로 나와 있으나 이본을 따름.
178) 流: 나, 다본에는 '類'로 되어 있음.
179) 後苑: 이본에는 '後園'으로 되어 있음.
180) 太: 이본에는 '大'로 되어 있음.
181) 堪: 이본에는 '敢'으로 되어 있음.

請卜於崔生. 生退休幾日, 告歸, 敕州縣護送, 生旣到我境, 忽作狂疾, 乃詐也. 路中亦無人求卜, 穩歸鄕里, 以皇朝所賜貨物, 遽成富家, 此悉壽男之奇計指授者. 後壽男登第, 至大官, 卽李相克培也.

外史氏曰: "奇謀秘計, 古有智囊之稱, 彼以童年, 能運智思, 指授其師, 節節奇妙, 可謂其智不可及也. 若擴充其才, 至於長成, 則雖古之剋敵出奇運籌決勝之才, 可與伯仲矣. 宜乎致位卿相, 而但其展施之事蹟, 文獻莫徵, 殊可惜也!"

7-14. 舊僕刺鍼保恩情

宋尙書文琳, 成宗朝錄佐理, 勳礪山君也. 後嗣零替, 只有孀婦孤孫, 尸先祀. 有一僮, 曰'莫同', 頗俊慧, 幹理家務, 克盡忠誠. 一日, 忽逸去, 仍[182]無影響, 擧家嗟惜. 三四十年後, 宋之孤孫長成, 貧窮轉甚, 訪親知作宰處, 要濟急, 往關東, 至高城. 日暮店遠, 去尋人烟, 踰一岡, 溪山明秀, 閭井參差, 中有傑家, 萬瓦欲流, 就而問之, 則曰: "洞之豪者, 崔承宣宅也." 生踵門請謁, 有一秀才, 肅生而入, 問其姓名來歷, 舘于一室. 俄而, 靑衣傳承宣言, 邀客入座, 生隨敎陞堂. 有老主人, 豊頤廣顙, 兩眼煒煒. 迎生敍禮, 剪燭開話, 及夜三更, 忽屛人閉門, 免冠伏地, 涕泣請罪. 生大駭, 詢其故, 承宣曰: "小人卽貴奴莫同也. 屢世爲奴, 厚蒙主恩, 無少[183]報效, 暗地逃竄, 一罪也. 主母[184]守寡, 待如手足, 而莫體盛意, 永世忍訣, 二罪也. 冒姓誑世, 猥占祿仕, 三罪也. 身旣榮貴, 不續音信, 四罪也. 相公辱臨, 待如敵己, 五罪也. 負此五罪, 何以自立於世

---

182) 仍: 나. 다본에는 '乃'로 되어 있음.
183) 少: 나. 다본에는 '所'로 되어 있음.
184) 主母: 저본에 '娘娘'이라 쓴 것을 주필로 수정한 것임.

乎? 幸相公責之笞之, 以警積罪焉." 生瞿然罔知攸措, 承宣曰: "主僕之義, 與君臣父子一體, 而今此負犯如山, 直欲捐生, 以償此恨." 生曰: "設如公言, 顧今時移事往, 水流雲空, 何必提起, 使賓主俱困? 願安坐打話." 承宣因問[185]宋家之大小族黨無恙與否, 道故感新, 相與興喟. 生曰: "令公自幼, 誠有幹局, 何得起家至此?" 承宣曰: "正是更僕[186]難盡. 小人童時, 竊覗[187]主家運數否衰, 興復無期, 自知一生不免飢寒, 略有經營, 倉卒逃出, 而志亢膽大, 誓不老於興儓之賤. 乃假冒於崔門之顯閥而無后者, 初居京華, 潛殖貨財[188], 得數千百金. 乃退居永平, 杜門讀書, 持身謹飭, 鄉里已稱以士夫之行, 又散財而買賤民之心, 厚賚而箝富豪之口. 繼使洛城游俠之徒, 華其鞍馬, 詐冒顯者之姓名, 聯絡來訪, 邑人益信之. 四五年後, 移鐵原, 修己如昔, 鐵人又待以士族, 始乃聘一弁官女, 蓋稱再娶也. 生子生女, 而或慮事覺, 又移居于淮陽. 少焉, 轉移于此郡, 淮人問諸鐵人, 高人問諸淮人, 奔走相傳, 推我爲甲族. 而小人以明經, 幸竊科第, 分隷槐院, 歷正言・持平, 旋以大鴻臚, 擢通政・參知騎省・同副銀臺. 一日, 忽念難節者, 人慾也; 易缺者, 圓滿也, 若又冥升不已, 則神怒人猜, 必致狼貝. 故決意勇退, 更不踏紅塵一步, 優游田園, 歌咏聖化. 五子二女, 皆與顯族結姻, 長子以文科, 方在殷栗任所, 次子以學行, 登道剡, 授寢郎而不仕, 又其次登國庠. 小人年踰七十, 子孫滿堂, 歲收萬斛, 日食千錢, 揆分量力, 詎不知足?[189] 而但念主恩未報, 寤寐如結, 每欲趍謁[190], 恐或綻露, 又

---

185) 問: 다본에는 '聞'으로 되어 있음.
186) 更僕: 다본에는 '更續'으로 되어 있음.
187) 覗: 나. 다본에는 '覵'으로 되어 있음. 서로 통함.
188) 貨財: 나. 다본에는 '貨利'로 되어 있음.
189) 詎不知足: 나. 다본에는 '豈不足'으로 되어 있음.

欲賙濟, 恨無門路. 今幸天借好便, 相公來臨, 小人死且瞑目矣. 敢請相公, 數朔留此, 用副微悃. 而但以尋常行客, 忽被款厚, 則易惹傍觀之訝惑, 惶恐主臣, 敢欲晝以稱姻戚, 以耀門閥; 夜以定主僕, 以正名分, 未知肯納否?" 生許之. 言訖, 天已曙矣. 子弟門生, 迭進問候, 承宣曰: "昨夜有奇事, 偶叩宋生族姻, 卽吾之戚從姪, 貫派昭然矣. 吾昔在京時, 同其父游學, 情好如同胞, 伊來四五十年, 不幸有存沒之感. 且以道路脩夐, 音信莫憑, 未聞六尺之孤安在, 今者相逢, 倍切傷感." 遂令衆子向生稱兄呼弟, 相携於山齋水榭, 以絲竹爲日用, 觴咏爲課程, 五日一大宴, 三日一小宴. 居數月, 生欲辭歸, 承宣曰: "謹奉萬金爲壽, 廣謀田宅, 穩過餘生焉." 生大喜過望, 車馬輜重, 照耀長程. 及歸家, 求田問舍, 猝成素封, 知生者, 莫不異之. 生有從父弟, 自是潑皮, 性尤陰毒, 問生潤屋之由, 生曰: "某知縣周恤云." 潑皮不信之, 他日又問, 生曰: "路傍偶得銀瓮." 潑皮那裏肯信? 乃置酒邀生共飮, 俱至泥醉, 忽大哭[191], 生怪詰之, 潑皮曰: "我早孤且終鮮, 惟依從兄, 兄遇我如路人, 寧不悲乎?" 生曰: "何謂也?" 曰: "不通情曲, 豈非路人之視乎? 生財之方, 終不直說, 何也?" 生曰: "汝因此而至成狠怒, 我當實告[192]." 乃細述其詳, 潑皮大怒曰: "兄長包羞忍恥[193], 受反奴之厚賂, 呼兄呼叔, 亂其綱常, 豈非世變乎? 我當直走高城, 悉暴此奴悖狀, 一以雪兄長之汚衊, 一以扶衰世之風敎." 言罷, 納履直走向東門外, 生大懼, 急雇善步者, 馳書于承宣, 語其故甚詳. 又引失言之咎, 兼程疾往,

---

190) 趁謁: 나, 다본에는 '進謁'로 되어 있음.
191) 哭: 나, 다본에는 '哭之'로 되어 있음.
192) 實告: 나, 다본에는 '直告'로 되어 있음.
193) 恥: 나, 다본에는 '辱'으로 되어 있음.

則承宣方會隣人飮博, 及見書, 了無怖色, 大笑而起, 曰: "却悔少日學得小技." 諸人問之, 承宣曰: "向者, 宋姪之來, 語到醫術, 吾偶詑[194]素工鍼技, 姪大喜言[195], '渠有一弟狂易[196], 當專送治療云.' 余謂前言戲耳, 今果送之, 日間當抵此云. 諸君須各[197]歸家, 屛息關門, 毋使狂者自橫也." 諸人唯唯而散, 一洞爲之斂跡. 居無何, 潑皮胡叫亂嚷而至, 曰: "某也吾家之奴, 某也吾家之奴!" 一洞大笑曰: "眞個狂夫來矣!" 承宣安坐不動, 令健奴數十輩, 齊出圍而綁縛[198], 拘囚於後庫. 已而, 隣里諸人, 又來會, 承宣嚬眉, 曰: "不圖此姪嬰疾, 幾成貞痼." 諸人曰: "可惜! 名家少年, 有此心恙, 吾輩見狂者多矣, 未有若此之甚者也[199]." 夜深席散, 承宣持一大針, 獨造潑皮拘囚處, 潑皮張口詬辱, 承宣全不採聽, 以針亂刺, 皮肉盡綻. 潑皮不堪痛楚, 願活縷命, 承宣一向深刺, 彼乃萬端哀乞. 遂退立, 厲聲而責之, 曰: "汝兄之來, 我自守本分, 先陳來歷, 汝兄以好言相對. 而汝今忽摘發釁累, 計欲湛滅乃已, 汝與吾, 有何嫌隙乎? 初欲以劍客, 邀擊汝于中路, 特念先世之恩義, 貸汝性命. 汝若革心改圖, 則當成一富, 若迷執前失, 則我不過爲殺人之庸醫, 惟汝自裁." 潑皮感其忠欵, 量其利害, 乃曰: "如不悛改, 便爲狗子!" 承宣曰: "自今昧爽, 必呼我以叔, 諸人如有所問, 則必答以如此如此." 潑皮曰: "敢不惟命? 雖呼爺亦甘心矣." 承宣乃謂子弟曰: "宋姪病祟, 幸不深在膏肓, 盡意施針, 庶期[200]奏效, 可厚餽膩味, 以補

---

194) 詑: 나, 다본에는 '說'로 되어 있음.
195) 言: 나, 다본에는 '曰'로 되어 있음.
196) 狂易: 이본에는 '狂陽'으로 되어 있음.
197) 各: 나, 다본에는 '却'으로 되어 있음.
198) 綁縛: 나, 다본에는 '縛之'로 되어 있음.
199) 也: 저본에는 빠져 있으나 나, 다본에 의거하여 보충함.
200) 庶期: 나, 다본에는 '庶幾'로 되어 있음.

虛損." 翌朝, 承宣率家人, 入見潑皮, 潑皮喜且拜, 曰: "自叔氏針治以後, 病根快去, 神氣淸明, 更願安處靜室[201], 調養幾日." 承宣泣曰: "天將不餒宋氏鬼耶! 我昨日, 忍所不忍, 亂刺汝膚, 可謂骨肉相殘." 因衣以新衣, 携出外堂, 盡意供饋. 居數日, 鄕里父老來會, 承宣使潑皮面面拜謁, 潑皮罄折惟謹, 禮貌甚恭. 更留幾日調息, 以錢三千緡送之. 潑皮終身感頌, 不敢以此事有洩云.

外史氏曰: "崔以微賤之身, 能藏蹤詒影, 儼成士夫宦閥, 可謂魚躍而豹變. 其經營排鋪, 豈尋常才智之可辦者乎? 且遇舊主, 自首稱罪, 謹守名分, 保有恩義, 卓乎其賢哉! 至若潑皮之制, 以權術不露本色, 而使彼悅服者, 其計亦奇矣."

○第五十号 性行部八【才智二】

7-15. 三施計攫取重貨[202]

沈進士者, 失其名, 簪纓華閥也. 築室于新門外, 豪放自負, 不拘節行, 早廢科業, 亦不求蔭仕, 人詰其由, 但頎然一笑而已. 性好乘快馬, 一日, 有豪僕牽嘶風逸蹄, 習步於門前, 生招之, 曰: "望馱我一馳." 僕諾之, 生據鞍執轡, 山腰樹嘴, 經眼閃忽, 過都越郡, 歷如一塊. 日亭午, 而馬少倦, 生至于旗亭, 問其地, 乃海西金川界也. 僕策馬先回, 生隻身殊鄕, 歸路關心. 又有一僕, 步馬于道, 生復請一乘, 僕許之. 生纔乘, 而馬一躍飛驟, 僕跟後鞭策, 五內搖蕩, 一身飄擧. 生欲乞緩, 而恐傷於勇; 欲跳下, 而慮傷於身, 一聽其所爲. 俄而, 轉過萬重峰壑, 馳入一區谷峽, 路漸崎嶇, 行多磽确, 密

---

201) 靜室: 나. 다본에는 '淨室'로 되어 있음.
202) 貨: 이본에는 '寶'로 되어 있음.

林如幄, 仰不見天. 生惶懼, 咎其僕, 對曰: "前此卽平路耳." 又度一邱, 僕呼嘯數聲, 道左有朱衣一隊, 雁鶩而進, 請換乘便輿. 生疑眩, 不能自解, 只做痴蠢樣子, 下馬乘輿, 舁八人, 施豹皮[203]戎衣, 已加身矣. 砲鼓一動, 器仗旗纛, 左右簇列, 行踰一岡[204], 峽坼野開, 萬騎留札, 陣壘堂堂, 旗隊井井, 帷幕連天, 劒戟如星. 轎前令箭乍傳, 喊聲相應, 大吹大擂. 生馳入其壁, 將領椽吏, 禮謁旣畢, 復請生乘輿, 行五里許, 有粉堞屹立, 金湯周遭. 入城, 而屋閭櫛比, 市肆連亘, 度朱門四五重, 敞畫堂數百楹, 制度宏麗, 金碧耀煌. 紅粧一隊, 翼生而升, 生毅然就榻上, 召一頭領, 曰: "此局果何等地, 若曹又何樣人, 而賺我措大, 仍作傀儡一戲?" 對曰: "地是版籍之漏, 人非官守之任, 俱以四方之游蹤, 萃作一窠之巢窟, 攫取不仁富之財, 招納窮無告之類也." 生曰: "然則若曹都是綠林萑蒲, 不有邦憲, 盜弄兵器, 戕殺無辜, 尙不自戢, 而乃推我爲帥, 何也?" 頭領曰: "此柵, 自洪主帥吉同, 繼[205]以爲將者, 擧皆智慮絶倫, 軍民得以安堵, 迨至昨歲. 故將云亡, 軍務無統, 僕等遍跡率土, 密求將材, 而莫出老爺右者, 敢以一鼇, 誘致尊駕于金川, 又以一驄, 奉邀至此. 萬望老爺, 特憐一寨性命, 權留忠義大將軍印綬." 生沉吟良久, 以鐵如意, 打破几案, 曰: "我欲一試才智, 久矣, 特從汝請." 衆大喜, 設宴爲賀. 自是, 生爲籠鳥盆魚, 安坐飮食者. 且數日, 乃召頭領, 曰: "此中人額幾何, 粮儲幾何?" 頭領對之悉, 生怒曰: "計口較粮, 僅支數月, 何不早稟停當?" 頭領曰: "故將有經天緯地之才, 神出鬼沒之智, 環東土數千里, 富家巨郡, 無不盡掠. 惟餘陜川海

---

203) 豹皮: 이본에는 '虎皮'로 되어 있음.
204) 岡: 이본에는 '嶺'으로 되어 있음.
205) 繼: 이본에는 '相繼'로 되어 있음.

印寺, 壺谷²⁰⁶⁾李進士家, 咸興城內, 而此則不可窺覘. 其他稍饒者, 指不勝搜, 而勞苦掠米²⁰⁷⁾, 未補一月之粮, 百爾籌思, 實無好策, 以致告達之稽緩耳." 生怒曰: "策畫²⁰⁸⁾在我, 率職在爾, 何敢自相疑阻, 多費辭說? 我當於某日, 往擊海印寺, 知委諸軍, 切勿走洩!" 頭領大驚曰: "本寺僧徒數千, 錢帛山積, 防護甚密, 弓劍悉備. 雖以故將之神籌, 不敢生意, 今動軍於千里之遠²⁰⁹⁾, 驅入於危亡之域, 是老爺姑借將令²¹⁰⁾盡劉萬命也." 生大怒, 命斬其頭領, 一軍肅然. 生乃召一頭領, 曰: "汝可選軍徒之面貌白晳伶俐曉事者三十人, 其衣服都做宮奴樣, 各騎駿馬, 駄錢二千緡, 先到該寺, 聲言, '某大君求嗣, 躬來祝佛.' 更設香飯, 周饋觀光之人, 爲辭, '以此錢鈔, 多辦香燭.' 只等吾行, 切勿有誤." 又召一頭領, 曰: "汝於旬日後, 齎此路文, 馳往該寺, 只道, '大君暗地下來, 勿令郡縣迎候, 本寺供億, 一切除免.' 以示優恤爲辭, 亦等吾行, 切勿有誤." 又召一頭領, 曰: "汝與數十吏校, 侈其衣袍²¹¹⁾, 各騎駿馬, 一模儂客樣. 又選軍徒之長健豪悍者數十人, 領大君品服及雙馬轎·靑羅蓋, 潛伏于距寺五十里地, 俟我親到, 以便換乘." 諸頭領, 皆承命而去. 生漫浪十餘日, 身着幅巾道服, 策一隻千里駒, 到陜川之界, 換乘雙轎. 用夜半到寺, 緇徒迎生而入禪房, 屛帳甚麗. 乃召頭僧及從人, 約以明夜設齋, 指畫供費, 悉從優厚, 諸僧環聽, 嘖嘖曰: "好大君必受佛力." 生屛人就寢, 陰使一頭領, 暗地破毁藍輿之上椅, 令觀者不知其傷.

---

206) 壺谷: 이본에는 '壺口'로 되어 있음. 이하의 경우도 대동소이함.
207) 米: 저본에는 '來'로 나와 있으나 이본을 따름.
208) 畫: 이본에는 '盡'으로 되어 있음.
209) 遠: 나, 다본에는 '外'로 되어 있음.
210) 令: 이본에는 '命'으로 되어 있음.
211) 衣袍: 이본에는 '衣冠'으로 되어 있음.

因睡, 到四鼓, 乃覺, 見山月滿窓, 泉聲撼枕, 幽興勃勃, 開室命酌. 且召僧, 曰: "寺外有水石會心處否?" 對曰: "某處甚佳." 生乃攝衣而出, 曰: "汝須導余!" 僧忙以籃輿進, 生知爲破輿, 小心踞坐. 衆僧擔之而行, 到數十步, 生故憑椅上, 破椅自墮, 翻身倒落於路傍. 衆僧急救, 則昏僵不省, 衣袍盡濕, 諸從者, 擔負而到僧房, 灌藥燎衣. 良久, 生兀然起坐, 大怒大喝曰: "汝等富饒, 使星陸續, 豈無一箇完輿? 而必以破件待令, 俾余墮傷至此, 幸而不死, 天也. 然頭顱盡傷, 肩脚俱折, 豈意禮佛之行? 反媒疾厄[212]也." 僧徒伏庭請罪, 生乃閱僧案, 逐名拿致于庭, 沒一箇不得竄漏, 以麻索自相綁縛, 違者當立殺, 諸僧懍慓, 依令擧行. 生見懸鶉乞丐, 四隅擁觀[213], 無慮數千計. 乃令詰問曰: "汝們緣何相聚?" 諸丐齊告曰: "聞大爺誠行檀越, 又設無遮大會, 普饋衆生, 不遠百里, 相携至此耳." 生惻然曰: "我今人鬼未判, 如何供佛? 但汝們遠來求飽, 狼貝而回, 咎實在我, 聊以供佛錢二千緡, 給汝." 因灑錢于庭, 諸丐爭拾立盡, 齊稱大爺無量壽福, 生曰: "我又有令甲, 汝曹須勿疑難." 諸丐曰: "雖赴湯蹈火, 惟令是從." 生曰: "我欲報此恨, 無由盡殺諸僧, 聽[214]汝們都入大小梵宇, 其錢貨器物, 盡力負去, 毋使一物遺落. 使頑者知戢, 窮者少饒, 我當厚受陰德, 豈不優於頂禮枯[215]佛耶?" 衆丐大喜, 曰: "敢不如敎?" 因攔入禪房, 廣搜盡掠, 生又令[216]諸丐, 曰: "汝曹乘我未發, 快走! 少[217]緩, 則患在禿驢之追攫耳."

---

212) 厄: 이본에는 '死'로 되어 있음.
213) 觀: 이본에는 '覩'로 되어 있음.
214) 聽: 이본에는 빠져 있음.
215) 枯: 이본에는 '祜'로 되어 있음.
216) 令: 다본에는 '下令'으로 되어 있음.
217) 少: 이본에는 '小'로 되어 있음.

衆丐一時雲散. 生故爲遷延, 坐到數食頃, 朝暉映牖, 乃趣駕啓程,
疾馳百餘里, 下轎跨馬, 亟回山寨. 蓋衆丐乃生之軍卒, 扮作此狀
者也. 回寨, 各獻所掠, 得百萬計, 而兵不血刃, 衆乃皆服. 居數日,
生出令曰: "某日當擊壺谷." 頭領憚之, 曰: "此谷安東地, 而巉巖峭
壁, 削立千仞, 只有線路, 僅容人, 不容馬. 其洞口設石門, 絚以鐵
鎖, 谷中李上舍, 蒼頭數百人, 帶鎧甲, 持弓矢, 達夜巡檢, 雖以鄧
士載入綿竹之才, 韓襄毅破藤峽之功, 無所施也." 生叱退將領, 密
遣心腹, 偵探李庄動靜, 回報曰: "上舍晚年, 始得一子, 羸弱善病,
爲其兒[218], 修齋誦經, 往住蕭寺, 家人之防護益密, 飛鳥莫能入云."
生大喜曰: "事有濟矣!" 卽穿犎冠道服, 袖中藏綵囊·牙扇, 跨千里
騾, 不日到壺谷. 山勢險阻, 賴名騾之逸步, 超巖躏巓[219], 如履平
陸. 直入李家, 故問: "上舍在家否?" 僕對曰: "遠出矣." 生不勝悵
悧, 使赤脚傳語于內堂, 曰: "吾卽上舍之膠漆也, 專訪到此, 竟題
凡鳥, 願得小郎君一面, 少敍此懷." 居無何, 赤脚抱兒而出, 生卽
置膝上, 撫摩眷戀, 曰: "兒乎! 蘭玉特秀, 吾友無憂耳." 以袖裡囊
扇, 佩于兒裾下, 赤脚以其狀, 告于內室, 婦人大喜, 以盛饌饋生.
生啗訖, 乃跨騾而出洞, 忽旋駕而至門, 駐鞭而呼赤脚, 傳語曰:
"我纔[220]出門, 步步戀結, 不能定情, 願更見小郎君而去." 赤脚感生
眷眷, 更携兒而進, 生於馬上, 緊抱偎[221]頰, 若不勝情. 且謂赤脚
曰: "汝可往稟于夫人, 兒面貌少覺黃瘦[222], 近日有何嬰疾." 赤脚領
諾而去, 生乃策騾一馳, 倏過三舍. 赤脚出視, 客與兒俱無踪跡, 如

---

218) 兒: 이본에는 '病'으로 되어 있음.
219) 巓: 이본에는 '嶺'으로 되어 있음.
220) 纔: 이본에는 '自'로 되어 있음.
221) 偎: 이본에는 '侵'으로 되어 있음.
222) 瘦: 이본에는 '疲'로 되어 있음.

『水滸傳』朱仝抱小衙內而逃去. 一家號哭, 促上舍還, 上舍莫知端倪, 廢餐憂悶. 一日, 蒼頭早開石門, 有一緘書, 落于地, 乃呈上舍, 披覩, 則有云: "忠義大將軍, 貽書于李上舍座下. 凡地之生財, 必有其用; 天之生人, 各有其食. 君積穀萬箱, 而未得救一民之窮; 營田千頃, 而不能延百年之壽, 竟使辛苦粒粒, 爛腐土壤. 君之一子, 理當受厄, 我故與神爲謀, 奪攫至此. 君能悲駒隙短景, 且念舐犢大倫, 亟回鄙吝之心, 欲效普濟之德, 則將君之資産, 分半積于某處, 俾我運去, 余當奉還郎君. 惟足下諒之." 上舍覽畢, 泣曰: "家貲所以長子孫也, 無兒, 則黃金滿籯, 亦安用哉?" 乃以長腰二萬斛, 赤仄十萬貫, 潛置于信地, 翌日往視之[223), 已盡輸去矣. 過五六日, 蒼頭見門前, 有一綵轎, 錦帷周匝, 畫氈重疊, 兒在轎中矣. 上舍驚喜, 泣抱而歸, 問兒曰: "汝往[224)何處?" 兒曰: "曩日, 伊人於馬上抱余, 疾馳行幾里, 納余於轎中, 又以一婦人乳余. 到一山寨, 遇余甚厚, 玩好嬉戲之具, 日陳於前. 及至日昨, 又以數十騎, 護余至此, 乘夜擔置于門前, 及天明, 渠輩皆散去云." 上舍甚感生之高義, 而生不勞一軍, 掠得巨財, 一寨歡聲如雷. 生又申令曰: "某日, 當擊咸興!" 諸將領入告曰: "咸興, 城郭峻高, 山海險阻, 營衛擁三千騎, 民居[225) 簇數萬戶, 非可儔於海印, 亦難擬於壺谷, 願無造次." 生叱曰: "將令惟行, 不惟反, 更有亂言撓眩軍心者, 當殺無赦." 衆皆退. 生乃召一頭領, 曰: "汝可選軍徒之愚騃者五十人, 扮作樵叟, 往樵于咸興城外禁養之地, 分往五處, 待某夜初昏, 一齊放火, 竄走逃回, 違者斬之." 又召一頭領, 曰: "汝可選軍徒之幹事者五十人, 扮作海

---

223) 之: 저본에는 빠져 있으나 이본에 의거하여 보충함.
224) 往: 나. 다본에는 '住'로 되어 있음.
225) 民居: 이본에는 '居民'으로 되어 있음.

賈, 將大船十隻, 遵海路, 泊于咸興浦邊, 切勿有洩."生乃選精銳三千, 或做官行[226], 或做商人, 或做乞丐, 或做喪靷[227], 陸續起程, 指日約會於咸興山中靜僻處, 打聽消耗. 果於其夜二鼓下, 城外火光燭天, 一府震盪, 上自官員, 下至氓隷, 奔走往救, 城內只有婦孺. 生密令四箇頭領, 各率數十軍[228], 把守四門, 權稱巡使, 秘令不許擅人出入. 躬率徒衆, 各持兵器, 潛入城中, 將公私儲峙[229], 盡數掠奪, 并運于海, 海船已遵約艤待矣. 揚帆中流, 晝夜催程, 輸于山寨, 又得累鉅萬財, 生乃椎牛設宴. 翌曉, 生與其親信者一人, 擇駿馬數正而逃, 還其家. 對人輒曰: "周流八方, 歷覽山川而歸云."

外史氏曰: "沈生之神算雄略, 可伯仲於千里決勝·六出奇計之才. 若使之仗鉞登壇, 指麾三軍, 則必有龍韜虎略, 不多讓於輜車奪人之術, 智囊制敵之奇, 而徒緣馳馬之癖, 誤落綠林夥中, 薄試良籌, 竟博一鬐而歸, 其名聲無所槪見於當世. 從古, 隱君子之抱才者, 苟非脫穎而出, 則多湮沒草野, 不一展試. 蓋世無伯樂也, 其眞無馬耶?"

7-16. 再掠財感化群情

金進士某者, 有智略, 而家貧落拓, 菀菀不得志. 有親知某宰之子, 約與往東郊, 唱友人返虞. 其日曉頭, 窓外有人, 告曰: "某宰家送騎, 云[230]: '聞某友返虞, 未明入來, 吾今方出城, 而慮公無騎, 玆送六足, 可速來也.'" 生信之不疑, 跨馬出門, 其行甚疾, 由東城至鍾巖, 而扶桑之曙色尙遲, 陰陵之去路易迷. 問牽夫曰: "汝主安

---

226) 官行: 라본에는 '官人'으로 되어 있음.
227) 靷: 이본에는 '軔'으로 되어 있음. 서로 통함.
228) 軍: 이본에는 '輩'로 되어 있음.
229) 峙: 이본에는 '置'로 되어 있음.
230) 云: 이본에는 '去'로 되어 있음.

在?" 曰: "要遠迎, 已前進矣." 因加鞭而馳, 倏過樓院, 轉到一處, 有健夫牽駿乘而待之. 一人具酒食而進之, 生始疑怪, 而問: "若輩何人, 此何委折?" 對曰: "第可飮喫, 換騎而行, 自當知之." 生進退兩難, 行止一聽, 到五六十[231]里, 又有人進飯換乘, 每站皆如此. 晝夜趲[232]程, 未幾日, 由鐵嶺, 轉入谷徑, 迤到深藪[233]四山環圍之中, 一洞呀然開豁, 杉檜參天, 閭閻撲地, 家家饒囷廩之藏, 處處演射放之藝. 中有大第, 飛甍千道, 廊廡錯列, 複檐[234]四柱[235], 金碧耀煌. 豪客數十, 具槖鞬, 迎于路左, 因簇擁至戟門外, 令下馬, 導入三重朱門, 歷登七級碧塔, 遂至陞堂而入室. 見有八尺丈夫, 風儀軒昂, 設筦簟而臥牀褥, 紅粧翠飾, 執帨捧塵, 左右扶將, 方頰枕吟病. 見客, 欠伸而起, 曰: "適憂薪疾, 不可以風, 未克下堂迎拜, 慚失賓主之禮. 僕本江湖散人, 誤落風塵, 投入萑蒲, 未嘗爲殘忍薄行之事, 只掠取貪黷不義之物, 逢時運泰, 有志事成, 積貲鉅萬, 營[236]作巢窟. 分外行樂, 亦旣有年, 無妄一疾, 遽嬰二豎, 瞑眩不瘳, 華扁退步, 殘縷僅存, 拭巾待盡. 水到渠成,[237] 苽熟蒂落, 卽理之常, 何憾之有? 但將此錯繡金湯, 便成裂瓦芭籬, 誠爲可惜. 竊要借寇掌鑰, 遵何約束, 而得人甚難, 憂悶添病. 仄聞公口誦『六韜』, 胸藏萬甲, 優可以管領一區, 指麾[238]三軍, 故不嫌唐突, 猥此奉邀, 如古人之召龍川令趙佗行南海尉事. 士生斯世, 富貴在天, 不可幸而致

---

231) 五六十: 이본에는 '五六'으로 되어 있음.
232) 趲: 이본에는 '趕'으로 되어 있음.
233) 藪: 이본에는 '蓬'로 되어 있음.
234) 檐: 이본에는 '簷'으로 되어 있음. 서로 통함.
235) 柱: 저본에는 '注'로 나와 있으나 이본에 의거함.
236) 營: 이본에는 '當'으로 되어 있음.
237) 水到渠成: 주필로 삭제표시가 되어 있음. 이본에는 빠져 있음.
238) 麾: 이본에는 '揮'로 되어 있음.

也. 此處漏於版籍, 別有天地, 麾下嘍囉[239], 無非虓虎[240], 庫中粟帛, 便如邱山. 攘題數尺, 食前方丈, 侍妾數百人, 先聖之所稱道, 而公一舉而盡有之. 可謂素封之貴, 三公不換, 豈彼逐逐於蠅頭微利蝸角虛名者之比乎? 惟公裒帶坐鎭, 歌壺自適, 叩[241]帷幄之籌策, 增壁壘之精彩, 則是無將而有將. 僕雖死而不死, 幸母孤此托." 言訖而就枕, 生滿心驚惶, 無計逃脫, 但曰: "唯唯." 未敢措辭. 有人導至一室, 供帳饋待, 極其豐備. 是夕, 賊帥殞命, 軍中舉哀, 掛孝治喪, 過葬俱極侈麗. 首校數人, 乃趨而前, 曰: "舊帥之喪禮已畢, 一寨之軍務多滯, 公旣代領徒衆, 便可[242]坐廳莅事." 生自揣旣墮魚網, 難脫鳥籠, 姑且因循, 第觀動靜, 乃强應, 曰: "諾." 遂於廳上, 置紅椅子, 被赤豹皮, 以藍袍朱笠, 加於生身, 生不得已着之, 據椅而坐. 於是, 校吏軍卒, 次第拜現而退. 過幾日, 軍中往往有偶語, 曰: "新帥聽治, 于今多日, 別無出謀發慮之事, 便是一箇飯囊, 將焉用[243]哉? 更俟幾日, 如復一樣, 則勢將結果, 而更求他人." 生聞此言, 大爲恐悚. 翌朝, 出坐廳上, 招謂首校, 曰: "見今軍需, 能無匱乏否?" 對曰: "間經前帥喪葬, 餘儲無幾, 支用甚絀." 生曰: "軍令板, 以某某處可合奪取者, 列書以入." 校承令奉行, 乃以永興朱進士家畫出, 校告曰: "此家雖是鉅富, 而其洞中四五百戶, 俱是臧獲. 每戶門楣懸鈴, 以其索, 都聚于一索, 掛於主家, 如有警, 則一索纔動, 衆鈴咸應, 萬無鑽入之道矣." 生大叱曰: "將旣出令, 水火何避, 敢亂言撓[244]軍心乎?" 卽嚴棍示警, 曰: "吾當親往!" 明日, 乃扮作

---

239) 囉: 저본에 '㖆'라 쓴 것을 주필로 수정한 것임.
240) 虓虎: 이본에는 '虎虓'로 되어 있음.
241) 叩: 이본에는 '聞'으로 되어 있음.
242) 可: 이본에는 '於'로 되어 있음.
243) 用: 라본에는 '用之'로 되어 있음.

營裨樣, 穿靑帖[245]裡佩將牌, 以箱籠數十駄, 載馬而隨後. 人皆作郵卒樣, 馳往朱家, 稱以咸營別進上, 領去裨將, 値暮入其門. 主人遑忙迎接, 極意供饋. 抵夜, 主客聯枕, 朱於睡夢中, 胸膈上忽如泰山來壓, 驚而開眼, 俄者營裨, 手執長劍, 據胸而坐, 曰: "汝若出聲, 當以劍斫之! 吾非營裨, 乃賊魁也. 欲借軍粮於汝, 可指示錢帛處, 不者, 汝命止於今夜, 錢帛重乎, 命爲重乎?" 朱面如土色, 而哀乞曰: "謹當奉敎, 幸留我一縷." 生許諾, 因招卒徒, 攔入庫中, 布帛銀錢, 恣意搜[246]出. 家人咸驚動, 或欲禁止, 朱連聲疾[247]呼曰: "欲活我命, 汝們可退去!" 生乃收攬取之物, 儲于箱籠, 並與主人家牛馬而駄之, 運出洞口. 右手執長劍, 左手携主人, 出門至洞外, 抛却主人, 乃上馬而去, 如風馳電掣. 一行所得, 恰爲屢鉅萬財, 軍中莫不聳躍. 過幾日後, 又入軍令板, 以釋王寺畫出, 校白, "以此寺洞府, 只有一路, 若深入, 而官軍防塞阨[248]口, 則一夫當關, 萬夫莫開, 勢將被捉, 奈何?" 生叱退, 曰: "吾又作行!" 乃粧咸興中軍服色, 多率校卒, 以數人打扮賊樣, 縛以紅絲, 使之隨後. 生入坐寺樓, 捉致賊漢, 鉤問惡刑備至, 賊招出僧徒, 隨出隨縛, 僧徒四五百, 皆被綁縛. 乃令校卒, 搜取[249]佛器錢布, 作數十駄, 鱗次出送. 時有數僧樵採山邊, 遠覘其狀, 急告于安邊官, 本守[250]大驚, 多發軍民, 入寺捕賊. 生聞其奇, 以卒徒三四人, 剃髮爲僧, 面帶血痕, 出向官軍, 曰: "賊蹤後山而去!" 官軍聞此言, 並向山後而疾逐, 生

---

244) 攬: 이본에는 '攫'로 되어 있음.
245) 靑帖: 이본에는 '紅帖'으로 되어 있음.
246) 搜: 나, 다본에는 '披'로 되어 있음.
247) 疾: 저본에는 '叱'로 나와 있으나 이본을 따름.
248) 阨: 이본에는 '隘'으로 되어 있음. 서로 통용됨.
249) 取: 이본에는 '出'로 되어 있음.
250) 守: 저본에 '倅'라 쓴 것을 주필로 수정한 것임.

與麾下壯士, 皆從洞口而逃還. 所得貨財, 又無限, 一寨歡聲如雷. 數月後, 生召[251]集寨中軍校, 而諭之曰: "汝輩皆平民也. 迫於飢寒, 以至落草, 然此非長久之術也. 各分金帛而去, 娶妻樹屋, 買田作農, 生無盜賊之名, 而居有家室[252]之樂; 行無逐捕之患, 而長享衣食之饒, 不亦好哉?" 諸人皆曰: "惟將軍命!" 於是, 乃出所積之財, 一一均分, 俾諸人各歸鄕里, 賣劍買牛, 賣刀買犢, 穩作資生. 因燒其寨壘屋宇, 生飄然歸家. 未嘗對人話其事, 到老, 始一語於切友云.

外史氏曰: "將材者, 智敵萬人, 勇冠三軍, 乃可以受脤司命, 苟非其人, 必有咎悔, 雖彼綠林黨中, 必求才智者, 俾得以統率管轄. 金生以落拓窮儒, 誤入逋藪, 能展施謀略, 指麾烏合之徒, 克諧虎攫之計, 可謂智士. 而終使之革心改圖, 歸作良民, 其牖迷導俗, 亦可擬於龔遂治亂民之才也."

---

[251] 召: 이본에는 '招'로 되어 있음.
[252] 家室: 이본에는 '室家'로 되어 있음.

卷八

○第五十一号 性行部九【勇力一】

8-1. 殪白額邑倅驚謝

李澄玉, 梁山人也. 自兒時, 有萬夫不當之勇, 其兄澄石, 亦有膂力. 其母經年患瘧, 思見生豕以慰病懷, 二子卽辭去, 時澄石年十八, 澄玉年十三. 澄石是日射得一豕而歸, 母見之大喜, 澄玉數日後始還, 徒手入門, 母曰: "人言汝兄勇力, 遠不及汝, 汝兄卽搏生豕以示我, 汝二日徒還, 何也?" 澄玉跪[1]曰: "試出門觀之." 母從之, 見大豕臥於門外, 睢盱脅息. 蓋澄玉必欲令其母見其生, 跡而逐之, 或退或逆, 超山越壑, 窮日夜, 蹴迫前却, 必使罷頓氣盡[2]而後, 驅之以來也. 後澄石佐世祖, 討平李施愛. 澄玉善射虎, 每遇虎, 輒張目叱之, 虎便合眼低首, 一射而倒. 嘗往見金海府使, 府使謝不見, 歸路, 見少婦哭甚哀, 問其故, 曰: "吾夫爲虎所噬, 方在篁林中." 澄玉攘臂而入竹林, 見一白額虎, 方噉人, 乃搤虎而出, 劒刳其腹, 盡出其人之肉, 肉尙未消, 令婦裒之, 剝其皮, 遺其婦. 使語府使, 府使大驚, 使人追謝之, 請其還, 澄玉不顧而去. 朝廷方議設六鎭也, 以澄玉之武勇絶人, 使守富寧[3]居柵, 屢立戰功, 威名大振, 華夷畏之. 各鎭之設, 尤有功焉. 金宗瑞甚器異之, 宗瑞之乞還也, 世宗難其代, 問: "誰可代卿者?" 宗瑞以澄玉對, 遂以爲咸吉道節制使. 及宗瑞等盡死, 世祖密遣朴好問, 輕騎疾馳, 代澄玉, 召澄玉還

---

1) 跪: 이본에는 빠져 있음.
2) 罷頓氣盡: 이본에는 '罷盡氣頓'으로 되어 있음.
3) 寧: 주필로 삽입표시가 되어 있음.

朝, 澄玉受代行. 一日, 忽曰:"節制重任, 好問匪聲來代者, 何哉? 朝廷曾敎以非有大事, 不召我, 今無事遞我[4], 必有由也." 衷甲, 還趁好問營, 聲言有議事, 好問出對, 澄玉擊殺之. 部勒兵馬, 欲南向京師, 乃曰:"我之威信素著, 今我當渡江." 移書野人, 自稱大金皇帝, 將定都于五國城, 野人皆服從. 是時, 澄玉所幸妓適出外, 澄玉之僕從, 進曰:"皇后擧動, 不可不審." 聞者齒冷. 澄玉設置官屬, 刻期將越江, 行至鍾城, 會日暮, 判官鄭悰, 欲夜圖之, 進曰:"暮夜行軍, 部伍相失, 不如待明曉." 澄玉可之, 據椅假寐, 其子伏椅底, 忽告澄玉曰:"夢大人腦血流下椅脚." 澄玉呪曰:"吉徵也!" 時悰伏人於屋板上, 是夜, 力士三人持長劍, 自屋板縋下, 乘其熟睡而斫之, 落其右臂. 澄玉驚起, 奪其劍, 亂斫之, 赤身飛出, 左手所擊殺數十百人. 遂超越高垣, 匿於民家, 悰率勇士, 突入追擊之, 遂死於亂箭, 時年二十四云.

外史氏曰:"古語云: '惟勇與義, 雙行而不悖, 乃能有成.' 苟非然者, 鮮克令終, 況只恃勇力, 而妄生跋扈之計者, 豈不謬哉? 彼自兒時, 有絶人之力, 始於秦舞陽奉圖之年, 終於項羽起兵之年, 可謂千古神勇, 而亦烏獲‧孟賁後一人也."

8-2. 縛蒼頭主帥欣款

田霖, 名武也, 稟性果敢, 勇力絶倫. 少時鄕居, 博通經史, 與二三同志, 上寺讀『宋史』, 至秦檜矯詔班師[5], 憤忿不能自已. 持弓矢, 推窓而出, 令沙彌脫其所着之巾, 掛之沙門之上, 彎弓引滿, 連貫兩矢, 還入而坐, 曰:"今破檜賊之腦, 庶可快活矣!" 其忠憤嫉惡如

---

4) 遞我: 나, 다본에는 '遣代'로, 라본에는 '遞代'로 되어 있음.
5) 師: 저본에는 '帥'로 나와 있으나 나, 라본을 따름.

此. 將赴武擧, 上京之路, 見伽倻寺頑僧, 劫奪靑巖丞之內行轎子, 上山谷去, 驛卒畏僧膂力, 莫敢阻擋6) 僧搴轎簾注視, 曰: "姿色殊可用." 轎內哭聲, 甚淒切. 霖不勝痛憤, 將與僧搏戰, 同行擧子, 皆挽止, 曰: "不必浪死." 霖曰: "寧死, 豈可見此景狀而恝然乎?" 乃提鐵弓, 進僧前, 大叱曰: "白日之下, 爾焉敢作此擧?" 僧睨視, 曰: "此兒歸家吮乳, 可也, 何敢爲話說?" 霖益高聲叱之, 僧乃置轎于路傍, 直向霖奮拳, 曰: "當使此兒放骨矢也!" 緣崖欲下, 霖自崖直踢僧額, 僧倒地, 霖以足壓僧之頸, 以鐵弓盡力打, 僧卽斃. 乃招集靑巖官隷, 使之陪還轎子, 婦人自轎中, 哭拜致謝而去. 霖以捕廳從事官, 一日分差, 伏於才人巖側, 去洪允成家至近. 洪家蒼頭, 多肆悖惡, 有五六人, 黑夜唐突自謂, "某家人, 其如我何?" 霖親自縛之, 曰: "公寧放爾輩犯官法耶?" 天明, 驅而7)謁公, 曰: "怙勢妄行, 非眞盜也. 乞自今嚴飭, 恐累公." 公大喜, 乃引其手上座, 曰: "如此好男子, 何見晚耶?" 遂以飯一盆, 雜以魚菜, 酒一角饋之, 霖一喫而盡. 公尤喜, 曰: "爾爲何官?" 曰: "出身未久, 補內禁衛耳." 公遂啓擢宣傳官, 自此, 往來親密. 一日, 霖詣公, 公方據胡床, 綁倒少8)女奚於庭樹下, 引滿角弓, 擬射之. 霖跪問其故, 公曰: "一呼不應, 將殺之." 霖曰: "與其殺之, 何如給付小人乎?" 公笑曰: "諾." 遂解而與之, 霖終身畜之. 李施愛之搆亂也, 憚田霖, 使刺客刺之, 其客僧也, 未曾識霖面. 霖時以軍官, 從大將, 會僧挾匕首入陣, 大將使下卒縛之, 窮刑以問之, 僧無一辭. 大將曰: "田霖, 爾往問之!" 僧因其言, 始知爲田霖, 一蹷而起, 纆索寸斷, 奪軍9)卒劍, 擊霖不中.

---

6) 阻擋: 이본에는 '阻當'으로 되어 있음. 서로 통함.
7) 而: 이본에는 '以'로 되어 있음.
8) 少: 이본에는 '小'로 되어 있음.

霖張拳而碎其頭, 僧笑而死, 曰:"嗟乎! 吾不及田霖."霖嘗疽發背, 大如斗, 赤身磨之巖石, 血流至地, 顏色自若, 疽卽瘳. 及其患瘧, 曰:"壯士豈爲瘧鬼所惱?"按劍箕踞椅上, 俄而, 一身寒慄, 苦不得支, 則擲其劍, 下椅伏枕. 諺曰:"田霖之猛, 遇瘧鬼而屈膝."

外史氏曰:"好勇鬪狠, 君子之所不與, 而苟或血氣之所使, 患亂之可避, 自有不得不隨時行處. 田霖之踢悖僧而搏勢㒂, 卽近於俠義者, 豈可但以馮河暴虎之力, 爲可尙也哉?"

○ 第五十二号 性行部十【勇力二】

8-3. 射虎手滿彎除惡

李兵使逸濟, 判書箕翊[10]孫也. 有絶人之勇, 捷如飛鳥, 自兒少時, 豪放不羈, 不業文字, 判書每憂之. 十五歲始冠, 而未及娶. 一日夜, 潛往妓家, 則掖隷·捕校之屬滿堂, 而杯盤狼藉. 李以渺然[11]一少年, 直入坐妓傍, 與之戲, 座中皆曰:"汝以乳臭之兒, 何敢無禮如此?"因羣起蹴之, 李以手接一人之足, 執以爲杖, 一揮於座, 諸人皆仆于地. 乃出門, 飛身上屋, 緣屋而走, 或超五六間地. 一捕校, 適在戶外見之, 心切異之, 亦超上屋而躡後, 則入于李判書家, 捕校卽其親知之人也. 翌朝, 來傳其事, 判書杖而責之. 又一日花辰, 隨伴上南山時, 習射之閒良數十人, 見李之新着草笠, 一時並起, 執其手而將倒懸, 欲受東床禮. 李乃聳身一躍, 而折松枝[12], 左

---

9) 軍: 이본에는 '陣'으로 되어 있음.
10) 之: 저본에는 빠져 있으나 이본에 의거하여 보충함.
11) 渺然: 이본에는 '眇然'으로 되어 있음. 뜻은 서로 통함.
12) 枝: 이본에는 빠져 있음.

右揮之, 並從風而靡. 自此之後, 次次傳播, 入於別薦, 付武職. 趙判書曦之爲通信使也, 以李啓幕賓, 將航海之際, 船上忽失火[13], 火焰漲天. 諸人急下倭人船, 而恐其延燒, 仍避去數十步之地, 始收拾精神, 計數同行, 則獨無李一人. 忽聞火焰中有人聲, 諸人始駐船而望之, 李自火中, 飛下船上, 人皆駭異. 蓋李醉睡於船艙之下, 諸人亦於蒼黃中, 未及察也. 睡覺而見火勢, 因跳下傍船, 其神勇如此. 其未第時, 嘗往來於嶺南外家, 星州地有所[14]善儒生, 過路尋訪, 亡已三年矣. 日暮, 不得之他, 遂卸裝暫歇, 其妻自內聞之, 哭聲極悲, 命蒼頭掃客室, 處之. 李念舊疚心, 夜久不寐. 客室之北, 墻垣甚峻, 階上有密竹成林, 時月色微明, 竹間勃窣有聲, 疑其有虎豹. 李善射虎, 每以弓箭隨身, 乃拔弓注矢, 潛身熟視之, 有一大漢, 露頂闒亂, 竹裏四顧, 俄而, 挺身而入, 直向閨閤. 李輕步而入, 見閨窓照燈, 唾指端, 鑽紙而窺之, 則素粧婦女, 方熾炭靑銅爐, 燒牛炙煖酒, 以餉大漢, 因於燈下, 恣其淫戲. 李不勝痛憤, 遂滿彎, 從窓穴射之, 彼漢乃一聲而斃. 李藏弓就寢, 佯作鼾睡聲. 良久, 聞自內婦人高聲疾呼, 擧家奴婢, 叫四隣而喧鬨. 李驚起而聞之, 則曰: "主家士族也, 夜間潑皮豕突, 欲劫奸寡婦. 婦飮以毒酒, 俾醉而殺之, 遂自斷指毀形, 欲自殺, 擧家力救而止之." 李藏笑發嘆而去. 越明年, 過其閭, 已豎節婦旌門矣.

　外史氏曰: "李之才勇, 若折節力學, 則其進不可量, 而乃投筆反武, 惜哉! 射殪惡漢, 出於血氣之憤, 而未能行彰癉之擧, 巍然綽楔, 貽羞大矣. 大凡世事之虛實相蒙, 是非倒懸, 類如此者, 況可以一言一事, 斷人之長短耶!"

---

13) 失火: 이본에는 '起火'로 되어 있음.
14) 所: 이본에는 '素'로 되어 있음.

8-4. 噉牛氣試椎免禍

李節度蓂, 明總兵李如梅之後也. 勇力絶倫, 能超數仞之墻, 彎一石弓. 嘗居春川地, 躬耕資生, 家貧無牛, 乃手把耒耜而耕田, 則反勝於牛畊, 人皆異之. 年少時, 以名武軍官, 將赴完營幕, 行到錦江, 有一女轎, 同舟而濟. 至中流, 忽有胖大和尙, 到江岸, 招舵工, 曰:"可速還泊!"舵工欲回棹, 李叱之俾不得往, 和尙乃聳身飛空, 躍入舟中, 見有婦人轎, 遽前而開簾, 執手撫乳, 戲謔狼藉[15]. 女但悲泣, 舟中人咸忿憤, 而莫敢誰何. 李欲卽地打殺, 而以船中狹窄, 難於揮霍, 姑忍之. 俄而下陸, 乃揕僧袖, 而大叱曰:"僧俗各異, 男女有別, 汝雖頑僧, 焉敢如是?"拳頭脚尖, 一齊飛下, 僧未及措手而遽仆. 遂以鐵鞭, 盡力打之, 僧卽斃, 擧屍投江. 遂至完營, 謁觀察, 密告錦江之事, 曰:"僧必有徒弟之欲報仇者, 願藏蹤幾日, 以觀動靜." 因隱處後堂. 月餘, 布政門外, 頗喧擾, 觀察問之, 閽者告曰:"有一頑僧, 欲入謁棠軒, 故挽之[16]." 已而, 僧排闥直入, 升廳拜謁, 觀察曰:"汝是何處僧, 緣甚來此?"僧曰:"貧道康津僧也, 欲見李裨將而來, 此人今在幕中乎?"觀察曰:"何問也?"僧曰:"李裨將擊殺小僧之師僧, 故要問其委折而來矣." 觀察曰:"李在京未來." 僧曰:"聞已下來, 豈不在此乎?"觀察曰:"雖已發行云, 而逶迤從他, 數旬後, 可到此."僧曰:"小僧當趂其[17]時復來, 渠雖高飛遠走, 不可得免, 須勿避匿之意, 幸下布于李裨焉." 卽辭去. 觀察招李, 語其故, 且曰:"彼僧甚猂[18], 似有萬夫不當之勇, 君能敵彼否?" 對

---

15) 狼藉: 이본에는 '浪藉'로 되어 있음.
16) 挽之: 나, 다본에는 '挽止'로 되어 있음.
17) 其: 나, 다본에는 '期'로 되어 있음.
18) 猂: 이본에는 '悍'으로 되어 있음.

曰: "小人家貧, 食肉甚罕, 氣力未健, 若限一朝食十大牛, 則何畏乎彼?" 觀察曰: "此不過三四百金之費, 何難之有?" 乃命掌肉吏, 每三日供一牛于李神. 李又請製黃錦狹袖・紫錦戰服, 觀察許之, 又使工鑄鐵椎, 其重不可量. 食牛至十日, 體甚肥大, 過卄日, 還爲瘦瘠, 到一朔食十牛, 乃肥瘦[19]得中如平人, 方養氣蓄銳, 以待之. 僧如期復來, 問: "李神來乎?" 曰: "纔已來到矣." 李自夾室突出, 大叱曰: "吾方在此, 汝焉敢唐突乃爾?" 僧曰: "不必多言, 今日與我決死生." 遂摺李下堂, 李穿黃紫色戰服・狹袖, 手持鐵椎, 與僧對立. 僧亦出一椎, 相與飜舞搏擊, 倐忽進退. 俄而, 並化爲一道白虹, 亘于雲間, 只有空中兩椎相軋之聲, 滿庭觀者, 莫不嘖嘖. 李忽挾椎落下, 仰面而臥如尸, 人皆驚駭, 李乃瞬目而使勿近前, 賣個破綻. 未幾, 僧又挾椎飛下, 如胡鷹之搏雉, 已近李臥處. 李忽瞥眼間, 擧椎而揮之, 僧頭碎[20]卽斃. 李喘息而起, 曰: "吾與此僧椎戰, 膂力終難抵當, 幾乎見輸, 不得已用臥椎法, 幸而渠不知此而直下矣. 渠若橫下, 則吾不得免, 此亦數也." 更留數月, 告歸, 觀察厚贐遺之, 薦于朝, 官至節度使.

外史氏曰: "人有暴虎曳牛之力, 始可以防身而禦暴, 李之擊殪頑僧, 亦近於神力, 可稱快活奇男, 而惜其但有小試, 未克大用於臨陣對敵之際矣. 彼僧卽伽倻僧之流, 而恃力肆惡, 宜乎其逢敗也!"

---

19) 瘦: 이본에는 '瘠'으로 되어 있음.
20) 頭碎: 이본에는 '顚沛'로 되어 있음.

○ 第五十三号 性行部十一【勇力三】

8-5. 薪奴擔梨得郞材

朴彦立者, 延陽李公聘家奴也, 膂力絶倫, 一食一斗. 始自遠鄕來, 懶於使役, 主家問: "爾何所能?" 對曰: "只能採薪耳[21]." 命婢晨炊, 使之往樵, 奴對飯不食, 問其故, 曰: "一斗飯, 可療飢." 主家壯之, 命炊一斗飯羹一盆, 與之, 奴取大椀, 爲匙一食而盡之. 因請大索五六十條, 聚諸隣里而與之, 奴出城上山, 手拔大木, 根幹皆俱, 左右拔之, 如採春蒭, 積之如邱陵. 束以大索, 負之而來, 街衢冒隘, 行人不得通. 高官大宰, 戒前卒, 毋得辟路, 回轡而去. 主家言, "此奴得力雖大, 餉之難, 制之難, 使任其所之." 彦立不肯去. 未久, 主家遘癘皆歿, 獨有孀婦稺女, 號擗而已. 彦立告于主母曰: "愼終時急, 豈可但哭泣耶? 旣無親黨匍匐之救, 凡家間什物之可賣者, 付奴得錢, 庶可及時治喪." 主母從之, 彦立揀取其可獲錢者, 出而鬻之, 貿襲斂之具. 又買其[22] 板材, 並擔負而至, 招棺匠, 匠人見其負四大板, 大懼卽隨而來, 盡心治柩. 旣斂而棺, 成服而殯, 並遵禮. 又訪地師之有名者, 請同往占山, 師畏其貌獰猂, 許之. 乃貰驢騎, 以地師自控轡, 至一處, 師占穴, 彦立摘疵欠, 曰: "不合." 言甚明剴, 師大驚慙, 乃告以素所秘占之地, 彦立周視良久, 曰: "此地僅可用也." 歸告主母, 營窆治山, 皆自主張. 旣過葬, 告主母曰: "主家喪禍之餘, 貧困轉甚, 請往鄕庄, 治農業, 待稍饒, 可以復還." 主母然之, 乃撤家下鄕. 彦立身操版鎒, 惟日勤孜, 又明於農理, 多用妙法, 田土所出, 比他屢倍. 隣里莫不畏而愛之, 助役[23] 趨事, 如

---

21) 耳: 저본에는 빠져 있으나 이본에 의거하여 보충함.
22) 其: 저본에는 빠져 있으나 이본에 의거하여 보충함.

恐不及. 五六年間, 家計頗饒, 彦立又告主母曰: "少姐年已及笄, 將求婚, 京中某洞某宅, 卽宅之戚黨也. 若裁一札, 托以求婚, 則小的當往傳." 主母從其言, 作書付之, 且厚致餽遺. 彦立上京納書, 其家卽當路名官也, 感其贈遺之厚, 廣求郎材, 而顧無可合[24], 因循未諧. 彦立乃買香梨一擔, 稱以梨商, 遍行城內外, 陰察[25]郎材. 至昭義門外, 有一秀才, 從草屋頹垣中出來, 買喫數顆梨, 又取五六顆, 納之袖中, 曰: "吾今無價, 後日更來也." 彦立視其狀貌非凡, 問是誰之宅, 曰: "李平山宅, 而平山卽吾家君也." 彦立乃往見名官, 曰: "某宅郎材極佳, 盍通婚?" 名官曰: "李平山吾所親知[26], 其子放逸不學, 豈合於燕婉之求哉?" 彦立固請之, 遂通婚議定, 下鄕, 告于主母, 因勸以捲還京第, 涓吉結褵. 新郎卽延陽李相, 乃延平之子也. 年少豪雋[27], 行多跅弛, 人或毀之, 彦立獨稱譽不已. 及癸亥, 延平與金昇平諸人, 議反正, 聞彦立有奇才, 使延陽招致[28]密室, 要與同事. 且問事之可否成敗, 彦立曰: "以臣伐君, 勸之固難, 而國家將亡, 不勸亦難, 但未知同事諸公之爲人何如耳." 延平乃會集諸人, 以示之, 彦立曰: "此皆將相之材, 事庶乎濟, 而小的則不願入矣." 卽辭去. 數月後, 來謁曰: "小人入海求一島, 土地魚鹽, 足可居生, 如有萬一之危, 擬陪主家入處. 已具船隻於江上, 公可挈眷同臨否?" 延平許之. 及改玉後, 延平三父子, 一時疏封[29], 富貴隆赫. 彦立忽告歸, 曰: "小的於主宅, 已了債, 今年老, 將永歸. 惟望

---

23) 役: 이본에는 '力'으로 되어 있음.
24) 合: 이본에는 '婚'으로 되어 있음.
25) 察: 이본에는 '求'로 되어 있음.
26) 吾所親知: 이본에는 '卽吾親知'로 되어 있음.
27) 豪雋: 이본에는 '豪俊'으로 되어 있음.
28) 致: 저본에는 '置'로 나와 있으나 이본을 따름.
29) 疏封: 이본에는 '勳封'으로 되어 있음.

相公善視聘宅, 聘宅無子孫, 幸以外孫奉祀, 無使香火絶焉." 延陽
怪問: "汝今安歸?" 對曰: "小人雖卑賤, 自有安身之所, 不可久留
於世矣." 仍辭去, 不知所終.

外史氏曰: "『五代史』, '武行德業, 採薪力壯, 盡負一谷之薪, 鄕
里謂之武一谷.' 彦立抑其流歟! 世之豪奴悍僕, 但貽主家患者, 多
矣, 能扶顚盡誠臨事效勞者, 果幾人哉? 彼非有恩威可驅使也, 又
非矯情要譽以求榮身者也, 而能若此, 非但膂力·鑑識之超等, 一段
義氣, 其可尙已!"

8-6. 篙漢回篷被客杖

盧貴贊者, 宰相家叛奴也. 逃在[30]驪江, 以刺船爲業, 然素有氣
力, 悖慢無賴, 以惡梢工, 聞於沿路. 一日, 載商客, 順流向京師,
掠岸而過, 有一措大, 體短形瘠, 背負袱裹, 手持一節, 立岸上, 呼
曰: "願載我!" 貴贊暫擧眼而視之, 頤指下渡, 曰: "待彼岸." 措大依
其言, 循岸疾行, 至下渡, 立而俟之. 貴贊及渡, 如不見之, 放船而
下, 措大又呼之, 貴贊又指下渡. 措大又遵渚疾走, 氣喘喘欲死, 倚
杖而立下渡, 貴贊又如不見, 回篷而過. 如是者三, 而卒無意載措
大, 措大猶逐船而行, 睨視船去岸略二十步, 措大縮身一聳, 已在
船上. 舟中人皆驚, 貴贊見其勇, 乃大懼, 俯伏請死. 措大不答, 解
袱裹出小砲, 僅尺餘. 於是, 裝藥取火, 而坐船之東頭, 喝曰: "汝可
坐彼西頭下, 向吾而跪." 貴贊不敢做一聲, 退坐西頭, 但頻頻睇察
措大. 措大擧砲, 正向貴贊兩眉間, 將放不放, 故爲持重. 貴贊面如
土色, 合掌向上, 口不絶死罪. 措大睜開雙眼, 默視良久, 瞥然放

---
30) 在: 이본에는 '於'로 되어 있음.

下, 晴雷一響, 貴贊已倒. 舟中人大驚惶, 知貴贊已死, 亦無敢言者. 措大徐納其小砲於裸裹, 就貴贊, 扤擧其項, 候氣息, 久而乃甦, 渾身無傷, 惟其頭禿髻, 不知去處. 措大乃下船, 登岸而坐, 使貴贊下陸伏地, 又使解袴露臀, 擧手中杖三打之, 打各異處, 杖輒深入于肉, 鮮血迸瀉[31]. 貴贊復絶而甦, 措大乃厲聲叱責曰: "汝不聞公州錦江李沙工之說乎? 一日七渡人, 而七還渡, 少無倦色. 其人指江上山, 而謂之曰: '爾死必葬於此.' 沙工死, 葬其處, 子孫大繁. 至今往來錦江者, 指其墓, 而稱李沙工之義. 今吾兩足繭沙, 水泡起而痛甚, 寸步甚難, 故求載于汝, 而汝不我載. 夫不欲載則已矣, 三指下渡, 又何其困我而欺我若是甚乎? 惟吾故饒汝性命, 此後則勿復作似此惡習也." 貴贊稱謝不已. 適有少年秀士[32], 騎驢而過, 見措大之治貴贊, 揖而前, 曰: "快哉快哉! 是嘗困我于船者, 旣載我而以計還下, 卽張帆逃去, 我徒步窘行, 幾不及於試期. 及還, 又遇于斗尾, 謀於行伴, 執之納倒水中. 厥漢能泅水, 出沒若輕鳧, 示其無畏, 立於水中, 以臂辱我. 我雖忿怒[33]撑中, 而無可奈何, 今公痛治之, 吾之疇昔之恥, 少雪矣." 措大不答, 飄然向龍門山而去. 貴贊舁歸家, 調治歲餘, 始起動, 頭髮鬆然, 兩腿上杖痕, 靑赤如三蛇橫糾[34]. 自是, 棄舡業, 惰遊往來京城. 夜入屠肆, 醉酗而出, 爲邏卒所獲, 踢卒傷胸, 衆卒齊出縛之, 聞于大將, 將重杖, 見腿有三痕如蛇. 大將性惡蛇, 猶不欲見其似者, 付校治之. 以是, 得少緩, 復歸驪江. 江上有絶巘壁立者, 曰'白巖', 有樵童曰: "此巖上有大

---

31) 迸瀉: 이본에는 '迸出'로 되어 있음.
32) 秀士: 다, 라본에는 '秀才'로 되어 있음.
33) 忿怒: 이본에는 '憤怒'로 되어 있음.
34) 糾: 라본에는 '斜'로 되어 있음.

熊, 方睡." 貴贊手一篙, 上其巖, 乘熊之睡, 盡力擊之. 熊驚起, 拔
巨石滾下, 因鼓吻咆哮, 直向貴贊, 貴贊走, 熊逐之, 乃掉船至中
流, 回頭見之, 熊已在船尾. 又擧篙擊之, 熊迎奪其篙, 折而[35]擲之,
又以他篙擊之, 輒又奪之. 盡撒[36]舟中之械, 無以繼之, 因徒手立,
熊乃攫舡, 舡將覆. 貴贊惶急[37], 自恃其善泅, 翻身落水, 熊亦隨入.
是日, 江邊觀者如堵, 人與熊入于水, 寂然無迹. 俄而, 波濤洶湧,
若有鯨戰, 少頃, 貴贊浮出, 乃尸也. 熊則出淺涯而人立, 人莫敢近
者[38]. 熊徐徐向砥平山[39]而去. 後有熊趨[40]揖山中, 爲獵砲所中死,
卽是熊云.

外史氏曰: "列子曰: '好勇者傷勇, 恃力者必敗.' 秦武王擧鼎而
絶臏, 子路赴衛難而醢,[41] 以王者, 以賢人,[42] 猶不免矣, 彼何物悖
漢, 敢肆頑惡? 遇措大, 幾乎死, 而慢不知戢, 至於格獸而自戕, 反
不若馮婦之搏虎, 誠愚迷之甚者也."

○第五十四号 性行部十二【氣槪一】

8-7. 聽聲察奸迸竹刺

朴松堂英, 字子實, 密陽人, 參判壽宗子. 自兒時, 氣已豪邁, 八
九歲時, 作挈村中, 罔有紀極.[43] 每入民家, 喫盡所留午飯, 遺矢滿

---

35) 而: 이본에는 '以'로 되어 있음.
36) 撒: 이본에는 '散'으로 되어 있음.
37) 惶急: 이본에는 '惶惻'으로 되어 있음.
38) 近者: 이본에는 '近前者'로 되어 있음.
39) 砥平山: 이본에는 '砥平'으로 되어 있음.
40) 趨: 저본에는 '趣'로 나와 있으나 이본에 의거함.
41) 子路赴衛難而醢: 주필로 삭제표시가 되어 있음.
42) 以賢人: 주필로 삭제표시가 되어 있음.

鼎[44], 打斃牛馬·鷄犬, 隣里苦之, 甚於周處, 四隣怨罵, 了不爲恤, 愈往愈甚.[45] 其大人欲以大杖打殺之, 兒亦裸身被逐, 門前有大路, 嶺伯某巡行過焉. 朴之大人, 止逐而隱於穀田中, 兒亦[46]赤身走上坡頭, 立於方伯轎前, 大呼曰: "監司活我!" 監司問: "是誰家兒, 作此無禮狀?" 兒曰: "吾父以吾作挐村中之故[47], 方欲打殺, 逐我之際, 遇監司而隱匿, 願監司招吾父挽止之. 吾急迫, 何暇着衣而現監司乎?" 監司曰: "汝父何在?" 兒指田中, 曰: "彼冠首微露矣." 監司遣吏招來, 詰[48]之曰: "君何以欲殺兒子乎?" 對曰: "殺則虛喝, 而打則欲猛矣. 日出狂童, 作挐村中[49], 怨辱及於父兄[50], 必欲痛懲矣." 監司曰: "此兒氣像, 必當遠到, 目前狂悖作亂, 自是, 俊氣所發, 必須善養, 愼勿捶撻!" 卽劃本州所在營米十餘石, 俾充兒量而饋之. 公早失怙恃, 乃習弓馬, 武藝絶倫, 家又饒富. 少時, 親往遼東, 貿鴉鴿以還, 行事多落拓不羈. 一日, 騎駿乘美衣服, 黃昏過南小門洞口, 有一女頗姸美, 以袖招之. 公下馬, 戒僕明早來, 遂踵而去, 家在深僻, 天已黑矣. 其女對公, 潸然泣下, 公問其由, 女低聲語曰: "觀公風采, 必非常人, 由我枉死矣." 公駭而問之, 乃曰: "賊使我爲餌誘殺人, 分其衣服[51]鞍馬者有年, 吾日思脫出, 而怕死不敢, 公能活我耶?" 公卽拔劒而坐. 夜半, 自房上樓呼女, 垂大索, 公

---

43) 罔有紀極: 주필로 삭제표시가 되어 있음.
44) 滿鼎: 이본에는 '滿庭'으로 되어 있음.
45) 愈往愈甚: 주필로 삭제표시가 되어 있음.
46) 亦: 저본에는 빠져 있으나 이본에 의거하여 보충함.
47) 故: 이본에는 '致'로 되어 있음.
48) 詰: 저본에는 '語'로 나와 있으나 나, 라본을 따름.
49) 村中: 이본에는 '村里'로 되어 있음.
50) 父兄: 이본에는 '父母'로 되어 있음.
51) 衣服: 이본에는 '衣冠'으로 되어 있음.

奮身蹴其壁, 急負女自壁穴而出, 超越過墻, 絶裾而走. 後常置絶裾衣, 示子孫以戒. 嘗登武科, 除宣傳官, 不仕. 以金海府使, 在衙軒, 聞東隣女哭聲, 急使刑吏往, 捕其女而來, 問曰: "汝何哭?" 對曰: "吾夫無病暴死." 公再問之, 女呼擗曰: "吾夫婦同居無間, 隣里所共知." 在庭下人, 齊應曰: "然. 萬無他疑." 公使人擡其夫屍而來, 內外上下視之, 無痕. 女號哭曰: "天乎知我情, 公何爲此也?" 公令軍校有力者, 仰臥其屍, 自胸至腹下, 親手按之, 果有竹刺, 長大如中指者, 迸出. 公卽縛其女, 曰: "吾固知爾有私, 速言之!" 遂伏曰: "某里某人, 約與同居, 乘其醉寐而行凶." 發軍急捕之, 其言符合, 乃置于法. 人問曰: "何以知之?" 公曰: "初聞其哭聲不悲, 故逮來, 而檢屍之際, 外雖號擗, 實有恐惧之色, 故知之耳." 嘗以內乘直禁中, 見燕山主射鹿殺之, 獻欷流涕曰: "馳馬試劒, 一勇夫事耳[52]. 人而不學, 何以爲君子?" 遂決意棄歸, 卜築洛東之濱, 折節讀書, 有詩曰: '絶域南陲海氣昏, 兜鍪金甲老王孫. 無心麟閣題名字, 家在洛東江上村.' 又曰: '四十纔過五十初, 人間無用一籧篨. 餘生只合劉伶醉, 散步江湖堪打魚.' 從鄭新堂鵬受學, 甚相得. 一日, 新堂指山而問曰: "山外有何物?" 對以山外有山, 新堂歎賞, 以爲悟道已深矣. 公之學邃於易, 又善察言觀色, 天文地理, 性命籌數, 無不通會. 又博觀醫書, 著『經驗方』・『活人新方』等書, 行于世, 嶺南有書院數處.

外史氏曰: "天挺英豪, 龘拳大踢, 自古儒門, 或由俊邁之氣, 折節力學, 終成大儒. 松堂始以仡仡勇夫, 弓馬發軔, 乃能發憤改圖, 遯世無悶, 肆力學問, 菀爲當世名儒, 亦不易得之才氣也."

---

[52] 耳: 이본에는 '矣'로 되어 있음.

8-8. 乘氣過渡墜葛葉

李一齋恒, 字恒之, 星州人也. 姿稟剛毅, 才氣豪邁, 自幼嬉戲閭里, 慴伏群兒. 及稍長, 好遊俠, 有馳騖萬里之志, 角觝·弓馬諸技, 各臻其妙, 每爲俠少之頭領. 聞有劇盜叛奴, 必往制之, 必因公一言, 而不敢復肆其悖. 早業武擧, 如南致勗·致勤·閔應瑞輩, 惟公指揮是聽, 人雖或目以狂妄, 而亦有知其爲非常人矣. 少時, 家居井邑, 鬱鬱不得志, 氣欲冲天, 橫逸趫捷, 欲示人以勇. 嘗與客遊大川邊, 客對棋局, 戲指川中小石出波心者, 曰: "世稱君多勇, 能超坐此石乎?" 蓋相距數十步, 而過不及, 皆沒深潭. 公笑曰: "吾非有翼, 安得坐此石?" 客棋訖, 失公所在, 顧視之, 已坐[53]其石上矣. 又高樓臨不測深淵黝碧[54], 有箭飛着樓椽, 衆使公拔之, 公坐樓中席上, 超攀其椽, 拔其箭復擲, 入樓席而坐, 如飛鳥之捷, 人皆見之慄魂. 公不能自制其逸氣, 欲往京城, 隨意漁色. 自井邑不多日, 過廣州板橋店, 自想道渡漢江, 何必以舟? 時當四月, 葛葉方盛, 摘裘以衣, 至江岸捨舟, 以所裘葛葉數葉, 墜於水面, 加足其上. 旋又墜葉於前面, 移步以[55]越, 隨墜隨躍, 有若宓妃凌波狀. 渡訖[56], 又不由南大門, 緣蚕頭下, 飛空蹟堞. 旣入城, 心思曰: "士夫家婦女, 不可犯, 獨有宦官之妻, 非所當有, 奪以姦之, 不悖於義." 乃就三淸洞內官叢集處, 直入其家, 苟有內官之在家者, 則輒以數尺繩條, 繫其兩拇指, 懸之於樑上, 姦其妻於渠所覩處, 女雖欲拒, 力不能禁, 無不被眄. 姦訖, 輒解宦之縛, 而宦莫敢睨視. 自西至東宣淫,

---

53) 坐: 이본에는 '在'로 되어 있음.
54) 黝碧: 이본에는 '黝黑'으로 되어 있음.
55) 以: 이본에는 '而'로 되어 있음.
56) 渡訖: 이본에는 '訖渡'로 되어 있음.

不當屢處, 忽驀然猛省, 曰: "此是禽性獸行, 吾之誤入, 一何至此?" 善心泉湧, 愧如撻市, 頃刻之間, 強制麤氣, 便成溫溫恭人, 立謝其黨, 買着草鞋, 規趍緩步, 卽歸故鄕. 其伯父判書某, 嘗憂其放逸, 方欲召而呵責之, 乃見其斂華就實, 判爲兩截人, 甚喜之, 曰: "吾門其庶幾乎!" 公退居泰仁, 杜門讀書, 專務存養頤精, 收斂心神, 至於變化氣質. 故爲學用工, 造詣精深. 又從朴松堂英, 久在函丈, 讀『大學』, 晨夜不輟, 或誦或思. 嘗於馬上, 執簡沉思, 忽犯辟路, 僕繫馬行, 而終莫之覺, 其刻苦專精, 多類此. 公自以[57]年紀已多, 若泛覽諸書, 恐徒分心力, 駁而不精, 只就『曾傳』上[58], 俯讀仰思, 爲終身事業. 宋麟壽出按湖南, 首訪講道, 曰: "實踐何必減張橫渠云." 以白衣, 除林川郡守, 未幾辭去, 除掌令不就, 官至掌樂正. 至今湖南人士, 尸祝之.

外史氏曰: "人之姿性, 禀賦各異. 若夫崢嶸十丈, 靑霞之眉; 磈礧一斗, 赤血之胸, 其豪放橫逸, 勢所固然. 苟能斂却浮氣, 趍入實踐, 卽天分之特高者, 一齋之改轍迷途, 折節學問, 世稱鴻儒, 不其然乎!"

○第五十五号 性行部十三【氣槪二】

8-9. 柴門訪舊友論懷

趙豊原顯命, 氣槩萬豪. 少時, 同二三知己, 肄功令藝, 一人曰: "世傳, 若通宦官之妻, 則必登科云, 吾儕中, 孰能圖之否?" 趙公曰: "吾欲一試之." 卽使人居間, 致意於壯洞一宦之妻, 卽許之, 約

---
57) 以: 다본에는 '認'으로 되어 있음.
58) 上: 주필로 삭제표시가 되어 있음.

以某日宦官入直後潛來. 及期委往, 女頗姸美, 欣然迎接, 遂進酒以叙邂逅之際, 忽有叩門聲. 女驚曰: "主人來矣!" 公慌忙莫知攸措, 女曰: "須勿驚動, 但坐一隅, 隨問隨答, 可也." 已而, 宦者著公服入室, 女問: "何爲深夜出來乎?" 宦者曰: "適承命往某處, 摘奸歸路, 要暫歇脚而來." 因顧趙公而問曰: "彼何人斯?" 女笑而答曰: "前豈不云乎? 吾有兄[59]居富平者也, 因觀光上京, 要見妹[60]而來." 宦者曰: "君是富平金生[61], 則何不一訪而今始來過乎?" 公曰: "鄕曲人事, 滾汩農業, 適因科行, 今纔來訪." 宦者曰: "君於入場後, 必坐於薑田上, 則吾當以水剌茶唊退物, 送傳爲君療饑之資." 因忩忩而起, 曰: "吾今入去, 須與君妹叙懷也." 旣出門, 遂與其女同寢, 盡歡而歸. 及科日入場, 慮其宦者之來訪, 坐於壯元峯下, 見一內侍與紅衣者, 遍訪於場內, 曰: "富平金生, 在於何處?" 諸人皆云不知, 而公心獨知之, 其人漸近, 公以扇掩面而臥. 知舊之在傍者, 嘲笑曰: "汝是金生乎? 何爲聞其聲而避臥也?" 公不答, 其內侍轉到公之臥處, 而苦問之, 傍人戲指[62], 曰: "臥此者, 金生也." 內侍擧扇而責, 曰: "君旣在此, 而雖喧擾[63]中, 何不應聲也?" 自紅衣袖中, 出菓肴之屬, 饋之而去, 公但微笑而已, 傍人咸怪之, 公果登是科. 公兒時, 居彰義洞, 隣家有金時愼字士衡者, 年紀相甲乙, 晨夕追遊. 又有一兒隨金來, 自言金族, 與公甚歡. 及公移家南山下, 涯角落落, 時愼輒或來造, 以至長成科宦, 不替舊好. 及時愼歿, 公出郊澆奠, 操文盡哀, 忽憶時愼之族兒, 問于時愼之子, 對曰: "斯人名

---

[59] 吾有兄: 이본에는 '有姨兄'으로 되어 있음.
[60] 妹: 이본에는 '我'로 되어 있음.
[61] 金生: 이본에는 '趙生'으로 되어 있음. 이하의 경우도 동일함.
[62] 指: 라본에는 '之'로 되어 있음.
[63] 擾: 이본에는 '撓'로 되어 있음.

晚行, 窮不能自存, 結廬於白岳山下, 賣果資生." 公卽訪其家, 晚行忽見一宰驅高軒, 呵導簇擁而入[64]柴門, 遽驚起迎之. 公下車執手, 曰: "君能記我否?" 曰: "未也." 乃携入室, 曰: "四十年前, 同君慈竹, 情若膠漆. 伊來滄桑, 朋儕盡亡, 纔哭士衡, 陡切感舊, 因憶兒時追游, 尋君到此." 晚行始怳然記得, 因與叙舊話新, 公曰: "逢場不可無飮, 可辦一壺酒來." 晚行乃令赤脚婢, 典衣沽酒而來, 相與對酌. 公見堂楣, 扁以'垂白', 階上有黃菊, 乃濡筆題壁, 曰: '垂白堂前黃菊開, 柴門前導故人來. 江干哭送士衡柩, 今日逢君酒一杯.' 又索紙, 列書十斛雲子·百金靑蚨, 帖以給之, 曰: "聊奉[65]君爲杖頭債耳." 仍盡歡而歸, 亟托于銓部, 曰: "我有同窓故人, 白首無成, 飭躬砥行, 須待將作監, 有缺必注擬." 銓部如其言, 晚行自一命, 轉至外任, 皆公之力. 公酒戶甚鉅, 飮數斗不醉. 嘗按節湖南, 夏日與客飮燕申堂, 見楣上有李冠陽詩板, 曰: '安石榴花箇箇尖, 斜陽踈[66]雨見纖纖. 棋朋坐睡琴娥去, 一樹梧桐碧滿簾.' 公曰: "詩則佳矣, 何其太寥寥也?" 卽走筆和之, 曰: '階竹笋抽出翠尖, 庭榴花發見紅纖. 晚揮朱墨登樓去, 十二欄頭妓捲簾.' 乃大噱曰: "詩不當若是耶?" 仍命刻揭.

外史氏曰: "豐原之年少時事, 雖出於戱劇, 而豪爽之志氣, 亦可想見. 至若記念慈竹, 委訪柴門, 非但出於感舊之誼, 卓乎其義氣, 視文中子所謂'勢傾則絶, 利窮則散'者, 果何如也? 況其風流餘韻, 藹然有不可泯者耶!"

---

(64) 入: 이본에는 '來'로 되어 있음.
(65) 奉: 이본에는 '逢'으로 되어 있음.
(66) 踈: 이본에는 '微'로 되어 있음.

8-10. 戎梱執奸賊誘情

張判書鵬翼, 少時, 習射訓鍊院, 歸路, 訓局軍一人, 乘醉詬辱張公. 公蹴殺之, 直[67]到申訓將汝哲家, 通刺入謁, 申問: "何爲而[68]來見?" 張對曰: "俄於射場歸路, 都監軍士, 如斯如斯, 某果蹴殺之, 此將奈何?" 申笑曰: "殺人者死, 三尺焉逭?" 張曰: "死則一也, 殺一卒而死, 非丈夫之事也. 欲殺其大將而死, 何如?" 申曰: "汝欲殺我乎?" 張曰: "五步之內, 公不得恃其衆矣." 申笑曰: "第姑俟之." 乃飭校卒, 曰: "聞軍士一人, 醉臥街上, 托以佯死, 汝其擔來." 因命拿入, 決棍而出之, 因以無事. 申謂張曰: "汝大器也, 可親近往來." 一日, 召謂曰: "吾親知人家, 以染疾, 擧家皆歿, 無人斂葬, 諸具吾已備置, 今夜汝往其家, 躬自斂襲, 可也." 張至夜, 往其家, 一房有五尸, 乃次次斂之, 至第三尸, 將斂尸, 忽起而打頰, 燭乃滅矣. 張少不驚動, 以手按之, 曰: "焉敢如是?" 呼人爇燭而來, 其尸大笑起坐, 蓋申欲試其膽氣, 使人先臥尸側云. 張爲統制使時, 杖殺一吏之隱沒官錢者, 吏有子, 甚悍勇, 每欲報怨, 而低徊[69]未發. 一夜, 張滅燭就寢, 覺窓外有閃倏影, 卽把枕傍刀, 隱身立於壁奧, 見大漢杖劍自戶而入, 當枕急擊, 知其誤發, 瞥然而逝. 張提劍隨後, 賊踰墻而立, 方挾劍狙伺, 張卽生一計, 脫身上短衣, 着爾投下. 賊蒼茫間謂, "是張也!" 揮刀斫之, 張乘其隙, 一超而越, 則賊已驚仆地矣. 遂捽其髻而還, 戒之曰: "吾非殺爾父者, 法殺之也, 爾能改心事我, 我當寵用汝矣." 賊叩頭謝罪, 從此左右服役, 備極忠款, 徐以察之, 幹力機[70]穎人也. 及其遞歸日帶來, 張爲捕將, 摘

---

(67) 直: 이본에는 '卽'으로 되어 있음.
(68) 而: 저본에는 빠져 있으나 라본에 의거하여 보충함.
(69) 低徊: 이본에는 '低回'로 되어 있음.

盜如神, 蓋賴其人之效力云. 張與李森, 俱爲韓城君李基夏幕下,
韓城以元戎兼捕將, 値上元夜, 設宴會於廣通橋上, 飭捕校, 敎坊
女伶, 盡數來待. 時[71]一名妓, 藏在某都尉家, 校往謁都尉, 曰:"小
人奉將令而來, 願出給某妓, 若不見許, 將令未可空還, 可斬妓頭
而去." 都尉語塞, 竟許之. 於是, 梨園弟子無一敢後者, 遂大張風
樂, 終夜跌宕. 韓城顧兩從事, 曰:"君輩他日致位, 俱當如吾, 可能
辦此遊否?" 李森曰:"世級寖降, 人器隨衰, 他日事, 何可必乎?" 張
曰:"小人若或登壇, 則竊擬復修[72]此盛事." 韓城笑曰:"可謂張也堂
堂." 其後, 李先拜將任, 過幾年[73], 張又掌戎垣, 乃因上元夕, 設宴
廣通橋, 依韓城故事, 嚴飭捕校以妓工名者, 期於咸集, 再三申囑.
及期, 女伶之來待者, 較昔半減, 張大怒, 拿入校輩, 將罪之, 校輩
齊告曰:"某某妓在某都尉宅唱歌, 某某妓在某宗室宅酌酒, 某某妓
在某宰相宅鼓琴, 小人等何敢招出乎? 只願受罪." 張撫然曰:"李
森果知世情矣." 張以判尹兼訓將, 赴李參判溎致祭時, 朝士多會,
張於座上, 倚席枕吸烟竹. 兪相拓基, 時以正言後至, 及到廳邊, 還
下去. 會客莫知其故, 兪相坐於他廳, 而招諫院吏, 曰:"大廳上橫
竹倚枕之重臣, 誰也?" 對曰:"訓將." 兪相叱曰:"今日公會也, 武將
焉敢如是無禮於公座乎?" 張乃投竹而起, 曰:"可以去矣!" 一蹙眉
而網巾坼裂. 伊後逢兪相, 以執法之意, 致謝交歡而罷.

　　外史氏曰:"張以赳赳仡仡之勇, 制伏雛人, 作我心腹, 其識量氣
槩, 豈齷齪淺丈夫所可辦哉? 宜乎! 登壇號令, 訓練强兵, 而但或

---

70) 槩: 이본에는 '氣'로 되어 있음.
71) 時: 나, 라본에는 '特'으로 되어 있음.
72) 修: 이본에는 '隨'로 되어 있음.
73) 幾年: 나, 다본에는 '數年'으로 되어 있음.

矜重自持, 不修邊幅, 縱未能度時量力. 然蓋其奇傑悍鷙之氣, 亦足以想見其人也."

○第五十六号 性行部十四【豪侈】

8-11. 湖陰羨富貴效顰

朴平城元宗, 字伯胤, 廢朝以武科出身, 歷職淸顯, 不拘名檢, 官至宰列. 首倡反正之謀, 遂成不世之勳, 天資確實, 去就不苟. 嘗以領相兼判兵曹, 寵眷隆重, 賞賚特厚, 又以興淸三百給之, 臧獲寶貨稱是, 服御供奉多僭踰. 每以權勢太赫, 思欲引避, 告病在別墅. 性素豪侈, 大治館宇, 園亭池臺, 鋪設之盛, 極其華麗; 伎樂[74]之美, 冠絶當世. 朝廷有大事, 必往問之. 時鄭湖陰士龍, 黃柳村汝獻, 各爲禮[75]·兵曹郞, 以公務往投刺. 公坐別院深邃處, 命丫鬟數輩導入, 皆凝粧盛飾者, 歷三重門, 至大廳前, 鍊石爲砌, 庭有盤松·翠屛·丹檻·綠窓, 華麗奪目. 轉入一門, 曲曲彩閣, 層層紅欄, 逶迤眩晃, 不可名狀. 又入一門, 有小樓翬飛, 朱簾垂地, 語聲隱隱, 如自雲霄中來. 又有一女, 躡繡鞋, 鞾紅裳而出, 曰: "相公請入." 又進一園門, 荷塘花塢, 脩竹怪石, 參差羅列, 如畫中境[76]. 公於蓮池東畔, 設平床, 鋪錦席, 支繡枕而坐. 紅粧數十, 雲鬟翠飾, 富貴風韻, 各持巾帨塵箑, 左右侍立, 異香撲鼻, 堂上簾內女侍, 又不知幾許. 公起居迎坐, 曰: "夙聞聲華, 今始良覿." 兩人拜候訖, 以公事進, 公謝之, 曰: "僕本武夫[77], 有何知識? 賴宗社之靈, 乘時

---

74) 伎樂: 이본에는 '妓樂'으로 되어 있음.
75) 禮: 이본에는 '禮曹'로 되어 있음.
76) 境: 이본에는 '景'으로 되어 있음.

崛起, 幸托風雲, 冒此匪據, 惟自娛樂, 以答盛時, 何敢與議於朝廷
事? 君之所携公事, 可歸問於本曹堂上也. 觀君年少風彩, 前程極
遠, 幸飮武夫酒." 乃命侍婢, 設小酌. 言未訖, 粉黛數十隊, 曳綺羅,
粧珠翠, 各持琴瑟檀板而出. 又有男樂諸工, 各執㧻擊搏拊之具,
由長廊而至, 列坐池邊, 歌舞迭作. 繼有美婢幾人, 奉高足之盤, 珍
羞交錯, 寶器璀璨, 而進方丈之具, 手所不及. 其盤圓轉如磨碾, 隨
意取食, 盃觴遞進, 雅曲幷奏, 咄嗟所辦饌品殊色. 公連擧杯勸之,
曰: "勿以武夫而爲嫌, 可跌宕而罷." 仍令侍婢, 各求一詩, 兩人卽
席口呼, 揮灑彩箋, 以與之. 遂酣暢[78]盡驩而散, 使諸侍姬, 扶腋到
外門[79]而止. 平城自知功大位盛, 惟以樂飮速死爲意, 聲伎滿前, 日
夜窮歡, 如是者三四年, 壽僅四十四. 湖陰與柳村, 相約治生得裕,
必效平城之一事. 湖陰晩年, 自奉極奢, 廚人朝夕列書饌名而進,
從所欲而點之, 饌品之侈, 當時卿相家無所[80]爲比. 柳村大起第, 敎
侍婢絃歌者, 蓋效其[81]顰, 而安能髣髴其萬一哉?

外史氏曰: "平城自知勳名之太盛, 權位之極隆, 慮或及禍, 乃耽
酒色以促壽, 其達觀者歟! 謝靈運·徐湛, 盡園池聲伎之樂, 王弇州
以爲, '文士得此, 亦是天生之福.' 以弇州之文識, 猶有艶慕於此,
況湖陰豪侈之性, 豈不染指於富貴耶!"

8-12. 清原較豪侈望洋

鄭湖陰士龍, 字雲卿, 文翼公光弼之從子. 治産致富, 別墅在興

---

77) 武夫: 이본에는 '武人'으로 되어 있음.
78) 暢: 이본에는 '觴'으로 되어 있음.
79) 外門: 이본에는 '門外'로 되어 있음.
80) 所: 이본에는 '與'로 되어 있음.
81) 其: 이본에는 빠져 있음.

仁之門外, 居處飮食, 窮奢極侈, 當世富貴之家, 無能及之. 如寫
字·學官輩, 日夜聚會, 疑事則使之考閱, 作詩則使之謄書, 公但安
坐口授而已. 公短於散文, 每遇製作, 使學官魚叔權代述, 故公之
文, 無傳於世. 公性吝, 不饋賓客, 獨魚至, 則必豊饌待之. 晚年,
與林億齡·申潛, 詩酒相從, 享淸福者二十餘[82]年. 時淸原尉韓景祿,
豪富甲長安, 聞湖陰富侈, 欲往觀之, 投刺表門外, 蒼頭兩人容采
俊麗者, 奉啣而入, 傳之中門內. 兩奴亦皆盛服, 奉傳于小門內. 兩
奴華靚如之, 又傳閤內, 兩婢凝粧珠翠者, 擎納于內. 淸原望見一
隅長廊三十餘間, 蓋以船蓬, 問: "此何屋耶?" 蒼頭曰: "樓庫霾濕
多鼠, 作假屋, 移綿布于此以風之." 淸原問: "幾同?" 同者五十疋.
蒼頭曰: "先移者六百餘同, 未移者倍此數也." 淸原旣見蒼頭·侍
婢·守閤[83]者, 已是己家所未有, 又聞綿布之事, 不覺愕眙[84]. 俄而,
湖陰出迎上堂, 左右侍婢奉巾帨麈箠者, 分兩隊, 各數十[85]. 主人曰:
"閤下辱臨, 家有薄酒, 願奉之." 已而, 丫鬟玉女, 奉珍羞方丈以進,
有蒼頭各執樂器, 分部而列坐堂下, 又有綺羅翠飾之姬, 奉檀板而
列坐堂上[86]. 水陸滿盤, 皆金銀畫器, 絲管迭奏, 觴豆繼進, 淸原故
久坐, 欲窮其饌品. 至日暮, 騈三幷四而獻, 多多愈奇, 自知己家所
未能當, 茫然自失, 拜辭而退. 朴思菴淳爲郞, 因公事往謁, 湖陰延
見于翼廊閤內, 其褥席·屛帳·書畵, 滿目燦爛. 思菴進文牒, 主人
揮之, 曰: "姑舍是, 僕願見公久矣, 請與從容." 顧侍婢曰: "修薄具
以奉." 俄頃, 侍婢進珍饌, 不時之需, 東國所未曾見. 主人執盃而

---

82) 二十餘: 이본에는 '二十'으로 되어 있음.
83) 閤: 저본에는 '閣'으로 나와 있으나 이본을 따름.
84) 愕眙: 이본에는 '愕爾'로 되어 있음.
85) 數十: 이본에는 '數十人'으로 되어 있음.
86) 堂上: 라본에는 '堂下'로 되어 있음.

勸, 曰:"今日不須公事, 只可談風月, 請聞[87)]近日瓊詞." 思菴固辭
曰:"鯫生雖倖科第, 豈有一句語, 敢溷閣下淸眄者?" 微睇辭氣懇
款, 始誦一兩篇, 主人稱揚不已. 思菴不能飮, 數盃請掇, 主人令繼
進饌羞, 相視喜笑, 風流可掬. 使丫鬟磨墨開牋, 卽次其韻, 濃翰以
贈之, 仍勸啖庶膳, 思菴略嘗而退. 後日復往, 湖陰見之別堂, 其器
具悉非前日之物, 而鮮麗倍之, 其勸杯盤, 悉如之. 後湖陰廢斥東
郊, 時議非之, 思菴氷玉人也, 自奉淡泊, 非意氣相偶, 而感愛不
已. 人有謗湖陰者, 必庇之, 曰:"人皆以湖陰爲富, 不仁罪之, 若湖
陰自興家業, 非侵漁掊克以致之. 且其文章, 橫絶東方, 不可侮也."
人以思菴之言, 出於公也, 不知自少傾心感慕而然也. 世傳, 湖陰
慕平城富貴, 善爲竊狐裘手段, 入金剛山, 偸純金佛, 遂致大富. 旣
老, 甚悔之, 有詩云:'萬二千峯領略歸, 紛紛黃葉打征衣. 正陽寒
雨燒香夜, 蓬瑗方知四十非.' 所居書架, 爲屢萬卷, 其傍列揷萬疋
布, 雖或用之冗費, 旋又充其缺. 常夜坐不寐, 至達曙, 或太倦, 則
支掌於額, 抵案暫眠而已. 或問其故, 曰:"人生百歲, 睡眠居半, 吾
則平生不眠, 若活百年, 可以當二百矣." 官文衡領經筵, 壽八十一.

　外史氏曰:"湖陰仕進之初, 融心富貴, 其所艶者朴平城, 而其萬
卷書, 夜不眠, 則倍之矣, 萬疋之布, 何爲於其側? 豈其志之陋而
有是哉? 或曰:'非陋也, 開刊私集之資, 故置之文房云.' 蓋亦豪富
之致也."

---

87) 聞: 이본에는 '問'으로 되어 있음.

○ 第五十七号 性行部十五【權貴】

8-13. 貧兒學諂托衆賓

尹元衡, 字彦平, 坡平人, 文定王后之弟也. 乙巳, 戕士類, 錄僞勳, 威勢大振, 賄賂輻湊[88], 弄權射利, 無所不至. 京中第宅十六, 服御之僣, 擬於大內, 奪人錢財田土, 不可勝記. 一時生殺與奪, 皆出其意. 又黜其妻, 以妓妾蘭貞, 封貞敬夫人, 朝士之趨勢貪利者, 與妾子[89]爲婚. 蘭貞炊飯數斛, 馱數馬, 往豆毛浦等處, 投之於水, 欲爲惠施, 每年至二三度, 聞者, 以爲奪民之食施江魚. 奪此與彼之禍, 不亦甚於烏鳶螻蟻之間乎? 豆毛浦漁人, 得一白魚, 其大如船, 獻之於朝, 咸以爲變異. 有上舍生, 戲曰: "大物不能自食, 貪相公之餌, 爲漁人所獲, 可憐也." 或曰: "其魚自海遠行, 至江而死, 元衡之衡字, 從行從魚, 魚死, 乃元衡死之兆云." 嘗爲兵判, 差一武人北道權管, 武人之任, 送箭筒, 元衡怒曰: "我不學射, 焉用箭?" 投之樓上. 未幾, 武人罷官歸謁, 元衡怒目而見之, 武人曰: "前呈箭筒, 未曾覽否?" 元衡疑之, 命婢取來, 鑰匙纔發, 貂皮湧出, 上觸于樑, 散于座前. 元衡驚喜, 卽除饒邑. 其爲吏判時, 有一人納繭累百斤, 求補參奉, 元衡臨政疲睡, 久不呼名, 郎官秉筆促之, 元衡和睡而答曰: "高致!" 高致者, 繭之俗名也. 及受點, 曹吏廣求高致而不得, 至一處, 有遐鄕寒士, 名高致, 以其人拜之, 元衡亦不敢辨其眞僞. 元衡嘗夜坐後堂, 門客之環侍者如織, 爭以甘言諛辭[90], 獻媚納諂, 左趍右承, 千態並作. 少間, 簷瓦窸窣有聲, 群喧逐之, 一人

---

88) 輻湊: 이본에는 '輻輳'로 되어 있음.
89) 子: 이본에는 빠져 있음.
90) 諛辭: 이본에는 '腴辭'로 되어 있음.

失足墮地, 燭之, 鶉衣百結, 癡立無語. 元衡疑是偸盜, 命執付捕廳, 其人跪而前, 曰: "小人非盜, 乃丐耳." 元衡曰: "汝旣爲丐, 何得來此?" 丐曰: "小人有隱衷, 倘蒙見宥, 願稟白一言而死." 遂許, 自陳曰: "小人張祿, 本以某鄕人, 流離爲丐. 同伴有錢禿子者, 共遊街市閭里, 錢禿所到, 人輒恤以錢米. 小人雖有所[91]得, 終不及錢, 問其故, 錢曰: '我輩爲丐, 有媚骨, 有佞舌, 汝不中窾要, 所得能望我耶?' 求指授, 錢堅不許, 因思相公門下乞憐昏夜者, 其媚骨佞舌, 當十倍於錢. 是以, 涉遠[92]而來, 伏而聽, 隙而窺者, 已三月矣. 今揣摩粗就, 不幸踪跡敗露, 願假鴻恩, 及於寬典." 元衡愕然, 繼而顧衆, 笑曰: "丐亦有道, 汝等之媚骨佞舌, 眞彼輩之師也!" 因宥其罪, 命衆客引去, 朝夕輪廻授食. 由是, 張祿之丐, 高出錢禿子上云. 乙丑, 文定王后旣薨, 元衡失勢, 朝議洶洶, 亦未測上意, 無敢攻之者, 上覺之. 一日, 於講筵, 問漢文誅薄昭是非, 群臣始知天意[93], 遂論其誤國專權之罪, 乃命削爵放逐. 時元衡之前妻金氏之繼母姜氏, 呈狀于刑曹, 告蘭貞毒殺金氏, 刑曹以爲綱常大變, 啓移于禁府. 蘭貞聞之甚懼, 飮藥自盡, 元衡大慟, 不久亦死.

外史氏曰: "『天寶遺事』, 張九齡, 見朝士趨附楊國忠以求官, 語人曰: '此曹皆向火乞兒, 一朝火盡灰冷, 當凍裂肌膚, 暴骨于溝中矣.' 蓋自古趨權附勢之徒, 其不脅肩諂笑病于夏畦者, 或希矣. 尹之勢焰薰灼, 終底顚沛[94], 亦自作孼, 不可逭者也."

---

91) 所: 이본에는 '小'로 되어 있음.
92) 涉遠: 이본에는 '遠涉'으로 되어 있음.
93) 天意: 이본에는 '上意'로 되어 있음.
94) 沛: 저본에 '佈'라 쓴 것을 주필로 수정한 것임.

8-14. 富翁敎術除五賊

金安老, 字頤叔, 領相詮之猶子也, 號希樂堂. 丰姿端妙, 終日危坐不動, 望之如冠玉. 然[95]脫所着衣服, 則無一摺痕, 但擧眼時, 妖態可掬. 嘗以吏判專權, 爲南袞所逐竄, 而其子延城尉禧, 尙仁宗娣爲駙馬. 至是, 陰圖還朝, 使其黨蔡無擇倡言, '春宮孤危, 必用安老爲羽翼.' 朝議靡然, 無敢難者. 又使其子禧, 朝夕立於左相李荇之門, 荇遂請召入, 得復用事. 賦性奸邪, 濟以文墨之才, 自在小官, 爲憸人. 李晦齋彦迪, 入朝言, "近觀金安老, 處心行事, 眞小人情狀也. 此人若得志, 誤國必矣." 安老始自謫中來, 逐李彦迪·朴紹等, 蓋以骨鯁憚之也. 旣得志, 恣行不法, 欲取箭[96]串牧場而[97]爲田, 鄭文翼光弼, 爲司僕都提調, 執不許. 又稱內旨, 必欲得之, 光弼固拒之, 曰: "國家牧馬之場[98], 決難割給勢家, 可待老夫死後, 爲之." 安老深啣[99]之, 又其貶斥在外也. 有欲放還者, 光弼又數寢之, 及其召還, 謂左相李荇曰: "安老決不得爲善人." 由是, 積怨深怒, 百計隮[100]陷, 令人潛伺光弼過失, 竟無所得. 以光弼曾爲摠護使, 奉安禧陵於不吉之地, 搆揑嗾[101]臺官發論, 請置重典, 命群臣收議, 一二臣外, 皆曰: "宜置一律!" 上特原之, 減死流金海, 安老竟受牧場, 及被罪還收. 安老之方大張權勢也, 苟有議己者, 輒嗾許沆·蔡無擇等, 加以誹訕朝廷之罪, 俱爲鷹犬, 世謂'丁酉三凶'. 許沆常阿附安老, 行若狗彘, 嘗於經幄, 垂涕言曰: "臣許琮之孫, 庶不欺負, 甚

---

95) 然: 주필로 삭제표시가 되어 있음. 이본에는 빠져 있음.
96) 箭: 저본에는 '壺'로 나와 있으나 이본을 따름.
97) 而: 저본에는 빠져 있으나 이본에 의거하여 보충함.
98) 牧馬之場: 이본에는 '牧場'으로 되어 있음.
99) 啣: 이본에는 '含'으로 되어 있음.
100) 隮: 이본에는 '擠'로 되어 있음.
101) 嗾: 이본에는 '囑'으로 되어 있음.

矣. 小人情態如此, 韓忠獻公不獨有佗胄也." 安老屢興大獄, 王室
至親及公卿大臣, 誅竄相繼, 至有欲廢國母之說. 尹參判安仁, 卽
文定王后從父也, 密謀去之, 秘啓於王妃曰: "安老謀, 不利於妃."
妃大懼, 俟上至而泣, 上怪而問之, 對曰: "久侍左右, 今當見廢, 故
悲耳." 上大驚, 問其由, 以安老之謀告之, 上震怒, 卽欲誅之, 畏[102]
其權重, 以密旨付安仁, 圖之. 安仁使大司憲梁淵發啓, 一啓卽允,
上命宣傳官, 發卒圍其第, 押送配所. 先是, 上寵安老, 家有小禮,
必宣醞. 是日, 安老之子禔, 將娶婦, 滿朝畢會, 日旣晩, 內醞不宣,
安老心怪之. 俄而, 有金吾郎至, 賓客倉黃[103], 多有踰垣而逃者. 安
老就捕, 亟令禔往聘, 曰: "過今日, 誰與我爲婚者?" 安老微時, 欲
致富, 而未得其要, 遇一富翁之善治生者, 願學其術, 富翁曰: "求
富不難, 先治五賊, 乃可起家." 安老問: "何謂五賊?" 曰: "仁·義·
禮·智·信, 是也. 仁爲首惡, 博施濟衆, 堯舜猶病, 我神前立[104]誓,
永不妄行一善, 省却幾多揮霍. 匹夫仗義, 破産傾家, 亦復自苦, 我
見利則忘, 快得一生享用. 至禮尙往來, 獻縞贈紵, 古人太[105]不憚
煩, 我來而不往, 先占人便宜, 一着智慧, 爲造物所忌, 必至空乏,
終身只須一味混沌, 便可長保庸福. 若千金一諾, 更屬無益, 不妨
口作慷慨, 心存機械, 俾天下知我失信, 永無造門之請. 此皆除五
賊之訣也, 精而明之, 不好名, 不惜廉恥, 不顧笑罵. 持此以往, 百
萬之富, 直反掌間耳. 有志者, 勉爲之." 安老笑而謝之. 蓋富翁揣
安老之爲人, 故如是嘲謔耳. 安老少時, 推命于中國, 卜者書與之,

---

102) 畏: 이본에는 '恐'으로 되어 있음.
103) 倉黃: 이본에는 '蒼黃'으로 되어 있음. 서로 통함.
104) 立: 나, 다본에는 '亟'으로 되어 있음.
105) 太: 이본에는 '殆'로 되어 있음.

曰: "極富貴, 但死於葛." 莫曉其意, 竟至葛院, 受後命, 卜說果驗.

外史氏曰: "『易』之否泰, 君子小人, 陰陽消長之機決, 而夫旣有泰, 則不能使之無否. 二者, 常相循環反復, 抑其氣運之所推遷, 天亦有不得自由者. 然奸臣之竊弄威權者, 終底於敗亡, 乃已, 此所謂'天定能勝人'耶?"

○第五十八号 性行部十六【風流】

8-15. 遊浿營風流乘興

沈陜川鏞, 風流主人也, 踈財好義. 爲監役時, 一僚員年近六十, 適因入直, 以公罪, 將至落仕. 沈矜其老且貧, 語諸僚[106]曰: "吾則年未全老, 家不甚貧, 且公罪則彼此一般, 何論入直與否?" 遂替爲現告, 竟至落仕, 少無悔意. 平生以狗馬聲伎自娛, 一時之歌姬·琴客·酒徒·詞朋, 輻湊並臻, 日日滿堂. 時一都尉, 遊狎鷗亭, 盛設妓樂, 廣延賓客, 名亭秋夜, 月色如水. 方笙歌迭奏, 忽聞江上簫聲[107]寥亮, 遙見一小艇, 溯洄於蒼霞[108]白露之間. 中有一人, 戴華陽巾, 披[109]鶴氅衣, 持白羽扇, 倚舷而坐. 傍有兩小童, 着靑衣, 吹玉簫, 依稀[110]是神仙中人. 亭上諸人, 倚欄注視, 嘖嘖稱羨. 笙歌自停, 都尉乘小艇就之, 乃沈也. 相與一笑, 携至亭上, 盡歡而罷. 時又一宰, 除箕伯啓行, 其白眉相公, 設餞於弘濟橋上, 都門外車數十[111]

---

106) 諸僚: 이본에는 '僚'로 되어 있음.
107) 簫聲: 이본에는 '笛聲'으로 되어 있음.
108) 蒼霞: 이본에는 '蒼波'로 되어 있음.
109) 披: 이본에는 '被'로 되어 있음. 서로 통함.
110) 稀: 저본에는 '俙'로 나와 있으나 이본을 따름.
111) 數十: 이본에는 '數千'으로 되어 있음.

輛, 人馬騈闐. 忽見自松林間, 飛出一騎, 那人着縷緋紫茸裘, 戴漆色蜀猫皮耳掩, 據鞍顧眄, 風彩動人. 有雲鬟翠篩者五六女, 戴氈笠, 着戰服, 繫藍纏帶, 穿繡雲鞋, 作雙隊隨後. 復有童子六七人, 青衫紫帶, 各執樂器, 於馬上奏之, 獵夫一隊, 臂鷹呼狗, 閃出林樾間. 路上觀者如堵, 咸曰: "此必沈陝川也!" 復相與咨嗟, 曰: "人生世間, 如白駒過隙, 固當窮心志之所樂, 西伯餞宴, 豈不盛哉? 然自古功名, 多涉宦海之風波, 與其憂畏顧瞻氷炭交中, 曷若快心適意[112], 無憂於身外者哉?" 長安少年, 遂相與戲, 曰: "餞乎獵乎? 寧獵無餞!" 其歆艷可知. 一日, 沈與歌客李世春, 琴客金哲石, 妓[113] 秋月·梅月·桂蟾等[114]輩, 會草堂, 琴歌永夕. 沈謂諸人曰: "汝輩欲觀西京乎?" 皆曰: "有志未就." 沈曰: "平壤江山樓臺, 國中第一勝地, 而吾亦未之見焉. 聞箕伯將設花甲宴於大同江上, 先聲大播, 若趁此而往, 則堪作一番疏暢, 又必得纏頭之金帛, 豈非楊州鶴乎?" 諸人雀躍, 曰: "諾." 遂治裝登程, 稱以往楓嶽, 藏踪迂路, 潛入浿城, 住幽僻處. 至道伯宴日, 見舟楫蔽江, 鼓樂喧天, 守宰畢至, 粉黛雲集, 大張歌舞, 人山人海. 沈乃貰一小艇, 上設青布帳, 左右垂緗簾, 中藏妓樂, 往來隱映於綾羅·浮碧之間. 彼船劒舞, 則此船劒舞; 彼船唱歌, 則此船唱歌. 劒光閃電, 歌聲夏雲, 彼船上諸人, 莫不訝怪. 發送一官船, 使之探知邀來, 沈遽回棹疾避, 莫可追及. 官船去後, 復搖櫓[115]而進, 如是者數三次, 監司意其非遐土尋常之人, 遂令船將, 以十餘飛船, 一齊圍住而曳來. 泊至大船頭, 沈

---

112) 意: 이본에는 '性'으로 되어 있음.
113) 妓: 이본에는 '名妓'로 되어 있음.
114) 等: 저본에는 빠져 있으나 이본에 의거하여 보충함.
115) 櫓: 저본에는 '櫓'으로 나와 있으나 다, 라본에 의거함.

捲簾大笑, 監司素有親分, 見卽[116]顚倒驚喜, 邀入于舫閣. 滿船賓佐, 俱是洛陽之人也, 見洛陽之妓樂, 如何不開眼歡喜[117]? 又多知面者, 相與握手叙懷. 於是, 洛陽妓樂, 盡平生之技藝, 頓令宴席增輝, 終日跌宕. 監司以千金賞京妓[118], 列倅各有贈遺, 幾至萬金. 沈留連一旬, 壯遊而歸, 至今傳爲風流盛事. 及沈逝後, 葬於坡州之柴谷, 女伶樂工, 咸奏笙歌, 而隨輀會下, 一場歌一場琴. 遂皆痛哭而歸, 碎樂器者有之, 停歌唱者有之. 妓桂蟾結廬, 侍墓三年, 方去, 每向人說道如此.

外史氏曰: "士生斯世, 旣不得蜚英雲衢, 又未能守道林樊, 則以聲色自娛, 亦或一道, 而皆由於俠氣. 沈之一生豪爽, 卽俠氣所使, 至於留芳青樓, 便如柳耆卿之羣妓, 每春月上塚, 謂之吊柳七. 如此風流領袖, 亦不可多得."

8-16. 訪桂娥詩令助歡

柳斯文塗, 有詩才. 少時, 喜作狹邪之遊, 嘗過青樓, 以一絶題壁上, 曰: '十載青樓宿, 人間積訪喧. 狂心猶未已, 白馬又黃昏.' 鵝溪李相山海, 自宴所醉歸, 不能及家, 借路傍人舍而止, 卽娼家也. 旣醒, 見壁上詩而驚歎, 逢人輒及之, 滿城一時傳誦. 時扶安妓桂生能詩, 號梅窓, 以選上京, 貴游子弟, 爭先邀致, 與之酬唱. 柳往訪之, 崔金兩姓, 以狂俠自負者, 已先在座. 桂生設酌以待, 半醺三人, 皆注目欲挑之, 桂生笑而擧令, 曰: "諸[119]公各誦風流場詩, 以

---

116) 卽: 이본에는 '則'으로 되어 있음.
117) 歡喜: 이본에는 '欣喜'로 되어 있음.
118) 京妓: 다본에는 '樂妓'로 되어 있음.
119) 諸: 이본에는 '請'으로 되어 있음.

助一歡, 而至如'玉臂千人枕, 丹唇萬口香. 爾身非刃劍[120], 何遽斷
剛腸?'且'足舞三更月, 衾生一陣風. 此時無限味, 惟有兩人同'等
詩, 乃是賤隷走卒之誦, 不足傾耳. 若有傳誦, 前所未聞, 合於我心
者, 當與一歡!"三人曰: "諾."金生誦金命元詩, 曰: '窓外三更細雨
時, 兩人心事兩人知. 新情未洽天將曉[121], 更把羅衫問後期.'崔生
繼唱沈喜壽詩, 曰: '抱向紗窓弄未休, 半含嬌態半含羞. 低聲暗問
相思否, 手整金釵乍點頭.' 桂生曰: "前詩太拙, 後詩差[122]妙, 而手
段俱低, 皆未足聽. 凡律詩, 詩之精者, 而七言近體, 響韻意趣俱
難, 吾當取其難者."金遂唱鄭子堂七言律, 曰: '年纔十五窈窕娘,
名滿長安第一坊. 蕩子恩情深似海, 花長威令嚴如霜. 蘭窓日晏朝
粧急, 松峴風高夕履忙. 相別每多相見少, 襄陽[123]雲雨惱襄王.'崔
曰: "此詩雖佳, 又有佳於此者."仍誦高霽峰'立馬沙頭別故遲'之句,
桂生曰: "此詩眞是魯衛以下詩[124], 雖有淸光風韻, 亦不足動人."因
顧謂柳曰: "此間公獨[125]無吟乎?"柳曰: "我本無文, 但嫪毒貫輪之
才耳."桂生微哂[126], 崔怫然曰: "子雖有長技, 今日之事, 當行詩
令."金頗有自矜之色, 顧謂左右曰: "一律可以壓倒諸詩."卽朗吟
鄭之升七言律, 曰: '秋宵已曙莫言長, 促向燈前解繡裳. 獨眼微開
睛吐氣, 兩胸纔合汗生香. 脚如螻蟈翻波急, 腰似蜻蜓點水忙. 强
健向來心自負, 愛娘深淺問娘娘.'桂生吟咏稱意, 柳曰: "諸君所
誦, 皆是已陳芻狗, 何足刮目? 我當占新詩一律, 立幟於今日席

---

120) 刃劍: 이본에는 '劍刀'로 되어 있음.
121) 曉: 이본에는 '曙'로 되어 있음.
122) 差: 이본에는 '太'로 되어 있음.
123) 襄陽: 이본에는 '陽臺'로 되어 있음.
124) 詩: 이본에는 빠져 있음.
125) 公獨: 이본에는 '獨公'으로 되어 있음.
126) 微哂: 이본에는 '微笑'로 되어 있음.

上.” 遂令桂生呼韻, 應聲而對曰: ‘探春豪士氣昂然, 翡翠衾中結好緣. 撑去玉莖雙脚屹, 貫來丹穴[127]兩弦圓. 初看嬌眼渾如霧, 更覺長天小似錢. 這裏若論滋味別, 一宵高價直金千[128].' 桂生咏歎曰: “不料尊公臨此陋地也! 曾聞公‘狂心猶未已, 白馬又黃昏’之詩, 仰慕者, 久矣, 今幸遇之.” 乃酌進[129]一杯, 曰: “若使眼如霧天似錢, 則其價豈獨千金而止哉?” 向者諸公, 許多所吟, 不直一盃冷水, 金崔撫然退去.

外史氏曰:“旗亭甲乙, 皆千古絶唱, 洵是風流美譚. 柳斯文與桂生, 俱有才名, 會席詩令, 何遽不若旗亭? 而其詩眞所謂巴人下俚, 況又醜甚, 固無足較論. 以若才子佳人, 有此輕薄淫褻之詞, 殊可惜也!”

○第五十九号 性行部十七【富饒】

8-17. 士人治産樂壎篪

許姓士人某, 驪州人也. 家甚貧窶, 而勤攻[130]學業, 性行淳慤, 鄕黨咸稱之. 有三子皆聰俊, 躬自訓課. 時或丐糧于親知, 以救餒, 親知以許有仁厚長德, 輒相賙乏[131], 雖隣里之嘗所不知者, 亦多幫助. 如是捱延歲月, 夫妻偶嬰疫[132]俱歿, 三子晝宵號擗, 未由殮葬, 鄕里憐其赤立, 各斂錢賙襚, 得以營窆. 旣闋兩制, 家徒四壁, 其仲子

---

127) 穴: 이본에는 '弦'으로 되어 있음.
128) 金千: 이본에는 '千金'으로 되어 있음.
129) 進: 이본에는 '酒'로 되어 있음.
130) 勤攻: 이본에는 '勤孜'로 되어 있음.
131) 乏: 이본에는 '之'로 되어 있음.
132) 疫: 이본에는 '疾'로 되어 있음.

名弘, 謂兄及弟曰: "吾儕之幸免餓莩, 都緣先爺之信義浹人, 賴他
相資. 今焉三霜奄過, 恩澤已竭矣, 顧安所得糊口乎? 將携手同歸[133)]
壙壑而已, 到今事勢, 不得不各自圖生." 兄與弟曰: "吾輩箕裘之
業, 只是操觚弄墨耳. 農無田土, 商無本錢, 工未素[134)]學, 忍飢科工
之外, 更無他策." 弘曰: "三昆[135)]季俱習儒業, 則發身之前, 當死於
飢寒. 兄與弟, 稟質淸脆, 復理學業, 吾則限十年, 竭力治産, 以圖
日後長枕大被, 團樂餘年, 何如?" 咸曰: "見說得有理." 弘曰: "然則
自今日破産, 二嫂各還本第, 兄與弟負笈山房, 寄食緇徒盂餘. 所
謂世業, 只是家垈牟田三斗落及童婢一口, 此卽宗物也. 吾姑借之,
爲營殖之資." 於是, 兄弟依弘言, 各散. 弘乃鬻其妻之婚時資裝,
獲錢十餘緡, 盡貿甘藿, 背負而遍訪其父之嘗所親知人家, 分以藿
幾葉, 作面幣, 而因求木綿. 時値綿農大登, 家盈豫筐之織纊, 戶溢
杜咏[136)]之白絮, 諸人皆憐其意, 而優與之, 所得爲幾百斤. 回語屋
中, 勤治紡績, 先以絲布幾段, 換貿耳牟幾包. 每作粥, 與其妻, 以
一器分半喫之, 婢則給一器, 曰: "若不堪饑寒, 可去矣, 吾不若責."
婢泣曰: "主啜牛器, 婢與一器, 德已厚矣, 敢言飢乎? 雖死何之?"
輒傍助女紅, 繰車紡機, 晝夜無停. 弘亦捆屨織席, 手不暫釋, 如是
三年, 殖貨稍裕. 遂買門前畓十斗落·田二日耕, 曰: "雖欲勤力其
中, 不能明農, 奈何?" 乃請隣曲[137)]老農, 侯疆侯以使坐岸上, 有噴
其饁[138)] 乃庤錢鎛, 執耒耟, 隨其指敎, 躬自耕播, 霑體塗足, 用力

---

133) 同歸: 저본에는 빠져 있으나 이본에 의거하여 보충함.
134) 素: 이본에는 '所'로 되어 있음.
135) 昆: 이본에는 '昆'으로 되어 있음. 통자임.
136) 咏: 이본에는 '喙'으로 되어 있음.
137) 隣曲: 이본에는 '隣里'로 되어 있음.
138) 侯疆侯以使坐岸上, 有噴其饁: 주필로 삭제표시가 되어 있음.

旣專, 黃茂實穎, 每其收穫, 較他倍出. 又種烟草, 朝夕灌漑, 時當亢暵[139], 百卉俱腓, 而獨烟草苴盛, 至二芽而如蕉大, 販得厚價, 爲屢百金. 五六年之間, 農利甚博, 積穀崇墉. 又過數年, 財產日殖, 儼成鉅富, 環百里內, 良田沃土, 都歸掌權, 而衣食儉約, 壹依前規. 一日, 其兄及弟, 爲叙契濶, 從山寺來見, 其喜可知. 弘妻始精備夕飧[140]以進, 弘張目叱之, 曰: "亟持去, 更煮粥以來." 兄怫然曰: "哿矣! 汝富, 獨不可饋我一盂飯乎? 何其密於惜費而踈於孔懷也?" 弘曰: "人有一定之規, 始可以做百事. 曹邴氏以儉嗇治產, 而積貲[141]巨萬; 蘇東坡有宜興田穀, 而粗給饘粥. 吾本期十年治生, 待限滿, 始炊飯, 已誓于心. 吐金滿釜, 此粥莫改, 兄雖嗔我, 我不介懷." 翌年, 兄與弟聯璧蓮榜, 弘多賫[142]餞帛, 隨詣京師, 應榜諸具, 悉自措備, 率倡優鼓樂, 到家歡讌. 幾日, 謂其兄弟曰: "雖已小成, 尙有大科, 可復上山肆業. 揣吾十年之限, 差過卅六圓月, 當圖團聚." 計三年薪米之費, 卽資昆季以送之. 弘乃因富添殖, 百貨縱至, 千倉萬箱, 擬於素封. 及[143]十年限滿, 擇布帛之精細者, 新製衣服. 又辦轎馬, 一送兩嫂家, 約日迎來, 一送山房, 奉邀兄弟, 十載分張之餘, 至是俱會, 和氣滿室. 弘謂兄弟曰: "三家一室, 此甚狹窄, 早營菟裘, 劣可容膝, 請徙居." 皆曰: "唯唯." 遂挈眷, 行五里餘, 踰一岡, 洞天呀然, 村落櫛比, 中有大第, 高門長廊, 婢僕牛馬, 充牣其中. 內舍有三區, 分處各眷, 外舍只一室, 頗廣濶, 三兄弟共處, 以長枕大被, 花萼相輝, 荊葉同根, 未足以喩其湛樂伯也. 問:

---

139) 暵: 라본에는 '旱'으로 되어 있음.
140) 飧: 이본에는 '飯'으로 되어 있음.
141) 貲: 이본에는 '貨'로 되어 있음.
142) 賫: 이본에는 '費'로 되어 있음.
143) 及: 이본에는 '乃'로 되어 있음.

"十歲中, 何以致此?" 對曰: "此易知耳. 貨無常主, 勤者有之. 故富者, 誠壹之所致, 田農拙業, 而秦陽以蓋一州, 亦由於勤, 吾捨是道而曷以哉?" 乃令僮, 指擧木函五六雙來, 曰: "此是田土之券, 當均析, 而家産始滋, 多賴荊妻之胼胝手足, 不可無酬勞." 乃以畓三十石落, 給其妻, 三人各以九十石落, 付之. 從此, 三人同享富饒, 又多周給於昔日親知, 以償舊惠. 一日, 弘忽悲泣, 伯也怪而問之, 對曰: "伯與季旣專科工, 雖小科已掛名矣. 顧弟, 則汨於營産[144], 舊業荒蕪, 便一蟲蠹之人, 先親之嘗所期望者, 於弟蔑如, 豈不傷痛? 今則年已强仕, 無以復尋鉛槧, 不如投筆業武." 自其日習射, 未幾年, 登武科, 筮仕轉陞, 拜中和府使. 未赴任而遽喪耦, 乃喟然嘆曰: "吾早失怙恃, 祿不逮養, 猶圖一麾者, 爲老荊之備嘗艱苦, 欲使一享榮華. 今已矣, 我何心莅任哉?" 遂棄官下鄕, 終老云.

　　外史氏曰: "史稱陳平之兄, 躬自治産, 縱平遊學, 遂成富貴, 許弘事, 何異於是哉? 第其赤手起家, 富埒陶朱, 兄弟同室, 樂極棣華, 非但才智之出衆, 可見誠力之到底, 甚奇哉!"

8-18. 才子落鄕富坵京

　　崔生某, 鄕相家後裔也. 早以文藝擅名, 而累擧不中, 家貧親老, 門戶凄涼. 崔生讀『孟子』, 至'惰其四肢, 不顧父母之養, 一不孝也', 掩卷太息, 曰: "我實不孝也!" 乃集其稿而焚之, 滿架書籍, 托置友家, 明日, 賣其家, 受直五百金, 奉親闈, 挈妻孥, 率臧獲, 往淸州農庄. 庄餘祭田五結, 茅屋七間, 奴婢若干, 牛馬幾匹. 崔生招奴婢, 誓曰: "吾與若等約十年, 吾田百結, 瓦屋五十間, 日用千錢. 聽

---

[144] 營産: 이본에는 '産業'으로 되어 있음.

吾命者, 人各受千金之賞, 不用命者, 其戮之." 咸對曰: "人孰不欲富? 係是福分, 何可必乎?" 生曰: "禍福無不自己求之者, 求則得之, 若等但聽吾命, 無憂其不富也." 奴婢等口應曰: "諾." 生乃與五百兩錢, 貿五穀而儲之. 時湖西大熟, 以錢百五十, 收租二十五斗, 他穀稱是. 翌春, 生身操鎡錤爲農夫, 倡坐於溝澮之間, 秋收獲[145]倍利. 是歲又大有年, 乃盡賣其祭田五結, 受錢二千兩, 悉以貿五穀, 並計前貿穀, 近二千石. 越明年, 夏旱秋潦, 歲則大饑, 皮穀一石, 直千錢, 米倍之. 僮僕請賣所貿之穀, 生不許, 曰: "汝往召鄉里父老以來." 來則立階下, 而諭之曰: "吾家四隣之飢餓[146]濱死者, 幾人?" 咸對曰: "有田地具牛耟, 勤于稼穡者, 皆頷顑浮黃, 況無立錐地, 而爲人傭作者, 流將塡壑而已." 生曰: "噫! 盡劉矣. 我有穀若干包, 雖小可賙急, 吾不忍吾鄉里之盡劉, 從某至某, 錄其戶口以示之, 可乎?" 父老應聲羅拜, 曰: "此眞生佛也!" 歸告四隣而錄呈, 生約日同召錄中人, 凡三百餘家八百餘口, 分與其穀, 曰: "汝等持[147]此農糧, 力作本業, 可也." 於是, 三百餘家, 自相激勸, 同聲力農, 生曰: "吾去年賣田而廢稼, 今年當取[148]他人之田, 作而收其半." 乃率臧獲, 躬自耕播, 歲又大登, 獲[149]而分之, 爲百餘石矣. 三百餘家, 亦皆穰挃挃而積栗栗, 相與言曰: "吾輩此穀, 皆崔氏之惠也. 今年春夏, 十室九空之時, 三百餘家八百餘口, 獨免捐瘠之患, 父母妻子樂一室, 而歌南畝者, 繄誰之賜也? 人有如此大恩, 而不思酬報, 則狗彘不食其餘矣." 衆口一辭, 咸曰: "果然." 其中老成識

---

145) 獲: 이본에는 '穫'으로 되어 있음.
146) 飢餓: 이본에는 '飢饉'으로 되어 있음.
147) 持: 다, 라본에는 '將'으로 되어 있음.
148) 取: 이본에는 '收'로 되어 있음.
149) 獲: 나, 라본에는 '穫'으로 되어 있음.

宇者, 相聚而議曰: "崔氏之穀, 乃祭田五結, 及京第所賣錢也. 以今春穀直論之, 二千石可受二萬兩錢, 不此之爲, 而活吾屬, 此天下仁人義士也. 吾屬只以二萬兩[150], 還之, 則可謂太薄, 宜以三萬, 償之." 僉曰: "可矣." 乃以秋穀直錢計之, 二十斗值百五十錢, 統爲二萬石, 三百餘戶之民, 分等斂穀, 牛駄馬輸, 露積於崔家門前. 生怪問其故, 父老相率拜, 告曰: "小的等敢以鴻毛之微物, 欲報泰山之洪恩." 生曰: "幾何?" 曰: "二萬石." 生曰: "吾固非墨翟之愛, 伯夷之廉, 以吾穀數, 較彼二萬, 則什而有餘, 是投方寸之餌釣[151]任公之鰲也." 固辭不受, 父老等曰: "不然. 今春若賣二千石, 則當得二萬兩, 以二萬[152]貿販京鄕, 則[153]百貨贏利屢倍, 可得五六萬兩, 以五六萬[154]貿穀, 則當得三四萬石, 今二萬乃其半數也. 不取三四, 而取其二, 是不廉乎? 不利己而活衆命, 此非愛乎? 以民人等言之, 三百餘戶[155], 窮春大斂之時, 欲得債錢, 旣無其路, 假使得錢, 其息不下什伍. 以錢買穀, 穀貴錢賤, 雖赤仄如山, 而粒米難辦. 如斯之際, 曷以糊口, 又安能及時農作百室盈止乎? 此若不受, 小的等願爲奴婢, 以報萬一." 生曰: "汝言及此, 第當領受, 以少易多, 我實靦然." 民人皆喜而拜, 如新受賜, 乃庤其穀而各歸去. 明春旱甚, 穀價翔踊, 一包穀直五兩錢, 遂發賣二萬石, 換十萬兩, 到秋穀賤, 貿取五萬石. 明春又旱發, 賣得二十萬兩, 乃分與三百餘戶之識貨利者. 行商業三四年, 財貨委輸, 錢穀充溢, 難以計數. 乃築室

---

150) 兩: 나, 다본에는 '錢'으로 되어 있음.
151) 釣: 라본에는 '鉤'로 되어 있음.
152) 二萬: 이본에는 '二萬兩'으로 되어 있음.
153) 則: 저본에는 빠져 있으나 이본에 의거하여 보충함.
154) 萬: 라본에는 '萬兩'으로 되어 있음.
155) 戶: 라본에는 '石'으로 되어 있음.

五十間, 賞奴婢各千金, 家計饒富甲於一道云.

外史氏曰: "善治生者, 好行其德, 能擇人而任時. 鴟夷子之再分千金, 散與貧交; 白圭之歲熟取穀, 歲惡取錢, 皆殖貨之達理者也. 崔生能賙人之急, 而獲其厚償, 豈非附仁義而致富? 挾智而售利者歟! 故仁能以取予, 疆能有所守, 勇足以決斷, 智足以權變然後, 可與言富矣."

○第六十号 性行部十八【流丐】

8-19. 雲妓家廣文觀舞

廣文者, 丐者也. 嘗行乞鍾樓, 市道中群丐兒, 推文作牌頭, 使守窖. 一日, 天寒雨雪, 群兒相與出丐, 一兒病不從, 既而, 兒寒餓纍, 欷聲甚悲. 文甚憐之, 身行丐得食, 將食病兒, 兒業已死. 群兒返, 乃疑文殺之, 相與搏逐文[156], 文夜匍匐入里中舍, 驚舍中犬, 舍主得文縛之, 文呼曰: "吾避仇, 非敢爲盜, 如翁不信, 朝日[157]辨於市." 辭甚款樸, 舍主終已怪之, 踵其後, 望見群丐兒曳一尸, 至水標橋, 投尸橋下. 文匿橋中, 裹以弊席, 潛負去, 埋之西郊之墻間, 且哭且語. 於是, 舍主執詰文, 文乃盡告其前所爲及昨所以狀, 舍主心義文, 與文歸家, 予文衣, 厚遇文, 竟薦文藥肆富人, 作傭保. 久之, 富人出門, 數數顧還復入室, 視其局, 出門而去, 既還大驚, 熟視文, 欲有所言, 色變而止. 文實不知, 日默默, 亦未敢辭去. 既數日, 富人妻兄子, 持錢還富人, 曰: "向者吾要貸於叔, 會叔不在, 自入室取去, 恐叔不知也." 於是, 富人大慙, 謝廣文曰: "吾小人也! 以

---
156) 文: 이본에는 '之'로 되어 있음.
157) 朝日: 이본에는 '明日'로 되어 있음.

傷長者之意, 吾無以見若矣." 於是, 遍譽所知諸君及他富人大商賈, 廣文義人, 而又過贊廣文諸宗室賓客及公卿門下左右, 數日間, 士大夫盡聞廣文如古人. 文貌極醜, 言語不能動人, 口大並容兩拳, 善曼碩戲, 爲鐵拐舞. 行遇鬪者, 文亦解衣與鬪, 啞啞俯畫地, 若辨曲直狀, 一市皆笑, 鬪者亦笑而解去. 文年四十餘, 尙編髮, 人勸之妻, 則曰: "美色衆所嗜也, 然非男所獨也, 惟女亦然, 故吾不能强自爲容也." 人勸之家, 則曰: "吾無父母兄弟妻子, 何以家爲? 且吾朝而遊市中, 暮而宿富貴家門下, 漢陽八萬戶, 逐日而易其處, 不能盡吾之年壽." 漢陽名妓窈窕都雅, 然非廣文聲之, 不能直一錢. 文夜往雲心家, 衆少年置酒鼓瑟[158], 屬雲心舞, 心故遲不肯舞, 俗所謂雲心態也. 文彷徨堂下, 遂入座, 雖弊衣, 擧止意自得, 眦膿而眵, 羊髮北髻, 陽醉噎. 一座愕然, 欲毆之, 文益前坐, 拊膝度曲, 鼻吟高低, 心卽更衣, 爲文劍舞, 一座盡歡, 更結友而去. 文南遊湖嶺諸郡, 所至有聲, 不復至京師數十年, 爲妖人所誣引被逮. 及對質無驗, 文旣得出, 老幼皆往觀, 漢陽市數日爲空. 文指表鐵柱, 曰: "爾豈[159]非善打人表望同耶? 今無能矣." 因相與勞苦, 文問: "靈城·豊原無恙乎?" 曰: "皆已下世矣." "金君擎方何官?" 曰: "爲龍虎將." 文曰: "此兒美男子, 體雖肥, 能挾妓超數仞墻, 用錢如糞土, 今貴人不可見矣, 粉丹何去?" 曰: "已死矣." 歎曰: "昔豊原君夜讌麒麟閣, 獨留粉丹宿, 曉起將赴闕, 丹執燭, 誤爇貂帽, 惶恐, 君笑曰: '爾羞乎?' 卽與壓羞錢五千. 吾時擁首帕副裙, 候闌干下, 黑而鬼立, 君拓戶[160]唾了, 顧謂[161]丹曰: '此何物?' 對曰: '似廣文也.' 君笑

---

158) 瑟: 이본에는 '琴'으로 되어 있음.
159) 豈: 저본에는 '旣'로 나와 있으나 이본을 따름.
160) 戶: 이본에는 '手'로 되어 있음.

曰: '是汝後陪耶?' 呼與一大鍾, 君自飲紅露七鍾, 乘軺而去, 皆昔年事也." 又曰: "朝日尙古堂, 遣人勞我, 聞移家圓嶠下, 堂有碧梧桐, 常自煮茗其下, 使鐵突鼓琴, 此金鼎七兒也, 吾與其父善." 更悵然久之, 曰: "此皆吾去後事耳." 文髮短猶辮, 如鼠尾, 齒豁口窳, 不能納[162]拳云. 語鐵柱曰: "汝今老矣, 何能自食?" 曰: "家貧爲舍傖[163]." 文曰: "昔汝貲鉅萬, 時號汝黃虺, 今虺安在?" 曰: "今而後, 吾知世情矣." 文笑曰: "汝可謂學匠而眼暗矣." 文後不知所終.

外史氏曰: "廣文其本不知所出, 只自混跡賤流, 未有一能之可名, 而特以循蹈仁義, 始爲舍主之心許, 終因富人之遍譽, 而遂大諜於一世, 無乃隱市而玩世者耶?"

8-20. 鍊戎臺丐帥張樂

丐帥者, 流乞[164]之魁也. 都市丐者, 歲常數百人, 其法擇一丐, 以爲帥, 行止聚散, 一聽其命, 無敢少違. 朝夕聚其所丐, 奉饋帥惟謹, 帥居之自如. 英廟庚辰, 歲大熟, 命中外設宴以娛歲, 龍虎營樂, 冠於五營. 有李姓者, 爲之首[165], 號曰牌頭, 素以豪擧稱, 都下娼妓, 皆附焉. 時酒禁方嚴, 上下宴, 專以妓樂相尙, 得龍虎營樂者爲雋, 不得者以爲恥. 李疲於招邀, 或托病在家, 忽有一丐至, 請曰: "丐之帥某, 敬告牌頭. 幸國家有命, 萬民同樂, 小人雖丐, 亦國民也, 方以某日, 集群丐, 宴于鍊戎臺, 敢勞牌頭助樂, 小人不敢忘德." 李大怒叱曰: "西平樂昌之招, 吾猶或不赴, 豈爲丐者樂哉?" 呼

---

161) 謂: 저본에는 빠져 있으나 이본에 의거하여 보충함.
162) 納: 저본에는 '內'로 나와 있으나 이본을 따름.
163) 舍傖: 이본에는 '寺僧'으로 되어 있음.
164) 乞: 이본에는 '丐'로 되어 있음.
165) 首: 이본에는 '帥'로 되어 있음.

其僕逐之, 丐嘻笑去. 李愈憤咤[166]曰: "吾不圖爲樂之賤, 至於斯也,
丐乃欲役我!" 已而, 叩門聲甚厲, 李出視之, 衣褐盡破, 而軀幹甚
壯, 乃丐帥也. 瞪目視李, 曰: "牌頭能銅額而水舍乎? 吾儕數百人,
散在城中, 巡綽不問也, 一棒一火, 牌頭能保無事乎? 何藐視我太
甚乎[167]?" 李以樂狎遊, 習知巷曲間事, 乃笑應曰: "子誠男子! 我不
知故誤, 今則惟子言之從." 丐帥曰: "明日早食後, 公與某妓某工,
至捴戎廳前張樂, 勿違期." 李笑應曰: "諾." 帥熟視而去. 李乃盡招
其徒, 琴笛笙鼓, 各以新具至, 又招名妓數輩, 果來請所往, 李笑
曰: "第隨我." 至期處, 曰: "作樂!" 衆樂皆作, 妓皆舞. 於是, 藁衣
索帶, 群舞而會者, 如蟻之集于垤也. 舞止輒歌, 歌止復舞, 曰: "樂
哉樂哉! 吾屬亦有一日." 丐帥據高座臨之, 意得殊甚. 妓皆駭笑不
止, 李瞬止之, 曰: "勿笑! 彼帥能殺我, 況若耶?" 日晡, 衆丐以其次
坐, 各搜其帒, 或出臠肉焉, 或出一塊餠焉, 皆宴家之所乞也. 盛以
破瓦, 薦以編草, 雜進之, 曰: "小人方宴, 敢先饋諸公." 李笑謝曰:
"吾能爲君樂, 不能受君之饋." 丐笑拜, 曰: "公等貴人, 其肯嘗丐食
乎? 請爲公盡之." 李益令衆妓奏樂, 樂以侑宴而罷. 衆丐復起舞,
少焉, 又出其殘果敗肉, 以遺衆妓, 曰: "無以報勞, 請以饋公之子
若孫." 妓皆謝却之, 又啜已, 拜謝曰: "賴諸公飽矣." 向夕, 丐帥辭
曰: "吾徒方求夕食, 敢謝諸公之勞. 他日, 見諸道路." 皆散去. 衆
妓飢困, 以恚李, 李歎曰: "吾乃今日始覩快男子矣." 其後, 路遇丐
者, 輒心識之, 竟不得見其帥焉.

外史氏曰: "匹夫而可奪三軍之帥, 視萬乘以若刺褐夫, 人豈可以
賤流而藐之哉? 丐帥能一言嚇人, 竟得以張樂辦遊, 可謂奇男子,

---

166) 咤: 라본에는 '叱'로 되어 있음. 서로 통함.
167) 乎: 저본에는 빠져 있으나 이본에 의거하여 보충함.

而牌頭之曲從其請, 亦善於揣摩, 而有義氣之徒也."

○第六十一号 性行部十九【寇盜一】

8-21. 吹鶴脛丹山脫禍

林巨正, 楊州白丁也. 性狡黠, 且驍勇, 與其徒數十, 皆極趫捷. 起而爲賊, 焚燒民居, 亂搶牛馬, 若有抗之者, 則剮裂屠剪, 極其殘酷. 自畿甸, 至海西, 一路吏民, 與之密結, 官欲譏捕, 輒先漏通, 以此橫行無忌, 官不能禁. 朝廷使宣傳官, 哨探賊據九月山, 宣傳官來[168]到賊窟而徑還, 賊在後射殺之. 又使瓮津等五六邑武臣守令, 領兵往捕, 聚于瑞興, 吏民已通之, 賊夜率百餘騎, 乘高俯射, 亂矢[169]如雨, 五官軍不能支, 潰而歸. 尹之淑爲鳳山守[170], 行到臨津, 有十餘商人, 載物而驅衝撞, 不顧而上船, 之淑怒, 欲捕治商人, 開其裹, 皆弓矢刀槍也. 之淑始知爲賊, 旣下船, 諸賊追之僅免. 丹山守周卿, 宗室人也, 善吹玉笛, 有名聞[171]. 因事之海西, 到開城靑石嶺, 有賊數十人, 挾弓劒當路, 掠輜車及丹山守而去. 入山谷數十里, 見彩幕葳蕤, 徒衆各執供具, 持兵戟而衛擁, 中有大將, 朱冠錦袍, 箕踞紅椅上, 卽巨正也. 令跪之地, 問: "若名爲誰?" 曰: "宗室丹山守也." 巨正笑曰: "然則金枝玉葉, 得非善吹笛者丹山守耶?" 曰: "然." 曰: "爾行李有笛乎?" 曰: "有之." 巨正使左右進盃盤, 悉陸海珍羞, 擧金觴而[172]屬之, 令取笛吹之. 時月正明, 笛是鶴脛骨,

---

168) 來: 저본에는 '末'로 나와 있으나 이본을 따름.
169) 矢: 나, 라본에는 '箭'으로 되어 있음.
170) 守: 저본에 '倅'라 쓴 것을 주필로 수정한 것임.
171) 聞: 나, 다본에는 '聞名'으로 되어 있음.
172) 而: 저본에는 빠져 있으나 이본에 의거하여 보충함.

體短而韻響淸越. 丹山守不得已出自袖中, 弄之作羽調, 賊徒環聽
之, 曲湧飛動, 有衝天之勢. 徐變作界面調, 未終, 皆歔欷歎息, 巨
正愀然掩涕. 蓋朝家捕渠甚急, 雖延歲月之命, 而自知終不免也.
聞腔調悲甚, 不勝悲激於中也. 曲罷, 連勸四五盃, 以不能飮辭, 巨
正曰: "留之無用, 可使送還." 乃解其所佩小刀, 與之, 曰: "道路有
梗, 以此示之." 翌日, 到前站, 果有數騎, 欲犯之, 觀其刀, 嘖嘖而
散, 曰: "何從得此耶?" 朝廷以南致勤爲討捕使, 盛率軍馬, 漸逼[173)]
山下, 使一賊不敢出. 賊之謀主徐霖, 知其不免, 遂下山來降, 盡言
其虛實情形. 乃進軍搜林, 剔藪而上, 諸賊皆降, 巨正越壑而走, 匿
民家, 竟死於亂箭.

外史氏曰: "潢池弄兵, 終歸於賣劍買牛, 亦治世之事也. 河允沆
以善吹笛, 死於非命, 丹山守能吹笛而生, 是何一笛而生死殊耶?
然丹山, 雖不刳腹而死, 未免屈膝而生, 亦玉笛之祟也歟!"

8-22. 鬻蛇角綠林修貢

金義童, 愼相守勤家蒼頭也. 年十九, 服役主家, 不堪柴蕘之苦,
潛跡而遁, 編名驛夫, 隨奉表使朝燕京. 至遼東, 夜中遺矢于外, 見
暗中有光的的, 將淨後, 木枝披[174)]其沙, 有一物如角者數寸, 異而
取之, 藏之槖中. 至燕京玉河館, 懸之樑上, 有館夫熟視之, 引一商
人視之, 密相附耳語. 厥後, 引衆商, 出入互視之, 無不駭視. 義童
不知爲何物, 而高其價要鬻之, 呼百萬, 商人下其價, 以十萬買之,
猶有喜色溢面. 義童旣鬻之, 密問館夫曰: "始我知其寶, 果不知
其[175)]所以貴也." 曰: "是蛇角也. 皇后無子, 問太醫, 得蛇角一對佩

---

173) 逼: 이본에는 '進'으로 되어 있음.
174) 木枝披: 이본에는 '撕披'로 되어 있음.

之, 實宜男第一方也. 大內得其一, 未求其雙, 懸購百萬, 未有應
者, 今乃於子手得之." 義童聞之, 悔其賤賣. 以十萬貿錦緞, 馱重,
不得盡輸而歸, 遂成契券, 輸之節使之行, 歷四五載不絶. 乃致重
貨于鄕谷深邃處, 嘯聚逋藪亡賴之徒, 掠奪貪饕不義之財, 仍成巢
窟, 富擬素封, 而世無知者. 及愼相被禍後, 其家零替, 使僕業山,
徵諸外奴歲貢. 行至鳥嶺, 有一大官, 着駿帽, 穿蘗段, 珥銀頂, 御
飛黃而過者, 辟路甚嚴, 輜重塞道. 業山伏於路左, 熟察之, 狀類金
義童, 甚疑之. 大官亦從馬上眤視之, 過里許, 有數卒還來, 牽業山
而去, 業山惶懼魂褫. 入山谷數十里, 杉檜參天, 不見日月, 薈蔚之
中, 無一獸蹄鳥跡, 往往或闌茅莖, 以表行徑. 又過屢十里, 洞壑呀
開, 有大屋, 金碧照爛, 環屋四方, 皆有人家可數百戶, 臨溪設綵幕
如雲. 一人導業山而入, 對置紅椅子, 被赤[176]豹皮, 相揖而陞坐, 卽
金義童也. 問其主寒暄, 仍叙阻濶, 俄而, 紅粧捧盤而進, 曳綺羅[177]
執麈箠者數十人. 方丈珍羞, 璀璨寶器, 衆樂幷奏, 觴豆繼進, 彷彿
公侯之富也. 業山問曰: "今做何官, 若是之貴且尊?" 義童笑曰:
"纔爲綠林縣監, 今聞京中大衙門收稅于新市甚急, 差官入我境, 故
迎宴于此." 仍命侍兒, 出彩緞八十疋, 其十疋與業山, 其七十疋使
進其主家, 曰: "敬修十年貢." 業山歸以[178]奉其主, 主家因是饒居.

　外史氏曰: "綠林豪客, 初非小人之有勇無義者也. 金義童旣挾富
貴, 豈肯爲探囊劫篋之行, 而特欲藏藪遁跡穩享物外豪華者耳? 至
若迎入業山, 而款待厚遺, 寔出於不忘舊主之誼, 亦綠林之豪而有

---

175) 其: 저본에는 빠져 있으나 이본에 의거하여 보충함.
176) 赤: 이본에는 '紅'으로 되어 있음.
177) 綺羅: 이본에는 '綺紈'으로 되어 있음.
178) 以: 이본에는 '而'로 되어 있음.

義者, 可謂名不虛得."

○第六十二틍 性行部二十【寇盜二】

8-23. 痛背恩偸換金錢

韓相[179]致亨, 燕山朝罹酷禍, 只有一孫, 方在襁褓, 無人收養. 始韓家烜爀時, 一門生趙姓象譯, 被韓相之眷愛, 朝夕左右. 至是, 潛携其孫兒, 匿于家, 定乳媼以養之, 稍長, 恩勤撫育, 置塾師以課之. 至於冠昏, 及韓相伸寃, 乃爲之買舍以奠居. 趙本財饒, 凡係韓家事, 毋論大小緊漫[180], 輒隨處措置, 終始靡懈. 韓亦衣食契活, 專靠於趙, 便同一室, 如是數十年. 韓登第[181]顯揚, 以至從宦之具, 供奉之節, 趙皆擔着, 因以家力漸耗, 蕩敗無餘. 韓進塗旣闊, 家計日肥, 然而見趙窮困, 恝然不少恤焉. 趙少不芥懷, 日趁門下惟謹. 韓爲關西伯, 趙願沾幞窠, 以救餒, 韓援引支吾, 竟不許之. 趙乃自歎曰: "吾之賦命多舛, 値運不齊, 固無足恤, 而韓公事決非人情, 人固未易知." 獨自慨咄不已. 自是, 趙飢寒轉甚, 不勝其苦, 欲往見韓, 一陳衷臆而死. 遂以弊袍破笠, 間關徒步, 抵浿營, 閽禁甚嚴[182], 不得入, 彷徨營底. 鶉衣鵠形, 行路嗟傷, 一吏見而悶之, 指示後邊潛入之路, 趙遂入, 謁監司, 監司愕然曰: "君胡爲乎[183]來?" 趙具陳所懷, 監司皺眉, 曰: "君誠不思之甚矣! 觀察營門, 何等尊嚴, 如君寒丏, 何必攔入? 可退休於裨廳也." 意甚泠落, 幕客[184]咸

---

179) 相: 이본에는 '相國'으로 되어 있음.
180) 緊漫: 주필로 삭제표시가 되어 있음. 이본에는 빠져 있음.
181) 登第: 이본에는 '登科'로 되어 있음.
182) 甚嚴: 이본에는 '至嚴'으로 되어 있음.
183) 乎: 이본에는 빠져 있음.

憐之, 或饋以酒食. 俄而, 營庭有推閧之聲, 以閽卒不能拒客, 罪之也. 趙聞之, 暗自傷歎而已. 過幾日, 監司謂趙曰: "君之遠來良苦, 吾豈無優資之心? 而債簿山積[185], 手不副心, 略助路費, 可卽還洛也." 趙仍辭退, 慨人情之無良, 悲身世之益困, 無從淸淚凝注兩睫. 且無面渡江歸見家人, 出坐大同門外, 長吁短歎, 自想惟有一死, 可以忘此悲憤, 便欲投水. 乃一場哀哭, 忽有健漢, 牽駿乘而來拜, 曰: "主將奉邀!" 趙問: "爾主將爲誰? 吾素昧, 安得見?" 速曰: "往可知之[186], 何須說短說長?[187]" 因拉趙上鞍, 趙默念, '將死之人, 寧復顧畏?' 遂任他所爲, 隨其所之. 踰阡越陌, 馬行如飛, 耳邊但有風聲, 不知行過幾百里. 到一處, 山高谷深, 屋閈櫛比, 中有一大家, 乃下馬入門, 主人戴朱笠, 穿錦袍, 下椅而迎, 曰: "飽聞盛華, 竊願結交, 坐屈高駕, 極知悚仄." 趙惝怳踧踖[188], 莫省所諭, 主人曰: "公知古所稱綠林豪客否[189]? 吾卽其人也." 因命進杯[190]盤, 粉黛數十[191], 各持麈箑·巾帨, 分左右侍立, 皆艶冶動輝, 旨酒佳肴, 滿盤珍腴, 不可殫記. 又有一隊女樂, 絲管迭奏, 歌舞以侑觴, 關西方伯之豪華, 風斯下矣. 趙醉飽歡讌也, 自不妨[192]當初欲死之計, 已擲於雲霄外, 日與宴飮跌宕, 或登山射獵, 或臨水釣魚, 頓忘羈愁, 樂而忘返. 旣浹數旬, 乃謂主人曰: "僕之來此, 多荷盛款, 且此

---

184) 幕客: 이본에는 '幕賓'으로 되어 있음.
185) 山積: 이본에는 '如山'으로 되어 있음.
186) 之: 이본에는 '矣'로 되어 있음.
187) 何須說短說長: 주필로 삭제표시가 되어 있음. 이본에는 빠져 있음.
188) 踧踖: 이본에는 '踧躇'로 되어 있음.
189) 否: 이본에는 '耶'로 되어 있음.
190) 杯: 이본에는 '酒'로 되어 있음.
191) 數十: 나, 다본에는 '數人'으로 되어 있음.
192) 也自不妨: 주필로 삭제표시가 되어 있음. 이본에는 빠져 있음.

間樂, 不思蜀然. 但未知妻孥間不作翳桑之鬼, 方寸亂耳, 請從此逝矣." 主人曰: "情理似然, 何敢挽止? 第於他日, 或有逢場, 幸毋忘今日之緣." 因命備給人馬如來時, 至於資斧贐遺, 無所慨及. 趙還切訝怪, 乃告別登程, 每到站, 見其騎僕, 而輒有供饋者. 不幾日抵家, 家已易主矣, 尋到其移徙處, 煥然一傑家也. 莫知其故, 直入室見之, 則屋中之瘦面復光, 庭下之婢僕如雲, 亟問妻曰: "此誰家也? 君胡在此?" 妻迎笑曰: "何言之戲也? 公之在西時, 多送錢財, 屋廬傢伙, 皆有措置, 敎妾移居, 故妾但依書中指揮而來住也." 趙探視其書, 卽模自家筆者也. 乃大駭, 莫測其端倪, 更思之, 則必是綠林客所爲也. 心內[193]稱謝不已[194], 益歎其才智義氣之卓爾也. 自此, 家産豊足, 儼成饒居. 及韓遞歸, 趙曰: "寧人負我, 無我負人?" 乃往謁韓, 韓見其狀貌豊盈, 衣冠華鮮[195], 怪問之, 趙曰: "活人之佛, 曲曲有之, 偶得金錢, 幸免喫着之憂." 韓揣其饒居, 暗生投蝦釣鯉之計, 遽笑曰: "吾在西時, 迄未贐遺, 常所歉歉, 歸橐雖不敷, 當有些表情." 仍命蒼頭, 以百緡錢覓送, 韓家蒼頭入庫, 驚呆而奔告曰: "庫中所在錢財, 都是瓠片破磁之假錢, 無一靑銅赤仄之存者!" 韓大驚, 躬審之, 果然. 此蓋[196]綠林客之換偸爲趙家營産者也. 未久, 韓以西伯贓罪, 謫死. 趙一日閒坐, 忽聞門外, 呼救聲甚急, 出視之, 乃綠林客也. 鶉結鬼形, 慘不忍見, 驚問: "此曷故也?" 客曰: "且休絮話, 追捕在後, 幸速匿我!" 遂挈入隱諸屋中壁櫬. 俄而, 健卒三四輩, 帶赤索, 睢盱而突入[197], 曰: "方追大賊至此, 意入此

---

193) 心內: 나. 다본에는 '內心'으로 되어 있음.
194) 不已: 저본에는 빠져 있으나 이본에 의거하여 보충함.
195) 華鮮: 이본에는 '華麗'로 되어 있음.
196) 蓋: 이본에는 '皆'로 되어 있음.
197) 入: 이본에는 '入房'으로 되어 있음.

家, 可速出給! 否者, 難免藏賊之律." 趙愕眙曰: "此何說也?" 衆
曰: "吾輩已有的知, 何敢抵賴?" 威脅恐喝, 無所不至, 趙一辭牢
拒, 終不回聽. 願搜尋室屋, 趙使之遍視, 渾室無有, 乃要見壁樌,
趙大咤[198]曰: "此婦女們所在, 汝輩何敢乃爾?" 衆瞋目曰: "吾儕但
知賊, 不知婦女, 如不開示, 公可替往." 趙曰: "吾頭可斬, 此室不
開." 衆遂欲擁趙以去, 趙曰: "何必相戹至此? 吾當傾家貲以奉之,
幸稍留方便." 萬端哀乞, 客乃從壁樌中, 大呼曰: "汝輩可退!" 衆
曰: "諾." 皆散[199]去, 客笑曰: "此輩, 皆吾卒徒也, 聊暫試之, 幸勿
咎焉. 今日, 快知公亦有心人也." 遂脫去藍縷衣[200], 露出美衣, 呼
酒對酌, 一場叙懷, 曰: "從此一別, 後會無期, 幸自珍重." 仍飄然
出門而去, 竟不知下落.

　外史氏曰: "韋蘇州詩曰: '咫尺炎涼變四時, 出君焦灼君詎知.'
歐陽公集曰: '未乾薦禰之墨, 已彎射羿之弓.' 古或有負德者, 然韓
之背恩忘義, 天必厭之, 宜其覆敗. 而綠林客之偸換金錢, 使之暗
裏報復, 非但出於義氣, 可見才智手段, 眞快活奇男子也!"

8-24. 責失信警罰布衣

　兪判書絳, 少時, 與會心兩友, 負笈山房. 一日, 各言其志, 兪曰:
"仕宦而至將相, 富貴而歸故鄕, 此人情之所榮, 而今昔之所同, 吾
豈有他見?" 一人曰: "士生大有縕袍華於佩玉, 飮水甘於列鼎, 使
居有山明水麗, 採而美可茹, 釣而鮮可食. 登皐舒嘯, 臨流賦詩, 獨
立不懼, 遯世無悶, 逍遙林泉之下, 睥睨天地之間, 不受當時之責,

---

198) 咤: 이본에는 '叱'로 되어 있음.
199) 散: 이본에는 '退'로 되어 있음.
200) 衣: 저본에는 빠져 있으나 나, 다본에 의거하여 보충함.

永保性命之期, 是吾願也." 一人獨嘿然, 兩人曰: "君何無一言?"
曰: "吾之所欲, 異乎二子者之撰, 不須問也." 二人强之, 乃曰: "吾
以頂天立地丈夫之身, 不幸而生於偏邦, 環顧一世, 無可得意處.
富貴如可求, 雖執鞭之士, 吾亦爲之, 如不可求, 從吾所好. 鳳不憎
山棲, 龍不恥泥蟠, 棲身於深藪窮谷, 嘯聚綠林·萑蒲之徒, 如梁山
泊天罡地煞之數, 仗忠行義, 所向無敵. 凡貪饕不義之財, 侈濫無
名之物, 取之無禁, 用之不竭. 歌童舞女, 羅列於眼前; 山珍海錯,
厭飫於口中, 窮心志之所欲, 盡平生之快樂. 鳴則驚人, 飛則冲天,
斯可以凌霄漢, 而出宇宙之外矣[201]. 與其伺候於公卿之門, 奔走於
形勢之途, 受侮辱而不羞, 沾餘瀝而稱榮者, 豈可同日而語哉? 世
固有求爲官不得, 未有求爲盜不得, 將錢買官者, 事發, 治以盜之
罪; 將錢買盜者, 事發, 加以官之名. 其難易得失較, 孰多焉? 公等
碌碌夏虫, 不可以語氷, 而旣承叩問, 披示衷曲, 莫謂我强作哆談
也." 二人大笑, 而責之以無義. 其後, 兪登第至卿月, 一人以布衣
終老, 一人不知下[202]落. 及兪之按北藩, 布衣之人, 恃同硏之誼, 要
索遊北關, 冀得佽助[203], 少紓其貧寒. 遂徒步而行, 到[204]淮陽地, 忽
有健奴御飛黃而迎拜, 曰: "小的奉將令, 待此久矣. 願公騎此馬而
往." 其人怪問: "汝帥爲誰, 在於何處?" 對曰: "距此不遠, 自當知
之." 乃上馬, 其疾如飛, 踰阡越陌, 倏過幾十里. 又有駿乘之替騎,
兼進杯盤之療飢, 其人滋惑, 叩其由, 對如初. 行歷巖壑, 轉至峽
藪, 值昏導炬, 達夜趲[205]程. 翌午, 入一洞, 山坼野開, 屋宇彌滿.

---

201) 矣: 저본에는 빠져 있으나 이본에 의거하여 보충함.
202) 下: 라본에는 '何'로 되어 있음.
203) 佽助: 다, 라본에는 '傾助'로 되어 있음.
204) 到: 나, 다본에는 '至'로 되어 있음.
205) 趲: 이본에는 '起'으로 되어 있음.

中有高門大第, 下馬而入, 有一人, 戴騣笠, 穿蘗段, 珥銀頂, 繫絳
條, 下堦而迎. 儀表堂堂, 威風凜凜, 軒然一笑, 携手陞堂, 曰: "別
來無恙乎?" 其人茫然不省, 坐定熟視, 乃山寺攻業時, 願爲賊將之
人也. 其人大駭, 曰: "山門一別, 永隔參商, 今做何官致此富貴?"
主人笑曰: "吾之宦業, 異於君輩之蠅營狗求, 吾皆坐而致之. 始爲
萑蒲鄕亭長, 遷綠林縣監, 陞潢池府使, 今做梁山泊大都督. 樹旗
纛, 羅弓矢, 武夫[206] 呵前, 從者塞後, 一呼而[207] 百諾, 令行禁止. 地
掌版籍之漏, 身無符節之絆, 東西南北, 惟意所適, 行藏屈伸, 無不
自由, 豈如君輩之爲守宰者畏方伯, 爲方伯者憚廟堂, 瞻前顧後,
跋胡疐尾而已乎? 曩在山房論懷時, 永矢不諼, 卽此一事, 而有志
者, 事竟成. 健卒數萬, 如虎如貔, 亦有高廩, 如坁如京. 吾非如鼠
竊狗偸, 探囊劫篋之爲, 而貪官污吏, 不義肥己之財; 富商大賈, 榷
利病民之貨; 燕市倭館, 玩好無名之物, 並網羅罟擭, 致此富厚. 豈
如君輩之上而偸竊公貨, 下而浚剝民膏, 行椎膚剝髓, 不忍[208] 之
政; 作吮癰舐痔, 善事之資者乎? 人生幾何? 譬如朝露, 擺却世間
浮榮, 穩享物外行樂, 亦或一道, 君其謂我何?" 其人惶汗[209], 莫敢
仰對. 俄而, 左右紅粧, 捧盤而進, 方丈珍羞, 璀璨寶器, 衆樂並奏,
觴豆繼進, 彷彿公侯之富也. 遂與之劇談, 盡歡抵夜, 聯枕而宿, 主
人曰: "君之此行, 欲訪兪某, 覬其贈遺乎?" 曰: "然." 曰: "此人規
模, 君豈不知耶? 雖有些助[210], 未必贍急. 吾當有賻, 自此直還, 可
也." 其人曰: "要伸切偲之舊誼, 奚論餽遺之多寡? 旣涉關嶺之遠,

---

206) 武夫: 다본에는 '武士'로 되어 있음.
207) 而: 저본에는 빠져 있으나 이본에 의거하여 보충함.
208) 不忍: 라본에는 '不仁'으로 되어 있음.
209) 惶汗: 이본에는 '汗惶'으로 되어 있음.
210) 助: 이본에는 '物'로 되어 있음.

宜叙雲樹之懷, 吾之此行, 不可遏也." 乃命僕馬護送如來時, 臨行
戒之, 曰: "君見兪某, 切勿言吾在此, 渠雖欲捕我, 便是驅羊搏虎,
反遭其噬. 君若負吾言, 則言出之日, 我當聞知, 三尺霜鋩之下, 無
舊日金蘭之情也. 惟口興戎, 戒之愼之!" 其人指天爲誓, 曰: "寧有
是理?" 主人笑而送之. 乃行到咸興地, 送還人馬, 步抵巡營, 見道
伯, 寒暄甫訖, 低聲密告曰: "令公倘知山寺同硏之某人去處乎?"
曰: "一自下山, 永無聲息, 甚可怪也." 曰: "方在令公省內, 此是大
賊也." 道伯問: "君何以知之?" 仍說所經始終甚悉, 道伯曰: "渠雖
作賊, 姑無貽弊於民國[211], 第觀動靜, 當圖捕治." 其人曰: "養虎遺
患, 慮不可弛, 滋蔓難圖, 責將誰歸? 渠雖强作夸談, 虛張威勢, 而
竊觀其徒, 皆烏合之衆, 羸疲之卒. 若假我勇士一隊, 則當一鼓而
縛致營下矣." 道伯曰: "量君才智, 恐難敵彼, 但宿虎衝鼻, 惹起鬧
端, 則噬臍何及? 君且休矣!" 其人作色曰: "公不肯俯從, 則僕當上
京告變, 免夫知情不告之律矣." 道伯不得已, 並從之. 其人遂領校
卒, 更向山路近寨, 埋伏於左右叢樾中, 戒之曰: "吾當先往, 覘機
而來, 汝等姑俟之." 行至幾里, 嚮者牽騎邀路之人, 又來, 傳將令
謂以俱來, 而不送騎矣. 心竊訝之, 纔到寨口, 一聲砲響, 忽有健卒
數十, 突出綁縛, 如快鶻搏兎, 前提後驅, 足不履地, 拿至寨庭. 其
人喘息未定, 仰見賊帥, 大張威儀[212], 椅[213]坐而怒叱, 曰: "汝以何
顏復見我乎?" 其人曰: "吾有何罪, 貽辱至此?" 賊帥厲聲曰: "汝不
念臨別之托, 以吾事泄于北伯, 今乃敢撓舌抵賴乎?" 其人曰: "天
日在上, 實無是事." 賊帥號令徒衆, 曰: "可拿入北營校卒!" 言未

---

211) 民國: 이본에는 '民間'으로 되어 있음.
212) 威儀: 이본에는 '威勢'로 되어 있음.
213) 椅: 이본에는 '倚'로 되어 있음.

已, 一齊縛拿, 而伏於階[214]下, 賊帥指示曰: "此是何許人也?" 其人面色如土, 無辭可答, 只稱死罪. 賊帥冷笑曰: "如渠孤雛腐鼠, 何足汚我刃也? 背義失信, 不可無警." 下棍十度, 仍縛坐于庭, 令解校卒, 曰: "汝等良苦隨彼痴獸兒而來矣." 各賜錢布, 以送之, 曰: "可歸語爾將, 更勿[215]聽此等人之言也." 乃命徒衆, 出其財帛·銀錢·器用什物, 或駄或擔而去. 擧火燒其屋宇, 曰: "旣被人知, 不可住此." 又使一卒, 驅逐其人, 出之路上, 賊徒遂飄然而[216]分散, 轉眄之頃, 水逝雲空矣. 其人間關歸家, 已移他洞, 尋至其家, 門戶比前高大, 家容豊膩. 詢其由, 對以, '公在北營時, 有札並送貨物, 因此致饒云.' 其人取考其札, 宛如自家之筆迹, 銀錢布帛之數, 亦夥然, 乃知賊帥之所爲也. 其人頗悔之云.

外史氏曰: "惟信與義, 君子之可常履, 而懼或有失者也. 彼旣遇我以義, 而我則酬以不義, 彼先示以信我, 而我乃終底失信, 宜其遭辱, 而第施薄警, 不加深誅者, 亦出於義氣也. 其不得爲國干城, 而竟作綠林豪客, 殊可慨也. 道伯之不欲率爾擊捕, 故令遁去, 使桴鼓不警, 省內無事, 其亦見識之遠邁布衣者耶?"

---

214) 階: 이본에는 '庭'으로 되어 있음.
215) 更勿: 이본에는 '勿更'으로 되어 있음.
216) 而: 저본에는 빠져 있으나 이본에 의거하여 보충함.

卷九

○ 第六十三号 人事部一【積善一】

9-1. 五女嫁因太守戲

李延原光庭, 爲楊州牧使時, 養一蒼鷹, 每使獵夫幹而出. 一日, 鷹師經宿而還, 傷足步蹇, 公怪問之, 笑而對曰: "昨到山麓, 放鷹攫雉, 雉逸而逃, 四處搜訪, 鷹坐某村李座首門前樹上, 呼鷹而臂之. 將尋回徑, 時値曛黑, 路過其家籬邊, 忽見衆女嘻嘻的笑, 挨開籬扉出來. 恐被撞見, 旋步避身, 趂[1]溪跌傷, 不堪蹣跚, 潛匿叢樾中覘聽. 有五介處女, 皆編髮至趾, 長大如壯男, 以布裳藁履, 相携到後園中. 時則林籟已寂, 山月微明, 一女朗誦曰: '月白風淸, 如此良夜何?' 一女微唫[2]曰: '今夕何夕, 三星在天.' 一女笑而拍其肩, 曰: '癡婢子, 還不解羞恥, 乃作此閒商量.' 一碩女曰: '且實閒話, 又作太守戲, 何如?' 僉曰: '好矣!' 女有最長者, 年可三十餘, 高坐石上, 稱以太守, 其下四處女, 各稱以座首・刑吏・急唱・使令, 羅列左右. 太守號令曰: '座首拿入!' 刑吏及急唱, 以次傳令, 使令乃捽座首, 而跪于前, 太守厲聲而數其罪, 曰: '夫婦人倫之大綱, 婚姻以時, 著於聖訓. 汝之末女, 年已過笄, 則其姊可知, 溯而上之, 其最長者之便如婆娑[3], 推可知矣. 汝何爲而使五女並歸廢倫乎? 汝罪當死!' 座首俯伏而對, 曰: '民豈不知倫紀之至重, 民之家計赤貧, 實無以措辦婚具.' 太守曰: '婚媾稱家有無, 苟難脩物, 便可酌

---

1) 趂: 다본에는 '越'로 되어 있음.
2) 唫: 이본에는 '吟'으로 되어 있음. 통자임.
3) 婆娑: 저본에는 '婆婆'로 나와 있으나 이본에 의거함.

水成禮, 汝言太迂闊矣.' 座首曰: '民之女非一二人, 東床之選, 從何多得?' 太守叱之曰: '月下赤繩, 自有定緣, 汝若誠心廣求, 豈無其人? 以吾所聞, 某村之宋座首·吳別監, 某村之鄭座首·全別監·崔鄕所, 皆有庭蘭之苗秀, 方求絲蘿之結親. 汝與此輩, 地醜德齊, 可合五女之伉儷, 而汝念不到此, 一味遷就, 何也?' 座首曰: '謹當通婚, 而彼輩必以民之貧寠, 不肯諾矣.' 太守曰: '然則貧家處女, 皆老死閨中乎! 汝罪當笞, 而今姑緩恕, 斯速定婚而成禮, 可也! 否者, 難免重辜.' 仍令曳出五女, 因相與大笑, 一闋而散, 其狀絶倒."
延原聞而齒冷, 卽召鄕所, 詳叩李座首來歷及家勢何如, 子女幾人, 對以屢經首鄕, 而人品淳愿, 家徒四壁, 而膝下五女云. 延原卽邀李座首, 問之, 如太守處女之言, 其答亦如座首處女之對. 又問: "某座首·某別監·某鄕所, 有子而未娶云, 君何不議婚?" 對曰: "第玆鄕村之成朱陳, 惟視貧富而諧秦晉, 民雖開喙, 彼必不應." 延原曰: "此事, 吾當行媒." 招入五鄕所, 曰: "君輩俱有子長成, 已授室否?" 對曰: "雖有迷豚, 尙未委禽." 延原曰: "爲君輩指示婚路, 可乎?" 咸曰: "何等感幸?" 延原曰: "吾聞李座首家有五女, 祈祈如雲, 盍圖贄迎?" 五人相顧, 逡巡不卽應對, 延原曰: "彼鄕族, 此鄕族, 門當戶對, 君輩所欲, 苟非如鼯鼠婚, 則必厭其貧而然. 然則陳平之借幣以聘, 阮修之斂錢爲助, 曷嘗嫌貧而賴婚乎? 吾之年位, 比君輩何如? 豈可空言而已乎?" 乃出五幅簡紙, 投諸五人之前, 曰: "各書其子四柱, 可也!" 聲色俱厲, 五人惶蹙, 對曰: "謹奉敎矣." 延原乃考其年紀多少, 以定其處女次第, 又曰: "貧家事勢, 烏得以結褵有先後乎? 五雙夫婦, 一齊成禮, 實爲美事, 査醅[4]鑿悅之具, 並

---

4) 醅: 이본에는 '醋'로 되어 있음.

當自官備送, 花燭之日, 吾欲躬往管檢矣." 因饋酒肴, 各賜苧布一段, 曰: "用作佳兒迎婦之袍." 又視曆涓吉日, 曰: "期在旬前, 須勿違越也." 乃輸送布帛·錢穀于李家, 以備五女粧奩·牢宴之需. 及期, 延原往李家, 盛設屏帷[5]·筵席, 列置五卓, 雲幎連天, 觀者如堵. 五郎五婦, 一時交拜, 和氣爛其盈門, 讚歎溢於一鄕, 咸稱罕有之盛事. 延原後嗣之繁[6]衍顯達, 皆由積善之餘慶云.

外史氏曰: "陰陽配合, 卽天地常經, 雖鳥獸之微, 皆有耦匹, 可以人而不如鳥獸乎! 男女之際, 大慾存焉. 女子偏性, 虛老閨中, 則幽怨堙鬱之氣, 安得不飮恨而傷和哉? 五女作戲, 固出於眞情, 而亦天誘其衷, 借人以行媒也. 李延原之成就好事, 此實陰德, 而作善受報, 宜其福祿之綿遠也!"

9-2. 兩郞婚由御史媒

朴靈城文秀, 以繡行到晉州, 偶迷路, 抵一村叩扉, 有童子出應, 年可十六七. 要借一宿, 乃邀入室, 曰: "家貧, 未炊無飯, 待客甚用歉仄." 公曰: "肚饑難堪, 亦奈何?" 因疲臥一隅, 童子屢顧屋樑上紙囊, 頗有慘沮之色, 旋解囊而入內, 呼母曰: "適有過客寄宿, 似不忍饑, 以此炊飯, 恐好." 母曰: "如是而汝親之忌事, 將闕之乎?" 童子曰: "情理雖切迫, 而旣見人饑, 何可不救乎?" 其母受而炊之. 公聞其言, 心甚惻然, 詢其由, 童子曰: "客已聞知, 何敢欺也? 吾之親忌不遠, 無以過祀, 適得一升米, 作紙囊懸之, 擬作祭飯. 今客飢甚, 家無供飯之資, 不得已炊此, 曷勝慚愧?" 公嘉其志操, 問其姓, 乃同宗也. 偏親侍下, 有一妹, 年過笄, 而未定婚, 室如懸磬[7], 粟乏

---

5) 帷: 이본에는 '幃'로 되어 있음.
6) 繁: 저본에는 '蕃'으로 나와 있으나 이본을 따름. 뜻은 서로 통함.

儲罄, 甚可矜也. 忽有一奴, 來呼曰: "朴道令, 可速出來!" 童子哀乞曰: "今日則有客未可往, 明朝當去." 公問其故, 曰: "此邑座首之奴也, 吾曾約贅於座首家, 彼嫌吾貧寠, 忽爲背約, 定婚於黃富家兒. 慈親不勝忿慨, 遣人責之以不義, 彼反以爲見辱, 必欲捉我而去, 施以罰責. 吾故爲謀避, 今又送奴, 勢將一往遭辱矣." 公乃謂其奴曰: "吾是此童之族叔, 吾可代往." 因隨奴而至彼家, 是日將納聘, 盛[8]設屛帳, 賓客盈室, 座首高坐廳上, 而命捉入之. 公直上座[9], 厲聲曰: "吾姪士族, 豈可連婚於土班? 而特以貧窮之致, 約婚於君, 君可謂仰婚, 而乃侮其貧, 臨期背約, 已極無狀. 且欲捉致朴童而示辱者, 何也? 眞所謂不給糧而破瓢者也. 君以邑中首鄕, 有權力而如是耶?" 座首大怒, 叱其奴曰: "使汝捉來朴童矣, 何爲挈此狂客而至, 貽惱於吾乎? 汝罪當笞!" 公乃自袖中, 露示馬牌, 曰: "汝焉敢若是?" 座首面如土色, 降階伏地, 曰: "死罪死罪!" 於是, 滿座皆驚, 抱頭鼠竄而逃. 公謂座首曰: "汝可結婚於朴童乎?" 對曰: "何敢不婚?" 又曰: "汝今將迎婿, 吉日已涓, 醮席亦設, 不必更筮他日, 可於明日成禮. 黃家新郞之臨時退婚, 亦係可矜, 吾有區處之道, 明日迎來, 可也." 座首曰: "謹當如命." 公曰: "吾當明日, 携朴童男妹而來矣, 可整備婚具以待也." 因直入邑出道, 謂本牧[10]曰: "吾有族姪兄[11]妹, 在此邑某里, 明將過婚, 而家貧無以成禮. 男娶女嫁, 一日同行, 冠服人馬, 納贄結褵之具, 並可周旋備[12]助否?"

---

7) 罄: 이본에는 '磬'으로 되어 있음. 서로 통함.
8) 盛: 나본에는 '或'으로 되어 있음.
9) 座: 저본에는 '坐'로 나와 있으나 이본을 따름.
10) 牧: 저본에 '倅'라 쓴 것을 주필로 수정한 것임.
11) 兄: 저본에 '男'이라 쓴 것을 주필로 수정한 것임.
12) 備: 저본에는 '借'로 나와 있으나 이본에 의거함.

牧[13]曰: "此是美事, 敢不盡力?" 翌日, 公與牧[14]備轎馬, 至朴童家, 粧出其兄[15]妹, 一騎馬一乘轎, 率到座首家. 先行朴童奠醮, 又迎黃家新郎, 與朴處女同牢, 一時兩婚, 和氣盈室. 繡衣·銅章, 共來主事, 鄕任家爛其生輝, 隣里雲集, 咸噴噴稱初有之盛擧. 及禮畢, 公命捽入座首, 曰: "汝田土·臧獲, 家藏什物, 厥數幾何?" 座首具擧以對, 公曰: "各種並分半, 給女婿乎?" 曰: "何敢不從命?" 公遂命書文記, 而證人首書御史某, 次書本官某, 因踏馬牌及印, 以給朴童而去[16].

外史氏曰: "婚姻以時, 卽人倫之大者, 夭桃摽梅之所由作也. 朴童之志行可嘉, 孰不憐愛? 而幸逢靈城之施義, 得以成婚, 可謂時來風送, 其一時兩婚, 便是移花接木. 其事甚奇, 又令人爽快, 眞罕有之美事也."

○第六十四号 人事部二【積善二】

9-3. 恤三葬遇女登仕

李義寧, 嶺南人也. 家資稍饒, 少年登武科, 抵京求仕, 滿載貨財, 要結權貴, 而每被奸騙所誑, 竟歸虛費是鑽. 因此家産漸耗, 狼貝而歸, 嘆曰: "吾幾年捕風捉影, 俗所謂'欲捉山彘失家猪', 不幸近之矣." 遂懲以吹虀, 計在收楡, 身操板銚, 專意農業, 家人隣里, 每咸嗤其空費千金, 而未得一命. 李不勝憤菀, 乃盡賣所餘田, 獲三

---

13) 牧: 저본에 '侔'라 쓴 것을 주필로 수정한 것임.
14) 牧: 저본에 '侔'라 쓴 것을 주필로 수정한 것임.
15) 兄: 저본에 '男'이라 쓴 것을 주필로 수정한 것임.
16) 而去: 이본에는 '云'으로 되어 있음.

四百金, 槖載而作京行, 曰:"此去必做官乃歸, 苟非然者, 誓不再渡洛東江矣!"行到忠州, 避雨一村家, 因寄宿, 聞女子哭聲, 甚悽切. 問于主人, 對曰:"此前家有一學究, 挈妻及未婚之子女來寓, 而甁罌俱空, 日前老夫妻及其子, 遘癘俱歿[17], 只餘一女在家. 旣乏初終措辦之道, 又無族戚顧恤之人, 三尸在床, 無以斂埋, 女但號哭而已." 李聞之, 不勝慘惻, 明朝委往叩門, 一女在內應之, 曰: "客何來訪? 家無男丁, 未可邀入." 李槩道其來由, 女乃倚扉而迎, 雖蓬頭垢面, 衣不掩體, 而天姿窈窕, 淚光熒熒然如珠. 李細詢其本末, 乃出裝中錢, 貿布木·棺槨, 躬自襲斂, 次第埋瘞于後園, 因謂女曰:"子子單身, 何以支存? 族戚中無論親疎遠近, 或有可以依托處乎?" 女曰:"吾本四顧無親, 只有外戚某, 居在某鄕, 而顧此一介弱質, 曷以致身? 不意今者, 幸逢大人, 得掩父母之遺體, 至恨畢矣, 夫復何望? 但有一死, 更無他道, 第公恩德, 泰山河海, 不足以喩其高深, 雖生生世世, 含珠結草, 未可以酬其萬一. 而此生此世, 將無可報之期, 是爲不瞑之恨." 李曰:"不然. 我當爲君致身之道矣." 卽命奴買轎賃馬, 治行具, 納女于轎, 自作陪, 訪某鄕某家, 細說首尾, 付女于其家. 因檢其行裝, 只餘十餘緡, 乃賣馬得十六兩錢, 徒步戾洛, 寓於旅店. 歷謁公卿, 課日奔走, 桃李門前, 刺紙生毛, 蔘朮籠中, 夾帒空名, 朝東暮西, 一味冷落. 如是三四年, 盤纏已罄, 喫着俱窘, 雖欲賦歸, 而非但無面渡江, 資斧難辦, 眞所謂'登樓去梯, 進退維谷'. 擬見銓官, 陳情決歸, 而又阻閽[18]徊徨, 計無所出. 聞銓官之大人同知公, 在於後堂, 要作冶金之自躍, 冀有蟠木之先容, 乃趂靜夜, 排門突入. 有一老人, 韶顔白髮, 步月庭際,

---

17) 俱歿: 나본에는 '殞沒'로 되어 있음.
18) 閽: 나, 라본에는 '闇'로, 다본에는 '闟'로 되어 있음.

遽見客喫驚, 問: "爾何人, 亁夜至此?" 李曰[19]: "小人卽某鄕某弁, 十年求仕, 家産盡蕩, 乞食旅店, 艱楚萬狀, 擬暴寃屈於銓曹, 而通刺無路. 若蒙台監之汲引, 得沾斗祿, 死無餘恨." 老人啞然而笑, 曰: "此非向我說道之事, 可見吾兒而告之." 老人自來無睡, 遂携入室, 打話良久, 李辯博懸河, 兼以脅肩, 老人意甚悅, 饋以酒肴. 及曉告退, 老人曰: "君旣作客, 姑留此, 偕吾消遣, 何妨?" 因挽之, 李心切喜之. 自是, 常在傍, 或對博, 或古談. 老人問曰: "君奔走京鄕, 必多經歷可聞者." 李細述前後來歷, 且將埋三尸, 救處女之事, 從頭至尾, 說了一通, 老人聽之, 甚娓娓. 翌朝, 銓官省親, 老人招李出現, 銓官又問埋尸事, 李對如前, 銓官曰: "近因身恙, 未得接客, 而君則一面如舊, 從今以燕服見我也." 後數日, 老人携李, 由複道轉數曲, 至一室, 忽女婢告以夫人出來. 李蒼黃欲避, 老人挽止, 曰: "可安坐!" 李轉益駭惑. 夫人盛粧入門, 向李納拜, 李驚惶罔措, 忙起答禮, 夫人曰: "大人不識小女乎? 倘記某年某鄕某事乎? 生死肉骨[20], 受恩罔極, 而緣吾年淺智短, 未及詢公姓名居住. 圖報一念, 寤寐如結, 而尋訪無路, 辜負實多, 何幸獲此奇遇, 可遂宿願, 從此雖死無憾." 李始知其夫人卽某鄕處女也. 處女爲銓官繼室, 于歸之後, 常說此事, 而莫尋其人, 每以爲恨. 銓官父子, 聞其言, 嘆李之義, 及聞李言如合契[21], 遂令夫人出拜, 待以恩人. 供饋衣服, 俱極豊盛, 買一隣家, 畀李挈家[22]眷來留, 財産臧獲, 皆爲辦置, 卽拜宣傳官. 且銓官逢人輒說, 擧朝莫不稱其義, 轉相吹噓, 陞

---

[19] 曰: 이본에는 '白'으로 되어 있음.
[20] 肉骨: 이본에는 '骨肉'으로 되어 있음.
[21] 契: 이본에는 '符契'로 되어 있음.
[22] 家: 저본에는 빠져 있으나 이본에 의거하여 보충함.

至亞將.

外史氏曰:"范堯夫付麥舟, 以助曼卿三喪之葬, 柳開罊裝金, 以畀酒肆士人, 而葬其親. 古人之倜儻重義, 固然, 而後世澆俗, 豈有此哉? 李弁路人初非匍匐之地, 而乃罊其囊財, 手自殮埋, 慷慨急人之義, 無愧乎古之大俠. 漢書曰:'有陰德者, 天報以福.' 李之遇女, 受報騰揚仕路, 豈非天耶?"

9-4. 救四命占山發福

金藎祚, 江陵士人也. 家貧而有老母, 常窘菽水之供, 一日, 母曰:"吾聞汝家先世臧獲之散在湖南島中者, 甚多, 汝可一往推刷乎!" 因出奴婢券, 以給之, 金持其券, 往羅州一島中, 百餘戶村, 皆奴僕子孫也. 願以數千金贖之, 金許之, 燒其券, 駄其錢而還. 過錦江, 有一翁二婦, 互相入水, 旋相援出[23], 因相扶而痛哭. 金怪問之, 翁曰:"吾有獨子, 爲吏役, 今以逋在囚, 明日是定限, 而過限則當死矣. 不忍見獨子之被刑, 吾欲投水而死, 老妻少婦, 又欲共死, 而不忍見其先入, 先入, 則又相拯出, 如是者, 已半日矣." 金曰:"若有錢幾何, 則可以償逋也?" 曰:"數千金, 可也." 金卽以駄來錢數千兩, 盡與之, 其三人曰:"吾家四人之命, 回死爲生, 何以報恩? 吾家不遠, 願暫入少憩." 金曰:"家有老親, 倚閭久矣, 不可遲也." 卽馳去不顧, 問其居住姓名, 亦不答焉. 金歸家, 母問:"推奴事如何?" 以錦江事, 對之, 母拊其背, 曰:"是吾子也." 後母以天年終, 家益剝落, 而先塋之下, 又無可葬之地, 金與地師一人, 步行求山. 到一處, 地師大讚之, 曰:"此地吉, 不可言矣." 坐見山下, 有一大

---

[23] 出: 나, 다, 라본에는 '引'으로 되어 있음.

家, 問之, 則富民家也, 左右村落之櫛比者, 皆其奴僕也. 顧地師, 曰: "以吾之力, 何可生心乎? 然日已暮, 第往留宿, 可也." 入其家, 有一少年迎接, 待以夕飯. 金與少年問答之際, 忽有一婦人, 開戶突入扶金, 哀而哭之, 不能言. 少年驚問其故, 婦曰: "此錦江所逢之恩人也." 少年又抱而哭之, 老翁老嫗, 又自內室[24]而出, 亦抱而哭之. 始言其年條事實, 果然矣. 蓋少婦自錦江事以後, 夜輒焚香祝天, 曰: "願逢恩人, 以報其德." 其夫亦退于村, 治産爲鉅富, 遂占得此地而居焉. 少婦每聞客來, 必竊覘[25]而察之, 以其能有心於見人也. 然今能不失於幾年[26]之後者, 亦其至誠之所感也. 金哀始言家後山地事, 內外主人, 皆曰: "此洞之田宅奴婢, 皆喪主之物也. 當初治産之地, 爲喪主而占置者, 是喪主之福也." 因納其文券, 金哀曰: "主人將往何處?" 答曰: "豈敢忘喪主而遠往哉? 隣洞又有別業之排置者, 足以資生, 亦可以晨夕來往[27]矣." 金哀亦感其意, 遂移家而居之, 因葬於其山. 其後, 金哀之子孫繁衍, 冠冕相承云.

外史氏曰: "『北史』·「李士謙」曰: '陰德其猶耳鳴, 己獨知之, 人無知者. 今吾所作, 人皆知之, 何陰德之有?' 邵康節詩, 曰: '人之爲善事, 善事義當爲. 莫問身之外, 人知與不知.' 金士人不恤自己之貧困, 一傾裝而救四人之命, 此陰德也, 善事也. 何論人之知與不知, 而天知神知, 宜其獲報而獲福也."

---

[24] 內室: 마본에는 '室內'로 되어 있음.
[25] 覘: 다. 라본에는 '睍'으로 되어 있음. 서로 통함.
[26] 幾年: 다본에는 '數年'으로 되어 있음.
[27] 來往: 마본에는 '往來'로 되어 있음.

○ 第六十五号 人事部三【施義一】

9-5. 還銀包報以晩福

廉時度, 忠州人, 許相積之傔從也, 性淳實廉介, 許寵信之. 一夕, 謂時度曰: "明曉, 有傳語處, 可早來." 時度[28]晨過南門, 路上見有一塊青袱, 拾取之, 磊磊然若裹碁子, 佩來許家, 而開視之, 乃白金也. 雖欲還主, 而無可問處, 奉獻于許, 曰: "得於街上, 未知何以處之?" 許沉吟良久, 曰: "汝得之不苟, 何不蘊爲?" 時度曰: "小的處相公門下十數年, 服相公廉潔, 欲學而未能, 今拾遺而敢藏之乎?" 許改容, 曰: "吾固知汝心, 前言特戲耳. 聞淸城愛金正言鎭龜甫[29]所騎, 直百金取之, 或者是耶? 汝試往探之." 時度袖銀包, 直到金家, 問: "宅有失物乎?" 金曰: "無之." 因呼蒼頭, 曰: "莫生持馬去, 已兩日, 而無回報, 何也?" 蒼頭曰: "莫生稱有罪, 不敢進現[30]." 莫生者, 老奴名也. 金命捉入, 莫生跪而告曰: "昨往淸城宅, 受馬價, 而失於路, 罪合萬死." 金大怒曰: "汝乃售奸, 而敢誣我也?" 亟呼大杖, 將撲殺之. 時度請暫停刑, 而俾盡失銀之由, 金許之, 莫生曰: "始往淸城宅, 相公奇其馬肥澤, 曰: '爾善喂此馬, 可嘉!' 因呼之前, 酌紅露于大椀, 連賜者三, 受銀包辭出. 時已黃昏, 醉不能步, 倒臥路傍, 微聞鍾聲, 强起而歸, 不省銀包所遺, 無面可白, 待死而已." 時度乃悉陳拾銀之由, 出袖而進之, 封誌皆驗, 衡之無爽. 金嘆曰: "汝非今世之人也! 此係已失之物, 今以其半賞汝." 時度笑曰: "苟欲取之, 當自收全[31]包, 豈利其半乎? 不敢從命." 金不强之,

---

28) 度: 저본에는 '道'로 나와 있으나 이본을 따름.
29) 金正言鎭龜甫: 이본에는 '金鎭龜'로 되어 있음.
30) 現: 이본에는 '見'으로 되어 있음.

益加嗟賞, 饋以酒饌. 時度曰: "老奴酒失, 不足深責, 幸寬恕焉[32]."
金曰: "諾. 當爲汝不罪矣." 及出門, 一女嫂拜, 曰: "妾卽莫生女也.
父自失銀來, 欲自決者屢矣, 幸賴活人之佛救, 此必死之命, 恩如
山海, 曷以爲報? 願暫入弊室, 容我陳悃." 時度不能辭, 遂尾之轉
長廊, 到曲房, 莫生隨至, 曰: "惟君今日之恩, 不翅葉於枯而肉於
骨也." 乃進旨酒嘉肴, 女曰: "廉丞活吾父, 便是吾爺, 願結父女之
義." 自是, 往來無間, 饋遺不絶. 時度歸而具告於許, 許逢人輒說
是事. 於是, 時度之名聲, 幾乎碎人齒齦矣. 淸城·光南, 會許于朝
堂, 要許喚時度, 觀之, 曰: "貌如其心." 各有優賞, 所受視銀包, 多
矣. 及庚申逆獄起, 許席藁待罪於平邱村舍, 謂時度曰: "世以汝爲
吾心腹之儂, 禍將不測[33], 可須[34]預避之." 時度曰: "小的當此時, 何
忍捨相公而去, 將安之?" 許曰: "吾悶汝無罪而就死, 汝欲少安吾
心, 莫如速去!" 時度匍匐座側, 呼泣不已. 許灑然變色, 以杖打逐,
而猶不去, 遂呼奴, 推背而出, 乃遂戶時度被驅去. 是夜, 風雨悽
悽, 天地茫茫, 漠然無所向, 轉轉行乞, 達忠州故里. 牧使申厚載,
卽許之甥也, 聞其至, 欲得舅氏消息, 招問之. 時度具以告之, 申亦
流涕, 贈白金一包, 曰: "此地亦難久留, 聞太小白間, 山深路阻, 多
寺刹, 汝可往托." 時度遂到小白山中, 問一樵夫曰: "此間有深僻之
寺乎?" 樵夫指一峯, 曰: "此峰頂有小庵, 絶壁千仞, 不通人烟. 數
年前, 有一老僧上去, 仍無聲息." 時度自念命窮, 不懼墜壑而死,
遂入其洞, 攀蘿捫壁, 忍死移步, 僅到庵前, 視其扁, 曰'坐化庵'. 有

---

31) 全: 이본에는 '金'으로 되어 있음.
32) 焉: 저본에는 빠져 있으나 이본에 의거하여 보충함.
33) 不測: 나. 다본에는 '不利'로 되어 있음.
34) 須: 저본에는 빠져 있으나 이본에 의거하여 보충함.

老釋趺坐蒲團, 嗒然如佛. 時度拜伏卓前, 曰: "塵世賤踪, 至窮無歸, 願尊師少許留接." 僧曰: "汝是廉時度耶? 吾於汝爲從曾祖. 十三歲, 隨神僧到此, 世緣烟沉, 人事雪消, 只是土木形體, 而與爾血肉分張, 纔三世, 秪緣情理, 强作問答. 然空門寂滅之地, 豈容汝托跡耶?" 時度聞其爲至親, 不勝感愴[35], 趁赴[36]嗚咽, 曰: "逋蹤偶入淨界, 匪意得逢吾祖, 是蒼天垂憐, 置吾生地, 惟願伏侍榻下, 冀有濟度." 僧曰: "惟爾一身, 雖極微眇, 而升沉悲歡, 莫非天定, 所可恃者, 旣有一分陰德於人, 則福善感應, 其理孔昭. 且吾所處, 身外無物, 吸風飮露, 絶粒度飢, 於汝道旣殊矣. 雖欲在此依庇, 其可得乎?" 時度曰: "祖師道高通神[37], 必知許公休咎, 小子前程, 幸望諭示." 僧曰: "子死于逆, 其父能保乎? 汝亦有厄, 然終當吉利, 歸路當有奇緣. 此去西菴, 有水鏡大師, 善推步, 可往叩[38]之." 時度知不可留, 悵然拜辭. 僧授一節, 曰: "扶此, 可無憂涉險." 携節而出, 若有人扶護, 踰下磴礐, 如踏平地. 過盡危險, 忽墜節落澗, 竟失之, 莫知其故, 嗟惜者, 久之矣[39]. 行尋西菴, 過一麓, 淸流白石, 脩竹掩映, 中有茅屋數間, 極精灑. 見一少娥, 臨溪澣[40]衣, 閑雅秀姸, 明月浣紗之人. 時度眼花先迷, 心猿難制, 遽前而欲狎, 娥曰: "郎母强逼, 容我訴懷! 吾近村女也, 嘗推命於此菴神僧謂, '有三四年厄運, 避居淨界, 可以度厄, 且有佳緣云.' 母因以誅茅於此地, 挈女來住. 母今適出洞, 吾獨在家, 忽被狂客來逼, 此非所謂厄運耶?

---

[35] 感愴: 이본에는 '感悵'으로 되어 있음.
[36] 趁: 저본에는 '扶'로 나와 있으나 이본을 따름.
[37] 通神: 이본에는 '神通'으로 되어 있음.
[38] 叩: 라본에는 '問'으로 되어 있음.
[39] 之矣: 저본에는 빠져 있으나 이본에 의거하여 보충함.
[40] 澣: 다. 라본에는 '澥'으로 되어 있음. 서로 통함.

去夜, 夢有人謂, '以明日必遇佳.' 卽不意今者, 貴客適至, 此豈非[41] 所謂佳緣耶? 第此邂逅, 良非偶然, 三生赤繩, 難違天定, 卽不相棄, 妾當永矢. 第恐風中飄葉無處, 可尋鄕里姓氏, 幸相告示." 時度聞其言而異之, 不敢更逼, 具道姓名居住, 飮泣告別. 遂至西菴, 訪鏡師, 師曰: "客從坐化菴來, 奇緣果驗否?" 時度曰: "坐化菴固已往來, 而奇緣之說, 未審云何?" 師笑曰: "衆可欺, 欺我乎? 姑捨是, 請推尊命." 時度告以四柱, 師熟視, 曰: "三年大厄, 恐不得免, 而必賴貴人之助, 終底無事. 鵲橋之夕, 當有奇遇, 從玆萬事圓通矣." 時度曰: "大厄當前, 將奈何? 昔管輅以術數, 能活必死之命, 大師盍推慈悲, 俾得超九劫而到十方乎?" 師曰: "名敎中且多樂地, 客何必厭謝人世之榮華, 謾羨緇林之空寂乎? 今雖有厄, 不至大害, 幸毋憂焉." 俄而, 官捕突入緊縛, 疾驅抵京. 時淸城按獄, 知其爲時度, 曰: "此義士也[42], 其志操不苟, 吾所深悉, 豈預於逆耶?" 卽命白放. 纔出獄門, 莫生父女, 聞風而至, 携歸其室, 極意接待. 又出新製衣服, 以着之, 時度辭而不受, 直往許相墓, 一場痛哭. 顧念一世, 無可棲身, 更向尙州, 要訪申守[43], 蓋申自忠州移尙牧也. 到州境, 避雨入村舍, 有老嫗, 蓺火梳布, 一少娥從傍助績, 見時度至, 向嫗少語, 回身入室. 時度進嫗前, 乞秣馬, 嫗問: "客自京來乎?" 曰: "然." 曰: "無乃廉丞時度乎?" 時度驚曰: "何以知之?" 嫗甚喜, 邀入室中, 微聞窓間有悲泣之聲, 時度問其故, 嫗曰: "客記得西菴草屋之事乎?" 時度曰: "何可忘也? 三年縲絏, 一念嬋娟[44], 而

---

41) 非: 저본에는 빠져 있으나 이본에 의거하여 보충함.
42) 也: 저본에는 빠져 있으나 이본에 의거하여 보충함.
43) 守: 저본에 '倅'라 쓴 것을 주필로 수정한 것임. 이본에는 '牧'으로 되어 있음.
44) 嬋娟: 이본에는 '嬋姸'으로 되어 있음.

好花隨風, 狂蝶無媒, 未知斯人今在何處?" 嫗乃挽袖入戶, 見少娥, 雲鬟半偏, 珠淚闌干, 支頤而坐, 含羞不言. 嫗曰: "客知此娥[45]乎?" 時度定睛看, 乃西菴留約之女也. 如醉方[46]醒, 遽前執手而相慰, 其喜可知. 是夜, 携手入幃, 盡繾綣之情, 卽七月七夕也, 鏡師鵲橋之說, 驗矣. 明朝, 入謁牧衛, 使君驚喜曰: "汝果生乎?" 時度細述往事, 使君大加稱嘆, 呼女入內衛, 厚其贈遺, 俾還京第資生. 時度挈女[47]而歸, 俱享壽福. 時度每圖許氏伸寃, 散財周旋, 而終不成. 義城金進士某, 敍此事爲傳.

外史氏曰: "不有拾金, 廉也; 見敗不去, 義也; 欲圖伸雪, 誠也; 不染獄辭, 明也; 草屋踐約, 信也. 出降世, 處下流, 而所樹立, 若是卓絶, 何其偉也? 天不報善, 漢太史有書, 而於時度則報; 佛本無靈, 韓昌黎抗疏, 而於時度則靈. 噫! 時度何人哉?"

9-6. 採蔘田售其奇貨

吳碩樑, 梁山人也. 身長大, 有氣義, 但爲人庸蠢, 捆屨資生, 而屨樣甚麤. 洛下年少, 過而戲謂曰: "此屨在京, 則可値百錢!" 吳認以爲眞, 捆出七竹, 負入京中, 解置路傍, 人或問之, 則曰: "價是百文." 皆笑而去, 數日坐街, 一未發市. 時有宰相家一婢, 貌姸識慧, 年過二八, 不肯適人, 常曰: "吾自擇齊, 庶不誤仰望而終身." 一日過街, 見吳屨價太高而人無買者, 心竊異之. 明日復往, 曰: "吾欲盡買此屨, 價幾何?" 曰: "七竹價七十兩." 女曰: "偕往推價, 何如?" 吳諾之, 擔屨而隨, 至一處, 第宅宏麗, 人馬騈闐[48], 女引入曲廊[49],

---

45) 娥: 이본에는 '兒'로 되어 있음.
46) 方: 이본에는 '如'로 되어 있음.
47) 女: 이본에는 '妻'로 되어 있음.

酌酒以進. 吳飮訖, 索屨價, 女曰: "明朝備給, 可留宿一宵." 因進
夕飧, 甚豊潔, 吳枵腸[50]頓饒. 及暮, 女以蘭湯滌其身, 衣以新服,
接膝而坐, 曰: "今夕何夕? 見此良人, 願與同裯." 吳逡巡, 曰: "言
則佳矣, 何敢望乎?" 遂同枕席, 盡繾綣之情. 辨色而興, 促盥巾,
曰: "吾此家㣴養婢也. 君旣爲吾夫, 可謁相公, 而愼勿下拜也." 因
告以婢夫某請謁, 宰相領之. 吳直入陞堂而拜, 侍者叱之使下, 吳
植立不動, 曰: "吾雖[51]婢夫, 本是鄕族, 豈可同與儓下庭乎?" 宰相
覩其儀貌壯健, 言辭磊落, 笑曰: "宜乎某婢之所揀也!" 居數日, 女
曰: "君甚不慧, 若用錢, 則眼孔自寬, 胸次必開, 可持此百錢而去,
用盡而歸." 及暮吳還, 曰: "吾肚不餒, 不必買些酒肉喫, 無可用錢,
終日不費一文而來[52]." 女曰: "路上豈無流丐之可與者乎?" 吳曰:
"此則未及思也." 翌日, 又佩一緡而出, 散與衆丐, 丐咸歡躍. 如是
屢日, 城中之丐兒, 無飢色. 乃轉往射場, 買酒肴, 饋射夫以結交,
赳赳[53]决拾之徒, 爭爲莫逆. 又過窮巷寒士之廬, 一面如舊, 或助薪
米之供, 又資筆硯之費, 皆稱吳有心人. 女勸學『通鑑』·『三略』等
書, 略知其意, 無何, 費錢頗多. 女又使之學射, 吳嘗遊射場, 覩其
演藝, 熟知射法, 乃學之未幾, 便能穿楊. 及赴科, 以優技參榜, 女
潛藏紅牌, 不令人知, 因謂吳曰: "篋中靑蚨, 間已爛用, 餘存無多,
此將奈何? 君能做商殖貨[54]乎?" 吳曰: "多錢善賈, 若有錢, 可試
之." 女傾篋與之, 因曰: "見今棗栗皆歉, 市價翔貴, 可貿而殖利

---

48) 騈闐: 이본에는 '並閴'으로 되어 있음.
49) 曲廊: 이본에는 '西廊'으로 되어 있음.
50) 腸: 이본에는 '腹'으로 되어 있음.
51) 雖: 이본에는 '是'로 되어 있음.
52) 來: 이본에는 '歸'로 되어 있음.
53) 赳赳: 주필로 삭제표시가 되어 있음.
54) 殖貨: 이본에는 '貨殖'으로 되어 있음.

也." 吳遂往報恩青山之間, 以倍直榷棗, 未幾, 棗價大踊, 乃發賣得錢, 贏本三倍. 是歲, 湖西歉荒, 人多顑頷, 吳散其錢賙恤, 只携本錢而歸, 女曰: "施義固好矣, 但繼此營殖, 可免窘絀, 而綿農到處失稔, 海西稍登云, 可貿販取贏." 吳往海西, 又如湖西時事. 於是, 吳之義聲, 遍遠近矣. 女亦欣然, 乃添給本錢, 使之貿弊衣, 入北關, 換布蔘皮物而來, 幸毋如前空還也. 吳如其言, 貿駄而行, 到深北, 見人皆無衣, 呼寒甚矜, 盡散弊衣, 以與之, 只餘裳袴一件, 乃歎曰: "吾費人許多錢財, 實往虛返, 何面目復歸故鄉乎?" 心緒如麻, 不覺錯過了宿頭, 尋村家叩扉, 有老嫗出迎, 曰: "客何到此深峽?" 遂延入, 吳見其褐不掩體, 悶之, 遂授以裳袴, 嫗大喜稱謝, 備進夕飯, 盤登異菜, 乃人蔘也. 問: "此菜從何得來?" 嫗曰: "此地有吉更田, 採以爲菜." 又問: "有採置者乎?" 嫗出以[55]示之, 皆山蔘, 而小者如指, 大者如臂. 俄而, 門外有釋負聲, 嫗曰: "吾兒來乎? 可入謁尊客也!" 因謂吳曰: "兒生之初, 兩腋下有小翅, 往往飛付壁上, 其父煅鐵炙之, 肉翅復生. 及長, 勇力絶倫, 在城市, 則恐其惹禍, 其父生時, 携入此處, 行獵資生." 又謂其子曰: "此客與我裳袴, 得以掩身, 誠恩人也." 其人拜謝不已. 明朝, 吳曰: "吉更田, 可得一見乎?" 嫗引至一處, 人蔘遍山, 遂盡日採之, 恰[56]爲一駄. 吳曰: "欲輸去而無馬, 奈何?" 嫗之子曰: "吾擔至元山矣." 吳從此貰馬而駄歸, 具述顚末, 女喜曰: "君多行[57]義, 故天予洪寶, 豈偶然哉? 明日, 相公晬辰, 卿宰皆會, 君若納交諸公, 則做官不難矣." 因擇山蔘之稍大者十本, 獻于相公, 曰: "妾夫出商, 偶得此物, 敢表

---

55) 以: 이본에는 '而'로 되어 있음.
56) 恰: 이본에는 '洽'으로 되어 있음.
57) 多行: 이본에는 '行多'로 되어 있음.

菲誠." 相公大悅, 招吳入現, 卽一出身也. 怪而問之, 對曰: "某年
登科, 而商業資生, 故秘之矣." 相公曰: "好身手也." 已而, 縉紳齊
會, 見山蔘而欲之, 曰: "幸分我一莖." 相公曰: "如此貴物, 何以[58)]
派及?" 吳進曰: "適有餘儲, 謹當分獻." 乃各以三莖, 進于諸公, 咸
大喜, 問: "彼何人斯?" 相公曰: "此吾婢夫, 而鄕族出身也." 諸公
曰: "相門有如此武弁, 而尙未初仕, 豈非欠事耶?" 吳賣蔘, 得屢十
萬錢, 贖妻爲良, 家計殷盛, 諸公互相汲引, 卽除武兼之職, 節次推
遷, 至水使.

外史氏曰: "仁者, 德之基也; 義者, 德之節也, 行仁施義, 必有積
德之報. 吳以遐土蚩氓, 遇女發跡, 執心惟一, 務行善事, 如古趙盾
之翳桑救餓, 馮驩之燒券市義, 終能致橫財, 而登膴仕. 『易林』曰:
'逢時積善, 身受福慶.' 其是之謂歟!"

○第六十六号 人事部四【施義二】

9-7. 篤友愛避居獲銀

曹若訥, 湖南士人也. 家本稍饒, 而性迂闊, 値靑蚨告罄, 則輒賣
田土, 開門爛用, 不幾年, 立[59)]錐無地. 有庶弟某, 友愛篤至, 事兄
如父, 不啻溫公之於伯康. 悶其兄之耗家財, 常諫不聽, 乃暗買其
賣者, 收聚還納. 兄不悛舊習, 還復盡賣, 弟又如前買納. 如是者至
三, 兄固辭不受, 曰: "汝之誠意切摯, 而緣吾迷劣不能保, 有更以
何顔受此乎?" 拒之甚牢, 弟度其終不受, 自想, '吾若抛棄此田土,
避處他方, 永絶形跡, 則見在之物, 無人管檢, 不得不收納矣.' 遂

---

58) 以: 이본에는 '可'로 되어 있음.
59) 立: 저본에는 '卓'으로 나와 있으나 마본을 따름.

齋輕裝, 挈妻子, 乘夜逃去. 兄朝起視之, 弟家虛無人矣, 默揣其意, 悲嘆不已. 生漠無所向, 轉到隣邑, 揀求可居之地. 至一處, 桑麻隱映, 鷄犬相聞. 中有一大瓦屋, 背山臨流, 園林環抱[60]. 往叩其門, 寂無應者, 室宇俱空, 塵埃堆積. 問于隣里, 謂以凶家無人敢居, 又問: "誰有主者?" 對以前村某班, 卽其家之至親, 而權掌是屋云. 遂尋見某班, 請買其家, 某曰: "家雖宏麗, 而居者輒死. 若不畏死, 任他入處, 何用賣買爲哉?" 生曰: "如此大舍, 雖有欠處, 無價占取, 非義也." 因請定價成劵, 某曰: "旣云凶家, 而必欲入居, 客誠妄矣. 第玆書劵以奉, 更加深量[61], 毋貽後悔也." 生遂留眷屬於他所, 獨往其舍, 灑掃堂宇, 明燭獨坐. 入夜後, 聞庭有曳履聲, 俄而, 小鬼[62]開戶欲入, 旋卽閗, 遂退去. 聞庭中有相語, 曰: "房內有人乎?" 曰: "主人來矣." 曰: "然乎?" 遂大踏步入來, 身長與屋齊, 兩眼閃爍, 衣廣袖, 戴方冠, 與生長揖而坐. 生問: "君是何人?" 曰: "非人也." 曰: "然則聞居此室者, 皆爲君所害, 靡有孑遺, 作孽至此, 不畏天誅乎?" 鬼縮首謝, 曰: "吾以守寶之神, 要爲傳授而來, 則屛魄之人, 輒驚窒而死, 豈吾之過耶? 因此淹滯, 一日爲悶, 今君見我不戁不竦, 誠長者也. 洵是寶貨之主人, 從玆付與, 得人甚幸. 此屋第幾柱礎下, 有大甕儲銀, 君可取用, 而必留些, 仍藏焉." 又顧謂小鬼曰: "汝之所掌, 且可並納." 小鬼指一礎, 曰: "此下有缸, 亦卽掘收[63]也." 遂共告退, 曰: "吾等從此逝矣, 君須安接好家, 永受多福." 因條忽不見. 生遂率妻孥入處, 齋沐致誠, 卜日掘開柱

---

60) 抱: 나, 다본에는 '布'로 되어 있음.
61) 量: 나, 다본에는 '諒'으로 되어 있음.
62) 小鬼: 나, 다본에는 '小兒'로 되어 있음. 이하의 경우도 동일함.
63) 收: 나, 다본에는 '取'로 되어 있음.

礎下, 有甕缸, 果如所指, 取之無禁. 乃買田土, 數十里內, 沃壤腴
畓, 盡爲己有, 遂成鄕富. 過幾年, 歸省嫡兄, 兄亦感弟至誠, 悔其
前失, 竭力治産, 視昔有贏. 謂其弟曰:"吾所自辦, 亦可衣食, 汝須
速歸, 因管汝之年前所買田土也."弟曰:"間緣神佑, 偶致橫財, 廣
占農庄, 根基已固, 勢難抛此還鄕. 幸兄依前, 管收歲取十千, 克奉
先祀, 以介景福也."自是, 兄弟俱成富厚, 穩度生平云.

外史氏曰:"兄弟義重, 棣華荊葉之所比喩也. 至於不私産業, 臨
財相讓, 尤卓乎其義! 曺於嫡兄盡誠, 便是因心則友, 而終賴神佑
而橫財. 經云:'孝悌之至, 通於神明.'信矣哉!"

9-8. 逞豪氣因商掠錢

孫亮軾, 漆原人也, 以商販爲業. 英廟戊寅年間, 南草歉荒, 洛下
尤翔貴, 一撮價至屢錢. 孫盡賣家庄[64], 以五百兩, 貿草爲三駄, 上
京. 暮抵石隅, 有一老者, 着氅衣戴宕巾而過, 曰:"是南草乎?"曰:
"然."曰:"今方絶乏, 其貴如金, 三駄可得三千兩, 君可謂乘時射利
者也."草商曰:"吾初入京城, 四顧無親, 其接主等節, 公可指揮
否?"其人曰:"君之初行, 持此重貨, 棲屑路上, 能免白晝剽竊之患
乎! 若不遇吾, 則幾乎狼貝, 必隨我而來也."遂與入城, 逶迤轉曲,
趁鍾時, 引入渠家, 解草卜置于一室, 饋飯留宿, 縶馬善喂. 及晨
鍾, 主人自內而出, 謂草商曰:"君之草駄, 未可以一二日盡賣, 而
鬣者閒立, 吾於龍山江有柴木運致者, 君可早飯, 牽馬駄來否?"草
商曰:"如是則好矣, 但不知龍山路程, 將奈何?"主人曰:"當以一
僕導之."遂促飯, 喚奴偕行, 共驅三鬣[65]而出門. 時則曙光尙遲, 路

---

64) 家庄: 이본에는 '家産'으로 되어 있음.
65) 鬣: 이본에는 '駄'로 되어 있음.

黑難辨, 至青坡, 奴忽中路逃躱, 尋覓良久, 終無影響. 商愕然, 如登樓去梯, 罔知爲計, 不得已回尋宿處, 而昏夜一宿之家, 何以記得? 東迷西錯, 如漁子之復尋桃源, 奔走街上, 進退維谷. 日已晌午, 只把轡, 坐路上, 放聲大哭. 來人去客, 爭問其由, 咸憐其情, 而詈其人之無良. 俄有, 一氈笠客, 甚豪健, 半醉長歌, 冉冉步至, 問: "哭何爲也?" 商具道顚末, 客笑曰: "君之失物, 吾盡推給矣, 南草價能[66]分半乎?" 商雀躍, 曰: "苟盡推尋, 則何必分半? 雖全數, 固無惜矣." 客敎商以如斯如斯. 卽揀三驘中老馬, 放轡先驅, 客與商隨後, 歷遍坊曲, 馬忽立於一家門前, 客問: "此其家乎?" 商諦視之良然, 曰: "果是矣!" 客卽蹴破門楗, 岸氈笠, 高聲呼主人而出, 客顧商曰: "此人卽君之昨夕接主乎?" 曰: "是也." 主人愕然, 謂商曰: "君何處去而今始來乎? 吾奴俄者先歸, 謂以路暗相失云, 故吾方慮之. 今得回來, 幸甚!" 客大叱主人曰: "汝是何人? 某官[67]所輸來之南草, 汝欲中間盜奪, 誘逐馬夫耶? 先以草同盡數出來, 可也." 是時, 客氣豪意健, 談鋒如霜, 主人痴呆半晌, 未敢措辭, 六隻草卜, 卽皆負出. 客先自解卜, 隨束反閱, 曰: "此中有三百兩錢, 何去乎?" 主人顧草商曰: "草卜携入時, 未聞有錢, 且今始解卜, 則錢說云云, 太孟浪矣." 商曰: "昨日忙未言及, 而吾本某官舍音, 官庄所納三百兩錢, 付於草卜中者, 今云無之, 則此錢一夜間, 何處去了[68]? 其非主人之責乎!" 主人益懍慌[69], 莫省所諭, 客乃大言曰: "吾是某官驕奴也, 官庄賭錢, 過期不來, 故要探消息, 適出門外,

---

(66) 能: 이본에는 '當'으로 되어 있음.
(67) 官: 저본에는 '宮'으로 나와 있으나 이본에 의거함. 이하의 경우도 동일함.
(68) 了: 이본에는 '乎'로 되어 있음.
(69) 懍慌: 이본에는 '惝況'으로 되어 있음.

遇此舍音而來. 主人若不出錢, 則自官豈無處置之道. 主人雖三頭
六臂, 能堪之乎?" 攘臂瞋目, 氣勢可怖. 主人卽閭閻常賤也, 最所
畏者, 官家悍奴, 而錢之說, 雖是白地做謊, 草卜受置, 旣[70]同執贓,
無以發明. 若又抵賴, 則不知來頭橫逆之如何, 乃備三百兩而出
給. 客使草商, 同絆草卜而作駄, 驅馬疾歸, 置于渠家, 瞰其價踊,
賣草得三千餘金. 商析[71]牛與之, 客笑曰: "吾以詭術, 得三百兩錢,
已極多矣, 又何必取君之可憐物乎? 須卽盡輸而去, 毋復此言也."
竟不受之. 當時聞者, 莫不稱快.

　外史氏曰: "人必自侮而後侮之. 欲欺人者, 必被人欺, 彼之未售,
騙財之計, 而反失吾金者, 其非出乎爾反乎爾乎? 若此, 則可不謂
天道是耶? 客之推給商物, 又奪人金, 雖近於詭遇獲禽, 而令人稱
快, 宛有古俠之義氣者也."

○ 第六十七号 人事部五【酬恩一】

9-9. 願見一色得成婚

　李提督東征, 在平壤, 愛一金姓譯人, 有龍陽之寵. 金年纔二十,
美丰容, 性溫茂, 晝宵相昵, 無言不聽, 女子專房之寵, 無以加之.
掇兵歸時, 携到柵門. 先是, 遼東都統[72]有軍粮違令事, 提督大怒,
將行軍律. 都統有子三人, 長侍郎, 次庶吉士, 季以神僧, 爲皇帝寵
信, 起別院於大內而置之, 如唐肅宗之待李鄴侯.[73] 三人俱會遼東,

---

70) 旣: 다본에는 '卽'으로 되어 있음.
71) 析: 나, 라본에는 '折'로 되어 있음.
72) 都統: 이본에는 '都督'으로 되어 있음.
73) 如唐肅宗之待李鄴侯: 주필로 삭제표시가 되어 있음. 이본에도 빠져 있음.

相議救父之策, 僧曰:"吾聞朝鮮一譯有寵於提督, 所言[74]皆從, 可
求見而乞援手." 遂相率詣轅門, 邀金譯, 金告于提督, 質其往否,
提督曰:"此必爲父丐命之事耳. 彼是上國貴人, 汝卽偏邦一譯, 何
可拒而不見?" 金乃往接見, 三人齊請願救其父親. 金曰:"外國賤
踪, 猥侍天將, 何敢圖囑於嚴令之下? 而大人之爲親情事, 如是懇
摯, 第當提稟帳前, 以俟處分." 遂還告其由, 提督沈吟, 曰:"吾久
在戎垣, 事係師律, 未嘗以私囑饒貸. 然今汝以么麽舌人, 受此貴
官之懇請, 汝之緊切於吾, 可知也. 且吾携汝來此無他, 可以生色
於汝者, 軍法雖嚴, 當爲汝一番濶狹也." 金出傳提督之言, 三人拜
謝曰:"惟公恩德, 天地之大也, 將何以爲報? 羽毛・齒革・金珠・玉
帛, 惟君所命." 金曰:"家本淸儉, 珍寶玩好, 非所願也." 三人曰:
"公在東國, 位止象胥, 特因天朝之命, 爲本國政丞, 則何如?" 曰:
"我國專尙名分, 而吾則中人若爲相, 則必以中人政丞, 指笑之, 反
不如不爲也." 三人曰:"然則以公爲上國之顯官, 因作中州之華閥,
何如?" 曰:"吾父母俱存, 離違情迫, 惟願速歸, 一日三秋. 提督回
軍之後, 卽令還鄕, 則惠莫大焉." 三人曰:"雖然, 大恩不可無報.
雖至貴之物, 難從之請, 必有以奉副, 願聞所欲." 懇懇不已, 金率
爾對曰:"本無所願, 但願一見天下一色." 三人相顧, 默然良久, 僧
曰:"然矣然矣!" 二人從而和, 曰:"然矣." 因留後約而去. 金入見提
督, 具告其酬酢之語, 提督蹶起, 拊其背, 曰:"汝以小國之人, 何其
言之大也? 彼果許之乎?" 曰:"許之." 提督曰:"天下一色, 雖以皇
帝之貴, 未易得之也. 彼將何處得來耶?" 金隨提督, 入皇城, 三人
邀金, 至一家, 乃新搆傑閣也. 制度宏麗, 金碧眩晃, 盛備酒饌以

---

74) 所言: 이본에는 '所願'으로 되어 있음.

進. 少頃, 異香滿室, 珠箔爭捲, 有粉黛數十, 雲裳月佩, 或擎金爐, 或捧紅帕[75], 兩兩排行, 來往堂中, 以金所覩, 無非傾國之色. 酒闌, 金欲起去, 三人曰: "胡起也?" 曰: "旣見天下一色, 則何必更留耶?" 三人笑曰: "此皆侍娥, 豈得爲天下一色? 眞仙今來矣." 俄而, 羅幃忽披, 蘭麝襲人, 侍女一隊, 捧一美人, 出坐椅上[76]. 三人與金, 亦排椅對坐, 謂金曰: "此卽君所願見者也." 金定睛看時, 香烟如霧, 珠翠交映, 目眩神迷, 不辨花月, 若無所覩. 三人曰: "旣有藍橋之遇, 可做陽臺之夢, 君必留宿, 以永今夕." 金曰: "吾願一見而已, 實無他意也." 三人曰: "此何言也? 吾輩感恩浹髓, 君有所願, 雖磨頂放踵, 豈不奉副乎? 第二三色, 尙云難得, 至於第一色, 以天子之勢, 亦難求致[77]. 年前, 雲南王有仇, 而吾輩爲之報, 其王感結中心, 方欲酬恩, 吾輩所請, 宜無不從. 適聞王之女, 乃天下一色也, 爲君通媒, 王亦許之. 趂君留京之日, 必欲率來, 故這間折千里馬三匹, 費銀五萬兩, 以雲南距京, 萬餘里也. 今日, 才子佳人兩相遭, 政是赤繩佳緣. 且彼以王家貴女, 豈可與異國男子無端相會, 而又何必只爲一面, 馳到萬里之外哉? 揆以事理, 萬不妥當, 卽成㘰禮, 毋復固辭." 因設洞房花燭, 導入錦綺窩中金, 眼花撩亂, 心猿跳蕩. 一介措大, 忽如攬仙姬於瑤宮桂殿之間, 安得不驚惶疑畏? 如醉如癡[78], 頓沒風蝶採香[79]之心, 寂無水鴛弄波之聲. 三人覰知之, 乃呼金而出, 曰: "咫尺巫山, 何無雲雨之夢? 無乃君眼目甚局, 神氣短少耶?" 因授[80]以蜀山紅蔘三四莖, 曰: "嚼此, 可有助."

---

75) 紅帕: 이본에는 '玉帕'로 되어 있음.
76) 椅上: 다본에는 '椅子'로 되어 있음.
77) 致: 이본에는 '置'로 되어 있음.
78) 如癡: 이본에는 '如夢'으로 되어 있음.
79) 採香: 이본에는 '探香'으로 되어 있음.

金如其言, 精神頓爽, 氣力湧出. 視其女, 顔色毛髮, 瞭然可辨, 花容月態, 洵是天上人也. 遂與同裯, 朝起, 三人已來待, 問: "彼姬將何以處置?" 金曰: "外國微踪, 忽有分外之奇遇, 來頭措處, 茫無計策." 三人曰: "涯角奇緣, 一會而散, 令彼虛老, 是可忍乎? 俱是異國之人, 未可携手歸鄕, 君有離閨之私, 亦難居此偕老. 愚有一計, 君是譯官, 每年必隨使行而來, 一年一會, 如牛女七夕, 不亦美事耶? 吾輩當爲東道主矣." 金果從其計, 每歲隨節使, 往會而返, 至老不替, 終有幾箇男子, 金之後裔, 繁盛燕京云.

外史氏曰: "古詩曰: '傾國傾城漢武帝.' 又曰: '御宇多年求不得.' 自古, 天下一色, 雖以天子之尊, 亦未易得, 金以小國譯人, 偶因一言, 得有奇遇. 彼三人者之重酬恩, 尙然諾, 眞是大國之風也!"

9-10. 輕捐千金受報恩

洪純彦, 譯官也, 壬辰以扈聖勞, 策勳唐城君. 嘗入皇城, 遊娼舘, 女隨色第價, 有新起靑樓, 而楣懸一牌, 書以 '非銀千兩, 不許擅入.' 豪俠風流輩, 皆以價太高, 不敢生一眄之計. 洪聞之, 意謂, '聲價若是重大, 此必天下一色!' 乃以千金求薦枕, 女方二八, 有殊色, 對君泣曰: "奴所以索高價者, 誠謂天下皆慳男, 無肯捐千金者, 祈以免斯須之辱. 一日再日, 本欲以愚舘主, 一以望天下有義氣人, 贖奴作箕箒妾. 奴入娼舘五日, 無敢以千金來者, 今日逢天下義氣人, 然公外國人, 法不當將奴還, 此身一染, 不可復浣." 洪殊憐之, 問其所以入倡舘[81]者, 對曰: "奴南京戶部侍郎某女也, 家被籍沒[82]追贓, 自賣身娼舘, 以贖父死." 洪大驚曰: "吾實不識如此,

---

80) 授: 이본에는 '投'로 되어 있음.
81) 倡舘: 이본에는 '娼舘'으로 되어 있음.

今當贖妹, 償價幾何?" 女曰: "二千金." 洪立輸之, 女百拜, 稱恩父而去. 其後, 洪復絶不置意. 過幾年, 又入中國, 沿道[83]數訪洪純彦來否, 洪怪之. 及近皇城, 路左盛設供帳, 迎謂洪曰: "本兵石老爺奉邀!" 及至石第, 石尙書出迎拜, 曰: "恩丈也, 公女待翁久." 遂握手入內室, 夫人盛粧, 拜堂下, 洪驚惶[84], 不知所爲. 尙書笑曰: "丈人久忘乃女耶?" 洪始知夫人, 乃娼館所贖女也. 出娼館, 卽歸石星爲繼室, 比石貴夫人, 猶手自織錦, 皆刺'報恩'字. 及洪歸, 裝送報恩緞, 及他錦綺·金銀, 不可勝數. 及至[85]壬辰倭寇, 朝鮮遣使乞援師, 石在本兵, 力主出兵者, 以石本義朝鮮人故也.

外史氏曰: "推仁施惠, 君子之德也; 仗義疎財, 豪俠之風也. 洪以一譯人, 不惜千金, 施德於不報之地, 有慷慨急人之義, 雖古君子之心, 豪俠之氣, 無以加焉. 古語云: '以德報德.' 宜其受厚報, 而因此義氣, 力主出兵者, 尙書亦有心人也!"

○第六十八号 人事部六【酬恩二】

9-11. 感舊恩墨倅登褒

柳統制鎭恒, 英廟朝名武也, 性慷慨有氣義. 少時, 以宣傳官在禁直, 時朝家禁釀令, 甚嚴. 一夕, 上密召柳, 入對寢殿, 賜長劍而敎曰: "近聞閭巷, 尙或有酒, 汝持此劍, 到底廉蔽[86]厥有犯者, 汝勿佚, 盡執拘以聞. 五日爲限, 期於獲捉, 否則可以汝頭來納." 柳承

---

82) 沒: 저본에는 빠져 있으나 이본에 의거하여 보충함.
83) 沿道: 라본에는 '沿路'로 되어 있음.
84) 驚惶: 이본에는 '惶驚'으로 되어 있음.
85) 至: 저본에는 빠져 있으나 이본에 의거하여 보충함.
86) 蔽: 나, 다본에는 '覆'으로 되어 있음.

命震悚, 替直歸家, 卽委臥床褥, 以袖掩面, 對飯不啜, 呻囈靡已. 妾怪而問曰: "公有不安節乎?" 曰: "吾有隱疾浸浸然, 將至不起勢, 亦無奈, 言之何益?" 妾驚曰: "公未嘗言病, 一朝至此, 玆曷故也?" 曰: "吾病非藥石可療, 惟有麴生爲醫, 乃可獲瘳, 而得見此醫, 難於上天, 將奈何?" 妾曰: "善醫者, 志在普濟, 豈有醫而不得邀致者乎?" 曰: "非汝所知." 妾曰: "願聞其說." 曰: "吾有劉伶之嗜癖, 而斷飮已久, 自底長卿之消渴, 而乾喉如焦, 若得一勺之潤肺, 可除二竪之侵肓. 而近者邦禁至嚴, 帘肆皆閉, 縱令我杖頭靑銅三百, 曷求彼壚底金樽十千?" 因仰屋長吁, 曰: "便如蝦蟆在陰溝裡, 想着天鵝肉喫, 如何到口? 吾有死而已, 汝或有救吾命之道乎?" 妾曰: "旣無所藏, 待子不時之需, 顧安所得酒乎? 雖然, 爲公療疾, 敢不力圖? 當從針女商嫗輩之親熟者, 鉤得有酒處, 第姑俟之." 抵暮, 遮[87])裙提燈而出, 良久回來, 曰: "幸知有酒之家, 非妾躬往, 莫可沽來." 遂挈壺而去. 柳潛躡其後, 轉入東村深衖一小屋矣. 隱身墻後, 覘其動靜, 妾果沽酒而出, 遂徑趨先歸. 俄而, 妾至解甁以進, 綠葡萄新釀醅香, 滿一壺, 柳飮而甘之, 曰: "獲此一飮, 精神頓蘇. 但得沾喉[88]), 未足解渴, 汝其更沽一壺, 俾我暫入醉鄕, 好矣." 妾又往而沽來, 柳斟一盃而嘗之, 曰: "酒味與俄者有異, 此則他家所沽乎?" 曰: "此是一處所沽." 柳遂佩壺而起, 曰: "吾有一酒朋, 交誼甚密, 得此貴物, 何忍獨嘗? 欲往與之共飮耳." 出門, 飄然而去, 直抵其酒家, 數間茅屋, 不蔽風雨, 而[89])矮簷下, 紙窓穿補, 煤暗微照, 一炷燈影, 靑熒而已. 中有書聲琅然, 柳開戶而入, 一士人獨對床咿

---

87) 遮: 이본에는 '撫'으로 되어 있음.
88) 喉: 나, 다본에는 '喉舌'로 되어 있음.
89) 而: 저본에는 빠져 있으나 나, 다본에 의거하여 보충함.

唔, 遽驚問: "何來客, 深夜到此?" 柳曰: "吾是奉命人." 出腰間佩壺, 曰: "此從貴宅所沽者. 日前聖敎截嚴, 今旣執臟, 不得不偕往待命矣." 士人氣色慘沮, 半晌無語, 乃曰: "旣犯邦憲, 自速重辜, 象魏高懸, 金木焉逃? 第家有老親, 願暫告辭而行." 柳許之, 士人拓後窓而入, 卽內室, 語音相聞也. 士人低聲呼母, 有老人應曰: "進士乎? 何爲不寐而入來?" 對曰: "前豈不仰陳乎? 士子寧餓死, 不宜犯禁, 今乃被捉, 勢將就死." 老人大驚失聲, 曰: "此何事也? 吾豈貪利而潛釀乎? 憫汝屢空, 要得饘粥之資, 不幸綻露, 噬臍何及?" 呼天號哭, 其妻亦搥胸大慟. 士人曰: "事已至此, 徒哭何[90]益? 吾之死生, 固不足恤, 而上有老親, 供養無人; 下無一子, 香火將絶, 是爲不瞑之恨. 君可勤心養老, 如陳孝婦之故事, 往乞某族兄, 第幾子爲螟嗣, 奉先祀, 則吾雖死之日, 猶生之年[91]." 申申托付, 掩抑而出. 柳聞其言, 而心甚惻隱[92], 問主人曰: "尊閫春秋, 幾何?" 曰: "七十餘歲矣[93]." 曰: "鴈行幾人[94]?" 曰: "終鮮." 曰: "有子乎?" 曰: "無育[95]." 柳嗟嘆不已, 曰: "此等景狀, 所不忍見. 吾則有二子, 又非侍下, 可爲君代死, 幸毋憂[96]慮." 所藏酒缸[97], 竝令出來, 相與對酌, 傾壺而盡之, 打破其器, 掘地以埋. 又解琥珀佩刀, 以贈之, 曰: "尊家計似不成說, 將此微物, 聊表一時之情, 可賣而供親." 主人固辭亦不顧, 又問其姓名, 曰: "吾乃宣傳官, 何須問姓名?" 因拂袖而

---

90) 何: 라본에는 '無'로 되어 있음.
91) 年: 다본에는 '日'로 되어 있음.
92) 隱: 저본에는 '慍'으로 나와 있으나 이본에 의거함.
93) 矣: 저본에는 빠져 있으나 나, 다본에 의거하여 보충함.
94) 人: 나, 다본에는 '何'로 되어 있음.
95) 育: 이본에는 '有'로 되어 있음.
96) 憂: 이본에는 '爲'로 되어 있음.
97) 缸: 이본에는 '甁'으로 되어 있음.

去. 至限日, 詣闕復命, 上敎曰: "果捉酒而來乎?" 對曰: "未得捉矣[98]." 上厲聲曰: "然則汝頭何在?" 柳伏地待罪, 良久, 命三倍道, 濟州安置. 柳在謫幾年, 放還, 又幾年甄復, 除草溪君守, 莅郡數年, 專事肥己, 闔境嗷嗷. 一日, 繡衣露蹤, 直入政堂, 遽先封庫, 一邊捉治吏鄕, 大張刑威. 本守[99]從門隙窺視, 御史乃昔年東村酒家之儒生也. 遂納刺請謁, 御史駭而自語曰: "本守[100]之請見, 太沒廉恥矣." 柳直入而拜, 御史整襟危坐, 略不顧視. 柳曰: "公知此本官乎?" 御史沈吟獨語曰: "吾何以知之?" 柳曰: "貴宅前日, 豈不在於東村某衚乎?" 御史始訝, 而强答曰: "然矣. 何以言之?" 對曰: "某年某月某日夜, 以酒禁事, 奉命之宣傳官, 或記有否?" 御史乃驚, 曰: "記得!" 曰: "本官卽其人矣." 御史急起, 握手而下淚, 曰: "公恩人也. 每有結草之願, 而未得含珠之便, 寤寐如結, 荏苒至此. 今日相逢, 豈非天耶?" 乃命退刑具, 倣放諸罪人, 置酒張樂, 終夜娓娓. 更留幾日, 論懷敍情, 傾困倒廩而歸. 遂於書啓, 大加褒獎, 上嘉其治績, 特除朔州府使, 轉至統制使. 御史位至大官, 而晩年始言其事, 一世譁然稱柳之義.

　外史氏曰: "葉夢得『避暑錄』云: '爲陰德者, 莫大於活人.' 苟有活人之道, 孰不樂爲也哉? 惟其爲活人之命, 而不恤自己之代死, 豈人人所可辦哉? 樊於期·侯嬴之自死, 皆由於急人之義, 卽古烈丈夫事耳. 至若柳統制要救彼之命, 而替受其禍, 豈子長所謂專趨人之急, 甚己之私者耶? 積德受報, 其理不誣矣."

---

[98] 矣: 이본에는 '耳'로 되어 있음.
[99] 守: 저본에 '倅'라 쓴 것을 주필로 수정한 것임. 이본에는 '倅'로 되어 있음.
[100] 守: 저본에 '倅'라 쓴 것을 주필로 수정한 것임.

9-12. 酬前惠窮儒筮仕

南判書銑, 幼時, 居淸州毛山村. 家計稍饒, 其大人某, 有急人之義. 冬日甚寒, 一棘人薄衣, 呼寒而入, 某問其來由, 對曰: "本以利川士人, 近移文義, 客地遭艱, 萬無殯襄之道, 行乞至此耳." 某惻然, 乃傾篋出三十緡錢, 與之, 客怡悅熟視無言. 某曰: "一寒如此, 可歇宿而去." 客曰: "親喪未殯, 何可逗留他處乎?" 因僕僕拜謝而去. 某絶不置意, 家人亦無知者. 某歿後, 其胤判書公, 年漸長成, 專意科業, 晝耕夜讀, 屢擧發解, 而輒屈會圍, 每但耗財, 家益窘乏. 方赴監試, 駄一巨擎而抵京, 爲勢家所奪, 不勝憤恨, 旋卽回程, 暮抵竹山白巖店. 有一儒生, 衣弊貌瘠, 問: "公行裝似是科行, 而胡爲乎[101]回轅?" 公曰: "欲赴鄕試耳." 遂通姓名, 詢居住, 公具以告, 生曰: "貴宅旣在某鄕某村, 其洞里南斯文某, 或知之否?" 公曰: "是吾先親也." 生驚曰: "何年下世乎?" 公曰: "過三霜, 已多年矣." 生泫然下淚, 具道昔年受恩之事, 且曰: "僕自返葬以後, 事故連綿, 未得更造門屛, 然欲報之願, 銘心鏤骨. 今秋大比, 意謂貴門中必有赴試之人, 竊欲隨從效勞, 頃進門下, 外堂一空. 聞已作科行, 準擬抵洛[102]尋訪, 中路病淹. 今才少瘳, 强策到此, 幸逢執事, 此卽天借其便也." 公聞而思之, 則彼欲報恩, 而遠路委訪, 必是能文之士也. 乃言其科事狼狼, 生曰: "事不偶然." 生姓徐, 遂偕入場屋, 徐皆製寫, 兩試俱嵬捷. 公携徐還家, 累旬挽留, 製給新衣, 徐固[103]辭, 强令着之. 公賣田得百緡錢, 潛納於行裝, 以送之, 徐還家始覺之, 卽還送, 曰: "吾若受此饋, 則報答[104]之意, 果安在哉?" 及

---

101) 乎: 이본에는 빠져 있음.
102) 洛: 이본에는 '京'으로 되어 있음.
103) 固: 이본에는 '姑'로 되어 있음.

會圍, 徐又同硏, 竟參蓮榜. 後幾年, 公欲筮仕, 撤家上京, 居墨積洞, 家産漸敗, 草屋數間, 不蔽風雨. 然公性淸介, 不事御李識荊, 但閉門讀書. 夫人或爲人縫刺, 以糊口, 恒愁桂玉, 屢日未炊, 公不勝虛餒, 偶入內室, 見夫人方以物口嚼, 遽見公而掩匿, 面帶羞色. 公曰: "我不堪肚饑而入來, 君乃獨喫何物, 見我隱匿乎?" 夫人曰: "吾若有物可噉, 豈忍獨嘗[105]乎? 俄於昏頹之際, 見西瓜[106]核之粘付壁上者, 取而剖之, 乃空殼也[107]. 亦堪一笑, 見公饑困之狀, 我心怃然, 豈有他哉?" 因自手中出示空核, 相與戲欷. 俄而, 門外有呼婢聲, 公匍匐出見, 有一隷持政望報, 喜謂公除寢郎. 公視之果然, 而莫知其故, 疑雲半遮, 謂隷曰: "吾深居窮巷, 世無知者, 安得一命? 或有姓名同余者, 無乃誤尋到此耶?" 隷又呈一紙, 曰: "政吏慮或未詳[108], 有此錄送." 公更視之, 年紀世系, 皆泂合, 乃信之. 蓋是時吳楸灘允謙秉銓, 方務恢公, 徐生素親昵於楸灘, 盛稱公之劬經飭躬, 貧窮可矜之狀, 楸灘聞而嘉之, 卽擬初仕也. 公出仕後, 欲致謝, 懷刺往銓家, 閽者辭以寢不爲通. 日晩, 飢困而歸, 嗟嘆不已. 公之子, 年屆舞象有才藻, 潛書刺尾, 曰: '相國酣眠[109]日正高, 門前刺紙已生毛. 夢中若見周公聖, 須問當年吐握勞.' 翌朝, 公不省, 又往投刺, 楸灘引入, 問: "刺尾是君所題否?" 公驚懼審其字畫, 卽兒子筆也. 乃吐實, 楸灘極加奬嘆, 遂與公定交. 公藉其吹噓, 又得一麾腴邑, 過幾年, 遂大闡歷敭淸顯, 至秉銓. 一日, 夫人曰: "公之

---

104) 報答: 이본에는 '報恩'으로 되어 있음.
105) 嘗: 이본에는 '喫'으로 되어 있음.
106) 西瓜: 이본에는 '西苽'로 되어 있음.
107) 也: 저본에는 빠져 있으나 이본에 의거하여 보충함.
108) 詳: 나, 다본에는 '解'로 되어 있음.
109) 眠: 저본에는 '郾'으로 나와 있으나 이본에 의거함.

初仕時, 銓家今如何?"曰:"吳公捐館已久, 有子二人, 一蔭官, 一進士耳."夫人曰:"公若不收用此人, 可謂背恩忘義, 何不思嚼瓜[110]核之時耶?"公大悟, 以二人先擬, 俱除守, 令初仕. 公歷七道方伯, 晚祉繁昌.

外史氏曰:"東坡詩曰:'人情貴往還, 不報生禍根.' 黃雀持環, 鮫人泣珠, 物理猶然, 有往必有復, 固人情之當然. 至於報恩酬德, 卽天地之常經, 古今之通義也. 南公因徐生而做科宦, 又施報於吳公之胤者, 可謂禮尙往來, 無德不報, 事事奇哉!"

○第六十九号 人事部七【酬恩三】

9-13. 愛傔蓄財償德惠

高裕, 尙州人也. 爲人剛直廉潔, 累典州郡, 而人不敢干囑, 其發奸摘[111]伏之神, 如漢之趙廣漢, 到處以善治著名. 其爲昌寧也, 前後疑獄之裁決, 事多神異. 有僧南朋者, 劣有才藝, 交結洛下權貴, 以表忠祠院長, 怙勢行惡. 所到之處守宰, 奔趨下風, 道伯與之抗禮[112], 少有違咈, 則邑宰[113]輒至落職, 道內黜陟, 多出於此僧之手. 貽弊列邑, 作威寺刹, 擧皆側目, 而莫敢誰何. 適因事過昌寧, 使開正門, 而入見本官[114], 而不爲禮. 高裕預使官隸約定, 使之捉下, 僧肆惡恐喝, 無所不至, 遂卽地打殺. 趙判書曦之莅嶺伯[115]也, 道內

---

110) 瓜: 이본에는 '苽'로 되어 있음.
111) 摘: 이본에는 '撩'으로 되어 있음. 뜻은 서로 통함.
112) 抗禮: 이본에는 '伉儷'로 되어 있음.
113) 邑宰: 저본에 '倅'라 쓴 것을 주필로 수정한 것임.
114) 官: 저본에 '倅'라 쓴 것을 주필로 수정한 것임.
115) 伯: 나, 다본에는 '南伯'으로 되어 있음.

設酒禁, 以昌寧之不禁, 至有首吏鄕推治之事. 高裕一日, 至營下, 使隸買酒以來, 大醉而入見觀察, 曰: "昌寧一境, 雖有酒而薄, 不足飮矣. 今來營下, 則無家不釀[116], 可謂大酒, 下官飮之無量云." 觀察知其意, 微笑而不答. 高屢宰腴邑, 一毫不取, 歸則食貧如初. 尙州趙某, 卽吏屬之子, 每以傔從相隨, 爲人質而慧, 甚信愛之, 廩俸有餘, 則必擧而予之, 趙以此富饒. 高裕之沒後, 其孫貧不能聊生, 趙年已七十餘, 謂其子與孫曰: "吾家之致此饒居, 皆高官司之德也. 吾非不知, 官司在世時, 以錢穀納之, 而恐累淸德, 設或納之, 必無許受之理, 故荏苒至今矣. 聞其家計, 萬不成說, 於吾輩之心, 安乎? 人而背恩忘德, 天必殃之, 吾自初留意, 而買置某處田畓. 又有樓上所藏錢貨, 將以此爲納, 汝於明日可往, 邀高宅孫子而來." 咸曰: "諾." 及其日, 來言曰: "雖奉邀, 而有故不得來云." 是時, 高之孫, 適入邑, 歷訪趙家, 趙之子與孫, 自外揮逐, 使不得接跡. 高生大怒而去, 偶逢邑底親知人, 告其痛憤之狀. 其人來言於老者, 乃大驚, 招其子與孫, 以杖亂打之, 卽往高家, 待罪於門外[117]. 高生驚訝, 出而慰之, 老者先謝其子孫不肖之罪, 強請[118]同行, 至其家, 曰: "小人之衣食, 無非先公之德也. 小人爲貴宅, 有留意經紀者, 玆以奉獻, 幸勿辭焉." 乃出畓券之每年收三百石者, 及錢三千兩而送之, 高生之家, 亦以致富云. 尙州之人, 至今有話其事者.

外史氏曰: "古人一飯之德, 必償, 趙之受惠, 不可擬議於一飯, 則宜其銘心圖報. 而大抵高裕之剛正廉介, 有足以受天之報, 垂裕後昆, 故雖於已不受其報, 而使後孫, 終成富饒. 諺云: '種瓜得瓜,

---

116) 釀: 다. 라본에는 '釀酒'로 되어 있음.
117) 門外: 다. 라본에는 '門下'로 되어 있음.
118) 強請: 다본에는 '懇請'으로 되어 있음.

種荳得荳.' 此言, 施報之不爽也."

9-14. 舊幕殖貨酬恩義

金衛將大甲, 礪山人也. 年十歲, 父母俱歿, 家有蠱變, 渾室繼歿. 大甲避禍, 走京城, 以爲非巨室大家, 無可庇吾身, 往見閔相百祥, 自道身世, 願托門下. 閔公見其貌雖憔悴, 言頗詳敏, 許之. 大甲不避廝役, 灑掃惟勤[119]. 已而, 見閔公家子姪學書, 必潛心聽之, 輒又記誦, 暇習書字, 能倣[120]古體. 公奇其才, 使敎之, 纔成童, 穎悟夙成, 公益愛之. 後有一唐擧之術者, 見之, 曰: "彼兒已中蠱毒, 非久, 將有不吉之兆, 害及主家, 可急送." 公曰: "彼如窮鳥之投人, 安忍逐之?" 曰: "公之厚德, 足以弭灾而庇人, 然如欲勿去, 請試吾術. 備黃燭三十雙, 白紙十束, 香三十炷, 米十斗, 使此兒往深山僻寺, 焚香誦經三十日, 以禳之, 可無事矣." 公如其言備給, 大甲往山寺, 三十夜誦經, 一不交睫. 禳畢還現, 公使術者復觀之, 曰: "無慮矣." 後二十年, 公爲箕伯, 以幕賓率去, 所掌廩餘, 爲萬餘金. 臨歸, 始白之, 公曰: "吾歸橐無一物, 君所知也, 豈以此物累吾橐哉? 君自爲之." 大甲退而思之, 曰: "吾頂踵毛髮, 皆公之賜也. 又畁之以鉅貨, 豈敢自食?" 臨發稱病, 辭於江頭, 公領之. 大甲乃貿販燕貨, 浮海而南, 鬻於江景[121] 得三四萬金, 遂買石泉故宅, 種樹鑿池. 又置良田數十頃, 治陶朱·猗頓之術, 務農至數千石, 乃喟然嘆曰: "吾以孤危之蹤, 得免禍網, 以至居家, 屢致千金, 是誰之賜也?" 遂西入京師, 閔公家已零替矣. 遂勸閔氏子孫, 撤家來居于石

---

119) 勤: 이본에는 '謹'으로 되어 있음.
120) 倣: 라본에는 '倣倣'으로 되어 있음.
121) 景: 저본에는 '鏡'으로 나와 있으나 이본에 의거함.

泉, 凡其家大小事用度, 無不自當. 又以五百石收穫之田畓, 納于其家, 閔公子孫, 賴此發貧. 大甲年至八十五, 而往來閔家如一室, 至死不替云.

外史氏曰: "一年種之以穀, 十年樹之以木, 百年來之以德, 種德之家, 必食其報, 理固然矣. 閔公於金也, 可謂再生之恩, 而又畀以重貲, 則金之銘心報德, 卽彝性之所同, 而閔氏昌大, 亦可擬於種德之槐庭遺蔭也."

○第七十号 人事部八【報讐一】

9-15. 南樓擧朱旂訴寃

南府使某, 蔭官也. 中年繼娶[122], 生一女, 未幾, 又鼓盆, 鞠其女於乳媼. 南膝下只此一女, 顧復撫畜, 恩斯勤斯, 女稍長, 姸秀才慧, 南愛之如掌珠. 年十五, 姑未笄, 南除密陽府使, 挈小眷而往, 女及乳媼從之. 甫月餘, 女與媼, 一日忽不知去處, 遍尋遠近, 終無影響. 南號慟失性, 棄官而歸, 因以病歿. 自此, 莅密陽者, 輒暴死, 歷三四倅皆然. 新除者, 咸規避, 朝家難其人, 特差金姓武弁, 爲府使, 往矯之, 以金曾經防禦, 有聲績, 且爲人傑, 特有赳赳風也. 金之切友, 有李上舍者, 文識該洽, 且膽氣雄壯, 能壓魔邪, 金邀李, 懇請曰: "吾今南下, 卽命卒之秋, 與君偕往, 得以鎭壓, 則安知不轉禍爲福耶?" 李慨然許之, 聯鑣到官, 謂金曰: "公可寢於衙軒, 率衆衛護, 俾邪不得犯. 僕當獨宿嶺南樓, 以觀動靜." 至夜, 手執『周易』一卷, 焚香明燭而坐, 約莫三更, 萬籟俱寂, 微月隱映, 陰風蕭

---

122) 娶: 이본에는 '室'로 되어 있음.

颯. 忽聞女子哭聲, 如怨如訴, 自遠而近, 漸至樓前, 李怪之, 端坐不動. 少焉, 房門自開, 寒氣[123]來逼, 燭影明滅, 有一處女, 滿身流血, 被髮掩淚, 手把一小朱旂, 閃入房中. 李整襟危坐, 而問曰: "鬼乎人乎?" 女長吁而對曰: "鬼也." 曰: "幽明路殊, 安得相糅?" 曰: "有前生冤恨, 欲訴而來, 則凡人氣魄類弱, 輒驚怖而死, 抱兹幽菀, 伸雪無期. 今幸遇公, 公誠大人君子." 李問: "所冤何事?" 女曰: "吾是南府使女也, 被乳媼所欺, 乘月翫嶺南樓, 忽有總角一漢來逼, 抵死牢拒. 彼竟刲[124]刃於吾, 因投吾尸於後岸竹林中, 九原千古, 此恨曷旣? 公若爲我解冤, 則當有冥報." 李曰: "彼漢爲誰?" 女擧朱旂, 曰: "以此識之." 言訖, 倏然而逝. 李朝起, 密告其狀于本官[125], 官[126]乃點閱官屬, 至吏案有朱基姓名者, 卽拿入, 鎖以大枷, 用治賊律, 拍案大叱曰: "汝罪, 汝當知之! 行凶節次, 官已洞悉, 敢抵賴乎?" 朱漢面色如土, 默想, '此事人無知者, 而忽此刑訊, 必神明指示, 何可隱諱?' 遂一一吐實. 蓋南守[127]挈女來此, 與乳媼, 共處一室, 女恃媼如天, 只一動一靜, 惟其指揮. 衙內有園亭, 女偕媼登覽, 時朱漢以知印, 偶過園後, 聞女子笑語聲, 從墻隙窺之, 覩其姸, 遽生慾. 以厚賂結媼誘女, 黍夜至嶺南樓玩景, 媼托以放矢[128]而少避, 彼漢隱在樓下, 忽地跳出, 抱女腰, 欲强汚之. 女亂搯手足, 大聲呼媼, 且哭且號, 終拒之, 彼漢恐被人覺, 遂拔佩刀, 以刺之. 又思不殺媼, 則事機易綻, 因並戕其媼, 卽曳兩尸, 投于竹林,

---

123) 寒氣: 이본에는 '寒風'으로 되어 있음.
124) 刲: 나, 다본에는 '刺'으로 되어 있음.
125) 官: 저본에 '佯'라 쓴 것을 주필로 수정한 것임.
126) 官: 저본에 '佯'라 쓴 것을 주필로 수정한 것임.
127) 守: 저본에 '佯'라 쓴 것을 주필로 수정한 것임.
128) 矢: 이본에는 '尿'로 되어 있음.

掩以草石[129]. 朱漢旋陞吏案, 藏頭假息, 已有年矣. 守[130]卽令人, 搜竹林, 果得兩尸, 血痕淋漓, 處女面如生, 體不朽. 因具棺斂, 舁送本家, 以葬之, 遂置朱于辟. 後李上舍, 登科顯揚. 嘗有觀察某, 巡到密陽, 宿嶺南樓, 將設白日場, 夢見一處女, 來曰: "明日詩題, 以'嶺南樓月夜, 逢李上舍, 泣說前生寃債', 出揭, 而舖頭書三箇上字之券爲魁, 可也." 觀察覺而異之, 依其言懸題, 果有三上字之詩, 選爲壯元, 拆封, 曰'裵益紹', 招見其人, 乃十六七歲之童艸也. 問: "此詩汝所做乎?" 對曰: "俄者, 場中忽昏困如睡, 夢有一女子, 誦傳此詩, 覺而記得書券, 下五句則因遺忘, 塾師呼寫成篇." 詩曰: '劍痕欲磨春江碧, 恨水年年花[131]血瀉. 林烟曳雨郭南村, 竹風吹燈塘北榭. 黃昏環佩乍延佇, 走憐飛螢凄上下. 樓頭月上可憐宵, 江上初逢李上舍. 寃魂凄帶九原羞, 苦語寒生五更架. 兒娘豈識嶺南樓, 千里曾隨大人駕. 深閨慣讀內則篇, 芳玉貞操年未嫁. 閒宵一違姆氏訓, 玩月那[132]知乳媼詐. 芙蓉塘外倚小檻, 花拂西垣人影乍. 刀頭驚散斷臂魂, 竹根空埋寃血化. 西風未返父母國, 紫恨空思丹筆借. 篁林靈雨帶血靑, 我欲啼寃人自怕. 西郊[133]幾送太守魂, 東閣頻見殘梅謝. 書燈耿耿照心白, 鬼語啾啾啼血夜. 床頭水呪寂無聲, 手裡丹砂點易罷. 三生泣訴此生寃, 玩花初心玉指咋. 人間誰辨妾恨深, 一宵惟願君靈藉. 平頭尙在鴈鶖[134]庭, 子有霜鋩應不赦.' 蓋此卽鬼詩, 句句名作, 而下五句則稍異, 有一篇兩截之嘆耳.

---

129) 草石: 이본에는 '草席'으로 되어 있음.
130) 守: 저본에 '倅'라 쓴 것을 주필로 수정한 것임.
131) 花: 이본에는 '和'로 되어 있음.
132) 那: 이본에는 '誰'로 되어 있음.
133) 郊: 이본에는 '隣'으로 되어 있음.
134) 鶖: 다본에는 '鶴'으로 되어 있음.

外史氏曰: "『內則』曰: '女子出門, 必擁蔽其面, 夜行以燭, 無燭則止.' 又曰: '男女不雜坐, 聖人制禮, 防於未然, 其旨切矣.' 乳媼之貪賄釀禍, 是可忍乎? 大抵閨閤中變怪, 多由於嫗婆輩之媒孼, 可不懼哉? 李上舍之接神雪寃, 亦快活奇男, 宜其受報而顯達也."

9-16. 北牖接綠衣行檢

趙豐原顯命, 按嶺藩時, 鄭彦海爲通判, 一夕會話, 夜深而罷. 通判還衙, 將就寢[135], 巡使忙遣知印邀之, 曰: "有面議事甚緊急, 幸卽更顧也." 通判卽整巾服, 而馳進入見, 曰: "終夜陪話未審, 更有何事, 而忽[136]此見招也?" 巡使曰: "通判待天明, 卽往漆谷, 捉入老吏裵以發及其弟之發, 先問以發之子女有無, 則彼必以'有一女死已久矣'爲言. 使渠導前, 馳往其瘞處, 掘檢, 則其尸體女子, 而年可十六七, 面目儀形, 所着衣裳, 如斯如斯, 可一一詳審以來." 通判驚異, 曰: "旣係緊急, 何待天明?" 卽當發行, 因擧火登程, 向漆谷, 營府咸怪之. 遂至其邑, 命捉入兩裵吏, 問以發曰: "汝有子女乎?" 對曰: "只有一女, 年及笄而病死, 埋已三年." 又問: "埋在何處?" 曰: "距邑十里許矣." 乃使兩吏立於馬頭, 卽往其處, 掘檢, 則尸體少不腐傷, 容貌豊瑩, 綠衣靑裳, 一如巡使之言. 因按法審驗, 背上有石打痕, 皮肉綻開, 血色淋漓. 乃定實因, 修屍帳報營, 以發兄弟及其妻, 竝押上營獄. 歸見巡使, 而道其事, 巡使曰: "然矣." 乃捉入裵吏等, 施威嚴問之, 以發對如前, 之發則曰: "使爺明鑑如神, 小人何敢隱情乎? 小人之兄, 家饒而無子, 當取小人之子繼后, 而每曰: '吾儕小人, 何論嗣續之有無? 祖先奉祀, 汝可代行, 吾則

---

135) 寢: 마본에는 '枕'으로 되어 있음.
136) 忽: 나, 다본에는 '急'으로 되어 있음.

旣有一女, 可擇婿而牽畜云云.' 此女卽前妻所生, 而後妻常嫉其女, 故小人謀及兄嫂, 以姪女之失行倡言, 而勸兄除去, 免汚家門, 兄不忍下手. 小人乃乘兄之出, 與嫂縛女, 以石搗背而殪之, 卽爲棺斂. 待兄入來, 瞞告以, '渠與某里總角, 潛通發覺, 羞愧而自裁, 故已入棺云.' 兄信其言, 而但悲嘆. 蓋小人欲以子立后, 管兄之家財, 設此凶計, 萬死無惜." 又問其妻所供, 亦然, 仍成獄, 之發及其嫂, 卽地打殺之, 以發施以家不齊之律, 而流配之. 通判問: "使家何由知此, 年久之事, 瞭如[137]燭照也?" 巡使曰: "昨夜, 通判歸後, 因暑熱[138], 臥北牖下, 忽寒風逼骨, 後窓自開, 燭影明滅之中, 有一女子, 來拜牖前, 稱有訴寃. 吾問: '汝人乎鬼乎? 有何寃恨? 可一一詳陳.' 女子泣曰: '本以某邑某吏之女, 爲人打殺. 人生一死, 固不足恨, 而但以閨中處子, 橫被累名, 此係千古至寃. 每欲訴懷於營邑, 而人皆精魄孱弱, 難以相接. 今公嶽降英氣, 有異凡人, 故不避猥越, 敢來控愬[139], 萬望一圖伸雪, 則雖死之日, 猶生之年.' 吾快諾之, 女卽出門而滅. 吾心竊訝之, 轉不成眠, 所以更邀通判而馳往檢驗者, 此耳."

外史氏曰: "甚矣, 財利之移性也! 弗念天顯, 殺越人于貨, 豈天理人情之所可忍爲乎? 女之精靈不泯, 能償寃恨, 而洗累名. 其視世之不恥中冓之行, 聞惡聲如風過耳者, 果何如也? 亦因豊原之氣魄不懾, 業鏡高懸, 而得伸其志, 此可見天理人情之不可誣耶!"

---

137) 瞭如: 나, 다본에는 '瞭然'으로 되어 있음.
138) 熱: 나, 다본에는 '烈'로 되어 있음.
139) 愬: 나, 다본에는 '訴'로 되어 있음. 서로 통함.

○ 第七十一묶 人事部九【報讎二】

9-17. 除惡奴處變報讎

　　張備郎失其名, 多年以備邊郎供職, 故因稱以張備郎, 有氣力好義氣者也. 其未第時, 嘗習射於南山, 時値八日燈市, 傾城士女, 登高觀燈. 張從射場, 囊弓矢, 佽[140]決拾, 轉至一麓[141], 有偉冠博帶者齊會, 其中一人, 方論相術. 張遽前而揖, 曰: "足下似有唐擧之眼, 僕亦願聞前程否泰." 其人熟視良久, 曰: "來頭窮通姑捨, 不日內, 恐有縲紲之厄, 可愼之!" 言訖而去. 張歸家, 憂形於色, 妻怪問之, 張告以相者之言, 曰: "吾尙未出身, 且不與人相關, 豈有逮繫之事而彼言如此? 或有鴻罹之厄耶? 自聞其語, 如鯁在喉, 心甚不快." 妻曰: "狂夫之言, 聖人擇焉, 術客之言, 旣云有厄, 盍圖避凶?" 張曰: "吾欲出避, 而漠無所向, 且囊乏資斧, 奈何?" 妻乃鬻佩飾, 得三十金以畀之. 張遂出門, 嘗聞金剛是天下名山, 每欲一覽, 因佩弓矢而往, 遍踏內外山, 轉尋八景. 至江陵地, 偶迷路値暮, 尋到村閭, 有一瓦屋, 庭宇荒凉, 叩門請宿. 有老婢, 導入外堂, 詳問姓名來歷而去, 少焉復出, 曰: "吾宅小姐, 聞公世系, 認是戚黨, 遣婢傳語矣. 因曰: '久阻聲息, 忽此枉臨, 曷勝欣幸? 宜卽出拜, 而方備夕饌, 少選當趨謁.'" 張詢其家世, 乃金姓班閥也. 愕然自思曰: "平生茫昧之家, 忽有[142]內舍傳語, 謂有戚分, 擬以出見, 是未可曉也." 第按例回語, 且觀下回, 乃答語曰: "適過此地, 要暫敍阻, 來聞安節, 甚用慰忻, 飯後出來云." 方企之, 俄而, 進飯甚精腴, 燃炷張

---

140) 佽: 이본에는 '傾'으로 되어 있음.
141) 一麓: 이본에는 '一處'로 되어 있음.
142) 有: 이본에는 '自'로 되어 있음.

燈, 款待具備, 張益切訝惑. 及夜, 一處女自內而[143]出拜, 曰: "表兄來訪, 孤子之從妹, 良用欣感." 張答拜, 曰: "旣過此地, 何可不尋妹乎?" 纔數語, 女曰: "夜半久坐非便, 明當更來." 拜別, 因投一紙於前而入去, 張覰其女, 鬢髮如雲, 擧止端重, 豈意遐鄕僻村有此窈窕乎? 乃挑燈披其紙, 有諺書曰: "竊有訴[144]懷, 而屬垣可畏, 敢此書白. 薄命女子, 俱失怙恃, 只與一男兄相依. 家有凶悖之奴, 欲逼余以非禮, 而碍有兄, 暗地結果了[145], 圖逞凶計. 吾若以義拒之, 必至於死, 此身又歿, 父母三霜內, 香火當絶. 念之痛迫, 姑以權辭, 緩其志, 曰: '四顧無親之地, 獨與汝相守, 不從汝言, 而更誰之從乎? 但喪中, 未可行此事, 暫俟闋服, 可也.' 凶漢信之, 姑無作變, 然闋制不遠, 死期將迫, 何幸蒼天見憐送公至此? 偶從門隙窺之, 知客有兼人之勇力, 竊願借手, 報仇凶漢. 俄赴里禊, 趁曉當還, 必帶醉而歸, 容貌服着, 如斯如斯. 門外數帿場有溪路, 林深藪黑, 若於此處邀擊, 則可從容處置. 伏望施德於不報之地, 除此禍根, 俾吾保有一縷, 以奉父母香火, 千萬泣禱." 張覽畢, 嘆其節行才智之卓越, 默想凶漢所爲, 毛骨俱竦, 萬丈業火, 按住不得. 遂提弓矢, 卽往溪邊, 林子裡伏做一塊. 良久, 山月將墮, 晨光熹微, 有一大漢, 負手醉步而來, 覘其容服, 皆果然. 臨溪揭涉, 纔及半張, 乃挽弓滿的射去, 正貫彼胸膛而仆地. 因以巨石, 推背而斃, 沉其尸于溪, 直走還家, 更不聞彼女聲息. 未幾, 張登科筮仕, 爲備邊郞, 近十年未遷調, 往謁銓官某宰, 訴其[146]沉屈, 某宰嘉其爲人, 款接

---

143) 而: 저본에는 빠져 있으나 이본에 의거하여 보충함.
144) 訴: 이본에는 '所'로 되어 있음.
145) 了: 주필로 삭제표시가 되어 있음. 이본에도 빠져 있음.
146) 其: 저본에는 빠져 있으나 이본에 의거하여 보충함.

之, 因令往來無間. 每嘲以堂堂張也, 便是張[147]備郞. 一日適間, 俾陳古談及自己所經, 張遂言江陵金處女事, 某宰聽罷, 遽起入內. 俄而, 一婢持酒饌出, 傳夫人語曰: "頃蒙恩德, 獲保殘命, 酬報之願, 寤寐如結, 而茫無尋處. 今忽得遇, 誠爲萬幸, 雖一時假托, 旣稱中表之誼, 則敢不出拜, 而事面有碍, 未得如誠, 幸諒之." 某宰又出而笑, 曰: "吾之繼室, 卽江陵金處女, 感君救命之恩, 銘心欲報者也." 夫人乃以金帛厚遺, 至于衣食之費, 贈餽相屬, 張猝成富家, 某宰從以吹噓, 節次推遷, 官至節度.

外史氏曰: "奴主之分, 與君臣父子之倫一體, 而悖奴之包藏凶圖, 卽覆載之所難容, 萬剮猶輕, 而暗地結果, 未能明正其罪, 是可恨也. 張之仗義報仇, 賢女之賴此免禍, 便是再生之恩, 宜其受報如此也."

9-18. 殪妖巫湔仇避禍

金生某, 漣川人也. 家貧, 欲推奴於遠方, 將入京圖得請簡. 暮抵東門外, 値雷雨, 忙投路傍屋, 叩門, 寂無應者. 良久, 有一處女, 倚中門遙謂曰: "外舍荒廢, 請入內屋." 生喜出望外, 隨女入室, 室中排置整楚, 頗似饒居. 女問: "客是何人, 又奚何到此?" 生具以對, 女炊飯以進, 生吃罷, 問: "主人以閨中少娥, 見客不避, 又獨在家, 何也?" 女噓唏對曰: "吾之邂逅公子, 此實天也! 吾家本饒居, 父以妖巫爲妾, 或咀呪, 或置毒, 吾母吾兄, 皆爲其所戕, 只餘此身. 吾父迷惑厥女, 竟又捐世, 纔過三霜, 惡巫擅持家柄, 惟意所欲. 近察其氣色, 非久又將除此身[148]. 吾之縷命, 固無足惜, 而惟此

---

147) 張: 저본에는 '長'으로 나와 있으나 이본에 의거함.
148) 除此身: 다본에는 '此身謀害'로 되어 있음.

不共戴天[149]之讐, 未得報仇而死, 則誠爲不瞑之恨, 抱茲耿耿, 未得其便. 竊觀公子, 似有氣力, 足可以[150]處置一巫. 若得湔此仇恨, 則謹當永奉巾櫛, 圖酬萬一. 惡巫財産雖饒, 猶不棄本習, 俄赴人家神事, 趁曉[151]當還, 廊底僮媭[152], 亦皆出他. 公於此時, 適到此, 卽天與我托身之便. 而吾之死中求生, 在此一擧, 時不可失, 願公子熟思之." 生曰: "吾旣有室, 君之去作小星, 應不屑爲也." 女曰: "吾之情地, 正似晨虎不擇僧狗, 雖厠[153]箕箒之列, 固所甘心." 俄而鷄唱, 門外有人聲, 女色變曰: "巫來矣!" 急令生暫避牖外, 女卽出迎巫入室. 巫宿酲[154]未消, 以帕纏頭, 遽支枕, 而謂女曰: "埃冷矣, 可入廚添薪." 生在牖下, 見有砧石, 試擧之, 力可扛也. 穴窓覘之, 巫獨蒙被而臥, 鼾息聞戶外. 生乃挾砧突入, 撲擊其胸, 巫一聲而斃. 女從廚下入視, 戰掉靡定. 遂曳尸, 置于夾室, 盡搜[155]樓上財寶與田庄文券, 束裝貰驘, 以滿載爲屢駄. 乃燒其屋, 男前女後, 同歸漣川. 生得猝富, 當初推奴之計, 已擲於九霄外矣. 女善處嫡庶之間, 渾室歡洽. 一日, 妾謂生曰: "士生斯世, 何可與草木同腐? 家計旣無憂, 盍留念於科宦乎?" 生曰: "吾非無心, 但乏文筆, 何以戰藝?" 妾曰: "吾家有舊奴, 在於水原地, 爲人忠厚. 公持吾書而往, 議則必有獻策." 乃裁書謂, '以禍亂餘生, 幸逢仁人, 脫身囹圄, 得托絲蘿終身, 仰望有所先親香火可繼, 實爲萬幸. 今公有相議事委往, 汝可盡心奉副也.' 生持書, 往尋奴家, 瓦屋櫛比, 庭前集數十

---

149) 天: 저본에는 빠져 있으나 이본에 의거하여 보충함.
150) 以: 저본에는 빠져 있으나 이본에 의거하여 보충함.
151) 趁曉: 이본에는 '明曉'로 되어 있음.
152) 僮媭: 이본에는 '僮僕'으로 되어 있음.
153) 厠: 이본에는 '側'으로 되어 있음.
154) 酲: 이본에는 '醒'으로 되어 있음.
155) 搜: 이본에는 '收'로 되어 있음.

健夫, 方打稻. 主人稱爲'李同知', 頂金圈, 拂白鬚. 邀客上堂, 生付 其書, 主人覽畢, 蒼黃下堦, 拜而流涕, 曰:"主家禍變相繼, 只有一 少姐[156], 而久未進候, 漠無聲息. 今承諺敎, 始認托身於公, 轉危就 安, 誠不勝悲喜交切. 公於小的, 亦大恩人."因呼妻子拜謁, 滿室[157] 奔走, 極意接待, 問:"諺書中, 以公有所議事爲敎, 果指何事耶?" 生曰:"吾欲赴擧, 而無文之故, 輒坐停, 君可爲我籌之否?"主人 曰:"小人家貲頗饒,[158] 曾不贖良, 又不納貢. 心常歉仄, 每欲伸誠, 而不得其便, 何幸今日獲接好風? 竊擬少遂宿願, 敢不另圖方便? 賤息昆季, 俱有筆藝, 若以高價, 絡來雄文, 每科捐千金, 盡意善 觀, 則不出幾年, 可摘一第, 未審意下若何?"生曰:"固所願也."自 是有科, 李老輒使其子率巨擘入場, 爲金生呈券, 不數年, 生果大 闡, 穩享富貴.

外史氏曰:"古稱'前巫後史', 蓋在昔, 則巫或有制神者, 故著稱經 典. 而後世但見其惑世誣民, 顔之推垂家訓, 以禁招巫; 陳希亮爲 知縣, 勒巫歸農. 然末流之弊, 或至於呪符釀禍, 可不懼哉! 女能引 客, 而借手報仇, 歸身而圖占富貴, 亦慧識之奇者也."

---

156) 少姐: 나. 다본에는 '小姐'로 되어 있음.
157) 滿室: 이본에는 '滿堂'으로 되어 있음.
158) 小人家貲頗饒: 이본에는 '小的家稍饒'로 되어 있음.

卷十

○第七十二号 人事部十【權術一】

10-1. 嚴舅權術慴妬婦

　權進士某, 安東人也, 性峻嚴, 治家有法度. 家計頗饒, 如有盛怒之事, 則必鋪席於大廳而坐, 或打殺婢僕, 若不至傷命, 則必見血而止. 以此, 若於廳上鋪席, 則家人惴惴, 知其有必死之人也. 只有一子而娶婦, 婦性行妬悍難制, 而以其舅之嚴, 不敢使氣然, 權心竊憂之. 其子赴擧歸路, 避雨入店舍, 見有一美少年, 坐於廳上, 而奴婢人馬, 爛其盈門, 若率內行者. 瞥見權生, 乃起身而邀入, 寒暄甫訖[1], 以酒肴饌盒, 饋之, 詢其姓氏居住. 權生具擧以對, 因問少年姓鄕, 只道其姓, 而不言所住處, 曰: "偶爾[2]過此, 幸逢嘉朋, 以永今夕, 不亦樂乎?" 因與之對酌, 以醉爲期. 權生醉倒昏睡, 夜深始覺, 見少年, 已無形影, 而自己臥於他室, 傍有素服美娥, 年可十八九, 容儀端麗, 似是士夫家婦女也. 生大驚訝, 曰: "吾何以臥於此處, 而君是誰家婦女, 獨在此室耶?" 其女子低頭, 羞澁而不答, 叩之再三, 終不開口. 少頃, 低聲曰: "吾是洛中仕宦家女子, 十五喪夫, 而嚴親又早世[3] 男兄主家矣. 兄之性執拗, 不忍見幼妹之守寡, 欲圖改適, 則宗黨之謗責大起, 不得已潛具轎馬, 駄我而出門, 漠然無所向. 若遇合意之男子, 則欲委而托之, 以此定筭, 轉而至此, 適逢公子, 醉以旨酒, 使奴負入於此處, 而家兄則已遠走矣. 深

---

1) 甫訖: 나본에는 '已畢'로, 라본에는 '畢'로 되어 있음.
2) 偶爾: 라본에는 '偶然'으로 되어 있음.
3) 早世: 이본에는 '蚤世'로 되어 있음.

夜男女旣同席, 則從此妾當生死以之, 願公子之熟思也[4]." 生心異之, 出外覘之, 其少年及人馬, 並不知去處, 只有兩叉鬟, 戶外鼾睡. 生還入室, 與女同寢. 旣而思之, 上畏嚴父, 下有妬婦, 進退兩難, 沈吟半晌. 女揣知其意, 乃曰: "公子以靑年秀士, 區處妾身, 誠不容易. 然妾之所携箱篋[5], 夯有金帛, 一身衣食, 無煩[6]公子費慮, 第徐圖方便, 爲好." 生曰: "家有嚴親, 歸當奉稟而率去, 姑留此店以竢之." 乃招店小二, 貰得一靜室, 俾留其女及兩鬟. 遂回家, 訪親友中有智慮者, 以實告之, 願得劃策, 其友沈思半晌, 曰: "此事甚難, 第有一計, 可如斯如斯." 居數日, 其友設盃酒, 會社中諸友, 仍邀權生, 生亦往預焉. 其友遂約諸人, 各於其家, 輪回設會, 而次至權生, 生稟告于其父. 遂具酒饌, 而邀諸人, 群賢畢至, 咸拜謁於老權, 老權曰: "君輩迭相酒會, 而使此老物獨未參席, 是豈隣比之誼[7]乎?" 諸人曰: "豈無嚮慕之誠, 而少年會席, 尊丈降臨, 則自多難便之事, 所以不敢奉邀矣." 老權曰: "酒席忘年, 豈有少長之別乎? 老夫於此, 興復不淺, 今日之會, 我當爲政倣開學少君輩, 亦當擺脫拘束之儀, 雜坐盡歡, 以慰老夫一日孤寂之懷也." 諸人敬諾. 酒至半酣, 其有智慮之少年, 近前, 曰: "侍生聞一奇事, 請言之, 以供一粲." 乃以權少年之客店奇遇, 作古談, 而備說一遍, 老權節節稱奇, 曰: "異哉! 古則或有此等奇緣, 而今世[8]則未之聞也." 其人曰: "尊丈若當此境, 則將何以處之?" 老權曰: "旣非宮刑之人, 逢美人於黃昏, 何可虛度也?" 其人曰: "男女[9]之慾, 未能强制, 而

---

4) 也: 나본에는 '之'로, 라본에는 '之也'로 되어 있음.
5) 箱篋: 이본에는 '箱笥'로 되어 있음.
6) 無煩: 이본에는 '無賴'로 되어 있음.
7) 誼: 이본에는 '義'로 되어 있음.
8) 今世: 이본에는 '今'으로 되어 있음.

暫時偎紅之後, 便當棄絶, 何可率畜乎?" 老權曰: "不然! 旣同枕席, 而終棄之, 是積惡也, 不可不率畜矣." 其人曰: "尊丈嚴遵禮法, 謹守名行, 雖當此時, 必不毀節矣." 老權掉頭, 曰: "不然! 此非我求童蒙, 童蒙求我也. 被人所欺, 非我故犯, 年少男子, 見美色而心動, 自是常事, 彼女旣以士族, 行此事, 則其情慼矣. 如或一見而棄之, 彼必羞憤而死, 豈非積惡乎? 士夫之處事, 何可如是齟齬也?" 其人笑曰: "此非古談, 卽胤友日前事也. 尊丈旣以事理當然, 再三質言而爲敎, 今則胤友庶免罪責矣." 老權聽罷, 半晌無語, 乃正色厲聲曰: "君輩皆罷去, 吾有處置之事矣." 諸人驚愕而散. 老權乃呼僕, 大聲曰: "斯速設席於大廳!" 家人皆悚然[10]縮首, 不知將治何人. 老權出坐席上, 高聲曰: "持斫刀以來!" 僕惶忙, 置斫刀於庭下, 老權又高聲曰: "捉下書房主, 伏之斫刀板!" 僕不敢漫漶遲滯, 捉下權少年, 伏其項於斫刀板, 老權乃大叱曰: "悖子以口尙乳臭之兒, 不告父母而蓄妾者, 此卽亡家之行也. 吾之在世, 猶尙如此, 況吾之身後[11]乎! 此等悖子, 留必亡家, 不如吾在世時, 斷頭以杜後弊, 可也." 言罷, 大喝奴子, 促令擧趾而斫之. 此時, 擧家遑遑, 面無人色, 其妻與子婦, 皆下堂而哀乞, 曰: "彼罪雖曰可殺, 屢世香火, 將至絶祀, 幸念此, 而特垂寬恕焉." 因號泣不已, 老權拍案大叱, 使速退去. 其子婦泥首叩地[12], 血流被面, 攢手而告曰: "年少沒覺之人, 設有妄悖自專之罪, 屢代血屬, 只此而已, 何忍行此殘酷之擧乎? 請以子婦之身代其死." 老權曰: "悖子亡家之時, 辱及先祖矣,

---

9) 男女: 이본에는 '男子'로 되어 있음.
10) 悚然: 이본에는 '竦然'으로 되어 있음. 서로 통함.
11) 身後: 이본에는 '身沒'로 되어 있음.
12) 叩地: 이본에는 '叩頭'로 되어 있음.

無寧早卽除去, 更求螟嗣, 以奉先祀, 不至貽辱祖先矣."因大喝而使斫之, 僕雖應諾, 而豈忍加足? 只唯唯而故遲遲. 其子婦泣諫益苦, 老權曰: "此兒亡家之事非一, 而以汝妬悍之性, 必不相容, 家道日亂, 則此亦亡家之兆也. 以此以彼, 不可不早卽除去矣."子婦曰: "婦亦人面人心, 目見此等光景, 更何敢念及於妬之一字乎? 若蒙尊舅一番容貸, 則謹當與其女同處, 小無失和矣, 願勿以此爲慮."老權曰: "汝雖迫於今日擧措, 而有此言, 然來頭事, 何可信也?"婦曰: "何敢乃爾? 如或食言, 則天必殛之, 鬼必誅之矣."老權曰: "汝於吾之生前, 雖或其然, 而吾死之後[13], 汝必肆惡, 而家道日[14]乖, 此非亡家之事乎?"婦曰: "寧有是理? 尊舅百歲後, 如或有一分妬心, 則眞犬彘之不若, 謹當以矢言納侉矣."老權沈吟稍久, 曰: "若然則第以矢言, 書紙以納, 可也."其婦乃書禽獸之盟以進, 而指誓矢言, 無所不至. 老權乃赦其子, 而出之, 因呼奴, 分付曰: "汝可備轎馬, 率人夫, 往某店, 迎來書房主之小室, 可也."奴承命而率來, 現舅姑, 拜正室. 其女美而賢, 舅姑甚愛重之, 使子婦與之同處, 婦不敢出一聲, 到老和同, 家門雍穆, 人無間言云.

外史氏曰: "權老以嚴御家, 雖骨肉至情之間, 不少饒貸, 使家人常惴惴慄慄, 畏之如虎, 豈偶爾乎哉? 自有籠絡智術, 寓於其間, 終令妬婦慴伏, 而不敢出一口氣, 若不如是, 則永制其妬悍之性, 亦難矣. 蓋是好奇計, 逞權術之人也."

10-2. 智倅逞計権島貨

金兵使某, 英廟朝名武也. 嘗以別軍職, 侍衛於親臨試射, 時濟

---

13) 吾死之後: 이본에는 '吾之死後'로 되어 있음.
14) 日: 이본에는 '且'로 되어 있음.

州牧使適有窠, 因於帳後, 語其同僚曰: "吾若爲濟牧[15], 則當爲萬古第一治天下大貪矣." 諸僚笑其愚癡, 上聞之下詢, '誰發此言?' 金弁伏地, 奏曰: "此是小臣之言也." 上曰: "萬古第一治, 豈有大貪之理? 天下大貪, 何可爲第一治耶?" 金起伏對曰: "自有其術矣." 上笑之, 因特除濟牧, 而敎曰: "汝往爲萬古第一治天下大貪, 可也, 不然, 則汝伏妄言之誅矣." 金承命而退歸家, 多貿眞麥末, 染以梔子水, 盛于大籠中, 作三馱, 只許信任之一傔隨往[16]. 旣赴任, 聽訟公平, 莅事明決[17], 朝夕供饋之外, 不進一杯酒, 廩有餘者, 並付之捄[18]瘝恤窮, 土産一無所取. 如是過了一年, 吏民皆愛戴, 稱誦[19]以設邑後初有之淸白吏, 令行禁止, 一境晏如. 一日, 忽稱有身病, 閉戶呻吟, 過數日, 病勢大添, 飮啖全廢, 坐暗室中, 痛聲不絶. 鄕長[20]吏胥, 三時問候, 而不得見面, 首鄕及中軍, 懇請曰: "病患症形, 未知何祟, 而此邑亦有醫藥, 何不診治?" 太守良久, 强作聲曰: "吾於少時, 得此病, 吾之世業, 盡入於此病之藥治, 近二十年更不發, 故意謂快差矣. 今則無可治之道, 只俟死期而已." 諸人[21]更問: "患候何症, 而藥是何料? 使家病患如是, 無論邑村, 雖割股剜心, 何所惜焉? 廣求藥餌, 期於療治, 只願指示藥方." 太守曰: "吾病卽丹毒也, 藥則牛黃也, 以牛黃幾十斤作餠, 遍裹一身, 每日三四次, 改付新藥. 如是四五日[22], 則可得瘳, 而吾之家計, 始則稍饒矣, 以

---

15) 濟牧: 나, 다본에는 '濟州牧'으로 되어 있음.
16) 往: 이본에는 '之'로 되어 있음.
17) 決: 나, 다본에는 '快'로 되어 있음.
18) 捄: 이본에는 '救'로 되어 있음.
19) 誦: 저본에는 빠져 있으나 이본에 의거하여 보충함.
20) 長: 저본에는 '將'으로 나와 있으나 이본에 의거함. 이하의 경우도 동일함.
21) 諸人: 이본에는 '諸吏'로 되어 있음.
22) 日: 이본에는 '月'로 되어 있음.

是之故, 一敗塗地矣. 今於何處, 更得牛黃而付之乎?" 諸人曰: "此邑之産, 求之易耳." 鄕長遂出, 而傳令各面, 曰: "如此官司之病患, 苟有可瘳之方, 則吾輩固當竭力求之. 況此藥, 乃是邑産也, 無論大小人民, 不計多寡, 隨有隨納, 可也." 民人輩聞令, 爭先來納, 一日內, 不知爲幾十斤, 使傔受之, 而密藏于籠, 以其所携來梔子餠, 換之. 每日以其餠, 盛于器, 埋于地, 曰: "人或近之, 則毒氣所薰, 面目皆傷, 不可近也." 如是者五六日[23], 病勢漸差, 因起而視事, 公廉之治, 又復如前, 滿苽而歸, 濟民鐫碑頌之. 上京後, 販此牛黃, 獲累千金. 蓋濟州之牛, 十則牛黃之入爲八九, 以是之故, 牛黃至賤. 此人知此狀, 預備梔餠而行此術, 官隸不敢近前, 而自遠見其梔餠, 認以爲牛黃也. 此人因是而家計殷富云.

外史氏曰: "自昔貪饕之吏, 非有才智, 則不能也. 雖有龔黃之績, 而暗售溪壑之慾者, 其可曰善治乎? 王伯並用義利雙行, 固是行不得之事, 而況譎而不正斯門, 攸譏詭, 遇獲禽, 君子不取. 古人云: '有才而權貨, 莫如無才而廉白.' 信矣哉!"

○第七十三号 人事部十一【權術二】

10-3. 弄愚守[24]猾胥騙財

閔姓蔭官某, 嘗爲峽邑知縣, 爲政淸介, 而性本迂拙, 作事虛疎. 任滿將歸, 行槖蕭然, 無由治發, 獨自憂悶. 有一吏, 素所親任, 而爲人伶俐, 厚被眷愛, 每欲效忠, 見知縣方在窮途, 心竊[25]憂之, 乃

---

23) 日: 이본에는 '月'로 되어 있음.
24) 守: 저본에 '倅'라 쓴 것을 주필로 수정한 것임.
25) 竊: 이본에는 '切'로 되어 있음.

潛告曰: "官司氷蘖自持, 苽期已滿, 而行李難辦. 小的欲竭誠圖報, 思得一計, 非徒治行無慮, 抑將潤屋有餘矣." 知縣曰: "言若有理, 曷不聽從?" 吏曰: "某座首富甲一縣, 官司之所悉燭也. 今夜, 與小的作伴, 試行偸兒手段, 則千金可立致也." 知縣大怒, 曰: "汝敢以乖[26]悖之事干我, 世豈有作宰而爲盜者乎? 毋妄言, 罪當笞!" 吏曰: "官司若如[27]是執拗, 則公債屢百金, 將何以磨勘; 路需幾十緡, 將何以措辦? 且還宅後, 年豊而妻啼飢, 冬暖而兒呼寒, 室如懸磬, 釜中生塵, 伊時當思小的之言矣. 且暮夜行事, 神鬼[28]莫測, 此所謂 '逆取而順受'者也. 願加三思焉." 知縣默坐[29]沈吟, 乃蹙眉而言曰: "第往試之." 因與吏相携潛出. 于時, 街皷已歇, 夜色如漆, 家掩扉而道少人. 遂至座首家, 踰垣而入, 至一庫, 穿竇潛入, 吏愕然曰: "誤入酒庫矣! 然小的酒戶素寬, 對此佳釀, 口角流涎, 不得不行畢吏部故事." 因脫知縣所着發莫一隻, 飛一大白, 雙手奉獻, 知縣到此地頭, 不敢支吾, 强飮而盡. 吏連傾四五發莫, 佯醉大言曰: "小的平生, 酒後耳熱, 長歌一闋, 自是伎倆. 今淸興勃勃, 按住不得? 願官司按節一聽." 知縣大驚, 揮手急止之, 吏不由分說, 大放一聲. 猧吠于門, 人驚于室, 數三大漢在睡夢驚覺, 大呼有賊而出. 吏乘勢脫身, 以物塞竇, 知縣欲出不得, 遑急無計, 躱於甕間, 火把照處, 皆云: "賊在酒庫中!" 打鎖開門, 揪住[30]緊縛, 如甕中捉鱉, 納諸皮俗, 掛於門首柳枝上, 明日將告官懲治矣. 吏潛入其家祠堂, 放起一把火, 因大呼曰: "火起!" 家人都奔救火, 只餘座首之父九十

---

26) 乖: 이본에는 '怪'로 되어 있음.
27) 若如: 이본에는 '亦若'으로 되어 있음.
28) 神鬼: 이본에는 '鬼神'으로 되어 있음.
29) 默坐: 이본에는 '默然'으로 되어 있음.
30) 住: 나, 다본에는 '作'으로 되어 있음.

九³¹⁾歲老人, 半鬼半人, 癡坐後堂. 吏潛入曳出, 至柳樹下皮帒, 以
老人代置之, 扶起知縣, 逃還縣衙. 知縣氣喘汗透, 無名業火, 陡起
萬丈, 瞋目大叱曰: "爾殺我, 爾殺我! 世豈有爲宰而作賊, 作賊而
喫酒放歌者乎?" 吏笑曰: "小的妙計, 今始得成矣. 官司旣脫之後,
以座首之九十老父, 代貯皮帒, 而無人知覺. 使做公輩, 趂卽拿來,
囚置獄中, 卑³²⁾衙招座首入來, 當前發覺, 以不孝論罪, 着枷嚴囚
後, 如此如此, 則數千金可坐而得也." 知縣依其言, 凌晨招座首,
使陞廳賜坐, 因問曰: "君家夜來捉賊云, 故已令牢囚, 今當對君嚴
治矣." 乃使隸卒拖來, 解出, 則一老漢自皮帒中, 欠伸而出. 座首
見是渠父, 大驚惶慚, 下堦伏罪, 曰: "此是民之老父, 而家人誤捉,
罪合萬死." 知縣拍案大叱曰: "吾夙聞汝之不孝, 著於一境, 今乃犯
此綱常, 何可寬恕?" 遂喝皁隸翻倒, 猛打二十殺威棒, 皮綻血流,
仍着枷下獄. 座首百爾思量, 實負名敎大罪, 圖生無路, 聞某吏親
信於縣官, 乃潛招哀乞, 曰: "君若脫此重罪, 則數千金之酬, 惠猶
爲輕歇." 先以白金三百兩, 放在卓上. 吏佯爲持難, 久乃慨然應諾,
二千金乘夜輸家後, 入告知縣, 特許放出, 金錢輸送知縣家矣. 無
何, 新官下來, 公堂交龜之際, 知縣自思, '若留此吏, 則其事必洩.'
乃密囑新官曰: "縣吏某, 奸猾弄權, 誠爲一邑之痼弊. 我去後, 君
必殺之, 爲民除害, 可也." 再三申囑而去. 新官以舊守³³⁾之勤托, 必
有所見, 且難違其意³⁴⁾, 至坐衙日, 捉入某吏, 不問曲直, 將欲亂杖.
吏暗揣, '吾無得罪於新官者, 此必舊守³⁵⁾恐事之發, 欲殺我而滅口

---

31) 九十九: 나. 다본에는 '九十'으로 되어 있음.
32) 卑: 저본에는 '早'로 나와 있으나 라본을 따름.
33) 守: 저본에 '倅'라 쓴 것을 주필로 수정한 것임.
34) 意: 이본에는 '志'로 되어 있음.
35) 守: 저본에 '倅'라 쓴 것을 주필로 수정한 것임.

者也.' 當思所以自全計, 乃仰視新官, 則左目眇矣. 乃大聲哀[36]告曰: "小的於新舊等交遞之際, 無甚罪過, 但於舊官司以有醫眼之功, 致此落眉之厄, 豈不冤哉?" 新守[37]驚問: "爾有何術, 能療目眇? 試言之." 吏曰: "小的少日, 飄泊江湖上, 遇一異人, 得授『靑囊秘訣』, 若有目眇者, 則手到病祛." 新官大喜, 使之解縛陞廳, 曰: "舊官有此大恩, 未報而反欲殺之, 是豈人理乎? 余亦眇一目, 汝能藥治否?" 吏熟視, 曰: "此症最是易醫者, 官司乘夜, 暫出小的之家, 則當以神方試之." 新官大喜, 乘昏[38]便服獨出, 吏已候于門外矣. 延入後堂, 觥籌迭錯, 水陸俱備, 飮至半酣, 新官問曰: "夜深矣, 盍試刀圭?" 吏唯唯而已. 少焉, 縛一黃牝犢, 置席上, 新官驚曰: "此物奚爲而至哉?" 對曰: "此神方也, 若行一場雲雨, 則目自瘳矣." 新官不信, 欲起去, 吏大笑曰: "舊官司之欲殺小的者, 政以此也." 新官半信半疑, 不肯直前, 吏督促再三, 新官急於瘳目, 且因醉興, 遂解下褲帶, 跪坐把那話, 朦朧進去, 㸿牛兒吼嘶, 亂撐四脚, 艱辛畢事, 卽起走歸, 吏送至門外, 曰: "小的明朝, 當進謁作賀, 勿以三杯薄酒相待也." 新官入坐縣堂, 秉燭待朝, 攬鏡自照, 則一夜失睡, 右目又欲眇矣. 且怒且慚, 亟呼隸卒, 捉來某吏, 吏以彩繩繫牛鼻, 被以絳繒衣, 驅來大呼曰: "速開大門, 知縣室內媽媽, 行次到衙矣!" 一府駭笑, 嘲謗狼藉, 新官不勝慚憤, 入處內軒, 不敢出頭. 數日後, 貪夜登程歸洛, 更不還官.

外史氏曰: "自古, 俗吏不爲奸猾之所簸弄者, 幾希矣. 蓋彼以狡黠之才, 諳練邑事, 則不得不親近, 而且以甘言諛辭, 導之以利竇,

---

36) 哀: 나. 다본에는 '發'로 되어 있음.
37) 守: 저본에 '倅'라 쓴 것을 주필로 수정한 것임.
38) 昏: 이본에는 '夜'로 되어 있음.

古語云: '大奸似忠.' 故善爲治者, 多不近吏, 不信吏言, 吏不當若
是耶!"

10-4. 劫病宰窮弁撫仕

　尹水使某, 少時落魄, 登科十年, 一味潦倒, 只出入於一宰相家,
課日勤仕, 專主一席. 其宰相迭掌兩銓, 三子皆登科, 長爲承旨, 次
爲玉堂, 季爲內翰, 而某弁命途畸窮, 一未見效. 雖有當窠, 或爲當
路勢力者之所奪, 或因屢世親誼者之先着, 因循荏苒, 未沾一窠.
某弁不敢怨尤, 趍謁惟謹[39], 自以爲孟嘗君親已. 其宰相偶嬰風疾,
屢朔沈篤, 某弁來留其家, 專意侍疾, 藥餌之煎進, 衣服之脫着, 左
右扶將之節, 皆躬自看檢奉行, 一心不懈. 雖有門客傔從之供役者
盈室, 而其宰以爲, '他人皆不如此弁之伶俐敏捷.' 不使須臾離側,
夜亦和衣暫睡而已. 便尿之放, 坐臥之際, 亦必躬自扶護, 毫無厭
苦之色. 其宰[40]病症漸加, 言語訥澁, 傍人莫能諦聽, 擧家遑遑, 連
日達夜之際, 三子不勝疲困. 一夕, 適皆退休, 傔從輩亦皆頹[41]眠,
房中只有此弁一人, 相守而坐, 嘿念自家身世, 不勝悲凉. 渠於此
宰相, 親非子姪, 賤非僕隷, 而出入門下, 幾近十年, 一未蒙恩. 而
一病十朔, 徒效[42]勞苦, 孝子賢孫, 不能過此, 世豈有如許孟浪, 無
謂哀矜可笑之事乎? 又念病勢危重, 更無餘望於他日. 遂生忿恨之
心, 長吁數聲, 乃攄坐宰相之胸膛, 拔佩刀, 擬其頸而數之, 曰: "吾
於汝家, 有何前生業寃, 而屢年勤苦, 未見分效? 今者屢朔病患,

---

39) 謹: 이본에는 '勤'으로 되어 있음.
40) 宰: 이본에는 '宰相'으로 되어 있음.
41) 頹: 이본에는 '退'로 되어 있음.
42) 效: 다본에는 '爲'로 되어 있음.

竭誠侍疾, 而所謂承旨·翰林, 豈有如我之至誠扶護者乎? 然而一無感德之意不安之色, 世豈有如許背恩忘義之類[43]乎? 今吾欲先制汝, 遂即自裁, 而特念十載相守之誼, 不得擧事. 然吾之忿恨痛寃之心, 則當如何?"因匣刀而退, 坐於室[44]隅. 其宰相口雖未言, 精神則自如, 惻其擧措, 憤其言辭, 怒氣彌轕, 直欲大嚷, 而實無奈何. 少焉, 諸子入來問候, 其宰纔經俄者光景, 病中添以忿怒, 氣息喘喘. 承旨問于某弁曰: "患候比俄者, 有喘急之意, 未知有何失攝而然歟?"某弁曰: "別無失攝, 俄者放尿一次, 似有入睡之意, 忽咳嗽[45]數聲而覺, 覺後氣息如是矣."其宰聞此做謊, 尤不勝忿恨, 雖欲有言, 而不得成聲, 但以指自家胸膛. 又以手指某弁, 顯有欲言之意, 而心內則雖是形容彼弁所爲之事, 然傍人觀之者, 何以知心中之事乎? 只認以彼弁積勞於我, 不能暫忘, 日後善爲區處之意, 預爲付托者也. 遂齊聲對曰: "此弁恩德, 雖割身剜肉, 有何可惜? 雖非勤敎, 敢不極力奬拔, 俾有成就乎?"其宰聽之, 益加燥菀, 連以手揮之, 又指胸膛及某弁, 諸子但知以申囑之意, 而諉以病懷迷弱之致. 因又對曰: "謹當銘心拯濟, 幸毋深慮焉."未幾日, 其宰不淑, 過葬後, 三子交相吹噓, 逢人輒托, 卽得筮仕, 節次序陞, 屢典州郡, 官至閫帥云.

外史氏曰: "人有積功, 宜得受報, 苟或背恩忘惠, 必有咎悔. 某弁之於彼宰, 勞旣積矣, 當有所酬, 而未沾一惠. 竟使業火斗激, 至有病客脅嚇之擧, 因此而進塗大闢, 可謂因人不幸, 而其計則誠巧矣. 此出於武夫麤悖之術, 固君子之所不取也."

---

43) 類: 이본에는 '人'으로 되어 있음.
44) 室: 라본에는 '房'으로 되어 있음.
45) 咳嗽: 이본에는 '咳喘'으로 되어 있음.

○ 第七十四号 人事部十二【權術三】

10-5. 暗酬惠謀帥歸老

具姓武人, 失其名, 龍仁人也. 志氣卓犖, 又多權術. 一日, 聞新除統帥, 將辭朝登程, 乃具驄笠·帖裏·刀鞭之屬, 又買一鬣, 趁統帥之行. 以戎服, 具橐鞬[46], 迎于路左, 統帥顧問: "彼何人斯?" 武人鞠躬前進, 曰: "聞使道將赴任統營, 故小人竊[47]願隨往, 敢此來現." 統帥視其人, 容貌俊偉, 語音洪暢, 服飾亦輝煌, 笑而許之隨後, 幕客及吏隸, 無不目笑之. 武人少不爲嫌, 日日隨行, 隨諸裨, 朝夕問安, 統帥亦不怪之. 及莅[48]營, 將劃出軍官座目, 時諸裨[49]列侍左右, 乃隨其緊歇, 劃以幕況之優劣有差, 最晚只餘一薄況, 遂顧武人, 曰: "君旣隨我而來, 未沾一窠, 豈無向隅之歎乎?" 因以其窠劃差, 武人大喜稱謝. 未幾, 自京來之[50]諸裨, 或以任薄而求去, 或以妬寵而辭退, 所闕之窠, 稍稍移劃於武人. 屢月任使, 詳察其做事, 則見識通鍊, 性行勤幹, 人器才局, 俱非自京來者類. 於是, 益信任之, 腴窠緊任, 多或換差, 一營事務, 擧而委之. 所親幕裨輩, 交謁更諫, 一不採聽, 愈加親信. 及瓜[51]期漸近, 忽於一夜不告而走, 諸裨乃齊進, 而告曰: "使道不聽小人輩之言, 而偏信不知根着之中路隨來者, 一營錢財, 盡付渠手, 今乃一夕潛逃, 世豈有如許虛浪之事乎?" 譏笑之聲, 左右迭發. 統帥使諸裨, 點檢各庫留

---

46) 橐鞬: 나. 다본에는 '橐鞭'으로, 라본에는 '橐鞭'으로 되어 있음.
47) 竊: 이본에는 '切'로 되어 있음.
48) 莅: 다본에는 '莅任'으로 되어 있음.
49) 裨: 이본에는 '裨將'으로 되어 있음.
50) 自京來之: 주필로 삭제표시가 되어 있음. 이본에도 빠져 있음.
51) 瓜: 라본에는 '苽'로 되어 있음. 이하의 경우도 동일함.

在, 則無不蕩然, 主帥茫然失圖, 只仰屋長歎而已. 未幾, 瓜滿遞歸, 時當庚申, 朝著換局, 午人盡爲斥退. 此帥亦午人也, 旣失攀援, 仕宦無路, 落拓幾年, 家計蕩敗[52], 斥賣京第, 出居南門外里門洞, 舊日親神, 無一人來見者. 朝夕屢空, 憂愁鬱悒, 日開前窓, 俯瞰路上. 忽有一人乘駿馬, 後隨卜馬一駄, 從者五六人, 自里門洞口, 直到自家, 門前下馬, 陞廳而拜, 曰: "使道不知小人乎?" 主帥愴悅, 曰: "不知也." 其人曰: "使道不記年前統營赴任之行, 中路迎謁而隨去之裨將乎?" 主帥始乃大覺, 未暇責其偸營貨逃去之罪, 而喜其來訪於窮途, 遽問曰: "君於其間往何處, 今忽委訪耶?" 其人曰: "小人以素昧之人, 猥效脫穎, 敢擬執鞭, 羣譏衆笑, 沓至叢集, 而使道一不動念, 偏愛信任. 小人頑非豚魚, 豈不知感乎? 第觀時勢, 使道非久當此困境, 故小人辦出一計, 爲報德之地, 而若先告於使道, 則必不許之. 故非不知欺罔之爲[53]罪, 而未暇恤焉, 潛輸營財, 往某處, 營一菟裘, 凡百經紀, 已得整頓. 故敢此奉邀, 往居其家, 以終餘年. 使道今旣仕宦路阻, 窮困轉甚, 安能鬱鬱久居此乎? 願使道熟計之." 主帥聞其言, 沉思半晌, 儘覺其人之言與事, 節節有理, 遂許之. 於是, 武人命率來僕從, 解其卜駄中糧米饌需, 進於內間, 爲飯供之資. 留數日, 收拾家藏什物, 備具轎馬, 與渾家一齊起程. 隨武人行幾日, 轉入山谷, 主帥心雖疑惻, 而亦無奈何? 行止一聽於彼, 登一峻嶺, 見[54]四山周遭, 平野廣濶, 瓦屋櫛比, 禾稼滿野. 武人指示, 曰: "此使道所處之家." 又指其傍, 曰: "此小人所處之家. 一坪田畓, 自某至某, 是使道宅所當收者; 自某

---

52) 蕩敗: 이본에는 '蕩然'으로 되어 있음.
53) 爲: 이본에는 빠져 있음.
54) 見: 이본에는 '是'로 되어 있음.

至某, 是小人所當收者." 主帥見此, 心神悅惚, 笑顔始開. 遂下嶺
入其家, 房室精灑, 制度奇妙, 前列庫舍, 盡爲封鎖. 武人招謂首奴
曰: "汝之上典, 今此來臨, 汝輩宜皆現謁." 俄而, 豪奴數十人, 一
齊拜現, 又招女婢, 亦如之. 命納各庫開金, 因與主帥, 周行開示,
曰: "此則某物之庫, 此則某貨之藏[55]." 錢穀布帛, 隨處充溢. 復入
內舍, 則自欐籠・釜鼎等屬, 至日用雜物, 無不畢具, 主帥與其家
人, 莫不歡天喜地. 又請往見渠家, 間架雖少, 而精灑則與帥家一
般. 自此, 朝夕往來, 歡情無間. 一日, 帥謂武人曰: "今共老此中,
安用使道・小人爲哉?" 遂擺脫禮節, 兩人日夕相從, 優游終老云.

外史氏曰: "武人以囊錐之現, 佐幄籌之任, 以素昧而見親信, 暗
營菟裘歸老之所, 以報主帥, 知遇之感, 其幹局識量, 豈尋常人物?
而彼帥之能知人而愛才, 委任而偏信, 終受其報, 不亦宜乎? 詩云:
'無德不報.' 信矣哉!"

10-6. 現施義爲親筮仕

姜姓錄事, 安東人也. 家計稍饒, 而一胎生二女, 女皆慧悟, 自垂
齠至結褵, 每事輒爲互[56]勝, 不欲有不及者. 以至夫家之產業及生
男生女, 亦皆髣髴, 無所優劣. 長則嫁金姓, 次則嫁安姓, 而金則門
閥爲鄕中翹楚, 旣小成, 卽拜寢郎, 安則地閥稍下於金, 雖已小科,
至於寢郎, 無可爲之勢. 安婦以此一事之不及阿姊, 每自恨歎. 一
日, 謂其子曰: "吾自兒時, 至出嫁而老大, 未嘗有一事之遜於阿姊,
而[57]獨以夫家閥閱之不逮, 有此不及於阿姊. 吾常忿恨, 果無生世

---

55) 藏: 라본에는 '庫'로 되어 있음.
56) 互: 이본에는 '好'로 되어 있음.
57) 而: 저본에는 빠져 있으나 이본에 의거하여 보충함.

之樂矣." 自此, 恒多不食. 其子曰: "天只不必如是煩惱, 若畀我數千金, 則當有父親筮仕之道矣." 其母遂許之, 翌日, 其子俶裝而出. 是時, 白休菴仁傑, 自湖南宰, 拜亞銓, 方乘馹上來, 至店舍. 安生先已在店, 避坐土廳, 忽聞門外有哀哭之聲, 安生叱僕曰: "貴客在室, 門前哭聲, 何不禁止?" 僕出逐之, 哭聲稍遠, 而甚凄切, 安生呼僕, 問其由, 僕曰: "槩聞某郡由吏, 有所經紀事之狼狽, 闔家將死, 故哀痛云." 安生咄嗟[58] 獨語曰: "可矜!" 因呼其吏, 叩問委折, 吏對曰: "小的以某郡由吏, 屢當遞等, 積逋爲萬餘金, 家庄盡賣以納, 猶有三千兩不足, 萬無措辦之道, 八口待死而已. 適有京中親知人, 特念垂死之情勢, 許以借貸, 故小的送子, 而來待此處[59]矣. 纔聞京奇之歸虛, 今則小的一門將死, 故不勝哀痛而哭也." 安生默然良久, 曰: "若有數千金, 則其餘汝可充備[60]乎?" 吏曰: "若得數千,[61] 則餘數當有某條[62]充納之道." 安生乃呼僕, 曰: "行中駄來錢二千兩, 盡爲出給某吏也." 休菴在傍, 見其措處, 心內暗暗稱奇, 問其居住與姓名[63]地閥, 則答以某州某姓人, 而乃班閥也. 問其駄錢作行之由, 答以家計不瞻, 方自[64]他方推奴而來. 更問其家世科宦, 生以其父已小成, 言之, 休菴詳問其父之名字年紀, 愛其少年之處事, 中心藏之. 抵京後, 因齋郞有窠, 卽以安生之父擬除, 擧家莫知其故, 而獨其子暗揣之. 其妻又使之不仕, 爲其高於金參奉一等也. 一日, 安生告其母曰: "聞休菴白先生方赴謫, 顧以平日受恩, 何可

---

58) 咄嗟: 라본에는 '咄歎'으로 되어 있음.
59) 此處: 이본에는 '於此'로 되어 있음.
60) 備: 이본에는 '滿'으로 되어 있음.
61) 若得數千: 이본에는 '若有數千金'으로 되어 있음.
62) 某條: 주필로 삭제표시가 되어 있음.
63) 姓名: 저본에는 빠져 있으나 라본에 의거하여 보충함.
64) 自: 이본에는 '在'로 되어 있음.

無窮途救濟乎[65]? 若有千緡錢, 則庶或爲休菴周旋矣." 其母依其言給錢, 安生上京, 行貨潛結臺官一員, 濟其窘匱, 沒入千緡[66], 臺官曰: "吾與君, 非素親之人, 而賴君之施義紓急, 數旣不少, 心甚不安. 抑君有所求於我耶?" 安生曰: "無所求也. 但生與白某有宿嫌, 方擬搆入於士禍, 而無便可乘, 不惜千金, 結交於執事者, 政以要得一張彈墨耳." 臺官曰: "白某有士林重望, 吾何可彈駁乎?" 安生曰: "白某虛負時望, 其爲人之陰譎, 公尙不知耶? 方與倭奴相通, 誘而入寇我國, 年年自海上, 運送米穀. 此一事, 已係大罪案, 公可以此聲討, 何必靳持?" 臺官疑信未定, 且念旣聞此說, 不可不一告. 遂疏劾之, 擧朝洶洶, 究覈其情跡, 乃虛無之說也. 自[67]上特判付曰: "白某之淸儉貧寒, 一世之所共知也. 且其忠義節行, 素所蘊抱. 其曰'締結倭奴, 運送米穀云'者, 的是搆誣戕害之計也. 臺官妄言之罪, 當有嚴處, 而以此推之, 則白某之符同趙某, 亦是模糊不分明之事, 勿復擧論." 及己卯士禍, 一時淸流, 混入網打, 而休菴則得免, 蓋因安生之設計也.

外史氏曰: "安生粧撰秘計, 爲其父筮仕, 而又捐千金, 以酬休菴之惠, 其揣摩權術, 雖古出奇決勝之才, 無以過焉. 卽近於古所稱智囊, 而亦可謂其智不可及者也."

---

[65] 乎: 저본에는 빠져 있으나 이본에 의거하여 보충함.
[66] 千緡: 이본에는 '千金'으로 되어 있음.
[67] 自: 다본에는 '自是'로 되어 있음.

○第七十五号 人事部十三【權術四】

10-7. 窮儒行吏役得財

南參判以信, 少時, 與任某同硏, 交情甚篤. 南登科從宦, 任文辭雖富, 而屢擧不利, 家徒四壁. 南之出宰安東也, 任乘間來見, 曰: "君旣䟦仕, 又占腴邑, 可稱錦花, 奚羨楊鶴? 僕亦從此, 賴免[68]阽墊之患, 非直一時救荒, 倘令此生喫着無憂否?" 南笑曰: "吾之一麾爲君, 沃焦釜而紓燃眉, 則可矣, 豈有派及之厚, 至使君作平生衣食計耶?" 任曰: "非謂君分困割廩也. 不費一錢, 自有賙恤之道, 幸諒之." 南曰: "不費之惠, 吾豈慳之, 而但未知如何措手?" 任曰: "本府都書員, 任況頗夥[69], 君能以此窠畀我乎?" 南曰: "迂哉君言! 堂堂士夫, 豈可厠跡於吏役? 且本府鄕吏, 典式甚嚴, 不許他人入案, 雖官威, 未可勒成." 曰: "吾先下去, 圖付吏案, 付案之後, 有何難施者耶?" 南曰: "付案容易乎?" 曰: "令公下車後, 可如斯如斯, 若然則外間事, 吾當隨聞錄呈. 公可得神明之稱, 而做龔黃之治, 不亦美哉?" 南曰: "無乃甕筭耶? 第深[70]量爲之." 任卽下去, 稱以他邑之逋吏, 寄食旅舍, 往來吏廳, 或代書役, 或檢文簿. 人旣詳明, 文筭且優, 吏皆款待, 不欲暫捨. 南旣莅任, 民訴盈庭, 公牒堆案, 揮塵呼題, 如甁水瀉. 吏未及承書, 或書而誤, 則必罪之汰之. 至於些小[71]文蹟, 亦執頉而猛治, 又以不擇刑吏, 罪首吏, 吏皆遑遑莫保. 任或替搆文狀而進之, 則輒曰: "可." 由是, 諸吏賴以無事. 一

---

(68) 免: 이본에는 '逸'로 되어 있음.
(69) 夥: 이본에는 '多'로 되어 있음.
(70) 深: 주필로 삭제표시가 되어 있음.
(71) 些小: 이본에는 '些少'로 되어 있음.

日, 太守飭吏廳, 曰:"本邑素稱文鄕, 今見刑吏無一人可者, 豈不寒心? 汝以時仕[72]吏及間散人中有文筆者, 錄名以來, 吾當試才." 因出題試取, 任乃居魁, 問:"此何許人?" 對曰:"他邑退吏之來寓者也." 曰:"此人文筆最勝, 又是曾經吏役者, 可付案而差刑吏也." 自是, 此吏長侍鈴軒, 隨事奉行, 一無呵責, 吏皆安堵. 及到差役之時, 以刑吏長番勞, 特差都書員, 無敢雌黃者. 任遂買家以居, 畜妓爲妾. 每於官前擧行之際, 必錄外間所聞, 密置席底而出. 守[73]潛搜見之, 凡吏奸民隱, 燭照如神, 令行禁止, 臥而治之. 明年, 又使仍帶都書員, 兩年所得, 殆至萬餘金, 暗地換送京第. 及本守[74]苽期將近, 任一夜逃去, 遂無形跡, 衆吏駭惑, 入告于官, 官問:"挈妾而逃乎?" 對曰:"棄家棄妾, 獨自逃去." 曰:"有所逋乎?" 曰:"無矣." 曰:"然則何爲而逃? 可謂究說不得." 自是, 浮來踪跡, 任他可也. 任某還家, 問舍求田, 得以發貧, 其後登科, 屢典州藩, 到處有治聲云.

外史氏曰:"名敎中自有樂地, 儒冠之混跡吏役, 固君子所非之. 然士方窮時, 抱關皷刀, 亦不爲恥, 則乃[75]以鉛槧之技, 暫趁刀筆之利, 辦取萬金者. 苟論其人, 似愚而智, 倘所謂其愚不可及者耶?"

10-8. 智士借幕名殖貨

成時蕃, 昌寧人也, 少負器幹, 落拓不偶[76]. 丙丁亂後, 其族叔有爲平安監司, 將行, 時蕃請爲裨將, 監司怒曰:"汝士子, 乃欲編名裨案耶?" 曰:"新經兵燹, 又値荐荒, 闔門將阽溝壑, 與其立視其

---

72) 仕: 이본에는 '任'으로 되어 있음.
73) 守: 저본에 '侔'라 쓴 것을 주필로 수정한 것임.
74) 守: 저본에 '侔'라 쓴 것을 주필로 수정한 것임.
75) 乃: 저본에 '第'라 쓴 것을 주필로 수정한 것임.
76) 偶: 이본에는 '遇'로 되어 있음.

死, 不若汚一身, 得其薄廩, 以拯十口之命." 固要不已, 久乃許之,
率置幕下, 諦察之, 明辨有智慮可用也. 營中機務, 擧以畀之, 甚見
親寵. 一日, 請曰: "箕營所以稱富饒者, 顧泉流庫銀貨在耳. 今庫
中枵然耗竭, 脫有緩急, 何以應副[77]? 若盡刮庫儲, 可得五千餘兩,
盍付小人, 俾得轉販, 不一歲可期復舊?" 監司諾之. 時蕃用其半,
貿輕貨雜物, 半入于橐, 浮舟東南去, 數月不歸, 一營訝惑, 皆云見
欺. 半年餘, 載五萬金而還, 監司大奇之, 復使出販, 如是數次, 致
累巨萬. 監司曰: "迄可止矣." 固請一出, 乃與十萬金, 裝舟將發,
留書爲別, 曰: "往者佺捐身名, 爲偏裨於營下者, 豈徒然哉? 欲作
富家翁耳. 今以五千金, 殖數十萬金, 雖割其半而去, 人未必謂吾
貪夫, 幸有以恕之." 擧帆焱然而逝, 相地, 至湖西之唐津, 見海島
中, 方可二十里, 有漁戶二十餘, 經亂後, 地皆荒蕪, 草樹翳如也.
泊舟, 顧曰: "土饒可居!" 乃呈官成立案, 芟榛棘, 墾菑壤, 通渠而
漑之, 一望千頃, 水田漠漠. 隣境之民聞之, 襁屬而至, 宛然成邑.
乃出橐中金, 依山起大屋, 壯麗宏敞, 望若仙闕. 歌臺舞榭, 荷池花
塢, 隨處羅絡, 出則漁獵, 入則管絃, 素封之樂, 浮於公侯. 又善殖
贏斂散以時, 如是數十歲, 貨不可勝用. 一日, 有客自京而至, 乃昔
日箕伯之子, 曰: "親沒後, 家産日就剝[78]落, 無以自活. 聞子饒財,
願以舊誼相濟也." 時蕃欷曰: "吾非尊府之[79]恩, 豈有今日? 雖非君
言, 吾固不忘也." 握手驩宴屢日, 呼僮[80]繫索於庭十匝, 取庫藏錦
綺布苧及珍玩諸物, 掛諸索上, 日影照之, 燦然眩目. 乃以健馬十

---

77) 副: 이본에는 '制'로 되어 있음.
78) 剝: 저본에는 '旁'으로 나와 있으나 이본을 따름.
79) 之: 저본에는 빠져 있으나 라본에 의거하여 보충함.
80) 僮: 이본에는 '僕'으로 되어 있음.

疋駄送之, 其人亦因此致富云.

　外史氏曰: "『論語』曰: '富貴如可求, 雖執鞭之士, 吾亦爲之.' 所謂入幕之賓, 豈不有愈於執鞭之士, 而名分有拘, 固非士子之所投足. 然彼乃一時從權薄試, 其才能得如陶朱公之浮湖海, 而三致千金, 此豈齷齪淺丈夫所可辦哉?「貨殖傳」云: '無巖處奇士之行, 而長貧賤, 好語仁義, 亦足羞也.' 豈非達理之論耶?"

○第七十六号 人事部十四【詼諧一】

10-9. 嘲座客騁辯得官

　權判書導, 爲兵判時, 一鄕弁, 恒侍門下, 而一命之願, 久未得諧. 是時, 兵判家有三出身親緊者, 曰'李文德', 曰'魚必遂', 曰'鄭彦衡'也. 三弁逐日昵侍, 兵判亦娓娓款接, 而鄕弁則蹤跡齟齬, 又以三人在座, 無可乘隙, 未能一番陳情乞官. 一日, 兵判適閒坐, 三客[81]及鄕弁, 幷[82]皆在座. 兵判曰: "君輩在射場時, 必多聞古談, 今可爲我消遣否?" 三客未及開口, 鄕弁曰: "小人有一古談, 當陳之. 昔有一措大李姓者, 與其妻自少失和, 未嘗有衽席之歡, 年近四十, 未有子女. 一日, 措大有內樓尋覓之物, 猝入屋中, 其妻適解衣捉蝨, 遽値丈夫之入來[83], 忙擧裳掩體. 措大瞥見其肌膚雪白, 溫柔光澤, 情慾忽萌, 不可忍住, 卽其席有雲雨之會. 自是孕胎, 於焉十朔, 果得弄璋之慶, 一門聳賀, 父母之顧復撫愛, 尤有別焉. 從此, 琴瑟亦諧, 將命名新兒, 笑謂其妻曰: '此兒之得, 與他人夫婦和好

---

81) 三客: 이본에는 '三弁'으로 되어 있음.
82) 幷: 저본에는 빠져 있으나 이본에 의거하여 보충함.
83) 來: 이본에는 '內'로 되어 있음.

時生産, 不可同日而語. 積年反目之人, 忽然牽情於夫人捫蝨之時, 遂有孕而生男, 都緣蝨吻之德也, 不可以尋常壽福字錫名, 當以卽景著之於名音, 以表其奇遇.' 遂名之曰'文德'. 並其姓呼之, 則不外乎李文德三字, 以釋音, 則亦不外乎蝨吻德三字. 是以, 戶籍書札, 科榜之上, 皆書以李文德, 而當初獵蝨時, 講歡之事, 人皆因其名而知之. 此雖出於顧名之思, 卽景之表, 而其父之必以此三字, 名之, 不亦過乎?"兵判與魚鄭二弁, 皆不勝絶倒, 而李弁則如恥如怒, 不發一語, 謂有身恙而告退. 鄕弁又曰: "古有貧窮家, 夫妻和樂. 有會輒娠, 年未四十, 有六七子女, 見之甚犿犿, 而弊褐惡食, 頗多可矜. 家無看兒之婢, 使一所生負二所生, 三所生負四所生, 次次抱負之. 無一時卸擔, 層層赤童, 以蓬頭垢身, 勞碌負兒之役. 而或有一兒之不善背負而啼之, 則所謂[84] 其母亂打其大者, 小者之連疊生出, 實大者之一大憂患也. 一日, 其丈夫適自[85]遠方, 經屢朔還家, 與其妻及子女, 同宿於一房, 兒之大者遠臥, 小者近臥. 夫妻則同枕, 而房室狹窄, 雖從容動靜, 苟有知覺者, 則[86]可以揣摩而知之. 夜旣深, 夫妻以久阻之情[87] 果有交媾之擧, 小輩俱爛宿, 稍大者, 以冷堗之故[88] 不得熟睡, 默察其父母之所爲, 獨語曰: '背負手又出矣!' 蓋以其平生負兒之役, 受母之打, 一片寃抑, 撐結于中, 而若有新兒又出, 則背負之役, 宜倍於前. 中心所悶, 不覺率口而發, 乃以負手出三字爲言. 此說無怪其然, 負手二字, 以釋音解之, 則宛然魚必遂三字矣." 兵判與鄭弁, 不勝腰折, 而魚弁憮然若癡,

---

84) 所謂: 주필로 삭제표시가 되어 있음.
85) 自: 이본에는 '有'로 되어 있음.
86) 苟有知覺者則: 주필로 삭제표시가 되어 있음.
87) 以久阻之情: 주필로 삭제표시가 되어 있음.
88) 冷堗之故: 라본에는 '堗冷之致'로 되어 있음.

又以家事辭退, 在座者, 只鄭彦衡一人也. 鄕弁續告曰: "畿內一士人, 旣無閥閱, 又乏財産, 且無朋交之可論, 常所誇張者, 只有一戚從兄, 以前行正言, 在於洛下而已. 士人性又卑陋, 每多見侮於常漢. 一日, 逢辱於洞內酗漢, 乃發憤恐喝曰: '吾見正言兄, 告以此事, 則汝罪當刑配.' 再三威脅, 誇矜不已. 醉漢本是無賴悖流[89], 熟揣厥班之無足畏, 亦豈憚厥班之戚從在洛下前行正言者乎? 遂攘臂肆惡, 曰: '汝正言兄何物? 汝正言兄如吾鳥.' 因以譏侮醜辱, 無所不至, 今日如之, 明日又如之, 日復一日不可道之辱, 專及於正言兄之身. 所謂正言兄者, 公然見辱於常漢, 雖因鄕曲戚從之故, 而可謂橫逆也. 彼漢所稱正言兄三字, 以字音聽之, 則與彼鄭彦衡, 無少參差矣." 兵判又大笑, 鄭弁亦愧憤而退去[90]. 座中虛無人, 遂陳情求仕, 兵判奇其口辯, 卽授初仕云.

外史氏曰: "自古滑稽者, 必得其效, 淳于髡大笑, 而齊威王橫行. 彼弁粧出話欛, 寓以戲謔, 使一座腰折, 而能得偸隙陳情, 以至筮仕, 可謂舞智而好辯者, 亦近於滑稽之流也."

10-10. 嚇禁吏善謔免拘

金仁福, 有口辯, 善爲詼諧. 少時, 於路上遇一方外學士, 以水晶爲冠纓, 其纓甚短, 僅周頤頷. 仁福駐馬, 擧鞭揖之, 曰: "美哉! 吾子之纓, 天下絶寶也. 請傾家財而買之." 生曰: "子家安在?" 曰: "吾家住崇禮門外靑坡里, 願子明日黎明, 訪于船橋上, 金仁福之家安在, 行路孰不知之?" 遂成約而去. 翌朝, 仁福睡未覺, 生已踵門矣. 仁福出坐軒端, 置席田頭, 使之坐, 仁福曰: "吾家有[91]水田, 在東城

---
89) 流: 이본에는 '類'로 되어 있음.
90) 退去: 이본에는 '退'로 되어 있음.

興仁門外, 種一斗, 歲收穀三石. 吾家有大健牛一耦, 其大如駱峯, 方春二三月, 土脉正融, 泉源始動, 結剡[92]耟而畊之, 破土塊而水之, 一田例種早稻十五斗者數十所. 至八月秋, 垂滿田之黃雲, 把月鎌而刈之, 舂之簸之, 玉鍊珠精, 揚炊而飯之, 其滑流匙, 其黏繞舌. 今子所坐田, 土膏而沃, 最宜萵苣, 三四月之交, 墾而糞之, 雨露之所濡, 葉如芭蕉, 旣嫩且柔, 翠溢朱盤, 春陽方燠, 列甕沈醬, 甘如蜂密, 色如馬血. 仁川安山之網, 取鯕魚來, 賣于市, 買而炙之, 加之油醬, 其香振[93]鼻. 於是乎, 掌列萵苣之葉, 匙捎早稻之飯, 襲以甘赤之醬, 加以爛炙之魚, 合而包之, 如倭貨之裹結. 兩手擧之, 如惠任嶺商, 馱之奉持, 張唇哆口, 如鐘樓罷[94]漏後, 崇禮門之開關. 當此之時, 是纓甚短, 索絶而玉瀉于地, 吾家雖有永安之細布, 兩湖之綜綿, 關西之美紬, 南京之彭錦, 遼東之帽段[95], 陳陳相仍於七間樓上, 而吾不得買矣." 生於是聞言, 解頤不覺流涎而去. 嘗着貂皮耳掩, 過街市, 遇憲府禁吏. 禁吏把衣裾, 將拘之市廛, 而告于府. 仁福攘臂張拳, 曰: "吾將殺爾!" 吏曰: "我卽司憲府禁亂之吏也, 君殺我, 安往?" 曰: "汝府之二十四監察, 視同狗輩而棄之, 雙持平·兩掌令, 獨執義·單大司憲, 皆吾門之族侄也. 至於開國定社, 佐命佐理, 皆吾家之勳閥也. 吾今張拳, 而破汝之頭, 顚仆路中而死, 汝之族黨, 訴我而拘之吏, 滿城之故舊親戚, 各持酒壺·餠飯而慰之, 吾醉臥福堂, 鼾睡如雷. 該司按法, 論其當律, 吾以勳臣嫡長, 減死照律, 遠竄于三水·甲山, 京城故舊, 各率妓工, 餞我于東

---

91) 有: 이본에는 빠져 있음.
92) 剡: 다본에는 '判'으로 되어 있음.
93) 挀: 다본에는 '振'으로 되어 있음.
94) 罷: 저본에는 '破'로 나와 있으나 이본에 의거함.
95) 帽段: 이본에는 '帽緞'으로 되어 있음.

郊. 傳郵飛駟, 配于謫所, 擁狐貂之衾, 服海松之粥, 脯白山之鹿,
膾綠江之魚. 邦國大慶王世子誕生, 八道四[96]都大赦, 廣蕩金鷄, 放
還歸到東郊. 東郊路上有塚累累, 問之, 則曰: '憲府吏某人[97], 被殺
于某, 埋于此.' 然則汝死吾生, 孰得孰失?" 禁吏大笑曰: "今當不告
于府, 但願再聞其說."

外史氏曰: "口辯之於人, 不爲無助, 自昔蘇張以來, 辯士之鴟張
蟬聯, 立身揚名者, 指不勝摟, 此亦一道也. 金仁福以懸河之舌, 雜
以詼諧, 脫出禁網, 可謂喋喋利口, 而亦搖唇緩頰之徒也!"

○ 第七十七믕 人事部十五【詼諧二】

10-11. 鎖客囊道伯弄友

宋判書言愼, 少時, 有同硏一士人, 情若膠桼. 宋旣登第顯揚, 士
人則落拓不遇, 家計赤貧, 女婚涓吉, 而無以成禮. 是時, 宋莅西
藩, 士人之妻, 謂其夫曰: "婚期漸迫, 而措手無路, 盍往見關西伯,
話舊日之誼, 求得婚需而來乎?" 士人曰: "第往觀之." 遂到浿營, 見
觀察, 而道其情事, 西伯欣迎款待, 別定下處於營外淨僻處. 日日
出來, 酒饌絲管, 穩討敍情, 又令一小官童, 供給於前. 過旬餘, 士
人曰: "婚日不遠, 欲速歸矣." 西伯苦挽之, 暗囑一裨將, 擇妓中有
姿色者, 敎以如斯如斯. 士人多日淹留, 政自無聊, 每開前窓而坐,
觀往來之人, 忽見對門家有年少素服之女, 乍開門扇, 隱身而立,
半露其面, 抽玉手而招小童, 姿態絶世. 士人驀然[98]見, 風流業寃,

---

96) 四: 저본에는 빠져 있으나 이본에 의거하여 보충함.
97) 某人: 이본에는 '某'로 되어 있음.
98) 驀然: 나, 다본에는 '瞥然'으로 되어 있음.

神迷意奪, 呼問小童曰: "彼是何許人家?" 小童曰: "小人之妹家也." 又問: "彼素服女子, 誰也?" 曰: "小人之妹, 而方寡居也." 士人曰: "汝於今夕, 可得招來否?" 小童曰: "此甚難矣." 士人屢回誘脅, 始諾而去. 其夕, 果招來, 士人大喜, 要與同枕, 厥女百般謀避, 士人直欲强逼, 女曰: "小的有怪[99]癖, 先觀男子陽莖然後, 始同寢席, 今亦願見公子下物." 士人慾火如熾, 不遑他顧, 乃解袴出以示之. 女以左手, 摩挲之, 以右手, 潛持小鎖金, 挾陰囊而鎖之, 托以放屎[100], 翻身逃去. 士人始認以戲弄, 而終夜苦待, 仍不更來, 乃知見欺, 不勝忿恨. 默想, '來此多日, 未得婚需, 又見瞞於監司, 貽笑於一營, 無以抗顔對人.' 且脫鎖無計, 尤切悶惱, 坐待天明, 直發回程, 而陰囊牽痛, 艱辛匍匐而歸. 直入內舍, 其妻喜色滿面而迎慰, 曰: "千里跋涉, 何以往還?" 士人憤怒哅中, 强作聲而答曰: "吾妄恃前日之誼, 遽作求乞之行, 婚需一無所得, 反媒奇疾而來, 豈非大狼狽乎?" 因[101]作呻吟之聲, 又辱罵西伯不已, 其妻曰: "公豈不知乎? 日前自浿營, 輸送三駄錢帛, 盛備婚需, 細錄件記, 至於微細[102]之物, 無不畢具. 西伯之恩德無比, 何故忿罵如是乎?" 遂出示[103]件記. 於是, 士人大喜過望, 回嗔作笑, 曰: "婚需則雖已備矣, 第有難處之事, 此將奈何?" 其妻問其故, 士人携入洞房, 細述其委折, 乃出以示之, 其妻拍掌大笑, 曰: "件記中, 有空開金一箇, 心竊怪之, 而莫知其故, 今乃大覺矣. 西伯之優助婚需, 非不銘感, 惟此一事, 尤極感謝." 卽取開金, 以啓其鎖云.

---

99) 怪: 저본에는 '乖'로 나와 있으나 나, 다본을 따름.
100) 屎: 나, 다본에는 '尿'로 되어 있음.
101) 因: 나, 다본에는 '仍'으로 되어 있음.
102) 微細: 라본에는 '細微'로 되어 있음.
103) 示: 라본에는 '示之'로 되어 있음.

外史氏曰: "西伯之戱謔士人, 雖近於風流詼諧, 而如是欺人, 無乃太甚乎? 士子之行, 宜有操守, 而彼之求乞貲財, 已失廉隅. 又見女色, 而遽生妄慾, 至於見欺, 便是滄浪, 殊可笑也."

10-12. 償官租富民買班

梁姓士人, 杆城人也. 劬經飭躬, 一鄉稱賢, 每郡守新到, 必造其廬而禮之. 家計貧寒, 歲食官糶, 積至累百[104])包, 郡守知其貧, 無以償, 不之督焉. 一日, 觀察巡到于此, 閱糶簿, 大怒曰: "何許班民, 乾沒還穀, 若是之夥? 命囚而嚴督之!" 郡守意甚哀之, 而亦無奈何. 梁班日夜號泣, 計無所出, 其妻罵之, 曰: "平生好讀書, 無益縣官糶, 咄咄兩班, 咄咄兩班! 不直一錢." 其里之富人, 私相議[105])曰: "兩班雖貧, 常尊榮; 我輩雖富, 常卑賤, 見兩班, 則踢踏屛營, 匍匐拜庭, 曳鼻膝行. 我常如此其僇辱, 豈不恥哉? 今兩班貧不能償糶, 方大窘, 其勢誠不能保其兩班, 我且買而有之." 遂踵門而請償其糶, 以買兩班. 梁班[106])大喜而許之. 於是, 富人立輸其糶於官, 郡守驚異之, 自往勞于梁班, 且問償糶狀, 梁班以簑笠短褐, 伏謁道左, 口稱'小人'. 郡守大駭, 下扶, 曰: "何自貶辱如是乎?" 梁班益惶蹙, 頓首曰: "小人非敢自辱, 纔鬻其兩班以償糶矣, 里之富人, 乃兩班也. 小人更何敢冒其舊號乎?" 郡守歎曰: "君子哉, 富人也; 兩班哉, 富人也! 富而不吝, 義也; 急人之難, 仁也; 辭卑而居尊, 智也. 此眞兩班, 然私相交易而不立券, 訟之端也. 我與若約, 郡人而證之, 立券而信之, 郡守當自署之." 於是, 歸衙, 悉召郡中之士·農·

---

104) 累百: 저본에 '千'이라 쓴 것을 주필로 수정한 것임.
105) 議: 이본에는 '謂'로 되어 있음.
106) 梁班: 이본에는 '梁姓'으로 되어 있음.

工·賈, 畢集于庭. 富人坐鄉所之右, 兩班立公兄之下, 乃爲立券, 曰:
"某年月日, 爲明文事段, 爲償官穀, 斥賣兩班, 其直千斛. 維厥兩
班, 名稱多端, 讀書曰'士子', 從官曰'士夫', 有德曰'君子', 文階序東,
武階列[107]西, 是謂兩班. 絶棄鄙事, 希古尙志, 目視鼻端, 會踵支尻.
『東萊博議』, 誦如氷瓠;『古文眞寶』, 細寫如荏. 忍飢耐寒, 口不說
貧, 長聲喚奴, 緩步曳履. 手毋執錢, 不問米價, 暑無跣足, 飯毋徒
髻. 忿無搏妻, 怒無踢器, 病毋招巫, 祭毋齋僧, 毋屠牛, 毋賭錢.
凡此百行, 一或有違, 便非兩班, 持此文記, 告官卞正事. 城主旌城
郡守押, 座首別監證署." 通引踏印, 戶長讀畢, 富人悵然久之, 曰:
"兩班只此而已耶? 吾聞兩班如神仙, 審如是也, 太沒意趣, 願改爲
利己者." 於是, 乃改作券, 曰: "維天生民, 其民維四, 四民之中, 最
貴者士, 稱以兩班, 利其大矣. 不耕不商, 粗涉文史, 大決文科, 小
成進士. 文科紅牌, 不過二尺, 百物俱備, 維錢之橐. 進士三十, 乃
能筮仕, 猶爲名蔭, 善事雄南, 耳白傘風, 腹皤鈴諾, 室珥冶妓, 庭
馴鳴鶴. 窮士居鄉, 猶能武斷, 先耕隣牛, 借耘里氓, 孰敢慢我? 灰
灌汝鼻, 暈髻汰鬢, 無敢怨咨." 富人奉券而吐舌, 曰: "已之已之,
孟浪哉! 將使我爲盜耶?" 掉頭而去, 終身不敢復言兩班事矣.

外史氏曰: "兩班之號, 古未有也. 特出於我國. 東西班之稱, 而
兩班之於常賤, 名分一定, 判若霄壤. 無怪富民之要得班名, 然砥
礪名行, 立身榮顯, 是爲兩班之本色, 而若徒說禮義, 坐守貧窮, 則
反不如賤人之多財而肆行其志也. 富民之羨彼而欲買, 豈非至愚
者耶?"

---

107) 列: 이본에는 '序'로 되어 있음.

○第七十八号 人事部十六【詼諧三】

10-13. 內翰仰屋忍涕淚

　　蔡壽, 號懶齋, 以內翰爲曝曬別星, 曝史冊于全州. 宣言士大夫奉使于州府, 使妓女侍枕于客舍, 頗涉滛褻, 先移文列邑, 勿令妓女服事于賓館. 沿路震慴, 所至州府, 女色莫敢近. 至全州, 連月霖雨, 不得開史庫, 因留連, 不勝無悰. 府尹謂判官曰: "年少史官, 久滯賓館, 令嚴不敢衒女色, 主人待貴客, 豈如是索然? 幸判官好爲之." 判官唯而退, 與首娼謀, 選府妓年少美色者, 使之淡粧白衣裳容色, 一倍擧杼[108], 敲臼于客舍密邇[109]處. 又與陪童約, 翰林如問, 爾必對曰: "非官妓, 京中宰相家婢, 休沐于親家, 遭喪留三月, 將近百日之期, 爲此淹留." 於是, 蔡見素服之姝[110], 敲臼于廊側, 容態絶殊. 心悶悶失措, 問於陪童曰: "彼敲臼之女, 州妓耶?" 對曰: "否. 京城金判書宅婢子, 因親喪留連邑中." 曰: "何時遭喪?" 曰: "已近百日, 賤人百日免喪, 將以比日歸." 蔡曰: "妙物!" 因於其夜達曙不寢. 翌日, 又問陪童曰: "若非官妓, 爾可不告官府, 密誘而致之乎?" 曰: "方有主者, 恐難容力." 曰: "試言之, 勿泄外人." 陪童奔告府官, 誘而致之客舍, 自此, 夜來朝往, 自以邑人莫知. 一夕, 問女曰: "汝家安在?" 對曰: "彼紅門傍也. 兒家有酒, 夜也無知, 請與使道, 步月偕往, 酣觴而來, 不亦樂乎?" 蔡許之, 潛與携手而往, 妓密通于府官, 進杯盤, 有若自家爲也. 相與跌宕, 不覺醉眠, 妓使家人, 垂席于窓, 使曉色不徹, 蔡鼻睡如雷. 日已高, 吏隷悉候于柴

---

108) 杼: 이본에는 '行'으로 되어 있음.
109) 密邇: 다본에는 '密通'으로 되어 있음.
110) 姝: 나, 다본에는 '女'로 되어 있음. 이하의 경우도 동일함.

扉外. 蔡驚起欲出, 日光已滿戶外, 遂大慚而歸. 翌日, 府官爲內翰, 張高宴, 紅粉成行, 綺羅眩目, 昔日白衣之姝, 金陂雲髻, 亦間琴歌之列. 蔡見而大駭, 自知其見賣. 自此, 略不顧忌, 任其日夜共床, 情愛交融, 雖交頸比翼, 不能過也. 及其已事而還, 與之相別于郵亭, 欲制其淚, 而自迸於雙眦, 雖避人而投之, 亦莫能禁也. 遂仰屋忍涕, 問陪童曰: "此屋何年所營?" 曰: "某年營之." 曰: "其時府判爲誰?" 曰: "某也." 蔡於是乎始低首, 歎曰: "吁! 人生可憐, 今也已成鬼錄." 汪然涕下, 衫袖盡濕, 邑人傳笑, 曰: "蔡曝曬之淚, 淚脚甚巨." 外邑妓之多閱歷者, 嘗曰: "客舍行官見妓, 嬉笑者難犯, 正色者易制[111], 儘然矣."

外史氏曰: "『東坡志林』, 載張元忠之說, 曰: '蘇子卿嚼雪啖氈, 可謂了死生之際矣. 然不免與胡婦生子, 而況洞房綺繡之下乎! 乃知此事未易消除.' 鄭叔友論劉·項, 曰: '項王有吞嶽瀆意氣, 咸陽三月火, 骸骨亂人如麻, 哭聲慘沮天日, 而眉容不歛, 是必鐵作心肝者. 然當垓下訣別之際, 寳區血廟, 了不經意, 惟眷眷一婦人, 悲歌泣下. 高帝非天人歟! 能決意於太公·呂后, 而不能決意於戚夫人. 杯羹可分, 則笑嫚自若; 羽翼已成, 則欷歔不止, 乃知尤物移人, 雖大智大勇, 不能免.' 蔡內翰之仰屋忍涕, 猶是媿拙之規, 始以年少風釆, 矯情制慾, 竟至見賣. 如李若蘭之紿陶穀, 而乃復貪歡任情, 略無顧忌, 未免爲兩截人, 惜哉!"

10-14. 差官出櫃羞裸裎

盧文官某, 以敬差官, 到慶州, 妄自驕昂, 見妓則必曰'邪氣', 曰:

---

111) 制: 이본에는 '犯'으로 되어 있음.

"尤物不使近前." 衆妓齊憤. 府尹亦憎之, 乃下令於妓輩, 曰: "有能出奇計, 瞞差官者, 將施重賞!" 一少妓應募而出. 時差官處於客舍, 獨有一小童侍焉, 妓乃扮作村婦之樣, 倚門扉, 而[112]呼小童對語, 或隱[113]半面, 或露全身, 每日如是. 差官見其姸美, 問: "彼女何人?" 童對曰: "此卽小人之從妹也, 其夫行商出去, 故每要小人替幹家務耳." 一日向夕, 女又叩扉呼童, 童適不在, 差官遂招其女, 女佯若羞澁, 逡巡而進, 立於階下. 差官携手入室, 以情告之, 曰: "吾自見汝, 寢食俱忘, 汝可乘夜暫來, 活人之命." 女掉頭, 曰: "使君自有婦, 賤妾自有夫, 今兹所教, 無乃戲言耶?" 差官曰: "吾是實情, 豈或[114]戲也?" 仍發矢言, 女曰: "官意誠然, 則賤人敢不從命? 第有一事之難處者, 此處客舍, 耳目煩多, 易被人覷破. 妾家在此墻外不遠之地, 妾方獨居, 公於深夜潛來, 可得穩會. 妾當乘時, 從垣隙擧燭, 以火光透窓, 公可趁此踰垣而出來, 偕至妾室, 則無人知者, 公能如此否?" 差官大喜, 曰: "此計甚妙, 當一從汝言, 幸勿爽約!" 妓遂於墻後空一茅屋, 而居之. 抵夜, 邀官至室, 進以酒肴, 相與諧謔. 夜將闌[115], 差官脫衣披衾, 又使女解衣共臥, 女故爲遷延, 忽聞門外有大喝之聲. 女側耳聽之, 大驚曰: "此漢來矣!" 差官問: "何[116]故?" 女曰: "此乃官奴鐵虎之聲也. 妾不幸曾與此漢結緣, 乃天地間一惡物也, 殺人放火, 不知其幾[117]. 故妾心常厭之, 年前改適他夫, 而與此漢, 僅爲離却. 雖相絶已久, 而渠常怏怏, 今忽來到, 聞

---

112) 而: 저본에는 빠져 있으나 이본에 의거하여 보충함.
113) 隱: 이본에는 '掩'으로 되어 있음.
114) 或: 나, 다본에는 '可'로 되어 있음.
115) 闌: 이본에는 '爛'으로 되어 있음. 서로 통함.
116) 何: 이본에는 '其'로 되어 있음. 이 경우 '差官問其故'로 구절이 떼어짐.
117) 幾: 라본에는 '數'로 되어 있음.

其聲, 醉矣. 官必逢變, 將若之何?"因卽出應, 曰:"汝是何人, 深夜來喚耶?"門外大聲吼怒, 曰:"汝豈不知吾聲耶? 何不開門?"女曰: "汝是鐵虎耶? 汝與吾疎絶, 久矣, 今何來此?"其漢益怒, 曰:"汝無端棄吾, 吾心常痛恨, 今欲有所言故耳."因蹴門而將入, 女慌忙謂差官曰:"俗諺曰:'法遠拳近.' 公宜暫避, 而無可隱匿處, 此有一大樻, 劣[118]容一身, 公可暫入此中, 以避之. 不者, 當不知至於何境." 手開樻蓋而促入, 差官驚疑靡定, 遂以赤身, 入于樻中, 女卽合其蓋而鎖之. 其漢入來, 與女大鬧一場, 女曰:"旣棄之後, 何事復來爭詰乎?"彼漢曰:"汝旣背我改夫, 我之前日所給衣裳器物,·今欲盡推以去."女卽以衣裳擲之, 曰:"還汝舊物!"其漢指大樻, 曰:"此亦吾物, 今當取去."女曰:"此豈汝物耶? 吾以常木二疋, 買之矣."其漢曰:"木一疋, 卽吾所給, 今何可不取?"女曰:"汝雖棄吾, 豈爲常木一疋[119], 還奪此樻耶? 吾決不可還給!"兩人以此爭鬧, 其漢曰:"汝不還我樻, 當訟于官."卽負其樻而趨官門, 女隨之同入訟庭. 俄而天明, 府尹坐衙, 男女爭樻陳辨, 府尹斷之, 曰:"買樻之價, 男女各費一疋, 則法當平分其半."因命以大鉅破其半, 以分之. 隸卒應命, 進鉅于樻上, 兩人引之, 鉅聲纔發, 聞樻中大聲疾呼, 曰:"活人活人!"府尹陽驚, 曰:"樻中何有人聲?"命速開驗之, 卒乃掊鎖開樻, 有一丈夫, 赤條條出立于庭, 一府上下, 莫不駭慚掩口, 衆視之, 乃差官也. 府尹命而[120]上之, 差官以兩手, 掩其下體, 躍步陞堂, 蹲坐一隅, 垂頭喪氣. 府尹大笑良久, 命給衣冠, 妓輩故以女人長衣, 進之, 差官第先爲其掩體, 受而着之, 走還館所, 卽日

---

118) 劣: 라본에는 '可'로 되어 있음.
119) 疋: 이본에는 '物'로 되어 있음.
120) 而: 이본에는 '以'로 되어 있음.

逃走而去. 至今慶州有橫差官故事, 傳爲笑談之資.

外史氏曰: "差官之不近妓物, 卽出於矯情釣名, 而挾以驕傲之氣也, 宜其有逢敗. 而第以赤身出槓, 使滿庭觀者掩口, 想像當場光景, 儘覺腰折, 甚矣, 其欺弄也! 古語云: '誤入香粉網羅, 險於狴牢桎梏.' 可不審愼耶?"

○第七十九묶 人事部十七【感化一】

10-15. 退椀粥愚氓遷善

尹斯文某, 湖西士人也. 家計淸寒, 性又耿介, 但安貧讀書, 雖簞瓢屢空, 而處之晏如. 時當仲秋, 艱食尤倍, 日用器物, 盡斥賣糊口, 只餘一食鼎, 而絶火亦屢日矣. 時有隣居一村漢, 以農爲業, 而性甚不潔, 輒有手荒之病. 稔知士人之家, 無物可偸, 但有一鼎, 乃欲竊取, 乘夜窺之. 其家夫人, 方擧火於廚下, 炊鼎煮粥, 遂用二砂椀, 以粥盛於大椀, 其餘汁, 則盛以小椀, 置於土銼之上, 以破瓢覆之, 奉大椀, 出進於士人. 士人方耐飢讀書, 忽見其妻, 擧案齊眉, 進以器粥[121], 驚問: "此從何辦?" 妻曰: "適得五合米, 作粥矣." 士人曰: "吾家粒米, 不啻如玉, 五合米出於何處?" 其妻滿面羞澁, 囁嚅不能對. 士人曰: "不知其所從來, 則吾決不欲啜之." 其妻旣知士人之固執, 不得已直告曰: "門前某漢之畓, 早稻向黃, 故俄者人定後, 手折其穗一握, 炒之得米五合, 作粥以來. 而此出於萬不獲已, 慚愧何言? 日後當縫給厥漢之衣, 因道其由, 不受其價, 則今夜之罪, 或可少贖[122], 幸下筯[123]之, 千萬是祝." 士人作色大咤, 曰: "天生萬

---

121) 器粥: 이본에는 '粥器'로 되어 있음.
122) 可少贖: 이본에는 '可以少贖矣'로 되어 있음.

民, 必食其力; 士農工商, 各有其職. 彼漢之粒粒辛苦, 何關於讀書士子之飢不飢? 而夫人不潔之行, 一至於此, 不勝寒心, 不可不一撻誡之, 須速折楚來也!" 其妻不敢違越, 如敎折來, 遂撻之三楚, 叱退粥椀, 使之棄地. 其妻不得已幷鉒上椀, 棄於後庭, 遂入室, 哽咽泣下. 蓋某漢之畓, 卽來此窺伺[124]者所耕作也. 厥漢備見首末, 不勝嘆服, 良心油然感發, 平生不美之計, 全然消磨. 卽還其家, 呼妻, 出所收農穀中長腰數升, 爛煮二椀粥, 親手擎往, 進之於士人, 士人曰: "深夜饋粥, 誠亦意外, 而無名之饋, 何可食之?" 固退不受, 厥漢乃跪告曰: "小人俄以穿窬之行, 到公門下, 窺視公子處事, 磊落光明, 令人感服. 小人亦具秉彝, 安得不感化? 心性大覺前非, 不可無表此衷曲, 猥持[125]粥物以來, 幸俯察事情,[126] 特許少嘗焉. 且此粥所需, 卽小人躬自耕穫之穀也. 豈敢以不潔之物, 奉浼於玉壺氷蘗之前乎?" 因匍匐叩頭, 至誠勸進. 士人默想, '彼雖不良之流, 今見其擧措, 可知革心改圖, 而饋貧士以粥, 亦出於改過之意, 人孰無過改之爲善? 今若拒而不受, 則是沮[127]其遷善之路, 而便同於陵之節矣.' 遂取以飮之, 厥漢又以一器, 進入於內堂. 自此以後, 厥漢心悅誠服, 竟至徙家於士人家廊下, 遂作無文券之奴僕, 扶護主家, 耕農樵汲, 隨處盡誠. 士人家勢, 亦稍得饒實云.

外史氏曰: "歲寒然後, 知松栢之後凋, 擧世混濁, 淸士乃見. 士人介潔之操, 眞可謂'氷壺玉尺纖塵不汚'者, 而至使人感服遷善. 蓋秉彝之性, 人固有之, 藹然四端, 隨感而見, 一善一惡之間, 君子胡

---

123) 筯: 라본에는 '箸'로 되어 있음. 서로 통함.
124) 窺伺: 이본에는 '窺覘'으로 되어 있음.
125) 持: 다본에는 '奉'으로 되어 있음.
126) 幸俯察事情: 주필로 삭제표시가 되어 있음.
127) 沮: 이본에는 '阻'로 되어 있음.

不慊慊爾?"

10-16. 還橐銀强盜感義

許察訪烶, 洛中人也. 風儀魁梧, 氣義卓犖, 名公鉅卿, 莫不折節下之. 嘗有事於西關, 歸時侵晨發程, 至前店不遠, 忽見路上有鹿皮囊. 命僕取來, 披見其中, 卽銀封可三四百兩, 掛之鞍上, 至店飯訖, 姑逗留不發, 使僕候於門外察人有求覓者. 日晌午, 有一人, 長身偉容, 衣服鮮華, 馳駿乘而至[128], 歷問: "店中有得鹿皮囊者乎? 當厚報矣!" 氣色甚懺慌, 許聞之, 召入問其所由失, 其人曰: "囊有銀三百兩, 縛在鞍上, 而馬甚悍驁[129]橫逸, 不得已下馬, 控而馳之, 囊忽[130]墜地, 不知失於何處. 然而過路若有得之者, 當留此店, 故試爲歷問, 而恐未可得." 許先問其封識之如何, 乃出囊以披[131]驗之, 果然, 因曰: "三百兩銀, 非微物也. 故吾不發而待求者, 果得汝, 幸矣." 其人爲之大感動, 叩謝不已, 且曰: "公非世間人也! 此本已失之物, 願分半[132]獻之." 許笑曰: "吾若利此, 自可持去, 何必待汝還之? 士夫志行, 本不如此, 汝毋復言." 其人苦懇請獻, 許不得已[133]叱退之. 其人垂頭視囊, 默然良久, 忽簌簌下淚, 因放聲大哭, 哀慟[134]傍人. 許大怪之, 問其故, 久之, 乃收淚而對曰: "嗟乎! 公是何人, 我何人也? 耳目口鼻同也, 言動起居同也, 此心胡爲不同? 公獨爲善如彼, 我乃爲惡如此, 思之及此, 豈不大可傷痛乎?

---

128) 至: 이본에는 '來'로 되어 있음.
129) 驁: 이본에는 '驚'으로 되어 있음.
130) 忽: 이본에는 '必'로 되어 있음.
131) 披: 저본에는 '授'로 나와 있으나 나, 다본을 따름.
132) 分半: 나, 다본에는 '半分'으로 되어 있음.
133) 不得已: 주필로 삭제표시가 되어 있음.
134) 慟: 저본에는 '動'으로 나와 있으나 이본에 의거함.

我本强人也. 距此數十里, 有富家, 我乘夜入室, 偸出此物, 而恐其追踪, 馱於鞍馬, 從山路疾驅, 未暇堅縛. 及出大路, 馬又橫走, 遂控轡馳驟之際, 不省墜失於何處. 第其偸竊之時, 吾心之無良, 當如何哉? 今見公之僕馬行裝, 亦極辛酸, 而視此物若糞土, 且求其主而還之, 以我視公, 其慚愧痛恨, 又當如何[135]? 此所以不覺聲淚之俱發, 從今以往, 此心大改, 願爲公僕以役[136]此身." 許曰: "汝之改過, 誠大善[137], 然何可爲僕?" 其人曰: "小人常賤也, 旣覺前非, 要得遷善, 則非公之從, 而誰當從也? 願勿拒之." 因問許之姓貫及鄕里, 且曰: "小人當還本主銀, 與妻子共來執役, 效公之行事, 改做善人, 是區區志願也.[138]" 遂起出外, 招許之僕, 携至店舍, 買酒肉而饋之, 詳扣[139]許之行程排站, 僕並告之, 其人卽去, 許亦發行. 數日, 至松都板門店, 其人挈妻及一子, 載家產於牛馬, 而追到, 許大奇之, 問: "何以處置銀封乎?" 曰: "直抵某家, 招其主還之. 主人不勝駭愕, 謂以千古奇事, 略有贈遺, 小人不顧而來矣." 乃隨許之廣州雙橋村, 置屋廊底, 執役甚勤, 出入常隨, 其忠誠無比, 許甚愛之. 到老不離, 亦多藉力云.

外史氏曰: "『韓詩外傳』云: '君子潔其身, 而同者合焉; 善其音, 而類者應焉.' 許之行一善, 而令人感化, 至於遷善而相隨, 其所得, 豈止於一包金之比哉? 彼其視物慾利澤, 如波濤之於巨石也, 豈或以紛然交蔽者動於中哉? 凡世之蒙蒙瞆瞆者, 固將行險以僥倖, 而又不達順受之正, 屑屑焉與造物者, 較其多寡, 責其期效, 不亦謬哉!"

---

135) 如何: 이본에는 '何如'로 되어 있음.
136) 役: 저본에는 '沒'로 나와 있으나 나, 다본을 따름.
137) 善: 이본에는 '喜'로 되어 있음.
138) 是區區志願也: 주필로 삭제표시가 되어 있음.
139) 扣: 라본에는 '聞'으로 되어 있음.

○第八十칙 人事部十八【感化二】

10-17. 勇弁袖椎聾悖民

崔節度某, 嶺右人也, 膂力過人, 常以鐵椎隨身. 少時上京, 求仕之行, 以一馬一僕[140], 間關登程, 中路値雨, 而前店尙遠. 驅馬入村中一大家, 有隣舍老婆, 獨語曰: "彼班當又逢辱." 崔弁聞其言而怪之, 猶疾馳直[141]入其家, 解卜駄置廊下, 繫馬於廐, 遂登坐外堂空廳. 俄有, 一少女自內出, 語曰: "客之衣衫盡濕, 不欲煨乾以着乎?" 崔見其女, 年可二十餘, 而容貌擧止甚端麗. 乃曰: "不敢請固所願也." 遂脫而與之, 女持入內室. 俄而, 煨熨以來, 曰: "客之避雨入村固然, 而若逗留於此, 則竟當狼狽, 可速去." 崔曰: "雨勢不止, 安得更向他處? 若留此則狼貝云者, 未知有何委折, 願[142]聞之." 女歔欷曰: "此家主人翁, 方六十餘歲, 略恃勇力, 到處悖惡, 或有生面客入來, 則必詬辱毆打而逐之. 有子五人, 各居籬外, 同惡相濟, 驁悍無雙, 如虎如狼. 一村咸畏而謹避之, 本守[143]亦不能制, 卽天下化外之氓. 吾卽[144]主翁之妾, 而被其劫掠, 如在狴牢, 然脫身無計, 秖自憂悶. 今見客之誤到此處, 必無端逢辱, 誠爲悶慮, 玆先告警, 須卽避去也." 崔曰: "吾但避雨來此, 無他罪過, 豈至於逢辱? 設或有意外之擧, 汝若至誠解諭, 則可得挽止耶?" 如是酬酢之際, 有一老漢, 面目可憎, 自隣洞帶醉[145]而來, 見有人馬, 怒目詬語

---

140) 僕: 이본에는 '僮'으로 되어 있음.
141) 直: 다본에는 '徑'으로 되어 있음.
142) 願: 나본에는 '敢'으로 되어 있음.
143) 守: 저본에 '倅'라 쓴 것을 주필로 수정한 것임.
144) 卽: 나, 다본에는 '則'으로 되어 있음.
145) 帶醉: 이본에는 '大醉'로 되어 있음.

曰: "何許客來此乎?" 乃投其卜駄於籬外, 又曳出崔奴於門外, 斷馬韁而驅逐之. 崔曰: "待霽卽去, 何必乃爾?" 翁高聲而罵曰: "無論雨霽與否, 客何敢偃坐於無主之室乎?" 瞋目睨視, 將上階之際, 適有巨狗過廳前, 崔旣以鐵椎藏袖, 乃擧而打之, 狗不做一聲而卽斃. 翁見其狀, 謂其拳猛, 意欲較力, 入廚下, 呼他狗, 以拳力打之, 狗一吠而走. 翁自想客力勝我, 頗有畏色. 雨初歇, 崔驅馬, 向他家而寄宿, 人馬皆饑, 日已昏黑. 崔脫上衣, 換着奴之氈笠, 待夜深擬到彼家, 椎殺老翁, 劫奸厥女. 籌計已定, 厥女忽與數三娛僕而來, 進以飯卓, 頗盛備, 又有飯羹及馬粥, 並饋人馬. 崔愕然曰: "此何故也? 且汝何以知吾在此乎?" 女曰: "客之在此已探知, 而似未免肚饑, 故備夕飧而來. 然竊觀脫上衣着戰笠之擧, 則可揣其意向矣. 彼翁之肆悖, 苟有血氣者, 孰不欲殺之? 而第其子五人, 可謂是父是子, 雖殺一父, 其於五子, 何若欲並戕六命, 亦不重難乎? 況此外一事, 尤非可論者也. 幸加三思, 忍憤進飯, 待曉發去, 則豈非厚德長者, 萬全之計乎?" 崔乃投椎, 而笑曰: "汝言誠是!" 啜飯過夜, 早發抵京. 不幾年, 拜右兵, 使辭朝時, 奏於榻前曰: "某邑有化外頑民, 百弊俱備, 雖非臣營所關[146], 請便宜從事爲民除害." 上可之, 卽關該邑, 厥漢六父子, 並枷囚待令, 老漢自來拒逆官令, 乃發卒圍其村, 捉出六個潑皮, 緊縛牢囚. 兵使到本郡, 大張刑具, 捉入厥漢等, 老漢以怒目悖說, 曰: "吾有何罪, 六父子一時施刑, 欲並殺之乎?" 又仰面睥睨, 曰: "此乃前日過吾家之客也." 因垂頭流涕, 兵使問其故, 對曰: "向者行次過後, 荊妻每謂吾曰: '早晚間, 當死於此兩班之手.' 今者, 果若其言, 以是爲悲." 兵使曰: "吾旣以殺汝,

---

146) 關: 라본에는 '管'으로 되어 있음.

爲民除害之意, 奏於榻前, 汝何可逃死乎?"老漢之妾, 披髮跣足, 直入官庭, 放聲大哭, 百端哀乞, 曰: "彼漢罪, 雖當死, 從今以往, 庶有改過之望, 幸看妾面皮, 特貸彼一縷. 向來行次過去時, 妾之 迎接供饋, 已知有今日之[147]故也. 彼漢若死於杖下, 則妾當自決, 以明此心矣." 老漢又哭曰: "吾非畏一死, 今入官庭, 始知人道之悖 惡爲非, 怳然大覺, 虛度六十光陰, 雖欲持身謹愼, 以贖前日之罪 過, 一死之後, 更安及哉? 伏望, 姑令放送, 且觀後日, 若不悛舊 習, 則雖被萬戮, 尙誰怨尤? 小人子姓甚多, 無可逃避之路, 使道 此後, 更加廉探, 吾父子雖叱狗聲若高, 則其時打殺, 亦未晚矣. 幸 暫貸殘命, 以開自新之路, 則德澤當如何哉?" 兵使察其辭色, 似出 於實心, 乃曰: "汝雖改過, 汝子輩何可恃也?" 五漢皆曰: "父已如 此, 子或不然, 則神必殛之." 老漢曰: "今蒙再生之恩, 是使禽獸之 性, 入於人道也. 自今渾家, 願爲奴僕, 以報恩德矣." 兵使乃令六 父子一時白放, 饋酒慰送, 皆感泣而去. 自此, 父子革心遷善, 爲鄕 中[148]淳厚之民, 往來服事於崔弁家, 終身不絶云.

外史氏曰: "凡此厥初無有不善, 而人之無良, 孰使之然? 第其變 化氣質, 多由於觀善感服. 而崔弁之始以膂力怖之, 終以刑威讋 之, 竟使之革心改圖, 亦奇哉! 彼女之一見過客, 預料未來之事, 而 致其誠款, 終得救夫, 其智又何如也?"

10-18. 老宰下馤禮舊主

申姓士人, 南山下措大也. 鼻端尖薄如刀, 人以刀鼻申稱之, 因 作別號. 一日夜, 申生獨坐舍廊, 門外[149]有咳嗽聲, 推窓視之, 美衣

---

147) 之: 저본에는 빠져 있으나 나, 다본에 의거하여 보충함.
148) 鄕中: 다본에는 '里中'으로 되어 있음.

服豐顏貌者四人, 羅拜階下, 謂有密語可白. 申生命皆升堂, 四人曰: "小人四從兄弟, 俱是生員宅奴裔, 今皆富瞻, 將爲贖良. 每人願納一千兩銀, 乞文券, 趂卽[150]燒火." 申生曰: "若非萬兩, 決不許贖." 四人再三懇乞, 終不聽施. 第三夜, 四人又來, 曰: "吾輩盡是藏蹤行世, 今皆科宦, 雖不贖良, 少無他慮, 但欲納銀者, 只出不忘本之意也. 四千銀子又加一千, 未知如何[151]?" 卽於筵前, 出置銀片, 申生昂然不聽, 漸益責加, 四人中第三人曰: "當用萬兩." 卽於袖中, 抽出扇子, 擊節門扇, 門外有六七少年, 突入房中, 綁縛申生, 以粘餠一塊, 塞其口, 使不得出聲. 披索壁藏, 破籠中田宅·奴婢·些少文券, 一倂火燒而去. 日出後, 隣童學書者, 始至解縛, 口中吐出粘餠, 而始有悔心, 曰: "辭却白金半萬兩[152], 所餘只是一片餠." 渠亦羞道此事, 人皆憎其無厭也. 是時, 宰臣潘碩枰[153], 本以某宰家蒼頭之子, 性甚端雅. 某宰愛其醇敏, 誨以詩書, 與諸子姪齒, 及稍長, 乃與遐鄕無子者, 匿跡力學, 絶不令主家通. 及長成, 冒法應擧, 人莫之知[154]也. 遂登科, 躋宰列, 謙恭淸謹, 爲國藎臣, 歷六道觀察使, 位至一品. 某宰旣沒, 其家零替[155], 其子姪皆窮賤, 出無驢, 徒步於路. 碩枰每遇於路, 必下輒, 趍拜于泥塗, 拱手問候, 禮貌恪謹, 道傍觀者怪之. 碩枰乃上章吐實, 請鐫削己[156]職, 官主家子姪. 朝廷義之, 優獎之, 破邦憲, 就本職如故, 又官其主家

---

149) 門外: 이본에는 '外'로 되어 있음.
150) 趂卽: 주필로 삭제표시가 되어 있음.
151) 如何: 나본에는 '何如'로 되어 있음.
152) 半萬兩: 이본에는 '萬兩'으로 되어 있음.
153) 枰: 이본에는 '秤'으로 되어 있음. 이하의 경우도 동일함.
154) 之知: 이본에는 '知之'로 되어 있음.
155) 零替: 이본에는 '零落'으로 되어 있음.
156) 己: 라본에는 '其'로 되어 있음.

子. 時申家舊奴四人中一人, 適於路上, 見一老宰乘軺而過, 遇一窮寒少年, 遽下軺, 進拜惟謹, 甚爲訝惑, 詢諸市人, 乃知爲潘碩枰之拜其舊主也. 且聞其上章吐實, 官其主家子, 心內讚歎不已. 默想自家所爲, 不覺愧心之若撻于市, 歸語昆季曰: "今日路上, 見潘公之禮數於舊主之子, 眞義人也. 吾儕所處之事, 豈非潘公之罪人乎?" 三人皆曰: "然." 遂更議, 加銀千兩, 投納于申生家云.

外史氏曰: "立賢無方, 三代盛法, 而至我東, 局於箕子之遺典, 爲奴者, 不許仕路, 防閑盆固, 士大夫之論, 隘且狹矣. 潘公忠義人也, 脫身法綱, 爲朝廷高官, 揆以常情, 掩匿蹤跡之不暇, 能下車屈身於寒士. 又聞之朝, 自暴其賤跡, 諒東方所罕有之令聞也. 彼四人者所爲, 始雖輕薄, 終感潘公之義, 而更生善心, 亦難矣. 申生無厭之慾, 宜其逢辱, 而竟亦添得貨財, 此又何理也?"

○第八十一号 人事部十九【警戒一】

10-19. 洪尙書受撻避凶

洪尙書宇遠, 少時, 作東峽之行. 日暮店遠, 無以趲程, 遂入村家, 而請留宿, 主人許之. 其家有老翁姑及一少婦, 夕食後, 老翁謂客曰: "今夜老夫妻, 將往參族親[157]祥祭, 獨留婦兒守家, 幸勿以主人之不在爲嫌, 而安心就寢." 又謂其婦曰: "必惕念守家, 而善待客也." 遂與媼出門而去. 婦關門而入, 讓客宿於下埃, 渠自坐於上埃, 張燈治紡. 洪見其婦, 雖是村女, 頗有姿色, 意欲挑之, 假托睡困, 轉就[158]女傍, 試以一足加于女膝, 女認以行馱睡困, 謹以兩手擧而

---

157) 族親: 이본에는 '族親家'로 되어 있음.
158) 轉就: 이본에는 '就寢'으로 되어 있음.

下之. 少間, 又以足加之, 女如前下之, 洪未知其意, 意謂其女不甚
牢拒, 連以手足置于女之身上, 女始覺客之有意於己也. 呼客而攪
之, 客佯若睡深, 屢呼而後, 始欠伸而起. 其女使之起坐, 而數之,
曰: "士子讀書知義理, 豈不識男女之有別乎? 翁姑出去時, 有勤托
者, 以客之必知人事也. 乃於深夜之中, 暗懷不美之心, 士夫之行,
固如是乎? 須出戶外, 折得榎楚而來." 洪聞此言, 不勝愧赧, 且畏
其辭嚴義正, 不得已出戶, 覓一楚來. 其女請客褰袴而立, 洪默念,
'村女此擧, 決非尋常, 若不從命, 則慮有他變.' 遂惟令是從, 其女
乃撻三四, 因戒之曰: "略示警覺者, 出於玉成之意也. 更勿生妄念,
而退臥安寢焉." 俄而, 翁媼[159] 還來, 問客善寢未, 洪無辭可答, 但
曰: "唯唯." 其婦乃以夜間事, 密告之, 翁曰: "吾知汝之貞節, 故獨
留接客, 而年少男子, 見色而動心者, 亦不是異事. 委曲其辭[160], 開
陳其不可之意, 固可也, 汝何敢撻楚士夫乎?" 遂取其楚, 撻其婦十
數[161], 乃向洪而謝曰: "村女無知, 使客受辱, 主人之心, 不勝主臣."
洪轉益羞愧, 卽辭謝而去[162]. 是日, 行幾十里, 又値暮違站, 復尋村
舍而寄宿, 其家只有一夫一妻[163]. 夕後, 主人告曰: "小人適有所幹
事, 將往十餘里地, 明朝當還, 請客主安寢." 又囑其妻以善待客,
而仍出去. 其女閉門而入房, 房卽上下間, 而間有障子, 洪宿於上
間, 纔有昨夜之[164]事, 更無邪念. 夜深後, 女呼客曰: "上間疎冷得
無寒乎? 須移來下間, 與吾同宿焉." 洪答以不寒, 厥女三四次請

---

159) 媼: 라본에는 '姑'로 되어 있음.
160) 其辭: 이본에는 빠져 있음.
161) 十數: 이본에는 '數十'으로 되어 있음.
162) 辭謝而去: 이본에는 '辭去'로 되어 있음.
163) 一妻: 이본에는 '一婦'로 되어 있음.
164) 之: 저본에는 빠져 있으나 이본에 의거하여 보충함.

來, 而終不聽. 視其女所爲, 必有開戶出來之慮, 以背緊帖於門扇 而鎭之, 俾不得推出. 俄而, 厥女果至閾外, 百般誘說, 終欲推門而 不得, 乃怒罵曰: "年少男兒, 深夜與女子[165]同房, 而無一點情慾, 無乃宦者乎? 何其沒風味, 若此也?" 譏侮醜辱, 喃喃不已, 曰: "子 不我思, 豈無他人, 狂童之狂也且." 遂推窓而出, 携一總角而來, 爛燁行淫, 因相抱而睡. 少頃, 其夫還來, 直入房, 一刀並殺其男女 後, 出立洪之寢房外, 低聲呼曰: "客就寢乎?" 洪問: "汝是誰也?" 曰: "小人卽此家主人也, 請開門." 洪旣見厥漢行凶之事, 心甚恐 怖, 而又思身無所犯, 寧有他虞. 遂開門使入, 厥漢百拜稱讚, 曰: "公誠大人也! 凡年少之人, 於深夜密室之中, 與少女隔壁伴宿, 而 不爲情慾所動者, 能有幾人乎[166]? 小人屢見厥女之行, 多有可疑, 而未捉眞贓, 昨見行次儀表之出常, 厥女有歆慕之意. 故小人故托 出他, 潛伏窓外以伺察, 果然厥女以情慾挑之, 而行次堅執不應, 厥女不勝淫慾, 乃招隣居總角, 與之同宿. 故小人憤其所爲, 以一 刀並剚之. 公若未堅確不撓, 爲淫女所迷, 則必不免小人之刃矣. 吾見人[167]多矣, 未有[168]若公之眞正大人也. 今不可在此, 迨天未明, 與小人急速逃走." 遂相隨而出門, 行至里許, 厥漢曰: "小人有一忘 却事, 請燒其家而來, 願公暫留待之." 旋卽回去, 洪意以爲, '待厥 漢無義.' 遂獨自先行, 回首視之, 則遠遠地火光亘天. 其後, 登科 爲關東伯, 行部之路, 見一治道之民, 擁篲而立, 使召之前來, 駐車 而問曰: "汝知我乎?" 對曰: "小人何以識得?" 曰: "汝記某年如是如

---

165) 女子: 이본에는 '女'로 되어 있음.
166) 乎: 저본에는 빠져 있으나 나, 다본에 의거하여 보충함.
167) 人: 저본에는 빠져 있으나 이본에 의거하여 보충함.
168) 有: 이본에는 '見'으로 되어 있음.

是之事乎?" 厥漢始乃覺得, 曰: "小人果記之!" 洪使之還營後來待, 稱道不已, 厚遺而遣之.

外史氏曰: "洪之受撻於村婦, 卽羞愧之甚者, 然因此而懲前毖後, 得免剚刃之禍, 撻之效大矣. 自古, 豪男之於色界, 未忍一時之慾, 乘危蹋險, 竟蹈不測之禍者, 往往有之, 可不愼乎!"

10-20. 趙巡使退粥殪奸

趙判書某, 莅完伯時, 一日夜, 守廳妓適有故出外, 獨寢宣堂矣. 夜深後, 自夾室有錚然聲, 心甚訝之, 忽有人, 問曰: "上房有人乎?" 巡使驚曰: "汝誰也?" 對曰: "小人乃是殺獄罪人也." 巡使尤[169] 驚訝, 曰: "汝是重囚, 則何得而來此?" 對曰: "小人有緊急告達之事, 敢此來白." 巡使曰: "有何事也?" 對曰: "明朝白粥, 必勿進啜, 而使吸唱某喫之也. 小人旣活使道, 使道亦須活小人也." 遂卽出去. 心甚驚惶, 未接一眠, 待朝靜坐. 未幾, 朝粥自補膳庫備進, 遂稱氣不平而退之, 招吸唱某也, 給粥使喫之, 厥漢奉器戰慄. 巡使乃大叱催喫, 則遂一吸而倒于地, 使之曳屍而出. 其後審理時, 此囚置之生道, 而修啓問其委折, 則獄墻之後, 卽食母家也. 一日, 偶爾放溺於墻下, 有人語聲, 從墻隙窺見, 則吸唱某也. 招食母到[170] 墻下, 給二十兩錢, 且給一塊藥, 曰: "明朝以此藥, 和於白粥而進, 事若成, 則更以此數賞之矣." 食母婢問: "何爲而如是也?" 曰: "某妓卽吾之未忘也, 汝亦當知之. 一自侍使道之後, 不得見面目, 思想之心, 一日三秋, 不得不行此計也." 食母曰: "諾云." 故暮夜潛出而告之云. 巡使一夜昏夢中, 在傍之妓, 攪之使覺, 巡使驚悟而問之, 妓曰:

---

169) 尤: 이본에는 '又'로 되어 있음.
170) 到: 이본에는 '於'로 되어 있음.

"試見窓外之影, 時月色如畫, 窓外有人影, 乃從隙窺視, 則有八尺健兒, 上下裝束, 把雪色匕首, 而有將入之狀, 心神飛越, 罔知攸措." 妓低聲而告曰: "小人將通于裨將廳矣, 潛開後窓而出去." 巡使自念, '獨臥恐有非常之事.' 隨妓而出, 無可隱身之所, 轉入竈下[171], 傍有盛灰之空石, 乃蒙于首而隱伏. 已而, 杖劍之漢, 漸至于竈矣, 毛骨俱悚, 屏氣而伏. 少焉, 營中鼎沸, 炬燭明晃, 賊乃以劍擊竈柱, 而言曰: "莫非命也." 遂超越後墻而去. 四面喧譁, 聲中皆曰: "使道何在乎?" 巡使暗中乃言曰: "使道在此!" 幕裨及吏隸, 尋聲而至, 扶還宣堂, 卽上疏乞[172]遞而歸.

外史氏曰: "外官之有房嬖, 便成俗習, 人不以爲怪. 然非但妨工害事, 或有意外之變, 可不慎哉? 第其覘告賊影, 潛自斡旋, 驚動一營, 得以避禍, 寔出於妓之機警, 而此特罕有之變也."

○第八十二号 人事部二十【警戒二】

10-21. 店夢驚鉈戒淫報

白某, 淸州士人也. 好漁色, 妻美而賢, 諫之輒反目. 嘗赴擧戾洛, 飮墨歸路, 過南門外桃渚洞, 見有草屋精灑, 一婦人曬衣於粉墻, 睨之絶艶. 某故作墮策, 下騎徐拾之, 曰: "滎陽生墜鞭矣, 何汧國夫人不邀入院耶?" 婦似不聞, 褰衣開戶而入. 某大失望, 怏怏振策去, 夜止[173]旅店, 輾轉不能寐, 甫就枕, 見一客, 衣冠鮮明, 曳靑袍岸然而來. 某起延坐, 並叩姓氏[174], 曰: "僕靑衫客也. 嘗從珠彈

---

171) 竈下: 이본에는 '廚下'로 되어 있음.
172) 乞: 이본에는 '哀'로 되어 있음.
173) 止: 이본에는 '至'로 되어 있음.

金羈之徒, 遨遊狹邪中, 間因家計耗敗, 落拓草野, 近復技癢, 往來京鄕, 或作靑鳥之媒." 某甚喜, 述所見私與商確, 客曰: "得非城南某衙第幾家銀杏一株, 墻內冒海棠花者耶?" 某曰: "然." 客曰: "此良家婦婿, 亦冠儒冠, 門第與足下等, 非章臺路傍柳, 任人攀折者, 奈何?" 某固求方略, 客曰: "姑循所請, 但僕有唐突處, 幸勿罪." 竟去. 無何, 客引一婦來, 燭之, 卽曬衣女也. 鬢鬆釵軃, 轉益斌媚, 喜極欲與狎抱, 而礙客在座, 客似察其意, 曰: "僕亦偕一麗人來, 與眼前人相伯仲, 君請偎紅, 僕亦倚翠, 兩不妨也." 某欣已滿願, 不復問麗人爲誰, 請客別榻東室, 自乃捧艶登床, 備極穢褻. 事訖, 潛往東室, 伏窓隙窺之, 見一麗人, 與客幷枕臥, 繼聞私語, 曰: "我家丈夫, 太輕薄, 日漁脂獵粉, 抛人閒處住, 今得侍君寢, 願從此矢白頭." 客引手替枕, 笑曰: "卿言大有見, 但一頂綠頭巾送, 而夫戴却矣, 奈何?" 麗人曰: "渠自有孼報, 何足惜?" 審之, 酷類其妻, 某大憤, 排闥直入, 曰: "何物狂奴玷人淸白?" 抽佩刀, 欲斫之, 麗人忽遁去. 客起迎笑, 曰: "爾亦知玷人淸白耶? 己所不欲, 勿施於人, 汝床頭人在, 亦當爲乃夫留一餘地也." 某語塞撫刀, 作怒目狀, 忽有儒冠者, 倉皇[175]入內室, 捉其婦徒跣而出, 旋入東室, 搜得某奪其刀, 欲殺之. 客代爲緩頰, 而三尺霜鋩, 凜然在頸矣. 某駭極, 狂呼而醒, 身臥店舍中, 燈影明滅, 乃南柯一夢也. 因歎曰: "淫人妻者, 妻亦得淫人報, 況姦[176]與殺近可長, 以身試乎!" 歸家後, 與妻頗敦琴瑟, 倡樓[177]妓館中, 亦杳無生跡矣.

---

174) 姓氏: 이본에는 '姓名'으로 되어 있음.
175) 倉皇: 이본에는 '蒼黃'으로 되어 있음. 서로 통함.
176) 姦: 이본에는 '奸'으로 되어 있음.
177) 倡樓: 이본에는 '娼樓'로 되어 있음.

外史氏曰: "漁色縱淫, 惡之大者, 故君子戒之在色, 禮以防淫. 然男女之際, 大慾存焉, 苟未能強制而嚴防, 則易至於迷溺, 不悟末流之弊, 轉或有'所可道也, 言之醜也', 可不戒哉?"

10-22. 場戲窺錢警財慾

玄某, 象譯人[178]也. 每歲赴燕, 商販爲業, 行至錦州衛, 夜宿店炕, 聞門外喧擾, 問其由, 曰: "有一過客, 自稱五嶽子, 善幻戲, 里中好事者, 邀請作劇." 玄披[179]衣出戶而觀之, 雪霽月明, 審其客形[180]音, 類燕・趙間人. 路上觀者如堵, 齊請試戲, 客曰: "諾." 自袖中, 覓四時花卉之種, 播之雪上, 卽看萌芽茁長, 蓓蕾吐蘂, 頃刻之間, 千紅萬紫, 遍滿街衢, 衆大哄稱奇. 少頃, 客擧扇簸之, 花皆紛紛墮地, 渾一雪色. 衆又請他劇, 客從囊中, 出靑錢一枚, 側揷路傍, 騈兩指作畫符狀, 須臾, 錢大如車輪, 衆異之. 客曰: "適成連子, 邀余海上, 當暫去, 明晨復來." 臨行, 指錢笑曰: "此物, 有福則享, 無福則殃, 爾等勿輕覰也." 遂去, 衆亦漸散. 玄獨徘徊, 至夜深, 摩挲良久, 潛從錢孔中, 窺之, 見其內瓊樓・翠閣・繡閣・文窓・琉璃屛・珊瑚榻, 珠玉寶玩, 無不具備. 俄有, 數美人衣五銖衣, 曳輕縠裙, 明璫玉佩, 翩然而來. 手各携樂器一具, 不似世所傳箏琴笛板者. 無何, 一美人[181]曰: "紫雲廻樂府, 自阿環盜去, 久不復奏矣, 盍理之?" 衆曰: "諾." 於是, 展氍毹席地而奏, 奏畢, 曰: "阿蠻嬌態, 獨步一時, 請更作絶[182]腰舞, 可乎?" 一美人癡立, 似未允者,

---

178) 人: 이본에는 '家'로 되어 있음.
179) 披: 이본에는 '被'로 되어 있음.
180) 客形: 이본에는 '形容'으로 되어 있음.
181) 人: 저본에는 빠져 있으나 이본에 의거하여 보충함.
182) 絶: 저본에는 '招'로 나와 있으나 이본을 따름.

衆笑曰: "癡婢子被白家郞, 馳驟腰圍, 粗却矣." 美人面發頳, 勉强振袖而舞, 庭前桃瓣簌簌, 如紅雨墮. 玄在錢孔中, 初猶探首, 取次移步, 漸入佳境, 不覺身在舞庭, 逼近珠翠. 忽聞堂上嗔喝聲, 曰: "何來齷齪奴兒, 窺人閨閣?" 哄然盡散, 而重樓疊閣, 無一存者. 玄覺錢孔漸小, 四面束住腰脊, 欲進不能, 欲退不可, 而束處痛極難忍, 狂聲呼救, 里中群起環視, 無計可出. 天將[183]曉, 客復來, 嗔曰: "汝以一介窮骨, 妄覬宮室之美妻妾之奉, 以至鑽穿錢孔, 動輒得咎, 孽由自作, 不可活矣!" 衆代爲哀乞, 客曰: "天地間, 禮義廉耻, 酒色財氣, 如武侯八陣圖, 廉爲生門, 財爲死門. 渠已從死門而入, 尙望從生門而出耶?" 玄聞言大哭, 客笑曰: "汝有悔悟心, 或可救拔[184]." 因取巨筆蘸墨, 塗錢孔, 孔乃谿開, 摺玄而出之, 錢頓小如故. 仍納諸囊中, 謂玄曰: "暫爾筆下超生, 後此勿爲一錢不惜命也." 玄叩謝隨衆而去. 至今錦州, 猶有能言其事者.

　外史氏曰: "李嶠「詠錢」詩, 云: '九府五銖世上珍, 魯褒曾詠道通神. 勸君覓得須知足, 雖解榮人也辱人.' 蓋以晉魯褒「錢神論」, 有曰: '錢之所祐, 無往不利.' 可謂神物也. 大抵人於錢財, 皆有分定, 而彼一生營營, 惟錢是趁者, 雖或富饒, 因此而僇辱身名者, 亦多, 是豈可以力取也哉?"

---

183) 將: 저본에는 빠져 있으나 나, 다본에 의거하여 보충함.
184) 救拔: 나, 다본에는 '救援'으로 되어 있음.

卷十一

○ 第八十三목 婦女部一【德行】

11-1. 葛布獨赴命婦筵

　李月沙夫人權氏, 判書克智女也. 有德行, 閨門內儼若朝廷. 月沙已躋崇顯, 二子曰明漢, 號白洲, 昭漢, 號玄洲, 皆顯達. 而夫人規度儉約, 身不着華麗之衣, 口不近珍異之味, 以至子女媳婦, 壹遵規模, 毋敢違越. 時某公主家迎婦, 自上命滿朝命婦, 皆赴宴, 諸家婦女, 競以華侈相尙, 珠翠綺羅, 奪人眼目. 追後有轎子入來, 而一老婦人葛衣布裳, 扶杖而入, 將升堂, 主人公主倒屣下迎, 年少諸婦, 莫不驚怪, 而不知爲誰家夫人[1], 或有竊笑者. 主人迎之上座, 執禮甚恭. 進饌後, 其老夫人先起告歸, 主人以日勢之尙早挽止, 則老夫人曰: "鄙家大監, 以藥院都提調, 早已詣闕, 長兒以銓官赴政席, 次兒以承旨坐直, 老身歸家, 可備送夕飯." 座中大驚, 始知爲月沙夫人. 白洲兒時, 與弟玄洲, 受學於隣塾而歸, 見白金一封遺在路上, 白洲欲拾取之, 玄洲勃然曰: "義不拾遺!" 白洲曰: "持此以慰慈親之憂, 不亦宜乎?" 玄洲曰: "何可以不義物納親乎?" 因手抽兄袖, 欲出棄之, 白洲冷笑而拂袖, 玄洲先走歸家而泣. 權夫人問其故, 乃具以封, 曰: "吾欲奪棄, 恨力不足." 有頃, 白洲歸藏其金, 大書於門, 曰: '有失銀者推去.' 俄而, 一皁隷來索, 白洲問: "其封識之何如?" 對以如斯信彼物也, 乃出給之. 夫人聞而喜之, 曰: "眞吾子也." 因招白洲而責之, 曰: "汝旣有覓主還他之心,

---

[1] 夫人: 가본에는 '婦人'으로 되어 있음.

則可於路傍立俟, 何必藏袖歸家, 以致汝弟之疑乎?"對曰: "無端竚立於路上, 亦非士子之行, 故不得已携來矣." 夫人笑曰: "可謂難兄難弟矣." 及兄弟長成, 相繼登朝, 夫人猶督課不已, 常曰: "聞兒輩室中有書聲然後, 吾心豁然, 否則煩悶不能睡." 二公因此, 讀書不輟. 每至夜分, 公退之暇, 若有客來, 則夫人輒令與客圍棊, 客去乃已. 人問其故, 答曰: "男兒年少有氣, 必有言語, 而仕宦者之語, 不及朝廷者, 鮮矣, 終日着棋, 可以避言諱也." 人服其謹愼.

外史氏曰: "田子相齊, 得金奉母, 母以不義而還金, 宋張奎兄弟讀書, 母親教督, 客至, 母輒于窓前聽其論學. 此二女, 以古之賢母稱. 權夫人治家, 有法度, 敎子以義方, 無愧乎古之二女, 迨玆德行, 永享福慶, 宜其子姓蕃昌, 爲東方華閥甲族也."

11-2. 紅紬三裁大官服

金文谷壽恒夫人羅氏, 明村良佐之姉也. 有六子一女, 爲女擇婿, 使第三子三淵昌翕, 往見閔氏諸少年, 回告曰: "閔家兒皆氣短, 且貌不揚, 無可合者." 夫人曰: "大家後進, 豈其然乎?" 其後, 三淵定於李氏兒, 而來言曰: "今日始得佳郞矣!" 及迎婿之日, 夫人見而歎, 曰: "新郞佳則佳矣, 壽限太不足, 汝所取者, 何也?" 已而, 又歎曰: "吾女當先死, 亦復奈何?" 責三淵不已, 三淵終不以爲然. 一日, 閔趾齋鎭厚·閔丹巖鎭遠, 俱以弱冠適來, 三淵入告曰: "母氏每以閔家之不得連婚爲恨, 今閔家少年來矣. 母氏從窓隙一見, 可知子言之不誣也." 夫人從而窺之, 又責三淵曰: "汝瞳果無珠矣. 此少年俱至貴之大器也, 惜乎! 不得連婚也." 其後, 兩閔公俱大達, 李年纔三十, 以參奉夭, 而夫人之女, 先一年而歿. 夫人嘗織紬染紅三端, 以一端造文谷之朝服, 二端深藏, 而第二子農巖昌協登

第, 不許之. 後第一子夢窩昌集, 以蔭官登第, 乃使造朝服, 後孫婿
趙豊陵文命登第, 又使造朝服. 三人俱位至大官, 夫人之意以爲,
'未至大官者, 不可許也.' 農巖登第而入謁, 夫人嚬眉, 曰: "何爲而
如山林處士也?" 其後, 夢窩登第而入謁, 夫人笑曰: "大臣出矣!"
文谷一日, 會客談讌, 夫人呼其孫竹醉濟謙, 問人客之數, 將以備
午饌也. 竹醉年方十一, 有文藝, 乃對曰: "賈誼洛陽少年, 蘇秦縱
橫六國, 項羽拔山蓋世, 荊軻奉圖入宮." 夫人不復叩問, 便如數設
饌, 三淵未解, 質疑於夫人, 夫人笑曰: "孰謂汝能文? 此數八也,
八吏文從捌, 賈誼云者, 才也; 蘇秦云者, 口也; 項羽云者, 力也;
荊軻云者, 刀也, 合成捌字也."

外史氏曰: "琴瑟以和君子, 嚴恪以理家人, 蠲潔酒食, 婦道[2]也;
纂組玄黃, 女工也. 洪此四德, 可以昭宣壼, 則作範母儀, 羅夫人之
賢, 具此衆嫩, 而又其藻鑑如神, 才慧絶異. 宜乎作配名門, 永受多
祉, 而誕育多子, 如卞氏之六龍, 垂裕後昆, 克大以昌, 其非夫人懿
德之致耶?"

○第八十四号 婦女部二【奇婚一】

11-3. 驚異夢竟成奇婚

　海豊君鄭孝俊, 寧陽尉之曾孫也. 年屆强仕, 始小成, 三喪配, 而
有二女, 無一子. 貧窮無依, 以寧陽之裔, 奉顯德王后權氏·魯山君
曁王后宋氏三位祀, 而家徒四壁, 香火難繼, 在家愁絶, 無以慰懷.
日就比隣李兵使進慶家對博, 李卽判書俊民之孫也. 一日, 海豊囑

---

[2] 婦道: 가본에는 '婦人之道'로 되어 있음.

嚅而謂李曰: "吾有衷曲之言, 君能聽施否?" 李曰: "君我之間[3], 交如管鮑, 情若膠染, 豈有難從之事乎? 第言之." 海豊曰: "吾家非但屢代奉祀, 且奉朝家香火, 而望五之年, 鰥居無子, 勢將絶嗣而闕享. 顧其身世[4]則切悲, 念其情事則大悶, 非君則吾何敢開喙? 幸垂矜憐, 以君女妻我焉." 李勃然作色, 曰: "君言戱耶? 君年踰四十, 吾女年方二八, 便是移夭桃而接老木, 具[5]不相稱當, 果何如?[6] 不料君之有此妄發也." 海豊羞愧嘿逃, 不復往博. 後十餘日, 李寢夢, 忽聞室外有警蹕之聲, 儀仗侍衛, 喧闐門巷, 傳言, "大駕降臨!" 李蒼黃降階伏地, 已而, 少年君王, 以衰服乘輦而下臨, 命李近前, 而敎曰: "鄭某欲與汝結親, 汝意云何?" 對曰: "聖敎之下, 焉敢違咈? 而但鄭某與臣女, 年紀大不相當, 下情切迫矣." 敎曰: "年齒多少, 不須較計, 必與成婚, 可也." 李乃驚悟卽起, 回語屋中曰: "纔有[7]異夢, 心甚不平." 其妻曰: "吾亦有夢, 方耿耿不寐矣." 相對說夢, 如合符契. 李曰: "事不偶然, 將何以爲之?" 其妻曰: "夢固虛境, 何可信之?" 過幾日, 李夢又如前, 玉色不豫, 曰: "向有所敎, 何不奉行?" 對曰: "謹當商量決定矣." 是夜, 內外之夢又同, 李謂妻曰: "一之爲異, 況至於再, 殆天也, 不從恐有禍." 其妻曰: "夢雖如此, 何忍以吾女作寒乞人之四室乎? 決難聽從.[8]" 李憂懼靡定, 未幾日, 又夢鑾輿來臨, 聲色嚴厲曰: "日前下敎者, 非但[9]天緣有定, 鄭是多福之人, 於汝有益, 而[10]汝終不從, 此何道理?" 李乃惶恐, 請依

---

3) 之間: 주필로 삭제표시가 되어 있음.
4) 身世: 라본에는 '身勢'로 되어 있음.
5) 具: 주필로 삭제표시가 되어 있음.
6) 果何如: 주필로 삭제표시가 되어 있음.
7) 有: 가본에는 '語'로 되어 있음.
8) 決難聽從: 주필로 삭제표시가 되어 있음.
9) 非但: 주필로 삭제표시가 되어 있음.

敎奉行. 又敎曰: "此專[11]由於汝妻之持難, 當治其罪!" 因命拿入主
人之妻, 而數之, 曰: "汝夫已從予言, 而汝獨違拒, 何也? 罪不可
赦." 乃施刑三四箇, 始惶悚敬諾之, 旋卽回鑾. 李醒來, 駭汗浹背,
起入內舍, 其妻又以夢事言之, 捫膝而坐, 膝有杖痕. 李之夫妻,[12]
大爲驚動, 曰: "不定厥婚, 恐有大禍." 翌日, 伻邀海豊而至, 問:
"何久[13]絶踪?" 曰: "頃者, 所言妄發, 懷慚未來矣." 李曰: "吾反覆熟
思, 非吾則此世無濟君者, 吾意已決." 卽席受柱單[14]涓吉期, 而送
之. 明朝, 處女告其母曰: "昨夜夢中, 阿爺博友鄭上舍化爲龍, 向
我作語, 使受其雛, 吾展裳幅而受之. 小龍蜿蜿者, 其數爲五, 其中
最小者, 落地而斃, 誠爲[15]怪事." 父母聞甚奇之. 及結褵歸鄭後, 連
生五子, 曰'檜', 曰'晳', 曰'樸', 曰'檟', 曰'植', 皆登第[16]. 檜判書, 晳·
樸俱參判, 檟·大諫植玉堂. 孫重徽, 亦於祖父母在時登科, 女婿吳
翻, 亦登第, 官參議. 海豊享年九十餘, 以侍從臣, 父及五子, 登科
加資, 承襲封君, 躋亞卿. 簪纓滿前, 內外諸孫, 不可勝計, 福祿之
盛, 世所罕比. 第五子以書狀赴燕, 回路作故, 時海豊尙在, 果符龍
雛之夢. 李夫人與海豊, 同禂五十年, 先海豊三年而沒. 海豊窮途
時, 往親知家, 有一術士, 善推命觀相人, 客之來問身數者, 環座溢
宇. 術士不耐酬應, 頗苦之, 主人顧海豊曰: "君何不問命?" 海豊
曰: "吾則頭顱已判平生, 我自知何用問爲?" 術士瞥看海豊之貌,
請問四柱, 海豊曰: "吾之窮命, 如斯如斯, 世所共厭, 不欲煩人推

---

10) 於汝有益而: 주필로 삭제표시가 되어 있음.
11) 專: 주필로 삭제표시가 되어 있음.
12) 李之夫妻: 가본에는 '李乃'로 되어 있음.
13) 久: 라본에는 '故'로 되어 있음.
14) 受柱單: 주필로 삭제표시가 되어 있음.
15) 爲: 주필로 삭제표시가 되어 있음.
16) 登第: 다본에는 '登科'로 되어 있음.

數." 術士强請之, 遂告四柱, 術士沈吟良久, 曰: "凶矣凶矣! 如此命數, 今始初見." 海豊曰: "凶云者, 是惡之謂耶?" 術士曰: "善之謂也. 今云無妻, 而非久當娶, 久久偕老; 今云無子, 而宰相名士, 將滿膝下; 今云窮寒, 而位躋亞卿, 其壽則望百. 此中滿堂諸位, 寧有彷彿於彼福者乎?" 後來事, 一如其言. 海豊初娶時, 夢入醮席, 婦家內屋位置, 了然可記, 而但無新婦, 覺而訝之. 及再娶, 又夢入前夢之家, 則皆如前儀, 而但新婦云者, 纔成孩提. 及至三娶, 夢又如前, 而所謂新婦, 卽向時孩提, 而可十許歲. 及聘李夫人也, 內屋果是前夢三見之家, 而新婦顏面, 亦是自孩提至十餘歲之人也, 前定不爽, 誠異矣.

外史氏曰: "海豊之奉朝家祠宇, 洵同一間茅屋之祭, 此國人之所愴感者, 家貧而香火難繼, 尤嗟傷處也. 赫命在上, 諭戒諄複, 顯聖靈佑, 若是丁寧, 可見神理孔昭, 吁亦異哉! 人生窮達, 莫非天賦, 故夢兆命數, 如合符契, 凡事皆有前定, 而人苦不自知耳."

11-4. 作良媒俱受晚福

金相公宇杭, 釋褐初, 官穆陵別檢. 時參奉鄭某, 安東人也, 以劬經飭躬, 登道薦, 年近六十, 始筮仕. 與金公僚好甚殷, 嘗謂金公曰: "吾家稍饒, 年已老, 旅官潛郞, 非素履攸宜, 而命道畸窮, 再喪耦一不育, 無以紓此悁鬱, 故黽勉宦游耳." 公每憐之. 適有陵役, 兩寮合直時, 守護軍捉致犯斫木者, 將笞罰, 中有一總角, 頭髮鬅鬙, 褐衣襤縷, 鼻流清涕, 和淚漣如. 陵吏進告曰: "彼是越岸士族, 而至貧窮可矜者." 鄭問總角曰: "汝何許人?" 對曰: "言之慚也. 本以簪纓後裔, 早孤而有七耋老母, 有一妹年三十未嫁, 吾年踰三十未娶, 男妹樵汲以奉老. 今當嚴沍, 無處刈薪, 敢此犯樵, 自知其罪." 又涕泣不已, 鄭有惻隱之心, 顧公曰: "其情可矜, 特赦之, 何如?" 公笑曰: "兄[17]之善心油然矣." 鄭以斗米·隻鷄, 賜之, 曰: "以此歸養老親, 更勿犯科." 總角感謝而去. 後數日, 又以犯樵見捉, 鄭大責之, 總角失聲哭曰: "饕風虐雪中, 不忍見老母之寒, 又無他樵採之路, 固知負公德義, 爲罪上添罪, 而故犯至此, 擧眼無地." 鄭又不忍笞之, 公在傍, 微哂曰: "隻鷄·斗米, 不能感化, 我有一言, 公肯聽[18]否?" 鄭曰: "願聞其說." 公曰: "兄方悲鏡鸞之影, 又無庭蘭之秀, 內乏主饋, 望斷嗣后. 娶彼總角之妹, 以爲繼室, 則積善之家, 必有餘慶, 盛意何如?" 鄭笑而抒髭, 曰: "以此白紛, 再求燕婉, 豈非妄擧乎?" 公曰: "兄雖老矣, 筋力尙强, 可堪做男子事, 須勿趑趄!" 再三力勸, 鄭强應之, 公遂招總角近前, 曰: "鄭寢郎忠厚君子也, 家計饒實, 喪耦而無子, 汝之妹且過年未笄, 今與之作配, 則汝家之依托有所, 豈不好哉?" 總角曰: "當稟議於老母." 去而復來, 曰: "老母以爲, '吾家以閥閱之族, 今至衰替之極, 雖前世之所未行也, 不猶愈於廢倫乎?' 泣而許之云." 公甚喜, 視曆復開書, 便利此月內, 乃爲鄭圖二百金債, 送于女家, 以其餘辦綵幣. 至吉期, 公自備婚具, 帶鄭而往, 俾成醮, 果是名家後裔, 老閨淑婦也. 一日, 鄭來謂公曰: "衰年薄宦, 本非所欲賴公, 麵麩之合謀, 旣得蘋蘩之良佐, 脫烏帽而永矢, 挽鹿車而共歸, 穩享室家之樂, 消受園林之趣. 已有定筭, 玆來告別." 公以祿仕之不宜遽棄爲喩, 然難回其浩然之志, 因酌酒敍別. 鄭具二轎, 馱妻及聘母, 並携妻之兄, 飄然下去, 一自分手, 聲聞俱阻. 荏苒爲卄五年, 公以宰列, 作宰安東, 到官幾日, 有客納刺, 卽前參奉鄭某也. 久而始記得, 下榻迎之, 計其年,

---

17) 兄: 가본에는 '公'으로 되어 있음.
18) 聽: 나, 다, 라본에는 '諾'으로 되어 있음.

今八十餘歲矣[19]. 韶顔白髮, 去地仙不遠, 促膝舒闊, 置酒款待. 鄭曰: "僕之獲拜明府於此日此處, 天也. 僕賴公柯斧, 晚得良耦, 連擧二男, 俱叶抱麟之祥, 各勉述蛾之業. 今春長兒擢明經科, 次兒繼登蓮榜, 明將聯袂到門, 猥請明府枉臨, 賁餙聞喜宴席也." 公聳聽稱奇, 而賀其慶, 嘉其誠. 明日, 携妓樂, 備酒饌而往, 見其溪山秀麗, 花竹蔥蒨, 隣里櫛比, 樓亭穩敞, 眞好家居也. 賓客滿堂, 觀者如堵. 俄而, 雲幔高捲, 風樂迭奏, 兩少年來到, 一是綠袍戴花, 一是鶯衫輭巾. 公連呼新恩, 問其年, 伯曰: "二十四." 季曰: "二十二." 儀表則停鸞峙鵠, 才華則摛驪吐鳳, 公讚歎不已. 鄭指座隅一人, 曰: "公知此人乎? 此是昔年犯樵人也, 計其年五十餘矣." 遂鎭日讌飮, 抵夕客散, 鄭謂公曰: "今日之慶, 是誰之賜? 明府之今日枉臨, 亦天與之也, 非人力也, 可不奇哉! 請留宿一宵, 敍此襞積." 公亦樂從, 達夜穩話. 翌朝, 鄭欲言而囁嚅者屢, 公曰: "有所欲言者乎?" 鄭乃曰: "老妻平日爲公有結草之願, 而今幸臨陋舍, 欲一拜尊顔, 女子之不知體面, 只有感恩之心, 亦或無怪. 且明府之於老荊, 德如天地, 恩如父母, 何嫌之有?" 公始以非禮辭, 竟因其苦懇, 不得已許之. 言未終, 老婦人啓戶出拜, 公驚遑[20]作答. 又有兩少婦, 盛餙翳袖而出, 頹金山, 倒玉柱, 其子婦也, 三婦人感戴之意, 溢於顔色. 遂進珍羞大卓, 又進一彩箱啓之, 皆輕煖衣也. 公曰: "僕宰雄府, 豈曰無衣, 不敢領受?" 鄭曰: "老荊來此之後, 課歲蓄蠶, 手織手縫, 一年成一衣, 絲絲縷縷, 都是苦心, 名之曰'報恩衣'. 將奉呈銜軒, 適値辱臨, 聊效手獻, 此若見却, 其落莫如何? 幸垂[21]諒焉." 公不得已受之. 公瞥見房中, 有長可如六七歲兒, 手執

---

19) 矣: 저본에는 빠져 있으나 나, 다, 라본에 의거하여 보충함.
20) 驚遑: 나, 다, 라본에는 '驚惶'으로 되어 있음.

窓閾而立, 頭髮鬖鬆, 方瞳熒然, 黯黯視人. 鄭指之, 曰: "是卽犯樵者之慈親也, 年今九十五歲, 其口中喃喃有聲, 明府聞之乎?" 始側耳聽之, 則'金某拜政丞, 金某拜政丞'之語也. 鄭曰: "此老人二十五年祝願如一日, 今無他言語, 而此聲猶不絶于口, 至[22]誠安得不感天乎?" 公笑而謝之, 歸衙以官廩物種, 厚償之鄭家, 五福具備, 鄕閭稱道. 而其妻兄, 亦娶室生子, 穩度一生. 其後, 公果拜相于肅廟朝, 以藥院都提調, 往視延礽君患候, 說其平生宦蹟, 語及鄭參奉事. 延礽君聞甚奇之, 御極後, 偶閱進士榜目, 有安東鄭某者, 問之, 卽參奉孫也. 特敎曰: "故相臣金宇杭說鄭某之事, 甚稀貴, 而其孫又登司馬, 事不偶然, 特除齋郞, 使之繩武其祖." 嶺人榮之.

外史氏曰: "月老赤繩, 雖曰'天定之緣', 而『詩』不云乎'匪媒不得'? 鄭公續絃, 專由於金公之勸成, 則何可但以良媒云哉? 其至誠積善, 宜獲厚報, 而且鄭公之仁心厚德, 享受晚祉之故也, 此可見天理之靡忒矣."

○第八十五号 婦女部三【奇婚二】

11-5. 綵轎據廊責貴子

尹尙書絳, 年六十鰥居, 欲卜妾, 約婚于龍仁柳姓人家, 趁期, 來留柳村. 柳家女子遣婢, 傳語于尙書, 曰: "顧以蓬蓽陋質, 猥屈金貂貴駕, 極知悚仄, 第未審老氣撼頓, 不瑕有損. 吾家雖甚寒微, 猶是鄕曲班閥, 一作媵妾于宰相, 則永厠中庶, 無復可振之望. 緣此不肖之女子, 誤了本家之門戶, 思念及此, 中心是悼. 竊伏念, '大

---

21) 垂: 라본에는 '須'로 되어 있음.
22) 至: 가본에는 '其'로 되어 있음.

監位躋卿月, 年過周甲, 連姻之地, 雖欠光鮮, 了[23]無損於身名.' 諒此愚婦悶隘之情事, 降心改圖, 强循齊體之禮, 假以正室之名, 則一門榮感. 閨中此言, 誠爲唐突西施[24], 而包悚冒慚, 敢此仰陳, 未知盛意, 如何?"[25] 尙書答曰: "所報大有意見, 曷不奉施?" 卽寫婚書, 具冠服, 同牢奠, 並如儀. 一宿而更思之, 十分不屑於心, 如食死肉,[26] 頓無宴爾之意, 旋還京第, 一切疎絶, 不通聲問. 柳家夫妻, 咎其女, 曰: "如約爲小室, 則必無此患, 公然爲突兀之計, 誤汝平生, 尙誰怨尤?" 過一年, 柳氏請於父母, 願備新行, 父母曰: "尙書全然疎棄, 如越視秦瘠, 汝何以抗顔冒進乎?" 女曰: "吾旣爲尹氏之人, 彼雖不我能愒, 我當及爾同死, 第以婢僕多數隨我也." 柳乃盛備新行, 到尹尙書門外, 尹家奴婢問: "何處內行?" 對以夫人抹樓下, 新行行次, 尹家上下相顧愕眙, 落落無延入之意. 柳氏使掃外廊一房, 降轎入坐[27]. 時尹公長子持平已沒, 次子議政公爲承旨, 三子議政東山公爲校理, 是日, 俱不在家. 柳氏預囑自己健奴輩, 伺候二子之歸, 直爲招來於廊下. 俄而, 二子歸到門前, 見轎馬婢僕之爛其盈門, 聞知爲龍仁內行, 姑欲入稟於其大人, 以決迎接與否, 直向外堂. 柳家健僕, 以夫人命招之, 其兄弟不得已隨僕而來. 夫人乃叱僕, 拿挃而入, 兄弟以變出意外, 惝怳嚅嚅, 莫省攸措, 任其所爲, 竟拿致于庭, 免冠跪地. 柳氏據閾而坐, 厲聲呵責曰: "我雖地閥卑微, 旣被汝爺六禮之聘, 則於汝輩爲母, 母在未百里之地, 而周年一不來省, 並與音信而莫通. 汝爺之疎棄, 固不足言, 而

---

23) 了: 주필로 삭제표시가 되어 있음.
24) 西施: 주필로 삭제표시가 되어 있음.
25) 未知盛意, 如何: 주필로 삭제표시가 되어 있음.
26) 如食死肉: 주필로 삭제표시가 되어 있음.
27) 入坐: 가본에는 '入室'로 되어 있음.

汝輩人事, 大關倫紀, 誠爲可駭. 吾旣來坐此處, 汝輩亦當先卽來
謁, 而直走外堂, 此何道理?" 承旨兄弟, 僕僕謝罪, 柳氏曰: "始欲
笞汝, 而汝輩皆王臣, 古所謂內史貴人, 何必乃爾? 特爲寬恕, 可
起而着冠入房也." 乃使之近前, 溫言問: "大監起居寢啖之節, 酬酢
妮妮, 便有融洩之意." 一自柳氏來坐廊中, 尙書遣婢僕, 瞯其所爲,
連續來告, 初聞捽入承旨兄弟, 大歎咤曰: "村婦妄自尊, 大惹鬧生
梗, 至於此極, 恐將亡家矣." 及聞責諭之言, 辭嚴義正, 綽有條理,
乃拍膝叫奇, 曰: "慧婦人慧婦人! 人固未易知, 而吾久致疎絶, 噬
臍何及?" 卽命家人, 掃正寢延入, 使一門上下老少, 一齊現謁於新
夫人, 琴瑟諧洽, 家庭雍穆. 柳夫人善治家, 生二子, 趾仁兵判, 趾
慶有子容, 亦判書.

外史氏曰: "名分之於人, 關係甚重, 柳氏善爲說辭能避小星, 而
正內位, 嫁貴門而耀鄕閭. 且其峻責二子, 辭嚴義正, 至使丈夫回
心宴爾, 是豈尋常柔婉之婦女, 所可辦哉? 卓乎其智識, 可稱女中
哲婦也."

11-6. 執扇映鏡約正室

洪仁山允成, 以光廟朝功臣, 寵眷極隆. 洪性鷙悍, 自恃勳勢, 擅
作威福, 擧世側目. 以都巡問黜陟使, 按行湖南也, 少失其意, 輒行
刑戮, 一道震悚, 莫敢違令. 聞全州某甲家富, 有女姿色絶美, 洪欲
妾其女, 牒方伯, 設宿所於其家. 方伯召其人, 語曰: "不從, 不但禍
及爾家[28], 監司亦當得罪, 爾急理婚具." 其人曰: "賤女庸陋, 甚佳
之說, 傳者誤也. 雖然尊命旣下, 敢不奉行?" 及歸家, 愁色滿面, 妻

---

[28] 家: 저본에는 빠져 있으나 나, 다본에 의거하여 보충함.

問之, 乃語其故, 對泣而已. 女在傍聞之, 正色而語其父母曰: "『禮』云: '男女非有行媒, 不相知名; 非受聘幣, 不相交親.' 彼不問名納采, 而欲迎我以側室, 是蔑吾家也. 吾雖鄕族之女, 豈爲人妾而貽辱於[29]門戶乎? 『列女傳』曰: '召[30]南申女, 旣許嫁於豊, 夫家禮不備而欲迎之, 女曰: '夫家輕我.' 遂不肯往.' 史稱美事,[31] 豈非今日之所當柯則者耶? 彼以威勢來逼, 吾當據理拒責, 回心則好矣, 不然, 以死爲期, 爺孃不必憂惱. 第備牢床耆盂, 如齊體之婚, 以待之." 父喟然曰: "今聞汝言, 我心則降, 雖然, 如或不槪於彼心, 至有觸激, 則反爲促禍之道. 一門存亡, 專係於汝身, 豈不大可懼哉?" 女曰: "吾之遭此, 莫非命也, 秖當順受, 何足怨天尤人? 在爺孃不過棄一女子耳, 幸勿深慮." 自是, 擧家愁歎, 而女獨恬然, 言笑自若. 未幾, 洪到其家, 已自巡營盛設帷帳, 供具從者如雲. 洪招謂主人曰: "聞君有女, 吾欲加彼纚笄, 奉我巾櫛, 君意何如?" 對曰: "敢不依命, 但賤女無訓, 當如野鴿之登鳳棲, 是爲主臣." 洪曰: "煩言無益, 須卽粧飾所嬌, 淨掃一室以告, 我當携手同歸." 少焉, 主人告曰: "已打扮齊整!" 洪乃以朱駿笠·藍戰袍, 大踏步入內舍, 瞥見少娥, 凝粧盛飾而出迎, 容儀端麗, 曄如春華. 左手持短刀, 右手把紈扇, 齊擧遮面, 霜鋩月筵, 交映朱粉. 洪驚問: "何爲執刀?" 女使姆傳言曰: "女家雖鄕曲寒微, 猶是士族, 媵妾之名, 豈不冤乎? 使爺若依正室例, 具禮以娶之, 敢不擧案齊眉, 白頭奉侍, 苟非然者, 擬將此刀斷送一縷, 幸深諒而垂[32]敎也[33]." 洪覩女姿態絶世, 意甚

---

[29] 於: 저본에는 빠져 있으나 가본에 의거하여 보충함.
[30] 召: 저본에는 '卲'로 나와 있으나 의미상 바로잡음.
[31] 史稱美事: 주필로 삭제표시가 되어 있음.
[32] 垂: 주필로 삭제표시가 되어 있음.
[33] 也: 가본에는 '之'로 되어 있음.

悅, 又見其辭嚴義正, 乃傾心迷魂, 遽答曰: "當副汝所願." 女曰: "若然則禮備四事, 幣象五行, 卽應行之, 規闞一, 則不可." 洪笑曰: "諾." 旋卽出外, 具婚書納采, 整冠帶, 到內廳, 交拜合졸, 皆如儀. 遂載之後車以歸, 密告于朝, 請爲繼室, 許之. 女才慧賢淑, 夫甚愛重之, 常同寢處. 見夫之恣行非義, 殺人如麻, 每婉辭以諫, 夫皆從之. 嘗奪人芹田爲池, 其主老嫗哭曰: "吾窮獨一身, 所恃爲命者, 此也, 順之則餓死, 拒之則被死, 等是死耳. 無寧就訴於其門, 以冀萬一." 遂持文券詣之, 洪不交一語, 遽令老嫗倒置石上, 將以稜石擊碎之, 女曰: "彼卽村野無識之一老嫗[34], 於渠何誅? 不還其田, 又從而殺之, 則不幾近於諺所謂'不給糧而破其瓢'乎, 何必如是? 願貸其死." 洪曰: "汝言是也." 乃止之. 一日, 洪據胡床, 方綁倒一少奚於庭樹下, 引滿角弓擬射之, 女問其故, 洪曰: "一呼而不應, 將殺之." 女曰: "一呼而不及應者, 罪之以死, 則若再呼而不應者, 將何以罪之? 願公熟思之." 洪遂停彎, 時田霖適在傍, 曰: "與其殺之, 何如給付小人乎?" 洪曰: "諾." 因解而給之. 洪本暴虐, 往往不悛舊習, 女必宛轉委曲, 多所救解, 人亦以此多之稱爲哲婦矣. 女以正室自居, 而家人或不服, 以洪之有前妻也. 世廟微行, 數臨洪第, 洪輒進酒饌, 使其妻出拜奉盃而獻, 卽此女也, 世廟每以嫂呼之. 及洪死, 前後妻爭嫡, 後妻曰: "某年月日, 先王幸妾夫家, 令妾行酒, 政院必有日記, 願考之." 果考日記, 則有曰: "令夫人行酒." 遂命後妻爲正室.

外史氏曰: "女以鄕曲寒微之女, 能言正理順, 回彼桀驁丈夫之心, 避少星之宵征, 致百兩之于歸, 苟非智慧之絶類, 曷能得此? 且値洪

---

34) 老嫗: 라본에는 '老孀'로 되어 있음.

之恃功專殺, 能嫩辭開喻, 多所救活, 其性行之賢淑, 亦可以推知. 以洪之鷙性, 猶曲循女言, 古所稱色界上無英雄烈士, 信矣哉!"

○第八十六号 婦女部四【佳緣一】

11-7. 合玉環逢妻得胤

　曺參判偉, 燕山朝人, 號梅溪. 晚生一子, 甫四五歲時, 值主昏政亂, 欲極諫抵死, 而慮後嗣無托. 適有北漢僧素親者來謁, 因密諭情事, 要托其子, 僧敬諾之, 遂負送兒子, 多齎金帛以貺. 其母氏, 亦以玉環一雙貯兒囊, 而泣送之. 曺卽瀝血上章, 多批鱗, 主大怒, 杖流義州, 旋置極典, 夫人則濟州爲婢. 僧挈兒入山撫育, 稍長訓課, 兒穎悟秀潤. 年至十三四, 願尋爺孃, 僧告以實, 兒不勝痛悼, 願見父母所居遺址, 僧告以瀦澤. 兒猶强之再三, 僧遂携與入閭, 指其墟, 兒擗踊號絕, 里之罷社, 詩之廢莪, 未足以喻其絕悲. 僧莫可止其泣, 乃嚇之曰: "吾去矣!" 隱身於帘舍以俟, 兒哭倒, 良久而起, 視僧無去處, 欲尋歸路, 莫適所向. 夜又昏黑, 誤從缺垣, 至一處, 微聞書聲, 如玉碎珠迸. 尋聲前進, 有小園亭, 近到窓隙而覘之, 有小女挑燈獨坐, 讀「內則篇」, 年可二七, 娉婷如仙娥. 兒心亦憐愛, 出囊中玉環一隻, 由窓穴投之. 女呼叉鬟, 審視戶外, 兒卽向園後避去, 女默想, '靜夜無人, 忽有贈環, 必是天定之緣.' 第深藏之. 兒轉出街上, 遇僧還寺, 其女卽崔承宣溥之女, 而崔亦直言被禍, 托其女于從兄進士之居茂長縣者, 使之率養. 及丙寅反正, 有昏朝諫臣子孫收用之命, 曺童卽登第[35], 特除茂長縣監, 俾榮養其

---

35) 登第: 나. 다본에는 '登第時'로 되어 있음.

母. 曹旣莅任, 雖幸潘輿之奉, 且切毛檄之感, 以尙未贅鴻, 方議求凰. 有人言, "某村崔上舍家, 閨秀甚佳." 遂遣媒通婚, 崔女說玉環事, 而矢死靡他, 曹乃出一隻環, 以驗之. 始無異議, 咸稱奇緣, 因以穀朝, 成禮而歸, 閨範貞靜賢淑, 曹甚愛重之. 以久未弄璋, 勸曹置媵, 曹恐傷賢妻之心, 不卽應諾, 屢强之, 乃從納太女爲妾, 未幾, 崔氏有娠. 曹以行臺赴燕, 太女素狡黠, 陰懷奪嫡, 乃倡言曰: "崔孕非曹氏!" 謀所以百計除去. 遂囑渠之從兄, 乘夜潛入崔室, 隱在屛後, 俟老夫人至, 便可躍出, 遂密告于老夫人曰: "適見崔氏室中有人影, 頗殊常." 老夫人怒責曰: "寧有是理?" 太女勃然曰: "謂妾言不信, 可躬往覘之." 再三勸起, 大夫人[36]不得已偕往, 開戶欲入, 忽有一漢, 從屛間出走. 大夫人遽驚倒, 太女扶而歸, 因曰: "豈意名閥有此失行? 人固未易知." 大夫人素諳崔氏之貞白, 終不信之. 太女潛因婢僕, 倡洩其事, 要遠播, 而彼輩亦素服崔氏之賢, 皆其然, 豈其然乎?[37] 而已. 太女遂摹大夫人筆跡, 瞯其寄札, 使行以贋書, 囑其從兄, 曰: "可如斯如斯." 太兄受其略, 追至中路, 以毒酒醉便人, 換其札, 以爲, "汝去後, 汝婦有中冓之行, 某夜吾已捉贓, 汚辱家門, 豈不傷痛? 勢難掩置, 擬卽出去云云." 曹覽書, 大駭暗揣, '此書雖似母親之筆跡, 而此事必有委折.' 答告以, '此是萬萬理外, 姑勿驚動, 俾護腹兒, 待子歸後措處焉.' 申申不已. 太女又作贋札[38], 以換之, 曰: "似此淫婦, 不宜暫留, 可卽逐送云云[39]." 母夫人見其答書, 驚呆無言, 太女揚揚拍掌, 曰: "不薪之堗, 豈有炊

---

36) 大夫人: 라본에는 '老夫人'으로 되어 있음.
37) 豈其然乎: 저본에는 '豈然'으로 나와 있으나 가본에 의거함.
38) 贋札: 가본에는 '贋書'로 되어 있음.
39) 云云: 주필로 삭제표시가 되어 있음.

烟? 彼雖百喙, 何可發明?" 遂持其書, 告于崔氏曰: "主公之書如此, 將奈何?" 崔氏勃然曰: "吾欲辦一死, 久矣, 更何必說短說長乎?" 已而, 自想道[40], '吾旣無罪, 且有一塊肉累腹中, 吾何忍絕曹氏嗣乎?' 乃與轎[41]婢秋月, 乘夜逃去, 將向茂長從叔家, 十顚九倒, 僅到稷山地, 有臨蓐之漸, 乃入一村家, 卽閔姓寡婦家也. 具告以實, 主寡憐而款接, 當夜順娩生男, 遂依居焉. 與其主寡, 結爲義母女, 資其針線, 以糊口, 絶不與夫家通聲聞, 日以幼兒慰懷. 及曺返面還家, 鉤覈[42]太女之前後奸狀, 不勝忿恨, 竟搨殺之. 又捉其從兄, 死於獄中, 卽追踪崔氏去處, 至茂長, 杳無形跡. 光陰荏苒, 崔氏之子, 已五歲, 常從村中群童, 游戲門外陂池, 一兒墜水而死, 群童皆走匿, 曺兒以年幼無知, 獨在池邊. 俄而, 死兒之母, 執曺兒而告官, 本守曰: "五歲兒, 豈有問招? 可放送." 死兒之母, 極口稱冤, 守不得已命姑置兒於獄. 是時, 曺承湖西繡衣之命, 過此, 聞邑人相與偶語, 曰: "世豈有五歲兒之獄囚乎?" 曺問知其[43]故, 卽夜露蹤而入邑, 崔氏聞御史之來, 忙書原情, 使婢秋月往呈, 御史瞥看其女, 卽室人轎[44]婢也. 招前詳叩, 始知獄囚, 乃燕行時在腹兒也. 大驚卽挈兒, 至崔氏住處, 相抱而泣, 悲喜交切, 共說前後事狀, 益嗟歎. 御史托于隣宰, 具轎馬, 將送妻兒于家, 崔氏曰: "吾非主寡, 安得支有今日? 五載顧復之恩, 非直母女之義也. 欲報無地, 而主寡有一女, 貧寒[45]未筓, 公若納爲側室, 則庶爲萬一酬, 敢請焉." 曺曰: "前鑑

---

40) 道: 주필로 삭제표시가 되어 있음.
41) 轎: 주필로 삭제표시가 되어 있음.
42) 鉤覈: 라본에는 '覈實'로 되어 있음.
43) 其: 저본에는 빠져 있으나 다본에 의거하여 보충함.
44) 轎: 주필로 삭제표시가 되어 있음.
45) 貧寒: 다본에는 '貧窮'으로 되어 있음.

不遠, 豈無傷虎之戒乎?" 崔氏曰: "往事皆我之厄運, 世豈有兩太女耶?" 曺曰: "自諒處之." 崔氏大喜, 挈閔氏女還家. 御史旣竣還, 竟納閔女, 爲小星, 女甚賢慧, 閨門雍穆. 崔氏連生子女, 閔女亦生二子, 曺致位享祉, 子姓繁盛.

外史氏曰: "玉環重合, 儘是奇緣, 俱以貴家子女, 幼少流離[46], 備嘗艱險, 而竟諧琴鍾[47], 此天佑忠藎之門, 而爲之作合也. 縱因長舌之厲階, 又有中途之困躓, 而彼爲梟爲鴟, 何有[48]於鸞對鳳耦哉?"

11-8. 失靑銅獲妾橫財

禹兵使夏亨, 平山人也. 儀表雋偉, 性闊達喜施, 以宣傳官, 坐事落職, 鄕居累年, 麥舟不惜, 雀鼠又壯, 無何家計耗敗. 禹自歎曰: "蒲柳易零, 桑楡非晩, 旣未安貧, 且可于祿." 乃盡賣田庄, 得四百金, 以百金, 留作家人薪水之資, 以三百金上京, 至碧蹄店秣馬. 有一漢, 氈笠鮮衣, 頗豪健, 呼店小二討飯, 自稱騎判宅蒼頭. 禹亟召問之, 對曰: "小的以主宅秋收事, 方往海西耳." 禹曰: "吾方求仕, 汝能爲我紹介否?" 對曰: "是不難, 小的業已受命, 然今復還, 爲相公幹事後發行, 亦未晩. 但未知資斧幾何." 禹曰: "三百金." 曰: "董可周旋也." 遂同入京, 爲禹定館於兵判家隣近, 其漢歸後數日, 始來, 曰: "幸得一蹊逕." 禹急問: "爲誰?" 對曰: "大監有寡姊, 所言必從, 須有金幣, 可悅寡宅之心, 公能施之否?" 禹曰: "此金專爲此用, 當費幾何?" 曰: "小不下百金." 卽如數付之. 翌日, 其漢來, 曰: "寡宅得金甚喜, 以公事懇請得諾. 然有某官, 素爲大監之親愛, 又

---

46) 流離: 가본에는 '流落'으로 되어 있음.
47) 琴鍾: 가본에는 '琴瑟'로 되어 있음.
48) 有: 가본에는 '異'로 되어 있음.

用五十金, 則可得一言相助, 事易諧矣." 禹又計給之. 翌朝, 其漢來, 曰: "果得諾矣." 又曰: "大監有小室極寵, 若又進五十金, 則事可十分完全矣." 禹又計給之, 其漢去卽來, 告曰: "姬果大喜, 許以周旋, 非久當做好官, 可預備官服." 禹又信其言, 以五十金辦備冠服帶靴, 煥然一新, 乃剌謁兵判, 備告情勢, 但頷之而已. 明日復往, 又如前齟齬, 心甚焦燥, 而務悅其漢, 來則以酒肉善待, 餘金五十, 幾盡消瀜. 禹問曰: "事久無驗, 何也?" 其漢曰: "諺云: '走者上有飛者.' 所以至今未遑, 聞都政在近, 將擬公某職, 第俟之." 禹默揣, 財力已罄, 藩羝之觸, 縱難更進; 騎虎之勢, 無以遽下. 不得已留, 至政日, 辨色而興, 望眼欲穿, 竟無皂白, 彼漢因無影響. 禹大恚, 招主人, 曰: "幸爲我招某宅奴來." 主人曰: "此本素昧, 渠自稱兵判宅奴, 故小的聞之而已." 曰: "汝知其家乎?" 曰: "不知也." 禹更無可問, 顧念身世[49], 一敗塗地, 忿恨殙中. 且以桀驁之性, 不欲忍恥苟活, 百爾思量, 惟有一死. 遂決意捨命, 更思之, 則實難自裁, 莫如被人毆死. 乃痛飮爛醉, 袒裼裸裎, 大踏步衝過鍾街, 人皆大驚辟易. 禹揀取衆中獰悍有力者, 直前踢之, 其人跌仆爬起, 一道烟走了. 禹又環視可以勝己者, 衆人見其睢盱若狂, 莫不渙散, 巷無人矣. 禹大悵恨, 日暮悵悵而歸, 乃曰: "莫若闖入人家, 狎戲婦人, 則可以死矣." 翌朝, 又飮酒出, 見一屋新麗, 直入中門, 幷無阻搪. 遂突至內廳, 見一少婦, 年可二十, 顏色艶異, 方對鏡梳粧, 略不驚動. 禹直前執手, 問: "汝夫安在?" 女曰: "問他何爲? 客是醉狂乎!" 禹曰: "我非醉狂, 乃不得已也." 女問: "何故?" 禹曰: "吾本前日宣傳官, 爲賊漢所欺, 盡失家產, 決意就死, 而不能自盡, 欲爲人打殺, 故作

---

[49] 身世: 다본에는 '身勢'로 되어 있음.

此[50]悖擧. 今汝夫不在, 死亦難矣." 女笑曰: "信乎狂也! 且豈有求死不得者乎? 公果西班華閥, 則以此風骨, 何必浪死? 妾亦有區區情事, 而一死誠難矣." 禹問其由, 女曰: "妾夫象胥也, 聘妾爲次室, 已四年, 始也同炊, 女君悍妒, 終乃分居, 而獅吼轉甚, 鴛情漸疎[51]. 近又夫君赴燕, 只有數婢相守, 殘燈伴影, 冷幃飮恨, 婢又相繼而逃, 但與老嫗相依, 有死之心而已. 今忽有此奇遇, 倘是上天見憐也, 願奉巾櫛, 白頭爲期." 禹犂然而笑曰: "君言甚好, 顧無可歸, 奈何?" 女曰: "奇緣已湊, 豈無善後之圖, 但願自愛." 因出酒肴, 以勸之, 禹開懷痛飮, 携女入室, 怨女曠夫, 你貪我愛, 綢繆繾綣, 其喜可知. 因留住耽樂, 俾晝作夜, 女亦欲絶其夫家, 不復畏忌. 月餘, 譯官歸家, 問次室之安否, 其妻曰: "彼自有丈夫, 何苦相問?" 因細傳所聞, 譯官大怒, 卽携劍, 至女家, 蹴門突入, 大呼曰: "何物奸賊騙人室家?" 禹披襟當戶而立, 打扮豪侈, 神彩映發, 乃囅然一笑, 曰: "吾今日可以得死耳!" 譯官心寒, 口呿却立, 良久, 嗟咄擲劍, 曰: "丈夫也! 任君自爲," 惘然出去. 女貼立壁間出, 謂禹曰: "固知愚夫之無能爲, 然可速去耳." 乃捧出一櫃, 曰: "妾嫁時, 父以此資送, 而妾深藏之, 今幸有主, 可以謀生." 視之, 乃白金五百兩也. 且收拾釵環‧綺羅之屬, 可値數千金, 貯以箱籠, 貰馬載之. 禹挈女同歸乎山鄕里, 殖貨數年, 復爲鉅富, 上京求仕, 官至節度使.

外史氏曰: "子曰: '富貴如可求, 雖執鞭之士, 吾亦爲之, 如不可求, 從吾所好.' 一爵一祿, 皆有分定, 而世之干祿求仕, 蠅營狗苟, 多是捕風捉影, 何其愚也? 禹之始認終南捷徑, 竟歸六里靑山, 失財獲妾, 可謂塞翁得失. 然馮河暴虎, 倖而得免, 詭遇獲禽, 何足道哉?"

---

50) 此: 저본에는 빠져 있으나 가본에 의거하여 보충함.
51) 疎: 가본에는 '斷'으로 되어 있음.

○ 第八十七믈 婦女部五【佳緣二】

11-9. 賢婦智納彩轎女

李尙州某佐郞, 慶流之祖先也. 家在新門外, 少時, 屢擧不中, 但稱以書生, 庭訓嚴毅, 恪遵義方. 閨範賢淑, 兼以才智, 家無甔石, 而未嘗有愁歎色, 惟蘋蘩滫瀡, 是謹是營, 舅愛重之, 夫亦宜之. 伉儷采篤, 不敢爲房外之窺, 家門雍穆, 從無間言. 生有臧獲之逋居湖南者, 欲推責以紓家乏, 借騎雇奴, 間關作行, 入其境, 夕投村民富屋, 圖所以少[52]費盤纏. 主人是萬石鉅富也, 懽迎款待, 盛陳供具, 殆過所料, 生甚訝之. 至夜, 盃酒纏綿, 主人曰: "第有情願之仰陳者." 生曰: "何也?" 曰: "僕賦命多舛, 膝下無男, 只有一女, 年方十七, 而頗聰慧. 十三歲時, 謂父母曰: '兒夢見神人, 領一秀士而來, 曰: '此汝配耦也.' 眉目儀形, 瞭然可辨. 月老赤繩, 旣係天定, 藍橋玉杵, 必有逢場, 無論早晏, 俟此落紅, 心箏已堅, 矢死靡他.' 荏苒之頃, 年已過笄, 爲爺孃者, 方深憂悶, 何幸今日好風吹送? 女從門隙覷客容貌, 以爲毫髮不爽於昔夢, 闔門聳歡." 公子方在壯年, 想已委禽, 雖列箕箒, 所不敢辭, 生落落掉頭, 蓋以怵畏嚴父之訓, 恐傷賢妻之心也. 主人曰: "公子或以貧匱, 難於惛媵耶? 僕雖不敏, 陶朱餘數, 偶在老傖, 劣有貲財, 堪擬素封, 遺後之計, 只一骨肉. 公納賤息, 如山金帛, 皆公之有, 豈以窘絀爲拘?" 生曰: "非爲此也." 曰: "或慮以河東獅吼交徧讁我耶?" 曰: "亦非此也." 曰: "或恐以尊閫嚴厲往訴逢怒耶?" 曰: "然矣." 曰: "若然則只許暫諧鸞合[53], 姑勿歸鸞合巢, 留置此處, 時或來過, 如劉阮之重到天台,

---

52) 少: 다본에는 '斷'으로 되어 있음.
53) 鸞合: 가, 나, 다, 라본에는 '鶯鳳'으로 되어 있음.

牛女之一度河橋, 則何妨之有?" 生曰: "此外亦多牽掣, 奈何?" 主人磕頭攢手, 懇乞不已, 曰: "女未諧願, 則誓以自裁, 公子欲具帛幣, 吊于紫珪墓前耶? 幸加三思." 生悶之憐之, 强應曰: "諾." 主人大喜, 乃導生入室, 洞房花燭, 香烟如霧. 俄而, 丫鬟捧女而至, 月態花容, 令人奪眼. 生低首沈吟, 一念家室, 娉婷不省於珠琲, 轉輾惟在於糟糠. 雖成衽席之緣, 頓無山海之盟, 朝起治裝, 將向前路. 女謂父曰: "此郎鐵石心腸, 一出吾門, 絶跡必矣. 姑挽其行, 三夜留宿, 替當推奴所營, 俾直還第, 似得宜矣." 主人乃謂生曰: "推奴非士夫可行, 愚有一計, 願上千金爲公子壽, 可以歸報. 尊君信宿此處, 徐圖歸洛, 好矣." 生自揣, '把杯之臂, 旣不外屈, 而過火熟食, 亦自無妨.' 乃許之. 女又曰: "此郎薄情, 不念携手, 一朝棄捐, 輕于殘汁, 則無罪生嬬, 卽一清臺作活, 寧不矜惻? 彼雖不帶去, 吾當芒屩躡後, 生死以之." 主人更對生, 以甘言美辭, 萬端誘說, 使之率女同歸. 生以鷰幕之棲[54], 進退維谷, 羝藩之觸, 疑懼交集, 沈思半晌, 乃愁眉, 曰: "君始也, 只願一宵結緣, 今乃托以提挈共還, 眞所謂 '借廳借閨'[55], 諺云: '量衾伸足.' 吾之事勢, 果甚難處." 主人曰: "子長之 『記』云: '千金之子, 不死於市.' 又云: '人富而仁義附焉.' 苟有財, 則何事不濟[56]? 僕當優資公行, 庶可以轉禍爲福, 回嗔作喜, 幸公子毋慮焉." 生便是十斫之木無不顚也, 乃應曰: "旣君此誠, 當依所指." 女曰: "我爺財産, 無可幹蠱, 固知厚析資吾一生, 而須趁今行, 沒數裝載, 偕我轎子, 前後簇擁, 誇示郎眼, 以悅其心, 不亦宜乎?" 其父乃備健馬數十疋[57], 滿載箱籠, 銀錢布帛, 充

---

54) 棲: 라본에는 '巢'로 되어 있음.
55) 借廳借閨: 라본에는 '借廳入室'로 되어 있음.
56) 濟: 가본에는 '成'으로 되어 있음.

溢其中. 每鬟輒加一婢於馱上, 各以一奴牽騎, 並令爲郞家供役. 及登程, 彩轎在前, 郞以駿乘在後, 護從如雲, 道路輝光. 生始承不測, 快幸遭逢, 遂趲程戾洛, 女轎卜馱, 並留置於旅店[58]. 復騎去時, 馬抵家反面於庭闈, 告以推奴之違劃, 退見其妻, 妻以歡面溫言, 勞其遠行. 生愁色滿面, 妻慰之曰: "吾家窮匱, 自是本分, 推奴見敗, 何足芥懷? 菽水之供, 吾有十指, 須勿深憂." 生目動齒澁, 終不出辭, 相與擁被而寢. 至夜半, 生悲泣不已, 妻急起坐, 抱持之, 曰: "妾與郞君處, 情境幾多年, 未嘗悲慽, 忽作此面向人, 妾所不解." 生言隨涕興悲, 因情重旣吐顚末, 乃曰: "雖有橫財, 而負君實多, 慚悔欲死, 自底悲感耳." 妻驚喜起, 賀曰: "天與吾家之大福也! 吾平生胼胝手足, 竭盡心力, 而佐餕致養, 恒未效誠, 今幸因人分勞紓力, 郞君事於我, 爲恩而非負也. 神天鑒臨, 寧有一豪憾懟乎? 且彼姝之淑愼才慧, 卓爾出類, 使我一聞而憐愛之心, 不覺油然, 苟咈其願, 豈非積惡? 雖不帶一錢, 使奉巾櫛, 竊幸人歸家肥, 況兼無限財貨, 便是錦上添花, 賢哉! 其兩得之矣." 生曰: "君意洵好, 而其於尊堂之性嚴, 何哉?" 妻曰: "此亦吾當寬解之耳." 明早, 適舅所, 以怡聲惋色, 在側奉話, 仍以此事, 把作古談, 誦達一通, 仰問曰: "男子處此情理, 出於萬不獲已也, 爲父母者, 雖嚴如我尊舅, 未可咎其子耶?" 舅曰: "誠然誨飭之道, 雖當禁其卜妾, 而此可闊狹矣." 婦曰: "此非古談, 郞君目前事也." 舅聞之頗慍, 婦正色對曰: "尊舅之於子婦, 尊卑雖懸, 相對成說, 丁寧諄復, 豈可頃刻變改乎? 愚婦死罪, 誠未知其得當也." 舅乃舒顔, 曰: "事已過矣, 無奈何?" 婦卽命蒼頭, 往旅店, 催小室入見. 俄頃, 人馬塡巷, 一玉面婦人, 出

---

57) 疋: 가, 나, 다본에는 '匹'로 되어 있음.
58) 旅店: 가본에는 '旅舍'로 되어 있음.

自彩轎, 推納拜於公姥及正室, 奴婢雲集, 箱篋山積, 窮措大猝成富家, 喜氣盈門. 後筮仕至牧使, 多子姓享福慶, 皆賢婦之助也.

外史氏曰: "女子偏性, 故易妬而不妬者, 乃哲婦, 此所以樛螽之著於國風也. 婦爲夫納媵, 克盡和悅, 又能寬舅之慍, 其賢淑才智, 果何如也? 妾堅守己志, 自擇良耦, 決然從歸, 亦慧識之出類者歟!"

11-10. 嚴父醉恕錦囊兒

蔡生某, 故詩人得淳之祖先也. 家貧, 僦居于南門外桃渚洞, 其大人恬謹耿介, 不以飢寒易操, 嚴訓其子. 見有過失, 輒裸入繩網, 懸樑上椎之, 曰: "吾家剝復, 係汝一身, 未有酷罰, 何望悛過[59]?" 生年十八, 委禽於禹水峴睦學究家. 一日, 謂生曰: "汝已冠婚, 而尙未省楸, 今冷節將屆, 可於明日發程, 三日行百餘里, 趁期抵達, 將事之際, 必盡誠敬也." 生承命而行, 葛衣麻鞋, 轉過靑坡, 忽有五六健僕, 牽駿乘而拜, 曰: "小的家令公奉邀!" 生曰: "汝是誰家臧獲? 吾無親知, 有誰見速?" 僕更不打話, 直擁上馬, 施箠疾馳, 生亦無奈任他. 俄而, 入一家, 歷重門, 有人導生陞堂, 一老翁身穿靑綾氅, 腰橫紅條帶, 降椅而迎. 生遽拜之, 翁詢其家世年紀, 生具以對, 翁曰: "吾膝下只有一女, 纔醮而孀, 情境絶悲, 禮防莫嚴, 荏苒三載, 日見不忍, 晝思夜度, 惟有從權. 乃使僮僕, 晨候街上, 必以初逢人年少者, 邀致以占佳緣, 不意引劉阮而入天台, 洵是月姥赤繩, 萬望憐其寡縈, 使奉巾櫛." 生瞠然莫知攸對, 翁乃攝生而起, 入後園, 粉墻圍繞中, 有綠漵紅塢, 池閣玲瓏, 奇花珍禽, 眩眼悅惚. 無何, 二靑衣邀生, 至一院, 繡箔羅幃[60], 肆設華麗, 異香蓊鬱.

---

59) 過: 라본에는 '改'로 되어 있음.
60) 羅幃: 나, 다, 라본에는 '羅幃'로 되어 있음.

生進坐氍毹, 侍婢進饌, 方丈珍腴, 寶器綜錯, 生愊悅略吃之. 旣夕張燭, 叉鬟[61]捧一麗人而至, 垂鬟接黛, 雙臉斷紅, 嬌羞融冶, 光彩動人. 生驚爲之禮, 侍婢促生入帷, 因下流蘇鎭以文犀, 生自量誤入, 香粉網羅, 旣不得脫, 姑循所請, 遂昵枕定情. 明朝, 婢携一箱新衣, 俾生脫襤褸, 而換綺紈, 主翁入候起居, 生曰: "主人不鄙寒蹤, 款接鄭重, 敢不信宿甥館, 而但墓祭在, 卽第此告別." 翁曰: "百里疾馳, 半日可到, 幸更留兩宵." 生曰: "庭訓甚嚴, 若淹留多日, 易致事覺." 翁曰: "吾籌之已熟." 乃携生窮池臺亭榭之勝, 又謂生曰: "余姓金, 做官知樞, 只緣無嗣, 世念都灰, 劣有産業, 窮園林樂事, 以送餘年, 實多僭濫, 愼勿說與人知." 生唯唯. 越二日, 生馳到楸舍行祭, 復路還到金家, 更做一宵偎紅, 因換着去時衣, 只携一小錦囊, 藏於布囊之中, 歸家反面. 一日, 父命生入房, 破窓煤壁, 蒲薦布衾, 更覺悽[62]冷, 展轉不寐, 但誦元微之'曾經滄海難爲水, 除却巫山不是雲'之句. 遲明始交睫, 妻默想平日情愛, 今忽冷落, 微察公子顔色愈異, 偶見生之布囊, 昔空空而今盈盈. 疑雲益遮, 乃披視之, 果有一小錦囊, 大怒投置床上. 俄而, 父厲聲曰: "豚犬尙在睡裏, 何暇讀了一字?" 生驚起攝衣, 父已撞見床上錦囊, 不勝痛駭, 卽裸生納網中, 亂椎之. 生盡吐顚末, 父益激怒, 送人招致金知事, 攘臂大責, 曰: "君自壞禮防, 又賊夫人之子, 何也?" 金曰: "祁家之選適丁, 阿戎彼此不幸, 從玆兩家, 魚湖相忘而已, 何用摘[63]人釁累高聲彰露乎?" 主人無以應, 金卽辭去. 歲餘, 金忽冒雨而來, 曰: "中路雰霈, 要暫避沾." 蔡老塊坐無聊, 怡然迎款, 金執

---

[61] 叉鬟: 나, 다, 라본에는 'ㄚ鬟'으로 되어 있음.
[62] 凄: 가본에는 '悽'로 되어 있음.
[63] 摘: 라본에는 '擿'으로 되어 있음.

禮愈恭, 談屑娓娓. 蔡老生平追游, 不過村老, 冬烘終日接話, 只是較貧說窘[64]. 及見金騁, 辯泉湧, 重以諧笑獻媚, 乃大悅心醉. 金默會其意, 卽呼僮, 進携橐之旨酒佳肴, 以勸之. 蔡老始辭而竟飮, 鎭日對酌, 盡歡而罷, 謂金曰: "好是酒伴, 必頻賜顧也." 送金入室, 盛稱金之好處. 翌朝, 始覺爲其所賺, 悔之無及. 金聞蔡家屢空, 密送數千錢, 闔家欣然備飯而進, 蔡老急於充飢, 未暇窮詰, 連日供饋無闕. 始怪問之, 乃大咤[65]曰: "寧餓死, 豈受無名之物乎?" 後蔡老淹病, 賴金周急, 得以蘇醒, 雖或聞知, 更不深責, 又助其親忌祀需, 尤感之. 金自此, 時或盛備酒饌來, 餉蔡家一門, 俱得歡心, 每載酒來[66], 則蔡老甚喜, 遂許以知己. 一日, 謂生曰: "汝旣與金娥結緣, 無端疎絶, 誤人平生, 可乎? 須暫往返也." 生大喜諾之, 因此往來. 金遂言于蔡老曰: "公子之時臨陋居, 漸礙人眼, 願從此告絶." 蔡老驚曰: "然則吾當迎置令愛于家." 金曰: "公子上奉尊闈, 下有正室, 何可畜媵于家? 別築一室於此巷, 送置吾女, 以便公子往來, 何如?" 蔡老曰: "此計甚好." 金卽搆一舍, 彷佛[67]甲第, 蔡老頗不怡, 金曰: "足下懷抱利器, 未需於世, 令胤賢婦, 當食其報, 豈無高大門閭耶?" 因送女謁舅姑曁女君, 因留新第, 五日一宴, 以娛舅姑, 備盡老[68]物之養, 蔡老內外, 坐享晩祉. 金以其財産, 析半與之, 女善治家, 渾室和樂, 生益務擧業, 未幾登科, 遂至富貴云. 得淳之孫光臣, 投筆官防禦, 嘗對余道, 其事如此.

　外史氏曰: "甚矣, 財利之移人性也! 蔡老狷介之操, 旣悅於諂

---

64) 窘: 라본에는 '窮'으로 되어 있음.
65) 咤: 나, 다, 라본에는 '叱'로 되어 있음.
66) 酒來: 가본에는 '來到'로 되어 있음.
67) 彷佛: 나, 다, 라본에는 '彷彿'로 되어 있음. 서로 통함.
68) 老: 저본에는 '志'로 나와 있으나 다, 라본에 의거함.

媚, 又醉於對酌, 終底於噉其餽遺. 雖或嘆咤, 而未能如於陵之出哇, 遂許以知己, 而迎其女于家. 古語云: '貧者利之歸, 潔者濁之本, 歲寒然後, 知松柏之後凋.' 自叔世澆浮錐刀之末, 競入成群, 而其皭然泥而不滓者, 果幾人乎哉?"

○第八十八号 婦女部六【異蹟一】

11-11. 轉誤緣紅錦寄信

李尙書安訥, 號東岳, 容丰美, 性溫茂. 自兒少時, 以詞藻稱, 纔過聘醮, 值上元夜, 與諸少年聽鍾, 步月於雲從街. 夜闌, 諸人各散, 公獨歸, 過笠洞前路, 不勝昏醉, 倒地而睡. 適有丫鬟[69], 見靑袍草笠之少年, 橫臥路傍, 駒駒地睡, 走入一家告之, 蓋以其家迎婿, 纔有日也. 其家以新郎之出遊不返, 方企之, 聞此報大駭, 遽令僮媛, 以繡襦擁昇而歸, 更不察是鴉是鳳, 直[70]納于新房. 時則蘭麝凝霧, 絳蠟倒爐, 但聞薌澤, 不辨花貌. 公迷離朦朧之中, 瞥見錦衾角枕, 傍有美人, 認是洞房花燭之夜, 卽吾月姥赤繩之日, 更不問今夕何夕見此粲者. 遂迎高唐雲雨, 便做游仙之夢, 抵曉始醒, 擡眼看之, 乃他人之室也. 滿心驚疑, 攪新婦而起, 翠鬟初墜, 紅臉纔舒[71], 但含羞低眉而已. 因問: "此是誰家, 吾緣何到此?" 新婦大駭, 反詰之, 公具以對, 相與錯愕, 莫省所諭[72]. 公曰: "吾非窺花之蝶, 遽作羅網之鴻, 雖非故犯, 而此家主人知之, 則吾之性命關頭, 君

---
69) 丫鬟: 가본에는 '叉鬟'으로 되어 있음.
70) 直: 가본에는 '卽'으로 되어 있음.
71) 舒: 가본에는 '摹'로 되어 있음.
72) 諭: 가본에는 '由'로 되어 있음.

將何以處我?" 新婦沈思[73]良久, 簇簇下淚, 曰: "今夕, 卽妾成婚之 三日也. 適有薪憂, 未及合宮, 而郎以踏月出去, 夜深不來, 家人誤 引, 公到此至同枕席[74], 此卽天也. 以女行言之, 吾辦一死, 可矣. 但此家, 以屢世譯官, 貲財[75]頗饒, 而膝下只此一身, 父母愛如掌 珠, 委以幹家[76]爲托身, 傳後之計, 吾死則兩親情景[77]絶悲, 必不能 支保, 吾何忍貽戚? 思念及此, 中心如割. 且吾前宵夢, 見黃龍入 室, 蜿蜿然繞[78]吾寢席, 額上有'李東岳'三字, 一老人指而謂吾曰: '此卽汝夫, 可共享多福.' 吾驚覺而異之. 今聞貴姓李氏, 夢兆符合, 亦是三生之緣, 若不順受, 必有咎悔, 惟宜從權隨公, 以奉巾櫛. 且 奉養吾老親, 俾終天年, 區區愚計, 惟在於斯." 公聞其夢龍之說, 而甚喜之, 因以東岳爲號, 乃謂婦曰: "吾無偸香之習, 君非期桑之 行, 爲今之計, 只可從權. 而第吾庭訓嚴毅, 吾年未弱冠, 遽置側 室, 則非但室人之交謫, 當有喧天之積謗, 此將奈何?" 婦曰: "此則 無憂! 公之姑姨親黨之間, 或有藏我之所乎?" 曰: "有之." 曰: "然 則夜短話長, 恐被人覵, 可急起偕往, 置我於其家, 藏踪紿影, 使兩 家莫之知. 公不久必騰青雲, 待登科後, 實告于兩家, 老親則庶或 恕其僭, 而悲其情, 始可以無碍團聚, 此計如何?[79]" 公曰: "吾意亦 然, 商確已定.[80]" 俄而, 曉鍾鳴, 家人咸睡熟, 內外闃寂. 婦乃脫去 簪珥鬟飾, 只取一幅紅緞衾領, 曰: "此有用時." 以禿髻常服, 隨公

---

73) 沈思: 가본에는 '沈吟'으로 되어 있음.
74) 枕席: 나, 다, 라본에는 '寢席'으로 되어 있음.
75) 貲財: 다본에는 '貨財'로 되어 있음.
76) 家: 가본에는 '事'로 되어 있음.
77) 情景: 가, 라본에는 '情境'으로 되어 있음.
78) 繞: 다본에는 '繢'으로 되어 있음.
79) 此計如何: 주필로 삭제표시가 되어 있음.
80) 商確已定: 주필로 삭제표시가 되어 있음.

出門, 公挈婦直走某洞姨母之家, 姨方寡居, 家甚幽靜. 公具[81]道其
由, 姨笑而款接, 婦因寓[82]其家, 助以針線, 相依如母女焉. 婦家朝
起視之, 新房無人, 惟羅帳半開, 錦衾橫陳而已, 女與婿幷不知下
落. 大驚怪, 往探婿家, 始知與假郞偕遁, 遂秘其事, 聲言女以暴疾
不起, 僞斂虛葬. 東岳素有才華, 又勤功令, 不幾年, 擢高第, 始告
于庭闈, 率來小室. 一家上下, 莫不嘉其姿, 而奇其智, 又皆稱公之
奇緣, 而歎其善處事焉. 遂令通及于小室本家, 小室乃付還紅緞衾[83]
領, 曰: "以此爲驗, 此異錦也, 在昔遠祖入燕時, 皇帝所賜, 獨吾家
有之, 爲婚時衾領者. 吾家見此, 則必信, 可免新垣平之詐也." 遂
依其言, 父母來見女, 悲喜交切, 且見李公, 眞宰相風采也. 詳聞其
事始終, 歎曰: "此皆天也! 吾老夫妻, 後事有托, 甚幸." 其人竟無
子, 以家舍臧獲財産, 悉付于女, 爲國中鉅富. 女賢而才慧, 恪奉君
子, 善治家産, 子孫蕃衍, 李公家因以富饒, 笠洞第宅, 傳世有名.

外史氏曰: "媲匹之際, 人倫之大者, 固有天定之緣, 而旣同牢之
後, 誤引他人而作合, 有若天公之戱劇者然, 此何理也? 女之不死
而從權, 以有夢兆, 難於違天也, 其情慽矣.[84] 尙論之士, 必有以恕
之, 李公之處事, 亦善矣, 可謂'天與人歸, 時來風送'. 萬事皆有素
定, 豈智力之所可辦哉?"

11-12. 脫禍網玉環踐約

洪相國暹, 號忍齋, 領相彦弼之子也. 自兒少時, 雋朗有文華, 委

---

81) 具: 나, 다본에는 '且'로 되어 있음.
82) 寓: 나, 다, 라본에는 '留'로 되어 있음.
83) 衾: 가, 나본에는 '錦'으로 되어 있음.
84) 其情慽矣: 주필로 삭제표시가 되어 있음.

禽後, 或作狹邪[85]之遊, 以靑袍草笠, 步過水標橋邊. 有蒼頭, 牽靑
驢, 拜而告曰: "吾家主翁奉邀." 公曰: "汝主翁誰也? 吾素昧, 安得
見招?" 蒼頭曰: "某洞金知事也. 聞公聲華, 竊[86]願結交, 送騎邀路,
便可暫往[87]." 公訝之, 逡巡退讓, 曰: "吾方因事忙行, 可於他日赴
速." 蒼頭曰: "公若不往, 僕當受罪於主家." 因拉袖不捨, 公不獲已
騎驢而至, 遙[88]僻室, 邃有老翁, 鬢金腰紅, 下榻而笑迎, 曰: "飽聞
芳譽, 願拚瑰儀, 而適憂薪疾, 未遑趨造, 坐屈貴駕, 極知歉仄." 公
曰: "曾無雅分, 忽被寵邀, 未知有何見敎?" 主人曰: "第有衷曲,
從[89]當細陳." 因命侍婢, 進杯盤, 寶器璀璨, 觴豆珍異, 公益悄悅,
强啜之. 主人乃屛左右, 噓唏曰: "吾是象譯家也. 命途畸窮, 膝下
只有一女, 而不甚醜劣, 嘗推命於神卜, 以爲壽限不長, 爲人小星,
則稍可延年云. 此先世之所未嘗行也, 事係難愼, 屢回裁量, 欲使
渠免夫夭折, 不得不從權爲計, 而金貂軒駟之門, 非不榮貴, 以若
靑年少艾, 厠諸蒼顏白髮之側, 尤所不忍. 只要得年紀相適之人,
作耦偕老, 庶可無憾. 仄聞公子以名門佳士, 華聞藉甚, 亨衢蜚英,
前程萬里, 不嫌菲陋, 許奉巾櫛, 則積善之家, 必有餘慶. 願公子熟
思之." 公沈吟牛晌, 曰: "盛意雖感, 而吾以年少書生, 纔已聘室,
繼又娶妾, 則非但有妨於名行, 庭訓嚴厲, 必遭罪斥, 此將奈何?"
主人曰: "是卽[90]毋憂! 公子但作一宵之會, 以結三生之緣, 姑令女
留此, 待登靑雲, 惟意區處, 恐無碍矣." 公猶躊躇不應, 主人乃誘

---

85) 狹邪: 라본에는 '俠邪'로 되어 있음.
86) 竊: 가본에는 '切'로 되어 있음.
87) 往: 라본에는 '柱'으로 되어 있음.
88) 遙: 다, 라본에는 '逕'으로 되어 있음.
89) 從: 가본에는 '終'으로 되어 있음.
90) 卽: 라본에는 '則'으로 되어 있음.

說萬端, 懇請不已. 公以弱齡柔腸, 竟入圈套, 强應曰:"諾." 主人
甚喜, 遂導入內, 轉至園後一室, 深邃幽靜. 公兀坐無聊, 頗多可
疑.[91] 但羅帷錦屛[92], 肆設華麗, 洵是洞房花燭, 旣夕進飧[93], 又極珍
腴. 飯罷, 侍婢鋪衾枕而去, 俄而, 丫鬟捧一麗人而至, 年可二八,
花容月態, 婉麗無偶. 公遽驚喜, 促膝敍話, 女低頭不答, 公素慣風
情, 遂同枕席[94], 便如蝶恣採香, 鴛戲浴水. 事訖, 女長吁一聲, 公
疑之叩問, 女悲啼宛轉, 曰:"憐公靑年秀士, 死期已迫, 尙不自知
耳." 公大駭請敎, 女曰:"吾家父母, 念吾命薄, 俾經一人, 消過劫
運, 更圖結褵[95], 故賺公至此, 纔出衽席, 便登几俎, 擬以裹袱投江.
筭計已定, 來曉明星爛時, 殆將及禍, 寧不悲乎?" 公窘極長跪, 乞
其援手, 女曰:"旣爲伉儷, 決願白頭奉侍, 何待公言? 妾旣活公之
命, 公亦不我遐棄否?" 公指天爲[96]誓, 女以玉環一隻, 授公, 曰:"以
此爲信, 吾之父母, 必不欲令吾守志, 妾當抵死潔身, 以圖後會. 公
於登第後, 可卽踐約, 事如不諧, 妾當一死以報." 公感其情, 而嘉
其意, 益加繾綣, 不忍捨去. 女曰:"事急矣, 盍速去?" 遂引公至後
門, 開鑰而出送之, 公獲脫禍網, 飛也似歸家, 仍阻聲息. 五六年
後, 公登科[97], 要尋宿約, 訪問女家, 家已移他, 多歧[98]採探, 始聞其
女逃去, 漠然不知所向云. 乃廣布耳目, 遍尋京鄕, 歲餘, 有人傳
言, '楊州尼菴, 有一女子來住, 志操特殊, 人皆異之云.' 公委往訪

---

91) 頗多可疑: 주필로 삭제표시가 되어 있음.
92) 羅帷錦屛: 가본에는 '羅帷錦帳'으로, 나, 다본에는 '羅帳錦屛'으로 되어 있음.
93) 飧: 가본에는 '饌'으로 되어 있음.
94) 枕席: 나, 다, 라본에는 '寢席'으로 되어 있음.
95) 褵: 가본에는 '縭'로 되어 있음. 통용됨.
96) 爲: 나, 다본에는 '而'로 되어 있음.
97) 登科: 라본에는 '登第'로 되어 있음.
98) 歧: 다본에는 '質'로 되어 있음.

之, 卽其女也. 垢面毀形, 無復舊時芳容, 遽難省識, 女亦以一宵覿面, 不能十分無疑, 乃出玉環, 以證之. 因相持悲泣, 喜不自勝, 公問: "緣何棄家在此?" 女言, "自送公後, 父母議擇配, 妾雖矢死牢拒, 而父母執彌堅, 莫可回心. 故逃[99]出至此, 寄食寺尼, 僅存一縷, 只待時來風送, 何幸天借好便, 得逢君子. 從此萬死相隨, 誓不更離." 公遂歸告庭闈, 挈置別室, 女具才藝慧識, 公甚愛重之, 至老相依, 福祿兼全.

外史氏曰: "命固難諶, 理亦難誣. 古談或有似此之事, 而第欲戕人之命, 以消己之厄, 其心無良, 其事殘忍, 神必不佑於理灼然, 況可以天定之命數, 豈容人巧之斡旋! 而傷風敗俗, 迷溺不悟, 豈不愚哉? 女能慷慨救人, 因又守潔歸身, 其志操卓烈, 無愧古之節婦, 而亦女俠之義氣也."

○第八十九号 婦女部七【異蹟二】

11-13. 尋宿盟三婦同室

柳上舍綽然, 洛下士人也. 文藝夙就, 弱冠登庠, 家貧落拓, 卜居水原地. 朝出耕, 夜歸讀, 妻李氏, 才質俱美, 以針線資生. 一日, 門外喧傳, 有一女子, 能爲公孫大娘之舞, 觀者雲集, 柳招入內庭, 使之試藝. 女始欲退讓, 竟被拉入, 旣到屋下, 熟視柳妻, 遽入室, 相抱放聲哭. 柳不勝駭惑, 詢其由, 妻對以嘗所親知人, 而屢年阻隔, 今忽邂逅, 喜極而悲, 非有他也. 因不試劍技, 數日信宿而去. 越十餘日, 忽有三個內轎, 帷箔新鮮, 駕駿乘, 望門而入, 直向內

---

[99] 逃: 라본에는 '遂'로 되어 있음.

屋. 後有僕從數人俊慧, 又丫鬟[100]三四個, 凝飾姸秀, 簇擁而入去[101]. 柳問:"何來內行, 誤尋到此?"俱無答語, 因下轎於內門, 僕驅馬而向店舍去了. 柳甚訝之, 乃書問於屋中, 曰:"何處貴眷, 來此寒門?"答以從當知之, 不必絮問. 且數日勿入內也, 柳兀坐外堂, 旣夕, 媛捧飯[102]而至, 盤皿[103]華潔, 饌品珍腴, 益切訝惑. 又書問之, 以爲, '只可飽喫, 不須更叩.' 明日又如是, 柳但坐而窮水陸之味, 過數日, 妻有書曰:"請共作京行."柳尤[104]怪之, 乃詣中門, 呼妻而出, 叩其委折, 妻曰:"言之長也, 未可倉猝詳陳, 從當細告, 幸勿迫問! 至若京行之夫馬盤纏, 俱有料理, 毋煩丈夫費慮, 但聯鑣率往, 好矣."柳雖疑雲萬疊, 而屢詢不對, 莫測端倪, 但曰:"唯唯."翌朝, 三轎依前載馬, 又一駿驄, 具鞍以待, 使柳乘而隨後, 僕御婢媛祈祈如雲, 爛其盈途. 抵京, 到會賢坊一大第, 三轎直入內門, 柳坐於外舍, 見其屋宇敞麗, 肆設華侈, 書冊文房, 器用什[105]物, 無不排置. 又有冠童三四人, 供奉使喚, 繼有健奴四五輩, 入庭拜謁, 柳問曰:"此是誰家, 而汝輩何許人?"對曰:"此卽柳上舍宅, 小的皆是宅奴僕, 廳上使喚者, 卽上舍之傔屬也."柳益駭惑, 是眞是假, 癡呆無言. 已而, 飯訖張燭, 妻以書報, 曰:"今宵當出送一麗人, 庶慰書幌之孤寂也."柳問:"麗人爲誰, 此何事也?"答以, '但吃甘薺, 何用采[106]根? 徐當告之.' 夜將闌, 數箇靑衣, 捧一美人而至, 明眸秀齒, 婉麗無雙, 侍婢鋪衾枕而去. 柳憆悅莫省所諭, 强問何

---

100) 丫鬟: 가본에는 '叉鬟'으로 되어 있음.
101) 去: 주필로 삭제표시가 되어 있음.
102) 飯: 가본에는 '盤'으로 되어 있음.
103) 盤皿: 나, 다, 라본에는 '器皿'으로 되어 있음.
104) 尤: 나, 다, 라본에는 '又'로 되어 있음.
105) 什: 저본에는 '汁'으로 나와 있으나 나, 다본에 의거함.
106) 采: 이본에는 '探'로 되어 있음.

許人, 則微笑而不答, 遂與之就寢[107]. 柳辨色而興, 自疑曰: "豈其夢耶?" 明朝, 妻以書賀得新人, 又曰: "今夜, 當換送他美人." 柳滋惑, 獨語曰: "此必有委折[108], 任之而已." 抵夜, 小嬛又捧一美人而至, 艷冶嬌羞, 乃是他女也. 遂如前同寢, 蓋兩女雖有袵席繾綣, 而罕酬酢, 故柳終不得叩其實, 但滿心訝菀[109]. 翌朝, 妻又以書賀, 曰: "旣夢陽臺, 又遊洛浦, 其樂何如? 一擧而諧兩緣, 從此萬事圓矣." 午後, 門外忽有喝導聲, 一隷入告, 以權政丞大監來臨, 柳驚訝, 遽整衣帶[110], 降階迎之. 俄而, 白鬚[111]老宰, 乘軺入來, 欣然把柳手陞堂, 柳拜而寒暄, 因曰: "生未嘗有床下之拜, 而今忽枉駕, 未知有何垂誨?" 老宰笑曰: "君尙未覺繁華夢耶? 如君之厚福奇緣, 古未有也, 吾當悉陳之. 年前君之聘家, 與吾之小家及譯官玄知事家, 爲比隣, 而三家同年同日同時, 俱産女, 事甚稀貴. 三家常常互送兒而見之, 三女朝夕相從而遊嬉[112], 及稍長, 渠輩私自相約同事一人, 指誓山河, 矢盟日月, 而吾所不知, 彼家亦不知也. 一自君之聘家移去, 聲聞永阻, 吾女卽側出, 而年及笄, 議擇配, 女曰: '旣有前約, 當從君妻, 共事一人. 如不遂所圖, 則雖老死於閨中, 決不登他門也.' 父母誘之責之, 矢死靡他, 玄家女子又如此. 頃聞玄女學劍技, 出遊八方[113], 將尋君之聘妻, 偶得逢着於水原地. 因卽通及於吾女, 遂更偕往君家, 挈君眷率而來此, 再昨夜之出來佳人, 卽吾女也, 昨夜之出來佳人, 卽玄女也. 家舍臧獲, 財産器物, 皆吾與玄

---

107) 寢: 라본에는 '枕'으로 되어 있음. 이하의 경우도 동일함.
108) 曰此必有委折: 주필로 삭제표시가 되어 있음.
109) 菀: 가본에는 '鬱'로 되어 있음. 통자임.
110) 衣帶: 가본에는 '衣冠'으로 되어 있음.
111) 白鬚: 가, 라본에는 '白首'로 되어 있음.
112) 遊嬉: 나, 다, 라본에는 '遊戱'로 되어 있음.
113) 八方: 가본에는 '四方'으로 되어 있음.

君排置者, 君坐得兩美妾[114], 且衣食饒足. 自此, 不羨楊少游之行樂, 可謂'時來風送', 否往泰回[115], 誠爲君甚幸." 因命隸招玄知事以來, 須臾, 一老人金圈紅帶, 來拜于前, 老宰謂柳曰: "此人卽玄知事也." 三人對坐, 盛設酒饌, 終日盡歡而罷, 老宰卽權大運也. 柳生與一妻二妾, 同室和樂者數年, 一日, 其妻謂夫曰: "見今午人得時[116], 權政丞以午魁當局, 不久必敗, 敗則恐禍及己, 不如早自還鄕, 爲避世免禍之道." 柳生然其言, 盡賣家産, 携妻妾下鄕. 甲戌, 坤殿復位, 午人皆誅竄, 權亦參其中, 而柳生獨免收坐之律, 更不入京城, 與三女穩過一生云.

外史氏曰: "女子有行, 固待天定之緣, 而三女結義, 誓以同歸, 矢死靡他, 竟諧宿願, 其志可尙, 其事甚奇. 月老赤繩之湊, 成此佳緣, 可見人有所願, 天必從之, 而柳妻卽近於女俠者, 媒彼兩娥, 能踐宿約. '宴爾新婚, 如兄如弟', '嘖彼小星, 抱衾與裯, 『詩』不云乎?"

11-14. 獲奇遇二妾列屋

權進士尙基, 斯文之徒也. 家計至貧, 僦居東小門外, 布糈不繼, 日詣太學, 參朝夕食堂, 以其餘粿[117]歸遺細君. 一日乘昏, 袖飯而歸, 中路遇一美女, 綠裙遮面, 隨後而來, 生顧謂曰: "何許女子, 不畏行露, 隨生面客而至乎?" 女曰: "欲隨君以奉箕箒." 生曰: "吾家窶甚, 一妻尙患啼飢, 況可蓄妾乎! 娘若從我, 必作翳桑之鬼, 愼勿生意." 女曰: "死生有命, 貧富在天, 否極則泰來, 時至則風送. 釣

---

114) 美妾: 나, 다본에는 '美人'으로 되어 있음.
115) 回: 가, 라본에는 '來'로 되어 있음.
116) 時: 가본에는 '勢'로 되어 있음.
117) 粿: 주필로 삭제표시가 되어 있음.

渭呂叟, 八旬載西伯之後車; 弊貂蘇季, 一朝佩六國之相印, 豈可以一時窮困, 自斷其平生乎?" 麾之不去, 跟到其家, 生不得已留置, 抵夜同裯. 明日, 女以所持錢緡, 貿糧沽柴, 以供朝哺, 翌日, 又如此. 自此, 一家能免飢餓, 錢盡則女又辦繼, 度了四五朔, 女謂生曰: "此地窮僻, 不宜居生, 可入處城內." 生曰: "無家可住, 奈何?" 女曰: "苟欲入城, 何患無家?" 一日, 蒼頭七八人, 持二轎二馬, 靑衣一小童, 牽一衛而至. 女開籠出男女新衣, 一件納于女, 君一件自着之, 一件使生着之, 妻妾各乘一轎, 生騎驢隨後. 須臾, 至一宅, 入坐外堂, 庭院深敞, 花木排列, 室中床褥屛帳, 書架筆硯之屬, 井井鋪置. 俄而, 小奚[118]導生, 入內舍, 有東西兩房, 妻妾各據一房, 日用器物, 無不畢具, 婢僕之使令優足, 粟帛之儲蓄充牣. 生曰: "是誰之家?" 女曰: "何須問主? 居之者, 卽主人也." 自此, 居處精闊, 衣食豐裕, 屋中之瘦面復光, 江南之富翁不羨. 時有鬐金腰紅[119]斑白之一人, 往往來見其女, 而云: "是近族, 稱以朴同知者." 始與生敍晤[120], 頗款洽, 生亦喜其人之淳實, 甚相得. 一夕, 女謂生曰: "郞又欲得一麗人乎?" 生曰: "余之獲逢娘子, 已是[121]分外之福, 坐享衣食, 志滿意足, 寧有望蜀之思乎?" 女曰: "非我求童蒙, 童蒙求我, 天與不取, 反受其殃." 遂力勸之, 生曰: "第與室人相議, 處之." 妻曰: "如此肥家之妾, 雖列屋十二金釵, 而日偎抱之, 顧何嫌之有?" 生諾之. 是夜, 兩箇叉鬟[122], 乘着月光, 捧一麗人而至, 容止幽靚[123], 姿色秀姸, 滿帶羞澁之意, 決非冶遊之態. 生驚喜不已, 遂

---

118) 奚: 가본에는 '嫨'로 되어 있음. 서로 통함.
119) 紅: 가본에는 '玉'으로 되어 있음.
120) 晤: 나본에는 '話'로, 다본에는 '語'로 되어 있음.
121) 已是: 가본에는 '是爲'로 되어 있음.
122) 叉鬟: 나, 다본에는 'ㄚ鬟'으로 되어 있음.

成衽席之緣, 女曰: "此人卽士族婦女, 非妾之比也, 待之以齊體之禮, 好矣." 生如其言, 三女同室, 閨門雍穆. 一日, 朴同知來, 謂生曰: "今日, 政君箠一命, 已知之否?" 生曰: "吾之姓名, 世無知者, 寧有是理? 傳者誤也." 朴曰: "政眼吾所目覩君之姓名, 吾豈不知?" 俄而, 皂隷持政望報喜, 果除寢郞, 心甚驚訝, 莫測其故. 遂卽出仕, 循序陞遷, 出宰南平, 方挈眷莅任, 生謂女曰: "吾與娘同居, 已近十年, 而尙不知娘之來歷, 前雖秘諱, 今將相携之官, 可說破也." 女獻欷曰: "朴同知卽妾父也. 妾靑年早寡, 不識陰陽之理, 父母憐之, 一日, 謂妾曰: '今夕, 汝須出門, 如有初逢之男子, 毋論貴賤, 可汝意者, 隨往而事之.' 因驅逐出送, 妾不得已出門, 幸先遇郞, 莫非天緣. 家舍之買置, 産業之經紀, 皆妾父之指揮也, 彼女卽今某宰之女, 而亦合宮前孀婦也. 妾父如某宰親切, 雖家間瑣事, 皆議之, 兩家俱有靑孀, 心常慘惻, 相對論懷. 妾父告以妾區處之事, 某宰愀然良久, 曰: '吾亦有此意.' 遂以其女病歿, 傳訃舅家, 虛葬山下, 送適郞君, 向者初仕, 今之外任, 皆某宰之力也." 生聞罷, 始歎其奇遇矣. 生與妻妾三人, 白首偕老, 多産子女, 屢典州郡, 穩享福慶. 朴同知與某宰家, 皆受厚福, 子姓蕃昌, 世稱陰德之報云.

外史氏曰: "聖人制禮, 以之遏人慾·存天理, 禮[124]固莫嚴之大防, 而亦有不得不經權互用處. 凡爲人者, 不知陰陽之理, 則可以人而不如鳥獸乎? 感傷和氣, 莫此爲甚, 然其於大防之莫越, 何哉? 女子有行, 自守志操, 是爲烈節, 而乃限以大防, 至於玉石無別, 古有是否? 權生之獲此奇遇, 雖曰'天定之緣', 而亦古未有也."

---

123) 幽靚: 가, 나, 다본에는 '幽靜'으로 되어 있음.
124) 以之遏人慾·存天理禮: 주필로 삭제표시가 되어 있음.

○ 第九十목 婦女部八【智識一】

11-15. 轎中納鬟誑賊帥

　安判書瑋, 明廟朝名卿也. 性淳慤, 無表裡, 但好豪侈. 其弟玹, 官至台閣, 爲人峻整. 兄弟少時, 負笈山房, 伯也家饒, 喫着奢美過度, 弟或諫止, 亦不從. 時携林姓士人同硏, 林卓犖有氣義, 貧寒未能自食, 只靠安公同卓. 每見安家傳饌, 品多珍異, 殆鍾鼎綺紈家之所未有, 從容叩其由, 答曰: "吾妻賢而多病, 不能主饋, 近卜一妾, 才貌兩全, 治女紅, 奉巾櫛, 無適不嫺, 而尤長於炊金饌玉, 使我窮芻豢之味者, 皆其手辦也." 每對盤, 輒誇小室之才美, 林聽罷, 望遠山默不語. 一日, 林見家書, 氣色忽慘沮, 乃收聚私藁, 以焚之. 安公驚問其故, 答曰: "吾早失怙恃, 夫妻相依, 所愧爲夫, 計拙謀生, 今接家信, 妻因屢空遘疾, 竟至不淑. 吾何心治功令, 縱有榮華, 與誰爲悅? 以頂天立地丈夫之身, 不能保育[125]一妻, 結髮之誼, 安在哉? 元微之悼亡詩, 曰: '惟將永夜長開眼, 報答平生未展眉.' 余所報答, 亦當如此, 可謂詩人先獲.[126] 他日富貴, 非所願也, 吾從此逝矣, 君幸努力靑雲." 言罷, 拂袖飄然而去. 安公兄弟, 不久亦撤歸, 訪林, 已賣家遠去, 漠然無所向云. 自此, 永隔聲聞. 過幾年, 安公兄弟, 俱登第[127], 伯爲成川府使, 挈妻妾, 將赴任, 行到鳳山, 午炊洞仙嶺店. 忽有一人, 頭戴朱笠貝緌[128], 身穿綠錦帖裏, 帶紅氈, 佩長劍, 乘如龍之駿驄, 率如雲之騶從, 扮作大將威儀, 氣豪意健. 打開店門, 直上廳來, 擧鞭而揖, 曰: "君知我否? 別來無恙乎?"

---

125) 育: 저본에는 '有'로 나와 있으나 나, 다본을 따름.
126) 可謂詩人先獲: 주필로 삭제표시가 되어 있음.
127) 登第: 가, 나, 다본에는 '登科'로 되어 있음.
128) 緌: 마본에는 '綏'로 되어 있음.

安倅驚呆半晌, 諦視之, 乃林也. 曰: "君從何來?" 曰: "吾從來處來矣." 因握手敍舊, 安公問: "山門一別, 黯然消魂, 永阻參商, 徒懷雲樹, 見做何官, 致此龍驤虎賁之儀衛乎?" 客曰: "也非朝官, 卽『水滸傳』所謂梁山泊, 做別處功名者也. 自僕焚稿下山之日, 世念都灰, 雲遊四方, 偶投綠林黨中, 衆推爲魁, 嘯聚夥徒, 營作巢窟, 健卒五六萬, 部落遍八路, 粟帛器械, 亦可支十年而敵一國. 初不浚剝生民, 只掠取貪官汚吏不義之財, 賴天之靈, 自底如此, 君其謂我何?" 安倅聽此, 毛骨俱竦, 不敢更做一言, 客曰: "僕今富貴, 不羨公候, 而所可欠者, 但闕一押寨夫人耳. 以吾智力, 偸香竊玉, 易如反手, 而第有株守之莫奪[129], 曩對芸床. 稔聞君之小室, 姿色才藝, 冠絶當世, 心常欽慕, 遂自誓以圖得此女棲鸞, 決不從他求凰. 因循荏苒, 値君西靡, 要路攫奪, 力非不足, 而男兒做事, 牢落[130]光明, 謹奉千金爲幣, 略倣石家百琲買姬. 僕之麾下嘍囉, 如貙如虎, 無不一以當百, 君雖抵賴, 便是螳臂, 五步之內, 君不得恃命吏之貴矣." 安公魂飛膽墜, 罔知攸措, 但曰: "唯唯. 第當宣布此意.[131]" 遽起入內, 容沮意悽, 哽咽不能言. 妻妾怪而問之, 遂道其暴客來劫之狀, 妾正色而對曰: "公雖貴人, 未免拙丈夫, 今聞其人卽是大英雄也. 公得千金, 更卜佳人, 妾從豪男, 陞爲正室, 發乎情, 止乎禮義,[132] 其兩得之矣, 須亟往諾之. 然千金重事也, 須金入公篋中, 妾乃可往." 安公心內暗揣, 縱切鴛分之恨, 幸免鷹擊之患, 出謂客曰: "妾亦願從君矣." 林掀髥笑, 曰: "此娥明慧出衆, 自知其

---

129) 第有株守之, 莫奪: 주필로 삭제표시가 되어 있음.
130) 牢落: 나, 다본에는 '磊落'으로 되어 있음.
131) 第當宣布此意: 주필로 삭제표시가 되어 있음.
132) 發乎情, 止乎禮義: 주필로 삭제표시가 되어 있음.

不得迴避, 蓋亦解事故耳." 因命其軍校, 俾呈橐銀, 衡之無爽, 又促令內行轎馬備待, 對以已具, 因謂安公曰: "可入內舍, 速使治裝登轎也." 公入見, 妾方開奩畫眉, 曰: "今日之粧, 送舊迎新, 不可不工." 又抽衣箱, 換着綺羅, 靚粧珠翠, 煥然一新. 更命叉鬟, 區分其籠篋, 行裝之當携者, 使之載馬. 仍告辭於公及夫人, 少無惜別底[133]意, 天然搴轎簾而入, 公憮然出來語客, 以妾已登轎. 客擧手作別, 曰: "僕之此來, 可謂有志者事竟成, 多謝足下費心." 乃上馬率轎而去. 公出門瞻望, 但見車前馬後, 行塵蔽天而已. 公不勝惘然, 如狂如癡, 默想十年偎玉之情, 一朝雲散, 已極惆悵. 而以命吏赴任之路, 小室之被奪於賊帥, 古未有也, 將何顔莅官而對吏民乎? 心猿意馬, 進退靡定, 羝藩狐濟[134], 疑惑滋甚, 欲歸而謀諸屋中, 復入[135]內店, 視夫人, 兀然獨坐. 遂含淚而道其情事, 夫人笑曰: "吾爲公已購一新人, 公肯納否?" 公曰: "何其神速? 諺云: '人不如故, 衣不如新.' 如吾妾者, 何處得來?" 夫人曰: "新人之容貌擧止, 恰似前人, 觀其外㨾, 可知內蘊, 誠爲萬幸, 公毋惱焉!" 公曰: "新人何在?" 夫人叩屏櫺, 一麗姬自屛後出來, 儀形服飾, 與前妾毫髮不爽. 公愕然曰: "世豈有如許酷肖之人乎? 此曷故焉?" 其女曰: "願公聚神定睛." 公更視之, 乃妾也. 疑夢疑眞, 驚喜不已, 曰: "俄者的見爾乘轎去矣, 今忽在此, 鬼耶人耶?" 對曰: "妾雖愚賤, 豈從賊去乎? 當初公之俯詢去就也, 若以不肯之說, 仰對則賊耳屬垣, 恐生意外之變, 飾詐以告, 使賊信之. 暗想一計, 潛誘某婢, 曰: '汝姿色如彼, 而長在執爨之列, 誠可惜矣. 與其一生勞苦, 無寧爲彼之妻,

---

133) 底: 주필로 삭제표시가 되어 있음.
134) 濟: 가본에는 '臍'로 되어 있음.
135) 入: 마본에는 '臨'으로 되어 있음.

坐享錦玉[136], 便如朱門命婦, 汝替吾往, 牢諱本末, 則豈非難得之
好機乎?' 婢慨然從之, 乃使凝粧盛飾, 靚妾乘轎時, 瞥眼換入, 妾
則隱於屛後, 俟賊遠去, 今纔出來. 蓋臨時變通, 神鬼莫測, 公何以
悉燭乎?" 公拍掌叫奇, 曰: "不料汝之智謀, 如此卓異, 愧吾七尺之
軀, 肉食無謀也." 遂與妻妾, 急速前進, 無事到官, 更未聞林之下
落. 或云: "彼是林居正云." 而未知果然否也.

外史氏曰: "老子云: '利器不可以示人.' 安公誇張小室之才美,
使彼生虎攫之心者, 豈非滄浪乎? 眞所'謂惟口興戎'也. 其妾之替
婢納轎, 暗地粧撰, 令人莫測, 雖是可欺以方, 而苟非才智之敏慧,
何能如是乎? 婢之登轎, 勇往趨狴, 牢如樂地, 可見爲主苦心, 奚
異於紀信之乘黃屋誑楚? 亦奇哉!"

11-16. 城裏埋藥愀詔使

鄭錦南, 除安州虞候, 告辭於一老宰家, 主人嘉其人氣卓犖, 欣
然致款. 有靑衣, 由內舍出來, 納小札, 主人披見後, 熟視錦南, 曰:
"君有妻妾否?" 對曰: "未曾畜媵, 又纔叩盆, 見方鰥居." 主人笑曰:
"吾有一事奉托, 政當其時, 吾側室有女, 年已過笄, 尚未納贄, 旣
君作小星, 使奉箕箒, 何如?" 錦南曰: "小的賤品, 何可以公之女作
妾? 死罪主臣, 不敢奉承." 主人曰: "吾女雖乏姆訓, 不甚迷劣, 組
紃烹飪, 俱有手才, 庶可以侍奉巾櫛, 白頭爲期. 且渠性不苟合, 每
以自擇齊之意, 覰得廬山眞面, 如有宋弘之威容德器, 當效紅拂之
從李衛公, 惟此心矢靡他. 俄從戶隙, 見君儀貌, 情願歸身, 指誓山
河, 矢盟日月. 君若不肯求凰, 渠當永作孤鸞, 其情慽矣, 幸深諒

---

136) 錦玉: 가본에는 '金玉'으로 되어 있음.

焉." 錦南默想情景, 似難違咈, 乃應曰: "勤教至此, 何敢固讓?" 主
人曰: "此事不必煩人耳目, 待啓程日, 約會于弘濟橋頭, 相面率往,
好矣." 對曰: "當依所命." 至其日, 發行到西坰, 見一綵轎, 帷箔鮮
明, 婢僕姸秀, 盈途而來, 問: "虞候行止, 迎於路次." 瞥見其婦人,
面粉略施, 唇朱不勻[137], 軀殼甚大, 語言無味. 錦南意謂, '勒婚見
欺, 然旣難中路悔遁.' 認是前生惡緣, 黽勉同行, 取次得抵, 處以
內廂, 雖令給事而主饋, 頓無燕爾之情好. 一夕, 觀察營急撥來, 呈
巡相書, '有軍務面議事, 虞候宜罔夜馳到云矣.' 錦南卽入內室, 促
飯將發, 小室曰: "令公今行, 何其忙遽?" 曰: "巡相貽書, 招我甚
急." 小室曰: "有何事耶?" 曰: "不知." 小室曰: "當此杌隉之世[138],
管轄之地, 不能預料事機, 何以臨時處變乎?" 錦南奇其言, 問: "計
將安出?" 對曰: "倘有如許事囑付, 其應對措處, 必如斯如斯." 因出
紅錦緞帖裏, 以着之, 品製適中. 錦南大驚異之, 馳到巡營, 巡相使
之入坐帳中, 辟左右, 密謂曰: "今天使回路, 逗遛此城, 討白金二
萬兩, 若不聽施, 道伯梟首云. 事係罔措, 物亦難辦, 百爾思量, 惟
君可以隨機應變, 故急速奉邀, 此將奈何?" 錦南聞其言, 而默想
之, 此果小室之預料而指教者, 遂依其誡, 而從容對曰: "小的雖甚
闒茸[139], 此事當圖彌縫, 幸母憂焉. 第有任使處, 營校慧黠者數三
人, 營妓警秀者五六人, 命送好矣." 巡相大喜, 依其言, 幷施之, 錦
南出坐練光亭, 招一校, 附耳語. 良久, 呼妓進[140]前, 歌琴[141]迭奏,
杯盤狼藉. 又招一校, 密囑曰: "今天使仗皇威, 而覷偏邦, 討索白

---

137) 勻: 가본에는 '均'으로 되어 있음. 서로 통함.
138) 世: 다본에는 '時'로 되어 있음.
139) 茸: 가본에는 '葺'으로 되어 있음.
140) 進: 다본에는 '追'로 되어 있음.
141) 歌琴: 다본에는 '歌舞'로 되어 있음.

金二萬, 如未準納, 巡相被禍, 滿城塗炭. 雖盡括泉流庫之封椿, 莫可應副, 浿西一城, 勢將人金俱亡. 此誠危急存亡之秋, 與其被人擠阱, 毋寧自我塡壑. 汝可周行城內, 家家挿藏[142]焰藥, 待吾擧砲三聲, 一齊衝火, 以空城納于天使." 校唯唯而退, 少焉, 入告曰: "已挿藥矣!" 錦南命放一砲, 諸妓在傍者, 旣聞其言, 又覩此狀, 紛紛歸家告急. 於是, 一城之人, 咸知以大同江邊, 一堆火焰山, 浮來將至, 玉石俱焚. 乃呼爺喚孃, 挈妻携子, 爭先出郭, 若避滔天之水, 追後之兵者, 喧聲動地. 天使始疑亭邊砲響, 旋驚城中鼎沸, 急起問之, 一校對曰: "鄭虞候如此如此." 言未訖, 砲聲又起, 校曰: "若更一砲, 火將沖天." 天使神慴魄褫, 慌忙倒屣, 走到練光亭, 握錦南手, 乞活縷命. 錦南據理責之, 曰: "上國於我邦, 有再造之恩, 皇華之來, 宣詔命, 擧一國而禮待供億, 惟恐不及, 沿路陪臣, 尤爲恪謹, 惟令是從. 而責出無例之銀貨, 固是行不得之政, 陸郞裝越囊金而致富, 雖有漢紀之著稱; 范叔受齊餽金而遭答, 豈非殷鑒之當戒? 乃者令嚴出殺責督刮[143]龜, 未勵氷蘗之操, 徒張霜雪之威, 欲使一營上下, 騈首受戮. 吾不忍其無罪而就死, 要與人民, 共殞於灰燼中也." 天使曰: "吾之命, 懸於大人之手, 今方登程疾馳, 三日內, 當渡鴨江, 願停一砲." 錦南曰: "天使無禮, 吾不之信." 因欲呼卒擧砲, 天使面色如土, 遽抱錦南, 千懇萬乞, 涕泣以隨, 不得已竟許之. 因促啓行輈, 天使感謝無已, 一行上馬, 風馳電邁, 果於三日內, 灣撥以天使渡江, 馳告天使太監冉登也. 巡相大喜, 設宴以謝錦南, 禮待彌厚, 冠於管下諸人, 錦南辭歸. 自是, 每事必議於小室.

外史氏曰: "鄭錦南何等人傑, 其識見智略, 豈不若一女子? 而至

---

142) 藏: 다본에는 '管'으로 되어 있음.
143) 刮: 나. 다본에는 '括'로 되어 있음.

於意外難處之事, 賴其小室之提警指導, 知人固未易, 而以貌取人, 失之子羽, 不其然乎? 詔使之脅討銀貨, 勢難防塞, 而能將一計, 恐動以送之, 可謂善處變者, 而其智亦巧矣."

○第九十一号 婦女部九【智識二】

11-17. 保家業一聽智婦

張世杰, 仁同士人也. 年近五十, 遭西河之慟[144], 萬念灰冷, 仰屋兀坐. 有過客, 適避雨而入, 自言崔姓, 見主人氣色慘沮, 怪問之, 主人道其遭慽攸懷, 客問: "先山在何地?" 曰: "家後也." 客曰: "某劣有山眼, 願一見之." 張遂與之往視, 客曰: "此山之害也, 可卽遷窆." 張曰: "殆同失馬治廐, 且吉地從何占得?" 客曰: "過路偶見一處, 龍勢洵美, 速行緬奉, 則必生子." 張曰: "老荊斷産已久, 何望求嗣?" 客再三力勸, 張爲其憼憼, 果行緬禮. 過數月, 忽喪耦益悲酸, 家無主饋卽爲續絃. 一日, 客又來, 問: "間已喪配再娶乎?" 曰: "然. 頃聞君言, 遽行大事, 致此狼狽." 客曰: "不有今者叩盆之痛, 安得他時弄璋之慶乎?" 因披曆指示, 曰: "某日入房, 必孕男, 某月可臨蓐, 吾當趁時更來." 張依其言, 果得男, 客如期而至, 曰: "已抱麟乎?" 曰: "然." 乃爲兒推命, 曰: "兒必長壽可賀, 婚處須待吾之來, 作柯斧也." 遂告別而去, 永無影響. 兒年至十四五, 客忽復來, 曰: "令胤善長否?" 張呼其子, 出拜之, 客曰: "年前待吾居媒之說, 能記有乎?" 張以客言多奇中, 遂信之, 書給柱單以送, 不幾日, 客又來傳醮期, 曰: "吉日已近, 可作聘行, 而第其家在幽僻, 偕吾尋

---

144) 慟: 가본에는 '痛'으로 되어 있음.

往, 宜矣." 張旣揣客之誠實, 一從其言, 更不問閨揉地閥之何如, 卽治婚具, 率子隨客而往, 轉入窮峽. 至一處, 山高谷深, 只有數間茅屋, 土廳上略設茵桌[145], 而太草草不成樣. 一老翁迎接, 而貌甚古樸, 曰: "主人也." 張心甚不快, 然不得已使子奠贄同牢, 及見新婦, 則面粉斑爛, 唇脂狼藉, 容貌擧止, 可憎可駭. 少頃, 主人及客, 言於張曰: "幸成大禮, 宜卽新行, 而吾家甚貧, 勢難治送, 可於回轅率去也." 張無計防遮[146], 載新婦而來[147], 渾室見之, 莫不嗤笑, 至於輕薎薄待. 婦少不芥懷, 但居一房, 不敢干與家事, 然而其親庭信息, 坐而知之, 家人以是爲異. 過數年, 舅姑相議, 以家務並委之於婦, 婦身不下堂, 而奴耕婢織, 指揮使役, 井井有規. 風雨旱澇, 無不預知, 升米尺帛, 莫敢欺隱, 不幾歲, 家産漸肥. 於是, 一家與隣里, 咸驚異之, 始知其過客之非凡人也. 一日, 婦告于舅曰: "老人塊坐無聊, 盍日會親知談讌, 以娛晩境? 觴豆之供, 謹當備待." 舅曰: "固所願也." 自是, 招邀隣衚, 日事會飮, 過三四年, 産業稍耗, 婦曰: "此處地潟鹵物匱少, 不宜久居, 願搬[148]住于親家洞內, 少圖治産, 庶致裕足." 舅曰: "家事一聽於汝, 量宜爲之." 遂賣田庄, 奉老挈眷而往, 已有所築室, 日用器物, 預皆排置. 婦乃經紀財産, 克底于饒舅姑, 久居山中, 頗有懷土之戀. 婦請與登山, 山外有彭輷之聲, 問: "此何聲也?" 婦曰: "倭賊遍八路, 今戰于某邑, 此其砲聲也." 舅驚曰: "吾之本鄕, 如何?" 曰: "一洞已被燹, 近境皆爲魚肉." 舅曰: "然則汝有先知而避亂來此乎?" 婦曰: "雖微物, 皆知天機

而避風雨, 可以人而不如微物乎?" 舅讚歎不已. 八九年後, 亂定時
平, 後還故土, 婦善治生[149], 穩享富庶, 其子孫繁盛, 爲嶠南之名閥.

外史氏曰: "禍福微茫, 理難測度, 張之轉禍爲福, 可謂塞翁得失.
而因一過客之指導, 有妻子保家室, 言言脗合, 此非異人之俠義者
歟? 婦之慧識, 能知未來事, 亦異才, 而不遇是客, 則曷致此婦? 奇
緣湊[150]成, 莫非天定也."

11-18. 換身粧雙占饒妾

宋進士, 失其名, 靈光人也. 家計甚貧, 旣叩蒙叟之盆, 又乏謝家
之樹, 年近强仕, 身兼四窮. 隣有村婦之寡者, 姿色稍麗, 家貲亦
饒. 宋屢通慇懃, 而女矢死靡他. 一日, 宋散步庭除, 女忽過而謂宋
曰: "家居隣比, 尙未攀接威儀, 每切臨風景仰. 今夕, 當備供酒饌,
幸賜枉顧, 使蓬蓽生輝." 宋且驚且喜, 滿口應諾, 謂必獲濟. 日
昃[151]卽往, 女鋪席進盤, 極其誠款. 旣張燈, 女笑懇曰: "公編髮, 我
束髻, 幷換着衣裳, 以爲一時戲娛." 宋莫曉其意, 而重違其請, 乃
許之, 扮裝訖, 共携手就枕[152]. 女忽稱裏急, 出去淨手, 久不回, 宋
疑陣乍迷鬼胎轉甚, 方欲出戶[153]尋覓. 忽聞一聲哨喊, 衆人攔入,
將宋生蒙以衾, 縛負而去, 行至一家, 卸擔而置于內房. 宋默揣, 惡
少輩欲劫取寡女之計, 然要觀下回, 不做一聲而潛察, 則乃本邑吏
房家也. 少頃, 吏房來, 勸粥飮以壓驚, 生緊蒙衾口, 回身向壁, 吏
房曰: "今夜必受驚怛, 可稍定心緒." 因命一女之年及筓而未嫁者,

---

149) 治生: 나, 다본에는 '治産'으로 되어 있음.
150) 湊: 가본에는 '做'로 되어 있음.
151) 昃: 가본에는 '仄'으로 되어 있음.
152) 枕: 나, 다, 라본에는 '寢'으로 되어 있음.
153) 戶: 가본에는 '去'로 되어 있음.

使之同宿慰諭, 女來聯枕, 引手接面, 務得轉意. 生始與調戲, 女不深疑, 乃就勢緊抱, 漸入佳境, 女雖惝怳驚愕, 怎當他強壯之氣? 不敢發聲, 任他輕薄, 雲雨甫畢, 旋卽出去, 羞愧欲死, 而亦不敢說道於父母. 天明, 宋擁衾而坐, 招吏房, 大聲叱曰:"汝欲以女侍我巾櫛, 則[154]從容稟告, 聽其從違, 可也, 何敢深夜縛來, 暗地薦枕? 此何道理, 豈非世變乎?[155]" 吏房始認寡女之網來, 詎料隣班之誤縛? 旣聞其言, 擡眼更視, 卽平日所[156]親之宋進士也. 自念劫寡女而辱隣班, 罪俱罔赦, 求變婉而得戚施, 孽乃自作, 伏地謝罪, 哀乞不已. 宋曰:"汝罪當死, 而我旣與汝女, 有一宿之緣, 我姑赦汝, 汝速備轎馬, 治送汝女, 財産亦當析半, 以給女也." 吏房稽首稱謝, 唯令是從, 宋乃歸家. 其隣居寡女, 又來, 曰:"妾夙知上舍之留意於賤質, 而自有迷執, 誓不改適, 因循至今矣. 適聞吏房將以某夜來劫, 滿心驚悚, 矢死靡他, 而斷送一縷, 亦難猝辦. 且念與其逢辱於強暴, 無寧毁節於士夫, 故誘致上舍, 假扮女粧, 妾卽逃避, 以免當夜之厄. 而上舍雖有魚網之羅, 終有鸞膠之續, 先咷後笑, 豈非幸歟? 妾旣與上舍, 接膝換衣, 一宵昵侍, 平生株守, 已毁無餘, 從此願奉箕箒, 以托絲蘿." 俄而, 吏房亦治送其女, 宋連得二小星, 財産亦饒, 安享一生, 子孫亦盛云.

　外史氏曰:"『倡善感義錄』, 尹汝玉粧女服, 而得親嚴嵩之女. 蓋似此奇遇, 古亦有之, 而因鴻罹而成鴛合, 亦非天定歟? 村女之打扮換形, 獲免強暴, 其智巧矣. 生之一擧而得兩女, 皆因其婦之計, 則可謂'時來風送, 因人成事'者也."

---

154) 則: 나, 다본에는 '卽'으로 되어 있음.
155) 豈非世變乎: 주필로 삭제표시가 되어 있음.
156) 所: 라본에는 '素'로 되어 있음.

卷十二

○ 第九十二号 婦女部十【才慧一】

12-1. 藏扇幣童女證約

楊蓬萊士彦之大人某, 以蔭官, 爲靈光郡守, 治有來暮之謠. 因事上洛, 還官之路, 未及本郡一日程, 以前站之稍遠, 曉起趲程. 未抵店舍, 而人馬疲困, 乃令從吏, 尋村閭朝炊, 吏抱席喘喘入路傍一舍. 時値農節, 皆鉏耰出野, 巷無居人, 獨有守舍之女兒, 年可十餘歲, 謂吏曰: "吾當炊飯, 軒宇亦不湫陋, 可導行軺歇此." 吏笑曰: "汝以穉女, 曷能善炊? 汝不聞韓子之言乎? 嬰兒共戲, 以塵爲飯, 汝若蒸糲和沙而進, 則吾之兩腿上棍棒, 汝其代受乎?" 女曰: "諺云: '不問年紀, 只觀手法.' 吾雖幼騃[1], 略解烹飪, 幸毋疑焉." 太守駐軺路傍, 乍聞吏與女兒問答, 瞥見其女, 貌姣音琅, 乃下車入門. 女不慌不忙, 淨掃土廳, 鋪茵而迎之, 携筥入室, 掬長腰來, 旣舂且淅擅, 到廚下, 洗鐺執爨, 烝之浮浮. 俄而, 玉甖雕胡, 香登一盂, 又設盤陳器, 盛以藜蒸·糝羹·鮑菜·椒醬·菁葅·包鮓之屬, 排備精潔, 逈異常品. 乃擧而進之, 其動容周旋, 端麗安閒, 少無村女齟齬之態. 太守大異之, 招使近前, 而問: "年幾何?" 對曰: "十三歲." 又問: "汝父爲誰?" 對曰: "係籍本邑[2]軍官, 早已赴府." 曰: "汝母何在?" 對曰: "俄適耘田去矣." 太守愛其朗慧, 搜出行篋中, 靑紅扇二把賞之, 因戲謂曰: "此是吾之送綵於汝也." 女聞其言, 遽歸其室, 持小紅袱來, 鋪于前, 曰: "請置扇于此袱上." 太守曰: "些物何用

---

1) 幼騃: 가본에는 '幼孩'로 되어 있음.
2) 本邑: 가본에는 '本府'로 되어 있음.

袡³⁾爲?" 女曰: "送綵禮幣也, 禮重納贄, 豈可以手受之?" 一行上下, 莫不稱奇. 太守還衙, 置之忘域. 數年後, 門卒入告曰: "某邑將校來, 請現謁." 太守招問曰: "汝是何人, 緣甚來見?" 其人拜伏而對, 曰: "官司或記數年前, 還官之路, 村家朝炊之事乎?" 曰: "何可忘也? 其家女兒之才慧, 猶森然在眼." 又曰: "伊時, 或有信物之特給者乎?" 曰: "不是信物, 吾愛其伶俐, 以色扇賞之矣." 曰: "此兒, 卽小的之女也, 年今十六歲, 父母擇配, 屢梗命, 問其故, 曰: '已納采於靈光官司, 矢死靡他.' 故以一時戲談, 何可株守? 强令適人, 則萬牛難迴, 爲渠父母之事情, 豈不悶隘? 敢此冒悚來告." 太守笑曰: "汝女佳意, 吾何忍背之? 汝其涓吉而來, 吾當納爲側室." 及期以綵轎迎入. 時太守鼓盆已數載, 內無主饋. 遂以妾處于正堂, 閫內事皆主之, 裁布帛, 議酒食, 才藝妙絶, 適意承奉, 太守甚愛重之. 及秩滿還家, 撫育嫡子女, 以至誠馭婢僕, 處宗黨, 俱得其歡, 譽聲溢於內外. 未幾, 夢叶熊羆, 祥抱麒麟, 卽楊蓬萊及其弟士俊也. 眉目淸秀, 神彩俊逸, 正是仙風道骨, 一門咸惜其地微. 其後, 蓬萊失怙, 哀毁如成人, 蓬萊之母, 躬檢愼終, 克誠克謹⁴⁾, 遵禮無憾. 乃因成服之日, 諸族咸集, 遽出而泣, 告座中曰: "今日列位齊會, 諸棘人當座, 妾有一件事奉托者, 其能肯許否?" 棘人曰: "庶母賢淑, 眷愛吾儕, 常所感歎⁵⁾, 此時付托, 詎或有違?" 諸宗曰: "當依所托, 第言無妨." 乃曰: "妾有二子, 作人不甚愚鹵, 然東俗自來賤孼, 渠雖潘岳般貌·子建般才, 不齒士夫之列, 將焉用哉! 嫡長諸兄, 雖愛恤無間, 而妾死之後, 當服緦麻三月, 則於是而嫡庶判矣.

---

3) 袡: 나. 다본에는 '褓物'로 되어 있음.
4) 謹: 가본에는 '勤'으로 되어 있음.
5) 感歎: 나. 다본에는 '感服'으로 되어 있음.

吾兒處身, 雖欲掩迹, 便是以鎌遮眼, 祇盆露醜. 妾欲於今日自裁, 使其服制, 混同彌縫, 泯滅吾兒庶孽之名. 幸望列位, 哀之憐之, 俾賤身, 無至飮恨於九泉, 則雖死之日, 猶生之年." 僉曰:"此事, 吾輩相議好樣道理, 俾無痕迹, 何可遽捐[6]性命乎?" 蓬萊母曰:"昔王陵母, 爲子成功而伏劍; 范滂母, 爲子成名而求死, 妾有二骨肉, 苟可以立身揚名, 則吾何愛一死." 遂自懷中出小刀, 自裁於筵几之側, 諸人咸大驚愾, 曰:"此人以死成其志, 若孤其勤托, 非人情之所可忍也." 自此, 嫡兄輩, 視蓬萊兄弟, 無異同胞, 及蓬萊長成, 敡歷淸華, 名滿一世, 人不知其爲庶流云.

外史氏曰:"天下有一定之分, 分以正名, 名分紊亂, 則國不國, 而人不人, 可不愼哉![7] 蓬萊母, 雖有才智, 不能守分安名, 使嫡庶無別, 是可惜也. 嘗見南壺谷龍翼所撰『箕雅詩集』, 楊蓬萊兄弟及其子, 俱入選中, 竊疑人才之獨聚一家. 及聞此奇蹟, 乃知楊公之純德, 小室之淑行, 有以鍾毓也夫!"

12-2. 授簡書老婦垂誡

任進士希進, 湖南人也. 壬辰, 募兵赴倭難, 死於晉州之戰, 家世以節義聞. 其先祖章甫某有文藝, 弱冠未娶, 魁鄕解, 將赴會圍, 路由長城, 値雨違店, 到一村, 脩竹掩翳, 濃綠嬌鶯, 景致絶佳. 顧而樂之, 移步獨行, 忘路遠近. 村盡處, 見竹籬半架, 一女子倚扉斜立, 捉風中絮, 嗤嗤憨笑. 任眄之迷魂, 因就與語, 女不怒亦不答, 但呼阿母來. 無何, 一駝背媼出, 問女何爲, 女曰:"不知何處來客, 煩絮殺人." 任窘極, 詭以渴甚, 乞漿告, 媼曰:"斗室難容客坐, 小

---

[6] 遽捐: 나, 다본에는 '遽然'으로 되어 있음.
[7] 名分紊亂 … 可不愼哉: 주필로 삭제표시가 되어 있음.

嬌取一盞凉水來." 女應聲而去, 任曰: "令愛年幾何?" 媼曰: "纔十三歲." 問納聘[8]未, 媼曰: "老身殘廢, 止此一女, 留伴膝下, 不欲遣事他人." 任曰: "女子有行, 遠父母兄弟膝下, 非長計也." 適女取凉水至, 聞餘語, 面發頳, 謂媼曰: "是客不懷好意, 毋多談!" 媼笑曰: "可聽則聽, 是誠在我, 癡女何必瑣瑣." 任乃誇發解壯元, 以歆動[9]之, 媼沈思良久, 曰: "壯元是何物?" 任曰: "讀書戰藝, 名魁金榜, 從此入詞垣, 掌制誥, 以文章華國, 爲天下第一人, 是名壯元." 媼曰: "不知第一人幾年一出?" 曰: "三年." 女從旁微哂, 曰: "吾謂壯元, 是千古第一人, 原來是三年一箇, 此何足榮貴?" 向人喋喋不休, 媼叱曰: "小女薄嘴, 動輒翹人短處." 女曰: "干儂甚事, 彼癡客自取病耳." 一笑竟去, 任憫然久之, 繼而謂媼曰: "如不棄嫌, 敬留薄聘." 因脫髻簪雙南[10]予之, 媼手摩再四, 曰: "嗅之不馨[11], 握之輒冰, 是何物哉?" 任曰: "此名黃金, 寒可作衣, 饑可作食, 眞奇寶也." 媼曰: "吾家有田幾頃, 有桑幾株, 頗不憂凍餒, 是物恐此間無用處, 還留壯元郞作用度." 擲之地, 曰: "可惜風魔兒! 全無一點大雅相, 徒以財勢嚇人耳." 言畢, 闔扉[12]而去. 任癡立半晌[13], 嗟歎而返, 抵京捷南宮. 及應榜還鄕, 復由是路, 訪其媼, 辭以病. 從隣里詢其家世, 爲士族, 張姓而貧寒, 僦居于叔家旁, 只母女相依, 尙未爲女擇配. 任遂因其叔通婚, 媼始疑涉妄, 竟許之, 娶女歸家, 女才慧有閨範, 任甚宜之. 未幾年, 任不淑, 遺腹產一子, 張氏撫孤守節, 克盡

---

8) 聘: 가본에는 '幣'로 되어 있음.
9) 動: 다본에는 '勤'으로 되어 있음.
10) 雙南: 주필로 삭제표시가 되어 있음.
11) 馨: 가본에는 '香'으로 되어 있음.
12) 扉: 가본에는 '門'으로 되어 있음.
13) 半晌: 가본에는 '半餉'으로 되어 있음.

婦道. 孤兒長成, 多生子女. 張年八十餘, 孫曾林立, 臨終, 召孫曾輩媳婦, 環侍床下, 曰: "吾有一言, 爾等敬聽." 衆曰: "諾." 張氏曰: "爾等作我家婦, 盡得偕老百年, 固屬家門之福. 倘不幸靑年居寡, 自量可守則守之, 否則上告尊長, 竟行改醮, 亦是大方便事." 衆愕然, 以爲惛耄之亂命, 張笑曰: "爾等以我言爲非耶? 守寡兩字, 難言之矣. 我是此中過來人, 請爲爾等述往事." 衆肅然共聽, 張曰: "我居寡時, 年甫十八, 因生在班閥, 嫁於士類, 而又一塊肉累腹中, 不敢復萌他想. 然晨風夜雨, 冷壁孤燈, 頗難禁受. 翁有表甥某, 自湖西來訪, 下榻外室, 吾於屛後, 覷其貌美, 不覺心動, 夜伺[14]家人熟睡, 欲往奔之, 移燈出戶, 俯首自慚, 迴身復入, 而心猿難制. 又移燈而出, 終以此事可恥, 長歎而回. 如是者數次後, 決然竟去, 聞廚下婢喃喃私語, 屛氣回房, 置燈卓上, 倦而假寐, 夢入外館, 某正讀書, 燈下相見, 各道衷曲. 已而, 携手入幃, 一人跌坐帳中, 首蓬面血, 拍枕大哭, 視之, 亡夫也. 大喊而醒, 時卓上燈熒熒, 作靑碧色, 譙樓正交三鼓, 兒索乳啼絮被中, 始而駴中而悲, 繼而大悔, 一種兒女子情, 不知銷歸何處. 自此, 洗心滌慮, 始爲良家節婦, 向使廚下不遇人聲[15], 帳中絶無噩夢, 能保一生潔白, 不貽地下人羞哉! 因此, 知守寡之難, 勿勉强而行之也." 命其子, 書此於白簡, 垂爲家法, 含笑而逝. 後宗支繁衍, 代有[16]節婦, 百餘年來, 閨門淸白云.

外史氏曰: "男女之際, 大慾存焉. 故聖人制禮, 以之防閑, 而末流之弊, 轉或難言, 然豈可因噎而廢食哉! 但靑年守節[17], 非緣人

---

14) 伺: 가본에는 '俟'로 되어 있음.
15) 聲: 가본에는 '語'로 되어 있음.
16) 有: 가본에는 '爲'로 되어 있음.
17) 守節: 가본에는 '守寡'로 되어 있음.

人之皆有志操, 而禮防莫越, 便成俗習, 則不無意外之慮. 故張氏
能以一言規諷, 簡書垂訓, 世守閨範, 誠智婦也."

○第九十三号 婦女部十一【才慧二】

12-3. 對棘婿捧標立證

　許炫, 藍浦士人也. 善文辭, 篤家行, 鄉黨稱之. 膝下只一子, 名
某, 頗才慧, 將聘婦于隣境, 旣治送婚行, 父以暴疾不淑. 其子纔過
醮禮, 而遽聞訃, 因卽戴星而歸, 治喪成服. 方營窆先塋, 無餘麓,
率堪輿求山, 轉至一處, 地師住杖, 曰: "此地極佳, 而山下有班戶,
恐不許矣." 喪人左右審視, 則山下乃妻家也. 其家, 只有孀居之聘
母及新婦, 無一男子, 喪人卽下去, 拜見妻母, 握手相慰, 悲喜交
至. 問其來由, 對曰: "當喪求山, 適得可合處, 是聘家園林也. 幸望
特推匍匐之義, 許以一葬之地." 妻母曰: "他人固不可許, 係君爲親
之事, 何可不施?" 喪人乃大喜告歸, 妻母挽止, 亟備午饌而待之,
又曰: "纔合牢卺, 未經花燭, 令人悵恨. 君旣來此, 暫入見女兒而
去, 則恐不作他日生面客也." 喪人辭以非禮, 妻母拉袖携入, 使與
其妻, 對坐[18]而出, 喪人始也浹汗, 及覩花貌, 忽萌春心, 遂强[19]逼
而成婚. 雲雨纔[20]罷, 旋出歸家, 治葬需, 隨輀到山下, 將行窆窆之
事, 其妻家婢來言, "吾宅內行, 方爲奔哭而上來, 役夫幷暫避之,
可也." 俄而, 其妻上山, 哭柩前盡哀, 因謂喪人曰: "某日君子之來
也, 與吾同寢而去, 須成標跡給我, 爲後日之證." 喪人面發頳, 責

---

18) 坐: 가본에는 '面'으로 되어 있음.
19) 强: 가본에는 '更'으로 되어 있음.
20) 纔: 가본에는 '旣'로 되어 있음.

之曰: "婦女胡得謊說? 可速回去!" 妻曰: "不得手標, 雖死不回." 時棘人之叔父暨親黨, 會下者甚多, 莫不驚駭, 叔怒叱曰: "世豈有如許變怪, 吾家亡矣! 果有悖惡之擧, 則可卽成給手記, 日勢已晩, 役軍四散, 豈非狼狽於大事耶?" 諸人亦勸書給, 喪人不得已成給手記, 其妻始下去, 衆莫不唾罵. 及封墳返虞, 喪人得病, 因不起. 數朔後, 其寡妻之腹漸高, 滿朔生男, 宗黨隣里, 咸驚訝, 曰: "新郞未及合宮而奔哭, 此兒從何出乎?" 寡妻乃以其夫手記, 示之, 是非大定. 人或問其故, 對曰: "纔行醮, 而戴星之人葬前來, 見其妻, 已是非禮. 及其暫對, 遽又强逼, 尤是常情之外, 人無常情, 則其能久乎? 吾非不知以禮拒之, 而或冀其落種, 强從之, 旣又思之, 則此時夫婦之會合, 有誰知之? 夫沒之後生子, 則發明無路, 冒死忍恥, 受手記於衆會之中者, 此也." 人皆歎服. 其遺腹子, 長成顯達云.

外史氏曰: "天不欲使斯人絶嗣, 故葬地之占其家後, 妻母之勸以見女, 俱非偶然, 而棘人事, 尤係常情之外. 女之慧識, 能透察於禍福微茫之間, 乃辦非常之擧, 言正理順, 經權互用, 可謂其智不可及也."

12-4. 納棠婢授計求嗣

蘇達, 靈巖人也. 素佻達, 喜遊曲巷漁色, 妻林氏美而賢, 常諫之不聽. 明宗乙卯, 倭寇湖南進, 圍靈巖, 蘇以本郡軍官, 赴戰, 林被倭俘去, 欲相犯, 林僞諾之. 適見倭佩刀繫床頭, 急抽刀自剄[21]死, 倭擧而委諸路, 卽日拔[22]舍去. 有人傳林死, 蘇痛悼而往視之, 有微息, 負而歸, 目漸動, 稍稍嚬呻. 扶其項, 以竹管滴瀝, 灌飮能咽, 蘇撫之, 曰: "君萬一能活, 相負者, 必遭凶折." 半年, 林平復如故,

---

[21] 剄: 가본에는 '頸'으로 되어 있음. 이하의 경우도 동일함.
[22] 拔: 라본에는 '發'로 되어 있음.

但首爲剄痕所牽, 常若左顧, 蘇不以爲醜, 愛猶逾於平昔, 狹邪之遊, 從此絶跡. 林自覺形穢, 將爲置媵, 蘇執不可, 居數年, 林不育, 因勸納婢, 蘇曰: "業誓不二, 鬼神寧不聞之? 卽嗣[23]續不承, 亦吾命耳. 若未應絶, 君豈老不能生者耶?" 林乃托疾, 使蘇獨宿, 遣婢海棠, 襆被臥其床下, 旣久, 陰以宵情問婢, 婢言無之, 林不信. 至夜, 戒婢勿往, 自詣婢臥處. 少間, 聞床上睡息已動, 潛起登床, 捫之, 蘇覺問: "誰?" 林耳語曰: "我海棠也!" 蘇却[24]拒, 曰: "我有盟誓不敢更也, 若似曩年, 尚須汝奔就耶?" 林乃出, 蘇自此孤眠. 林使婢托己往就之, 蘇念妻生平未肯作不速之客, 疑焉, 摸其項無痕, 知爲婢又出之, 婢憖而退. 旣明, 以情告林, 使速嫁婢, 林笑曰: "君不必過執, 倘得一丈夫子, 卽亦幸甚!" 蘇曰: "苟背盟誓, 鬼罰將及, 尚望延宗嗣乎?" 林翌日笑謂蘇曰: "凡農家者流, 苗與秀, 不可知播種常例, 不可違晚間耕耨之期至矣." 蘇笑會之. 旣夕, 林滅燭呼婢, 使臥已衾中, 蘇入就榻, 戲曰: "佃人來矣, 深愧錢鏄不利, 負此良田." 婢不語[25], 旣而舉事, 婢小語曰: "私處小腫, 顚不任." 蘇溫恤之事已, 婢僞起溺, 以林易之. 自此, 時値落紅, 輒一爲之, 而蘇不知也. 未幾, 婢腹震, 林每使靜坐, 不令供給於前, 謂蘇曰: "妾勸內婢, 而君不聽, 設令往日冒妾時, 君誤信之, 交而得孕, 將復何如?" 蘇曰: "留犢鬻母!" 林乃不言, 無何, 婢擧一子, 林暗買乳媼[26], 抱養母家, 積四五年. 又産一子一女, 長子名長生, 已七歲就傅, 林半月輒托歸寧, 一往看視婢, 年益壯. 蘇時時促遣之, 林輒諾之, 婢

---

23) 嗣: 저본에는 '似'로 나와 있으나 다본을 따름.
24) 却: 다, 라본에는 '忙'으로 되어 있음.
25) 語: 다, 라본에는 '應'으로 되어 있음.
26) 乳媼: 가본에는 '乳母'로 되어 있음.

日思子女, 林從其願, 竊爲上髻, 送詣母家, 謂蘇曰:"向謂我不嫁海棠, 母家有義男業配之." 又數年, 子女俱長成, 値蘇初度, 林先期治具, 爲候賓友, 蘇歎曰:"歲月驚過, 倏已[27]半世, 幸各康健, 家亦不至凍餒, 所闕者膝下一點." 林曰:"君執拗[28]不從妾言, 夫誰怨尤? 然欲得男, 兩亦非難, 何況一也?" 蘇解顔, 曰:"旣言不難, 明日便索兩男." 林言易耳, 早起命駕至母家, 嚴粧子女, 載與俱歸入門, 令雁行立, 呼爺拜跪, 相顧嬉笑. 蘇駭惑不解, 林曰:"君索兩男, 妾添一女." 始詳述本末, 蘇喜曰:"何不早告?" 曰:"早告恐絶其母, 今子已成立, 尙可絶乎!" 蘇感極涕不自禁, 乃迎婢歸偕老焉.

外史氏曰:"林之自剄免辱, 蘇之誓不置膝, 其節可嘉, 其義可尙. 天若見憐, 何靳錫胤, 而皇天無知, 伯道無兒, 子文無后, 何以勸善? 自昔然矣. 理難諶斯, 林乃施計納婢, 使夫有子, 其誠心懇惻, 才識卓越, 非直爲烈節之婦也!"

○第九十四号 婦女部十二【妬悍】

12-5. 憐女貌赦罪接話

沈氏夫人, 某相之妻也. 性妬悍, 有獅子吼, 某相畏之如虎, 不敢爲房外之窺. 嘗晨起, 將赴朝, 叉鬟捧匜而進, 憐其柔荑, 暫撫而遣之. 及適公所, 家人傳進朝膳[29], 啓盂蓋, 則中有一斷手, 乃大驚窒色. 蓋沈氏詗知撫手之事, 截其手而送者也. 渾室每惴惴, 婢媛相戒, 以愼勿近丞相前矣. 其白眉某宰, 觀察箕城時, 某相適因奉命

---

27) 已: 가본에는 '爾'로 되어 있음.
28) 拗: 다본에는 '拘'로 되어 있음.
29) 朝膳: 라본에는 '朝饌'으로 되어 있음.

之行, 留連於練光・浮碧之間, 始潛眄一妓. 沈氏聞之大怒, 卽侂裝率其弟, 直向浿營, 將撾殺某妓. 有急報先至, 某相聞而驚呆如癡, 觀察亦大駭, 曰: "此將奈何? 第先囑妓走避, 將圖善後." 妓曰: "妾雖避身, 夫人以若氣岸, 必不空還, 倘做出大擧措, 一營洶懼. 賤人死生, 固無足恤, 而夫人過擧, 古未有也, 傳爲話欛, 誠甚仰悶. 第有一計, 而家貧不能辦, 若得千金, 則庶可小試." 觀察曰: "汝有彌縫之策, 則千金何足道哉?" 因命給之. 且送幕裨于中路, 問候, 盛備廚傳以待之, 務悅其心. 沈氏行到黃州, 見有迎候供饋, 乃冷笑曰: "吾豈大官別星, 而有問安裨將乎? 且吾持盤纏, 安用支供爲也?" 幷退之, 到中和又如是, 轉過栽松院. 時當春夏之交, 十里脩樾, 濃綠蔥蒨, 嬌鶯亂啼, 曲曲如畵中境. 長林盡處, 倏見一帶澄江, 抱郭而流, 沙明布練, 水碧涵鏡, 粉堞倒影於雲灣, 畵舸簇列於翠汀, 綺樓彩閣, 縹緲半空, 照耀奪眼, 洵是第一江山, 杭眉十景也. 沈氏褰[30]轎簾, 而憑眺嗟賞, 曰: "果絶勝之區, 名不虛得也!" 遠見沙場邊路, 一朶花枝, 飄然馭風而來. 蓋某妓, 以千金盛粧凝篩, 翠翹金鳳, 綺羅環珮, 瑩煌眩[31]轉, 瀟湘六幅, 玲瓏七寶, 未足以喩其侈麗. 騎繡鞍韉, 靑驄徐驅而至, 下立於沈氏轎前, 以鶯聲唱告曰: "某妓敢謁!" 沈氏遽聞其名, 而無名業火, 衝起三千丈, 恨不得以一拳結果了, 乃大聲[32]叱責, 曰: "某妓何爲來現?" 妓斂容含羞, 而立馬前, 沈氏兩眼角, 早被奇花撩亂, 自不覺其注矚. 良久, 視其眉畵遠山, 眸凝秋水, 櫻脣・桃臉, 千般嫣娜, 萬般旖旎, 似垂柳在晚風前, 艷冶絶世, 光彩射人. 沈氏乃暗歎稱奇, 問其年, 對曰: "十

---

30) 褰: 가본에는 '搴'으로 되어 있음.
31) 眩: 나, 다, 라본에는 '炫'으로 되어 있음.
32) 大聲: 라본에는 '一聲'으로 되어 있음.

八歲矣." 沈氏曰:"汝果尤物, 惑陽城•迷下蔡古語, 誠然! 吾之此來, 欲使汝, 作嬋娟洞裏魂, 少洩此忿恨. 及見汝, 眞傾城絶色, 設令吾是男子, 一見汝, 便當有憐玉偎香之想, 何況老奴乎? 昔桓司馬之妻, 南郡主, 憤其夫之妾李勢女, 持刀往欲斫之, 見其姿貌絶麗, 乃擲刀抱之, 曰:'我見猶憐, 何況老奴?' 今吾於汝亦云, 汝可往侍吾家令公, 而令公炭客也. 至於沈惑生病, 則汝罪當死, 必愼之." 言訖, 卽回馬而復路. 觀察聞之, 急遣神, 傳語曰:"嫂氏旣到城外, 便卽回程, 何也? 願暫入城, 調息而發行." 沈氏大笑曰:"吾非求乞客也, 抵營何爲?" 不顧而去. 觀察招妓, 問曰:"汝以何大膽, 直向虎口而得脫乎?" 對曰:"婦人褊性也, 雖或妬悍, 而作此行於千里, 豈區區兒女輩所可辦乎? 馬之踶囓者, 必善驟步, 其進銳則其退速, 人亦如是. 故凝粧往拜, 若被戕害, 則無可奈何, 不然則冀或見憐而放生耳." 觀察亦奇之.

外史氏曰:"婦人德行, 不妬爲最, 所以樛螽之先於國風也. 皇明時, 王陽明之道學, 戚南宮之武略, 汪南溟之文章, 皆有悍妻, 平生畏服, 不敢出氣. 沈氏之悍, 似不下於彼三者, 而一見姣麗, 便卽回心, 可謂女俠之義氣, 妓之能將計就計, 亦才慧之出類者也."

12-6. 削夫髼施罰雪憤

禹兵使尙中, 公州童子山人, 膂力絶倫. 新娶後, 往來聘家, 路有峻嶺, 適一大虎, 常遏路, 禹每避之. 一日, 夕飧後, 値昏踰嶺, 虎又橫路, 舞爪而迎, 禹遽前抱之, 緊扼其腰, 虎不得施其勇. 遂引步至妻家籬後, 呼妻出助搤虎, 妻以拳毆之, 虎立斃, 因曳至閈外, 蹲之而撑前, 以木像生狀. 翌朝, 一里見之, 咸大驚爲生虎, 久而知其死. 妻之勇力, 倍過於禹, 兼以性鷙悍猜妬, 禹每畏服, 未敢作房外之窺. 禹嘗赴擧, 以匹馬單奴, 作京行, 過天安地, 有商人馬相, 撞於狹路. 禹奴擠之于坡下低窪, 商踴身而上, 乃以手摺禹之所躡鐙子, 以鐙鐵與禹足, 混而爲一, 商遂驅馬冉冉而去. 禹無計脫足, 忍痛而歸家, 呼妻求援, 妻笑而揉金拔足, 戒之曰: "以君些力, 妄欲傲世, 宜有滄浪, 幸愼旃焉!" 甲子适變時, 禹以宣傳官, 陪扈向公州, 將渡漢江, 梢工輩泊舟南岸, 不肯搖櫓迎駕. 時當春初, 江氷始泮, 禹入水而游, 一手叩氷, 一手擊水, 浮以近[33]岸. 梢工以楫打禹頭, 禹乍沒乍出, 躍登江岸, 奮拳殺盡梢工, 自搖舟越來, 奉鑾輿渡江. 以此, 特被寵奬, 節次推遷, 拜全羅左水使. 赴任之路, 岸上有人, 呼問曰: "昔年, 鎖鐙之足, 何以拔出?" 禹驚喜, 手招近前, 乃舊日商人也. 禹曰: "以吾之故, 盡力僅脫, 而君是壯士, 積年願再逢, 而今得邂逅, 實天幸也. 願君輟[34]商業, 同我往水營, 飽煖度日, 相與慰寂, 歸時當滿載奉贐, 以代商利也." 商曰: "今日吾來, 只欲探認鐙鐵中脫足與否也. 吾以自在爲樂, 豈可隨人俯仰乎?" 遂別去. 禹莅任後, 將赴統營水操, 預集舸艦於前洋, 課日私習. 偶視隣郡之一妓, 而悅之, 邀來演武處, 潛與狎昵, 累日置側. 禹奴適到水營, 微聞其事, 歸播于主家, 禹妻聞之大怒, 卽着芒鞋步出, 只隨一婢, 去如飄風, 日行數百里. 未三日, 達水營, 直到演場, 遙望, 旗幟掩翳, 鼓角喧闐[35], 校吏・軍卒, 彌滿船上. 乃立岸上, 大聲咆哮, 連呼禹尙中, 曰: "此漢此漢! 焉敢乃爾?" 一船諸人, 知其爲節度夫人, 風靡星散. 禹妻躍上舟中, 捽禹而伏之, 以棍棒打臀數十度, 又曰: "此漢之罪, 不可棍罰而止, 宜出標跡, 以示衆俾知戢." 乃以利

---

33) 近: 라본에는 '渡'로 되어 있음.
34) 輟: 다. 라본에는 '撤'로 되어 있음.
35) 喧闐: 가본에는 '喧聲'으로, 라본에는 '喧傳'으로 되어 있음.

刀, 剃禹長髥, 無一莖餘存, 奄成婦寺, 旋卽下船, 走還公山. 禹顧
形慚影, 莫可出頭, 而統營操期已臻, 難違軍令, 冒羞馳進, 統帥李
公浣驚問曰: "水使髥好矣, 今忽作頭陀形, 何也?" 禹初則周遮爲
辭, 及李公之累詰, 不得已吐實, 李公曰: "武將專尙威風, 而不能
制一悍妻, 疲軟如此, 將焉用之?" 卽啓聞罷黜.

　外史氏曰: "君子以夫婦造端, 故冀缺之相敬如賓, 孟光之擧案齊
眉, 傳爲美事. 至若外黃富女之庸奴其夫, 陳季常妻之獅吼河東,
乖閨範而傷風敎矣. 禹妻兼有馮婦搏虎之力, 其悍固難制, 而施棍
削髥, 有浮於庸奴獅吼, 殊可駭也."

○第九十五号 婦女部十三【仇恨】

12-7. 驚劒血靑樓飮恨

　趙玄谷緯韓[36], 善戲謔, 有氣義. 與仙源·淸陰諸公, 會龍湖別墅,
同硏[37]肄業. 一夕, 聞隔墻少婦哭聲, 甚悽切, 意謂孀女奠厥亡夫,
達夜哀噭, 所不忍聽. 咸嗟歎, 使僮訪問, 則本以靑樓少娃, 僦屋居
此, 設位陳饌, 皆如行祭. 而其女則非寡女, 其哭則非晝哭, 但哀怨
悲咽, 不啻如崩城之慟云. 咸切疑怪, 玄谷曰: "吾當往探." 翌朝,
去叩其扉, 有老嫗出迎, 始以漫辭拒之, 因一大咤, 竟導入見, 素粧
小娥, 背面靠枕, 雙臉斷紅, 珠淚闌干, 餘痕猶熒熒然. 見客起坐,
略敍寒暄, 客曰: "夜間哭泣之哀, 令人腸消, 未知情境有何絶悲,
而吾非有心人也, 偶同隣比, 特此來叩." 女逡巡囁嚅, 乃斂袵而對
曰: "妾之情事, 所未嘗言, 亦不敢泄, 然今公垂問, 謹當槩陳. 妾名

---

36) 韓: 저본에는 '漢'으로 나와 있으나 의미상 바로잡음.
37) 同硏: 나, 다본에는 '同硯'으로 되어 있음.

屬敎坊, 劣有技藝, 花柳場中閱歷旣多, 性不苟合, 非但史鳳之神鷄枕鎖蓮燈也. 別有人, 惟玉貌仙標, 是愛是惜. 一日, 赴芳樹宴席, 趂夕歸家, 烟月滿衢, 花露滴衣, 餘醒未消[38], 芳興暗牽, 移步門前, 徘徊流眄. 時則山燧已暗, 街鍾欲動, 家掩扉, 而道少人. 適有一少年, 靑袍草笠, 蹌蹌步過, 瞥見丰容, 非潘則是杜, 惜無擲果投橘之人耳. 遽呼而前, 曰: '未審公子何往, 而此卽弊居, 不甚湫陋[39], 暫容歇脚何妨?' 少年靦然一笑, 若將退讓, 乃拉其袖, 曰: '何來拙夫, 外華內荏, 不怕黃昏, 送美人爲風流場貽羞乎?' 遂相携入室, 張燭對看, 洵美且姸, 恍如接芝宇而挤[40]琪樹, 不勞東墻之窺宋, 遽有西廂之遇張, 其喜可知. 乃進旨酒嘉肴, 各敍邂逅之情, 興發執卮而歌, 少酬奇緣. 少年亦唱而和之, 其聲繞樑, 又按琹度曲, 響入淸越, 蓋歌聲琴曲, 俱是絶調[41]. 旣愛其貌, 又憐其才, 未及問[42]其誰家之子, 山盟海誓, 心筭已決, 遂同枕席. 其倚香偎玉, 亦極繾綣, 共至沈沈酣眠. 夜半, 妾忽睡醒, 寒氣砭骨, 腥臭觸鼻, 驚視少年, 則霜鋩挿在肚上, 流血滿茵矣. 心神震越, 亟起察視, 斜月滿窓, 如玉其顔, 尙帶醉痕, 尤覺媚嫵, 腸摧臆塞, 罔知容措. 家無男丁, 莫能周旋, 僅獨抱尸, 移置夾房, 乃闢左扉, 倚門臨路, 若有所俟. 俄而, 一人身長八尺, 穿藍色帖裏, 冉冉步至門前, 佇立顧眄, 妾拜請曰: '竊有所懷, 願公暫住.' 客曰: '何許女子, 深夜誘人, 我非榮陽墜鞭郞耳.' 妾曰: '賤人非爲偸香解佩之計, 適因哀酷之情事, 欲借丈夫之手援, 幸屈陋舍, 俾許詳陳.' 客犁然入來, 乃奉

---

38) 消: 라본에는 '蘇'로 되어 있음.
39) 湫陋: 가, 라본에는 '湫隘'로 되어 있음.
40) 挤: 라본에는 '攀'으로 되어 있음.
41) 絶調: 가본에는 '絶唱'으로 되어 있음.
42) 問: 가본에는 '聞'으로 되어 있음.

觴爲壽, 泣告始末, 曰:'若此情景, 古今所無.[43] 公若善爲措處, 則
當奉箕箒, 以圖結草.' 客曰:'慘哉! 吾當爲汝替勞.' 卽令搜出箱篋
中繒布, 手自襲斂, 裹以油芚, 並携畚鍤, 將越城埋瘞, 謂女曰:'汝
欲往觀乎?' 對曰:'固所願也.' 客遂挾尸倐往, 食頃而回, 挈妾到
郭, 背負而踰, 揀幽僻處, 深掘瘞之. 更負女踰還, 曰:'今夜與女同
寢, 則是以暴易暴, 相去幾何, 且以暫時勞苦, 責報於汝, 豈忍爲
此? 吾爲少年, 斗膽憤激, 欲爲建德報讐, 汝意云何?' 對曰:'若然
則感結幽明, 恩深河海. 然韓府鷹擊, 未知爲誰, 博浪狙伏, 何以索
之?' 客曰:'汝或有投梭絶纓之事乎?' 對曰:'隔垣主第, 有一驕徒,
常登墻窺妾, 而嫌其醜陋, 只事違拒, 無乃此漢逞憾乎?' 客曰:'吾
當試之.' 翌日, 客復來, 洞開後牖, 偕妾倚窓, 狎戱頗久. 及入夜,
客臥窓下, 鼾息如雷, 妾亦支枕假寐. 忽聞有橐橐聲, 乃大驚意[44]謂,
'今宵又結果了此客!' 俄而, 客呼妾張燈, 妾忙起以火燭之, 有一人
折項, 死於牖下, 客曰:'此卽往日誘汝之漢耶?' 妾曰:'然矣, 公何
以致此?' 客曰:'俄者與汝, 臨窓戱謔, 故示此漢, 渠果從垣窺覘,
其眸甚獰賊一般看. 旣料夜間[45]必來戕吾, 當窓假眠, 果持劒而踰
入, 故以鐵椎, 迎擊殪之矣.' 卽以繩曳其尸, 踰城投棄, 旋歸告別,
妾曰:'公之恩德如山, 妾欲隨去, 終身奉侍.' 客曰:'吾因腔血如沸,
做此擧措, 初非因事作媒圖占花魁也.' 因拂袖而起, 更問:'姓氏云
何, 貴宅阿那, 方在何官?' 答以雲遊蹤跡, 知亦何爲, 遂飄然而去.
妾卽賣家至此, 謝絶繁華, 永矢懺悔, 每憶少年慘酷, 千古所無, 而
未能下從, 苟自頑忍. 今値亡日, 略倣祭儀, 以洩悲哀, 天長地久,

---

[43] 若此情景, 古今所無: 주필로 삭제표시가 되어 있음.
[44] 意: 라본에는 '急'으로 되어 있음.
[45] 夜間: 라본에는 '夜半'으로 되어 있음.

此恨曷已?" 玄谷聽罷, 不勝感歎而歸.

　外史氏曰:"狹邪之行, 人所戒愼, 而情之所鍾, 禍亦隨之, 往往蹈意外不測之患, 可不懼哉! 少年橫死, 孰不慘矜, 而況爲女之心, 豈無由我之恨乎? 含哀[46]茹痛, 苦心守操, 無怪其然. 武夫有急人之風, 仗義湔讎, 不伐不求, 宛若古之大俠, 可謂有心人也."

12-8. 借弩手叉鬟復讎

　鄭桐溪蘊, 字輝彦, 世稱名儒. 少時, 俊逸豪邁, 有俠士之風, 與同硏名下士數人, 赴南宮會圍試, 路逢素轎之行. 後有一丫鬟, 冉冉步隨, 垂髻至趾, 明眸秀靨, 婉麗無雙, 諸人目之, 曰:"美而艶!" 各停驂屢睨于女, 女回眸凝睇, 旣去五六步, 更轉秋波, 注于桐溪, 情甚相慕. 諸人曰:"吾輩於輝彦, 文章學識固可讓, 與至於外貌風采, 何遽不若, 而厥女奚獨投橘於輝彦之車也?" 相與戲笑. 未幾, 素轎向村閭入去, 桐溪立馬, 而語同行人曰:"過此卄餘里, 有店舍, 君輩先往, 歇宿而待我, 我當投宿彼村, 明早趕到矣." 咸曰:"吾輩於君, 期望何如? 而今將應試, 聯鑣趨程, 忽於中路, 驀然見風流窈窕, 爲情慾所誘, 要仿滎陽鄭生之狹邪墜鞭人, 固未易知也." 桐溪笑而不答, 遂策馬隨女所之, 抵一村, 綠樹陰濃, 野棠花重中, 有粉墻瓦屋, 髣髴甲第. 下馬入門, 只見外堂鎖閉, 庭廡荒廢, 闃無人聲. 進據空軒, 擬覘動靜, 旋見女挾茵席, 持火具, 從閤內忙出, 撞着桐溪, 笑容可掬. 遽進前, 密告曰:"露處未安[47], 願暫住賤人之空房." 桐溪隨到外廊, 入其室, 頗幽淨[48]可坐. 女鋪席張燈, 爇進烟

---
46) 哀: 가본에는 '悲'로 되어 있음.
47) 妥: 이본에는 '安'으로 되어 있음.
48) 幽淨: 라본에는 '幽靜'으로 되어 있음.

茶, 曰: "當備夕飱以來." 遂卽入去, 俄而進飯, 精淡可噉, 又曰: "乍入廚房, 洗整盤卓而出, 幸靜俟之." 少焉, 山月初上, 林籟俱寂, 但聞村墟夜春, 與寺鍾相間. 桐溪獨坐, 凝想疑訝, 無何, 女又來, 挑燈斂衽, 曰: "供具駐[49]接, 俱甚薄陋, 曷勝媿悚." 桐溪笑謂曰: "吾非探花之蹀, 汝無通心之犀, 何以知吾之隨到, 預爲迎接之排置乎?" 對曰: "奇緣巧湊, 一路邂逅, 賤質免乎登徒妻之極醜, 公心異於阿難尊之不撓, 怎當他眼, 角留情處, 脚踪傳意時, 曷不聳心猿意馬, 乃得溶肝鐵腸石耶? 時夜將半, 恐有竊聽, 略敍閒話, 如范叔之先言外事." 因開戶周察, 四顧無人, 乃迴燈促膝, 曰: "宵旣分矣, 不怕屬垣, 竊有隱衷, 倘蒙見諒, 願以一言稟白." 桐溪怪而答曰: "第言之." 女悽顏[50]垂淚, 而對曰: "偶有西津之遇鄭, 妄效天台之引阮, 非圖繾綣之慾, 欲雪憤寃之事. 公若成就, 此一段苦心, 則謹當結草報恩矣." 桐溪曰: "果何故也?" 對曰: "賤人卽此家叅養之婢也, 舊主以屢代獨子, 恂恂儒雅, 鄕黨咸稱之, 娶一淫婦, 年纔弱冠, 死於非命. 蓋此村後有一潑皮, 以漁粉獵脂爲業, 閭里中推爲輕薄祭酒者, 聞婦姿色, 密結里媼, 遺以重貨, 求計售奸. 朝垣夕室, 男欣女耽, 欲專歡樂, 暗逞凶圖, 竟使六尺之孤魂, 遽作九原之幽寃. 旣無袒免之親, 爲之刷奸湔仇, 又乏臧獲之徒, 可以仗忠報讎. 惟有賤人, 痛纏骨髓, 自恨弱質, 不能抽刀向儈, 只願許身於豪男, 借手而雪恨. 今日路上, 竊覸公子, 眉帶十丈之靑霞, 膽藏一斗之赤血, 庶可辦一大事. 故以眼誘致此, 天以賤人恩公子, 而報主家之寃也. 凶漢聞淫婦歸, 自本第今又來會, 此誠千載一時, 願速圖之." 桐溪曰: "汝之志槩, 甚奇且壯, 但吾以書生, 手無寸鐵, 何以臨不測之

---

[49] 駐: 라본에는 '住'로 되어 있음.
[50] 悽顏: 라본에는 '悽然'으로 되어 있음.

淵, 犯滄浪之戒乎?"女曰:"吾有勁弩毒箭, 藏之久矣, 公雖不嫻穿札, 焉有咫尺之間壹發不殪乎?"即持弓矢, 靜悄悄地, 携客至內舍, 穴窓乍窺見, 爐香暈烟, 燭淚堆盤, 面前酒[51]器, 皆不曾收一條. 大漢當窓背坐, 披襟露胸, 摟抱淫女, 戲謔不已, 乃從窓隙, 滿的射去, 正中醜漢之背, 洞胸而斃. 又欲射其淫婦, 女揮手止之, 曰:"彼雖可殺, 吾旣服事多年, 何忍手戕? 不如拋之而去."促之外廊, 收拾行李, 隨桐溪而出, 不得已[52]載後同行, 尋抵諸人駐宿之店舍. 天猶未明, 諸人驚起, 見桐溪挈一麗人而入來, 一客正色而責之, 曰: "吾於平日, 以輝彥爲學問中人, 今忽有此妄擧, 誠意慮之所不到也." 桐溪曰:"這裏自有委折, 從當說破矣." 遂與入都, 置之旅店, 應會試䨓捷. 榮歸之日, 又携來作妾, 女賢慧過人, 百事無不通曉, 鄕里溢譽. 桐溪夫人有獅子吼, 公憚之, 別築一室置妾, 每托見友, 暫見而還. 或問曰:"公曾不畏爾瞻凶焰, 尙可畏夫人乎?" 公曰:"賊瞻輩殺則已矣, 此則長日侵虐, 正可怕也." 聞者齒冷.

外史氏曰:"欒布爲奴於燕, 將爲家主報讎, 此特英男事耳, 女以小奚柔腸, 能爲主雪仇. 此義也, 能知桐溪之仗義多氣, 而誘來借手, 此慧也, 金生沙礫, 珠出蚌泥, 若玆賢智. 生於卑微, 天之所賦, 亦不以貴賤有殊歟!"

○ 第九十六号 婦女部十四【奇遇】

12-9. 掃雪庭獲窺故情

成相國世昌, 字蕃仲, 號遯齋, 判書倪之子也. 自兒時, 雋朗有詞

---

51) 酒: 라본에는 '杯'로 되어 있음.
52) 不得已: 주필로 삭제표시가 되어 있음.

藻, 年甫志學, 操筆成章, 書畵音律, 莫不精曉, 時人以三絶目之. 判書愛而器[53]之, 曰: "此吾家千里駒也!" 及按節關西, 挈公而往, 惟此浿城之佳麗繁華, 不翅[54]錢塘西湖之風簾畵橋, 桂子荷花, 從古風流才子, 每多流連而忘返者. 至若梨園弟子, 家綺而戶羅, 無非錦江峨山之幻出薛濤, 年少豪俠之所藉以代花月者也. 公雅性不喜芬華[55], 獨處書室, 雖粉黛如雲, 而心中無妓, 恒寂寂一床. 適値按使之弧辰, 置酒於秋香堂, 會賓佐張風樂, 公奉觴稱壽, 紅粧翠袖之爭姸而取憐[56]者, 簇列左右, 而公無所顧眄. 時有一妓, 名紫鸞, 號玉簫仙, 年纔二七, 姿態爲平康絶代, 歌舞吹彈, 俱臻精妙, 兼以才慧絶倫, 能綴詩詞, 按使每奇之. 是日, 見兒子捧玉斝, 而呈綵舞, 意甚悅, 命鸞妓賦卽景一詩, 以助歡讌, 鸞應口對曰: '華堂錦[57]瑟綺筵開, 北斗南山映壽杯. 但願年年春不老, 庭蘭拜舞月中迴.' 按使大加稱賞, 公亦暗讚不已, 曰: "可伯仲於薛英英之「蘇臺竹枝詞」, 史鳳之「迷香洞」詩, 孰謂靑樓朱唇中帶得口吻生花也?" 按使命公酬妓韻, 卽成曰: '此日蟠桃幾度開, 新春瀲灩萬年盃. 寸忱願上龜蓮壽, 長向高堂綵舞迴.' 一坐稱善, 按使甚喜, 謂公曰: "汝來聲伎之鄕, 只事尋數之業, 洵是佳士操行. 而但欠韻人風度, 近且春曷和暢, 景物如畵, 時或訪花隨柳, 窺燕弄鶯, 以之暢幽寂, 而舒[58]悁鬱, 不亦宜乎? 男子於色界, 固所戒愼, 而惟彼鸞娥, 才美而識慧, 秀外而惠中, 堪作書廚侍兒. 使之捧硯[59]供茶, 縱不必姘雲迷

---

53) 器: 라본에는 '奇'로 되어 있음.
54) 不翅: 가본에는 '不啻'로 되어 있음. 서로 통함.
55) 芬華: 가본에는 '粉華'로 되어 있음.
56) 憐: 라본에는 '姸'으로 되어 있음.
57) 錦: 나, 다, 라본에는 '琴'으로 되어 있음.
58) 舒: 가본에는 '敍'로 되어 있음.
59) 硯: 저본에는 '碩'으로 나와 있으나 가, 나, 다본에 의거함.

雨, 亦可與吟風弄月, 若香山之於柳枝, 蘇仙之於朝雲, 毋至寥寥笑人也[60]." 公難違庭訓, 旣歸書齋, 召鸞近前, 視之, 綽約是出水芙蓉, 娉婷是倚月姮娥. 已憐其才, 又愛其貌, 眼花撩亂, 心猿跳蕩, 可謂才子佳人, 兩相遭, 便是惺惺惜惜惺[61] 乃命坐桉頭, 拈韻唱和, 吟詠頗多, 不能盡記.[62] 又挑燈伴讀, 因朝夕侍傍, 公亦一時少之[63]不樂也. 如是數月, 款愛日深, 諺所謂 '墨近受汚, 轡長必踐.' 且磁引鍼, 而蜂探香物, 理猶然, 男女之慾, 人所難制, 公其烏得免乎? 一夕, 遽前狎抱, 女面發頳拒之, 曰: "公勿驟作此態, 使爺憫郞孤寂, 敎妾昵侍, 勸勉墨帳, 努力靑雲, 豈爲溺情祇席, 抛却鉛槧耶? 妾與公約, 自今伊始, 毋窺宋墻, 勤下董帷, 但得一步進竿, 卽圖一宵同裯, 否則煩言無益也." 公自是, 益勉緗素, 荏苒歲餘, 竟與之綢繆纏綿, 雖交頸比翼, 不能過也. 及按使秩滿, 朝廷以有政績[64], 仍其任, 凡五年, 而始解臨歸, 慮其子之不能割情而捨愛, 問曰: "汝與紫鸞, 旣同三載帷榻, 應難一朝燕鴻, 欲携往, 則恐有妨於名行; 要捨去, 則慮係念而致疾. 此誠兩難,[65] 將何以處之?" 對曰: "章臺路柳, 人皆可折; 南浦歸舟, 終須一別, 豈有戀戀難捨者乎?" 蓋公與鸞, 處情境屢歲, 未嘗有一日之離, 實不知鍾情之地, 鴛分鳳坼, 爲最可恨, 故姑强作大談耳. 公方回轅, 鸞遠于將之擧袂涕泣, 不忍分手. 公雖自謂斷恩割義而倒, 不免牽腸掛肚, 乃長吁短歎, 始知黯然銷魂, 惟別而已. 及歸家, 對露花, 則如灑別淚; 望烟

---

60) 也: 저본에 '之歎似無妨矣'라 쓴 것을 주필로 수정한 것임.
61) 便是惺惺惜惜惺: 주필로 삭제표시가 되어 있음.
62) 不能盡記: 주필로 삭제표시가 되어 있음.
63) 之: 가본에는 '乏'으로 되어 있음.
64) 績: 가본에는 '蹟'으로 되어 있음.
65) 此誠兩難: 주필로 삭제표시가 되어 있음.

柳, 則若含離愁, 憶鸞一念, 怒如調飢, 日不暇食.⁶⁶⁾ 時⁶⁷⁾值大比, 與二三會心, 負笈漢北山房. 一夜, 諸人皆齁齁⁶⁸⁾地睡, 而公偶無寐, 推窓騁眺, 丈雪初霽, 皓月滿庭. 徙倚樓檻, 悄然四顧, 萬籟俱虛, 千林共⁶⁹⁾闃, 山上棲鵑, 磔磔失群而響雲霄; 天邊歸鴻, 嗷嗷喚侶而向江浦. 公遇景興懷, 覽物增想, 徘徊如獨鶴之影, 悽愴有幽鸞之思, 花容玉音, 森然在眼, 琤然在耳. 悲關河之迢遞, 感霜月之交流, 伊人之懷, 泉湧火燃, 狂心陡起, 按住不得. 乃戴毛巾曳筇而出, 直自山庭, 走向洱城, 雖趁月光而跋涉, 但欠雪路之熹微, 十顚九倒, 僅行十餘里, 曙光⁷⁰⁾已在背矣. 足繭不能步, 入村家, 換着藁屝, 間關作行, 未及數日, 囊乏盤纏, 遂鬻毛巾, 獲些錢緡以糊口. 過幾日, 囊銅又罄, 不忍饑寒⁷¹⁾, 輒丐食於行旅, 寄宿於店廊. 公生長於綺紈膏梁, 未嘗輕出門庭, 忽作千里徒步, 自至彳亍蹣跚, 加以凍餒葡匐, 辛楚萬狀, 衣破懸鶉, 面黧瘦鵠, 殆非人形. 寸寸前進, 月餘始抵箕城, 往尋鸞家, 叩其扉, 俄有, 一姥出迎, 意謂流丐而欲逐之. 公遂前致辭, 具道來由, 姥大駭, 曰: "何前貴而後賤也? 吾女方侍棠軒, 朝夕供奉, 不得移一跬步, 奈何?" 公曰: "自別紫鸞, 便隔靑鳥, 思見一念, 柔腸屢回, 不計險夷, 困頓至此, 苟得一接芳面, 死無餘憾." 姥曰: "月宮仙娥, 猶或得見牙門寵姬, 何可更逢? 老身之阻違渠面, 亦此⁷²⁾屢月, 公子之遠路虛行, 其情雖慽, 不如早還." 言罷還入, 待以貿絲蚩蚩之客, 少無綈⁷³⁾袍戀戀之意. 公慨歎

---

66) 日不暇食: 주필로 삭제표시가 되어 있음.
67) 時: 라본에는 '將'으로 되어 있음.
68) 齁齁: 나, 다본에는 '鼾鼾'으로 되어 있음. 서로 통함.
69) 共: 가본에는 '俱'로 되어 있음.
70) 曙光: 가본에는 '曙色'으로 되어 있음.
71) 饑寒: 다본에는 '飢空'으로 되어 있음.
72) 此: 나, 다본에는 '且'로 되어 있음.

出門, 無可向處, 忽記得大人莅營時, 有某吏犯憲, 將蔽以重律, 情有可恕, 公周旋救解. 吏謂之受恩, 擬以效誠, 嘗與之親熟者, 轉尋其家. 吏亦初不之識, 公具擧以告, 吏大驚迎拜, 曰: "公子此何擧也? 誠夢寐之所不到." 乃處以淨室, 進以美饌, 問: "此來何故?" 公披陳衷曲, 吏慨然曰: "公子以千金貴骨, 萬里前程, 只緣花房溺愛之情, 遽作萍鄕徒跣之行, 名敎掃地, 擧措駭眼, 竊爲公子不取也. 公旣遠臨陋舍, 敢不勉圖方便, 但此事大難, 今使家寵此娥, 專房不令須臾離. 公苟欲再合延平之劍, 誠無其路, 若只要一窺樂昌之鏡, 當爲公籌之." 翌朝, 上天同雲, 六花紛紛, 向夕, 雪深三尺, 吏笑曰: "機緣巧湊, 却似天公會事發, 公如欲遠見廬山眞面, 愚有一計, 未審公能行之否?" 公曰: "苟係所願, 死生以之, 燥濕何擇?" 吏曰: "明朝, 將[74]調發軍丁, 掃雪營庭, 而小吏專管是任. 公子混入役夫之中, 以至澄閣後庭, 則此近於貯妓之室, 庶或有驀然見風流業冤之道矣." 公欣然從之, 遂戴弊破氈笠, 穿藍縷短褐, 隨群擁篲, 由戟門, 抵北庭, 强效衆掃除, 自不覺其齟齬惡㦬, 衆咸怪之. 惟其[75]一段苦心, 便如登兜率宮, 入離恨天, 而要遇眞仙[76], 雖有笑於列者, 亦不遑恤. 手執一箒, 傴僂廻旋之際, 頻擡雙眸, 俯覘堂上, 雲鬢翠飾, 往來不絶, 而所謂伊人寂無影響. 心甚燥菀, 且涉訝惑, 忽見一麗姬, 斜坐曲房, 方吸烟茶, 拓窓而唾, 瞥眼仰視之, 乃意中人也. 怳若披開萬疊密雲, 露出一輪明月, 如何不驚喜? 是夢是眞, 如癡如狂. 女亦悄悅注矚, 只這兩邊眼角, 遙傳[77]一般心事, 脉脉如

---

73) 裼: 나, 다본에는 '綈'로 되어 있음.
74) 將: 가본에는 '當'으로 되어 있음.
75) 惟其: 주필로 삭제표시가 되어 있음.
76) 眞仙: 가본에는 '神仙'으로 되어 있음.
77) 傳: 나, 다, 라본에는 '得'으로 되어 있음.

隔河牛女之相看. 已而, 女愀然色變, 遽閉其牖, 雖欲[78]重拭白眼,
再攀靑眄, 而仙雲一去, 窅無形跡, 咫尺巫山, 漠如弱水. 公猶彷徨
不能去, 良久, 悵恨而出. 吏問: "得到桂殿, 果窺素娥否?" 公憮然
語其狀. 吏曰: "送舊迎新, 朝炎暮涼, 自是, 娼樓伎倆於渠何誅?
明當備呈人馬, 早却[79]回程, 好矣." 是日, 鸞泣告觀察曰: "賤人有
區區情事, 敢此仰暴. 值父亡日, 每祭於墓, 今老母淹病, 非妾躬
往, 無可替行, 隻鷄盂飧之奠, 勢將闕如, 若蒙數日之暇, 較多千金
之惠." 觀察笑而許之, 鸞卽走歸家, 問: "成公安在?" 母曰: "日前有
一丐者, 扣門訪汝, 詢之, 曰'成公子', 吾視其行色, 半疑涉妄, 未及
款待, 謂以汝方侍觀察營中, 莫可會面云. 又顧之他, 不知去處耳."
鸞悲啼, 責其母曰: "此非人理所可忍爲, 吾與此郎, 四載同榻, 情
深河海, 恩重邱山. 竊觀公子, 器是瑚璉, 姿如麟鳳, 文章韓・柳, 風
采潘・杜, 羽儀王庭, 蜚英雲衢. 固知早晚間事士生, 大有榮及家
人, 亦是不易得之會情. 願擧案齊眉, 抱裯歸身, 誓白頭, 則皎露爲
霜; 指赤心, 則丹楓交炙, 豈意百年之佳約, 遽有一朝之濶別? 未
能苦節自守, 竟被威勢所逼, 志愧柏舟之矢死, 跡厠楊家之執拂.
天若見憐, 爲脫狌犴人, 如重逢[80]可偶鸞凰, 顧玆一片氷心, 但在三
生赤繩. 何幸前度佳郎, 猶念舊時情人, 不嫌墻花之賤質, 便如蒓
草之相思, 不遠千里, 徒步而來, 靑袍換以鶉衣, 玉顔變爲鬼形, 備
嘗艱苦, 無所怨悔. 此誠有心之人, 無雙之士, 至於混跡賤隸, 挾箒
營庭, 可見苦心至誠[81], 透浹骨髓, 人非木石, 寧不感動? 公子於

---

78) 欲: 나, 다, 라본에는 '或'으로 되어 있음.
79) 却: 나, 다본에는 '卽'으로 되어 있음.
80) 重逢: 가본에는 '逢之'로 되어 있음.
81) 誠: 나, 다본에는 '情'으로 되어 있음.

吾, 傾情輸悃, 如是切摯, 吾若負情忘義, 神必殛之, 南山可移, 此心不泐. 汧國之再遇鄭生, 金谷之重迎[82]石郎, 俱是拔諸坑坎, 置之袵席, 亶由紅閨中義氣, 永垂青史上芳名, 亦非今日之所當柯則者乎? 彼以朱門貴公子, 一朝飄泊, 至此困躓枯瘠, 形狀慘矜, 行路猶嗟, 阿孃反不若路人之視, 詎無留客飯一盂, 乃以閉門羹待之乎? 是可忍也, 孰不可忍也?"[83] 嗚咽良久, 欲尋公所住, 無可問處, 沈思半晌, 意謂, '某吏嘗受惠於公, 倘在彼家.' 遂以禿髻布裙, 飄然而往. 時夜將半, 公獨坐沈吟, 慨人情之倏[84]變, 感世事之多舛.[85] 微聞窓外有履聲, 一美人開戶而入, 遽喫驚, 是人是鬼, 挑燈更視之, 卽鸞也. 喜極而悲, 握手相慰, 曰: "何得到此?" 鸞曰: "夜短話長, 此間不宜久淹, 共還妾家, 略叙衷臆無妨." 遂携手同歸, 設盃盤以叙情, 鸞曰: "公之此行此擧, 其心所在, 金石可透, 妾心卽郞心, 豈可以一宵邂逅, 共紓此三秋相思? 且何忍旣合旋分, 如鵲橋之逢別, 蕣華之榮枯乎? 欲逗遛此處, 時或密會, 郞必逢怒庭闈, 妾當獲譴營臬, 將若之何? 爲今之計, 莫如三十六計[86]走爲上策." 潛抽篋笥, 揀其綺錦[87]·釧環·珠佩之珍異者, 裹以二箱, 乘其母睡熟而出門, 男負女戴, 晝伏夜行. 轉入孟山深峽之中, 寄托[88]村家, 傭賃以糊口. 鸞善於女紅[89], 胼胝十指, 獲些錢財, 乃搆茅屋數間, 以居之. 時賣箱中所携, 以資噉着, 又善處隣里, 俱得歡心, 每賴其

---

82) 迎: 가본에는 '逢'으로 되어 있음.
83) 是可忍也, 孰不可忍也: 주필로 삭제표시가 되어 있음.
84) 倏: 나, 다본에는 '易'로 되어 있음.
85) 慨人情之倏變, 感世事之多舛: 라본에는 '感世情之無常, 人事之變舛'으로 되어 있음.
86) 三十六計: 주필로 삭제표시가 되어 있음.
87) 錦: 가본에는 '席'으로 되어 있음.
88) 寄托: 가본에는 '轉丐寄托'으로 되어 있음.
89) 女紅: 가본에는 '女工'으로 되어 있음. 서로 통함.

賙恤依貸, 遂至安堵. 初公之同研[90]諸人, 朝起視之, 公不在矣, 卽
與山僧, 窮搜不得, 乃大駭報于其家. 其家震驚, 多發奴隷, 遍覓遠
近, 竟絶影響, 以爲若非狐媚[91], 必是虎嚽, 竟招魂虛葬. 觀察忿妓
之瞞, 囚其母及族屬, 大索一境, 閱月乃止. 一日, 鸞謂公曰: "郎以
貴家獨子, 背親遠逃, 罪著不孝; 携娼深匿, 行乖名檢, 今不可抗顔
而歸家, 又不宜終老於此地, 將何以爲計?" 公泫然曰: "吾亦深憂,
罔知攸措." 鸞曰: "尙蓋前日之愆, 惟有一事, 上可以厭父母慶, 下
可以立身揚名, 願公子熟思之." 公曰: "是謂登科乎?" 曰: "然矣."
曰: "吾意亦然, 顧安所得書而溫習舊業乎?" 曰: "妾當爲公圖之!"
遂托于四隣, 購書而來, 適有村人, 欲塗壁買一冊者, 携示之, 卽我
東科體騈儷, 細書成文, 冊大如斗. 公喜曰: "此足以尋章摘句." 給
厚價以取. 自是, 夫讀婦織, 俾夜作晝, 孜孜不已, 鸞常偶坐, 伺其
疲倦, 勸綴科文, 數歲而業大就. 公謂鸞曰: "可戰藝耳." 曰: "未也,
郞行詭跡鄙[92], 不件他士, 當礱淬利器, 一戰而覇, 方可將功贖罪連
轡群英耳." 公緜是益自勤苦[93], 文詞驟長, 一第可摘髭矣. 聞國有
謁聖科, 公將赴擧, 謂鸞曰: "吾何忍抛汝于寂寞之濱, 獨自登程乎?"
鸞曰: "方圖大事, 豈拘小節? 當匪久重會, 幸毋憂焉." 遂俶裝以送
行. 公旣上洛, 寓於旅店, 及入場, 揭表題, 一筆揮灑而呈券, 俄而,
日下奏雲, 公擢金榜第一名. 時公之大人, 以禮判登對, 上敎曰:
"今榜壯元, 似是卿子, 而其父職啣, 書以大司憲, 此曷故也?" 因命
以試券示之, 尙書覽訖, 俯伏涕泣, 而奏曰: "此果臣之子也! 三年

---

90) 同研: 나, 다본에는 '同硯'으로 되어 있음.
91) 媚: 나, 다, 라본에는 '獮'로 되어 있음.
92) 鄙: 가본에는 '秘'로 되어 있음.
93) 勤苦: 가본에는 '勉苦'로 되어 있음.

前, 讀書山寺, 忽一夕不知去處, 意其必死於猛獸, 虛葬持服. 今見試紙, 果是渠之手筆, 當失去之時, 臣職叨都憲, 故想以此書之, 實未敢知渠三年何往而今來赴試也." 上聞而異之, 卽命呼公, 先以儒服入對[94], 是日侍臣觀者, 莫不灑然變色. 上俯詢其顚末委折, 公離席頓首, 曰: "臣不肖無狀, 棄親逃竄, 得罪人倫, 願伏重誅." 上曰: "君父之前, 何可隱諱? 雖有過失, 吾不汝罪, 汝其悉陳之." 公以前後事蹟, 備細陳達, 左右聞者, 莫不聳聽稱奇. 上敎于尙書曰: "卿子, 今旣悔過勤業, 策名立朝, 男女之際, 大慾存焉. 一時迷惑, 不足深尤, 盡赦前罪, 更責後效, 可也. 至於某妓, 其事甚奇, 其志可嘉, 令此子率畜, 陞爲副室, 所生之子, 勿枳淸顯也." 仍賜樂簪花, 父子相逢, 暗暗揮淚, 共戴榮還家, 闔門驚喜相慶, 卽具轎馬, 迎來紫鸞, 盛設宴會, 慶溢內外. 公歷敭華要至大官, 鸞擧二子, 皆登科顯達. 始公擢魁科, 卽拜兵郞, 鸞以佐郞副室上京, 故孟山之人, 名其所居之地, 爲佐郞村云.

外史氏曰: "成公之勇斷西行, 雖出於一時風情, 豈齷齪淺丈夫所可辦哉? 女旣覩其景狀, 安得無揣其心曲; 旣揣其心曲, 安得不來從; 旣來從, 安得不逃匿; 旣逃匿, 安得不欲濯累補過? 欲濯累補過, 惟有勉業登科, 旣登科而補過, 安得不遂爲父子如初? 揆以情理事勢, 俱不得不然, 然苟非挾義氣具才智者, 亦何以辦此? 從古才子佳人之遇合, 何限, 而尠有如此奇異者也."

12-10. 簪花路遇諧舊緣

沈相國喜壽, 號一松, 美風度, 善詞章, 妙年登科, 致位台閣. 嘗

---

94) 入對: 가본에는 '入待'로 되어 있음.

赴籌坐, 臨罷, 顧諸宰曰: "老夫赴衙, 止於今日, 願諸公各自珍重."
咸曰: "此何敎也?" 公曰: "大限有命, 吾豈不知? 猥以菲才, 幸逢晟
際, 年位俱極, 夫復何恨? 惟望群公努力, 佐明時而答聖恩也." 座
中莫不訝惑. 公還第寢疾, 一名官公所親愛者, 往候之. 公延見臥
內, 曰: "吾不久於世, 君當遠到, 須自愛焉." 名官愕然曰: "旬節康
旺, 一時微恙, 不必深慮, 今玆之敎, 竊有滋惑[95]?" 公笑曰:

吾於他人, 曾不言及, 君今叩問, 何必隱諱? 當細陳, 幸勿噱. 吾
早孤家貧, 詣里塾受業, 劣有才藝, 貌且丰姣, 塾師憐而器之, 曰:
"此子必早致靑雲[96], 訓課深勤." 年十四五,[97] 略涉經史, 能綴詩賦,
師從而詡揚, 虛譽譟一世. 塾童中有一宕家子, 常誘群童, 嬉耍花
柳場中, 余亦被其慫慂. 適有大家盛設聞喜宴, 隨衆往觀, 座有某
宰, 夙知余面者, 引余授以盤中緗桃數枚, 擘而啖之, 偶擲其核, 落
于歌妓裙前, 妓微哂. 余覩此妓, 艶冶絶世, 狂心陡[98]起, 挨坐妓側,
問其名, 曰: "一朶紅也." 望而如月, 卽之如花, 凝神注矚, 不忍捨
去. 女亦暗轉, 秋波以送情, 密問: "姓氏云何, 貴宅阿那?" 余具以
對. 及歸家, 神迷意奪, 怳如崔生之遇紅綃妓, 而恨無崑崙奴耳. 通
夕轉輾, 遲明暫假寐, 忽有美人褰裳而至, 曰: "夜來百福." 余瞥見
驚呆, 莫省所諭, 蓋以淡粧常服, 非昨日之珠翠濃飾, 更視之, 乃紅
也. 疑夢疑眞, 遽起執手[99], 曰: "汝何到此?" 紅拂手退坐, 而數余
曰: "公以貴門公子, 前程何如, 而不事尋數之業, 欲效狹邪之遊.
乃以總丱蓬頭, 突入紅粉叢座, 不顧衆楚之咻, 先問一朶之名, 頓

---

95) 滋惑: 가본에는 '惑焉'으로 되어 있음.
96) 致靑雲: 나, 다본에는 '登雲'으로 되어 있음.
97) 年十四五: 가본에는 '十年未滿'으로 되어 있음.
98) 陡: 가본에는 '忽'로 되어 있음.
99) 手: 가본에는 '袖'로 되어 있음.

忘羞愧, 自損體貌. 士夫之行, 固如是乎?" 余憮然曰: "汝言良是, 今汝之來, 欲玉成吾耶?" 紅曰: "烏可以一言玉成? 雖韞櫝之珍, 必待琢磨而成器, 妾之委來, 政以欲琢磨公子也. 公子若俯從賤人之言, 當終身以奉巾櫛, 不然, 則此生赤繩未可諧矣." 余曰: "汝之誠意如此, 捲舒進退, 惟汝所指." 紅曰: "公子誠能斷窺牆之念, 勤下帷之工, 夙夜矻矻, 博覽強記, 敏飛卿之八叉, 富文通之百函, 乃可以一躍登龍[100], 而三生之緣, 亦可續矣." 余曰: "唯唯! 吾性不苟合, 或值綺紈, 曾莫流眄, 不意當年終有所蔽, 昨日一席間, 幾不自持, 行忘止, 食忘飽, 恐不能逾朝暮. 何幸天仙自降, 認爲活人之佛, 若如汝言, 則動費歲月, 當索我於枯魚之肆矣." 紅勃然作色, 曰: "賤人來奔, 豈爲情慾所誘耶? 斷斷爲公子成就也. 公子溺情, 衽席抛却鉛槧, 則所欲成就者, 反爲戕賊而已. 且公子以芳年盛華, 未娶妻而先蓄妾, 其於名敎何? 顧以賤品敢累貴人, 當從此逝矣. 苟非然者, 托身閨閤, 侍奉筆硯, 縱未效鴛鴦之同浴, 庶不失鶺鴒之共棲. 徐圖待時, 可遂宿願, 願公子熟思之." 余自揣, 女旣自薦, 而留在吾家, 偎紅紓情, 當如探囊取物. 方喜藍橋之遇玉杵, 旋恐江浦之失解佩, 姑欲羈縻之. 乃應曰: "當依汝言." 紅甚喜, 乃因女奚謁太夫人, 而告之曰: "賤人以錦山良家女, 混入妓籍, 區區志願, 惟在於得逢貴人厠諸側室, 圖所以出墨池而登雪嶺. 仄聞貴宅公子, 聲華藉甚, 昨於某處宴席, 偶獲邂逅, 以妾肉眼, 亦知名下無虛, 矢心歸身. 但公子以方興未艾之年, 有馳騖冶遊之想, 若不劬學飭躬, 頓變前習, 則白馬黃昏, 復作詩料, 而亨衢發軔, 自當差遲. 妾用是爲慮, 竊擬謝跡靑樓, 厠身墨帳, 日夕勸課, 冀有淬厲之效, 敢此來

---

[100] 登龍: 가본에는 '登龍門'으로 되어 있음.

白." 太夫人曰: "家兒不務學業, 專事放蕩, 老身方深憂悶, 汝能使之遷喬而入縠, 則何幸如之? 第男女之際, 大慾存焉, 汝朝夕在傍, 安得無任情受傷乎?" 紅曰: "妾欲取色慾, 則何處[101]無豪俠風流, 而乃從淸瑩弱質之公子乎? 公子無登徒之行, 賤人非河間之醜, 此事惟在賤妾從違之如何, 且公子聘室之前, 賤人何敢乃爾? 公子雖欲繾綣, 妾當抵死牢拒, 已誓于心, 幸毋疑焉." 太夫人曰: "汝之誠意可感, 而吾家常憂桂玉, 汝以口厭珍錯身嫌綺羅之蹤, 安能忍饑耐寒乎?" 紅曰: "布裳糲飯, 苟得掩身而充腸, 則安往而不支乎?" 自是, 紅長在余家, 竭誠勉學, 每朝俾余受訓於隣塾以來, 輒坐丌傍, 鎭日勸讀, 焚膏以繼日[102], 嚴立課程. 少有怠懶[103], 則必告別以恐動; 要與綢繆, 則輒峻責以違拒. 余亦無奈, 每暇躬執滌灑, 手倩縫紉, 渾室上下, 咸得其歡. 余年旣勝冠禮, 當有室, 而傾心于紅, 不欲議親, 媒妁四至, 皆援引退托, 紅大詰曰: "公以名家子弟, 因一賤倡, 欲廢大倫乎? 妾不可不去矣." 余竟委禽, 紅亦始同枕席, 約曰: "每月兩日入房, 妾一日當夕, 如或違期, 閉戶不納." 余旣長成, 場屋應試, 儕友過從緗素攻業, 未克專精. 一夕, 紅慨然曰: "公之做業, 今到八九分地, 少得加鞭, 可一戰而覇. 然十寒一曝, 易至虧簣, 今難以口舌爭, 則無寧妾身退避, 待公龍頭之選, 當圖復會. 郞有戀妾之心, 必攻苦刮目, 一第可摘髭, 故已以此意, 控于太媽媽, 亦蒙[104]印可, 今玆告別, 爲郞不獲已也." 余愕然曰: "自汝之來, 誓以百年團樂, 忽作別話, 何也? 余當斂華就實, 更勿言去也!" 紅

---

101) 處: 가, 다본에는 '慮'로 되어 있음.
102) 日: 저본에는 빠져 있으나 가, 나본에 의거함.
103) 怠懶: 나, 다본에는 '懈怠'로 되어 있음.
104) 蒙: 저본에는 '家'로 나와 있으나 가, 나, 다본에 의거함.

曰:"妾亦豈無鸞分之恨, 而不如是, 則無以爲公成就耳." 余認以如前恐動. 翌日, 暫赴隣社, 歸見, 紅已去矣, 聞家人問所之, 亦不言其處云. 余惘然悵失, 刻意做工, 用人一己十之勤, 功令各體, 皆就精鍊. 三四年間, 果登金榜, 欲爲紅報喜, 而恨不知其下落. 有某宰伻, 賀曰:"唱第後幸來訪, 俾老夫獲覩賁儀." 此卽昔年聞喜宴席, 投我以桃之某宰也. 余游街歷入, 老宰迎款, 饋以酒饌, 曰:"君欲見故人乎?" 余逡巡對曰:"故人爲誰?" 老宰顧靑衣有云云, 俄而, 靚粧一女出拜, 曰:"登龍之慶, 不勝欣賀." 見之, 卽紅也. 且驚且喜, 問:"汝何在此?" 老宰笑曰:"此娥事蹟, 甚奇, 吾當說破. 吾偕老無子女, 一日, 此娥忽來, 請厠丫鬟之列, 替執箕箒之役, 吾問:'何故?' 曰:'本以良女, 爲里媼掠賣, 誤入敎坊, 未及被人所汚, 幸遇佳郎, 已成百年之約, 期以登第後重會. 妾在娼[105]館, 恐難潔身, 聞貴宅甚從容, 敢願來托爲數年藏踪之道焉.' 辭婉意悽, 令人感歎, 吾憐其姿態, 嘉其節操, 卽許之. 女具針線・烹飪之才, 極意供奉, 以至懸[106]衾斂簞, 抑搔扶持之節, 隨處盡誠, 老夫妻愛之若小[107]嬌. 嘗問:'靑鳥之佳約, 誰也?' 女擧君名以對, 吾曰:'此卽佳士, 汝善適人矣.' 每當科後, 輒考榜眼, 吾以日下奏雲之尙遲爲惜, 女曰:'霜蹄暫蹶, 不足爲恨, 天門攀桂, 當有其日.' 及君擢第, 吾聞而急起報喜於女, 女不甚聳聽, 但曰:'固所料矣. 妾與郎有別時之約, 願送妾從郎.' 吾曰:'汝姑留此, 吾欲邀致佳郎, 賁飾盛事, 因爲奉邀矣.' 吾於古今傳記, 多見名姝情感遇合之異事, 而未有若此之絶奇者. 天感至誠, 以諧宿約, 今日之會, 不可孤負老夫, 當爲君與

---

105) 娼: 다본에는 '媼'으로 되어 있음.
106) 懸: 저본에는 '縣'으로 나와 있으나 가, 다본을 따름. 뜻은 서로 통함.
107) 小: 저본에는 '所'로 나와 있으나 가본에 의거함.

姬, 成就一段好事, 君可留宿一宵也." 卽命侍婢, 淨掃一室, 設繡
屛·綵茵·錦衾·角枕, 有若新婚, 爐香裊裊, 花燭惶惶, 盃盤浪藉,
風樂迭奏, 半夜跌宕, 余與紅會宿. 翌朝, 謝辭老宰, 馱紅歸來, 擧
家驚喜, 咸稱奇緣. 及余官玉署, 紅告余曰: "妾之睽違父母, 殆近
十年, 公若作宰錦山, 俾妾錦還, 則志願畢矣. 可爲紅圖之否?" 余
乃求出宰于錦山[108], 挈紅而往, 自官盛備供具, 使之歸見爺孃. 紅
乃咸集親黨閭里, 歡讌屢日, 多辦饌需衣資, 遺其父母, 曰: "官府
異於私室, 吾一入之後, 幸勿通路, 毋累官政[109]也." 在衙數歲, 紅
每辭當夕, 曰: "頻近姬妾, 乃傷生之道, 幸愼旃焉." 忽於一夕, 請
侍寢, 問其故, 曰: "妾將訣世, 願盡餘歡, 聊紓別懷耳." 余怪而責
曰: "汝何預知?" 曰: "妾能自知耳." 不幾日, 果嬰疾恙, 謂余曰: "死
生有命, 夭壽一也. 妾生得托身貴人, 恩寵無比, 歸託故鄕, 榮耀極
矣. 沒復何憾? 但望埋骨於公後日瑩域, 以圖終始侍側焉." 言訖而
逝. 余大加傷悼, 手親斂殯, 躬領柩輀, 返埋先楸近地, 到錦江, 有
詩曰: '一朶名花載柳車, 香魂何處去躊躇. 錦江秋雨丹旌濕, 疑是
佳人別淚餘.' 其後, 家有吉凶, 必先夢告, 無一差謬. 數日前, 又夢見
曰: "相公大限將近, 妾迎拜有日, 今方灑掃以待." 余於籌坐, 告別諸
宰者, 此也. 以君通家之誼, 適此相問, 故玆悉陳之, 幸勿煩於世.

未幾, 相公損館云.

外史氏曰: "紅女中大俠也. 擇耦來從, 如紅拂妓之於李衛公; 勉
業成就, 如李娃之於滎陽鄭生. 知將來之貴器, 慧眼如神也; 嫌壓
尊而勸聘, 志操有守也; 約重會以激勵, 才智出類也. 其辭嚴義正,
處凜乎, 如烈士, 至於現夢通情, 亦至誠攸感也. 事事奇異, 節節神

---

108) 山: 저본에는 빠져 있으나 마본에 의거하여 보충함.
109) 官政: 가본에는 '官庭'으로 되어 있음.

妙, 非紅不能識一松, 非一松不能遇紅, 豈偶爾乎哉?"

○第九十七号 婦女部十五【志操】

12-11. 尼菴逢郞問登科

　盧玉溪縝, 生居南原, 早孤家貧, 年過加冠, 而未委禽, 有娣及 笄, 而未結褵. 其堂叔武弁, 有爲宣川府使者, 玉溪之慈親, 使之往 乞婚需. 玉溪以編髮, 徒步寸寸前進, 僅抵宣川, 阻闇, 立路傍. 適 有一小娥, 自牙門出來, 明璫翠鈿, 鬢髮如雲, 年可十四五, 卽敎坊 翹楚也. 蹇裳細步而至, 凝睇佇立, 而問曰: "何來公子, 在此彷 徨?" 玉溪槩道其由, 女曰: "初面奉邀, 極知唐突, 而賤居距此不 遠, 不甚湫陋. 公子所館, 定於妾家, 何如?" 遂指示某衙第幾家, 玉 溪强應之, 女因俱到衙門, 囑守卒導入. 乃見其叔, 悉陳悶迫之情, 其叔嚬蹙, 曰: "吾莅任屬耳, 債帳如山, 從何措手以圖救濟? 汝之 委來, 誠不思之甚矣." 意甚冷落, 玉溪憮然, 告退[110]以出宿于外, 卽訪妓家. 女欣迎款待, 進夕飧, 頗精備. 抵夜, 女促膝而前, 曰: "賤妾之邀致公子, 非爲一宵燕幕之棲, 要結百年鴛樹之誼, 若不嫌 我烟花賤質, 情願擧案齊眉, 白頭奉侍." 玉溪曰: "汝意雖嘉, 而吾 家貧未娶, 何以畜妾乎?" 女曰: "敎意誠然, 而妾有愚見, 姑諧赤 繩, 但依鵝鴨之野合; 待登靑雲, 便作鸞鳳之會巢, 此係長久之術, 願公熟思之." 玉溪自想, '日暮途窮, 進退維谷.' 遂與同裯, 兩情俱 殷, 信宿幾日. 女母苦其留連[111], 始以言辭挑怒, 玉溪恭謹如初. 已 而, 聲色競嚴, 女益不堪, 矢以靡他. 母乃戟掌誵女, 曰: "吾育汝以

---

110) 退: 저본에는 빠져 있으나 나본에 의거함.
111) 留連: 가본에는 '留延'으로 되어 있음.

東野彙輯 卷十二　555

掌珠, 裹汝以繡襦, 式于[112]至今, 吹之恐飛, 執之恐陷者, 豈欲以種
蘭蕙而伴蘼蕪乎? 要得嘉耦, 榮及渠母. 仄聞本府官司, 少年名武,
方求美妾, 擬如石家之百琲買姬, 媒妁朝暮至矣. 且吾東隣張生,
貌若潘岳, 富埒猗頓, 風流豪奢, 不羨盧家之鬱金堂, 登墻窺汝已
三年. 吾當爲汝議配, 汝上可得金谷之富貴, 下不失莫愁之歡樂,
今欲從蓬頭鼻涕之一愚獃兒, 汝非癡憨也, 是風狂."女慨然曰: "此
郞雖落魄旅邸, 骨相非凡, 以吾肉眼, 亦知其必大貴矣. 豈可嫌於
目前窮困, 不思日後榮華乎? 要我倚門獻笑, 送舊迎新, 寧甘一死,
決不情願, 吾志已誓, 幸毋多言."母盆侮之, 指燭中花, 笑曰: "郞
朝以貴汝, 夕以隨燭之生花識郞之得女也."女至夜半, 謂玉溪曰:
"官家手段甚狹, 雖至親優助婚需, 恐未可知. 妾之[113]篋中, 有碎銀
三百兩, 持此以歸, 可資鼇悅之備, 不必更入鈴堂, 自此直發."玉
溪曰: "去就倏忽, 則豈不逢彼之怒乎?"女曰: "屢日逗留, 不過以
幾十兩錢, 俾作盤纏而已, 骨肉間炎凉, 尤爲羞[114]侮, 不若明早[115]
浩然歸去矣."卽起理行裝, 備人馬䭾送, 曰: "去路千里, 終須一
別[116], 只願公子自顧前程萬里, 努力雲衢, 圖箇後會. 妾當潔身, 以
俟之相逢之期, 在此一條, 千萬保重."玉溪歸家, 以其銀成娣婚,
又娶妻而有餘裕, 衣食無苟, 乃刻意攻業. 三四年後登第, 大被主
眷, 承闕西繡衣之命. 直抵宣川, 訪妓家, 妓母瞥見不識, 諦視乃
覺, 驚呆半晌, 攀袂而泣, 曰: "公何一寒如此? 吾女自逶公之日,
棄母逃走, 不知去向, 而[117]老身淚無乾時."玉溪茫然自失, 乃曰:

---

112) 于: 저본에는 빠져 있으나 마본에 의거함.
113) 之: 저본에는 빠져 있으나 가본에 의거함.
114) 羞: 가본에는 '受'로 되어 있음.
115) 明早: 가본에는 '明朝'로 되어 있음.
116) 一別: 가본에는 '別去'로 되어 있음.

"吾之西來, 一片精神, 專在於遇見故人. 人面不知何處去, '桃花依舊笑春風', 詩人先獲我心, 女一去後, 存沒幷未聞知乎?" 媼曰: "近聞風傳, 賤女在成川山菴, 詑影秘跡, 人無見其面者. 吾老且無子, 莫能追尋, 徒切悲懷." 玉溪聽罷, 直向成川, 遍搜山寺, 行尋一處, 崖壁千仞, 上有小菴. 攀蘿捫藤, 五步喘十步休, 艱辛上去, 探問女之有無, 有數三女僧出迎, 而告曰: "三四年前, 一女子年可近二十者, 來此, 持銀兩, 寄食於禮佛之尼, 因隱坐佛龕之後, 散髮垢面, 不現其形. 從窓隙, 受飯盂而救饑, 只於放尿屎時, 暫出旋入. 諸尼皆稱以生菩薩, 不敢近前云." 玉溪乃使禮佛之尼, 傳語于女曰: "南原盧公子, 爲見娘子而來[118]到此, 何不出迎?" 女因其尼問登科與否, 曰: "以繡衣來矣." 女曰: "多年藏踪, 爲郞君地也, 豈不欣幸, 而[119]今難以鬼形拜謁, 幸爲我留幾日, 謹當梳洗以復本形, 而迎拜矣." 玉溪遂留而待之, 女果凝粧而出, 執手相慰, 悲喜交集. 諸尼始知其來歷, 莫不驚歎. 玉溪卽通于本府, 借轎駄還宣川, 使其母女相面. 及竣事復命, 率來京第, 置之側室, 終身器愛云.

外史氏曰: "女一見玉溪, 便知爲貴人, 許以歸身, 此慧識也; 揣守宰之量狹, 損已財以資助, 此仗義也; 匿形藏踪, 免被人汚, 待阿郞之成名, 此貞節也. 天感至誠, 俾諧宿願, 玉溪之早登靑雲, 亦此女之誠心攸召, 甚奇哉!"

12-12. 仙樓對客話贈詩

金三淵昌翕, 癖好遊覽. 少時, 有切友宰成川, 三淵往別之, 成倅

---

117) 而: 저본에는 빠져 있으나 가본에 의거함.
118) 來: 저본에는 빠져 있으나 가본에 의거하여 보충함.
119) 豈不欣幸而: 주필로 삭제표시가 되어 있음.

曰: "浿西名勝, 可埒杭眉, 成都樓閣, 甲於國中, 君可一來暢懷否?"
三淵莞爾曰: "固所願也, 但吾以一驢一僮, 惟意遨遊, 不欲煩令公
爲東道主人也." 遂策蹇衛, 掛弊袍, 蕭然而往, 到浿城, 登浮碧樓.
時値冬初, 江風淅瀝, 山雪飄颻, 四顧寥廓, 獨自逍遙, 頗有瀟灑之
趣. 俄而, 官吏[120]持盃盤, 女伶樂工, 簇擁而至繼, 有幕佐一人來,
傳觀察意, 曰: "適憂采薪, 未能下榻. 昔錢文僖留西京, 遣廚傳歌
妓于歐公諸人, 語'山行良佳, 少留龍門賞雪.' 此是前脩美事, 風流
餘韻, 藹然可想. 老夫於此, 興復不淺, 聊奉濟勝之具, 幸跌宕盡歡
而歸也." 因以盛陳酒饌, 紅粉成行, 絲管迭奏. 三淵意甚不屑, 略
無顧視, 但啜盃酒, 曰: "乘興而往, 興盡而返, 亦古人之韻事, 前程
甚忙, 未可淹留." 遽下樓, 促[121]發向成川. 成倅素諳三淵之淸規,
難於接待, 遍問左右, 蓋以遣吏迎候, 盛備供具, 非所以副其雅意
也. 傍有一妓, 貌甚[122]淸瑩, 能吟詩者, 願自當接待之節, 無違高士
之雅規[123], 以顯主人之厚誼, 府使許之. 妓探問三淵行, 某日當至
府境, 路傍有六隅小亭, 縹緲林畔, 景致絶佳, 意謂, '必少憩亭上.'
乃以白磁瓶, 盛美酒, 苞裹數尾江魚, 付其兄之爲官奴者, 謂之曰:
"今日午前後, 必有一客人, 面帶山野之態, 身着山野之服, 來憩此
亭, 須酌用木瓢, 斫細膾而進之. 但道是本府官司設此, 待三淵居
士, 更須善爲說辭, 引到吾家, 俾得以舘客焉." 奴依其言, 往候之.
有頃, 果有山野人, 以幅巾道袍, 羸驂短僕來, 憩亭上, 奴拜而請,
曰: "客非三淵居士乎?" 曰: "然矣." 乃斫魚爲膾, 酌酒以進之, 曰:

---

120) 官吏: 나본에는 '營吏'로 되어 있음.
121) 促: 나본에는 '捷'으로 되어 있음.
122) 甚: 저본에는 빠져 있으나 가본에 의거함.
123) 雅規: 가본에는 '雅意'로 되어 있음.

"本府官司設此, 以待之矣." 三淵奇其語, 且喜其味之澹泊, 欣然而嘗. 奴曰: "小人家在降仙樓近處, 數間草堂, 不甚湫陋, 距官門[124]稍遠, 幽靜有趣, 客其有意館小人家乎?" 三淵曰: "諾." 遂與之偕來, 曲徑通幽, 茆屋臨溪, 籬下黃菊, 餘香襲裾, 階邊脩竹, 淸陰滿窓. 入其室, 則爐茗方沸, 匣琴在床, 竹几茵鋪, 極其淨灑, 三淵甚宜之. 少焉, 府使屛騶徒而出, 萍鄕拭靑, 笑容可掬, 相與對酒論詩, 妓乃不施朱粉, 以淡粧常服, 侍立于傍, 娉婷如素娥玉女. 府使謂三淵曰: "彼妓卽敎坊翹楚, 而其志操貞潔, 不作烟花賤品之倚門賣笑, 退籍家居, 能綴詩句, 君可置之左右, 以消閒." 三淵雖心中無妓, 而旣覩玉貌, 怳如瑤臺之逢縞袂, 又聞詩名, 還疑嵋山之幻薛濤, 笑而强應曰: "諾." 府使又顧妓, 曰: "爾是此家主人, 方便待客, 有事則來告." 自是夕, 妓設饌而餉之, 山蔬・川魚, 精淡可餐. 設衾枕, 奉沃匜, 飾冠帔, 妓必躬執, 不敢以燕惰見, 愈加敬禮, 三淵感其意, 爲留數日. 正値十月之望, 府使邀三淵, 泛舟沸流江, 一舟載漁網, 一舟載歌妓, 方舟下澄潭, 銀鱗玉尺, 潑潑盈網而出. 妓在傍, 高聲語歌, 妓曰: "是歲十月之望, 擧網得魚." 且歌「後赤壁賦」, 三淵亟稱之, 曰: "才妓也!" 及歸宿處, 餘興未消, 覓酒解酲, 妓預置一壺旨酒, 以進之, 曰: "我有斗酒藏之, 久矣, 以待子不時之需." 三淵又稱善, 乃沉醉頹眠, 妓爲之脫其巾, 解其衣, 支枕以臥于床褥, 亦自卸粧抱裯, 伏侍床下. 抵曉, 三淵喉渴喚[125]茶, 妓卽煎以一甌香茗, 以奉之, 乃斂袵而告曰: "『孔叢子』所載, 宰予對楚昭王曰: '夫子妻不服綵, 妾不衣帛.' 據此, 則以夫子之聖, 而亦有妾矣. 以公學行高蹈, 不近女色固然, 而今乃咫尺巫山, 使人介介,

---

124) 官門: 가본에는 '官家'로 되어 있음.
125) 喚: 나, 다본에는 '喫'으로 되어 있음.

何其薄情之太甚乎? 若得一襯道體, 死無餘恨." 三淵旣憐[126]其才, 又嘉其誠[127], 竟於醉中, 許其薦枕. 旣醒而悔, 曰: "誤到十二峯近地, 幾乎爲雲雨所迷矣." 留數日, 窮游覽時, 同府使酬唱, 或令妓賦詩. 及其將歸, 妓願得一詩, 書之裙幅, 留作篋中之寶, 乃賦一絶, 親書以贈之. 一別數歲, 妓聞三淵遊楓嶽, 遂改着男服, 穿芒鞋, 曳竹杖, 而往訪于山寺. 三淵忻然, 與共探勝, 無深不到, 妓自懷中, 出裙幅所題詩韻, 請更題一詩, 以償遠來之意. 三淵次前韻, 又書以與之. 妓歸藏爲傳家寶. 三淵未嘗有贈妓詩, 而特於此妓破戒書贈者也.

外史氏曰: "三淵之素操定力, 豈一時女色之所可撓哉? 妓能副其意, 而悅其心, 不以柔辭巧說媚嫵百態, 而一言曲從破戒贈詩, 宛如秦少游之於義娼. 雖然, 特嘉其志誠, 許令侍寢, 而已必不及於亂矣, 而恐未免後人之疑'苽田納履'之嫌, 宜君子之攸戒也!"

○第九十八号 婦女部十六【情義】

12-13. 矗石樓兩女黜陟

朴靈城文秀, 少時, 隨內舅晋州任所, 眄一妓, 兩情俱殷, 誓以山海. 偶見一官婢汲水而過, 甚醜劣, 或曰: "此女年近三十, 尙不知陰陽之理, 如有近之者, 可謂積善." 公聞之, 是夜, 呼入而薦枕. 及還洛, 登科, 以御史到晋州, 訪妓家, 有老嫗出迎, 曰: "君之顏面, 恰似年前銜客朴生, 可怪." 公曰: "吾果然." 嫗驚曰: "此何故也?" 因携入室, 公問: "君之女安在?" 曰: "以本官房嬖, 不得須臾離也.

---

126) 旣憐: 가본에는 '奇'로 되어 있음.
127) 誠: 다본에는 '儀'로 되어 있음.

日寒如此, 可吃飯而去." 乃入廚炊飯. 俄有曳履聲, 一女到廚下,
嫗曰:"某處朴生忽來矣." 女曰:"緣何來此云乎?" 嫗曰:"其狀可
矜, 卽一流丐, 見逐於其外家, 轉轉求乞而來, 要得資斧云耳." 女
作色曰:"何爲向我道此?" 嫗曰:"彼旣欲見汝而來, 可暫入見." 女
曰:"見之何益? 明日, 以節度營生朝, 張宴于矗石樓, 吾之篋中新
衣, 可持來也." 嫗曰:"吾方執爨, 汝可搜出." 女不得已入戶, 開箱
攝衣而出, 略不回顧, 並無一言. 公呼嫗曰:"主人如是冷落, 吾從
此逝矣." 嫗曰:"癡女子何足較也? 飯幾熟, 幸暫療飢而去." 公曰:
"不願喫飯." 乃出門, 尋至婢家, 婢尙汲水, 熟視而始省識, 遽前抱
大泣, 卽携入室, 曰:"吾料公子必大達, 豈意困躓至此? 今日可留
宿吾家." 因出一箱紬衣, 而勸換着, 公曰:"此衣從何辦乎?" 對曰:
"積年汲水, 聚些雇錢, 裁縫而置, 欲付信便, 而魚沉雁杳[128], 未得
伸誠, 今幸遂願." 公曰:"終當着之, 姑留置也." 女卽備飯而進, 旋
入後面口喃喃, 若有詬罵, 又有裂破器皿之聲. 公怪而聞之, 對曰:
"南俗敬鬼神, 吾自送公子, 設神祀, 而朝夕祈禱, 只願公子之顯達,
神若有靈, 公子豈至此境乎? 事甚無謂, 俄已燒破矣." 公忍笑而感
其意. 翌朝, 女勸公以着新衣, 而捲取其弊褐以去, 公亟起奪之, 女
曰:"敗絮缺縷, 不可復着, 可棄之." 復攫而拓窓投庭, 公急下拾取,
如是者三四. 女勃然曰:"妾[129]則推誠, 而公乃誑妾, 寧不慨然乎?"
公曰:"何謂也?" 女曰:"公之不棄弊衣, 將以有爲也, 豈非御史乎?"
公笑曰:"汝言良是." 遂着藍縷, 直至矗石樓, 伺其動靜, 官吏紛紛
肆設. 俄而, 節度與守宰齊會, 歌管迭奏, 盃盤狼藉. 公突入座上,
曰:"過客欲參盛宴!" 節度曰:"第坐一隅觀光." 公見其妓盛飾冶容,

---

128) 杳: 가본에는 '斵'으로 되어 있음.
129) 妾: 가본에는 '女'로 되어 있음.

立於使君之側, 節度顧而笑, 曰: "本官近必大惑於彼尤物, 形神稍減矣." 使君答曰: "有名無實." 節度曰: "寧有是理?" 因呼其妓, 行盃循次而進前, 公曰: "客亦願沾一盃." 節度命妓進酒, 妓乃酌酒, 給知印, 曰: "可傳彼客." 公笑曰: "吾亦男子, 願飮妓手之盃." 使君作色, 曰: "但飮可矣, 何願妓手?" 公强飮之. 及進饍, 方丈盛設, 而於公則只數器殘瀝, 公曰: "俱是士夫, 而飮食何有層下乎?" 使君怒曰: "長者之會, 何敢煩絮? 可速去!" 公亦怒曰: "吾亦非長者乎? 吾旣有妻有子, 鬚髮蒼然, 則是豈孩少耶?" 使君呼吏, 曰: "此客妄悖, 可逐出." 吏立於樓下, 叱曰: "卽速下來!" 公曰: "吾豈下去? 本官可以下去." 使君益怒, 曰: "此是狂客, 何不曳下乎?" 號令如霜, 知印輩競挽袖推背, 公舉扇高聲, 曰: "汝輩可出來." 言未已, 郵卒大呼曰: "暗行御史出道!" 於是, 一座蒼黃迸出, 公高坐而笑, 曰: "固當如是下去矣." 自節度以下, 皆具公服請謁, 禮罷後, 公捉入其妓, 曰: "年前, 吾與汝情愛何如, 而今吾作此狀而來, 則非但無一言慰問, 反爲發怒, 何也? 俗云: '不給糧而破瓢者.' 政謂此也. 事當打殺, 而於汝何誅?" 略施笞罰, 又招妓母, 曰: "汝有綈袍戀戀之意, 爲汝而特赦汝女之罪." 乃呼汲水婢, 坐於傍而撫之, 曰: "此眞有心女子." 仍命陞付妓案首座, 某妓降定汲水婢, 遂摘發本倅肥己不法之狀, 封庫而還. 後公直玉署, 一夕, 英廟召儒臣, 講對訖, 命各陳閒話, 以及閭巷見聞. 公對以無可仰徹者, 上曰: "汝經持斧之任, 必有經歷, 盍言之?" 對曰: "鄙瑣不敢敷陳." 上曰: "君臣之間, 如家人父子, 豈有不可言者?" 屢强之, 公以晋州事條對, 至婢製進新衣, 上以小扇拍案稱奇. 至因收弊衣知爲御史處, 擊節頻數, 至矗石樓事, 扇爲盡碎, 因敎曰: "厥女何不率來乎?" 對曰: "事力未遑矣." 上顧謂承旨曰: "須以予意通于嶺伯, 以晋州某女, 卽治送于儒臣朴某家, 可也." 女旣到公家, 恪奉箕箒, 賢而勤幹, 人皆稱之.

外史氏曰: "不可背者, 恩也; 不可忘者, 義也. 苟或有失於此, 其人何足道哉? 況其報復之理昭然, 甚可畏也. 靈城事, 雖近於年少俠氣, 而箇中包得善心, 故女之感鏤不忘理, 固然矣. 第其至徹宸聰, 竟成就一段奇緣, 卽罕有之美事, 此可以使世之人有所勸懲者歟!"

12-14. 納淸亭二客咷笑

巫雲者, 定州妓也. 色藝兼備, 年纔二八, 擅名一世, 關西俠少藉爲花月者也. 時有南原梁生, 家計饒給, 處心疎浪, 每以風流自許, 不拘小節. 聞關西多名妓, 思欲一往暢懷. 適有親黨爲定州牧使, 生罄家儲, 結駟聯軫而往, 牧使使之擇妓薦枕, 卽巫雲也. 生切愛之三年, 盡輸其貨, 弊衣單奴, 騎驢而還. 妓有男弟, 追送中途, 拚轡而泣, 生不忍別, 自度行李無餘, 只有一韉在足. 遂脫而與之, 赤足而坐驢背, 行半日程, 午炊於納淸亭, 臨溪倚樹, 惆悵涕泣, 行旅莫不咨嗟. 有一商, 亦於是溪上午飯, 支頤零[130]涕, 悲不自勝, 生問之, 曰: "爾是何人, 悲泣若我? 願與密語, 對討懷抱." 商囁嚅趑趄, 生先曰: "吾留定州三年, 有所眄妓, 鍾情旣深, 非徒我愛妓, 妓亦愛我倍之, 一朝捨別, 是以泣." 商曰: "吾亦於定州, 得一少妓, 留三年. 其妓乃衙客所眄, 須臾不離, 晝夜無隙, 每托省母, 一日兩出, 歡情方洽, 今乃作別, 是以泣." 遂相持痛哭, 不覺日之夕矣. 生問: "爾之所愛妓, 名爲誰?" 曰: "巫雲也." 於是憮然一笑, 拂衣而歸, 自此, 不復關心. 生賫來木綿一千疋, 霜華紙三千束, 盡消於此妓. 其後, 京居成進士某, 以游俠自任, 豪放不羈, 偶到定州, 見巫

---

130) 零: 저본에는 '雪'로 나와 있으나 나, 다본에 의거함.

雲, 而憐其才貌, 卽同枕席, 情愛甚篤. 及其別也, 彼此戀戀不忍
捨. 雲矢心靡他, 山盟海誓. 艾灸兩股肉, 作瘡痕, 而托言有惡疾,
前後守宰·使星之過, 輒謀避之, 一未嘗近焉. 李大將柱國之莅定
州也, 見雲而欲近之, 雲解示瘡處, 曰: "妾有惡疾如此, 何敢從命?"
李帥曰: "然則在前供奉, 亦可也." 自此, 晝入而夜出者, 凡幾月矣.
一夜, 雲忽近前, 曰: "妾今夜, 願侍寢." 李帥曰: "汝旣有惡疾, 則
是何言也?" 雲告其故, 且曰: "妾屢月侍側, 竊覰公之凡百, 眞可謂
大丈夫. 妾亦有心者, 豈無近侍之心乎?" 李帥笑而異之, 卽與之
狎. 及苽熟將歸, 雲願從之, 李帥曰: "吾有三妾, 汝又隨去, 何也?"
雲曰: "然則妾當爲公守節." 李帥笑曰: "守節云者, 欲如爲成進士
守節者乎?" 雲勃然作色, 乃以佩刀斫左手一指, 李帥大驚, 欲率
去, 又不聽. 後幾年, 李以平安兵使莅營, 一日, 雲來謁, 李帥欣然
迎之, 遂與同居. 夜欲昵之, 忽抵死牢拒, 李帥聞其故, 對曰: "願爲
公守節." 曰: "旣爲我守節, 而又拒我, 何也?" 對曰: "妾以不近男子
矢心, 則雖公何可近乎? 今一近之, 便是毁節也." 同處歲餘, 而終
不相近. 及李帥之歸也, 雲亦辭歸渠家. 後聞李帥之喪耦, 抵京哭
慰, 過襄禮而還. 其後, 李帥之喪亦然. 自號雲大師, 往來山寺, 以
終老焉.

外史氏曰: "冶遊之徒, 携其資斧, 一入香粉網羅, 罕不作銷金窩
者, 而迷不知悟, 至於惜別涕泣, 不知彼女心曲, 又有別人, 何其愚
也? 雲妓之灸股·斫指, 雖有兩截人之歎, 而爲李帥守節, 到老靡
渝, 亦倡流中有氣義者歟!"

○第九十九号 婦女部十七【才妓】

12-15. 咸關對唱娥留期

　李文衡匡德, 號冠陽. 旣釋褐, 承關北廉訪之命, 乃以丐服, 潛行閭里, 鉤探守宰之藏否, 詢察民俗之頑懦. 一日, 擬到咸興露蹤, 與數人迫暮入城, 見居民, 奔走相告曰: "御史今日到此." 李公訝, 曰: "遍行全省, 無有識我[131], 今此喧傳, 或緣從者之有洩耶?" 乃還出郭, 窮詰諸伴, 無所得. 過數日, 復入城出道, 剖決事務之餘, 問諸吏曰: "爾曹何由知我將來?" 吏曰: "滿城喧傳, 未知先出於何人之口." 公命探言根以告, 吏退而窮探, 則實七歲妓名可憐之先倡也. 吏告其狀, 公招可憐, 問曰: "爾纔齠齔, 安能有李郜問使星之術乎?" 對曰: "妾家臨街, 偶推窓而見, 則有二丐人並坐路傍. 一人方解鶉衣捫虱, 手如柔荑, 妾心自疑曰: '流離凍餒之人, 固當胼胝瘦黑, 而詎能如斯?' 旋見還着弊衣在傍人, 攝而奉之甚恭, 有若傔僕之於貴者. 始知其爲御史之行, 潛告家人, 自至傳播耳." 公異其穎悟, 極憐愛之. 及還, 贈以一詩, 以證後期, 女亦服公器宇, 慕公文華, 有托絲蘿之意. 年旣及笄, 守紅誓白以待公, 而公實不知. 迨公坐事, 謫居咸關, 女乃往侍, 公亦深感其誠. 然自顧罹累之蹤, 有難昵近聲色, 與之周旋四五年, 未嘗及亂, 女益服公之偉度. 女性慷慨, 喜誦諸葛武侯「出師二表」, 每風淸月朗, 爲公一唱, 聲韻淸越, 如珠走盤, 而鶴唳空際[132], 公聞聲悲感. 旣有子瞻牡丹之歎, 不覺樂天靑衫之濕, 遂吟一絶, 曰: '咸關女俠滿頭絲, 爲我高歌兩出師.

---

131) 我: 가본에는 '者'로 되어 있음.
132) 際: 저본에는 빠져 있으나 나, 다본에 의거하여 보충함. 마본에는 '中'으로 되어 있음.

唱到草廬三顧地, 逐臣淸淚萬行垂.' 未幾, 公蒙賜環之恩, 始遂抱
衾之願. 公臨行, 謂曰: "雖欲携手同歸, 而奈宥命屬耳, 載妓而還,
有碍瞻聆. 吾於歸田之後, 當力致汝于家矣, 毋恨稍遲." 女喜副所
望, 慨然領諾. 公歸家, 荏苒未遑, 不幾年, 因病損館. 妓聞凶音,
設祭長慟[133], 引決而逝, 家人葬于道側. 後靈城朴公文秀按節北臬,
過其下, 聞而奇之, 題其墓, 曰'咸關女俠可憐之碑'.

外史氏曰: "施肩吾詩云: '幼女纔七歲, 未知巧與拙.' 可憐七歲,
能察色[134]而知人, 何其慧也; 守志不亂, 至於下從, 何其烈也? 建
封卒官盼盼死, 少游謫死楚妓經, 若是者, 誠出天性之所安, 固非
激以干名也. 叛臣辱婦, 每出于名門世族, 而伶人賤女, 乃有此穎
悟之識, 堅貞之行, 豈非秉彝之良有不間耶? 噫! 倡也, 猶然士乎!
可以知所勉矣."

12-16. 長城遇詩妓見賣

蘆兒者, 長城妓也. 容貌才藝, 冠絶當世, 且能詩, 多絶唱. 其春
夜詩, 曰: '春粧催罷倚焦桐, 珠箔輕明月[135]上紅. 香霧夜多朝露重,
海棠花泣小墻東.' 采蓮曲曰: '秋淨長湖碧玉流, 荷花深處繫蘭舟.
逢郎隔水投蓮子, 遙被人知半日羞[136].' 邑宰·使客, 無不沉惑留連,
大爲一邑之弊. 御史盧[137]某南下之日, 以除去尤物, 爲邑袪弊, 爲
已任, 當杖殺蘆兒, 先聲遠播. 厥父母[138]聞之, 廢食流涕, 蘆兒笑

---

133) 長慟: 마본에는 '哀慟'으로 되어 있음.
134) 七歲能察色: 가본에는 '能七歲察色'으로 되어 있음.
135) 明月: 다본에는 '盈日'로 되어 있음.
136) 羞: 가본에는 '愁'로 되어 있음.
137) 盧: 가본에는 '姓'으로 되어 있음.
138) 父母: 다본에는 '女母'로 되어 있음.

曰: "我有一計, 自可圖生, 爺孃幸毋憂焉." 遂率其弟, 扮作孀女,
俾弟作店童, 而[139]物色探御史踪跡, 往待於隣邑店舍, 賃屋以居. 御
史果入其店, 蘆兒以淡粧素服, 戴水盆, 頻頻來往於前, 其綽約之
態, 眞神仙中人也. 御史不勝情欲, 密問於店童, 對曰: "彼卽店主
之女, 喪夫才過三年矣." 御史曰: "汝可乘夜招來否?" 對曰: "彼雖
賤人, 志操有守, 未可招致." 御史以溫言誘之, 曰: "汝若招來, 當
有重賞, 必善爲周旋也." 童曰: "此事大難." 搔首而去. 至夜, 又招
童而萬端誘說, 童去良久, 來告曰: "渠以爲若欲率蓄, 則當呈身云
矣." 御史大喜曰: "奚但率蓄而已乎? 汝亟往傳吾意而偕來也." 夜
旣深, 竟潛引納之, 蘆兒曰: "妾以遐鄕賤婦, 一被士夫[140]之顧眄,
不可改適他人, 必欲守節, 期以白頭奉侍, 願公留名於臂上, 以爲
他日之信誓, 則當從命. 苟非然者, 雖死不敢承命." 御史覩其美艶,
慾火如熾, 遽曰: "汝言是也!" 遂書名於臂上, 而終不知范雎之爲張
祿也. 蘆兒乃盡其嬌態, 以媚之, 御史大傾惑, 以歸路携行, 丁寧盟
約而去. 及到長城露蹤, 大張刑威, 拿入蘆兒, 曰: "尤物不可見, 使
之隔帳." 而數其罪, 蘆兒疾聲大呼曰: "願納供而死." 御史使給紙
筆, 則只書一絶, 曰: '蘆兒臂上是誰名, 墨入氷膚字字明. 寧使川
原江水盡, 此心終不負初盟.' 御史見之, 知其見賣,[141] 不敢出一聲,
罔夜遁去. 及復命, 此事大播, 至徹宸聽, 爲發天笑, 特命以蘆兒賜
御史, 御史得遂同載之願, 而長城永絶邑弊矣.

　外史氏曰: "女子巧黠之才智, 往往有難測處. 自古豪男, 亦或爲
狐迷蠱惑, 竟入於釣餌之術, 顚沛乃已, 可不愼乎! 御史之以除去

---

139) 而: 저본에는 빠져 있으나 나, 다본에 의거하여 보충함.
140) 士夫: 가본에는 '士大夫'로 되어 있음.
141) 御史見之, 知其見賣: 다본에는 '御史見賣'로 되어 있음.

尤物, 爲已任者, 及見尤物, 乃先傾心, 至於迷而見賣, 凡世之强作大談者, 何可信也?"

○第一百弖 婦女部十八【名娼】

12-17. 星月每道三可笑

　星山月, 星州妓也. 選入長安, 爲第一名花, 脩白秀麗, 擅場於貴遊華筵. 及其老退, 每自言, 平生有三可笑事. 一則, 嘗赴金尙書某公家讌席, 抵晡酒闌, 樂闋唱雜, 詞絃急而聲正繁. 適有一宰相來座, 寒暄甫訖, 因使唱歌, 絲管喧轟, 盡歡而罷. 時琴客金哲金, 歌客李世春, 妓桂蟾·梅月等, 偕焉. 後數日, 有隷來言, "某宰相見招諸人, 可急來待." 遂與琴歌客諸妓往, 卽日前金尙書座來過之宰相也. 列階下請候, 卽令升廳, 某宰整襟危坐, 無一言賜顔, 直曰: "唱歌!" 雖無興致, 不得已唱之, 轉初二章, 曲未終, 某宰忽盛怒, 並摔下, 曰: "汝輩向日金宅之會, 絃歌可聽, 今則低微而怠緩, 顯有厭色, 以吾不解音律而然歟?" 諸妓謝曰: "初筵偶爾低微, 知罪知罪, 願更試之." 某宰特許之. 諸妓相與瞬目入座, 直發羽調, 大聲高唱, 間以雜歌, 胡叫亂嚷, 全無曲調. 某宰大樂之, 曰: "善哉! 可稱'遏雲繞樑歌不當', 若是耶?" 歌歇, 出薄酒乾脯, 以饋之, 曰: "可退去." 遂相笑而辭歸. 一則, 有皂隷數人來告, '以某官見招, 可速往, 否則有罪責.' 恐喝不已, 卽與琴歌客, 隨隷至東門外燕尾洞, 有矮屋柴扉, 入其室, 則主人頭戴塵堆[142]之弊破宕巾, 身掛煤淪之麤布氅衣, 面目可憎, 言語無味, 卽蔭官揩大也. 與鄕客數人對坐, 歌數闋,

---

[142] 堆: 다본에는 '垢'로 되어 있음.

主人揮手止之, 曰: "無足聽也." 各饋以濁醪一盃, 而並令退去, 獨留余, 謂以有密語事, 挽入夾室, 而抱持之, 曰: "覩汝美色, 春心忽萌, 忍住不得, 願成雲雨之歡." 余勃然拒之, 曰: "吾雖娼物, 何可白晝宣淫乎?" 主人猶欲强劫, 余詒曰: "他日乘夜, 見招當來, 今則雖死難從." 遂揮拂脫身而出, 主人面騂而怒, 曰: "日後之約, 必踐也! 否者, 當施罰." 因開壁樴, 探出一兩錢, 給之, 曰: "雖未成事, 聊表一時偎抱之情." 余辭曰: "無名之物, 何可受乎? 留作宅中柴糧之費, 好矣." 固與之, 竟不受, 掩口而歸. 一則, 與縉紳諸公, 泛舟漢江, 乘醉逃席, 而還路逢大雨, 翠袖半濕, 夕到崇禮門, 已鑰矣. 回睇蓮塘西岸, 有小窓照燈, 中有讀書聲, 穴窓而覘, 卽少年書生. 余低聲謦欬[143], 輕手叩窓, 書生寂然傾聽, 余曰: "吾城中妓, 逃酒遇雨, 無處寄宿, 請借榻下尺地以經宵." 書生拓窓, 見粉面佳姬, 衣裳容色[144]俱美麗, 大驚以爲, '如此絶艶, 豈肯自投寒生而宿? 必是妖鬼也.' 輒牢拒彈指大呪, 曰: "何物怪魅, 敢來眩人耶?" 曰: "我人也, 非鬼也. 年少郎寡風流, 拒人一何薄也?" 書生尤恐悸, 不自定, 連誦二十八宿, 不絶於口. 余終宵坐門闌, 假寐避雨, 迨曉排窓, 罵書生曰: "哀哉! 爾不聞長安名娼星山月耶? 如爾窮鬼寒生, 邀我於靑天明月, 我[145]肯顧爾乎? 不幸値雨, 哀聲乞宿, 而反不見許, 汝眞可憐男子也. 汝熟視我, 我果鬼耶乎?" 書生始赬顔甚慚, 不敢正視. 書生則金禮宗, 而後登明經科云. 蓋某宰之古怪, 蔭官之鄕闇, 書生之癡拙, 俱爲可笑故云耳. 星山月少時, 長興庫奴, 財鉅萬, 大癭生胆, 如懸葫蘆, 能以財餂. 星山月自此, 聲價頓減, 貽

---

143) 欬: 나, 다본에는 '咳'로 되어 있음. 서로 통함.
144) 容色: 가본에는 '容貌'로 되어 있음.
145) 我: 다본에는 '豈'로 되어 있음.

笑倡館.

　外史氏曰:"風流場中, 自有一種套習, 非人人所可效嚬, 而若其 蹈襲此套, 不見笑於倡妓. 冶遊之徒, 卽豪宕輕薄之流, 誠爲可笑 之甚者. 世俗淆漓樣不入俗, 則便有笑於列者, 不緇不磷, 亦難矣. 古語云: '我自笑人, 不知人反笑我.' 信矣哉!"

12-18. 玉香爲說兩未忘

　玉香者, 箕城妓也. 姿態艶冶, 兼以歌舞擅名, 方伯·守宰·使星 之薦枕相屬, 以至豪俠·風流·富商之徒, 亦皆輻湊. 山盟海誓, 指 不勝摟. 爲觀察某宰所眄, 甚嬖之, 常在傍, 適間問: "汝閱人旣多, 有平生未忘者乎?" 對曰: "有二人." 問: "何等人也?" 對曰: "年少 時, 陪宴于練光亭, 歌闋酒闌, 夕陽在山, 憑欄斜立, 悵望長堤. 有 一少年, 幅巾靑袍, 騎短驢, 自長林中, 飄然而來, 馳至江邊, 呼船 而渡, 入大同門去, 玉貌仙風, 美如潘·杜, 而恨未得擲果投橘耳. 心神悅惚, 不待宴罷[146], 托病先起, 追尋其往處, 見大同館路, 杏帘 之下, 繫其短驢, 乃知少年歇宿之所. 因歸家, 改粧村婦服飾, 乘夜 至其家, 穴窓而窺之, 少年方支枕塊坐, 挑燈看書. 更視之, 其人如 玉, 且疑神仙之徒, 不謂從人間至矣. 乃隔窓而嗽一聲, 少年問: '爲誰?' 答曰: '主家婦也.' 又問: '何爲而夤夜到此?' 答曰: '弊室客 旅盈止, 無可寄宿, 故欲借上堗一席而寢矣.' 曰: '然則可入來.' 遂 開戶而入, 坐於燭後, 少年略不流眄, 一味看書. 夜旣深, 滅燭而就 寢, 女忽作呻吟之聲, 少年問: '何爲痛聲?' 對曰: '房堗稍冷, 不堪 肚疼.' 少年曰: '然則臥於吾之背後溫處, 無妨.' 女乃移臥食頃, 而

---
146) 宴罷: 다본에는 '罷宴'으로 되어 있음.

又不顧. 女乃言曰: '公子無乃宦寺乎?' 少年曰: '何謂也?' 女曰: '妾卽官妓也. 今日練光亭上, 瞻望瓌儀, 不勝艷慕, 妾效紅拂之來投, 冀得箏絃之一顧. 賤質不至醜陋, 公子方當靑年, 靜夜無人之時, 混處一室, 而少不動念, 非宦而何?' 少年笑曰: '汝是官妓乎? 何不早言? 吾認以主人之婦也. 汝可解衣同裯.' 因與之狎. 其風流調戲, 卽一花柳場蕩男子也. 殢雲迷雨, 兩情歡洽. 及曉而起, 促裝將發, 謂女曰: '忽漫相逢, 幸結芳緣, 遽爾作別, 黯然銷魂, 後會難期, 可留一詩, 表此情曲.' 因使女擧裳幅, 而書之, 曰: '水如去客流無住, 山似佳人送有情. 銀燭五更羅幌冷, 滿林風雨作秋聲.' 書畢, 投筆而起. 女乃把袖而泣, 詢其姓名居住, 笑而答曰: '吾自放浪於山水樓臺之人, 姓名不須問, 亦無常住處耳.' 遂拂袖鞭驢而去. 女亦歸家, 欲忘而不能[147]忘, 每抱裳詩而泣, 此是姸美而難忘之人也.

嘗侍立於棠軒, 門卒告以某處舍音某同知, 到門外請謁, 命引入, 卽見一胖大村漢, 布衣麻鞋, 腰繫牛渝之紅帶, 顱懸鍍黃之銅圈, 纍然碩腹如三石缸, 大踏步而前, 彷彿運糧河漕船過閘也. 眉目獰悍, 狀貌醜惡, 髭髯滿面, 鼻涕掩脣, 若非天蓬, 卽是夜叉. 使爺問: '何爲遠來?' 對曰: '小的衣食不苟, 別無所望於相公. 平生所願, 欲得一箇佳妓, 而偎抱暢情, 所以不遠千里而來.' 使爺笑曰: '汝有此心, 則可於曲房貯妓處自擇也.' 彼旣聞命, 直入房來, 兩行紅粉, 一時風靡. 彼乃追及, 如鷹攫雉, 捉一妓, 曰: '貌不美.' 又捉一妓, 曰: '軆可憎.' 渠於此時, 隱身屛後, 亦被搜見, 魂飛疾走, 竟爲所捉, 彼乃欣然, 曰: '此足可用.' 遂抱至園亭, 而強奸之, 女子力弱, 怎當他山麂一般之氣, 求死不得, 任其所爲. 少焉, 脫身歸家, 以水

---

[147] 能: 나. 다본에는 '敢'으로 되어 있음.

澡浴, 而脾胃莫定, 數日不得進食. 此則醜惡而難忘者也."

 外史氏曰: "人之七情, 惟愛最難割斷, 情之所鍾, 抵死靡渝, 故古稱'色界上無英雄烈士'. 況女子偏性一種情思, 透纏骨髓, 往往有生死以之. 至若妍醜之俱未忘, 亦常情之固然. 不得流芳百世, 便當遺臭萬年可喩於此耶?"

卷十三

○ 第百一号 雜識部一【倡和】

13-1. 要路院二客問答

肅宗戊午年間, 湖西一士人, 隱其姓名. 渡灞下鄕, 匹馬玄黃, 駄卜而騎, 牽僮懸鶉, 每投院, 受侮不一. 午發素沙, 初昏到要路院, 緣塞蹄也. 自度店舍行旅已滿, 將此草楚行色, 不可號令主人, 驅斥賓旅, 寧入士夫所館, 庶幾相容. 遂尋入一店, 見土廳上, 有一豪華年少客, 頹然半臥, 高聲呼曰: "若等安在, 不禁行人入來?" 兩蒼頭應聲突出, 而士人已跳下騎, 一僕曳其奴, 鞭其馬, 叱出曰: "爾目盲者, 不見行次已入耶?" 一僕推士人, 勸之出, 士人出且語曰: "日已曛, 姑歇此, 定他舍還出爲計. 汝兩班在彼, 何至相阸如此?" 客笑曰: "且止且止!" 士人乃還入, 將攝衣欲上土廳, 而客臥自若, 遂升堂立, 若將拜者, 客[1]猶偃然不動. 意彼以京華裙屐, 被服鮮麗, 鞍馬豪快, 鄕視余而嫚[2]易之, 其駛氣驕習, 可以術折之. 卽前拜甚恭, 客按枕點頭而已, 徐曰: "尊在何所?" 士人詭對曰: "住忠淸道洪州金谷里中." 客笑其詳盡, 曰: "我豈使尊[3]誦戶籍單子乎?" 士人俯首, 曰: "行次下問, 不可以不詳也." 因請曰: "初欲得舍館移去, 日已昏黑, 店且人滿, 此有空隙, 肯許坐此待曙耶?" 客曰: "初云欲去, 今云欲留, 是二言也." 士人曰: "初云且止[4], 今曰且出[5], 是

---

1) 者客: 나, 다, 라본에는 '謁而'로 되어 있음.
2) 嫚: 나, 다, 라본에는 '輕'으로 되어 있음.
3) 使尊: 나, 다본에는 '令'으로, 라본에는 '公'으로 되어 있음.
4) 止: 나, 다, 라본에는 '去'로 되어 있음.
5) 出: 나, 다, 라본에는 '止'로 되어 있음.

則一言乎?" 客曰: "尊亦兩班也, 兩班與兩班同宿, 何所不可?" 士人曰: "盛意可感!" 乃呼奴曰: "馬牛入繫, 糧米出給." 客曰: "豈牽人牛來耶? 不言米, 則奴不知糧之爲米歟?" 士人曰: "行次京客也. 吾不是牽牛來, 奴亦非不知糧之爲米, 而言馬必並擧牛, 言糧必並擧米, 鄕人之恒談也. 鄕人聽之尋常, 而行次獨笑之, 非京客而何?" 客曰: "君言亦復佳也." 因問緣何事往底處, 士人曰: "爲族人欲頉丁役, 留洛下知舊家, 回耳." 客曰: "知舊爲誰, 所幹得諧否?" 對曰: "曾前上京, 主六曹前金丞家, 此舊識也. 所幹費步兵半同價, 猶不足, 未諧[6]而來矣." 客曰: "金丞何許人?" 曰: "官人也, 自云仕於兵曹, 爲丞之職. 其出也, 遠則騎, 近則步, 亦着紗帽冠帶. 謂吾曰: '日後有事上京, 主我家, 我爲之幹旋云.'" 客太息, 曰: "君見欺於書吏也, 丞書吏之稱, 非官員也, 官員豈有徒步者乎? 所戴非紗帽, 所謂蠅頭; 所着非冠帶, 卽團領, 君陷渠術中, 空費價, 惜乎! 鄕人[7]例如此." 客因鄙夷士人, 不復稱尊, 而直以君呼之. 士人曰: "書吏·官人, 固若是殊別乎?" 客曰: "甚矣, 君之鄕音也! 君所居金谷, 去州城幾里?" 曰: "不記也, 但聞曉發夕至." 客曰: "君所居之左僻[8]如此, 宜乎不識書吏·官員之別. 君之州凡百姓之所仰望而敬畏之者, 誰也?" 曰: "書員·衙前." 曰: "又有加於此者乎?" 曰: "別監·座首." 曰: "又有高於此者乎?" 曰: "無." 曰: "獨不知有牧使乎?" 曰: "牧使州中之王也, 豈可與衙前輩同日語哉?" 曰: "君言是也. 君之云[9]牧使, 卽京之官員, 此之書吏, 卽彼之衙前." 曰: "然則吾所知金

---

6) 諧: 나, 다본에는 '解'로 되어 있음.
7) 鄕人: 나, 다, 라본에는 '行人'으로 되어 있음.
8) 左僻: 나, 다본에는 '窮僻'으로 되어 있음.
9) 云: 저본에는 빠져 있으나 라본에 의거하여 보충함.

丞, 亦非兩班耶?" 客笑曰: "今日乃知非兩班乎! 君欲知兩班之所以稱乎? 仕路有東西班職, 經東西班者, 謂之兩班, 彼丞卽兩班之所役使者, 何可僭擬乎兩班?" 士人曰: "僕鄕人也, 不知丞之稱乃書吏之號, 而徒見蠅頭團領, 有似紗帽冠帶, 認以爲兩班而納交也." 因自咄咄忿歎[10], 客曰: "奚爲忿恨也? 豈惜半同步兵之空棄歟?" 士人曰: "非也. 雖費一同, 爲族人頉役, 夫復何惜? 前日, 金丞問吾字, 吾語之, 其後金丞每字吾, 吾亦字金丞矣. 到今思之, 渠以胥輩, 呼兩班之字, 不亦濫乎! 不亦忿且恨乎? 不遇行次, 長受大辱." 客大笑曰: "行次之德不少." 又問: "君居鄕爲何等兩班?" 曰: "吾亦上等兩班." 客曰: "君爲上等兩班, 則族屬何爲見侵於軍保?" 士人曰: "諺云: '貴人亦有袄裏眷黨.' 此何足累余?" 客曰: "君里中亦有他兩班乎?" 曰: "有之[11]." 曰: "誰?" 曰: "北里有倪座首, 東隣有车別監." 客曰: "是亦上等兩班乎?" 曰: "然. 其兩班伯仲於余, 而威勢權力, 非吾之所敢望也. 昔倪公之微賤也, 妻鋤萊子牧牛, 夏則荷鋤於水溝[12], 稱兩班而先溉; 冬則挾布於場市, 字常漢而共飮, 勸農之來謁, 頷頤應之, 曰: '勿勿.' 書員之過拜, 低冠答之, 曰: '好好.' 浮沉閭巷[13], 頗似尋常人矣. 一朝薦爲別監, 未久, 轉至座首, 出則坐鄕廳, 官吏羅拜於庭下; 入則對官司, 騶從伺候於門外, 前日未厭糝羹, 而忽飫玉食; 昔時不具犢駕, 而遽馳肥馬. 女妓薦枕, 貢生侍席, 喜給還上, 怒施刑杖, 客至呼酒, 口渴喚茶. 平日比肩之朋交, 睨眼[14]之常漢, 莫不拱揖以[15]禮之, 俯伏而畏之,

---

10) 忿歎: 나, 다, 라본에는 '憤歎'으로 되어 있음.
11) 之: 저본에는 빠져 있으나 라본에 의거하여 보충함.
12) 荷鋤於水溝: 다본에는 '揷荷放水溝'로 되어 있음.
13) 閭巷: 다본에는 '閭閻'으로 되어 있음.
14) 眼: 나, 다, 라본에는 '示'로 되어 있음.

號令威風, 振動於一境. 苞苴賂遺, 絡繹於四隣, 此非丈夫事業乎?
一日倪公, 因還上分給, 出在海倉, 僕欲丐斗斛之惠, 往拜之, 飮我
三杯酒, 因噴舌曰: '顆頤公之爲耽耽[16]執綱也.'" 客大笑拊[17]掌, 曰:
"此[18]眞上等兩班!" 有頃, 奴告飯, 士人曰: "擧松明火, 上之." 客曰:
"君以上等兩班, 行中不具燭乎?" 士人謬曰: "行中燭, 盡於去夜[19]."
蓋見人豪華, 羞己困弊, 無而若有, 對客誇談, 固鄕生之態也. 客諦
其僞對, 哂之良久, 呼其僕, 曰: "松明烟苦, 去之." 其僕出來, 撲滅
之, 士人停食, 曰: "眼不夜明[20], 匙難尋口." 客曰: "盲者亦食矣."
士人曰: "盲人久久成習, 撫盤自飱, 然余不盲者也. 猝然失明, 實
不省飯在那處, 假使行次當此, 能覓食如淸晝乎? 不借眼於鶺鵒,
換睛於蝙蝠, 定自掬入口而已乎?" 呼奴曰: "更擧火!" 客笑曰: "欲
觀君處變, 故戱之耳." 乃命其僕, 擧燭炷蠟, 長臺煌煌, 可好. 士人
行饌, 惟餘焦醬數塊, 靑魚半尾, 半開盒, 摘出呑之, 若不欲示客.
客遽伸臂去其蓋, 視之, 曰: "上等兩班, 飯饌不好." 士人故爲恧[21]
縮狀, 曰: "久客之餘, 將盡之, 饌何係兩班高下?" 床旣撤, 取客竹,
欲盛草, 客遽奪其竹, 曰: "尊前不敢燒南草, 況汚吾竹乎!" 士人作
色, 曰: "倪座首·牟別監前, 猶燒此草, 何有於行次眼前?" 指客口,
曰: "此口亦口." 指其口, 曰: "吾口亦口, 何汚之有?" 客大笑, 還授
竹, 曰: "君可謂唐突西施, 倪座首·牟別監, 誠尊矣, 我獨不爲座
首·別監乎?" 士人曰: "行次於所居邑, 或得爲座首, 洪州座首, 決

---

15) 以: 나, 다본에는 '而'로 되어 있음.
16) 耽耽: 나, 다, 라본에는 '沈沈'으로 되어 있음.
17) 拊: 나, 다, 라본에는 '附'로 되어 있음.
18) 此: 나, 다본에는 '且'로 되어 있음.
19) 去夜: 나, 다본에는 '昨夜'로 되어 있음.
20) 夜明: 나, 다, 라본에는 '明夜'로 되어 있음.
21) 恧: 나, 다본에는 '恐'으로 되어 있음.

不得照望矣." 客曰: "吾居京中, 京中豈有座首?" 士人曰: "座首州郡中極職, 京中獨無居首之職乎?" 客曰: "領議政首職也." 士人曰: "然則行次, 或可爲領議政, 吾州座首未易圖也." 客搖首, 曰: "高矣美矣! 座首之任也." 且曰: "君州座首, 雖未易圖, 獨不可爲君州牧使乎?" 士人曰: "牧使出於京中, 此則易也, 然牧使有可貴者, 亦有不足貴者." 客曰: "一州王, 胡不貴乎?" 士人曰: "某時, 某牧使來, 其心麟仁, 一洞唱麟子之歌, 歌曰: '子兮子兮其父麟, 父兮父兮其子麟. 有是父, 有是子, 胡不萬春!' 此爲可貴者. 某年, 某牧使來, 其慾狼貪, 四隣唱狼子之歌, 歌曰: '子兮子兮其父狼, 父兮父兮其子狼. 有是父, 有是子, 胡不促亡!' 此爲不足貴者也[22]. 行次倘[23]爲吾州牧使, 能使百姓不歌狼而歌麟乎?" 客笑曰: "吾爲君州牧使, 當使百姓父母我矣." 士人笑曰: "其能易乎?" 且曰: "京中首職, 亦有可貴者, 不足貴者乎, 亦有可歌麟狼之調者乎?" 客曰: "有賢宰相, 眞宰相, 淸白宰相, 爲可貴者, 可貴者, 亦可以歌麟矣. 有癡宰相, 盲宰相, 坊門宰相, 爲不足貴者, 不足貴者, 亦可以歌狼矣." 士人曰: "余不文, 未審所謂." 客曰: "此皆古實在方冊者." 因問: "君入丈乎?" 曰: "未也." 曰: "年幾何?" 曰: "無一年三十." 曰: "未晩也. 明年入之, 猶不違小學之道, 然君以上等兩班, 何至今未娶?" 士人歎曰: "兩班之故, 尙未入丈, 彼欲則吾不肯, 吾求則彼無意. 鄕之兩班如我者少, 必欲得如我者, 而好風不吹, 遂至於此." 客曰: "君勿恨歎, 君之身, 短短未長; 君之頤, 板板無髥, 待身之長而髥之生, 則那無入丈之日耶?" 士人曰: "行次勿嘲, 人之言曰: '不孝有三, 無後爲大.' 三十未娶, 豈非大可憫者乎?" 客曰: "何不求於倪座

---

[22] 也: 저본에는 빠져 있으나 나, 다본에 의거하여 보충함.
[23] 倘: 나, 다본에는 '若'으로, 라본에는 '當'으로 되어 있음.

首・牟別監乎? 豈其家無處子耶?"曰:"處子則有之, 年且落數歲, 甚相敵也."客曰:"然則彼亦老處子, 以老都令, 配老處子, 正所謂配合格也, 何不相婚?"曰:"有未易者."曰:"何事未易?"曰:"此正我求則彼無意者."客曰:"君以上等兩班, 降求於渠, 渠何敢乃爾?"曰:"非他也, 吾兩班昔之龍而蠖屈乎, 彼兩班古之鷁而鵠擧乎, 時者適去適來, 王侯將相寧有種乎? 眞談所謂化是兩班也."客笑曰:"座首・別監, 兩班之化者乎?"曰:"兩班固非一層, 有爲約正而稱兩班者, 有爲風憲而稱兩班者, 有倉監官而稱兩班者. 過此而爲別監, 其層又加; 過此而爲座首, 其層尤高, 居鄕而得座首之稱, 果非兩班之善化者乎?"客曰:"君儀狀端雅, 言辯敏給, 雖在鄕谷, 必不空老, 明牧使見君, 則別監・座首擧而畀之, 君之化兩班亦不遠矣. 吾爲君指婚處乎?"士人若不知其言之戲, 而猝然喜動顔色, 曰:"不亦好乎? 何感如之! 豈行次門中有阿只氏乎?"客合口良久, 以文字獨言曰:"無如駭何, 無如駭何?"乃曰:"吾門中無有, 而我自知有處, 歸當言之."士人曰:"雖許婚, 不知行次所居, 何由相聞?"客曰:"君雖不知吾居, 吾已知君之所居, 相通何難? 卽當專人, 委報于忠淸道洪州金谷里老道令宅."士人曰:"然則幸甚."自是, 客稱士人以老都令[24], 爲笑資. 士人欠伸數次, 曰:"夜向闌矣, 鞍馬之勞, 睡魔先導."客曰:"吾自湖南轉入內浦, 馬上一朔, 未或困憊, 君作數日[25]行, 而乃欲先我宿耶? 老人在路, 其氣易困, 其睫易交, 此莫非老都令之故也."士人曰:"然矣. 吾爲都令之已老者, 行次爲書房之方少者. 已老者臥, 而方少者坐, 禮固然矣."遂脫笠而臥, 客笑曰:"君善謔者然起起."士人笑而起坐, 客或誦古文, 或吟

---

24) 都令: 나, 다, 라본에는 '道令'으로 되어 있음. 이하의 경우도 동일함.
25) 之: 저본에는 빠져 있으나 라본에 의거하여 보충함.

詩句. 士人曰: "行次所讀何書?" 蓋以誦爲讀, 亦鄕語也. 客笑曰: "風月也." 因問曰: "觀君身手, 必不能張弓架箭, 馳馬試劒, 豈爲儒業乎?" 士人不辭讓, 而對曰: "僕雖居鄕, 恥學武事, 儒業則未能, 而文行則粗識, 第於十四行中, 二字加畫變音者, 甚難解. 蓋嘗眷眷反復於此, 而口訥舌强, 至今未瑩." 客曰: "豈爲諺文耶? 此乃反切, 非眞書也." 士人曰: "鄕谷人知反切亦鮮, 況眞書乎! 能解眞書, 何患乎家貧, 又何患乎不得閒遊? 某里有某甲, 學『千字』, 爲書員致富, 一坊待之; 某村有某乙, 讀『史略』, 爲校生免役, 一鄕佳之. 亦有二三人, 荷明紙, 出入科場, 爲先輩業, 而所志議訟[26], 飛筆書之, 里閈[27]尊敬, 隣保問遺, 鷄首魚尾, 我飫逮族. 此則眞書之利, 非人人可能也. 金戶主者, 頗解文, 坐戶主十餘年, 亦饒産. 爲男子者, 縱未能眞書, 學知諺文, 亦足以磨鍊結卜, 看讀古談冊, 雄於一村中耳." 客曰: "然則君之學反切, 亦欲坐戶主乎?" 曰: "然. 常人坐戶主, 自行之; 兩班坐戶主, 使奴行之, 戶主何妨?" 客曰: "然則稱君戶主, 可乎!" 曰: "何所不可?" 客曰: "人而不文, 不可謂人也." 士人曰: "吾雖不文, 人謂之人." 客曰: "君知人之所以爲人者乎? 有人其面者, 有人其心者, 徒能人其面而不能人, 其心非人也. 文所以人其心者也, 君都不知文, 惡得爲人?" 士人曰: "以面言之, 行次面人也, 吾之面人也; 以心言之, 行次知眞書, 行次心人也. 吾知諺文, 吾心亦人也, 誰或曰非人也?" 客大笑之, 又問: "古之人有夫子者乎?" 曰: "不知也." 曰: "各邑皆有鄕校, 主鄕校而享春秋釋奠者, 誰也?" 曰: "孔子." 曰: "孔子卽夫子也!" 士人曰: "鄕人少知識, 但知孔子, 不知孔子之別號又有夫子." 客噱噱大笑, 又問: "君知有

---

26) 訟: 저본에는 '送'으로 나와 있으나 나, 다, 라본을 따름.
27) 里閈: 나, 다본에는 '里閭'로 되어 있음.

盜跖乎?" 曰: "聞之." 曰: "孔子·盜跖, 孰爲賢人?" 曰: "行次無我
矣! 我雖迷劣, 豈不知孔·盜是非乎?" 客曰: "然. 靑天白日, 奴隷亦
知淸明; 漆夜昏夕, 禽獸皆知暝黑. 孔子·盜跖, 人則一也, 而聖狂
賢愚, 天地不侔, 固可並謂之人乎? 人而有文, 孔子徒也; 人而無
文, 盜跖徒也." 士人曰: "信如行次所言, 行次文士也, 固是孔子之
徒, 吾亦能解諺文, 高免於盜跖之徒也." 客笑曰: "孰謂盜跖不知諺
文乎?" 士人曰: "諺文出於我國, 盜跖安知?" 客大笑曰: "君言然矣,
古有中黃子者, 分人五五等, 吾以爲吾當上五等, 君當下五等. 上五
等[28], 是眞人·神人·道人·至人·聖人; 次五等[29], 是德人·賢人·善人·
智人·辯人; 中五等[30], 有公人·忠人·信人·義人·禮人; 次五等[31],
有士人·工人·虞人·農人·商人; 下五等[32], 卽衆人·奴人·愚人·肉人·
小人. 上五之[33]於下五, 猶人之於牛馬也." 士人曰: "是行次自當人,
而當余於角鬣者, 吾惟一笑而已. 假令孔子往見盜跖之時, 盜跖爲
此談於孔子, 則是跖亦自當上五之人, 而當孔子於下五之牛馬, 孔
子豈與跖呶呶爭辯? 亦必一笑而已." 客笑曰: "有是哉! 君之辯也."
乃以文字自言曰: "小癡大黠." 士人若不解文字, 而謂客之誦風月,
問曰: "行次又讀風月耶? 其意云何?" 客笑而應, 曰: "吟風咏月, 遣
興言志, 風月之義. 其體則有五言七言之別, 請與我唱和風月, 可
乎?" 士人荷荷笑, 曰: "不知眞書者, 亦謂[34]風月乎?" 客曰: "風月非
一槩也, 知書者, 爲眞書風月; 不知書者, 爲肉談風月." 士人曰:

---

28) 等: 저본에는 빠져 있으나 나, 다본에 의거하여 보충함.
29) 等: 저본에는 빠져 있으나 나, 다본에 의거하여 보충함.
30) 等: 저본에는 빠져 있으나 나, 다본에 의거하여 보충함.
31) 等: 저본에는 빠져 있으나 나, 다본에 의거하여 보충함.
32) 等: 저본에는 빠져 있으나 나, 다본에 의거하여 보충함.
33) 之: 나, 다본에는 '至'로 되어 있음.
34) 謂: 나, 다, 라본에는 '爲'로 되어 있음.

"雖善肉談, 集出五字七字, 非吾事也." 客曰: "君蓋有語癖者, 必善肉談風月, 且試作之." 士人掉頭, 曰: "謂猩猩之能言者[35], 而俾作詩句, 知蛩蛩之善負, 而使荷石臼, 其可得乎?" 客曰: "非難也, 效我體爲之." 數三次彈指, 乃呼兩句, 曰: '我見鄕之睹, 怪底形體條. 不知諺文辛, 宜其眞書沼.' 士人曰: "何謂也?" 客逐字釋之, 曰: "我謂吾, 見謂看, 鄕謂谷, 之謂去, 語助辭, 睹之釋落伊, 怪底言怪, 形體言身, 條卽枝, 謂持也." 士人曰: "人身[36]亦有枝乎?" 客曰: "鈍哉! 君才宜乎不移行中字, 蓋謂鄕谷人持身怪狀也." 士人陽怒, 曰: "行次譏我乎?" 客曰: "鄕人豈獨君哉? 吾自鄕來, 見如此者多, 故言非指君也. 如君者, 自是鄕中之秀才, 異等[37]不易得者也." 士人收怒而若微喜者, 客又曰: "辛之釋近於寫, 沼之釋近於不, 謂諺文不能寫, 眞書都不知也." 遂屬士人和之, 士人牢讓再三, 客曰: "我爲戶主作風月, 而戶主不和, 是簡我也. 豈以我謂不能驅出戶主乎?" 士人曰: "逐則便逐, 何至恐嚇? 鄕人縱不知書, 如此之言, 了無怖心." 客笑曰: "君可謂膽大者, 吾眞戱之耳. 雖然速和之!" 士人搔首, 曰: "大事出矣! 欲和則腹中無文, 不和則身上有辱." 客曰: "何辱之有?" 曰: "當夜遭逐, 非辱而何?" 客曰: "和則不見黜." 士人熟視客, 曰: "此豈行次世傳之家耶? 吾入逆旅, 孰我敢斥[38]?" 客作色曰: "先入者爲主, 主不能斥賓乎?" 卽呼奴, 曰: "黜此兩班!" 士人謝曰: "村夫妄發, 請和而贖罪." 客奴二人, 已立堂下, 欲將吾下, 客曰: "鄕生迷劣, 且止!" 因請士人曰: "欲不遭斥, 則速和." 士人爲

---

35) 者: 저본에는 빠져 있으나 나, 다, 라본에 의거하여 보충함.
36) 人身: 나, 다본에는 '身體'로 되어 있음.
37) 等: 나, 다본에는 '所'로 되어 있음.
38) 斥: 나, 다, 라본에는 '逐'으로 되어 있음.

惶怖困蹙狀, 良久, 曰: "僅集字." 客曰: "第言之." 士人曰: "猝然效
嚬, 不成語." 乃呼兩句, 曰: '我見京之表, 果然舉動戎. 大抵人物
貸, 不過衣冠夢.' 客曰: "何謂也?" 士人如客, 釋以道之, 至'表'字,
若不能釋者, 但云上如'主'字, 下如'衣'字. 客曰: "'表'字耶? 豈上京
見東人表冊耶?" 士人曰: "不知眞書, 安知表冊? 鄕人蠶織紬端, 鬻
之亥市, 市人指織工之精者, 曰'表紬', 吾以此知'表'字之釋, 爲物
也. 始疑而終信之謂'果然', 威儀動作之謂'擧動', 兀良哈之謂'戎',
而亦有別義, 僧之敎人千字, 釋戎曰'升'." 蓋指京中士大夫擧動驕
昂[39]也. 以物借人之謂'貸', 人之放氣, 亦謂之'貸', '夢'之釋飾也. 客
蹴然起坐, 把士人手注目, 曰: "尊何誑惑人至此? 墮蛋尤霧裏, 入
后羿轂中, 沒頂上下, 不能自出." 又自恨, 曰: "果有客氣, 凡於旅
次爲此擧數矣. 未嘗一敗, 今卒困此, 豈所謂好勝者必遇其敵者?
然尊之辱人太甚." 士人曰: "京之士大夫, 豈獨曰[40]尊哉? 吾自京
來, 見如此者, 多故云, 非指尊也. 如尊者, 自是京中之厚德宏器,
不易得者也." 客曰: "吾言也, 尊何反之之速歟?" 士人曰: "狙傲速
矢, 雄驕取經, 驕傲而不受困者, 尊見之乎?" 每以行次稱客, 而猝
然尊之. 客笑曰: "行次何去?" 士人曰: "君何去而稱我以尊? 吾非
有土之君, 亦非尊之家君, 尊之君我, 不亦題外乎? 戶主之稱, 老
都令之號, 吾所自取[41]." 且曰: "所議婚事, 須爲老道令, 無負, 負則
眞子所謂一口二言." 客曰: "無爲再提弄擧, 爲老都令指婚, 何怪
之有?" 士人又笑曰: "吾必欲入丈於尊門中阿只氏." 客拍吾手大笑,
曰: "吾門中雖有阿只氏, 倪座首·牟別監之所不欲者, 我爲之耶?"

---

39) 驕昂: 가, 나, 다본에는 '驕尤'으로 되어 있음.
40) 曰: 저본에는 빠져 있으나 나, 다, 라본에 의거하여 보충함.
41) 取: 나, 다, 라본에는 '致'로 되어 있음.

因眤士人, 曰: "譎計叵測! 吾始於子, 馬牛糧米之言, 而少嫚之, 中於子金丞呼字之談, 而大輕之, 終於子夫子別號之說, 而全侮之. 然無鄕音, 而故爲野態, 掩書史, 而謬若不文, 是則子不免'詐僞'二字." 士人曰: "子不知兵書乎? 鷙鳥之搏也, 匿其爪; 猛獸之攫也, 縮其頸, 故名將之制敵也, 强而示之以弱, 勇而示之以㤼. 初拜子之時, 已審子有嫚我之意思, 傲我之氣習, 將欲折去其驕志, 故不得不匿我爪, 而示之弱; 將欲挫去其豪氣, 故不得不縮我頸, 而示之㤼. 此在兵法, 顧子之未察, 而反指余以詐僞, 可乎? 昔者, 陽貨以術, 故孔子亦以詭道, 待之; 夷之不誠, 故孟子亦以非病, 託之, 是亦可謂詐僞之道乎?" 客曰: "吾不料子之辯至於此也. 且[42]貸是常辱, 非兩班之言也." 士人曰: "彌處士罵座中之[43]人, 曰: '車前馬糟糟放氣也.' 吾不曰'糟'而曰'貸', 亦覺淸矣." 客曰: "吾旣先下手, 尙誰尤哉?" 因擧其衣, 示士人而自歎, 曰: "可愧!" 士人客遊之餘, 衣袍渝弊, 乃擧而示客, 曰: "如此者可愧, 子之輕暖, 不亦好乎?" 客曰: "然則子將恥仲由之弊袍, 而艷子華之輕裘者也. 吾之見賣, 亦已太甚矣, 子之詭談且止, 如何?" 因先誦自家[44]之句, 次吟[45]士人之句, 曰: "辭意勝我." 又曰: "子何不押韻? 戎是平聲, 夢是去聲." 士人曰: "子不曰效我體爲之乎? 條是平聲, 沼是去聲, 子之風月誠巧矣, 然未盡善也. 何不押以枝·池, 深索條·沼乎?" 客曰: "果然! 吾於子當讓一頭地." 乃自剪燭跋, 改覩士人之面, 開口好笑, 曰: "思向來說話, 節節見瞞, 使人大憨. 第我初遇子, 只見衣冠之

---

42) 且: 나, 다본에는 '其'로 되어 있음.
43) 之: 저본에는 빠져 있으나 나, 다본에 의거하여 보충함.
44) 自家: 다, 라본에는 '自己'로 되어 있음.
45) 吟: 나, 다본에는 '詠'으로 되어 있음.

汚弊, 言語之鄕音, 不悟其引以訑之, 籠以罔之, 遂全身陷溺. 可使白日當之, 豈至於此? 始於子對二言之說, 答盜跖之辭, 頗疑之, 而終不翻悟也." 士人笑曰: "小癡大黠之時乎?" 客曰: "到今思之, 吾誠爲狐所媚, 爲蠱所傷, 不但耳目之昏迷, 亦覺心性之茫昧. 如借眼鴯鸐猩猩題詩, 孔子往見盜跖之辭, 非無文者語, 而泛然[46]聽過, 不可[47]少疑焉." 士人笑曰: "子今追悟鴯鸐之喩, 乃爲狐蠱[48]之證, 正所謂'頰受批於鍾樓, 眼始眠於沙坪'者也." 客大笑曰: "能近比也." 因曰: "今旣相親, 盍語姓名爲後日之記乎?" 士人曰: "子先之." 客欲言而遽止, 曰: "逆旅邂逅, 何用通姓名乎?" 士人强之, 客曰: "家在長興坊洞不遠." 終不言其姓名. 蓋客自負豪氣, 奄受欺罔, 恥於傳播, 反欲秘其跡也. 客又曰: "子飮酒乎?" 曰: "飮無幾何." 客曰: "吾失問也, 子往海倉, 飮三盃酒云." 又曰: "詭詐如此, 非吾之癡, 雖使智者當之, 不見欺難矣." 士人曰: "智者初不爲如子擧措." 客呼其僕, 曰: "進酒!" 酒甁鍮椇, 皆侈美, 伴以鸚鵡盃, 一獻一酬, 啗鮫而臥. 客曰: "今則可和眞書風月." 乃口占一絶, 自書曰: '蜀州不識韓爲魏, 魏使安知范是張. 自古名賢多見賣, 莫咍今日受君罔.' 士人曰: "雙韻也." 乃次其韻, 曰: '由來餓隷全齊王, 畢竟傭耕大楚張. 休將玉笋輕林莽, 未有驕人不見罔.' 因請爲聯句, 自[49]唱曰: '逆旅相逢逆旅別, 故人心事故人知.' 客續成, 曰: '他時倘憶今宵否, 明月分明照在玆.' 客請爲四韻, 先成曰: '宿鳥初飛古院邊, 偶然傾蓋卽佳緣. 南州遺逸珍藏璞, 東洛疎庸管見[50]天. 穿柳黃鸎春暮後,

---

46) 泛然: 가, 다본에는 '汎然'으로 되어 있음.
47) 可: 저본에는 빠져 있으나 가본에 의거하여 보충함.
48) 狐蠱: 나, 다, 라본에는 '鬼蠱'로 되어 있음. 뜻은 서로 통함.
49) 自: 저본에는 빠져 있으나 나, 다본에 의거하여 보충함.
50) 見: 나, 다, 라본에는 '窺'로 되어 있음.

盈樽綠蟻月明前, 篇章留作他時面, 不必相逢姓字傳.' 士人和之曰: '淸風明月興無邊, 此地相逢信有緣. 憂樂君能都付酒, 窮通吾自一聽天. 黃金然諾論交後, 靑竹功名未老前. 直遣兒童司馬誦, 何嫌今日姓名傳.' 士人請爲六言, 曰: '秦京綠樹君住, 湖海靑山我家. 大醉狂歌浩蕩, 茫茫俗物誰何.' 客步曰: '良宵[51]皓月千里, 美景桃花萬家. 樽酒論文未已, 明朝別意如何.' 士人請爲三五七言, 曰: '手停巵, 口咏詩. 花送風前雪, 柳迎雨後絲. 要路院逢要路客, 洛陽人去洛陽時.' 客步曰: '盡君巵, 聽我詩. 今日顏如玉, 明朝髩若絲. 倏忽光陰眞過客, 冶遊須及少年時.' 士人曰: "佳哉! 子必洛陽才子, 少年詩客, 何詞之華才之捷耶? 吾以文賦應擧, 詞章初非本色. 雖爲人所强, 時作和語辭拙意乾, 堪覆醬瓿, 誠所謂此贈惻輕爲者也." 客曰: "子無過謙! 當世以文鳴者, 京少子敵, 況鄕谷乎! 吾則自少學詩, 而才思鈍薄, 語不驚人, 第少澁滯之病, 自是到處, 不嫌露拙, 輒有吟咏者也." 乃笑曰: "工不工間, 能不能中, 欲以敏捷勝我, 則雖七步之子建, 八叉手之溫庭筠, 莫有以過, 紛紛餘子, 無足竪降幡矣. 子乃欲以三五七言, 壓倒元·白耶?" 士人曰: "子眞所謂文如翻水成, 初不用意爲者也, 眞書風月, 實非吾敵." 客自想, '彼欲以各體, 抔吾之才, 而卒不勝, 吾可以奇巧困彼.' 請以藥名聯句, 士人曰: "諾." 客曰: "前胡昏謬受君誣?" 士人曰: "遠志殊非賤[52]丈夫." 客曰: "大困從來須[53]益智." 士人曰: "且當歸去[54]讀『陰符』." 士人曰: "是亦尋常, 請更爲聯, 首用'木'尾用'土', 首用'水'尾

---

51) 宵: 나, 다, 라본에는 '辰'으로 되어 있음.
52) 賤: 저본에는 '淺'으로 나와 있으나 나, 다, 라본에 의거함.
53) 須: 나, 다, 라본에는 '受'로 되어 있음.
54) 去: 나, 다본에는 '眞'으로 되어 있음.

用'火', 上下間一'金'字, 爲五行詩." 客曰: "子先唱, 吾不閣筆." 士
人曰: "萍蹤何處至?" 客曰: "花月照虛堂." 士人曰: "流影金樽照."
客曰: "瀅然飮白光." 士人曰: "末句甚難, 而語意混[55]全, 子固未易
才也." 客請用國名相次, 因: '言非眞實儘荒唐, 心不提撕易陸
梁. 欲致聖功要孟晋, 推吾道德在參商.' 士人曰: '不必爲詩動效
唐, 言淸意遠最强梁. 雲邊桂影流照漢, 風外簧音轉素商.' 客曰:
"觀此絶, 屈茲膝." 士人曰: "子之首句, 含譏我意, 吾之末句, 何如?"
客曰: "右寫淸言, 左摸遠意, 古人云: '吟時使我寒侵骨, 得處疑君
白盡頭.' 良有是也." 士人曰: "請擧列宿名相酬." 因曰: '文江尙可
負千翼, 筆力猶堪抗兩牛. 詩眼卽今誰最亢, 我爲師曠君離婁.' 客
曰: "不敢當也." 酬曰: '碧桃紅杏間楊柳, 皓月明河轉斗牛. 有驥卽
騎寧附尾, 豊功盛德定跛婁.' 士人曰: "非所擬也, 請取卦名字同一
韻字相步." 曰: '妙藝奇才出等夷, 定無詩輩敢肩隨. 淸襟霽月光風
迓[56], 爽韻緇塵濁俗離. 文到蘇黃堪許友, 詩慙甫白不丁師. 何曾漢
水流西北[57], 未覩新□是顆頤.' 客步曰: '何煩鏟彩慕希夷, 亦勿韜
輝[58]故詭隨. 長在湖山山趣逸, 雖居人世世氛離. 書中講習推賢友,
卷裡追攀仰聖師. 畝蕙畹蘭將自刈, 明窓淨几且搘頤.' 士人曰: "請
從干支中韻字, 同字[59]左右用之." 曰: '野老祝多子, 朝英撫五辰.
有誰排異已, 無處不同寅. 注意推明乙, 輸誠接白申. 三邊淸晏未,
域內免愁辛.' 客曰: "勁敵出奇, 驕將生怵." 乃曰: '達觀窮二酉, 高
識洞三辰. 受嫚顔如甲, 懲尤念自寅. 夜吟恒過丙, 朝讀每侵申. 不

---

55) 混: 나, 다, 라본에는 '渾'으로 되어 있음.
56) 迓: 나, 다, 라본에는 '近'으로 되어 있음.
57) 北: 나, 다본에는 '東'으로 되어 있음.
58) 輝: 나, 다, 라본에는 '光'으로 되어 있음.
59) 字: 저본에는 '者'로 나와 있으나 나, 다본을 따름.

必長呼癸, 何妨且喫辛.' 士人曰: "非生㤼也, 乃賈勇也." 客曰: "請刱別例, 吾爲子呼韻, 子押之; 子爲我呼韻, 我押之, 爲十韻, 可乎?" 士人曰: "何必十韻, 二十韻亦可也." 客曰: "呼何韻?" 曰: "在子口." 客呼'江', 士人笑曰: "子欲以窄韻汙我背乎!" 遂押曰: '氣壓穿雲岀, 神淸濯錦江.' 士人呼'咸', 客曰: "江之對也." 乃押曰: '世[60] 皆嗜鄭衛, 人不貴韶咸.' 遂迭呼一字, 士人與客, 皆應口輒對, 吸一竹之間, 盡押江·咸二韻. 士人詩曰: '龍鳴雄劒掛, 鯨吼巨鐘撞. 藝苑回珍駕, 騷壇建彩幢. 詞高墳可媲, 筆健鼎堪扛. 逸興詩盈軸, 豪情酒滿缸. 胸呑瀛海闊, 眼笑澗溪淙. 瑞覩朝鳴鳳, 靈知夜吠尨. 飽仁輕翰跖, 飫德薄羊腔. 食淡盤登笋, 嗅香佩扈茳. 猶堪支度世, 何必問爲邦. 今日湖西路, 淸宵院內窓. 寶中初困范, 樹下竟窮龐. 卷甲纔申款, 回軍却受降. 望洋河伯縮, 瞻岳地靈憽. 引罰蚯浮斝, 輸誠蠟炷釭. 淸襟今有二, 朗韻古無雙. 碌碌慚驢技, 渾渾艶駿厖. 談間傾大爵, 醉後走長杠. 贈別應勞夢, 逃虛定喜跫. 好風吹不遠, 且涉濟時艭.' 客詩曰: '誰是交如惔[61], 無非喜食醎. 金輝須待鍊, 玉潤正由磏. 眼眯收橢櫟, 心茅棄檜杉. 貪財欣得得, 悅色好擸攕. 驚類翩翩蝶, 狡同趯趯毚. 不羞腸屢換, 都忘[62]口三緘. 謾欲趨塵陌, 何曾臥翠嵓. □□□□□, 荒院遽聯衫. 掩跡君行詐, 開襟我示誠. 秪言珍在璞, 那意劒藏函. 倏爾狼投圈, 俄然馬脫銜. 昏迷擠霧壑, 爽朗抗雲帆. 乍幸初乘勝, 翻驚忽鼓儳. 有成還有敗, 誰楚復誰凡. 兒女能禽信, 番胡敢劫巉. 謝忞情款款, 題拙語喃喃. 朗咏波濤筆, 高張日月縿. 湖山春藹藹, 花月影毿毿. 各厲靑雲志, 同辭白木鑱.'

---

60) 世: 나, 다본에는 '昔'으로 되어 있음.
61) 惔: 라본에는 '淡'으로 되어 있음.
62) 忘: 나, 다, 라본에는 '息'로 되어 있음.

客曰: "篇已圓矣, 可以閒話." 士人曰: "適千里者, 驥以一日, 駑以
十日, 鈍捷[63]雖殊, 成功則一." 客曰: "水之過平陸也, 其流滾滾, 其
容淡淡, 有徐遲之意, 無急促之思. 而及其觸危石衡倒巖, 飛沫灑
湍, 呑波噴浪, 不啻駿奔而駛急. 子於廣韻'頻'·'撚'·'髭[64]', 窄韻不停
手, 有契乎水也. 不然, 此亦子之陽溢陰滯以瞞余者也, 所不知者
行文也." 因問: "子必得科!" 士人曰: "擧子業頗苦, 蓋嘗一魁東堂,
兩魁監試, 三捷增廣, 而每每見屈於會試. 吾以是, 謂鄕試易而漢
試難." 客太息曰: "以子才, 尙未占科?" 士人曰: "吾誠不才, 眞有文
辭, 豈不得摘一第?" 客曰: "非然也. 科場循私, 未有甚於此時, 閥
閱子支, 則黃吻初學, 皆占高科; 鄕谷儒生, 則皓首巨筆, 尙屈荊
園. 不然, 子以短李之詩, 小杜之文, 大科雖難力致, 獨不得小科
乎?" 曰: "小科已爲[65]之矣." 客曰: "然則必是丁巳榜, 多鄕儒之時
也. 自甲寅以來, 地要之兄弟, 門高人之子姪, 無論文之高下, 筆之
工拙, 如柳貫魚, 無備種幼學. 至丁巳榜, 曾前有故未赴擧者, 及新
出童儒[66]若干人外, 餘皆無形勢鄕人也." 士人曰: "吾果其榜也. 他
道未詳, 而同道同年, 近四十餘員, 人以爲近古所罕, 子必先我司
馬." 客曰: "吾於甲寅增廣, 得之, 子何以知我先於子?" 士人曰: "子
不但有賓王之逸才, 僧孺之亢藝, 必是當路之華冑, 得位之供支,
獨不能居吾之前乎?" 客曰: "子所引喩, 似有深意, 欲以虛辭贊人,
則詩有太白, 文有退之, 何必曰賓王, 何必曰僧孺?" 士人笑曰: "稱
子喩[67]也. 以詩號者衆, 而必擧短李; 以文名者多, 而必引小杜, 是

---

63) 捷: 나, 다본에는 '健'으로 되어 있음.
64) 髭: 나, 다본에는 '鬢'으로 되어 있음.
65) 爲: 나, 다본에는 '行'으로 되어 있음.
66) 童儒: 다, 라본에는 '童幼'로 되어 있음.
67) 喩: 나, 다, 라본에는 '諭'로 되어 있음.

譏我短小也. 吾故擧賓王, 爲其姓馬也; 引僧孺, 取其姓牛也." 客笑曰: "指馬曰馬, 指牛曰牛, 指短小曰短小, 何怪之有?" 士人又笑, 曰: "子之言信矣. 子果指短小曰短小, 吾無以辭矣, 吾果指馬曰馬, 指牛曰牛, 子又不得辭矣." 客大笑曰: "欲證吾喩, 反歸自辱." 士人曰: "吾生長京第, 下鄕屬耳, 近因設科稠疊, 在京時多士林間事, 槩得十之二三. 凡赴擧儒生, 臨科, 輒相謂曰: '今番得塊束否?' 塊束云者, 猫裏也; 猫裏云者, 妙理也. 凡見擬試官望者, 約所親擧子受私標, 合投囊中, 囊腹欲裂, 及受點入院, 驗標取之. 此外, 又多密書, 暗筭譎計詭術, 未暇殫擧者, 此之謂塊束也. 非但洛下士巷倫各品趣時好者, 今子藝學屠龍, 才逸綺高, 雖非此蹊逕, 亦足高參, 然天數難也. 人事或勝, 擧世同醉, 獨醒未易, 子亦不無玷染者矣." 客笑曰: "假令孔門弟子, 當此時觀光, 顔·曾·冉·閔之外, 不玷染者, 能幾人哉? 子亦有京中親舊之已顯者, 當暑月而臨淸流, 果能不同浴乎?" 士人曰: "吾非獨守正也, 又非獨無科慾也. 可使平原君當前, 安能不請[68]處囊中[69]? 但所恨者, 不識公子勝耳." 客曰: "然, 中情之談也." 問: "子有男子乎?" 曰: "有." 曰: "能受學乎! 不可不先授『小學』." 士人曰: "『小學』宜授, 至於方名, 不欲敎." 曰: "何哉?" 曰: "世上紛紛, 兒解東西南北太分明, 吾恐此兒不敎, 而且染於俗, 況敎之耶?" 客曰: "嘻嘻! 朋黨之弊, 可勝言哉? 今有西南北三朋[70], 誰爲君子, 誰爲小人?" 士人曰: "今之黨異於元祐·熙豊, 非判別邪正, 爲一朋也. 聞李德裕之黨多君子, 牛僧孺之黨多小人, 其或近此耶?" 客曰: "於西於南, 誰牛誰李?" 曰: "余未嘗

---

(68) 請: 나, 다, 라본에는 '聽'으로 되어 있음.
(69) 中: 다본에는 '乎'로 되어 있음.
(70) 朋: 다본에는 '門'으로 되어 있음.

立朝, 旣未分何者爲西, 何者爲南, 又安知誰人是李, 誰人是牛?" 客曰: "吾則以爲西人多君子, 南人多小人." 士人曰: "子必爲南論者也." 客曰: "吾爲南論, 乃稱西人多君子乎?" 士人曰: "反語倒言, 欲試吾胸中也." 客大笑曰: "子之胸中所論何方?" 士人曰: "吾所論者, 南陌·西阡·東菑·北壠." 客曰: "好哉! 使滿朝人所論, 皆如此, 夫豈禍家凶國爲史筆所誅討乎?" 且曰: "三論疇可無諱盡言." 士人曰: "子先言, 吾當論其可否矣." 客曰: "西人如豫樟, 多支廈之材; 南人如喬木, 多庇人之蔭; 小北如蔦蘿, 少特立之操[71]." 士人曰: "西如長江, 其勢則壯, 而不無敗楫之駭浪; 南如太行, 其形則高, 而不無折軸之羊腸. 小北如大陸, 雖無奇勝可觀, 亦自平坦可好." 客曰: "子豈爲北者乎? 無貶意多與辭. 且子以爲今日淸濁之論, 畢竟成敗, 如何?" 士人曰: "吾不知也. 第就字上說, 以濁得名, 必趨權附世之人; 以淸爲號, 必砥名勵節之士, 淸者易退, 濁者難去. 然易退者, 犯乎不深難去者, 滅頂乃已, 淸之害, 不至於深, 而濁之禍, 將不可勝言也." 客曰: "理勢然也, 抑有可以祛朋黨之策者[72]乎! 唐自中葉, 受困於河北賊, 累世不能去, 而文宗乃曰: '去河北賊易, 去朋黨難.' 自昔朋黨之難去, 果如此其甚耶?" 士人曰: "無難也. 文宗以後, 武宗相李德裕, 邪[73]黨斥; 武宗以後, 宣宗相令狐綯, 浧朋縮. 今我聖上, 睿智英武, 非武·宣之比, 宜有所大處分矣." 客曰: "收甲黜乙, 屛彼升此, 所謂一邊進而一邊退, 其怨益深, 其害彌酷, 非所以去之也. 必寅協相濟, 爛熳同歸, 有德讓之美, 無忿疾之患然後, 可以無偏無黨矣. 能致斯者, 果何道耶?" 士人曰: "甚

---

71) 操: 나, 다, 라본에는 '樣'으로 되어 있음.
72) 者: 저본에는 빠져 있으나 다, 라본에 의거하여 보충함.
73) 邪: 나, 다, 라본에는 '私'로 되어 있음.

易也. 聖后在上矣, 公以夔·龍, 卿以稷·契, 庶尹其有不允諧乎, 百僚其有不師師者乎?" 客曰: "言則是也." 乃酌酒, 慨然曰: "國家終以此不寧矣, 其誰以此警欬於丹極之下乎?" 士人曰: "子誠志士也! 彼處華屋者, 不知其爲蜃樓也; 趨要津者, 不知其爲瞿塘也. 人視以幕上之燕, 而自處以儀時之鳳, 世看以釜裡之魚, 而自誇以登雲之龍, 禍迫朝夕, 甘眠未寤; 危在咫尺, 昏醉不省. 有幸其灾, 而無爲之慮念者; 有甘其敗, 而無爲之憂歎者, 傷時之忱憫世之言, 獨於子見之." 客曰: "吾有平生不平心, 願質之. 我國禮義之邦也, 事大以禮, 交隣有道, 非若北狄·南蠻·西羌之域也, 狄從犬, 蠻從虫, 羌從羊, 惟夷從大弓, 謂挽大弓也. 天下稱[74]東夷曰君子國, 又曰小中華, 以國, 則禮樂文物彬彬然; 以士大夫, 則道德禮義濟濟然; 以閭里風俗, 則孝友睦媩之化熙熙然. 吾以爲普天之下環海之際, 有道之邦[75], 吾東[76]最也. 近或有爲復讐雪恥之議, 酬恩報德之論者, 有讐欲復, 有恥欲雪, 有恩德欲酬報, 誠義理也. 然而邦讐國恥, 非尺刃寸鋒之所得復而雪者也, 皇恩帝德, 非丸區痣域之所能酬而報者也. 吾力與勢, 旣不能損彼之一毛, 寢彼之牛武, 而反深其讐, 益其恥, 將自捄之不瞻, 酬恩報德, 有未暇顧者也. 知其如此, 而爲此言也, 則是[77]空言也. 苟有如越鷗夷之勸王臥薪, 趙武靈之擧國胡服, 則或可有爲, 然亦係天運. 故武候知天運[78]之不可挽回, 而出師盡瘁死而後已, 只爲追報之願也. 噫! 時不分逆順, 勢不揣强弱, 事不論成敗, 務爲空言而已, 則烏可以明義理云哉?" 士人

---

74) 稱: 나, 다본에는 '謂'로 되어 있음.
75) 邦: 나, 다, 라본에는 '方'으로 되어 있음.
76) 吾東: 나, 다, 라본에는 '東方'으로 되어 있음.
77) 是: 나, 다본에는 '此'로 되어 있음.
78) 天運: 나, 다, 라본에는 '天道'로 되어 있음.

曰:"吾亦有一怪之者, 願正之. 赤鼠之變, 辱大讐[79]小; 黑龍之禍, 辱小讐[80]大. 誠有復讐雪恥之勢力, 則不思先復二陵之讐, 而[81]謾欲遹雪孤城之辱, 何哉?"客曰:"易知[82]也. 地小民寡, 形單勢弱, 不敷於自守[83], 況謀人乎! 於南於北, 已知其不能有爲, 故徒爲復讐報德之言, 以寓不忘在莒, 必欲尊周之義, 若使國家眞爲此擧, 則豈不永有辭於天下耶?"又行一盃, 曰:"子居鄕食貧否? 何衣之弊馬之困也?"士人曰:"然. 子雲[84]之貧, 揮逐[85]不去; 昌黎之窮, 揖[86]送猶留."客曰:"子必好言仁義而長貧賤者. 吾嘗謂男兒墮地, 可行者有三策, 讀書窮理, 爲世名儒, 一策也; 決科揚名, 以顯父母, 二策也. 於斯二者, 未能一焉, 則當家力農, 積穀殖貨, 衣服飮食, 恣其美好. 不猶愈於守拙坐窮, 無計資身, 上不能奉養父母, 下不能率育妻子者乎! 先聖有餘力學問之訓, 昔賢有朝耕夜讀之事, 專心於做業, 而不有家人生産[87], 非長計也. 許魯齋曰:'爲學當先治生理, 生理不足爲學有妨.' 此通論也."士人曰:"太上立德, 其次立言, 其次立功, 此之謂三不朽. 子之言, 蓋本於此, 而求其歸趣, 將未免太史公先富利之譏也. 靳裁之有言, 曰:'志於道德, 則功名不足以累其心; 志於功名, 則富貴不足以累其心, 志於富貴而已者, 則亦無所不至.' 凡爲士者[88], 當以此言爲法. 且子所謂讀書窮理,

---

79) 讐: 라본에는 '羞'로 되어 있음.
80) 讐: 다, 라본에는 '羞'로 되어 있음.
81) 而: 저본에는 빠져 있으나 나, 다, 라본에 의거하여 보충함.
82) 知: 다본에는 '分'으로 되어 있음.
83) 自守: 나, 다, 라본에는 '四守'로 되어 있음.
84) 子雲: 나, 다, 라본에는 '揚雄'으로 되어 있음.
85) 逐: 나, 다본에는 '逍'로 되어 있음.
86) 揖: 나, 다본에는 '指'로 되어 있음.
87) 生産: 다, 라본에는 '生業'으로 되어 있음.
88) 士者: 라본에는 '士子'로 되어 있음.

非世所稱理學乎?" 曰: "然. 爲理學者, 必拱手斂膝, 終日危坐, 其意何居? 不爾則不復爲理學乎? 古之理學, 莫盛於夫子, 而未聞夫子之必拱手斂膝·終日危坐也." 士人曰: "夫子教人, 以手容恭足容重, 非拱而斂者乎? 原壤夷俟, 以杖叩其脛, 非常時危坐之證乎? 危坐則意專, 意專則心不放. 程子見人靜坐, 每歎其善學, 此儒者所以必危坐也." 客曰: "體貌在外, 心志在內, 雖飾其體貌於外, 而不正其心志於內, 則是玉其表而裏之礫也, 薰其容而肚之薝也. 吾則以爲, '無一非義之事, 無一不正之擧[89].' 暗室云爲, 對天日而不怍; 閒居動作, 質神明而無惡, 則雖亂頭跣足, 昌披而行, 箕踞而坐, 袒褐裸程而臥, 無不可也." 士人曰: "此言蓋有激[90]而云, 觀古今學者, 名實之不相左, 言行之不相戾, 能幾箇乎? 有充隱者, 假隱者, 託僞學者, 盜虛名者, 處不曾激濁而揚淸, 出未嘗行道而濟時, 徒使士林不靖[91], 朝紳不協, 以傷世道, 以病人國. 故商君喩之六蝎, 韓子比之五蠹, 若斯類者, 雖借容儀於曾·思, 移體貌於程·朱, 亦何所取乎? 如鞅如非, 其爲言, 固不無憤世憎俗[92]之意, 妬賢媚能之思. 而周公之對武王問, 亦曰: '人多隱其情, 飾其僞, 以改其名.' 有隱於仁賢者, 有隱於智理者, 有隱於文藝者, 有隱於廉勇者, 有隱於交友者. 如此之類, 不可不察, 所謂隱於仁賢, 隱其情於仁義之方, 賢聖之事以誣世者也. 所謂隱於智理[93], 隱其情於智謀之冊, 性理之學以瞞人者也; 所謂隱於文藝, 隱其情於文翰之場, 藝術之苑以盜名者也; 所謂隱於廉勇, 隱其情於廉潔之行, 勇健之

---

89) 擧: 나, 다본에는 '居'로 되어 있음.
90) 激: 나, 다본에는 '判'으로 되어 있음.
91) 靖: 라본에는 '精'으로 되어 있음.
92) 俗: 나, 다본에는 '僞'로 되어 있음.
93) 智理: 나, 다본에는 '智理者'로 되어 있음.

跡以賣其聲者也; 所謂隱於交遊, 隱其情於交遊之間, 儕友之中以 要其譽者也. 周公大聖人也, 而其所告達君父之言, 人固可不察其 心, 全以體取之乎? 子言誠有見矣, 近來士大夫, 雖不以隱逸自處, 鮮有不操行者, 願聞子所操." 客曰: "操一反字. 吾起而頭觸于屋, 不咎屋之低, 而咎吾頭, 曰: '爾何不俯?' 吾行而足蹲于路, 不尤路 之險, 而尤吾足, 曰: '爾何不謹避?' 凡遭惡境逆界, 危急之時, 困 頓之日, 不分是非, 不論曲直, 一皆反之, 躬而自責, 此吾平日所操 也." 士人曰: "所操如此, 所行可想. 吾則異於是, 一動一靜, 惟天 君之命, 奉而行之, 天君命余曰: '爾須主乎義, 義所以勝利也.' 余 於是奉此命, 惟義之主, 利不敢誘焉. 又命曰: '爾須主乎公, 公所 以勝私也.' 余於是奉此命, 惟公之主, 私不敢容焉. 又命曰: '爾須 主乎敬, 敬所以勝怠也.' 余於是奉此命, 惟敬之主, 怠不敢現焉. 又 命曰: '爾須主乎寬, 寬所以勝忿也.' 余於是奉此命, 惟寬之主, 忿 不敢恣焉. 又命曰: '欲去邪惡之思, 惟正爲最.' 於是奉其命, 正以 履之, 邪無所厠[94]焉. 又命曰: '欲除驕傲之氣, 惟恭爲元.' 於是奉其 命, 恭以行之, 驕無所生焉. 又命曰: '欲止欺詐之習, 惟誠爲本.' 於 是奉其命, 誠以實之, 欺無所施焉. 此吾平日所自操也." 客曰: "先 儒[95]以爲人, 當以己心爲嚴師, 子之所操, 其出於此乎! 雖然子徒 能言, 未能行者也, 方欺瞞我時, 獨不能奉天君之命, 以誠其心 乎?" 士人曰: "然則子所操, 亦虛事也. 方慢侮余, 驅斥[96]余時, 獨 不思反躬自責之道乎?" 客大笑曰: "天下無不對也." 少焉, 鷄送曉 唱, 客驚起呼僕, 曰: "今日往遠, 促秣馬!" 因謂士人曰: "吾爲子別

---

[94] 厠: 나, 다, 라본에는 '側'으로 되어 있음. 서로 통함.
[95] 先儒: 다본에는 '宏儒'로 되어 있음.
[96] 斥: 나, 다, 라본에는 '逐'으로 되어 있음.

章." 士人曰: "聯句乎?" 曰: "各擧韻." 吸烟茶一次, 遽唱曰: '客中
多過客, 人內少斯人. 接話初當夕, 論文直到晨. 不分千里相, 深愧
九方歅. 莫播今宵事, 應添笑語新.' 士人曰: '美景春三月, 高談夜
五更. 偶然今邂逅, 何處更逢迎. 共詠詩留別, 相酬酒送行. 此會眞
堪笑, 知心不記名.' 士人請寫志敍別, 乃唱云[97]: '且留征蓋聽離詞,
萍水浮生此遇奇. 等待百年休問卜, 掃除餘事任從師. 可辭一介何
曾受, 宜受千鍾亦不辭. 未必詩人偏冷落, 也應[98]先後賛文治.' 客
曰: "子所師者, 誰也? 家山宅水爲性理學者乎?" 曰: "否! 吾從先聖
先師, 性理學存黃卷中, 又自具吾腔子裏, 何求乎人?" 客誦其[99]項
聯, 曰: "難道辭也, '等待百年', 榮辱死生, 不問可知, 卜誠可笑也.
'掃除餘事', 出入起居, 惟書是對, 從師在其中也." 誦尾聯, 曰: "志
則可也, 非吾敵耳." 和曰: '落落殘星[100]欲曙天, 臨岐分手更依然.
劇談河決前言戲, 浩唱雲停後調姸. 逸氣每憑詞翰寫, 幽懷都付酒
盃傳. 何嫌不識名誰某, 異日應開夢裡筵.' 士人曰: "佳咏也!" 乃出
馬各騎, 交馬首相語, 客笑曰: "子何倨見長者?" 蓋其付擔而坐, 故
譏之也. 士人曰: "立談之間, 言不盡意." 蓋客履鐙而立也. 客曰: "請
爲馬上別曲." 乃吟曰: '門前攬轡少遲留, 欲別無言更注眸. 步步青
山流水上, 沈吟竟夕各回頭.' 士人曰: '詩逢勁敵古稱難, 今日分携
幾日. 看鴈塔題名知不遠, 朝班野次更相歡.' 遂回騎着鞭, 各向東
西, 東方始欲白也. 士人旣不知客之爲誰, 客亦不知士人之爲某[101].
　外史氏曰: "古語云: '君子泰而不驕.' 禮無倨塞之傲, 人若驕傲,

---

97) 云: 다본에는 '曰'로 되어 있음.
98) 應: 다, 라본에는 '從'으로 되어 있음.
99) 其: 저본에는 빠져 있으나 나, 다, 라본에 의거하여 보충함.
100) 殘星: 다, 라본에는 '曉星'으로 되어 있음.
101) 某: 라본에는 '誰'로 되어 있음.

其餘無足觀. 狄仁傑拒張光輔而左遷, 杜子美忤嚴武而逃禍, 彼異於驕傲, 秪因不遜而見憾, 可不戒乎! 客之恃才, 偃蹇凌侮士人, 被其簸弄, 便是滄浪, 殊可笑也."

13-2. 皐蘭寺十美酬唱

呂姓文官, 嶺南人, 以明經科, 爲湖西亞使. 一日, 携妓船遊, 至白馬江中流, 顧妓曰: "美哉! 故國之勝也." 妓曰: "曾見遊此諸公, 無不感古咏詩, 今公獨無一詩乎?" 呂本不能詩, 而慮其取侮於妓, 半日撚髭, 僅成二句, 乃[102]擊節朗吟, 曰: '憶昔曾遊地, 荒淫致國亡.[103] 江山如此好, 無罪義慈王.' 蓋其詩意, 憶昔百濟王曾遊之地, 雖因荒淫[104]而國亡, 江山之好如此, 安得不流連? 義慈王固無罪云矣, 聞者莫不捧腹. 時呂之從弟某, 頗有詞藻, 隨至皐蘭寺, 慨其兄詩之太拙, 獨登落花巖, 詠一詩, 曰: '百濟舊都雲水空, 春江猶蘸落花紅. 姑蘇蘭葉迷香徑, 汴水楊花[105]認故宮. 石轉金釵疑墮地, 沙鳴環佩怳搖風. 凄凉往蹟憑誰問, 浩劫滄桑一夢中.' 時秋河亘天, 月色明霽, 白露橫江, 水光接天. 士人不勝幽興, 連擧匏尊[106], 醉臥岸上, 瞥見六個麗姬, 籠絳紗燈, 自水邊來, 環坐巖上. 一姬仰天歎, 曰: "今夜廣寒宮閉, 未稔姮娥獨宿凄凉何似?" 衆曰: "莫爲渠擔憂, 我輩獨遊無郎, 亦不讓靑溪小姑子也." 談笑間, 一姬移燈別煤, 見士人偃臥草間, 譁曰: "何處風狂兒[107], 在此偸窺國艷?" 衆趨

---

102) 乃: 저본에는 빠져 있으나 다, 라본에 의거하여 보충함.
103) 荒淫致國亡: 다, 라본에는 '荒凉故國亡'으로 되어 있음.
104) 淫: 다, 라본에는 '凉'으로 되어 있음.
105) 花: 다본에는 '柳'로 되어 있음.
106) 尊: 나, 다본에는 '樽'으로 되어 있음. 서로 통용됨.
107) 兒: 나, 다본에는 '客'으로 되어 있음.

視之, 笑曰:"纔說無郎, 忽傳有客, 大爲我輩解嘲."相邀至巖上, 鋪席排坐. 須臾, 珍肴旨酒, 羅列滿前, 上坐一姬, 謂士人曰:"悶酒寡懽, 今者幸逢嘉客, 盍行詩令以永今夕?"士人惶駭遜謝, 第二坐姬曰:"吾儕素乏風韻, 可邀許蘭雪來, 佐以繡肚錦吻, 使吾儕免夫罰依金谷."第三姬曰:"此言大有意見, 若然則扶安桂生詩之工者, 同邀恐好."衆曰:"諾."第四姬曰:"晋州論介貞烈, 東國一人, 波宮[108]幽蹤, 與吾輩便是同病相憐, 此會不可不速."衆曰:"然矣."第五姬曰:"松都眞伊, 亦勝國遺墟之名姝, 一體招致, 何如?"衆稱可. 少焉, 四美人次第飄然而來, 皆靚粧麗服, 光彩奪目, 其手撚金釵低頭含羞者, 蘭雪也; 風流艷冶回眸媚笑者, 桂生也; 幽雅消瘦滿面哀怨者, 論介也; 飄如遺世貌閒態逸者, 眞伊也. 於是, 十美合席序坐, 士人踞[109]坐一隅, 觥籌交錯, 諸姬囑士人先倡[110], 乃吟曰:'奇巖陳跡尙留名, 剩粉遺香暗古汀. 艷質寧隨風燭滅, 貞心難逐雨花零. 月懸金鏡空涵碧, 草襯羅裙宛帶青. 人世幾回傷往事, 夕陽南浦杳揚舲.'衆齊聲讚[111], 曰:"可稱騷壇雄手!"一姬繼吟曰:'鳳艦龍舟事已空, 銀屛金屋夢魂中. 黃蘆晚日空殘壘, 碧草寒烟鎖故宮. 隧道魚燈油欲盡, 粧臺鸞鏡匣長封. 憑君莫話興亡事, 淚濕臙脂損舊容.'二姬曰:"吾不解律, 但成短歌."衆曰:"何妨?"遂吟曰:'香風引到大羅天, 月池[112]雲塔集洞仙. 盡道人間惆悵事, 不知今夕是何年.'三姬曰:"吾亦短歌."因吟曰:'舊苑荒臺楊柳新, 菱歌淸唱不勝春. 秖今惟有西江月, 曾照義慈宮裏人.'四姬曰:"未可倉卒續

---

108) 宮: 나, 다, 라본에는 '官'으로 되어 있음.
109) 踞: 나, 다, 라본에는 '獨'으로 되어 있음.
110) 倡: 나, 다본에는 '唱'으로 되어 있음.
111) 讚: 나, 다, 라본에는 '讀'으로 되어 있음.
112) 池: 저본에는 '地'로 나와 있으나 나, 다, 라본에 의거함.

貂, 但用集句." 衆曰: "亦好." 乃吟曰: '物換星移度幾秋, 鳥啼花落水空流. 人間何事堪惆悵, 貴賤同歸土一丘.' 五姬曰: "已被酒惱, 詩思竭矣, 可誦舊作." 仍吟曰: '蘭徑香銷玉輦踪, 梨花不忍負春風. 綠窓深鎖無人見, 自碾硃砂養守宮.' 六姬曰: "偶此述懷, 自底傷感." 乃咏曰: '往事凄涼似夢中, 落花無語怨東風. 傷心最是西江月, 猶對珠宮玉鏡空.' 次至蘭雪, 蘭雪逡巡始吟, 曰: '錦帶羅衣積淚痕, 一年芳草怨王孫. 瑤琴彈罷江南曲, 雨打梨花晝掩門.' 衆齊稱曰: "儘[113]是唐韻, 可謂名下無虛." 桂生曰: "賤人雖粗解綴句, 猥以瓦缶厠諸笙鏞, 極知唐突西施." 衆曰: "何用過謙?" 因促之, 乃吟曰: '洞天如水月蒼蒼, 柿葉蕭疎夜有霜. 何處細簾人獨宿, 玉屛還羨畵鴛鴦.' 衆笑曰: "曾聞'醉客執羅衫, 羅衫隨手裂. 不惜一羅衫, 但恐恩情絶', 此卽『梅窓集』中名作. 今見所賦, 可謂技癢." 次至論介, 含淚而吟曰: '劍影波光碧共流, 忍將瑤瑟訴幽愁. 香魂玉骨歸何處, 不及眞娘葬虎丘.' 衆歎曰: "悽愴不堪聽." 次至眞伊, 歛衽而對曰: "素乏藻思, 但道卽景." 乃吟曰: '浮世繁華一夢休, 登臨因憶昔人遊. 如今縱擬誇才思, 事往情多特地愁.' 衆曰: "果實際語也." 一姬曰: "此地懷古之詠, 當以洪春卿詩爲第一." 因誦曰: '國破山河異昔時, 獨留江月幾盈虧. 落花巖畔花猶在, 風雨當年不盡吹.' 衆嗟賞不已. 一姬曰: "篇旣圓矣, 盍行風雅令更博一粲?" 二姬曰: "豈敢妄攀風雅? 隨擧四書一句, 下接古人名, 合者免飮, 否則罰觥." 衆曰: "諾." 引大白, 先酌士人, 士人以賓不奪主爲辭, 一姬引盃, 覆掌而起, 曰: "孟子見梁惠王, 魏徵." 衆齊讚曰: "妙哉! 武子瘦辭, 漢儒射策, 不過如是." 至二姬, 曰: "可使治其賦也, 許由."

---

113) 儘: 나, 다본에는 '盡'으로 되어 있음.

一姬曰:"後來居上大巫壓小巫矣."次至三姬, 曰:"五穀不生, 田光."四姬接令, 曰:"載戢干戈, 畢戰."五姬斜視而笑, 曰:"二姊工力悉敵, 可謂詞壇角兩雌也!"四姬白眼視之, 五姬刷髮澤戲, 彈其面, 曰:"坐於塗炭, 黑臀."四姬扭腹三四, 曰:"妮子此中眞有左癖."令至六姬, 姬素口吃, 曰:"寡寡寡."三姬曰:"我輩誰箇不寡, 要汝道得許多字?"引盃欲罰, 一姬曰:"鳳兮鳳兮, 故是一鳳, 何礙?"六姬紅漲於頰, 格格而吐, 曰:"寡人好勇, 王猛."衆低鬟微笑, 次至蘭雪, 曰:"朋友之交也, 第五倫."衆稱妙, 桂生曰:"我有一令, 止嫌不雅馴[114]."一姬曰:"有客在坐, 勿妄談."桂生終不能忍, 曰:"其直如矢, 陽貨."衆掩耳不欲聞. 論介顧眞伊曰:"我與汝取羯鼓來, 爲癡婢子解穢."乃正色而言曰:"泰伯其可謂至德也已矣, 豫讓."眞伊曰:"雖千萬人吾往矣, 揚雄."士人正焦思未就, 忽大悟, 曰:"牛山之木嘗美矣, 石秀."言訖, 意頗自負, 一姬曰:"才士博學, 何至借『水滸』爲說?"士人曰:"彼道得病, 關索我道, 不得拚命三郎耶?"衆皆匿笑. 一姬曰:"君誤矣! 彼所言, 乃草玄亭之揚子雲也."士人意窘. 三姬曰:"口衆我寡, 不如姑飮三爵."士人擧酌連罄[115], 二姬笑曰:"君書囊雖窄, 幸酒囊頗寬也."四座大噱. 三姬曰:"更以詩一句, 唐詩一句, 合成一藥名, 以助詞筵笑謔, 何如?"衆曰:"諾."三姬先曰:"習習谷風, 日暮掩柴扉, 防風."衆曰:"妙哉!"一姬曰:"羔羊之皮, 經歲又經年, 陳皮."二姬曰:"曰歸曰歸, 故園長在目, 當歸."四姬曰:"他山之石, 江南雨初歇, 滑石."[116] 五姬曰:"野有蔓草, 先遣小姑嘗, 甘草."六姬曰:"有飶其香, 越女天下白,

---

114) 馴: 나, 다, 라본에는 '訓'으로 되어 있음.
115) 罄: 나, 다, 라본에는 '傾'으로 되어 있음.
116) 他山之石, 江南雨初歇, 滑石: 저본에는 이 부분에 '漸漸之石, 月明秋水寒, 寒水石'이라는 내용이 두주로 첨부되어 있음.

乳香." 蘭雪曰: "芄蘭之皮, 倚向月中看, 桂皮." 桂生曰: "妻子好合, 難分此夜中, 百合." 衆掩口而笑. 論介曰: "嘒彼小星, 楚國天一涯, 天南星." 眞伊曰: "彼己之子, 驅車出東門, 車前子." 次至士人, 已昏醉强應, 曰: "關關雎鳩, 馬上逢寒食, 人蔘." 一座絶倒. 三姬代爲之語曰: "何日不行, 門外度金輿, 王不留行." 衆一場歡笑. 四姬曰: "吾有一令, 各擧才談一段, 互應相屬對, 否則罰飮, 何如?" 衆曰: "諾." 乃曰: "日・月齊體, 麗爲天上之明." 二姬率爾對曰: "女・子比肩, 合作人間之好." 一姬笑曰: "對則妙矣, 豈兒女子所可道哉?" 因曰: "五行, 水・火・木・金・土." 三姬對曰: "四位, 公・侯・伯・子男." 因曰: "李陽指李樹爲姓, 生而知之." 一姬對曰: "馬援以馬革裹尸, 死而後已." 二姬曰: "蟬以翼鳴, 不啻若自其口出." 四姬對曰: "龍將角聽, 謂其不足於耳歟!" 衆曰: "可稱實才." 四姬曰: "鄒孟子・吳孟子・寺人孟子, 一男一女, 一似男似女." 五姬對曰: "周宣王・齊宣王・司馬宣王, 一君一臣, 一非君非臣." 因曰: "藺相如・司馬相如, 名相如, 姓不相如." 六姬對曰: "魏無忌・長孫無忌, 古無忌, 今亦無忌." 因曰: "琴瑟琵琶八大王, 一般頭面." 蘭雪對曰: "魑魅魍魎四小鬼, 各自腸肚." 因曰: "東方朔・西門豹・南宮适[117]・北宮黝, 東西南北之人." 桂生對曰: "左靑龍・右白虎・前朱雀・後玄武, 左右前後之山." 因曰: "新竹如村姑, 遇節略施薄粉." 論介對曰: "落梅如老妓, 下梢猶帶餘香." 因曰: "持盃入海, 知多海." 眞伊對曰: "坐井觀天, 曰小天." 又曰: "氷消[118]一點, 還成水." 桂生對曰: "木立雙株, 便作林." 酬酢移時, 五姬出座, 曰: "今日之會, 詩令爲先, 且置閒話, 更集古人詩句, 各成一律, 何如?" 一姬笑曰: "此憨

---

117) 适: 저본에는 '括'로 나와 있으나 나, 다, 라본을 따름.
118) 消: 나, 다본에는 '銷'로 되어 있음. 서로 통용됨.

兒, 胸中亦有制度." 令雙鬟移燈, 先援筆而題, 曰: '嫁得蕭郎愛遠
遊, 每因風景却生愁. 桃花臉薄難藏淚, 桐樹[119]心孤易感秋. 閬苑
有書多附鶴, 畫屛無睡待牽牛. 傍人未必知心事, 又抱輕衾上玉樓.'
二姬題曰: '夢來何處更爲雲, 把酒堂前日又[120]曛. 料得也應憐宋
玉, 肯敎容易見文君. 抛殘翠羽乘鸞扇, 惆悵金泥簇蝶裙. 取次花
叢懶回顧, 淡紅香白一羣群.' 三姬曰: "二姊工麗纏綿, 眞似李都尉
「鴛鴦辭」也. 妹從何處着筆?" 亦蘸墨而書, 曰: '本來銀漢是紅牆,
雲雨巫山枉斷腸. 與我周旋寧作我, 爲郎憔悴却[121]羞郎. 閒窺夜月
銷金帳, 倦倚春風白玉床. 誰爲含愁獨不見, 一生贏得是凄涼.' 二
姬曰: "妙似連環, 巧同玉合, 蘇若蘭廻文織錦, 爲三姊作後塵矣!"
四姬題曰: '風景依俙似昔年, 畫堂金屋見嬋娟. 曾經滄海難爲水,
願作鴛鴦不羨仙. 歸去豈知還向月, 坐來雖近遠干天. 何時詔此金
錢會, 一度思量一惘然.' 五姬曰: "黃鶴題詩女靑蓮, 亦當束手, 不
得已勉强一吟." 題曰: '金屋粧成貯阿嬌, 酒香紅被夜迢迢. 嬴臺月
暗乘雙鳳, 銅雀春深鎖二喬. 自有風流堪証果, 更無消息到今朝. 不
如逐伴歸山去, 綠水回通宛轉橋.' 一姬笑曰: "是兒大有怨情!" 六
姬奮筆直書, 曰: '瑞烟輕罩一團春, 玉作肌[122]膚氷作神. 閒倚屛風
笑周昉, 不令仙犬吠劉晨. 相思相見知何日, 傾國傾城不在人. 回
首可憐歌舞地, 行塵不是昔時塵.' 五姬曰: "六妹以筆代舌, 便怎地
牙伶齒俐." 次至蘭雪, 遂走筆書之, 曰: '好去春風湖上亭, 楚腰一
捻掌中情. 半醒半醉遊三日, 雙宿雙飛過一生. 懷裏不知金鈿落,

---

119) 樹: 다본에는 '枝'로 되어 있음.
120) 又: 다본에는 '已'로 되어 있음.
121) 却: 나, 다, 라본에는 '更'으로 되어 있음.
122) 肌: 나, 다, 라본에는 '肥'로 되어 있음.

枕邊時有墮釵橫. 覺來淚滴湘江水, 着色屛風畫不成.' 一姬曰: "佳人出口, 便談風月, 眞箇顚狂欲死." 桂生曰: "綺語撩人, 亦是女兒家本相." 爰題一律, 曰: '夜半鞦韆酒正中, 畫堂西畔桂堂東. 麗華膝上能多記, 飛燕裙邊拜下風. 愁事漸多歡漸少, 來時無跡去無蹤. 而今獨自成惆悵, 人面桃花相映紅.' 論介曰: "對酒當歌, 作此楚囚之泣, 梅窓裂盡風景矣!" 遂奪筆而題, 曰: '壺中有酒且同斟, 莫把長愁[123]付短吟. 夜合花前人盡醉, 畫眉窓下月初沉. 縮成錦帳同心帶, 壓匾[124]佳人纒臂金. 誰與玉昌報消息, 千金難買隔窓心.' 眞伊續題, 曰: '平生原不解相思, 莫遣玲瓏唱我詞. 有酒惟澆趙州土, 無人會說鮑家詩. 常將白雪調蘇小, 不用黃金鑄牧之. 我是夢中傳綵筆, 偏從人間可相宜.' 衆笑曰: "這詩意調弄不少." 已而, 取筆授士人, 士人醉眼迷離, 精神朦朧, 吮毫數十次, 氣如牛喘. 衆曰: "興酣落筆, 詩壇快事, 君何苦思乃爾?" 三姬曰: "硏京十年, 鍊都一紀, 亦屬文人常例耳!" 二姬曰: "如卿言亦復佳." 士人微察, 冷語交侵, 勉書七字於牋, 曰: '搖落深知宋玉悲.' 更未得句, 神思益縮, 但沈吟而已. 衆促之, 乃惶㥘書之, 曰: '風流儒雅亦吾師.' 衆笑曰: "集用兩隻全句, 古未有也, 詩人誠妄矣!" 士人尤慌忙罔措, 諸姬群起而嘲之, 促令成篇, 不得已繼書, 曰: '悵望千秋一灑淚, 蕭條異代不同時.' 衆乃大哄曰: "全句並用, 已極駭慚, 而今乃句句剽膽耶?" 士人若不聞, 因走坂之勢, 信手直書, 曰: '江山故宅空文藻, 雲雨荒臺豈[125]夢思. 最是楚宮俱泯滅, 舟人指點到今疑.' 衆相看, 愕然曰: "客眞風狂也!" 忽有[126]一人, 峩冠博帶而來, 據案顧眄, 指

---

123) 愁: 나본에는 '袖'로 되어 있음.
124) 匾: 나, 다, 라본에는 '遍'으로 되어 있음.
125) 豈: 나, 다본에는 '幾'로 되어 있음.

士人而大咤¹²⁷⁾, 曰: "吾浣花溪杜拾遺也! 當時窮困, 只緣作詩之苦, 至有詩瘦之稱. 吾則積費工力, 嘔出心肝, 而未免一生潦倒, 詩能窮人有如許矣. 雖然, 宿藁¹²⁸⁾殘篇, 流落人間, 嘗以大方爲詩家立幟, 不與竪子輩並列旗鼓於騷壇, 而咳唾之餘音, 到處傳布, 膾炙人口, 雖隻字半句, 無敢有剽竊者. 不意今者, 汝乃偸用全篇, 是侮我也. 且吾看夫世之凡有雕虫之技者, 蹈襲古人之糟粕, 操腐毫而窺陳編¹²⁹⁾, 釣虛名而欺一世, 心常痛恨. 適與李青蓮, 雲遊八垓, 玩月到此, 見汝之做此駭妄, 業火陡起, 何可忍住?" 遂擧十指, 猛批其頰. 士人大驚而醒, 身在巖畔, 但見月星明槪, 草露滿衣, 十女杯盤, 並無形跡. 亞使怪其弟之久不還, 命隷覓來, 隷持炬燭來尋, 扶持踉蹌而歸. 士人茫然自失, 從此更不赴詩席, 亦不以詩人自許云.

外史氏曰: "此與稗史所載牛僧孺『周秦行記』, 路遇前代諸宮姬靈魂, 與之酬唱一事, 頗有髣髴, 然殊涉荒唐詭異, 未可信也. 呂士人之因詩遭辱, 亦似謊說, 然蓋自古薄有雕篆之藝者, 嵬然自處以詞伯, 翺翔馳逐, 多所逢敗, 可不愼哉!"

○ 第百二号 雜識部二【離合】

13-3. 漂萬里十人全還

張漢喆¹³⁰⁾, 濟州人也. 以鄕貢, 赴南宮會圍, 與友人金生, 及梢工・商人等二十四人, 登船風順, 其行如飛. 忽看西天, 一抹烟氣,

---

126) 有: 저본에는 빠져 있으나 나, 다, 라본에 의거하여 보충함.
127) 咤: 나, 다, 라본에는 '叱'로 되어 있음. 서로 통함.
128) 藁: 나, 다, 라본에는 '稿'로 되어 있음.
129) 編: 나, 다본에는 '篇'으로 되어 있음.
130) 喆: 저본에는 '哲'로 나와 있으나 의미상 바로잡음.

起自波間, 雲影日光, 明滅相盪. 俄而, 雲成五彩, 平浮半空, 雲下
若有物, 突兀而高起, 依俙[131]若層樓[132]畫閣, 而遠不可辨. 良久, 日
隱霞映, 樓閣之形, 變成萬雉城堞, 橫亘於銀波之上, 逾時而廓開,
此乃蜃樓也. 篙師驚曰: "是爲風雨之徵, 愼勿放心也." 已而, 獰風
怒號, 急雨暴霏[133], 孤舟出沒搖盪, 舟中人, 或昏倒不省, 或頹臥痛
哭. 夜又昏黑, 咫尺莫辨, 船上雨如翻盆, 船底水多漏入艙中, 水深
已沒半腰. 舟中人咸自分必死, 張乃權辭曰: "東風甚急, 孤篷疾走,
瞬息千里. 吾觀地圖, 以知琉球國在耽羅之西南, 海路三千里, 今
夜必炊飯於琉球國矣." 衆乃大喜[134], 蹴然而起坐, 度了三晝夜, 風
雨稍定, 但見天水相接, 不測端倪. 金生及舟人, 皆咎張曰: "以君
浪生科慾, 使我無罪之人, 擧爲魚腹之葬[135], 我死後, 當訴神明, 以
洩此憤." 張用好言慰之, 强令炊飯, 以飯之善否, 占其吉凶, 飯果
善就, 諸人少慰. 有頃, 大霧四塞, 船猶隨風自去, 不知其所屆. 日
將夕, 忽有異禽, 飛鳴而過, 舟子曰: "此水鳥也! 晝則往來海上, 暮
必歸宿洲渚, 今向暮而禽歸, 可知洲渚之不遠也." 衆皆欣踊. 及至
夜深霧開, 月星明皚[136], 見有大星光芒射海, 瑞彩盈空, 卽南極老
人星也. 翌日, 船忽隨風, 自泊於一小島, 諸人喜笑下陸, 登高而望
之, 則地形東西狹而南北長, 幅圓可四五十里, 無居人. 只有樹木
蓊蔚, 多松柏・杜冲, 又有如椽之竹, 獐鹿成群, 烏鵲繞林. 島中三
峰競秀, 高皆可五六十丈, 泉源出峰中, 迤爲川溪, 而一道淸泉, 味

---

131) 依俙: 나, 다, 라본에는 '依稀'로 되어 있음. 서로 통함.
132) 層樓: 나, 다본에는 '樓臺'로 되어 있음.
133) 霏: 나, 다, 라본에는 '注'로 되어 있음.
134) 喜: 나, 라본에는 '笑'로 되어 있음.
135) 葬: 저본에는 '藏'으로 나와 있으나 다, 라본을 따름.
136) 皚: 나, 다본에는 '開'로 되어 있음.

極甘冽. 有一大橘, 自上流浮來, 乃沿溪而上數百步, 有兩橘樹, 黃實濃熟, 諸人亂摘噉之, 遂伐木拾薪, 作草幕以[137]居之. 檢其行槖, 只有一斗米·六斗粟, 不過卄四人數日之糧. 採山藥細剉[138], 和以米穀, 炊作饔飧, 爲苟延之計. 又採鰒而啖之, 舟人得一大鰒, 剖其甲, 有雙珠, 大如燕卵, 明彩眩眼. 同行商人請[139]曰: "以此物給我, 還鄕, 當以五十金酬之." 舟人爭價, 以百金爲約, 成券而給之. 張使舟子伐竹造竿, 裂衣爲旗, 立于高峰之上, 又積柴而燃之, 要使過去舟楫知有漂人而來救也. 無何, 一點帆影, 來自東溟之外, 舟子乃添薪起烟, 揮旗大呼. 日將夕, 船漸近, 而船上人戴靑巾, 穿黑衣, 擧帆過島而去, 落落無來救之意. 島中諸人, 叫呼大哭, 喧聲動海, 忽自彼船發送小舠, 泊於島岸, 十餘人登陸, 俱帶長劍, 氣色暴戾, 乃倭人也. 突入人叢中, 書問: "爾何方人?" 張答曰: "朝鮮人, 漂流到此, 乞垂慈悲, 活我衆命! 敢問公是何國人, 今向何處?" 彼答曰: "俺南海佛, 將向西域. 汝以寶物禳施, 或有生道, 否則死." 張答曰: "本國素不産寶, 且漂流餘蹤萬死一生, 身外無物, 奈何?" 彼輩相與喞啾喧諑, 良久, 揮劍咆哮, 赤脫張生諸人衣服, 倒懸于樹上, 遍探其囊中, 獲雙珠, 因留其衣服, 登船而去. 諸人自相解縛, 如得再生, 欲去峰上旗竿及薪烟, 張曰: "往來舟楫, 未必盡是水賊, 南國之人, 不似倭奴之殘忍, 必有拯救者, 何可因噎廢食乎[140]?" 舟子曰: "彼烟雲杳靄間莽蒼而見者, 必是琉球國, 似不過七八百里之遠, 若得北風之送飆, 可三飡而往, 何必坐此餓死乎?"

---

137) 以: 나, 다, 라본에는 '而'로 되어 있음.
138) 剉: 다본에는 '挫'로 되어 있음.
139) 請: 나, 다본에는 '謂'로 되어 있음.
140) 乎: 저본에는 빠져 있으나 나본에 의거하여 보충함.

衆曰: "善." 因登山斫木, 修戢船板, 忽見三隻大船, 自大洋向東而
去. 乃舉旗起烟, 號哭乞憐, 合掌叩頭. 彼船中五人, 乘小艇來泊,
以紅布裹頭, 身着翠錦狹袖. 中有一人, 戴圓帽不剪髮, 書問: "爾
是何國人?" 對以朝鮮人, 漂海[141]到此, 乞蒙救援, 得返故國. 着帽
者, 復問曰: "爾國有中華人流落者, 可數以對否?" 張生疑是大明
遺民, 乃書答曰: "皇朝遺民, 果多東來者, 我國莫不厚遇, 錄用其
子孫, 不可殫記. 未知相公在何國?" 答曰: "俺大明人, 遷居安南
國, 久矣. 今因販豆, 將往日本, 爾欲還本國, 可隨俺抵日本也." 張
生涕泣而書之, 曰: "吾屬亦是皇明[142]赤子也. 壬辰倭寇, 陷我朝鮮,
魚肉我, 塗炭我, 其能拯我於水火之中, 措我於袵席之上者, 豈非
皇明再造之恩乎? 痛矣! 甲申天崩之變, 尙忍言哉? 以我東忠臣義
士之心, 孰欲戴一天而生也? 然父母之亡, 孝子不能殉從者, 以天
命不同, 存亡有異也. 今於萬里萍水, 幸逢相公, 非徒四海之兄弟,
同是一家之臣子." 着帽者, 亦[143]讀之, 悲咽之意, 溢於辭色, 援筆
點之, 且讀且點. 讀畢, 卽款款然携張生之手, 並引諸人, 共登小
艇, 轉上大船, 以香茶·白酒, 饋之, 又進饘粥, 分置張生等諸人於
二房. 張問着帽者姓名, 曰: "林遵也." 問: "船上之人, 或存髮着冠,
或削頭裹巾[144], 何不同也?" 林曰: "明人逃入安南國者, 甚多, 不剪
髮者, 皆明人也." 問其[145]所泊島名, 卽琉球國虎山島也. 張周覽船
制, 船如巨屋, 房室無數, 聯軒交櫳, 疊疊[146]戶重闥, 器玩什物, 屛

---

141) 漂海: 나, 다본에는 '漂流'로 되어 있음.
142) 皇明: 나, 다, 라본에는 '皇朝'로 되어 있음. 이하의 경우도 동일함.
143) 亦: 저본에는 빠져 있으나 나, 다본에 의거하여 보충함.
144) 巾: 나, 다본에는 '布'로 되어 있음.
145) 其: 저본에는 빠져 있으나 나, 다본에 의거하여 보충함.
146) 疊: 저본에는 빠져 있으나 나, 다본에 의거하여 보충함.

障書畫, 俱極精妙. 林引張入船腹, 由層梯而降, 則船廣可七八十丈, 其長倍之. 一邊置葱畦蔬圃, 鷄鴨自近人不驚飛, 一邊多積薪, 又庤器用之屬. 有一物, 大如十石缸, 而上圓下方, 旁通一孔, 以朱漆木釘之大如砧杵者, 塞其孔, 拔其釘, 則水出如湧. 林曰: "此水器也, 盈器之水, 用之不竭, 添亦不溢云." 又由一層梯而下, 則米穀·布帛, 百貨俱藏, 而限其一邊, 區而別之, 多作羊柙·羔圈, 狗彘之屬, 或友或群. 又由一層梯而下, 則乃船之底也. 蓋船制共爲四層, 人在上層, 房屋羅絡, 其下三層, 間架井井, 百物[147]並畜, 諸用俱備. 船底藏二小艇, 又貯水容泛小舠, 有板門, 通于海, 半沒水中, 半露波上,[148] 惟意開閉, 小舠由是出入. 板門開閉之時, 海水通入于船底, 而旋自水桶中瀉出船外, 如懸瀑焉. 蓋水桶長二丈許, 圓徑一拱餘, 而上巨下細, 如囉叭, 中通外直, 下有雙環. 左旋右斡, 聲如歌音, 則船底之水, 自桶中瀉出, 奇巧無比. 彼人不許詳看, 由梯而上, 躡三層, 始抵船之上層, 一上一下, 其路不同. 翌日, 西南風大作, 波濤如山, 彼人輩少無難色, 高張白布帆, 其往如矢, 達夜而行. 安南人方姓者, 問張曰: "爾國人有流落于香偶島者, 知否?" 張曰: "未知." 方曰: "昔余漂入此島, 島在靑藜國, 有朝鮮村, 村中有金大[149]坤者, 自言, '渠四世祖朝鮮人也. 作俘于淸, 流入南京, 隨明人避世于此, 築室娶婦,[150] 子孫繁衍.' 且居人每稱, '大坤之祖, 精通醫技, 能得人情, 家計豊殖, 築臺高岡, 遙望故國而悲泣.' 故後人[151]名之, 曰'望鄕臺'." 林問我國風俗·人物·衣冠·山川,

---

147) 百物: 라본에는 '百貨'로 되어 있음.
148) 半露波上: 나, 다본에는 '半沒露波'로 되어 있음.
149) 大: 저본에는 '太'로 나와 있으나 나, 다, 라본에 의거함. 이하의 경우도 동일함.
150) 婦: 나, 다, 라본에는 '妻'로 되어 있음.
151) 後人: 다본에는 '海人'으로 되어 있음.

張答曰: "東國襲箕子遺化[152], 崇儒術, 排異學, 國以禮樂·文物爲治, 人以孝悌·禮義爲行. 屢百年培養之餘, 人材菀興, 文章道德之士, 史不勝書, 衣冠則損益殷周之舊制, 集成皇明之儀章. 山水明麗, 地方不知爲幾千里." 彼人輪看之, 喧譟不已, 自此, 彼之人筆談, 稱我不曰'爾們', 而必稱'相公'. 翌日, 見一大山露出東北雲海間, 乃漢拏山也. 諸人喜極, 放聲大哭曰: "哀我父母妻子, 陟[153]彼岀矣!" 林書問其故, 張曰: "吾屬皆耽羅人也, 鄕山入望, 故如是耳." 卽見林與彼人酬酢, 而相與喧詰, 若爭鬨[154]之狀. 安南人環立一邊, 高聲肆惡, 怒目咆喝, 向張生諸人欲毆之, 林對彼有緩頰解紛之色. 如是相持, 日已過午[155]. 林曰: "昔耽羅王殺安南太子, 故彼輩知相公爲耽羅人, 皆欲手刃, 俺等萬方勉諭, 僅回其意, 而猶以爲不可與讐人同舟, 相公可自此分路矣." 林急發我人船, 分載張生等, 泣送潮頭, 各回船去了. 殆若日暮迷路, 嬰兒失母, 莫知所向. 午後風急, 漂到黑山島大洋, 已而, 陰雲[156]凝合, 急雨大作, 黃昏至鷺魚島之西北, 乃當初遇風漂流處也. 夜深, 洪濤舂天[157], 颶風簸海, 舟人哭曰: "此處海路最險, 亂嶼危巖, 簇列波上, 船觸則碎, 雖無風之日, 每難利涉, 況今狂風捲海, 怒濤接天! 此乃必亡之地也." 諸人皆包頭而哭, 張亦驚魂飛越, 昏仆[158]不省, 卽見濟州親知人某某在前, 皆前日漂歿人也. 其他奇形怪鬼, 千百其態, 又有美人, 縞衣進食, 開眼而視, 皆夢也. 二舟子匍匐舷頭, 將欲救鷗,

---

152) 遺化: 나, 다본에는 '遺風'으로 되어 있음.
153) 陟: 나, 다, 라본에는 '登'으로 되어 있음.
154) 鬨: 나본에는 '鬪'로 되어 있음.
155) 午: 나, 다, 라본에는 '半'으로 되어 있음.
156) 陰雲: 나, 다본에는 '黑雲'으로 되어 있음.
157) 舂天: 나, 다, 라본에는 '湧天'으로 되어 있음.
158) 昏仆: 나본에는 '昏倒'로 되어 있음.

爲風所飄而落水. 俄而, 有船板破坼之聲, 諸人皆[159]失聲哀號, 金生抱張而泣, 曰: "海天孤魂, 捨君誰依?" 遂引衣裾, 同張合纏而坐, 待船破, 瞥見一山立于前. 俄而, 舟已近山, 進退出沒, 而只聞雪屋翻空, 風濤擊岸, 夜黑霧合, 目無所覩, 依俙見諸人爭先跳下. 蓋自恃潛泅之術, 而張則素昧泅法, 蒼黃跳下, 胃掛於石嶼, 亂撦手足, 匍匐而行五十餘步, 僅到岸際, 只見諸人從波間出來, 僵臥岸邊. 良久, 各起坐, 望海而哭, 曰: "吾輩賴泅而生, 可憐張也, 無可奈何?" 張大呼曰: "吾在此!" 衆抱張而泣, 曰: "公以弱質, 且昧泅水, 安得先我登岸乎?" 張備述所經, 衆咸嗟歎, 曰: "初登船者廿四人, 今登岸者十二人, 可知落水者, 亦此數也." 相與悲哭不已, 饑寒轉甚[160], 强覓人家, 拚壁緣崖, 魚貫而進. 張跌墜於深壍, 昏絶移時, 收拾精神, 寸寸前進, 忽有野火一把明滅, 若往若來. 遂隨行五六里, 火光赤而靑, 倏然而滅, 四顧荒野, 闃[161]無人跡, 始知爲鬼火所引也. 進退不得, 忽聞犬吠聲, 尋聲而行, 至一巷, 有一梢工, 率島中人燃炬而出, 逢張挈歸村家, 燎衣進粥. 到此者只十人, 可知落崖者, 又二人. 於是, 衆皆昏倒, 翌朝始問[162]島人, 則本島隷薪智島鎭, 北距本國百餘里, 南距濟州八百里, 島之幅員三十里. 島人供其朝夕, 養病三四日, 祭了渰沒[163]者十四人, 轉至叢祠, 祈了善還. 有老嫗, 邀張坐廡下, 使素服美娥進食, 悅然若風波昏夢中進食之娥也. 張甚異之, 問于主人, 對曰: "此趙氏女, 而老嫗卽其母也. 女年今二十, 而寡居云." 張告以夢事, 主人曰: "吾有一婢, 名'梅月',

---

159) 皆: 저본에는 빠져 있으나 나, 다, 라본에 의거하여 보충함.
160) 甚: 나, 다본에는 '深'으로 되어 있음.
161) 闃: 나, 다, 라본에는 '寂'으로 되어 있음.
162) 問: 나, 다본에는 '聞'으로 되어 있음.
163) 渰沒: 나, 다, 라본에는 '淹沒'로 되어 있음.

而見賣於趙家. 若使此婢居間, 則事可諧矣." 後數日, 主人偕梅月
來, 謂曰: "趙女聞夢中事, 若有情感者, 別無峻拒. 且其母今日修
齋山寺而去, 客之偸香, 政在今宵." 遂敎梅月以如此如此. 是夕,
張至其家, 見窓下有一樹[164]梅花, 斜月映輝, 群動已息, 惟聞門
前[165]短犺吠客. 梅月呀然啓門, 而引張生入室, 趙女擁衾在床, 驚
起而坐, 嚴辭峻拒, 若將不容. 張乃說夢邊事, 以甘言導之, 趙女乃
低眉含羞, 而對曰: "然則天定之緣也." 遂許同枕, 而佯怒曰: "梅月
賣我, 可殺哉!" 罵不絶口. 及雲雨甫畢, 女攬衣起坐, 手整雲鬟, 謂
張曰: "梅月在外寒甚, 盍招入?" 張曰: "俄云可殺, 今憐其寒乎?"
女笑而不答. 少焉, 水村鷄喔, 握手相別, 留以後約. 翌日, 舟子告
以順風可利涉, 張乃登舟, 趲程二日, 到康津, 轉入京中戰藝, 飮墨
而歸, 挈妻趙女作妾. 後幾年登科, 官至高城郡守.

外史氏曰: "張生之漂流萬里, 十生九死, 得返故國, 甚奇哉! 雖
一帶抗葦, 猶云危程, 況駕一葉涉層溟! 其安危存亡, 何可知也?
苟或利涉, 卽天幸耳, 可不愼旃. 諺云: '有路莫乘船.' 儘格言也."

13-4. 歷三國一家團聚

鄭生者, 失其名, 南原人也. 少時, 善吹簫, 善歌詞, 意氣豪宕不
羈, 懶於學問. 求婚於同邑良家女, 名紅桃, 兩家議結親, 吉日已
迫. 紅桃父, 以鄭生不學, 辭之. 紅桃聞, 而言於父母曰: "婚者天定
也. 業已定日, 當行於初定之人, 中背之, 可乎? 其父感其言, 遂與
鄭結婚. 第二年, 生子, 名'夢錫'. 萬曆壬辰之變, 鄭生以射軍, 防倭
于順天. 丁酉, 倭寇再逞, 楊摠兵元, 守南原, 生名係軍官, 在城中,

---

164) 樹: 나, 다본에는 '株'로 되어 있음.
165) 門前: 나, 다본에는 '門外'로 되어 있음.

紅桃男服隨夫, 軍中莫之知也. 其子夢錫, 隨祖父, 入智異山避禍. 及城陷, 生隨摠兵得出, 而與紅桃相失, 意謂其妻隨天兵而去, 遂跟天兵, 轉入中國, 行乞遍求, 不得. 乃航黃河・揚子江, 歷齊・韓之坰, 而達于江南, 過蘇・杭州, 覽錢塘・金陵之勝, 轉而繇[166]閩入楚, 如洞庭・瀟湘・岳陽樓・黃陵廟, 皆歷覽焉. 其間奇觀壯遊, 雖博望子長, 無以過之. 而生一念紅桃, 期於獲遇, 不以遊覽爲幸. 又隨南藩商人船, 轉至南海, 其地多綾羅・錦繡・珍禽・異獸, 五穀所生, 稻梁極貴. 朝夕用切魚數斤, 和麵餠而食之, 與中國通貨, 商船之往來不絶. 生更隨商船, 而還到浙江. 一日, 同天官道主, 泛舟西湖, 月夜吹簫, 隣船有人, 言曰: "此洞簫, 似是前日朝鮮所聽之調也." 生疑之, 曰: "無乃吾妻耶? 若非吾妻, 何以知此調也?" 乃復吟前日與妻相和之歌詞, 其人抵掌大號[167], 曰: "此眞吾夫也!" 生大驚, 卽欲乘小船往追, 道主固止之, 曰: "此南蠻商船, 與倭相雜者也. 爾如往無益, 反有害, 俟明發, 吾有以處之." 黎明, 道主給銀數十兩, 并家丁數人, 諭以求之, 果其妻也. 相與握手, 失聲號哭, 舟中莫不驚異悲歎者. 蓋南原陷時, 紅桃爲倭所攄, 入日本, 見男服, 不知婦也. 充之男丁, 凡男子之役, 或能或不能, 而所善助刺船也, 恒與被攄諸人, 密圖逃還故國, 日勤傭作, 私儲銀錢, 欲乘其便者四五年. 諸人相與謀偸倭小船, 將由對馬島渡釜山, 紅桃曰: "不可. 對馬島屬日本, 日本命令, 無大小奉承, 吾儕出對馬島, 島主括而還之, 事益危矣. 吾意, 南蠻國與倭交貨, 其船之到倭, 舳艫相接. 吾因商販交結南蠻人, 隨其船入南蠻, 達于中州, 轉還故國, 萬全之策." 諸人然其言, 紅桃遂從蠻船, 入其國, 轉至浙江者, 意欲因之還朝鮮

---

166) 繇: 나, 다본에는 '由'로 되어 있음.
167) 號: 나, 다본에는 '呼'로 되어 있음.

也. 生與紅桃, 因居浙江, 浙江之人, 咸憐之, 各與銀錢·米粟, 以糊口. 生子夢賢, 年十七, 求婚以朝鮮之人, 故華人不許. 有一華人處子, 求嫁夢賢, 曰: "吾父東征, 往朝鮮不還. 吾願嫁此人, 往朝鮮, 見父死所, 招父魂而祭之, 父如不死, 萬一或再逢." 遂嫁夢賢, 居焉. 戊午北征, 生募入劉綎軍, 征奴賊. 劉公敗死, 胡兵殲天兵殆盡, 生高聲曰: "我非中國人, 乃朝鮮人也!" 故釋不殺, 遂逃出朝鮮地, 下南原. 行到公忠道尼山縣, 脚腫求針醫, 醫卽天兵, 而天兵撤還時落後者也. 問其姓名居止[168], 乃其子夢賢之妻父也. 問所由, 相持痛哭, 偕歸南原, 訪生所居. 其父尙無恙, 夢錫娶妻産[169]子, 居故宅. 生旣與父子遇, 復遇夢賢之妻父, 稍慰孤寂, 而但與紅桃, 旣遇而旋失, 猶鬱悒無悰. 旣一年, 紅桃轉賣家産, 賃小船, 與子夢賢及其婦, 作華倭鮮三色服, 自浙江發船, 見華人, 以華人稱之; 見倭人, 以倭人稱之. 浹一月二十有五日, 泊濟州之楸子島外洋可佳島, 見其粮, 只餘六合. 紅桃謂夢賢曰: "吾等在船飢死, 則終必爲魚食, 不如登島自縊而死." 其婦固止之, 曰: "吾等一合之米, 煮粥飮, 以療一日之飢, 則足支六日. 且見東方, 隱然有陸地, 不如忍飢求生, 幸遇行船, 濟陸地, 則十八九生矣." 夢賢母子, 如其言, 夜於舟中, 相枕而眠. 紅桃夢得一環, 覺而未解其兆, 夢賢解曰: "環者回旋之物也, 或者回旋故鄕之兆耶?" 適五六日, 統制使斜水船來泊, 紅桃俱說與其夫南原相離之故, 浙江相合之事, 其夫死北征之由. 其船人聞而悲之, 將紅桃小船, 繫之船尾, 下于順天地. 紅桃挈男婦, 訪南原舊址, 則其夫與其父子, 及夢賢之聘父華人, 同居焉. 非但擧家俱全, 幷與婚媾而團會, 其樂融融洩洩也. 南原人至今有

---

168) 居止: 나, 다본에는 '居地'로 되어 있음.
169) 産: 나, 다본에는 '生'으로 되어 있음.

道其事者.

　外史氏曰: "鄭生失其妻, 遠求之中國, 紅桃再失其夫於兵戈中, 入三國易服變容以全身, 夢賢妻自求與異國人婚, 求見父死所, 卒皆相合於一處. 一家七人, 不期而合者, 皆在於萬里風濤別境之外, 雖出於理外萬一之幸, 而庸非所謂至誠感神者耶?"

○第百三号 雜識部三【窮通】

13-5. 涉南國蔘商權利

　卞姓一譯人, 善華語, 課歲赴燕, 行商殖貨, 因抛象胥之業, 恒留龍灣之間, 積貲[170]滋多, 富甲一境. 而性豪華放浪, 且有急人之風, 商賈中失利蕩業者, 輒以銀錢攸[171]貸, 使之復業以奠居, 窮困無依之類, 亦必賙濟, 免夫佽離. 人歸如市, 莫不傾心. 如是幾年, 財産漸耗, 遂至窘絀, 乃喟然歎曰: "水有盈虛, 月有圓缺[172], 卽理也. 財者聚散無常, 適來時也, 適去亦時也, 何可因噎廢食不理舊業乎?" 遂從關西營邑, 借銀五萬兩, 又作燕行, 僦一屋於隆福寺傍, 坐列販賣, 操其奇贏, 積貯倍息, 財至屢鉅萬. 隣比有江南商人吳姓者, 嘗與親密, 吳是大賈, 而被人欺騙, 貨[173]利盡蕩, 債簿如山. 盡輸其田園·臧獲, 來寓京師, 貸得錢鈔, 做些經紀. 又遘患敗家, 將鬻其妻孥, 泣而訴之於卞, 卞憐之, 搜囊橐, 取五千金以與之, 不成契券, 曰: "待後殖滋, 可償則償, 雖不償, 吾不汝責." 以是, 名滿中

---

170) 貲: 나본에는 '貨'로 되어 있음.
171) 佽: 나, 다, 라본에는 '傾'으로 되어 있음.
172) 圓缺: 나, 다, 라본에는 '盈缺'로 되어 있음.
173) 貨: 나, 다본에는 '貨'로 되어 있음.

國, 所至人多目之, 必稱卞老爺. 卞嘗以風流自許, 不拘小節. 一
日, 過市路, 見美人, 以薄紗罩面, 坐驢車而行, 嬌姿嬋娟, 絶代未
有. 卞不忍回步, 遂躡車塵, 而覘其所之, 車由平康里, 轉鳴珂曲,
而入一宅, 門庭不甚廣, 而室宇嚴邃, 女入而闔扉. 卞悵若有失, 乃
歸密叩[174]于商胡之慣遊長安者, 商曰: "此狹邪女某氏宅也." 曰: "女
可見乎?" 商曰: "某氏頗贍, 往來皆貴豪, 所得甚多, 非萬金, 不能
動其志[175]也." 卞曰: "但患不諧, 萬金何足道哉?" 他日, 盛服而往,
叩其扉, 俄有, 侍兒啓扃, 引至蕭墻間, 一姥出迎, 垂白傴僂, 知是
女母. 乃前致詞曰: "聞玆地有隙院, 願稅以居." 姥曰: "懼湫隘, 不
足以辱長者, 敢言直耶?" 延入賓館, 與之偶坐, 因曰: "某有嬌小,
欲識上客." 乃命女出拜, 明眸皓齒[176], 舉止艶冶. 卞遽驚起爲禮, 敍
寒燠[177], 觸類姸美, 目所未覩. 茶後進酒, 歡笑方洽, 不覺日暮, 姥
曰: "鼓已動矣, 速歸無犯禁!" 卞曰: "道里遠, 奈何? 可假片席地相
容乎?" 女曰: "不見責僻陋, 宿何害焉?" 卞數目姥, 姥曰: "唯唯."
卞請以雙縑, 備一宵之饌, 女曰: "可留俟他日." 固辭, 終不許. 俄
而, 徙坐西堂, 帷床簾榻, 煥然奪眼, 粧奩衾枕, 亦極侈麗. 乃張燭
進饌, 男女各敍邂逅之情, 卞曰: "此來非直求居, 願償平生之志耳."
言未終, 姥至, 詢其故, 笑曰: "男女[178]之慾, 雖父母不能制也." 卞
謝之, 願以身爲厮養, 姥因呼之爲郞, 飮酬而寢. 及朝, 盡徙其囊
橐, 日與女狎戲, 未幾, 囊中漸鑠. 女情雖篤, 而姥意已怠, 乃授計
于女, 偕卞詣[179]寺, 祈嗣返, 至宣武門外, 女謂卞曰: "此東轉小曲,

---

174) 叩: 나, 다, 라본에는 '告'로 되어 있음.
175) 志: 나본에는 '心'으로 되어 있음.
176) 齒: 저본에는 '腕'으로 나와 있으나 나, 다, 라본을 따름.
177) 寒燠: 다본에는 '寒溫'으로, 라본에는 '寒煖'으로 되어 있음.
178) 男女: 나본에는 '男子'로 되어 있음.

吾之姨宅, 暫歷謁, 可乎!" 卞如其言, 抵一大家, 有嫗出迎, 謂女曰: "何久疎絶?" 相視而笑. 女引卞, 與嫗敍禮, 嫗意甚慇懃, 若將留女信宿者, 而盡屏其車馬, 挈女及卞, 入西院, 中有山亭竹樓[180], 逶迤蔥蒨. 卞謂女曰: "此姨之私第耶?" 笑而不答. 少頃, 有一人, 控大宛馳至, 曰: "姥遇暴疾勢甚, 殆宜速歸!" 女謂姨曰: "方寸亂矣, 某先馳去, 候返乘, 姨便與郞偕來." 卞擬隨女而往, 其姨與侍兒偶語, 以手揮之, 令卞止于戶外, 曰: "姥且歿矣, 當共[181]議喪事, 以濟其急, 奈何遽去?" 乃止, 共計其凶儀齋祭之用. 日晚, 乘不至, 姨曰: "無復命, 何也? 郞先往視, 某當繼至." 卞遂往至舊宅, 門扃鑰甚密, 以泥緘之. 卞大駭, 詰於隣人, 答曰: "姥本稅居, 纔已徙去矣." 問: "何徙?" 曰: "不知也." 卞恚甚, 欲詣姨詰之, 日暮, 計程不能達, 乃賃榻而寢, 目不交睫. 遲明, 至姨所, 叩扉不應, 大呼至三四, 閽者徐出, 卞遽詢, "某姨在乎?" 曰: "無之." 卞曰: "昨暮在此, 今何往? 且此誰家?" 曰: "此崔尙書宅, 昨有人暫稅此院, 未暮去矣." 卞惶惑, 罔知收措, 因返舊邸, 怨懣絶食者屢日. 雖欲更探女之蹤跡, 而便如捕風, 知其見騙, 乃收拾餘囊, 尙餘數萬金. 更做商販, 歲餘可値本錢, 遂擬還鄕, 束裝登程, 暮抵香華菴. 有一士人, 貌淸儀嶷, 衣服藍縷, 坐禪室, 泣涕悲不自勝. 卞詢其故, 對曰: "俺江南人董秀才, 俺父旅宦京師, 官至兵部郞中, 病歿, 停柩於此, 已三年, 家計赤貧, 未克返葬, 是以泣耳." 卞立與之千金, 不問其名, 董僕僕稱謝, 感淚盈眶, 遂分道而散. 卞行至固陽驛, 寄宿店舍. 夜半忽有響馬賊數百, 各持鎗刀, 搶掠一村, 轉至卞之臥店, 摔卞而

---

179) 詣: 나. 다본에는 '至'로 되어 있음.
180) 樓: 저본에는 '樹'로 나와 있으나 다본을 따름.
181) 共: 나. 다본에는 '相'으로 되어 있음.

拔劒, 擬之, 曰:"爾以命爲重乎, 抑以財爲重乎?"卞哀懇曰:"吾朝
鮮人, 入燕貿販, 劣有行橐, 惟意取去, 幸留我一縷也."衆搜其篋,
盡攫而去. 卞狼狽而歸, 到龍灣, 資斧蕩然, 官銀五萬兩, 無以償
之, 揣難免禍, 每欲自裁. 灣上富人大賈, 皆卞之平日親熟者, 素重
其義, 又哀其窮途, 各出銀錢, 多者一二千兩, 少者[182]不下三四百
金. 鳩聚以貸之, 可三萬金, 俾充官納, 餘數二萬金[183], 則更無措辦
之道, 束手待命. 竟自巡營, 牢囚嚴督, 乃自獄中, 上書曰:"身[184]旣
繫囚, 勢難容手, 有死而已. 公私無益, 願更貸二萬兩, 限三年, 當
以四萬兩償納. 天日在上, 不敢絲毫欺也?"巡使想其事勢, 便同出
殺刮龜, 且知卞之善於殖貨, 特許之. 卞以二萬兩銀[185], 盡買人蔘,
復入北京, 尋至舊邸. 適遇吳商, 吳握手而泣, 曰:"曩非老爺, 僕豈
有今日乎?"遂携入鋪中, 酌酒敍款, 曰:"僕荷公顧恤, 更做商業,
時來風送, 大獲利息, 生涯依舊. 而今見公形瘠氣沮, 大異前日, 此
曷故也?"卞槩道其顚沛[186]之狀, 仍告以借銀貿蔘, 要得厚直. 吳嗟
歎不已, 乃曰:"蔘貨非不翔貴, 而南京人每多爭貿, 其價倍高於他
處. 男兒作事, 成則昇天, 敗則入地, 何可拘於細量乎? 公能跟我
之江南, 則可得遂願, 庶不貽悔."卞雀躍, 曰:"此許好矣! 捲舒進
退, 惟君所指, 幸爲我導之."吳商遂雇一船, 偕卞載貨, 潛製華人
衣冠[187], 敎卞換着, 自通州發船, 得順風, 未十日, 達楊州江, 隨潮
至石頭城, 轉入金陵城內, 樓臺簾幌, 輝映十里, 寶肆星羅, 物貨山

---

182) 者: 저본에는 빠져 있으나 나, 다, 라본에 의거하여 보충함.
183) 金: 저본에는 빠져 있으나 나, 다본에 의거하여 보충함.
184) 身: 나, 다, 라본에는 '自'로 되어 있음.
185) 銀: 나본에는 '錢'으로 되어 있음.
186) 沛: 저본에 '佈'라 쓴 것을 주필로 수정한 것임.
187) 華人衣冠: 나, 다본에는 '華服'으로 되어 있음.

積. 商携卞就寓於一藥鋪, 細陳此東國人, 挾重貨, 可潛市, 勿洩鋪. 翁大喜, 淨掃一室, 而館客焉. 是時, 一知縣將赴任廣西, 爲買藥過鋪, 詗知有蔘商, 而欲買之, 要見貨主. 卞乃迎入, 瞥見其人, 似是昔日索遊董秀才也. 正疑訝間, 其人忽抱卞而大哭, 曰: "公恩人也! 僕於曩時, 賴公伙[188]助, 奉櫬返葬, 感深浹骨, 含珠結草, 寤寐如結, 而魚沉鴈杳, 未獲其便. 今幸遇於此, 卽天也." 卞問做甚生業, 答曰: "年前登第, 見做廣西興元縣知縣, 方作莅官之行耳." 因問: "公緣何至此?" 卞略道顚末, 董曰: "近聞安南國王子七年淹病, 日餌蔘數十斤, 賴以支持, 蔘亦難繼云. 往賣於彼, 則可售博利, 眞所謂'奇貨可居'. 安南距廣西不遠, 公偕僕到興元, 轉至安南, 則便是事半功倍, 盛意云何?" 卞顧議吳商, 商亦然其言, 三人遂同行, 到興元縣, 歇宿幾日. 卞與商攸裝, 或水或陸, 過屢朔, 抵安南, 其地甚煖, 耕種無時. 二月間, 有始耕者, 有將熟者, 有方穫者, 桑則四時治田[189], 種之以飼蠶. 有木花樹高大, 花大如芍藥, 人上樹摘取, 果則只有柑橘·荔芰. 與中國通貨, 多綾羅·錦繡, 又多燔畫器, 甚淸瑩可玩, 中原之絶勝畫器, 皆出安南. 其燔之也, 多用人膏, 人死則卽炙, 而出其膏以燔之. 人常喫檳榔, 渴[190]則啖蔗草. 其人多壽, 年至百二十, 則髮白復黃, 蓋所謂黃耈也. 卞到國都, 言載蔘欲賣, 國王大喜, 卽以重價貿取. 卞得銀十萬兩, 乃換買錦綺[191]·珠貝之珍異者, 滿載一船而還, 至興元縣. 董忻迎款待, 奉千金爲壽, 卞却之, 曰: "一時匍匐之義, 何可責償乎?" 屢懇而竟不受, 信

---

188) 伙: 나, 다, 라본에는 '傾'으로 되어 있음.
189) 田: 나, 다본에는 '耕'으로 되어 있음.
190) 渴: 나, 다, 라본에는 '喝'로 되어 있음.
191) 錦綺: 나, 다, 라본에는 '錦繡'로 되어 있음.

宿幾日, 灑淚分手, 還到南京. 吳商以銀萬兩, 欲報瓊, 卞又不受, 乃多齎金緞, 以賑之. 卞轉至北京, 鬻其所携異錦寶貝, 獲銀數十萬兩, 遂還龍灣, 償納官銀四萬兩. 又以五六萬兩, 盡捐灣商及富人之嘗所助貸者, 並利息以償之, 尙餘十萬兩. 乃還京第, 更不做商, 富擬素封, 穩過平生.

外史氏曰: "舌人之課歲赴燕, 不憚驅馳於萬里, 非爲功名, 非爲國事, 所希只在通彼之貨, 長交貿之利, 視錐刀, 如鼎呂之重, 而卞奮其意氣, 施善行義, 能人所不能. 竟受其報, 橫財致富, 豈獨舌人之雄? 亦古人之所罕也!"

13-6. 落小島砲匠獲貨

朴姓火砲匠, 隷訓局軍, 爲人淳愨, 而貌甚薄. 渾室以貧窮之狀, 嘲之, 性嗜酒, 而貧無以謀醉. 每受軍門料米, 則直向酒家, 買酒一盆而歸, 獨處幽室, 堅閉戶闥, 經數晝夜, 始出, 其妻怪之. 一日, 穴窓窺之, 初則拱手塊坐, 置酒於前, 沈吟玩味, 不忍擧而飮之, 有若愛惜者然. 忽呀然一笑, 雀躍而進, 雙手擎盆, 一吸而盡, 不食按酒. 乘興而起, 擊節放歌, 繞壁徘徊, 不滿數刻, 俯身向盆, 細細吐出, 如倒瓶水, 依舊一盆酒, 不減毫末. 已而, 又如是呑吐, 至于幾十番, 而日已暮, 夜已曙矣. 翌日, 其妻問其曲折, 答曰: "余之酒戶[192]甚寬, 猝難充腹, 且一吸而已, 則不耐渴意, 不得已如是呑吐, 聊以沾喉, 而興亦不淺云." 時當航海朝天之際, 使行將發, 朴以砲匠與焉. 蓋古者通中國以水路, 上副使・書狀官, 各異船, 各具一本表咨文書, 以備不虞. 如高麗時, 上使洪師範溺死, 書狀官鄭夢周

---

[192] 酒戶: 나, 다, 라본에는 '酒量'으로 되어 있음. 뜻은 서로 통함.

獨達者, 是也. 朝天之行, 發船於長淵・豊川之間, 渡赤海・白海・黑海, 其間數千里, 經許多洲嶼, 候風潮取路. 故其如行中所需, 及中國貿販之資, 以至技藝工匠之人, 無不備具, 稠載于船. 及其發行也, 守宰大張風樂, 以餞之, 親戚攀船, 號哭以送之, 至今, 妓樂有拖樓樂・船離曲者, 以此也. 砲匠隨上使船, 同船從行者, 各傾家貨, 爲彼地販利之計, 囊槖俱豊. 而砲匠獨以貧賤, 行資甚冷落, 同行者目笑之. 行至大洋, 風濤忽大作, 危亡迫在呼吸, 篙師曰[193]: "以行中, 必有不利之人, 當此大厄, 無論上下, 各脫下一件衣也." 衆從其言, 梢工乃以衣取次投水, 至砲匠之衣, 獨沉焉. 梢工曰: "何可因一人之故, 而滿船人同被水厄乎? 願急速擠投之水中, 以救一船之命." 上使憐其無罪而就死, 良久默想, 曰: "此處有近島否?" 梢工曰: "有一小島不遠矣." 命廻船泊於[194]小島, 將下砲匠於島, 猶有不忍之心, 曰: "何可置人於必死之地? 風勢稍減, 何必乃爾?" 因命放船, 船自回旋不進, 船中人皆曰: "今此舟中, 必有水厄者, 請試之." 每下一人於陸, 船猶回徨, 至火炮匠, 船輒沛然不滯. 遂不得已相與議, 其糗粮・衣服・釜鬲・刀劍所需, 落留砲匠於島中而去, 約以竣事還路, 當邀汝而共歸, 相泣而別. 砲匠獨居島中, 結草爲幕, 以備風雨寒暑, 拾蠔螺挐蝹蛆, 以充飢渴. 自分爲絶島枯骨, 嘗夜不寐[195], 側耳而聽之, 每曉風聲自島中, 掀山震嶺, 而出于海. 又日晚, 有聲自海中, 揚波盪壑, 而入于島. 深異之, 候其時, 隱身山林以俟之, 有一大蟒, 如虹樑巨桴, 長不知幾百尺, 奇怪蜿蜒, 目光閃爍. 從巖穴而出, 捕熊貚鹿豕而吞, 入海中, 趁脩鱗窮甲而食之, 其

---

193) 曰: 저본에는 '白'으로 나와 있으나 나, 다 라본을 따름.
194) 於: 저본에는 빠져 있으나 나, 다, 라본에 의거하여 보충함.
195) 寐: 다본에는 '寢'으로 되어 있음.

行路成一溝, 可容舠. 砲匠新磨刀劒, 列植于路中, 皆埋柄上刃, 又斬路傍竹林, 而尖其梢如槍. 翌晩, 其蟒果自海而入島, 從頷至尾, 爲劒鋩所裂. 及竹梢所刺, 珠璣・琅玕・火齊之屬, 迸瀉于地, 委積谿壑. 越數日, 腥風滿林, 腐臭透鼻, 往見, 大蟒死于林中. 刳其腸而出之, 照乘徑寸之寶, 不知幾千百. 遂編草而裹之, 大如斛[196]者五六包, 以弊衣覆之, 以俟其回船者, 幾歲半矣. 忽有大艦張帆, 自洋而來, 高聲而呼曰:"火砲匠無恙否?" 至則朝天東歸之船也. 相與把手而慰之, 邀之上船, 同船之人, 已得南金・大貝・文緞・彩錦於中國, 充船而回矣. 火砲匠曰:"諸君皆得重貨於中國, 而獨枯槁空山, 莫非數也. 何面目歸見妻子乎? 在島中無所爲, 拾洲邊團石, 要以充老妻鎭床支機紡績之具." 遂擧五六包上船, 同船之人, 竊笑而哀憐之. 旣還, 鬻諸市, 價至數百萬金, 富爲東方之甲云.

　外史氏曰:"砲匠爲人無出衆可稱者, 只緣天賦其命, 特異於衆, 自致橫財, 轉禍爲福, 回咷爲笑, 古亦有之, 而未有若此之奇者也. 貧富在天, 豈容人力, 而彼營營射利者, 抑何心哉?"

---

196) 斛: 나, 다본에는 '斗'로 되어 있음.

卷十四

○ 第百四号 雜識部四【游覽】

14-1. 劉郞漂海到丹邱

　　劉斂知某, 高城人也, 家在三日湖浦口, 以漁採爲業. 少時, 乘舠打魚, 轉入大海, 忽遇一巨物, 穹如山嶽, 立於波間. 張口吸氣, 口大如郭門, 氣如疾風, 捲濤並舟驅, 而納諸口. 劉落在腹中黑窣窣地, 迷離項洞, 且腥臭觸鼻, 熱氣熏人, 不堪暫支. 收拾精神, 捫察四旁, 渾如室壁, 遂拔佩刀, 亂刺四壁, 劃之割之. 良久, 厥物乃搖身動鬐[1], 若知其疼者. 忽振鬐奮氣, 潰沫而射之, 劉爲其一口氣所嘔出, 風驅電掣, 未足以喩其飆.[2] 忽不知不覺, 落身沙岸上, 昏窒半晌僅甦, 始開眼視之, 卽海邊也. 遠見怒濤洶湧, 有巨魚, 長大可五六十丈, 鼓浪成雷, 蒋蒋揚波而逝, 乃知爲呑舟之鯨也. 匍匐歸家, 調息幾日, 肌膚皴裂, 髭髮黃墮, 蓋以魚腹中熱毒所祟也. 親戚隣里, 爭賀再生之人, 咸曰: "往牒之所未有." 道伯以其蹟奇, 聞于朝, 授加資斂知, 人稱以鯨斂知, 遂名其村. 劉不復乘船, 常在家閒遊. 一日, 隨里中少年, 往觀採藿, 偶與二人登小舠, 沿回浦邊. 忽有一陣狂風, 吹篷而去, 驅入大洋, 舟人未及措手, 任他飄蕩. 俄而, 風濤接天, 勢若山崩, 諸人神慄口呿, 頹臥篷底, 任其所之. 風益急, 而舟如飛, 過三晝夜, 風靜浪息, 忽泊一島. 劉乃聚精作氣, 跳下沙場, 二人亦隨而下陸, 氣力俱盡, 兼以飢渴, 相與枕藉而臥于地. 朦朧中遙見, 二個白衣童子, 自沙堤飄然而來, 謂曰: "何處

---

1) 鬐: 이본에는 '鬣'으로 되어 있음. 서로 통함.
2) 風驅電掣, 未足以喩其飆: 이본에는 '風火之忙如電飆'로 되어 있음.

人來臥此地? 無乃漂蹤耶?" 劉口不能言, 點頭而已. 因擧手指喉間, 童自腰間解佩壺, 酌以羽觴而勸飮之, 曰: "吾師已知公等之在此, 送吾們, 以君山之釀救餒耳." 三人一飮, 精神頓生, 氣力如常, 問: "汝師爲誰, 方在何處?" 曰: "吾師奉邀, 往可知之, 不須問也." 三人遂跟童, 至一處, 明沙白石, 嘉木異卉, 瑩朗蘩茂, 地幽而勢阻, 眞隱者之所盤旋. 有一老翁, 結草幕而居, 身掛褐寬, 面黧如炭. 三人施禮畢, 翁曰: "君輩住那里, 緣何漂到?" 劉曰: "吾儕高城人, 因採藿, 漂風至此." 翁曰: "吾亦高城人, 嘗漂流住此, 已有年矣." 三人聞彼亦高城人, 意甚欣幸, 不啻他鄕逢故人也. 又問: "公高城人, 則所居村名, 可得聞乎?" 翁曰: "某村也, 吾是某也之父, 某也之祖, 而來此旣久, 不知吾家近作何狀?" 三人聞其村名, 卽自家之隣里, 而某也云者, 皆三人先祖之所嘗友者, 作故已過百餘年, 以今生存者計之, 似³⁾是翁之雲仍也. 因語其事, 翁悽然曰: "人間石火之忙如是矣!" 翁乃携客, 入幕款留, 與之談古說今, 多神異奇怪之事, 俱非人世所聞. 三人始疑翁是茅君·桂父之流, 問: "此島之名云何?" 曰: "東海之丹丘." 三人曰: "萬里漂蹤, 意外抵此, 願得一玩靈境." 翁命童導客, 隨處覽玩, 島之幅員甚廣, 未見涯涘岡巒, 周遭多蒼松翠⁴⁾竹. 又有金莎⁵⁾平野, 一望無際, 禽獸多白, 而近人不驚, 常有靄雲·彩霞之氣, 散漫原野. 往往有人居, 茆簷竹扉, 精灑異常, 不農不桑, 飮水衣⁶⁾草, 可知爲物外仙區也. 三人信宿幾日, 每見朝暾騰海, 光彩迥別, 問: "日出處, 距此爲幾里?" 翁曰:

---

3) 似: 다본에는 '此'로 되어 있음.
4) 翠: 다본에는 '綠'으로 되어 있음.
5) 莎: 다, 라본에는 '沙'로 되어 있음.
6) 衣: 이본에는 '食'으로 되어 있음.

"三萬餘里." 又問: "古城距此, 爲幾何?" 曰: "亦三萬餘里." 三人曰: "自高城抵此, 不過數日之頃[7], 則日出處, 亦可得到, 願一往壯觀而歸." 翁曰: "此甚難矣." 三人齊聲苦懇, 翁乃命二童指導而去. 童着羽衣, 把羽扇, 曳以白羽織造之一小艇, 携客登舟, 戒以闔眼而臥, 耳邊但聞風濤[8]之聲. 只以一勺羽觸水飮, 客以療饑, 水色如醬甚濁, 味則淸冽. 問: "此何名?" 童曰: "瓊漿[9]玉醴也." 不數日, 船已泊岸, 童曰: "可起而視之." 乃起坐定睛, 但見波濤萬頃, 淵渣[10]震蕩中有銀山, 萬丈接天而立, 望其巓, 日輪方湧上矣. 雲海相盪, 紅光蔽天, 其精彩氣象之照耀廣大[11], 不可以區區俗眼形容其萬一也. 二童相與爭辨, 問其故, 一童曰: "吾以日始出去人近, 日中時遠也." 一童曰: "我以爲日初出時遠, 而日中時近也." 一童曰: "日始出, 大如車輪, 及其中, 纔如盤盂, 此不爲近者大而遠者小乎?" 一童曰: "日初出, 蒼蒼凉凉, 及其中, 如探湯, 此不爲遠者凉而近者熱乎?" 客曰: "此語載於『列子』, 以孔子之聖, 不能決, 嗟! 汝童子何知?" 朝暉纔昇, 氣甚寒凜, 令人戰慄, 殆不能定. 銀山如水晶削立, 可以洞觀其外, 問: "越彼巓, 則可見日出之源乎?" 童曰: "此山之外, 吾師亦不得往見, 毋萌妄念也!" 因卽回棹歸, 告老翁曰: "幸蒙尊公之眷愛, 得覩塵寰所未有之壯觀, 感謝無已, 但恨不得轉覽山外耳." 翁曰: "銀山之外, 雖眞仙, 未可造次到矣." 三人留連多日, 不勝步月之思, 每願還鄕, 翁曰: "君輩留住此間, 固係大福分, 此處一日, 卽人間一歲[12]也. 自君之漂海, 今已過五十年, 雖歸家,

---

7) 頃: 나, 다본에는 '間'으로 되어 있음.
8) 風濤: 라본에는 '波濤'로 되어 있음.
9) 漿: 다, 라본에는 '醬'으로 되어 있음. 이하의 경우도 동일함.
10) 淵渣: 나본에는 '淵溜'로, 다본에는 '瀚溜'로 되어 있음.
11) 廣大: 다본에는 '宏大'로 되어 있음.

眷屬已皆零落, 有何世味? 因留此地, 以送餘年, 不亦宜乎!" 三人聞此言, 不覺惝怳, 將信將疑, 愈欲速歸, 悲辭苦語, 日陳於前, 翁曰: "已矣! 君輩俗緣未盡, 奈何?" 因命二童, 曰: "可載送此輩於本鄕也." 三人大喜, 拜辭老翁, 翁吟詩以別, 曰: '人生不滿百, 戚戚[13] 少歡娛. 浮蹤如奮翮, 靈境得蓬壺. 東觀扶桑曜, 杖策陟[14]丹丘. 逍遙八紘外, 壯哉此遠遊. 仙凡從此別, 黯然各臨歧. 後期那可卜, 碧海水無涯.' 又給指南鐵, 曰: "持此可辨某方." 二童遂偕三人登舟, 所飮壺漿, 亦如前, 劉竊一壺, 藏于袴下, 童若不知也. 行船未幾, 泊于一處, 視之, 乃高城也. 童敎客下船, 告別而去, 轉眄間[15], 船及童子, 俱不知去處. 三人各歸其家, 村落與前判異, 逢人皆生面無一識者. 遂講其世派, 父母別世已久, 妻子亦皆老死, 顧今主家者, 若孫若曾也. 三人之家, 嘗各以衣葬, 祭用登船之日, 計其間經六十年. 三人皆遐壽, 劉則以所儉瓊漿, 時或勺飮, 而節烟火之食, 康健無疾[16], 壽過二百歲. 每高城守新莅, 必招見問漂海事蹟, 莫不稱奇. 高城人, 至今道其事, 如此.

外史氏曰: "余嘗東遊, 適遇高城人, 聞此事, 甚異之, 然便是齊東野人之語, 吾未可信也. 『史記』曰: '三神山在渤海中, 有瓊宮銀闕, 諸仙人及不死藥, 存焉.' 蓋嘗有至者云, 盡信書不如無書, 其是之謂歟!"

---

12) 歲: 이본에는 '世'로 되어 있음.
13) 戚戚: 이본에는 '慽慽'으로 되어 있음.
14) 陟: 나, 다, 라본에는 '步'로 되어 있음.
15) 間: 나, 다, 라본에는 '之頃'으로 되어 있음.
16) 疾: 나, 다본에는 '病'으로 되어 있음.

14-2. 姜生遊山訪桃源

姜進士某, 物表高士也, 家在北渚洞, 以薖軸自娛. 早年登庠, 因廢擧業, 以遊覽爲事, 周行八路[17], 名山大川, 跡[18]無不到. 每自許以有子長之風, 至若靈境奧區, 亦皆窮搜深覓, 或再至三至. 嘗到春川麒麟倉, 適値場市日, 路上喧囂[19], 乃投店舍, 爲歇宿計. 店主亦素親者, 欣接款待, 揀一房而館之. 俄有, 一人鬢金腰紅, 戴箬笠, 騎黃犢而來, 問店小二曰:"彼房中坐客, 何許人也?"對曰:"京居姜上舍, 周覽山川, 跡遍八道, 而此處亦三次來過, 親熟久矣." 曰:"彼班有才識乎?"曰:"頗諳堪輿, 而未見其術能也." 曰:"或可邀去否?"曰:"似不難矣." 少焉, 店小二入告曰:"某村某同知, 聞上舍有抱才, 竊願奉邀, 幸毋疑而暫往焉." 姜方塊坐土室, 政爾無聊, 遽答曰:"距此不遠, 則暫爲往返, 何妨之有?" 於是, 某同知來拜, 曰:"夙聞聲華, 但願識荊, 當以騎牛爲公之御, 偕至鄙所, 一暢幽懷." 姜曰:"貴居距此幾里?"曰:"一舍之地." 上舍遂諾而騎犢, 同知執靶而行. 時方晌午, 牛行不疾不徐, 約行五六十里, 猶叱犢加鞭, 踰阡度峽, 迄不知停, 姜曰:"一舍之地, 何其遠耶? 貴村果在何處?"曰:"尙餘[20]三十里." 姜乃大怪之, 曰:"此來將近百里, 而初言三十里者, 何其虛誕? 今茲欺我而携去, 欲何爲乎?"曰:"自有妙理! 古語, 雖以三十里, 謂之一舍, 而吾鄕則以九十里, 爲一舍, 吾非欺公也, 幸垂諒焉." 姜雖訝惑, 而事旣到此, 勢難退步, 任其所之, 一直趨[21]程. 蓋自墟市所經, 都是深山窮谷, 林樾叢薄之中, 涉

---

17) 路: 나, 다본에는 '道'로 되어 있음.
18) 跡: 나, 다본에는 '足'으로 되어 있음.
19) 喧囂: 다본에는 '喧嘩'로 되어 있음.
20) 餘: 이본에는 '遠'으로 되어 있음.
21) 趨: 이본에는 '趂'으로 되어 있음.

略彴而過澗, 披蒙茸而躡磴, 鎭日間關, 頗覺辛楚. 同知暫請療饑 喂牛而去, 乃下坐溪邊, 扱簞食飮瓢水, 又以蒭豆飼牛. 復行幾里, 斜曦[22]西墜, 山路已黑, 遠遠地有人呼聲, 同知亦呼而應之, 數十把 松明火, 越嶺而來, 皆峽村年少也. 因導之, 踰阡轉灣, 抵一洞天, 野色開朗[23], 村容櫛比, 鷄犬喧於雲中, 砧杵響於月下. 到一大屋, 下犢入門, 室宇稠匝, 房櫳精緻, 不似峽人之攸廬. 主人導客留一 室, 進以夕飧, 精備可噉, 入夜穩眠. 翌朝, 開戶周視之, 洞中人家, 可三百餘戶, 架巖鑿厓, 接屋連墻, 前野平鋪, 無非良田沃土. 其地 周廻, 可三十餘里, 隱然是別有天地也. 又有里塾, 聚諸家兒童, 以 訓課, 其年少男子, 亦晝耕夜讀, 或帶經而鋤, 其人皆董[24]子兒寬 也, 其地卽武陵桃源也. 姜周覽八域, 常以未見仙源爲恨, 至此, 忽 遇一區佳境, 溪山之粧點, 烟月之和樂, 洵是物外勝地. 不覺塵心 窅喪, 襟懷爽開, 乃謂同知曰: "主人仙乎鬼乎? 世豈有此地乎? 此 地何名?" 主人曰: "吾非別人也. 先世居高陽, 吾之曾祖, 偶得此 處, 適値壬辰倭燹[25], 撤家入來, 以至堂內諸家, 及外戚妻黨諸人, 並挈來. 又有姻親願從者, 與之偕入, 凡爲三十餘家, 只持如干餱 粮·鹽醬·器用·什物·書冊而來, 共約以一入不出, 勿與世相通. 一 邊起墾作農, 土利甚博, 一莖九穗, 穀不可勝食. 子女婚嫁, 亦在此 中, 諸家連姻[26], 世爲瓜葛, 便成朱·陳之村. 百餘年間, 子孫繁盛, 同井之室, 殆近三百戶, 共生老太平, 穩享淸福, 眞所謂三公不換 矣." 姜問: "此中耕織衣食, 似無苟, 而但老者, 非肉不飽, 鹽非峽

---

22) 斜曦: 라본에는 '斜陽'으로 되어 있음.
23) 開朗: 나, 다본에는 '皆明'으로, 라본에는 '開明'으로 되어 있음.
24) 董: 다, 라본에는 '童'으로 되어 있음.
25) 倭燹: 다본에는 '倭亂'으로, 라본에는 '倭寇'로 되어 있음.
26) 姻: 나, 다본에는 '婚'으로 되어 있음.

産, 得無窘[27]乎?" 主人曰: "山中有獐鹿猪羊, 又從場市時, 買牛肉而來, 臨溪而漁鮮可食, 魚肉未嘗乏矣. 家家各置蜂筒四五箇, 以淸蜜, 馱往浦市, 賣蜜販鹽, 歸作一洞之用鹽, 未嘗絶矣. 此外, 養生送死之節, 無一艱絀者矣." 姜稱羨不已, 主人曰: "今日淸和, 各懷應自無聊, 請往觀打魚之戱." 偕至一豬澤, 洞人咸聚, 解糠粃於水, 待其沉下, 年少輩持杖, 游泳而打波. 少頃, 銀鱗玉尺, 盡浮水上, 乃擧網而取之, 潑潑滿盆. 主人置盆於前, 覽玩良久, 忽擧盆而投水, 姜怪問之, 主人曰: "取適非取魚, 且暴殄天物, 不祥也." 姜尤奇之, 暗歎其心德之厚餉受多福也. 一日, 主人曰: "僕之敢邀上舍, 竊有所懇, 吾曾祖以後, 楸壟皆在此洞, 洞中諸家, 處處互相入葬, 故此處山地已盡, 先塋餘麓, 又無可用, 老物身後之地, 常所關念, 可爲我指示一處." 因携姜, 登山遍踏, 姜睹其山勢, 雖非大地, 而回抱周遭, 風水聚合, 曲曲成局, 洵是綿遠之地. 乃占一穴以示之, 主翁大喜, 益加厚待. 過幾日, 姜欲歸, 主翁曰: "此坪卽區域之外, 環坪皆山, 山外有山, 王稅之所不及, 人跡之所不到, 公之來此, 亦有緣耳. 出山後, 幸勿煩人說道也." 姜曰: "洞天福地, 幸而得見, 吾亦欲率家來住也." 主翁笑曰: "然則固好, 而豈容易乎?" 因摻袂作別. 姜還家後, 每擬挈[28]眷復往, 而未能擺脫俗臼, 竟如漁舟之迷津, 至老悵恨云.

外史氏曰: "韓詩云: '神仙有無何渺茫, 桃源之說誠荒唐.' 東坡曰: '世傳, 桃源事多過其實, 考淵明所記, 止言先世避秦來此, 則漁人所見, 似是其子孫, 非秦人不死者云, 可知其遯世逸民, 而非仙也.' 我東多山峽, 往往有異境, 而世莫之知, 抛作閒田, 豈不可

---

27) 窘: 이본에는 '苟'로 되어 있음.
28) 挈: 이본에는 '率'로 되어 있음.

惜? 但古以朱·陳村稱者, 近世則催科繹騷, 風俗亦薄, 東坡「題朱陳村圖」, 曰: '而今風物那堪盡, 縣吏催租夜打門.' 是矣! 姜因游覽之癖, 得見別界, 便是桃源, 而未能往, 從俗累之, 決然捨去, 亦難矣. 蓋淸福卽上界神仙之樂, 天之靳惜, 甚於富貴, 人固有定, 未可以力取而然耶!"

○ 第百五号 雜識部五【奇蹟】

14-3. 南國接仙娥謀歸

愼判書希復, 明廟朝名卿也, 始居湖南某邑. 兒時, 姿貌秀玉, 詞藻吐鳳, 大人某奇愛之. 嘗使之受學於隣塾老師, 塾有年少三章甫肄業, 愼童年纔舞象, 而才識俱優, 儼如成人. 諸人咸奇之, 不以冠童爲別, 與之同硏. 時有隔墻一老宰家, 常釀酒, 醱醅[29]之香, 恒聞四隣. 諸少年共謀一醉, 誘愼童, 乘夜踰垣[30], 竊酒而來, 愼被其慫慂[31], 潛入其家, 開瓮斟滿一壺而出, 諸人大喜分飮. 翌夜, 又令偸來, 愼不應之, 諸人乃於深夜, 相携至其家, 傾瓮[32]爛飮, 醉興大發, 一人曰: "旣飮好酒, 此間不可無詩, 以聯句成一絶, 書甕留蹟, 何如?" 皆曰: "諾." 一人先題曰: '晉代疎狂畢吏部.' 又一人續曰: '風流千載屬[33]吾儕.' 又一人書之, 曰: '偸來半夜無人縛.' 愼童繼書曰: '帶醉還山月欲低.' 題畢, 共踉蹡而歸. 翌朝, 掌酒婢驚, 告以夜有偸酒者, 甕間又有書字. 老宰躬往審之, 果有一詩, 意其隣塾章甫

---

29) 醱醅: 다본에는 '醱醉'로 되어 있음.
30) 垣: 다, 라본에는 '墻'으로 되어 있음.
31) 慫慂: 이본에는 '慂慂'로 되어 있음.
32) 瓮: 이본에는 '壺'로 되어 있음.
33) 屬: 나, 다본에는 '當'으로 되어 있음.

之所爲, 卽設酒肴, 邀四人而饋之, 諸人以有夜間事, 踧踖[34]而强飮之. 酒酣, 老宰整襟而問曰: "君輩讀書之士也, 胡爲乎夜入人家, 作竊酒之詩也?" 諸人惶愧[35]摧謝, 老宰因問其做句之第次, 乃怡然曰: "無愧也! 古人亦有似此風韻, 老夫於此興復不淺, 詩出性情, 吾試言其前程窮達矣. '晋代疎狂', 可爲蔭官而終, 必放浪山水也; '風流千載', 當翶翔名途, 而亦以風流自許也, '帶醉還山', 雖有中年流離之厄, 而終當榮達, 至於老夫之位. 第三句, 氣象不好, 恐未免臺城之辱, 須愼旃也." 其後, 四人皆如老宰之言云. 愼年及長成, 將委禽於羅州林斯文某女, 而遽失恃, 甫過三霜. 時値倭警甚急, 生之大人, 慮婚事之未就[36], 命生卽往成禮, 洞房花燭, 餘炧未殘, 倭寇猝至, 一境奔波. 婦家將避入海島, 欲挈愼生而往, 生曰: "家君倚閭[37], 反面是急, 何可轉而之他乎?" 因謂婦曰: "今纔結髮, 遽此分手, 未知後會當在何時? 滄桑屢改, 顔面未熟, 雖或重逢, 何以省識? 欲合延平之劍, 宜分樂昌之鏡." 乃解所佩小囊, 書以名字年甲生時, 以贈之, 婦人以玉指環一隻, 繫紅絲以答之. 遂分路而散. 生遇倭被擄, 倭酋覩生, 容姿昳麗, 極寵愛, 携入大板城, 常置左右. 生無計脫身, 潛聚銀貨, 每欲逃歸, 而未乘其便. 適見南蠻商舶[38]來泊于倭境者, 暗思, '若從彼船, 達于中國, 則可圖還鄕.' 遂以銀貨賂船人, 而登其船, 幸遇順風, 舟行如飛. 不幾日, 到雲南國, 國人憫其流離孤蹤, 爭給銀錢以糊口. 生擬以陸路返國, 算程近二萬里, 且囊乏資斧, 罔知爲計. 一華人曰: "此距東國, 水路便近, 君

---

34) 踧踖: 이본에는 '跋踏'로 되어 있음.
35) 惶愧: 이본에는 '惶恐'으로 되어 있음.
36) 就: 이본에는 '成'으로 되어 있음.
37) 閭: 라본에는 '閻'으로 되어 있음.
38) 舶: 이본에는 '船'으로 되어 있음.

何必捨近而取遠乎?" 因指授方略, 賃一漁採船之慣於海路者, 定厚價要同載, 舟子許之. 乃張帆向東而來, 忽値疾風, 漂至一島, 玉城嵯峨, 物華繁麗, 卽琉球國也. 入其都, 市肆星羅, 樓閣碁置, 珍貨山積, 寶氣射眼, 街路瑩淨, 如鋪玉石, 人皆峩冠廣衫, 似有淳厖之風. 國王聞有朝鮮人漂到, 引見于玉殿, 奇其容儀雋朗[39], 言辭敏博, 館接款待. 日與之談論古今, 以至所經諸國風土人物, 皆有月評. 且知其詞藻, 時共酬唱, 花園賞春之讌, 荷塘淸夜之遊, 輒命入參, 寵遇日深. 生因循荏苒, 雖忘客苦, 而賦歸一念, 如水滔滔, 偶吟詩, 曰:'客恨逢秋似亂蓬, 天邊那得伴歸鴻[40]. 悵望鄕園[41]何處是, 扶桑如薺月如弓.' 王覩詩, 憐其思歸之切, 方擬裝送歸舟. 時王有一公主, 淸姸如氷玉, 年屆二八, 父母議擇配, 屢梗命, 詢其故, 對曰: "三生緣業, 自有天定, 要遇適意之人, 始許委身, 不然則矢靡他." 父母竟無奈. 公主喜吟咏, 以錦箋花毫爲事, 生之詩句, 或流入宮中, 公主輒稱佳, 艶歎不已. 一夕, 生從王遊後苑, 月下朗誦, 一詩曰:'萬里南維水盡天, 和雲和月復和烟. 欲載佳人歌白紵, 夜深應有下江船.' 是時, 公主登樓翫月, 忽聞詠詩聲, 出金石, 振林樾. 由墻角窺之, 憐其才貌, 請於父王願嫁此人, 王始以異國漂蹤, 難之, 屢懇乃許. 因謂生作東床, 生辭以有妻, 王曰: "燕幕之舊巢已毁, 鳳耦之新棲可營, 幸勿推托, 須結好姻[42]." 縷縷强勸, 生自念, 如池魚籠鳥, 任他操縱, 不獲已從之. 乃卜日成禮, 別製衣冠, 俾生扮飾, 導入深宮. 生見其樓殿, 玲瓏金玉, 照耀器物, 宴席窮極

---

[39] 雋朗: 이본에는 '俊朗'으로 되어 있음.
[40] 鴻: 다본에는 '鴈'으로 되어 있음.
[41] 園: 다, 라본에는 '國'으로 되어 있음.
[42] 好姻: 나, 다본에는 '婚姻'으로, 라본에는 '婚'으로 되어 있음.

瑰麗, 不可名狀. 忽有異香酷烈, 佩聲漸近, 左右雲鬟, 捧一美人而
出, 年可十七八, 瑤冠鳳舃, 文犀帶, 錦紗袍, 若世所畫宮粧之狀.
而玉色瑩然, 與月光交映, 眞天人也. 敍禮合卺, 並如儀, 酒闌夜
靜, 將薦枕席, 生惶惑靡定. 女以婉辭, 謂生曰: "妾蓬萊宮中人也,
偶因秦樓之聞簫, 遂成藍橋之遇航. 此會欲了宿世之緣, 不須駭疑."
生宛轉登床, 始成交會. 公主因製「賀新郞」一詞, 命侍娥歌以侑觴,
其詞曰: '花柳遶春城, 運神工, 重樓疊宇, 頃刻間成. 綠水靑山多
宛轉, 免敎鶴怒鸞驚, 看來無異舊神京. 慮只慮佳期不定, 天從人
願邂逅多情. 相引處, 佩聲聲. 等閒回首遠, 蓬瀛呼, 小玉旋開, 錦
宴[43]謾薦. 蘭羹須信是瓊漿, 一飮百感俱生. 且休道塵緣已盡, 縱然
雲收雨散琵琶, 峽裏依舊風月交明. 念此會, 果非輕.' 自是, 生長
在閨閤, 日與公主唱和詩句, 頓忘羈愁. 公主詩多淸絶, 非烟火語,
槩錄其詩, 曰: '三山窈窕許飛瓊, 伴作來經幾萬程. 好與淸華公子
會, 不妨玄露漫相傾.' 又曰: '壺天移傍玉城濠, 雲自飛揚鶴自巢[44].
千載偶諧塵世願, 碧桃花下共吹簫.' 又曰: '莫道仙凡各一方, 須知
張碩遇蘭香. 春風嘗戀人間樂, 底事無心問海棠.' 一日, 生謂女曰:
"僕承款愛, 甚欲留連, 但離家漂泊, 歲月旣久, 戀親情切, 竊願歸
覲." 女愀然曰: "靈境難逢, 佳期易失, 妾與君, 夙緣未盡, 故移洞
府於人間, 委仙姿於凡容耳. 正議久交, 何遽請去?" 生唯唯而已.
復歲餘, 生懇[45]歸深切, 女曰: "妾亦謫限已滿, 將歸仙籍, 終須一
別, 而君以孑孑孤蹤, 何能涉層溟而返故國乎? 顧今朝天使舶, 在
海口候風, 君[46]可附此舟, 至中國, 轉還故鄕, 甚便. 但恐父王不出

---

43) 宴: 다, 라본에는 '筵'으로 되어 있음.
44) 巢: 나, 다본에는 '樓'로 되어 있음.
45) 生懇: 나, 라본에는 '戀'으로 되어 있음.

君於函谷關, 妾用如姬竊符之計, 偸得父王印旨, 付之使舶, 則可得同載, 而發船之期日促迫. 天閑有靑驃, 日行五百里, 當爲君偸出騎送, 須加裝束, 雞鳴卽發, 緩則不及矣." 因吟別詩, 曰: '湖柳靑靑花滿枝, 可憐分手艶陽時. 離宮謾自添愁思, 瞞得封姨不我知.' 又曰: '陽臺後會已無期, 眉上春雲不自知. 那更靈官傳曉令, 舍情騎鳳强題詩.' 遂各揮淚而別, 因命侍娥, 導生出閣, 乘驃馳到使船, 共載至中國. 傳聞, 琉球國公主, 以某日無疾[47]而殂, 旋尸解云, 某日, 卽生登程之翌日也. 生悽愴久之, 轉至北京, 因東使回隨[48]還本國. 計其所經程, 途歷五國, 並水陸六萬餘里, 星霜近三十年也. 屢經滄桑, 憔悴護落, 無復舊時容色[49]. 生尋到故鄉, 訪舊居, 草萊[50]滿地, 人烟稀少, 詢其家安在, 皆不知也. 遂往先塋省楸, 有新塚, 豎碑題曰: '士人愼某殉節之碑.' 卽自己名也. 問諸守墓人, 封以衣冠葬云, 又問其家阿那, 對曰: "士人有遺腹一子, 而朝廷獎其忠節, 蔭子授職, 方在任實縣監矣." 生卽往任實官衙, 枯瘠藍縷, 殆非人形, 閽者拒之, 乃排闥直入陞堂, 對官槪道其前後事狀. 官大驚, 直走入告內堂, 一婦人顚倒出來, 審其聲貌, 詢以來歷, 生具擧顚末以對. 又出玉環紅絲, 以證之, 因語書囊中名字年甲, 如合符節. 婦人曰: "此眞吾夫也!" 相抱大慟, 倅亦呼爺而哭, 有一老翁, 自後堂出, 曰: "此吾子也!" 握手悲泣, 此其大人, 尙無恙也. 遂爲父子夫婦如初, 擧世莫不稱奇. 後生登科, 位至八座, 克享晩祉[51].

---

46) 君: 다, 라본에는 '若'으로 되어 있음.
47) 疾: 나, 다본에는 '病'으로 되어 있음.
48) 隨: 나, 다본에는 '旋遂'로 되어 있음.
49) 色: 저본에는 '也'로 나와 있으나 나, 다본을 따름.
50) 萊: 나, 다본에는 '蓬'으로 되어 있음.
51) 祉: 이본에는 '福'으로 되어 있음. 서로 통함.

外史氏曰: "仙娥與愼, 果有宿緣, 則何不降生東國, 早晚相會? 而乃於萬里殊域, 待其漂到而證緣, 殊可疑[52]也. 愼之流離歷五國, 過三紀, 而卒能生還故國, 父子夫婦俱會合, 亦古今所未有之奇聞異蹟也."

14-4. 北寺遇神僧論相

南監司翎, 號滄溟. 在章甫時, 仁祖丙子, 別試發解, 而會圍則以朝家有故, 退定於明春[53]. 其冬, 南與初試入格人中素親者三人, 偕往北漢山房, 同硏肄業. 一日, 僧告以此中有客僧抱異術, 可稱唐擧, 諸公可招問明春登龍與否也. 四人會坐, 呼客僧問之, 僧曰: "貧道觀相, 未嘗稱[54]中顯言, 必於幽室, 只對一人, 而各論其相." 四人從其言, 箇箇入禪室, 聞其論而出, 相與問之, 則一曰: "當有百子千孫." 一曰: "當爲神仙." 一曰: "當爲賊將." 一曰: "登科顯達, 必逢三人云." 一場笑譁而已. 其臘, 清兵猝至, 四人各散圖生[55], 永阻聲息. 寇退後, 設別試·會試, 南登其科, 乙未年間, 爲嶺伯. 春巡至[56]安東府, 有客通刺, 命引入, 乃素昧而弊袍破笠之蕭然寒士也. 敍寒暄, 詢其來歷, 卽昔年[57]同硏人也. 一自滄桑, 各自逃竄, 不知存役, 意外萍逢, 寧不叫奇? 遂忻瀉款晤, 客曰: "弊居距此不遠, 今[58]令公行軺, 旣過此地, 暫屈高駕, 使蓬蓽生輝, 是所望[59]也." 嶺

---

52) 殊可疑: 주필로 삭제표시가 되어 있음.
53) 明春: 이본에는 '明年'으로 되어 있음.
54) 稱: 라본에는 '調'로 되어 있음.
55) 圖生: 이본에는 '逃生'으로 되어 있음.
56) 至: 이본에는 '到'로 되어 있음.
57) 昔年: 나, 다본에는 '昔日'로 되어 있음.
58) 今: 저본에는 빠져 있으나 라본에 의거하여 보충함.
59) 是所望: 주필로 삭제표시가 되어 있음.

伯曰: "諾." 乃除其威儀, 以燕服匹馬, 隨客而往, 客騎牛在前, 踰
阡越壑[60], 鎭日作行. 道伯不勝困疲, 且生疑怪, 雖欲回馬, 而進退
維谷, 乃詰曰: "貴居何其遠也? 早知若此, 吾豈隨到乎?" 客曰: "今
則已近到耳." 俄而, 一隊人馬簇擁而來, 迎于路左, 客換乘駿驄,
又命軍校護道伯, 遂聯鑣而往. 踰一大嶺, 洞府敞寬, 華搆傑屋, 充
溢一谷, 依然如城邑. 抵一家陞堂, 客換着朱駿笠·藍緞, 帖裏紅絨
帶, 對置紅椅子, 被赤豹皮, 相揖而陞坐. 左右粉黛數十, 執鎜帨·
塵箑而侍立. 少焉, 捧盤而進, 方丈珍羞, 璀璨寶器, 衆樂並奏, 觴
豆繼進, 彷彿公侯之富. 道伯大驚, 問曰: "昔一布衣, 今做何官, 若
是之尊且貴乎?" 答曰: "兄倘記北漢僧之論相乎? 當時笑以虛誣,
一自遭亂之後, 家屬[61]俱歿, 獨吾逃命, 東奔西竄, 轉至此山, 入於
避亂人叢中, 衆推我爲魁, 奄成綠林萑蒲之部落. 嘯聚徒黨, 搶掠
財物, 專據一壑, 坐享素封, 麾下威儀, 庫中財貨, 不羨方伯之富
貴. 僧之論相, 其亦前定耶! 聞兄巡部過此, 奉邀敍舊, 兄之還營
後, 愼勿妄生追捕之念, 亦勿向人說道也. 苟非然者, 徒害無益, 噬
臍莫及也." 嶺伯大爲恐怵, 唯唯而還. 自此, 轉作右巡, 到安義, 有
一士人請謁, 命延入, 亦曩時同硏人也. 握手欣慰[62], 共敍阻懷, 士
人曰: "吾家距此未十里, 幸暫枉臨, 則鄕曲之生色大矣." 嶺伯諾
之, 懲於安東事, 大張威儀而往, 到其家, 門閭高大, 村落櫛比, 數
百戶環作一村, 卽士人家附庸也. 導巡相陞坐高堂, 帷帳供具之
盛, 人馬接待之節, 雖雄州鉅君, 不能當也. 嶺伯驚問曰: "兄以鄕
居措大, 家計雖饒, 而器具凡節, 何以若是富盛也?" 士人莞爾而

---

60) 壑: 이본에는 '陌'으로 되어 있음.
61) 家屬: 나, 다본에는 '家眷'으로 되어 있음.
62) 慰: 나, 다본에는 '撫'로 되어 있음.

笑, 曰: "公記昔北漢僧之論相乎? 吾於丙子之亂, 棄家逃生, 流落嶺南, 入一山谷, 則避亂婦女, 成群而居. 吾以一陽投入衆陰之中, 一理相感之妙, 譬如蔦[63]附松而磁引針. 女皆欣幸, 推我爲家長, 凡百事爲一聽於吾. 及亂定, 不各歸, 遂並率居, 始以貧賤爲憂, 女輩勤於紡織女紅, 衆人齊力, 不幾年, 殖貨滋多, 遂求田問舍, 因搆各室[64]以居. 吾之喫着, 渠輩輪回供奉, 俱極效誠, 所生男子, 頗近百數, 各自娶婦, 生子析産分門. 吾則如陸賈之歌, 瑟過五子, 安享晩福, 是非不聞, 榮辱無關, 少無羨於令公, 藩任之寵辱相半, 憂喜[65]交至也." 嶺伯聞其言, 憮然自失, 擧袖作別. 自此, 至河東境, 過智異山邊, 忽自空中呼嶺伯字, 嶺伯甚訝之, 自轎中, 推窓回顧, 聲自山上矣. 諦視之, 有一人坐絶壁上矣, 乃停轎, 而問: "誰喚我?" 山上人答曰: "君尙不記吾乎? 吾乃某也." 嶺伯思之, 亦舊日同硏人也. 因擧手招之, 曰: "下來也!" 曰: "君可上來." 少焉, 下送一雙靑衣童, 挾腋而上, 則履巉嵓如平地, 與之握[66]手敍懷, 曰: "北漢僧之論相, 君可記得否? 以吾爲仙云, 故當時笑以迂妄, 到今思之, 豈不神異乎! 伊昔胡亂, 吾逃命至此, 曾聞[67]靑鶴洞名勝, 偶欲搜奇, 轉入深處, 屢日飢困, 糊口無策, 緣澗而上, 有草豐腴, 燁燁其紫, 摘而啖之, 其甘如薺, 因掇而盡食之. 自是, 不知饑寒, 氣力倍旺, 風餐露宿, 少無疾恙, 超磴越壑, 行步如飛, 周遊名山大川. 時逢眞人道流, 談經授訣, 逍遙一世之上, 睥睨天壤之間, 便是地上仙也. 吾之所樂, 豈可讓於令公之牙纛·符節, 馳逐紅塵也哉? 吾所食卽

---

(63) 蔦: 이본에는 '蒮'로 되어 있음.
(64) 室: 나, 다본에는 '屋'으로 되어 있음.
(65) 憂喜: 이본에는 '憂樂'으로 되어 있음.
(66) 握: 나, 다본에는 '携'로 되어 있음.
(67) 聞: 나, 다본에는 '叩'로 되어 있음.

靈芝也, 亦豈比於令公之食前方丈也哉? 今此邂逅, 要敍舊話, 仙凡異路, 何必淹留? 幸自[68]保重, 吾從此逝矣." 旋有白鶴, 從山上飛來, 轉眄之頃, 人與鶴, 俱不知去處. 嶺伯窅然自喪, 悵然而歸, 平生願一更遇其僧, 而竟未諧云.

外史氏曰: "人之命數, 皆有天定, 而僧之論相, 節節符合, 可稱神異. 然諸人事蹟, 多不近理, 亦涉荒誕, 吾未知其信然也. 無乃街巷俚談之流傳者耶?"

○ 第百六号 雜識部六【才能】

14-5. 因幕名銜能釋憾

安大將澈, 少時豪俠, 及登武科[69], 仕經肅川府使, 久無官閒居, 鬱鬱不得志. 上元夜, 出門步月, 忽以觀獵之思, 欲往娼館, 家人挽止, 曰: "公以緋玉, 狎遊青樓, 有駭瞻聞." 安乃換閒良打扮, 到一妓家, 排戶而入, 宕子盈座, 見安之儀貌, 不似冶遊客, 瞠然訝惑, 爭相瞬目而逃. 安對妓獨坐, 殊沒意趣, 轉之他妓家, 又如是, 遂拂袖還. 歸路, 過宰相家門前, 有一少年, 臨街玩月, 青袍草笠, 美如冠玉, 方橫竹倚童而立. 安遽前而要接熱烟, 少年回竹向後而不許, 安怒而叱辱之, 少年業火陡起, 轉成爭詰. 其家僕隷爭來[70], 衛其主而詬其客, 喧聲集四隣, 少年之大人某宰, 問: "門前哄鬧, 何也?" 傔告其狀, 老宰招其子而撻責之, 又命隷追蹤其客, 始知爲某弁. 翌日, 老宰[71]赴籌坐, 謂諸宰曰: "某弁與吾子, 言詰而辱及父兄, 近

---

(68) 自: 이본에는 '玆'로 되어 있음.
(69) 科: 저본에는 빠져 있으나 나, 다본에 의거하여 보충함.
(70) 來: 나, 다본에는 '求'로 되어 있음.

來彼輩之愚濫無憚, 豈不可駭?" 諸宰愕然曰: "此非但大監之逢辱, 亦同朝之貽羞, 吾儕一齊停望, 宜矣." 安自是, 沉滯十餘年, 少年每欲雪恥於安, 而未得其便. 及早歲登科, 爲海西伯, 莅任後, 馳啓曰: "本營方有蠧弊事, 前府使安某, 軍官差下使之趁, 某日某時馳到, 而如或違期, 施以軍[72]師律, 何如?" 卽蒙允許. 一日, 安閒坐, 忽有海營軍官傳令之來納者, 謂以'明日朝仕前投刺, 將令甚嚴, 若過期不來, 當施以軍律之意啓聞, 允下云'矣. 安覽其啓草, 果然, 乃大驚曰: "今已日之夕矣, 安得一夜間疾馳三百里程乎? 吾有死而已." 遂脫巾頹臥, 仰屋長吁. 傍有嬖妾, 怪問其故, 安略道其由, 妾曰: "聞金尙書家有名騾, 一日行千里云, 妾當爲公圖借." 安曰: "金尙書愛此騾, 甚於妾[73]護以紗幮, 而喂以棗脯者, 其肯爲汝借乎?" 妾曰: "尙書側室, 卽妾之從妹也, 庶或爲妾籌之." 遂往尙書家, 見其妾而具告情事, 妾白于尙書, 乞推急人之義, 尙書許之, 曰: "此騾非他牽夫可馭[74], 倂牽夫借去也." 尙書卽自點也, 牽夫名介金也. 妾借騾並牽而歸, 安大喜, 促飯登程. 時已黃昏, 騾行不疾不徐, 抵坡州, 夜纔二鼓, 牽夫要暫憩而去, 安曰: "夜短路長, 何可少淹?" 牽夫曰: "幸毋憂焉." 囑安下騎入店, 渠乃沽飮濁醪一盆[75], 舖韂于地, 橫臥其上, 曰: "行事雖忙, 不可不打一頓睡去矣." 因鼾聲如雷, 安心甚躁悶, 連聲呼覺, 乃强起搔首, 曰: "何令人苦惱也?" 遂使之上騾, 誡以巾帕裹頭掩耳, 緊[76]閉兩眼, 安依其言, 但聞空中風聲,

---

71) 老宰: 나, 다본에는 '某宰'로 되어 있음.
72) 軍: 저본에는 빠져 있으나 나, 다본에 의거하여 보충함.
73) 妾: 저본에는 빠져 있으나 나, 다본에 의거하여 보충함.
74) 馭: 나, 다본에는 '御'로 되어 있음. 서로 통함.
75) 盆: 나, 다본에는 '杯'로 되어 있음.
76) 緊: 나, 다본에는 '堅'으로 되어 있음.

如馭冷而行. 少焉, 牽夫呼唱店小二, 曰: "營門軍官下處, 可定於淨[77]房也." 安聞其言而責之, 曰: "夜將曉矣, 又欲爲休息計耶?" 對曰: "今可開眼視之." 安忽覩粉堞當前, 問: "此何處?" 對曰: "海州城外也." 時夜纔轉五鼓, 入店歇宿, 待曉城鑰開, 直入幕府, 諸人莫不驚其神速, 而幸其趁限也. 翌朝, 以軍禮見于棠軒, 觀察思有以困之, 一營事務, 擧而委之, 安承上接下, 應機處變, 苟幸捱過. 觀察曰: "方有急用二萬兩錢, 可於三日內辦納, 否者, 當施軍法[78]!" 安罔知攸措, 召吏校謀之, 皆云: "出殺刮龜, 莫可奈何." 蓋觀察密囑營屬[79], 毋得爲安拮据也. 安暗問陪童曰: "此城中誰最富者?" 對曰: "南門外, 有許姓一商, 貨最饒云矣." 安乘夜訪其居, 商人注視良久, 長跪而告曰: "公於某年作宰肅川乎?" 曰: "然. 汝何以知之?" 其人驚拜, 曰: "今者, 拜謁於此地, 卽天也!" 蓋商之父, 以肅川吏逋公錢屢千, 本倅將報營擬[80]律, 而旋卽遞歸, 安莅其代, 憫吏之就死, 捐廩以補之, 吏乃免死. 由此, 感恩不忘至是. 泣告曰: "小人卽肅川逋吏某之子也, 一家八口, 保有今日, 皆公之賜. 自其後, 來寓此地, 做商殖貨三致千金, 常擬結草含珠, 少酬山海之恩德, 而天不借便, 荏苒至此, 曷勝愧悚?" 安曰: "吾有燃眉之急, 欲從汝借二萬兩錢." 商人曰: "二萬兩何足道哉? 雖過此數, 優有措手之道, 謹當奉教矣." 安甚喜, 歸告主帥曰: "二萬兩已備待." 觀察大驚, 曰: "君可謂有幹辦之才!" 過數日, 又謂安曰: "某妓, 稱以守節, 不參讌會, 不接人客. 君若一宵同裯, 能得信物, 當有賞賚, 限以五日, 否

---

77) 淨: 나, 다본에는 '靜'으로 되어 있음.
78) 軍法: 나, 다본에는 '軍律'로 되어 있음.
79) 營屬: 나, 다본에는 '營房'으로 되어 있음.
80) 擬: 나, 다본에는 '依'로 되어 있음.

者, 難免重罰." 某妓者, 前道伯子之所眄, 兩情俱殷, 約以重會, 山盟海誓, 潔身往從, 雖觀察之威, 莫能奪其志. 安默揣此事, 可用權術得諧, 乃獨往結浦水邊, 篛笠蓑衣, 扮作漁父, 買江魚幾尾, 貯于笭箵, 背負呼賣, 轉至某妓門前. 有老嫗出要買, 以輕價予之, 嫗奇其廉, 令他日復來. 明日, 安因黃昏時, 携大魚數尾, 又到妓家, 故爭其價, 拖至曛黑, 天且雨, 安懇于嫗曰: "日暮道遠, 未可歸家, 請借一席地經宵." 嫗許之, 給一葉席, 遂布席于門側[81], 枕槖而臥. 妓於是時, 悲鴦衾之冷夢, 感鸞鏡之孤影, 獨倚紗窓, 閒弄瑤琴, 自彈自歌, 聊遣愁悶. 安素工吹簫, 常以短簫隨身, 乃抽自懷中, 吹送一曲, 倚歌而和之, 其聲嗚嗚然, 怳如秦樓跨鳳之音, 挑出卓家求凰之操. 妓忽聞簫聲, 心竊異之, 側耳諦聽, 則聲自門前, 呼丫鬟, 提燈覘察, 回告以俄來魚商也. 妓揣其有異才, 亟招入對坐, 請更度一曲, 妓按瑤徽以和, 聲瀏亮淸越, 響入雲霄. 妓暗自稱歎, 又覘其風儀俊美, 氣骨豪邁, 心知爲好男子, 不勝愛慕, 乃辦酒肴, 酌金甌唱歌而勸之. 安連倒數盃, 且手斟[82]以酬妓, 花籌交錯, 桃臉半紅, 轉話風情, 惹他春懷, 迎鶯之柳, 不勝裊娜; 引蝶之蘂, 任他恣採. 始也, 偎紅倚翠; 終焉, 翻雲述雨, 安素慣風流之事, 極盡繾綣之趣. 抵曉起, 謂妓曰: "顧此販魚賤蹤, 忽做游俁好夢, 於分太奢. 但恐被人知道有玷芳名, 願早歸." 妓戀戀不能捨, 脫金指環, 與之, 曰: "聊表情曲, 他日必更訪." 安曰: "旣蒙娘子厚誼, 愧無伸吾菲誠, 願以名字, 書于玉臂, 以慰兩情." 妓捲紅袖, 以受之, 安乃蘸筆大書之, 留後期而還. 翌朝, 謁于觀察, 告以眄妓事, 觀察曰: "有何可信之標乎?" 安探囊中指環, 以示之, 觀察曰: "此物無乃新垣平

---

81) 門側: 나, 다본에는 '門前'으로 되어 있음.
82) 斟: 나, 다본에는 '酌'으로 되어 있음.

之詐乎?" 安曰: "若張宴集妓, 使某妓參座, 當有破惑之道." 觀察如其言, 某妓稱病, 迫於嚴令, 以帕裹頭, 强進席末. 安從窓後突出, 逼捲妓袖, 而露出[83]示, 曰: "是誰名也?" 一座皆大笑, 妓赬顔逃席, 觀察乃拍案, 曰: "奇哉君才!" 自此, 宿嫌氷消[84], 新情膠密, 每事必詢議, 輒歎其智識. 數月後, 安告歸, 欲挽而不得, 以三千兩賭行, 安以一千兩贈妓, 以一千兩貽許商, 一千兩給介金, 飄然執鞭而歸. 觀察還朝, 盛稱安之才智, 安賴其吹噓[85], 進塗日闢, 至登壇.

外史氏曰: "安以赳赳干城之才, 有狹邪豪俠之行, 順風而呼其勢激, 轉至打草驚蛇, 終乃探穴得虎. 然因有急人之義, 獲商錢, 以免辱, 素慣風流之事, 給名妓以衒能, 遂致消宿嫌而托新契, 藉吹噓而敭名塗, 摠緣才氣智術之過人, 而亦可見倚伏乘除之理也."

14-6. 用田功岬窮獲報

全統使東屹, 全州人也. 風骨秀偉, 智略深沉, 亦有鑑識. 時李相國尚眞, 居在完山外村, 兒時貧窮, 秋無甔石, 室如懸磬, 奉偏母, 惸然塊處. 歲除將近, 母夫人垂泣, 相國問所以泣, 母夫人曰: "歲時乃大名日, 而升米莫辦, 是以泣耳." 相國曰: "兒當乞米而歸." 遂肩槖而出, 至邑內, 轉入鄕廳, 座首全東屹問: "汝是何處人?" 對以居某村, 家貧親老, 穀燧將改, 菽水莫繼, 不得已行乞到此. 東屹一見李公, 便有大人氣像, 乃招庫直, 覓來自己料米十斗, 裹之於李所持槖中, 使隷替負送至李家. 李公銘在心骨, 期以厚報. 時或往來全家, 東屹覾[86]李公爲人, 言論風采, 綽有可觀. 又勤於做工, 晝

---

83) 出: 저본에는 빠져 있으나 나, 다본에 의거하여 보충함.
84) 消: 나, 다본에는 '解'로 되어 있음.
85) 吹噓: 나, 다본에는 '吹噓之力'으로 되어 있음.

夜乾乾, 知其將成大器, 乃傾身納交, 定爲刎頸之友, 常分財穀, 以周其急. 一日來, 謂李公曰: "公之形貌, 終當富貴, 以吾肉眼, 亦有覰得, 而但時運未到, 貧困如此, 上奉下率, 何以接濟? 吾有一計, 公但依吾言行之." 遂歸取五斗米麴子數圓, 授李公, 曰: "以此釀酒熟, 則卽通于我." 李公如其言, 釀旣熟, 告于東屹, 東屹乃遍召四隣, 謂曰: "李措大, 今雖貧寒, 乃後日宰相也. 家奉偏親, 朝夕屢空, 無以爲生, 今欲從事田疇, 經紀生理, 而所需者柳櫟木錐也. 君輩須飮此酒, 每人但取柳櫟木錐, 長一尺半, 各五十箇以助之, 可也." 諸人莫曉其意, 然素信東屹, 又重李公, 齊聲應諾. 東屹乃出其酒, 飮二百餘人. 數日後, 人各以柳櫟錐來如其數, 可爲數萬餘介. 東屹出牛馬, 盡馱之, 與李公往乾芝山下柴場, 斧松檟, 燔薔[87]棘, 平林淨土, 一望無際. 乃遍揷木錐, 入地可尺數寸許, 因謂李公曰: "明春, 可以種粟也!" 及氷泮柳舒, 土膏脉起, 東屹取早粟種幾斗, 挈李公, 復往乾芝山下, 拔其錐, 因其穴, 每下種七八粒, 又取新土, 略入穴中, 以覆之. 至夏初, 粟苗之出穴者, 甚碩秀, 乃拔去其細者, 只留三四莖, 菲厥豐草, 培以黃茂. 及秋成結實, 一莖九穗, 穗大如錐, 打之出五十餘石. 此蓋柳櫟之汁素沃, 而入地尺許, 則土氣全, 而又新經冬雨雪之汁, 流入穴中, 與錐之沃汁, 融合而深漬. 故粟自茁盛穎秀, 種之入地, 深則常帶潤氣, 故旣不損風, 又不怕寒. 且種入草根之底, 去草根遠, 則草不能分其土力, 故結實碩大, 卽當然之理也. 東屹可謂明農者也. 李公方喜得穀頗多, 奉親無憂. 忽一夜, 火起竈堗, 延燒室宇, 風猛焰烈, 未及撲減, 積貯之粟, 盡入灰燼, 無一留者. 李公歎曰: "命之畸窮, 天不見祐, 奈

---

86) 覰: 나, 다본에는 '觀'으로 되어 있음.
87) 薔: 나, 다본에는 '藩'로 되어 있음.

何?" 母子相對長吁而已. 東屹曰: "天道渺茫, 誠未可料也. 李措大器宇狀貌, 決非窮餓者, 而今者天灾孔酷, 不遺[88]粒米, 此曷故也? 豈吾有眼而無珠耶?" 時適有慶科, 東屹勸李公赴試, 乃資其人馬盤纏, 以送之. 李公到京, 旅寓棲屑. 時有 當途某宰, 係李公戚叔者, 公往訪之, 某宰嘉其人器, 忻迎款待, 覽其功令文字, 亟[89]稱之, 曰: "體裁精鍊, 句作嫺熟, 可稱場屋雄手, 而尙未題名金榜, 誠是怪事. 今科, 則必努力觀光也." 遂助給試具, 及入場, 盡意製寫, 趁早呈券, 果參嵬選. 某宰又助應榜之具, 因延譽於朝, 卽入淸華之望, 翰林・玉堂, 次第歷踐, 聲望藹菀[90], 進塗大闢. 乃奉老挈眷, 因留京第, 始成家道. 是時, 東屹亦已登武科, 李公乃招致東屹, 置之外舍, 與同起居, 且謂之曰: "君我神交也, 地閥高下, 初非可論, 文武體例, 何必爲拘? 雖於稠人廣坐之中, 勿事禮數, 毋做恭謹, 待以平交無間彼此也." 俄而, 學士僚友數人來過, 東屹欲起避之, 李公挽袖止之, 使拜客參座, 乃謂諸僚曰: "此人卽吾知己之友也. 智識才氣, 超出儕流, 非今世之人物, 國家必藉其力, 將大用之人也. 願公等無以尋常武夫視之, 深爲結納焉." 諸人見東屹, 身手赳赳, 儀貌堂堂, 皆相顧獎詡, 使之尋訪, 東屹乃遍往拜之, 雄辯偉論, 令人傾聽. 諸人競相吹噓, 申托銓曹, 由宣傳官序陞, 屢經外任, 以善治, 聲名赫翕, 擧朝稱賞, 歷典州梱, 至統制使. 年過耄艾, 子姓[91]衆多, 而相繼武科, 遂爲西班之顯閥.

　　外史氏曰: "田以草野之人, 一見李公, 知其必達, 因窮途而救濟,

---

88) 遺: 나, 다본에는 '留'로 되어 있음.
89) 亟: 나, 다본에는 '極'으로 되어 있음.
90) 藹菀: 나, 다본에는 '藹蔚'로 되어 있음. 서로 통함.
91) 子姓: 나, 다본에는 '子孫'으로 되어 있음.

遂成知己. 及夫時來風送, 藉其吹噓, 致位騰驤. 田之才識, 李公之德量, 皆當世人物, 而有是報德, 亦可見天理之靡忒也."

○ 第百七号 雜識部七【橫財】

14-7. 助搏虎復讐受惠

李修己者, 仁廟朝武弁也. 風骨俊偉, 且饒氣力. 嘗有事關東, 路出襄陽, 會日暮迷路, 由山谷間, 崎嶇數十里, 不得[92]人家. 忽見一點燈光, 透出林子裏, 策騎[93]赴之, 有一家處巖壑間, 茅簷板屋, 頗幽淨. 乃下馬叩扉, 有老媼[94]開戶迎入, 又有一婦, 年可二十餘, 素服淡粧, 容姿妍秀. 一屋兩間, 隔壁爲戶, 媼婦處上間, 而留客於下間, 精飯芳醪, 極其款待. 李心異之, 問: "此家無男子乎?" 媼曰: "適出, 少間當歸耳." 夜向深, 有一丈夫入來, 身長八尺, 形貌雄健, 聲如巨鐘. 問婦曰: "深夜, 何人來寓於婦女之室乎?" 李大懼出應, 曰: "遠客深夜失路, 間關到此, 主人何不矜憐而反有責言耶?" 主人乃囅然而笑, 曰: "前言戲耳, 客勿疑慮也." 庭中列松明炬, 羅置所獵之物, 獐鹿·山猪, 委積如阜. 李尤大怖, 然主人見客, 甚有喜色, 宰割猪鹿, 投釜爛烹[95]. 携燈入室, 呼客起坐, 美酒盈盆, 大胾堆盤, 連擧大椀屬李, 意甚慇懃. 李酒戶素寬, 且意主人是俠流, 開懷痛飮, 不復辭讓. 已而, 酒酣氣逸, 彼此談說娓娓, 主人忽前把李手, 曰: "觀子氣骨異常, 必勇力過人. 吾有至痛必殺之讐, 若非義

---

92) 得: 나. 다본에는 '見'으로 되어 있음.
93) 騎: 나. 다본에는 '馬'로 되어 있음.
94) 媼: 나. 다본에는 '嫗'로 되어 있음. 이하의 경우도 동일함.
95) 烹: 나. 다본에는 '熟'으로 되어 있음.

氣敢勇可以同死生者, 不足與計事, 子能許之否?" 李曰: "第言其
本事也." 主人揮淚, 曰: "是可忍乎? 吾家世居此地, 以饒實[96]稱,
而十年前, 有一惡虎來, 據近山, 日嚼村民, 不知其數. 以此, 離散
無一留者. 吾之父與兄, 皆爲所噬死, 當移居, 而倉卒之際, 未得可
避之地, 且欲必殺此獸, 以復讎然後, 可去. 故姑留此處, 而吾劣有
膂力, 屢擬搏虎, 而勢均力敵, 勝負未決. 若得一猛士, 助以一臂之
力, 則可以殺之, 而吾求之世久矣. 迄莫之得, 至慟在心, 日事號
泣, 今幸遇公, 決非凡人, 玆敢發說, 公能垂憐留意否?" 李聞之, 大
感動, 進把主人之手, 曰: "嗟乎孝子也! 吾豈惜一擧手之勞, 而不
成主人之志? 當隨君盡力." 主人蹶然起拜而致謝, 李問: "以君勇
力, 何不持劍刺之?" 主人曰: "此是年久老物也, 吾若持劍或砲, 則
隱避不現; 若不持器械, 則必出而搏之, 以此難敵, 而吾亦屢經危
境矣." 李曰: "旣許之, 當養氣數日, 可免顚沛[97]." 遂日以酒肉, 相
對恣食, 過十餘日. 一日, 天朗氣淸, 主人曰: "可行矣!" 授生一利
劍, 偕行十里許, 入山谷中, 踰數峴, 漸覺水複山重, 林樾深邃. 忽
見洞開, 田疇平蕪, 淸溪白沙[98], 轉灣周遭, 溪岸有高巖屼立[99], 巉
絶陰森. 主人請李, 隱於叢薄間, 獨自空拳至岸上, 長嘯久之, 響入
雲霄. 忽見塵沙自巖上揚起, 漲滿一洞, 日光晦冥, 巖前有光, 如雙
炬閃爍明滅. 李從林間諦視之, 有物如黑帛一條, 掛在巖邊, 雙光
燭地. 主人見之, 揚臂大喝一聲, 那物奮躍飛來, 如迅鳥, 已與主人
相抱, 乃一大黑虎也. 頭目凶獰, 大異常虎, 使人驚倒, 不可正視.

---

96) 饒實: 나, 다본에는 '富饒'로 되어 있음.
97) 沛: 저본에 '怖'로 쓴 것을 주필로 수정한 것임.
98) 白沙: 나, 다본에는 '白石'으로 되어 있음.
99) 屼立: 나, 다본에는 '岯起'로 되어 있음.

虎方人立, 而主人遽俯首, 搶入虎胸膛間, 緊抱虎腰, 以首撑拄虎頷. 虎頭直不能屈, 而以前脚, 爬人之背, 背有生皮甲, 堅硬如鐵, 利爪無所施. 人方以脚纏虎之後脚, 只要蹈之, 虎卓竪兩脚, 只要不躓, 一推一却, 互相進退, 而蚌蟹之勢, 無可奈何. 李乃自林間, 聳劍直趨, 虎見之, 大吼一聲, 巖石可裂, 雖欲抽出, 而被人緊抱, 不勝狠怒, 眼光電掣, 只亂搖四脚而已. 李直前抽劍, 刺其腰脊, 出納數次, 虎始咆哮, 俄而, 頹然倒地, 流血泉湧. 主人取其劍, 割腹斫骨, 泥作肉醬, 取心肝納口, 咀嚼旣盡. 携李歸家, 以虎頭, 祭其父兄, 一場大慟, 仍向李, 叩頭泣謝不已. 李亦感愴, 爲之飮泣. 翌日, 主人出去, 良久回來, 牽二駿馬及大牛五隻, 皆具僕從, 載之以蔘貨皮物, 各滿馱, 又持贈二櫝[100], 皆兌也. 因指其少婦, 曰: "此女非吾所眄, 曾以厚價買得者, 而乃良女也. 吾多年鳩聚此財, 又置此女者, 只俟報仇者酬恩耳, 幸收取勿辭! 吾有庄土在於某處, 亦足資生, 今可去矣." 李曰: "吾雖武夫, 特以義氣相濟, 豈可受償, 而況此厚財兼以美色乎? 決難奉承." 主人曰: "積年用心於此者, 只爲今日, 願公勿復言." 卽拜告別, 仍顧女曰: "汝可善事此恩人, 若或嫁他, 則吾雖在千里之外, 自當知之, 必斷送汝縷命!" 言訖, 翩然而逝, 李呼之不顧. 遂不得已載貨挈女而歸, 欲擇婿以嫁之, 女誓死不願, 因爲李側室. 李一擧而獲妾得財, 穩過平生[101].

外史氏曰: "李弁不過兼人之勇, 而只緣義氣所激, 助以一臂之力, 爲人復讎, 因此而所獲不些, 勇力之於人, 亦不爲無助矣. 劉邵『人物志』, 曰: '勇敢也者, 義之決也.' 故太上仗義, 其次好勇, 若賣勇而棄義, 則雖袒裼暴虎, 何足道哉?"

---

100) 櫝: 나, 다본에는 '櫃'로 되어 있음. 서로 통함.
101) 平生: 나, 다본에는 '一生'으로 되어 있음.

14-8. 獨鉗豹轉禍獲財

蘇生某, 湖南士人也. 早失怙恃, 旣無鴈行, 中年鼓盆, 又無膝下, 家素貧窮, 無一世況.[102] 且乏族戚中[103]依賴, 零丁仳離, 備嘗艱苦, 不堪饑寒, 每欲自裁, 而[104]亦難遽決. 是時, 長城蘆嶺, 有一惡虎, 白晝橫行, 囕人如麻. 士人聞之以爲, '嘗欲一見生虎, 今可遂願, 而遭彼之囕, 亦自不妨.' 遂抵嶺上, 嶺之長三十里, 巖壁崎峻, 樹木蒙密, 可謂蜀道之難, 羊腸之險矣. 至于最高巓, 舒膝而坐, 待虎之來, 忽有一人, 背擔網槖, 緩步上來. 時則月隱林梢, 風起葉戰, 彼見士人之獨坐, 遽驚疑而諦視之, 乃卸擔而納拜, 曰: "公是何人在此危地乎?" 士人曰: "過路歇脚, 無他故耳." 曰: "獨不畏死乎?" 曰: "何畏之有?" 彼乃進前, 密告曰: "此處有惡獸, 殺害人命, 不知其數, 行路阻絕. 故小人欲爲民除[105]害, 持銃丸及鐵椎, 冒夜來此, 準擬壹發殪彼, 而公適在此, 若與並力, 則何物惡獸能不爲孤雛腐鼠乎? 小人當如此如此, 公亦當助一臂." 士人懽慌未及答, 彼卽拔石角上一圍木, 躍上峰頂[106], 大喊[107]揮打而下, 山鳴谷應, 掀天動地. 士人心語曰: "彼雖謂我同事, 而我本無力, 欲死於虎者也." 是以, 少無畏怵, 坐觀動靜. 俄而, 一大豹從林塹, 大吼奮迅而出, 風馳電掣, 瞥眼間, 已到士人坐近處. 以其直項之急, 走坂之勢, 忽觸於大樹連理之間, 脅以下尻以上, 牢罣於兩木之間, 進不得退不得, 兼以孕雛腹滿, 又不得自拔. 士人乃前往, 撫其頭[108], 挽其鬚,

---
102) 無一世況: 주필로 삭제표시가 되어 있음.
103) 中: 주필로 삭제표시가 되어 있음.
104) 而: 주필로 삭제표시가 되어 있음.
105) 除: 나, 다본에는 '解除'로 되어 있음.
106) 頂: 나, 다본에는 '頭'로 되어 있음.
107) 大喊: 나, 다본에는 '一喊'으로 되어 있음.
108) 頭: 나, 다본에는 '頂'으로 되어 있음.

視若愛玩之物, 虎亦低頭搖尾, 有若[109]乞憐者然. 士人多拾藤葛, 絢作一索, 大如椽者, 結之爲勒, 加之於虎首, 又以大木作鉗, 繫索於樹. 遂擧虎, 拔之於兩木之間, 虎囷囷若失魂, 不敢動彈. 士人坐於其前, 銃手始自峰巓下來, 未及見虎之胃兩木間, 忽覩其被勒而繫樹, 乃大駭, 而又納拜, 曰: "固料公之無慮乎一虎, 然至於勒生虎之頭, 鉗生虎之口, 可謂古文無今文無也. 小人略有膂力, 而較公神力, 不啻霄壤, 從今願爲弟子." 遂殺虎剝皮, 偕到店幕, 呼酒對酌, 終夜酬酢. 明朝分路, 以豹皮與[110]士人, 牢拒不受, 銃手自俗中, 出十緡銅, 以奉之, 士人强受之. 因與作別, 銃手不勝惆悵[111], 幾至落淚. 士人歸家, 以其錢, 貿柴米糊口, 賴以捱延數朔. 默念投虎口之計, 便是鷄卵有骨, 窮命所關, 一死亦難, 只仰屋長吁. 一日, 偶閱芸籢, 得一文券. 蓋有先世婢僕, 逃居於靈光法聖, 生産繁殖, 至三百餘戶, 自先代雖欲推贖, 而畏彼强盛, 不敢發者. 乃雀躍, 曰: "今得死所矣." 遂袖文記[112], 飄然而往, 至其處, 厥輩所居, 環作一村, 家家饒富, 果如所聞. 直抵其最大家, 出示文券, 大肆咆喝, 督之以五千兩納贖, 而期於三日內收納, 擧措遑忙, 號令嚴急, 便一訕勸狂悖之人. 厥輩口雖應諾, 而心竊笑之. 第三日, 士人獨坐, 忽聞戶外人聲洶洶, 有五六十壯丁, 各持一棒, 圍其室如堵墻, 覘其事機, 反形已具. 然而求死一念, 痞寐如結, 有何懼哉? 坐而待變, 有一丈夫, 開戶將入, 忽喫驚退步, 欣然納拜, 曰: "公來此歟?" 士人問: "汝誰也?" 對曰: "蘆嶺上一夜同苦, 公未記有乎? 公

---

109) 有若: 나, 다본에는 '似有'로 되어 있음.
110) 與: 다본에는 '贈'으로 되어 있음.
111) 惆悵: 나, 다본에는 '悵恨'으로 되어 있음.
112) 文記: 나, 다본에는 '文券'으로 되어 있음.

雖不識小人, 小人豈忘公乎?"因謂其戶外環立者曰:"汝輩可速待
命也! 苟不要我, 汝輩必無孑遺." 仍以捉虎事, 細述首尾, 厥漢輩
一時戰栗而退去. 彼乃進前, 密[113]告曰:"厥輩以海島化外之物, 不
識綱常之重, 敢有叵測之謀, 要小人於百里之外, 小人亦以誤入人
事, 遽[114]有此行. 厥輩斷案, 已無可言, 而小人之罪, 尤係罔赦. 然
而以公恢廓大度, 何足介懷於如禽獸之流耶? 五千金實難變通, 傾
渠輩之家産, 則三千兩似可措辦, 小人當親自收捧領納於宅矣." 卽
其地董飭諸漢, 未幾日, 收得三千兩, 馱於十餘匹健馬. 士人則乘
之以駿駒, 一時治發, 銃手執鞭, 護從至士人家, 拜辭而去. 士人以
三千金, 問舍求田, 儼成家道. 又娶妻, 生八子三女, 世世蕃盛, 聚
居一村, 長城虛風洞, 至今有蘇氏村.

　　外史氏曰:"人之窮通死生, 皆命也, 豈可以力圖哉? 姜太公, 八
十窮困而不怨天; 陶先生, 三旬九食而能安分, 故曰:'不知命, 無
以爲君子也.' 蘇之欲投虎口, 其情慽矣, 然因此而轉禍爲福, 惟恐
或死. 蓋否極則泰來, 時至則風送, 亦自然之理也."

○ 第百八号 雜識部八【殖貨】

14-9. 輸一石父子紋倫

　　趙同知某, 松京人也. 姓貫白川, 家貲屢鉅萬, 差人遍於八路, 做
商販, 歲收錢, 贏幾十萬, 稱以西京甲富. 但無子女, 且是孤宗[115],
至於螟嗣, 無處可得, 老夫妻[116]以是爲憂. 一日, 門外有丐兒, 聲甚

---

113) 密: 나, 다본에는 '面'으로 되어 있음.
114) 遽: 나, 다본에는 '雖'로 되어 있음.
115) 孤宗: 나, 다본에는 '孤蹤'으로 되어 있음.

凄切. 趙憐之, 招入予飯. 見其兒, 年可十歲, 藍縷飢凍, 殆非人形, 而容貌骨格, 頗多可取. 問其姓貫, 則曰: "白川趙氏." 問父母有無, 曰: "只有母, 在城內乞食." 同知卽携兒, 入于家, 食之衣之, 送奴訪其母來, 僦一小屋俾居, 接予以噉着之資. 稍觀其兒, 穎悟謹實, 足可幹蠱, 因爲己子, 稱其母爲嫂氏. 凡百支調, 無不繼給, 兒亦托情, 盡誠於過房, 無異血屬. 年旣長成, 加冠娶婦, 其家産出入, 並付渠手, 勤幹周密, 靡事不濟. 同知奇愛之, 每事必議, 有言必從. 一日, 其子曰: "兒已長大, 飽暖逸居, 鬱鬱無聊, 欲做些經紀." 同知曰: "天下熙熙, 皆爲利來, 吾本以商利起家, 汝繼此營殖, 便是箕裘之業, 汝言良是. 昔陶朱公年老, 而聽子孫, 子孫修業而息之, 遂至鉅萬, 吾之期望於汝者, 亦如此." 乃以五千金予之, 其子往兩西都會處, 大作興販, 轉至箕城, 偶交狹邪年少, 偕到娼家, 綠窓朱戶, 絲管裊娜. 趙生以措大, 眼孔怳如, 登玉樓而攬仙姬. 娼是教坊翹楚, 色藝俱妙絶, 關西豪俠之所藉以跌宕, 而至若富商大賈, 誤入迷香洞者, 皆從銷金鍋而出, 由是, 娼名益藉. 娼知趙生之多財, 酌酒唱歌以媚之, 趙被其句引, 竟墮[117]紅粉網羅, 魂迷意奪, 遂將商販之計, 抛若芭籬, 盡徙囊槖于娼家. 日會倡優輩游戲, 不出數年, 資斧蕩然, 後門送舊, 前門迎新. 自是, 娼樓伎倆, 男情雖篤, 而女意已怠, 苦其留連, 或以言辭挑怒. 趙恭謹如初, 雖欲還歸, 而無面渡江, 因留娼家, 爲厮役使喚, 以沾其破衣餘飯. 其妓與男子, 共寢燠室, 而趙曲肱廚間, 以燃薪煖堗爲役. 同知聞之[118], 乃大咤曰: "彼乃辱吾門戶, 不復視以己子!" 因逐其母與妻, 出處于城外土

---

116) 夫妻: 나, 다본에는 '夫婦'로 되어 있음.
117) 墮: 나, 다본에는 '落'으로 되어 있음.
118) 之: 나, 다본에는 '知'로 되어 있음.

幕, 依前乞食. 趙在娼家歲餘, 値娼之赴宴席, 獨坐[119]守空舍. 其日大雨翻盆, 適見庭中, 有金屑流布, 心異之, 探其源, 自後堦前連續不絶, 卽房門下砌石所自出也. 拾聚其屑, 可爲數斤, 觀其砌石, 則如小砧, 而非金似石, 光彩異常, 似是生金也. 待妓之歸, 乃言曰: "吾以年少之致, 五千兩囊金, 一朝浪費, 實難抗顏歸家. 然離闈年久, 陟岵情切, 不得不歸矣." 女曰: "多年主客之餘, 今此告別, 安得不悵缺[120]? 且來時行色, 輝煌道路, 去日徒步, 必多苦楚, 是可[121]忍乎?" 遂貫給人馬, 助以盤纏, 趙稱謝良久, 曰: "吾有所請於主人者, 後房門前砌石, 吾欲持去, 可施之否?" 女曰: "奚取於此物也?" 趙曰: "他山一片石, 猶可與語, 此石瑩澈如人面, 且君之朝夕履跡者, 吾持此去, 怳若對面, 庶可慰懷故[122]耳." 女笑曰: "公之有情於吾, 可知矣. 我心匪石, 不可轉也, 然何靳乎一塊石哉? 任君取去." 趙卽馱石而歸. 適當歲末, 凡松人之出商者, 趁此咸歸, 其家眷各備酒饌, 出迎于五里程. 是時, 趙同知爲候差人等而亦出來, 趙生以弊袍藁履, 亦參差人之列, 而不敢出現. 其父亦佯若不知, 生踢縮向隅, 罔知收措, 諸人或有知者, 莫不揶揄而譏笑之. 至暮, 生尋到城外土幕, 其母與妻, 怨詈欲敺之, 生無一言, 卽頹臥鼾睡. 明朝, 裁書與屑金同封, 使妻往納于同知, 同知方與諸差人, 籌計商利. 其婦不敢造次入謁, 呼婢轉納, 同知開緘見之, 其書曰: "子之所獲利如此, 可當五千兩本錢, 而又有大於此者, 從當輸納, 先玆伏達矣[123]." 同知坼見其裹, 盡是生金屑, 可値七八千金. 乃大喜,

---

119) 坐: 저본에는 빠져 있으나 나, 다본에 의거하여 보충함.
120) 悵缺: 나, 다본에는 '悵然'으로 되어 있음.
121) 可: 나, 다본에는 '何'로 되어 있음.
122) 故: 주필로 삭제표시가 되어 있음.
123) 矣: 저본에는 빠져 있으나 나, 다본에 의거하여 보충함.

直起入內, 招婦入室, 其妻欲叱逐之, 同知曰: "有不然者, 少俟也."
問其婦曰: "汝夫無病穩還, 且得喫朝飯乎? 汝可留此, 吾今往見汝
夫矣." 因卽出城, 見其子, 先問: "汝從何處得金屑不少乎?" 其子
曰: "此何足爲多? 又有一大塊." 仍搜行橐, 出而示之, 同知一見,
圓着眼大開口, 驚呆半晌, 起而撫其背, 曰: "相術不可不信也. 吾
初見汝, 有萬石君骨格, 故取以爲子. 今果得此, 其價無限, 可十倍
於吾家本産, 此外復何望哉! 向來一時迷色, 亦少年例事, 何足云
云, 須卽歸家, 可也." 且語其生母曰: "嫂氏近日得無饑寒乎? 吾今
備轎出迎[124], 卽返舊室也." 仍卽盡爲率置[125], 遂爲父子如初.

外史氏曰: "父子天倫也, 胡然而分, 胡然而合, 貨利之所嬴絀,
而彝倫之敦敍, 判焉, 可不懼哉! 至若市井之類, 螟蛉之誼, 固無足
深誅, 然熙熙穰穰, 皆爲利來往, 則見利忘義, 大義滅親, 豈可盡責
於人人者耶?"

14-10. 嬴萬金夫妻致富

呂生某, 南山下窮儒也. 家貧, 好讀書, 有經濟才, 而無所施, 賣
家舍以食之. 一間外廊, 夫妻共處其中, 不堪饑寒, 生謂其妻曰:
"吾欲有所出, 或有上服之可着者否?" 妻曰: "迂哉! 吾內外衣服賣
食, 久矣, 餘者, 是身上懸鶉而已." 生曰: "吾不可坐而待死, 然則
奈何?" 妻曰: "一弊袍, 用之晨謁者, 獨不可着乎?" 生曰: "是足矣."
乃着之而出, 縕縷垢汚, 街童相與指笑, 行至鍾樓街上, 廛人遮道,
問所賣之物, 生曰: "有之." 隨至廛中, 謂廛人曰: "看吾貌樣, 吾豈
買賣物貨者哉? 今世閭閻中, 誰最富者? 願聞其名." 廛人以多方洞

---

124) 迎: 저본에는 '送'으로 나와 있으나 나, 다본을 따름.
125) 置: 나, 다본에는 '還'으로 되어 있음.

金同知, 對之, 遂往至金同知家, 主人面貌豊盈, 衣服華麗. 生曰: "主人果是當世閭閻中[126]有富名金同知乎?"曰: "然." 曰: "吾有所請, 主人肯從之否?" 主人意其爲乞粮也, 曰: "有甚難事, 第言之." 生曰: "吾方饑困濱死, 欲小施經綸, 主人能貸萬緡錢乎? 不滿萬, 則無所用之." 主人視生, 良久, 沉思半晌, 乃曰: "諾." 生曰: "先以千緡, 駄送吾家, 吾將之家, 區處此物, 旋卽來此, 今日卽發矣." 遂歸家, 以千緡[127]付妻, 曰: "以此爲十年之資, 吾將今日發行, 十年後當還也." 語罷後[128], 至同知家, 同知爲設饌以待之, 且曰: "將何向?" 曰: "嶺南." 曰: "吾有任事僕一人, 勤幹精敏, 欲與之俱乎?" 生曰: "甚好!" 曰: "嶺南沿海之地, 吾有販貨錢數船, 見吾一帖, 則可交手付之, 如此則省駄往之費矣." 生曰: "尤好!" 同知出衣服一襲, 使生換着, 生亦不辭, 又裹弊件, 藏之行橐中, 行至河東·昆陽之間, 嶺湖物貨之所輳. 遂往來場市間, 必增價以買之, 一場所有, 盡入於生. 明日如之, 再明日又如之, 比至用九千緡, 嶺湖之貨積者旣竭, 後來未繼. 於是, 出而賣之, 獲數倍之利. 生用財無他術, 賤則取之, 貴則出之, 其錢愈多, 其用愈無窮, 行之數年, 錢不可勝數. 大路側有富民家, 生願借居停之所, 富民曰: "吾家頗巨於一村中, 故從前富商大賈, 莫不出入焉. 數年以來, 有無賴賊, 嘯聚徒黨, 出沒不遠之地, 故富商大賈, 斂跡遠避, 不敢來住此村." 生曰: "盜爲幾何, 居在那邊?" 富民曰: "盜可數百人云, 自此, 西去十里, 有崇山峻嶺, 林木蓊蔚[129], 緣山而北, 有谷呀然, 谷中有土窟甚大,

---

126) 中: 나, 다본에는 '間'으로 되어 있음.
127) 緡: 나, 다본에는 '金'으로 되어 있음.
128) 後: 나, 다본에는 '復'로 되어 있음. 이 경우 뒷문장으로 단락이 끊어짐.
129) 蓊蔚: 나, 다본에는 '蓊翳'로 되어 있음.

卽其盜所據之處也." 生遂命任事僕, 以錢往沿海船所留焉, 與之約, 曰:"見吾錢帖, 如數馱送, 久速惟吾是俟, 毋輕離其地." 僕依命而往, 遂單身入山谷中, 上下十里, 跡其盜所住, 山腰有土窟, 窟外有石門, 入石門數十步, 漸覺夷廣. 行到二牛鳴, 有草舍[130]四五十間, 蓬頭突鬢, 相聚其中, 見生大驚, 皆持杖而出, 生徐曰:"無用驚怪也! 我非捕盜官軍也. 欲來捕汝輩, 我豈單身入汝輩巢穴乎? 如我不信, 試出石門外, 見有從者否也." 群盜出而覘[131]之, 果無一人, 盜始放心, 曰:"旣非捕我者, 胡爲遠入土窟?" 生曰:"吾欲爲君輩所爲耳, 可肯相容乎?" 群盜大喜, 羅拜于前, 曰:"吾輩新喪元帥, 無所統攝, 勢將分散, 今得老爺遠臨, 吾輩萬幸." 延之上座, 推爲頭領[132]. 留三日, 群盜進, 曰:"軍無見粮, 久矣, 幸有以敎之." 生作二千緡帖, 指送船所, 錢卽至矣, 群盜大喜, 錢旣告罄, 又作三千緡帖, 以送之, 如是者數矣. 一日, 生謂群盜曰:"爾輩有父母妻子者, 幾人?" 曰:"有之者過半." 生曰:"何以聊生?" 皆垂淚, 曰:"我輩皆不勝饑寒, 棄家來此者, 已踰年, 家間存沒, 漠然無聞, 每一念之, 不覺悲苦." 生又取萬緡以來, 一人與之錢百緡, 曰:"持此往汝家, 以活汝父母妻子, 各隨所得, 以穀種田器來獻." 群盜皆感泣而散, 及期而至, 黍稷稻粱, 耒耜鋤鎌之屬, 無不畢具. 乃與群盜, 會于船所, 以所餘[133]錢, 盡載之船, 買農牛三四[134]隻, 泛舟入西南大洋, 有一島, 延袤十里, 草木甚茂. 泊舟島中, 爲草舍以居, 烈火而焚之, 與群盜幷力, 耕作陳荒之地, 生穀十倍, 積之如山阜. 又如是

---

130) 草舍: 나, 다본에는 '草家'로 되어 있음.
131) 覘: 나, 다본에는 '視'로 되어 있음.
132) 頭領: 나, 다본에는 '首領'으로 되어 있음.
133) 餘: 나, 다본에는 '在'로 되어 있음.
134) 三四: 나, 다본에는 '四五'로 되어 있음.

者數歲, 關東北大饑, 伐木造船, 載穀往賣之. 又數歲, 聞西路大饑, 復載穀而往賣之, 錢可以舟計, 放牛於野, 孶育成群, 亦可至累百頭. 於是, 載錢穀牛, 來泊畿湖間, 生語群盜曰: "汝輩皆良民, 何苦而爲盜? 自今日各歸汝家, 復爲良民." 一人各與錢五百緡, 又分與之穀石牛隻, 群盜拜謝, 揮淚而散. 生與其僕, 數其餘錢, 尚可百餘萬. 復泛舟來, 泊於京江上, 留僕而守之, 出橐中弊衣, 以衣之, 徑到金同知家, 離京滿十年矣. 同知大驚, 問曰: "何爲作此貌樣?" 生曰: "吾行中小小贏餘, 足辦一襲衣服, 而吾以不忍[135]忘舊之意, 留着去時所貯耳." 主人盛饌以待之, 生具言十年來所經歷事, 主人復大驚, 曰: "子眞經綸一世之士, 而小試於農賈[136]之間, 惜哉!" 願分其錢之半, 生辭曰: "吾安用此爲? 吾亦老矣, 日給吾一緡錢, 以終吾餘年, 則足爲吾衣食之資." 主人曰: "敢不如命!" 生遂往其家, 視之, 一間行廊, 已無去處, 有高柱大門, 立於其址, 從門外視之, 則內外家舍[137], 極其宏麗. 蒼頭奴問: "客從何處來?" 生曰: "此是誰宅?" 奴曰: "此是某兩班宅." 又問: "主人在否?" 曰: "主人一出, 十年不返, 只有內眷而已." 生曰: "我是此家主人也." 遂直入內舍, 夫婦相握而哭. 生曰: "何以起此大家?" 其妻曰: "吾將千緡, 百緡買婢僕, 五百緡造家舍, 四百緡以爲家業, 食其贏餘, 今至數十萬矣." 生笑曰: "夫人所持者狹, 坐致此富於我遠矣!"

外史氏曰: "古語云: '長袖善舞, 多錢善賈.' 善賈者, 以物相貿易, 知物之貴, 上極則反賤, 賤下極則反貴, 貴出如糞土, 賤取如珠玉. 財幣欲其行如流水, 此殖貨之長策也. 呂生能透解物理, 贏息

---

135) 忍: 저본에는 빠져 있으나 나, 다본에 의거하여 보충함.
136) 賈: 나, 다본에는 '商'으로 되어 있음.
137) 家舍: 나, 다본에는 '家屋'으로 되어 있음.

巨萬, 可稱經濟之才, 而未有展試於世, 惜哉! 其妻之治生致富, 亦近於女懷淸臺者耶?"

○第百九号 雜識部九【報復】

14-11. 還狐裘新舊合緣

崔生某, 宣川人也. 年二十餘, 性溫茂有丰標, 妻美而艷, 夫婦之愛甚篤. 崔商于湖南, 久不歸. 其家近市樓居, 婦偶當窓垂簾望外, 忽見[138]美男子, 貌類其夫, 乃啓簾流眄, 旣覺其誤, 椒然而避. 男子湖南人, 做商客, 遊宣川有年矣. 見樓上美人眄己, 深以爲念, 探其誰家于市東鬻珠老媼, 因遺重賄, 要求計通之, 媼曰: "吾知之矣, 此良家婦, 堅貞不可犯也. 尋常罕覯其面, 安能爲客謀耶?" 客哀懇[139]不已, 媼曰: "君於明日午後, 可多携錢帛, 到彼對門典鋪中, 與某交易爭較之際, 聲聞于內, 若蒙見召老身, 得跨足其門, 或有機耳. 然期在得諧, 勿計歲月." 客唯唯去. 媼因選囊中大珠, 並簪珥之珍異者, 明日, 至肆中, 佯與湖南客, 交易爭價. 良久, 日中照弄珠色, 市人競觀喧笑, 聲徹婦所. 婦果臨窓來窺, 卽命丫鬟招媼, 媼收貨入筐, 曰: "客好纏人, 如爾價, 老婦賣多時矣." 便過樓, 與婦作禮, 略道[140]隣居景仰之意, 開箱出簪珥幾件遞與. 婦看商確數語, 恩恩收拾, 曰: "老身適有緊急事, 往他, 這箱子並鎖, 暫煩娘子簡置, 少間當來徐議." 旣去, 婦愛他珠璣要買, 專等老媼還來酬價, 連三四日不至. 一日, 媼冒雨而來, 曰: "老身小[141]嬌有事, 數日[142]奔走負

---

138) 見: 나, 다본에는 '有'로 되어 있음.
139) 懇: 나, 다본에는 '乞'로 되어 있음.
140) 道: 나, 다본에는 '通'으로 되어 있음.

期, 今日雨中適閒, 請觀娘子釵鈿·纓絡之類." 婦人曰: "我正要識價." 乃開箱籠, 陸續搬出, 種種奇妙, 媼把玩再三, 讚歎不已. 婦挨置一邊, 取媼貨品評價, 錢酬之有方, 媼都不爭論, 喜色滿面, 曰: "如娘子所衡, 固無惑, 向者湖南客, 高下不情, 徒負此丰標耳." 婦復請遲價之半, 以俟夫歸, 媼曰: "隣居復相疑耶?" 婦喜其價輕, 又幸半賒, 留媼饋酒, 彼此惟恨相知之晚. 明日, 媼携酌而至, 爲酬答禮, 傾倒極歡, 自此, 婦日不能無媼矣. 媼與婦, 漸狎昵, 時進情話挑之, 婦年少獨居, 未免愁歎之意, 形于辭色. 或留媼宿, 媼亦言, '家中喧雜湫窄, 愛此處幽淨敞爽, 明夕, 當携寢具來.' 次日, 婦爲之下榻, 媼靡夕不至, 兩個丫鬟, 曾在床前伏侍, 自媼來宿, 揮送他們, 在間[143]壁房裏去睡. 惟婦與媼, 對床而臥, 笑語娓娓, 中夜無睡, 做出[144]閒話, 吐盡肝膽, 兩不相忌, 凡街坊穢褻之談, 無所不至. 媼又佯裝醉狂, 說起自家年少時, 窺牆穿穴之許多事情, 勾動他婦人春心, 輒見婦人雙臉微紅, 媼有暗揣者. 客數問媼期, 輒曰: "未及." 至秋節已屆, 謂媼曰: "初期柳葉未綠, 約及垂陰, 子已成實, 過此漸禿, 行將白雪侵枝矣." 媼曰: "今夕第隨老身入, 須着精神, 成敗係此, 不然, 虛廢半年也." 因授之計. 時値七月七夕, 卽婦生日, 媼具旨酒佳肴而來, 做些人事, 婦稱謝, 留與喫麵. 媼曰: "今適有幹, 昏後更來, 陪娘子, 看牛女做親, 幸留此酒肴, 以永今夕也." 仍飄然而去. 是日, 微雨到晚, 却無星月光, 媼趁昏黑到婦家, 陰與客同入, 而伏之寢門之外. 媼婦對酌于房, 談笑甚洽, 兩情加殷. 媼强侍

---

141) 小: 저본에는 '所'로 나와 있으나 나, 다본을 따름.
142) 數日: 나, 다본에는 '幾日'로 되어 있음.
143) 間: 나본에는 '門'으로 되어 있음.
144) 出: 나, 다본에는 '去'로 되어 있음.

兒酒, 侍兒不勝醉, 臥他所去, 兩人閉門酣飲, 俱已微醺. 適有飛蛾旋轉燈上, 媼故以扇撲之燈滅, 詐稱覓火點燈, 因啓戶而出, 復入佯笑, 曰: "忘携燭去." 出入數回折旋之際, 已暗導其人于臥內矣. 頃之, 稱以廚下火熄, 復閉戶而入, 婦畏暗黑[145], 數數呼媼, 媼曰: "老身當同榻作伴耳." 乃引其人, 登婦床, 婦猶以爲媼也, 啓被撫其身, 曰: "姥體柔滑如是." 其人不言, 鑽進被裏, 驀地騰身而上, 婦已心醉, 神蕩到此, 不暇致詳, 任他輕薄. 其人素慣宕子手段, 顚鸞倒鳳, 曲盡其趣, 弄得婦人, 魂不附體. 雲雨甫畢, 始問爲何人, 媼乃前席[146]謝罪, 細述客人愛慕, 央他用計, 前後顚末一遍, 曰: "不是老身大膽, 一則可憐娘子青春獨宿, 一則要救彼客性命, 都是兩個宿世因緣, 非干老身之事." 婦業墮術中, 遂不能捨, 相愛逾于夫婦, 夜來明去, 半年有餘, 客之費用, 已過千金. 一日, 客聞親病之報, 將歸家, 流涕謂婦曰: "別後相思, 乞一物, 以當會面." 婦開籠, 取孤白裘一件, 爲客着之, 曰: "道路苦寒, 幸爲君裏着, 如妾得近體也." 因相約明年共載往他, 歡會平生, 遂揮淚而別. 客自得孤裘, 未嘗去體, 顧之輒泣. 明年, 偶商于隣邑, 適與崔同館, 相得頗歡, 無言不到, 客自言, "曾于君鄉, 見一美人, 如此如此." 崔佯若不信, 曰: "亦有證乎?" 客舉所着孤裘, 以示之, 因不勝悲悵, 曰: "憑君歸時, 要付書緘." 崔曰: "此係同鄉切友[147]之妻, 不敢得罪." 客亦悔失言而謝之. 崔以商業失利, 卽還家, 謂婦曰: "來經汝家, 汝母病亟, 欲見汝, 我已覓轎門前, 便可速去!" 又授一簡書, 曰: "此料理後事語也. 汝至家, 與汝爺相聞, 我今歸不久, 便當追到." 婦至母家, 視

---

145) 黑: 나, 다본에는 '夜'로 되어 있음.
146) 席: 저본에는 빠져 있으나 나, 다본에 의거하여 보충함.
147) 切友: 나, 다본에는 '切交'로 되어 있음.

母氣色, 初無恙[148], 因驚訝, 發函視之, 則離婚書也. 闔門憤痛, 莫知其故. 婦人之父, 至婿家請故, 婿曰: "第還孤裘, 則復相見." 父歸述婿語, 婦人內慚欲死, 父母不詳其事, 姑慰解之. 無何, 吳姓一蔭官, 偶遊湨西求妾, 媒以婦對, 吳多財挾義, 以三百金致之. 婦人家告前婿, 婿簡婦房箱籠十六件, 皆金帛珠佩[149], 並畀婦去, 聞者莫不驚嗟. 湖南商人, 旣歸家, 一念想着婦人, 朝暮對狐裘, 長吁短歎. 其妻兪氏, 猜得蹊蹺, 竊裘深藏, 商人尋裘不得, 火症大發, 對妻爭嚷, 打碎器物. 遂發向關西, 將訪其歸, 中路遭盜劫, 並失貲斧, 及至不見婦, 忿恨成疾, 竟殞於旅店[150]. 歲餘, 崔復商于湖南, 廣求媒婆, 更娶一婦, 卽兪氏, 而崔實不知其本某妻也. 琴瑟諧好, 適値日寒, 婦搜出一裘, 以着夫, 崔審視之, 乃自家舊件. 大驚詢其故, 始知委折, 益歎物理之有循環. 崔於市舖, 偶與隣翁, 算貨計價, 語不直, 競撞翁仆地, 翁暴死, 二子訟之官守, 卽吳蔭官也. 夜深, 張燭簡狀, 妾侍側, 見前夫姓名, 泣曰: "是妾舅氏, 今遭不幸, 願丐傅生." 守曰: "獄將成矣." 妾長跪請死, 守曰: "起徐當處分, 明日將出檢." 妾復泣, 曰: "事若不諧, 生勿得見!" 守乃語二子曰: "若父傷未形, 須刷骨一驗." 欲移屍置烈陽下, 以刀刮膚, 二子家累千金, 恥虧父體, 叩頭言, "父死狀甚明, 無煩剔剜." 守曰: "不見傷痕, 何以律罪?" 二子懇請如前, 守曰: "若父老矣, 死其分也. 我有一言, 足雪若憾, 若能聽否?" 二子咸請惟命, 倅曰: "令被告人服斬衰, 呼若父爲父, 葬祭悉令經紀, 執紼擗踊, 一隨若行, 若心快否?" 二子叩頭, 曰: "如命擧!" 問崔, 崔幸于拯死, 亦頓首如命. 事訖,

---

148) 恙: 나, 다본에는 '病恙'으로 되어 있음.
149) 珠佩: 나, 다본에는 '珠貝'로 되어 있음.
150) 旅店: 나, 다본에는 '旅舍'로 되어 있음.

妾求與舅氏相見, 男女相抱, 痛哭踪情, 守疑之, 因叩其實, 則故夫婦也. 守不忍, 乃使還歸[151], 出前所携十六箱籠並還, 崔家且護之出境. 崔已繼娶矣, 前婦歸反爲副室, 一夫二婦, 團圓到老. 吳蔭官, 後更卜妾, 嫡庶五子, 登科筮仕, 福祿無比, 人謂陰德之報云.

外史氏曰: "崔之處事安當, 豈碌碌重利者所可爲哉? 夫不負婦而婦負夫, 故婦雖出而不怨, 然卒能脫其重罪, 所以酬夫者, 亦至矣. 雖降爲副室, 所甘心焉, 吳守之厚德, 亦不易得之人也. 狐裘重會, 可見天理孔昭, 劍合豊城, 珠還合浦, 古亦有是, 而若此, 則天道太近, 世無非理人矣."

14-12. 覆甑衾前後活命

柳生某, 湖西人也. 嘗作渡灞之行, 轉往松京, 玩勝國舊蹟. 至滿月臺, 遭驟雨避, 立於[152]路傍家門, 日已向夕[153], 雨且不止, 政自憂悶. 有一丫鬟, 出語曰: "未知何客, 而雨勢如此, 請入內留歇." 生曰: "此誰家, 何無男子也?" 曰: "主人行商出他耳." 曰: "然則外客, 何可入內乎?" 曰: "自內邀入, 不必爲嫌." 生黽勉隨入, 見有美女, 年可二十餘, 顔色敷愉. 迎客入室, 曰: "客久立門外, 心甚不[154]安, 敢此奉邀." 生遜謝曰: "初不相知, 荷此款遇, 良用感謝." 已而, 張燈進飱, 相對談笑, 情竇互開, 偎肩促膝, 恣意戱謔, 遂與昵枕合歡. 明日將東轅, 而男耽女愛, 不忍相捨, 留宿旬餘, 頗洩聲聞. 商人出去時, 囑托隣居切友, 檢其家事, 其人時或來問安否, 生旣久

---

151) 歸: 나, 다본에는 '鄕'으로 되어 있음.
152) 立於: 나, 다본에는 '入'으로 되어 있음.
153) 夕: 나, 다본에는 '西'로 되어 있음.
154) 不: 나, 다본에는 '未'로 되어 있음.

留, 形跡自露. 其人覷知密事, 專人通奇於商, 商疾馳返程, 及抵家, 夜已三鼓, 踰垣穴窓而窺之, 其妻與一少年對坐, 戲笑自若. 商遽推窓將入, 生慌惻罔措, 女急導生, 避匿樓中. 商入室, 問: "丫鬟們何往, 而君今獨宿?" 女囁嚅對曰: "婢輩因砧杵之役, 暫歇他房耳." 因問: "深夜歸來, 緣底忙事?" 商曰: "適有緊幹, 罔夜馳到, 第有記簿之可考者, 藏在樓橫, 今欲登樓搜閱." 女挽止, 曰: "行役[155] 困憊, 何必躬勞? 妾當搜出." 商曰: "非吾親檢, 無以尋覓." 因提燈上樓, 見一人躱在橫後, 乃大呼有賊, 招僕綑縛而下, 將呈官置律. 生收拾驚魂, 良久, 乃曰: "吾非賊也, 本以科儒, 下第歸路, 游覽至此, 値暮違路, 要過夜而去, 非有他意[156]也." 商瞋目叱之, 曰: "深夜男女共席, 何以掩迹, 乃敢粧撰爲說? 且汝奸狀, 吾已覘知, 汝雖百喙, 焉敢發明?" 生自知不免, 略吐事實, 僕僕謝罪, 曰: "生之殺之, 惟君所命." 女面無人色, 戰掉靡定, 商謂女曰: "汝與彼, 俱犯死罪, 卽當一刀剚之, 而吾遠來, 飢渴可亟, 備酒肉以來." 卽探囊中錢, 給之, 女出外呼婢, 買酒一大壺, 麂肉一盤以進. 商使女酌酒, 連倒三四盃, 因以一盃授生, 曰: "汝旣將死之人, 可飮此酹也." 又拔佩刀, 切肉啖之, 以刃尖挿肉片, 授生, 生以口受嚼, 商曰: "汝不畏死乎?" 生曰: "到此地頭, 便是几上肉也, 何畏之有?" 商曰: "汝喫吾一刀, 可償王八債, 而咳汝窮儒殘命, 何足[157]汚刃? 特爲饒貸, 汝卽今出走, 勿更留近處!" 生百拜致謝, 包[158]頭鼠竄而去. 商又謂其妻曰: "汝之汚辱門戶, 萬死無惜, 何難斫汝? 明正其罪, 而

---

155) 行役: 나, 다본에는 '行役之餘'로 되어 있음.
156) 意: 저본에는 빠져 있으나 나, 다본에 의거하여 보충함.
157) 足: 나, 다본에는 '可'로 되어 있음.
158) 包: 나, 다본에는 '抱'로 되어 있음.

特推눌灾, 姑貸一縷, 汝若更有此事, 斷當殺無赦矣." 女但低頭涕泣, 商使之滅燭安寢, 卽往其友家, 詢其專報委折. 其友曰: "君家聞有外人來留, 頗涉殊常, 故果通奇耳." 問: "其人尙在否?" 曰: "似不去矣." 卽與其友, 到家覘察, 則東方未明, 門戶尙局, 叩門入室, 只有其妻, 而更無他人, 遍尋家中, 了無形跡. 其友反悔其誤聞而輕言, 意頗無聊, 商乃慰解曰: "誤聞風傳, 亦非異事, 君我情密之故, 有此通奇, 有則治之, 無則置之, 亦自不妨, 何必介懷? 第少婦獨處, 慮無不到, 更勿以誤傳爲拘, 依前照管, 是所望也." 遂送其友, 待曙還發商販之行. 生於翌年登第, 未久作宰延安, 纔莅任, 有村氓, 告以其父與松商某爭詰, 被打致死. 問松商姓名, 則卽自家活命人也. 方擬出往檢驗, 忽稱身恙, 猝發未可作行, 日且迫昏, 明朝當出去. 是夕, 密招心腹吏一人, 曰: "汝能爲我出力, 雖至難之事, 可以周旋否?" 對曰: "官家視小人如家人, 恩德出常, 赴湯蹈火, 何可辭乎?" 曰: "今日某村有殺獄, 汝於深夜潛取其屍, 投之於南大池, 求一大獍剝毛, 置屍床, 覆以衾, 切勿出口, 可也!" 吏領命而退, 抵曉來告, 以依敎處置, 官乃馳往, 將行檢, 刑吏白以屍體不知去處, 有一死獍覆衾, 甚是怪事. 官佯驚, 曰: "寧有是理?" 親審之, 果如吏[159]言, 推問告氓曰: "汝父屍體, 藏於何處, 以死獍代置乎?" 氓瞠然曰: "父屍的在室中, 一夜之間, 有此變怪, 不知何故." 官曰: "爾必隱匿爾父於他所, 稱以致死, 誣告成獄, 要免債徵也." 欲加刑訊, 氓叫苦稱屈, 官曰: "汝雖稱寃, 旣無屍體, 何以檢驗? 獄體至重, 不得不待尋屍行檢, 始可議讞." 乃還官, 松商幸而免死出獄, 然莫知其由, 心常訝惑. 過幾年, 柳轉官長湍, 卽遣人訪問松

---

159) 吏: 나, 다본에는 '所'로 되어 있음.

商招來, 敍其平生, 商初不相識, 及言其某年某處如許之事, 始乃恍然大覺. 又言其藏屍免檢之事, 商大感泣, 曰: "小人非敢曰曾活大人, 而向來事, 大人寔救小人之命, 再生之恩, 河海莫量, 願出入門下, 圖酬萬一." 自是, 往來不絶, 至老盡誠.

外史氏曰: "大人者, 志不在於重色, 而必先仗義, 德莫大於活人, 而必有受報. 故絶纓之臣, 竟答恩於楚王, 盜侍兒者, 引袁盎以避禍, 商能惜人命, 而施仁義, 則柳生於商, 亦安得不救其死哉? 此所謂以德報德無往不復者也."

○第百十号 雜識部十【氣義】

14-13. 導射夫報仇話恩

鄭文孚, 海州人也, 好讀書, 善屬文. 嘗欲投筆業武, 習射于慕華館, 趁夕歸路, 値一內轎, 見有丫鬟隨後, 頗姣麗. 鄭櫜弓而從之, 或前或後, 忽飆風吹簾乍捲, 瞥見轎內女人, 素服而坐, 眞國色也. 神精悅惚, 心獨語曰: "何來尤物, 令人驚眸, 第往探之." 因從其後, 遵大路向八角亭, 轉曲灣入一大第, 鄭彷徨門外, 看看天色漸黑[160]. 暫向街坊, 買些飱喫, 再到其家, 左右窺[161]察, 無可闖入. 乃挻登家後小阜, 俯瞰墻內, 花竹掩翳, 庶可藏影. 少焉, 山月微明, 市喧稍寂, 却從墻上, 溜將下來, 向林子裏, 伏做一塊, 聽得街鼓, 轉打二更[162], 只見閨閤[163]靜悄悄地. 東西兩房, 燈影照窓, 潛往東邊, 從戶

---

160) 黑: 나, 다본에는 '昏'으로 되어 있음.
161) 窺: 나, 다본에는 '觀'으로 되어 있음.
162) 二更: 나, 다본에는 '三更'으로 되어 있음.
163) 閨閤: 나, 다본에는 '閨門'으로 되어 있음.

隙乍窺, 有老媽背燈支枕, 而素粧[164]少女, 讀諺書傳奇, 聲音琅琅, 如鶯囀燕語, 卽俄見轎中女子也. 已而, 媼謂其婦曰: "今日勞憊, 可歸寢休憊." 女承命而退歸西室, 鄭輕步就西牖下, 潛聽, 則女謂丫鬟曰: "汝亦勞行役, 可出宿于廊, 明早入來." 女卽起閉戶, 鄭暗喜, 曰: "女旣伴鏡鸞而孤宿, 吾當作藥蝶之恣採." 屛氣更覘, 則女鋪設錦衾角枕, 獨坐燈下, 若有所思. 鄭心猿意馬, 雖竊玉而偸香; 藩羝氷狐, 更猜月而疑雲, 乃低首沉思, 擧趾趑趄. 乍聞竹林中窸窣有聲, 恐其有虎豹狸狌, 隱身詳察, 則一禿頭和尙, 自篁林中四顧, 俄而, 挺身而來, 叩後窓, 自內開而迎入. 鄭唾指端, 鑽紙而覘之, 女向架上, 持金罍珍肴, 滿酌而勸之, 禿驢一吸而盡, 問曰: "今日拜墓, 有悲懷否?" 女微笑曰: "惟汝在吾, 何悲? 且是虛葬之地乎!" 遂摟抱淫戲, 無所不至, 竟與裸臥衾中. 鄭不勝憤激, 業火萬丈, 乃彎弓注矢, 從窓穴, 滿的射去, 正中賊禿頂門上, 僧不敢做聲而斃. 女驚起戰慄, 以衾裹尸, 納于樓上, 鄭卽踰墻而出, 歸家頹眠. 夢有一靑袍儒士, 年僅二十左右, 來拜致謝, 曰: "感君報讎." 鄭曰: "君是何人, 報讎何事?" 其人掩抑而對曰: "吾乃某宰之子, 讀書山房, 時爲運粮饌, 俾僧來往于家中, 淫婦遂與潛通, 吾於歸覲之路, 被僧蹴殺, 投尸巖穴者, 于今經歲. 抱此幽寃, 將骨殷血碧, 無路湔仇, 幸賴君子義氣, 射殺此僧, 得以雪恨, 感謝何極? 又有一事奉托者, 君須往見吾父, 告吾尸體之所在處, 使之完窆, 則恩莫大焉." 鄭驚覺, 則一南柯也. 心甚異之. 翌日, 更往其家, 通剌而入, 有一老宰迎坐, 鄭問: "令胤有幾?" 主人揮淚而答曰: "老夫畸窮, 晚得一子, 往山寺做工, 爲虎嚙去, 已踰年矣." 鄭曰: "竊有

---

164) 素粧: 나, 다본에는 '素服'으로 되어 있음.

訝惑者, 第命一僮隨我, 以圖尋尸, 如何?" 主人大驚慟, 曰:"君何由知之?" 對曰:"第往觀之, 乃¹⁶⁵⁾可驗也." 主人卽命駕, 偕作至其寺下, 踰巒越壑, 暨到一處, 有巖穴, 以土石塡封, 使隸撥開, 而以手試¹⁶⁶⁾探, 則有一尸體, 擧而出視, 果其子, 顏色如生. 老宰抱尸號哭, 幾絶僅甦, 乃謂鄭曰:"汝何由知此? 此必汝之所爲." 鄭笑曰:"吾若行凶, 豈可自道? 第公歸問於子婦, 可執端緖, 其房樓上, 有一物之可證者, 當因此解惑." 老宰舁尸, 置于僧舍, 俾營窀穸, 亟起還家, 直入子婦寢所, 曰:"吾有朝衣之置此樓上者, 可速開鑰, 吾當搜出!" 女慌忙對曰:"兒當覓來, 何勞尊身之親搜?" 面楨背汗, 氣色殊常, 老宰促開樓扃而入, 遽聞臭穢, 莫不掩鼻. 中有衾裹者, 出而解見, 卽一胖大和尙之尸, 而箭揷光¹⁶⁷⁾頭矣. 問:"此何故也?" 女面如土色, 戰慄不敢對. 遂請其父兄, 道此事出之, 其父以刀剖殺, 遂改葬其子於先塋矣. 一夜, 鄭又夢, 其少年更來, 致謝曰:"生死肉骨¹⁶⁸⁾, 無以仰酬, 今科期不遠, 試圍命題, 卽吾平日之功令文字, 吾當爲君誦傳, 幸須以此寫呈, 可期南宮之嵬捷矣." 因誦賦一篇, 題卽'秋風悔心萌', 鄭覺而暗記, 及入場屋, 果懸此題, 乃書其賦而呈券, 至'秋風颯而夕起, 玉宇廓而崢嶸', '秋'字誤書以'金'字. 時黃芝川廷彧, 考試, 至此券, 曰:"此非烟火口氣, 無乃鬼作耶?" 讀至'金風'之句, 笑曰:"此非鬼語!"¹⁶⁹⁾ 乃擢第一, 有人問其故, 答曰:"鬼神忌金, 若鬼作, 則必不書金字故耳."¹⁷⁰⁾ 鄭以北評事, 値壬

---

165) 乃: 주필로 삭제표시가 되어 있음.
166) 試: 나, 다본에는 '拭'으로 되어 있음.
167) 光: 나, 다본에는 '其'로 되어 있음.
168) 生死肉骨: 나, 다본에는 '生以死骨肉'으로 되어 있음.
169) 至秋風颯而夕起 … 此非鬼語: 주필로 삭제표시가 되어 있음.
170) 有人問其故 … 則必不書金字故耳: 주필로 삭제표시가 되어 있음.

辰倭亂, 與淸正血戰有功, 陞拜吉州牧使, 北人建祠以妥饗[171].

外史氏曰: "帷薄不修, 君子所戒, 苟不能防於未然, 則末流之弊, 轉至難言, 而釀成敗亡之禍, 所以禮嚴內外之別也. 使緇髡出入門庭, 馴致窺墻之變者, 已失防微之義, 可勝歎哉! 惟其復讎報恩之際, 一理孔昭灼然, 如揲蓍, 其可曰: '天難諶而神可欺乎!' 若如此, 則世豈有作惡之人, 而禍福無常, 儻所謂天道是耶非耶?"

14-14. 戲納友發奸置法

黃判書仁儉, 少時, 偕姜姓士人, 讀書山寺. 積時月, 姜有氣義, 與寺僧相昵, 或戲謔, 僧每朝以盂飯爐香, 供佛之餘, 兼請承旨夫人靈駕. 姜問其故, 僧不答, 日請靈駕如前. 姜訝之, 更乘間密問之, 僧旣與姜相款, 乃悉吐其由, 曰: "始與承旨相識, 欲謁而往, 會承旨禁直不還, 日暮因借門側宿. 時夏月色如晝, 不勝蕩[172]情, 直入于內, 閤門不閉, 諸婢交蹠而宿. 見床上一女, 露體而臥, 玉色可餐, 乘睡而汚之, 出臥于外門如初. 尋聞自內喚婢, 進入[173]沐浴湯, 吾未曉而遁. 旣明, 過其門, 渾家有哭聲, 問之隣, 夫人昨夜繫頸死, 未知因何事云. 每憐節婦由我而死, 是以, 終身享之耳." 姜聞之, 不勝膽裂, 欲拉殺之, 慮力弱反遭害, 乃誆其僧, 與之出游, 指高峰, 曰: "此峰奇峻可賞, 願伴我登眺." 僧偕至極頂, 斷厓千尋, 其下絶險, 跡所不到. 姜戲謂僧曰: "吾與爾身長誰優?" 僧笑曰: "秀才焉敢擬我?" 姜請試之, 背立而準, 姜遂奮臂推之絶壁, 倒落千尋之下而斃. 姜因托有故, 先卽歸家, 絶不向人道此事. 時有一僧

---

171) 妥饗: 나, 다본에는 '安享'으로 되어 있음.
172) 蕩: 저본에는 빠져 있으나 마본에 의거하여 보충함.
173) 入: 저본에는 빠져 있으나 나, 다본에 의거하여 보충함.

頗慧, 黃每呼前使役, 僧亦盡誠不怠, 粮饌有缺, 則渠或自備以供饋, 黃感其意, 而愛其人. 及登第, 音問相阻, 以嶺伯巡路, 見僧避坐路傍, 似面熟, 呼而近視之, 乃其僧也. 挈而還營, 留與談笑, 曰: "吾於汝舊誼難忘, 以錢帛優酬[174]非難, 而汝以出家之人, 衣葛食草, 安用錢帛爲哉? 汝若長髮而退俗, 則吾當爲你拔身之圖." 僧曰: "盛意非不[175]感謝, 而小僧有區區迷執, 無意於出世." 黃怪問之, 僧笑而不答, 再三强詰, 終始牢諱, 因靜夜促膝, 而密語曰: "汝有何所執, 而你我間, 豈有隱秘[176]之事? 願聞之." 僧囁嚅良久, 對曰: "小僧本以俗人, 某年偶過山路, 有一新塚, 見素服女, 塚前採蔬, 頗姣麗, 欲逼之, 抵死不從. 故以衣帶縛其手足, 而强奸之, 因解縛而歸, 宿於店幕. 翌朝, 聞傳說, 某處守墓之節婦, 昨夜自決, 心甚驚惻, 往近處詳探, 果然. 人皆曰: '不知何人, 必也縛其四肢而强汚, 至於此境, 縛痕尙宛然, 卽告地方官, 跟捕凶犯云.' 一聞此言, 毛骨竦然, 未制一時之慾, 致使節婦自裁, 此覆載之所難容, 神必殛之. 自想, '負此罪惡, 惟宜飽喫苦辛, 不齒恒人無一世, 況庶或贖罪萬一!' 遂削髮爲僧, 永矢懺悔, 今何可變改初心乎? 事已久遠, 又勤下詢, 故敢此吐實." 是時, 巡使適見道內獄案, 果有此獄事, 殆近數十年, 凶身尙未捉得, 年月[177]亦無差爽. 乃歎曰: "吾豈無念舊之情, 而公法不可屈也." 遂置之法. 其後, 姜始以推僧落厓事, 說道于黃相, 與嗟歎. 姜從蔭仕至牧使, 兩家俱享福綿遠, 人稱陰德之報云.

---

174) 酬: 나, 다본에는 '數'로 되어 있음.
175) 非不: 나, 다본에는 '莫非'로 되어 있음.
176) 隱秘: 나, 다본에는 '隱諱'로 되어 있음.
177) 年月: 나, 다본에는 '年月日'로 되어 있음.

外史氏曰：“福善禍淫，天道昭然，報復之理，不可誣也，而世或有作惡者，何哉？姜之殺僧，快則快矣，而惜不得聲其罪，以法誅之也．黃判書之置僧於法，不以私掩公，固宜矣．”

卷十五

○ 第百十一号 述異部一【靈異】

15-1. 山程接鬼稱佳句

　　成琬者, 醫人成後龍之子, 仙源之庶外孫也. 多讀書, 善製詩, 倚馬而成, 或稱詩魔所附, 而其詩蠐蚓相雜, 人不知貴. 曾遇孟道人事, 有自記曰:

　　庚戌三月某日, 適往隣比, 痛飮爛醉, 歸路, 過司圃署墻後, 忽逢黑衣老人, 拉余臂, 曰: "要偕遊山!" 余疑其非人, 逡巡却步, 强爲提[1]挈, 力不能脫. 老人以手摩目, 咫尺莫辨, 俄頃之間, 身已在西城外松林間. 更携手上鞍峴, 又以手拭目, 始暫明[2]見, 其露頂白髮, 頎然長身, 着有紋黑衣, 足穿黃履. 因與之周遊山腰萬松間, 翌曉, 提上東邊石峰, 呼韻促詩, 余吟曰: '徙倚西峰上上頭, 高天大地凜雙眸. 俯臨渤海平看鏡, 回指穹鰲小[3]似鰍. 匹練中分三市路, 浮雲低度五城樓. 鄭公當日成功處, 幸與[4]仙翁辦壯游.' 老人聽罷稱之, 曰: "雖使丹老見之, 當奪魄." 因和韻口號, 曰: '印來印去檢人頭, 見爾淸標刮兩眸. 氣似靑天驅玉馬, 文如滄海拔金鰍. 牢纆畫置蒼岩宅, 緩步宵登紫葛樓. 無日無風將歷覽, 定逢烏瑟道淸遊.' 吟畢, 挈余下石峰, 藏置巖間, 因忽不見. 余欲脫出, 則有若纏縛動彈不得, 兩眼睡翳, 咫尺莫辨, 雖欲呼人, 聲在喉間, 終日昏倒. 至斜曦

---

1) 提: 다본에는 '捉'으로 되어 있음.
2) 明: 라본에는 '開'로 되어 있음.
3) 小: 라본에는 '山'으로 되어 있음.
4) 與: 가본에는 '得'으로 되어 있음.

已淪, 冥色漸生, 老人復來挈出, 曰: "更有游處." 由鞍峴小麓, 經淨土寺白蓮山登羅菴後岡, 又過西五陵, 皆由山脊松間而行. 少焉, 月上東嶺, 老人曰: "如此良夜, 可作聯句." 卽呼奇字, 余應曰: '木老流霞濕, 山深月色奇.' 老人稱歎曰: "末句難續矣." 翌曉, 又置於兩松間, 如前纏縛. 昏後, 又來携手, 向津寬寺西麓, 徘徊亂塚間, 時或顧望, 若有遠去之意. 俄而, 村鷄喔喔, 樵童唱謳, 自遠漸近, 老人驚起, 倏忽去矣. 余怳惚顚仆, 開目視之, 朝暾已上, 起而更仆者累, 匍匐前進, 乃津寬洞口也. 望見山僧, 疾呼救我, 僧見而憐之, 負入寺, 飲余水漿, 按摩救護, 驚魂未定. 如見黑衣人, 在傍呼僧, 逐鬼者屢, 僧有素親者, 躬煮糜粥, 以饋余. 午後, 精神少[5]醒, 倩僧作書, 急報家中, 家人始知余爲鬼所拗, 家親舍弟, 疾馳臨視, 卽投淸蘇·朱砂等劑, 心神稍定, 能記倡[6]和詩句. 其夜, 又有作怪見形, 手自揮劍逐之, 明日, 舁疾還家, 夜無作孼. 其翌夜, 紫衣童子見夢, 曰: "我本黑衣神, 向露老醜之形, 君惡我, 我今以少時之貌, 來矣." 余忽驚覺, 虛憊煩夢, 不足深慮.[7] 過數夜後, 又夢, 靑袍美少年來見, 曰: "我非害君者, 滿壁符呪有同逐邪者, 何也? 向夜, 黑老紫童, 皆吾變狀也, 本是寃魂, 欲借君舌, 傳於世間, 幸毋相負!" 余曰: "願問[8]其說." 靑袍者泫然泣下, 曰: "我本新羅敬順王朝學士, 家在金鰲山西麓, 性好梅鶴, 自號梅鶴道人, 以久繫韁鎖, 不得優遊林壑爲恨. 一日, 王設宴後苑, 命諸學士賦詩, 我最後製進, 曰: '碧桃花上雨霏霏, 水滿龍池柳浴翠. 萋萋芳草西園路,

---

5) 少: 다본에는 '大'로 되어 있음.
6) 倡: 가본에는 '唱'으로 되어 있음.
7) 虛憊煩夢, 不足深慮: 주필로 삭제표시가 되어 있음.
8) 問: 가본에는 '聞'으로 되어 있음.

羃地寒烟濕不起.' 王嗟賞不已. 後四日, 又設宴於彩雲樓, 王有寵姬, 曰'翠妃', 乃東海龍女也, 明艷特異, 王甚愛之. 是日, 命諸臣爲妃賦詩, 我立成曰: '瓊瑤爲骨玉爲肌, 月態[9)]星眸絶世姿. 戲向前堦拾春色, 好風吹動瑞香枝.' 其後, 日本僧義能, 奉使來到, 欲得學士詩, 以貢其國, 王命我贈詩, 曰: '中藏日域海無邊, 一姓相承五寶傳. 萬國山川難立處, 扶桑枝上掛青天.' 義能大加稱賞, 以黑錦四疋, 獻于王, 世未有也. 曰: '此錦出東海神山, 絲則扶桑繭之所吐也, 色則玄眞水之所染也.' 王以兩疋給翠妃, 以兩疋賜我, 以償詩債. 我作爲道服, 以表君恩, 故人稱以黑衣學士. 後遊鮑石亭, 王特借玉笛, 以侈其遊, 我得小詩, 云: '鮑石亭前月, 清波漾彩船. 一聲白玉笛, 吹破老龍眠.' 自是, 眷遇日隆, 爲宗正郎金璘所讒, 謫之於絶影島. 我之哀冤, 何異於靈均之以椒蘭被讒乎? 但吟懷沙之賦, 及王太祖膺命, 將有統合三韓之象, 王欲割地以緩兵, 敕我以充使价, 竣事還路, 過漢山, 客死於此. 時當六月, 千里不能運柩, 權窆於仁王山東麓. 厥後, 國破家亡, 遂作他鄕未歸之魂. 時北司公闊丘恭·北副公蔡禧, 相友善, 皆能文者. 居在北山後, 向日與君訪此, 兩人中道, 忽聞樵唱聲, 驚散未諧, 可恨." 余問: "金璘誰也?" 答曰: "卽金庾信之後, 豈意名臣之門有此細人也?" 余復問: "闊·蔡, 何人也?" 答曰: "闊是烏瑟山人也, 蔡卽丹老也." 余聞此, 始覺前者所稱烏瑟·丹老, 非虛語也. 仍問學士姓名, 曰: "我姓孟, 名著, 字國瑞, 君尙不能記憶乎? 我是丙午冬, 夢中告庚桑楚所產者也, 子其細考." 又曰: "我之事跡, 不見於史冊, 尙抱遺恨於泉壤, 子能爲我, 一傳於世人, 幸甚!" 余唯唯數聲, 傍人謂夢魘, 急呼驚覺, 問:

---

9) 態: 저본에는 '熊'으로 나와 있으나 이본에 의거하여 바로잡음.

"夜如何?" 其則[10]東方欲曙矣. 卽取『南華經』, 考諸「庚桑楚」篇, 則冊頭果有丙午十月記夢. 其記曰: "余嘗讀「庚桑楚」篇, 但知老氏之役, 不知何地之産也." 是日夢, 魁梧神人, 自稱孟道士, 曰: "惟子不識, 我當告之. 所謂庚桑楚之産, 離親戚, 棄墳墓, 獨居孤川云云." 眞一場華胥也. 吁! 亦奇哉云. 開卷, 不覺毛髮竦然, 始知神人之前告也.

外史氏曰: "世之相距, 七百餘年, 過去之墨客騷人何限, 湮鬱之懷, 不傳於前人, 獨傳於此人, 何哉? 幽明相感, 抑亦待時而然歟? 國之大事臨危, 專對人如孟公, 而未得竣還, 中途殞亡, 則應有史傳, 而不少槪見, 何哉?"

15-2. 津路逢人問異形

車殷軾, 寧邊人也, 以射獵爲業. 一日, 入妙香山逐獸, 不計山路之遠近, 轉到深處, 萬疊峰巒, 進退維谷. 俄而, 斜日西隆, 路又昏黑, 莫知所向, 憂惶罔措.[11] 見有線路, 微分於草樹蒙翳之中, 遂尋徑前進, 行數里許, 忽有一大草屋, 跨壑依岸[12], 而巋然獨存, 屋廣可二間, 而長則六間也. 意謂, '如此深峽, 何有人家? 而且豈有草屋而如是長大乎? 殊可訝也.[13]' 第往扣[14]其扉, 一女方炊飯, 遽出而延車, 告以日暮迷路, 要借隙地過夜. 女忻然許之, 導入其室, 室無障壁, 以十二間通爲一長房, 而兩頭如設門樣, 爲出入之路. 車覲其屋制異常, 一室之如是廣闊, 亦係[15]創觀, 頗涉[16]疑怪. 少頃,

---

10) 則: 다본에는 '將'으로 되어 있음.
11) 憂惶罔措: 주필로 삭제표시가 되어 있음.
12) 岸: 가본에는 '岩'으로 되어 있음.
13) 殊可訝也: 주필로 삭제표시가 되어 있음.
14) 扣: 다본에는 '叩'로 되어 있음.

女進飯, 饌品多山獸肉, 又有山菜, 可噉. 車喫訖, 問女以夫婿安在, 答曰: "出獵未還." 女雖村粧野服, 而少艾姣麗, 亦無羞澁底意, 車試挑之, 眉去眼來, 遂成交會. 俄而, 庭中有橐橐聲, 見一巨人, 身長高過於屋, 爲五六丈, 稅其擔於地, 擔之大如數間屋. 車大駭, 欲避之際, 巨人語其女曰: "來客饋飯善待否?" 女曰: "然矣." 遂移步入室, 以其身長, 不能直入, 而低頭屈腰, 蜿蜒而入, 因入而臥, 以其坐高, 不可伸於屋樑也. 顧語車曰: "汝終日逐獸, 而無所獲乎?" 曰: "然矣." 又曰: "汝與彼姝[17]成會否?" 車暗揣, '彼旣長大, 必是靈異之物, 不可以欺.' 遂直告請罪, 巨人曰: "無傷也! 吾置彼女, 只爲烹飪之事, 初無袵席之近, 汝之相會, 實所不關, 須勿疑慮也.[18]" 乃謂女曰: "可備饋來也[19]." 女卽出外, 向俄者稅擔處, 提一大麂, 宰割淨洗, 盛於大盆, 以進之, 巨人啗訖, 齁齁而睡. 車滿心疑畏, 未能着眠, 詰朝, 更見其巨物, 則大抵類人而非人也. 女入廚下, 備進朝供, 客則以飯而饌用熟肉, 彼則以獐鹿各一, 或生或烹[20], 盛盆而進. 吞吃旣盡, 曳長身出房, 有若螭蚓之宛轉, 匍匐至庭畔, 始坐, 其肩之高, 過於屋數丈矣. 俯謂車曰: "吾觀客相, 定有福力, 汝之到此, 亦吾所引來也. 彼女汝旣結緣, 可挈去率蓄也. 吾有虎豹獐鹿之皮, 積貯頗多, 欲給汝, 而汝以弱質綿力, 何可負去? 吾當爲汝運致." 乃搜出石窟中皮物, 盛以大網, 荷肩而出, 其高如山. 因令車率女先行, 從淸川江下流, 到海口船泊處, 俟我也. 車如其

---

15) 係: 주필로 삭제표시가 되어 있음.
16) 涉: 주필로 삭제표시가 되어 있음.
17) 姝: 가본에는 '女人'으로 되어 있음.
18) 須勿疑慮也: 주필로 삭제표시가 되어 있음.
19) 也: 주필로 삭제표시가 되어 있음.
20) 烹: 가본에는 '熟'으로 되어 있음.

言, 少焉. 巨人擔皮追到, 曰: "此物論其價, 當爲汝一家産矣. 吾亦有請於汝者, 汝須於第五日, 宰二隻牛, 貿百石鹽, 待我於此, 吾當復至." 遂告別而去. 車賃舟[21], 載女與皮而歸, 賣皮得屢千金, 至第五日, 殺牛載鹽, 往候信地. 巨人果至, 而又負貯皮之大網, 乃卸其擔, 傾皮物以予之, 沒食二牛, 以鹽百石, 納其大網而荷之, 全不費力. 又曰: "後五日, 可備鹽如前, 更待我于此." 車又如其言, 而牛則謂以彼之忘未及也, 乃載鹽竝二牛往, 待之. 巨人又來, 而皮屬之負, 亦如前, 又收鹽盛網, 及見殺牛, 邁邁掉頭, 曰: "如欲食之, 曷不先托? 今番則理不當食." 揮手將去, 車挽執懇請, 曰: "旣非同類, 且無宿誼[22], 胡爲引我, 貺以美女, 給以三負皮物? 價値萬金, 可成富翁, 此恩此德, 欲報無地. 今玆殺牛, 雖不承敎, 聊寓微誠, 幸少嘗焉." 再三申懇, 巨人忽籌思屈指, 曰: "雖退五[23]日之限, 汝志可尙, 勉從汝請." 遂沒喫而去. 曰: "今者一別, 難期後會, 汝可珍重自護." 車又遮路前跪, 曰: "偶因邂逅, 感戴心貺, 今當永別, 曷勝悵缺? 第有此心之紆菀者, 人之相知旣深, 宜詳其本末, 況不分其類乎! 實未知, 尊是人耶鬼耶? 抑或獸耶山靈耶? 敢此仰質." 巨人曰: "吾不欲自我露出, 汝以明年端陽日, 往候於博川津頭, 遇一少年, 靑袍草笠, 騎驢而過者, 問之, 則可以知矣." 因悠然而逝. 車歸家, 又賣二負皮物, 遂致富饒. 苦待端午, 到博津, 候察行人, 果有年少美男子, 戴草笠騎靑驢而來者. 車於馬頭施禮, 携至靜僻處, 班荊對話, 因以巨人之前後事狀, 詳告而質問, 少年愀然長歎, 曰: "不好消息也. 此禹也, 禹之爲物, 其存也幸, 其亡也不幸. 蓋以

---

21) 舟: 가본에는 '船'으로 되어 있음.
22) 宿誼: 가본에는 '舊誼'로 되어 있음.
23) 五: 가본에는 '二'로 되어 있음.

天地純陽正氣, 化之爲英雄豪傑, 而主聖臣良, 國泰民安, 則英雄豪傑, 無可施其濟世之才. 故其氣也不以爲, 爲時出之彦, 而捲而爲禹, 藏之於深山窮谷. 及夫世道板蕩, 厄運將至, 則禹遂自盡, 而非食鹽, 則不得盡也. 旣盡之後, 其氣也, 散於宇宙, 鍾生英雄豪傑[24], 此輩之生出, 豈徒然[25]哉? 彼之索鹽, 將欲就盡, 而蓋其食鹽也, 五日一飽則衰, 又五日一飽則盡矣. 而中間若食生肉, 則其盡之期, 退以五日, 其固辭再度[26]之午者, 以此也. 嗟乎! 不三十年, 左海之英雄豪傑, 無異於漢末, 吾國其殆矣乎! 君之福力, 誠可賀, 彼之授皮物換鹽, 適丁[27]於君, 又贐以美女, 而謂之不犯者, 亦實也. 人之稟氣也, 男陽女陰, 而男非純陽, 女非純陰, 男有陽中之陰, 女有陰中之陽. 是以, 有男女交媾之理, 而禹則純陽, 故不能媾會, 亦理也, 彼女果精潔無他矣." 車大異之, 詢其姓名, 曰: "吾鄭夢周也." 遂招舟渡江而去. 不[28]三紀, 國內大亂, 而英雄豪傑, 接武而出, 此豈非亡禹之所化耶? 圃隱殫節麗國, 革世生靈塗炭, 而車挈妻入香山, 穩度一生云.

外史氏曰: "天地太和眞元之氣, 鍾爲麟鳳, 於人則鍾爲英傑, 必待亂世而出, 二三豪俊之整頓乾坤, 自昔然矣. 禹之爲物, 能與人遞受純陽之氣, 其存其亡, 實關否泰之運, 未知其故, 而『說文』曰: '禹, 虫也.' 亦未詳其何物也."

---

24) 豪傑: 다본에는 '豪俠'으로 되어 있음. 이하의 경우도 동일함.
25) 徒然: 가본에는 '偶然'으로 되어 있음.
26) 度: 가본에는 '次'로, 다본에는 '渡'로 되어 있음.
27) 丁: 가본에는 '當'으로 되어 있음.
28) 不: 가본에는 '未至'로 되어 있음.

○ 第百十二号 述異部二【神奇】

15-3. 接神贈騶甦痘兒

李弁某, 武家大族也, 世居瑞山銅巖, 先世有以厚德稱. 與內浦一蔭官, 爲竹馬交, 蔭官作故已久, 李以貧窮, 方往親黨之作宰處, 要得佽助以紓急. 徒步作行, 路遇蔭官, 問李何往, 李道其由, 蔭官蹙眉, 曰: "某宰手極狹, 君往徒勞, 莫如隨我而去. 我方以痘神遍行, 當爲君籌之." 因忽不見. 李悅惚不省其已故, 終乃思得, 大爲駭惑, 莫知所向, 躊躇路上. 有一人來拜, 曰: "公是瑞山李班乎?" 曰: "然." 其人曰: "吾家痘神奉邀!" 遂導入村中大第, 痘兒欣然迎款, 因謂主翁曰: "此吾切友, 汝以三十緡錢, 作人情, 則汝家痘憂, 當太平矣." 主翁從其言, 出錢以贈李. 自是, 兒痘極順, 無事出場, 人皆異之, 家家有痘, 競引李來, 隨力贈遺, 一村之痘, 俱得安穩. 數旬之間, 所得甚夥, 駄歸營産, 生計稍優. 一日閒坐, 蔭官忽又來現, 而一頭陀·一總丱[29], 跟其後, 羅坐階下, 李曰: "幽明路殊, 君何頻顧?" 蔭官曰: "吾旣行痘四方, 將復命於冥府, 一行適飢, 爲訪兄求食而來." 李卽呼婢, 備午飯三床, 因問: "彼頭陀, 誰也?" 曰: "押拿差使, 卽黃巾力士之類." 又問: "總丱誰也?" 曰: "此係某鄕士族家十七歲兒, 且是三世獨子, 而不得已拿去矣." 李曰: "慘哉! 君何作此殘忍之擧乎? 幸爲我放還." 蔭官曰: "吾亦非不知齷齪, 而初頭行痘, 務從寬縱, 無損人命. 轉至末梢, 將未免空手而歸, 必遭冥府之責罰, 押去此兒, 方可塞責, 難從主人之托." 李復强請不已, 蔭官顧議頭陀, 頭陀曰: "今當撤歸, 何處更得可拿之人, 免被地府

---

29) 總丱: 가본에는 '總角'으로 되어 있음.

之罰乎? 決難奉副." 蔭官曰: "然則姑緩歸期, 更尋未痘者, 畀以不治之症, 則庶可塞白." 李合辭懇勸, 頭陀靳持良久, 竟許之. 午飯出來, 婢莫知進床處, 蓋以其眼未見客人, 而李獨見之, 乃指示可置[30]處. 上下喫吃, 蔭官與頭陀, 倏忽無跡, 總卝亦拜辭而去. 總卝家在三十里地, 李心甚訝惑, 欲躬探虛實, 卽馳到其家, 哭聲滿室, 果是三世獨子十七歲兒, 以痘隕命[31]纔半晌云. 李喚主人, 曰: "須暫止哭, 令我入見, 或有回甦之望." 主人初不深信, 而强應之. 李入坐尸側, 尸體微有溫氣, 漸得回陽, 一番吐氣, 翻身起坐, 如寐得醒, 撑眼視[32]李, 李曰: "汝能知我乎?" 對曰: "吾俄從貴宅還, 豈有不知之理乎?" 因略敍酬酢吃飯之事, 李亦備說一通, 主家內外, 歡天喜地, 攢手稱謝. 傾家財以酬德, 每歲備衣服饌品, 令卝來拜而致之, 終其身云. 一日, 李坐外軒, 看打稻, 又見其蔭官張威儀來現, 李問: "近做何官?" 答曰: "尙未免西神之役, 自湖南回路, 過君之門, 故欲暫敍舊耳." 李見其隨後, 輜重頗多, 宛如人世. 又有十二三歲男子[33], 背負重卜, 顏色苦楚, 而骨相淸瑩[34], 如貴家子弟. 李問: "彼是誰家兒[35]也?" 答曰: "彼卽湖南某邑金姓士族, 情景雖甚慘矜, 不得已率去耳." 李叩其故, 曰: "彼是寡婦之子, 且無妹獨身也, 吾亦矜憐, 始畀以順症善爲出場矣. 彼以家計稍饒, 方其送神, 賂物豊多, 依地府已例, 將盡爲輸去, 而行中旣無卜驥, 又無可負者, 故不得已以彼兒, 定爲卜軍, 挈去耳." 李曰: "慘不忍見矣, 吾當以馬

---

30) 可置: 가본에는 '其進床'으로 되어 있음.
31) 隕命: 가본에는 '殞命'으로 되어 있음.
32) 視: 가본에는 '看'으로 되어 있음.
33) 男子: 가본에는 '兒子'로 되어 있음.
34) 瑩: 가본에는 '瀅'으로 되어 있음.
35) 兒: 가본에는 '子'로 되어 있음.

正奉呈, 駄去彼兒所負之物, 而兒則放送, 何如?" 曰: "諾." 李卽命牽出廐馬來, 須臾, 馬忽斃矣, 遂話別而去. 數朔後, 一內轎入門, 李問: "何來內行?" 曰: "湖南某邑某宅, 携兒而來." 又問: "何故?" 曰: "家兒順經痘症, 送神後暴死, 出殯有日, 忽自殯所有氣如烟, 亟往破殯, 則絞歛盡解, 兒蹶然起坐, 詳說銅巖李氏宅與神酬酢給馬替卜之事. 爲其母之心, 感戴恩德, 河海莫量[36], 遂率兒撒家而來, 依托門下, 終身服事, 少效萬一之酬." 李嘉其誠爲之主辦得隔川一家俾安接焉. 兒因以李爲姓, 其後裔繁盛. 自是, 銅巖之李, 有川南川北二族云.

外史氏曰: "西神之說, 盛行已久, 非徒閭巷間庸夫愚婦之所酷信而謹奉也. 余謂痘症, 心經熱氣之發現者也, 虛靈之府, 熱氣所憑, 或有神異之事, 其果痘之有神而然歟? 賂遺之豊多, 反爲媒禍之資, 陽界上納賂求進者, 亦安知無陰受災害之端乎? 此足以擧一反三, 可不戒哉!"

15-4. 訪傔獲鱗救病妻

鄭某, 鴻山士人也. 遭外艱, 纔經成服, 相望地有富民, 子十五歲兒患痘. 痘兒固請於其父母, 使邀來鄭家喪人, 依兒言往邀, 鄭拒之, 曰: "吾豈以痘兒之故, 而輕赴常漢家哉?" 再三苦懇[37], 終不肯往. 富民兒痘, 駸駸危重, 遽[38]至不救, 其弟繼患痘, 病中之言, 請鄭喪人, 一如其兄. 富民夫妻, 往鄭家, 涕泣哀乞曰: "長兒之死, 專由於喪主之不枉[39]臨, 今又如初, 則次兒又必死. 使小人無子, 喪主

---

36) 莫量: 나, 다본에는 '莫重'으로 되어 있음.
37) 苦懇: 가본에는 '懇請'으로 되어 있음.
38) 遽: 가본에는 '竟'으로 되어 있음.

胡令忍此?" 懇辭惻怛, 令人感動. 鄭之母夫人, 力勸其往, 鄭乃强
往之. 痘兒見鄭, 欣然起坐, 曰:"汝必不能省識我之爲誰某, 我卽
汝之曾祖高陽郡守也. 汝父之喪, 慘痛何言? 汝之瘦瘠甚矣, 無乃
食素之故耶?" 對以不能食素, 痘兒乃呼富民, 曰:"汝須烹陳鷄一
首, 以進於此喪主, 兼餉[40] 汝兒也." 富民對曰:"奉侍客主, 而犯腥
戒, 有所不敢." 痘兒曰:"吾旣命之, 汝有何拘?" 遂烹進痘兒, 與鄭
喫訖, 又呼富民, 曰:"此喪主所着弊陋, 汝家製進一件[41]衣服, 可
也." 富民曰:"拜送客主後, 徐圖之矣." 痘兒曰:"製衣以吾命, 則少
無妨, 汝籠中搗置布疋, 以裁縫, 或少緩罪汝." 又曰:"喪人宅無葬
需, 汝以洞內[42]之誼, 不可無匍匐之義, 卽命輸送二包米·十包租."
因語鄭曰:"汝父葬地, 姑無定處乎?" 對曰:"然." 痘兒卽開窓, 指一
處, 曰:"彼大路下平地, 以某向, 裁穴用之, 則頗佳矣." 留鄭三日,
痘兒曰:"不必久留此, 今日歸去營葬, 可也, 吾亦不多日內, 當歸
矣." 富民兒經痘至順, 鄭喪家入葬於痘兒所指處, 山地洵好, 子姓
蕃衍. 鄭之比隣, 有金都監者, 年老家貧, 落拓無所事, 鄭與之爲談
交, 朝夕相訪. 金年過耆艾, 貌如少壯, 洞里稱以地僊. 鄭以妻病爲
憂, 金問曰:"主人內患緣, 何崇也?" 曰:"此是産後本症也." 曰:"若
用鱗魚二尾, 則可得快差, 何必爲憂?" 曰:"當此深冬, 於何得之?"
曰:"易矣! 與奴子同去, 當得奉矣." 主人呼奴而偕之, 金到一湫池,
解衣破氷入之, 須臾, 抱魚二首[43]而出來, 與之, 歸而用之, 內病快
祛. 鄭之夫人, 以爲[44]感激, 冬衣上下, 厚綿細布, 手裁以給, 金曰:

---

39) 柱: 저본에는 '降'으로 나와 있으나 가본을 따름.
40) 餉: 가본에는 '饋'로 되어 있음.
41) 一件: 가본에는 '一襲'으로 되어 있음.
42) 洞內: 가본에는 '隣居'로 되어 있음.
43) 首: 가본에는 '尾'로 되어 있음.

"此衣不可以常着, 吾必爲壽衣." 持去數日, 聞金都監不淑, 鄭驚愕往見, 則其妻子雖已擧哀, 而未得掛孝. 鄭助給其凡百, 以至棺斂. 翌日, 聞金都監渾家一空, 盡爲逃去, 鄭甚訝之, 詢于洞內, 則彼無逃去之端, 而金也之柩殯置而去云. 鄭以隣里相親之誼, 欲爲營葬, 率其奴子與洞人, 破殯則空棺, 而向來所給衣, 在於棺內, 若蟬殼之蛻[45]去矣.

外史氏曰: "鄭賴痘神, 而獲衣食, 占山地, 又因金老用氷魚, 而療室憂, 殆天所佑, 非人力也. 第其先靈要庇後孫, 則豈無指導之方, 而必借痘兒之口, 何哉? 金也似近仙術者, 而無他異蹟, 只有尸解一事, 俱未可知也."

○ 第百十三号 述異部三【巫祝】

15-5. 棠軒請戲被困辱

鄭監司孝成, 玄谷百昌之大人也. 嘗以和順縣監, 得染疾而卒, 擧體俱冷, 而心下微有溫氣, 經宿未斂, 忽如夢中[46]覺, 曰: "有使者招余, 引路而去, 至一官府, 使者入而告之, 官人曰: '向所招者, 非是人.' 促令使者, 復引而還, 入和順境, 於路傍家, 有鼓聲登登, 使者曰: '願入此暫憩, 覓酒食而去.' 鄭公隨入其家, 巫曰: '我城主來矣.' 迎坐座上, 奉觴侑之享, 使者盡醉而送. 旣入衙舍, 蘧然而覺." 遂令從人, 往察路傍家, 夜祀未罷, 問之巫, 如其言矣. 鄭公自此, 善巫覡招魂之事. 李白江敬輿, 爲錦伯時, 鄭公以管下守令, 進拜

---

44) 爲: 가본에는 '此'로 되어 있음.
45) 蛻: 가본에는 '脫'로 되어 있음.
46) 中: 저본에는 '之'로 나와 있으나 라본을 따름.

白江,與玄谷親友,故呼鄭公爲丈. 一日, 白江謂鄭公曰:"尊丈素所戲者, 爲我試之." 蓋招魂之事, 號爲神入, 而鄭公爲蔘蔘曲, 時善其戲, 故請觀之. 鄭公正色, 曰:"使道何以發此言? 今下輩多聚, 衆目所見處, 以官員, 何可作戲乎?" 白江命辟左右, 鄭公又搖頭, 曰:"何可坐此廳爲戲劇事乎?" 白江携入室中, 牢閉窓戶, 遂渾身搖掉, 周旋呼號, 若女巫降神之狀, 作白江先人言語動止, 抵掌談笑, 宛若平生. 以至白江先人夫婦宵昵之談, 無所不爲. 白江欲出, 則牢閉門戶, 鄭公又堅持白江, 使不得動, 白江一場大困. 鄭公將退, 謂有密稟事, 請屛人, 附耳語曰:"汝吾子也!" 因起去. 其後, 白江招老守令與鄭相親者數人, 開談, 問曰:"鄭丈近有病乎?" 曰:"無之." 白江曰:"必有病, 顧諸公不知耳." 曰:"何病?" 白江曰:"向者, 稱有密事願請問, 忽然向我呼爺, 雖欲謟於上官, 豈不悖哉? 以是, 知其有病也." 諸人大笑嘲罵, 鄭公雖自稱呼子, 人皆不信, 鄭公亦大困. 鄭公嘗與尹姓宰相戲謔, 尹宰方以寒感呻嚬, 鄭公曰:"近有治感神方, 芭蕉葉一抹, 煎服數次, 輒有神效." 尹宰認以爲眞, 卽地煎服, 後乃聞之, 蕉葉主治牛疫, 蓋戲尹爲丑也. 尹宰大忿, 思有以報之, 鄭公有親患, 問醫於尹, 尹薦都監軍士某人, 曰:"此是近世神醫, 一貼輒見效, 醫求治病而已, 何論人地之卑賤?" 鄭公送馬邀來, 命之陞堂, 軍士辭以不敢, 强之而後, 跼蹐而上. 鄭公曰:"親患今方危篤,[47] 而聞君妙解醫方, 玆以相煩, 願一診脈." 軍士曰:"小人初不解醫方, 而所能者, 只醫得驢子病耳." 鄭公始知其見欺, 大慚恚, 蓋世以鄭字戲爲驢子故耳. 鄭公歿後, 其神降憑於肅川官奴, 輒有應人, 皆敬而信之. 鄭參判文翼, 字衛道, 丁卯講和

---

[47] 親患今方危篤: 가본에는 '吾親患方急重'으로 되어 있음.

後, 以通信別使, 將赴瀋陽. 到肅寧館, 欲問行李吉凶, 設椅子於廳上, 以紅袱覆之, 招官奴, 立階下. 俄而, 空中有呵辟之聲, 雖不見其形, 而椅上紅袱飄起, 顯有來據之狀, 因曰: "衛道近來無恙否?" 敍舊宛如生時, 別使曰: "吾奉使入虜中, 未知吉凶, 何如?" 答曰: "行到中路, 暫有驚動之事, 然不足慮, 當無事往來矣." 別使又問: "吾離親庭日久, 安否何如?" 答曰: "吾當佇探." 少頃, 乃曰: "大宅平安, 勿以爲慮! 君草堂前烏竹最大者, 中折." 別使又問曰: "君久在此乎?" 答曰: "吾於明年, 當還生於中國浙江人家, 此後, 更難相見, 衛道好去." 又有呵辟之聲, 官奴始有人色. 別使至狼子山, 因漢人事驚動, 及竣使事還, 果見烏竹大者中折, 一如其言,[48] 異哉!

外史氏曰: "巫覡之事, 雖達幽冥, 有如邪妄, 故古者禁其惑人, 後世俗習漸痼, 庸夫愚婦, 酷信而迷惑, 豈不謬哉? 鄭公接神招魂, 已是怪事, 而以守宰而作戲棠軒, 何其妄也? 白江之强勸試戲, 可謂胥失, 而竟被一場困辱, 人必自侮而後侮之, 不其然乎?"

15-6. 雪樓降神敍情話

權蔭官某, 爲井邑縣監時, 眄淳昌妓粉英, 携置于衙中, 兩情俱殷, 須臾不離. 未幾年, 權作故, 粉英轉到京師[49], 籍屬醫女, 以姿色歌舞, 擅名一世. 及其年過六十, 老退還鄕, 體態豊膩, 言笑款洽, 猶有少時風情. 每被本守[50]招入時, 或唱歌, 音曲淸越, 尙能繞樑, 又與之談昔論今, 無言不到[51]. 本守問曰: "吾聞妓輩必有情人,

---

48) 一如其言: 주필로 삭제표시가 되어 있음.
49) 京師: 가본에는 '京中'으로 되어 있음.
50) 本守: 가본에는 '本倅'로 되어 있음.
51) 到: 다본에는 '致'로 되어 있음.

終身未忘者, 然否?" 對曰: "然. 小人亦有平生未忘之人." 問: "誰
也?" 曰: "安國洞權井邑, 是也." 問: "何爲其然也?" 對曰: "權公長
身秀形, 如癯鶴峙鵠, 頗嗜酒而不至泥醉, 風姿言論, 無甚動人. 偶
悅小人, 屬情款厚, 至於枕席親狎之際, 別無偎昵特殊者[52], 而情好
襯密, 如膠投漆. 一日不見, 則怒如調飢, 其相愛之情, 交頸比翼,
無以過之. 及公損世, 決意下從, 而死生有命, 一縷苟支, 佪佪忽
忽, 萬事無心. 芳樹歌舞之筵, 青樓冶遊之場, 雖未免隨例强赴, 而
形成槁木, 心如死灰, 感古興懷, 長吁短歎. 每被傍人之不知心事,
而輒加疑嘲, 卿相綺紈之家, 豪俠風流之徒, 修飾迭進[53], 調娛百
端, 而都不在心, 一念耿結, 惟是權公. 海枯石爛, 此情靡沕, 對酒
則輒思, 見月則傷懷, 無從之淚, 盈眶沾襟, 迄無乾時, 因此展轉之
想, 每有魂夢之遇. 嘗於西小門外冶洞圯橋邊, 有一士夫相邀, 乘
昏往赴, 則家主適出未還, 有僮導入外舍, 點燈以待, 英偶憊甚, 將
身伏枕, 忽爾冥然[54]. 已而, 權公毛冠弊袍, 曳巨履, 開戶而入, 拊
英之背, 曰: '汝來乎?' 英問候欣感如平昔, 權公曰: '汝於我不忘,
舊日之情, 一念不已, 吾知之矣, 而心甚感之.' 因悽然久之, 乃說
別後事及幽冥中行蹟, 甚悉, 言辭娓娓, 一如生時. 又曰: '今來見
汝, 爲敍舊情, 而我已非人, 得無懼乎?' 英曰: '心旣相悅, 有何疑
阻?' 酬酢良久, 權公忽側耳而聽, 聳身而起, 曰: '鷄鳴, 吾去矣!'
雙手拾履, 急走出去, 英褰裳隨出門外見, 公行不疾, 而轉眄之頃,
杳無形跡矣. 英不覺失聲, 大慟而驚悟, 乃一夢也. 悽咽起坐, 燈燭
將盡, 月掛西簷, 風透疎楹, 冷屋闃寂, 但聞衆鷄喁哳而已, 掩泣歸

---

52) 者: 가본에는 '處'로 되어 있음.
53) 進: 가본에는 '至'로 되어 있음.
54) 冥然: 가본에는 '冥冥'으로 되어 있음.

家. 其後, 移居南門內, 聞南館明雪樓, 大設神祀, 閭巷婦女往觀者, 密圍如堵, 英以閭閻粧束, 率一媛往焉. 巫方叢鈴杖鼓, 盤旋傞舞, 忽披開千百人, 直到英前, 兩手接持, 瞠視亂語, 曰:'爾非粉英耶?'英大驚, 莫知其故, 久之, 巫曰:'吾乃權井邑也, 爾胡爲來此? 吾平生嗜酒, 爾所知也, 何不侑吾一觴?'英訪諸主事者, 始知神祀之設, 蓋由於權公弟益隆家所辦也. 英見巫之降神, 知是權公, 不勝悲懷, 更前握巫手, 一慟倒地, 觀者莫不大駭. 少焉, 英使其媛, 買紅露一壺·猪一頭, 揷刀其中, 俱排于床, 置之座上. 巫更衣搖鈴而進, 一泣一笑談話, 翩翩歷歷, 宿昔事[55] 無少差爽, 宛然權公復作矣. 英聞其言, 則輒悲泣, 傍觀無不[56] 流涕, 抵曉罷歸. 英心緒益亂, 哀恨塡臆, 一場大哭, 兩眼盡腫. 翌日之夜, 支枕假寐, 見權公, 以常時巾服, 倏忽入來, 昵枕交會, 無異平昔. 英心知其精靈, 而鍾情之地, 少無懼慴, 欣迎歡接, 愈倍常時, 如是往來, 幾至歲餘. 其間, 靈怪之說甚多, 不可殫記. 後因英爲勢家所納, 不復往來, 而見於夢者, 亦稀云."

外史氏曰:"人生死於情者也, 情不生死於人者也, 人生而情能死之, 人死而情又能生之. 卽令形不復生, 而情終不死, 乃擧生前欲遂之願, 畢之死後; 前生未了之緣, 償之來生, 情之爲靈, 亦甚著乎? 夫男女一念之情, 而猶耿耿不磨若此, 況凝情翕神, 經營宇宙之瑰瑋者乎!"

---

55) 宿昔事: 가본에는 '往事'로 되어 있음.
56) 無不: 가본에는 '亦'으로 되어 있음.

○ 第百十四号 述異部四【冥遇】

15-7. 返故妻換魂持家

康生某, 谷山龍峰人也. 中年失怙恃, 妻南氏賢淑, 伉儷綦篤, 生子女各一, 甫離襁褓, 妻病歿. 續娶呂氏, 美而悍, 遇子女尤虐, 動輒詬詈, 小有不怡, 鞭撻隨之. 康稍怒而責, 乃反舌啁啾, 數晝夜不倦. 某不堪憤激, 出遊遇雨, 竄入林谷, 忽踏地陷穴, 似墮人屋脊上, 聞噪呼有賊, 一人綑縛而下, 視之, 家僕已故者也, 曰: "吾謂何人, 乃是舊主!" 釋其縛, 急入內告達, 無何, 父母俱出, 抱持痛哭, 父曰: "兒來此, 亦是奇事[57], 且作半日團聚." 遂引入室, 見亡婦南氏, 在窓下裁縫. 某直前把其腕, 將訴契闊, 婦解脫而走, 曰: "何來惡客, 莽撞乃爾?" 某瞠然不解其故, 母曰: "汝再娶耶?" 某曰: "然." 母曰: "凡男子續娶, 後婦與前妻, 卽無結髮情, 故相見不復省識." 母入室, 與婦耳語, 婦始悅然淚下, 絮問家事, 某曰: "田園幸尙無恙[58], 但膝下兒女, 日罹荼毒, 奈何?" 婦向壁而哭, 某亦大慟, 父曰: "汝亦旣抱子, 迺不念鸞雛, 妄招鴟鴞, 宜毁巢而取子矣. 孼由自作, 悔之何及?" 母曰: "渠固不足惜, 尙當爲宗祧計之." 父曰: "欲保嗣續, 在我賢婦." 母曰: "賢婦久登鬼錄, 安得爲兒援手?" 父曰: "妬婦, 吾可捉來, 早晚稍加訓誨. 卽令賢婦, 隨兒去, 借渠手足, 料理家務, 俟兒女婚嫁畢, 再當來此." 婦曰: "日侍親庭, 何忍遽[59]言離違?" 母亦大悲, 父曰: "汝來爲孝婦, 去作慈母, 於義兩全, 何必爲此戀戀?" 乃令某偕婦出去, 建梯屋角, 兩人躡級而登, 俯穴而

---

57) 奇事: 라본에는 '奇幸事'로 되어 있음.
58) 無恙: 가본에는 '無事'로 되어 있음.
59) 遽: 나, 라본에는 '遠'으로 되어 있음.

窺, 猶見父母在簷角引領望也. 不得已挈婦循道而歸, 甫及門, 婦飄忽[60]先入, 兒女爭來訴父, 曰: "阿爺出門後, 繼母以杖擊我!" 言未畢, 呂氏徐步而出, 就某身畔, 撫摩兒女, 歔欷飲泣, 曰: "我抛汝等, 未及三載, 不意憔悴至此." 審其音, 酷類前妻, 某大喜, 謂兒女曰: "此汝前母, 勿畏懼." 兒女目灼灼相視, 婦問女曰: "昔我出奩中白金, 爲汝作佩飾, 今安在耶?" 女曰: "孃頭上壓髻小釵." 卽脫女佩物所改作者, 婦曰: "吾安用是?" 卽拔鬢邊釵, 爲女揷戴, 又問兒曰: "我前以花紋紫錦, 爲兒作繡帶, 今何不繫?" 兒曰: "阿爺爲孃裁作纏頭矣." 婦謂某曰: "癡男愛後婦, 無怪兒女輩受摧折也!" 某俯首謝過, 相携入室, 見鼎罐器皿, 以及鏡奩箱籠, 都非舊日位置. 婦慨然曰: "人一朝謝事, 百凡都聽諸後人, 眞可痛也." 脫鎖啓箱, 見衣裳燦然堆積, 而舊着故衣無一存者, 詰諸某, 某曰: "新衣稱體, 奚念故衣?" 婦曰: "男兒心迹, 見乎詞矣." 某自悔失言, 再三排解, 婦又拓窓周視, 曰: "舊種碧桃花, 今復移植何處[61]?" 某曰: "自卿[62]見背, 渠日加剪伐樹, 卽枯槁而死." 婦歎曰: "樹猶如此, 人何以堪?" 回[63]顧兒女, 不禁潸然泣下. 已而, 提甖出汲, 執炊就爨, 某勸令勿勞, 婦曰: "此後來人, 身體髮膚也, 宜爲君所愛惜. 不然, 吾自入君家, 何嘗一日薰香塗粉作閒坐哉?" 某憨沮屛氣, 不敢做聲, 婦曰: "吾奉翁命而來, 豈必翹君過處? 但匿怨爲歡, 轉傷婦德, 不得不一吐其憤耳." 某唯唯. 自此, 遂同燕好, 朝夕經理家政[64], 閱十二年撫子女, 俱各成立, 男娶女嫁, 皆得其宜, 家庭雍穆, 從無間言. 一夕,

---

60) 飄忽: 가본에는 '飄然'으로 되어 있음.
61) 何處: 가본에는 '他處乎'로 되어 있음.
62) 卿: 가본에는 '君'으로 되어 있음.
63) 回: 가본에는 '耐'로 되어 있음.
64) 家政: 가본에는 '家庭'으로 되어 있음.

呼某入室, 對酌盡酣, 謂某曰: "昨夢, 阿翁見召, 今當永訣, 夫婦之緣, 盡於此矣." 某泣曰: "家室仳離, 賴卿再造, 正當白頭相守, 奈何捨我而去?" 婦曰: "撫君兒女而來, 事君父母而去, 若或有意, 挽留於君, 卽爲不孝.[65]" 某向隅大哭, 轉瞬[66]間, 婦已登床挺[67]臥, 氣絶而殞. 正驚歎間, 婦忽起坐, 曰: "阿姊旣歸, 妹當瓜代矣." 察其聲, 卽一呂氏也. 某惶遽失色, 婦曰: "君勿疑懼! 妾在翁姑處, 受敎訓者十二年, 始知日前所爲俱失婦道, 自今伊始[68], 當恪遵阿姊成法, 以贖前愆." 某喜召兒告之, 兒悲喜交集, 婦曰: "我去此十數年, 兒已成人授室, 幸勿念舊惡, 尙當爲爾父持厥家也." 兒曰: "前母之劬勞, 實後母之肢體, 有何舊惡而敢不忘乎?" 婦亦大喜. 由是, 相夫敎子, 恩義備至, 鄕黨宗族, 悉[69]稱良婦焉.

　外史氏曰: "余嘗遊象山, 遇康之後裔士人, 日與會晤, 無言不到, 康道此事甚悉, 事涉幽怪, 吾未之信. 然康世守塗莘舊墟, 其人恂愨, 必不做無根之言[70]. 且不當擧[71]先蹟詑人, 聽而其說如此荒唐, 是可訝也."

15-8. 遇新婦因夢成親

　梁世綸[72], 湖南閥閱子也. 自幼, 姿質粹美, 議婚某郡朴蔭官女, 已過聘, 未成醮, 奄[73]遭外艱, 甫闋制. 朴適宰嶺南某邑, 梁奉母命,

---

65) 卽爲不孝: 가본에는 '不孝大矣'로 되어 있음.
66) 瞬: 라본에는 '眸'로 되어 있음.
67) 挺: 다본에는 '推'로 되어 있음.
68) 伊始: 가본에는 '伊後'로 되어 있음.
69) 悉: 가본에는 '咸'으로 되어 있음.
70) 言: 가본에는 '說'로 되어 있음.
71) 擧: 가본에는 '奉'으로 되어 있음.
72) 綸: 가본에는 '倫'으로 되어 있음.

前往就婚, 中途遘疾, 臥於旅店. 病中怳惚, 見鬼役持牒來, 勾至冥府, 王者訊其里居姓名, 不符, 乃叱鬼役曰: "吾命爾勾某縣姜士倫[74], 何舛錯至此?" 痛決之, 命梁卽回陽世. 甫出府門, 遇亡友韓某, 詢其[75]何以來此, 梁具舉以告, 韓曰: "吾近在楚江王殿下, 作錄事, 今幸稍暇, 恐君未識[76]歸路, 當爲君導之." 梁大喜相携, 去約三里許, 見一處, 文窓繡閣, 鱗次而居, 門外抹粉障袖者, 三三五五, 見客不甚畏避. 梁異之, 韓曰: "此香粉地獄也." 梁問: "若輩何人?" 韓曰: "陽世官宰, 犯'貪酷'二字, 敗露者遭國法, 稍或漏網, 冥府錄其幼媳愛女, 入靑樓, 以償孽債, 今之倚門賣笑者, 皆閨閤中千金姝也." 正嗟嘆間, 一老嫗從左扉出, 與韓似熟識者, 笑曰: "貴人久不涉賤地, 今幸好風吹送得來, 迺復過門不入耶?" 強拉韓袖, 不得已與梁偕入, 卽有兩粉黛憨笑而迎, 爭道寒暄, 梁詰其小名, 韓曰: "此名翠娟, 此名愛蓮, 皆北里[77]翹楚也." 無何, 老嫗捧酒肴至, 靑衫紅袖, 團圍錯坐. 酒三行, 韓令翠娟歌以侑酒, 翠娟轉委愛蓮, 愛蓮面有慍色, 翠娟屢[78]促之, 愛蓮曰: "汝倚若翁作縣官, 欺壓我鄕監女耶? 陽界雖有統屬, 陰司止[79]敍姊妹禮, 無得指揮如意, 使人難堪." 翠娟面發頳, 以手按拍, 歌「陽臺夢」一曲, 愛蓮曰: "音節乖舛, 殊不堪聽." 翠娟作色, 曰: "我生長名門, 本不習慣, 豈似汝父日挾敎坊紅粉, 偸得新翻歌曲, 向退衙時嗚嗚口授耶?" 愛蓮語塞, 拂袖欲起, 梁與韓排解再四, 始各安坐. 忽門外大譁, 鬼役奉閻王命, 押一

---

73) 奄: 주필로 삭제표시가 되어 있음.
74) 倫: 가본에는 '綸'으로 되어 있음.
75) 其: 라본에는 '某'로 되어 있음.
76) 識: 가본에는 '知'로 되어 있음.
77) 北里: 가본에는 '名家'로 되어 있음.
78) 屢: 가본에는 '因'으로 되어 있음.
79) 止: 가본에는 '只'로 되어 있음.

女子, 新入靑樓, 散髮嬌啼, 玉容慘凄[80]. 梁詢其家世居住, 認是己之聘妻, 大駭, 叩其顚末, 女曰: "家君受盜金八百, 誣人名節, 罰奴至此, 以塡贓款, 今君爲座上客, 寧不援手?" 梁顧議於韓, 韓曰: "陰司與陽世[81]異, 非賄賂所能通也, 僕何能爲力?" 梁焦思無計, 憂悶欲死, 門外傳言, '九幽殿三舍人來.' 老嫗肅迎而入. 梁及韓, 皆避席, 舍人笑曰: "聞汝家新降下一棵錢樹子, 特備纏頭錦數端, 金步搖一事, 與新人定情." 老嫗再三稱謝, 命女子入室理粧, 女子窘極[82]無語, 倒地痛哭. 梁見此景像[83], 憤焰中燒, 進退失措, 乞韓暫爲緩頰. 韓招嫗, 入內廂, 告以意, 大有難色, 繼啗以多金, 老嫗始色解, 出與舍人耳語, 不知作何詞. 舍人悻悻而去, 韓亦催梁就道, 梁曰: "室人不幸, 遭此大辱, 我何顔再生人世?" 女亦泣下, 韓曰: "不及黃泉, 何能相見? 此中殆有天緣, 請先以靑樓作洞房, 可也." 命掃東室, 使女與梁同宿, 自乃偕翠娟·愛蓮, 就榻西室, 流連幾宵, 且忘鬼域. 一日, 有黑衣吏, 持牒而來, 謂縣官朴某, 捐金八百, 設立六坊義學, 閻王准城隍申報, 因命其女還陽, 載以薄笨車, 恩恩而去. 韓擧手向梁稱賀, 曰: "夫人已還, 君亦從此逝矣." 遂別嫗家, 送至三四十里, 將及旅店[84]而返. 梁恍如夢醒, 調養旬餘, 束裝赴朴縣官衙門, 且問義學之事, 縣官曰: "吾初有是意, 尙未擧行, 汝何由知之?" 梁備述始末, 縣官愕然. 越幾日, 擇吉成禮, 花燭之夕, 梁述前事爲戲, 女堅不肯承, 曰: "居妖夢鬼, 賤妾那得有此?" 梁惘然久之, 而洞口尋春, 已無復落紅殷褥矣.

---

80) 慘凄: 다본에는 '慘悽'로 되어 있음.
81) 陽世: 가본에는 '陽界'로 되어 있음.
82) 極: 가본에는 '急'으로 되어 있음.
83) 景像: 주필로 삭제표시가 되어 있음.
84) 旅店: 가본에는 '旅舍'로 되어 있음.

外史氏曰: "冥途奇遇, 亦係三生緣業, 胡不於陽界成親, 而乃移洞房花燭於香粉地獄, 此何理也? 凡贓汚之類, 明致天罰, 自有常刑, 而錄其女入靑樓, 以償孼債, 殊乖罰不及嗣之義, 而況女乎! 亦涉荒誕, 然猶足以懲貪夫耶? 至若一念之善, 而報應捷如影響, 太上心德, 卽此之謂也."

○第百十五号 述異部五【邪魔】

15-9. 貸銀要酬拔柱礎

崔奉朝賀奎瑞, 號艮齋, 少時,[85] 居龍仁, 與儕友出接山房, 共肄科業. 一日, 因事歸家, 山路遭[86]雨, 忙尋人家, 轉至深洞, 有一瓦屋, 園林宏敞, 家後有亭翼然, 可堪逍遙. 公登臨眺望, 亭是新搆, 軒窓華美, 而塵埃堆積, 有若廢棄者. 公獨自嗟[87]惜. 俄而, 斜曦欲墜, 計難回程, 去叩其門, 寂無應者, 千呼萬喚, 始有一媼出, 問: "客何爲者?"[88] 公告以値暮要一宿而去, 媼曰: "客不宜留此, 可速去!" 公詢其由[89], 媼曰: "此凶家也, 主人相繼不淑, 只有一處女, 奉其父母祭奠, 擬過三霜後出避. 而夜輒有鬼祟出現, 猝値者必暴殞, 婢僕皆逃散, 老身以小姐乳媼, 不忍捨去, 朝夕相守. 然亦當罹禍, 便是待變, 客之過夜於此, 萬萬[90]不緊矣." 公曰: "吾略有膽氣, 不怕鬼魅, 第行路違[91]店, 不堪肚饑, 幸備一盂飯以來." 卽聞自內

---

85) 少時: 가본에는 '曾'으로 되어 있음.
86) 遭: 가본에는 '遇'로 되어 있음.
87) 嗟: 가본에는 '嘆'으로 되어 있음.
88) 客何爲者: 가본에는 '客何爲以來'로 되어 있음.
89) 由: 가본에는 '故'로 되어 있음.
90) 萬萬: 가본에는 '甚'으로 되어 있음.
91) 違: 라본에는 '遠'으로 되어 있음.

有女子呼媼, 曰: "客旣欲留宿, 則可邀入外堂, 而備進夕飧也." 媼
如其言, 接待供具, 極款厚. 公飯罷, 謂媼曰: "此家內外隔絶, 雖有
怪鬼作變, 吾在外軒, 曷以衛護主人乎? 欲入坐內廳, 以觀動靜,
幸以此意, 告于小姐也." 媼從之, 遂導公, 至正寢, 明燭燒香而坐,
誦『玉樞經』. 時夜三更, 忽於北窓後, 陰風颼飀, 燭影明滅, 戶牖自
開, 有白髮老翁, 狀貌獰壯, 衣冠古怪. 曳杖循階而入, 揖曰: "相公
來乎?" 公整襟危坐, 而問曰: "你鬼乎人乎?" 曰: "我非陽界人, 卽
前朝之士也." 公厲聲責之, 曰: "然則幽明路殊, 何爲現形, 而使此
家一門八口, 緣汝而死? 汝無端貽害於人, 此曷[92]故也?" 鬼曰: "人
不害吾, 吾豈害人?" 公曰: "人之害汝者, 甚事?" 曰: "我室在此家
後園, 主人搆亭于此, 柱礎直揷吾塚, 壓骨磨骴, 痛不能堪. 是以,
怨入骨髓, 不得已報毒至此, 期於湛滅. 吾非無端害人, 渠自孼報
耳." 公曰: "何不請于主人, 毀亭拔礎, 而徒事戕害人命耶?" 曰: "吾
未嘗不欲告此, 而凡人氣魄孱弱, 見我則輒怖死, 奈何?" 公曰: "吾
當於明日, 毀其亭, 拔其礎, 汝愼毋復貽禍於此家! 汝不悛舊習, 則
吾當掘汝髑髏, 燒諸火而投諸水." 曰: "果如所敎[93] 俾安我宅, 何
等[94]感幸?" 因忽不見. 明日, 公使媼招集奴僕之出避者, 問: "作亭
者誰也? 營建在於何年, 開基時, 或有所覩者乎?" 對曰: "昨年, 家
主造成此亭, 而築基定礎時, 疑有古塚, 俗稱置屋古塚上, 心神鎭
安[95]云, 故不復審視[96], 卽爲搆成. 自此, 主宅喪變荐疊, 未知何故
耳." 公曰: "此爲祟也." 因命其奴僕, 邀致主家至親之在近地者, 撤

---

92) 此曷: 가본에는 '何'로 되어 있음.
93) 果如所敎: 주필로 삭제표시가 되어 있음.
94) 何等: 가본에는 '極'으로 되어 있음.
95) 鎭安: 가본에는 '安靜'으로 되어 있음.
96) 視: 가본에는 '愼'으로 되어 있음.

亭去礎, 掘土尺許, 果有枯骸露出, 改封被莎, 侑以酒果. 其家人咸對公稱謝, 曰:"此家一點血肉, 惟有處女, 意必竝死於鬼, 從今賴公之德, 可以得生, 誠爲感幸." 公詢其家世[97], 乃鄕班富家, 而處女以禍家餘生, 亦未定婚. 公遂擧隣居族親中貧未娶者, 與之約婚, 卽還家治送郞材, 涓吉成禮, 夫婦諧洽, 管領其家舍財産, 穩享饒富. 其婦感公恩德, 以時饋問, 至老盡誠. 公嘗夢白髮老翁復來, 曰:"吾感君掩骼[98]之恩, 欲報未遑. 今君家計淸貧, 不得肆力於功令, 吾擬助薪米之資, 竊有借貸之物. 君家籬外梨花盛開, 某日夜半, 可到其處, 焚香北向, 呼耿先生三聲, 掘梨樹下地數尺, 必有所得. 因書貸用手記, 還埋其地, 則非但目前紓力, 不出數年, 當致身靑雲, 必大貴, 五福兼全. 第未衰退休, 乃爲完福, 不然則慮有橫厄, 須愼旃焉." 公以夢固虛境置之, 翌夜[99]又夢現, 曰:"吾以誠告, 而聽我藐藐, 必不利於子, 意頗艴然." 公醒而驚懼, 遂如其言掘地, 得一櫃, 中有銀片滿貯, 可數千兩. 乃書貸用手標納于櫃, 還埋其地, 取銀而歸. 未幾登第, 歷敭華顯, 爲湖南伯. 反閱銀庫, 各櫃充物, 有一櫃空空無物, 中有自家貸用之手記. 大驚咤異, 曰:"世豈有如許神奇事乎? 鬼神之德, 至矣乎!"[100] 遂以俸錢貿銀, 準數充納, 公竟循其言, 未老致仕, 退處龍仁. 及戊申之亂, 公一日趲二百里, 上京告變, 上大加褒奬, 擬以元勳. 公力辭, 特書'一絲扶鼎'四字, 以賜之, 至今有御書閣.

外史氏曰:"小說有鄕民築屋作竈, 夜有鬼現, 曰:'你朝夕炊爨我

---

97) 家世: 가본에는 '家勢'로 되어 있음.
98) 骼: 라본에는 '骸'로 되어 있음.
99) 翌夜: 가본에는 '翌日'로 되어 있음.
100) 鬼神之德, 至矣乎: 주필로 삭제표시가 되어 있음.

室, 秘[101]一髀, 已爛灼, 實爲難堪, 幸爲我移屋毀竈, 當有以厚報.'
民視竈處, 乃古塚上也. 從其言, 果獲財致饒[102]. 蓋作室者, 不可不
審愼於占基, 有如此矣. 貸銀酬德, 頗涉奇怪, 至因神告, 而急流勇
退, 竟作元祐完人, 實非偶然也."

15-10. 索飯仍告取橫銅

沈姓士人某, 居南門外, 蓽門圭竇[103], 三旬九食. 與李兵使恒權
爲瓜葛, 時或賴此糊口. 一日, 白晝閒坐, 所居板子上, 忽有鼠行之
聲, 生以烟竹, 仰擊板子, 要逐鼠, 復有聲, 曰: "我非鼠也, 人也!
爲見君跋涉至此, 豈可兩相忌哉?"生驚怪意, '是魑魅, 而寧有晝見
之理?' 政自訝惑, 又從板子上, 有語曰: "我遠來飢甚, 幸以一盂飯
投饋."生不應, 直入內室, 道其狀, 家人坌集, 咸稱怪. 又自空中有
聲, 曰: "君輩毋得相聚道我長短也!"婦女們大駭走避, 又到處叫呼
曰: "不必駭竄, 我將久留貴第, 君輩可視同家人, 何欲疎絶也?"因
隨人人頭上作聲, 索飯不已, 渾室苦之. 乃備一卓飯羹, 置于堂中,
不見其形, 只有噴飮[104]之聲, 頃刻便盡, 非如神祀之但歆享也. 生
轉益駭惑, 問: "汝是何鬼緣甚來此?"曰: "我文慶寬也, 周行四方,
偶到貴第, 得以一飽, 受賜甚大, 從此逝矣."因無影響, 過數日復
來, 如前討飯, 食訖便去. 自此, 日日來往, 或因留至夜, 與生閒談,
或討論古今人物, 其說多詭異不經之事. 一家內外, 習熟已久, 視
若尋常, 亦不怖畏. 生之親友, 多聞此事, 勸生以逐鬼, 乃書赤符貼

---

101) 秘: 저본에는 '我'로 나와 있으나 나, 다본을 따름.
102) 饒: 가본에는 '富'로 되어 있음.
103) 竇: 라본에는 '窩'로 되어 있음.
104) 飮: 다본에는 '飯'으로 되어 있음.

于屋壁, 其他辟邪壓魔之物, 竝設於門楣. 翌日, 鬼來怒語曰: "交 旣深矣, 麾之可乎? 我非妖邪, 豈怕方術耶? 急扯去, 以示不拒來 者之意也, 否者, 當有禍!" 生甚懼, 撤其符術, 因問曰: "爾能知來 頭禍福耶?" 曰: "知之甚悉." 生曰: "吾之前程否泰, 可得聞乎?" 曰: "君能壽七十九歲, 然坎坷終身, 君之子, 亦壽幾何, 君之孫, 始有 科榮, 而未必顯達." 生又問家中婦人輩壽限及生産多少, 一一盡對, 詢已往事[105], 亦皆明驗. 因曰: "我有緊用處, 君幸以二百鵝眼俯惠." 生曰: "汝謂吾家貧乎富乎?" 曰: "赤貧." 生曰: "然則錢鈔[106], 何以 辦給?" 曰: "君櫃子裡[107], 有俄者稱貸而貯置[108]者二緡, 則何不以 此相遺?" 生曰: "我費了多般悲辭, 借得此錢, 今若給汝, 我無夕炊, 奈何?" 曰: "君家有米幾許[109], 優辦暮饔, 何用虀言彌縫乎? 吾當取 去, 須勿怒嗔!" 因倐忽而去, 生啓櫃視之, 封鑰如舊, 錢無有矣. 生 不勝苦惱, 送諸婦女于其本家, 自己往親朋家投宿, 鬼又追到怒嚇, 曰: "何事避我而來寄于此? 君雖奔竄千家, 吾何難追尋?" 因向其 家主人索飯, 主人不與, 鬼大怒詬罵, 且撞碎器皿, 竟夜作鬧. 主人 大苦之, 乃埋怨于生, 生亦不自安, 待曉還家. 鬼又往婦人寓處, 一 樣喧擾, 婦人亦不得已歸家, 鬼來往如昔. 一日, 鬼曰: "從此可以 闊別, 願君珍重自保." 生曰: "你欲向何處? 幸望速去, 使我一家安 穩." 曰: "吾家在嶺南聞慶縣, 今方還鄕, 而但乏盤纏, 幸以十貫楡 葉贐我." 生曰: "吾貧不能自食, 爾所稔知也, 多數孔方, 何處得 來?" 曰: "若以此意, 往懇于李節度, 則易如反掌, 何不圖此, 而但

---

105) 往事: 라본에는 '經事'로 되어 있음.
106) 錢鈔: 라본에는 '錢物'로 되어 있음.
107) 櫃子裡: 가본에는 '櫃中'으로 되어 있음.
108) 置: 저본에는 빠져 있으나 가본에 의거하여 보충함.
109) 幾許: 가본에는 '幾何'로 되어 있음.

欲阻我乎?" 生曰: "吾家一粒半絲, 皆賴李節度周急, 受恩不少, 而
未效絲毫之酬, 恒自靦然, 今又何顔更求千錢也?" 曰: "君若訴以
衷情, 因此逶魔云, 則其在救恤之義, 安得不諾?" 生意沮語塞, 直
往李節度家, 具道其由, 節度心異之, 竟許. 生腰錢歸家, 深藏于樻,
俄而, 鬼來笑, 曰: "多謝厚意, 得惠資斧, 從此行事, 可以無憂." 生
紿曰: "我從何得錢助汝路費?" 曰: "曾謂先生老實, 今何戱也? 我
已取鈔于樻中, 而留置二緡五葉, 聊伸微誠, 君可賖酒一醉也." 因
辭而去, 沈家內外相慶. 甫浹旬, 又於空中, 有鬼寒暄, 生大喝曰:
"吾向人苦懇, 辦十貫銅, 以送汝, 汝當知感, 而今反背約來擾, 吾
當訴于關廟, 俾汝被罪.[110]" 鬼曰: "我非文慶寬, 何謂背恩?" 生曰:
"然則汝誰也?" 鬼[111]曰: "我卽慶寬之妻也. 聞君家善待鬼, 故不遠
千里而來, 君當款接, 而乃反詬罵[112], 何也? 且男女相敬, 士子之
行, 君讀書十年, 所學何事?" 生氣短强笑, 鬼又日日來過云. 其後
事, 更無傳聞. 當時好事者, 爭造沈生叩與鬼問答之說, 沈之門, 車
馬日喧闐矣.

　　外史氏曰: "余少時, 槪聞此事, 後遇李侍郎義肇, 爲余道之如此,
蓋侍郎嘗與沈生游, 具知其事也. 昔在人神雜糅之世, 雖或見鬼,
若値休明之代物, 不得爲怪, 而彼求食索錢, 古亦無是, 未知其何
怪也."

---

110) 俾汝被罪: 가본에는 '罰之'로 되어 있음.
111) 鬼: 저본에는 빠져 있으나 가본에 의거하여 보충함.
112) 詬罵: 가본에는 '詬辱'으로 되어 있음.

○ 第百十六号 述異部六【幽怪】

15-11. 昭陽亭失珠貽悔

彭某, 橫城邑內人也. 有一姪女, 出嫁未幾, 偶嬰勞瘵之疾, 邀醫投劑, 終無分效, 駸駸然羸削日甚矣[113]. 家咸憂之, 女願歸寧以調治, 乃許之. 及歸, 病情無減, 問於善卜者, 卜云: "此非疾恙, 似有妖怪爲祟, 可呪符以逐之." 遂畫神荼鬱壘, 貼于門楣, 厭勝禳除之法, 無所不施, 竟無驗. 女每請其叔, 偕處[114]一室, 不欲須臾離, 叔若出去, 則輒頹臥不省, 氣息懸然. 叔訝惑, 謂女曰: "察汝病勢, 陰邪甚盛, 元陽日脫, 必有所由, 苟不明言, 悔無及矣." 女囁嚅良久, 頳顔而對曰: "曩在結褵之初, 有一白面少年, 昏夜入室, 始認以新郎而迎之, 觀其貌樣, 頗有疑怪, 更諦視之, 似是而非也. 乃大駭退縮, 欲叫喊而聲不出口, 彼遂昵逼劫奸, 雖百般[115]拒之, 而四肢如縛, 無可奈何, 任他奸犯. 及往夫家, 彼又隨到, 他人皆不見, 而吾獨見之. 舅姑之前, 而亦隨吾共坐, 夫婿在傍, 而必與吾同寢. 每交合之際, 痛不可堪, 知其爲鬼祟, 然無計却之, 非不欲告于尊章[116], 而少婦之心羞愧, 多於恐懼, 因循未遑矣. 從此, 不計晝夜而來, 見人不避, 而但見吾叔父, 則必退去, 故願與叔同處者, 良以此也." 叔曰: "是矣! 此祟不除, 則汝疾不瘳, 今若復來, 汝伺其往而踪跡之, 則治術可施也." 是夕, 果又至, 因與合將行, 女欲起隨送, 彼固止之. 翌日, 女以此狀, 告于叔, 叔曰: "今夕彼來, 當待之如常, 密

---

113) 矣: 저본에는 '夫'로 나와 있으나 이본을 따름.
114) 處: 가본에는 '坐'로 되어 있음.
115) 百般: 가본에는 '百端'으로 되어 있음.
116) 尊章: 가본에는 '尊堂'으로 되어 있음. 뜻은 서로 통함.

以綿絲繋針, 而縫其衣裾. 吾輩避于房外, 俟臨去時, 擊戶爲約, 吾輩協力追尾, 必得所止, 則祟可破矣." 女一一領記. 其夜, 方倚床獨臥, 彼果推門復入[117], 女與私褻, 益加款曲. 鷄鳴時, 伺其將去, 潛以針絲刺于衣裾, 而因戲擊其戶者三, 叔乃與衆突入, 彼驚起急走而去, 絲塊隨其去而解之. 衆人隨其絲而逐之, 至於前林叢樾之下而止焉. 迫而察之, 絲入于地, 乃掘之纔數寸[118]餘, 有一朽敗之春木一段, 而絲繋於木. 木之上有紫色珠, 如彈子大者一枚, 而光彩射人, 遂拔其珠, 藏于囊中, 而燒其木. 其後, 怪遂絶跡, 女病快愈. 一日, 其叔在家閒坐, 忽有一人乘昏而來, 言曰: "若還此珠, 則富貴從汝願矣." 其叔不許, 每夜輒來懇乞, 而終不施. 一夜又來, 言曰: "此珠在我甚緊, 在汝無益, 以他珠換之, 可乎?" 曰: "第示之." 厥物自外投之, 其珠色黑, 而大亦如紫色者, 竝奪取而不給, 厥物痛哭而去, 仍無形影. 其人每以二珠, 誇之於人, 而不知其所用. 惜乎! 不問其用處也. 其後, 因事往春川, 歸路遇親友泥醉, 露宿於昭陽亭, 曉視之, 囊與二珠, 竝不知去處. 惜乎! 其藏之不謹也.[119] 其人往來亭下人家, 遍搜不得, 悔懊屢日. 春川之人, 多見之者, 至今道其事如此.

外史氏曰: "妖字從女從夭, 故女之少好者, 謂之妖嬈. 草木禽獸五行百物之怪, 往往托少女以惑人, 其托于男子者, 十之一耳. 嗚呼! 草木禽獸五行百物之妖, 一托于人形, 而人不能辨之, 況人之不待托而妖, 又將如何哉? 珠之得失, 有若罔象之獲, 合浦之還, 所謂希世之寶, 無脛而走者耶? 亦可異也!"

---

117) 入: 나, 다본에는 '來'로 되어 있음.
118) 寸: 가본에는 '尺'으로 되어 있음.
119) 惜乎, 其藏之不謹也: 주필로 삭제표시가 되어 있음.

15-12. 映月菴收骸解寃

金相公某, 少時, 與親友, 讀書於白蓮峰下映月菴. 一日, 親友適還家, 公深夜獨坐, 忽聞女人哭聲, 如怨如訴, 自遠而近, 至於窓前. 公怪之, 問: "汝鬼乎人乎?" 對曰: "鬼也." 曰: "然則幽明路殊, 安敢相糅?" 曰: "吾欲訴寃, 而現形則恐駭眼." 公曰: "第現之." 言未已, 一少婦散髮流血而來, 立于前, 公曰: "訴寃何事?" 女長吁而對曰: "吾譯官某之女也, 嫁于某譯員之子, 結褵未幾, 家夫惑於淫妾, 詈我敺我. 末乃信其讒, 謂我有鶉奔之行, 夜半, 以劍剚我, 棄之於菴後巖壑之間, 紿吾父母曰: '淫奔而去.' 吾死於非命, 固寃矣, 而又蒙難雪[120]不潔之名, 悠悠穹壤, 此寃難洗[121]. 環顧一世, 惟公可以伸雪, 故玆[122]敢來訴." 公曰: "寃魂雖可矜, 吾曷以伸之?" 曰: "公明年登科, 卽爲掌法之官, 審獄解寃, 豈不易哉? 幸毋忘焉." 言訖而去. 翌朝, 潛視絶壑[123]間, 有一女屍, 鮮血淋漓, 如昨夜所見者. 明年, 果登第, 直陞資, 拜秋議, 卽赴衙坐, 捉來某譯, 訊問: "汝知映月菴下寃死之尸乎?" 其人抵賴, 遂挈而往, 檢驗其屍, 其人語塞. 遂招女之父母, 使之埋葬, 譯人則置法. 是夜, 公夢其女整鬟髻, 潔衣裳, 來拜致謝而去. 公嘗出遊, 憩于映月菴下川邊, 忽聞人噴嚏聲, 顧之無見, 如是者數矣. 因倦而睡, 夢有布衣士人, 揖而言曰: "有至寃, 欲向君訴, 君能副余願否?" 公曰: "諾. 試言之." 士人曰: "僕姓某, 名某, 居某地. 僕有奴頑暴, 將傳諸第幾子, 子性甚嚴, 奴深怨之, 爲我執犧, 殺我埋于此. 僕有子居喪設祭, 而使其

---

120) 難雪: 저본에는 빠져 있으나 가본에 의거하여 보충함.
121) 難洗: 가본에는 '何哉'로 되어 있음.
122) 玆: 주필로 삭제표시가 되어 있음.
123) 絶壑: 가본에는 '絶壁'으로 되어 있음.

奴行祭, 余畏而不敢食. 將於某日終制, 至是日, 子見吾子, 密言報
余譬收余骸乎! 吾骸在彼川邊樹下, 草葉隨風, 出入吾鼻穴, 則輒
噴嚏矣." 又言其奴狀貌甚詳, 公覺而深異之. 遂就樹下, 攓蓬剔沙,
果有人骸, 而草葉隨風, 出入其鼻穴. 後至是日, 尋其家, 見新闋服
者, 見公顚倒迎之, 餽餉極腆. 公問: "其父緣何故死何所?" 曰: "吾
父出游死不返, 不知死所, 虛葬某處. 昨夢, 亡父來言, '今日初來
之客, 爾待之如待我, 必指我死所.' 未知尊何所指敎乎?" 公忽神怠
如夢, 屛間有語, 曰: "此過庭者, 卽其奴也, 熟察之其面目, 如川上
所聞之言." 公乃附耳語之故, 主人乃以微過縛其奴, 用鉅杖訊之,
一一輸情, 乃殺而磔之, 收其父骸, 葬之先塋. 後一夕, 公夢士人
來, 謝其報譬[124]之恩, 公因與酬酢, 更問: "前程何如?" 曰: "某年某
職, 某時某事, 位至大官, 而某年爲國辦死然後, 令名無窮, 子孫昌
大矣." 遂辭去, 公點檢平生, 若合符契, 竟以某年死於國事, 而永
垂令名.

　　外史氏曰: "夫婦之義, 奴主之分, 人倫之大者, 豈可相害而有此
意外之變? 其寃氣靈魄, 不隨異物腐散, 至於形現夢告, 終乃伸寃
而報仇, 可見天理之不可誣也."

○第百十七号 述異部七【異配】

15-13. 官童[125]接黃龍現異

　　李義男, 鐵山官僮也. 隨其官上京, 時値春和, 偶遊江郊, 到龍
山, 登高玩景. 忽覺困憊, 坐而假寐, 夢一老人持書封而來授, 曰:

---

124) 譬: 가본에는 '仇'로 되어 있음.
125) 童: 가본에는 '僮'으로 되어 있음.

"余久離家鄉, 信息[126]相阻, 幸爲我傳此書于吾家." 義男曰: "翁家何在?" 曰: "吾家在某山下大澤中, 往澤畔, 三呼兪鐵, 則當有人從水中出來, 以此書傳之也." 義男諾而覺, 見一書緘在傍, 大異之, 遂藏囊中而歸. 及陪官還官[127], 卽往某山下澤邊, 呼兪鐵三聲, 忽見池水沸涌, 有人從波間出, 曰: "汝何人緣, 甚喚我?" 義男爲傳來意, 且致書封, 其人曰: "可少留以待發落." 遂翻身入水, 少頃[128]復出, 謂曰: "自水府見召, 請入去." 義男曰: "吾何能入水?" 其人曰: "閉目而負於吾背, 數息可達矣." 義男從其言, 波自開而衣不沾, 兩耳但聞風水聲. 已而抵岸, 其人卸擔而令開眼, 白沙岸上, 朱門屹立. 使之少待於門外, 先入通旋出, 而導之歷數重門, 至一殿, 窓楹皆綴珠璧, 輝映眩覩. 殿上有侍女數隊, 捧一麗人而出迎, 曰: "家君離鄉已久, 未聞消息, 今傳安信, 何等感幸? 父書中敎妾奉侍君子, 以結三生赤繩, 而我是龍女, 如不以異類爲嫌, 誠是始終之德惠, 未審[129]盛意如何?" 義男覩其美艷[130], 神迷意奪, 遽笑而答曰: "土居賤品, 猥蒙款接, 榮莫大焉, 何嫌之有?" 遂留與同寢, 床榻之華飾, 供饋之珍異, 不可名狀. 及其雲雨之歡, 無異人間, 信宿幾日, 要還出, 女曰: "何遽歸也?" 曰: "吾身係官府, 擅離多日, 恐罹罪責." 女曰: "君在官前服色, 何如?" 曰: "如斯如斯." 女卽披箱, 出一段異錦, 裁縫而衣之, 因囑曰: "後日相念, 便可時時入來也." 遂呼兪鐵, 負出如來. 時本官怪童之久不還, 繫囚其父, 使之督現. 義男直入官庭, 伏謁官, 覩其衣服華異, 殊非世人所製, 使之近前,

---

126) 信息: 가본에는 '消息'으로 되어 있음.
127) 官: 주필로 삭제표시가 되어 있음.
128) 少頃: 가본에는 '須臾'로 되어 있음.
129) 未審: 주필로 삭제표시가 되어 있음.
130) 美艷: 가본에는 '美麗'로 되어 있음.

問: "汝間[131]往何處? 所着異常, 此從何出?" 義男不敢隱諱, 一一吐實, 守大異之, 因曰[132]: "彼雖龍女, 旣與汝交媾, 便成人道, 吾欲一覩其面, 汝能使我見之否?" 義男曰: "謹當謀諸婦矣." 乃往澤畔, 呼兪鐵, 出如前, 背負而入見女, 告以守意, 女初甚難處, 竟許之, 約以某日水邊相會. 義男還告于守, 守大喜. 是日, 大設帷幕於澤畔, 張威儀而至, 邑人之來觀者, 漫山遍野. 義男又依前出入, 見女而請行, 女使告于守, 曰: "以燕服乎, 以戎裝乎?" 守意謂, '美女戎裝尤姣麗.' 請見戎裝. 及回報, 女沈吟半晌, 曰: "地主敎意, 何敢違也?" 俄而, 風起水湧, 波紋自開, 萬目咸注, 擬覩絶代美色. 忽有頭角聳現[133], 卽一黃龍出水上數尺許, 兩眼閃電, 鱗甲製[134]金, 血舌火鬣, 噓吸雲霧. 岸上觀者, 莫不大驚, 怖爭逃散, 龍乃蜿蜒入水去了, 守亦無聊而歸. 時當六月, 旱乾太甚, 圭璧屢擧, 靈應邈然, 守謂義男曰: "汝可往請龍女而得雨乎?" 對曰: "敢不如命?" 遂見龍女, 而告其故, 女大以爲難, 曰: "龍雖行雨, 若非上帝之命, 不敢擅便." 義男以民情之渴望, 地主之虔誠, 縷縷懇乞, 久乃許之, 持一小瓶・一楊枝而出. 義男欲觀其施法[135], 請偕往, 女拒之, 曰: "君凡人, 不可以乘雲駕霧." 義男必欲隨之, 女曰: "然則可着身於吾腋下, 攀附鱗鬣, 愼勿放手也!" 遂挾之騰[136]空而去, 興雲發雷, 以楊枝蘸瓶水三點而灑之. 義男俯視其處, 卽鐵山地, 而田疇在在乾坼, 一勻點滴, 未足以膏苗而解渴, 乃潛傾其瓶, 而盡瀉之. 女大

---

131) 間: 가본에는 '近'으로 되어 있음.
132) 曰: 가본에는 '問'으로 되어 있음.
133) 現: 라본에는 '然'으로 되어 있음.
134) 製: 저본에는 '掣'로 나와 있으나 가본에 의거함.
135) 法: 가본에는 '雨'로 되어 있음.
136) 騰: 가본에는 '登'으로 되어 있음.

驚, 曰: "大禍將至, 可速出去!" 義男詢其故, 女曰: "瓶水一點, 去作人間一寸之雨, 今玆三點, 亦足救急, 而乃[137]傾全瓶, 必致懷襄之災. 我已獲戾于天, 天罰難逭, 君則卽卽出去, 可免俱焚之禍. 明日, 往白角山下, 收吾骨而埋之, 毋負舊情也." 義男不得已還, 視一境之內, 間經滄桑茫然, 沙石一望無際. 詰其由, 人言, "去夜三更, 大雨飜盆, 霎時間, 平地水深丈餘." 乃大悔懊. 翌日, 往白角山下, 果有龍骨落下, 乃裹以衣衫, 盛以木函, 埋於山上, 一慟而歸.

外史氏曰: "物與人交, 非由相感之理, 而況龍是水中靈物, 豈與人間凡胎有所感通哉? 萬物分天地之情, 以生故情之相通, 不以異類而有別, 龍之拘於情而行雨, 至遭天譴[138], 亦情之爲累歟? 小說有洞庭君女歸柳毅, 廣利王女適張生之故事, 可見其爲靈也昭昭矣!"

15-14. 村氓遇玄熊致饒

秦某, 麟蹄縣村民也. 嘉靖年間, 入山採樵, 遇玄熊, 熊乃壓其民, 堅坐移晷. 民仰見[139]其陰, 如女人, 以瓜抓之, 良久, 熊乃喜甚, 頹然而臥, 持民不釋. 民試做男女之歡, 熊大愛之, 挈入窟中, 積大石爲壘, 幽之如犴牢. 每出, 便擧大石如屋者, 杜其門, 聚細草爲藉, 摘山中百果與之, 多珍異, 療其飢數日. 熊乃神物也, 能曉人語, 民曰: "吾居家, 食稻粱魚肉, 衣繭麻絲綿, 春夏異服, 夜臥有鋪有蓋. 不食生物, 烹飪有釜鼎; 不食淡有, 鹽醬以調味, 裁割有刀刃, 無此許多物病且死. 吾乞汝, 幸出我生還." 自此之後, 熊入村舍, 偸探黃粱·白粒·酒瓮·醬缸, 如人立戴而來, 如牛馬負馱而輸.

---

137) 乃: 가본에는 '盡'으로 되어 있음.
138) 譴: 가본에는 '罰'로 되어 있음.
139) 見: 가본에는 '視'로 되어 있음.

紬衣·錦襖·綿褥·綵衾·釜鼎·器皿, 無不畢致, 皆可周用人間, 大小
具取, 足如富家. 日得獐鹿雉兎及民家鷄犬牛羊之肉, 以餉之, 陸
續不匱, 獨不給刀刃利物. 民居窟中, 以熊爲妻, 非但免飢寒, 能致
財用有裕, 衣輕煖, 寢床褥, 飽粱肉, 醉醇醪, 列鼎珍羞, 烟火而食,
而獨開閉在彼, 還家望斷. 居三年, 知熊信愛無他意, 乃溫辭說熊,
曰: "吾與汝, 初雖異類, 旣與爲夫婦, 情愛兩融, 無相疑二, 而石戶
之防日盆牢, 出入不能自由. 吾情甚悶塞, 汝之出游, 雖不杜戶, 吾
將安往?" 自此, 出入不杜戶, 或良久而還, 民猶不離窟室, 熊稍信
之. 民欲乘機潛逃, 而恐其追及, 欲其行遠不反而逃也, 詐謂熊曰:
"吾家在春川淸平山西某村某家, 父母兄弟俱在, 而今絶音耗已三年,
欲傳一書, 以探其存沒, 爾能傳此書否?" 熊頷之, 乃付一封書, 而
度其地遠, 候其隙還家. 家人初失民, 謂入山採蕪, 爲猛獸所噉, 妻
子服喪已闋三年之制. 及卒至, 咸驚懼走匿, 以爲鬼, 民備陳顚委
而後, 皆相持痛哭. 熊還視其窟, 失其民, 狂吼遍山, 近山村落, 無
不毁破搜索. 如是者三四晝夜, 罷頓自斃. 民備牛馬, 取財用器物[140]
窟中所貯, 峙[141]而用之, 終爲饒家. 原州鄕吏金允者, 聞是事而慕
之, 嘗山行, 見雌熊露其陰而臥, 欲奸[142]之, 熊驚起舐之, 骨出而
死. 又曰: "熊囚允窟中, 刮肉出骨, 塗藥生肥, 復舐之骨出, 乃死
云." 此說載『於于野談』.

外史氏曰: "萬物生于情, 死于情, 人於萬物中處一焉, 以能言能
衣冠, 遂爲之長, 其實覺性, 與物無異. 是以, 羊跪乳爲孝, 鹿斷腸
爲慈, 蜂立君臣, 鴈喩朋友, 犬馬報主, 鷄知時, 鵲知風, 蟻知水,

---

140) 器物: 가본에는 '器皿'으로 되어 있음.
141) 峙: 가본에는 '置'로, 라본에는 '持'로 되어 있음.
142) 奸: 저본에는 '干'으로 나와 있으나 가, 라본을 따름.

啄木能符篆. 其精靈有勝于人者, 情之不相讓可知, 故熊於人, 亦有情感以之生死耶? 金允之欲效響, 而竟死於熊, 尤可笑也."

○第百十八号 述異部八【物感】

15-15. 吐蟲賣病兼獲財

沈孝子, 失其名, 湖南扶安人也. 家貧好讀書, 性至孝, 竭誠奉老, 瀡滫之供, 未嘗或乏, 鄕里稱之. 一日, 大雨暴霪[143], 有一小魚, 落於庭中, 鬐鬣纔具, 錦鱗潑潑. 沈心異之, 詢諸長老, 咸曰: "急雨墮魚, 比比有之, 不是異事."[144] 沈乃取以供其父, 父因以得病, 專廢[145]飮啖, 但索淸泡湯. 幾半年, 肚腹漲滿, 胸膈痞悶, 勺水粒穀, 不得順下, 尫羸漸綴, 轉至委席. 沈勞心焦思, 日事刀圭, 終無翔矧之望, 鍼炳皆不奏效, 祈禱亦無靈驗, 政自[146]憂悶憧憧. 忽有一人, 踵門而告曰: "聞主人方憂侍湯, 僕粗解岐扁之術, 願一診視." 沈甚喜, 邀入厚款, 因與診察, 客曰: "此病有物爲祟, 異於膏肓, 治療非難, 僕欲買其病, 主人可許之否?" 沈曰: "病亦有賣買乎?" 客曰: "非但以物買賣, 欲却病祟, 自有斥賣之道, 幸熟思之." 沈曰: "苟療親患, 豈但賣之已乎? 含珠結草, 固所願也." 客曰: "然則賣買不可無立證, 當淸齋三日, 乃成契券, 以重其事也." 沈從其言, 至期日淸晨, 客持一銀盒, 入病室, 探囊出紅色散藥, 少許授病人, 以白沸湯一杯, 調服之. 須臾, 病人五內飜覆, 按住不得, 吐出一蟲, 蟲蜿

---

143) 霪: 가본에는 '注'로 되어 있음.
144) 不是異事: 주필로 삭제표시가 되어 있음.
145) 廢: 저본에는 '癈'로 나와 있으나 이본에 의거함.
146) 政自: 주필로 삭제표시가 되어 있음.

蜿活動. 客急以玉箸挾之, 納于銀盒, 裹以錦袱, 藏于橐中而出. 病人腹中, 空洞無物, 飮啖如常, 宿症快祛. 沈向客拜謝稱恩, 客曰: "僕旣買病, 便當償價, 公可偕往一處, 俾余得以淸帳." 沈諾之, 客遂携至海邊, 覓一船張帆大洋, 向西南行, 不幾日, 到一島, 下陸而坐, 若有所俟. 忽見靑衣小童, 駕蓮葉舟, 從烟波間來, 捧進一箱於前, 曰: "吾王謹將此物, 聊表誠悃, 願蒙大恩, 賜還公子." 因啓其箱, 皆珊瑚寶珠也. 客叱曰: "物微而望大, 何其妄也? 若非如願, 不可得也." 童還入水中去. 俄而, 白髮老翁, 曳綠玉杖, 自波宮聳身而來, 百拜致敬[147], 請以他寶易之, 客又喝退, 翁無聊而去. 少焉, 波紋自開, 異香撲鼻, 一箇美女, 凌波而出, 綽約之態, 宛是洛妃湘娥也. 來拜于前, 客軒然一笑, 始啓銀盒, 而放蟲於水, 奮迅騰躍, 化爲小龍而去. 客乃謂沈曰: "僕江南商人也, 嘗學望氣之術, 意者東國有瑞物, 遂涉海尋到貴宅. 彼蟲卽龍子也. 鱗甲未成, 纔習行雲施雨之術, 誤墮於地, 爲人所呑, 變化無路, 不得已爲蟲, 將蝕其腸胕而出, 若不遇僕, 則公之親病殆矣. 僕得其蟲, 易以此女, 女名如願, 凡世間所欲爲者, 無不如願, 乃天地間洪寶也. 龍王之有如願, 如珠之有如意, 一般愛惜, 而愛子之心, 先於愛寶, 所以捨如願而取其子也. 僕之買病售直, 已有準備, 可從此分路." 乃裝一船, 滿載錦綺珠貝, 以送沈行, 客遽挈女, 登舟搖櫓而去, 烟靄浩杳中, 不見其處. 沈歸家, 鬻其寶貨, 遂成富饒, 人稱誠孝所格云.

外史氏曰: "龍之珠曰'如意', 古或有稱, 而所謂'如願', 太不近理, 抑亦寶物而幻作人形以眩惑耶? 且以龍之靈, 豈不能攝取其子, 而乃以物易之耶? 皆穿鑿[148]不經之言也. 沈孝子之獲貨, 卽純誠格天

---

147) 致敬: 가본에는 '致謝'로 되어 있음.
148) 穿鑿: 가본에는 '舛錯'으로 되어 있음.

之致, 其可尙也已!"

15-16. 放虎占穴相酬惠

　安孝婦, 忠州班閥也. 十七歲, 嫁於丹陽崔姓士人, 未幾喪夫, 只有病盲之舅. 安氏矢死不改適, 井臼傭賃, 備盡奉養, 或出他, 則可食之[149]物, 列置左右, 曰: "某物在斯." 使舅手探取喫, 隣里稱其孝. 其父母, 憐其早寡無子, 將[150]欲奪情嫁他, 委伻邀之, 曰: "母病方重." 安氏叮囑隣里, 炊飯供舅, 蒼黃往見, 母則無恙. 女心甚訝之, 父母曰: "汝年未二十, 孀居無依, 虛送靑春, 人生可憐, 廣擇佳郞, 明日成婚, 須勿牢拒也." 女佯曰: "諾." 父母甚喜之. 俟[151]到夜深, 脫身潛出, 徒步獨行, 走向舅家, 路爲八十里矣. 行纔二十里, 兩足已繭, 寸步難移[152], 至一嶺, 有大虎, 當路而蹲, 不可以行. 乃謂虎曰: "汝是靈物, 須聽吾言." 因具告其由, 又曰: "吾方求死不得, 汝欲害我, 須卽嚼之." 遂直至虎前, 虎乃退却, 如是者屢, 忽跪伏于地, 女曰: "汝或憐我弱質之深夜獨行, 欲使我騎之乎?" 虎乃點頭掉尾, 女乃騎其背, 而抱其項, 虎行疾如飛. 少頃, 已到舅家門外, 女乃下, 謂虎曰: "汝必餒矣, 食我一狗." 入門驅狗而出, 虎啣狗而去. 過數日, 隣人傳道, '有一大虎, 入於陷穽, 而磨牙鼓吻, 大肆咆哮, 人莫敢近, 勢將待其餓斃.' 女聞之, 疑其爲是虎, 往觀之, 斑毛若相彷彿, 而夜中所見, 不能分明, 無以詳辨. 乃謂虎曰: "汝是向夜負我而來者乎?" 虎點頭垂淚, 若乞憐者然, 女始語其顚末於隣

---

149) 之: 주필로 삭제표시가 되어 있음.
150) 將: 저본에는 빠져 있으나 가본에 의거하여 보충함.
151) 俟: 저본에는 '挨'로 나와 있으나 라본을 따름.
152) 移: 가본에는 '進'으로 되어 있음.

人,曰:"彼雖猛虎,於我則仁獸也,若爲我放出,則吾雖貧無貲,當
以皐比之價,奉納里中." 隣人,咸嘖嘖曰:"孝婦所請,何可不施?
但放此虎,傷人必多,將奈何?"女曰:"倘敎我以開穽之方,隣人皆
遠避,則我當自放之[153]." 隣人如其言,女遂開放其虎,虎含淚囓女
衣,不忍捨,良久乃去. 及其舅歿將葬,有虎當其穴,有若禁呵[154]者
然,虎又[155]往他處,攫其地,[156] 有若開穴者然. 卽捨其先定之穴,新
卜虎攫之地,葬焉. 其後,女得螟嗣尸其舅與夫祀,厥後,多子孫,
科宦不絶,丹陽之崔,遂至昌大,至今傳孝婦之行蹟矣.

外史氏曰:"安氏青年守節,孝養病舅,烈行貞操,無愧於古之陳
孝婦. 至若猛虎之騎往,寔由神明之共祐,苟非通天之至誠,曷以
致此? 開穽放生,攫地占穴,不以異類而相酬其惠,亦見心德之一
斑.[157] 賢哉!"

○ 第百十九弓 述異部九【報主】

15-17. 名馬訪主仍報喜

朴汾西瀰,宣廟朝駙馬錦陽尉也. 善知馬,路遇一駄糞馬,携至
家見之,背曲如山,瘦骨稜層,卽一玄黃駑馬也. 仍問:"汝賣此馬
否?"令擇健馬,以酬其價,其人不敢受. 尉嚴令迫催,使受其價,而
令家人善養其馬,不數日,馬肥大如象,鐵骨鈴目,神彩曄如,見人
便立䠯嚙殊甚. 置之庭間,四面樹柵爲閑,用大索左右維繫,從柵

---

153) 之: 가본에는 '遂'으로 되어 있음.
154) 禁呵: 가본에는 '禁止'로 되어 있음.
155) 又: 가본에는 '因'으로 되어 있음.
156) 攫其地: 가본에는 '擇地攫之'로 되어 있음.
157) 其惠亦見心德之一斑: 가본에는 '其恩可見其心之一斑'으로 되어 있음.

隙投菽豆, 輒隅目吹鼻, 衆懼莫敢近. 有一僧, 過見歎賞, 曰:"此馬甚駿, 惜乎! 厮養懦怯, 終使逸才未展, 貧道請爲公馴之, 不出寸晷間, 可乎?" 乃拔去列柵, 解大索, 只存啣勒, 手持大杖, 入廏牽出, 馬乃咆哮如虎躍. 僧一踊而登, 因復脫其啣勒, 馬趹前聳後, 超踔三尋, 左臥右輾, 使人不着於背. 僧以杖亂打, 猶[158]兩膝挾其脇腰, 隨所轉側, 終不離背上. 恣其馳驟, 不擇夷險, 轉至門外大路, 遍街陌屢匝. 馬始戰掉震越, 流汗浹體, 高高下下, 惟所指使, 乃反之舊廏, 日未移晷. 自此, 加鞍施鞭, 使[159]童子牽之, 猶低頭帖耳, 莫敢忤視, 因作追風之駿乘. 汾西每朝, 捨輿乘馬, 滿道生輝, 錦陽宮曲背馬, 大鬧一世. 光海時, 公竄靈光, 馬沒入闕, 光海甚愛之, 每騁於闕中, 喜其馳驟. 一朝, 光海命屛出法御者, 自騎馳, 突於後苑, 馬忽橫逸, 光海墮地重傷, 馬奔迸突出如飛電, 人不[160]敢近. 奮迅咆哮, 瞥如箭疾, 已失去處, 追者[161]千百, 爲群至江, 馬已先渡, 莫知所向. 汾西在謫中, 一日昏時[162], 聞舍後竹林中忽有馬嘶聲, 卽曲背馬至矣. 背有御鞍, 而鞏纓鐙絡皆盡, 只木轡在耳. 公大驚懼, 又添罪案, 遂令一隷, 掘地藏馬, 公親警戒曰:"汝能一日千里來, 尋舊主, 畜物中神者. 汝能脫身奮逸, 已有罪, 又還我家, 將增我罪. 今沒汝蹤跡, 藏汝軀養, 汝以終汝命, 汝若有知, 其無[163]喊嘶, 不使外人知也." 馬遂寂然無聲矣. 居歲餘, 馬忽擧首長鳴[164], 聲振山嶽, 播聞數里. 公大驚, 曰:"馬忽大聲, 必有大事!" 俄而, 仁廟反

---

158) 猶: 주필로 삭제표시가 되어 있음.
159) 使: 가본에는 '雖'로 되어 있음.
160) 不: 이본에는 '莫'으로 되어 있음.
161) 追者: 가본에는 '逐者'로 되어 있음.
162) 時: 가본에는 '後'로 되어 있음.
163) 無: 가본에는 '勿'로 되어 있음.
164) 鳴: 가본에는 '嘶'로 되어 있음.

正報至, 卽其馬鳴之日也. 公蒙放還朝, 乘之如舊. 其後, 一使臣往瀋陽, 發行旣久, 渡江日期, 只隔一日, 而朝廷始覺, 咨文中有可改處. 諸議以爲, "非此馬, 不可及." 仁廟召公問之, 公曰: "國家重務, 臣子身命, 猶不敢惜, 馬何足言?" 仍言於騎去人, 曰: "此馬到灣上, 愼勿喂, 絶不與水草! 直懸之數晝夜, 待其體息氣定, 饋之可活, 不然必死." 其人領而去, 翌日, 未暮到義州, 直入納公牒, 而人遂昏絶不能言[165]. 灌藥救活之際, 人見其所乘馬, 皆以爲錦陽宮曲背馬, 喂以蒭草如常, 馬卽死.

外史氏曰: "擧於鴛駘駾騋成騏驥, 馬亦於人, 便有知己之感, 戀主之誠, 不以獸心, 而有間千里來尋, 甚奇哉! 韓文公[166]曰: '馬雖有千里之能, 策之不以其道, 食之不盡其材, 鳴之而不能通其意, 執鞭而臨之, 曰: 天下無馬.' 嗚呼! 其果[167]無馬也耶? 其眞不知馬也!"

15-18. 義狗救人且復讐

郭太虛, 寧邊校生, 而定虜衛金無良之甥也. 頗喜佛事, 多與釋交. 其妻私於僧, 太虛自外至, 僧壓太虛而踞其胸, 太虛力弱不能轉. 僧拔劍, 太虛手批之, 擲劍於地, 僧指其妻, 曰: "將此劍來!" 妻不忍於手, 而以足漸近於前. 是時, 適見犬臥其側, 太虛慨然而呼[168]曰: "犬乎犬乎! 爾若有知, 當去此劍." 犬聞言輒起, 咬劍棄於外[169], 復入咬僧喉, 僧遂斃. 太虛說其事於妻黨, 妻黨椎殺其妻. 太虛愛其犬, 行止與俱, 不翅如裴令公之以和碗與犬食. 太虛往于

---

165) 不能言: 가본에는 '不省'으로 되어 있음.
166) 公: 저본에는 빠져 있으나 이본에 의거하여 보충함.
167) 果: 가본에는 '眞'으로 되어 있음.
168) 呼: 저본에는 '言'으로 나와 있으나 가본을 따름.
169) 外: 가본에는 '門外'로 되어 있음.

田, 迫暮醉歸, 倒於岸, 適野火起, 風又猛, 犬周走號呼, 主人眠不能動. 犬便走往川, 水中濡尾來, 漬其臥傍草. 如是者屢, 草霑水得着地, 左右火尋過去, 太虛醒方見之. 他日出獵, 猝遇猛虎, 太虛捨鷹奮梃而大呼, 虎怒翻騰齚人肩, 方急, 忽不意犬疾跳出, 襲虎後, 仰虎陰而咬之. 虎卽棄人自救, 犬匿身虎股[170]下, 但嚙益力, 虎爪牙無所施, 而患益急, 左右顧欲得犬, 犬不可得. 因踊頓環走, 大吼喝然, 犬懸身與旋轉, 無奈犬何. 良久, 虎氣盡, 幷墜斷坑而虎死. 犬卽視主人, 流血而僵, 犬復就吮其瘡, 主人有頃而蘇起, 與犬歸. 未至家, 且數里瘡甚, 臥於道, 天且暝, 犬聲鳴其傍. 其家怪其久不返也, 束火四索之, 識犬聲蹤得虎咬人. 於是, 舁歸治瘡, 得無死, 然狗[171]亦病矣, 月餘而死. 太虛哀之, 瘞而墳之, 因名義狗墓. 時河東郡有寡婦, 只與一穉女及童媐居焉. 隣居某甲, 乘夜踰垣[172], 入欲强劫, 婦抵死牢拒, 某甲以刀刲之, 竝戕其女及媐, 人無知者. 衙門外, 忽有一狗來嘷, 閽者逐之, 去而復來. 衆怪之, 任其所之, 狗直入官門, 至政堂前, 仰首叫號, 若有所訴. 官異之, 命一校隨狗往視, 狗行至一小屋, 啣校衣, 向房門去, 校訝之, 開戶視之, 房中有三屍, 流血滿茵. 校大驚, 歸告于官, 官將檢驗, 卽馳往館於比隣, 適某甲之家也. 某甲見官臨其家, 蒼黃趨避, 狗直走[173]某甲之前, 咬其衣而不捨. 官怪問之曰: "此汝之讐人乎?" 狗點頭, 官遂捉某甲, 嚴訊杖[174], 箇箇吐實. 乃杖殺之, 命厚埋其三屍, 狗走至塚傍, 一場悲號而斃. 村人瘞狗於墓前[175], 竪碑以標識之, 又名[176]義狗塚.

---

170) 股: 가본에는 '脚'으로 되어 있음.
171) 狗: 가본에는 '犬'으로 되어 있음.
172) 垣: 가본에는 '墻'으로 되어 있음.
173) 直走: 가본에는 '向'으로 되어 있음.
174) 杖: 가, 다본에는 '不下一杖'으로 되어 있음.

外史氏曰: "寧邊狗之屢救主死, 河東狗之爲主報仇, 皆人所難辦, 而狗輒能之, 獸面者人心耶, 人面者獸心耶? 噫! 狗之比於虎, 何異螻蟻? 然卒能殺猛虎, 存主人身, 死而事聞, 故曰: '勢不以弱智謀者, 成功; 地不以賤行義者, 立名.'"

○第百二十号 述異部十【誠力】

15-19. 虔誠感神獲墮鱗

車軾, 松都人也. 少時, 詣里塾攻業, 歸時山路[177]遭雨, 避立於巖窟中. 有一女子, 亦避雨而來, 年可十五六, 雖蓬髮垢衣, 而雪膚花臉, 擧止端艷. 軾問: "少女獨行, 何也?" 曰: "母家距此不遠故耳." 詢其居住, 曰: "太平門外某衕[178]第幾家." 俄而, 雨勢滂澍, 雷電大作, 女色變體戰, 願藏身車之衣幅底, 車許之. 旋看轟焰繞左右, 忽霹靂一聲, 震擊巖前老槐, 而卽雨收雲捲, 將尋歸路. 軾憐其妍美, 試挑之, 女曰: "感君活命之恩, 且旣投身昵襯, 何嫌之有? 請歸吾家, 圖所方便." 遂携至一家, 卽廢舍也. 荒涼闃寂, 日又昏黑, 軾意似懍慌, 女曰: "須勿慮也, 暫俟之." 遽入內更衣而出, 張燭進觴, 迭酬到酣, 女曰: "妾本仙姬, 謫降修道, 贖罪限滿, 當復歸瑤籍, 而昨値一大劫厄, 賴貴人援手, 幸得超度, 欲報之德, 河海莫量. 而仙凡異路, 未可以奉侍巾櫛, 聊獻一冊, 公若溫[179]習此書, 不數年, 可登第. 且此非凶家, 公來居, 當有益無害[180], 幸記有之." 言訖, 倏然

---

175) 墓前: 가본에는 '塚傍'으로 되어 있음.
176) 名: 가본에는 '名曰'로 되어 있음.
177) 山路: 다본에는 '小路'로 되어 있음.
178) 衕: 라본에는 '街'로 되어 있음.
179) 溫: 가본에는 '穩'으로 되어 있음.

出門而逝[181]. 軾因醉睡朝起, 怳如夢醒, 傍有一書, 視之, 乃科文程式, 世所未見者, 因此文詞驟進. 遂移居于其舍, 其舍嘗以多魅稱, 因爲棄家, 自軾來住, 便無他怪, 得以安居. 每春杵之時, 有聲錚鏗, 隱隱出墻壁間, 乃毀其壁而視之, 其壁重築之中, 有金銀寶器, 充滿[182]棟宇, 不知幾百疊也. 有文字, 曰: '中官某某年月日藏.' 蓋高麗之亡也, 宦者有權寵, 多寶玩, 臨亂藏之重壁, 被兵不復旋, 其第因以空焉. 入其第者, 聞壁中聲, 以爲鬼魅使然, 多怖悸避去. 軾得此致饒, 未幾又登科. 在京供仕, 其母在松都, 患帶下之症, 積歲藥不效. 軾以直講, 求差厚陵典祀官, 其爲去松都不遠, 將因之歸覲也. 厚陵世代已遠, 享祀之節, 但每年寒食, 一開門, 而庶羞菲薄多不潔, 典祀者亦猶故常, 不加虔焉. 及軾典祀也, 別致誠意, 沐浴蠲潔, 又令膳夫祀僕, 悉湯沐如之, 凡治粢盛饌品, 無不躬自監涖. 禮畢, 天猶未曙, 歸臥齋房假寐, 有宮人傳呼, 曰: "殿下將引見軾!" 軾整衣冠而進, 有一袞衣王者, 御殿閣, 閣竪環侍, 引軾拜訖, 進伏榻前, 王敎曰: "向者享祀, 多不恪, 又不涓潔[183], 予不歆之, 今爾盡誠禮, 庶品皆可御[184], 予用嘉之. 予聞爾家有憂, 予將錫爾良藥識之." 軾拜稽而退, 蘧然而覺, 卽夢也. 心異之, 歸向松都, 路中見大鵬攫魚, 盤于中天, 又有一鵰爭搏, 墮之馬前, 軾令馬卒取之, 卽鰻鱺魚, 長尺餘. 時天寒, 得魚不易, 而鰻鱺卽治帶下第一藥也. 軾大喜歸, 而奉諸母, 自此, 病卽愈. 軾以文章爲世所稱, 有二子, 曰'天輅'·'雲輅', 皆文章鳴世.

---

180) 無害: 주필로 삭제표시가 되어 있음.
181) 逝: 가본에는 '去'로 되어 있음.
182) 滿: 저본에는 빠져 있으나 가본에 의거하여 보충함.
183) 涓潔: 라본에는 '淸潔'로 되어 있음.
184) 可御: 가본에는 '御進'으로 되어 있음.

外史氏曰:"車之所遇, 未知何怪, 而蹟其事, 似狐狸之類, 然因此而所益不少, 殆天所畀也. 車以其文識, 能知國之大事在祀, 殫誠禮以享上, 卒致先靈默佑, 移忠於孝, 『書』曰'至誠[185]感神', 『詩』曰'介爾景福', 其是之謂乎!"

15-20. 斥邪問命驗棲鷄

黃建中, 宕子也, 世家京師, 縱步花柳. 有外戚在鐵原地, 來往留連[186]者, 歲將半矣. 舍于古東州[187]側, 一日, 適出野, 見路傍古塚, 壙室頹崩, 枯骸露出, 命僕掩瘞而歸. 抵夜獨寢, 月色微明, 忽聞叩門, 問爲誰, 曰:"我也." 建中意爲主人, 急啓關, 乃一少年女子, 容色[188]艶異, 駭曰:"娘子何自來此? 是某家客館, 豈非錯認乎?" 曰:"我是後隣孫家新婦, 因逢怒阿姑, 被逐出, 深夜無所歸, 願寄一席地度宵." 建中曰:"我貰于人以居, 安敢自擅?" 女以死哀懇, 立不肯去, 建中不得已, 引至下房一隅, 授以席使之寢. 未幾, 出[189]就上房, 狎坐密語曰:"我不慣[190]孤眠, 如此良夜, 與之談風月, 可乎?[191]" 建中覩其貌姸辭婉, 心愛之, 遂與酬酢, 女言笑款洽. 少焉, 乃開裯昵枕, 建中神迷不定, 將不能閑其慾, 但時月寒沍, 所服皆絳絡纖絺, 意不得無訝, 却之甚固. 女柔辭巧說, 嫵媚百態, 終宵不離, 及聞鷄喔, 始嘖嘖恨歎而去. 翌夜又來, 侵軼多方, 建中心知其非人, 終不與共懽. 自此, 女輒來臥于傍, 與同寢席, 而昏來晨往, 日以爲常,

---

185) 誠: 저본에는 '誡'으로 나와 있으나 이본에 의거함.
186) 留連: 가본에는 '留延'으로 되어 있음.
187) 東州: 다본에는 '栗州'로 되어 있음.
188) 容色: 가본에는 '容貌'로 되어 있음.
189) 出: 가본에는 '還'으로 되어 있음.
190) 慣: 가본에는 '堪'으로 되어 있음.
191) 可乎: 가본에는 '甚好'로 되어 있음.

他人皆不見, 而建中獨見之, 甚苦之. 使僕左, 女入其右; 使婢右, 女橫臥枕[192]外; 使婢枕外, 女臥足下; 使侍者足下, 猶不離其床. 招道士·巫覡爲防, 女慍曰: "我非害子者, 只感君先[193]恩, 欲報德於冥冥之中." 曰: "何哉?[194]" 曰: "我乃東州弓裔時宮女, 泰封都破, 死於亂兵中, 子之先祖黃繼允, 瘞我于西都山外數里之地. 當其時, 天暑衣絳紗, 至今猶着古衣, 屢經滄桑, 塋築盡圮, 幸逢君子, 得以掩骼, 前後受恩, 如是厚矣. 銘骨難忘, 每要伸誠而來, 實非貽禍者, 願君勿訝." 建中問泰封時事, 女言, "弓裔始祝髮爲僧, 聞甄萱倡於南州, 艶羨之, 遂立國建元, 僭號善宗. 眞聖王, 後避高麗遁去, 爲斧壤民所害." 且言當時宮中事甚悉, 建中自度不得離, 遂發還京[195], 女隨而往, 追至京第, 侵軼如前. 建中猶牢拒, 時以好言誘說, 使退之[196], 終不去. 女畏犬, 乃使家人多畜犬, 環鈴而馴之, 居數月, 女泣而辭, 曰: "非徒子薄行, 斥我益堅[197], 吾與子緣已盡矣, 從此辭去!" 建中曰: "爾久留我所, 待之不盡禮, 今將別矣, 曷勝慊然, 可指示來頭吉凶否?" 女因書一句, 曰: '金鷄屋上樑.' 一家未解其意. 建中與惡少, 橫行閭里, 犯邦憲, 拘於獄, 獄中樑上, 有黃鷄一棲, 詰之同囚, 則曰: "憂中夜長, 難分晨曉, 置此以識更." 建中始悟女之前言有驗.

外史氏曰: "女是狐精, 故畏犬, 疑野狐入宮, 幻形作祟, 所以知弓裔時事也. 人之相害, 種種不一, 狐雖異類, 若不爲人害勝人類,

---

192) 枕: 가본에는 '寢'으로 되어 있음.
193) 先: 가본에는 '之'로 되어 있음.
194) 何哉: 가본에는 '何德'으로 되어 있음.
195) 還京: 가본에는 '京行'으로 되어 있음.
196) 之: 저본에는 빠져 있으나 가본에 의거하여 보충함.
197) 堅: 가본에는 '甚'으로 되어 있음.

多矣. 黃以狹邪之性, 易惑於美麗, 而疑其異類, 終不及亂, 亦確有
所執者也."

○第百二十一号 述異部十一【陰德】

15-21. 一池放生施陰德

　　南生允默之子某, 休休有長者風. 爲御營軍官, 出監海西屯田,
打稻場見一總角, 雖蓬頭襤褸, 而容儀擧止, 殊異常漢. 叩其來歷,
則本以班家申氏子, 居于延安, 年前以歉荒, 渾家流離[198], 渠獨一
身在此, 投入佃夫以糊口云[199]. 南生甚矜惻[200]之, 每年往監, 必顧
護其童, 捐給穀包, 助婚而成娶, 又擇田畓之沃腴者, 使之農作而
治産. 申童由是, 得以奠居, 稍成家樣, 每秋以細木一疋·綿絲數
斤, 來納于南以表誠, 南亦厚報以送之. 南至延安收租, 延安有大
池, 年年夏秋交, 潦水大至, 與海通波, 海魚游泳其中. 及水落因成
池中畜物, 郡人操舟施網, 多得海族而來. 太守金某, 欲大漁其池,
爲奇壯之觀, 凡打魚以味苦, 木實捘于上流, 則魚盡浮水而死. 太
守出令郡中, 使民呈訴者, 各摘其實進之, 多至百餘石. 於是, 供帳
于池邊, 速衆賓陳大宴, 集漁人, 張水嬉, 積苦實, 搗磨于上流. 南
謂太守曰: "暴殄天物不祥, 願以網擭之, 以釣鉺之, 足矣, 不宜盡
取之." 太守不聽, 大播苦汁, 隨流而下, 池水爲之易色. 俄而, 魚兒
初出卵浮, 小如指者浮, 如掌者浮, 盈尺者浮, 盈丈者·大盈車者,
相繼而浮, 觀者相顧動目. 最後有一魚, 大如人, 如裸身女子, 肌膚

---

198) 流離: 가본에는 '流落'으로 되어 있음.
199) 云: 주필로 삭제표시가 되어 있음.
200) 惻: 가본에는 '憐'으로 되어 있음.

雪白, 被髮而浮, 一大池蕩然無遺種. 自是, 風雲雷雨, 一池晦冥[201], 連數十日不開, 其年太守死. 其後, 南又與邑人, 觀打魚, 得生魚滿盆, 乃以錢買之, 擧盆而投之水, 滿座失色. 南與客, 過大川, 客指川魚, 曰: "游魚可樂, 政好投網." 南曰: "游魚可樂, 其意善也, 正好投網, 何其言之不仁也?" 游魚中網, 水上觀者指而雀躍, 不知水中有夷三族之慘也. 南嘗乘馬而行, 馬踐生蟲, 下馬罰其奴水一器, 其仁心如此. 南遘癘疾昏絶, 半晌方屬纊, 忽長獻而翻身, 曰: "異哉!" 家人問: "何爲而謂異也?" 南索米飮數呷後, 起而坐語曰: "俄爲二鬼卒所驅去, 抵一官府, 鬼卒使立於門外, 而先入去. 少頃, 有人如官員樣者出, 問曰: '子非南某乎?' 曰: '然矣.' 其人曰: '我則延安某村申童之祖[202]也, 感君之施恩於孫兒, 以至娶婦成家, 而幽明路殊, 末由酬報. 今君年限算滿, 自冥府捉來, 吾暗自周旋於九幽殿錄事, 以君有池魚放生之事, 準城隍申報達于閻王, 謂有仁德, 延其壽限, 可卽還去也.' 因招閽者, 指路出送, 吾蘧然而覺, 今得回甦, 豈非申也[203]祖父[204]之德耶? 遂出汗而愈." 此說載於南允黙之家乘云.

外史氏曰: "山谷詩曰: '衣裘雖得煖, 狐貉正相哀.' 東坡書曰: '屠殺牛羊, 刳臠魚鼈, 食者甚美, 死者甚苦.' 若金太守者, 實南生之罪人也. 南之種德受[205]報, 灼如揲蓍, 可使世之人, 因此而有所勸懲也夫!"

---

201) 晦冥: 가본에는 '晦暝'으로 되어 있음.
202) 祖: 나, 다본에는 '祖父'로 되어 있음.
203) 也: 주필로 삭제표시가 되어 있음.
204) 父: 주필로 삭제표시가 되어 있음.
205) 受: 가본에는 '酬'로 되어 있음.

15-22. 大江立案成鉅富

朴文忠公彭年後孫, 居於大邱地, 甚貧寒. 家臨洛東江, 秋日打租於郊坰, 忽有一獐走來, 匿於禾束亂積中. 俄而, 獵師持銃趕到, 曰: "吾俄逐一獐, 見其走向此處, 君或見之否?" 朴生曰: "獐若來此, 則吾豈欲坐收漁人之功而藏之乎?" 獵師曰: "吾的見其[206]來此, 而今忽無之, 可怪也." 再三[207]嗟歎而去. 獵師去後, 猶匿獐不出, 夕後, 朴生以杖披禾束, 而謂獐曰: "今可走矣." 獐屢顧朴生, 若致謝者而走去. 是夜, 朴生夢, 一老人曰: "感君活命之恩, 擬欲報德, 洛東江下流四十里爲限, 成立案, 則可作萬石君矣." 朴生以夢事虛誕, 不置念, 因復就睡. 翌夜又夢, 老人來, 曰: "吾欲報恩, 豈做荒唐之說? 必以明朝入官呈訴, 出立案也." 朴生猶未之信, 老人又現夢, 勃然作色, 曰: "吾則以誠, 而君不深信, 甚慨然. 苟不從吾言, 則必不利於子!" 朴生覺而心異之, 遂於明朝, 呈訴官庭, 請出立案, 則[208]本官大笑, 曰: "汝病風之人耶? 以大江立案, 古未聞也." 朴生曰: "民亦非不知其孟浪, 然適有異兆, 故不計人之嗤笑[209], 而敢此來請." 本官強諾之, 自某至某四十里地, 成立案以歸. 未幾日, 洛東江水, 忽自傍潰決, 從他道流去, 其下流舊道, 盡變成野, 卽朴生立案之地. 乃起墾作畓, 一望無際, 沿江上下, 無非良田沃土, 其邊幅之不宜穀處, 則種栗成藪, 爲數十里. 每年秋收屢千石, 栗賭亦近千石, 遂爲嶺南甲富. 朴生之外戚尹某, 居湖南者, 世傳饒富, 有水田落種, 歲累百石. 尹性豪放迂闊, 適往朴家, 見其墾畓, 廣占一

---

206) 其: 가본에는 '其獐'으로 되어 있음.
207) 再三: 주필로 삭제표시가 되어 있음.
208) 則: 저본에는 빠져 있으나 가본에 의거하여 보충함.
209) 人之嗤笑: 가본에는 '誕妄之責'으로 되어 있음.

坪, 漭無涯涘, 儘是大好器物, 心內艷羨不已, 自歎曰: "吾亦屢百石播種之地, 何遽不若, 而但以田畓散在各處, 山川丘陵間之不得見, 彌漫門戶之壯, 吾之生業, 未免零瑣, 可愧." 遂盡賣之, 備綿布四五萬段, 聞海西黃·鳳之間, 多蘆田極目數百里, 可以高堤廣堰, 作稻地, 其利千百. 於是, 棄湖南舊業, 入海西, 臨大川, 起高樓, 騈千頭肥犍以墾之, 輦石捧土, 築一塘, 周回可百里. 方盛夏, 靑雲滿野, 綠芒浮空, 不見涯岸. 及淫霖連月, 秋水懷襄, 而至礧築, 盡決於大堤. 赤浪轢出其上, 膣洫無辨, 一野秔稌[210], 盡入於層濤浩渺之中, 與大海通波. 主人角巾羽扇, 徙倚朱欄, 盱而大笑曰: "吾今敗家則敗家矣, 觀漲則天下無雙."

　　外史氏曰: "朴有陰德而受冥報, 理或然矣. 尹之欲效嚬, 特出於虛慾, 終使湖中鉅萬之財, 盡爲輸一斥鹵之場, 諺曰: '好築堰者, 必敗家.' 又曰: '見奔鹿, 失獲兎.' 此之謂也. 吁! 此可爲好大求益, 不知止足者之戒耶?"

---

[210] 秔稌: 가본에는 '秔稻'로 되어 있음.

卷十六

○ 第百二十二弓 拾遺部一【相業】

16-1. 驗卜說施德延壽

尙相國震, 字起夫, 號松峴, 木川人. 明宗朝, 拜領相, 賜几杖. 公忠厚寬裕, 中書十六年, 相業亞於黃·許云. 麗祖統合之後, 以百濟民屢有驚擾, 賜姓獸畜以鎭之, 公之先姓得象, 後改以尙. 公曾祖英孚, 居林川, 貲甚殷富, 與民收散, 晚年悉取其券, 焚之, 曰: "吾其庶有後乎!" 公之父甫, 年衰無子, 躬禱於聖住山, 越明年, 生公. 公五歲失怙, 纔齔而又孤, 鞠於妹夫夏山君成夢井家. 年過成童, 豪縱不志學, 馳馬試射, 被謾於儕流, 卽發憤學業, 未幾年, 文辭大就, 式年發解. 同親友上山房, 做會工, 公夢黃龍繞於佛榻, 每於淸晨盥洗, 往佛榻前, 焚香暗祝, 未嘗或廢. 一友欲誑之, 先往隱於佛榻之後, 待公來禱, 因作佛語曰: "汝之精誠不懈, 甚嘉尙, 會圍所當出之講章, 吾當先告." 乃擧七書中各一章, 曰: "汝但專力誦此, 可無慮登科." 公對曰: "承此指敎, 不勝感幸."[1] 自此, 專誦七章, 晝夜不輟, 其友竊笑之. 又慮其認以眞個佛敎而酷信之, 至有科事狼狽, 則不無由我之歎, 乃密謂之, 曰: "君之但誦七章, 有何委折?" 公以有佛告爲答, 其友曰: "迂哉! 佛之有靈, 何可知[2]也? 試席所命, 若非此章, 則豈不見敗乎?" 公笑曰: "誠意所透神明, 亦感有此指示, 豈有無靈之理哉?" 其友心竊悶之, 乃吐實曰: "此吾一時戱謔, 不意君之篤信至此, 何其迷甚也?" 公曰: "不然. 吾之一

---

1) 對曰 … 不勝感幸: 주필로 삭제표시가 되어 있음.
2) 知: 가본에는 '信'으로 되어 있음.

片精誠[3], 天地神明之所共鑑, 而雖欲指告講章, 旣不能諄諄然面命, 故憑君而代[4]諭, 此猶尸傳神語工祝致告之意[5]也. 由是論之,[6] 君之此擧, 雖出於戱, 而非君之所自爲也, 天實使之, 神實命之, 吾安得不篤信而專力也?" 及入會圍, 七書講章, 果所專習者, 無一差爽. 公不復運思, 一口突誦, 如甁水瀉, 諸試官大加稱賞, 遂以七純通登第. 公度量弘大, 平生未嘗言人過. 有一人, 短一足, 客以爲言, 公曰: "客何言人短處? 宜曰: '一足長.'" 當世以名言稱. 吳貳相某, 少時作詩, 曰: '羲皇樂俗今如掃, 只在春風杯酒間.' 公覽之, 歎曰: "余嘗多吳生以爲終大成, 何其言之薄也?" 卽下筆改之, 曰: '羲皇樂俗今猶在, 看取春風杯酒間.' 四字之間, 氣象懸絶, 宜乎吳之宦業下公一頭地也! 卜者洪繼灌, 筭公一生吉凶禍福, 纖毫不差, 至於棄世之年, 亦言之. 公以所經之事, 無不脗合, 至於其年, 預爲身後之具, 以待之. 洪卜適在鄕, 逢人自京來者, 必問公安否, 一年已過, 公固無恙. 洪大異之, 還京卽往謁, 公曰: "吾信爾卜, 自分命盡今年, 何以不驗?" 洪曰: "推公之命, 盡心力, 宜無差謬, 而古人有以陰德延壽者, 公必有是也." 公曰: "寧有是哉?" 但某年公退時, 路上有紅袱, 拾而見之, 乃純金盞一雙也[7]. 默藏之, 掛榜街上, 曰: '某日有失物者, 訪我來.' 翌日, 一人來謁曰: "小人乃水剌間別監, 家有婚事, 竊借御廚金盞而來, 今[8]失之, 已犯死罪, 公之所得, 無乃此物?" 答曰: "然." 出給之, 洪曰: "公之延壽, 必以此也." 後十五

---

3) 精誠: 가본에는 '誠心'으로 되어 있음.
4) 憑君而代: 가본에는 '借君之口'로 되어 있음.
5) 之意: 주필로 삭제표시가 되어 있음.
6) 由是論之: 주필로 삭제표시가 되어 있음.
7) 也: 저본에는 빠져 있으나 라본에 의거하여 보충함.
8) 來今: 저본에는 빠져 있으나 가본에 의거하여 보충함.

年卒. 公嘗謂子弟曰: "吾死爲諡狀, 無他可記, 若曰: '公晚好鼓琴, 微醺, 彈「感君恩」一曲, 以自誤.' 則當矣."

外史氏曰: "講章指告, 卽弄假成眞, 以其精誠所到, 金石可透, 故因有神明之扶護而致此也. 蓋自先世槐庭種德之餘蔭, 且以公陰德之積累, 致位延壽, 爲國盡臣. 至於捐館後, 湖堂月課, 以悼老德大臣命題, 可見公之碩德元老爲當世推重也."

16-2. 焚筆談呈文陳情

柳西厓成龍, 字而見, 退溪門人, 選廉謹吏, 錄扈聖勳, 官領相, 文忠公, 爲國朝名相. 壬辰, 以都體察使, 隨機應變, 績庸茂著. 宣廟西幸, 至東坡館, 召見諸臣曰: "予何往乎? 毋憚忌諱, 各悉陳意見." 白沙李公曰: "且駐駕義州, 若勢窮力屈, 則便可赴訴天朝." 上問公曰: "李某言如何?" 公對曰: "不可, 大駕離東土一步, 則朝鮮非我有也." 上曰: "內附本予意也." 公曰: "不可, 今東北諸道如故, 湖南忠義之士, 不日蜂起, 何可遽論此事?" 退而責李公, 曰: "何爲輕發棄國之論乎? 君雖從死於道路, 不過爲婦寺之忠. 此言一出, 人心瓦解, 誰能收拾?" 李公謝之. 癸巳, 車駕還都, 皇朝行人司憲出來. 先是, 中朝憂我不振, 有給事魏學曾者上本, 處置我國, 至有分割易置等語, 石尙書星持不可, 遂遣司憲奉勅宣諭, 且察我國事. 時經略宋應昌, 在遼東, 尹海平根壽, 以伺候陪臣, 在其門下, 應昌出魏給事題本, 示根壽, 曰: "朝議如此, 汝國將何以自謀?" 根壽回自遼東, 先狀啓其事, 且持宋經略諭本國陪臣箚付而來, 因訪公于第, 以手抵案而哭, 曰: "經略箚付, 將投于朝堂, 公等何以處之?" 公曰: "箚付不知何語, 而應非本國陪臣預聞, 令公不合持來." 明朝, 公赴備局, 根壽以箚付付公, 公却而不視, 曰: "經略若公言國事, 則當移咨於主上, 今無咨而獨有箚付, 其中所言, 非意所惻見之, 而無可處置, 寧不見爲宜." 兵判沈忠謙, 欲見之, 公責之, 根壽還收箚付而出. 其日, 上引見公, 出示尹根壽所進魏學曾題本, 公勸以無動於無理之妄說, 益盡吾所當爲. 旣而, 公以時相, 迎天使於碧蹄館, 天使語頗款, 曰: "俺入王京, 將有新擧措." 公深9)疑之, 而不敢深問, 公達夜馳還, 具啓其語. 是日, 上迎勅, 勅中語, 皆警勵之辭, 而語意甚峻. 上夜召見公, 多有奬諭, 且曰: "明日, 予將於天使前辭位, 予之見卿只今日, 雖夜深, 欲與卿面訣, 故召之耳." 因賜酒, 曰: "以此相訣." 公曰: "勅旨所言, 無非責勵之語, 豈有他意? 明日之事, 千萬不可." 上不答. 翌日, 上接宴天使於南別宮, 陳疾病, 不敢御國, 請傳位世子, 天使主張之, 天使答曰: "唐肅宗故事, 當奏聞天朝, 以待處分, 一行人何敢爲力?" 時戚游擊金, 在都城, 與司天使, 日夕會議, 邀公相見於寓舍, 屛左右, 親書十餘條, 示之. 其三條曰: '國王傳位當早.' 公起立正色, 取筆不答他語, 但書曰: "第三條非陪臣所忍聞, 小邦國勢方危, 若又於君臣父子之間, 處置失宜, 是重其禍." 乃瞪目直視良久, 取其紙焚之. 明日, 公率百僚, 呈文天使, 歷陳本國遭變以後事狀, 及主上至誠事大, 憂勤勵精之實千百言, 司天使頗信納, 因以無事. 公有權術, 登第初, 以御史往湖西, 有一僧, 訴以賣紙資生, 今日場市, 負一塊白紙來, 市傍釋負暫憩, 旋見失, 願推給. 公曰: "汝不能善守, 而失於人海中, 將問於何處?" 命退去. 頃之, 公適出外暮還, 指路傍木墩, 曰: "此何物, 吾行之路, 乃敢偃蹇長立乎?" 吏告以此非人也, 長丞也, 公曰: "雖是長丞, 見10)甚倨傲, 可拿來拘留, 以待明朝處分." 又曰:

---

9) 深: 저본에는 빠져 있으나 가본에 의거하여 보충함.
10) 見: 저본에는 빠져 있으나 가본에 의거하여 보충함.

"不無乘夜逃躱之慮, 吏校奴令一齊守直, 可也." 官屬輩雖應諾, 而面面竊笑, 無一人守直者. 夜深後, 公密令從人, 移置他處, 明朝開衙, 命隷卒拿入長丞, 隷卒視拘留處無有, 方遍索, 而號令甚嚴急, 不得已告以見失. 公大責, 曰: "官屬輩不遵吾令, 不善守直而失之, 不可無罰. 自校吏以下, 各納罰紙一束, 卽刻待令, 若遲滯者, 代以棍卄度." 於是, 一府官屬, 爭先納紙, 積峙官庭. 公乃招呈訴之僧, 辨其所失之紙, 僧紙有標, 隨手探出, 數滿一塊. 公曰: "旣索汝紙, 速持去, 此後謹守, 可也." 僧感謝不已. 公因覈其紙束所從來, 則市邊無[11]賴漢竊取僧紙, 適當罰紙督納之時, 紙價翔貴, 遂盡賣之. 乃捉入厥漢, 治其罪, 而徵其價, 分給官屬之買紙來者, 其餘紙束, 令所納諸人各自取去. 於是, 一邑吏民, 皆伏其神矣. 公天姿甚高, 穎悟絶人, 自少以遠大自期, 常留意於經濟之業, 如治兵理財之事, 靡不講究纖悉. 才足以應務, 學足以致用, 而尤以格君心, 爲致治之本. 每進對之際, 積其誠意, 開陳義理, 委曲懇惻, 每被眷遇之隆重, 逮其遭罹喪亂, 奔走內外, 備嘗艱難, 以圖興復, 竟爲中興元功. 公且有吏才, 嘗曰: "刀筆之業, 不足爲貴, 然作宰相者, 亦不可不習吏文也." 方倭寇充斥, 天兵滿城之日, 羽書旁午文移, 動如山積. 公到省, 則以申欽疾書, 必命執筆口呼成文, 聯篇累牘, 迅如風雨, 而筆不停寫, 文不加點. 公以書狀赴京時, 序班引僧道二流, 序於前例也, 公謂諸生曰: "章甫反居彼後乎?" 諸生曰: "彼有官故也." 公謂序班曰: "吾輩以冠裳[12]之人, 不可立於道釋之後." 序班言於鴻臚, 引二流置後, 廷中動色. 公久爲三公, 淸貧如寒士, 晚歸安東舊庄, 家食十載而卒, 朝野惜之.

---

11) 無: 저본에는 '亡'으로 나와 있으나 가본에 의거함.
12) 冠裳: 가본에는 '衣冠'으로 되어 있음.

外史氏曰: "西厓以文識才猷, 早歲蜚英, 爲國需用. 及龍蛇之歲, 軍國事務皆擔夯, 勳業炳烺, 靑史最是. 臨大事, 決大義, 隨機應變處, 凝然不動, 以鎭靜爲本, 彌綸調劑之功, 深得古大臣體也."

○第百二十三号 拾遺部二【直諫】

16-3. 觸天怒忠諫盡節

朴文烈公泰輔, 字士元, 號定齋, 潘南人也. 文學才諝, 爲世推重, 久侍經幄, 多直言極諫. 肅宗己巳, 坤殿遜位, 公以前應敎, 與前判書吳斗寅, 前參判李世華等八十餘人, 詣闕上疏. 公取疏本添刪, 手自繕寫以呈疏, 略曰: "人孰無過, 改之爲貴. 誠願殿下, 深推大義之所在, 俯察群情之所同[13], 收還威怒, 亟寢成命, 俾天地日月復見, 合德而齊耀, 以慰東方億兆憂遑顒望之情焉." 疏入, 上大怒, 夜二更, 卽出御仁政門[14], 急召大臣·三司·禁堂, 促令具親鞫器械. 先鞫吳·李二公, 後拿致朴公於庭, 天怒震疊, 攘臂[15]厲聲, 而敎之曰: "汝自前日, 固已犯我而肆毒矣. 予固痛惡之久[16], 而未克斬汝頭, 今日又見如許之辱. 汝今背我, 而自附於婦人, 汝有何意爲此兇逆之事乎?" 公對曰: "君臣父子, 俱爲一體, 今有人於此, 其父欲出無罪之母, 則爲其子者, 豈不泣諫於其父乎?" 上愈怒, 曰: "此漢去愈[17]辱我也! 如此毒物, 殺之何難?" 命姑先刑訊, 而火刑·壓膝之具, 又令輸入, 敎[18]曰: "此漢等欲爲婦人立節, 此何意耶?" 判義禁

---

13) 同: 마본에는 '在'로 되어 있음.
14) 仁政門: 나, 다본에는 '仁政殿'으로 되어 있음.
15) 攘臂: 주필로 삭제표시가 되어 있음.
16) 久: 저본에는 빠져 있으나 가본에 의거하여 보충함.
17) 愈: 가본에는 '益'으로 되어 있음.

下庭, 箇箇嚴杖而問之, 公徐告曰: "若以製疏之罪治臣, 則望須拈出疏中語條刑下詢, 臣當詳達矣." 上曰: "汝疏中'相軋相逼愬間浸潤'等語, 是何言也?" 公細細條陳, 曰: "今閭巷匹夫之有妻妾者, 不能齊家, 偏愛其妾, 則固有相軋浸潤之事. 伏見近間, 殿下恩寵太盛, 不幸於今有此莫大之過擧." 上曰: "汝果以我謂偏信邪妾耶? 汝敢比予於誣告人李光漢耶?" 乃親自提名, 召羅將高義金, 使之猛杖, 以黑索繫頸結股, 杖杖申飭, 左右承旨・禁堂, 以至都事・羅將, 齊聲呼喏, 有若雷擊, 城中遠近, 莫不聞其聲而懍怖矣. 一次旣準, 吳・李二公, 皆刑推後, 又上朴公嚴刑, 皮肉糜脫, 濺血滿面, 而神色不變, 未有痛楚之聲. 上益怒, 曰: "汝胡不遲晚乎? 洪致祥以誣上不道, 遲晚伏法, 汝已目見, 而何不供誣上之[19]遲晚乎?" 公低聲而對曰: "洪致祥, 則是渠獨自爲之事, 矣身今疏, 則一國共公之論, 何可比之於致祥耶?" 上曰: "汝何爲此妬女肆其奸毒耶?" 公復改容, 厲聲而對曰: "夫婦人倫之始, 殿下何忍向中宮之言, 若是鄙慢[20]耶?" 上愈怒, 曰: "汝果攻我, 一向如此否? 汝定不以誣上不道遲晚耶?" 公曰: "中宮之過言, 曾[21]不聞矣. 自元子誕生之後, 殿下之見過如此, 臣斷以爲愬間浸潤之讒, 入於其間, 而殿下莫之察也." 天怒如山, 玉音不成, 良久, 乃敎曰: "此漢此漢! 汝更說道此言, 此何言也, 此何言也? 汝終不以不道遲晚乎? 此漢奸毒, 甚於金弘郁矣!" 因敎羅將, 曰: "不計杖數, 彼漢如更發言, 隨卽批口, 可也." 公有所云云, 則上曰: "胡不撞口?" 羅將不忍直擣, 佯批其口, 卽[22]

---

18) 又令輸入敎: 가본에는 '卽待令, 又敎'로 되어 있음.
19) 之: 가본에는 '不道'로 되어 있음.
20) 鄙慢: 주필로 삭제표시가 되어 있음.
21) 曾: 저본에는 빠져 있으나 가본에 의거하여 보충함.
22) 卽: 저본에는 빠져 있으나 가, 나본에 의거하여 보충함.

命施壓膝, 公曰: "臣於今日, 已分一死, 而殿下過擧, 輾轉至此, 則恐不免爲亡國之主, 臣竊痛恨." 上曰: "予爲亡國之君[23], 於汝何有哉?" 對曰: "臣是喬木世臣, 與國同休戚之身, 豈不爲國痛惜乎?" 上顧謂史官曰: "泰輔如此之言, 勿須記也." 壓膝二次, 又無忍痛之聲, 上益加威怒, 曰: "施刑若此, 而無一番呼痛, 其毒若玆, 辱我至此, 無足怪也. 汝果終不爲遲晩乎? 汝以奸惡之女, 謂汝偏黨而如此矣." 公對曰: "矣身賦性[24]悻直, 與俗不諧, 未嘗有護黨之事, 若果追逐黨比, 迎合世路, 則豈不爲將順殿下之志, 而有此獲罪耶? 今殿下以此爲敎, 意殿下以臣一邊之人, 而有此慘刑也." 上益怒, 曰: "汝敢爲西人・南人之說, 而終不遲晩耶?" 命施火刑, 倒懸於木, 自膝以上, 並皆燻灼. 上曰: "汝猶不以誣上不道遲晩耶?" 公曰: "雖如此慘刑, 實無一毫不道之罪, 何可遲晩乎? 臣聞壓膝・火刑, 俱是治逆極刑, 臣有何罪, 與逆子同律乎?" 上益怒, 曰: "汝漢之罪, 浮於逆賊!" 天怒盛如雷震, 乃令無數煅灼. 上曰: "汝今至此, 猶不供遲晩耶?" 公對曰: "臣誣供遲晩, 則是內欺臣心, 上欺殿下, 雖骨消, 決不可誣供遲晩. 臣出入經幄十餘年, 少無輔導君德, 使我殿下有此大過擧, 此則矣身之罪, 而此外更無他罪." 上顧史官曰: "泰輔如此之言, 不須載錄也." 上命隨處烙之, 俾無一片生肉. 權大運囁嚅咨且久, 乃進曰: "火刑之法, 本有其處, 今若如此, 則恐爲日後謬規." 上曰: "若然則依例爲之." 上曰: "此漢此漢! 汝果終不遲晩乎?" 公對曰: "矣身實無某事可供遲晩, 殿下如欲殺臣, 則雖直驅而肆諸市朝, 安敢辭避, 而何必强受誣供遲晩耶? 臣伏見殿下發此過中之怒, 長夜至曉, 聖怒猶赫, 大凡過發盛怒, 有損精神, 竊恐

---

[23] 君: 가본에는 '主'로 되어 있음.
[24] 性: 마본에는 '命'으로 되어 있음.

玉體有傷也. 至於遲晚, 則聖敎雖如此, 而豈可欺心欺君誣供遲晚耶? 決不可爲也." 又暫笑, 復奏曰: "今若遲晚, 則臣死歸地下, 不免爲不勝刑誣服之鬼, 而爲象鬼指笑之囚, 豈非可恥之甚者乎? 今臣母年七十, 父亦六十餘歲矣, 臣若死於今日, 而不得復見, 則人子情理, 誠切慘毒, 臣豈不知念及於此哉? 然旣許身於國, 則今日之死, 有不可避, 豈可顧念於私情耶? 殿下若欲殺臣, 則須速加誅殛, 如其不可爲之遲晚, 則臣決不可爲望, 須勿使勒捧也. 且臣死, 固不足惜, 而殿下何忍爲此無前之過擧, 而不知爲聖主無窮之累德乎? 惟我母后, 嘗以儲嗣之久曠, 恒加憂恤之心, 頃年, 嬪御之選入, 亦出內殿之勸導, 則及今元良載誕之後, 豈有妬尅之心乎? 此殿下必聽浸潤之譖, 而爲此莫大之過擧也. 臣生不能救, 寧欲死而溘然無知, 望須速加殛典. 今臣心事旣陳之後, 更無他可供之辭矣." 自是, 雖無數煆灼, 威脅捧招, 而閉目緘口, 終不一言. 上不勝盛怒, 以手擊地而叱曰: "判義禁不能親自下去, 捧招於此漢耶?" 閔黯聞命, 趍下惶忉戰慄, 語不成音, 曰: "罪人胡不速書遲晚?" 公開眼視之, 厲聲而[25]答曰: "吾有何遲晚之罪, 而逼迫至此耶?" 黯低頭無聊而去, 告於上曰: "終無遲晚之意也." 上乃知其終不可威脅, 復誘之以可生之道, 厲聲下敎曰: "此漢昏迷甚矣! 若供遲晚, 則卽可放出, 而終不遲晚, 不思甚矣." 公對曰: "殿下何用欺臣, 直驅而誅之, 其誰禁之, 而乃詭道欺紿耶?" 烙刑又至二次, 煎灼焦爛之狀, 慘不忍見[26]. 上俯視良久, 玉色若有惻隱之心, 遂起還內, 而命設鞫於內兵曹, 時已平明矣. 命別監檢視其死生, 別監還告以不死, 上曰: "朴泰輔之怪毒, 知之久矣. 今施如此之刑, 而終不一爲痛呼之

---

25) 而: 저본에는 빠져 있으나 가본에 의거하여 보충함.
26) 見: 가본에는 '正視'로 되어 있음.

聲, 怪毒强惡, 甚於金弘郁矣." 羅卒輩[27]遂唱告解縛, 公始通其呼吸長息, 語曰: "喉吻焦乾, 氣窒不通, 幾至死境云." 差備門書員, 潛以一器糜水, 注諸口中, 僅得回甦, 因問其書員姓名矣. 押公至內兵曹, 將加刑, 睦來善盛氣, 分付羅卒曰: "今此罪人, 固當各別嚴刑也." 因申飭不已, 公亦厲聲曰: "其在御前, 則天怒震疊, 固當嚴刑, 而吾有何大罪, 今到外庭, 猶若是深治耶?" 因謂羅卒曰: "堂上旣嚴飭, 何不猛杖乎?" 來善猶得得, 若不聞者然, 杖杖申飭, 遂加刑一次, 脛骨乃至拉碎, 髓汁如泉湧矣. 噫! 黯於上前, 承命捧招, 而猶且聞言憮然, 則是固一端之良閫, 然不可誣者存矣. 來善則[28]少無惻隱之意, 有若私讎之報復者然, 噫! 亦甚矣. 此時[29], 參疏諸人, 待命門外, 皆知公必死, 只推胸痛哭而已. 鞫刑旣畢, 羅卒傳呼覓來裹膝之物, 金夢臣·趙大壽, 各截自家衣裾, 送之, 而猶不足, 公謂都事李廷泰曰: "可裂吾道袍袖而裹之." 廷泰裂其袖, 縷堅靭不卽裂, 公曰: "以刀順縫而裂之, 可也." 廷泰猶神奪手戰, 不能裹, 公皆指揮裹之, 出袖中扇, 付之廷泰, 曰: "此物在袖, 頗妨運用, 幸須傳吾家也." 仍具鎖械, 下之禁府. 公之大人副學公, 在禁府門外依幕, 欲試其精神, 使人願見其手書, 公曰: "今聞治以逆律, 雖父子間手書相通, 甚未安, 玆不敢云矣." 明日, 將更鞫, 權大運箚曰: "泰輔之罪, 萬死無惜, 而若更鞫, 則恐傷欽恤之仁, 請減死." 上遂命絶島圍籬安置, 定配珍島. 公出禁府, 老少婦孺, 皆奔走, 願見賢大夫之顏範, 相與揮排, 直入流涕悲惜, 至有失聲長慟者, 街路塡塞, 不能作行. 公於稠人之中, 尙記親舊顏面[30], 擧手而謝之.

---

27) 羅卒輩: 가본에는 '羅將輩'로 되어 있음.
28) 來善則: 가본에는 '至於來善'으로 되어 있음.
29) 此時: 저본에는 빠져 있으나 가본에 의거하여 보충함.

公火熱攻中, 呼吸不通, 命在頃刻, 不能作行, 暫憩于明禮坊本第, 迫曛出南門. 市廛長老垂白之類, 爭先脫笠, 擡公所乘轎, 曰:"此公行次, 吾輩願極力保護." 遞相擔擡, 以至門外, 人心之不可誣者, 有如此矣. 公曰:"自料氣力, 決難支久, 而至今不死, 或者轉尋生道, 則遠途無聊之時, 或有披書之道, 幸須收拾書冊付諸行中也." 至露梁, 病不得行, 聞中宮已出私第, 公歎曰:"國事罔極云." 雖濱死, 而父子相對, 終無怨懟之語, 副學公曰:"汝今更無可生之望, 亦奈何? 只從容就盡, 以善其終, 可也." 對曰:"敢不如敎." 副學公遂泣而出, 俄而, 公卒云. 有人爲輓, 曰:'易地君應爲六臣, 靈筵何又[31)]露梁濱. 皇天亦識願埋意, 故遣忠魂與作隣.'甲戌, 坤殿復位後[32)], 贈公吏判, 賜諡旌閭.

外史氏曰:"自古, 忠諫之士, 雖或牽裾折檻, 而豈有若此之抵死靡渝者乎? 天威震疊之下, 忍所不堪, 一息如線, 而言言切當, 不失告君之辭, 苟非干霄之直節, 貫日之篤誠, 則曷能辦此直哉? 史魚之如矢, 旣死猶以尸諫者, 可於公亦云耳."

16-4. 犯雷威直言擧職

趙尙書重晦, 峭直敢言. 英廟靜攝中, 一日, 命入梨園樂及女伶, 自內長宴. 時尙書在言官, 獨詣臺廳, 啓以不正之色・不雅之樂, 此是前代帝王所以亡國也, 亟賜[33)]撤去. 上大怒, 卽有建明門設鞫之命, 擧朝遑遑. 先自臺官及書吏, 喝導並蒙頭拿來, 大臣禁堂, 皆命

---

30) 顔面: 가본에는 '面目'으로 되어 있음.
31) 何又: 가본에는 '又何'로 되어 있음.
32) 後: 저본에는 빠져 있으나 가본에 의거하여 보충함.
33) 賜: 가본에는 '命'으로 되어 있음.

招諸司豫備, 而閤內無動靜, 管絃之聲不絶. 申後, 下教曰: "更思之, 臺言好矣. 俄者, 設鞫之命還收, 臺官及吏隷, 一並放送. 而不可無襃賞之典, 內下茶啖二床, 御酒二甁, 一則饋吏隷." 又賜虎皮一領, 臺官及吏隷, 驚魂纔定, 盡意醉飽. 及其退歸之時, 前導下隷, 蒙虎皮, 而呼唱於大路, 路傍觀者, 問其故, 答曰: "主上殿下, 挾娼會飮, 見捉於禁亂, 吾方收贖而歸云." 聞者絶倒, 諫院至今, 有虎皮之藏焉. 英廟每於歲首, 展拜於[34] 毓祥宮, 時[35] 尙書以臺諫上疏, 以爲, '歲時[36] 未行太廟之謁, 先拜私廟, 於禮不可.' 上大怒, 卽以步輦, 直出興化門. 時當倉卒, 儀衛未備, 由夜晝峴, 到毓祥宮, 垂涕而教曰: "不肖之故, 辱及亡親, 以何面目, 更對臣民乎? 予當自處, 令軍兵執戟環衛, 而大臣以下, 一勿許入, 如許入, 則大將當施軍律!" 又教曰: "八十老人, 若坐氷上, 不久當死." 因以手足沈之前池氷雪之中, 百僚追到, 而被阻搪不得入, 正廟以世孫, 獨侍立, 涕泣而諫之, 終不聽. 少焉, 玉體戰慄, 世孫叩頭涕泣, 而復諫之, 上曰: "斬趙重晦頭來, 置之目前, 予當還宮." 世孫急出門, 招大臣, 令曰: "趙重晦斯速斬頭以來!" 時金相相福, 獨立於衛外, 奏曰: "趙重晦無可斬之罪, 何可迫於嚴命, 而殺不辜乎? 惟伏願邸下, 務積誠意, 期於天意之回." 世孫頓足而泣, 下令曰: "宗社之危, 迫在呼吸, 大臣何愛一重晦而不奉命乎?" 金相對曰: "此是大朝過中之擧, 何可因過擧而殺言官乎? 臣雖死, 不敢奉令." 上下相持之際, 自上下教, 曰: "趙重晦姑勿斬, 先以庭請, 啓辭入之." 金相因與諸臣, 呼草登啓以入, 上覽之, 裂書而擲于地, 曰: "此是啓辭乎?

---

34) 於: 저본에는 빠져 있으나 가본에 의거하여 보충함.
35) 時: 저본에는 빠져 있으나 가본에 의거하여 보충함.
36) 歲時: 가본에는 '歲頭'로 되어 있음.

乃趙重晦之行狀也." 諸臣改草, 以亟正邦刑, 入啓, 上命三倍道濟州安置, 卽日[37]發送而還宮. 趙未及濟州, 而有放釋之命.

外史氏曰: "古語云: '疾風知勁草.' 又曰: '君明臣直.' 趙公之批鱗, 可稱極諫之士, 而時値聖明之世, 故有此勁直之論[38]. 至於霽雷霆之威, 而施雨露之澤, 可以仰大聖人轉圜之量矣,[39] 猗歟盛矣!"

○第百二十四号 拾遺部三【風情】

16-5. 名士好勝占花魁

李判書益輔, 與某宰, 生同庚, 居同衖, 幼同學, 長同業. 以至上庠登第, 無不同年, 翰苑瀛館, 亦皆同選. 地閥·人望·文識·風采, 莫能甲乙, 每事互與爭勝, 不肯相下. 適伴直玉署, 相約曰: "吾兩人自幼及長, 事事皆同, 無以定其高下. 聞南原某妓, 爲國中第一名花, 以先着鞭於此妓者爲勝." 未幾, 某宰以湖南左道京試官, 明將出去, 蓋以他人之代而試期迫近也. 李於直中聞之, 卽欲飛也, 似先往而無可奈何, 咄歎不已. 繞壁彷徨, 直僚怪問之, 李笑道其由, 曰: "吾以此事, 從今讓一頭於某友, 豈不憤哉?" 直僚亦笑之. 明朝, 某宰辭朝時, 歷入玉暑, 對李談話, 意氣揚揚, 顯有壓倒之意. 大言自矜, 曰: "從此, 吾可以勝君, 甚快哉!" 李强作言笑, 而心懷不平, 垂頭喪氣, 繼而忿恨, 擧扇拍某宰之肩, 曰: "君之此行, 獨占花魁, 可謂驪珠之先獲, 須好爲之." 相與一笑而別. 是夕, 忽有入直玉堂, 入侍之命, 下封書馬牌, 李忙出城外, 坼見封書, 卽湖南

---

37) 日: 가본에는 '令'으로 되어 있음.
38) 論: 라본에는 '諭'로 되어 있음.
39) 大聖人轉圜之量矣: 가본에는 '大聖人包容轉圜之弘量矣'로 되어 있음.

左道暗行御史之命. 乃大喜, 期欲先到南原, 未暇俶裝, 當日登程, 罔夜疾馳, 及抵南原, 探問京試官行期, 則朝已來到矣. 遂於邑底, 忙急鉤廉, 得數件事, 因露蹤於客舍. 是時, 一府上下, 漠然未聞繡衣之[40]先聲, 忽地出道, 擧[41]皆驚遑震蕩. 李乃捉入罪人等, 略略推閱後, 卽呼隨廳妓, 使前而點檢之, 無某妓名, 乃拿入戶長, 大喝曰: "御史是何等別星, 南原卽道內色鄕, 而今此隨廳妓, 全不成樣, 豈有如許擧行? 可速換定以入." 吏喘急唯唯而退, 卽極擇妓案以換入, 而亦無某妓. 御史大怒, 大張刑威, 戶長及首奴·首妓, 並拿入, 號令曰: "吾聞汝邑某妓, 卽敎坊翹楚, 而再換隨廳, 終不待令, 汝輩擧行, 何敢若是慢忽? 可速令現身也!" 戶長等齊告曰: "某妓則京試官使道已定隨廳, 不令須臾離, 故不得待令, 而雖嚴令之下, 小人等亦無可奈何矣." 御史拍案大叱, 曰: "汝輩以此妓稱爲京試官隨廳, 敢欲抵賴乎?" 因命以別杖嚴刑, 十度內打殺, 威令嚴於霜雪, 一邑戰慄. 於是, 吏奴家人及三班官屬, 並詣京試官館所, 號泣而訴曰: "三人命在頃刻, 伏乞特垂活人之德, 暫令出給某妓, 則當現身於御史道, 少待威怒之稍霽, 今日內, 另圖還來隨廳矣. 幸許濶狹, 俾救將死之衆命, 千萬至祝."[42] 京試官不忍彼輩之無罪就死, 又想, '緣吾不出給某妓, 果有打殺彼輩之事[43], 則不無由我之歎. 且御史不知爲誰, 而因一妓事, 遂成嫌怒, 殊垂共濟之義, 亦是[44]不幸.' 乃出給某妓, 曰: "暫令現身, 旋卽率來, 可也. 否者, 吾亦豈無施刑之道乎?" 衆歡天喜地, 拜謝曰: "旣蒙河海之澤, 敢不卽令還

---

40) 之: 저본에는 빠져 있으나 가본에 의거하여 보충함.
41) 擧: 가본에는 '一邑'으로 되어 있음.
42) 千萬至祝: 주필로 삭제표시가 되어 있음.
43) 事: 가본에는 '端'으로 되어 있음.
44) 是: 주필로 삭제표시가 되어 있음.

現⁴⁵⁾乎?" 遂將此妓, 納于御史, 御史大喜見之, 則果妙物也. 乃解下吏奴, 屛退左右, 携妓入室, 爛熳作戲. 事訖, 命入肩輿, 使某妓隨後, 直向京試官館所, 以扇遮面陞廳, 而大呼京試官之字, 曰: "今日, 吾乃快勝矣! 果何如?" 京試官實不知御史之爲何人, 而李則自家辭朝時, 見其持被玉署, 今日之行, 尤所不意, 忽地相逢, 乃大驚懍慌靡措. 且念某妓之被他先着, 不勝憤歎, 面色如土. 李因命大張風樂, 相與一場戲謔而罷. 蓋自上亦聞李與某宰玉署直中相約之說, 故京試官下直之日, 特遣繡衣, 俾得以爭春云.

外史氏曰: "人有好勝之癖, 殊乖謙, 謙卑牧之意. 傳云: '無友不如己者.' 可見其取友, 必勝己者, 而無好勝之心也. 李宰此事, 雖近於風流戲劇, 而未免有壓勝底意, 然豪放俊逸之氣, 亦足以想見其志槩之不草草也."

16-6. 少妓佯狂赴芳約

李參判宅鎭, 以海伯, 巡到谷山, 嬖一妓, 名梅花, 有姿色, 率置營中, 甚寵愛. 一名士新莅谷山, 延命巡營時, 瞥見其姸, 心欲之, 還衙, 招其母之以老妓退居者, 賜顔而厚遺之. 自是, 使無間出入, 錢帛·米肉之賚予相續, 如是者數月, 老妓心竊訝之. 一日, 問曰: "老賤之物, 過加眷愛, 有何見敎?" 守曰: "汝雖老, 自是名妓, 故要與破寂耳." 他日, 又問: "使家於小人, 如是款厚, 必有用處, 何不明敎之? 恩旣厚矣, 雖⁴⁶⁾赴湯蹈火, 所不敢辭.⁴⁷⁾" 守乃言曰: "吾往巡營時, 見汝女, 心乎愛戀, 不能忘之, 幾至生病. 汝若招來, 得以

---

45) 還現: 가본에는 '待令'으로 되어 있음.
46) 雖: 저본에는 빠져 있으나 가본에 의거하여 보충함.
47) 所不敢辭: 가본에는 '何敢避'로 되어 있음.

一接芳面, 死無憾矣." 老妓笑曰: "此至易之事, 何不早敎也?" 卽歸家, 專人急報于其女, 曰: "吾偶嬰無名之疾, 駸駸至於危境, 惟以未見汝, 將不瞑, 可速圖歸面訣也." 梅花見書, 泣告于巡使, 請往省之暇, 巡使許之, 資送甚厚.[48] 來見其母則無恙, 遂偕入衙中見守, 守年纔三十餘, 風儀動盪, 梅花一見, 而亦有艶慕之心, 自此薦枕, 兩情俱殷. 過數朔, 巡使促梅花還, 不得已將復向巡營, 谷守戀戀不忍捨, 曰: "從此一別, 後會難期, 將若之何?" 梅花揮淚, 曰: "妾旣許身, 當圖脫歸之計, 早晚還侍." 乃到巡營, 巡使笑問: "你母病何如?" 對曰: "始則委篤, 幸得藥效, 今已向差矣." 因在傍奉侍如前. 甫過月餘, 忽委臥呻吟, 寢食俱廢, 醫未執症, 藥亦罔效. 一夕, 以蓬頭垢面[49], 猝然突出[50], 拍手頓足, 狂叫亂嚷, 或歌或哭, 跳躍奔走於棠軒之上[51]. 人或挽止, 則蹙之噛之, 使不得近前, 卽狂症也. 巡使大以驚憂[52], 翌日縛置轎中, 送于渠家, 蓋佯狂也. 歸家之日, 入見本官, 語其狀, 自是[53], 匿在夾房, 情愛愈篤. 未久, 所聞自播, 巡使亦聞之, 若不知也. 其後, 谷山守往巡營, 巡使問: "梅花病狀何如, 本官間或招見否?" 對曰: "病則少差云, 而使道隨廳之妓, 下官何可招見乎?" 巡使冷笑曰: "願公爲我善守直焉." 谷守暗揣巡使之知其隱情, 乃上京, 嗾一臺官, 駁巡使而罷之, 因率畜梅花, 還歸[54]京第. 及丙申之獄, 辭連被逮, 其妻泣謂梅花曰: "主公今至此境, 吾已有決于心, 而汝則年少之妓, 何必在此俱焚? 亟歸汝家,

---

48) 巡使許之, 資送甚厚: 가본에는 '巡使許送, 資給甚厚'로 되어 있음.
49) 垢面: 가본에는 '鬼面'으로 되어 있음.
50) 出: 가본에는 '起'로 되어 있음.
51) 上: 가본에는 '上下'로 되어 있음.
52) 驚憂: 가본에는 '驚怪'로 되어 있음.
53) 自是: 저본에는 빠져 있으나 가본에 의거하여 보충함.
54) 歸: 저본에는 빠져 있으나 가본에 의거하여 보충함.

可也." 梅花泣曰: "賤人承令監之恩愛, 久矣. 今値禍患之時, 安忍背去? 有死而已." 未幾日, 罪人陷辟, 其妻自裁, 梅花躬檢兩喪, 殮葬之節, 克盡誠謹, 合祔於先塋之下. 又穿一壙於其下, 謂其家人曰: "我死必埋於此." 仍自決而死, 遂葬於其壙云.

外史氏曰: "谷守欺奪上官之房妓, 又惡其知吾隱情, 嗾人以逐之, 噫! 其甚矣. 道伯之任他逞慾, 知而若[55]不知, 無少較挈, 休休有老成之風歟哉! 胡澹菴飮於湘潭園, 愛妓梨[56]倩, 題'壁'[57]有梨頰生微渦'之句, 其後, 朱文公見之, 題詩云: '十年湖海一身輕, 歸對黎渦却有情. 世路無如人慾險, 幾人到此誤平生.' 繇是言之, '世路無如人慾險', 信矣."

○第百二十五号 拾遺部四【規諷】

16-7. 訪友見拒戒結交

趙尙書某, 少時, 友一洪姓士人, 契好甚密. 時當大比, 洪邀一詩人, 同硏勤做[58], 不許他人參座. 趙聞其有能詩者, 往訪之, 詢其姓名, 曰'宋偉', 卽詩名膾炙之人也. 因約曰: "吾亦明日來做." 洪心頗苦之, 然無辭可推[59], 唯唯而送之. 明往, 則一間屋[60]分半貯書籍, 主客二人, 據其半而坐, 無隙可容. 趙問其故, 答曰: "有內客來, 處書室而窄, 故移置耳." 顧其側, 有退軒, 纔可容膝, 趙曰: "坐此足

---

55) 若: 저본에는 빠져 있으나 가본에 의거하여 보충함.
56) 梨: 의미상 '黎'가 되어야 함.
57) 壁: 의미상 '傍'이 되어야 함.
58) 勤做: 주필로 삭제표시가 되어 있음.
59) 推: 가본에는 '答'으로 되어 있음.
60) 屋: 가본에는 '房'으로 되어 있음.

矣." 坐終日, 做數篇而去. 明日又往, 則鎖其戶, 而主客出坐退軒, 迎謂曰: "內客又移居此房, 吾與客姑坐於此, 然多非便, 不日當罷接矣." 趙笑曰: "勢似然矣." 呼其僮, 曰: "速往吾家, 取一藁席而來." 來則鋪之階上, 又做數篇而去. 明日又往, 則主人開戶延入, 所貯書籍, 已空矣. 笑曰: "吾與此客, 約以吾兩人外不接他人矣. 雖吾與子情親之間, 旣是約外, 故初欲拒之, 而終不去, 所以延入也." 趙亦大笑, 做滿百篇後, 欲辭去. 主人挽之, 趙曰: "吾詩視前日差進, 足可戰藝." 遂揖而歸. 自此絶交. 時人以是稱趙之量狹, 而訾洪之拒友也. 趙有弟某同居, 弟喜結交, 日出門訪友, 或經宿不還, 甚至留連數日. 或時不出, 則友朋之來者相續, 履舃交錯, 談笑喧聒. 兄問: "是何許人?" 弟曰: "皆吾切友也." 兄曰: "友者天下之至難, 而若是多乎? 彼皆汝知己之友乎?" 弟曰: "契托金蘭, 情若膠漆, 有無相資患亂相救者也." 兄曰: "然乎? 我將試之." 乃買一麂, 烹之, 刮其毛而白之, 裹以草席, 使奴負之, 謂其弟曰: "可訪汝最親密之友." 因至其家, 剝啄久之, 主人出問: "緣何深夜來訪?" 其弟答曰: "吾不幸殺人, 勢⁶¹⁾甚罔措, 今擔尸來此, 幸爲我善處之." 主人外示驚動之色, 且曰: "諾. 入且圖之." 立食頃, 仍不出來, 呼之不應, 顯有訑訑之意. 兄謂其弟曰: "汝之切友, 皆如是乎?" 去而之他, 又告其友如俄者, 其友辭以家有拘忌, 又尋他友家, 告如前, 其友大咤曰: "君欲嫁禍於吾耶? 勿復言, 可速去!" 凡走至三四家, 皆不見容接. 其⁶²⁾兄曰: "汝友止此乎? 吾有親知一人, 窮困年老, 居在某洞, 而不見久矣⁶³⁾. 第往觀之." 遂尋其家, 而道其由, 如其弟

---

61) 勢: 가본에는 '事勢'로 되어 있음.
62) 其: 저본에는 빠져 있으나 가본에 의거하여 보충함.
63) 不見久矣: 가본에는 '久不見矣'로 되어 있음.

之告其友者, 其人大驚, 曰: "且止, 天方向曙矣." 急携入家中, 取
鐾鍤之屬, 欲毀臥室之垓而藏之, 顧曰: "君亦助我幷力, 若遲則人
將見之." 趙曰: "毋用浪驚, 垓不必毁也." 指席裹者, 曰: "猪也, 非
人也!" 因將其事細述, 其人亦笑, 相携入室, 呼酒而來, 切其猪肉
而啖之, 敍其[64] 久阻之懷. 少焉告歸, 因挈其弟還家, 其弟大慚悔,
不敢復言交友云.

外史氏曰: "朋友者, 五倫之一, 古之管鮑·荀李, 尙矣. 世降俗
末, 友道之終始靡渝者, 果幾人哉? 對面則傾心輸幅, 若將千里同
好, 回頭則吹毛覓疵, 甚至於戈鋋相尋, 可不愼歟! 趙之戒其弟以
勿交, 亦非[65]達觀者耶?"

16-8. 尋倡聞言笑沽名

金生某, 嶺南人也. 富於貲, 而短於文, 將赴都會試, 抵大丘營
下, 寓於友人家. 要買文, 請友人紹介, 嶠南之以文名者, 並延攬,
輒出題試才, 或曰: "吾但慣習經史, 不嫺於外家書." 或曰: "余腹藁
雖富, 但無副急之才." 皆援引支吾, 曳白而退, 最後有人, 携一客
而來, 薦曰: "此卽道內有名之實才也." 金視其客, 絲絛穗拔, 藁履
跟顚, 笠挫袍煤, 鼻流淸涕, 貌甚愚蠢, 似無文者. 欲麾送之, 友人
曰: "觀其外, 未必知其內, 可一試之." 遂命題賦之, 一揮而就, 文
亦可用, 遂以百金買之, 果得中. 將留待覆試, 日與友人閒遊城市
間, 過曲坊[66], 友人曰: "此間有一妓, 新屬敎坊, 頗有名, 君欲見之
否?" 金曰: "吾嘗見嶺南臙脂譜, 序中有'白茅蓋屋, 曾無燕子之樓;

---

(64) 其: 주필로 삭제표시가 되어 있음.
(65) 非: 저본에는 빠져 있으나 가본에 의거하여 보충함.
(66) 曲坊: 가본에는 '坊曲'으로 되어 있음.

黃土爲床, 絶少芙蓉之帳; 泥漿半勺, 馬長卿消渴之茶; 鬼火一星,
宋子京高燒之燭'等句, 未知誰作, 而蓋醜詆之, 以爲狎遊者戒也.
此豈有名妓乎?"友人曰:"此妓則必名下無虛."因拉金而往至, 則
粉墻朱戶, 不似遐鄕之茅籬蝸壁[67], 卽有一媼, 邀至外室, 略敍寒
暄, 便導入內堂[68], 四壁粘錦箋・書畫, 屛茵・床榻・香爐・茶鐺之屬,
排置精麗, 閣藏紅白梅各一盆, 含藥未吐. 旋有一小鬟, 來告曰:
"娘子苦宿醒[69], 今纔起, 向窓下理粧, 乞貴人少俟." 久之, 又出報
曰: "娘子粧已竟, 因春倦, 伏枕少睡, 俟稍醒, 更衣出拜矣." 察其
意, 似大矜持者, 而金以要見美人, 當俟海棠睡足, 姑耐心以守, 而
注雙眸於簾間. 俄而, 老媼出捲簾, 蘭麝香過處, 一女娘冉冉而至.
金急睨之, 面粉斑爛, 脣脂狼藉, 纍然碩腹, 大如三石缸, 大踏步而
前, 彷彿運糧河漕船過閘也. 遂大駭, 顧友人曰: "名妓若此, 羞煞
章臺矣."友人自悔言之孟浪, 潛遁[70]去. 金進退兩難, 忍笑强坐, 詢
其名, 曰: "楚雲也." "年幾何?" 曰: "廿一歲." 金察其貌, 可三十餘
歲. 雲娘殊無愧色, 從容謂金曰: "名妓與名士, 若何?" 金曰: "等
耳."雲娘曰: "若然, 則名妓之稱, 妾何愧焉? 夫名士操三寸舌, 馳
騁詞壇, 使天下想望風采, 亦重其內才耳. 妾之浪得虛名者, 不在
脂粉之假面目, 而在床席之實工夫也." 金笑曰: "何謂工夫?" 雲娘
曰: "有開合, 有緩急, 有擒縱, 是卽名士作文秘鑰耳, 何問爲?" 金
大悅, 遂與繾綣, 繼而謂雲娘曰: "溫柔鄕, 洵有眞樂! 拔西子眉, 截
潘妃足, 割女瑩之陰溝, 而無少挫氣, 是猶購十二金釵, 圖日偎抱

---

[67] 蝸壁: 가본에는 '蝸屋'으로 되어 있음.
[68] 內堂: 이본에는 '內室'로 되어 있음.
[69] 醒: 다본에는 '醒'으로 되어 있음.
[70] 遁: 가본에는 '逃'로 되어 있음.

之不足, 令人眞箇銷魂也." 不半月, 盡蕩其資斧, 狼狽而歸. 友人聞之, 歎曰: "凡世之翩翩然號稱名士者, 未必皆有內才, 惟其工於趨時, 定有一篇假議論, 釣名弋譽, 至若蘊而不展者, 世無稱焉. 不意名妓亦然, 金生適墮其術中而不悟, 是名士之智, 又出名妓下矣, 哀哉!"

外史氏曰: "歷來名士言古學者, 曰'宋', 曰'唐', 曰'晋', 至漢人止矣, 而此妓工夫, 則天姥之所教軒皇也. 古歌云: '素女爲我師, 儀態盈萬方.' 是眞古學, 是眞名士."

○第百二十六号 拾遺部五【怪事】

16-9. 因借胎娛老三家

丁生某, 京居士人也. 無他才能, 但善生男, 一交輒孕, 孕輒得男. 子姓滿室, 而不能食, 力爲推奴, 往嶺南. 過太白山下, 迷路値暮, 入一村家, 瓦屋傑搆, 不下於洛中甲第, 婢僕如雲, 積穀如山, 卽富家也. 要見主人, 請寄宿, 乃許之. 主人鬚眉皓白, 鬢金腰紅, 風神秀偉, 不問可知爲富翁也. 接客頗厚, 客曰: "主人壽而富貴, 可謂大好福力." 翁歔欷曰: "天之與我, 只是食也, 無一點膝下, 曷云福乎?" 因問客: "年今幾何, 子女幾人?" 生曰: "年未三十, 子則十餘, 蓋一入房, 則輒有孕, 如豚犬之子盈室, 而家計甚[71]貧寒, 無以飼育, 還爲憂患矣[72]." 翁歎曰: "何等人有如許福分?" 不勝艷羨, 乃豊其供饋款待[73]. 至夜引生入夾房, 密語曰: "吾有披陳衷曲之

---

71) 甚: 저본에는 빠져 있으나 가본에 의거하여 보충함.
72) 矣: 주필로 삭제표시가 되어 있음.
73) 款待: 가본에는 '款接'으로 되어 있음.

事, 吾劣有財帛, 自少饒居, 今至老白首矣. 夫復何願, 而但賦命畸窮, 未育[74]一子, 爲其求嗣, 多置姬妾, 而終不有娠. 醫藥祈禱, 靡不用極, 而亦皆罔效, 産育之望, 此生已矣. 雖他人之子, 使吾家中有呱呱, 而一聞呼爺聲, 則死無恨矣. 尊旣善於生男, 幸爲我, 遍私吾三妾, 得以取種, 則吾便借胎而有子, 尊亦積善以裕後, 豈非兩便? 幸有以諒之." 生大駭, 曰: "此何敎也? 男女之別, 禮防旣嚴, 主客之誼, 與他尤異, 似此狗彘之行, 吾豈忍爲?" 因掉頭不已, 翁再三懇請曰: "吾之側室, 皆是賤物, 少無可嫌, 且深夜之事, 有誰知之? 賴公之[75]餘力, 獲有弄璋之慶, 則卽是無子而有子, 此生此恩, 何可忘也?" 竟至於含淚哀乞, 生心亦矜悶, 不得已竟許之. 翁大喜, 遂導生入妾房, 分三夜, 同稠三室, 如花燭之禮, 女亦冀其懷胎, 各盡繾綣, 因問生之姓名居住, 暗記于心中. 三宿之後告別, 主翁不勝悵然, 厚有贐遺, 生旣歸家, 彼此聲聞漠然. 荏苒數十年, 生之貧寠[76]轉甚, 數間茅屋, 不蔽風雨. 且多子無以容膝, 使衆子各贅居, 只與妻及一子同居, 生涯愁絶. 一日, 忽有妙少年三人, 美衣服, 騎駿馬而來, 陞堂羅拜, 生問: "客何爲者?" 三人曰: "吾等卽生員主之子也. 生員主能記某年某地三夜留宿之事乎? 吾三人同月生[77], 而日子稍有先後, 年今俱十九歲矣. 自幼至冠娶, 只知爲老翁[78]之子, 再昨年老翁棄世, 將被髮擗踊, 三母挽止, 曰: '汝非主翁之子, 卽京中某姓兩班之子也.' 因道其時事甚悉. 吾等卽當上來敍倫, 而主翁養育之恩, 不忍一朝背之, 喪葬之節, 盡誠無憾, 服心喪三年,

---

74) 育: 라본에는 '有'로 되어 있음.
75) 之: 저본에는 빠져 있으나 가본에 의거하여 보충함.
76) 貧寠: 라본에는 '貧寒'으로 되어 있음.
77) 吾三人同月生: 가본에는 '吾等三人是同月所生'으로 되어 있음.
78) 老翁: 가본에는 '主家翁'으로 되어 있음.

祥禫甫除,[79] 依母親所敎, 今始來覲." 生怳然大悟, 因問: "汝等之 母, 皆好在否?" 對曰: "無恙." 遂令與家人輩相見, 渾室莫不稱奇. 三子曰: "今見宅之形勢, 萬不成說, 適有行槖所携, 可供朝夕之 需." 遂呼僕, 卸入卜物·錢帛, 貿米炊飯, 裂布裁衣, 頃刻之間, 回 冷爲煖. 過幾日, 三子告其父曰: "吾等分執富翁[80]之財産, 平生衣 食, 綽綽有裕, 而千里運粮, 以養老親事, 力之所[81]不逮. 竊覸生員 主, 春秋已高, 諸嫡兄不文不武, 無以科宦, 赤手白地, 末由資生, 莫如撤家落鄕, 團聚一處, 穩度餘年." 生曰: "政合吾意." 遂盡室南 下, 處其大第, 見三妾各有家有子有婦. 居數日, 生具祭物操文, 哭 酹于富翁之墓, 京中贅居[82]之諸子, 並率來析産, 同居于一洞, 前後 左右摠數十餘家, 生輪往三妾之家, 以娛老, 如陸生之歌瑟, 過五 子穩享行樂, 又命三子, 使之祭富翁, 終其身云.

外史氏曰: "人而無子, 或有蜾蠃之負, 而老翁事, 則太不近理, 誠妄矣. 丁生之因此添丁, 賴以娛老, 亦分外之福, 凡人之多男子 者, 是乃上等福人. 噫! 天道無知, 伯道無兒, 其於命何?"

16-10. 得陰粉售利千金

彭義錫, 江界人也. 家貧鰥居, 因無恒産, 癖好游覽山水, 名勝無 處不到, 欲採蔘資生. 約同閈一人, 裹餕躡屩, 到閭延·茂昌之間, 轉入深處, 洞壑幽邃, 林樾蔥蒨, 淸溪白石, 景致絶佳. 二人顧而樂 之, 又行里許, 見路傍竪一木, 白而書之, 有二十字, 曰: '十口尙無

---

79) 祥禫甫除: 가본에는 '今祥禫旣除'로 되어 있음.
80) 富翁: 가본에는 '老翁'으로 되어 있음.
81) 所: 라본에는 '可'로 되어 있음.
82) 贅居: 라본에는 '餘居'로 되어 있음.

聲, 莫下土非輕. 反犬肩瓜走, 那知米伴靑.' 二人莫曉其謎語, 正惶惑間, 逢樵夫負薪唱歌而至. 問: "人家何在?" 樵夫[83]曰: "距此不遠, 而彼中非善地, 一入則不得返, 君不必往也." 彭曰: "何謂也?" 樵夫曰: "來時不見木碑所記乎? 此有妖邪傷人性命, 輒埋於此, 路傍之纍纍衆塚, 是也. 村民之有識者, 遂樹書以示人, 其暗包四字, 合成'古墓狐精', 君當了然, 盍速返?" 言畢而去. 彭心內疑慮, 猶不肯信, 前進入一洞, 有數三人家, 竹籬茅屋, 極瀟灑, 門外溪邊, 綠陰方敷. 見素粧二女子坐石澣衣, 容姿皆殊麗, 彭不意窮峽, 有此絶艷, 遽前而問曰: "何許女人, 在此深山寂寞之濱乎?" 女曰: "吾們早孀無依, 出家雲遊, 愛此幽僻, 相携居生此地, 喚做雙寡洞耳." 二人試挑之, 兩女相顧, 赵赳良久, 始諾, 遂携手入室, 供以鷄黍, 抵夜二人分往兩家, 各擁一姬而宿. 彭素有氣力, 雲雨旣始, 兩情方融, 忽自女陰中, 吸納陽莖, 牽挽甚緊, 莖漸深入, 幾至拔根, 痛不可忍. 彭大駭, 乃盡死力抽之, 有物若狗腸者, 絡於莖頭而出. 遂捲置席下, 而再擧之, 無此患矣. 問: "彼肉線何物也?" 女曰: "不知也." 又問女之來歷, 對曰: "吾兩人適人經一宵, 則夫輒死, 如是者屢, 誠天下之薄命也. 相與約誓, 不復改適, 伴居深山, 與世相忘, 或有人來, 要與綢繆者, 許之, 則亦皆一合而殞, 並埋於洞口, 如是者, 又不知幾次[84]. 此非吾們誘引, 卽渠自送死, 然心甚[85]惻隱, 不無由我之歎. 自是, 又相約誓, 更勿接人. 俄見, 客似有氣力之出類, 或不至於致傷, 則可以洩平生之恨, 而敍夫婦之倫[86], 故屢加商

---

83) 夫: 저본에는 빠져 있으나 라본에 의거하여 보충함. 이하의 경우도 동일함.
84) 次: 라본에는 '人'으로 되어 있음.
85) 甚: 가본에는 '則'으로 되어 있음.
86) 倫: 가본에는 '道'로 되어 있음.

量, 久乃應諾者也. 今逢君子, 穩過劫運, 可謂三生之緣, 願從此白頭[87]奉侍." 彭聞其言, 心異之, 詰朝, 訪同行人, 果不起矣. 彭大驚感, 躬往一慟, 厚裹埋瘞而歸, 其女亦願從之, 彭曰:"吾劣有强氣, 昨夜幾死僅生, 今難抖撒筋骸, 若得啜珍劑, 調補幾日, 可以行男子事矣." 女各出篋中之蔘䔩, 有大如童子者, 使餌之, 彭[88]氣力湧出. 遂與其女交媾, 陽物之牽納, 肉線之絡出, 一如前日. 遂與二女同室, 每日入深處, 採蔘可盈筐, 並前所採置者, 出而鬻之, 得累鉅萬財. 時人疑其蹤跡之殊常, 告于官, 官送校鉤致, 叩其委折, 彭以實對之. 官博物人也, 問:"肉線尙在否?" 對曰:"有之." 曰:"你當未知其用處, 吾可買之!" 乃以銀二千兩, 交易二條肉線, 彭甚訝之, 問:"此用何處, 價如是重乎?" 曰:"此名[89]陰粉, 惟天下絶色及至淫者, 有之, 蓋女子陰氣太盛, 則必得陽而用事, 故所以吸引陽物者也. 此是無價之寶, 陰乾作末, 以酒調服, 則雖平生未孕胎之女, 可一交輒孕, 而剛日服則生男, 柔日服則生女, 其效如神. 且於女人百病, 雖難醫之症, 用此少許, 無不卽瘥, 便是仙藥. 吾所以重價取之耳." 其後, 華人望氣, 求之, 輸白金一車而買去云.

外史氏曰:"本草載女人癸水, 稱以治熱良藥, 而此猶穢物也. 所謂陰粉, 眞有是藥, 則豈無岐扁之所論耶? 殊涉荒唐矣. 第其耽色而誤入, 至於戕命者, 豈不哀哉? 坡公云:'傷生之事非一, 而好色者必死.' 可喩於此耶?"

---

87) 白頭: 가본에는 '白首'로 되어 있음.
88) 彭: 저본에는 빠져 있으나 가본에 의거하여 보충함.
89) 名: 라본에는 '物'로 되어 있음.

○ 第百二十七号 拾遺部六【警悟】

16-11. 善感化諭盜歸良

申生某, 羅州人也. 爲人豪俊, 且以氣槩智略, 有名稱. 一日, 黃昏獨坐, 有一人, 服軍裝, 乘駿馬而來, 揖曰: "僕在海島萬里之外, 其徒數千, 而取人嬴餘之物, 用人堆積之財, 指麾[90]管領. 只有大元帥一員, 不幸喪逝, 葬禮甫畢, 青油遽空, 殆同龍亡而虎逝, 數千徒衆, 散無紀律, 不農不商, 生涯無路. 聞主人蘊不世之才, 有濟人之術, 僕之此來, 政爲奉邀足下, 權察元帥之事[91], 盛意若何? 苟或謀避, 則滅口在於反手." 遂拔劍促膝, 而威脅之. 生自想, '投身賊藪, 非不爲[92]羞辱, 而與其捐生於一劍之下, 無寧暫忍羞辱, 一以免目前之禍, 一以化凶徒之習, 不亦權而得中者耶?' 遂諾之. 其人命奴牽駿驄來, 請生上馬, 聯鑣而出, 疾如飄風. 俄頃, 已到海口, 有大紅船艤待, 下馬登船, 一帆風抵一島, 下舟登陸, 城池樓閣, 便一營府矣. 徒衆迎候, 導輿簇擁而入大家, 陞坐高堂, 衆皆拜現, 帷帳供饋之具, 極繁盛. 明朝, 軍裝邀來之人, 告以, '軍中財用罄竭, 有何見敎?' 生乃招校卒之伶俐者幾人, 敎以如斯如斯. 是時, 湖南有鉅富一人, 先塋在於某郡, 廣占岡麓, 禁養守護, 人無敢入者. 一日, 一棘人, 率地師數人及有服者幾人, 鞍馬僕從極豪健, 到山直家. 少憇, 遂一齊上山, 放鐵於最上塚腦後一金井地, 指點評論, 埋標而下來, 抽匣中簡幅四五張, 揮灑裁書,[93] 卽命奴子, 分傳于[94]某某

---

90) 指麾: 가본에는 '指揮'로 되어 있음.
91) 事: 가본에는 '任'으로 되어 있음.
92) 爲: 저본에는 빠져 있으나 가본에 의거하여 보충함.
93) 揮灑裁書: 가본에는 '揮書裁札'로 되어 있음.
94) 分傳于: 가본에는 '分付曰'로 되어 있음.

邑及巡營, 可受答以來. 又招山直, 謂曰: "某宰相宅新山, 定於俄
坐處, 非不知彼墓之壓近, 而大抵用山・禁山, 非專係於訟理, 實在
於彼此强弱之別, 汝雖彼家墓奴, 非所預知也. 宅之葬禮, 擇在某
日, 酒食當爲預備, 先給五十兩錢, 以此貿米, 釀酒而待之." 遂卽
馳去. 山直雖欲拒之, 無可奈何, 卽[95]忙告其狀於山主, 山主笑曰:
"彼雖勢家, 吾若禁斷, 則何敢用之? 當俟彼葬之日, 如是如是, 汝
輩可靜處, 以待之." 至其日, 山主調發家丁及奴屬之散在各處者五
百餘人, 又請隣里各洞出人以助勢, 十里內民夫多聞風而來者, 亦
七百餘人. 各持一杖, 向山而來, 漫山遍野, 便一白衣行軍, 並留山
上, 飮之以彼家所釀之酒, 結陣而待之, 終日無所見. 至夜半, 遙見
萬炬從大野陸續而來, 薤歌喧天, 勢若萬軍之驅來, 停柩於相望之
地, 山上軍擧皆納履荷杖, 奮拳蓄銳以待. 過食頃, 喧聲漸息, 火光
亦減[96], 稍稍若無人. 山上軍大疑之, 急使人覘之, 果無一人, 而火
皆一枝四五頭炬也. 回報此狀, 山主大悟, 曰: "吾家財物, 盡見失
矣!" 急急還視家內, 人命幸無致傷, 而錢穀財貨, 蕩盡無餘, 此卽
元帥聲東擊西之謀[97]也. 申生乃釀酒椎牛, 大犒徒衆, 因命庫中餘
儲及今行所得, 並積置於前庭, 令掌籌者計數, 分屬於數千人名下,
各爲三百金. 生乃爲文曉諭, 曰: "人之異於禽獸, 以其有五倫・四
端, 而汝輩以化外頑民, 隱伏海島, 嘯聚徒黨, 游手衣食, 以劫掠爲
能, 剽奪爲業, 離親去國, 不知幾年, 積惡作孼, 不知幾人. 余之來
此, 非爲助爾爲惡, 將欲化爾歸善. 人雖有過, 改之爲貴[98], 從今以

---

95) 卽: 가본에는 '卽日'로 되어 있음.
96) 亦減: 다본에는 '減'로 되어 있음.
97) 謀: 가본에는 '術'로 되어 있음.
98) 貴: 가본에는 '善'으로 되어 있음.

往[99], 革面革心, 東西南北, 各歸故[100]鄉父母焉養之, 墳墓焉守之. 浴於聖人之化, 歸於平民之域, 生無盜賊之名, 居有妻室之樂, 則其利害得失, 較孰多焉? 矧又所分之物, 足以當中[101]人一家産, 則於農於商, 何患無資乎?" 於是, 徒衆一時拜謝, 曰: "唯將軍令!" 其中一二漢不遵令者, 以軍法斬之, 卽燒其室屋, 領數千徒衆, 鱗次出陸, 各送於其鄕. 生則最後, 獨自還家.

外史氏曰: "申生有將略之人, 卽所謂藏於九地之下, 用於九天之上, 兵不厭詐詭遇獲禽者也. 且其言正理順, 使群盜感化歸良, 而桴鼓不警, 亦可謂一言勝於十萬[102]師矣."

16-12. 誤結交納賊失財

孫姓士人某, 嶺南鉅富也. 居密陽, 背山臨流, 專一洞壑, 門外大江東去, 所率廊下二百餘家. 士人雖積貲如山, 而以屢代鄕居, 姻親瓜[103]葛, 皆是土班[104], 每欲結交名士宰相, 爲發身之計, 而恨[105]未得其便. 適聞梁山守作故, 其甥姪朴校理, 爲其運柩, 自京下往, 而路過江上, 方午憩云. 士人欲交之, 卽馳往請見, 客犂然許之, 遂與敍禮, 視其客儀表俊美, 洵是名士風采. 因告以飽聞聲華, 但願識荊, 客遜謝不已, 士人曰: "弊居在此一帿場, 幸暫屈高駕, 使蓬蓽生輝." 客諾之. 遂携至其家, 盛備酒饌, 以款待. 客叩其家計凡節, 士人槩擧以告, 客頗有艶羨底意, 乃曰: "行程甚忙, 不可淹留,

---

99) 以往: 가본에는 '以後'로 되어 있음.
100) 故: 가본에는 '其'로 되어 있음.
101) 中: 가본에는 '衆'으로 되어 있음.
102) 十萬: 라본에는 '千萬'으로 되어 있음.
103) 瓜: 가본에는 '苽'로 되어 있음.
104) 土班: 라본에는 '土氓'으로 되어 있음.
105) 恨: 저본에는 빠져 있으나 가본에 의거하여 보충함.

回路過此, 當復奉晤." 因作別, 疾馳而去. 過幾日, 有人來, 傳一
札, 稱以朴校理書, 書中云: "梁山靷行, 當以某日過貴洞, 一行甚
多, 幸借五六奴家, 俾得以容接歇宿." 士人見書, 卽招奴僕, 擇其
五家之稍大者[106], 灑掃鋪設, 務極精侈[107], 又令家人多備酒食供饋
之需, 以待之. 及是日初昏, 靷行從木道而來, 下船登陸, 人馬騈
闐, 燈燭輝煌. 軍人之揚鐸而薤歌者, 吏民之執紼而哭從者, 監兵
營軍官之護喪者, 隣近邑守宰之送輀者, 打扮整齊, 威儀盛張, 便
是人山人海, 連續簇擁而來. 朴校理率五六從者, 先卽馳入, 揖主
人, 曰: "多蒙厚意, 利稅靷行, 層雲義氣, 曷以相酬?" 主人答曰:
"匍匐之義, 何足曰勞?" 酬酢未了, 自內急請主人入來, 卽入見室
人, 頓足, 曰: "大事出矣! 今聞婢僕之言, 所謂喪轝, 皆載兵器, 稱
以梁山喪行者, 卽梁山泊之徒云, 此將奈何?" 主人乃大悟, 然事已
到此, 亦無奈何? 强自寬慰而出來, 客問: "主人眉宇, 滿帶憂懼之
色, 有何事故耶?" 主人曰: "有小兒急病, 幸已差安." 客笑曰: "主人
量狹矣. 今吾所欲不過輕財, 至於土地·人畜·家舍·粮穀, 一不犯
手, 已定于心, 則所失雖不些, 數年之內, 自當補充, 何必深憂? 且
財者, 天下公器也, 有積之者, 則必有用之者; 有守之者, 則必有取
之者. 如君可謂積之者·守之者, 如我便是用之者·取之者, 盈虛消
長之理, 卽造物之常. 主人翁亦造化中一物, 何可常盈而不虛, 常
長而不消乎? 事已早綻, 不必以深夜作鬧, 或至於傷人害物, 幸主
人先告內室, 使婦女共聚一房也." 主人面色如土[108], 依客言措處.
客又曰: "主人應有愛惜之物, 此則早言之, 無使並失也." 主人以三

---

106) 者: 가본에 의거하여 '處'로 되어 있음.
107) 精侈: 가본에는 '精潔'로 되어 있음.
108) 面色如土: 가본에는 '面如土色'으로 되어 있음.

百金, 新買靑驢, 言之. 於焉之頃, 一行諸人, 咸換着軍裝, 持戎器, 簇立於外庭, 不知幾千百人, 箇箇身手健壯. 客下令曰:"汝輩入內室, 無論衣服·器皿·髢髻·釵釧·銀錢·珠貝·錦綺之屬, 一並搬[109]出, 而但婦女所聚之房, 雖有億萬金財[110], 愼勿近也. 財物雖重, 名分至嚴, 若有違令者, 必用軍律." 又誡以勿取靑驢, 且謂主人曰:"可領率彼輩入去, 免[111]致亂雜也." 主人遂導至房室庫樓[112], 無處不搜覓家産[113], 使之盡蕩[114]括出, 積峙於外庭. 乃以三百疋, 健馬馱載, 一時飛奔渡江而去. 客則落後, 與主人對坐慰之, 以塞翁得失, 譬之以陶朱散聚. 長揖告別, 曰:"如我之客, 一見已極不幸, 再逢尤非可願. 今此一別, 後會無期, 惟願主人達理順懷, 保重千金, 愼勿復生結交京華士夫之念也. 今番, 所謂朴校理者, 有何所益乎?" 及上馬, 又顧語主人曰:"失物之人, 例有追蹤之擧, 此則少無益焉. 幸主人毋用俗套, 免貽後悔." 主人曰:"何敢乃爾?" 遂飄然而去, 不知去處. 少頃, 數百家奴僕畢集, 咻咻慰問, 咄咄憤歎, 以追蹤之意, 爛漫相議曰:"此必海浪之徒, 宜無從陸之理, 此距海門不遠, 吾儕六七百人, 左右分隊, 疾走追之, 宜無不及. 況某海口有某大村, 某浦邊有某大庄, 若並力同追, 則渠雖數千徒衆, 安敢相抗? 而所失之物, 庶可推尋矣." 主人大叱而禁止, 其中老成解事者十餘人, 交謁更告曰:"彼之申囑以勿追, 卽威脅之言, 而亦不無自怵之意也. 小人等六七百壯丁, 一心合力, 則必無見敗之理[115], 第往觀

---

109) 搬: 라본에는 '取'로 되어 있음.
110) 金財: 가본에는 '財産'으로 되어 있음.
111) 免: 가본에는 '勿'로 되어 있음.
112) 庫樓: 라본에는 '屋樓'로 되어 있음.
113) 覓家産: 저본에는 빠져 있으나 가본에 의거하여 보충함.
114) 蕩: 저본에는 '意'로 나와 있으나 가본을 따름.
115) 理: 가본에는 '慮'로 되어 있음.

之, 乞蒙處分." 主人方趑趄未決, 忽於家後竹林中千餘健漢, 發喊
突出, 來集庭中, 拳之踢之, 毆之蹴之, 使彼六七百奴丁, 碎之如秋
風落葉, 拉之如枯雛腐鼠, 瞬息之頃, 擠夷踏平後, 便卽一時渡江
而去. 凡厥被打者, 無不僵仆, 良久, 爬將起來, 而皆被重傷, 幸無
一人之戕命. 翌朝, 攷檢失物, 無一存者[116], 而樧上靑驢, 又見失
矣. 數日後, 忽有驢[117]鳴於江上, 主人送奴覘之, 卽其靑驢, 而以銀
鞍繡韉, 獨立於江頭, 以革囊盛一髑髏血糢糊[118]者, 掛於鞍上. 且
有一封書, 其書曰: "日前, 再度趨晤, 出於許久經營, 而勢甚忙迫,
未能穩討, 何悵如之? 未審動止, 不瑕有損於驚動之餘耶? 財帛之
失, 竊料以執事洪量, 豈或有介于懷? 而不有臨別贈言, 竟致奴僕
之傷, 便是滄浪, 復誰怨尤? 所可銘感者, 以三百駄輕寶輸惠, 爲
島中一年之粮耳. 貴驢奉完, 而囊中物, 卽犯令偸來者之頭也. 幸
諒之, 不備. 某年月日, 前校理朴某拜." 主人見此書, 而失物之憤,
氷消雪瀜, 乃曰: "今世見一奇傑男子云."

外史氏曰: "人苦不知自足, 士人之穩享富饒, 亦足快樂, 而乃復
馳心名途, 要結貴人, 竟止於開門納賊, 蟹網俱失, 誠愚迷之甚者
也. 古詩云: '黃金結交日, 白刃起相讎.' 可不鑑乎?"

○第百二十八号 拾遺部七【仙蹟】

16-13. 毛儼接話渭城館

金判書尙星, 按嶺藩, 巡到咸陽, 宿渭城館. 夜半人靜, 寢門乍

---

116) 者: 가본에는 '焉'으로 되어 있음.
117) 驢: 가본에는 '一驢'로 되어 있음.
118) 糢糊: 가본에는 '淋漓'로 되어 있음.

開, 有啄啄聲, 公驚問: "誰也?" 曰: "竊有所懷, 願見巡相白事." 公乃起呼燭, 曰: "相公見此怪形必駭, 不須張燭." 公問: "何故?" 曰: "全身皆毛故耳." 問: "然則無乃古之毛女耶?" 曰: "非也. 我本尙州居[119]禹注書, 在昔中廟朝, 明經登科, 執贄于靜菴先生. 及己卯士禍, 金淨·李長坤等諸人推捉時, 自京逃走, 直入智異山中, 屢日飢困, 糊口無策, 採啜澗英, 摘啖[120]山菓, 僅以充腸救餒. 少焉, 放屎輒作水泄, 如是五六朔, 渾身生毛, 長數寸餘. 從此, 不飢不寒, 無喫着之憂, 行步輕捷, 漸如飛騰, 絶壁斷崖, 無難趁越. 每思以此形狀, 不可出山對人, 仍匿巖谷, 雖逢樵童·獵夫, 亦避而不見. 獨自優遊林壑, 或誦前日所讀之書, 回想故園, 父母·妻子, 皆已作故, 縱復還鄕, 與誰爲悅? 因此歸心已[121]斷, 只與山魈·林獸[122]爲隣, 以送歲月. 抌念身世, 自不覺涕涔涔下, 而形雖已變, 心尙不灰, 每欲一見世上人, 問世間事. 適聞巡行纔到, 敢此來現, 願聞靜菴先生誣案伸雪與否及後裔之興替耳." 公曰: "靜菴於某年伸寃, 從享文廟, 賜額書院, 處處有之, 子孫繁衍, 簪組相續矣." 問己卯事顚末, 乃一一詳對, 又問: "逃去時, 年紀幾何?" 曰: "三十五歲." 曰: "今距己卯, 爲二百餘年, 然則君之年紀, 可近三百歲矣." 曰: "中間日月, 送於山中, 吾亦不知爲幾許矣." 公聞甚異之, 欲饋以酒饌, 曰: "不願也, 斷烟火食, 已久矣. 如有果實, 可少嘗." 公曰: "果實今適無之, 明當備置, 可復來否?" 曰: "當如教." 因告退倏去. 公稱有身恙, 更留一日, 多積果實, 以俟之. 翌夜, 果又來現, 公迎入, 給以果榼,

---

119) 居: 저본에는 빠져 있으나 가본에 의거하여 보충함.
120) 啖: 다본에는 '吃'로 되어 있음.
121) 已: 가본에는 '永'으로 되어 있음.
122) 林獸: 가본에는 '野獸'로 되어 있음.

東野彙輯 卷十六　749

乃大喜啖之, 曰:"幸得一飽."問:"山中果實, 能得繼啖乎[123]?"曰:
"每秋拾取爲三四堆, 堪作療飢, 自絶穀以後, 氣力甚健, 雖猛虎當
前, 無足畏也."問:"君在己卯避禍時, 又有他人異蹟之可聞者乎?"
曰:"有之. 南西溪赴, 年十九登第, 官至典籍, 自幼多異蹟, 就學於
師, 每早朝挾冊而至. 其後, 多不至師家, 家人詗之, 中路入樹林
中, 有一精舍一人, 疎雅無塵氣, 南必入見講質, 至日昃而歸, 家人
詰之, 不言. 其後, 學修鍊之術, 及登第, 出入於靜菴門下, 值己卯
禍, 謫谷城, 因留家焉. 常送奴持書, 入智異山靑鶴洞, 見一彩宇,
極華麗, 有二人對碁局, 一則雪冠紫衣, 玉貌瀅絶; 一則老僧, 而形
甚古怪. 奴留一日, 受答而還, 始以二月入山, 草木尙未敷. 及出
山, 乃九月初也, 野中穫稻, 人皆謂南必得仙. 及卒, 年三十餘, 擧
棺甚輕, 家人啓棺視之, 無尸體, 而棺蓋上板內, 有詩一聯, 曰:'滄
海難尋舟去迹, 靑山不見鳥飛痕.' 村翁耘田者, 聞空中天樂寥亮,
仰見, 南騎白馬在雲中, 冉冉而上, 良久, 無所見. 三年內, 自空中
投書與家人者屢, 三年後, 不復有書云. 此因修鍊之學, 得到眞仙
之域者, 而如吾者, 不過地上走仙耳."又一場談話, 揚搉古今, 趁
曉辭去. 金公以其事涉誕怪, 未嘗向人說道, 及老閒居, 語其子弟
曰:"此異事, 可書識之云."

外史氏曰:"人不火食, 則遍體生毛, 能飛走如鳥獸, 漢之華山毛
女, 是耳. 禹避禍入山, 絶穀啖果, 能得不死, 垂三百載, 超脫塵劫,
優游長存, 卽毛女之類, 而亦地上仙也. 此皆天命攸定, 非人力之
所可營者, 蓋千古罕有之事也."

---

123) 乎: 라본에는 '否'로 되어 있음.

16-14. 驢客過吟洞庭詩

成虛白倪, 曾在玉署, 呈暇南歸. 其還也, 時値燠熱, 路傍淸溪白石, 淨如布練, 溪邊有樹, 敷葉垂蔭, 童童如蓋, 乃下馬歇鞍, 靠石而坐. 忽有一客騎短驢, 小童執鞭而隨, 亦至溪邊, 下驢就樹陰而憩. 成見客, 容貌奇偉, 敬禮之, 與語良久, 命進午餉, 客亦命小童, 開裹進柳盒, 盒中有兩器, 一赤血浮蝌蚪, 一烹小兒爛熟. 客擧而啖之自若, 成甚駭, 問: "此何物?" 客曰: "靈藥也." 成嚬蹙嘔噦, 不忍正視, 客留其半, 勸成喫之, 成辭曰: "食不曾慣." 客乃擧血器, 曰: "此則可飮否?" 又辭如前, 客笑而盡吃, 以其餘瀝與童, 童坐林下食之, 坐處稍間. 成甚異之, 托以便旋, 密問童曰: "汝主人何許人, 從何處來?" 童曰: "不知也." 成曰: "從長者游, 豈不知某處人某姓氏耶?" 答曰: "相遇於途, 但隨行而已, 若之何知之?" 曰: "自何時從游乎?" 曰: "自天寶十四載至今, 不知幾何歲月, 尙不知爲誰某也." 曰: "向所食兩器, 何物?" 曰: "其一靈芝, 其一千年童子蔘也." 成大驚且悔, 復向客施禮, 曰: "俗眼昏憒, 不識大仙之降臨, 禮節頗簡, 知罪知罪! 然今玆邂逅, 亦非偶然, 豈有附驥之緣而然歟? 俄進兩器之物, 或有餘存, 願少得嘗." 客呼童, 問其餘, 對曰: "小子因饑[124], 纔已盡食矣." 成滿心懊恨[125]而已. 客起揖將行, 吟詩曰: '朝遊北海暮蒼梧, 袖裏靑蛇膽氣麤. 三入岳陽人不識, 朗吟飛過洞庭湖.' 成問: "此詩作者誰也?" 曰: "僕之昔年所作也." 仍謂童曰: "此去暫休忠州達川邊, 夕踰鳥嶺." 遂揮鞭而邁, 驢瘦短而行不甚駛, 成躍馬, 趕之不及, 轉眄之間, 已踰一峴, 杳然不見其所之. 成悄悵歸家, 若有所失, 蓋識其所遇者, 乃呂眞人也. 蓋天寶十四

---

124) 因饑: 가본에는 '忍飢'로 되어 있음.
125) 懊恨: 가본에는 '懊悔'로 되어 있음.

載, 卽呂眞人胎化之秋也.

外史氏曰:"嘗觀『風土記』, 有曰: '呂岩客, 字洞賓, 唐禮部侍郎, 謂之孫遊廬山遇眞人, 得長生訣, 多遊湘潭·岳鄂之間.' 有詩云: '肘傳丹篆千年術, 口誦黃庭兩卷經. 鶴觀天壇槐影裏, 悄無人跡戶長扃.' 蓋其蹤跡所到, 倏忽異常, 人莫之識, 抑或雲遊無方, 亦嘗至於東國耶? 無乃我東之隱君子, 出而試之, 冒稱以眩人耶? 俱未可知也."

○第百二十九号 拾遺部八【淸福】

16-15. 訪嶺人嘲其宦游

宋判書眞明, 以暗行御史, 下嶺南, 到一處, 溪山秀麗, 景物甚佳. 轉過峽口, 聞水聲淙淙, 落花浮水而來, 以爲武陵桃源在不遠也. 下馬緣溪而進, 纔過里許, 林巒縈廻, 松竹掩映, 曲徑通幽, 漸入佳境, 又移百餘步, 一洞天呀然開矣. 有大村數百家, 田園交錯, 桑麻翳菀, 籬外午雞爭唱[126], 溪邊水碓自鳴, 幽事令人可悅. 望見一處, 場圃築前, 果園樹後, 粉墻圍繞, 高閣連雲. 步步而前, 有一大第, 長廊疊樹, 無異洛中之甲第. 過三重門, 仰視堂上, 一人峩冠博帶, 儀貌儼然, 支枕而坐. 傍有三四客, 或鼓琴, 或圍棋, 左右皮書冊, 几案圖書, 位置齊整. 庭下列奇花怪石, 堂邊小池, 荷葉初敷, 池邊有草堂, 衆少年開硏做工; 堂後書室, 塾師率群童訓課, 不問可知爲富家多子姓者也. 主人見客, 揖讓而入, 茶罷, 問姓名, 乃嶺中士族爲進士者也. 少頃, 侍婢進小饌, 精妙可餐, 因留客共宿, 供饋杯盤, 豊潔珍腴, 皆京洛罕有之物. 詢其産業, 給種數百斛, 僮

---

126) 爭唱: 가본에는 '唱集'으로 되어 있음.

持[127]居遠近者, 可六七百數. 翌日, 主人前導, 至後園, 園中有大池, 池中爲三山, 雜植花卉, 紅塢翠屛, 互映水面, 水底游鱗, 或潛或躍. 有小亭, 翼然特立於池傍, 峭巖之上, 梯而登, 則叉鬟數人, 肆設持酒饌而候矣. 一僮臨池, 釣魚貫索, 一婢立欄邊, 引索端上之, 銀鱗潑潑, 躍於席隅, 一盃一鱠, 趣味陶陶, 忽忘日之夕也. 留二日, 辭去, 未出洞口, 回顧夜宿處, 則便如玄圃·閬苑, 怳若有蘿雲巖烟, 襲人衣裾, 悵然不禁惜別之思也. 厥後, 御史官登列卿, 爲繕工監提擧, 有一人, 以本監奉事, 納刺請謁, 乃昔日嶺南某處主人也. 敍寒暄穩討, 約以明日往謝, 及到所住處, 時當季夏, 庚炎烘熱, 草屋一間, 湫隘蒸鬱, 塊處其中, 汗流翻漿矣. 問: "何故捨彼福地, 爲薄宦喫此苦也?" 答曰: "鄕居人做官然後, 門戶可保, 不得已也." 相視一笑而歸.

外史氏曰: "古人詩云: '妻孥衣食皆具足, 恨無田地少根基. 買得田園多廣濶, 歎無官職被人欺.' 此譏其不知足而求官者也. 只爲薄宦旅遊, 抛却田園樂事, 豈不有愧於不願五斗米折腰飄然歸來者, 而五更待漏靴滿霜, 不如三伏日高睡北窓凉, 亦非達理之言耶? 乃捨自家五百間, 淸風而矮簷, 熇熱飽喫苦況者, 都緣蝸角虛名蠅頭微利之故, 甚矣, 名利之欺人也!"

16-16. 對林友誇以峽居

安寢郞錫儆, 洗馬重觀子也. 爲人疎宕恢詭, 早謝公車, 放浪山水間, 詩酒娛老. 聞橫城治南深峽裏, 有曠土可居, 往視之, 林樾蒙翳, 蓬蒿滿地, 虎豹熊羆之所窟宅, 民無敢入者. 乃環山爲圖, 出印

---

127) 持: 저본에는 '指'로 나와 있으나 가본을 따름.

券于官, 斧松檟, 燔菑棘, 或墾或畬, 無非良田沃壤, 秋成得粟甚多. 隣境之民, 聞風繼屬而至, 過數歲, 成大村. 於是, 以牛馬載妻子來宅, 林處士配厚, 其友也, 徒步訪之. 長松怪石, 去墟落, 不下一二十里, 緣崖涉水, 於草樹間, 茅屋數椽, 架鏨爲扉. 左右兩三家, 槲籬菸塢, 鷄犬相聞, 蕭灑幽夐, 甚可樂也. 搴蘿入室, 坐語移日, 呼僮漉酒, 濁醪瓦樽, 泛瓢而至, 顧客曰: "深山裏[128]幸逢故人, 可劇飮也." 相與對酌, 至釅, 客曰: "子之謝却塵緣, 消受淸福, 非不高致, 而何以遣懷於寂寞之濱乎?" 主人曰: "山居幽趣, 自可遣懷, 春秋佳日, 杖藜躧屩, 往來林巒川谷之間, 憑眺探景, 松竹交映, 麋鹿成群. 野花隱隱生香, 而氣味恬淡, 非若檀麝之濃; 山禽關關弄舌, 而淸韻閒雅, 非若笙簧之巧. 此皆造化機緘, 娛目悅心, 靜賞無厭. 時或嘯歌吟詩, 悠然趣味, 與物無競, 向夕歸室, 則[129]有家人炊黍釀酒, 得以醉飽, 取案上書史, 攤繙以消閒. 顧此景會, 有誰知之? 吾自愛此, 可不謂至樂者乎?" 已而, 張燈對榻, 縱論千古治亂·人物文章事功, 歷歷若昨日事, 乃喟然嘆[130]曰: "世以我謂狂, 然謂我狂者, 乃眞狂也. 彼醉生夢死於名[131]利場, 迷不知返者, 非狂而何? 人生貴適志耳. 我則前無爵祿之縻, 後無斧鉞之懼, 山樵水漁, 飢餐渴飮, 偃仰屈伸, 惟意所適, 與其有譽於前, 孰若無毀於其後; 與其有樂於身, 孰若無憂於其心. 理亂不知, 黜陟不聞, 從吾心之所安, 而莫之敢禦, 以此謂狂, 可乎?" 相與大笑別去. 安在京師, 時與一士友善, 其友後爲大官, 位勢烜赫, 安絶不與相聞, 大官因

---

128) 裏: 가본에는 '僻處'로 되어 있음.
129) 則: 저본에는 빠져 있으나 가본에 의거하여 보충함.
130) 嘆: 저본에는 빠져 있으나 가본에 의거하여 보충함.
131) 名: 저본에는 '聲'으로 나와 있으나 가본을 따름.

人紹介願一見, 而莫能致安. 適以事抵洛, 大官物色之, 欲枉車來訪, 即日逃去. 嘗投西江人家, 留一日, 其日即春塘臺設科日也. 安約主人及隣居數三散人, 浮舟沿流上下, 作詩曰: '八路文章爭是日, 五湖烟月有孤舟.' 其志可見也. 除寢郎, 不就.

外史氏曰: "安寢郎, 是眞得物外之趣者, 聽其言論, 能使人盎然消鄙吝而爽襟懷也. 彼牽黃臂蒼, 馳獵於聲利之場者, 但見滾滾馬頭塵恩恩駒隙影耳, 烏知此趣之妙哉? 陳眉公曰: '世事無窮, 總是江湖浮泡, 人生有分, 不如山林怡情.'"

○第百三十号 拾遺部九【幻夢】

16-17. 百年光陰蟋蛄郡

黃一蕙, 浿城士人也. 性豪邁, 脫略邊幅, 好觀『山海經』及『搜神』·『述異』諸書. 一日大雪, 醉眠午榻, 見貴官賫詔至, 曰: "郡君見召, 速請命駕." 黃亦不問爲誰, 整衣而出見, 門外一奴, 控駒執策以竢. 黃卽躍登鞍上, 貴官導去, 至一亭, 解鞍暫憩, 見亭前溪水澄碧, 萬朶芙蕖, 嬌映水面. 黃曰: "如此嚴冬, 那得有此?" 貴官曰: "此新秋時也." 黃責其妄, 貴官笑曰: "君東國士, 眞少所見, 而多所怪, 請爲君言其崖略." 黃唯唯, 貴官曰: "吾郡去東國, 四萬七千餘里, 名曰'蟋蛄郡', 以日爲年, 朝則春, 晝則夏, 晩則秋, 夜則冬, 無紀年書, 視四時, 草木以爲候. 今芙蕖出水, 吾郡之新秋, 東國之午牌後也." 黃大奇, 欲再詢之, 貴官忽驚起, 曰: "與君一席話, 朔風漸凜烈矣." 黃一回視, 果見芙蕖盡落, 亭外古梅, 含苞吐藥. 貴官促行, 復跨鞍而去, 見一城, 榜曰'延年'. 男女衣着異常, 頂上盡懸金鎖, 蓋用以祈壽也. 時已薄暮, 就宿外館. 明日, 至一宮殿, 引黃入見, 貴官先徹旨, 郡君曰: "汝去夏將命去, 今春乃復命耶?" 貴官謝罪, 黃聞之, 知昨[132]宿一宵而同隔歲, 因就拜座下. 郡君起而執手, 曰: "卿知孤相召之意乎?" 對曰: "鯫生愚昧, 未測高深, 乞明諭." 郡君曰: "孤有息女, 未遭良匹, 慕君盛德, 敬奉箕帚." 黃頓首謝, 時殿角薰風微動, 又交夏令矣. 命賜浴招涼殿淸波池, 進以氷綃衣·芙蓉冠, 引入麗雲宮, 與公主成禮, 錦天繡地, 簫鳳笙鸞, 瓊樓十二重, 無此銷魂處也. 旋導入後宮, 見公主綠雲高綰, 旁揷丹桂一枝, 俛首而語曰: "秋氣[133]已[134]深矣." 宮娥卽爲駙馬, 易冠服, 設宴天香亭, 酒三行, 公主起執爵, 爲駙馬壽歌, 曰: '人壽幾何? 對酒當歌. 當歌不醉, 如此粲者何?' 黃亦答以天香桂子之曲, 公主笑曰: "郞君尙以爲秋耶?" 命宮娥捲簾, 則氷箸垂簷, 雪正在山茶樹上也. 乃撤酒筵, 以紅燭導入內室, 侍娥漸散去, 促公主緩裝, 公主哂曰: "三十許人作新郞, 尙如此急色耶?" 黃笑曰: "此間以日爲年, 則春宵一刻, 洵千金貴也." 公主亦笑, 遂滅燭登床, 繡衾同夢[135], 迨朝暾甫上, 而宮娥競報, 海棠開矣. 阿監奉郡君命, 召駙馬, 賜櫻桃宴, 三品以上, 盡陪侍. 俄見, 一小宮人, 以五綵盤, 進長命縷, 郡君卽命駕, 勅駙馬於洗馬河, 同觀競渡, 桂槳蘭橈, 繡旗綵幟, 魚龍百戲, 廻翔簫鼓間. 瞥見, 河畔柳漸作黃色, 旋命回駕, 一路紅樓, 珠簾高捲, 筵前瓜果, 正兒女穿針乞巧時也. 停鞭笑指, 聯轡徐行, 一時風雨交集, 郡君謂駙馬曰: "此眞'滿城風雨近重陽'也." 急馳而歸, 比入宮, 宮娥奔告曰: "公主誕麟兒, 請駙馬赴洗[136]紅宴." 郡君

---

132) 昨: 저본에는 '作'으로 나와 있으나 라본을 따름.
133) 氣: 저본에는 '期'로 나와 있으나 라본을 따름.
134) 已: 저본에는 빠져 있으나 가본에 의거하여 보충함.
135) 同夢: 가본에는 '同寢'으로 되어 있음.
136) 洗: 라본에는 '波'로 되어 있음.

命黃入視公主, 煖爐榻上看兒, 提戈取印, 試啼聲, 眞英物也, 名曰
'阿英'. 由是, 黃日坐宮中, 弄兒調婦. 不半月, 阿英已行冠禮, 又數
日, 郡君薨, 駙馬權攝朝政. 一日, 見公主, 面有皺紋, 鬢斑斑作白
色, 公主曰: "妾已婆婆矣, 請爲君置媵." 於是, 廣選良家充掖庭,
夜與公主坐鴛鴦寢, 話舊事, 忽問曰: "余來幾日?" 公主曰: "六十
有二年." 駙馬曰: "勿相戲! 憶與卿定情時, 潛以指甲搔背癢, 卿匿
背仰臥, 余驀起而就之, 卿笑曰: '儂欲保棧道, 轉使儞度陳倉矣.'
回思此景, 宛然如昨." 公主笑曰: "此係兩年前事, 故言之歷歷, 以
妾視之, 如絳縣老人對甲子矣." 黃嗒然若喪, 低首籌思, 忽懷[137]鄕
土, 因乞與公主同歸, 公主曰: "山川旣異, 歲月亦殊, 君但暫歸, 妾
不能偕也." 明日, 以朝政委諸阿英, 束裝作歸計, 公主餞別於宜春
殿, 泣曰: "妾已暮年, 早晩或塡溝壑, 如不以白頭見棄, 願一復來."
繼而曰: "轉眄百年來, 亦恐無濟耳." 阿英亦牽衣泣下, 黃大悲戀
戀, 不忍捨去. 聞朝臣盡候送於哀蟬驛, 不得已垂泣[138]而別. 比及
家, 見身僵臥床上, 家人環集省視, 倏然[139]登榻, 豁焉而醒, 問諸家
人曰: "君醉死兩月餘矣." 黃大呼異事, 因有重來之約, 輾轉不釋於
懷. 後三月, 復夢入其處, 問公主曰: "歿已八十餘年, 葬於翠螺山."
問阿英, 曰: "仙矣." 問舊所御妾媵輩, 曰: "盡亡矣." 朝臣相見無一
識者, 遂鬱鬱而返. 醒而歎曰: "百年富貴, 頃刻間耳, 世有達理者,
不當作如是觀哉!" 重閱『山海經』・『搜神』・『述異』諸書, 俱無其說,
囑余記之, 以質世之好談荒誕者.

外史氏曰: "香山詩云: '蝸牛角上爭何事, 石火光中寄此身'. 唐

---

137) 懷: 가본에는 '憶'으로 되어 있음.
138) 泣: 가본에는 '淚'로 되어 있음.
139) 倏然: 라본에는 '倏忽'로 되어 있음.

伯虎詩曰: '春夏秋冬撚指間, 鐘送黃昏鷄報曉.' 蓋百年歡樂, 卽瞬息間事, 而彼一生營營役役, 若將迄無已時者, 抑何心哉? 黃生夢說, 雖涉荒唐, 亦可以警世耶!"

16-18. 一生富貴蝴蝶鄕

石生, 小字莘得, 象譯遺裔也. 幼失怙恃, 家計剝落, 依在乳媼家. 年弱冠未聘, 一日夢, 父執某招之, 曰: "汝父近作太白山宣勅司, 有遺宅在東門外, 命汝掌守, 勿敎荒墜." 遂相將俱去, 約五里許, 曰: "此有余家, 幸少憩." 因携手而入, 見一垂髫女, 當窓理繡, 戲唾絨粉壁上, 以指甲挑作雙連環, 對壁嬉笑. 某嗔喝曰: "客來矣, 倚嬌弄憨, 是何態度?" 女抱繡而走, 金剪墮地, 回身收拾, 私語曰: "何來生客, 使人害事?" 生問爲誰, 某曰: "此吾癡女, 年十四矣. 劣有繡才, 前爲一宮人所懇, 刺博山交龍錦, 觀者贊其慧心, 然無母之兒, 未免幼失敎訓耳." 生稱獎不已. 少頃, 相携出戶, 復至一處, 曰: "是卽汝父所營之苊裘也." 出鑰脫鍵, 重重啓闥, 堂奧廚庫悉備. 後有樓三楹, 中貯書籍·玩器, 左則錦繡盈箱, 右則金銀滿庫, 幾於目迷五色. 某曰: "此汝父二十年心力, 守之勿浪擲也!" 生俯首小語曰: "未有室家, 與誰同守?" 某曰: "汝未娶耶? 如不嫌陋, 願以癡女謹奉箕帚!" 生頓首謝, 並問其期, 某曰: "視明夜三星, 照鴛鴦樓角, 吾當以油壁車送新婦來矣." 言畢而去. 卽有婢僕數輩, 呈身門下, 生命灑掃庭除, 肆設筵席, 贄鴈奠牢. 及一切瑣碎事, 無不預爲經紀, 儳極就寢, 一轉側間, 依然乳媼家, 破床草榻也. 初疑妖夢無憑, 付之一哂. 明夜, 仍至其家, 卽有婢僕輩, 迎候於門, 曰: "金輴已發, 乞公子更衣以俟." 時堂上絳蠟高燒, 珠簾半捲, 重廊複榭, 處處張以銀屛·錦幄. 無何, 綵輿停駐, 紗籠數十, 簇擁花氈. 與新人交拜訖, 導入內室, 燭花影裏, 却扇偸窺, 較初見時, 尤矜嚴也. 緩裝卸帶, 擁入重幃, 夫婦之樂, 洵同藍橋之遇玉杵, 天台之引碧桃也. 鷄三喔, 着衣下床, 但見乳媼抽衣疊絮, 摸索床頭而叫醒也. 凝神癡想, 又倦伏隱囊, 一靑衣婢至, 曰: "閨中有命, 乞主人移跬." 生遂去入門, 見報喜者, 環立堂下. 生不解其故, 問諸細君曰: "妾聞修文殿, 缺一掌案官, 以千金寄吾父, 夤緣得此職, 請爲易冠帶." 生笑曰: "僕向欲靑一衿, 而不可得, 今而知得官自有術也." 遂冠服乘軒[140], 上修文殿, 公署繼往, 岳家致謝而歸, 謂婦曰: "閒[141]曹不足以致富, 當又治生産." 乃出橐中金, 命幹僕作商販計, 買絲積穀, 幾同登[142]壟斷. 生日在夢中, 出了公事, 入操會計, 不知蝴蝶是周, 周是蝴蝶. 婦亦勤儉持家, 不十年擴充父業, 爲黑甛鄕第一富貴家矣. 生每誇乳媼, 媼曰: "惜是蝴蝶鄕, 不然, 官人大富貴, 當不向此間作噉飯處." 生大笑曰: "吾以醒爲夢, 以夢爲醒, 半生衣食喫着, 不盡矣. 且天下享富貴者, 何必非夢中之人哉?" 遂作述夢記, 以識之.

外史氏曰: "夢者, 魂之游也. 事所未有夢, 能造之; 意所未設魂[143], 能開之, 茫茫宇宙, 孰非夢魂所爲? 而至人無夢, 其情忘其魂寂; 下愚亦無夢, 其情蠢其魂枯; 常人多夢, 其情雜其魂蕩. 方其夢也, 不知夢境之是眞是幻; 及其覺也, 又不知眞境之是幻是夢. 嗚呼! 人生百歲, 遊於華胥之國者, 以非眞謂眞, 以夢喩非夢, 夢是幻耶, 眞是夢耶? 余於蝴蝶鄕之說, 不能無疑, 遂文其說, 以告世之日在夢中者."

---

140) 乘軒: 가본에는 '陞坐'로 되어 있음.
141) 閒: 가, 라본에는 '聞'으로 되어 있음.
142) 登: 저본에는 빠져 있으나 이본에 의거하여 보충함.
143) 魂: 가본에는 '夢'으로 되어 있음.

집필진 소개

- 연구책임자

  정환국 성균관대학교에서 박사학위를 받았으며, 현재 동국대학교 국어국문문예창작학부 교수로 있다. 한문학과 고전서사를 연구하고 있으며, 저역서로 『초기 소설사의 형성 과정과 그 저변』, 『주생전·운영전·최척전·상사동기』, 『조선의 단편 1·2』, 『역주 신단공안』 등이 있다.

- 공동연구원

  이강옥 서울대학교에서 박사학위를 받았으며, 현재 영남대학교 명예교수로 있다. 고전산문을 연구하고 있으며, 저역서로 『죽음서사와 죽음명상』, 『한국야담의 서사세계』, 『구운몽과 꿈 활용 우울증 수행치료』, 『일화의 형성원리와 서술미학』, 『청구야담』 등이 있다.

  오수창 서울대학교에서 박사학위를 받았으며, 현재 서울대학교 명예교수로 있다. 문학작품을 포함한 넓은 시야에서 조선시대 정치사를 연구하고 있으며, 저역서로 『조선후기 평안도 사회발전 연구』, 『춘향전, 역사학자의 토론과 해석』, 『서수일기-200년 전 암행어사가 밟은 5천리 평안도 길』 등이 있다.

  이채경 성균관대학교에서 박사학위를 받았으며, 현재 성균관대학교 한문학과 초빙교수로 있다. 조선후기 야담을 주로 연구하고 있으며, 저역서로 『철로 위에 선 근대지식인(공역)』과 논문으로 「『어우야담』에 담긴 지적경험과 서사장치」, 「『금계필담』에 기록된 신라 이야기 연구」 등이 있다.

  심혜경 동국대학교에서 박사학위를 받았으며, 현재 동국대학교 국어국문문예창작학부 강사를 맡고 있다. 고전소설을 연구하고 있으며, 논문 「조선후기 소설에 나타나는 여성과 불교 공간」, 「윤회에 나타나는 정체성 바꾸기의 의미」, 「〈삼생록〉에 나타나는 애정문제와 남녀교환 환생의 의미」가 있다.

  하성란 동국대학교에서 박사학위를 받았으며, 현재 동국대학교 국어국문문예창작학부 강사를 맡고 있다. 고전소설을 연구하고 있으며, 저역서로 『포의교집(역서)』, 『절화기담(역서)』, 『한국문화와 콘텐츠(공저)』 등이 있다.

  김일환 동국대학교에서 박사학위를 받았으며, 현재 동국대학교 국어국문문예창작학부 교수로 있다. 조선후기 실기문학을 연구하고 있으며, 저역서로 『연행의 사회사(공저)』, 『조선의 지식인들과 함께 문명의 연행길을 가다(공저)』, 『삼검루수필(공역)』 등이 있다.

교감표점 정본 한국야담전집 8
동야휘집 東野彙輯

2025년 06월 10일 초판1쇄 펴냄

책임교열   정환국
펴낸이   김흥국
펴낸곳   보고사
등록 1990년 12월 13일 제6-0429호
주소 경기도 파주시 회동길 337-15
전화 031-955-9797(대표)
전송 02-922-6990
메일 bogosabooks@naver.com
http://www.bogosabooks.co.kr

ISBN 979-11-6587-828-3 94810
        979-11-6587-820-7 (set)
ⓒ 정환국, 2025

정가 36,000원
사전 동의 없는 무단 전재 및 복제를 금합니다.
잘못 만들어진 책은 바꾸어 드립니다.